武田氏家臣団人名辞典

柴辻俊六・平山　優
黒田基樹・丸島和洋【編】

東京堂出版

序　文

『戦国遺文』（武田氏編）六冊が完結したのは、二〇〇六年（平成一八）五月であった。これによって、武田氏関係文書四三四六点が編年によって紹介され、それに詳細な人名索引も付されたことによって、その後の武田氏研究はおおいに進展しつつある。

武田氏関係の人名に関しては、これまでは歴代当主とその親族、ならびに一部の重臣層の略歴が知られているのみであった。その余の家臣団の大半や、在郷被官衆などについては、その実名や官途さえも不明であって、その実態の究明は、今後の課題のままとなっていた。

そうした折、先行していた『戦国遺文』（後北条氏編）を担当した下山治久氏が、『後北条氏家臣団人名辞典』（東京堂出版、二〇〇六年）をまとめられた。『遺文』の成果を十二分に反映させたものであって、個別の戦国大名の家臣団辞典としては、谷口克広氏の『織田信長家臣人名辞典』（吉川弘文館、一九九五年）につぐ本格的な内容のものである。

その完成後の二〇〇七年十一月に、東京堂出版から、後北条氏編と同じような企画で、武田氏編を作成したいとのお話があった。早速、編者として柴辻俊六・平山優・黒田基樹・丸島和洋が集まり、その可能性を検討することとなった。先行する類書としては、『武田信玄大事典』（新人物往来社、二〇〇〇年）と、『戦国人名辞典』（吉川弘文館、二〇〇六年）

とがあったが、いずれも収録人数は三〇〇人前後であり、家臣団上層部のごく限られた範囲ものであった。

今回の編集方針は、『戦国遺文』（武田氏編）の人名索引に、二項目以上載っている人名のすべてについて記述するということであり、まずその人名抽出を試みたところ、二〇〇〇名を越えることが明らかとなった。

二〇〇八年一月、新たに執筆者として、鈴木将典・柴裕之の二氏に応援を依頼し、最初の編集会議をもった。そこでの議題は、収録対象項目の範囲と、記述形式の確認、使用史料の範囲などであって、執筆分担と進行日程も決定した。

その後、各自分担地域での人名項目を抽出し、二〇〇九年二月には、その立項目案がまとまった。約一六〇〇名について、その重要度に従って三ランクに格付けして、執筆を開始した。当初の予定では、二〇一一年秋には脱稿のはずであったが、諸般の事情で、各自ともに執筆が進まず、同年五月の第五回編集委員会で、各自分担分での重複調整や、細かい点の再確認とを行ったが、その後も執筆は一向に進展せず、二年余りが経過した。

ところが二〇一三年秋になり、東京堂出版の編集担当者より、改めて続行したいとのご連絡があり、その意向を受けて、鋭意、原稿を集めることとした。翌一四年二月には、最後の編集会議をもち、最終的な分担調整と、進行日程を確認した。その後は、ほぼ順調に作業が進展し、何とか刊行の見通しが立つようになった。

この間にも、武田氏関係の研究成果は多く発表されており、とりわけ本書と関係してくる武田氏関係文書の新出紹介も多くあった。それらについては、『遺文』の補遺として、丸島和洋が一〇〇点余りを紹介しており（『武田氏研究』四五・五〇号）、それらの成果も本書に反映されている。さらに最終段階になって家臣団の「花押集」「印判集」「武田氏略系図」を付録として収録することになった。

最終的に本書への収録人数は二五〇〇名となったが、一大名の家臣団事典としては驚異的な数字である。個々の内容については、さらに修正を必要とする点も残ったかとは思うが、これによって武田氏の家臣団研究が一段と進展するものと確信している。

最後になるが、当初から本書の企画と進行を担当していただいた東京堂出版の菅原洋一氏には、一度は断念しかかった本書を、完成まで導いていただいたことに謝意を表すとともに、最終段階の進行ととりまとめを担当していただいた廣木理人氏にも、感謝の意を表して結びとしたい。

二〇一五年正月末日

編　者

凡例

本辞典は戦国甲斐武田氏の当主・親族・重臣・家臣団・在郷被官衆および武田氏と深く関係した主な人物の事蹟を明らかにする目的で編纂した。

一、立項の基準は『戦国遺文　武田氏編』第1～6巻（東京堂出版刊）に所収の古文書、および『山梨県史』などの史料集から立項した。それらの中に二回以上にわたって登場した人物を中心に立項したが、一回きりの登場でも必要と思われた人物は、特別に立項対象とした。

一、各項目は、原則的に武田時代の実名によって立項した。

一、人名の配列は姓氏の五十音順としたが、姓未詳の者も、そのまま五十音順とした。武田親族の子女については、実名がわかる場合はその実名で立項し、婚姻相手が立項されている場合は、婚姻相手の次に「～室」などとして立項した。いずれにも該当しない場合は、父親の次に「～娘」などとして立項した。

一、記述内容は確実な歴史性を持たせるため古文書・記録類をもとにしており、『甲陽軍鑑』以外の江戸期の軍記物等は基本的に除外した。しかし、『戦国遺文　武田氏編』の推定年次や典拠となる古文書の出典等について、本書の記述と相違するものがある。それらは、刊行後の諸氏による最新研究成果の結果であり、『戦国遺文　武田氏編』と相違することをお許しいただきたい。ただし文書番号に移動はない。

一、解説文の文書名の（　）内の出典に見える漢数字のみのものは、『戦国遺文　武田氏編』の文書番号を示す。補遺（漢数字）とだけあるものは、丸島和洋「『戦国遺文武田氏編』補遺」（『武田史研究』45号）、「『戦国遺文武田氏編』補遺（その2）」（『武田史研究』50号）の文書番号を示す。

一、出典表示の『山梨県史』6巻上、などについては、巻数は算用数字・文書番号もしくは頁数は漢数字（二分数字）を使用することとし、「山6上」のように略記した。

一、地名表記は、現行の行政地名とし、各都道府県名は冒頭の1字目をもって略称としたが、以下は全表記とする。

　愛媛・大阪・大分・長崎・福島・福井・福岡・宮城・宮崎・山形・山口

一、各項目の末尾に執筆者名を明記した。連名の場合は主たる執筆者を前に示した。

一、多出する史料・史料集などの名称は頁数の関係から左の略称を使用した。

『甲陽軍鑑』→軍鑑
『甲陽軍鑑末書』→軍鑑末書
『甲陽軍鑑大成本文篇』→軍鑑・大成
「甲州武田法性院信玄公御代惣人数事」→惣人数
『勝山記』→勝山
『妙法寺記』→妙法
『甲斐国志』→国志
　＊巻数と頁数がある場合は『大日本地誌大系』本の巻数・頁を表す
「生島足島神社所蔵の武田氏関係起請文」→下之郷起請文
『山梨県史』資料編→山
『新編甲州古文書』→新甲
『信濃史料』→信
『新編信濃史料叢書』→新叢
『寛永諸家系図伝』→寛永伝

『新訂寛政重修諸家譜』↓寛政譜
『戦国遺文　後北条氏編』↓戦北
『戦国遺文　今川氏編』↓戦今
『戦国遺文　房総編』↓戦房
『静岡県史料』↓静史
『静岡県史』資料編↓静
『群馬県史』資料編↓群
『上越市史別編』上杉氏文書集↓上越
『上杉家御年譜』↓上杉年譜
『岐阜県史』資料編↓岐
『愛知県史』資料編↓愛
『増訂織田信長文書の研究』↓信長文書
『新訂徳川家康文書の研究』↓家康文書
『新修徳川家康文書の研究』↓新家康文書

武田氏家臣団人名辞典

あ

阿江木玄悦　あいきげんえつ

生没年未詳。信濃佐久郡阿江木郷（長・北相木村、南相木村）の国衆、阿江木依田氏とみられる。某年、諏訪大社の神事を行うための青鷹を、守矢頼真が高遠頼継に所望した際、その仲介を果たした（守矢家文書・三〇〇）。常喜との関係は不明だが、あるいは父親にあたるか。（丸島）

阿江木常喜　あいきじょうき

生没年未詳。信濃佐久郡阿江木郷（長・北相木村、南相木村）の国衆。阿江木依田氏。通称は市兵衛尉か（軍鑑・大成上三五九頁）。岩村田大井氏の宿老であったとみられるが、「三年以前よりないつう（内通）」していたという（同前三〇頁）。「軍鑑」には天文十一年（一五四二）年に離反し、十二月十日に出仕して弟を人質として提出したとある。しかし実際に大井貞清が敗北するのは同十二年九月であるため（甲陽日記）、この記事は翌年のことを指す可能性が高い。翌十三年とみられる二月一日、高野山蓮華定院に書状を送り、佐久郡の混乱で返書が遅れたことを詫びるとともに、自身の月牌供養を依頼している（蓮華定院文書・四六四）。同十六年四月五日に内室賀庭清慶禅定尼の逆修（生前）供養を蓮華定院で行っている「依田能登守」は常喜であろう（過去帳月坏信州佐久分第二）。永禄二年（一五五九）十二月二日、常源寺（南相木村）に寺領一貫五〇〇文を寄進した（中島竜雄氏所蔵文書・六七七）。同月、新海明神と諏訪明神に高根において一貫文を寄進している（続錦雑誌・六八〇）。天正八年（一五八〇）三月二十一日、高野山蓮華定院で菩提を弔われた（過去帳月坏信州佐久分第一）。法名は悦渓常喜禅定門。したがって、死去はこれ以前となる。また「湯原之郷」と注記があるから、湯原郷（長・佐久市）に居住していたものとみられる。妻室の追善供養も同時に営まれ、嘉庭清慶禅定尼と法名が記される（同前）。逆修供養と一字異なるだけなので、同一人物であろう。越前真田氏の家譜によると、娘は真田昌輝に嫁いだという（真田一族と家臣団五七、五八頁）。（丸島）

阿江木常林　あいきじょうりん

生没年未詳。信濃佐久郡阿江木郷（長・北相木村、南相木村）の国衆。常喜の子とみられる。依田市兵衛尉、能登守。妻は山県昌景の娘（軍鑑・大成上三五九頁、惣人数）。信州先方衆、騎馬八〇騎持ち（惣人数）。永禄七年（一五六四）五月、上野倉賀野（群・高崎市）への援軍として派遣された「阿江木」は常林とみられる（記録御用所本古文書・八九二）。同八年十月十八日、ほかの佐久郡国衆とともに、佐久郡竜雲寺に入室する北高全祝に懇切にするよう命じられた（永昌院文書・九五八）。この時、市兵衛尉。天正元年（一五七三）九月には、三河作手城（愛・新城市）に在城。八日、謀叛人への警戒を命じられる（竹重家文書・二一七三、森村敏夫氏所蔵文書・三七二八）。この時、能登守。同五年九月二十四日、勝頼から遠江出馬を伝えられるとともに、小山城（静・吉田町）との談合を指示される（川崎市民ミュージアム所蔵古筆手鑑披番殿・二八七二）。確定はできないが、高天神城（静・掛川市）に入っていた可能性が高い。同九年三月の高天神城落城に際しては、勝頼への復命のために、横田尹松と包囲を突破し、帰還した（軍鑑・大成下一六八頁）。天正期の神長官知行書上に、「佐久郡　五貫文岩村田　阿江木殿」とあるのが常林であろう（守矢家文書・三二一）。したがってこの時期は岩村田を拠点としていたとみられる。同十年の甲州崩れに際しては、伊那郡大島城（長・松川町）に援軍として入城。しかし地下人の蜂起により大島城はあっけなく自落した（甲乱記）。常林もこの時落ち延びたものとみられる。武田氏滅亡後は北条氏直に従属。佐久郡田口城（長・佐久市）を守るが、依田信蕃の攻撃の前に城を明け渡した（依田記）。同十一年二月には本拠阿江木が依田信蕃の攻撃を受けているから（依田家文書・信15五六五頁）、その後上野へ退去したようである。同十三年十一月、妻室と思われる女性の供養を高野山蓮華定院で行っている。取次は興蔵寺とあるから、あるいは館林（群・館林市）に滞在していたか。妻の法名は常琳禅定尼（過去帳日坏信州佐久分第一）。「小田原一手役之書立」には、「合木殿」とみえる（佐野家蔵文書・戦北四二九五）。したがって「依田記」の記す「八、九年浪人」は事実ではない。同十八年の小田原合戦に際し、旧臣を糾合して伴野刑部とともに相木谷に出兵するが、三月十六日に松平（依田）康国に撃退されたという（依田家文書・信17一〇四頁、依田記・同前一〇八頁）。その後の動静は不明。真田氏に仕えた子孫がいたらしい（御家中系図）。（丸島）

饗場越前守 あいばえちぜんのかみ

生没年未詳。臼井阿原郷（山・中央市）の領主。山本菅助の娘婿十左衛門尉の実父である（国志）。妻室に先立たれ、永禄六年（一五六三）六月十三日に高野山成慶院で供養を営んでいる（武田御日坏帳二番・山6下九三一頁）。同八年九月二十一日、高野山で供養された（成慶院過去帳・武田氏研究34八二頁）。法名は玄通禅定門。この時は月牌供養だったが、同十年七月二十一日に日牌供養に直されている（武田御日坏帳二番・山6下九三一頁）。（丸島）

相原庄左衛門尉 あいはらしょうざえもんのじょう

生没年未詳。永禄十年（一五六七）に、越後国境に在城する市川信房のもとに目付として派遣されており、同年八月七日に天河兵部丞と交替で帰国するよう命じられている（歴代古案・一〇九八）。天正七年（一五七九）十一月二日に、武田勝頼が陣中から甲府の留守衆に出した覚書では、相原と八重森家昌に遣わした条目のとおりに、疎略なく整えよ、とある（諸州古文書・三一八八）。八重森は使者として活動することの多い人物で、続く条文が上杉景勝との祝言以後の妹菊姫の近況を尋ねるよう求めるものだから、越後に派遣されていたのかもしれない。越後国境付近での活動が目立つ人物といえる。（丸島）

相原内匠助 あいはらたくみのすけ

生没年未詳。御嶽衆のひとり。「国志」は実名を友貞とする。早稲田大学付属図書館本「天正壬午起請文」に御嵩衆の一員としてその名がみえる（新甲3一〇五頁）。内閣文庫所蔵本には、「桐原内匠介」とあるが、誤写であろう（山6下九五〇頁）。武田氏滅亡後の天正十年（一五八二）八月十日、深沢一左衛門・藤巻因幡以下御嶽十人衆とともに、御嶽芦沢の根小屋の仕置きと、長子の番所警備を命じられ、岡部正綱の指揮下に配属されている（甲斐国志所収文書・家康文書上三三九頁）。翌十一日、本領を安堵され、平瀬に（山・甲府市）おいて七〇貫文、亀子（山・甲斐市）において五〇貫文を加増された（国志）。同十八年の徳川家康関東転封に際しては、平岩親吉に従って、厩橋（群・前橋市）に移住し七〇〇俵を与えられた（同

前）。（丸島）

相□秀満　あい□ひでみつ

生没年未詳。某年十月二十三日、慈徳庵門前の禰宜屋敷について、勘定奉行跡部勝忠・市川家光に取り次いで許可を得たので、問題なく知行するように育書記に書き送っている（向嶽寺文書・三九三〇）。名字と通称は「相喜」と略されており、特定できない。（丸島）

青木主計頭　あおきかずえのかみ

生年未詳～天正三年（一五七五）五月二十一日。藤九郎。実名は信定と伝わるが、別に立項した信定とは別人である（以下、寛永伝、寛政譜）。青木尾張守信正（法名深見）の子というが、青木氏の系譜はかなり錯綜しており、尾張守信正という人物は他に所見がない。天正三年の長篠合戦で討ち死にした。慶長六年（一六〇一）二月十七日、鍋山村（山・韮崎市）の青木忠次・半次によって高野山で供養された。法名は山隠宗青禅定門。なお、同十一年により高位の日牌供養に改められている（成慶院甲州月牌帳二印・武田氏研究43一八〇頁）。妻は桜井信忠の娘という（寛政譜）。（丸島）

青木左衛門五郎　あおきさえもんごろう

生没年未詳。通称石切左衛門五郎。石切職人。もと小田原在住の石切職人であり、北条氏に仕えていた。元亀元年（一五七〇）四月までの後北条氏文書を数通所有している（片平文書）。同二年末の甲相同盟の復活を機として、一族から分立して穴山信君に仕え、駿河国庵原郡杉山（静・静岡市清水）に移住する。同三年二月九日には、穴山信君から細工の奉公を命ぜられ、江尻普請役を免除されている（同前・一七七二）。穴山氏時代には、在所の領主であった朝比奈道与（信置）からも給恩付与などを受けており（同前・一八〇五）、天正九年（一五八一）七月二十二日付で、信置から石切屋敷内の樹木の安堵を受けている（同前・三五八五）。次いでその子と思われる市衛門には、同年十一月二十日付で信置より、検地に際して、細工奉公の代償として居屋敷を安堵されている（同前・三六二七）。（柴辻）

青木重満　あおきしげみつ

生没年未詳。兵部少尉。武河衆の一員として、永禄十年（一五六七）八月七日に「下之郷起請文」を武田信豊に提出している（生島足島神社文書・一一七）。武田信豊の同心であったと思われる。（丸島）

青木信定　あおきのぶさだ

文明十三年（一四八一）～天文十年（一五四一）十月二十日、六一歳、（系図纂要）。尾張守。武河衆の一員。実名は信種とも伝わるが、同一人物である。剃髪して徳治（徳也）と号した（系図纂要、寛永伝）。青木信立、山寺甚左衛門（信明）の父。信虎の命により、鍋山砦（山・韮崎市）を預かったという（寛永伝）。天文十年没。享年六一。法名は、不二院昆那浄賢（系図纂要）。（丸島）

青木信立　あおきのぶたつ

永正十五年（一五一八）～天正十八年（一五九〇）六月十三日、七三歳（系図纂要）。武河衆の一員で、青木信時・横手満俊・柳沢信俊の父（同前）。「寛永伝」「寛政譜」は実名に混乱があり、信親とするものもあるが、誤りであろう。天文十年（一五四一）十二月三日の武田八幡宮宝殿造営棟札に「青木尾張守満県」とみえる（若尾資料甲斐国志資料・四三七）。この棟札に記された人名はおおむね正確だが、いくつか問題があり、少なくとも同年のものではない。事蹟については、信時のものと混同している可能性があり、確定できない。天正十八年六月十三日没。法名は陽享院乾広泰翁（系図纂要）。慶長三年（一五九八）に子息信時によって高野山引導院で供養がなされ、乾広泰翁という法名を確認できる（引導院日坏帳・山6下九三頁）。妻は漆戸左京亮（虎光か）の娘（寛政譜）。法名は、柳下理春である。（丸島）

青木信時 あおきのぶとき

生年未詳〜慶長五年（一六〇〇）十一月二日か。実名は「寛永伝」「系図纂要」による。武河衆のひとりで、信立の子。「惣人数」に典厩（武田信豊）おぼへの衆の筆頭に名が記される。軍鑑には「てんきうおとな」としても記載があるから、信豊家臣の筆頭であったことは間違いなかろう（大成下二五頁）。天正三年（一五七五）五月二十一日の長篠合戦に参加。勝頼が信豊に譲った母衣を信豊勢が落としてしまったのを、母衣の布の部分のみを頸に巻き付けて救いだし、勝頼の武名に傷がつかないよう配慮したという（同前）。同十年八月十六日、徳川家康より本領青木郷（山・韮崎市）ほか三二一貫文を安堵された（譜牒余録後編・家康文書上三四四頁）。慶長三年十月十七日に一門の供養を行っている（引導院日坏帳・山6下九三頁）。自身は全長久山居士、父信立は乾広泰翁、母は柳下理春、妻は慶長五年四月二十九日付で時宗妙椿という法名が付されている（同前）。このうち、妻については逆修（生前）供養である。天正十八年正月十九日、青木弥惣左衛門・山寺甚左衛門・米倉六郎右衛門と談合して欠落することはない、ほかの武河衆の欠落については知らない旨を、子息信安とともに誓っている（記録御用所本古文書・新甲一九三四）。同月二十七日、二〇〇俵の扶持米が加増されることが定められた（同前・新甲一九三七）。家康の関東入部後は、鉢形（埼・寄居町）に居住した（引導院日坏帳・山6下九三頁）。なお、命日について「寛永伝」は慶長五年、「寛政譜」は同年十一月二日、「系図纂要」は同三年十一月十一日とするが、妻の供養時期から「寛永伝」「寛政譜」に従っておく。ただし、武田時代の事蹟には、父信立のものが含まれている可能性がある。（丸島）

青木信秀 あおきのぶひで

生没年未詳。右兵衛尉。武河衆の一員として、永禄十年（一五六七）八月七日に「下之郷起請文」を武田信豊に提出している（生島足島神社文書・一二七）。武田信豊の同心であったと思われる。（丸島）

青木泰定 あおきやすさだ

生没年未詳。主計佐。元亀二年（一五七一）九月十七日、籠鼻（静・静岡市）の円皆寺宗文に対し、給人が寺領の山に入り、勝手に竹木を切り取り、牛馬を放つことを禁じる証文を駒井英長と連名で出している（駿河志料・一七三九）。（丸島）

青島五郎兵衛 あおしまごろうひょうえ

生没年未詳。駿河国青島（静・藤枝市）を拠点とする土豪で、朝比奈信置の軍事指揮下にある同心衆か。永禄十一年（一五六八）十二月の武田氏による駿河侵攻に際し、朝比奈信置に従い武田氏に応じ、瀬名谷（静・静岡市）へ引き退く。翌十二年正月十七日に、武田信玄よりその働きを賞され、駿河国平島・大覚寺方（藤枝市）で、合わせて五〇貫文の知行地を宛行われる（判物証文写・一三五六）。天正十年三月の武田氏滅亡後は、徳川氏へ仕え遠江横須賀衆に属し、八月三日には当目（静・焼津市）方面での徳川勢の進攻に際して間道を案内し、同月十四日に徳川家臣高力清長よりその働きを賞され、駿河国本郷村（藤枝市）内の屋敷地二ヶ所を与えられた（駿河記所収文書・静8一五五九）。同十七年七月十七日には、徳川氏より同家へ年貢収納・公事負担を規定した青島宛の七か条定書（奉者は伊奈忠次）が発給されている（駿河記・静8二二五五）なお子息と推察される五郎左衛門・五郎大夫への慶長十一年（一六〇六）八月二日付中村家宿老の横田村詮による屋敷二ヶ所の免許を認める証状が存在するが（駿河志料）、検討を要する。以後、後裔は五郎兵衛家・五郎左衛門家の両家に分かれ、青島に村役人として存在し続けた（駿河志料）。（柴）

青沼忠重 あおぬまただしげ

生没年未詳。助兵衛尉。「惣人数」に勘定奉行、騎馬一六騎・足軽三〇人持ちと記されており、以下に記す働きからみても、勘定奉行というのは事実とみられる。元亀元年（一五七〇）六月二十二日に、市川昌房と連名で臨済寺末寺に関する相論の裁許結果を伝達する竜朱印状の奉者をつとめたのが初見（臨済寺文書・一五五七）。同年八月二十八日には、曾禰原又次郎に知行を宛行った竜朱印状を奉じる（曾禰原家文書・一五八三）。同三年三月十七日、斎木助三郎に対し、細工奉公をつとめた見返りとして町次普請を免許する竜朱印状の奉者（斎木家旧蔵文書・一八〇九）。同年の上諏訪西片大鳥居の造宮銭は、青沼忠重が徴収している（諏訪大社上社所蔵上諏訪造宮帳・二九四二）。天正三年（一五七五）二月五日には、佐野山孫六郎・望月三蔵に対し、加増を伝えた竜朱印状を奉じる（大草家文書・二四五二）。同年の長篠合戦後、一時信濃伊那郡高遠城に在城し、防備を固めていた時期があったらしく、八月十日に帰府を命じられている（武田神社所蔵文書・二五一四）。同五年九月、臨済寺の寺領書立の代替わり安堵を取り次いだ青沼助大夫は忠重のことであろう（臨済寺文書・二八五七）。同年十二月十六日には、小島彦左衛門に毎月荷物一駄の分国中通過を許可する文書を奉じている（正田治郎右衛門氏所蔵天明鋳物師故実・補遺四八）。同七年九月、勝頼が駿河に出陣した際には、跡部勝忠らと甲府の留守をつとめ、十一月には留守中の仕置きについて指示を受けている（諸州古文書・三一八八）。その際、小原継忠とともに籾子の徴収を未進なく行うよう指示されるとともに鉄砲玉の調達を命じられた（同前・三一九四）。某年十二月十八日、上野倉賀野の跡部家吉に対し、鉄砲玉製造に不可欠な薬研鍛治の領内通過と世話を求めているのが、唯一の発給文書である（小島唯一氏所蔵文書・三九五六）。また同五年頃、駿河富士大宮（静・富士宮市）に神馬を奉納した（永昌院所蔵兜巌史略・補遺一二二）。その後の動静は不明。武田氏滅亡後、いわゆる「天正壬午起請文」を徳川氏に提出している「青沼助兵衛忠吉」は子息であろうか（山6下九四八頁）。同起請文には、同心一八名の記載がある（山6下九七七頁）。忠吉は、同十年十一月二十日に、家康から甲斐北条（山・南アルプス市）ほか一七三貫三〇〇文を安堵されている（譜牒余録後編・家康文書上三九九頁）。娘は、親類衆小佐手信房に嫁いだ（寛政譜）。（丸島）

青柳近江守 あおやぎおうみのかみ

生没年未詳。信濃国筑摩郡青柳（長・筑北村）の国衆。青柳城主麻績（青柳）清長の一族か。元小笠原氏家臣。近江守。天文二十三年（一五五四）三月十四日、青柳（麻績）頼長より知行を安堵されているのが唯一の所見（青柳家旧蔵文書・三九七）。そのほかの事蹟は不明。（平山）

青柳加賀守 あおやぎかがのかみ

生没年未詳。信濃国筑摩郡青柳（長・筑

北村）の土豪。青柳氏（麻績青柳氏）の一族か。永禄十二年（一五六九）四月吉日、麻績（青柳）清長より麻績・大岡（長・長野市）において八六〇貫文の地を与えられているのが唯一の所見（青柳家文書・一三九九）。そのほかの事蹟は不明。（平山）

青柳清長 あおやぎきよなが
→麻績清長 おみきよなが

青柳二右衛門尉 あおやぎにえもんのじょう

生没年未詳。甲斐国巨摩郡下山（山・身延町）の土豪。穴山家臣。永禄十二年（一五六九）閏五月十九日、穴山信君より興津城在城にともなう給分として興津（静・静岡市）、松野（静・富士市）において一〇貫文を与えられている（青柳家文書・一四一五）。そのほかの事蹟は不明。（平山）

青柳民部丞 あおやぎみんぶのじょう

生没年未詳。甲斐国山梨郡万力（山・山梨市）の土豪。天正五年（一五七七）四月、武田氏より宛行われていた万力郷の名田と見出分などを上表し、軍役衆を辞退していることが判明する。彼の明所は甲斐衆内田右近丞に与えられた（木村家文書・二八〇〇）。そのほかの事蹟は不明。（平山）

青柳頼長 あおやぎよりなが
→麻績頼長 おみよりなが

赤池宗右衛門 あかいけそううえもん

生未詳～慶長八年（一六〇三）十二月十五日か。甲斐国巨摩郡河内瀬戸（山・身延町）の土豪。穴山家臣か。慶長九年八月十三日、高野山に登った息子赤池弥左衛門が供養を依頼しているのが唯一の所見。法名は常春禅定門（成慶院過去帳・武田氏研究44）。宗右衛門尉の妻は生没年不明ながら慶長十三年（一六〇八）一月二十九日、高野山に自身の逆修供養を依頼している。法名は妙春禅定尼（成慶院過去帳・武田氏研究47）。（平山）

赤池宗左衛門尉 あかいけそうざえもんのじょう

生没年未詳。甲斐国巨摩郡河内瀬戸（山・身延町）の土豪。穴山家臣か。慶長十三年（一六〇八）二月二十一日、高野山に妻寿清禅定尼が逆修供養を依頼しているのが唯一の所見（成慶院過去帳・武田氏研究47）。（平山）

赤池弥左衛門 あかいけやざえもん

生没年未詳。甲斐国巨摩郡河内瀬戸（山・身延町）の土豪。穴山家臣か。慶長九年（一六〇四）八月十三日、自身が高野山に登り亡父赤池宗右衛門の供養と自分の逆修供養を依頼しているのが唯一の所見。法名は道本禅定門（成慶院過去帳・武田氏研究44）。（平山）

赤池弥左衛門尉 あかいけやざえもんのじょう

生没年未詳。甲斐国巨摩郡河内瀬戸（山・身延町）の土豪。穴山家臣か。慶長十三年（一六〇八）二月二十一日、高野山に自身と妻寿清禅定尼の逆修供養を依頼しているのが唯一の所見。法名は道永禅定門（成慶院過去帳・武田氏研究47）。弥左衛門尉の妻は、慶長十三年（一六〇八）二月二十一日、高野山に夫とともに自身の逆修供養を依頼しているが、生年は不明。法名は寿清禅定尼（成慶院過去帳・武田氏研究47）。弥左衛門尉の息子は、受領、官途、諱、生没年などは不明。慶長十二年（一六〇七）六月二日、父弥左衛門尉が高野山に供養を依頼している。法名は道心禅定門（成慶院過去帳・武田氏研究47）。（平山）

赤須昌為 あかずまさため

生没年未詳。信濃国伊那郡の国衆。赤須城（長・駒ヶ根市）主赤須氏の当主。通称は孫三郎。赤須氏は、飯島・大島・片切・上穂氏とともに春近衆と呼称された。「軍鑑」に五人あわせて五〇騎を引率し、組頭でも組子でもない武田氏直属の侍大将衆と記載されている。永禄三年（一五六〇）四月、上穂郷（駒ヶ根市）と赤須郷が境界争論を行った際に、飯島為定・片切為成が仲裁に入り、現地調査とそれに基づく縄打ちにより中分を行ってその解決を図っている（福沢家文書・六九一、九二）。その際に、飯島・片切両氏は、斡旋内容を赤須郷地頭赤須昌為に通知している。これを受けて、赤須昌為と上穂貞親（上穂郷地頭）は、仲裁内容の受諾を飯島・片切両氏に連署で誓約している（同前・七三五）。なお、この文書によると、赤須氏らはこの時、伊那大島城（長・松川町）に在城していたらしい。また、同六年八月、赤須郷と菅沼郷（駒ヶ根市）が川原間、草間の争論におよんだ際に、武田氏奉行山川家喜・駒井家友が連署でその仲裁内容を赤須昌為に通知している（松崎文書・八三二）。これは赤須・菅沼郷がともに赤須氏の所領だったためであろう。なお、赤須氏のその後の動向は定かでないが、天正十年（一五八二）三月、織田軍の侵攻に際して大島城で合戦におよび滅亡し、赤須城も自落したと伝わるが確認できない（上伊那郡誌、片桐村誌）。（平山）

赤須頼泰　あかずよりやす

生没年未詳。信濃国伊那郡の国衆。赤須城（長・駒ヶ根市）主赤須氏の当主もしくは一族。通称は次郎三郎。永禄十年（一五六七）八月八日付「下之郷起請文」では、単独で一紙起請文を作成し、武田氏重臣山県昌景に提出しているのが唯一の所見（生島足島神社文書・一一八二）。赤須氏の歴代当主は「為」を通字にしているので、頼泰は嫡流ではなく一族の可能性もある。（平山）

赤津中務少輔　あかつなかつかさのしょう

生没年未詳。遠江敷智郡入野（静・浜松市）の土豪。康仁親王（後二条天皇の皇子で光厳天皇の皇太子）を祖とする木寺宮が入野に下向し、その子孫と伝えられる（遠江国風土記伝）。天正八年（一五八〇）三月十八日の武田家朱印状（竜雲寺文書・三六七）で、家中の貴賤が軍役を忌避して逃亡したのに対し、現在の主人に断ったうえで召し返すよう命じられている。奉者は跡部尾張守勝資。（鈴木）

赤見伊勢守　あかみいせのかみ

生没年未詳。小六郎、伊勢守。上杉氏の越後根知（新・糸魚川市）城将。天正六年（一五七八）六月、越後御館の乱に介入すべく、小谷筋から北上した仁科盛信に降伏した（石井進氏所蔵武田古案・四二六二）。時期は確定しがたいが、六月二十一日付竜朱印状で「招知之城主赤見・吉江励忠節」とあるから（新編会津風土記・二九九〇）、六月前半のこととみられる。しかし上杉景勝はそのことに気がついておらず、また根知城に足利義昭の上使衆が降伏勧告に向かったという知らせを受け、勝頼とは和睦したので、上使衆には引き取ってもらい、守りを固めるよう指示を出している（長野県立歴史館所蔵文書・上越一五五四）。この現状を追認し、上杉景勝は根知城を勝頼に割譲することとなった。九月九日にその功績を讃えられ、知行九〇〇貫文を与えられた（石井進氏所蔵武田古案・四二六二）。この時、小六郎。同七年十一月十八日、勝頼は赤見伊勢守の使者を取り次いだ仁科盛信に対し、懇切にするよう命じている（本誓寺文書・三二九九）。同八年三月六日、御館の乱に際し速やかに降伏したことを讃えられ、飯山（長・飯山市）において二〇〇貫文を与えられた（石井進氏所蔵武田古案・三六八）。この時、伊勢守。同十年の甲州崩れに際し、勝頼は上杉景勝に援軍を頼むため、根知城を返還。しかし赤見伊勢守は足弱（女・子供・老人）を引き連れているとして道中しばらく逗留した（上杉家文書・三六七〇）。（丸島）

赤見因幡守　あかみいなばのかみ

生没年未詳。赤見山城守（初代）の子、二代山城守の兄と伝えられる（御家中系図）。永禄十年（一五六七）十二月、信濃衆諏方頼運らとともに、武田氏から、来年に信濃信府（長・松本市）近辺で所領の宛行を約され、それまでは籾子を与えることを伝えられている（松城藩士系譜抄・一三六）。ただし諏方頼運関係のほかの文書をみると、因幡守が連名で所見されるのはこれだけであるから、史料としての性格については慎重さが必要と考えられる。同十二年四月、武田氏は小田郷（信濃小田井郷、長・佐久市か）百姓に対し、因幡守の糧物の運搬を命じている（師岡家略系・一三八六）。小田郷が小田井郷であれば、信濃で所領を与えられていたことが推測される。以後の所見はみられない。（黒田）

赤見源七郎　あかみげんしちろう

天文二十年（一五五一）か〜寛永二年（一六二五）七月九日か、七五歳か（平姓赤見氏系図）。二代赤見山城守の嫡子、仮名源七郎、官途名七郎右衛門尉を称し、実名は昌泰と伝えられる。その場合、「昌」は武田氏から与えられたものと捉えられる。なお「御家中系図」では、寛永元年死去、八八歳、「師岡家略系」では八〇歳と伝えており、その場合の生年はそれぞれ天文六年、同十四年になる。祖父初代山城守が生存中の永禄十一年（一五六八）七月、武田信玄から信濃飯山（長・飯山市）での戦功を賞されている源七郎がみえる（赤見文書・一二九三）。父二代山城守は官途名七郎右衛門尉を称していること、天文二十年生まれとすれば一八歳になるから、この源七郎は昌泰に比定してよいと考えられる。永禄十一年十二月、武田氏の駿河侵攻に従軍し、十二日に薩埵山（静・静岡市）での戦功を信玄から賞されている（同前・一三四〇）。同十二年に嫡子重俊が信濃佐久郡で生まれたこと、また妻は海野能登守妹と伝えられている（平姓赤見氏系図）。その後、武田氏段階における明確な所見はないが、後年に水戸徳川氏家老中山信吉に宛てた戦功書立によると、信玄の遠江侵攻の際に（元亀三年・一五七二か）、数度にわたって戦功をあげていることが知られる（師岡家略系）。天正十年（一五八二）三月の武田氏滅亡後は、父とともに北条氏に従った。その際、禰津城（長・東御市）攻撃において戦功をあげたことが伝えられている（同前）。同十一年頃に家督を嗣ぎ、上野中山城（群・高山村）の城将をつとめたと推測されるが、具体的な所見はない。同十八年の小田原合戦後は、上野箕輪の井伊直政、次いで上野沼田の真田信幸に仕え、慶長四（一五九九）、五年頃は陸奥会津の上杉景勝に仕えた。関ヶ原合戦後しばらくの状況は不明であるが、水戸徳川氏の家老中山信吉に戦功覚書を提出しているから、同家への仕官を図っていたことが窺われる。しかし同十九年には越後高田の松平忠輝に仕え、知行三五〇石（のちに一〇〇石加増）を与えられている。元和二年（一六一六）に忠輝が改易になった後は、上野高崎の安藤重信に仕えた。法名は宗益（師岡家略系など）。（黒田）

赤見山城守（初代）　あかみやましろのかみ

生没年未詳。元は上野安中氏の家臣であったが、永禄八年（一五六五）頃に武田氏に仕え、信濃で所領を与えられる。実名は綱泰、仮名六郎と伝えられ、受領名山城守を称する。上野国衆沼田顕泰の次男と伝えられている。赤見氏は下野佐野氏の庶家にあたるが、沼田顕泰の妹が赤見六郎（師岡家略系では刑部少輔綱重）に嫁し、後嗣がなかったため、天文頃に顕泰の次男綱泰が養子に入ったという（加沢記・沼田市史資料編1別冊）。山城守についての初見は、永禄三年十二月五日に、沼田氏の当主であった北条康元に従い、ともに上野高山城（群・藤岡市）から後退していることである（師岡家略系・戦北五三三）。沼田氏当主康元と行をともにしていることから、山城守が沼田氏出身であった可能性は高いと認められる。その後、妹婿にあたることになる安中重繁の家臣になったとみられ、安中氏が武田氏に従属した際、それに尽力したが、重繁からの扱いは良くなかったらしく、そのため同七年六月、武田信玄は安中重繁に対し山城守の進退の保障を求めている（赤見文書・九〇〇）。しかし結局、同八年三月までのうちに安中氏から退去し、武田氏に仕え、信濃に移住している（松城藩士系譜抄・九三三）。安中氏からの所領については、同年九月に安中景繁から一族下総守に宛行われている（安中文書・九五五）。同十一年六月、武田氏から一六名の被官についての人返しを認められている（松城藩士系譜抄・一二八〇）。同十二年閏五月か元亀三年（一五七二）閏正月とみられる晦日付の文書では、武田氏から信濃根井（長・佐久市）内の知行分のうち二把稲を重恩として与えられている（赤見文書・三七二）。これによって同所で所領を与えられていたことがわかる。またこれが終見と考えられる。子に二代山城守があり、また因幡守も子と伝えられている（御家中系図）。　（黒田）

赤見山城守（二代）　あかみやましろのかみ

生年未詳～文禄三年（一五九四）二月五日（平姓赤見氏系譜）。赤見山城守（初代）の嫡子とみられる。仮名源七郎、官途名七郎右衛門尉、受領名山城守を称した。実名について「御家中系図」は「泰拠」と伝えている。その子昌泰の生年（一五五一年）との関係から、一五二〇年代頃の誕生と推測され、そうすると天文十六年（一五四七）八月六日の信濃小田井原合戦（長・佐久市）での戦功について武田晴信から賞されている赤見源七郎は（赤見文書・二二六）、世代的にはこの山城守にあたる。父山城守は上野沼田氏の一族であったとみられるから、この文書が確かなものとすれば、二代山城守は実家を出て、武田氏に仕えていたことになる。永禄十一年（一五六八）四月五日、武田氏から信濃小県郡五十郷内二〇貫文を所領として与えられているのが明確な初見（同前・一二五五）。また同日に、神尾和泉守抱地と御蔵本を知行として与えられている（松城藩士系譜抄・一二五六）。初代山城守の生前にあたるから、別に取り立てられ、知行を与えられたと捉えられる。元亀四年（一五七三）十一月、武田氏から信濃佐久郡下畑物・塩平・大石（長・佐久穂町）で知行三六貫文を与えられている（同前・二二〇六）。すでに初代山城守の所見はみられなくなっているから、その家督を嗣いでいたと捉えられる。この時の宛行がその遺領安堵なのか新恩宛行なのかは判断できない。また時期は明確ではないが、駿河田中城（静・藤枝市）に在番したことが伝えられている。番手衆を列挙した書立があり、そこには七郎右衛門尉の名でみえ、知行は一五貫文と記載され、弟とされる新之丞（泰利）の名もあげられ、知行一〇貫文と記載されている（師岡家略系）。その後、某年十月に武田氏から受領名山城守を与えられたと捉えられる（賜蘆文庫文書・四三三七）。天正十年（一五八二）三月の武田氏滅亡後も信濃に居住しており、同年六月に北条氏が信濃に侵攻してくると、七月に北条氏に従った。取次は北条氏邦がつとめており、以後はその指南を受けた（赤見文書・戦北三三七六）。しかし同年十月、北条氏と徳川氏との同盟によって信濃が徳川領国に定められると、家臣ともども上野に移住した。その際、西上野松井田（群・安中市）で二貫文を堪忍分として与えられた（同前・戦北二五三七）。そして同十一年三月には、沼田領との境目にあたる中山城（群・高山村）を与えられている（同前・戦北二五一七）。同年五月、氏邦によって北条氏に対し身上の取り成しがされている。そのなかで、北条氏康の時、越後に進軍した際に忠節を働いたことがみえている。これは沼田氏が北条氏に従った永禄期初め頃のことと捉えられ、これによればその頃には実家に戻り、父山城守に従って北条氏に忠節を働いたことが知られる。三〇歳代のことと推測される。またそこでは「赤見入道」とみえていて、出家したことが知られるとともに、これが終見となる。この頃隠居して、家督を嫡子昌泰に譲った可能性が考えられる。法名は寒松庵宗哲と伝えられる（平姓赤見氏系図）。　（黒田）

秋山市右衛門尉　あきやまいちえもんのじょう

生没年未詳。弘治三年（一五五七）正月二十八日、彦十郎に対し、塩硝銀を献上した見返りとして、一ヶ月に馬三疋までの諸役を免許する朱印状を取り次いでいる（諸州古文書・六五五）。　（丸島）

秋山越前守　あきやまえちぜんのかみ

永正十六年（一五一九）～慶長七年（一六〇二）六月十七日、八四歳（本土寺過去帳・山6下八九五頁）。実名は虎康と伝わる（国志）。「惣人数」に御聖導様衆とあり、武田龍芳の家臣であった。「国志所引秋山夫人碑陰」（本土寺現存）および「秋山系図」（群書系図部集3二一頁）は秋山虎繁の甥とするが、世代が合わない。誤伝であろう。「国志」は、塚原村長慶寺（山・甲府市）に秋山越前守夫妻の位牌があったと記し、法名前越州大守円感存竜禅定門、長慶寺安昌慶永禅定尼とある。また享禄四年（一五三一）九月一日、高野山成慶院で秋山越前守の妻室寿泉信女の逆修（生前）供養が営まれている（過去帳・武田氏研究34五五頁）。これが父祖にあたる人物とみられ、秋山越前守家は、虎繁とは別系と考えるべきである。武田氏滅亡後、娘於都摩を穴山信君の養女の扱いで徳川家康の側室とした。この娘が、天正十一年（一五八三）九月十三日に万千代を産み、穴山武田家最後の当主の生母となる（秋山夫人、本土寺過去帳・山6下八九四頁）。慶長七年六月十七日没。法名は自特院日楽（同前・山6下八九五頁）。父は某年五月七日死去、法名法善（同前・山6下八九四頁）。母は某年五月九日死去、法名日女（同前）。子息は某年七月二十一日死去、法名日清（同前・山6下八九六頁）であった。なお、秋山夫人は、同十九年十月六日、下総小金（千・松戸市）において死去、法名を妙真院日上と付されている（同前・山6下八九四頁）。　（丸島）

秋山紀伊守（初代）　あきやまきいのかみ

生年未詳～天正十年（一五八二）三月十一日。勝頼の家臣。実名未詳。活動内容

から、天正四〜七年の宮内丞と同八〜十年の紀伊守が同一人物と考えられ、諏訪郡担当の取次をつとめていたものとみられる。通称から昌満の系統と思われ、孫の世代であろう。勝頼が高遠（長・伊那市）に入った際の付家臣に秋山紀伊守の名がみえ（軍鑑・大成上三四六頁）、その子息にあたると思われる。同四年二月二十三日、信濃の林源十郎に対し、知行の宛行を約した竜朱印状を秋山宮内丞が奉じているのが初見（林家文書・二五九二）。同年十一月二十六日に約束が果たされ、諏訪郡上原小屋敷（長・茅野市）の一部を宛行った朱印状の奉者も、宮内丞がつとめている（同前・二七四七）。同五年十一月七日には、駿河国長谷寺（静・静岡市）の新住持に、引き続き供僧免を安堵する竜朱印状を奉じた（長谷寺文書・二八八九）。同月二十五日、諏訪湖上で御料所同様の網引きを許可してほしいという諏方頼忠の要求を認める獅子朱印状を奉じている（諏訪家文書・二八九四）。同五〜七年の諏訪上社造宮において活動。同五年十二月、上社の中門大鳥居造成のため、代官を介して佐久郡の諸郷より造営料を徴収することが定められ、同七年二月までに徴収を済ませた（諏訪大社上社文書・二九四二、大祝諏訪家文書・三〇七七）。同六年二月には、同社の瑞籬造成に関わり、高井郡須田郷・中野郷から造宮料を徴収した（諏訪大社上社文書・二九四六）。同年十月十七日、和泉に対して普請役を免許する竜朱印状を奉じている（池上家文書・三〇四四）。また同五年前後の某年、駿河富士大宮（静・富士宮市）に神馬を奉納した「秋山紀伊守」は彼のことであろう（永昌院所蔵兜巌史略・補遺二三）。この時点では宮内丞のはずだが、通称を遡及して記したものと考えられる。同七年八月十七日、秋山昌詮後室に堪忍分を与える朱印状を奉じ、同二十日には昌詮の弟吉千代（秋山源三郎）の家督継承を認める朱印状を奉じた（秋山家文書・補遺五二、五三）。同七年末〜八年頭にかけ、武田家中では大規模な官途・受領の書出が行われており、その際に紀伊守になったものとみられる。同八年六月九日、遠江小沢郷（静・浜松市）に古屋氏ら一四名の居住を認めた竜朱印状の奉者として、秋山紀伊守の所見がある（日谷地家文書・三三五二）。同年十一月には、勝頼側室に仕えた円音に、普請役を免許した竜朱印状を奉じる（早川家旧蔵文書・三四四五）。十二月二十六日、諏訪上社神長官守矢信真に対し、瑞籬・外垣造立衆の御柱縄銭未進の催促を認めるとともに、神宮寺・高部（長・諏訪市）での普請役を免許する竜朱印状を奉じた（守矢家文書・三四七二、七三）。同九年四月、甲斐向嶽寺（山・甲州市）などに諸役免許を認めた竜朱印状の奉者となっている（向嶽寺旧蔵文書・三五三二、秋山家文書・三五三七）。同年十二月十五日、駿河国衆朝比奈助一郎に増分を宛行っているのが、朱印状奉者としての終見（朝比奈家文書・三六三六）。同十年の武田氏滅亡に際しては、勝頼に同行（信長公記、甲乱記、軍鑑・大成下一七九頁）。三月十一日、田野（甲州市）で菅沼又五郎によって討ち取られた（記録御用所本古文書・信補遺上五四九頁）。一五歳の子息十三郎（武田三代軍記）と、弟の善右衛門尉（甲乱記）もともに戦死したという。同八年八月十一日に高野山成慶院で自身と妻室（練甫宗機禅定尼）の逆修供養を行っており、法名は生前に喜岳宗悦禅定門と定めていた（甲州月牌帳二印・武田氏研究42五六頁）。

（丸島）

秋山紀伊守（二代） あきやまきいのかみ

生没年未詳。永禄五年（一五六二）に、

武田勝頼が高遠（長・伊那市）に入った際の付家臣のひとり（軍鑑・大成二九、三四六頁）。同九年三月四日、諏訪上社の玉垣造営日記に名がみえ、負担を命じられている（守矢家文書・九〇〇）。天正八（一五八〇）～同十年に所見がある紀伊守とは別人とみられ、その父親にあたると考えられる。（丸島）

秋山宮内丞　あきやまくないのじょう

生年未詳～天正十年（一五八二）三月十一日。天正十年三月の武田氏滅亡に際し、勝頼に従って討ち死にしたという。景徳院での法名は、清寒霜白（景徳院位牌）。宮内丞は紀伊守の初名だから、紀伊守（二代）の嫡男であろう。あるいは「武田三代軍記」が記す十三郎と同一人物か。なお、紀伊守（二代）も同時に討ち死にしている。（丸島）

秋山源三郎　あきやまげんざぶろう

永禄五年（一五六二）か～天正十年（一五八二）三月十一日、二一歳か（国志）。吉千代、源三郎。金丸筑前守の七男で、秋山昌詮の実弟にあたる。兄の昌詮が病死したため、秋山家を嗣いだ。「国志」は実名を親久とし、初名晴定、また近久・景氏という異説も載せる。「武田三代軍記」も実名を親久とする。しかし親久・近久は、秋山虎繁の実名と誤って伝わった晴親・晴近との関係が連想され、いずれも検討を要する。天正七年八月二十日、兄昌詮の遺言により、下条兵庫助息女と婚姻をしたうえで秋山家の家督を嗣いだ（秋山家文書・補遺五三）。この時はまだ幼名吉千代を名乗っており、昌詮後室に悔返権が担保されている。下条兵庫助息女と婚姻のうえ、というからには、兵庫助に秋山氏の娘が嫁いでいたのであろう。秋山虎繁は大島（長・松川町）城代・下伊那郡司をつとめているから、十分に想定される事態である。その後仮名源三郎を名乗る。同十年三月の武田氏滅亡に際しては、実兄土屋昌恒・金丸助六郎とともに勝頼に付き従い、田野（山・甲州市）で戦死した（甲乱記、軍鑑・大成下一六〇頁）。二一歳、法名は賢英了勇居士と伝わるが（国志）、異説も多い。「寛永伝」は享年一七とする。三歳の男子が、母の縁を頼って伊豆大平の土屋氏のもとに落ち延びたという伝承がある。成人して与兵衛と名乗り、伊豆国君沢郡安久村に移住して、寛永十三年（一六三六）に五七歳で死去したと伝わり、子孫は同地に残るという（同前）。ただし秋山家の家伝文書自体は、寛文九年（一六六九）に岡崎藩（のち山形藩）水野家に仕えた秋山平太夫家に伝わっている（山形大学附属博物館寄託）。同家の系図には昌詮・源三郎ともに記述がないこともあり、源三郎以後の系譜については判然としない点が多い。（丸島）

秋山式部右衛門尉　あきやましきぶえもんのじょう

生没年未詳。秋山家の家伝系図は、伯耆守（虎繁）の子息とするが、年代的に疑問。虎繁の父または兄弟とみるのが自然か。天文十七年（一五四八）二月十四日、上田原合戦で首一つを討ち取ったという感状を晴信から与えられた（秋山家文書・補遺二）。次いで弘治元年（一五五五）七月十九日、第二次川中島合戦で首一つを討ち取ったことへの感状を与えられている（思文閣古書資料目録三三号掲載文書・補遺一六）。その後の動静は不明。なお、天正八年（一五八〇）に、浦野民部右衛門尉に替地を引き渡す役割をつとめた「秋山式部右衛門尉」が存在するが（新編会津風土記・三三九二）、年代的に別人であろう。あるいは子息であろうか。（丸島）

秋山十郎兵衛　あきやまじゅうろうひょうえ

生年未詳～天正三年（一五七五）五月二十一日。「惣人数」には諸国へ御使い衆と、むかでの指物衆ともに記載がある。織田信長への使いをつとめたというが（軍鑑・大成上三六〇頁）、一次史料上の確認はとれない。天正三年五月の長篠合戦で討ち死にした（国志）。（丸島）

秋山四郎左衛門尉　あきやましろうざえもんのじょう

生没年未詳。駿河衆。永禄十一年（一五六八）十二月の武田氏の駿河出兵に際し、今川氏を離反、武田氏に仕える。元亀三年（一五七二）五月二日、その戦功を賞され、椎地（椎路、静・沼津市）・諏訪（沼津市）で六一貫六〇〇文の知行を与えられた（秋山家文書・補遺三五）。（丸島）

秋山惣九郎　あきやまそうくろう

生年未詳～天正十年（一五八二）三月十一日。宗九郎とも。昌詮とは別人だが、同じ通称であるため、事蹟は混同されている可能性がある。武田氏滅亡に際し、勝頼とともに討ち死にした人物。景徳院の位牌に傑伝宗英居士とあったという（国志）。また高野山成慶院「過去帳（甲州月牌帳）」に「甲州府中秋山惣九郎」の追善供養として、「秋田道宗禅定門」の記載があるが（武田氏研究34五二頁）、供養年・没年月日ともに記載がなく、惣九郎・昌詮どちらが該当するか不明である。（丸島）

秋山虎繁　あきやまとらしげ

大永七年（一五二七）か～天正三年（一五七五）十一月二十六日、四九歳か（古美術品展観目録掲載文書・愛11一二四〇、乾徳山恵林寺雑本）。信玄・勝頼の重臣で、信濃大島（長・松川町）城代・美濃岩村（岐・恵那市）城代などをつとめた。善右衛門尉・伯耆守。善右衛門尉と伯耆守が同一人物とする決め手はないが、活動履歴からみてほぼ確実である。また、「信長公御一代合戦之覚」（徳川林政史研究所所蔵古案）という織田信長の合戦や攻略した城郭、討ち取った敵将の名を列記した史料に、「一、東美濃　秋山善衛門生捕」という記述が長篠合戦の前にみられる。これは明らかに虎繁のことを指しており、傍証たり得るであろう。実名についても、従来は信友と考えられてきたが、署判部分の写しによって「虎繁」と確定された（古文書花押写・四三三五）。「虎」字は信虎からの偏諱であろう。実名はほかに晴近・晴親・氏信などと伝わるが（国志）、いずれも誤りである。このうち前二者については、虎繁が同心とした「春近衆」の音からきた訛伝と推定される。秋山新左衛門信任の子という（同前）。しかし虎繁の父が、武田氏の通字「信」を与えられているとは考えにくく、信任という実名は疑わしい。天文十八年（一五四九）五月九日に、左近士新兵衛尉に対する過所発給の奏者として「秋山善衛門尉」とみえるのが初見（諸州古文書・六五五）。武田信玄の信濃侵攻に従軍する。同二十二年四月、葛尾城（長・坂城町）が自落した際には同城に入って戦後処理を担当したらしく、同月十二日に武田信繁から上意を伝えられている（甲陽日記）。武田氏の伊那郡への勢力拡大にともない、同郡支配に携わる。「軍鑑」によれば、虎繁は当初高遠城（長・伊那市）で上伊那の「郡代」（郡司）をつとめたが（軍鑑・大成上三二、三三頁）、永禄五年（一五六二）に武田勝頼が高遠城主となったため、飯田城（長・飯田市）に移ったという（同前下三七〇頁）。しかし実際には、高遠に在城した形跡はなく、早くから下伊那郡支配を担っていた。弘治元年（一五五五）八月、斎藤道三が国境で軍勢を動かした際には、伊那郡大島城に報告を送り、両角虎光とともに信玄から指示を受けている（吉田家文書・六四三）。この時、美濃遠山氏に対する援軍として、苗木城（岐・中津川市）に在番していた可能性がある。その後、しばらくして大島城に入り下伊那郡司になったと思われる。永禄二年十二月には、伊那国衆赤須昌為と、草刈場について取り決めを交わしており（松崎貞男氏所蔵文書・六七九）、虎繁が下伊那郡に所領を有していたことがわかる。こうした地理的関係から、主として美濃方面と三河・遠江方面の軍事・外交を担当した。某年八月十日には、武田信繁に三河武節口（愛・豊田市）の状況について相談し、指示を受けている（尾張文書通覧・七五二）。尾張の織田信長とも早くから接触をもっており、同元年頃の十一月二十三日、信長から大鷹の手配を依頼されている（新見家文書・四〇二〇）。同八年に信長と同盟を結ぶ際には、取次をつとめた（和田家文書・九四四）。これ以降、伯耆守でみえる。同十一年には岐阜（岐・岐阜市）に赴いたとされる（軍鑑・大成上三七頁）同十一年末～同十二年の駿河出兵に際しては、下伊那衆を率いて遠江に出陣した。ところが遠江出兵は、徳川氏との同盟協定に反したものであったため、同十二年正月八日、徳川家康から抗議を受けた武田信玄は、虎繁を撤退させて事情を問い質すことを約束している（松雲公採集遺編類纂・一三五〇）。虎繁の行動が、本当に独断であったかは疑わしいが、武田・徳川同盟崩壊の原因を作った形となったともいえる。元亀二年（一五七一）二月には、下伊那郡の諸郷の人足を動員し、大島城の普請を行うよう命じられた（工藤家文書・一六七五）。この時には、大島城代として下伊那郡支配を担っていたことは確実である。同三年の遠江・三河侵攻に際しては、山県昌景とともに別働隊を率いて信濃から遠江・三河両国に出陣した（当代記）。十月十日、山県と連名で遠江長福寺（静・掛川市）に、文書（禁制か）を発給している（古文書花押写・四三三五）。十一月二十七日には、三河国衆奥平定能に対し、虎繁と談合のうえで軍事行動を行うよう指示が出されている（奥平家文書・一九九五）。しかし同年末に、東美濃の国衆遠山氏が織田信長の介入に反発し、武田信玄に支援を求めたことで、美濃方面を担当するようになる。天正元年三月六日、東美濃に出陣して、織田勢を追い払うよう信玄から命じられ（京都大学所蔵古文書纂・二〇二七）、美濃岩村城に入った。入城に際して、信長の子で、遠山氏後継として送り込まれていた御坊丸（信房）を甲府に送り、遠山景任の後室（織田信長叔母）を妻に迎えたという（三河物語、軍鑑・大成上四二頁）。以後、岩村城に在城し、岩村城代（美濃遠山郡司）と大島城代（下伊那郡司）を兼ねる形になった。「惣人数」が、虎繁を御譜代家老衆・騎馬五〇騎を率いて岩村在城、坂西・知久・座光寺氏といった下伊那の国衆を相備えとし、合計三〇五騎を統率していたと記すのは、この時期の状況をふまえたものとみられる。同年十二月二十五日に、金丸筑前守の三男惣九郎（昌詮）に息女を嫁がせ、養子に迎えたのは（秋山家文書・補遺四三）、岩村城代という重責を担う立場にありながら、子息に恵まれなかったためと思われる。しかし同三年五月、武田勝頼が長篠合戦で大敗した直後、岩村城は織田信忠の軍勢によって包囲されてしまう（信長公記）。これにより、春近衆（下伊那衆）・岩村衆らを率いて岩村に籠城することになる。同年七月十九日、武田信豊・小山田信茂から、後詰めとして出陣する旨の連絡を受けるが（諸州古文書・二五〇八）、実現には至らなかった。八月十日、勝頼は動揺の広がる南信濃の防備を指示しており、虎繁が留守にしている大島城には日向虎頭らが代わって派遣された。同城周辺に残留していた虎繁の同心衆は、小山田昌盛・保科正直の下知に従うよう命じられている（同前・二五一四）。勝頼の岩村後詰めは、同年十一月にようやく動き出すが、逆に織田信長の出陣を促す結果となり、また間に合うこともなかった。十一月十日、岩村勢は織田勢への夜襲に失敗し、大きな損害を被ってしまう。これにより、虎繁は織田信忠に開城を申し出て降伏した。しかし二十一日、虎繁は赦免の御礼に出頭したところを捕縛されて岐阜（岐阜市）に送られ、長良川の河原で磔に処された（信長公記）。過去帳類は、命日を二十五日とするが、信長の家康宛書状から二十六日に処刑されたことがわかる（古美術品展観目録掲載文書・愛11一二四〇）。信長は「秋山事引寄、今日掛磔候」と述べており、完全な騙し討ちであった。法名浄国（本土寺過去帳・山6下八六頁、国志所引府中清運寺過去帳、なお清運寺は秋山氏創建の菩提寺）。「開善寺過去帳」は正しい忌日を記し、秋伯忠義禅門という法名を付している（新編伊那史料叢書4三六九頁）。虎繁が下伊那郡司であったために供養をしたのであろう。享年四九と伝わる（乾徳山恵林寺雑本・信14三〇頁）。養子の昌詮が跡を嗣いだ。妻は「身延祖師堂過去帳」に法名妙泰、十一月二日没という記載があったという（国志）。（丸島）

秋山内記 あきやまないき

生年未詳〜天正十年（一五八二）三月。昌成の子。実名未詳。天正七年末〜八年初頭にかけ、勝頼が家臣団に官途・受領を一斉授与した際に、父の官途名を引き継いだとみられる。いまだ若年であったとみられ、朱印状奉者など、武田家臣としての活動は確認できない。同十年三月の武田氏滅亡に際し、「軍鑑」に「出頭人秋山内記」が高遠で殺されたとある。「甲乱記」に父昌成は古府中で殺害されたとあるから、この内記は子息であろう。ただし、出頭人とよべる程の活躍は確認できないから、父の事蹟と混同された可能性が高い。（丸島）

秋山昌詮 あきやままさあき

天文二十年（一五五一）か〜天正七年（一五七九）七月二十三日、二九歳か（国志、寛永伝ほか）。虎繁の女婿で養子。金丸筑前守の三男で、土屋昌続の実弟である。惣九郎、左衛門尉。実名昌詮は「金丸系図」を典拠とし（国志）、同時代史料による裏づけはできないが、世代的に「昌」字を拝領している蓋然性は高い。天正元年十二月二十五日に、勝頼から養子となることを認められた（秋山家文書・補遺四三）。この時、惣九郎。同三年、養父虎繁の横死により家督を嗣いだ。同四年四月に行われた武田信玄の葬儀に際し、原昌栄とともに腰者を持ったという（武家事紀・二六三八）。事実であれば、かなり当主に近い立場にいた人物といえるが、虎繁の後継ぎなら納得がいく。同年七月、西山本門寺の諸役を免許した竜朱印状の奉者をつとめる（判物証文写・二六八五）。八月には、千塚（山梨・甲府市）の弥兵衛以下一一名の交名を与えられている（松木家文書・二七一四）。惣九郎の被官の書上と推測されているが、確証はない。某年三月六日、原昌栄・浦野孫六郎・小笠原信嶺のもとに派遣され、築城普請をねぎらった（禰津晴雄家文書・三七一、新編会津風土記・三七二、楓軒文書纂・三七三）。昌詮の通称変遷からすると、同四年のものか。このことからみて、当時勝頼の側近であったとみてよいだろう。同五年三月二十五日、駿河の小林庄左衛門尉に、巣鷹進上を命じた竜朱印状の奉者をつとめる（判物証文写・二七八九）。この時、左衛門尉。この頃、駿河富士大宮（静・富士宮市）に神馬二疋を奉納している（永昌院所蔵兜巌史略・補遺二三）。同七年七月二十三日に病死した。法名は妙山。妻加津野氏によって供養が営まれているから（本土寺過去帳・山6下八四六頁）、虎繁の娘とは死別したか、側室を迎えていたのだろう。享年は二九と伝わる（軍鑑・大成下三五頁、国志、寛永伝）。「甲府清運寺過去帳」にも、記載があったという（国志）。なお、「寛永伝」は法名を正山とする。後室は、同年八月十七日に一瀬郷（山・甲州市か）内六一俵・秋山郷（山・南アルプス市）内一三貫文・被官六人を堪忍分として安堵された（秋山家文書、補遺五三）。同二十日、遺言に従って昌詮の弟吉千代（源三郎）の相続が勝頼に認められ（同前・補遺五三）、秋山家は存続することとなる。なお昌詮とは別に、惣九郎を称した人物がいたようで、事蹟に混同がみられる。

（丸島）

秋山昌成　あきやままさしげ

生年未詳～天正十年（一五八二）三月。万可斎と勝頼生母の侍女の間に生まれる（甲乱記）。勝頼の側近家臣として台頭し、跡部勝資・長坂釣閑斎とならんで「出頭人」と称されたという。内記、摂津守。秋山内記の父。天正七年までの内記と、摂津守昌成を同一人物とする決め手はないが、活動時期と内容、子息の官途名による。ただし、江戸末期成立の随筆「傍廂」では、初名友市、のちに秋山内記、また摂津守に任じられたとある（日本随筆大成3‐1八三頁）。同二年三月一日、在城給として禰津氏居住の屋敷を与えられたというが（田中家旧蔵文書・三六七）、様式に疑問があり、検討の余地が大きい。確実な初見は、同年三月二十八日、石原備後守が所持していた屋敷を跡部勝資に与えた竜朱印状を奉じたものである（諸州古文書・三七五）。この時、内記。翌三年二月七日、長坂光堅と連名で某に知行を宛行う竜朱印状を奉じる（本間順治氏所蔵文書・二四五三）。同十四日には、初鹿野昌久に対し、重恩を宛行った竜朱印状の奉者をつとめる（飯島綾子氏所蔵文書・二五九）。同七年三月十九日、蓮朝寺に対する寺中定書を奉じる（蓮朝寺旧蔵文書・三一〇八）。これが内記でみられる終見となる。同七年とみられる十月二日、芹沢対馬守に過所の偽造を取り締まるよう命じた（芹沢家文書・三一七五、同八年の可能性もある）。この時、「秋山摂津守昌成」と署判しており、実名が判明する。同八年九月十九日、一条信竜に対し、新宿建設にともなう諸役を免許した獅子朱印状の奉者をつとめる（甲斐国古文書・三四二四）。同九年六月十二日、市川元松とともに、甲斐一宮浅間神社の氏子五二名の普請役を免許した竜朱印状を奉じる（浅間神社文書・三五六二）。同十年三月一日、小菅次郎三郎に領中の地下人召集を命じた竜朱印状の奉者としてみえるが、時期的に検討の余地が大きい（黒沢家文書・三六六五）。同十日、土屋次郎右衛門尉の本領を安堵した竜朱印状の奉者をつとめているが（諸州古文書・三六七七）、武田氏滅亡の前日であり、このような調った様式の文書を発給する余裕があるか、やはり疑問である。実際には同十年三月の武田氏滅亡に際し、甘利左衛門尉・大熊長秀とともに離反し、天目山（山・甲州市）への道を塞いで弓矢・鉄砲を打ちかけたという（甲乱記）。その後、織田氏によって古府中で殺害された（同前）。（丸島）

秋山昌満　あきやままさみつ

生没年未詳。信虎の側近家臣。宮内丞。大永二年（一五二二）三月四日、伊勢神宮の御師幸福大夫に書状を送り、甲斐に攻め込んできた今川家臣の福嶋衆を打ち破った旨を伝えるとともに、六月頃に参詣したいという希望を述べている（幸福大夫文書・五二）。文末で、「親候者」に送られた御祓の礼を代弁していることから、比較的若年であったのだろう。天文八年（一五三九）九月、女房が高野山成慶院で自身の逆修（生前）供養を行い、妙春信女という法名を付されている（過去帳・武田氏研究34五八頁）。（丸島）

秋山万可斎　あきやままんかさい

生年未詳～天正十年（一五八二）三月。元尾張牢人小牧新兵衛（甲乱記）。信玄に仕えて秋山姓を与えられ、斎号を万可斎と名乗った。永禄七年（一五六四）六月十三日付の信玄書状で、美濃遠山氏のもとに派遣されたとあるのが初見（尊経閣文庫所蔵武家手鑑・八九九）。その後も織田勢と武田勢が神箆（岐・瑞浪市）で交戦した際、遠山右京亮のもとに派遣され、戦功を讃える使者の役割を果たした（慶應義塾大学図書館所蔵反町文書・二〇六一）。また遠山氏麾下の国衆小里氏が離反した際には、遠山景任・直廉兄弟のもとに派遣され、当面は穏便な対応をとるよう説得にあたった（古典籍展観大入札会目録掲載文書・二〇九〇）。遠山民部入道の帰属に際しても、万可斎が派遣され、遠山同名中の従属工作に成功している（春日家文書・四四〇）。このように、美濃遠山氏との連絡役をつとめており、尾張出身という経歴を活かしたものと推測される。妻は武田勝頼の生母に仕えた女性であったといい（甲乱記）、信玄から重用された様子が窺える。ところが天正十年の武田氏滅亡に際しては、小山田信茂に荷担して勝頼から離反した。しかし織田氏に捕らえられ、子息昌成とともに古府中で処刑されたという（同前）。（丸島）

秋山民部助　あきやまみんぶのすけ

生年未詳～天正十年（一五八二）三月十一日。天文六年（一五三七）に普賢寺（山・山梨市）の上葺きを勧進した小人善四郎が前身（王代記）。のちに取り立てられ、秋山民部丞になったという（同前）。天正十年三月十一日、勝頼に従って討ち死にした（軍鑑・大成下一八〇頁）。景徳院の位牌には法名観応月心居士とあった（国志）。子息弥十郎もともに討ち死にしたという（武田三代軍記）。高野山成慶院「信州月牌帳三」に、信濃諏訪郡有賀村（長・諏訪市）の住人で、同十年三月十一日に死去した秋山民部助の記載があり（戒名は記されていない）、同年八月十一日に老母に供養されている（信濃64－1六八頁）。同一人物とみてよいように思われる。（丸島）

秋山杢助　あきやまもくのすけ

生年未詳～天正十年（一五八二）三月十一日。天正十年三月の武田氏滅亡に際し、勝頼に従って討ち死にしたという。景徳院での法名は、水村山谷（景徳院位牌）。（丸島）

上松蔵人　あげまつくろうど

生没年未詳。信濃国衆木曾義昌の弟。永禄十年（一五六七）三月二十一日、高野山蓮華定院において、自身の逆修（生前）供養を営んでいる「上松右馬尉」と関係があるか。右馬尉の法名は、一渓舌相広長波明であった（蓮華定院過去帳月坏信州佐久分第二）。天正十年（一五八二）二月一日、武田勝頼に背き、織田信長に従属した木曾義昌から、信長のもとへ人質として送られている（信長公記）。その後小笠原内蔵助を名乗るが、甥良利の命で殺害されたという（木曾旧記録・信叢1三二頁、木曾考・信叢7三七頁）。（丸島）

麻口源助 あさぐちげんすけ

生没年未詳。信濃国筑摩郡会田（長・松本市）の土豪。会田岩下氏の被官とみられる。天正九年（一五八一）の「伊勢内宮道者御祓くばり帳」において、「あいた分」の人物として記載され、熨斗二〇本、茶五袋を配られたと記されているのが唯一の所見（堀内健吉氏所蔵・三六四）。（平山）

麻口与左衛門 あさぐちよざえもん

生没年未詳。信濃国筑摩郡会田（長・松本市）の土豪。麻口源助の一族。会田岩下氏の被官とみられる。天正九年（一五八一）の「伊勢内宮道者御祓くばり帳」において、「あいた分」の人物として記載され、茶二袋を配られたと記されているのが唯一の所見（堀内健吉氏所蔵・三六四）。（平山）

朝倉在重 あさくらありしげ

天文十四年（一五四五）～元和元年（一六一五）十一月六日、七一歳。駿河国柿島村（静・静岡市）の土豪。通称は弥六郎、六兵衛。「寛永伝」「寛政譜」はともにその系譜を越前朝倉氏に結びつけるが、検討を要す。天文十七年十一月二十四日に、朝倉弥三郎が今川義元より駿河国長津俣（静岡市）五ヶ村の預職を安堵された（判物証文写・戦今八八一）。永禄三年（一五六〇）十二月九日に、朝倉六郎右衛門尉が今川氏真より長津俣・坂本・尊俣（静岡市）の預職を安堵された（同前・一六一八）。彼らは親族と推察される。六郎右衛門尉は、弥三郎とは活動時期より同人であろうか。同六年五月二十六日には、氏真より長津俣など一三ヶ村に対する三州急用のための棟別銭賦課も免除されている（同前・一九一八）。その後、六郎右衛門尉に代わり在重がみられ、同十年十月の貫高注文写（宮本勉氏所蔵文書・戦今二一五三）で、柿島村内において五貫五〇〇文の山屋敷を所持している「六兵衛」は彼のことか。同十一年十二月に始まる武田信玄による駿河侵攻の際には、今川方として一揆を率いて活動し、翌十二年閏五月七日、氏真よりその働きを賞され、一〇〇貫文の知行を約束される（藩中古文書・戦今二三九一）。元亀元年（一五七〇）二月三日、武田氏への忠信を願い出て、武田家朱印状（奉者は土屋昌続）により所望の地を宛行われることを約束され、二十日には武田家朱印状（奉者は土屋昌続）により、柿島村をはじめ九ヶ所で計一一貫四〇〇文と柿島での陣夫一人を宛行われた（同前・一五〇一、〇八）。同三年四月晦日、在重の働きかけにともない武田家朱印状（奉者は市川昌房）により、西河内（静岡市）での天正二年（一五七四）十二月までの普請役免許を認められ、中河内でも同様の処置がとられた（同前・一八四八）。この後は六兵衛を称し、同三年八月には徳川氏による遠江小山城（静・吉田町）攻囲のなか籠城に参加、撃退後の九月二十一日に武田勝頼より籠城の戦功を賞され、感状を与えられた（同前・二五二九）。同十年三月の武田氏滅亡後は、徳川氏へ仕え、同十二年三月の長久手合戦に参加する（寛永伝）。同十六年閏五月十四日、徳川家康より駿河国安倍三ヶ村の棟別諸役を先規のとおり免除された（諸家文書纂・静8一九七五）。また年未詳二月二十六日付本多正信書状写（駿府古文書・山5一七四九）によると、海野弥兵衛とともに駿河・遠江・信濃・甲斐四ヶ国へ材木の検分に派遣されていることがみられる。同十八年徳川氏の関東移封後は、柿島に留まり、駿河入国した中村一氏へ仕えたが、その後慶長十一年（一六〇六）十月以後に、駿河駿府城（静岡市）を居城とした大御所徳川家康へ再出仕した（寛永伝）。法名は全勝（寛政譜）。後裔は旗本として仕えた（同前）。（柴）

朝比奈左京進　あさひなさきょうのしん

生年未詳～永禄四年（一五六一）九月十日。実名は泰友と伝わる（寛永伝、寛政譜）。朝比奈氏の通字は「泰」だから、信頼してもよいかもしれない。第四次川中島合戦に際し、武田信繁に従い、討ち死にした（寛永伝）。子息三郎右衛門尉（泰重）が跡を嗣いだ。（丸島）

朝比奈真定　あさひなさねさだ

生年未詳～天正九年（一五八一）三月二十二日。駿河衆。父は朝比奈真重。通称は弥六郎で、実名は「寛政譜」によると「真定」とされる。天正七年より遠江高天神城（静・掛川市）に在番をつとめ、このなか江尻城代穴山梅雪斎不白（信君）へ孕石元泰とともに父真重の再奉公の願い出る一方（楓軒文書纂・三三五七）、同八年からの徳川氏による攻囲のなか、城将岡部元信のもとで籠城につとめるが、同九年三月二十二日に同城は落城、真定は同日に戦死した（乾徳山恵林寺雑本・静8三八五）。十二月十日、真定の高天神籠城戦中の戦功が賞され、父真重へ武田家朱印状（奉者は跡部勝忠）により、真定の菩提を弔うための小庵の建立と嫡男竹千代への遺跡安堵が認められた（新井正毅氏蔵文書・三六三四）。（柴）

朝比奈真重　あさひなさねしげ

永正十五年（一五一八）～文禄三年（一五九四）正月六日、七七歳（寛政譜）。今川家臣、武田氏の駿河平定以降に仕えた駿河衆。官途は彦右衛門尉、河内守、佐渡守。朝比奈氏は駿河国朝比奈谷（静・藤枝市）を本地とする国人で、今川氏へ仕え重臣となり、その主流は遠江国懸河（静・掛川市）と、駿河国駿府（静・静岡市）の二系統に別れそれぞれ活動していた。真重は、遠江朝比奈氏の系譜に属す遠江鵜津山城主朝比奈氏の出身で、永禄十年（一五六七）正月二日に死去した真次が父とされるが（寛政譜）、両者の活動時期から推察すると、その弟か。元亀三年（一五七二）五月五日、武田信玄より駿河国善徳寺領内の代官に任命される（鎌田武男氏所蔵文書・一八六四）。天正元年（一五七三）九月三日、武田家朱印状（奉者は跡部勝忠）により、岡部正綱・大井孫三郎・玉木与四郎・高井次郎右衛門尉と談合のうえで駿河国の段銭納入を命じられ（同前・二一六二）、同月二十一日には武田家朱印状（奉者は跡部勝忠）により、駿河国の段銭納入に携わる代官となる（同前・二一七九）。この後、受領名河内守を名乗り、同五年十月六日には、武田勝頼より信玄から宛行われた善徳寺領内一六一貫五〇〇文の知行をあらためて安堵される（重野家史料・四二七八）。同九年六月六日に土屋昌恒に宛てられた穴山梅雪斎不白（信君）の書状によると、一度致仕していたのか、同年三月二十二日に遠江国高天神城（掛川市）で戦死した孕石元泰と次男弥六郎真定より奉公の願い出がだされており、不白が許可したことが確認できる（楓軒文書纂・三三五七）。その後受領を佐渡守に改め、高天神落城により戦死した次男真定の菩提を弔うため、小庵の建立と孫竹千代への遺跡安堵を申請し、十二月十日に武田家朱印状（奉者は跡部勝忠）により認可された（新井正穀氏旧蔵文書・三六三四）。同十年三月の武田氏滅亡後、再び彦右衛門尉を称し、嫡男真直とともに徳川家康へ仕え、十二月六日に徳川家朱印状（奉者は高木広次）により、真重は本領の善徳寺領内五〇貫文の知行地を安堵、真直は善徳寺領内一三〇貫文・中田（静岡市）内二〇貫文の知行地を宛行われた（書上古文書・静8一六〇〇）。その後は家督を真直に譲り、駿河国で死去、法名は宗伯（寛政譜）。後裔は旗本として仕えた（同前）。　（柴）

朝比奈三郎右衛門尉　あさひなさぶろうえもんのじょう

生年未詳～天正三年（一五七五）五月二十一日。左京進（泰友）の子。実名は泰重と伝わる（寛永伝、寛政譜）。朝比奈氏の通字は「泰」だから、信頼してもよいかもしれない。穴山信君に従い、長篠合戦で戦死した（同前）。なお、「寛永伝」は別に朝比奈三郎右衛門（実名未詳）を載せ、今川義元に仕えて天正六年に遠目（当目、焼津市）で討ち死にしたとするが、時系列がおかしく、別人であろう。ただしどちらの系図も、子息九兵衛尉は幼少期の家康に側近く仕え、桶狭間合戦にも参陣したとしており、明らかな混乱がみられる。武田家臣となった朝比奈家の系図に、九兵衛尉を接続したのであろうか。　（丸島）

朝比奈輝勝　あさひなてるかつ

生没年未詳。今川家臣、永禄十一年（一五六八）十二月に始まる武田信玄による駿河侵攻のなかで武田氏へ従属した駿河衆。今川重臣の朝比奈一族であるが、系譜関係は不明。受領は筑前守。実名「輝勝」は、今川氏輝よりの偏諱によるかと推察される。初見は、天文十九年（一五五〇）十一月十七日に、今川義元による三河国新神戸郷神明社（愛・豊橋市）の社殿造営に際し奉納された棟札銘で、岡部出雲守輝綱とならび「奉行衆」としてみられる（安久美神戸神明社所蔵・戦今九八六）。このことより、今川氏の東三河統治の拠点吉田城（豊橋市）に配置された奉行衆とされる。永禄二年八月二十一日には、義元に召し出しのうえで尾張大高城（愛・名古屋市緑区）の在城を命じられ、それにともない収公されていた遠江国下長尾（静・川根本町）を宛行われ、前々よりの被官を還付された（土佐国蠧簡集残編・戦今一四七四）。同十一年十二月からの武田信玄による駿河侵攻のなかで従属し、元亀元年（一五七〇）正月、田中（徳一色）城（静・藤枝市）攻略後は朝比奈信置とともに同城の二・三曲輪に配置されている（高山吉重氏所蔵文書・一五一五）。同三年五月五日には駿河誓願寺（静・静岡市）の清蔵主へ寺領を前々のとおりに安堵した（誓願寺文書・一八六六）。その後の事蹟は不明。　（柴）

朝比奈藤太郎　あさひなとうたろう

弘治二年（一五五六）～天正三年（一五七五）五月二十一日、二〇歳。駿河衆（寛永伝）。実名は昌是と伝わる（以下、寛政譜）。長篠合戦で討ち死にした。若年で討ち死にしたためか、今井九兵衛（信俊）の次男新九郎（昌親）が養子となり、跡を嗣いだ。なお新九郎には工藤長門守の娘が嫁いでいる。　（丸島）

朝比奈信置　あさひなのぶおき

享禄二年（一五二九）～天正十年（一五八二）四月八日、五四歳。今川重臣、のち武田氏へ属し、「惣人数」（軍鑑）では一五〇騎を率いる駿河先方衆。通称は藤三郎、官途は三郎兵衛尉、右兵衛大夫、駿河守。初名は「寛永伝」「寛政譜」が父の実名としている「元長」か。駿河朝比奈氏の系譜に属し、父親徳は今川義元の重臣として駿河国富士下方（静・富士市）など御料所の代官、松平元康（徳川家康）をはじめとする三河国衆への指南などで活動したことで知られる。信置の初見は、天文十七年（一五四八）七月一日に、三河小豆坂合戦での戦功を賞した今川義元感状で通称藤三郎としてみられる（土佐国蠹簡集残編・戦今八七三）。この後、官途名三郎兵衛尉を称し、年未詳七月二十六日付今川氏真書状では、添状発給に携わった（成就院文書・戦今二六五六）。永禄六年（一五六三）四月十日の親徳の終見（中山文書・戦今一九〇九）頃より、信置は官途名右兵衛大夫を称し家督を継承したかと推察され、閏十二月十六日には、氏真より遠江国引間（静・浜松市）での戦功、また同七年に年次比定される正月六日にも、三日の勝利における戦功を賞され感状を得た（土佐国蠹簡集残編・戦今一九三三、六〇）。同八年に年次比定される十月十一日には、駿河国東泉院（富士市）への六所宮再興に関わる氏真書状の添状発給に携わった（冨知六所浅間神社文書・戦今二〇五八）。同十一年十二月、武田信玄による駿河侵攻が開始されると、その旗下に属し庵原知行分一円の宛行が約束され、翌十二年正月十日には、信玄より攻略までの間の替地を与えられた（土佐国蠹簡集残編・一三五三）。この際、受領名駿河守、また偏諱が与えられ、実名「信置」を称したと推察される。一方、同日に離叛された今川氏真は、奥山定友・同久友へ信置の知行地であった駿河国上長尾（静・川根本町）六〇貫文と、遠江国友長（静・袋井市）内二〇〇俵の所務を認めている（奥領家奥山文書・戦今二三三六）。また信玄より十一日に安東輝光（市島春城旧蔵手鑑・一三五四）、十七日に青島五郎兵衛（判物証文写・一三五六）、二十日に古槇源四郎（土佐国蠹簡集残編・一三五八）という同心または与力にあったと推察される人物たちが、それぞれ信置とともに瀬名谷（静・静岡市）へ退いた功により、知行を宛行われている。このほか同心衆には、年月日未詳の某言上写（駿河志料所収文書・三九六八）によると、板垣某がいた。その後、武田信友や小原伊豆守とともに、信玄の許可を得ずに安倍山中に籠もる駿河衆の人質交渉に携わるが、信玄の怒りを買い、一時出仕を止められた（酒井家文書・一三六九）。五月六日、今川氏真は小倉勝久へあらためて信置の同心給恩跡職の差配を認めており（小倉文書・戦今二三六〇）、同心衆の給恩も没収されていたことが確認できる。元亀元年（一五七〇）正月、田中（徳一色）城（静・藤枝市）攻略後は、朝比奈輝勝とともに同城の二・三曲輪に配置されている（高山吉重氏所蔵文書・一五一五）。同二年三月六日には武田家朱印状（奉者は原昌胤）により、所領内の本百姓の人返しを認められ（山梨県立図書館所蔵甲州文庫文書・一六六六）、十二月二十四日には武田家譜代家臣の横田康景と連署で、駿河国安倍郡俵村（静岡市）に五人の軍役負担を課した（駿河志料所収文書・一七六五）。また同月には、伊勢御師の亀田太夫へ大神宮神楽銭として庵原郷（静岡市清水区）西方一二貫文を寄進（亀田文書・一七六七）。翌三年正月十九日、関平左衛門へ石田（静・沼津市）内の関・松井二名を与え（関家文書・一七七二）、閏正月十九日には貫名是道へ子息三衛門尉の奉公願いを北条氏政の了承を得たうえで認め、知行二〇貫文を与えることを約束した（相州文書・一七八二）。また三月十二日には石切左衛門五郎へ庵原郷西方で五貫文を給恩として与えている（片平家所蔵文書・一八〇五）。天正元年八月二十五日、徳川氏による三河長篠城（愛・新城市）への攻撃に対し、武田勝頼より山県昌景のもとで穴山信君・武田信廉・岡部元信・岡部正綱とともに、後詰にあたるよう指示される（尊経閣古文書纂・二一五五）。同三年六月三日付清野刑部左衛門尉宛武田勝頼書状（堤猪三郎氏所蔵文書・二四九五）によると、前月二十七日に信置が駿河田中城の板垣信安のもとへ、徳川勢の遠江国懸河（静・掛川市）出陣を知らせていることがみられる。また長篠敗戦直後の七月五日には、勝頼より山県昌満が信置を遠江国犬居（浜松市天竜区）の天野藤秀への加勢に三浦員久・小原宮内丞たちとともに引き連れあたるよう指示されている（孕石家文書・二五〇二）。十二月十八日、信置が朝比奈泰茂の帰国と進退に尽力したことにより、泰茂より嫡男信良に朝比奈惣領職が譲与された（土佐国蠧簡集残編・二五五七）。同四年八月五日、井出伝左衛門尉へ駿河国加島（富士市）内・同方上（静・焼津市）内で計五〇貫文の知行（井出家文書・二七〇〇）、八月二十八日には原川新左衛門へ石脇郷（焼津市）内の文衛門屋敷ほか計九五〇文の屋敷地（原川家文書・二七一六）を宛行う。また同六年正月二十七日には、駿河長谷寺（静岡市）の塔頭理覚院へ長谷堂屋敷を与えて本尊の帰座の尽力を指示した（清水寺所蔵文書・二七六〇、二九一四）。六月十四日、勝頼は遠江小山城（静・吉田町）の岡部元信へ、遠江高天神城（掛川市）の在番衆の路地中の送迎を命じる書状のなかで、室賀満正・信置・城景茂との談合を指示する（土佐国蠧簡集残編・二九八七）。その後、同八年五月頃までには、嫡男信良へ家督を譲渡し、出家して法名堅雪道与を名乗る。同九年六月六日付土屋昌恒宛穴山梅雪斎不白（信君）書状写（楓軒文書纂・三五五七）によると、駿河用宗城（静岡市）の普請に関し、信置の願いにより武田氏の指図のもとに行うよう、不白が命じたことがみられる。同月二十三日には子息の藤五郎と妻西方・子息の八郎それぞれへ、駿河国庵原・加島・方上などの所領と夫役徴収・塩畑を宛行い、藤五郎と八郎が信良に従い奉公につとめることを命じる（土佐国蠧簡集残編・三五七二、三五七三）。また石切左衛門五郎へ、七月二十二日には東方（静岡市清水区）石切屋敷内の樹木の管理、十一月二十日には石切居屋敷地をそれぞれ「宝納」印を押捺した朱印状により保証した（片平信弘氏所蔵文書・三五八五、三六二六）。同十年二月、織田・徳川両勢による武田領国侵攻が開始されると、信良とともに駿河用宗城で徳川勢を迎え撃った。その際徳川方よりの投降の呼びかけに、徳川重臣石川数正へ書状を遣わし拒否（日東文書・三七四二）、二十九日に開城して駿河久能城（静岡市）へ退いた（家忠日記）。この後武田氏滅亡により、駿河蒲原城（静岡市・清水区）にいた信置も殺害された（甲乱記）。「寛政譜」は、その日付を四月八日とする。一乗寺（静岡市清水区）に葬られた。（柴）

朝比奈信良　あさひなのぶよし

生年未詳～天正十年（一五八二）三月。駿河先方衆。信置の嫡男。官途は三郎兵衛尉、右兵衛大夫。実名「信良」は父信置に続いて武田氏より偏諱を授けられ、称したと考えられる。妻は、跡部勝資の娘である（寛政譜）。天正三年十二月十八日、父信置が朝比奈泰茂の帰国および進退に尽力したことにより、泰茂より信良に朝比奈惣領職が譲与されているのが初見である（土佐国蠧簡集残編・二五五七）。

その後、同八年五月までには父信置より家督を譲渡され、官途名右兵衛大夫を称し、駿河用宗城（静・静岡市）に在城していたことが確認できる（家忠日記）。同九年六月二十三日に父信置が藤五郎と八郎へ所領を宛行い、信良に従い奉公につとめることを命じている（土佐国蠹簡集残編・三五七二、七三）。同十年三月の武田氏滅亡により、織田氏により信濃国諏訪（長・諏訪市）で殺害された（甲乱記）。信置・信良死後の駿河朝比奈氏は、信置次男の元永とされる人物の系統が土佐山内家臣、三男宗利の系統が旗本として仕えた（寛政譜ほか）。　（柴）

朝比奈孫左衛門尉　あさひなまごさえもんのじょう

生没年未詳。駿河国朝比奈谷（静・藤枝市）を本地とする駿河衆。「駿河志料」では、実名が「泰元」としてみえる。今川氏に仕え、天文十二年（一五四三）九月十九日には、今川義元より又八郎（「駿河志料」は実名を「吉周」とする）が本地朝比奈谷ほか、沓谷・藁科庄（静・静岡市）内富士雅楽助跡の当知行分を以前からのとおり、棟別・人足などの諸役免許のうえで安堵されている（朝比奈文書・戦今七三五）。そして永禄二年（一五五九）十二月二十七日には、今川氏真より千世増が朝比奈谷・藁科庄内富士雅楽助跡のほか、沓谷の替地として上当麻（藤枝市）、蒲原（静岡市）在城の新給恩として蒲原六郷内中郷鑰穴青島、朝比奈親徳代官所より一〇〇俵を宛行われ、棟別・段銭・人足などの諸役を免許された（同前・一四九〇）。これにより千世増は、又八郎の後継にあたるのであろう。同十一年十一月の武田信玄による駿河侵攻に際し、孫左衛門尉が武田氏へ属し、翌十二年二月晦日に、信玄より今川方に属した朝比奈孫次郎分温井・森島（静・富士市）内ほか六二貫八〇文を宛行われる（同前・一三七四）。この際、孫左衛門尉は「先方」たる今川氏との関係は顧みず、忠節につとめることを求められていることより、それまで今川家臣であったことが確認できるとともに、前出の千世増の後身にあたるか。元亀元年（一五七〇）二月二日には、武田家朱印状（奉者は武田信友）により、朝比奈九郎左衛門屋敷を与えられる（同前・一五〇〇）。また六月晦日には武田家朱印状（奉者は原昌胤・市川昌房）により、孫左衛門尉の知行所望に対し、奉公・戦功による重恩を約束されている（同前・一五六四）。同三年六月八日には本地朝比奈谷内の青羽（青羽根）・玉執（玉取）・近又・上野における天正元年（一五七三）二・三月分の普請役免許を認められた（同前・一九〇五）。これが孫左衛門尉の終見で、同九年になると助一郎（「駿河志料」は実名を「泰房」とする）がみられ、同年六月六日付土屋昌恒宛穴山梅雪斎不白（信君）書状写（楓軒文書纂・三三五七）では、三浦右近との「骨肉」の関係より陣代を参府させるよう求められている。また十二月十五日には武田家朱印状（奉者は秋山紀伊守）により、奉公に対し駿河国小鹿・曲金郷（静岡市）において検地のうえで増分を宛行うことを約束された（朝比奈文書・三六三六）。同十年三月の武田氏滅亡後は仕官せず、後裔は在村した（駿河志料）。　（柴）

朝比奈弥四郎　あさひなやしろう

生年未詳～天正十年（一五八二）三月。武田信豊の近臣（若衆）。天正十年の武田氏滅亡時、二月の諏訪上原（長・茅野市）在陣の段階で討ち死を覚悟し、同地の要明寺に道号を授けてもらったという。信豊が自害する際に、介錯をして追

い腹を切った（信長公記）。（丸島）

朝比奈弥六　あさひなやろく

生年未詳～天正九年（一五八一）三月二十二日。高天神籠城衆。天正九年の高天神落城に際して討ち死にした（乾徳山恵林寺雑本・信15―七頁）。仮名に「弥」字を用いている点から、駿河国衆朝比奈一門とみてよいだろう。（丸島）

浅利右衛門尉　あさりえもんのじょう

生没年未詳。永禄十年（一五六七）八月、武田家臣が信玄への忠節を誓った「下之郷起請文」を、小幡信尚に宛てて提出している（宮入八樹氏所蔵御願書幷誓詞写・四二〇）。小幡氏の被官であろうか。そのほかの事蹟は未詳。（丸島）

浅利虎在　あさりとらあり

生没年未詳。伊予守。浅利信種・下条讃岐守の父（国志）。天文十年（一五四一）十二月二十三日の武田八幡宮宝殿造営棟札銘に名が見える（若尾資料甲斐国志資料・四二七）。ただし本棟札は、まだ左京大夫を称していた晴信を、大膳大夫と記すなど、原本通りのものとは考えられない点、注意を要する。（丸島）

浅利信種　あさりのぶたね

生年未詳～永禄十二年（一五六九）十月六日。浅利氏は甲斐源氏の末流。伊予守虎在の子とされる。右馬助。「惣人数」は手勢一二〇騎とし、三増峠合戦で討死後に一〇〇騎を収公されたと記す。永禄六年十一月の恵林寺検地帳に同心弥四郎の名がみえるのが初見（恵林寺文書・山4二九五）。同九年閏八月二十三日に、佐藤民部少輔が忠節を誓った起請文の宛所としてみえる（佐藤家文書・一〇二〇）。翌十年二月二十六日には、跡部祖慶と連名で、不作を理由として海口郷（長・南牧村）の伝馬役を赦免した文書の奉者をつとめた（井出家文書・一〇五二）。同年八月七日、吉田信生とともに「下之郷起請文」の奉行をつとめ、多くの起請文の宛所となっている（生島足島神社文書・一〇九九、一一〇一、〇五～〇七、〇九、一四、一八、二五～二八、三〇、三一、三三、三八～四〇、四二～四六、四九、五一、五三～五五、五九、六二、六三、六五、七四、宮入八樹氏所蔵御願書幷誓詞写・四二〇）。宛所に名前を記さず、「御奉行（所・衆）」「両御奉行」に宛てた起請文も、浅利・吉田両名宛とみてよい（生島足島神社文書・一二四一、四八、七三、七九）。自身も、八月七日に金丸（土屋）昌続に宛てて起請文を提出している（同前・一一〇三）。その後、上野箕輪城（群・高崎市）に城代として着任。同十一年には箕輪在城衆と番手衆に対し、指示を出しているが、前欠で残念ながら内容がわからない（漆原家文書・一三三〇）。同十二年五月十七日、上野国衆高山定重が武蔵国境に砦を築くよう命じられた際には、浅利信種と談合して行うよう指示されている（高山系図所収文書・一四〇八）。同年閏五月十六日、浦野宮内少輔らは浅利の指示に従って北条領武蔵へ攻め込むよう命じられている（源喜堂古書目録・一四二三）。この時信玄は、武蔵を攻めるために浅利信種を箕輪に派遣したと説明しているから、つねに箕輪に在城し続けていたわけではなかったらしい。部隊の軍装は、飯富虎昌の赤備えを引き継いだという（軍鑑・大成下一九〇頁）。同年十月六日の三増峠合戦（神・愛川町）で戦死した。「軍鑑」は馬上で指揮をとっているところを、北条綱成衆に鉄砲で狙撃されたと記す（大成上三九二頁）。法名泰公禅定門。元亀二年（一五七一）十一月二十日に、高野山成慶院で追善供養がなされている（武田御日坏帳一番・山6下九〇四頁）。「府中山宮浅利殿」と書かれているから、甲府の山宮に屋敷があったらしい。後任の箕輪城代内藤昌秀は、浅利信種の時のように公平に文書を出すよう説諭されている（大沢二朗氏所蔵文書・一五三六）。子息に彦次郎がいたらしい（軍鑑・大成下九三頁）。また慶長五年（一六〇〇）四月二十日、米倉種継によっても高野山で月牌供養が営まれている（十輪院武田家過去帳・山6下九二五頁）。（丸島）

浅利彦次郎 あさりひこじろう

生没年未詳。信種の子という（軍鑑・下九三頁、国志）。永禄十二年（一五六九）に信種が討死した際にはまだ幼かったといい、武田家臣時代は目立った働きはない（国志）。「惣人数」にみえる浅利式部との関係は不明だが、式部が陣代をつとめていたのかもしれない。天正十年（一五八二）の壬午の乱に際し、徳川家康に従う（国志）。その後、本多忠勝に仕えたと伝わる（岩淵夜話集）。（丸島）

芦沢喜兵衛 あしざわきひょうえ

生没年未詳。甲斐国河内谷の人物。穴山家臣。年未詳五月七日、穴山信君が松屋（商人か、詳細不明）に対し、馬の調達を依頼した際に、芦沢喜兵衛が副状を出しており、信君の側近であったことがわかる（浅羽本系図・三八四五）。この文書の年紀は定かでないが、永禄期（一五五八～七〇）であることは間違いない。その後、信君側近として芦沢伊賀守君次が登場するので、時期的にみて、芦沢喜兵衛と芦沢君次は同一人物と推定される。（平山）

芦沢九郎右衛門尉 あしざわくろうえもんのじょう

生没年未詳。甲斐国南部（山・南部町）の土豪。穴山家臣。芦沢友孝の子か。弘治四年（一五五八）二月二日、穴山信君より官途状を与えられたのが初見（朝夷家文書・五八七）。永禄九年（一五六六）十月二十九日、穴山信君より同年は蔵出五貫文を当座の分として与えられ、翌年には花輪（山・中央市）で知行を与える約諾を得ている。これは芦沢九郎右衛門尉の本領に問題が発生し、さらに水害による被害が出たため、彼が穴山氏に訴えたためにとられた措置である（芦沢家文書・一〇三三）。天正十年（一五八二）一月五日、穴山氏に訴え、南部の妙楽寺屋敷が代々の居屋敷であることを認めてもらい、畠などとともに還付されている（同前・三六四七）。（平山）

芦沢清左衛門尉 あしざわせいざえもんのじょう

生没年未詳。駿河国久沢（静・富士市）の土豪で国衆葛山氏の家臣。永禄十二年（一五六九）四月六日、葛山氏元から朱印状により、駿河国足洗（静・静岡市）で一〇貫文の知行地を宛行われた（芦沢文書・一三八八）。元亀三年（一五七二）五月二日、信玄より駿河葛山氏の一族・家臣、与力・同心たちに対して知行宛行が行われるなか、清左衛門尉も武田氏へ属した以来の働きを賞され、駿河国石田（静・沼津市）内・深沢（静・御殿場市）内の計二〇貫文の知行地を宛行われた（芦沢家文書・一八五五）。後裔は、武田氏滅亡後も久沢に在住し続けた。（柴）

芦沢君次 あしざわただつぐ

生没年未詳。甲斐国河内谷の国衆。穴山家臣。伊賀守。天正九年（一五八一）とみられる南松院奉加帳に、穴山梅雪夫妻やほかの重臣達とともに、金の奉加を実施している記録が初見（南松院文書・三六八九）。おそらく、芦沢喜兵衛の後身と推察される。また年未詳の九月晦日、穴山信君より興津（静・静岡市）の新田方を扶持として宛行われいる（芦沢元弘氏所蔵文書・三九一八）。同十年六月の穴山梅雪横死後は、その子勝千世を補佐した。同十一年九月十七日、有泉昌輔・穂坂君吉とともに、早川筋の代官佐野七郎兵衛尉にその地位を安堵する穴山勝千世朱印状の奉者をつとめている（甲州古文書・三九八）。君次が奉者になった朱印状は、このほかにももう一点認められる（水野家文書・三九七）。同十二年三月五日、穂坂君吉・佐野君弘らと連署で十谷、柳川（山・富士川町）、大塩（山・身延町）の又右衛門らに覚書を与え、穴山梅雪が生前に福昌院に寄進した年貢を納めるよう命じている（歴代古案・三九六）。同日、同様の連署で八日市場（身延町）の百姓中にも覚書を与え、八日市場の増分を高野山へ寄進するよう指示している（同前・三九七）。同年三月十日には、穂坂君吉と連署で駿河国清見寺の寺領安堵手形を発給している（清見寺文書・三九八）。その後所見がなくなるので、死去したのであろう。同十七年と推定される丑九月九日に、万沢・穂坂氏らが連署して、穴山衆の某に対して駿府城の警固を二〇日つとめるよう指示した文書に登場する「芦次」は、君次の子と推定される（甲州古文書別2・新編甲州古文書二七七）。この人物は、武田万千代を補佐し、その後父と同じく伊賀守を称し、諱を信重といった。彼は佐野兵左衛門尉とともに勘定方を担当した。だが同八年九月に万千代が病没すると、万沢・帯金氏らが家中を専断するようになったため、佐野氏とともにこれに対抗し、遂に家康に訴えてその改易処分に成功した。家康は芦沢伊賀守の功績を讃えて一〇〇〇石を与え（慶長年録、徳川実紀ほか）、水戸藩の基礎を担わせたという。

（平山）

芦沢太郎右衛門尉　あしざわたろうえもんのじょう

生没年未詳。甲斐国河内谷の人物。穴山家臣。年未詳四月八日、穴山信君が家臣佐野泰光に対し馬の調達を指示した「備馬日記」において、佐野宗意軒らとともに馬の調達に携わっているのが唯一の所見（楓軒文書纂・三八三）。

（平山）

芦沢友孝　あしざわともたか

生没年未詳。甲斐国南部（山・南部町）の土豪。源八郎。穴山家臣。芦沢宝永の子に相当するか。また、芦沢九郎右衛門尉の父か。天文十七年（一五四八）十一月十一日、穴山信友より名字状を与えられているのが唯一の所見（芦沢家文書・二八二）。

（平山）

芦沢兵部左衛門尉　あしざわひょうぶざえもんのじょう

生没年未詳。甲斐黒川金山（山・甲州市）で金の採掘に携わっていた「金山衆」のひとり。元亀二年（一五七一）二月十三日の武田家朱印状（芦沢家文書・一六四八）で、駿河国深沢城（静・御殿場市）攻めの戦功により、分国中で一月に馬一疋分の商買役と棟別役・田地への検使派遣・人足普請役などを免許された。奉者は山県三郎兵衛尉昌景。天正二年（一五七四）十二月二十三日の武田家朱印状（同前・二四三）でも、武田氏の代替わりにともない、先年の印判状のとおり諸役を免許されている。奉者は長坂釣閑斎光堅・市川備後守家光。武田氏滅亡後も徳川氏から諸役を免許されたが、のちに金山から手を引き、子孫は別田村（山・笛吹市）に居住した（国志4二五八頁）。

（鈴木）

芦沢宝永　あしざわほうえい

生没年未詳。甲斐国下山（山・身延町）の土豪。穴山家臣。天文十七年（一五四八）六月十九日、穴山信友より知行名田梅木田および問屋役所などを安堵されている。宝永は、下山で問屋を経営していたと考えられる（芦沢家文書・二四九）。芦

沢友孝、九郎右衛門尉は宝永の子か。（平山）

蘆田五郎兵衛尉　あしだごろうひょうえのじょう

生没年未詳。信濃佐久郡の国衆。依田一門蘆田氏。永禄八年（一五六五）十月十八日、竜雲寺（長・佐久市）に入寺する北高全祝に懇切にするよう指示される（永昌院文書・九五八）。永禄十一年七月十七日、在番している城郭の防衛指示を受けた（諸州古文書・一三〇〇）。担当はかやつか（未詳）で、また六、七人を三枚をつそ（未詳）へ番衆として派遣するよう指示を受けている。（丸島）

蘆田信守　あしだのぶもり

生年未詳～天正三年（一五七五）六月十九日。信濃佐久郡の国衆。下野守。依田信蕃の父（寛政譜、長国寺殿御事蹟稿・信叢15三四頁）。「依田記」（以下、続群書類従21上合戦部による）は祖父とするが、世代からみて誤りであろう。天文十年（一五四一）七月、山内上杉憲政が佐久郡に侵攻した際、本領蘆田郷（長・立科町）を蹂躙される。蘆田郷は「ぬしもなき」状態になり、諏方頼重の支配下に入った。信守は、以後諏方頼重の「家風」として従うこととなる（神使御頭之日記・信11一六五頁）。「葦田方の子」というから、事実上の人質であろう。諏方氏滅亡後は、武田氏に従属し、佐久郡攻めなどに従事している（軍鑑・大成上三〇七頁）。「惣人数」には、信州先方衆、騎馬一五〇騎持ちとみえ、かなりの大身であった様子が窺える。永禄四年（一五六一）の第四次川中島合戦では別働隊に参加したという（同前三五頁）。同七年に前山伴野信直と境目相論を起こし、敗訴した（市川家文書・信24二四七頁）。この時、知行一万貫文とある。同十二年の駿河攻めにおいては、蒲原城（静・静岡市清水区）に在城したとされる（寛政譜、依田記）。元亀三年（一五七二）の「西上作戦」においては美濃に侵攻し、明智遠山宗叔を討ち取る功績をあげたという（同前）。天正元年四月二十一日、高野山蓮華定院で自身の逆修（生前）供養を行った（過去帳月坏信州佐久分第一）。同二年から遠江二俣城（静・浜松市天竜区）に在城（依田記）。同三年六月十九日に病死した（寛政譜、依田記）。法名良心（寛政譜）。なお「長国寺殿御事蹟稿」は同二年六月十九日没、法名昌林寺殿月桂良心居士とする（信叢15三四頁）。動向は「依田記」の記載に基づくものが多く、そのまま受け入れてよいかは慎重な検討を要する。（丸島）

麻生野直盛　あそうのなおもり

生年未詳～永禄六年（一五六三）七月十日か。右衛門太夫。飛騨国洞城（麻生野城、岐・飛騨市）主。江馬時経の子、時盛の弟（江馬家譜略考）。麻生野氏の動向は不明な点が多く、ここでは武田氏との関係に絞って記述する。永禄二年十月十二日、武田信玄より木口で一〇〇貫文の地を与えられ、飛騨での調略に奔走するよう指示されているが（飛州志9・六七三）、この文書は検討の余地がある。ただ麻生野氏が、同七年六月の武田軍による飛騨侵攻にともない、江馬時盛とともに武田方に帰属したのは事実らしい。同年三月二十一日に享年五七歳で死去したとされるが（同前6）、「高野山過去帳」に「前右金吾心月行安禅定門、永禄六年七月十日阿素屋殿建之」とあり、これが没年の可能性が高い（飛州志備考）。息子の麻生野慶盛も武田方に属し、天正六年（一五七八）八月十八日、江馬輝盛に攻められ滅亡したというが（飛州志6）、「高野山過去帳」に「華散好禅定門、天正六年三月十四日阿素屋殿立之」とあり、これが没年の可能性が高い（飛州志備考）。

（平山）

跡部家吉 あとべいえよし

生没年未詳。上野国衆で倉賀野（群・高崎市）城主。もとは倉賀野直行の家臣で、永禄六年（一五六三）十二月に武田氏が同城を攻略した頃に、武田氏に従ったか。初め金井名字を称し、のちに跡部名字に改称する。「和田記」（新編高崎市史資料編4）によれば、通称を初め善八といい、倉賀野城攻略後に武田信玄から、淡路守への改称を許され、倉賀野衆の旗頭に任じられたという。文書史料では、元亀二年（一五七一）十二月、武田氏家臣跡部勝資が上杉方厩橋（群・前橋市）城主北条高広・景広父子に書状を送った際、副状を出しているのが初見（高橋大吉氏所蔵文書・一七六三）。天正二年（一五七四）と推定される十一月に、武蔵鉢形（埼・寄居町）城主北条氏邦から送られた書状を、武田勝頼のもとに送っている（思文閣古書資料目録・二三七七）。同七年以前の十月十四日付で武田氏から、倉賀野に居住する無足人が参陣して戦功をあげたなら、西庄玉村郷（群・玉村町）内で所領を与えることを約されている（須賀文書・三七六七）。宛名は家吉と倉賀野衆となっているから、家吉が倉賀野城主で、倉賀野衆の統率者であったことが知られる。また同文書から跡部勝資の取次を受けていたことがわかる。天正四年三月二十一日に子の源介の菩提を弔い、同時に妻とともに逆修している。法名は詳栄禅定門、妻は春渓禅定尼、源介は功運養勳禅定門（高野山清浄心院過去帳・新編高崎市史資料編4）。これが金井名字を称していた終見となる。同八年三月二十七日に北条方の武蔵鉢形衆の侵攻を受け、倉賀野八幡崎で合戦になっている（町田文書・戦北二二五五）。同年八月十五日までの間に跡部名字に改称している。跡部氏は家吉への取次をつとめていたから、その関係から武田氏から同名字を与えられたと考えられる。同日付で下野宇都宮氏家臣芳賀右馬允高継に書状を出しており、来秋における共同の軍事行動に関わる使者の通行保障の要請を承知したことを返答している（小田部庄右衛門氏所蔵文書・三四〇二）。これにより家吉が、武田領国の境目に位置している関係から、関東国衆への取次をつとめる立場にあったことが知られる。同年十二月二十八日に北条方の武蔵鉢形城配下の宮古島衆と合戦している（吉田文書・戦北二二三九）。同九年六月には、勝頼は箕輪城代内藤昌月に対し、常陸佐竹氏からの使僧が通路が確保できないために下野佐野（栃・佐野市）で留まっていることについて、家吉と相談して必ず来着するよう尽力することを命じている（竜雲寺文書・三五六九）。また年未詳十二月十八日付で武田氏家臣青沼忠重から書状を送られ、下野天明鍛冶の領内通行について依頼を受けている（小島文書・三九五六）。これらも関東衆の武田領国への通行を、家吉が保障する立場にあったことを示している。同十年三月の武田氏滅亡に際し、十三日に鉢形城主北条氏邦が倉賀野に向かって進軍するという（立石知満氏所蔵文書・埼付二三）。同月二十一日の時点で上野に進軍してきた織田氏には出仕していないが（覚上公御代御書集・上越三三二）、その後に織田氏に従い、四月六日に織田氏家臣滝川一益の要請によって上総長南武田氏を介して房総里見氏に対し、織田氏に従うよう書状を送っている（藩中古文書・戦北四四九一）。この時から倉賀野名字でみえる。また常陸佐竹氏配下の梶原政景が家吉まで書状を送ったことが知られ（太田文書・埼二二三）、滝川氏のもとで関東衆への取次役をつとめている。家吉はそれを「東筋馳走」と称している。六月の神流川合戦後は北条氏に従属、同十七年九月までの動向が確認される（宇津木文書・戦北三五〇二）。その間の同十三年三月十三日、娘の菩提が弔われ（法名花陰春木非禅定尼）、同年六月十五日に母（法名妙俊禅定尼）、同月十五日に父（法名命庵玄寿禅定門）と母（法名年渓妙寿禅定尼）、同月に子清十郎（法名上林）の菩提が弔われている（高野山清浄心院過去帳）。二人の母の関係については不明である。なおそれらによって家吉には源介・清十郎・娘の子女があったことが知られる。また妻は上野国衆宇津木下総守（初代）の娘とする所伝がある（宇津木家譜）。同十八年の小田原合戦で没落したとみられる。（黒田）

跡部一雲斎 あとべいちうんさい

生没年未詳。甲斐国河内の武士。穴山家臣。跡部因幡守の父。天正八年（一五八〇）十一月十五日に高野山に逆修供養を依頼しているのが唯一の所見（成慶院過去帳・武田氏研究38）。（平山）

跡部犬千代 あとべいぬちよ

生没年未詳。甲斐国河内谷の人物。穴山家臣。跡部君長の子か。天正十一年（一五八三）八月五日、穴山勝千世より霊泉寺殿（穴山信君）の判形により与えられた知行を安堵する朱印状を受けているのが唯一の所見（佐野家文書・三九八五）。（平山）

跡部右衛門尉 あとべえもんのじょう

生年未詳～天正三年（一五七五）五月二十一日。実名は重政、正秀と伝わる（以下、寛永伝、寛政譜による）。九郎三郎。横田下野守の子。右衛門尉の代に跡部に改姓したというから、武田家重臣跡部苗字を許されたということだろう。むかでの指物衆として、使番をつとめた。天正三年の長篠合戦で討ち死にした。法名は、跡昌（寛政譜）。妻は跡部泰忠の娘というから（同前）、婚姻により跡部姓を名乗ったのかもしれない。（丸島）

跡部景家 あとべかげいえ

生年未詳～寛正六年（一四六五）七月二日か。上野介。明海の子。「鎌倉大草紙」によれば父明海とともに、武田氏のもとで専横を極めたとされる。寛正二年に氷川神社（山・甲州市）を再建する際の棟札に「跡部上野介景家身心勇猛而永為武家棟梁」とあり（山7一〇五頁）、これがその記述を裏づけるとされた。しかし棟札の記述が現実と一致しているかは検討を要する。同地は跡部氏が滅ぼしたという武田一門岩崎氏の所領だから（国志）、ことさらに新領主跡部氏を称揚する必要があったともいえるだろう。なお、景家のもとで同地の代官をつとめた諏方部信政は地名から岩崎氏一門とみられ、神主小沢千代松丸は信濃小笠原氏の支流であるという（社記）。景家が在地の事情に配慮するとともに、信濃との関係を重視していたことがうかがえる。長禄二年（一四五八）八月二十八日、向嶽庵（甲州市）に甲斐都留郡田原郷（山・都留市）内の寺領を安堵した（向嶽寺文書・山4三四）。同地は南北朝期の甲斐守護武田信春が寄進した所領であり、それを安堵していることから、やはり「専横」の証左とされる。しかし景家が自発的に安堵状を出したとは考えにくく、向嶽庵から求められて発給したのであろう。つまり、向嶽庵がこの時点での甲斐の実質的な実力者を景家であるとみた結果であり、景家自身の意思とは無関係とみるべきである。父明海が死去した寛正五年、武田信昌はすでに一八歳となっており、信昌と跡部氏の関係に問題が生じたようである。具体的な経緯は明らかではないが、在国して実務を担っていた守護代と、本来は中央政界で活動する守護がともに在国し、権力の競合状態が起こっていたのだろう。それが、信昌の成長により破裂したものとみられる。寛正六年六月八日、信濃諏方勢が甲斐に出陣した。跡部景家はこれを迎え撃つが、七月二日の合戦で敗北、兄弟五人ともに滅亡した（守矢満実書留）。法名は其阿弥陀仏（一蓮寺過去帳・山6上四〇三頁）。あわせて、跡部洒掃（掃部頭、眼阿弥陀仏）、跡部刑部（行阿弥陀仏）、跡部縫殿助（光阿弥陀仏）、跡部新三郎（心阿弥陀仏）の名を記す。このうち景家の三男刑部少輔は、諏訪大社上社の檀那で、神長から祈禱の巻数を送られていたが、同じ跡部一族によって奪われ、裏切りの証拠として諏方頼満に差し出されたという（守矢満実書留）。跡部一族が、一枚岩ではなかったことを示すものであろう。「王代記」は五年に西保小田野城（山・山梨市）で討ち死にしたとする。年次は干支から翌六年の誤りだが、同城で滅亡したことは間違いないだろう。「平塩寺過去帳」にも記載がある（山6上五〇五頁）。ただし、その後も断続的に戦いは続いたようである。文正元年（一四六六）閏二月二十日、信昌が跡部氏を滅ぼしたことが京都に伝わり、驚きをもって入れられている（蔭涼軒日録）。両者の対立は「専横」とその排除というものではない。直接支配に乗り出した守護武田氏と、従来委任されていた支配権を維持しようとした守護代跡部氏の相克で、まさに戦国大名を生み出す戦いであったといえる。結果的に、武田信昌は諏方頼満の支援を得て、守護代跡部氏を滅ぼした。これにより、信昌は戦国大名への道を歩み出すこととなる。法名は鉄牛。景家はのちに「当家御被官怨霊」になったと認識された。天文九年（一五四〇）三月、板垣信方は向嶽庵に宇多田（山梨市）で寺領一反を寄進し、景家の弔いを依頼している（向嶽寺文書・八七）。

（丸島）

跡部勝資　あとべかつすけ

生年未詳～天正十年（一五八二）三月十一日。攀桂斎祖慶の子。又八郎、大炊助、尾張守。信玄幼少時に傅役をつとめた「跡部尾張」の甥というが（軍鑑・大成下六七頁）、ほかに所見がない人物であり、検討を要する。武田家臣のなかで、もっとも多くの朱印状を奉じ、ありとあらゆる分野に関わった吏僚。奉じた朱印状は二二七通（うち信玄期六一通、勝頼期一六一通）とほかを圧倒する。もっとも信玄期では土屋昌続のほうが多く、勝頼期に入って重用された側近であることは間違いない。「惣人数」では御譜代家老衆、騎馬三〇〇騎、「組頭ニ而も組子ニ而もなき衆」つまり旗本と記される。天文十八年（一五四九）五月二十七日、大井信常を大井氏の名代に任ずる旨を駒井高白斎とともに伝えた「跡又」が初見（甲陽日記）。ただしこれは跡部昌長（又次郎）の可能性もある。永禄四年（一五六一）の第四次川中島合戦では旗本に属したという（軍鑑・大成上三三五頁）。確実な初見は、永禄九年閏八月二十四日に竜朱印状奉者としてみえる点である（神尾家文書・一〇一二）。この時、又八郎。同十年八月七日の「下之郷起請文」提出においては、担当奉行吉田信生の起請文を受け取っている（生島足島神社文書・一二〇四）。このことから、信玄の間近に控える側近であったことが明らかとなる。この時、大炊助。このほかに仁科盛政・同親類被官衆・海野幸貞・海野幸忠・後閑信純・塔原衆・荻原ほか連署衆・須賀吉久（同前・一一九、二〇、二九、三〇、六〇、七一、七六、須賀家文書・四二〇九）の起請文を受け取っており、それぞれの小指南であった可能性が高い。「軍鑑」は上野国衆・寺社の「甲府にての奏者」を原昌胤とともに任ぜられたとしており（大成上三五二頁）、実際後閑氏をはじめ、中小国衆・寺社の小指南をつとめている。そのほかに信濃水内郡（仁科家文書・一三〇〇ほか）、埴科郡（坂城神社文書・一三三五ほか）、筑摩郡（真田宝物館所蔵松城藩士系譜抄・一三八〇ほか）担当奉者であった可能性が指摘されている。元亀二年（一五七一）五月十七日には、藤巻郷（山・中央市）における知行改め（渡辺ひろ江家文書・一七二一、樋泉家文書・一七三三）、同二十六日には、鼻輪郷（中央市）の知行改めを担当した（石原家文書・一七二六）。外交面では同年末に上杉家臣毛利北条高広・景広父子との交渉（高橋大吉氏所蔵文書・一七六二）を担当。上杉氏との同盟構築をもちかけられるが、すでに北条氏政と同盟を結んだとしてこれを拒絶したばかりか、条件が以前と変わらないため、信玄・勝頼に披露するにはおよばないとまで言い切っている。また奥向きの家臣の奉公にも関与（石原家旧蔵文書・二二六二ほか）。その管掌は武田家の家政全般にわたっていた。天正元年の勝頼家督後にはその権限はさらに高まり、駿河先方衆岡部元信（岡部家文書・二三二六ほか）、遠江国衆小笠原氏（深沢家文書・二七二二）の小指南をつとめた。同二年三月、石原備後守が保持していた勝沼（山・甲州市）・熊野（甲州市）の田屋や屋敷を与えられた（諸州古文書・二三七五）。同年六月の高天神城攻めに参陣（武州文書・二三九五）。禁制を奉じている（華厳院文書・二三九七ほか）。九月四日、駿河富士郡大石寺（静・富士宮市）の傍示を以前どおりと定め、寺家の造営を支援することを通達している（大石寺文書・二三五六）。同三年の三河出兵に従軍。長篠合戦では、長坂光堅とともに主戦論を唱え（軍鑑・大成下一二三頁）、これが大敗を招いたとして、「軍鑑」の非難の対象となっている。同年六月十六日には、故・湯本善大夫の老母への隠居分を認めるという裁許結果を浦野義見斎に通達（浦野家文書・二四九九）。これは湯本氏遺族側からとくに求められて出したものであった。勝資の武田家中における重みの程が窺える。同四年三月の武田信玄本葬においては、春日虎綱・跡部勝忠とともに信玄の遺骨を前に泣き崩れたという（武家事紀・二六三八）。同五年閏七月二十二日、喧嘩をした小山田大学助の同心が駿河誓願寺（静・静岡市）の山林に逃げ込んだので、しばらく匿ってほしいと依頼している（誓願寺文書・二八五四）。また勝頼の弟仁科盛信は、勝頼に言上する際に跡部勝資と長坂光堅を通じて行っている（一ノ瀬芳政氏所蔵御判物古書写・三四一）。同四年八月十三日、駿河妙蓮寺（富士宮市）に寺中定書を与え（妙蓮寺文書・二七〇四）、同七年二月十七日に寺領を新寄進している（同前・三〇八八）。同六年二月五日には、西光寺（長・上田市）の寺領免除分を安堵している（西光寺文書・二九一八）。同年二月七日、生島足島神社（上田市）の神主に神田を安堵した（依田家文書・二九二〇）。また年次は不明だが、叔父両月玄恵に寺領を寄進している（甲斐国志所収文書・三〇三五）。某年十二月二十三日、駿河安東（静岡市）における実報院の社領について、現在の知行者との調整がつけば安堵する旨、返書を出している（米良家文書・三九五九）。同六年十月二十一日、越後出兵により返書が遅れたことを勝仙院に謝した（思文閣古書史料目録掲載文書・三〇四七）。勝頼期に入ると外交面での活躍も目立つようになり、事実上外交全般を管掌するようになっていく。同二年二月には丹波の赤井直正に対する勝頼書状の副状（赤井家文書・二三六五）を発給している。同六年六月、勝頼に従って、越後御館の乱に介入すべく北上。その途上で、上杉景勝から和睦要請を受ける。跡部勝資はこの和睦を中心になって取りまとめた（杉原謙氏所蔵文書・二九八四）。この和睦はあまりに想定外のものであり、勝資に対し多額の賄賂が送られたという噂が家中に広まったようである（甲乱記）。これが長篠の主戦論とあわせ、勝資を「佞臣」とする評価を形作ることとなる。同七年三月二十一日および六月二十三日には上杉家臣新発田長敦に対する副状を出した（上杉家文書・三二九一、歴代古案・二九九二）。同八年三月十八日、勝頼が単独で織田信長と和睦するという噂を聞いた上杉景勝に対し、長文の弁明を書き送るとともに、上杉景勝も信長と秘密裏に交渉しているが、こちらでは信用していないと述べ、景勝を牽制するという高度な外交を行っている（歴代古案・三二八八）。同七年四月には、長坂光堅とともに毛利輝元の叔父吉川元春に副状を送った（吉川家文書・三二一七）。同年十月までに常陸佐竹氏と結ばれた甲佐同盟の取次も担当。十月八日、勝頼書状に副状を付している（紀伊国古文書所収藩中古文書・三一七六）。佐竹氏に対しては、同八年八月・十月にも副状を出し、北条氏政挟撃を図っている（奈良家文書・三四〇五、一五、三六）。また同七年十二月二十五日には、上野の上杉氏旧臣小中彦兵衛尉の従属を差配した（北条家文書・三二一四、一七）。同年十二月二十六日より尾張守を称する（同前・三二一八）。同日、上杉旧臣河田重親の従属を取り扱った（伊佐早謙採集文書・三二一九）。翌二十七日には、上杉家臣竹俣慶綱に副状を送った（歴代古案・三三三二）。同八年二月十九日、駿河府中浅間社神主および社家村岡大夫に対し、神事の支援承諾と勝頼が頭役をつとめるか否かについて返書を出している（大井博氏所蔵文書・三二五二）。同月、広厳院拈橋倀因から、宗門法度の取り下げを要請された（広厳院文書・三二六一）。同十年の武田氏滅亡に際しては、途中で逃亡したとされることが多いが（軍鑑・大成下一七八頁）、実際には勝頼に従って討ち死にしている（信長公記、甲乱記）。ただしその際、まだ若い土屋昌恒から未練と無策を批判されたという（甲乱記）。景徳院の位牌には、法名跡叟道張とある。また父の菩提寺である攀桂寺所蔵「跡部氏系譜」には法名天祐恵長とある（武田氏家臣団の系譜一〇三頁）。子息信業は上野国衆和田家を嗣ぎ、娘は朝比奈信置の子信良に嫁いでいる。子孫は、子息昌勝の系統によって続いた。（丸島）

跡部勝忠　あとべかつただ

生年未詳～天正十年（一五八二）三月。泰忠の子。九郎右衛門尉、美作守、越中守。武田家勘定奉行で、「惣算用聞」と注記される（惣人数）。すなわち、勘定奉行の筆頭であった。御譜代家老衆、騎馬一五騎持ち。奉じた朱印状は信玄期一八通、勝頼期四五通、年未詳二通の合計六五通である。年齢が長じてからの活動の方が多い。また生涯を通じてほぼ勘定奉行であったとみられるが、勘定奉行の職権以外の朱印状も奉じている。以下では、勘定奉行としての活動を中心にみていきたい。ただし所領宛行・安堵・諸役免許などは基本的に省略する。早くから朱印を用いており、天文二十一年（一五五二）の松原大明神（長・小海町）神馬銭の算用状に勘定奉行市川家光とともに押印している（松原神社文書・三五〇）。この算用状への署判・押印は永禄二年（一五五九）にもみえる（同前・六七八）。天文十九〜二十二年頃とみられる六月十六日、甲府の商人末木土佐守に一ヶ月に馬五疋分の諸役免除を取り次いだ（諸州古文書・六五五）。これが官途名九郎右衛門尉の初見となる。同二十三年四月十二日、林土佐守に銭七〇〇貫文を預けて運用を任せる代わりに、一ヶ月に馬六疋分の商売役を免許する竜朱印状を取り次いだ（同前）。永禄七年三月九日、松尾信是より長慶寺（山・甲府市）の山を買い取った（長禅寺文書・八〇三）。同九年九月二十二日には、自身の朱印状で中牧越中守を代官に補任した（中牧家文書・一〇二四）。同十年の西上野出陣に従軍。留守を預かる諏方（武田）勝頼から駿河国境の状況報告を受けるとともに、戦況を問い合わされている（保阪潤治氏旧蔵文書・一〇五九）。同十年七月十四日、小菅監物に替地を宛行った朱印状を奉じる（黒沢芳弘氏所蔵文書・一〇九五）。以後、美作守でみえる。同十一年二月、年貢未進のまま百姓が逐電した虎岩郷（長・飯田市）内の田地を平沢豊前守に宛行った（平沢家文書・二三四）。元亀二年（一五七一）二月、金山衆に宛行うと約束していた籾子について勝忠に催促がなされ、あらためて支給が約束されている（判物証文写・一六五三）。五月二十六日、鼻輪郷（山・中央市）で検地を行い、その一部の宛行を約した朱印状の奉者（石原家文書・一七二五、中巨摩郡誌文書編掲載文書・一七二八）。六月三日にも、八田郷（山・笛吹市）において検地のうえでの宛行を約束した朱印状を奉じている（内藤本甲斐国志草稿・一七二二）。同三年三月二十六日、破損した堰の修復を近隣諸郷に命じる朱印状を奉じた（石原家旧蔵文書・一八二〇）。天正元年七月五日、在府奉公を申し出た遠江国衆天野小四郎への恩賞地の場所を、勝忠と市川家光から伝えると信玄が述べている（東京大学史料編纂所所蔵天野家文書・二二三七）。八月二十七日、駿河友野氏に従来どおり連雀役・木綿役の代官を申し付ける朱印状を奉じた（友野家旧蔵文書・二二五九、二二七五）。九月三日、駿河における段銭徴収を指示した朱印状の奉者（鎌田武男氏所蔵文書・二二六一、小室開弘氏所蔵文書・二二七九）。同二年八月三日、臨済寺（静・静岡市）が提出した遠江の末寺書立に朱印を押捺して返却し、末寺を承認した（臨済寺文書・二三二六）。同年九月七日、勘定所印「精」を奉じて諸役を免許している（平沢家文書・二三五七）。同三年正月二十八日、市川家光と連名で朱印を押捺し、慈照寺（山・甲斐市）の棟別を免許した（慈照寺文書・二四四五）。長篠敗戦後の伊那郡防衛増強に際しては、同心の知久衆が大洞に在番することが定められた（武田神社所蔵文書・二五一四）。十二月二十三日、市川家光と連名で、今後の竹木藁縄の御用は獅子朱印状をもって行う旨を通達する朱印状を奉じた（保坂家文書・二五五九ほか）。十二月二十三日、戸榛名神社の神領を安堵した（戸榛名神社文書・二五六七）。同四年四月の信玄の本葬に際し、春日虎綱・跡部勝資とともに信玄の遺体が納められた塗籠を開いて泣き崩れたという（武家事紀・二六三八）。同年五月の富士大宮遷宮に関与（浅間社旧鎖是家文書・二六五九ほか）。同五年の諏訪下社宝塔再興棟札にもその名がみえる（諏訪史料叢書掲載文書・二七八〇）。この頃、富士大宮に神馬三疋を奉納している（賜蘆文庫文書・三九六三）。同年四月二十九日、同盟国北条氏の家臣板部岡康雄に対し、駿河諸浦における諸役を免許する朱印状を奉じた（松本隆平氏所蔵文書・二八〇四）。七月十六日、高野山成慶院の麻布役を免除し、役所（関所）通過の特権を市川元松と連名で与えた（柳沢文庫所蔵文書・二八三〇）。十月二十三日、富士大宮をとりしきる鷹野徳繁に奉納する武具代の支払い方法を指示した（宮崎家文書・二八七六）。十二月二十三日、渡辺越前守に増分を安堵している（渡辺家文書・二九〇七）。同六年二月二十日、吉江丹波守に対し、籾子を預けた以上は、いくら儲けようと徳役の加増はしないと通達した朱印状を奉じている（早稲田大学図書館所蔵筑摩安曇古文書・二九三三）。五月二十九日、富士能通を公文職に任ずる朱印状の奉者（浅間社旧公文富士家文書・二九七七）。同七年九月、勝頼の駿河出陣では甲府の留守居役をつとめ、勝頼妹菊姫の祝言について指示を受けた（富永家文書・三二六〇）。九月二十六日には、市川元松とともに、菊姫の付家臣の名簿を長井昌秀に送付している（上杉家文書・三二七三）。十一月二日には、鉄砲玉の補充（諸州古文書・三一八八）、同十六日には信勝元服の支度などについて指示を受けた（同前・三一九四）。同八年閏三月十八日、華厳院の徳役を免除する朱印状の奉者（光前寺文書・三三〇八）。以後、越中守でみえる。四月二十五日、菊姫付家臣の諸役を免許する獅子朱印状の奉者（山梨県立図書館所蔵臆乗鈔・三三三三）。四月二十六日には、上杉景勝に同盟時の約束であった黄金五〇枚支払いの催促をしている（上杉家文書・三三三五）。同九年七月三日、甘利郷南宮（山・韮崎市）に掲げる禁制を奉じた（東京国立博物館所蔵甲州信州武州古文書・三五七六）。同年十二月十日に、朝比奈佐渡守に遺跡を安堵した朱印状奉者が終見である（新井政範氏旧蔵文書・三六三四）。なお信玄・勝頼の側近としては、土屋昌恒の奏者であったようである（向嶽寺文書・三九四二）。また冨士御室浅間神社（山・富士河口湖町）とも関わりを有した（冨士御室浅間神社文書・三九三九、小林家文書・四一九八ほか）。「寛永伝」は同年三月二十五日没、享年六二、法名存竜とするが、没年については文書の所見と矛盾する。「甲乱記」は武田氏滅亡時に、甲府で殺害されたとしており、こちらが正しかろう。享年については、おおむね正しいと思われるが、没年にずれがある以上、確定できない。娘は保科正直に嫁いだ（保科御事歴・信叢2三三頁）。永禄十二年七月二十一日に、保科正直室が跡部勝忠室（繁桂理栄禅定尼）の菩提を弔っているのは（成慶院保科氏御過去帳）、実母だからであろう。（丸島）

跡部源左衛門尉　あとべげんざえもんのじょう

生没年未詳。武田遺臣。「惣人数」に御小姓衆とみられる源左衛門尉の子か。慶長九年（一六〇四）段階では越前大野に居住していたというから、結城（越前松平）家に仕えていたのだろう。同年八月晦日、高野山で父の供養を営んでいる（成慶院甲州月牌記五・武田氏研究44六七頁）。五月二十一日没というから、実父は天正三年（一五七五）の長篠合戦で討ち死にした可能性を指摘できる。法名は、松巌善慶禅定門と付している。（丸島）

跡部源三郎　あとべげんざぶろう

生没年未詳。天正二年（一五七四）の遠江出兵に従軍。五月九日、平田寺（静・牧之原市）に出した禁制の奉者をつとめている（平田寺文書・二二八六）。（丸島）

跡部十郎左衛門尉　あとべじゅうろうざえもんのじょう

生年未詳～天正三年（一五七五）五月二十一日。実名は久直と伝わる（以下、寛永伝）。津金衆津金意久の娘を妻とした。勝頼に近習として仕えたという。長篠合戦に際し、旗本で討ち死にした。義弟又十郎（久次）が跡を嗣いだ。又十郎は武田氏滅亡に際して、勝頼から謀叛人木曾義昌の人質を処刑されるよう命じられたが、従わなかったという。徳川家康に仕え、数代後に実家である津金姓に改めたという。（丸島）

跡部十郎左衛門尉　あとべじゅうろうざえもんのじょう

生没年未詳。天正八年（一五八〇）閏三月十四日、輪番にて鉄砲薬抹奉行に任じられている（尊経閣文庫所蔵小幡文書・三三四）。同十年正月二十二日、新府城（山・韮崎市）築城の普請役動員に関する諸事項の伝達を担っている（君山合偏・三四八五）。武田氏滅亡後は徳川家康に仕えたようである。文禄元年（一五九二）十一月五日朝、松平家忠のふるまいを受けている（家忠日記）。なお、同名の人物が津金衆におり、天正三年五月二十一日の長篠合戦で討ち死にしている（寛政譜）。（丸島）

跡部資長　あとべすけなが

生没年未詳。望月氏の家臣。もとからの家臣か、武田氏からの付家臣かは不明。又兵衛尉。天正四年（一五七六）正月十一日、武田信豊が望月領を継承した際に行われた祈禱礼状を諏訪大社上社に出した際、使者として派遣されている（矢崎家文書・三七八〇）。同五年九月、浅科村八幡宮の棟札に、奉行として名がみえる（八幡宮所蔵・二八七四）。なおこの棟札には、大旦那として望月家名代武田信豊、造立本旦那として望月印月斎の名が記載されている。そのほかの事蹟は不明。（丸島）

跡部摂津守　あとべせっつのかみ

生年未詳～寛正六年（一四六五）十一月二十四日。跡部一族だが、景家とは敵対していたらしい。寛正六年六月の諏方頼満の甲斐出陣に際し、翌七月に守矢満実に讒言し、御射山まで出陣させ、頼満との仲を乱したという（守矢満実書留）。しかし十一月二十四日の合戦で、兄弟二人とともに討死した（同前）。これにより、双方に分かれた跡部氏全体の衰亡が決定的になったと思われるが、戦争は翌年まで続いたようである。（丸島）

跡部祖慶　あとべそけい

生年未詳～某年二月二十五日。伊賀守。攀桂斎祖慶。勝資の父。「国志」および菩提寺攀桂寺所蔵「跡部氏系譜」は実名を信秋とするが（武田氏家臣団の系譜一六三頁）、家格からみて信用できない。三枝虎吉とともに、武者奉行をつとめたという（軍鑑末書・大成下四三六頁）。天文二十二年（一五五三）四月八日、大日方山城守の要請を受け、一ヶ月に馬三疋の諸役を免許した朱印状発給を取り次いだ（諸州古文書・六五五）。同様の行為は、同年四月十二日に麻績新左衛門尉に、弘治元年（一五五五）とみられる四月四日に窪村豊後守に、同二年六月に九一色衆に、永禄二年（一五五九）二月八日に大日方入道に行っている（同前）。この時、伊賀守。天文二十二年五月七日に、海野下野守に知行を与える使者となった「跡部」は祖慶が該当するか（甲陽日記）。弘治三年三月二十一日、高野山成慶院で夫婦で逆修（生前）供養を行っている。この時、道慶禅定門・妙金禅定尼という法名を付した（武田御日坏帳一番・山6下九〇〇頁）。ただし道慶という法名は、後に祖慶にあらためている。またこの二本の位牌は、甲斐の檀那場をめぐって成慶院と争っていた引導院に奪い去られ、天正五年（一五七七）に取り返したという数奇な運命を辿った（同前）。永禄六年十一月の「恵林寺検地帳」に同心木村三介の記載がある（恵林寺文書・山4二九五）。同六年十二月、上野和田城（群・高崎市）に在番（諸州古文書・八五二）。敵が攻めてきた場合は本城（本丸）に入るよう指示を受けた。同七年七月、美濃国衆遠山直廉と半途で会談し、飛騨攻めについて話し合うよう命令されている（苗木遠山史料館所蔵文書・補遺三）。同九年六月二十二日、約束が成功すれば本領を安堵すると上野衆小幕弥四郎に通達した竜朱印状の奉者をつとめた（小暮家文書・九六六）。この後入道し、攀桂斎祖慶と称する。同十年二月二十六日、浅利信種とともに困窮百姓の人返しを命じた朱印状を奉じる（井出家文書・一〇五二）。同十年八月十二日、鮎沢郷地下人に軍役をつとめるならば諸役を免許することを通達した（西郡筋鮎沢村藤巻家伝写・一一八七）。同十二年八月三日、辻氏に対する朱印状を奉じているが、形式に問題が多く、信頼しがたい（内閣文庫所蔵甲州古文書・一四三九）。元亀元年（一五七〇）四月、上杉謙信の動きに対応するため、春日虎綱とともに信濃・上野国境に派遣された（長野家文書・一五三二）。攀桂寺に葬られた。法名攀桂寺殿善宅慶公居士（攀桂寺所蔵跡部氏系譜）。なお妻については某年四月十一日没、法名月桂妙秋とある（同前）。（丸島）

跡部君長　あとべただなが

生没年未詳。甲斐国河内谷の人物。穴山家臣。藤三、内記、因幡守。永禄十年（一五六七）五月晦日、下部佐野文三と早川の早川彦三郎に、諸役免許と軍役奉公を命じる二通の穴山信君朱印状の奉者跡部藤三として登場するのが初見（恩地家文書、河内領古文書・一〇八二、八三）。穴山氏の奉行人と考えられるが、これ以後の史料に登場しなくなる。代わって、これ以後跡部内記君長が登場するので、時期的にみて跡部藤三と同一人物と推定される。跡部内記としては、天正五年（一五七七閏七月十二日、穴山信君が高野山成慶院に舎利塔などの寄進を行った際に、高野山に派遣され、成慶院との折衝に携わっているのが初見（古案・二八四四）。また、年未詳五月七日、穴山信君が松屋（商人か、詳細不明）に対し、馬の調達を依頼した際に、資金は跡部内記より届けるようにするとある（浅羽本系図・三八四五）。その後、同九年〜同十年六月までのものとみられる南松院瑞世奉加帳に御家中衆のひとりとして「跡因」と署名し、一両を奉納しており（南松院文書・三五八九）、この時期、因幡守の受領名を称していたことが知られる。（平山）

跡部長与　あとべながとも

生年未詳〜永禄五年（一五六二）一月二十一日。次（二）郎右衛門尉。天文二十二年（一五五三）二月十五日、鮎川藤五郎に石森郷（山・山梨市）を与える判形を、駒井高白斎に渡す取次をつとめているのが初見（甲陽日記）。弘治元年（一五五五）三月二日、黄梅院殿に奉公する向山源五左衛門尉に対し、一月に馬三疋分の諸役を免許する証文の奉者をつとめた（諸州古文書・六六五）。永禄元年六月二十一日、「アトヘノ二郎衛門ノ内千代子」の供養が高野山成慶院で営まれ、妙智禅尼という法名が付せられている。「甲州西郡モ、ソネノ村」という注記があり、桃曾禰（桃園、山・南アルプス市）に所領を有していたことが推定される（過去帳・武田氏研究34七六頁）。同二年四月四日、温井丹波守とともに番所における目付役を命じられている（同前・六五八）。翌三年二月二十九日、鰍沢（山・富士川町）の御印判衆に小者孫右衛門の諸役免許を通達した（甲州古文書・六八九）。この時、「跡部二郎右衛門尉長与」と署判。同四年三月十日には、小田原に派遣されており、信玄に上野出馬を促すよう北条氏から依頼されている。（思文閣古書資料目録一九一号・四一八四）。某年正月二十一日没。同五年八月二十一日に、内衆新右衛門によって高野山成慶院で供養がなされている（過去帳・武田氏研究34七九頁）。同四年三月までは動向が確認されるから、死去は同五年正月二十一日と確定してよいだろう。法名源昌宗本禅定門。永禄期の陣立書において、原昌胤とともに弓衆の指揮官として名を記されながら、抹消されて三枝昌貞に取って代わられているのは（山梨県立博物館所蔵文書・三九七二）、死去が原因とみられる。（丸島）

跡部常陸介　あとべひたちのすけ

生没年未詳。天正九年（一五八一）九月二日、熊野堂（山・笛吹市）の次郎右衛門が肴を調進したことに対し、棟別銭を免許する朱印状を奉じた（甲斐史料集成・三六〇七）。そのほかの動静は不明。（丸島）

跡部昌出　あとべまさいで

生年未詳～天正十年（一五八二）三月十一日。勝資の嫡男。大炊助。天正八年六月の沼田城攻略の戦後処理として、金子美濃守に知行を宛行った朱印状の奉者として名がみえる（加沢記・三三七四、七五）。某年三月七日、今福昌常とともに義松斎に伝馬法度を通達した（安中宿本陣文書・三〇八）。この時、「跡部大炊助昌出」と署判しており、実名が判明する。某年三月、「小太」に書状を出している。内容からかなり親しい人物と思われる（金沢市立玉川図書館所蔵金沢市中古文書・三八二四）。武田氏滅亡時の動向には諸説あり、「軍鑑」は「出頭人の跡部大炊助」は諏訪で殺されたとあるが（大成下一八〇頁）、昌出は出頭人という程の活動をしていない。これは父勝資と通称を混同し（「軍鑑」は勝資を一貫して大炊助と記す）、悪くいうためのものであろう。「信長公記」には、勝頼と最後をともにした衆として「跡部尾張守・同息」とあり、これが昌出を指すと考えられる。「天正壬午起請文」には、同心一八名の記載がある（山6下九五七頁）。（丸島）

跡部昌勝　あとべまさかつ

生没年未詳。勝資の三男とみられる。大炊助。実名は、攀桂寺「跡部氏系譜」および「寛政譜」による。武田氏滅亡に際し、父勝資・兄昌出が勝頼とともに討ち死にしたため、家督を嗣ぎ、官途名大炊助を継承したものと思われる。天正十一年（一五八三）十二月二十七日、家康の命により、深溝松平家忠の妹を妻とした（家忠日記）。翌十二年正月一日に、家忠と面会している（同前）。この時、「又七」の親という家老が脇指を与えられるが、この仮名は跡部一族のものとみられ、近親をともなって徳川氏に仕えたものとみてよいだろう。その後「家忠日記」に記述が散見され、同十七年三月二十三日には、家忠を招いて連歌会を催している（家忠日記）。連歌の記述はほかにもみえる。同十八年に家康が関東に入部した際には、上総望陀郡で知行を与えられた（寛政譜、家忠日記天正十九年十一月二十二日条）。同十九年八月二十四日に娘が死去している（家忠日記）。文禄三年六月四日条に「煩」つまり病気の記述がみえるが、さほど重いものではなかったと思われる（同前）。その後の動静は不明。

法名は、一渓（寛政譜）。（丸島）

跡部昌副　あとべまさそえ

生年未詳～天正八年（一五八〇）十月四日。二（次）郎右衛門尉。長与の子か。永禄七年（一五六四）四月十五日、立願のために川口・船津（山・富士河口湖町）の関所を開いたはずであったのに、再度関所が設けられていると知った信玄が、小山田信有を詰問する書状に名がみえるのが初見（思文閣古書資料目録平成二年・八九）。昌副の出仕を待たずに飛脚を使わしたとあるから、本来小山田信有とのやりとりは昌副の担当であったのだろう。次いで天正五年頃、駿河富士大宮（静・富士宮市）に対して神馬一疋を奉納している（賜蘆文庫文書・三六三、永昌院所蔵兜巌史略・補遺二三）。この時、「跡部二郎右衛門尉昌副」と署判。同八年十月四日没。翌九年三月二十一日、実子菊千代によって高野山成慶院で供養が営まれている（甲州過去古帳・武田氏研究38四二頁）。法名菊窓宗金禅定門。（丸島）

跡部昌忠　あとべまさただ

生年未詳～慶長十二年（一六〇七）十一月十二日。藤五郎、九郎右衛門尉。勝忠の子。使番としてたびたび手柄をたて、旗本・近習番帳の筆頭であったという（軍鑑・大成上二九三頁）。永禄六年（一五六三）の恵林寺検地帳に同心窪田惣次郎の名がみえる（恵林寺文書・山4二九五）。この時、藤五郎。同八年六月、武田義信とともに甲斐二宮美和神社（山・笛吹市）に太刀一腰を奉納した（美和神社文書・九四六）。天正三年（一五七五）十月一日、徳川方の攻撃で荒廃した駿府を復興するため、帰参者は諸役を免除するという通達を駿府商人衆にした竜朱印状を奉じる（友野家文書・二五三六）。以後、九郎右衛門尉でみえる。天正五年頃、駿河富士大宮（静・富士宮市）に神馬一疋を奉納した（永昌院所蔵兜巌史略・補遺二三）。同五年三月三日、諏訪下社（長・下諏訪町）の宝塔復興に際する棟札に記載がある（諏訪史料叢書掲載文書・二七八〇）。某年八月十五日、高野山引導院に返書を送っている（持明院文書・三八八八）。この書状は「跡部九郎右衛門尉品忠」と署判しているから、おそらく写であろう。武田氏滅亡後、徳川氏に仕えた。「天正壬午起請文」には、同心二三名の記載がある（山6下九七七頁）。工藤喜盛の死去を受け、甲斐四奉行となる。甲斐四奉行としては、同十八年に二通、慶長六年から同十二年にかけて二〇通を発給したほか、年未詳のものが一通ある。数は少ないが、印文「宝」の黒印も用いた。慶長十二年十一月十二日没。法名居山士龐禅定門。翌十三年二月一日に、子息久左衛門尉によって供養がなされた（成慶院甲州月牌記五・武田氏研究47四二頁）。同帳には、「甲州府中之住、四奉行」と書かれており、甲斐四奉行の呼称が当時にさかのぼることが明らかとなる。妻には繁室理龐禅定尼という法名が付された（同前）。なお供養依頼時、昌忠の子息は上野磯部村（群・安中市）に居住していたという（同前）。また「寛永伝」「寛政譜」には同十一年十一月十二日没、享年六三とある。この没年は活動年代と矛盾するため、誤伝とみられる。享年についてはおおむね正確であると思われるが、没年にずれがあるため、確定できない。（丸島）

跡部昌忠　あとべまさただ

生没年未詳。修理亮。勝忠の子とは別人。天正九年（一五八一）六月、梶原政景の取次を得て、里見義頼のもとへ同盟の使者として派遣された（武州文書・戦房一七九九）。しかし安全な交通路を得ることができず、常陸小田（茨・つくば市）に留まっていた（同前・戦房一八〇〇）。六月二十一日、案内者として佐竹家臣三橋宗玄を付されたが（藩中古文書所収正木文書・戦房一七九八）、六月二十六日には途中で引き返してしまったらしい。これは昌忠が武田氏の重臣であり、慎重を期してのものであったとみられる。七月二十六日、梶原政景はその様子を、「誠に以て笑止」と書き記すとともに、昌忠派遣は里見氏の要請によるものだと釘をさしている（武州文書・戦房一八〇六）。しかし三橋宗玄は里見領入国に成功していたため、七月二十八日、宗玄を介して里見家老岡本元悦に書状を送っている（同前・戦房一八〇七）。結局自身は里見領へは入れず、交渉は三橋宗玄に任されたらしい。宗玄帰国後の同年十月、梶原政景は跡部昌忠を甲府に返し、同盟成立を勝頼に伝えさせている（同前・戦房一八二一）。その後の動静は不明。（丸島）

跡部昌胤 あとべまさたね

生没年未詳。新八郎。天正二年（一五七四）八月、諏訪大社下社（長・下諏訪町）の千手堂再建に際する棟札に「跡部新八郎昌胤」と名前がある（諏訪史料叢書掲載文書・一三五五）。翌三年四月、諏訪大社下社の神宮寺千手堂建立の棟札に記載のある「昌胤」は同一人物であろう（同前・二四八四）。これらの事蹟からすると、跡部昌光同様、諏方春芳軒宗富の縁者で、跡部姓を与えられた可能性が高い。（丸島）

跡部昌虎 あとべまさとら

弘治元年（一五五五）～天正元年（一五七三）七月十七日、一九歳（武田御日坏帳二番・山6下九四四頁）。跡部惣右衛門尉の子。菅次郎。天正元年に夭折した。同年九月五日に母により、十一月十六日に長坂虎房正室により、高野山成慶院で供養が営まれた（過去帳・武田氏研究34八九頁、武田御日坏帳二番・山6下九〇五頁）。法名松月寿盛禅定門。このことからみて、長坂虎房の正室は跡部惣右衛門尉の近親者の可能性が高い。世代からみて、惣右衛門尉の姉妹であろうか。なお遺骨は高野山に納められた（成慶院過去帳・武田氏研究34八九頁）。（丸島）

跡部昌長 あとべまさなが

生没年未詳。又次郎、雅楽助。永禄六年（一五六三）五月二十六日、富士山御室別当小屋相論の裁許を有賀勝慶とともに小山田信有に通達したのが初見（富士御室浅間神社文書・八二三）。この時、「跡部又次郎昌長」と署判している。同八年六月、武田義信とともに甲斐二宮美和神社（山・笛吹市）に太刀一腰を奉納した（美和神社文書・九四六）。同九年十二月十四日、薦福軒に寄進地の安堵を伝えた竜朱印状を奉じた（法泉寺文書・一〇四六）。同十年七月五日、三輪社の杉は御神木であるとして、勝手な伐採を禁じる朱印状を奉ずる（今沢家所蔵八幡宮御由緒書・一〇九二）。以後、雅楽助でみえる。同年八月七日、「下之郷起請文」を吉田信生・浅利信種に宛てて提出（生島足島神社文書・一一〇七）。この時、「跡部雅楽助昌長」と署判している。元亀元年（一五七〇）某日、細草神社（山・甲府市）本殿の再建を地頭として行っているのが終見である（細草神社所蔵・一六三七、遺文は主計助と誤読しているので注意）。（丸島）

跡部昌秀 あとべまさひで

生年未詳～慶長二年（一五九七）七月七日。藤次郎、民部助。跡部攀桂斎祖慶の次男（寛政譜、家忠日記文禄元年四月十八日条）。妻は駒井昌直の娘（寛政譜）。永禄八年（一五六五）六月、武田義信とともに甲斐二宮美和神社（山・笛吹市）に

太刀一腰を奉納した（美和神社文書・九四六）。ただし、花押は据えていない。天正二年（一五七四）十二月二十五日、佐久郡隠田改めに関する恩賞として、知行を宛行った竜朱印状を奉じる（神津家文書・二四三）。以後、民部助。同四年六月一日、帯那（山・甲府市）の御印判衆に積翠寺要害（同前）の普請を命じた竜朱印状を市川元松とともに奉じた（三枝家文書・二六六五）。同五年前後に、駿河富士大宮（静・富士大宮市）に神馬一疋を奉納した「跡部民部丞」は昌秀であろう（永昌院所蔵兜巌史略・補遺二三）。武田家臣としては、同七年七月八日、過所の写を進上するよう命じた獅子朱印状の奉者としてみられるのが終見である（芹沢家文書・三三五）。武田氏滅亡後は徳川氏に仕え、上野那波郡において七〇〇石を与えられたという（寛政譜）。文禄元年（一五九二）四月十八日、延引されていた正月連歌を松平家忠を邸宅に招いて催している（家忠日記）。翌年二月九日にも、松平家忠を招いて連歌（同前）。同年七月十三日にも家忠を招いて連歌会を催した（同前）。慶長二年七月七日没。法名古岩。知行地である宮子村紅巌寺（群・伊勢崎市）に葬られたという（寛政譜）。駿河先方衆朝比奈信良の子良保・上野先方衆和田信業の子業保を養子とした（同前）。良保は母が跡部勝資の娘、業保は実父が跡部勝資の息子という血縁関係によるものであろう。とくに良保は武田氏滅亡時にはまだ懐胎しており、昌秀のもとで生まれたというから、昌秀が育てたも同前であったといえる。業保は無嗣断絶となってしまったが、良保の系統が旗本となって続いた。（丸島）

跡部昌光 あとべまさみつ

生没年未詳。新八郎。諏方春芳軒宗富の息子で、跡部姓を与えられた人物とみられる。天正三年（一五七五）四月二十一日、諏訪大社下社（長・下諏訪町）千手堂建立に際する棟札にその名がみえる（諏訪史料叢書掲載文書・二四八一）。ここで、「本願春芳軒、同息男小田切新七郎昌親、同跡部新八郎昌光」と記載があり、実名と系譜関係が明らかになる。同年十一月、諏訪社南宮（長・辰野町）に懸けられた棟札にも記載（諏訪神社文書・二五五二）。同五年三月三日、諏訪下社の宝塔復興のための棟札に記載があるのが終見である（諏訪史料叢書掲載文書・二七八〇）。一貫して、諏訪社の棟札にのみ記載がある人物といえる。（丸島）

跡部明海 あとべみょうかい

生年未詳～寛正五年（一四六四）。駿河守。信濃佐久郡跡部（長・佐久市）の出身と考えられている。「平塩寺過去帳」から受領名と法名の対応を確認できる（山6上五〇五頁）。鎌倉府に対抗するため、信濃守護小笠原氏によって甲斐に入部したとされるが、確証があるわけではない。武田信元のもとで守護代に任じられ、子息景家とともに主家をないがしろにする振舞をしたとされるが（鎌倉大草紙）、額面通りに受け取るべきではないだろう。信元の死後、子息伊豆千世丸のもとで甲斐の実権を得ようとした武田信長と対立。永享五年（一四三三）四月二十九日、明海は輪宝一揆の支持を得て、日一揆を基盤とする信長を打ち破った。翌永享六年十一月から翌年三月にかけ、京に亡命中の武田信重の甲斐守護補任と下向工作を開始する（満済准后日記永享六年十一月二日条ほか）。永享七年三月、熊野詣と称して秘かに上洛、三宝院満済に信重の甲斐下向を求めるが、鎌倉府の動向を懸念する幕府の衆義はまとまらなかった。また明海自身も信重の信任を得ていたとは言いがたく、向背を疑われていた（満済准后日記永享六年十一月八日条）。しかし明海の甲斐入部事態が、鎌倉府方の逸見氏への対抗措置であり、敵対した武田信長も鎌倉府に出仕していた。したがってその行動は一貫して甲斐を幕府寄りに動かすことであり、これは本来の主家である小笠原氏の意向に沿ったものであったろう。信重に対する甲斐下向要請も、対鎌倉府政策の一環として評価できる。専横という明海の評価は、「鎌倉大草紙」の「何事も信元の旨を背き横行しけり」という記述に依拠する。明海が鎌倉府と対立していた以上、その動向が悪く書かれるのは当然であり、再評価が必要な人物といえる。「王代記」には、寛正四年甲申死去とあるが、甲申は翌寛正五年にあたる。これは改元の理解を誤ったことによる年紀のずれで、実際には干支に基づいて寛正五年が正しい。翌六年、跡部氏は滅亡を遂げ、武田氏は戦国大名としての基盤を整えることになる。（丸島）

跡部泰忠 あとべやすただ

生没年未詳。越中守。勝忠の父。実名を行忠とすることが多いが、高野山成慶院が受け取った書状目録には、「跡部越前（中）守泰忠」とある（檀那御寄進状幷消息・戦国大名武田氏の権力と支配三七五頁）。天文十七年（一五四八）七月十一日、諏訪西方衆が離反したとの知らせを受けて出陣した晴信は、跡部泰忠の田屋とよばれる屋敷を陣所とした（甲陽日記）。この時、すでに越中守でみえる。翌十八年七月一日に諏訪高島城（長・諏訪市）を目指して出陣した時も、泰忠の田屋を陣所としている（同前）。甲信国境に、よほど大きな田屋を構えていたとみられる。弘治二年（一五五六）と思われる十二月六日、五味八郎左衛門尉に対し、一ヶ月に馬五疋分の商売役を免許した朱印状を取り次いだ（諸州古文書・六五五）。永禄八年（一五六五）、泰忠の知行地新倉（長・岡谷市）の内備前分が、諏訪大社下社（長・下諏訪町）の神事用田であることが明らかになり、毎年半額の一貫四五四文を納めることが定められた（諏訪大社文書・九六〇、三輪家文書・一〇三〇）。以後の動静は不明。享年九二、法名は道和（寛永伝）。娘は跡部右衛門尉に嫁いだ（寛政譜）。妹が駿河国衆御宿左衛門尉に嫁ぎ、監物友綱を産んでいる（葛山御宿系図・裾野市史2別冊付録四四頁）。（丸島）

穴沢次太夫 あなざわじだゆう

生年未詳～天正十年（一五八二）三月十一日。天正十年三月の武田氏滅亡に際し、勝頼に従って討ち死にしたという。景徳院での法名は、天真了然（景徳院位牌）。（丸島）

穴山勝千代 あなやまかつちよ

→武田（穴山）勝千代 たけだかつちよ

穴山宗九郎 あなやまそうくろう

生没年未詳。甲斐国河内領の人物。穴山信懸の子。諱については信永（卜部本武田系図、浅羽本武田系図）、信采（南葵文庫本一本武田系図）、元永（平塩寺過去帳）など諸説があるが確認できない。また穴山信友の父とする系図もあるが（浅羽本武田系図）、事実かどうかは確認できない。天正八年（一五八〇）十月二十八日、路傍に放置されていた古廟を、西島（山・身延町）の広禅寺が境内に移し供養すると申請してきたことを受けて、穴山信君がその見返りに諸役免許状を同寺に与えているのが確実な史料での唯一の所見（広禅寺文書・三四三）。広禅寺に伝わる法名は「栄中恩公」という（国志）。現在では、穴山宗九郎は、甲斐国八代郡小山城（山・笛吹市）主の穴山伊予守信永と同一人物とする説が有力（磯貝正義『武田信重』ほか）。穴山信永は、小山穴山氏を相続したが、大永三年（一五二三）三月十三日に鳥坂峠を越えて攻めてきた南部某と戦ったが防ぎきれず、二之宮（笛吹市）の常楽院で自刃したと伝わる。法名東膳院殿玉山鉄公大居士。信永には、一男穴山友勝がいたが、永正八年（一五一一）四月十六日に逝去したと伝わる（国志）。これ以後、小山穴山氏の系統は確認できないので、断絶したのであろう。　（平山）

穴山信風　あなやまのぶかぜ

生年未詳～享禄四年（一五三一）三月十二日か。甲斐国河内領主穴山武田氏の当主。穴山信懸の子。信友の父。甲斐守。諱は信風とする説（南葵文庫本一本武田系図、浅羽本武田系図）、信綱とする説（国志）、義松とする説（甲斐国社記・寺記）があるが確認できない。信風については、これまで高野山成慶院「檀那御寄進状幷消息」（寛文六年成立）（平山優・丸島和洋編『戦国大名武田氏の権力と支配』岩田書院、二〇〇八年所収）や、年未詳五月十四日に高野山成慶院宛書状（武将文苑・四三五）に登場する「武田甲斐入道義貞」を、穴山甲斐守に比定する説が強かったが、別人である可能性が高くなった。永正十年（一五一三）五月二十七日に、父信懸が清五郎（信風の兄弟）に暗殺された後に家督を相続したとみられる。その後、みるべき事蹟もなく、享禄四年（一五三一）三月十二日に死去したという。法名竜雲寺殿一株義松大禅定門（甲斐国社記・寺記）。なお法名について「甲斐国志」は實山仁公、曹源院殿。円光院本武田系図は一株松公、龍雲寺殿と記録している。また信風が死去した享禄四年三月十二日は、武田信虎とこれに反抗した甲斐国衆との塩川合戦（河原部合戦）の日付と一致するとの記録もあるので（王代記・山6上三）、信風は武田方かもしくは反武田方に荷担して戦死した可能性がある。なお、彼の子信友、孫信君、曾孫勝千代の三代はいずれも信風の供養を実施した記録が一切見いだせない。そのほかの事蹟は不明。　（平山）

穴山信君　あなやまのぶただ

→武田（穴山）信君　たけだのぶただ

穴山信君室　あなやまのぶただしつ

生年未詳～元和八年（一六二二）五月九日。武田晴信の次女。母は円光院殿。穴山信君が家督を継承した永禄初年（一五五八）頃に信君へ嫁し、元亀三年（一五七二）に嫡男勝千代を出生する（国志）。天正十年（一五八二）三月の武田家滅亡後、信君は織田信長から旧領を安堵される。その御礼のため上洛した際に本能寺の変に遭遇して客死した。徳川家康によってその遺領は勝千代に安堵され、江尻城（静・静岡市清水）に入り、見性院がその後見役となった。同十五年に勝千代が一六歳で病死したため、家系は穴山氏養女で家康の側室となっていた下山殿（秋山虎康の娘・お都摩の方）が産んだ万千代（のちの信吉）が継承して武田氏を称し、見性院はその後見役となった。同十九年六月、勝千代の五回忌供養のために画像を描かせ、円蔵院（山・南部町）開山の桂岩徳芳禅師が画賛を書いている（最恩寺所蔵・山6上）。慶長八年（一六〇三）に水戸城主となっていた武田信吉が嗣子もなく病死したため、武田家は断絶した。見性院はその後に武蔵・八王子（東・八王子市）へ移り、金照庵へ入って尼僧となる。同十八年三月、二代将軍徳川秀忠の側室のお志津の産んだ幸松丸（のちの保科正之）の養育を命ぜられ、江戸・田安（東・千代田区）で比丘尼屋敷を与えられ、その地で病死した。法名は見性院殿高峰妙顕大姉。墓所は清泰寺（埼・さいたま市浦和）と、平林寺（埼・新座市）にある。　（柴辻）

穴山信君娘　あなやまのぶただむすめ
→武田（穴山）信君娘　たけだのぶただむすめ

穴山信懸　あなやまのぶとお
生年未詳～永正十年（一五一三）五月二十七日。甲斐国河内領主穴山武田氏の当主。穴山信介の子、乙若丸の弟。穴山信友の祖父。弥九郎・兵部大輔・刑部大輔・伊豆守・臥龍・道義斎・中翁。兄乙若丸が応永二十二年（一四一五）十月二十九日に夭折したため（国志）、信介の嫡子となった。宝徳二年（一四五〇）三月十九日の父信介死去にともない家督を相続したとみられる。文明十六年（一四八四）九月十九日、狩野道一（堀越公方足利政知家臣）にともなわれ、山内上杉氏の領国にある武蔵国称名寺に参詣しているのが確実な史料での初見（鏡心日記・山6下三八）。その後、延徳二年（一四九〇）九月十六日、甲斐国西郡の有力国衆大井氏と戦っている（王代記）。同四年六月十二日、栗原氏が率いる国中勢と市河（山・市川三郷町）で戦っている（日国覚書）。信懸は、伊勢早瑞（北条早雲）と結盟の間柄といわれるほど昵懇であったといい、その仲介を得て、駿河守護今川氏親より「太平記」を借用している。信懸は、今川氏より借用した「太平記」を、文亀三年（一五〇三）冬、右筆丘可に書写を命じた。なお、この顛末を記した丘可覚書によると、信懸は「当国主之伯父」と記されており、甲斐守護武田信縄（信玄の祖父）の伯父であり、信懸の妹弟の息女（姪）が信縄の妻女であったことが判明する（太平記・山6下三〇）。ところが永正十年五月二十七日、信懸は突如息子穴山清五郎に暗殺された（妙法寺記）。法名建忠寺殿中翁道義（武田御位坏帳・山県史資6下三七）。なお信懸夫人と息女は健在であり、山梨郡川田（山・甲府市）に居住していたことが確認され、息女は同十二年に父信懸の三回忌法要を営んでいる（菊隠録・山6上一〇）。このことから信懸は、武田信縄・信虎にきわめて近い存在で、強い影響力をもった人物であったと推定されている。　（平山）

穴山信友　あなやまのぶとも
→武田（穴山）信友　たけだのぶとも

穴山信友室　あなやまのぶともしつ
→武田（穴山）信友室　たけだのぶともしつ

穴山信嘉　あなやまのぶよし
生年未詳～永禄九年（一五六六）十二月五日。甲斐武田一族穴山信友の次男。信君の弟。生母は葵庵理性（南松院殿）か。八郎・彦八郎。諱については、信邦とするものが多いが（国志ほか）、確証はない。ここでは高野山成慶院「檀那御寄進状并消息」（『戦国大名武田氏の権力と支配』岩田書院、二〇〇八年所収）による。永禄九年十二月五日に、身延山久遠寺の塔頭で自害したという（国志）。その理由については、武田義信が駿河侵攻をめぐって父信玄と対立し、謀叛を企てたことに連座したとの説がある。法名は、慈眼院殿玄室芳頓禅定門。墓所は長谷寺跡（山・南部町）に伝わる。このほかの事蹟については、現在不明。　（平山）

穴山彦九郎　あなやまひこくろう
天文十七年（一五四八）～永禄二年（一五五九）三月二十九日、一二歳。穴山信

友の三男。信君の弟。生母は不明。永禄二年三月二十九日に、下山で死去したことだけが判明する。このほかの事蹟は、現在不明。法名は香積寺殿玉映宗金禅定門。穴山信友は、六月二十一日に使者を高野山に派遣している（高野山武田家御位牌帳、高野山成慶院武田家過去帳、山県史資6下）。なお、身延過去帳にも同年三月五日に死去した人物として、宗金という法名と、武田彦九郎一三歳との記録があり（国志98）、命日を除けば同一人物のことを指していることがわかる。墓所は香積寺跡（山・南部町）に現存する。（平山）

穴山彦太郎 あなやまひこたろう

生没年未詳。甲斐国河内波高島（山・身延町）の人物。天正十年（一五八二）十二月五日、徳川氏朱印状において波高島の手作分一〇貫文、山内一貫五〇〇文ならびに棟別等を免許されているのが唯一の所見（県誌本古文書雑類・四三二）。穴山を称しているが、穴山信君・勝千代との関係は不明。ただ安堵された所領規模が小さいことや、宛名が「穴山彦太郎との」と薄礼であることなどから、まったく無関係とみられる。そのほかの事蹟は不明。（平山）

油井加兵衛 あぶらいかひょうえ

生年未詳～天正九年（一五八一）三月二十二日。高天神籠城衆。天正九年の高天神落城に際して討ち死にした（乾徳山恵林寺雑本・信15一七頁）。（丸島）

油井藤太夫 あぶらいとうだゆう

生年未詳～天正九年（一五八一）三月二十二日。高天神籠城衆。天正九年の高天神落城に際して討ち死にした（乾徳山恵林寺雑本・信15一七頁）。（丸島）

油川清九郎 あぶらかわせいくろう

生年未詳～永正五年（一五〇八）十月四日。信恵の子とみられる。永正五年十月四日、武田信直（信虎）に敗れて父とともに敗死した。法名行阿弥陀仏（一蓮寺過去帳・山6上四三頁）。（丸島）

油川珍宝丸 あぶらかわちんぽうまる

生年未詳～永正五年（一五〇八）十月四日。信恵の子。永正五年十月四日、武田信直（信虎）に敗れて父とともに敗死した（勝山）。「一蓮寺過去帳」には「ヲチンホ」と記される。法名善阿弥陀仏（一蓮寺過去帳・山6上四三頁）。（丸島）

油川豊子 あぶらかわとよね

生没年未詳。弥平。油川信恵の系統とみられる。「天正壬午起請文」に名がみえる（山6下九四八頁）。現存はしていないが、高野山成慶院に書状を送っている（檀那御寄進状并消息・戦国大名武田氏の権力と支配三七九頁）。そこでは通称源兵衛とみえる。そのほかの事蹟は不明。（丸島）

油川信貞 あぶらかわのぶさだ

弘治三年（一五五七）～寛永三年（一六二六）六月二十三日、七〇歳、（寛永伝、寛政譜）。油川信次の子。幼名勝松、仮名源兵衛。天正十年（一五八二）の武田氏滅亡後、家康に仕え、知行三八貫文を安堵された。関ヶ原合戦に参陣した後、大坂の陣では伏見城在番をつとめたという。寛永二年十月、武蔵都筑郡・上総埴生郡・同武射郡において三五〇石を与えられた。寛永三年没、享年七〇。法名は浄円、市ヶ谷の長竜寺に葬られた（寛永伝、寛政譜）。なお「寛政譜」は享年について、「今の呈譜五十五」と注記する。法名の一致から、武田家奉行人浄円と同一人物の可能性がある。ただし、仁科信盛の子孫が正徳二年（一七一二）に作成した「八王子信松院江納候由緒書之控」（史録仁科五郎盛信一四〇頁）によると、仁科信盛の次男で、武田氏滅亡時に油川信次に保護されたという。この由緒書写の所蔵者が、家伝文書と菩提寺長竜寺過去帳をもとに作成した系譜は、寛永三年六月二十八日没、享年五〇、法名を活巌院殿相心浄円居士とする（同前三三頁）。命日が数日ずれるだけで、法名も浄円と正しく記している。これにしたがえば、生年は天正五年となり、仁科信盛の子息としても矛盾はない。「寛永伝」との齟齬をどう解釈するか、今後の検討課題といえる。嫡子信忠（信成）は、家督相続時一三歳であったというから（寛政譜）、信貞が七〇歳で死去したという「寛永伝」「寛政譜」の記述は、検討の余地があるかもしれない。「寛政譜」作成時に、享年五五という呈譜が出されたのは、油川家においても信貞・信忠父子の年齢差が問題になった可能性がある。ただし、妻は大井虎昌の娘という（寛政譜）。大井虎昌の年齢を勘案すると、「寛永伝」に従ったほうが妥当か。（丸島）

油川信次 あぶらかわのぶつぐ

生年未詳～天正三年（一五七五）五月二十一日。四郎左衛門。信連の子。長篠合戦で討ち死にした（寛永伝）。ただし仁科信盛の子孫が正徳二年（一七一二）に作成した「八王子信松院江納候由緒書之控」（史録仁科五郎盛信一四〇頁）によれば、武田氏滅亡時に仁科信盛の次男信貞を保護したという。常識的に考えれば、成立の早い「寛永伝」に従うべきだが、検討の余地は残されている。（丸島）

油川信連 あぶらかわのぶつら

生年未詳～永禄四年（一五六一）九月十日。彦三郎。信友の子。第四次川中島合戦で討ち死にした（武田源氏一統系図・山6下七三〇頁）。「寛永伝」は実名を信吉とするが、確定できない。（丸島）

油川信友 あぶらかわのぶとも

生年未詳～天文十九年（一五五〇）十月一日か。源左衛門尉。油川信恵の子で、父の敗死時に生き残り、信虎に仕えたのであろう。信濃海野原で村上義清と戦って討ち死にしたというから（武田源氏一統系図・山6下七一七頁）、砥石崩れで討ち死にした可能性が高い。（丸島）

油川信守 あぶらかわのぶもり

生没年未詳。刑部。油川信恵の系統とみられる。「天正壬午起請文」に名がみえる（山6下九四八頁）。そのほかの事蹟は不明。なお、油川氏の女性が武田晴信の側室となり、仁科信盛、於菊（上杉景勝室）を産んでいるが、具体的に誰の娘であるか確定できない。（丸島）

油川信恵 あぶらかわのぶよし

生年未詳～永正五年（一五〇八）十月四日。武田信昌の子で、信縄の弟。彦八郎。実名の読みは「のぶさと」とも。母は小山田信長の姉妹か（甲州郡内小山田氏系図）。父信昌の後援を得て、兄信縄と家督を争った。「勝山記」延徳四年（明応元年・一四九二）六月十一日条の「甲州乱国ニ成リ始テ候也」はおそらく両者の内訌の開始を指すとみられる。同年七月二十二日、市川（山・山梨市）であった合戦が「兄弟相論」とよばれていることは（王代記）、両軍の対立が国中を巻き込んだ戦いに発展したことを示唆する。翌明応二年（一四九三）の戦闘は、「惣領度々合戦負玉フ」（勝山）とあることから、信恵が終始優勢に進めたようだが、同三年三月二十六日の合戦では敗北し、今井信乂・山中殿が討ち死にした（同前）。同七年に和睦しているのは（同前）、同年八月二十五日に起きた明応の大地震が契機であったとみられている。しかし家督をめぐる争いは、永正四年に信縄が早逝し、まだ若い信直（信虎）が家督を嗣いだことによって再燃する。家督争い中の某年菊月（九月）十九日に、向嶽庵に対し、郡中の寺領を再寄進した文書が残る（向嶽寺文書・三）。「郡中」という表現と、信恵が郡内小山田氏の支援を受けていたことからみて、都留郡内の寺領を再寄進したものであろう。また、某年正月十八日には、伊勢の御師幸福平次郎（幸福大夫）から御札を送られ、側近の河村重家が返信をしている（幸福大夫文書・一四）。永正五年十月四日、両軍は激突し、信恵は子息弥九郎・清九郎・珍宝丸らとともに討ち死にした（勝山、甲陽日記、一蓮寺過去帳）。法名連阿弥陀仏（一蓮寺過去帳・山6上四三頁）。また「円光院武田系図」には、「号春叟」とある（山6上五八頁）。「平塩寺過去帳」にも「彦八郎信恵」と記載がある（同前・山6上五〇五頁）。（丸島）

油川晴正　あぶらかわはるまさ

生没年未詳。仁科信盛の三男というが検討を要する。母は福知新右衛門の娘というから、側室であろう。五郎左衛門。実名は誤って伝わった信盛の名前晴清を踏まえた可能性が高く、検討の余地がある。慶長五年（一六〇〇）に保科正光が旧領高遠に転封となった際、合力米一〇〇〇石を与えられたという。子孫は奥平氏に仕えたとされる（八王子信松院江納候由緒書之控・史録仁科五郎盛信一四〇頁）。（丸島）

油川昌重　あぶらかわまさしげ

生没年未詳。平右衛門。油川信恵の系統とみられる。「天正壬午起請文」に名がみえる（山6下九四八頁）。そのほかの事蹟は不明。（丸島）

油川弥九郎　あぶらかわやくろう

生年未詳～永正五年（一五〇八）十月四日。信恵の子。永正五年十月四日、武田信直（信虎）に敗れて父とともに敗死した（勝山）。法名与阿弥陀仏（一蓮寺過去帳・山6上四三頁）。（丸島）

阿部右衛門尉　あべえもんのじょう

生没年未詳。甲斐国巨摩郡竜地村（山・甲斐市）の土豪。天正元年（一五七三）十月九日の武田勝頼判物写（甲州古文書・三九〇）で、甲斐国篠原（甲斐市）・信濃国高遠（長・伊那市）で計六〇貫文を宛行われた。同二年正月の武田勝頼判物写（甲斐国志草稿・三二六二）では竜地新町（甲斐市）の開発について指示を与えられているが、日付・文言とも不自然で、検討の余地ありとされている。武田氏滅亡後、阿部甚五左衛門尉が母方の姓である飯田を称して徳川氏に仕え、子の甚三郎は浅野氏に仕えたが、その後致仕して阿部姓に復し、在所で浪人になった（国志4三八頁）。（鈴木）

安倍宗貞　あべむねさだ

生年未詳～天正十年（一五八二）三月十一日。五郎左衛門尉、加賀守。実名は「勝宝」「貞村」などとされてきたが、いずれも誤伝。当初は使番一二人衆のひとりであったが（軍鑑・大成上二九三頁）、永禄五年（一五六二）に勝頼が高遠に入部した際の付家臣となった（同前・一一九、三四六頁）。「惣人数」では勝頼おぼえの衆の筆頭に記される。天正四年五月十六日、武田勝頼が信玄の寿像と遺物を高野山成慶院に寄進し、日牌供養を依頼した際に取次をつとめたのが初見（成慶院文書・二六五三）。某年五月十一日にも、成慶院に武運長久の祈禱を依頼し、同院を家中の宿坊に定めた旨を伝えた書状を発給しているほか（香取神宮所蔵古案・三八四七）、某年六月二十六日にも成慶院に対する勝頼の取次をつとめている（柳沢文庫所蔵文書・三七三）。このように、当初勝頼の側近として仕えたことは間違いない。天正四年後半より加賀守でみえ、十月十八日に高野山成慶院で子息「運甫元策禅定門」の追善供養を営んでいる（武田御日坏帳二番・山6下九〇六頁）。そこには「甲州宇都野屋」（山・甲斐市宇都谷）とみえ、本領のあった場所である（国志）。同年十一月五日、白羽郷（静・御前崎市）に出した禁制の奉者をつとめた（白羽神社文書・二八八五）。同年十二月十六日、鍛冶田郷河原間（比定地未詳）の増分二七貫九七〇文を加増されている（内藤本甲斐国志草稿・二九〇〇）。同七年より信濃海津城（長・長野市）に城代として着任。同地で起きた相論の解決を図っている（小野家文書・三一〇三）。同八年三月七日には、泉良に対し、北条氏政への戦勝祈願を命じた朱印状を奉じた（東光寺文書・三二七四）。同年六月十九日、耕雲庵に対し、徳役と郷次普請役を免除した朱印状を奉じる（耕雲寺文書・三三六四）。これらは、川中島四郡に位置する寺院だから、海津城代の職務として奉じたものであろうか。なお海津在城は「御番手」とあり、短期間であった可能性もある。同九年十二月十六日には、市川元松とともに青柳新宿の用水訴訟を取り次いでいる（内閣文庫所蔵甲斐国古文書・三六三七）。この時期に勝頼に近侍したものとして、某年三月二日、高野山成慶院に書状を送っている（香取神宮所蔵古案・三八〇七）。某年雪月（十二月）五日には、木曽興禅寺に対し、妻籠在陣中に酒肴を送られた礼状を送っている（興禅寺文書・三九四九）。いずれも、加賀守を名乗っており、海津城代着任前後のものとみられる。同十年三月十一日、武田氏滅亡に際し勝頼に付き従って田野（山・甲州市）で戦死した（軍鑑・大成下一八〇頁、甲乱記）。墓所は妙善寺（甲斐市宇津谷）にある。法名慶室道賀居士（国志）。

（丸島）

天野小四郎　あまのこしろう

生年未詳～慶長元年（一五九五）十月七日。遠江犬居城主・先方衆天野藤秀の嫡子。のち官途名左衛門尉を称す。実名は諸系図などで、景康または景信などと伝わるが、不明。元亀三年（一五七二）十月に、天野氏が武田氏へ従属した際に人質として甲斐国甲府（山・甲府市）へ差し出された。翌天正元年（一五七三）七月五日、武田勝頼は小四郎の知行分として駿河国で一所を宛行い、具体的な地所を跡部勝忠・市川昌房が駿河国より帰還のうえで渡すと指示した（東京大学史料編纂所所蔵天野文書・二一三七）。また十一月十五日には、勝頼より人質として妻子ともどもの甲府滞在を労られ、駿河国岡清水（静・静岡市）内で一〇〇貫文の知行地が与えられている（水窪町天野家文書・二二〇八）。また同月十九日にも、武田家朱印状（奉者は土屋昌続）により、甲斐国朝気郷（甲府市）三五貫文ほか知行を宛行われた（同前・三三二四）。同三年卯月十四日付藤秀宛穴山信君書状（布施美術館所蔵文書・二四八〇）によると、武田氏の三河侵攻へ従軍したことが確認でき、また五月二十一日の長篠合戦では最前線での鎗働きをあげ、六月七日藤秀宛勝頼書状のなかで賞されている（春野町天野家文書・二四九七）。同七年八月十八日、武田家朱印状（奉者は曾禰河内守）により甲斐国江草郷（山・北杜市）の両棟別一五貫一〇〇文、同八代（山・笛吹市）内の瑞源寺上表地一四貫九〇〇文を宛行われた（同前・三二五三）。その後、官途名左衛門尉を称し、武田氏滅亡後は、父藤秀とともに武蔵八王子城主北条氏照に仕え、下野小山城（栃・小山市）での在番をつとめ、同十二年四月二十二日の下野国小山

（栃・小山市）での常陸佐竹氏との戦闘に際し戦功をあげ、二十七日に北条氏直より感状が与えられ（神妻社所蔵天野文書・戦北二六六九）、また氏照家臣の大石四郎右衛門尉より父藤秀へその戦功が賞された（古今消息集・戦北二六七五）。北条氏滅亡後は、甲斐国黒星野（山・大月市）へ逃れ、普明院を建立したとされる（国志）。慶長元年十月七日に死去、法名は永昌院殿隣岩徳光大居士（同前）。（柴）

天野五兵衛 あまのごひょうえ

生没年未詳。甲斐国八代郡河内岩間庄中山（山・市川三郷町）の土豪。穴山家臣か。慶長十二年（一六〇七）五月二十六日、兄七郎左衛門尉とともに老母の逆修供養を高野山に依頼したのが唯一の所見（成慶院過去帳・武田氏研究38）。（平山）

天野七郎左衛門尉 あまのしちろうざえもんのじょう

生没年未詳。甲斐国八代郡河内岩間庄中山（山・市川三郷町）の土豪。穴山家臣か。慶長十二年（一六〇七）五月二十六日、弟五兵衛とともに老母の逆修供養を高野山に依頼したのが唯一の所見（成慶院過去帳・武田氏研究38）。天野七郎左衛門尉・五兵衛の生母は、生没年不明であるが、慶長十二年（一六〇七）五月二十六日、天野兄弟が老母の逆修供養を高野山に依頼している。法名は春芳大師（成慶院過去帳・武田氏研究38）。（平山）

天野縫殿右衛門尉 あまのぬいえもんのじょう

生没年未詳。甲斐国巨摩郡河内岩欠郷（山・身延町）の土豪。穴山家臣か。慶長八年（一六〇三）七月五日、自ら高野山に登り、源照浄智禅定門と覚窓妙円禅定尼（近親か）の供養を（成慶院過去帳・武田氏研究44）、同十三年七月二十一日には亡父舜清道忠禅定門、亡母智慶妙三禅定尼の供養をそれぞれ依頼している（成慶院過去帳・武田氏研究47）。（平山）

天野藤秀 あまのふじひで

生没年未詳。遠江犬居城主。遠江国衆で、武田氏従属時には、「惣人数」（軍鑑）に一〇〇騎を率いる先方衆としてみえる。諸系図では、「景貫」と二代設定されるが、その活動時期より考えると、藤秀と景貫は同人である可能性が高い。遠江天野氏は、承久の乱後に山香荘の地頭に任ぜられたことに始まり、やがて犬居（静・浜松市）を拠点に活動した。戦国時代には、惣領たる安芸守家と、駿河今川氏と政治関係をもつ宮内右衛門尉家とが拮抗しあい、北遠地域の有力国衆として発展した。藤秀は、宮内右衛門尉家の小四郎虎景の子で、天文十六年（一五四七）七月二十八日に今川義元より犬居山中当知行分と雲奈（浜松市）の代官職を虎景の時同様に安堵されたのが初見、幼名犬房としてみえる（備後天野家文書・戦今八三一）。だが幼少であったことから、安芸守景泰が、やがて義元の支持のもとで惣領として犬居領の統治を進めていく（広島大学日本史学研究室所蔵天野文書・戦今九七八ほか）。その後、藤秀は元服のうえ通称小四郎を称し、同二十一年十二月十二日には、義元より犬居山中内における雲奈・横川名職と宇奈内の新田の定納高計五〇貫文の知行、五人の陣夫、代官職を安堵された（同前・戦今一一八）。また、この頃と推察される十一月十七日には、景泰とともに武田晴信（信玄）と交信し、黄金二枚が贈られている（春野町天野文書・六四九）。同二十三年、武田氏が伊那郡へ侵攻すると、伊那遠山孫次郎の赦免を願い、武田氏のもとへ使者として派遣されたことが、同年九月二日付長坂虎房副状（広島大学日本史学研究室所蔵天野文書・四一二）より確認できる。永禄元年（一五五八）八月には岩小屋城（愛・設楽町）で景泰とともに在番をつとめ、同月二十日には義元より景泰へ与えられた米銭の四分一を配当される（備後天野家文書・戦今一四一八）。その後、義元後継の今川氏真との政治関係を強めていき、同五年二月二十四日には、氏真が義元時に景泰へ与えた犬居三ヶ村の一円領有を認めず、藤秀は犬居山中当知行分と宇奈の代官職を改めて安堵された（広島大学日本史学研究室所蔵天野文書・戦今一七九九）。このことが要因となり、翌六年に遠州忩劇が起きると、景泰・元景父子は今川氏へ叛逆、その跡職すべてが藤秀へ与えられたことが、閏十二月二十四日付け尾上正良宛氏真判物写（尾上家文書・戦今一九五五）より確認できる。これにより、藤秀は天野惣領となり、以後、官途名宮内右衛門尉を称す。また同八年十一月十五日には、大塚越後と係争していた宇奈・横川両郷の代官職に関して、氏真が天文二十一年十二月十二日付け義元判物ほかに基づき、安堵している（春野町天野文書・戦今二〇六六）。同十年正月二十二日、遠江中尾生城（浜松市）の普請に際し、奥山定友・友久兄弟が、氏真朱印状により、藤秀との相談のうえあたることが指示されている（水窪町奥山家文書・戦今二二三〇）。同十一年十二月に徳川家康が遠江侵攻すると、藤秀は今川方として、犬居城にて徳川勢を迎え撃つ備えをし、二十九日に氏真と朝比奈泰朝から、その忠節を賞される（春野町天野文書、東京大学史料編纂所所蔵天野文書・戦今二二三五、二二三六。なお布施美術館所蔵文書・戦今二四三六は永禄十二年の付年号があるが、検討の余地がある）。この藤秀の態度に対し、翌十二年正月二日に徳川家康は犬居三ヶ村ほか本知五〇〇貫文を安堵する旨を提示するが（遠江国風土記伝・戦今二二三九）、その後も今川方としての立場を保持し続けた。二月二十四日、氏真より改めてその忠節を賞され、今川氏の管轄下にあった雲奈・横川内の大平・花島分と宇苅郷（静・袋井市）を与えられている（東京大学史料編纂所所蔵天野文書・戦今二三六二）。四月八日、藤秀は家康より本知安堵、与力衆の奥山氏たちの本知安堵、遠江懸川城内の人質の保障を約束した起請文（天野文書・戦今二三三五）、同月十三日にはその内容を確認した判物（遠江国風土記伝・戦今二三四三）が与えられ、また河根郷（静・川根本町）五〇〇貫文の地の管理が朱印状で認められた（同前・戦今二三四四）。これにより、藤秀は徳川氏へ従属、閏五月二十日には、藤秀同心衆の尾上彦十郎、渡辺三左衛門尉、鱸源六郎が犬居や家山（静・島田市）内の本知行を安堵されている（尾上文書、和田文書、阿波国古文書・戦今二三九七〜九九）。また二十六日には、徳川家宿老の石川数正が藤秀へ、何事も尽力する旨を伝えている（譜牒余録・戦今二四〇二）。七月二十九日、藤秀が今川氏真へ内通した同心衆の花島氏を成敗したことを家康が賞し、跡職を与えている（遠江国風土記伝・戦今二四一五）。元亀三年（一五七二）十月に、武田信玄による徳川領国への侵攻が開始されると、武田氏へ従属、その際に嫡子小四郎が甲府（山・甲府市）へ人質として差し出された（軍鑑）。この従属時に信玄より本領・新地の安堵がなされ、それをふまえ信玄没後の天正元年（一五七三）十一月十五日に、武田勝頼より、改めて本領・新地の安堵、同心・被官への指揮権を認められている（布施美術館所蔵文書・二三〇七）。同二年十一月二十一日には、藤秀の同心衆にあった尾上十郎と渡辺三左衛門尉へ、勝頼が藤秀より与えられた遠江国山梨（袋井市）ほかで一〇〇貫文の知行地を認め、以後も藤秀との関係保持を求めている（尾上文書、和田家文書・三六二、八三）。同三年四月、武田氏の三河侵攻のなかで、十四日に穴山信君より犬居領の守衛を指示され（布施美術館所蔵文書・二四八〇）、長篠敗戦後の六月七日には、勝頼より犬居領の守衛を賞されるとともに、遠江光明寺城（浜松市）の在番を命じられた（春野町天野家文書・二四九七）。だが徳川氏の攻勢に、七月には犬居より後退した（三河物語ほか）。同四年三月二十九日には、遠江国山梨郷百姓中へ復興のため一切の立ち入りを禁じ、年貢納入は奉行を遣わし決めることを朱印状により命じる（村松家文書・二六二〇）。藤秀はその後も犬居奪還を試み続け、極月二十一日付穴山信君書状（東京大学史料編纂所所蔵天野文書・二七五二）では、その戦果注文を受け、勝頼が賞している。同七年三月五日、藤秀の子で住持の福房が幼少につき、藤秀が秋葉寺の寺務勤行が滞りなきよう取り計らうよう、武田家朱印状（奉者は土屋昌恒）により命じられた（福山市天野家文書・三二〇四）。また卯月十六日には、穴山信君を通じ、勝頼より光明寺攻略を指示される（武家事記・三三〇）。同八年卯月十九日、駿河国沼上郷（静・静岡市）内の知行地で増分を重恩として与えることが、武田家朱印状（奉者は土屋昌恒）により約束された（天野家文書・三三二七）。武田氏滅亡後は、武蔵八王子城主北条氏照のもとへ逃れ、同十年十二月二十七日に氏照より森下分を与えられ、居住とする（天野文書・戦北二四五九）。翌十一年三月二十四日には、氏照より佐渡入道とともに下野小山城（栃・小山市）へ在番のため、同二十六日に出立するよう命じられた（同前・戦北二五二五）。その後も小山城に在番し続け、同十二年卯月二十七日に氏照の重臣大石秀信より、二十二日の常陸佐竹氏勢との戦闘に際しての嫡子左衛門尉（小四郎）の戦功を賞されるとともに、在番を油断なくつとめるよう指示される（古今消息集・戦北二六七五）。その後の事蹟は不明。

（柴）

天野美濃守　あまのみののかみ

生没年未詳。遠江国周智郡犬居（静・浜松市）の国衆天野氏の一族か。元亀三年（一五七二）頃に武田氏に従属したとみられ、天正元年（一五七三）に推定される十一月十九日の武田勝頼判物（天野家文書・三三二）で、法性院（信玄）から安堵された本領・当知行の支配を引き続き認められた。ただし、志戸呂（静・島田市）の内高熊鶴見分二〇貫文については、朝比奈右馬大夫に宛行われたため、替地として牛飼（静・森町）のうちを与えられている。同三年九月に石打松下（浜松市）の西宮社の宝殿が造立された際の棟札（蛭子神明神社所蔵・春野町史1四三三）では「地頭」として名がみえ、代官の花島新五郎が当地を支配したことがわかる。

（鈴木）

甘利右衛門　あまりえもん

生年未詳～天正十年（一五八二）三月。武田信豊の被官。武田氏滅亡に際し、信豊に随って佐久郡小諸城（長・小諸市）に赴くが、城代下曾禰浄喜の謀叛に遭い、信豊とともに討ち死にした（甲乱記）。武田家譜代家老甘利氏との関係は不明。

（丸島）

甘利甚九郎　あまりじんくろう

生没年未詳。元亀二年（一五七一）七月十六日、高野山成慶院の使僧に対する、下伊奈口宿中での伝馬手形の奉者としてみえるのが初見（柳沢文庫所蔵文書・一七三〇）。次いで翌元亀三年十二月十八日、延命寺（延命寺文書・二〇〇二）・先照寺（先照寺文書・二〇〇三）に対し、駿州口宿中での伝馬使用を許可する伝馬手形の奉者をつとめている。（丸島）

甘利甚五郎 あまりじんごろう

生没年未詳。天正十年（一五八二）三月の武田氏滅亡に際し、大熊長秀とともに離反し、弓鉄砲を撃ちかけたという（三河物語）。「三河物語」は甚五郎について、「御普代久敷」と形容し、長秀との関係は婿舅であったとする。その後の処遇については記録が残されていない。（丸島）

甘利虎泰 あまりとらやす

生年未詳～天文十七年（一五四八）二月十四日。備前守。武田氏の重臣で、板垣信方とともに家臣団中の最高位の役職「両職」をつとめたとされるが、働きからみて疑問。天文九年十一月二十日、妻の母親「妙善禅尼」を高野山成慶院で供養したのが初見（過去帳・武田氏研究34五九頁）。翌十年四月三日にも、妻の父とみられる「善由上座」を成慶院で供養している（同前・六〇頁）。同十一年九月十七日には、子息与十郎（孝庵全忠大禅定門）の供養を高野山引導院で営んだ（引導院日坏帳・山6下九三六頁）。同年十一月十九日、虎泰の新屋の普請始めが行われた（甲陽日記）。同十二年四月二日、明王寺（山・富士川町）に禁制を出している（明王寺文書・一六三）。同月六日、板垣信方を諏訪郡司とする上意を、今井伊勢守・駒井高白斎とともに伝達する上使を担った（甲陽日記）。同十三年三月二日付の、大蔵経寺（山・笛吹市）の堂宇を建立する棟札に名がみられる（大蔵経寺所蔵・四四〇）。同十四年五月二十日、妻室（理俊禅尼）が自身の逆修供養を成慶院で行っている（過去帳・武田氏研究34六四頁）。同年七月五日、立願のために晴信が自筆で記す三十六歌仙和歌を受け取った（窪八幡神社所蔵・四二四三）。同十六年八月、信濃佐久郡志賀城（長・佐久市）を攻めた際、援軍に来た関東管領上杉憲政の軍勢を打ち破るのに功績を立てた（勝山・天文十五年条に誤って挿入）。同十七年二月十四日、上田原合戦で村上義清に敗れた際に、板垣信方とともに戦死した（甲陽日記、王代記）。子息の信忠（昌忠）が跡を嗣いだ。妻室善春は、同十六年三月十一日に高野山引導院で自身の逆修供養を行っている（引導院日坏帳・山6下九三二頁）。娘は安中景繁、坂西左衛門に嫁いだ（系図纂要、軍鑑・大成上三五二頁）。なお、「保科御事歴」は娘のひとりを保科正俊の父正則の妻とするが（信叢2三四二頁）、武田氏と高遠の接触などをふまえると、世代的にありえない。（丸島）

甘利信家 あまりのぶいえ

生没年未詳。武田遺臣。重臣甘利氏の一門と思われるが、系譜関係は不明である。ただし通字「信」の偏諱を受けていることから、嫡流に近い立場にいたとみてよいかもしれない。武田氏滅亡後の天正十一年（一五八三）四月八日、に中牧郷内（山・山梨市）の知行配分や山守などの人選をすすめて貰うよう、若槻越後守に要請した（若月家文書・山4五九三）。若槻越後守は家康の直臣で、中牧郷に所領を有している（同前・山4五九二）。このことからすると、中牧郷で相給を与えられ、それが円滑に知行できるよう協力を求めたのではないだろうか。（丸島）

甘利信忠 あまりのぶただ

天文三年（一五三四）～永禄十年（一五六七）八月二十二日、三四歳（大輪寺過去帳・大田区史資料編寺社2一〇三三頁）。「軍鑑」「系図纂要」によれば幼名玉千代（軍

鑑・大成上二四九頁）。父虎泰が天文十七年の上田原の戦いで戦死した際に家督を嗣ぎ、同心一五〇騎を引き継いだという。実名は初め「昌忠」。仮名藤三、官途名左衛門尉。板垣信憲とともに、「両職」のひとりとして、検断や相論裁許の実務に携わる。同二十年七月十一日、甲斐二宮美和神社文書の勧進を許可した文書に、板垣信憲と連名で副状を発給したのが初見。この時、晴信から「両職」と呼称されている（坂名井家文書・三二七、二八）。次いで同二十三年八月十一日には、窪八幡神社（山・山梨市）に高札を出しているが、残念ながら本文は失われている（窪八幡神社所蔵御高札之写・四〇八）。弘治元年（一五五五）九月二十七日、斎藤道三・織田信長連合勢が武田氏の従属国衆である苗木遠山氏を攻撃した際、情勢報告をしてきた木曾義康に副状を出している（早稲田大学図書館所蔵諸家文書写・六四三）。弘治年間頃には、本願寺に対する取次をつとめた（古文書集影君津郡之部・補遺一九）。永禄四年正月二十七日、原彦八郎の被官が西牧（長・梓川村）の逆徒を討ち取った際の感状に副状を付した（原家文書・七三三）。同年の第四次川中島合戦では別働隊に所属したという（軍鑑・大成上三五五頁）。同年十二月二十一日、上野国衆の小林監物が降伏してきた際には、甘利が取次（指南）を担当している（小林家文書・七六五）。これ以後、上野に対する活動が増える。翌五年三月二十六日に蒲原宮内少輔が亡命をしてきた際にも、甘利が取次をつとめた（伏島家文書・七七五）。蒲原宮内少輔には、同年五月十七日・六月二十七日にも副状を出しており、取次（指南）をつとめていることが明らかである（同前・七八五、九二）。同年十一月九日には、飯富虎昌とともに上野への出陣について詳細を蒲原氏に伝達した（鎌原系図所収文書・八〇八）。さかのぼって同年五月八日には、味方をしてきた浦野中務少輔に対し、条目の返答は甘利から返すと伝達されている（大竹文書・七八二）。以後大戸浦野氏に対する取次（指南）もつとめた。同年十一月十日、浦野新八郎に書状を送り、上野着陣を伝えるとともに、蒲原宮内少輔から忠節が厚い旨を聞いている、と書き送った（新編会津風土記・八〇九）。浦野新八郎に対しては、同六年七月二十二日にも書状を送っており、せっかく参府してもらったのに信玄が多忙でじっくり話をできなかった旨を謝している（同前・八二九）。浦野氏に関しては、同七年正月七日に浦野中務少輔に対し（同前・八五七）、某年正月七日に浦野宮内左衛門尉に対して、取次をつとめた（篠沢家文書・二〇三三）。同六年十一月の恵林寺検地帳に同心網野新五左衛門尉の名がみえる（恵林寺文書・山4二九五）。同七年正月二十二日に、岩下（群・東吾妻町）の人質に関する指示を蒲原宮内少輔に伝達して以後、左衛門尉でみえる（国立国会図書館所蔵文書・八六二）。同年六月十七日、美濃斎藤氏の一門長井不甘が斎藤龍興から攻撃を受けた際には、援軍を派遣する旨の伝達を、長延寺実了とともにつとめている（長井家文書・九〇二）。同八～九年頃には、美濃斎藤氏との同盟交渉にも関与し、「甘利左金吾」つまり信忠の「私宅」で馳走がなされている（長春寺所蔵高安和尚法語集・補遺六八）。木曾氏に対する指南もつとめており、同七年八月七日には、木曾家臣山村良侯への感状の副状を発給している（山村家文書・九〇九、一〇）。また検討の余地がある文書だが、同八年十一月十日には、池田佐渡守宛奉書式朱印状の奉者をつとめた（加沢記・九六一）。

同九年二月七日、佐竹氏の使者に対し庭谷（群・甘楽町）～佐久郡間の伝馬手形を奉じる（秋田藩家蔵文書・九七六）。北条氏への外交にも関与しており、派遣されていた使者安西伊賀守は経過報告の書状を甘利のもとへ送っている（古書逸品展示即売会出品目録昭和五十九年掲載文書・九八三）。同九年七月二日、小平木工助らに奉公を申し付けた朱印状三点の奉者をつとめた（小平家文書、藤巻家文書、丸山家文書・九九七～九九）。同年閏八月十九日には、鎌原筑前守の籾子などの通過を許可した過所を奉ずる（羽生田家文書・一〇〇六）。同年九月二十五日には、上野坂本（群・安中市）居住の族の人返しを命ずる朱印状を奉じた（雑録追加・一〇三六）。永禄九年九月十日、箕輪攻めの最中に浦野中務少輔の戦功を賞した信玄書状を伝達している（新編会津風土記・二一〇〇）。永禄九年十二月五日に厩橋北条高広が内通を申し出た際には取次をつとめた（江口正紀氏所蔵文書・一〇四二）。同十年四月十日、白井城に着城したことを北条高広に伝えた書状から、実名「信忠」でみえる（高橋桂猪氏所蔵文書・一〇六五）。この間に武田氏通字の偏諱を受けて、家格が向上したものとみられる。同年五月朔日には子持山（群・渋川市）の神領を安堵した朱印状を奉じており（子持神社文書・一〇七一）、ここまでみてきた上野との関係の深さからして、初代箕輪城代または上野担当取次をつとめた可能性がある。五月晦日には常陸小田氏の家臣の領内通過を認める過所を奉じており（石田家文書・一〇八二）、城代の地位にあった可能性は高い。同年八月七日の「下之郷起請文」徴収に際しては、禰津常安およびその被官衆の起請文の宛所となった（生島足島神社文書・一一三五、宮入八樹氏所蔵御願書幷誓詞写・四二一〇）。また麻績清長は、信州衆で信玄に逆心を抱く者がいたら、甘利信忠に注進すると誓約をしている（生島足島神社文書・一一八〇）。この頃、武田家臣の筆頭にいたといってよいであろう。永禄後期に、勝仙院に対する信玄書状の取次もつとめているのは、その表れといってよいかもしれない（住心院文書・二〇七八）。某年正月十六日には、信濃国衆芋川親正に対する書状を取り次いでいるから（石井進氏所蔵岩井・下条・香坂古案集・二〇三九）、上野だけではなく、信濃との関係も有していたものとみられる。永禄十年八月十二日には、跡部祖慶らと連名で証文を出しているが、そこでは朱印を用いていたらしい（西郡筋鮎沢村藤巻家伝写・一一八七）。これが最後の発給文書となる。永禄十年八月二十二日没。享年三四。法名大輪院殿日作大居士（大輪寺過去帳・大田区史資料編寺社2一〇三三頁）。葬儀が行われた大輪寺（甘利氏屋敷跡に所在、山・韮崎市）の開基であるといい、末子は同寺に入寺したと伝わる（同前）。所領関係の史料は少なく、甲斐の飯縄大明神領の地頭をつとめたことがわかる程度である（金丸力三氏所蔵飯縄大明神絵馬・四二〇三）。このほかに、同八年までは、信濃下桑原郷に同心給が存在していたが、宮公事をつとめるために大祝領に戻されている（諏訪大社文書・九六五）。妻は金丸平三郎の娘（国志）。娘は保科正俊の子三河守正勝に嫁いだという（保科御事歴・信叢2三四三頁）。　（丸島）

甘利信恒　あまりのぶつね

永禄三年（一五六〇）～天正四年（一五七六）九月、一七歳（当代記）。三郎次郎。甘利信康の子（系図纂要）。天正三年または四年に奉納された鎮目寺（山・笛吹市春日居町）の棟札銘写に「甘利三郎次郎信恒」とある（山梨県立図書館所蔵甲陽随筆・三七四〇）。そのほかの事蹟は不明だが、「当代記」は同四年九月に、遠江小山（静・吉田町）の陣中で暗殺されたと記し、享年一七とする。これが事実であれば、永禄三年生まれ、天正四年没となる。 （丸島）

甘利信康 あまりのぶやす

生年未詳～天正三年（一五七五）五月二十一日。郷左衛門尉。甘利虎泰の次男で、信忠の弟（系図纂要）。永禄十年（一五六七）三月六日、真田幸綱が上野白井城（群・渋川市）を調略した際に、真田幸綱・金丸筑前守とともに箕輪城番春日虎綱と談合して仕置きを行うよう指示されているのが初見（諸州古文書・一〇五四）。同年八月七日、城景茂・今井昌茂・玉虫定茂・六島守勝とともに連名で「下之郷起請文」を吉田信生・浅利信種に提出（生島足島神社文書・一一五二）。本文書は、現状では「庭谷」と書かれた封紙に収められているため上野庭谷衆と誤解されやすいが、「鉄砲衆」と書かれた封紙に収められていたのが本来の姿である。永禄末期の陣立書にも、彼らとならんで鉄砲衆として記載がある（山梨県立博物館所蔵文書・三九七二）。「国志」は甘利信忠の子弟の可能性を指摘し、天正三年五月二十一日の長篠合戦で戦死したとする「信長公記」は長篠での戦死者として「甘利藤三」の名をあげている。信康が武田氏の通字「信」字の偏諱を受けているとおぼしいこと（庶流家への授与は考えにくい）、「藤三」が甘利信忠の仮名であることを考えれば、甘利信忠の弟で、長篠で戦死したというのは事実だろう。「宣教卿記」も長篠戦死者に「あまり」と記す。信忠の子息信頼は、信忠死去時に幼少であったから、名代という立場にいた可能性もある。 （丸島）

甘利信頼 あまりのぶより

生没年未詳。甘利信忠の子。二郎四郎（系図纂要）。父信忠が、永禄十年（一五六七）に三四歳で急逝した際にはまだ幼く、「陣代」を米倉丹後守がつとめたと伝わる（軍鑑・大成下三六頁、大輪寺過去帳・大田区史資料編寺社２一〇三三頁）。天正三年（一五七五）五月二十一日の長篠合戦に参加し、無事生還したことが、勝頼書状にみえるのが初見（関保之助氏旧蔵文書・二四九四）。同年六月九日、三科権兵衛尉に知行を宛行っている（諸州古文書・二四九八）。この時の署判は、八角朱印と花押を重捺しており、特徴的である。同五年頃、駿河富士大宮（静・富士宮市）に神馬三疋を奉納した（永昌院所蔵兜巌史略・補遺二三）。同七年の上諏訪造宮に際し、前宮四之御柱の造宮銭の使衆をつとめる（大祝諏訪家文書・三〇七七）。この時、下諏訪春宮の外籬造宮銭を割り当てられた大塚郷が、上諏訪前宮造宮銭の賦課対象と重複しているとして、千野昌房と問答をしている（同前・三〇六九、七二）。同九年正月、信濃筑摩郡小池郷（長・松本市）と内田郷（松本市）の入会相論が膠着状態に陥ってしまったため、二月九日に同心田辺佐渡を松本（松本市）に派遣した（草間家文書・信補遺下四三頁）。二月九日、小池郷住人が甲府に上った際、田辺佐渡が主張を聞き、三月十五日、湯治中の勝頼に検分結果を披露し、小池郷勝訴の判決を導き出している（同前）。「甲乱記」は、武田氏滅亡に際し、「甘利左衛門尉」が大熊長秀・秋山摂津守とともに離反したと記す。官途名からみて甘利氏の当主と考えられ、信頼の可能性がある。一方「三河物語」は、離反したのは大熊長秀と甘利甚五郎としており、一定しない。甘利信頼については、不明な点が多いといえる。「天正壬午起請文」には、同心一六名の記載がある（山6下九五九頁）。なお、同二十年正月十六日に、高野山で供養がなされている「アマリトノ」の「御袋」は信頼の母であろうか。法名は、花林妙性禅定尼（持明院所蔵江州浅井家之霊簿）。（丸島）

網野新五左衛門尉 あみのしんござえもんのじょう

生没年未詳。甲斐国山梨郡仏師原郷（山・甲州市）の土豪。甘利氏の同心衆。弘治元年（一五五五）十二月十八日の武田家朱印状（網野家文書・四六三）で、本屋一間・新屋四間分を免除される一方、調衆として法光寺領からの棟別銭四貫二〇〇文の徴収を命じられた。永禄六年（一五六三）十一月の恵林寺領年貢地検地帳（恵林寺文書・山4二九五）で、「御家人衆御恩」のうち「甘利同心」として一貫九九五文の給分を記載されている。同十一年五月十日の武田家朱印状（網野家文書・一二六七）では、仏師原郷の調衆として一貫四〇〇文分の棟別銭徴収を命じられるが、自身は同年に巣鷹を武田氏に進上した功として、家一間分の棟別役を免許されている。武田氏滅亡後は徳川氏に仕えて、近世も仏師原で浪人として存続した（国志4二七五頁）。（鈴木）

雨宮源左衛門尉 あめのみやげんざえもんのじょう

生没年未詳。天正五年（一五七七）頃、駿河富士大宮（静・富士宮市）に神馬を奉納した人物（永昌院所蔵兜巌史略・補遺二三）。武田家重臣雨宮氏の一門とみられるが、他に所見はない。（丸島）

雨宮権兵衛尉 あめのみやごんべえのじょう

享禄四年（一五三一）～天正三年（一五七五）五月二十一日。四五歳（寛永伝、寛政譜）。寛永伝、寛政譜にみえる雨宮十兵衛家次と同一人物か。雨宮氏は甲斐国山梨郡末木村（山・笛吹市）の土豪で、出自は信濃国埴科郡雨宮（長・千曲市）に住した村上氏の一族とされる（国志4二五六頁、寛政譜）。家次は武田義信に仕え、永禄八年（一五六五）に義信が廃嫡された後、北条氏に仕官した（同前、軍鑑）。のちに高坂弾正（春日虎綱）の推挙で武田氏に帰参し（軍鑑）、天正三年五月二十一日の長篠合戦で討死（乾徳山恵林寺雑本・愛11二五四）。法名は法観（寛永伝、寛政譜）。同年八月七日の武田家朱印状写（藻塩草・二五二）で、子の与十郎が権兵衛尉の戦功を賞されている。（鈴木）

雨宮十兵衛 あめのみやじゅうひょうえ

享禄四年（一五三一）～天正三年（一五七五）五月二十一日、四五歳。実名は家次と伝わる（以下、寛永伝、寛政譜）。武田義信の家臣。永禄十年（一五六七）の義信死去後、武田氏を出奔し、北条氏康に仕えた。その後、武田氏に帰参したというから、元亀二年（一五七一）末の甲相同盟復活後のことだろう。天正三年の長篠合戦で討ち死にした。享年四五、法名は法観。子息平兵衛（昌成）は、武田氏滅亡後に徳川家康に仕えている。（丸島）

雨宮二郎右衛門尉 あめのみやじろうえもんのじょう

生没年未詳。甲斐国山梨郡岩崎郷（山・甲州市勝沼町）在郷の番匠。天正六年（一五七八）二月の岩崎郷の氷川神社鳥居棟札銘によれば、その奉加者名として地域の番匠衆が多数寄進しており、そのなかに大工兵部衛門の五〇〇文に次いで、二五〇文寄進者としてみえている（氷川神社所蔵・二九五二）。（柴辻）

雨宮図書助 あめのみやずしょのすけ

生没年未詳。某年、武田信縄の代官とし

て、伊勢神宮に代参した（幸福大夫文書・一三〇）。（丸島）

雨宮存哲 あめのみやぞんてつ

生没年未詳。淡路守と同一人物と思われる。「惣人数」に「諸国へ御使衆六人」として「雨の宮ぞんてつ」の名がみえる。雨宮淡路守は、厩橋北条高広との交渉のため、小幡昌高のもとに派遣されていることが、元亀二年（一五七一）十一月十日の信玄書状にみえる（古典籍展観入札目録掲載文書・一七四七）。この時、淡路守。これは武田・上杉の和睦交渉のための使者で、同年十二月七日、北条高広・景広父子から雨宮存哲の派遣を求められたことが、跡部勝資書状に記される（高橋大吉氏所蔵文書・一七六二）。また年未詳三月十八日の、北条氏政宛武田信玄書状では、雨宮淡路を使者として派遣したことがみえる（目黒家文書・二〇五七）。関東方面への使者をつとめた人物と思われる。（丸島）

雨宮忠善 あめのみやただよし

生没年未詳。二郎右衛門。武田氏滅亡が間近に迫った天正十年（一五八二）三月二日、勝頼の指示で上杉景勝に援軍派遣を求めたひとり（上杉家文書・三六七二）。越後国境に配備されていたものと思われる。（丸島）

雨宮縫殿丞 あめのみやぬいのじょう

生没年未詳。天正六年（一五七八）に結ばれた甲越同盟に際し、勝頼妹菊姫が上杉景勝に嫁ぐことが誓約された。この約束は翌年九月に実施され、菊姫が越後に輿入れしている。九月二十六日、勘定奉行跡部勝忠と市川元松は、長井昌秀に対し「越国居住衆」の名簿を書き送った。つまり、菊姫の付家臣である。そのなかに名前がみえる（上杉家文書・三一七三）。同七年十一月十六日、駿河出陣中の武田勝頼より、留守を預かる跡部勝忠に対し、縫殿丞を越後から呼び寄せるよう指示が出されている（諸州古文書・三一九四）。上杉景勝との交渉に関するものか。（丸島）

雨宮備中守 あめのみやびっちゅうのかみ

生没年未詳。塩田（山・笛吹市）の住人。永正十二年（一五一五）五月十六日、自身の保持する権益と所領を向嶽寺（山・甲州市）に寄進した（向嶽寺所蔵向岳寺什物目録・三八）。（丸島）

雨宮与十郎 あめのみやよじゅうろう

永禄元年（一五五八）～慶長八年（一六〇三）四月十七日。四六歳。雨宮権兵衛尉の子。寛永伝、寛政譜にみえる雨宮平兵衛昌茂と同一人物か。天正三年（一五七五）八月七日の武田家朱印状写（藻塩草・二五二二）で、長篠合戦で討死した父の戦功を賞され、重恩として信濃国長窪（長・長和町）で二〇貫文を宛行われた。同十年三月に武田氏が滅亡した後は徳川氏に仕え、翌十一年閏正月十四日には朱印状により、甲斐国の本領を安堵されている（記録御用所本古文書・家康文書上四八〇頁）。慶長八年四月十七日に死去、法名は宗照とされる（寛永伝、寛政譜）。子孫は幕臣として存続した（同前）。（鈴木）

雨畑仁衛門 あめはたじんえもん

生没年未詳。甲斐国巨摩郡河内下山（山・身延町）の人物。穴山家臣か。慶長七年（一六〇二）二月七日、高野山に妻とともに逆修供養を依頼しているのが唯一の所見。法名は秋月道空禅定門、妻は月心妙空禅定尼（成慶院過去帳・武田氏研究43）。（平山）

鮎川勝繁 あゆかわかつしげ

生没年未詳。又四郎。永禄八年（一五六五）六月、武田義信とともに甲斐二宮美和神社（山・笛吹市）に太刀一腰を奉納した（美和神社文書・九四六）。ただし、花押は据えていない。（丸島）

鮎川昌尚　あゆかわまさひさ

生没年未詳。清三郎。永禄十年（一五六七）八月七日、「下之郷起請文」を鮎沢虎守・羽中田虎具と連名で浅利信種に対して提出している（生島足島神社文書・一二八）。（丸島）

鮎沢虎守　あゆさわらとらもり

生没年未詳。八郎右衛門尉。永禄十年（一五六七）八月七日、「下之郷起請文」を鮎川昌尚・羽中田虎具と連名で浅利信種に対して提出している（生島足島神社文書・一二八）。天正八年（一五八〇）八月二十七日に、一時的に上野に在番した秋山下野守に対し、鉄砲の玉集めを跡部家吉・鮎沢虎守・羽中田虎具と談合して行えと命じられているから（山梨県誌本巨摩郡古文書・三四一四）、上野に在城していたものと思われる。（丸島）

新井蔵人助　あらいくらんどのすけ

生没年未詳。上野国衆国峰小幡氏の家臣で、甘楽郡高瀬村（群・富岡市）の土豪。年未詳十二月十一日付で小幡信真から、今回の忠節を賞されるとともに、本領還補の要請について、戦争中のため処置できていないが、必ず決着させること、それまで甘楽郡丹生（富岡市）のうち二〇〇〇疋地を屋敷分として宛行うので、妻子・被官とともに移住し、戦争終結後に本領を還補することを約されている（群馬県庁所蔵文書・三九五四）。このことからすると、蔵人助は敵方の侵攻などによって、本領を失ったことが窺われる。なお蔵人助は、文書の伝来からみると、天正九年（一五八一）に所見される又太郎の後身の可能性も考えられる。（黒田）

新井又太郎　あらいまたたろう

生没年未詳。上野国衆国峰小幡氏の家臣で、甘楽郡高瀬村（群・富岡市）の土豪。天正九年（一五八一）二月十四日付で小幡信真から、高瀬内臼田跡を所領として宛行われている（新井文書・三五〇二）。年未詳十一月一日付で信真から、在所から欠落しなかった功績に対して、新居惣十郎跡を宛行われている（群馬県庁所蔵文書・三九三三）。新居惣十郎は在所から欠落し、その跡を宛行われたものとみられる。欠落の背景については不明であるが、敵方の侵攻などが想定されるであろう。（黒田）

荒川治部少輔　あらかわじぶのしょう

生没年未詳。永禄十一年（一五六八）十二月の武田信玄による駿河侵攻に際し、葛山氏元とともに武田氏へ属した家臣。翌十二年二月二十四日、信玄より駿河侵攻の際に瀬名谷（静・静岡市）へ退いたことを賞され、駿河国由比（静岡市清水区）の山方内の助太郎分六〇貫文を与えられる（甲州古文集・一三七三）。元亀三年（一五七二）五月二日、信玄よりあらためて武田氏へ属した以来の働きを賞され、由比山方・大期田で計一〇〇貫文の知行地を宛行われた（同前・一八五二）。同日には葛山三郎や三輪与兵衛尉たち駿河国衆葛山氏一族・家臣に対し知行宛行が実施されていることより、その立場は葛山氏の軍事指揮下の与力・同心にあったと推察される。（柴）

荒木主水佑　あらきもんどのじょう

生没年未詳。上野国衆白井長尾氏の家臣で、群馬郡上白井内伊久間郷（群・渋川市）の土豪。天正八年（一五八〇）十一月三日付で、厩橋北条高広の家臣とみられる某広綱から、伊久間郷内の不作田畑の再開発にあたり三年の年貢・諸役免除を認められる判物を与えられ、その宛名にみえており、同郷の代表者であったことが知られる（荒木文書・三四四四）。この時期、厩橋北条氏が白井領に進出しており、同氏に従ったとみられる。同十年三月の武田氏滅亡後にあたる同年六月二十二日には、北条氏から白井村（渋川市）宛の禁制を与えられている（同前・戦北二三五三）。同十一年八月十七日には、八崎城主白井長尾憲景から、伊久間の中居領に対する竹木伐採禁止の制札を与えられており（同前・戦北二五六七）、この頃には白井長尾氏に従っている。年未詳三月十一日付の戦功書立が残されており（同前・群馬県古城塁址の研究補遺篇上二一七）、それによると、当初から白井長尾憲景に被官化していたことが知られ、そこには永禄七年（一五六四）の上杉輝虎による下野佐野城攻略の際、憲景に従って戦功をあげて以来、天正十七年の北条氏による下野足利城攻めまでの戦功があげられている。（黒田）

有泉昌輔 ありいずみまさすけ

天文十八年（一五四九）～慶長三年（一五九八）、五〇歳（寛政譜ほか）。甲斐穴山（武田）信君（梅雪）・勝千代の家臣。平三・大学助・大学寮・信閑。甲斐国河内下山（山・身延町）の住人、本貫地は南湖（山・南アルプス市）。元亀二年（一五七一）一月七日、岩間（山・市川三郷町）の紺掻職人河野六郎右衛門尉に諸役免許の証文を発給しているのが初見（河内領古文書・一六四二）。また天正八年（一五八〇）十一月十三日には、駿河国富士郡の土豪望月弥助に跡敷安堵の朱印状を発給している（竹川家文書・三四七）。この朱印は円形二重廓（印文未詳）であり、現在、穴山家臣のなかで、朱印を使用したが確認できる事例はほかにない。同年十一月十五日に高野山に逆修供養を依頼している。法名「恵昌桂林禅定門」（成慶院過去帳・武田氏研究38）。同九年七月二十八日、穴山梅雪が夫人（見性院殿）や御局とともに、円蔵院明院和尚に奉加した際に、家臣で唯一これに参加している（南松院文書・三五八八）。また、同九～十年六月までのものとみられる南松院明院瑞世奉加帳では、昌輔は梅雪夫妻に次いで、御局とともにその名がみられることから、穴山家臣団の筆頭であったと考えられる（同前・三五八九）。梅雪死後は、勝千代を補佐し、穴山衆を率いて徳川氏に属し、北条氏と対戦した（記録御用書本古文書10・四二一九）。同十一年一月二十八日に穴山勝千代朱印状の奉者として登場し（稲葉家文書・三九八二）、その活動は同年九月十七日まで確認できる（水野家文書ほか・三九八七、八八）これ以後穴山氏関係の史料から姿を消し、徳川氏の旗本として記録されており、上総国周准郡で死去したという。そのほかの事蹟は不明。有泉昌輔生母は、生没年未詳ながら、甲斐国下山住の女性で、下山の御局とよばれており、穴山信君室見性院に近侍していたとみられる。天正八年（一五八〇）十一月十五日に高野山に逆修供養を依頼している。法名は春渓妙歓禅定尼（成慶院過去帳・武田氏研究38）。（平山）

有賀石見守 あるがいわみのかみ

生没年未詳。信濃国諏訪郡有賀郷（長・諏訪市）の土豪。有賀氏は、諏方敦忠（敦光の子）の子有光が有賀四郎を称したことに始まるという（諏訪系図）。諏訪西方衆の一員。天正三年（一五七五）十一月、武田勝頼が諏訪神社宝殿の再造を行った際に、造宮に関与した人物として同神社棟札に登場するのが唯一の所見（諏訪神社所蔵棟札・二五五二）。（平山）

有賀勝慶 あるがかつよし

生没年未詳。出自は不明ながら、信濃国諏訪郡有賀郷（長・諏訪市）の土豪で、諏方敦忠（敦光の子）の子有光が有賀四郎を称したことに始まる諏訪西方衆の一員出身か（諏訪系図）。下野守。確実な史料では、永禄六年（一五六三）五月二十六日、富士山御室浅間神社別当の小屋に関する紛争で、跡部昌長と連署で都留郡小山田信有に宛てて、別当勝訴を伝達している文書が唯一の所見（富士御室浅間神社文書・八二三）。（平山）

有賀紀伊守　あるがきいのかみ

生没年未詳。信濃国諏訪郡有賀郷（長・諏訪市）の土豪。有賀氏は、諏方敦忠（敦光の子）の子有光が有賀四郎を称したことに始まるという（諏訪系図）。諏訪西方衆の一員。永禄十年（一五六七）八月七日、武田氏に忠節を誓った起請文を提出した下諏訪五十騎の一員として登場するのが唯一の所見（諏訪家旧蔵文書・一二七八）。（平山）

有賀十左衛門　あるがじゅうざえもん

生年未詳～天正三年（一五七五）五月二十一日。先祖は信濃諏訪郡有賀（長・諏訪市）を領したが、武田氏に仕えてから甲斐に移住したらしい（以下、寛永伝、寛政譜）。実名は貞重と伝わる。長篠合戦で討ち死にした。法名は日晴。子息式部（種政）は武田氏滅亡後に徳川家康に仕えた。（丸島）

有賀新介　あるがしんすけ

生没年未詳。信濃国諏訪郡有賀郷（長・諏訪市）の土豪で、諏方敦忠（敦光の子）の子有光が有賀四郎を称したことに始まる諏訪西方衆の一員出身か（諏訪系図）。諏訪大社上社大宮不開御門の造営費用の取手のひとりとしてみえるのが唯一の所見（大祝諏訪家文書・三〇七）。（平山）

有賀清左衛門尉　あるがせいざえもんのじょう

生没年未詳。有賀氏は、信濃国諏訪郡有賀郷（長・諏訪市）の土豪で、諏方敦忠（敦光の子）の子有光が有賀四郎を称したことに始まる諏訪西方衆の一員出身か。詳細不明。諏訪大社春宮・秋宮造宮において、春宮役所造宮負担の寺之郷、芋川、大穴の徴収責任者として登場するのが唯一の所見（大祝諏訪家文書・二九一九）。（平山）

有賀善左衛門　あるがぜんざえもん

生年未詳～天正十年（一五八二）三月十一日。有賀氏は信濃国諏訪郡有賀郷（長・諏訪市）の土豪で、諏方敦忠（敦光の子）の子有光が有賀四郎を称したことに始まる諏訪西方衆の一員出身か。善右衛門とする記録もある。武田勝頼とともに滅亡した人物のひとりとして記録にみえるのが唯一の所見（景徳院過去帳）。法名は、賀屋道養または加屋道喜（景徳院位牌）。ただし一次史料では確認できない。（平山）

有賀直義　あるがただよし

生没年未詳。出自など一切不明。天正元年（一五七三）九月吉日、若宮八幡神社（山・山梨市）の本殿造宮棟札に「有賀周防守直義」とあるのが唯一の所見（若宮八幡社所蔵棟札・二八二三）。有賀直義は、この地域の地頭か。（平山）

有賀藤右衛門尉　あるがとうえもんのじょう

生没年未詳。有賀氏は信濃国諏訪郡有賀郷（長・諏訪市）の土豪で、諏方敦忠（敦光の子）の子有光が有賀四郎を称したことに始まる諏訪西方衆の一員出身か。天正七年（一五七九）一月、諏訪大社下社春宮の四の御柱負担の郷村真々部（長・安曇野市）の代官として登場するのが唯一の所見（大祝諏訪家文書・三〇六九）。（平山）

有賀備後守　あるがびんごのかみ

生年未詳～天正十年（一五八二）二月十六日。信濃国諏訪郡有賀郷（長・諏訪市）の土豪で、諏方敦忠（敦光の子）の子有

光が有賀四郎を称したことに始まる諏訪西方衆の一員出身か（諏訪系図）。天正十年二月、武田勝頼に謀叛を起こした木曾義昌を討つべく、出陣した武田軍の一員として加わり、鳥居峠合戦で木曾・織田連合軍と戦って戦死したのが唯一の所見（信長公記）。（平山）

有賀弥兵衛　あるがやひょうえ

生没年未詳。有賀氏は信濃国諏訪郡有賀郷（長・諏訪市）の土豪で、諏方敦忠（敦光の子）の子有光が有賀四郎を称したことに始まる諏訪西方衆の一員出身か。天正六～七年（一五七八～七九）、諏訪大社春宮二の大鳥居造宮役を負担する信濃国伊那郡手良郷・福与などの徴収役（取手）として登場するのが唯一の所見（大祝諏訪家文書・二九一七、三二、三〇六九、八五）。（平山）

安西有味　あんざいありみ

生年未詳～天正十年（一五八二）三月十一日。平左衛門尉、伊賀守。伊賀守の子とみられる。「惣人数」には「安西平左衛門」と記載され、御鑓奉行、騎馬一〇騎、足軽五人持ち。天正四年六月二十八日、武藤三河守と連名で八日市場に対する伝馬定書を奉じたのが初見（坂田家文書・二六八一）。この時、平左衛門尉。同五年七月十七日には、高野山成慶院の使僧に与えた、甲府から下伊那までの伝馬手形の奉者をつとめている（柳沢文庫所蔵文書・二八三二）。また同年頃、駿河富士大宮（静・富士宮市）に神馬二疋を奉納した（賜蘆文庫文書・三九六三、永昌院所蔵兜巌史略・補遺一三）。同六年三月二十一日には、今福昌常と連名で、富岡と芹ヶ沢の山相論に対する裁許手形を発給（芹ヶ沢富岡問答日記写・二九五六）。この時、「安平有味」と署判している。同七年二月、須山浅間神社（静・裾野市）に対し妻女の病気平癒を祈る願文を奉納した（須山浅間神社文書・三〇九六）。同八年五月七日に、鈴木若狭守らに闕所地を宛行った獅子朱印状を奉じた「安西伊賀守」は有味を指すとみられる（鈴木家文書・三三四二）。同年四月二十九日に信濃内田（長・松本市）・小池（松本市）間で入会相論が起こり、両村の代表が十月七日に甲府に上った際、二十七日に今井信衡と裁許を行ったが、決裂してしまったという（草間家文書・信補遺下四三頁）。なお、ここでは安西平左衛門尉と記されているが、昔の官途を記してしまったのだろう。武田氏滅亡時の動向は不明確だが、「甲乱記」は安西伊賀守が、「武田三代軍記」は安西平左衛門が、田野（山・甲州市）で勝頼に従って討ち死にしたとする。このことは両者が同一人物であることを示唆しており、いずれも有味を指すとみてよいだろう。（丸島）

安西伊賀守　あんざいいがのかみ

生没年未詳。有味の父とみられる。永禄九年（一五六六）に北条氏のもとへ使者として派遣され、甘利信忠へ報告の書状を送ったところ、三月十三日に信玄から返書を出されたのが初見（古書逸品展示即売会出品目録昭和五十二年掲載文書・九八三）。北条氏康・氏政父子の上野出陣を働きかけるよう指示されている。同年三月二十五日に、北条氏政が武田信玄に援軍を求めた際の書状にも、「委細安伊可申候」とあり、取次をつとめている（諸州古文書・四〇三三）。また年未詳九月二十六日付の北条氏政書状にも「先使安西伊賀守」とあり（荻野文太郎氏所蔵文書・四二一三）、北条氏に対する使者を担当していたことがわかる。その後天正八年（一五八〇）に、獅子朱印状の奉者として安西伊賀守がみえるが（鈴木家文書・三三四二）、年代が離れすぎている。この伊賀守は、子息と

みられる有味と考えたほうがよいだろう。（丸島）

安西虎満　あんざいとらみつ

生没年未詳。駿河府中浅間社（現静岡浅間神社、静・静岡市）の社人。元亀三年（一五七二）四月十八日の武田家朱印状（旧惣社神主文書・一八二四）で、武田氏の駿河侵攻にともなう戦乱で一度断絶したとみられる安西大夫の跡職を継承。天正二年（一五七四）八月二十四日の武田家朱印状（浅間神社文書・二三四六）で、先の判形に任せて社領を安堵された。奉者はいずれも市川宮内助昌房。同七年十月の武田家朱印状（同前・三一八五）では、同年分の年貢として下方枡で八八俵余を受け取っている。同八年と推測される十一月十八日の武田家朱印状（同前・三四八）では、浅間社の祭礼で安西大夫が使用する道具と、その費用が書き上げられている。（鈴木）

安西八郎兵衛　あんざいはちろうひょうえ

生年未詳～天正九年（一五八一）三月二十二日。高天神籠城衆。天正九年の高天神落城に際して討ち死にした（乾徳山恵林寺雑本・信15一七頁）。安西有味の一門だろう。（丸島）

安西平右衛門　あんざいへいえもん

生年未詳～天正九年（一五八一）三月二十二日。通称が安西有味の「平左衛門」と酷似しており、誤写・誤記の可能性が高いことから、有味の嫡男と思われる。遠江高天神城（静・掛川市）に在城していたようである。天正九年三月、同城の落城によって討ち死にした（乾徳山恵林寺雑本・信15一七頁）。（丸島）

安左衛門　あんざえもん

生没年未詳。「惣人数」に、還俗（坊主落）して仕官を求めた人物とある。戦功はないものの熱心に励んでおり、かつ富裕（有徳）であったため、足軽三〇人を連れて参陣したという。郡内（都留郡）出身であったため、小山田信茂の与力となった（惣人数）。もとは下吉田月光寺（山・富士吉田市）の住僧で、安蔵主と称していた（国志、軍鑑・大成下一〇〇頁）。小山田氏のもとでは、家老の小林氏に従って参陣し、月光安左衛門と名乗ったという（国志）。（丸島）

安東輝光　あんどうてるみつ

生没年未詳。駿河国菖蒲谷（静・静岡市）を本拠とする土豪、駿河衆。官途は織部佑。永禄十一年（一五六八）十二月の武田信玄による駿河侵攻に際し、今川氏へ反旗した朝比奈信置に従い瀬名谷（静岡市）へ退き、武田氏へ属した。朝比奈信置に従って活動していることより、その立場は信置の軍事指揮下にあった同心衆かと推察される。同十二年正月十一日、信玄よりこの働きを賞され、興津摂津守が知行していた駿河国河辺村・瀬名川村（静岡市）・細谷郷（静・掛川市）・蜂ヶ谷（静岡市）、菖蒲谷で三五〇貫文の知行地を与えられた（市島春城旧蔵手鑑・一三五四）。天正七年（一五七九）十一月二十一日、知行地の蜂ヶ谷内の被官・夫丸が軍役負担の忌避により離散する事態となり、武田勝頼から人返しのうえで前々の通り召し使うことを武田家朱印状（奉者は土屋昌恒）により保証された（高橋義彦氏所蔵文書・三二〇二）。同十年三月の武田氏滅亡後は徳川氏へ仕え、同十四年六月に駿河国蜂ヶ谷若宮（静・静岡市清水区）の社殿上葺に際し奉納された棟札銘に「領主藤原氏安東織部輝光」とみえる（蜂ヶ谷八幡宮所蔵・静8一八五〇）。（柴）

安中家繁　あんなかいえしげ

生没年未詳。上野国衆安中氏の一族。安中下総守の子とみられる。通称は五郎兵衛。永禄十年（一五六七）八月七日付「下之郷起請文」では、安中衆として同名繁勝とともに連署起請文を出しているのが唯一の所見（生島足島神社文書・一一五七）。その後、文書の伝来関係から、子とみられる五郎兵衛が、天正八年（一五八〇）以降に北条氏の家臣としてみえている（安中文書・戦北三六八四）。（黒田）

安中景繁 あんなかかげしげ

生年未詳～天正三年（一五七五）五月二十一日。上野国衆で、碓氷郡安中（群・安中市）城主。安中重繁の子。母は沼田顕泰の娘か。初め上杉氏に属していたが、永禄五年（一五六二）九月に武田氏に従属する。通称は初め七郎三郎、のちに左近大夫。実名のうち「景」は上杉謙信からの偏諱と推定され、父重繁が上杉氏に従属した同三年末から同四年初め頃の元服と推測される。同年八月までに重繁が上野松井田城（安中市）を攻略し、同城に在城すると、安中城を守備したとみられる。同五年九月に武田氏の攻撃を受け、武田氏に従属する（白川文書・群二二六二）。同六年十月までの間に、重繁の隠居にともなって家督を嗣ぎ、当主としてみえる。その際、武田信玄から、返還を求めていたとみられる碓氷郡後閑郷（安中市）について、考えがあるとして陣中で返答する旨を伝えられている（会津酒造歴史館所蔵文書・八三八）。同八年九月には官途名左近大夫でみえ、同名下総守に対し、安中氏のもとから退去し、武田氏の直臣になった赤見山城守の一跡を宛行っている（安中文書・九五五）。同九年十一月二日に、板鼻長伝寺（安中市）に対し寺領を安堵している（長伝寺文書・一〇三六）。同十年八月七日付「下之郷起請文」では、単独で起請文を出し、取次の武田氏家臣曾禰虎長に宛てている（生島足島神社文書・一一五六）。天正三年に比定される三月二十四日付で武田勝頼から与えられた書状で、来月三日に信濃国諏訪上原（長・諏訪市）まで参陣を命じられている（慈雲寺文書・二四七三）。その後、遠江・三河へ出陣したとみられ、五月二十一日の三河長篠合戦で戦死した（乾徳山恵林寺雑本）。妻は、前妻が上野国衆長野業正の娘（実はその兄業氏の娘か）で、上杉氏従属時の婚姻とみられ、後妻は武田氏家臣甘利信忠の妹で、武田氏従属後の婚姻である（軍鑑）。子女には嫡子左近大夫があった。（黒田）

安中繁勝 あんなかしげかつ

生没年未詳。上野国衆安中氏の一族。通称は刑部助。永禄十年（一五六七）八月七日付「下之郷起請文」では、安中衆として同名家繁とともに連署起請文を出しているのが唯一の所見（生島足島神社文書・一一五七）。（黒田）

安中重繁 あんなかしげしげ

生没年未詳。上野国衆で、碓氷郡安中（群・安中市）城主。通称は越前守。北条氏・上杉氏に従属した後、永禄五年（一五六二）九月に武田氏に従属する。前代の安中氏当主長繁との関係は不明だが、天文二十一年（一五五二）に主家山内上杉氏の没落にともない、北条氏に従属して、長繁に代わって当主になったとみられる。永禄元年閏六月に北条氏康から吾妻郡侵攻にあたり参陣を命じられているのが初見（井伊文書・戦北四六三）。同三年九月から上杉謙信の関東侵攻があり、十二月に高山城（群・藤岡市）から相模小田原（神・小田原市）へ後退する沼田康元に、家臣赤見山城守を同道させている（諸岡家略系・戦北五三三）。しかしその後、北条氏から離叛して上杉氏に従属し、惣社長尾氏の指揮下に入った（関東幕注文・

群三三三)。また人質として次男を出している（羽田文書・二〇七四）。同四年八月までに、武田氏に応じた松井田諏方氏から松井田城（安中市）を攻略し、同城を領有し、以後は重繁が在城したとみられる。同年十一月から武田氏の西上野侵攻を受け、同城を攻撃される。同五年二月、武田氏から同城攻撃を受けるが、撃退している（富岡文書・群三三〇）。同年五月十二日、武田氏から攻撃を受けているなか、同名丹後守に自身のもとを離れることを承認し、帰参後には新恩所領を宛行うことを約している。これが発給文書の初見（市谷八幡神社文書・七八三）。同年九月、再び武田氏から攻撃を受け、武田氏に従属する（白川文書・群三三六二）。その際、松井田城は没収されたと捉えられる。同六年十月までの間に、嫡子景繁に家督を譲り、隠居し出家したとみられる（会津酒造歴史館所蔵文書・八三八）。しかしその後も、安中氏の実権を握っていたとみられ、同七年二月には、帰参した丹後守を武田信玄のもとに使者として派遣し、上杉氏への対応策を連絡されている（円満寺文書・八六三）。同年六月、武田信玄から赤見山城守が以前から武田氏に対して尽力していることをもとに、その進退の保障を依頼されている（赤見文書・九〇〇）。同年十一月には上杉氏に応じる状況があったらしく、武田氏から松井田城攻略を図ると警戒されている（歴代古案・九二五）。重繁の武田氏への態度は不安定であったらしく、同九年閏八月二十七日に信玄から、武田氏に従うことをあらためて要求されている（岡本文書・一〇二六）。またこの間の六月、武田氏と上杉氏との間で上野国衆の人質交換の交渉があり、上杉方にあった重繁の次男の返還が検討されたが、実現をみていない（羽田文書）。重繁の武田氏への不安定な態度は、こうしたことが理由になっていたとも考えられる。同十一年六月に、板鼻長伝寺（安中市）に寺領岩井堂山における草木伐採禁止の制札を出しているのが終見（長伝寺文書・二三九二）。妻は上野国衆沼田顕泰の娘（初め上野国衆長野業正の妻であったか）、子女には嫡子景繁、上杉氏の人質となっていた某、上野国衆高田繁頼妻があった。（黒田）

安中七郎三郎　あんなかしちろうさぶろう

生没年未詳。上野国衆で、碓氷郡安中（群・安中市）城主。安中景繁の子。通称は初め七郎三郎、のちに左近大夫。武田氏時代は七郎三郎。天正三年（一五七五）五月に父景繁が三河長篠合戦で戦死したことにより、家督を嗣いだとみられるが、同七年九月十七日に、武田勝頼から伊豆における北条氏への対応状況について知らされているのが初見（慈雲寺文書・三六六）。そこで七郎三郎は、北条氏との抗争にあたり武田氏への忠誠を申し出ており、そのことを武田氏家臣跡部勝資に伝えている。このことから取次は、永禄期における曾禰虎長から、跡部勝資に代わっていたことが知られる。その後、伊豆方面への出陣を命じられ、同八年頃、武田氏家臣小山田昌成の指揮のもと、上野国衆和田昌繁らとともに伊豆国泉頭城（静・沼津市）を攻撃している（反町大膳一代働之事・新編高崎市史資料編4）。同十年三月、織田氏の武田領国侵攻に際しては、信濃国伊那郡大島城に在城したが（信長公記）、二月十六日に先陣として進軍してきた織田信房の攻撃により落城すると、諏訪高島城（長・諏訪市）に後退するが、三月三日に同城も落城（同前）、そのため上野に後退した。七日に信房が上野に侵攻してきた頃には織田氏に従属したとみられ、十七日には大戸浦野氏に対し、織田氏への従属を取り次いでいる（君山合編・安中市史4二七四）。二十一日には信房を本拠安中城に迎え入れている（覚上公御書集・上越三三二）。その後、織田氏の上野支配を管轄した滝川一益に従うが、六月に北条氏に従属、以後は同十八年の小田原合戦まで同氏に従属した。同十七年七月には官途名左近大夫でみえる（慈雲寺文書・戦北三四七四）。小田原合戦では小田原城に籠城（異本小田原記）、同城落城によって滅亡した。その後の動向は不明である。妻は武蔵国衆深谷上杉憲盛の娘で（成田系図）、北条氏従属後の婚姻とみられる。（黒田）

安中下総守 あんなかしもうさのかみ

生没年未詳。上野国衆安中氏の一族。永禄七年（一五六四）二月十五日に、武田氏から一ヶ月につき五駄の荷物について通行諸役を免除されている（安中文書・八六八）。下総守が商売に携わる存在であったことがわかる。同八年九月二十一日には、本家当主景繁から、安中氏のもとを退去して武田氏の直臣になった赤見山城守の一跡を宛行われている（同前・九五五）。同十年八月には、子とみられる家繁がみえているから、その間に死去したとみられる。なお家伝文書の構成から、家繁はその子と推測される。（黒田）

安中丹後守 あんなかたんごのかみ

生没年未詳。上野国衆安中氏の一族。通称は初め源左衛門尉、永禄五年（一五六二）から丹後守。天文二十一年（一五五二）九月一日に、当時の安中氏当主長繁から、碓氷郡簗瀬（群・安中市）などで約五〇貫文の所領を宛行われている（市谷八幡神社文書・安中市史4一六四、六五）。長繁は越後に没落した山内上杉氏に同行したらしく、新たに重繁が当主になって北条氏に従属すると、それに従った。同年十二月十二日には、北条氏康からそれまでの忠節に対し勢多郡上南雲（群・渋川市）を所領として宛行われている（同前・戦北四三三）。同二十三年八月二日には北条氏から、要望していた八幡社領の代官職を他者に与えてしまった代償として勢多郡富田郷（群・前橋市）の宛行を提示されている（同前・戦北四六九）。永禄三年に重繁が上杉氏に従属すると、それに従ったが、同五年五月十二日、重繁のもとを離れることとなり、重繁からそのことを承認され、帰参した場合には所領の宛行を約されている（同前・戦北七八三）。この時は北条氏に従い、同年十一月十二日、北条氏から武蔵の村々から陣夫を与えられている（同前・戦北七九五）。同六年四月十二日には、北条氏の一族氏照を通じて、緑埜郡篠塚・中島（群・藤岡市）などを所領として宛行われている（同前・戦北八〇八）。その後、同七年二月までの間に安中氏に帰参し、その時には武田氏に従属していた重繁から、武田氏のもとへ使者として派遣されている（円満寺文書・八六三）。同十年五月五日には武田氏から、これまでの忠功に対し箕輪領で二〇貫文を与えることを約されている（同前・一〇七五）。次いで七月一日には、知行地を板鼻（安中市）に指定し、板鼻城代上原淡路守から請け取るよう指示されている（同前・一〇八九）。その後の動向は不明。（黒田）

い

井伊弥四右衛門尉 いいやしえもんのじょう

生年未詳～天正三年（一五七五）五月二十一日。遠江牢人井伊豊前の甥で、牢人衆頭をつとめた（惣人数）。天正三年の長篠合戦で、牢人衆を統率する武田信実に従って鳶ノ巣山要害を守る。しかし徳川勢の奇襲を受け、討ち死にしたという（軍鑑・大成下二七頁）。（丸島）

飯島勘解由介 いいじまかげゆのすけ

生没年未詳。信濃国伊那郡の国衆と推定される。永禄六年（一五六三）ごろ、上野国木部城（群・高崎市）に在城していたとみられ、同年閏十二月十四日、武田信玄より木部在城衆、番手衆を統括し、泉・立石両郡での乱妨と竹木の伐採を取り締まるよう指示されている（これは、上野箕輪・倉賀野在城衆による伐採も同様に抑止されている）。このことから、飯島氏は木部城将として強い権限を与えられていたと推察される（飯島文書・八五四）。その後の事蹟は不明。（平山）

飯島傑叟 いいじまけっそう

生没年未詳。信濃国伊那郡の国衆飯島氏の一族。武田氏滅亡と本能寺の変直後、下条頼安に宛てて提出された「天正壬午起請文」（七月六日付）に、片切意鉤、飯島為吉、同為長、為若、大島甚七郎、北原七左衛門とともに「飯島入道傑叟」と署名しているのが唯一の所見（内閣文庫所蔵・山6下二四八）。なお「天正壬午起請文」の異本では「飯島入道傑艘」で、「飯島衆」の筆頭に位置づけられている。飯島氏の系譜においてどこに位置づけられるか判然としないが、高遠城で戦死した飯島民部丞の父に相当するか。ここで署名している飯島一族は、武田氏滅亡時、織田方に帰属した人々と推察され、飯島辰千世を擁立したのも彼らであろう。その後所見されなくなるので、まもなく死去したと考えられる。（平山）

飯島小次郎 いいじまこじろう

生没年未詳。信濃国伊那郡の国衆。小次郎は、伊那飯島一族に所見される仮名なので、信濃飯島氏の人物と考えられる。永禄七年（一五六四）四月九日、上野国和田城主和田業繁、甲斐衆金丸忠経連署書状写によると、三月二十日に上杉方から物見がやってきて城下や烏川近辺を窺っていたところを、飯島小次郎が捕縛し、これを武田氏のもとへ護送したとある（長野県立歴史館丸山文庫所蔵古文書集15・八八八）。このことから、飯島小次郎は和田城に在城していたと考えられる。その後の事蹟は不明。（平山）

飯島小太郎 いいじまこたろう

生年未詳〜天正三年（一五七五）三月二日。信濃国伊那郡の国衆飯島氏の一族。「飯島系図」（飯島町誌中）によると、飯島民部丞の弟というが確認できない。天正十年三月、織田信長の武田領侵攻に際し、仁科信盛らとともに伊那高遠城に籠城し、飯島民部丞とともに三月二日に戦死した（信長公記ほか）。（平山）

飯島重綱 いいじましげつな

生没年未詳。信濃国伊那郡の国衆。飯島氏の一族。通称は源助、受領は出雲守。天文二十二年（一五五三）九月二十二日に、武田信玄よりしばしば高名をあげたことを褒賞され、市田郷（長・高森町）で増地（増分か）一〇〇貫文を与えられている飯島源助と同一人物と推定される（長野県立図書館所蔵丸山史料・三六五）。その直後の同年十二月八日、武田氏より先に与えた市田郷については、相違なく飯島の知行と認定するとの印判状を与えられている。（同前・三八九）。このことから、飯島源助は、同年九月末から十二月初旬の間に、武田氏より受領出雲守を与えられたと考えられる。永禄十年（一五六七）八月七日付「下之郷起請文」では、武田信豊同心衆として、諏方・大輪・高出・知久・前沢・小坂・桜田諸氏のほか、同名志摩守安助とともに連署で一紙起請文を水上菅兵衛尉に提出している（生島足島神社文書・一二〇〇）。なお、飯島氏は「為」の通字を用いる場合が多いため、重綱は傍流と考えられる。その後の事蹟は不明。（平山）

飯島新三郎 いいじましんざぶろう

生没年未詳。信濃国伊那郡の国衆飯島氏の一族か。武田氏滅亡と本能寺の変直後、下条頼安に宛てて提出された「天正壬午起請文」（七月六日付）に、片桐衆の一員として登場するのが唯一の所見（内閣文庫所蔵・山6下二四八）。その後の事蹟は不明。（平山）

飯島新介 いいじましんすけ

生没年未詳。信濃国伊那郡の国衆。飯島氏の一族。永禄八年（一五六五）十二月十日付で武田信玄が諏訪大社上社祭礼の復興を命じた判物において、「前淵の尽湛」に際し飯島新介が頭役の勤仕を命じられている（諏訪大社文書・九六九）。なお、まったく同じ命令が、同十年三月十一日付の武田氏朱印状でも出されている（矢島家文書・一〇五七）。この飯島新介は、飯島氏の当主飯島大和守為方の弟為景のことだとする記録もあるが確認できない（飯島系図・飯島町誌中）。その後の事蹟は不明。（平山）

飯島介三郎 いいじますけさぶろう

生没年未詳。信濃国伊那郡の国衆飯島氏の一族か。武田氏滅亡と本能寺の変直後、下条頼安に宛てて提出された「天正壬午起請文」（七月六日付）に、片桐衆の一員として登場するのが唯一の所見（内閣文庫所蔵・山6下二四八）。その後の事蹟は不明。（平山）

飯島専祐 いいじませんすけ

生没年未詳。信濃国伊那郡の国衆飯島氏の一族か。天正七年（一五七九）に武田氏によって作成された「諏訪下宮春宮造宮帳」において、四之御柱の経費を負担する安曇郡真々部郷の代官としてその名がみえるのが唯一の所見（大祝諏訪家文書・三〇六九）。その後の事蹟は不明。（平山）

飯島辰千世 いいじまたつちよ

生年未詳～天正十三年（一五八五）閏八月二日か。信濃国伊那郡の国衆で、飯島城（長・飯島町）主。「飯島系図」（飯島町誌中）によると、高遠城で戦死した飯島民部少輔（民部丞）の息子であるという。これは事実であろう。諱は為仲、通称を与兵衛尉とされるが確認できない。父戦死後、家督を相続したとみられる。天正十三年八月二十日、徳川家康より小県郡真田昌幸攻略のため、鳥居元忠・大久保忠世・平岩親吉の指揮下に入り、小笠原信嶺ら伊那国衆とともに出陣するよう命じられている（宮下文書・信16三三〇）。その後所見がみられなくなるが、「飯島系図」によれば、上田合戦で戦死したというが、没日を二月二十日としているのは誤記であろう。ただ、上田合戦で戦死という伝承は事実と推察される。法名真英源清大禅定門。（平山）

飯島為方 いいじまためかた

生没年未詳。信濃国伊那郡の国衆で、飯島城（長・飯島町）主。飯島大和守為定の子とみられる。通称は源太とされるが確認できない（飯島系図・飯島町誌中）。受領は大和守。永禄七年（一五六四）二月二十四日付で、飯島知行の百姓らが上野国で徘徊していることに対し、武田氏が為方に人返しを命じているのが初見（長野県立図書館所蔵丸山史料・八七七）。このことから、為方は武田氏の命により西上野に在番していたと考えられる。事実、飯島勘解由介、飯島小次郎がそれぞれ西上野の木部城、和田城（以上、群・

高崎市）に在城しており、為方は彼らを統括していたのであろう。同十年八月七日付「下之郷起請文」では、単独で一紙起請文を作成し、武田氏重臣吉田信生・浅利信種に提出している（生島足島神社文書・一二四五）。その後の事蹟は不明。（平山）

飯島為定 いいじまためさだ
生没年未詳。信濃国伊那郡の国衆で、飯島城（長・飯島町）主。飯島氏は、大島・片切・上穂・赤須氏とともに春近衆と呼称された。「軍鑑」に五人あわせて五〇騎を引率し、組頭でも組子でもない武田氏直属の侍大将衆と記載されている。飯島為定は、飯島大和守為方の父とみられる。永禄三年（一五六〇）四月、上穂郷と赤須郷が境界争論を行った際に、片切為成とともに仲裁に入り、現地調査とそれに基づく縄打ちにより中分を行ってその解決を図っている（福沢家文書・六九一、二）。為定と片切為成は、斡旋内容を赤須郷地頭赤須昌為に通知している。これを受けて、赤須昌為と上穂貞親（上穂郷地頭）は、仲裁内容の受諾を為定と片切為成に連署で誓約している（同前・七一五）。なお、この文書によると、飯島為定はこの時、伊那大島城（長・松川町）に在城していた。その後所見されなくなり、詳細は不明。なお「飯島系図」（飯島町誌中）によると、息子に飯島新九郎為安があるというが確認できない。（平山）

飯島為長 いいじまためなが
生没年未詳。信濃国伊那郡の国衆で、飯島城（長・飯島町）主。通称は主膳。武田氏滅亡と本能寺の変直後、下条頼安に宛てて提出された「天正壬午起請文」（七月六日付）に、飯島傑叟、片切意鉤、飯島為吉、為若、大島甚七郎、北原七左衛門とともに署名しているのが唯一の所見（内閣文庫所蔵・山6下二四八）。「飯島系図」（飯島町誌中）によると、飯島辰千世の息子とするが年齢が合致しない。おそらく辰千世戦死後、その名跡を嗣いだのであろう。その後の事蹟は不明。（平山）

飯島為政 いいじまためまさ
生没年未詳。信濃国伊那郡の国衆飯島氏の一族。通称は与兵衛尉。「飯島系図」（飯島町誌中）によると、飯島大和守為定の弟安芸と同一人物とあるが確認できない。確実な史料では、天文二十二年（一五五三）二月二十日付で、武田氏より今度の忠信により本領五〇貫文を安堵され、軍役勤仕を命じられている（長野県立図書館所蔵丸山史料・三六二）。また、永禄十年（一五六七）八月八日付「下之郷起請文」を、片切為房、伴野三衛門尉とともに連署で武田氏重臣山県昌景に提出している（生島足島神社文書・一一八二）。その後の事蹟は不明。（平山）

飯島為吉 いいじまためよし
生没年未詳。信濃国伊那郡の国衆飯島氏の一族。武田氏滅亡と本能寺の変直後、下条頼安に宛てて提出された「天正壬午起請文」（七月六日付）に、飯島傑叟、片切意鉤、飯島為長、為若、大島甚七郎、北原七左衛門とともに署名しているのが唯一の所見（内閣文庫所蔵・山6下二四八）。その後の事蹟は不明。（平山）

飯島為若 いいじまためわか
生没年未詳。信濃国伊那郡の国衆飯島氏の一族。武田氏滅亡と本能寺の変直後、下条頼安に宛てて提出された「天正壬午起請文」（七月六日付）に、飯島傑叟、片切意鉤、飯島為長、為吉、大島甚七郎、北原七左衛門とともに署名しているのが唯一の所見（内閣文庫所蔵・山6下二四八）。その後の事蹟は不明。（平山）

飯島長左衛門 いいじまちょうざえもん

生没年未詳。信濃国伊那郡の国衆飯島氏の一族か。「軍鑑」巻八に、春日虎綱麾下の覚えの衆として、また同書巻十に武田氏に謀叛を起こした小県郡の国衆楽巌寺・依・布下・和田四氏を切腹させた際の介錯人として、その名がみえる。また春日虎綱が、同心衆・被官衆へ申し渡した五ヶ条の覚書の宛所のひとりにもあげられている（同書末書上）。「飯島系図」（飯島町誌中）に飯島為方の孫にその名が記載されているが、事実関係を確認できない。（平山）

飯島半右衛門尉 いいじまはんえもんのじょう

生没年未詳。信濃国伊那郡の国衆飯島氏の一族か。武田氏滅亡直後の天正十年（一五八二）十一月二十七日に、徳川家康より甲斐国寄田で一〇貫文、田中で八貫文を安堵されている（譜牒余録・信15三五三）。その後、高遠城主保科正直の家臣になったという（寛政譜）。（平山）

飯島民部丞 いいじまみんぶのじょう

生年未詳～天正三年（一五七五）三月二日。信濃国伊那郡の国衆で、飯島城（長・飯島町）主。春近衆「飯島系図」（飯島町誌中）によると、官途は民部少輔、諱は為次であるといい、飯島大和守為方の曾孫で、飯島美濃守為昌の子とあるが時期が合わず、史料からも首肯できない。天正三年八月十日、長篠敗戦後の武田勝頼が信濃伊那郡の防衛を保科正俊に指示した朱印状において、木曾義昌・下条信氏・松尾小笠原信嶺とともに、伊那郡の目付を春近衆の一員として命じられ、もし忠節を尽くせば大草において、片切氏とともに重恩を与えると特筆されている。このことからも、上伊那郡において飯島氏は片切氏とならんで有力な国衆であり、その帰趨が重視されていたことが窺われる。なお、織田軍により万一信濃・美濃国境が突破された場合には、飯島氏ら春近衆は高遠城に籠城するよう命じられている（武田神社所蔵文書・二五二四）。同十年三月、織田信長の武田領侵攻に際し、仁科盛信らとともに伊那高遠城に籠城し、三月二日に戦死した（信長公記ほか）。（平山）

飯島安助 いいじまやすすけ

生没年未詳。信濃国伊那郡の国衆。飯島氏の一族。受領は志摩守。永禄十年（一五六七）八月七日付「下之郷起請文」では、武田信豊同心衆として、諏方・大輪・高出・知久・前沢・小坂・桜田諸氏のほか、飯島出羽守重綱とともに連署で一紙起請文を水上菅兵衛尉に提出しているのが唯一の所見（生島足島神社文書・一一〇〇）。なお、飯島氏は「為」の通字を用いる場合が多いため、安助は傍流と考えられる。その後の事蹟は不明。（平山）

飯田長能 いいだながよし

生没年未詳。美濃守。天文十年（一五四一）十二月二十三日の武田八幡宮宝殿造営棟札銘に名が見える（若尾資料甲斐国志資料・四三七）。ただし本棟札は、まだ左京大夫を称していた晴信を、大膳大夫と記すなど、原本通りのものとは考えられない点、注意を要する。（丸島）

飯塚弾正忠 いいづかだんじょうのじょう

生没年未詳。上野国衆長井氏の家臣で、緑埜郡北谷（群・藤岡市）琴辻の土豪。天文二十一年（一五五二）三月二十日付の北谷宛の北条家禁制を所蔵しているから（飯塚文書・戦北四一〇）、同家はこの頃から同所を政治的に代表する存在であったとみられる。国衆被官としてみえるのはしばらく後で、天正六年（一五七八）二月十二日に、三ッ山（藤岡市）城主長井政実から弾正忠に対し、在所琴辻での知行高、百姓役の免除などを受けているのが初見になる（同前・二九二九）。この頃、長井氏に家臣化したことが窺われる。同年十二月二十九日には長井政実から、北谷大奈良源左衛門の年貢負担分について、弾正忠からの要請をふまえて規定されており、北谷における年貢納入の取りまとめ役的な存在であったことが窺われる（同前・三〇六三、六四）。同八年から所見される六左衛門尉はその後継者とみられる。（黒田）

飯塚六左衛門尉　いいづかろくざえもんのじょう

生没年未詳。上野国衆長井氏の家臣で、緑埜郡北谷（群・藤岡市）琴辻の土豪。飯塚弾正忠の子とみられる。通称は初め六左衛門尉、のちに和泉守。天正八年（一五八〇）七月二日に三ッ山（藤岡市）城主長井政実から、琴辻の屋敷分ほか三〇貫文を所領として宛行われている（飯塚文書・三三八三）。おそらく父からの代替わりにともなう安堵であったとみられる。そのなかに「本領」として武蔵国児玉郡金屋（埼・本庄市）・日野沢（埼・皆野町）一一貫文、続いて萩平（埼・神川町）四貫文があげられている。このことからみると、六左衛門尉はこれより以前に武蔵で所領を与えられており、それらが「本領」と称されていると捉えられる。そのうえで弾正忠からの代替わりにともない、屋敷分などからなる北谷における知行分を安堵されたと考えられる。同八年ないし九年と推定される六月十六日付の政実からの書状では（同前・三六〇）、北条領の武蔵鉢形領阿久原・渡瀬（神川町）の住人を北谷に入れないこと、谷中の軍事を調えておくことを命じられている。同十年二月二十日には政実から、北条軍が北谷に侵攻してきたのを撃退した戦功を賞され、北谷大沢新左衛門所持地を宛行われている（同前・三六二）。北谷における軍事的代表者の地位にあったことがわかる。同年三月の武田氏滅亡にともなう長井氏滅亡後は、北条氏に家臣化した。同十四年からは和泉守の官途を称している（同前・戦北三〇一三）。同十八年の小田原合戦の際、反北条方として侵攻してきた政実（実はその子昌繁か）から、本領北谷大奈良ほか三二貫五〇〇文について安堵されている（同前・群三三七）。合戦後は、百姓身分として在所への居住を継続し、三波川（北谷）郷の名主となり、慶長三年までの動向が確認される（飯塚文書）。（黒田）

飯狭間右衛門尉　いいばさまえもんのじょう

生年未詳～天正十年（一五八二）三月。飯狭間遠山氏。「寛永伝」「寛政譜」は実名を友信とする。飯狭間遠山氏も、織田・武田両氏に両属していたと考えられるが、岩村・苗木遠山兄弟と異なり、武田氏との関係は確認できない。元亀元年（一五七〇）の「比叡山焼き討ち」に信長方として参陣している「苗木久兵衛」は父の友忠と考えられている（信長公記）。同三年の遠山氏内紛に際しては、織田方に帰属したようである。天正二年正月、武田勝頼が東美濃に出陣し、明智城（岐・恵那市）を包囲した際、信長の援軍を待たずに二月七日に謀叛を起こした（同前）。これにより明智城は陥落し、武田氏の支配下に置かれることとなる。一方「軍鑑」には、勝頼が苗木（岐・中津川市）・明智を攻略した後、最後に残った飯狭間（中津川市）を攻略し、右衛門尉を生け捕りにしたとある（大成下一〇五頁）。しかしこれでは、織田方が右衛門尉を謀叛人と理解したことと整合性がつかない。飯狭間陥落の結果、明智周辺が勝頼に制圧されたという経緯を辿ったとしても、右衛門尉が自主的に離反したのは事実なのであろう。同十年の武田氏滅亡において、かつての謀叛に際し坂井越中守の親類を多く殺害したとして、同人に処刑された（信長公記）。（丸島）

飯室吉門 いいむろよしかど
生没年未詳。越前守。永正八年（一五一一）十二月十四日、広厳院（山・笛吹市）に寺領一貫二〇〇文を寄進した（広厳院文書・三六）。（丸島）

家重 いえしげ
生没年未詳。永正十七年（一五二〇）に、勝沼武田信友と小山田信有（涼苑）が岩殿山円通寺（山・大月市）に奉納した棟札にその名が見える（甲斐国志資料・四八）。小山田氏の被官であろう。銭ではなく駒一匹を奉納しているから、重臣と思われる。（丸島）

家継 いえつぐ
生没年未詳。「信濃史料」は木曾氏とするが、確証はない。「家」字は戦国期に入る前の木曾氏の通字であるため、室町後期の人物である可能性がある。ただし、花押型が武田様に類似するため、立項しておく。年未詳某月九日、興禅寺と相談して、□□守（主君であろう）に法名を与えてもらえれば、寺領を安堵する旨を書き送っている（興禅寺文書）。本文書は断簡で、家継の署判がある部分が翻刻されているが（興禅寺文書・信補遺上四〇三頁）、別紙となっているその一つ前の書状と筆跡は同じであり、接続するものと思われる。文字は読みやすいものの、天部および奥が裁断されているなど、完全な形では残されておらず、正確な解釈は難しい。（丸島）

家長 いえなが
生没年未詳。姓は未詳。永禄八年（一五六五）六月、武田義信とともに甲斐二宮美和神社（山・笛吹市）に太刀一腰を奉納した（美和神社文書・九四六）。義信の側近であったとみられる。（丸島）

池上清左衛門尉 いけがみせいざえもんのじょう
生没年未詳。信濃国伊那郡長谷村（長・伊那市）在郷の細工職人。天正六年（一五七八）十月十五日付の武田家朱印状によれば、武田勝頼生母の諏訪御料人の母である大方様に奉公をつとめたとして五貫文を宛行われ、以後も細工の奉公を粗略なくつとめよとみえている（池上家文書・三〇四三）。それには同月付の清左衛門宛の大方様の書状があり、彼女への奉公の褒美として、その進言によって、御料所の内から五貫文が宛行われていたことがわかる（同前・三〇五一）。ただし細工奉公の内容は不明である。（柴辻）

池田東市佑 いけだいちのじょう（すけ）
生没年未詳。甲斐国山梨郡於曽郷（山・甲州市）の土豪。甲斐黒川金山（甲州市）で金の採掘に携わった「金山衆」のひとり。天正二年（一五七四）十二月二十三日の武田家朱印状（池田家文書・二四一九）で、ほかの金山衆が武田氏から代替わりの安堵状を与えられた機会に乗じて、武田氏に城責の奉公を申し出て諸役を免許された。奉者は長坂釣閑斎光堅・市川備後守家光。武田氏滅亡後も徳川氏から諸役を免許されたが、のちに金山から手を引き、子孫は下於曽村に居住した（国志4三七二頁）。（鈴木）

池田佐渡守 いけださどのかみ
生没年未詳。真田家臣。県立長野図書館所蔵「本藩名士小伝」は実名を重安とするが、確認できない。永禄八年（一五六五）十一月十日、武山城（群・中之条町）

に籠もって抵抗した末、真田幸綱を頼って降伏したことを賞され、本領山田郷（中之条町）一五〇貫文を安堵された（加沢記・九六二）。この文書は武田家奉書式朱印状の初見文書であるが、文面に検討の余地を残す。その後武田氏直臣ではなく、真田氏の家臣となったらしい。天正六（一五七八）～七年頃の「真田氏給人知行地検地帳」には、本高一六貫八二〇文・役高八四〇文・見出三貫五九〇文の合計二一貫二五〇文が書き上げられている（真田町誌調査報告書2）。同十七年に羽柴秀吉の裁定で行われた沼田領割譲に際しては、真田方に残された岩櫃城（群・東吾妻町）に入り、諸将を監督したというから（加沢記）、かなりの重臣扱いをされていたとみてよいだろう。（丸島）

池田長門守 いけだながとのかみ

生年未詳～寛永四年（一六二七）七月十五日。佐渡守の子。甚次郎、長門守。実名は綱重と伝わる（県立長野図書館所蔵本藩名士小伝）。天正六（一五七八）～七年のものとみられる「真田氏給人知行地検地帳」によると、原之郷（長・上田市）で六貫二〇〇文を与えられている（真田町誌調査報告書2）。真田昌幸の重臣として活動し、慶長五年（一六〇〇）の関ヶ原合戦では上田城に籠城した。上田開城後、昌幸の高野山配流に従った家臣の筆頭である。昌幸の生前に帰国し、信之に仕えて藩政に重きをなした。知行地は東松本で二〇〇貫文（木嶋紀子氏所蔵文書・上田市誌歴史編史料（2）9-七七）。法名は、脱叟狐心と伝わる（本藩名士小伝、真田氏所蔵御家中系図）。なお院殿号は、大淵院または類錐院殿という（真田氏所蔵家系補録大日方氏家譜松山丁）。室賀信俊の正室壱叶の父とされる（東塩田室賀家所蔵系図・上田小県誌1六三七頁）。（丸島）

惟高妙安 いこうみょうあん

天文十五年（一五四六）～天正十年（一五八二）。恵林寺（山・甲州市塩山）住職。近江の人。京都妙心寺（関山派）で修業し、京都北山の鹿苑寺など各地に住職したのち、信玄に招かれて恵林寺へ入寺し、その初期の参禅弁道の師となる。「恵林寺歴代帳」には二七世とみえ、「軍鑑」に恵林寺惟高と記されているほか、「妙心寺誌」にも記述がある。（柴辻）

石井右京進 いしいうきょうのしん

生年未詳～天正三年（一五七五）五月二十一日。真田家臣。実名は重政と伝わる（以下、信綱寺殿御事蹟稿・信叢15一〇七頁）。海野棟綱の六男（真田幸綱の弟という意味だろう）石井綱重の孫と「石井系図」に記されているというが、「信綱寺殿御事蹟稿」が「所見ナシ」と記すように、極めて疑問である。長篠合戦で討ち死にした。（丸島）

石井棟喜 いしいむねよし

生没年未詳。小県郡の国衆、海野氏の被官。右京亮。「棟」は海野棟綱の偏諱か。永禄十年（一五六七）八月七日、信玄に忠節を誓う「下之郷起請文」を、海野衆の一員として提出した（生島足島神社文書・一二三）。（丸島）

石川与左衛門尉 いしかわよさえもんのじょう

生没年未詳。大工頭。志摩守。穴山氏に仕える甲斐国巨摩郡下山（山・身延町）在住の大工頭。天正三年（一五七五）十二月吉日、穴山信君より与左衛門尉の仮名を与えられ（石川家文書・二五七三）、同八年十月三日には志摩守の官途を授かる（同前・三四三二）。その父と思われる弥左衛門尉宛には、永禄十二年（一五六九）十月二日付で、信君より門屋・借馬人夫諸役を免除されており（同前・一四五七）、下山宿（身延町下山）に住んで、大工職人頭として特権を付与されていた。天正八年八月十四日付では、信君から駿河江尻（静・静岡市清水）より甲府までの伝馬手形が付与されており（同前・三四〇二）、御用職人として広範囲な活動をしていたらしい。（柴辻）

石北下野守　いしきたしもつけのかみ

生没年未詳。上野群馬郡渋川（群・渋川市）の土豪とみられる。永禄十一年（一五六八）八月十七日に武田氏から、白井（渋川市）内御料所において百姓役を奉公したことへの功賞として、同地内で五〇〇疋地を宛行われている（石北文書・一三〇八）。これによって武田氏に被官化し、軍役衆となったと捉えられる。同地は元は白井長尾氏の領国であったが、前年における同氏の没落により武田氏の直接支配下に入り、下野守はそれにともなって武田氏と奉公関係を形成したと推測される。そのほかの具体的な動向は不明、同地は天正十年（一五八二）には再び白井長尾氏の領国となっている。（黒田）

石倉孫六　いしくらまごろく

生没年未詳。上野国衆今村那波氏領内の那波郡沼之上村（群・玉村町）の土豪か。天正八年（一五八〇）四月十日、武田氏への忠志の功賞として、東上野経略のうえで所領の宛行を約束されている（石倉文書・三三四）。武田氏への直臣化をすすめていたことが知られる。同日付で、那波氏領今井郷・堀口郷・山王堂郷（群・伊勢崎市）への武田氏禁制を獲得しているから（同前・三三一～三）、石倉氏はそれらの地域の政治的代表者であったと推定される。同年五月二十六日には武田氏から、富士参詣道者二〇〇人について領国内の諸役所の通交を認める過書を与えられているから（同前・三四九）、広範囲を移動する商人でもあったと推測される。武田氏滅亡後の同十八年五月、北条氏邦から那波氏領のうち川辺五郷宛の、氏邦被官の狼藉禁止を保障する証文を獲得している（同前・戦北三七三〇）。石倉氏が川辺五郷と称された、居住地の沼之上村のほか、下福島・堀口・今井・山王堂各村にわたる、広域の政治的代表者であったことが窺われる。（黒田）

石原次郎三郎　いしはらじろうさぶろう

生没年未詳。作右衛門尉・作太夫。甲斐国巨摩郡鼻輪郷（山・中央市）を知行地とした武田家臣。同家の系図では次郎左衛門守昌の子で実名を守親、法名を実山宗真とする（国志4三五頁）。元亀二年（一五七一）五月二十六日の武田家朱印状（石原家文書・一七五、一七六）で山村神兵衛尉分・田中四郎兵衛分の内徳を宛行われた。同三年閏正月十三日の武田家官途書出（同前・一七九）では作右衛門尉の官途を与えられている。武田氏滅亡後は上野国衆の和田信業（跡部勝資の子）に仕えた。また、天正十年（一五八二）八月二十一日に武田氏の旧臣が徳川氏へ提出した起請文（天正壬午起請文・山6下九七頁）に「跡部九郎右衛門同心衆」としてみえる石原次郎三郎は作右衛門尉の子と考えられている。同十八年の小田原合戦で和田氏が没落した後の動向は不明だが、子孫が甲斐国に戻り、河西村（山・昭和町）に居住して代々同村の名主をつとめた（国志4三五頁）。（鈴木）

石原清次郎　いしはらせいじろう

生没年未詳。天正五年（一五七七）頃、駿河富士大宮（静・富士宮市）に神馬を奉納した人物（永昌院所蔵兜巖史略・補遺二三）。そのほかの事蹟は不明。（丸島）

石原昌明　いしはらまさあき

享禄三年（一五三〇）～慶長十二年（一

六〇七)、七八歳(寛永伝)。四郎右衛門尉。武田遺臣で、徳川氏に仕えた。妻は石原正秋の娘、のち桜井信忠の娘(寛政譜)。天正三年(一五七五)十二月二十日、佐久の法花堂(長・佐久市)に禰々井(佐久市)のうち祖母田は神役免許であることを通達した「石原」が該当するか(大井家文書・二五五八)。同五年頃、駿河富士大宮(静・富士宮市)に神馬一疋を奉納した(永昌院所蔵兜巌史略・補遺二三)。武田氏滅亡後、徳川家康に仕える。同十年十二月三日、家康から甲斐塚原(山・甲府市)などで二五貫文の所領を安堵された(記録御用所本古文書・家康文書上四三三頁)。次いで同月十日には、重ねて初鹿野越中分ほか四四貫文八〇〇文を安堵されている(同前・家康文書上四五五頁)。徳川氏のもとで甲斐四奉行をつとめる。同十年十二月より十八年にかけ、三二通の連署状に署判。その際には花押と印文「結」の黒印を用いた。慶長六年から同十二年にかけ、二二通の連署状に署判。そのほか、年未詳の連署状四通に署判している。慶長十二年死去(寛永伝)。なお「寛政譜」は同十三年正月二十三日没という説を載せる。法名源空(同前)。娘は柳沢信俊に嫁いだ(寛政譜)。(丸島)

以春軒 いしゅんけん

生没年未詳。甲斐国河内谷の人物。穴山家臣。永禄十二年(一五六九)十月二日、穴山信君が石河弥左衛門尉に、諸役免許を通達した朱印状の奉者として登場するのが初見(石川家文書・一四五七)。同年十月九日、穴山信君が竜雲寺永悟座元に、興津(静・静岡市)の鳳栖院を与え、その再興を依頼した際、佐野源六郎とともに副状を発給している(竜雲寺文書・一四五九)。また元亀元年(一五七〇)八月二十一日、穴山信君が早川(山・早川町)の佐野七郎兵衛に天輪寺の建築材として材木の調達を指示した印判状において、穂坂織部助君吉とともに奉者をつとめている(佐野家文書・一五八二)。さらに年未詳二月二十一日、下山大工源三左衛門に対し、御門の建築に関する穴山信君の指示を伝える朱印状の奉者としてもみえる(甲斐国志・三八〇〇)。このように、以春軒は穴山氏の奉行人と考えられるが、その出自や名字などの詳細は現在不明。元亀元年以後、史料に所見がなくなるので、病死したものか。(平山)

井尻源四郎 いじりげんしろう

生没年未詳。甲斐国山梨郡下井尻村(山・山梨市)の土豪。井尻与十郎の子か。内藤修理亮昌秀の組下に属し、永禄十二年(一五六九)八月二十六日の武田家朱印状(井尻家文書・一四五三)で、下井尻の踏出(検地増分)一〇貫文余を重恩として宛行われた。武田氏滅亡後の天正十年(一五八二)十二月に徳川氏から本給を安堵された井尻源三と、同年八月二十一日に武田氏の旧臣が徳川氏へ提出した起請文(天正壬午起請文・山6下九三一頁)で「一条衆」としてみえる井尻源右衛門は同一人物とされており、源四郎の子と考えられる。子孫は下井尻村の浪人として存続した(国志4二七二頁)。(鈴木)

井尻与十郎 いじりよじゅうろう

生没年未詳。甲斐国山梨郡下井尻村(山・山梨市)の土豪(国志4二七二)。永禄元年(一五五八)九月二十六日の武田家朱印状(井尻家文書・六〇五)で、弓を持って陣参したことを賞されて棟別役を免許された。(鈴木)

以心軒真興 いしんけんしんこう

生没年未詳。「遺文」は「塩田真興」で立項している。天文十四年(一五四五)十月二十一日、高野山蓮華定院に書状を送り、娘が逆修（生前）供養を依頼するので、位牌を送ること、日牌二本分の供養料の代替品として田舎目（金）などを送ると記している（蓮華定院文書・一九四）。この書状では、続けて七月十二日に老母が死去したことを伝え、一昨年に妙善という名で位牌を送っており（つまり逆修供養を依頼していた）、よろしく供養をお願いしたいなどと述べている。既に「隠居入道」とあり、「以心軒真興」と称しているので、隠居の身であったと思われる。なお、蓮華定院「過去帳月坏信州小県分第一」には、同年三月三日付で「妙善禅定尼　塩田肥前之守母儀」とあり、あるいはこれが真興とその母に該当するかとも思われるが、書状に記された経緯とは一致しない。某年九月十二日、高野山蓮華定院に対し、二年前に依頼した月牌供養のうち、一本の供養料を奉納すると伝えている（蓮華定院文書・四七九）。この時、「信州塩田　以心軒」と封紙に記している（現状、この封紙ウハ書は署判の脇に貼り付けられている）。したがって、姓が「塩田」であるかは確証を欠く。塩田（長・上田市）には、長野県最大規模の居館跡が残されており、鎌倉時代の守護館跡と推定されている。武田晴信が天文二十二年八月に塩田城を攻めたところ、あっさり自落（開城して自発的に退去）している（甲陽日記、勝山）。ただちに重臣飯富虎昌が入城し、以後武田氏の北信濃進出の拠点となった（甲陽日記）。ただし、永禄八年（一五六五）の虎昌没後も小県郡における拠点城郭であり続けたかは、判然としない。元亀二年（一五七一）六月二十一日、蓮華定院に「塩田以心」が逆修（生前）供養を依頼し、真興大徳という法名が付されている（過去帳月坏信州小県分第一）。武田氏のもとで塩田に居住し続けたとみてよいが、系譜関係は明らかにしえない。　（丸島）

伊勢中務丞　いせなかつかさのじょう

生没年、実名未詳。信濃国諏訪郡の在郷商人。武田氏の「永禄二年諸役免許状書上」（諸州古文書・六三三）によれば、信濃国上原郷（長・諏訪市）の人とあり、永禄元年（一五五八）十一月三日付で、小山田備中守虎満を奏者として、武田家朱印状で一月に馬二疋分の商売諸役の免許を受けているから、この地の在郷商人であろう。　（柴辻）

以船文済　いせんぶんさい

康正二年（一四五六）～天文十六年（一五四七）。甲斐・広厳院（山・笛吹市一宮町）の五世住職。武蔵国豊島郡中野村（東・中野区）の生まれで、本姓は岡部氏（広厳大通禅師譫語集四）。中野の法泉寺で出家し、のちに広厳院の俊屋桂彦に師事し、その跡を嗣ぐ。天文十二年八月、武田家臣の原虎古より一宮郷内（笛吹市）で二貫文の田畑を寄進される（広厳院文書・一七〇）。　（柴辻）

磯田源左衛門　いそだげんざえもん

生年未詳～天正三年（一五七五）五月二十一日。真田家臣。実名は清秀と伝わる（以下、真田氏所蔵家中家譜による）。磯田氏は上野緑埜郡磯田（未詳）を苗字の地とする。永享の乱で足利持氏に従い、一族の過半は討ち死にした。このため、遺児は母に連れられて信濃小県郡武石（長・上田市）に移住したらしい。源左衛門の父五郎左衛門（満高）は系図に「岩尾城主」と記されるが、疑問。この父の代に、真田幸綱に出仕したという。天正三年の長篠合戦に兄市兵衛（高泰）とともに、真田信綱に従って参陣。兄市兵衛は勇戦の末に負傷し、源左衛門は討ち死にした。兄の系統が真田氏に仕えてい

る。（丸島）

磯部竜淵斎　いそべりゅうえんさい

生年未詳～天正三年（一五七五）五月二十一日。甲斐国三宮の国玉神社の宮司。実名未詳。竜淵斎は斎号。姓は直系子孫が、のちに磯部昌平と称している。信虎の代から弓馬の達人として出陣している。天正三年五月の長篠の戦いで戦死（国志）。天文十五年（一五四六）と推定される八月十二日の晴信書状の宛名となっており、信濃陣での諸将の様子を伝え、意見を求めている。そのなかで穴山信友は大酒飲みといい、小山田信有を佐久郡に派遣すると伝えている（磯部家文書・二九三）。（柴辻）

板垣信方　いたがきのぶかた

生年未詳～天文十七年（一五四八）二月十四日。信泰の子か。駿河守。甘利虎泰とともに、家臣団最高位の「両職」をつとめたとされるが（国志）、確証はない。天文九年三月、塩山向嶽庵に対し、跡部鉄牛（景家）の怨霊を鎮めるための寄進をしているのが初見（向嶽寺文書・八七）。この時、「駿河守信方」と署判。同年四月上旬、大将として信濃佐久郡に出陣し、臼田・入沢両城（長・佐久市）をはじめ数十城を攻略したうえで、前山城（佐久市）を改修して在城した（向嶽）。同十年の武田八幡宮造営棟札にも名前がみえる（若尾資料甲斐国志資料・四三七）。天文十一年の諏方氏攻略に中心人物として参加。同年九月十一日に諏訪に向けて出陣している（甲陽日記）。同十一年十二月一日には、千野重清に下諏訪尾口郷（長・岡谷市）を宛行う（千野家文書・一五三）。同十二年三月には、井出縫殿尉に対し、北沢（佐久市）で知行を宛行っている（井出家文書・一六二）。この年四月六日、諏訪郡に在城するよう命じられ、五月二十五日に上原城（長・茅野市）の鍬立が行われ、六月十一日に諏訪郡に入った（甲陽日記）。しかし十五日には早くも出陣している。上原城への正式な着城は同十三年四月十一日であったらしく、普請が終わったのは四月十五日のことであった（同前）。信方の諏訪における屋敷は、同年七月一日に鍬立が行われている（同前）。以降、上原城代として諏訪郡司をつとめるが、同年八月二十八日には一時的に甲府に出府して、同日中に諏訪郡に戻るなど（同前）、甲府と頻繁に往復していた様子が窺える。さかのぼって同十二年七月には、諏訪上社権祝矢島氏に対し、下桑原（茅野市）御射山神田の年貢を従来どおり受け取り、祭礼を執り行うよう指示している（矢島家文書・一六九）。同十三年三月二日の大蔵経寺の棟札に名前がみえる（大蔵経寺所蔵・四四〇）。同年冬に諏訪で反乱が起こった際には、千野重清に命じて、千野山城の被官佐渡を討たせている（千野家文書・五四九）。年未詳九月二十三日に、千野重清に対し、逆心を企てた千野山城入道に代わり、千野氏の惣領職を引き継げという晴信の命令を伝達しているのは、この年であろうか（同前・三三六）。天文十四年五月二十日には、父（積翁浄善禅定門）の追善供養を高野山成慶院で行っている（武田御日坏帳二番・山6下八九九頁）。その後も武田氏の信濃経略に従事し、同年六月には、龍ヶ崎城（長・辰野町）を攻略（甲陽日記）。同十六年七月には、知行地である於曾郷（山・甲州市）の一部を向嶽寺に寄進している（向嶽寺文書・三二九）。同年閏七月からの信濃志賀城（佐久市）攻めに参加、八月六日には援軍としてやってきた山内上杉勢を多く討ち取っている（甲陽日記、勝山、ただし天文十五年条に誤って記す）。

同十七年二月十四日、上田原合戦で村上義清に敗れ、戦死した（甲陽日記、勝山、王代記）。法名は、同十二年四月二十一日に、高野山成慶院で自身の逆修法要を行った際に「宗薫禅門」と付している（過去帳・武田氏研究34六三頁）。また同十六年四月九日にも、成慶院で再度逆修法要を行っている（武田御日坏帳二番・山6下八九九頁）。時衆での法名は、「無一脱心大天居士」であった（一蓮寺過去帳・山6上四三頁）。妻室（信憲生母）は「梅窓理芳大姉」（武田御日坏帳二番・山6下九〇〇頁）。諏訪郡司としては独断先行の傾向があったらしく、永禄八年（一五六五）に晴信が諏訪社の神事再興のための調査を行った際に、「恣ニ僭上」して諏訪社の神田を小山田虎満に与えてしまったことが糾弾されている（諏訪大社文書・九六五）。外交面では、今川氏に対する取次をつとめ、援軍として自身が出陣したこともある（土佐国蠧簡集残篇・四〇四、一五）。天文十四年九月十二日には、今川氏に対する援軍として大石寺（静・富士市）にまで出陣（甲陽日記）。この時結ばれた今川・北条・山内上杉の三和に際しては、今川方の書状を板垣信方と駒井高白斎が受け取っている（同前）。年未詳二月二十四日には、高野山成慶院に書状を出している（武将文苑・四二九八）。文芸面では、天文十一年八月十五日に冷泉為和を自邸に迎えて歌会を開いた（為和集・山6下八六八頁）。同十六年七月二十九日には、諏訪郡に四辻季遠を迎え、和歌を詠み合っている。翌晦日には諏訪神前で季遠が和歌を詠んでいるから、信方が案内をした可能性がある。同日夜、板垣信方の邸宅で当座和歌会が開かれ、翌日朝に出立を見送った（甲信紀行の歌・山6下八七六、七七頁）。

（丸島）

板垣信憲　いたがきのぶのり

生没年未詳。信方の子。弥次郎。天文十七年（一五四八）八月十二日、於曾（山・甲州市）を宛行う判形を与えられているのが初見（甲陽日記）。時期からみて、この年二月十四日に討ち死にした父信方からの継目安堵であろう。同二十年七月十一日、二宮美和神社の勧進許可状を甘利昌忠（信忠）と連名で出している（坂名井家文書・三三七、二八）。この時「両職」とよばれており、検断・裁判を司る「職（しょく）」の地位にあったようである。弘治二年（一五五六）九月十一日、方形黒印を用いて、千野（甲州市）の寿徳院の藪から矢篦を徴発している（向嶽寺文書・五〇九）。長坂虎房の後任として諏訪郡司（郡代）をつとめ、高島城（長・諏訪市）に入った（軍鑑・大成上三〇頁、ただし軍鑑は着任の順序を逆とする）。同三年七月、小谷城（長・小谷村）を制圧した際に千野重清の戦功を晴信に言上する役割を果たしているのは（千野家文書・五四九）、このためである。これより以前、越後西浜に使いとして赴き、結果的に長尾方と交戦したことがあったらしい（同前）。常田台合戦では、弓奉行をつとめた（同前）。年未詳八月二十日、合戦での恩賞に関する規定を晴信から与えられているのは、諏訪での反乱に関連するものか（諸州古文書・六四三）。外交面では、高野山成慶院や（柳沢文庫所蔵文書・六二四）、伊勢外宮に対する取次をつとめている（神宮文庫所蔵外宮引付天文・四〇一六）。「軍鑑」には天文二十二年、常田台合戦の不手際などが罪に問われて処断されたとあるが（大成上三〇頁）、実際は弘治年間（一五五五～五八）まで活動がみられる。弘治三年九月には、三井助七郎に「憲」字を与え、憲吉と名乗らせている（三井家文書・

五七五）。したがって信憲の処断は、永禄初年のことであろう。これにより板垣氏は一度断絶し、武田一門の於曾信安によって再興されることになる。法名は、栄達直鈎禅門。天正六年（一五七八）六月二十一日に、「穴山小路御料人」（信憲後室）によって高野山成慶院で供養が営まれている（甲州月牌帳二印・武田氏研究42五三頁）。甲府穴山小路に屋敷があったものか。この後室は、同年十月二十八日に没しており、和田殿室の手で成慶院で供養が営まれている（同前・武田氏研究42五四頁）。法名は月安自明大姉。病気となったことが契機で、亡夫の供養を営むことを決意したのかもしれない。（丸島）

板垣信安 いたがきのぶやす

生没年未詳。於曾氏の出身で、永禄初年頃に板垣氏を嗣ぐ。左京亮。「惣人数」には御親類衆、騎馬一二〇騎持ちと記される。武田氏の親族であったことは、後述するように事実であった可能性が高い。同六年（一五六三）十二月十七日に、山宮右馬助・跡部攀桂斎とともに和田城（群・高崎市）に在城し、同城の仕置きを命じられているのが初見（諸州古文書・八五二）。同七年五月には、菅田天神社（山・甲州市）に対し、於曾（甲州市）から社領を寄進している（甲州信州武州古文書・八九四）。この時、信安と署判。次いで同八年二月五日には、大安寺供僧衆に対し、諏訪郡内の神領を安堵している（千鹿頭神社文書・九二六）。「下之郷起請文」は、同十年八月七日に、吉田信生・浅利信種宛で提出している（生島足島神社文書・一一〇五）。この時、吉田信生の名字を書かずに「左近助殿」とのみ記す。この書札礼は、同じ武田同名衆であることを示唆している。同十一年二月十七日には、曾禰虎長とともに諏訪高神殿内への出入りを制限した朱印状を奉じる（諏訪家旧蔵文書・一二四三）。同年末の駿河侵攻後、久能城（静・静岡市）に在城。同十二年四月十九日、久能城の在城法度を与えられる（森田家文書・一三九七）。同年八月二十五日には、病気回復の謝礼として、於曾の橋爪七郎左衛門の年貢を一部返還している（諸州古文書・一四五一）。元亀三年（一五七二）三月、菅田天神社に対し、板垣郷（山・甲府市）から社領を寄進した（甲州信州武州古文書・一八〇二）。同年六月には、冨士御室浅間神社に対し、於曾郷から寄進を行っている（冨士御室浅間神社文書・一九一七）。翌七月にも、菅田天神社に社領を寄進するなど、同社への崇敬が厚い（甲州信州武州古文書・一九三二）。長篠合戦直後の天正三年（一五七五）五月二十七日、板垣信安のところに朝比奈信置から注進が入り、徳川勢の動静が報告されている（堤猪三郎氏所蔵文書・二四九五）。この頃までは駿河に在城していたようである。「惣人数」は田中城（静・藤枝市）に在城したとするから、同城に移った可能性も否定できない。その後は一時上野箕輪城（高崎市）に入った可能性があり、天正四年二月二十三日に、真田昌幸と連名で戸榛名神社の神領を安堵している（戸榛名神社文書・二五九三）。以後の動静は不明。（丸島）

板垣信泰 いたがきのぶやす

生没年未詳。右兵衛尉。信方の父か。於曾（山・甲州市）を拠点としており、大永三年（一五二三）閏三月四日に高野山引導院で老母（苗庵理根禅定尼）の逆修供養を行っている（引導院日坏帳・山6下九二九頁）。同五年二月二十五日、向嶽寺明白軒に湯薬種田を寄進した（向嶽寺文書・五九）。年未詳三月二十日に、同じく明白軒に対し、「御きたさま」の代理として同寺開山抜隊得勝へ寺領を寄進する文書を発給している（同前・二八）。板垣信方の父とすると、天文十四年（一五四五）五月二十日に、信方から高野山成慶院で追善供養を行われている「積翁浄善禅定門」が該当するか（武田御日坏帳二番・山6下八九九頁）。（丸島）

板坂宗商 いたさかそうしょう

生没年未詳。名を宗商という、卜斎と号す。信玄側近の僥倖軒宗慶の子。三位法印と称し、父と同じく医師として武田信玄・勝頼に仕える。天正十年（一五八二）三月の武田家滅亡後には、徳川家康に仕える（国志・一〇三巻）。同十八年春の小田原陣で、徳川家康に謁見し、その後、江戸神田に屋敷地を拝領したが、間もなく病死したという（板坂家系譜）。その子の長太郎が同十九年に一四歳で家康に仕え、卜斎を襲名した。慶長五年（一六〇〇）九月十五日の関ヶ原の戦いの時、二三歳の卜斎は家康の側近にあり、陣中で日記をまとめ、明暦元年（一六五五）に、それをもとにして「慶長年中板坂卜斎覚書」をまとめている（同前）。（小和田哲男「関ヶ原の記録者板坂卜斎」『静岡学園短期大学研究報告』一〇）。（柴辻）

板坂法印 いたさかほういん

→僥倖軒宗慶 ぎょうこうけんそうけい

板津福阿弥入道 いたつふくあみにゅうどう

生没年未詳。木曾家臣。永禄八年（一五六五）十月一日、木曾義昌が黒沢若宮社（長・木曽町）に三十六歌仙板絵を奉納した際、中納言藤原敦忠の板絵を奉納した（武居誠氏所蔵・九五六）。（丸島）

板場九左衛門 いたばきゅうざえもん

生没年未詳。信濃国筑摩郡会田（長・松本市）の土豪。会田岩下氏の被官とみられる。天正九年（一五八一）の「伊勢内宮道者御祓くばり帳」において、「あいたいりの分」の人物として記載され、熨斗二〇本、茶五袋を配られたと記されているのが唯一の所見（堀内健吉氏所蔵・三六四）。（平山）

板場一市 いたばひといち

生没年未詳。信濃国筑摩郡会田（長・松本市）の土豪。会田岩下氏の被官とみられる。天正九年（一五八一）の「伊勢内宮道者御祓くばり帳」において、「あいたいりの分」の人物として記載され、茶二袋を配られたと記されているのが唯一の所見（堀内健吉氏所蔵・三六四）。（平山）

伊丹虎康 いたみとらやす

永禄三年（一五六〇）～寛永七年（一六三〇）五月五日、七一歳。「惣人数」（軍鑑）で船五艘を率いる伊丹大隅守康直の嫡男、海賊衆。母は今川重臣の岡部久綱娘（寛政譜）。官途は権大夫。父康直は摂津国出身で、永禄元年に駿河国に至り、今川義元・氏真に同朋衆として仕えたとされる（寛永伝、寛政譜）。今川氏滅亡後、武田信玄へ仕え、海賊衆に編制された（軍鑑）。虎康は父康直とともに海賊衆として活動し、天正九年（一五八一）三月二十九日には、向井政綱とともに小浜景隆のもとで動き、伊豆国久料津（静・沼津市）での北条方の梶原備前守が率いる水軍を破った戦功を賞され、武田勝頼より四月八日付で感状を与えられた（多和文庫所蔵甲州古文書・三三三六）。同十年三月の武田氏滅亡後は徳川家康へ仕えた。法名は久悦（寛政譜）。後裔は旗本として仕えた（同前）。（柴）

一衛門 いちえもん

生没年未詳。信濃国筑摩郡井堀・高（長・麻績村）の土豪。名字、諱は不明。麻績氏の被官とみられる。天正九年（一五八一）の「伊勢内宮道者御祓くばり帳」において、「いほり・たかの分」の人物と

して記載され、茶三袋を配られたと記されているのが唯一の所見（堀内健吉氏所蔵・三六四）。　（平山）

市衛門　いちえもん

生没年未詳。信濃国安曇郡宮本（長・大町市）の代官。仁科氏の被官とみられる。天正九年（一五八一）の「伊勢内宮道者御祓くばり帳」において、「にしなの分」の人物として記載され、茶三袋を配られたと記されているのが唯一の所見（堀内健吉氏所蔵・三六四）。ただし伊勢御師宇治（荒木田）氏の旦那ではなかったらしい。　（平山）

市衛門　いちえもん

生没年未詳。信濃国筑摩郡井堀・高（長・麻績村）の土豪。名字、諱は不明。麻績氏の被官とみられ、代官をつとめていた。天正九年（一五八一）の「伊勢内宮道者御祓くばり帳」において、「いほり・たかの分」の人物として「おうかわの代官市衛門」と記載され、熨斗五〇本、茶一〇袋、帯を配られたと記されているのが唯一の所見（堀内健吉氏所蔵・三六四）。　（平山）

市衛門　いちえもん

生没年未詳。信濃国筑摩郡会田（長・松本市）の土豪。会田岩下氏の被官とみられる。天正九年（一五八一）の「伊勢内宮道者御祓くばり帳」において、「あいたいりの分」の人物として「しほはさまの市衛門」と記載され、茶二袋を配られたと記されているのが唯一の所見（堀内健吉氏所蔵・三六四）。　（平山）

一岳軒　いちがくけん

生没年未詳。木曾家臣。永禄八年（一五六五）十月一日、木曾義昌が黒沢若宮社（長・木曽町）に三十六歌仙板絵を奉納した際、伊勢の板絵を奉納した（武居誠氏所蔵・九五六）。　（丸島）

市川家光　いちかわいえみつ

永正八年（一五一一）〜文禄二年（一五九三）九月一日、八三歳（寛永伝、寛政譜）。信玄・勝頼のもとで勘定奉行をつとめた重臣。七郎右衛門尉、備後守、以清斎元松。「寛政譜」の伝える実名昌忠は誤伝。印文「福□（楽か）」の二重郭方形朱印を用いた。天文二十一年（一五五二）七月十三日、信濃松原神社（長・小海町）に二貫文の神馬銭を武田氏の命で奉納し、「福□」朱印を押捺しているのが初見（松原神社文書・三五〇）。「軍鑑」に勘定奉行と記されるのは家光の子息昌房だが、この時の文書に勘定奉行跡部勝忠が連名で朱印を押捺していることなどから、家光も勘定奉行をつとめていたことが推定される。弘治二年（一五五六）正月二十五日にも、同様に松原神社に神馬銭二貫文を納めている（同前・四九四）。同年四月十一日には、高野山成慶院の使僧に対する伝馬手形を奉じた（柳沢文庫所蔵文書・四九七）。この時、七郎右衛門尉。永禄八年（一五六五）四月四日および五月九日には、冨士御室浅間神社神主の小佐野能秀に対し、大般若経真読に関する書状を出し、その費用を奉納した（冨士御室浅間神社文書・九三七、三八、四二）。この時、武田氏の出納印とみられる印文未詳朱印を用いることを通達している。同九年八月晦日、一蓮寺軸屋跡職を安堵するよう金丸筑前守とともに指示を受ける（一蓮寺旧蔵文書・一〇〇三）。竜朱印状奉者としては、同九年十二月二十二日に、浅間社への奉納物の過所を奉じたのが初見（富士北口浅間神社文書・一〇四八）。以後四八通の朱印状奉者をつとめるが、連名奉者としての所見が多い点、寺社宛が多い点に特徴がある。某年六月十五日、明王寺に対して信玄が祈禱を依頼した際、費用の相談を家光と行うよう指示されており（武田信保氏所蔵文書・二〇七二）、勘定奉行の職権とみてよいだろう。永禄九年五月十四日には、成慶院使僧に対する伝馬手形を奉じた（柳沢文庫所蔵文書・一〇七八）。この時、備後守。同十年九月六日、関屋備後守ら三名に上日加野（長・長野市）三〇〇貫文を引き渡している（武家文書・一一九二）。同十三年六月十六日、原昌胤と連名で駿河府中浅間社社家への朱印状奉者をつとめており、同社の支配に関与した（浅間神社文書・一五五二、ほか三点）。元亀二年（一五七一）三月十一日、松尾信是死去に際し、蔵方からの借銭の処置を指示した竜朱印状を奉じる（新編会津風土記・一六七〇）。同年五月二十六日、鼻輪郷（山・中央市）の知行改めを跡部勝忠と担当（石原家文書・一七二五、中巨摩郡誌文書編・一七一八）。天正二年（一五七四）十二月二十三日には、長坂光堅とともに朱印状を奉じ、軍功への見返りとしての商売役免許や（池田家文書・二四一九、ほか一点）、先判安堵（田辺紀俊家文書・二四三二、ほか一〇点）を担当した。同三年正月二十八日、跡部勝忠と連名で朱印を押捺し、慈照寺（山・甲斐市）の棟別を免許した（慈照寺文書・二四五）。同年十二月二十一日、今後は獅子朱印をもって竹木藁縄の御用を命じる旨を、跡部勝忠と連名で同印を奉じて通達した（保坂家文書・二五五九、ほか四点）。同四年三月二十六日、富士大宮に御料所から代銭を奉納するよう鷹野徳繁に命じた獅子朱印状を奉じる（浅間社旧四和尚宮崎家文書・二六二六）。年未詳十月二十三日には、屋敷地を向嶽寺に安堵する旨を、跡部勝忠と市川家光に取り次いだことを米倉光忠らが伝えている（向嶽寺文書・三九三〇）。同様に年未詳十一月十三日には、駿河府中浅間社の新宮左近将監に対し、子息の元服を祝う書状を出している（駿国雑志・四三三八）。天正四年六月一日、跡部昌秀とともに積翠寺要害の普請を命じた朱印状を奉じた（三枝家文書・二六六五）。このとき「市川備後」とみえるから、すでに出家し、以清斎元松を称していたのであろう。同年十二月四日、細工奉公への恩賞を与えた朱印状を、「以清斎」の名で奉じる（甲州古文書・二七四九）。同五年前後の富士大宮（静・富士宮市）への神馬奉納帳には以清斎元松の名で署判している（賜蘆文庫文書・三九六三）。以後、以清斎の名で朱印状を奉じる。とくに同年三月二十五日に、段銭を駿河府中浅間社に奉納した文書を奉じている点は、勘定奉行の職権と関わるものとして注目される（駿国雑誌・二七九〇）。同年七月十六日には、跡部勝忠と連名で朱印を押捺し、成慶院の麻布役を免除したことを比貝惣右衛門に通達した（柳沢文庫所蔵文書・二八三〇）。八月七日には、同様に跡部勝忠と連名で朱印を捺し、原半左衛門尉同心衆に年貢を宛行う（工藤家文書・二八五七）。同七年九月二十六日にも、やはり跡部勝忠と連名で、上杉景勝室菊姫付きの越国居住衆とその知行に関する書出を作成している（上杉家文書・三一七三）。同年十一月二日には、跡部勝忠・小原継忠・青沼忠重とともに、勝頼留守中の仕置きについて通達されている（諸州古文書・三一八八）。同月十六日、贈答用の刀・太刀・脇指を準備するよう勝頼から命じられている（同前・三一九四）。同年十二月二十八日、富士大宮へ正月の祭礼用の奉納物を整えるよう、鷹野徳繁に指示した（宮崎喜旦氏所蔵文書・三二三三）。同八年十一月二十八日、跡部勝忠と連名で早川兵部助に証文を出し、毎年棟別銭を与えるので御定器を納めるよう命じている（早川家文書・三四五一）。

同九年十二月十六日には、安倍宗貞と連名で証文を出し、青柳新宿と外川郷間で起こった用水相論について、勝頼帰陣のうえで対処するよう伝えている（甲斐国古文書・三六三七）。同十年の武田氏滅亡後は徳川氏に仕え、同年十一月十七日に本領六二貫文、十二月三日にさらに九三貫八八〇文などを安堵された（記録御用所本古文書・家康文書上三九七、四一〇頁）。あわせて徳川氏の甲斐支配を担う甲斐四奉行に任ぜられる。甲斐四奉行としては、同年七月二十三日（龍王村史掲載文書・山4三七九）を初見とし、同十八年正月十日（諸州古文書・山4五七三）まで三六通の文書に署判している。徳川家臣となってからは黒印を使用し、同十年末には印文未詳の丸黒印を用いた（田辺紀俊家文書・山4四三八）。その一方で、印文「福□」印も黒印に転用して使用し続けており、これは印文「龍」の二重郭黒印（二種類）を用いるようになっても同様である。文禄二年九月一日に没し、同五年九月二十八日に養子昌倚の手で高野山成慶院において供養がなされた。法名太翁元松（甲州月牌帳二印・武田氏研究42七〇頁）、享年八三（寛永伝、寛政譜）。なお、同四年十月十八日に自身の手で成慶院で逆修供養を行い、「融峰元松」と法名を付しており、法名を改めたものか（過去帳・武田氏研究34九〇頁）。実子の市川昌房・内膳が長篠合戦で戦死したため、駒井肥前守の子昌倚を養子にしていた。しかし以清斎自身が長命であったこともあり、内膳の子茂左衛門が跡を嗣いだという（寛永伝、寛政譜）。（丸島）

市川右近助 いちかわうこんのすけ

生没年未詳。上野国南牧谷（群・南牧村）の地縁集団南牧衆のひとりで、砥沢村（南牧村）の土豪。武田氏の家臣の後、上野国衆国峰小幡氏の家臣になったとみられる。天文十五年（一五四六）六月五日に、武田晴信から信濃内山城（長・佐久市）攻略に際し、上野・信濃国境の余地峠での通路保障を賞され、褒美を与えられているのが初見（甘楽郡村誌）。この頃、武田氏に家臣化し、同十六年二月二十三日には、内山城代上原虎満から在所の抱え地を所領として宛行われている（同前・補遺二）。以後は内山城代の管轄に属した。同十七年頃、武田氏に従属した国峰小幡憲重への支援を命じられている（武田家感状写・六三六、四七）。同年八月十一日には同名の市川右馬助・縫殿助とともに信濃佐久郡瀬戸（佐久市）で知行一二〇貫文を宛行われている（同前・二六四）。同二十年五月二日には、新たに内山城代となった大井貞清からあらためて所領を安堵されている（甘楽郡村誌・補遺三）。永禄三年五月六日には佐久郡海瀬などで新たに知行二〇〇貫文を宛行われている（武田家感状写・六九三）。以後における所見はみられないが、武田氏の直臣としての存在はこの時期までとみられ、同年十一月の武田氏の西上野への侵攻後は、国峰小幡氏の家臣に編成変えされたと捉えられる。なお元亀四年（一五七三）から所見される常西は、文書の伝来関係から同家系の可能性があり、その場合には右近助の後身の可能性が考えられる。（黒田）

市川右馬助 いちかわうまのすけ

生没年未詳。上野国南牧谷（群・南牧村）の地縁集団南牧衆のひとりで、羽沢村（南牧村）の土豪。武田氏の家臣の後、上野国衆国峰小幡氏の家臣になったとみられる。天文十五年（一五四六）六月五日に、武田晴信から信濃内山城（長・佐久市）攻略に際し、上野・信濃国境の余地峠での通路保障を賞され、褒美を与えられているのが初見（市川文書・二〇三）。この頃、武田氏に家臣化し、所領を宛行われ、内山城代の管轄に属したとみられる。同十七年頃、武田氏に従属した国峰小幡憲重への支援を命じられている（武田家感状写・六三六、四七）。同年八月十一日には同名の市川右近助・縫殿助とともに信濃佐久郡瀬戸（佐久市）で知行一二〇貫文を宛行われている（同前・二六四）。永禄三年五月六日には佐久郡小田切などで新たに知行二〇〇貫文を宛行われている（同前・六九三）。同四年四月十七日には、南牧における忠節への功賞として、同名和泉守・四郎右衛門（重久）・神四郎・孫（弾正とも）右衛門・半次郎・孫六郎とともに瀬戸で三一〇俵を与えられている（同前・七三七）。同時にみえる同名のうち、重久はほかにも所見があるが、そのほかはこれが唯一の所見になる。南牧衆の市川氏同名には複数の家系があったことがわかる。以後における所見はみられないが、武田氏の直臣としての存在はこの時期までとみられ、同年十一月の武田氏の西上野への侵攻後は、国峰小幡氏の家臣に編成変えされたと捉えられる。なお天正三年（一五七五）に所見される豊前守は、文書の伝来関係から同家系の可能性があり、その場合には右馬助の後身の可能性が考えられる。（黒田）

市川大隅 いちかわおおすみ

生年未詳～天正三年（一五七五）五月二十一日。越前の子。長篠合戦で討ち死にした（寛政譜）。子息は内膳を称しており、これは市川家光の次男と同じ通称だが、別人である。（丸島）

市川景吉 いちかわかげよし

生没年未詳。上野国衆国峰小幡氏の家臣で、甘楽郡南牧谷（群・南牧村）の地縁集団南牧衆のひとり。通称は兵庫助。永禄十年（一五六七）八月七日付「下之郷起請文」において、国峰小幡氏同心となっていた南牧衆の連署起請文で六番目に署判しているのが唯一の所見（生島足島神社文書・一一七五）。（黒田）

市川権右衛門尉 いちかわごんえもんのじょう

生没年未詳。駿河国衆葛山氏の家臣。永禄十一年（一五六八）二月二日付山田次郎右衛門宛葛山氏元朱印状で、前年に権右衛門尉に駿河国淀師（静・富士宮市）の新四郎名を与えられたことが確認できるのが（渡井康景氏所蔵市川文書・戦今二六三）、初見である。同年十二月に始まる武田信玄による駿河侵攻に際し、葛山氏元とともに武田氏へ属す。元亀元年（一五七〇）十二月四日、富士大宮（富士宮市）在城の働きを賞され、武田家朱印状（奉者は長坂光堅・市川昌房）により小泉（富士宮市）のうち一〇貫文の神田分ほか計一九貫七〇〇文の知行地を宛行われている（市川家文書・一六二四）。また同三年五月二日には、信玄より武田氏へ属して以来の働きを賞され、富士の内五ヶ所で一九貫七〇〇文・石田の内三貫文の計二二貫七〇〇文の知行を宛行われた（渡井康景氏所蔵市川文書・一八五九）。（柴）

市川貞吉 いちかわさだよし

生没年未詳。上野国衆国峰小幡氏の家臣で、甘楽郡南牧谷（群・南牧村）の地縁集団南牧衆のひとり。通称は四郎兵衛。永禄十年（一五六七）八月七日付「下之郷起請文」において、国峰小幡氏同心となっていた南牧衆の連署起請文で三番目に署判しているのが唯一の所見（生島足島神社文書・一一七五）。（黒田）

市川重久 いちかわしげひさ

生没年未詳。上野国衆国峰小幡氏の家臣で、甘楽郡南牧谷（群・南牧村）の地縁

集団南牧衆のひとり。通称は四郎衛門。実名は小幡憲重からの偏諱とみられる。永禄四年（一五六一）四月十七日付で武田氏が南牧市川氏に宛てた朱印状の宛名のひとりに「四郎右衛門」でみえる（武田家感状写・七三七）。すでに小幡憲重から偏諱を与えられていたとみられるから、これ以前から小幡氏の家臣になっていたと考えられる。次いで同十年八月七日付「下之郷起請文」において、国峰小幡氏同心となっていた南牧衆の連署起請文で二番目に署判している（生島足島神社文書・一一七五）。（黒田）

市川十郎右衛門尉　いちかわじゅうろうえもんのじょう

生年未詳～天正二年（一五七四）八月十四日。弘治二年（一五五五）四月三日、高野山成慶院で亡父（西帰花岳浄因禅定門）の菩提を弔った（武田御日坏帳二番・山6下九〇〇頁）。永禄八年（一五六五）と推定される織田家臣和田新介宛信玄書状の使者をつとめて以降、織田氏との外交を担当する（和田家文書・九四四）。翌九年九月二十九日には、南栗林郷（長・松本市）において知行地を後閑信純に与える際、知行配分を市川十郎右衛門尉と話し合って極めるよう工藤（内藤）昌秀が命じられている（守屋正造氏所蔵文書・一〇二七）。同十二年一月九日、駿河攻めに際する家康との軋轢について、織田信長と交渉する際の使者として派遣された（古典籍展観大入札会目録昭和三十七年掲載文書・一三五二）。同年三月二十三日には、そろそろ京に到着した頃であろうとして、信玄から上杉謙信との和睦・徳川家康の動向など、信長への交渉事項についてこと細やかに書き送られている（武家事紀・一三七九）。その後は信長との交渉のために岐阜に赴き、そのまま滞在したらしい。同年十二月二十三日、信玄は織田家臣佐々伊豆守に書状を送り、十郎右衛門尉が長々と岐阜に滞在しており、その間の厚遇を謝すとともに、駿河出兵などの詳細は十郎右衛門尉から聞いてほしいと述べている（信玄公宝物館所蔵文書・一四八六）。元亀元年（一五七〇）四月下旬にも信長のもとに派遣されたが、浅井氏の離反で江北が通れず帰還してきてしまった。しかし信玄は再度の出立を命じるとともに、六月五日に織田家臣武井夕庵に十郎右衛門尉の不手際を詫びている（徳川美術館所蔵文書・一五五〇）。同三年正月二十八日にも、信玄の使者として武井夕庵のところに出立し、変わらぬ友好と北条氏との同盟などを伝えている（武家事紀・一七七五）。天正元年には北条氏政のところに派遣され、二月七日付の氏政返書に詳細は十郎右衛門尉が口頭で伝えると記されている（飯田家文書・四〇六三）。同二年八月十四日没。法名月窓存心禅定門。同四年十月十八日に老母の手により（過去帳・武田氏研究34八九頁）、同五年八月二十三日に山宮殿室の手で（甲州月牌帳二印・武田氏研究42五三頁）、高野山成慶院で追善供養がなされた。なお、屋敷は近習小路に所在していたらしい（過去帳・武田氏研究34八九頁）。「甲乱記」によると、天正十年三月に甲斐古府中で織田氏に殺害された「市川十郎右衛門」がおり、子息とみられる。また、慶長九年（一六〇四）三月十一日に娘が父母の追善供養を営んでおり、そこには命日は某年八月八日、法名は成誉道安禅定門（母は真誉宗吟禅定尼）とある（成慶院甲州月牌記五・武田氏研究44六六頁）。この十郎右衛門尉も子息であろうか。（丸島）

市川常西　いちかわじょうさい

生没年未詳。上野国衆国峰小幡氏の家臣

で、甘楽郡南牧谷（群・南牧村）の地縁集団南牧衆のひとりで、南牧谷砥沢村の土豪。法名は浄西とも。元亀四年（一五七三）十月二十日付で小幡信真から証文を与えられ、「三郷」百姓衆の公事について、百姓衆から五駄を収取することについて承認を受けている（上毛諸家所蔵文書・二九六）。なお収取額については「入道之御代」では六駄であったことについても、同様に承認を受けその収取を認められている。「入道」は信真の前代憲重のことであろうか。百姓衆からの公事収取というのは、小幡氏からの給分支給にあたるものと捉えられる。無年号十月七日付で小幡信定（信真の後継者）から与えられた書状では、又被官の取り返しを認められている（同前・戦北四〇二三）。なお天正十七年（一五八九）にみえる市河新七郎（同前・戦北三五四五）、右近助（同前・戦北三五八七）はその子とみられる。それらはすべて市川右近助家の家伝文書にみえるから、常西は天文期の右近助の後身の可能性が高い。（黒田）

市川庄左衛門尉 いちかわしょうざえもんのじょう

生没年未詳。武田旧臣で、上杉氏に仕えた。梅隠斎等長の子。武田氏滅亡後の天正十年（一五八二）七月十二日、島津忠直を通じた詫言が許されて、上杉景勝から知行を安堵された（景勝公御書・上越二四五六）。居城長沼城（長・長野市）本城には島津忠直が入城し、自身は二の曲輪に移っている。上杉氏の会津、米沢転封に従い、陸奥信夫郡名倉（福島・福島市）に居住し、扶持米一三〇石を与えられた（上杉年譜所収御家中諸士略系譜）。子孫は上杉家に仕えている。（丸島）

市川等長 いちかわとうちょう

生没年未詳。初め刑部大夫か（上杉年譜）。のち、土佐守（文禄三年定納員数目録・信18六四頁）。梅隠斎等長。実名は不明。「惣人数」には御旗本足軽大将衆、騎馬一〇騎・足軽五〇人持ち、原与左衛門とともに信濃長沼（長・長野市）に在城したと記される。弘治元年（一五五五）四月、信濃更級郡大岡城（長野市大岡地区）籠城衆の筆頭として名が記されているのが初見（神宮文庫所蔵武田信玄古案・五九二）。永禄九年（一五六六）五月一日、飯縄大明神に絵馬を奉納した（金丸力三氏所蔵・四二〇二）。この絵馬には、市川梅隠斎等長・同一平・同新五郎・沢蔵・宮千代丸・駒千代・年寄・御寮人・初女・御房女の記載があり、等長の一門とみてよいだろう。一平が嫡男であろうか。同十年八月七日、信玄に忠節を誓う「下之郷起請文」を金丸（土屋）昌続に提出した（生島足島神社文書・一一一〇）。天正七年（一五七九）正月二十日の諏訪下宮春宮造宮帳に、若槻荘内田子郷（長・松本市）の代官として「一河梅隠同心衆」の記載がある（大祝諏訪家文書・三〇六九）。子息平右衛門には海津城（長野市）二の曲輪を守る小畠虎盛の娘が嫁いだという（軍鑑・大成上三六一頁）。「上杉年譜」御家中諸士略系譜に「市川梅林斉　新修長沼城主　始刑部大夫　於信州田子郷石村郷ヲ領ス」、「文禄三年定納員数目録」に「信州長沼衆嶋津淡路守同心」「土佐守事　市川梅隠斎」（信18六四頁）とあるのに該当しよう。武田氏滅亡後、上杉氏に仕えたことがわかる。子息庄左衛門尉も上杉氏に仕えた（御家中諸士略系譜）。（丸島）

市川内膳正 いちかわないぜんのかみ

生年未詳～天正三年（一五七五）五月二十一日。実名は未詳。家光の子で（寛永伝、寛政譜）、昌房の弟と思われる。天正三年の長篠合戦で兄昌房とともに討ち死にした。子息茂左衛門（満友）は、同元年生まれで、まだ三歳と幼かったため（同前）、駒井肥前守の子昌倚が父以清斎元松（家光）の養子となり、家督を嗣いだ。その後、成人した子息茂左衛門が市川家の家督を相続し、昌倚は別家をたてることになる。慶長六年（一六〇一）四月二十一日、茂左衛門が高野山成慶院に亡父の供養を依頼している。法名は、招月林桂（甲州月牌帳二印・武田氏研究43一九頁）。内膳の後室は、同三年五月十日没。同十二年三月二十一日に追善供養が行われた。法名は月窓理天禅定尼（成慶院甲州月牌記五・武田氏研究44七三頁）。（丸島）

市川縫殿助 いちかわぬいのすけ

生没年未詳。上野国南牧谷（群・南牧村）の地縁集団南牧衆のひとり。天文十七年（一五四八）八月十一日に武田氏から、同じく南牧衆で同名の市川右馬助・右近助とともに信濃佐久郡瀬戸（長・佐久市）で知行一二〇貫文を宛行われている（武田家感状写・二六四）。年未詳十一月十一日に、武田晴信から、同名の市川右馬助・右近助とともに国峰小幡憲重への支援を命じられている（同前・六四七）。これらから右馬助・右近助とならぶ南牧衆の有力者であったとみられるが、以後における所見はみられない。（黒田）

市川信房 いちかわのぶふさ

生年未詳～天正十六年（一五八八）六月二日（藤原姓市川氏系図・山梨県立博物館研究紀要5五九頁）。藤若・新六郎・治部少輔。北信濃の国衆。市川孫三郎の子か。実名は甲斐武田氏の通字「信」を授与されたと考えられる。弘治三年（一五五七）六月十六日の武田晴信書状写（謙信公御代御書集・五六二）で、長尾景虎が飯山（長・飯山市）に陣を移し、高梨政頼が市川氏を長尾方に引き込む調略を行ったという風聞を晴信が耳にし、不審を感じながらも、同盟関係にあった北条氏の軍勢が上野から上田筋（長・上田市）に援軍として派遣されるという情報を、「誓約」に従って藤若にしらせている。また同年六月二十三日の武田晴信書状（市川家文書・五六三）では、野沢（長・野沢温泉村）に陣を進めた景虎の調略に市川氏が応じず、景虎が飯山に撤退したことを晴信が賞し、中野筋（長・中野市）への援軍要請に対して倉賀野（群・高崎市）・塩田（上田市）の軍勢を派遣したが間に合わなかったため、今後の対応は塩田城代の飯富虎昌に指示したことなどを藤若に伝えている。なお、この時の使者は山本菅助がつとめた。年未詳十月十二日の武田晴信書状写（坂井家文書・四一八〇）でも、晴信の出陣に合わせて以前から申し合わせた軍事行動を行うよう藤若に依頼している。宛所の藤若は後の信房と考えられ、この時期の市川氏は武田氏の保護を受けながら、長尾方に対して軍事的に連携していたことが窺える。永禄十年（一五六七）六月十六日の武田信玄判物（吉川金蔵氏旧蔵文書・一〇八七）で、信房の祖父が在所を退出した際に当知行していた信越両国の所領を安堵され、あわせて越後国妻有荘内の旧領安堵と新恩として二ヶ郷の宛行を約束された。同年と推定される八月七日の武田家朱印状写（歴代古案・一〇九八）で、某城の守備に気を配り越後の状況を注進すること、相原庄左衛門の代わりに天河兵部丞を派遣するので諸事相談することなどを命じられている。同十一年十一月十七日の武田家朱印状（市川良一氏所蔵文書・一三二九）で、先約に従って信州縄取（飯山市）から「下」の地域を宛行われ、同地での築城を命じられたが、武田氏に従っていた者の所領は除外されたため、場合によっては亀倉（長・須坂市）と戸狩郷（飯山市）を替地として与えると指示されている。奉者は春日弾正忠虎綱。この頃には市川氏が武田氏の従属下で北信の諸城に在番していた状況が窺われ、同十二年十月十二日の武田家朱印状（本間美術館所蔵文書・一四六二）では、九ヶ条におよぶ軍役の規定が示されている。天正六年（一五七八）に上杉謙信が没し、景勝・景虎の間で内戦（御館の乱）が勃発した際に、信房は勝頼の命で信越国境に出陣して武田・上杉間の交渉を担う一方、同時に旧領妻有荘の領有も画策していた。同年五月二十三日の上杉景勝書状（長山祐三氏所蔵文書・上越一五一四）で、景勝が小森沢政頼に「市川表」の防御を固めるよう命じており、同年六月十九日の上杉景勝書状（同前・上越一五五〇）でも、市川信房の言い分に惑わされず防御に努めるよう政頼に指示を出している。また、同年六月二十三日の上杉景勝書状（同前・上越一五五三）で、信房から妻有荘引き渡しが決まったという申し出があったことについて、武田方に確認したところ、勝頼の指示ではないことが判明したため、政頼に引き続き同地を守備するよう命じている。同年十月七日の大熊長秀・市川信房連署書状（佐藤明徳氏所蔵文書・三〇四〇）で、景勝からの援軍要請に対し、両人が「当地」に率いてきた人数が少ないため、甲州（勝頼）の下知を受けて二人で相談しているので竹俣慶綱・新発田長敦に景勝への取り成しを依頼している。同七年二月二十五日の武田家朱印状写（色部家市川家古案集・三〇九五）で、甲越同盟の成立にともない、信濃国小菅（飯山市）と越後国赤沢（新・津南町）を結ぶ街道の往来や信越国境に人々が居住することを認めている。奉者は土屋右衛門尉昌恒。赤沢は妻有荘内に位置するから、先述の「当地」とは念願の妻有荘を景勝から割譲され、入部した地であるとわかる。同年三月十九日の上杉景勝書状（宇野茶道美術館所蔵文書・上越一七九六）で、勝頼が信房を甲斐に召し寄せ、代わりに須田五郎を赤沢に入れた事を心配する必要はないと浅間修理亮に伝えている。同九年正月九日の武田家朱印状写（色部家市川家古案集・三四八三）で、同年二月から四月までの三ヶ月間猟師の出入を禁止して巣を守り、鷹を武田氏に進上するよう指示が出された。奉者は春日弾正忠信達。これを受けて、同年五月十五日の武田家朱印状写（同前・三五四五）で、信房が甲府まで進上する鷹の通行のため、各郷で三人ずつ人夫を動員し、鷹の餌を用意するよう沿道の郷中に命じている。奉者は土屋右衛門尉昌恒。同十年二月十八日の市川信房証文（市川家文書・三六五八）で泉竜寺に寺領を寄進し、「市川治部少信房」と署名。同年三月七日の上杉景勝書状（高橋耕田氏所蔵文書・四一〇三）で、織田軍の侵攻による武田方の危機に対して、信房の無事の帰陣を喜びつつ、景勝が勝頼への軍事支援を行うこと、信房とは以前から入魂の間柄であるため、どのような事態になっても処遇を配慮することなどを伝えている。取次は直江与六兼続。したがって、勝頼に従って諏訪上原に出陣していたのだろう。武田氏滅亡後は織田氏に従属し、四月十五日に森長可から本領安堵を受けた（市川家文書）。その際は飯山城に入っていたようである（上杉年譜・信15二三三頁）。本能寺の変後の六月十六日、上杉景勝に従属（上杉年譜・信15二四〇頁）。信濃綱取（飯山市）より奥（北）の知行分と、家臣団に勝頼が与えた知行地を安堵され、安曇郡仁科のうち小岩岳・西牧氏の所領宛行を約束された。二十日、飯山城を上杉景勝に引き渡したことを賞されるとともに、春日信達へ忠節に励むよう伝えよと命じられた（上杉年譜・信15三五三頁）。同十一年四月十四日、直江兼続にまだ虚空蔵山城（長・坂城町）は徳川方の攻撃を受けてはいないと報告しており（吉川金蔵氏所蔵文書・信16四〇頁）、同城に入っていたことがわかる。同十二年三月二十六日、羽尾源六郎の上野丸岩城（群・長野原町）攻略を岩井昌能・須田信政とともに支援し、二十八日に景勝から賞されている（歴代古案・信16一四六頁）。四月一日の屋代秀正出奔に際し、昼夜兼行で海津城に入るよう岩井昌能とともに指示された（県立長野図書館所蔵文書・信16二七頁）。五月十八日、犬飼郷（飯山市）の秋年貢五貫文を泉竜寺（飯山市）に寄進している（泉竜寺文書・信16一八二頁）。同十三年四月十五日、弟造酒尉房綱に安田遺跡三五〇貫文を譲り渡した（市川家文書）。八月二十六日、徳川勢の小県出兵に対し、通常は動員対象とならない一五歳以下の年少の者、六〇歳以下の老人までかき集めて須田満親の指示に従い、出陣するよう命じられている（佐藤亀之助氏所蔵文書・信16三五一頁）。同十四年の「上杉家軍役帳」では一一四人の軍役が課せられている（信16四八〇頁）。その後の動静ははっきりしない。同十六年六月二日没。法名は聖智院殿玉峯玄貞居士（藤原姓市川氏系図・山梨県立博物館研究紀要5五九頁）。妻は上田長尾政景の姉で、某年某月十八日没。法名は蘭貞宗芳大姉（同前・山梨県立博物館研究紀要5六〇頁、上杉年譜所収外戚略譜）。娘は上杉謙信の弟長尾景明、次いで大滝忠直に再嫁したという。寛永六年（一六二九）八月五日没、法名は月峯宗受大姉（藤原姓市川氏系図・山梨県立博物館研究紀要5六〇頁）。ただし、世代があうか検討の余地を残す。また嫡男勝房の母は、秋山虎康の娘で武田信玄の養女として信房に嫁いだというが（同前）、到底信頼できない。「藤原姓市川氏系図」は、没年以外の信房の事蹟を「房幸」なる人物のものとして記している。房幸は系図作成に際して創出された架空の人物と思われ、同系図を扱う際には注意を要する。なお、同系図は房幸の法名を「泉竜院殿月山宗園大居士」としている。泉竜寺は信房が外護した寺であり、あるいはこれが信房の正しい法名かもしれない。嫡男勝房は慶長十年（一六〇五）に一八歳で早逝したというから（藤原姓市川氏系図・山梨県立博物館研究紀要5六〇頁）、信房死去年の誕生となる。信房が天正十三年に安田遺跡を弟房綱に譲っているのは、子息がいなかったためであろう。当然のこととして、勝房成人までは房綱が陣代をつとめている（同前）。子孫は米沢藩士として続いた。　（鈴木・丸島）

市川の矢師　いちかわのやし

生没年・実名未詳。矢師職人頭。市川郷上野村（山・市川三郷町）に居住の矢師職人。天文九年（一五四〇）七月四日付で、武田信虎朱印状により、矢師一一人分の棟役を免除されており（並山日記・八九）、同十一年十月吉日には、武田晴信朱印状で、市川矢作衆の棟別役を免除されている（同前・山4九二四）。その後の文書を欠くが、武田家滅亡後の天正十一年（一五八三）十二月十五日には、徳川家奉行人より矢師七人に対して、破魔矢の作製と販売について安堵証文を受けている（同前・九三五）。　（柴辻）

市川豊前守　いちかわぶぜんのかみ

生没年未詳。上野国南牧谷（群・南牧村）

の地縁集団南牧衆のひとりか。南牧衆市川右馬助の家伝文書のなかに、天正三年（一五七五）（元年とも）二月十四日付で武田氏から、麻以下の荷物について一ヶ月につき三疋分について通行諸役を免除されている（晴信御朱印写・二四六〇）。これから豊前守が商売に携わった存在であることがわかる。明確な所見はこれのみであるが、文書の伝来関係からすると、右馬助と同一家系に属し、天文期の右馬助の後身の可能性が考えられる。（黒田）

市川孫三郎 いちかわまごさぶろう

生没年未詳。鎌倉期以来、信濃国高井郡志久見郷（長・栄村）を本拠とした国衆。信越国境から越後国妻有荘（新・十日町市、津南町）までの地域を領有していたが、戦国期に長尾（上杉）氏に所領を奪われ、武田氏に従属した。弘治二年（一五五六）七月十九日の武田晴信判物（高橋家文書・五〇三）で、武田氏への忠信を申し出たことにより、安田氏の旧領を与えられた。その後間もなく没したと思われる。（鈴木）

市川昌房 いちかわまさふさ

生年未詳～天正三年（一五七五）五月二十一日。善次、宮内助。高島城代（諏訪郡司）・勘定奉行（惣人数）を歴任した重臣で、市川家光（以清斎元松）の子。永禄八年（一五六五）六月、武田義信が甲斐二宮美和神社の造立を奉加した際、「市川善次昌房」と署判しているのが初見（美和神社文書・九四六）。同十一年五月十七日、細工奉公人に普請役を免許した竜朱印状を奉じた（根津家旧蔵文書、諸州古文書・一二七二～七四）。この時、市川宮内助を称している。以後、一一四通の朱印状奉者として所見がある。朱印状奉者としては、父と同様に連名奉者・寺社宛が多い点に特徴があるが、家光と異なり独自の朱印状は出していない。元亀元年（一五七〇）六月二十二日、青沼忠重とともに相論裁許を通達した竜朱印状を奉じる（臨済寺文書・一五五七）。同年六月以降、駿河における知行宛行を行う朱印状を奉じており、駿河出兵に随行したものとみられる。しかしその最中の同年七月六日、後屋敷郷（山・山梨市）一五二貫・境郷三三貫、信濃諏訪真志野郷（長・諏訪市）八〇余貫・同塩尻（長・塩尻市）二〇貫の合計二八五貫文を与えられ、信濃諏訪郡高島城（諏訪市）に在城することを命じられた（反町英作氏所蔵文書・一五六六）。以後、昌房は諏訪郡司として活動し、同郡に対する朱印状をほぼ排他的に奉じている。しかしその一方で、信玄・勝頼の奉行人（勘定奉行）として他地域宛の朱印状奉者もつとめ続けており、高島城を留守にすることが多かった。このため、高島城の普請は春芳軒宗富以下在城衆によって行われている（如法院文書・三七五九）。同年九月十七日、諏訪郡御頭役を神長官守矢信真の指示に従ってつとめるよう、信濃大草郷（長・飯島町）・組込郷に命じる朱印状を奉じた（守矢家文書・一五九五、九七）。以後、頭役勤仕を諸郷に命じる竜朱印状は、基本的に昌房によって奉じられている。一方で同年十二月四日には、駿河富士郡・駿東郡における知行宛行を命じた竜朱印状の奉者を長坂光堅と連名でつとめている（市川家文書、判物証文写、桃源美術館所蔵文書・一六二四、二六、三七）。同二年五月十七日には、跡部勝資とともに藤巻郷（山・中央市）における知行改めを担当した（渡辺ひろ江家文書・一七一二、樋泉家文書・一七一三）。同年十一月二十三日（藁科家文書・一七四九）と、十二月二十一日に（同前・一七六三）、藁科安芸守に対する朱印状を奉じている。同人からの訴訟は昌房経由で行われているから（臨済寺文書・三九五七）、昌房が同人の奏者となったのであろう。同三年四月八日には、小井弓重綱に対し、諏訪上宮の一の御柱を引く人夫を以前同様の郷村につとめさせるよう命じた朱印状を奉じる（工藤家文書・一八二五）。同年四月十八日、駿河府中浅間社社家に対する普請役安堵や神職安堵を行う竜朱印状奉者をつとめた（浅間社旧庁守大夫文書ほか・一八二九～三六）。同社の担当奏者であったとみられる。翌十九日には、奉公の功により普請役を免除する朱印状を奉じた（判物証文写ほか・一八三七～三九）。同年五月七日には、富士大宮の参銭を同社春長坊に宛行った文書の奉者（宮崎家文書・一八六七）。同月十六日には、富士大宮の社領安堵・神職安堵を原昌胤とともに担当した（旧富士別当宝幢院文書ほか・一八八二～九三）。同年六月九日、諏訪上社神長官守矢信真に対する過所を奉じる（守矢家文書・一九〇七）。同月二十一日には、守矢信真より、神事料として要した用脚の目録を受け取った（諏訪頼宣氏所蔵文書・一九一五）。同年九月十八日、富士大宮城（静・富士宮市）に在城して働いたとして伊藤八左衛門尉に知行を宛行う竜朱印状を（伊藤家文書・一九五一）、翌十九日には、大宮在城料を土橋彦次郎らに宛行う竜朱印状を、原昌胤と連名で奉じている（山梨県誌本巨摩郡古文書ほか・一九五二、五三）。同月二十四日には、御料所を改めたうえで知行を宛行うことを約した朱印状を奉じる（内閣文庫所蔵古文書集・一九五五）。同三年十月信玄の「西上作戦」に従軍。同三年十月十四日には、白羽神社（静・御前崎市）の神主らの還住を許可する朱印状を奉じた（白羽神社文書・一九七四）。同月二十八日には、可睡斎（静・袋井市）に対する禁制を奉じる（可睡斎文書・一九七九）。天正元年七月五日、天野小四郎が在府奉公を申し出、駿河で知行を与えることになった際には、具体的な場所は跡部勝忠と昌房から伝える旨、勝頼が述べている（天野文書・二二三七）。勘定奉行としての職権を示すものであろう。同年九月二十四日には、酒井極之助に対して知行を宛行う朱印状を奉じる（内閣文庫所蔵古文書集・三八二）。昌房没後の同四年五月十二日、同人に奏者がいないことが問題となっているから（土佐国蠹簡集残編・二六五〇）、昌房の寄子に編制されていた可能性が高い。同年十月二十一日にも、今後軍役の奉公をつとめると申し出た今川氏旧臣に知行を宛行う竜朱印状を奉じる（甲斐史料集成稿ほか・二二九八、九九）。同年十月二十八日、昌房の甲斐における知行地である境・後屋敷両郷の百姓が田地役の普請と年貢米の甲府への運送を渋っている件について、きちんと役をつとめるよう申し付けるようにと言い渡された（反町英作氏所蔵文書・二二〇二）。同元年十二月十七日、富士大宮の社家に対し祭礼銭や社領を安堵した竜朱印状を原昌胤と連名で奉じる（文永寺所蔵文書ほか・二二三七～四二）。同月二十四日には、岡宮神領（静・沼津市）に関する相論を裁許した竜朱印状をやはり原昌胤と連名で奉じる（富士御室浅間神社文書・二二四八）。富士郡・駿東郡宛文書の奉者をつとめる事例は多く、あるいは両郡に対する郡担当の奉者を兼務していたか。同二年四月十日、伝馬役を勤仕してきた見返りに、八日市場の町人に諸役を免許した竜朱印状を長坂光堅・原昌胤と連名で奉じる（坂田家文書・二二八二）。同年五月一日、勝頼の代官として神前で百ヶ日の参詣を行うよう、諏訪上社五官祝に命じた朱印状の奉者をつとめた（矢島家文書・二二八五）。同年四月からの遠江出兵に従軍しており、七月十五日には吉永郷（静・焼津市）に対する禁制を奉じる（渡辺家文書・二三二四）。同年八月二十四日、駿河府中浅間社の神事再興を命じる竜朱印状の奉者をつとめた（浅間神社文書ほか・二三四〇～四九）。同年十一月晦日には、遠江における知行方の案内をつとめたとして、中村肥後守に知行を与える竜朱印状を原昌胤と奉じる（中村家文書・二三八九）。閏十一月十九日、守矢信真の人返しを許可する竜朱印状を奉じた（守矢家文書・二三九八）。十二月三日には、諏訪上社五官祝の座次相論を裁許する朱印状の奉者をつとめる（矢崎家文書・二四〇三）。十二月十八日、軍役奉公の見返りに駿河で知行を与える竜朱印状の奉者（杉山家文書ほか・二四一三～一四）。同三年四月一日、上原甚十郎に知行を宛行った竜朱印状奉者としてみえるのが終見（潮音堂書蹟典籍目録三号掲載文書・二四七六）。同年五月二十一日の長篠合戦で戦死した（寛永伝、成慶院甲州月牌帳二印・武田氏研究42五一頁）。法名義海全忠禅定門。同四年十月十八日に老母の手で、同五年八月二十三日に、駒井孫五郎室の手で高野山成慶院で供養が営まれている（過去帳・武田氏研究34九〇頁、甲州月牌帳二印・武田氏研究42五一頁）。弟内膳もともに討ち死にしたため（寛永伝、寛政譜）、駒井肥前守の子昌倚が跡を嗣いだ。昌房の妻子については、同五年頃に富士大宮（富士宮市）に神馬二疋を奉納している市川鍋と松が該当する可能性がある（永昌院所蔵兜巌史略・補遺一三）。また、上杉家臣に「市川宮内」という人物がおり、「元武田殿算用衆」と注記される（文禄三年定納員数目録・信16七一頁）。上杉氏に仕えた一門がいたものと推定される。

（丸島）

市川昌倚　いちかわまさより

生没年未詳。助一郎、宮内助。駒井肥前守の子。天正三年（一五七五）に市川家光の子昌房・内膳兄弟が長篠合戦で戦死した際、内膳の子息満友がまだ三歳と幼少であったため、市川家光（以清斎元松）の養子となった。実名は高野山成慶院の「檀那御寄進状并消息」に「市川助一郎昌家」とみえるため（戦国大名武田氏の権力と支配三七七頁）、「昌家」とされることが多いが、同じ成慶院の「甲州月牌帳二印」に「市川宮内助殿昌倚」とあり（武田氏研究42六七頁）、「寛政譜」のいう昌倚が正しい。同四年五月十九日、武田勝頼から乗馬（自身）・小幡一本・持鑓二本・鉄砲二挺・弓・張・長柄六本の軍役をつとめるよう、命じられている（反町英作氏所蔵文書・二六五四）。この時、助一郎。長篠合戦の戦後処理の一環であり、昌倚の家督相続承認を意味するものでもあった。同十年の武田氏滅亡後には徳川家康に仕え、同年十月八日に後屋敷郷（山・山梨市）三〇〇貫文・境郷一〇〇貫文などを安堵された（反町英作氏所蔵文書・山5上一〇一〇）。この時、宮内助。「天正壬午起請文」には信玄近習衆として「市川宮内介」の記載がある（山6下九九頁）。しかし翌十一年閏正月十四日に再安堵を受けた際には、助一郎に戻っており（反町英作氏所蔵文書・山5上一〇一一）、通称に混乱がみられる。文禄五年（一五九六）九月二十八日、高野山成慶院で実父駒井肥前守・養父市川家光・妻女（香庵理桂禅定尼、文禄二年八月二十八日没）の追善供養と、実母玉峯妙清禅定尼の逆修供養を行うとともに、自身の逆修供養もあわせて行い、法名を永厳宗寿禅定門と定めた（甲州月牌帳二印・武田氏研究42六七頁）。この時は宮内助昌倚を称し、江戸に居住。しかし養父家光（以清斎元松）が長命であり、義兄内膳の子息満友が天正十四年に一五歳で元服したため、家督を満友に譲り、自身は別家を立てたという（寛政譜）。（丸島）

市河五郎兵衛　いちかわごろうひょうえ

生没年未詳。甲斐国山梨郡下別田村（山・山梨市）在郷の番匠細工職人。天正四年（一五七六）十二月四日、武田家朱印状によって、毎年の細工奉公の代償として、本屋一間の棟別銭と郷次の普請役を免除されている（甲州古文書・二七四九）。（柴辻）

一樹存松　いちじゅそんしょう

生年未詳～天文二年（一五三三）。曹洞宗僧。甲斐・永昌院三世住職。甲斐国山梨郡の人で、本姓は春日氏（広厳大通禅師譜語集㈥）。永昌院（山・山梨市矢坪）の菊隠禅師の法嗣を受けつぎ住職となる。甲府・逍遙院の開山。（柴辻）

一条信竜　いちじょうのぶたつ

生年未詳～天正十年（一五八二）三月十日。武田信虎の七男。甲斐国・上野城主（山・市川三郷町）。右衛門太夫。武田家親族衆として一〇〇騎を所有する（軍鑑）。兄晴信の命により甲斐源氏一族の一条家の家督を相続したが、その時期は不明である（国志）。天文十四年（一五四五）八月、甲斐国八代郡境川村（山・笛吹市）の正八幡宮拝殿の再建に際して、晴信ほかの一門とともに一条の姓で奉加し、武運長久を祈念している（若宮八幡宮所蔵棟札写帳・一九二）。永禄十二年（一五六九）からの信玄の駿河侵攻後には、田中城代（静・藤枝市）・駿府城代（静・静岡市）なども兼務している（軍鑑）。元亀二年（一五七一）五月十二日、大和・多聞山城主（奈・奈良市）の松永久秀の家老である岡周防守宛の書状によれば、信玄の遠江・三河への出馬慰労の報を受けて、今後の入魂の依頼と足利義昭の威光によって上洛すると述べ、無二の申し合わせをしたいと申し送っている（武州文書・一七〇九）。天正四年四月、野呂瀬六郎左衛門尉・井上右近助らの領内地侍に対して、市川（市川三郷町）の草間・起間の新開地で一三貫文の地を与え、水害などの場合には検使を派遣して所務を定めると通達している（諸州古文書・二六三五）。同八年九月には、嫡男信就宛の武田家朱印状がみられるので、これ以前に家督は信就に譲っている（甲斐国古文書・三四二四）。同十年三月、穴山信君が徳川家康を先導して甲斐へ進攻し、三月十日には市川へ着陣しており（家忠日記）、一条氏の上野城は降伏開城し、信就とともに処断された。（柴辻）

一条信就　いちじょうのぶなり

生年未詳～天正十年（一五八二）三月十日。一条信竜の嫡男。甲斐国・上野城主（山・市川三郷町）。上野介。武田家親族衆。父信竜の隠居後に駿府城代（静・静岡市）を兼務する（軍鑑）。天正八年九月十九日、武田家朱印状により、領内の青柳郷（山・増穂町）で新宿を取り立てたことに対して、棟別・普請役を除いた諸役を三ヶ年間免除されている（甲斐国古文書・三四二四）。次いで信就は同年十二月二十七日、新開の青柳新宿での六斎市の開設を通告し、市場定書を与えている（甲斐国古文書・三四七四）。同十年三月三日、新府城（山・韮崎市）を自焼した武田勝頼は、逃亡の途中に甲府城下の一条氏館で休息している（甲乱記）。三月十日、居城の上野城は徳川家康によって開城降伏し、信就らは処断された。親族衆としての一条氏家臣の多くは、新たに国主となった家康に起請文を提出して臣従している（天正壬午起請文）。（柴辻）

市介 いちすけ

生没年未詳。信濃国安曇郡草深（長・安曇野市）の土豪。名字、諱などは不明。仁科氏の被官とみられる。天正九年（一五八一）の「伊勢内宮道者御祓くばり帳」において、「にしなの分」の人物として記載され、茶三袋を配られたと記されているのが唯一の所見（堀内健吉氏所蔵・三六四四）。（平山）

市助 いちすけ

生没年未詳。信濃国筑摩郡井堀・高（長・麻績村）の土豪。名字、諱は不明。麻績氏の被官とみられる。天正九年（一五八一）の「伊勢内宮道者御祓くばり帳」において、「いほり・たかの分」の人物として記載され、茶三袋を配られたと記されているのが唯一の所見（堀内健吉氏所蔵・三六四四）。（平山）

市之助 いちのすけ

生没年未詳。信濃国筑摩郡生野（長・安曇野市）の土豪。塔原海野氏の被官とみられる。天正九年（一五八一）の「伊勢内宮道者御祓くばり帳」において、「いくの、分」の人物として記載され、茶二袋を配られたと記されているのが唯一の所見（堀内健吉氏所蔵・三六四四）。（平山）

市野秀忠 いちのひでただ

生没年未詳。理右衛門尉・利左衛門尉。駿府（静・静岡市）の商人。天正三年（一五七五）十月一日の武田家朱印状（奉者は跡部九郎右衛門尉昌忠。友野家文書・二五三三）で、駿府の商人衆が駿河国に帰参した際に諸役を免許する旨を伝えられ、同月十一日の松木宗清等連署起請文写（同前・二五三七）で、駿府での商売に関する起請文を武田氏へ提出した一二名のなかに名がみえる。年未詳九月晦日の穴山信君条書写（判物証文写・三九一七）で、大井川河畔の水川郷（静・川根本町）で商売を行うこと、敵方（徳川方）から鉄炮・鉄を仕入れた際には夫馬を与えること、条書を与えられた一〇名以外の商人が商売を行うことを禁止し、違反した場合は見つけ次第荷物を奪い取ることなどを、松木宗清ら九名とともに命じられた。（鈴木）

一宮有氏 いちのみやありうじ

生没年未詳。源左衛門尉、丹波守。都留郡西原（さいばら、山・上野原市）の国衆一宮武田氏の当主。一宮氏は小山田氏から自立した国衆とされるが、「有」字は小山田信有の偏諱の可能性がある。永禄元年（一五五八）九月中旬、一宮神社（上野原市）鳥居造立の棟札を奉納した（森嶋本甲斐国志草稿・六〇八）。この時、源左衛門尉。天正二年（一五七四）十二月十三日、一宮神社本殿の上葺きを行い、棟札を奉納した（同前・二四〇七）。この時は丹波守でみえる。（丸島）

一宮氏忠 いちのみやうじただ

生没年未詳。上野国衆で、甘楽郡一宮郷の一宮社（貫前神社、群・富岡市）神主で、国峰小幡氏の同心。永禄四年（一五六一）に武田氏に従属する。通称は初め仮名神太郎、のちに官途名兵部助を称する。のちに左衛門尉を称したか。山内上杉憲政の家臣であった一宮左衛門大夫の子か。一宮氏は、天文二十一年（一五五二）の山内上杉氏の没落後は北条氏に属したが、永禄三年の上杉謙信の関東侵攻により、謙信に属した。氏忠については同四年と推定される十一月十六日付の上杉政虎（謙信）書状が初見で、仮名神太郎でみえる（小幡文書・群二三三六）。同年十一月二十五日付で一宮宛の武田氏禁制を獲得しているから（大坪文書・七六三）、武田氏の上野侵攻にともない、武田氏に従属している。同六年九月二十八日付で武田信玄から書状を送られ（小幡文書・八三七）、取次を原昌胤がつとめている。同九年二月、武田氏から聖に多胡郡長根（群・高崎市）までの伝馬を提供するよう命じられているから、一宮郷は宿として機能していたことが窺われる（貫前神社文書・九七五）。同十年八月七日付の「下之郷起請文」（生島足島神社文書・一二六六）では、官途名兵部助でみえ、取次の原昌胤宛で出している。同年十月には武田氏から一宮神主宛で、一宮社造替のため信濃四郡への勧進を認められているが（貫前神社文書・一二九七）、同神主は氏忠にあたると推定される。天正二年（一五七四）八月から左衛門尉が所見され、氏忠の後身と推定される。八月十四日付で一宮社造替のため吾妻谷を除く上野一円での勧進を認められ（大坪文書・二三三二）、十八日付で武田勝頼から勧進として太刀などを贈られ、取次の原昌胤からその目録が送られている（小幡文書・二三三四、三三五）。そのほか、四月十日付で勝頼から書状を送られ、神殿震動の連絡を賞されている（同前・三七〇二）。嫡子とみられる豊氏が同七年から所見されるので、その間に死去したと推測される。（黒田）

一宮氏義 いちのみやうじよし

生没年未詳。兵部左衛門尉。一宮道永の子。永正五年（一五〇八）十二月七日、一宮神社（山・上野原市）宝殿遷宮棟札にその名がみえる（森嶋本甲斐国志草稿・三三）。同棟札に記された犬坊丸・勝丸・善昌は氏義の子息か。であるとすると、天文九年（一五四〇）に一宮宝殿遷宮棟札に名が記されている四郎太郎が該当し、同時に記された宗鑑・弥三・善昌は、三男「善昌」が共通することからそれぞれ同一人物ということになる（同前・九三）。ただし兵部左衛門尉から四郎太郎という通称の変遷には疑問が残る。（丸島）

一宮道永 いちのみやどうえい

生没年未詳。中務大夫。都留郡西原（さいばら、山・上野原市）の国衆一宮武田氏の当主。永正五年（一五〇八）十二月七日、一宮神社（上野原市）宝殿遷宮の棟札を奉納した（森嶋本甲斐国志草稿・三三）。（丸島）

一宮豊氏 いちのみやとようじ

生没年未詳。上野国衆で、甘楽郡一宮郷の一宮社（貫前神社、群・富岡市）神主で、国峰小幡氏の同心。一宮氏忠の嫡子と推定される。仮名新太郎を称する。実名のうち「豊」字は、武田信豊からの偏諱と推測される。天正七年（一五七九）二月八日付で武田氏奉行衆に対し、一宮社の社領などの指出を提出しているのが初見（小幡文書・三〇八三）。神事役四一貫文余・社領三二九貫文・夫免五〇貫文から構成され、社領は尾崎郷（富岡市西部）・同内丹生森・ひへ田・南平、高瀬郷（富岡市）、碓氷郡後閑郷（群・安中市）に所在したことが知られる。そのほか、一月十七日付で勝頼から巻数の返礼を送られ（尾崎文書・三六八二）、翌日付で信豊からその副状が送られているから（小幡文書・三七八三）、信豊の取次を受けていたことが知られる。武田氏滅亡後は北条氏に従属し、同十一年三月に北条氏から着到帳を出され、二一人の軍役人数負担と、国峰小幡氏の同心であったことが確認される（堤芳正氏所蔵文書・戦北三五〇九）。同年が終見で、その後の具体的な動向は不明。（黒田）

一華文英 いっかぶんえい

生年未詳～永正六年（一五〇九）。曹洞宗の中山（山・笛吹市一宮町）の広厳院の二世。神嶽通竜禅師と号す。落合（山・山梨市矢坪）の永昌院の開山で、菊隠瑞潭を次席とする。甲斐国竹森郷（山梨市）の生まれで武田氏族。恵光寺周快の次男。塩山の俊翁禅師のもとで出家し、広厳院の雲岫禅師に師事する（広厳大通禅師譫語集四）。永正十一年冬に作製された一華頂相に、弟子の永昌院菊隠瑞潭が賛を加えたものがある（一華文英頂相賛・四三二）。「菊隠録」（山6三上三〇頁）。（柴辻）

壱叶 いっかん

生年未詳～慶長六年（一六〇一）年十二月五日か。池田長門守の娘とされ、室賀信俊に嫁いだ（室賀家所蔵系図・上田小県誌一巻六三七頁）。天正元年（一五七三）八月十七日、長篠（愛・新城市）出陣中の夫の無事を案じて、義妹みかわとともに生島足島神社（長・上田市）に願文を納めている（生島足島神社文書・三五二）。なお、明治四年（一八七一）の蓮華定院「信州小県郡仮霊簿」は池田長門守娘と壱叶を別人としており、壱叶は慶長八年（一六〇三）十二月五日没、法名籬算宗帝であったとする。より成立の早い蓮華定院「過去帳月坏信州佐久分第一」では慶長六年の同日没としており、混乱があることは間違いない。池田長門守と室賀信俊の世代を考えると、世代は信俊のほうが上とおもわれる。したがって、「池田長門守娘」という話は、後代になって混同したものではないか。さしあたり、成立の早い供養帳に従って、慶長六年十二月五日没と考えておきたい。（丸島）

井出伝右衛門尉 いででんえもんのじょう

生没年未詳。駿河国富士郡狩宿（静・富士宮市）の土豪。幼名は駒若。戦国時代は今川氏へ仕え、相模北条氏との河東一乱時に富士郡内の給人が北条氏へ属すなか、今川方として忠節を尽くす。これを受け、天文八年（一五三九）正月十八日に、今川義元より父かと推察される新三の時と同様に、富士上野（富士宮市）の関銭徴収と山田次郎兵衛に恩給として与えられていた名職の所有を認められる（井出家文書・戦今六三二）。その後、官途名伝右衛門尉を称し、永禄四年（一五六一）九月二十六日には、一族の右京亮が天文十二年九月六日に今川義元朱印状（同前・戦今七三二）により認められていた富士北山内の名職を、今川氏真より朱印状で安堵される（同前・戦今一七五二）。同五年二月二十四日には、氏真より改めて富士上野（富士宮市）の関銭徴収と山田次郎兵衛恩給の名職の所有を認められ、また増分に関しても同四年分より新給恩として与えられている（同前・戦今一七九五）。今川氏滅亡後は、朝比奈信置へ仕え、天正四年（一五七六）八月五日に、信置より駿河国賀島（静・富士市）・方上（静・焼津市）の内で計五〇貫文の知行地を宛行われ、相当の軍役をつとめるよう命じられている（井出家文書・二七〇〇）。武田氏滅亡後、後裔は狩宿に在住し続けた（駿河志料）。（柴）

出浦対馬守 いでうらつしまのかみ

生没年未詳。佐久郡出浦荘（未詳）の出身。村上氏の旧臣という（本藩名士小伝、御家中系図）。真田氏の重臣として活躍した昌相の父。天正八年（一五八〇）八月二十五日に、妻室と思われる女性の供養を高野山蓮華定院で営んでいる（過去帳日坏信州小県分第一）。法名は、花叟妙蓮大禅定尼。武田氏滅亡後の同十年六月十九日、北条氏直から同心するよう書状を送られており（村上家伝・戦北三三五〇）、この時点では独立した国衆とみられていた。真田氏には同十一年に従属したようである（出浦家文書・信16九六頁）。ただし、同十年正月に真田昌幸が新府城（山・韮崎市）築城普請を指示した文書は、近世段階では出浦家に伝わっているほか（君山合偏・三四八五）、「加沢記」が同八年のものと記す真田昌幸の陣立書に、武者奉行として子息出浦上総介（昌相）の名がある。武田氏時代に真田昌幸の与力となっていた可能性があるだろう。子息の昌相は、慶長七年（一六〇二）から対馬守を称している。したがってその父である対馬守の死去はこれ以前であろう。昌相の年齢からみて、かなりの高齢と推測される。なお、上杉家の「文禄三年定納員数目録」にも山浦国清同心として「出浦対馬」が存在する（信18七六頁）。庶流であろうか。（丸島）

出浦昌相 いでうらまさすけ

天文十五年（一五四六）～元和九年（一六二三）八月十八日、七八歳（県立長野図書館所蔵本藩名士小伝、真田氏所蔵御家中系図）。対馬守の子。実名は盛清と伝わるが、一次史料上確認できるのは昌相である。主水佐、上総守（介）、対馬守。天正二年（一五七四）閏十一月三日、被官衆が欠落して他所を徘徊しているとして、人返しを命じられている（君山合偏・三九三）。この時、主水佐。同八年のものとされる真田昌幸の陣立書に、武者奉行として出浦上総介の名があり（加沢記）、早くから真田氏の与力となっていた可能性がある。武田氏滅亡後の同十一年より真田氏に仕えた（出浦家文書・信16九六頁）。昌幸・信之のもとで上野支配に携わり、吾妻郡職方となったほか（同前・信21三〇五頁）、信之発給文書に「手判」とよばれる黒印状を付してその効力を補完した。元和九年八月十八日に、七八歳で没した。法名は、円光院正辺信西（県立長野図書館所蔵本藩名士小伝、真田氏所蔵御家中系図）。（丸島）

伊藤右京亮 いとううきょうのすけ

生没年未詳。信濃国高井郡坂田郷（長・須坂市）の国衆。弘治三年（一五五七）三月二十六日の武田晴信判物写（諸家古案集・五三二）で、高梨間山郷（長・中野市）で三〇〇貫文を宛行われたが、本文書は検討の余地ありとされる。永禄六年（一五六三）十一月三日の武田家朱印状写（同前・八四二）では、被官・地下人などを集めて領内の耕作をさせるよう命じられた。同七年十二月十九日の武田家朱印状写（同前・九一三）で、本領の替地として片塩で三〇〇貫文を宛行われたが、本文書は要検討とされている。同十年九月二日の武田家朱印状写（同前・一二〇八）で、旧領と会津讃岐守分・山降分として、坂田郷で三〇〇貫文を宛行われた。奉者は春日弾正忠虎綱。天正六年（一五七八）八月二十三日の武田家奉行人連署証文写（同前・三〇一九）では、今井新左衛門尉信衡・武藤三河守から軍装について指示されているが、本文書は検討の余地ありとされる。武田氏滅亡後は上杉景勝に従う。同十二年九月十三日、上杉景勝の佐久郡平尾（長・佐久市）出陣を受け、須田満親から嫡男満頼に従って出陣するよう指示を受けている（覚上公御代御書集・信補遺上六四二頁）。（鈴木・丸島）

伊藤勘丞 いとうかんのじょう

天文十二年（一五四三）～天正三年（一五七五）五月二十一日、三三歳。実名は重久と伝わる（以下、寛永伝、寛政譜）。祖父は近江浅井氏に仕え、信虎に召し抱えられたという。天正三年の長篠合戦で討ち死にした。法名は宗英。弟三右衛門尉（重次）が跡を嗣ぎ、武田氏滅亡後は家康に仕えた。なお、「寛政譜」は三右衛門尉の母について、板垣信方の娘とするが、検討の余地が大きい。三右衛門尉の妻は、折井市左衛門（次昌）の娘とい

う。（丸島）

伊藤忠右衛門尉 いとうちゅうえもんのじょう

生没年未詳。遠江・三河両国で活動する武田家臣。出身地および系譜は不明。天正元年（一五七三）五月に遠江国井伊谷（静・浜松市北区）において忠信を果たし、その後三河長篠城（愛・新城市）に籠城して首一つを討ち取る戦功をあげる。これらの戦功を受け、十一月二十三日には武田家朱印状（奉者は山県昌景）により、三河平定後、西三河において一所を宛行うことを約束された（山梨県誌本機山公展出陳古文書写・三三〇）。（柴）

伊那宗富 いなそうふ

→水上宗富 みずかみそうふ

稲河大夫 いながわだゆう

生没年未詳。駿河府中浅間社（現静岡浅間神社、静・静岡市）の社人。稲川村（静・藤枝市）に居住して長池氏を称す（駿河記）。稲河（稲川）大夫を世襲し、同社の奉幣使をつとめた。元亀三年（一五七二）三月二十五日の武田家朱印状（旧稲川大夫文書・一八二九）で稲河大夫職を相続。天正二年（一五七四）八月十四日の武田家朱印状（同前・二三三九）では、配下の社人五名が神役を怠りなくつとめたことを賞され、普請役を免許された。奉者はいずれも跡部大炊助勝資。同七年十月の武田家朱印状（浅間神社文書・三一八五）では、同年分の年貢として下方枡で三四八俵余を受け取っている。同八年に比測される十一月十八日の武田家朱印状（同前・二四八）では、浅間社の祭礼で稲河大夫が使用する道具と、その費用が書き上げられている。（鈴木）

井上左衛門尉 いのうえさえもんのじょう

生没年未詳。信濃国高井郡井上庄（長・須坂市）の国衆井上氏の一族で、綿内（長・長野市）を本拠とした。井上氏は源頼信の三男頼季を祖とする信濃源氏で、一族に高梨氏・須田氏などがいる。戦国期には高梨氏の傘下に属した。武田氏の北信濃侵攻に際して、井上氏の惣領家が越後の長尾景虎（上杉謙信）を頼って在所を退去したのに対し、左衛門尉は武田氏に従属し、弘治二年（一五五六）六月二日の武田晴信判物写（綿内家文書・五〇二）で、綿内領内で隠居免として三五〇貫文を宛行われた。なお、高梨政頼の妹お北が真田信綱に嫁いだ際に、左衛門尉の養女という扱いをとったとも伝わる（信綱寺殿御事蹟稿・信叢15一〇九頁）。（鈴木・丸島）

井上新左衛門尉 いのうえしんざえもんのじょう

生没年未詳。北信濃の国衆。井上左衛門尉の子。永禄六年（一五六三）六月十二日の武田信玄判物写（丸山史料・八二三五）で、寺内采女・同玄蕃の旧領一〇〇貫文と小柳（長・長野市）の一五〇貫文を新恩として宛行われた。ただし小柳は所務不足のため、充当分として温湯（長・山ノ内町）で三五貫文を与えられている。その後の動向は不明だが、天正十年（一五八二）三月に武田氏が滅亡した後、井上達満（源六郎・左衛門太夫）が上杉氏に仕えて本領の井上（長・須坂市）に復帰し小口山（須坂市）城主になった。文禄三年（一五九四）には須田相模守満親の下で海津（長野市）に在城している（文禄三年定納員数目録・上杉氏分限帳三〇頁）。（鈴木）

井上満直 いのうえみつなお

生没年未詳。出羽守。信濃高井郡の国衆とみられる。小柳郷（長・長野市）の地頭。某年六月、諏訪大社の頭役が回ってきたが、地下人が今年ではないと言い立てたため、守矢氏に交渉を行っている（守矢家文書・三八六八）。さらに本来は五貫六〇〇文であったのを交渉して五貫文にし、結局四貫五〇〇文でつとめていた。そのうえ、頭役には一年早いとして、四貫文ではどうかと談判したが、うまくいかなかった。いずれにせよ、地頭・百姓の習わしであるので、四貫文にしてほしいと重ねて要求をしている。（丸島）

飯尾弥四右衛門尉 いのおやしえもんのじょう

生年不詳～天正三年（一五七五）五月二十日。遠江衆。実名は「助友」とも伝わるが、確認できない。今川領国下において遠江引間城主（静・浜松市）であった飯尾氏の一族と推察されるが、系譜関係は不明。元亀三年（一五七二）十月に始まる武田信玄の遠江侵攻時に武田氏へ従属し、その際の所望に応じて、武田勝頼より天正二年十二月十八日に、遠江国宇布見・大窪郷（浜松市）ほか五八〇貫文を宛行われた（徳川黎明会所蔵文書・二四一二）。翌三年五月、武田氏の三河長篠城（愛・新城市）攻撃に従軍し、鳶ヶ巣山砦（新城市）に配置されるが、二十日に徳川重臣の酒井忠次が率いる軍勢の攻撃を受け戦死した（乾徳山恵林寺雑本・愛11一五四）。（柴）

井口織部 いのくちおりべ

生没年未詳。甲斐国巨摩郡井口郷（山・中央市）の土豪。油川氏の分流と伝えられ、家譜によると実名は昌範とされる（国志4三三頁）。天正八年（一五八〇）十一月二十八日の武田家朱印状写（国志・三四五二）で、今福和泉守昌常の同心として一間分の棟別役を免許されている。武田氏滅亡後は徳川氏に仕え、同十年八月二十一日に武田氏の旧臣が徳川氏へ提出した起請文（天正壬午起請文・山6下九六頁）では「今福新右衛門同心衆」として名がみえる。子孫は会津藩松平氏に仕えた家と、在所に残留した家に分かれた（国志4三三頁）。（鈴木）

猪瀬与左衛門 いのせよざえもん

生没年未詳。永禄十年（一五六七）八月、武田家臣が信玄への忠節を誓った「下之郷起請文」を、吉田信生・浅利信種に宛てて提出している（宮入八樹氏所蔵御願書并誓詞写・四三〇）。そのほかの事蹟は未詳。（丸島）

庵原源一良 いはらげんいちろう

生没年未詳。駿河衆。今川氏の譜代家臣庵原氏との系譜関係は不明。天正二年（一五七四）十二月十四日に武田家朱印状（奉者は跡部勝資）により、駿河国国（久弐）郷（静・富士市）ほか三三四俵二斗二升六合を「先御判形」に基づき宛行われた（判物証文写・二四〇八）。「先御判形」は、武田信玄による知行宛行状と考えられ、駿河平定に際し仕えたことが推察される。（柴）

今井伊勢守 いまいいせのかみ

生没年未詳。晴信初期の重臣。天文十二年（一五四三）四月六日、甘利虎泰・駒井高白斎とともに、板垣信方のもとに派遣され、諏訪郡在城を伝達した（甲陽日記）。同十六年十二月十九日には、呂泉という人物と年貢の取り分をめぐって相論を起こし、来年より年貢七〇〇文を地頭に納めるようにという下知を得ている（甲陽日記）。おそらく、今井伊勢守が地頭であったのであろう。同十八年五月七日、徳役始めの談合を落着させ、今井信甫・下曾禰出羽守と三人で連判を据えた（同前）のが終見である。「軍鑑」には一手を率いる部将としてみえるとともに、公事奉行の一員とおぼしき記述もみられ、ことごとく理非を分けた裁きを行う傾向があったという（大成上四六四頁）。

（丸島）

今井尾張守 いまいおわりのかみ

生年未詳～享禄四年（一五三一）二月二日。武田庶流家今井氏の人物だが、系譜関係は不明である。享禄四年の栗原・飯富・今井氏の謀叛に際し、信虎と戦って敗死した。法名は、臨阿弥陀仏（一蓮寺過去帳・山6上四六頁）。（丸島）

今井貞恵 いまいさだよし

生没年未詳。越前守。天文後半頃の十一月十三日、松島備後守に対して一月に馬三疋分の諸役免許状を取り次いだのが初見（諸州古文書・六三五）。次いで弘治年間（一五五五～五八）頃の六月二十五日、仁科民部入道に対して越後との往還時における諸役免許を取り次いだ（同前）。永禄元年（一五五八）閏六月二十三日、亡父（鷹林春公禅門）の供養を高野山成慶院で執り行った（過去帳・武田氏研究34七五頁）。同七年三月二十一日、高野山成慶院で自身の逆修供養を執り行い、法名を空玄禅定門と付した。この時、「甲州府中今井越前守貞恵」とあり、実名が判明する（武田御日坏帳二番・山6下九〇三頁）。「円光院武田系図」が今井信是の子として載せる、武田越前守（山6上五一九頁）が該当するものと思われる。なお、高野山成慶院の重書目録には「今井越前守信遠」とある。（檀那御寄進状幷消息・戦国大名武田氏の権力と支配三七八頁）。武田氏から偏諱を受けたのかもしれない。（丸島）

今井次郎左衛門尉 いまいじろうざえもんのじょう

生没年未詳。天文二十二年（一五五三）十月二十七日、他国へ出奔した（甲陽日記）。その後、帰参したようだが、信玄からは警戒されていたらしい。永禄九年（一五六六）八月二十三日、武藤常昭は信玄に対し、今後今井次郎左衛門尉と入魂にせず、陣屋や宿所にも出入りしないことを誓約している（生島足島神社文書・一〇〇二）。（丸島）

今井虎甫 いまいとらすけ

生年未詳～享禄四年（一五三一）二月二日。中務太輔。今井信乂の子で、信房・信甫の弟。享禄四年の栗原・飯富・今井氏の謀叛に際し、信虎と戦って敗死した（系図纂要）。「円光院武田系図」にも今井信慶と並んで、左馬助信甫、左馬助虎甫の記載がある（山6上五一八頁）。少なくとも、信甫の弟という所伝は信じて良いだろう。「一蓮寺過去帳」は、今井尾州に続けて宣阿弥陀仏、底阿弥陀仏という戒名を、今井氏のものとして記している（山6上四六頁）。このどちらかが虎甫の戒名であった可能性が高い。しかし天文十年（一五四一）十二月二十三日の武田八幡宮本殿造営棟札写（若尾資料甲斐国志資料・四一三七）に「今井中務太輔虎甫」の名がみえる。この棟札はまだ左京大夫任官中の武田晴信の官途を、大膳大夫と遡及して記すなど問題があり、少なくとも当時のものではない。しかしながら、今井氏に虎甫という人物が存在したという認識を示すものと扱うことはできるだろう。（丸島）

今井能登守 いまいのとのかみ

生没年未詳。天正九年（一五八一）十月十九日、信濃国衆夜交左近丞に、知行地の増分を野呂猪介と連名で預けおいている（世間瀬家文書・三六一五）。なお、その際には方形の黒印を用いている。（丸島）

今井信意 いまいのぶおき

生没年未詳。今井信慶の子、信是の弟（円光院武田系図・山6上五一九頁）。四郎、播磨守。永正十年（一五一三）から翌年にかけて新造された江草郷（山・北杜市）の十五所大明神の棟札に「大檀那武田彦六信意」とみえる（十五所神社所蔵・四三〇）。江草郷は浦今井氏の本拠である。なお、今井信元と同一人物とする見解があるが、信意を「のぶもと」と読むのは無理があり、疑問である。現存はしていないが、高野山成慶院に書状を送っている（檀那御寄進状幷消息・戦国大名武田氏の権力と支配三七六頁）。 （丸島）

今井信乂 いまいのぶかた

生年未詳〜明応三年（一四九四）三月二十六日。大蔵大輔。信経の子で、府中今井氏の初代当主。実名は「国志」および「円光院武田系図」（山6上五一八頁）・「平塩寺過去帳」（同前五〇五頁）による。「円光院武田系図」は実名の読みも記す。「国志」は信慶の兄とするが、諸系図にあまり記載がみられないこと、本領を信慶が継承し、信乂は甲府に出仕していることから（庶流が出仕したと考えるほうが理解しやすい）、弟と捉えるのが自然である。武田信縄と油川信恵の対立において、信恵に荷担し、敗死した（勝山）。法名眼阿弥陀仏（一蓮寺過去帳・山6上四一八頁）。子の信房が跡を継いだ。 （丸島）

今井信是 いまいのぶこれ

生年未詳〜某年某月二十四日。信慶の子。兵庫助。浦今井氏の当主で、浦氏とも称した。浦氏の由来は、府中今井氏を表（嫡流）とし、その裏（傍流）とする説があるが疑問。系譜的には、こちらが嫡流であろう。拠点とした小倉城が別名「こゝゐ浦」といったというから、これから取った在名とみられる。また逸見氏とも称されているが、これも同様に、逸見氏の旧領を伝領した結果であろう。永正十六年（一五一九）、「ウラノ兵庫」が武田信虎と衝突した。これが信是を指すとされる（勝山）。翌十七年五月にも、栗原氏を中心とする大規模な国衆の反乱が起こり（同前）、今井信是もこれに同心した。六月十日の今諏訪合戦で決着がつき（甲陽日記、王代記、向嶽）、信是も降伏した（勝山）。ただしこれらの事蹟は、子息信元のものである可能性が指摘されている。子息は信元のほか、信隣（武田源氏一統系図・山6下七一九頁）、貞恵（円光院武田系図・山6上五一九頁）がいたという。今井貞恵は、永禄元年（一五五八）閏六月二十三日、亡父の供養を高野山成慶院で執り行った。忌日は某月二十四日であったといい、法名は鷹林春公禅門と付された（過去帳・武田氏研究34一七五頁）。これが信是にあたる可能性が高い。 （丸島）

今井信甫 いまいのぶすけ

生没年未詳。今井信乂の子。信房の弟で、府中今井氏の当主。左馬助、相模守、入道道秀。武田信虎がまだ信直と称していた永正十八年（一五二一）以前の十一月十三日、今井信房の供養のため、慈照寺（山・甲斐市）に上曾禰郷（山・甲府市）内今井分を寄進したのが初見（慈照寺文書・四〇）。この時、左馬助。なおこの寄進は武田信虎によって保証されている（同前・三九）。同十七年五月十七日、高野山引導院で自身の逆修供養を行っており、法名を道紹と付している（引導院日坏帳・山6下九一七頁）。その際には、「武田今井左馬佐」と称しており、武田一門という認識が窺える。同年、逸見・大井・栗原氏が信虎（信直）に謀叛を起こした際、九月二十三日に向嶽寺境内に信虎勢の足軽が乱入するという事件が起こった。この事態に対し、向嶽寺は今井信甫に仲介を依頼して、解決に成功している（向嶽）。この頃には、信虎の信頼厚い重臣となっていたものと思われる。天文四年（一五三五）の勝沼信友（武田信虎実弟）

戦死後、東郡勝沼（山・甲州市）に入部し、勝沼氏の地位を継承した。同八年六月一日には、「甲州東郡勝沼郷之内」の今井信房後室が、栗原信遠老母（理秀禅定尼）の逆修供養を引導院で行っており（引導院日坏帳・山6下九三〇頁）、この時には勝沼入部が確認できる。次いで同九年七月七日には、「甲州東郡勝沼今井相州」室が自身の逆修供養を引導院で行っている（同前）。法名理勝禅定尼。同時に、この頃には信甫が相模守になっていたことがわかるが、これは勝沼信友の受領名と同一であり、勝沼入部が相模守使用の契機となったものと思われる。翌十年二月一日にも、妻室（秀慶禅定尼）が引導院で逆修供養を営んでいる（同前山6下九三一頁）。同十四年三月二十一日には、信甫室の母（理慶禅定尼）のために、引導院で逆修供養が営まれている（同前）。さかのぼって同九年八月十一日、一昼夜の大風により勝沼大善寺（甲州市）の本堂の葺板が破損した際、その修復を「当寺檀那今井相模守信甫・嫡子惣領安芸守信良」が行っている（大善寺文書・山4六二八）。勝沼の古刹である大善寺の檀那をつとめていることは、勝沼氏の立場継承を端的に示す。同十二年十二月、河原石（山・韮崎市）の井上源右衛門尉が長安寺（韮崎市、慈照寺の末寺）に寄進した田地を当地の地頭として安堵した旨、武田晴信によって承認を受けている（慈照寺文書・一七四）。同十四年五月、武田晴信の信濃箕輪城（長・箕輪町）攻略に従軍。五月二十一日、箕輪城を支援する小笠原長時方の竜ヶ崎城（長・辰野町）を小山田信有とともに攻撃した（甲陽日記）。しかし箕輪城自体は、六月になっても陥落せず、信甫（勝ツ沼ノ相州）・小山田信有・穴山信友が三人で和睦を仲介し、同月十一日に成立させた（勝山、甲陽日記）。同十七年二月十九日、上田原の敗戦に関わって帰国しようとしない晴信を諌めるため、駒井高白斎とともに晴信実母の大井夫人に嘆願し、帰陣を実現させた（甲陽日記）。同十八年五月七日には、徳役始めの談合を落着させ、下曾禰出羽守・今井伊勢守と三人で連判を据えている（同前）。同年六月二十九日、横井村熊野神社本殿の棟札に、代官三枝甫直とともに「地頭今井相模守入道道秀」とみえ、山梨郡御座郷（甲州市）の地頭であったことがわかる（塩山市熊野神社所蔵熊野神社由緒書上・二九二）。三枝甫直の「甫」は今井信甫からの拝領とみられ、勝沼を拠点とする三枝氏を被官化している事実も、今井信甫の勝沼入部を示す事象といえよう。その後北信濃経略に従軍。同十九年二月二十二日からの寺尾城（長・長野市）攻撃においては「勝沼衆」が参加している。文芸面では、某年六月二十日に冷泉為和の歌道の弟子となることを誓約した（冷泉家文書・補遺六七）。なお、この文書の花押は信甫の初見文書と異なり、子息信良のものに近い。また「前相模守信甫」と署判しており、隠居後のものであろう。

（丸島）

今井信近 いまいのぶちか

生没年未詳。摂津守。天文十六年（一五四七）八月二十一日、帰京する三条西実枝に和歌を送っている（甲信紀行の歌・山6下八八〇頁）。音通から、今井信是の子で、信元の弟である信隣と同一人物の可能性がある（武田源氏一統系図・山6下七一九頁）。ただし、「武田系図」（群書系図部集3一四、三九、五三頁）は一致して受領名山城守としており、検討の余地を残す。

（丸島）

今井信経 いまいのぶつね

生年未詳～延徳二年（一四九〇）九月十七日。兵庫助。今井氏の当主。信景の子で、武田信満の孫。信慶・信父の父。実名・官途は諸系図一致している。信経（または父信景）が叔父江草信泰の本領江草郷（山・北杜市）を伝領したという（今井かほる家所蔵今井家系図・武田氏家臣団の系譜三六頁）。延徳二年九月十七日に死去した（一蓮寺過去帳・山6上四二四頁）。法名経阿弥陀仏。死因は不明だが、武田信縄・油川信恵兄弟の争いに巻き込まれた可能性がある。「平塩寺過去帳」にも「兵庫助信経」と記載がある（山6上五〇五頁）。（丸島）

今井信仲 いまいのぶなか

生年未詳～天正十年（一五八二）三月。左近大夫。天正二年六月二十四日、遠江高天神城（静・掛川市）の落城を喜ぶとともに、祈禱のおかげであるという書状を某寺（諏訪上社権祝矢崎氏か）に送ったのが初見（矢崎家文書・二三〇〇）。この時、左近大夫。上伊那郡司に任ぜられており、同三年十一月の諏訪神社棟札に「于時郡司今井左近大夫」と記されている（辰野町諏訪神社所蔵・二五三二）。某年六月二十日、やはり某寺（古川寺か）に対し祈禱の礼状を送っている（古川寺文書・三八六三）。天正十年三月、郡内で織田氏によって殺害された（甲乱記）。（丸島）

今井信尚 いまいのぶひさ

生没年未詳。彦十郎。天正五（一五七七）～六年頃、駿河富士大宮に神馬一疋を奉納した（賜蘆文庫文書・三九〇三）。永昌院所蔵「兜巌史略」は実名を信忠とするが、誤写であろう（補遺二二）。「武田源氏一統系図」（山6下七九頁）および「古浅羽本武田系図」（群書系図部集3三九頁）は今井信元の弟信隣の子として彦十郎を記すが、世代が合わない。あるいはその子息であろうか。（丸島）

今井信衡 いまいのぶひら

生年未詳～天正十年（一五八二）三月十一日か。新左衛門尉。御旗奉行をつとめた刑部左衛門尉の子という（軍鑑末書・大成下四三六頁）。元亀元年（一五七〇）七月二十五日、諏訪上社御射山祭の頭役勤仕に際し、甲斐から代官として派遣されたのが初見（土橋満麿氏所蔵御頭役請取帳・信13三七八頁）。この時、新左衛門尉。発給文書の初見は天正四年三月四日、日向宗立・小原継忠と連名で一蓮寺の寺領の面付を行っている（一蓮寺旧蔵文書・二六〇四）。この時は花押で署判しているが、同月六日に同様の文書を出した際には、二重郭方形朱印を用いている（早川家文書・二六〇六）。また同五年頃、駿河富士大宮（静・富士宮市）に神馬一疋を奉納した（永昌院所蔵兜巌史略・補遺二三）。その後同六年の越後御館の乱において、勝頼が奥信濃に出兵した際には、武藤三河守と北信濃の武士の知行改めを担当した。同年七月十三日、勝善寺順西から嘘偽りなく知行の員数を差し出す旨の起請文を受け取る（勝善寺文書・二九九八）。同月十九日には勝善寺順西から定納の指出を（同前・三〇〇二）、同月二十七日には島津泰忠から知行地の指出を受け取った（島津家文書・三〇〇四）。翌八月二十三日、西条治部少輔（多和文庫所蔵甲州古文集・三〇一四）・島津泰忠（島津家文書・三〇一五）・原伝兵衛（新編会津風土記・三〇一六）・玉井源右衛門尉（玉井家文書・三〇一七）・勝善寺順西（勝善寺文書・三〇一八）・伊藤右京亮（石井進氏所蔵諸家古案集・三〇一九）に対し、同五年における定納を元に、軍役定書を発給した。いずれも武藤三河守と連名で、朱印を用いている。同八年四月二十九日に信濃内田（長・松本市）・小池（松本市）間で入会相論が起こり、両村の代表が十月七日に甲府に上った際、二十六日に桜井右衛門尉と審議したが結論が出ず、翌二十七日に安西有味と裁許を行ったが、決裂してしまったという（草間家文書・信補遺下四三頁）。なお、今井かほる家所蔵「今井家系図」によると、今井信元の子とし、同十年三月十一日に勝頼に従って天目山（田野、山・甲州市）で討ち死にしたとする。享年六三（武田氏家臣団の系譜三六頁）。しかし、史料上の初出が元亀元年であることを考えると、この享年は疑問が大きい。先述した「軍鑑末書」の父が「刑部左衛門」という記述に着目すると、今井信是の子信隣とその子信昌が刑部左衛門を称している（寛永伝、寛政譜）。この信昌の子で、享年は誤伝であろう。（丸島）

今井信房 いまいのぶふさ

生年未詳～永正十二年（一五一五）十月十七日。信父の子。右衛門佐。武田信虎（信直）に従って大井信達との合戦に参加するが、深田に馬を乗り入れて戦死した（勝山）。その後、弟の信甫の手で供養が営まれている（慈照寺文書・四〇）。また天文八年（一五三九）六月一日には、信房後室が栗原信遠老母（理秀禅定尼）の逆修供養を高野山引導院で行っている（引導院日坏帳・山6下九三〇頁）。このことは、今井・栗原両氏が姻戚関係にあったことを示唆するものであろう。（丸島）

今井信元 いまいのぶもと

生没年未詳。浦今井氏の当主。信是の子。「勝山」は一貫して実名を「信本」と記すが、音通からくる誤記であろう。彦六、兵庫助。今井信意と同一人物とする見解があるが、疑問。永正十六年（一五一九）から十七年にかけて、信虎に謀叛を起こした浦兵庫を父信是ではなく信元に比定する指摘があるが、これも確証を欠く。享禄四年（一五三一）正月二十一日、飯富・栗原氏が信虎を蔑んで甲府を退去し、御岳に籠もるという事件が起こった。信元もこれに同心し、信濃諏方氏に支援を求めた。四月十二日、河原辺（山・韮崎市）で合戦するが、信元の軍勢が崩れて敗北した（勝山、神使御頭之日記）。翌天文元年（一五三二）九月、信元は再度信虎に背き、諏方勢を頼みに浦に籠もった。しかし信虎の攻勢の前に降伏、浦城を引き渡して、甲府に居住することとなった（勝山）。これにより、甲斐国内での戦乱は終止符を打たれることとなる。以後の事蹟は不明。妻は大井信達の娘で、同十年九月一日に死去した（武田源氏一統系図・山6下七七頁）。子女に信員と女子二人がいたという（同前・山6下七一九頁）。（丸島）

今井信慶 いまいのぶよし

生年未詳～延徳二年（一四九〇）三月二十八日。八郎。信経の子。浦（逸見）今井氏の初代当主。実名・通称は諸系図一致している。涼岳と号したという（武田河窪系図・系図綜覧上三八〇頁、武田系図・群書系図部集3二六頁、寛政譜）。「国志」は信父（府中今井氏初代）の弟とするが、本領江草郷を伝領していること、諸系図に信経の子としてほぼ記載があることから（信父は記載されない場合が多い）、信慶が嫡流であったとみるのが妥当である。延徳二年三月二十八日、父に先立って没した。法名厳阿弥陀仏（一連寺過去帳・山6上四〇四頁）。仮名八郎を称したままだから、いまだ若年であったとみられる。当時、武田信縄・油川信恵の抗争が展開しているから、それとの関係が疑われる。「平塩寺過去帳」にも「八郎信慶」と記載がある（山6上五〇五頁）。（丸島）

今井信良 いまいのぶよし

生没年未詳。勝沼（山・甲州市）に入部した府中今井氏当主・信甫の子。安芸守。天文九年（一五四〇）八月十一日、勝沼大善寺の本堂の葺板が破損した際、その修復を父信甫とともに行っている（大善寺文書・山4六二八）。この時、安芸守。同十八年五月七日、向嶽寺に塩後郷（甲州市）のうち二貫文を仏殿造営のために寄進している（向嶽寺文書・二九〇）。「軍鑑」によると、永禄三年（一五六〇）十一月三日に、敵内通の嫌疑で「かつぬま五郎殿」が成敗されたという（大成上三三、四七四頁）。「軍鑑」は勝沼今井氏の存在を想定せず、勝沼信友の子息と捉えているが、これは信良のことを指している可能性が高い。「軍鑑」は内通相手について、武蔵藤田氏または武蔵大石氏とするが、いずれも同盟国北条氏の従属国衆であり不自然である。もし「軍艦」が記す年次が正しければ、おそらくは越後長尾氏への内通嫌疑で処断されたのであろう。ちょうどこの時、長尾景虎が北条領に攻勢をかけている。これ以降、勝沼今井氏の活動が確認できなくなる点は、それを間接的に裏付けるものといえる。なお、「かつぬまの五郎」の同心・被官二八〇騎は跡部勝資と武田信廉が継承したという。二八〇騎という人数から、かなりの大身であったことが想定できる。妻は大井信業の娘（武田源氏一統系図・山6下七一七頁）。

（丸島）

今井彦左衛門 いまいひこざえもん

生没年未詳。天正五年（一五七七）頃、駿河富士大宮（静・富士宮市）に神馬を奉納した（永昌院所蔵兜巌史略・補遺二三）。武田親類衆今井氏の一門と思われるが、詳細は不明である。

（丸島）

今井肥前守 いまいひぜんのかみ

生年未詳～天正十年（一五八二）三月か。永禄末期とみられる信玄旗本の陣立書にその名がみえる（山梨県立博物館所蔵文書・三九七二）。配置からみて、武田親類衆であろう。武田氏滅亡に際し、甲斐南山で子息惣一郎とともに殺害された（甲乱記）。慶長八年（一六〇三）四月十九日、井土村の藤田又右衛門尉が高野山に登山した際、成慶院で供養された（甲州月牌帳二印・武田氏研究43三三頁）。忌日は天正十年四月六日とある。勝頼自害後、しばらく逃げ延びたものの、結局殺害されたものか。

（丸島）

今井平三 いまいへいぞう

生年未詳～永正六年（一五〇九）十二月二十四日。今井信是の弟。武田信虎と油川信恵の戦いに際し、信虎方に荷担したようである。その際、信濃諏方氏の攻撃を受け、敗死した（円光院武田系図・山6上五二九頁）。法名は、是阿弥陀仏（一蓮寺過去帳・山6上四三三頁）。

（丸島）

今井昌茂 いまいまさしげ

生没年未詳。九兵衛。刑部左衛門信昌の子か（寛永伝）。初めは使番一二人のうちのひとりで、のちに御旗本足軽大将になったという（軍鑑・大成上二九二頁）。永禄十年（一五六七）八月七日、武田氏に忠節を誓った「下之郷起請文」を、鉄砲衆の一員として吉田信生・浅利信種に提出した（生島足島神社文書・一二五二）。本文書は、現状では「庭谷」と書かれた封紙に収められているため上野庭谷衆と誤解されやすいが、「鉄砲衆」と書かれた封紙に収められていたのが本来の姿である。永禄後期の陣立書でも、鉄砲衆として記載がある（山梨県立博物館所蔵文書・三九七二）。天正五年（一五七七）三月三日、諏訪下社宝塔再興の棟札に記載がある（諏訪史料叢書掲載文書・二七八〇）。同八年十二月、宇波刀神社（山・韮崎市）の「諏訪之御戸勧進」に際し、昌茂室（上様）が一〇〇文を寄進した旨、記されている（宇波刀神社所蔵・四二六二）。また、子息惣十郎は高尾伊賀守の養子になったという（寛永伝）。（丸島）

今井昌良 いまいまさよし

生没年未詳。系図などに記載はなく、姓が今井氏であるかは確証がない。永禄元年（一五五八）正月十六日、将軍足利義輝の側近大館晴光に書状を出し、武田義信の准三管領と晴信の信濃守護職補任の御礼を述べているのが唯一の所見（大館文書・五六六）。書状の内容から、相当の重臣であったと推定される。（丸島）

今井弥七郎 いまいやしちろう

生没年未詳。上野国衆長井政実の家臣。多胡郡日野（群・藤岡市）の土豪か。天正三年（一五七五）十一月二十三日に、政実から本領の地蔵堂屋敷を所領として宛行われているのが唯一の所見（黒沢文書・二五三〇）。（黒田）

今沢石見守 いまざわいわみかみ

生没年未詳。府中八幡神社の神主。元は下宮地村の三輪明神社の神主。以後、同氏の子孫が同社神主を世襲する。同社は永正十六年（一五一九）に、武田信虎が石和より武田館を府中に移転した際、氏神である石和八幡宮を府中に移して成立した（国志・神社部）。その後、武田晴信によって甲斐国内総社と位置づけられ、弘治年間（一五五五～五八）に晴信より同社の神主職を命ぜられる。弘治三年（一五五七）十二月二日、晴信より社中条目定書を受ける（今沢家文書・五八二）。永禄三年（一五六〇）八月二十五日、武田家より国中総社としての条目を得て（同前・七〇六）、その翌年閏三月には、国中社人に同社の勤番を命じた「番帳次第書」（同前・七三四）を与えられる。その子の右京進は武田家滅亡後に、徳川家康・加藤光泰・浅野長吉より安堵の証文を得た後、慶長十三年（一六〇八）四月、徳川家奉行より、永禄番帳と同内容の国内社人動員許状を受けている（八幡神社文書）。（柴辻）

今福五郎兵衛 いまふくごろうひょうえ

生没年未詳。伊勢神宮の幸福平次郎大夫の檀那場について、裁許を下した人物（幸福大夫文書・三一〇）。そのほかの事蹟は不明。（丸島）

今福長閑斎 いまふくちょうかんさい

生年未詳～天正九年（一五八一）五月十五日。石見守。信玄・勝頼の重臣で、駿河久能城代（惣人数、仏眼禅師語録・静8一〇四二）。虎孝・昌和・昌常の父。石見守。一般に斎号は「浄閑斎」で伝わるが（軍鑑）、長閑斎が正しい。九州文化史研究所（現・九州大学付属図書館記録資料館九州文化史資料部門）元山文庫に天正九年か正月十九日、渡辺常陸介宛今福玄重感状というものがあったといい（現在は所在不明）。これが出家号であった可能性がある。「惣人数」では御譜代家老衆、騎馬七〇騎持ちで、公事奉行をつとめる。公事奉行としては、荒く裁くのが癖であったという（軍鑑・大成上四二四頁）。天文二十二年四月八日、信濃苅屋原城代（長・松本市）に任命されたのが初見（甲陽日記）。この時、石見守。同年五月八日、苅屋原城代任命にともない、与えられた甲郷を海野下野守に引き渡せと命じられ、迷惑であると回答した（同前）。同二十二年九月一日に始まる第一次川中島合戦に参陣。武田方は虚空蔵山城（長・坂城町）を失陥したものの、長閑斎は五日に深志城（松本市）に帰城している（同前）。この頃、馬場信春と原虎胤が参府するのにともない、在城地の用心と仁科衆を本城（本丸）に入れないようにという指示を、横田康景とともに受けている（多和文庫所蔵甲州古文集・六二五）。在城地は、深志城（松本市）であろうか。元亀年間（一五七〇〜七三）〜天正初年頃、板垣信安の後任として駿河久能城代（静・静岡市）に着任。以降駿河のうち富士川以西（山東・山西）の支配を担うこととなり、「駿河郡司」とでもよぶべき地位についた。天正二年八月二十四日、駿河府中浅間社の流鏑馬銭を駿府近辺および山西所々から取り集めるよう命じられた（浅間社旧村岡大夫文書・二三四二）。同三年五月二十日、長篠の戦況を心配した長閑斎に対し、勝頼から敵は逼塞しているので安心するようにと書状を出されている（神田孝平氏旧蔵文書・二四八八）。同二年から七年頃の五月二十一日、穴山信君から松木与左衛門の人質を返却するよう頼まれ、勝頼の許可を得たことを感謝された（矢入家文書・三六五〇）。また同六年から八年頃の八月二十二日、穴山信君から松木の板の浜出しを感謝されている（諸州古文書・三八九五）。同じく同七年から九年頃、勝頼から久能城在城定書を出された（岡部氏所蔵文書・補遺六二）。この文書において、番所については「今福長閑斎」が意見をするよう指示を受けており、長閑斎が今福氏であることが確定できる。同五年三月六日、子息虎孝が臨済寺鉄山宗鈍に依頼し、前石見守入道・長閑斎三十三回忌の預修法要を執り行った（仏眼禅師語録・静8一〇四二）。この時、法名月岩紹心庵主が定められている。同九年五月十五日没。同日、鉄山宗鈍により下火仏事が執り行われた（同前・静8一三九三）。初七日の五月二十一日には、三人の子息によって、一周忌の預修法要が執り行われている（同前・静8一三九六）。　（丸島）

今福虎孝　いまふくとらたか

生年未詳〜天正十年（一五八二）三月。丹波守。長閑斎の嫡男。「軍鑑」が永禄四年（一五六一）九月十日の第四次川中島合戦に旗本後備えとして参加したとする「いまぶく善九郎」は虎孝にあたるか（大成上三五五頁）。同七年、蘆田信守・伴野信直が起こした境目相論に際し、横目をつとめた「いまほと丹波殿」は虎孝の可能性が高い（市川家文書・信24二四七頁）。天正五年三月六日、臨済寺鉄山宗鈍に依頼し、父長閑斎の三十三回忌法要をあらかじめ執り行った（仏眼禅師語録・静8一〇四二）。この時、「苗子虎孝」とみえ、実名が判明する。同年八月二十三日、虎孝の内衆御世能千代が師匠（妙善禅尼）の菩提を高野山成慶院で弔っている（甲州月牌帳・武田氏研究42五一頁）。また同六年十一月二十日には生母心江永安大姉が死去したため、成慶院で月牌供養を営んでいる（過去帳・武田氏研究34九一頁）。のちにより高位の日牌供養に直したという。同七年十一月六日、駿河出陣中の武田勝頼が留守を預かる跡部勝忠に書状を出した際、「今福丹波守」を派遣するよう要請している（諸州古文書・三一九四）。天正元年七月晦日に、作手奥平氏のもとに援軍として派遣された「今福」は年齢的に虎孝を指すか（松平奥平古文書写・二一四三）。父長閑斎が同九年五月十五日に没した後、久能城代（静・静岡市）を継承したとみられる。その際、同年五月二十一日の初七日の日に、弟昌和・昌忠（昌常の誤りか）とともに長閑斎一周忌の預修法要を行った（仏眼禅師語録・静8一三九六）。同十年三月の武田氏滅亡に際し、久能城は陥落。虎孝は子息善十郎とともに付近の駿河村山（静・袋井市村松）で自害した（甲乱記）。　（丸島）

今福昌和　いまふくまさかず

生年未詳～天正十年（一五八二）三月か。市左衛門尉、筑前守。長閑斎の次男。永禄十年八月七日、吉田信生・浅利信種に対して、「下之郷起請文」を提出しているのが初見（生島足島神社文書・一〇六）。「惣人数」に諏訪高島（長・諏訪市）城代として記され、同心衆として「しも新兵衛」「ひだり渡辺」（以下欠損）の記載がある。ただし、「惣人数」は元亀年間（一五七〇～七三）頃の武田氏の諸将配備を記したとされるが、実際に昌和が諏訪高島城代（諏訪郡司）となるのは、天正三年五月二十一日の長篠合戦で、高島城代市川昌房が戦死して以後のこととなる。なお「惣人数」は高島着城に際し、父長閑斎から騎馬四〇騎を分け与えられたと記す。同四年二月七日、諏訪上宮御頭役の勤仕を、上伊那笠原郷（長・伊那市）・下伊那柏原郷（長・飯田市）に命じる（諏訪忠弘氏旧蔵文書・二五七八、七九）。これ以後、高島城代・諏訪郡司としての活動がみられるが、それに専念していたわけではない。同四年八月二十一日、岩間右衛門に対し、細工奉公の功として普請役などを免許した竜朱印状を奉じている（諸州古文書・二七〇九）。同五年二月十三日、諏訪神宮御頭役の勤仕を命じた竜朱印状の奉者（諏訪家旧蔵文書・二七六八、六九）。同年三月三日に作成された諏訪下社宝塔棟札銘にみえる今福（下部欠損）は、昌和であろう（諏訪史料叢書掲載文書・二七八〇）。同年七月二十一日には、市川元松とともに、下諏訪社造宮銭を定めた竜朱印状の奉者をつとめる（宮坂家古文書写・二八三五）。同年閏七月七日には、細工奉公への恩賞として牛山次郎左衛門に栗林（諏訪市）などを宛行った竜朱印状を奉じる（原家文書・二八四二）。同六年三月二十八日には、小松又七郎以下高島十人衆の知行を安堵した竜朱印状の奉者をつとめた（藤森光次郎ほか共有文書・二九六〇）。同五月十一日、諏訪十日町に対する伝馬定書を奉じる（大祝諏訪家文書・二九六六）。同九月十二日には、下諏訪造宮料として塩尻郷（長・塩尻市）三〇貫文を寄進した竜朱印状の奉者をつとめる（宮坂家古文書写・三〇二四）。同七年二月十六日、上諏訪社・下諏訪社造宮の日限を定めた竜朱印状を奉じる（諏訪史料叢書所収諏訪家文書・三〇八五）。同年六月七日、甲立寺に上桑原（諏訪市）における寺領などを安堵した竜朱印状の奉者（甲立寺文書・三一二九）。同八月二十二日、佐野孫右兵衛尉に大竹一〇〇本の進上を命じた獅了朱印状を奉じる（彰考館所蔵佐野家蔵文書・三一五六）。某年九月十五日、諏訪の工（匠）衆一九人の伝馬役軽減を認める証文を発給（東京大学史料編纂所所蔵文書・三九〇五）。同じく某年十月四日、諏訪上社神長官守矢信真に対し、鷹公事の勝訴を伝える（守矢家文書・三九二三）。同八年二月十一日、三精寺（長・下諏訪町）の寺中定書を奉じる（宮坂家古文書写・三二四五）。この時、筑前守。同九年五月に父長閑斎が没し、その初七日の五月二十一日に、兄虎孝・弟昌忠（昌常の誤りか）とともに父の一周忌預修法要を行った（仏眼禅師語録・静8一三九六）。同十年の木曾義昌離反に際し、二月十六日に鳥居峠まで兵を進めるが敗退（信長公記）。同十年三月の武田氏滅亡時の動静は不明確で、「信長公記」は三月二日に高遠城（伊那市）で戦死したとも、甲府で処刑されたとも記している。「寺記」によると、同年四月五日没、法名は明叟得永大禅定門であったという。信長が甲府に入った二日後だから、この命日が正しいのかもしれない。武田氏滅亡後、徳川氏の

甲斐進出に際し、二四名の同心衆が徳川氏に降伏している（天正壬午起請文・山6下九五六頁）。（丸島）

今福昌常　いまふくまさつね

生没年未詳。新右衛門尉、和泉守。長閑斎の三男。「惣人数」では御鑓奉行とみえ、騎馬一五騎・足軽一〇人持ちとなっている。二人の兄と異なり、独立した扱いを受けている点に特徴がある。天正二年（一五七四）正月十一日、山県（三枝）昌貞に対し、麾下の軍役衆の普請役を免除する朱印状を奉じているのが初見（三枝家旧蔵文書・四三五四）。次いで同年四月五日、菊島内膳に知行を宛行った竜朱印状の奉者としてみえるが、同文書には検討の余地がある（甲斐国古文書・二三七九）。同五年閏七月十五日、甲府恵雲院に松尾信是老母からの寄進を認める竜朱印状を奉じているのが確実な初見（恵雲院文書・二八五〇）。この時、市左衛門尉。同年十一月二十三日、諏訪湖での網渡を以前と同様に行うよう命じた竜朱印状の奉者（木川家文書・二八九二）。また同年頃、駿河富士大宮（静・富士宮市）に神馬一疋を奉納し、「今福新右衛門尉昌常」と署判している（賜蘆文庫文書・三九六三）。同六年三月二十一日、安西有味と連名で、両角孫左衛門に山相論の裁許結果を通達した（芹ヶ沢富岡問答日記写・二九五六）。同年十二月二十三日、大工免田を宛行った朱印状の奉者（甲州古文書・三〇五八）。この時、和泉守。同八年十一月八日、井口郷（山・中央市）で棟別銭を免許された井口織部は、昌常の同心であった（甲斐国志所収文書・三四五三）。同九年二月十四日、下諏訪神宮寺の寺中定書を奉じる（宮坂家古文書写・三五〇〇）。同年五月の父長閑斎死去に際しては、五月二十一日の初七日の日に、兄虎孝・昌和とともに一周忌預修法要を行った（仏眼禅師語録、静8一三九六）。この時、実名を昌忠と記されているが、誤記であろう。某年正月十三日、諏訪上社禰宜大夫に対する祈禱礼状を取り次いでいる（武居家文書・三六七九）。同じく某年六月二十九日、竜王川除水下の郷村に対し、川除普請を行うよう命じた獅子朱印状の奉者（保坂家文書・三七一四）。某年八月二十四日、高野山成慶院に対する祈禱礼状を取り次いだ（柳沢文庫所蔵文書・三七二七）。やはり年未詳の三月七日、跡部昌出とともに、義松斎に対し、伝馬手形取扱の改訂を伝える証文を発給している（安中宿本陣文書・三八〇八）。武田氏滅亡後、徳川氏に降伏。同十四年八月二十一日、「今福新右衛門」の名で駒井昌直とともに徳川氏に起請文を提出した（天正壬午起請文・山6下九四八頁）。その際、同心衆四八名の名が書き上げられている（同前九五六頁）。ただし、この新右衛門は子息の可能性を残す。したがって同十六年に、子息新右衛門尉によって高野山成慶院で供養が行われ、泰翁常安大禅定門という戒名が付せられている人物は、あるいは昌常であろうか（甲州月牌帳二印・武田氏研究42六〇頁）。屋敷は甲府地獄小路にあったらしい（同前）。（丸島）

芋川親正　いもがわちかまさ

生年未詳～慶長六年（一六〇一）頃（上杉年譜23一七七頁）。右衛門尉・越前守。信濃国水内郡芋川荘（長・飯綱町）の国衆。芋川右衛門佐正章の子。戦国期以前は高梨氏に属したが、北信濃を領国化した武田氏に永禄年間（一五五八～七〇）以前に従属し、信州先方衆に編成されて六〇騎を率いた（惣人数）。永禄十二年（一五六九）二月二十四日の武田信玄書状（芋川家文書・一三七〇）では、親正への返書として、信玄が駿河へ侵攻した武田軍の戦況を伝え、織田信長の合力を得た徳川家康が、今川氏真が籠もる懸川城を攻撃したことを知らせるとともに、雪解け後に越後の上杉謙信を攻撃する意志を伝え、信越国境の防備を固めるよう指示している。年未詳正月十六日の武田信玄書状写（岩井・下条・香坂古案集・二〇三九）では、新年の祝儀として具足一両を信玄から贈られた。使者は甘利左衛門尉昌忠（信忠）。天正三年（一五七五）の長篠合戦に出陣した際には、弟の守親（彦太夫）が戦死している（上杉年譜）。同十年三月に武田氏が滅亡した後、織田氏の下で北信濃の川中島四郡に入部した森長可の支配に反抗して一揆を催し、大将として飯山城（長・飯山市）を攻撃したが、四月七日に逆に本拠の大蔵城（長・長野市）を攻略され、一二〇〇人以上が討ち取られて一揆は壊滅した（信長公記）。その後上杉景勝のもとに逃れ、四月十九日に知行宛行の約束を受けている（上杉年譜・信15三三頁）。同年六月、島津忠直が広居善右衛門尉を通じて上杉氏に従属を申し出た。広居はこの報告を、親正を介して上申しており、景勝は十五日に島津忠直へ書状を送っている（覚上公御代御書集・信補遺上五五五頁）。同年七月九日、景勝から在城地の普請を命じられる（歴代古案・信15二八九頁）。この時期は子息彦三郎とともに牧之島城（長・長野市）に入っていたようだから（管窺武鑑・信15三七三頁）、同城の普請を指す可能性が高い。七月二十六日、牧之島城の在城法度を与えられており、牧之島城代であることが明確化する（上杉家文書・信補遺上五七八頁）。同日、本領安堵を受けたうえで香坂氏旧領などを宛行われた（上杉年譜・信15三四五頁）。なお嫡男彦三郎も、二十八日に本領を安堵されている（歴代古案・信15三四六頁）。八月三日、本領に対する郡司不入の特権を認められた（覚上公御代御書集・信補遺上五八二頁）。同十一年四月、佐久郡の情勢を不安に思い、直江兼続を通じて様子を尋ねている（上杉家文書・信補遺上六二三頁）。その一方で強気な姿勢もみせており、景勝に安曇郡仁科表の調略を提案して受け入れられた。四月二十八日、景勝は飯山城代岩井昌能に対し、親正の居城牧之島に赴いて相談の上、仁科表を攻撃するよう指示を下している（歴代古案・信16五〇頁）。五月十一日、仁科表を攻撃して各地に火を放ち、また主要人物二〇〇人を討ち取ったとして、二十一日付で感状を与えられた（上杉家文書・信補遺上六一七頁）。親正の進言は実を結んだといえるだろう。六月二日、信州勢を撃退した功績を讃えられた（上杉家文書・信補遺上五五六頁）。前後の状況からすると、まだ安曇郡に駐留しており、反撃を受けたのかもしれない。同十二年正月二十八日、飯縄明神に小島田の飯縄社領を寄進した（仁科文書・信16三五五頁）。その後、安曇郡の絵図と報告事項を記した条目を景勝に提出して伺いをたて、三月七日に大野田城（長・松本市）を再興して拠点城郭とするよう指示を受けた（上杉家文書・信補遺上六二四頁）。文禄元年（一五九二）九月二十四日、栗田永寿らとともに陸奥九戸一揆残党の鎮圧に参加するよう。秀吉奉行衆から指示を受けている（歴代古案・信17四六八頁）。なお「文禄三年定納員数目録」上には、牧之島留守役として知行地四四八六石一斗八升六合・軍役二六九人の記載が（上杉氏分限帳三頁）、同下には山東郡芋川東宮本で八四〇石・軍役五二人四分の記載がみえる（上杉氏分限帳七九頁）。また後者には、牧之島の同心衆の記載も確認される（上杉氏分限帳五二頁）。慶長三年、上杉家の会津転封に従い、信濃を離れた。白川城代をつとめ、知行高六〇〇〇石。他に同心分として二四八〇石が書き上げられている（会津御在城分限帳・上杉氏分限帳一九三頁ほか）。慶長六年の出羽米沢転封に従う。同年頃に米沢で死去した（上杉年譜23一七）。子孫は米沢藩の侍組頭筆頭、江戸家老などをつとめた（同前）。（鈴木・丸島）

芋川彦大夫　いもがわひこだいふ

生年未詳～天正三年（一五七五）五月二十一日。芋川親正の弟。実名は守親と伝わる。天正三年五月二十一日の長篠合戦で討死した（上杉年譜23一七頁）。子孫は米沢藩士として続いた。（鈴木）

入沢治部少輔　いりさわじぶのしょう

生没年未詳。上野群馬郡入沢郷（群・渋川市）の土豪。同地は白井領に属す地と推定される。天正九年（一五八一）一月九日に、武田氏から鷹巣山に三ヶ月間猟師の出入りを禁止し、鷹を進上するよう命じられている（入沢文書・三四八二）。鷹巣山を所有し、その安堵を受け、鷹を進上する奉公関係を形成していたことが知られる。奉者を春日信達がつとめているから、同人を取次としていたと推定される。おそらく武田氏が白井領を経略した当初、その父春日虎綱が箕輪領支配に関与していた時期に、武田氏との関係を形成したことが推測される。なお同七年に推定される一月十六日付で、「入沢新左衛門」宛の北条氏直書状も伝来されているが（同前・戦北三〇四三）、宛名部分は摺消した跡に記されたものであること、文面は国衆クラスへのものであるから、元来から入沢氏宛のものであったとは考えがたい。（黒田）

色部宮内助　いろべくないのすけ

生没年未詳。小県浦野氏の被官。天正七年（一五七九）の「上諏訪造宮帳」に仁古田之郷（長・上田市）代官として名がみえる（大祝諏訪家文書・三〇七七）。同郷は浦野氏の本領に隣接する。「民部公自害の打敷（法被）」として浦野氏菩提寺東昌寺（同前）に伝えられる血染めの布には、元亀元年（一五七〇）三月晦日付で「いろ遍宮内助」以下四名の「見こ田衆」の名が墨書されている（浦野文書と一族の系譜九六頁）。同年五月晦日に死去したという浦野民部輔がおり（東昌寺過去帳・同前一〇二頁、法名理中院殿実山虎真居士。ただし宝篋印塔には違う年紀が刻まれる）、それと関連するものだろうか（浦野幸次の可能性もある）。なお、天正六年二月の「上諏訪造宮帳」において、やはり仁古田郷の代官を宮内丞が、浦野荘内田沢郷（長・青木村）の代官を浦野宮内介が、塩原郷（青木村）の代官も「宮内介」がつとめている（諏訪大社上社所蔵文書・二九四二）。これも色部宮内助なのではないだろうか。色部宮内助は、浦野同名衆と扱われていた可能性を指摘できよう。（丸島）

岩井昌能　いわいまさよし

生年未詳～天正十二年（一五八四）八月十四日（御家中諸士略系譜）。民部少輔、備中守。「上杉年譜」所収「御家中諸士略系譜」では、岩井大和守満高（天正二年没）の弟で、実名を満長とする。上杉家臣で、武田氏に一時的に仕えた（御家中諸士略系譜）。信濃高井郡岩井郷（長・中野市）を本拠とし、高梨氏の同名である（証如上人日記）。天文二十一年十二月十九日、本願寺を訪れ、太刀一腰・銭一〇〇疋を進上した岩井民部大輔の子であろう（同前）。民部大輔は後に大和守を称し、永禄六年（一五六三）八月に、子息三人を連れて越後に入り（御家中諸士略系譜）、上杉氏に仕えたという。この時、越後七日市・上岩井・下岩井郷（新・長岡市）を与えられた（文禄三年定納員数目録・上杉氏分限帳八〇頁）。したがって、本領信濃岩井郷に加え、越後で上岩井・下岩井両郷を領するという複雑な関係になっている。永禄六年四月二十日、飯山城（長・飯山市）の守りを固めるために、安田顕元に従って飯山城（飯山市）に入った「岩井備中守」は父であろう（上杉家文書・信12四六頁）。年未詳正月二日、上杉旱虎（輝虎、謙信）から年始祝儀の礼状を送られている備中守も（鈴木文書・信14三〇四頁）、父とみられる。兄大和守は天正二年二月に死去したという（御家中諸士略系譜）。しかし天正六年の御館の乱で上杉景虎に与した岩井大和守が確認され（歴代古案・信14三五四頁）、これは養子に迎えた弟大和守成能とみられる。このため、本家筋は景勝から勘気を蒙った（御家中処理略系譜）。昌能自身は、天正四年二月十日、能登畠山家臣から上杉謙信の出馬を求められたのが初見（歴代古案・信14一四〇頁）。この時、民部少輔。一緒に宛所に記されている人物は、色部惣四郎・斎藤朝信・小倉伊勢守・五十公野右衛門尉という錚々たる顔ぶれであり、上杉家中で一定の重みを成していた様子がうかがえる。同六年の御館の乱では上杉景勝に与した。その後、甲越同盟成立で北信濃が武田領になったため、武田勝頼に仕えたという（御家中諸士略系譜）。同十年の武田氏滅亡に際しては、三月段階で岩井備中入道が尾崎松鷗軒とともに武田氏の従属国衆禰津常安と上杉景勝の間を取り持っている。これにより、武田氏に従っていたことが確認できる（古文書雑纂・上越二三〇三）。ただし子息信能は、甲越同盟成立後も上杉氏に仕えている点（歴代古案・信14四三九頁、市川記間太氏所蔵文書・信14四九〇頁ほか）、注意を要する。武田氏滅亡後の四月一日、信能が昌能の上杉氏帰参に乗り出すが、この時点では果たせなかった（上杉家文書・信15一八九頁）。本能寺の変後の六月十五日に上杉景勝に帰参。本領安堵を受けるとともに、替佐（中野市）・静間（飯山市）・蓮郷（飯山市）・岩井郷（中野市）を与えられた（歴代古案・信15二三九頁）。この岩井郷は、越後上岩井・下岩井とは別の本領信濃岩井郷であろう。十一月八日、尾崎重元の仲介で上杉氏に服属した北信濃国衆を、指揮下においた（己亥採訪文書・三六三二、武田勝頼書状とされているが上杉景勝書状の誤写）。これは飯山城代という立場（上杉年譜・信15五五六頁）にいたためと思われる。同十一年三月十三日、黒金兼信とともに信濃古間郷（長・信濃町）の伝馬役・普請役を免除している（信濃町大古間共有文書・信16七頁）。四月十二日、徳川家康の佐久・小県出陣が近いという一報を受けた上杉景勝から、上倉治部大輔を大将（物主）に、飯山城から虚空蔵山城に援軍を派遣するよう指示された（歴代古案・信16四〇頁）。昌能自身も出陣する予定であったようだが、同二十六日、芋川親正の進言で牧之島城（長・長野市）に移り、仁科表を攻めるよう命じられた（歴代古案・信16五〇頁）。七月、謀叛を起こしていた新発田重家が攻勢に出たとの報を受け、春日山に参陣。しかしそれに呼応して、越後西浜に向けて織田家臣佐々成政が出陣したため、外様衆を春日山に派遣させた（鈴木文書・信18七一頁）。同年九月十六日、飯山城の普請を命じられた（上杉年譜・信16九七頁）。十月十三日にも、国境の防衛を固めるよう指示を受けている（歴代古案・信16一〇八頁）。天正十二年三月、羽尾源六郎の上野丸岩

（群・長野原町）攻撃を支援した（歴代古案・信16一四六頁）。羽尾の在所に対する差配を指示した九月二十六日付岩井信能書状では、信能は従来通り民部少輔を称しているから、昌能は備中守を称し続けたようである（覚上公御代御書集・信補遺上六四一頁）。これが昌能の活動の終見であり、同年八月十四日に死去したという（御家中諸士略系譜）。（丸島）

岩尾信景 いわおのぶかげ

生没年未詳。岩尾大井氏。大井次郎。一般に実名を行頼とするが、「岩尾家譜」によると既に死去している（上田小県誌1六〇二頁）。「岩尾氏系大井系図」にいう行範（行頼の子）に該当すると思われる人物だが（同前）、以下で述べる理由から実名の比定を改めた。天正十年（一五八二）とみられる十一月六日、高野山蓮華定院に返書を送るとともに、世情の混乱を嘆いている（丸山史料蓮華定院古文書写・三九三五）。武田氏の通字「信」が上についているから、武田家において有力者と扱われた人物と思われる。大井氏は武田一門にも存在するが、蓮華定院の檀那場は信濃佐久・小県郡で、甲斐には教線を延ばしていない。したがって佐久郡の大井氏と捉えるべきだろう。そう考えると、「依田記」に岩尾城主として出てくる「岩尾ノ次郎」が該当する可能性が高いのではないだろうか。岩尾次郎は、天正壬午の乱において、徳川方の依田信蕃に抵抗した（依田記・信15五七九頁、以下同史料による）。これは同十年十月末の徳川・北条同盟後も継続したものであった。翌十一年二月二十二日、依田勢の攻撃を受けたが鉄砲によって反撃し、依田信蕃兄弟を討ち死にさせた。しかしながら、結局関東に逃亡したという。（丸島）

岩尾行頼 いわおゆきより

永正六年（一五〇九）～元亀三年（一五七二）七月七日。実名・生没年は「岩尾氏系大井系図」「岩尾家譜」（上田小県誌1六〇二頁）などによる。信濃佐久郡岩尾（長・佐久市）の国衆岩尾大井氏の当主で行真の子。弾正忠。天文四年（一五三五）三月二十一日に、岩尾禅正御乳之人が高野山で供養されている（法名宮松、蓮華定院過去帳月坏信州佐久分第一）。これは行頼の乳人であろう。同二十年七月二十日、若神子（山・北杜市）まで初めて出仕した（甲陽日記）。居城である岩尾城は、八月二十八日に武田氏によって改修が施されている（同前）。永禄八年（一五六五）十月十八日、竜雲寺（佐久市）に入寺する北高全祝に懇切にするよう命じられている大井弾正少弼は同一人物であろう（永昌院文書・九五八）。元亀三年七月七日没。法名は、道鑑禅定門（蓮華定院過去帳日坏信州佐久分第一）。妹は大井民部助に嫁いだという（岩尾氏系大井系図・上田小県誌1六〇二頁）。（丸島）

岩下 いわした

生没年未詳。信濃国筑摩郡会田（長・松本市）の国衆。虚空蔵山城（会田城）主。会田岩下（海野）氏の当主。受領、官途、諱などは一切不明。時期的にみて、海野下野守の孫に相当するとみられる。会田岩下（海野）氏は、小県郡海野幸房の次男幸久（豊後守）が岩下に居住し、岩下氏を称したことに始まるという（信州滋野氏三家系図、群書類従）。会田氏とも岩下氏とも呼ばれたが、公的には海野を称した。会田岩下氏は「惣人数」によると、一〇騎を率いたという（軍鑑8）。武田時代は、天正九年（一五八一）の「伊勢内宮道者御祓くばり帳」において、「あいた」の筆頭として「岩下殿」と記され、熨斗一把、鰹五つ、上の茶一〇袋を配られたと記されているのが唯一の所見（堀内健吉氏所蔵・三六四）。岩下氏については、永禄十年（一五六七）八月七日、岩下衆の一員として「下之郷起請文」に、岩下長高、幸長、幸広の三人がみえ、このなかの誰かが当主であった可能性が高いものの確認できない。岩下氏は、天正十年三月の武田氏滅亡後、塔原氏らとともに小笠原貞慶に属すが、真田昌幸の調略を受け上杉方に転じ、同年十一月に小笠原氏に攻められて滅亡した。この時、岩下氏の当主は幼年であったといわれ、会田岩下衆は家臣堀内越前守が指揮していたという（岩岡家記、二木寿斎記）。これが事実ならば、同九年の「岩下殿」は若年だったと考えられる。そのほかの事蹟は不明。（平山）

岩下越前守 いわしたえちぜんのかみ　武田信縄の妻室で、武田信虎の生母岩下氏（桂岩妙昌大姉）の兄。岩下村（山・山梨市）の地頭。永正十五年（一五一八）某月二十三日、亡父清庵貞公禅定門の供養を行った（菊隠録・山6下三三頁）。（丸島）

岩下源田 いわしたげんた　生没年未詳。信濃国筑摩郡会田（長・松本市）の国衆。会田岩下氏の一族。天正九年（一五八一）の「伊勢内宮道者御祓くばり帳」において、「あいた」の人物として記載され、熨斗五〇本、茶一〇袋、帯一筋を配られたと記されているのが唯一の所見（堀内健吉氏所蔵・三六四）。（平山）

岩下監物 いわしたけんもつ　生没年未詳。信濃国筑摩郡会田（長・松本市）の国衆。会田岩下氏の一族。天正九年（一五八一）の「伊勢内宮道者御祓くばり帳」において、「あいた」の人物として記載され、熨斗二〇本、茶五袋を配られたと記されているのが唯一の所見（堀内健吉氏所蔵・三六四）。（平山）

岩下志摩 いわしたしま　生没年未詳。信濃国筑摩郡会田（長・松本市）の国衆。会田岩下氏の一族。天正九年（一五八一）の「伊勢内宮道者御祓くばり帳」において、「あいた」の人物として記載され、熨斗二〇本、茶五袋を配られたと記されているのが唯一の所見（堀内健吉氏所蔵・三六四）。（平山）

岩下総六郎 いわしたそうろくろう　生年未詳～天正十年（一五八二）三月十一日。天正十年三月の武田氏滅亡に際し、勝頼に従って討ち死にしたという（軍鑑・大成下一八〇頁）。景徳院での法名は、月窓江海（景徳院位牌）。通称は、惣六郎・総一郎とも伝わる。（丸島）

岩下丹波守 いわしたたんばのかみ　生没年未詳。信濃国筑摩郡会田（長・松本市）の国衆。会田岩下氏の一族。天正九年（一五八一）の「伊勢内宮道者御祓くばり帳」において、「あいた」の人物として記載され、熨斗五〇本、茶五袋を配られたと記されているのが唯一の所見（堀内健吉氏所蔵・三六四）。（平山）

岩下筑前守 いわしたちくぜんのかみ　生没年未詳。信濃国筑摩郡会田（長・松本市）の国衆。会田岩下氏の一族。天正九年（一五八一）の「伊勢内宮道者御祓くばり帳」において、「あいた」の人物として記載され、熨斗五〇本、上の茶一〇袋を配られたと記されているのが唯一の所見（堀内健吉氏所蔵・三六四）。（平山）

岩下藤三郎 いわしたとうざぶろう　生没年未詳。信濃国筑摩郡会田（長・松本市）の国衆か。それならば会田岩下衆の一員の可能性が高い。弘治三年（一五五七）二月十五日、信濃国水内郡葛山城（長・長野市）を攻略した際に首級をあげ、同年三月十

日に武田信玄より感状を与えられているのが唯一の所見（諸州古文書七・五四〇）。その後の事蹟は不明。（平山）

岩下長高　いわしたながたか

生没年未詳。信濃国筑摩郡会田（長・松本市）の国衆。会田海野下野守の被官。会田岩下衆の一員。新十郎。会田岩下（海野）氏は、小県郡海野幸房の次男幸久（豊後守）が岩下に居住し、岩下氏を称したことに始まるという（信州滋野氏三家系図、群書類従）。永禄十年（一五六七）八月七日、岩下衆の一員として「下之郷起請文」を提出し、海野下野守親子が信玄に逆心を抱いた場合は諫め、諫言に従わないようであれば下野守親子を見捨てる旨を誓っているのが唯一の所見（生島足島神社文書・一一七三）。その後の事蹟は不明。（平山）

岩下彦右衛門尉　いわしたひこうえもんのじょう

生没年未詳。信濃国筑摩郡会田（長・松本市）の国衆。会田海野下野守の被官。会田岩下衆の一員。会田岩下（海野）氏は、小県郡海野幸房の次男幸久（豊後守）が岩下に居住し、岩下氏を称したことに始まるという（信州滋野氏三家系図、群書類従）。天正七年（一五七九）二月六日成立の「上諏訪造宮帳」において、諏訪大社上社大宮御門屋の造宮役納入を請け負う、会田郷の代官として登場するのが唯一の所見（大祝諏訪家文書・三〇七七）。そのほかの事蹟は不明。（平山）

岩下備前守　いわしたびぜんのかみ

生没年未詳。信濃国筑摩郡会田（長・松本市）の国衆。会田岩下氏の一族。天正九年（一五八一）の「伊勢内宮道者御祓くばり帳」において、「あいた」の人物として記載され、熨斗五〇本、茶一〇袋を配られたと記されているのが唯一の所見（堀内健吉氏所蔵・三六四）。（平山）

岩下幸実　いわしたゆきざね

生没年未詳。信濃国筑摩郡会田（長・松本市）の国衆。会田海野下野守の被官。会田岩下衆の一員。会田海野下野守の被官。駿河守。会田岩下（海野）氏は、小県郡海野幸房の次男幸久（豊後守）が岩下に居住し、岩下氏を称したことに始まるという（信州滋野氏三家系図、群書類従）。永禄十年（一五六七）八月七日、岩下衆の一員として「下之郷起請文」を提出し、海野下野守親子が信玄に逆心を抱いた場合は諫め、諫言に従わないようであれば下野守親子を見捨てる旨を誓っているのが唯一の所見（生島足島神社文書・一一七三）。その後の事蹟は不明。（平山）

岩下幸広　いわしたゆきひろ

生没年未詳。信濃国筑摩郡会田（長・松本市）の国衆。会田海野下野守の被官。会田岩下衆の一員。源介。会田岩下（海野）氏は、小県郡海野幸房の次男幸久（豊後守）が岩下に居住し、岩下氏を称したことに始まるという（信州滋野氏三家系図、群書類従）。永禄十年（一五六七）八月七日、岩下衆の一員として「下之郷起請文」を提出し、海野下野守親子が信玄に逆心を抱いた場合は諫め、諫言に従わないようであれば下野守親子を見捨てる旨を誓っているのが唯一の所見（生島足島神社文書・一一七三）。その後の事蹟は不明。（平山）

岩手右衛門尉　いわでえもんのじょう

生年未詳～天正十年（一五八二）三月。信景の子か。天正八年八月九日、菩提寺信盛院について、諸役免許を受けている（信盛院文書・三三九七）。全体的に岩手氏の系譜関係は、はっきりせず、現段階で仮説にとどまる。武田氏滅亡に際し、甲斐南山で殺害された（甲乱記）。（丸島）

岩手左馬頭　いわでさまのかみ

生年未詳～天正三年（一五七五）五月二十一日。信盛の子で信景の弟。初名助市か。某年九月十日、兄とともに出陣の功を讃えられている（信盛院文書・三九〇四）。発給者は不明だが、武田氏当主であることは確実だろう。この時、助市。天正元年正月二十九日、兄信景とともに、岩手郷（山・山梨市）、水内郡の内長沼城付分（長・長野市）、駿河賀島郷（静・富士市）内武田信豊知行分のうち当知行分からなる父の遺領を安堵された（信盛院文書・四二三八）。この時、左馬頭。同二年九月十一日、武田勝頼より代替わり安堵を受けている（山梨県立図書館所蔵甲斐史料集成稿・二三六三）。同三年五月二十一日、長篠で討ち死にした「岩手左馬助」は彼に該当するとみてよいだろう（乾徳山恵林寺雑本・信14九六頁）。なお同史料は実名を胤秀とするが、信頼できない。（丸島）

岩手縄美　いわでつなよし

生年未詳～永正五年（一五〇八）十月四日。武田信昌の子で、信縄・油川信恵の弟。四郎。実名の読みは「つなみつ」の可能性がある。母は小山田信長の姉妹か（甲州郡内小山田氏系図）。甥信虎と兄信恵の戦いでは信恵を支持。永正五年十月四日、両軍は激突し、信恵とともに討ち死にした（甲陽日記）。法名来阿弥陀仏（一蓮寺過去帳・山6上四二三頁）。「平塩寺過去帳」には「同四郎道端」と記載がある（山6上五〇五頁）。なお、某年十一月十四日付、「縄満」発給の過所が残されている（三浦家文書・二三八）。この過所には方形朱印が用いられており、かなりの身分の人物の発給と捉えられる。音が近いことを考えると、岩手縄美発給の可能性がある。（丸島）

岩手信景　いわでのぶかげ

生年未詳～天正十年（一五八二）三月。信盛の子。右衛門佐、右衛門大夫、能登守。官途名右衛門は必ずしも一定していない。某年九月十日、弟助市（左馬頭）とともに、出陣の功を讃えられている（信盛院文書・三九〇四）。発給者は不明だが、武田氏当主であろう。このとき、右衛門佐。永禄年間とみられる十月二十日、松平（徳川）家康から異父弟久松勝俊を派遣した際、厚遇してくれたことに謝意を述べられている（信盛院文書・四二四六）。天正元年正月二十九日、岩手郷（山・山梨市）、水内郡の内長沼城付分（長・長野市）、駿河賀島郷（静・富士市）内武田信豊給分のうち当知行分からなる父の遺領を、弟とともに安堵された（信盛院文書・四二三八）。なお本文書の年号は、改元前に天正元号が使われているが、写を作る際に取り間違えたものと理解しておく。この時、右衛門大夫。同二年正月、春日虎綱居城の番について、談合するために派遣されている（宝月圭吾氏所蔵文書・二二五三）。この時、能登守。同年九月十一日、武田勝頼より代替わり安堵を受けた（山梨県立図書館所蔵甲斐史料集成稿・二三六三）。同三年四月一日、三河出陣中の武田信豊から戦況の報告を受けている（徴古雑抄・一七〇三）。同五年頃に駿河富士大宮に神馬一疋を奉納した（永昌院所蔵兜巌史略・補遺二三）。「寛永伝」によると、同十年に織田信長の命で自害したという。法名は久山。（丸島）

岩手信真　いわでのぶざね

生没年未詳。助九郎。信景の子か。「天正壬午起請文」にその名がみえる（山6下九四八頁）。そのほかの事蹟は不明。（丸島）

岩手信正　いわでのぶまさ

生没年未詳。右衛門尉。「古浅羽本武田系図」に縄美の孫とみえる（群書系図部集3四二頁）。治部少輔信勝の子。世代から見て、信盛と同一人物の可能性があるが、「両武田系図」には安室常心と注記されており、法名が異なる（同前吾頁）。なお、「古浅羽本武田系図」は、大永元年（一五二一）春に従五位下陸奥守に叙されたとあるが、事実ではありえない。岩手氏の系譜関係の確定は難しい。子息に鎌倉浄国院頼任・盛弁がいたというが（古浅羽本武田系図ほか）、岩手氏との関係は窺えるものの、江戸初期の人物である。浄国院頼任の項を参照のこと。

（丸島）

岩手信盛 いわでのぶもり

生没年未詳。能登守。縄美の孫か。少なくとも、岩手氏の家督継承者であることは確かである。「惣人数」には御旗奉行として「岩手右衛門佐父子」の名があげられている。たしかに永禄末期の信玄旗本の陣立書には、「岩手能登守　代々之旗」という記載がある（山梨県立博物館所蔵文書・三九七二）。永禄五年（一五六二）三月二十八日、菩提寺信盛院（山・山梨市）の寺領を書き上げたのが初見（信盛院文書・七七六）。同十二年正月二十日、一手役をつとめ、一軍を指揮することを認められるとともに、混白の幕・金色の采配の使用を許可された（同前・四三六）。元亀二年（一五七一）三月九日、信濃境目における商人の出入りは、一ヶ月に六度に制限するよう指示を受けている（同前・四三〇）。この国境は後述する事実からすると、越後国境であろう。同年四月一日、岩手郷（山梨市）において家九軒の棟別銭免許を受けた（上野家文書・一六八七）。天正元年（一五七三）正月二十九日に、岩手右衛門大夫と左馬頭が父能登守の権限を譲り受けた文書をみると、本領岩手郷のほかに信濃水内郡内長沼城付分五〇貫文、駿河賀島郷（静・富士市）九〇〇貫文の安堵を受けている（信盛院文書・四三八）。このことからすると越後国境長沼城（長・長野市）に在番していた時期があったらしい。また、同年以降にみえる能登守は、子息の可能性が高い。同十年八月二十一日に、徳川家康から本領岩手郷二〇〇貫文の安堵を受けている「岩手入道」は信盛か（譜牒余録・家康文書上三吾三頁）。法名は遊山と伝わる（寛永伝）。

（丸島）

岩間右衛門 いわまえもん

生没年未詳。武田氏甲府城下での畳刺し職人頭。府中堺町に住み、畳刺し職人を統轄する。天正四年（一五七六）八月二十一日、武田勝頼より畳細工の奉公の賞として、在家・普請役・印判衆役などを免除される（諸州古文書・二七〇九）。慶長五年（一六〇〇）十二月二日付の浅野家奉行人連署証文ほかをも所蔵しており、江戸期でも畳刺し職人を統轄している（国志）。

（柴辻）

岩間与左衛門尉 いわまよさえもんのじょう

生没年未詳。在郷の番匠頭。甲斐国八代郡塩田町（山・笛吹市一宮町）在住の番匠細工頭。天正元年（一五七三）八月二十七日付の武田家朱印状によると、公用の細工奉公の代償として、家一間分の普請役を免除されている。その宛名には「塩田町屋之番匠」とあり、塩田に町屋のあったことがわかる（原家文書・四四九）。

（柴辻）

う

上坂為昌 うえさかためまさ

生没年未詳。信濃国伊那郡の武士。伊那部衆。春近衆の構成員である上穂氏の家臣とみられ、武田氏滅亡と本能寺の変直後、提出された「天正壬午起請文」に上穂衆の肩書きをもちつつも、伊那部衆として春日治部少輔らとともに連署しているのが唯一の所見（内閣文庫所蔵・山6下二四八）。その後の事蹟は不明。（平山）

上田右近允 うえだうこんのじょう

生没年未詳。甲斐国巨摩郡河内西島（山・身延町）の土豪。穴山家臣か。慶長十三年（一六〇八）三月二十一日、高野山に自身の逆修供養を依頼しているのが唯一の所見。法名は暉覚道晃禅定門（成慶院過去帳・武田氏研究47）。（平山）

上田常善 うえだつねよし

生没年未詳。七郎兵衛。佐久郡北方衆のひとり。永禄十年（一五六七）八月七日、北方衆の一員として、信玄に忠節を誓う「下之郷起請文」に署判し、吉田信生・浅利信種に提出した（生島足島神社文書・二四九）。（丸島）

上田牧泉斎 うえだぼくせんさい

生没年未詳。甲斐国巨摩郡河内三沢（山・身延町）の人物。穴山家臣か。慶長十六年（一六一一）十月二十一日、高野山に自身の逆修供養を依頼したのが唯一の所見。法名は衿穏牧泉禅定門（成慶院過去帳・武田氏研究38）。（平山）

上野左近丞 うえのさこんのじょう

生年未詳～文禄三年（一五九四）十二月二十二日（国志）。甲斐国山梨郡岩手郷（山・山梨市）の土豪。戦国期に武田氏に仕え、同郷の調衆（棟別銭を徴収する役人）をつとめた。実名は直忠と伝わる（国志4二六三頁）。永禄四年（一五六一）九月二十六日の武田信玄感状写（上野家文書・七五三）で、同年の川中島合戦における戦功を賞され、鎧一両を与えられた。元亀二年（一五七一）四月一日の武田氏朱印状（同前・一六八七）では、岩手郷の調衆のひとりとして、二〇日以内に計一二貫二〇〇文の棟別銭を納入するよう命じられた。天正八年（一五八〇）十月二十六日の武田勝頼判物写（甲斐史料集成稿・三四三）では、先判で宛行った条々について、今後も相違ないことを認められ、忠勤を督励されている。同十年三月に武田氏が滅亡した後は徳川氏に仕えたが、同氏の関東転封には従わず在所に残留し、文禄三年十二月二十二日に死去。法名は源信院来室道伝居士（国志4二六三頁）。子孫は岩手村で浪人として存続した（同前）。（鈴木）

上野三郎五郎 うえのさぶろうごろう

生没年未詳。戦国期の甲斐国二宮神社神主。二宮は美和神社とも称し、同社神主については坂名井氏が発祥とされているが、その後に養子関係などによって、二宮姓・上野姓の時期があったとされている（坂名井深三『笛吹川に住んで千五百年』）。弘治三年（一五五七）十二月、武田晴信より三ヶ条の社中条目を受け、社壇造営・祭祀・祭礼の励行を厳命されている（坂名井家文書・五八二）。元亀三年（一五七二）三月の二宮神社宛の武田家朱印状の宛名は上野三郎五郎となっており、戦国期の神主は上野姓であったと思われる。その内容は駿河国富士郡押出村（静・富士宮市）で社領の新寄進を受けているものである（八代家文書・一八〇〇）。現存する最古の文書は、年未詳であるが、武田信虎の社領寄進状であって、万力郷（山・山梨市）で二貫文を寄進されている（美和神社文書・一〇七）。次いで天文十一年（一五四二）五月には、武田晴信より六貫文の造営料を寄進されている（坂名井家文書・一四二）。永禄八年（一五六五）六月には、武田義信以下の武田家親族・重臣らが同社造営に際して寄進した奉加帳も残っており（美和神社文書・九四六）、ほかに重臣らが個別に寄進したものもある。勝頼については、元亀四年九月の代替わり直後の願文（同前・二七八）があり、天正七年（一五七九）六月の禁制もみられる（同前・三三二）。特異なものとして、同二年に作製された「二宮祭礼帳」（山4七四）がある。

（柴辻）

上原淡路守 うえはらあわじのかみ

生没年未詳。武田氏の上野における御料所の管理者。永禄十年（一五六七）七月一日、安中丹後守に上野板鼻（群・安中市）で知行を宛行う際に、具体的な場所は上原淡路守から伝えると指示されているのが初見（市谷八幡神社旧蔵文書・一〇八九）。同年十二月十一日にも、平石兵庫助に板鼻で知行を宛行う際に、名所指定を担っている（渡辺慶一氏旧蔵文書・一二三〇）。同十一年四月二十八日、依田新左衛門尉への知行宛行に際し、名所指定を担当する（依田家所蔵感状写・一二六二）。同年八月二十八日、上野八幡（群・高崎市）の蔵納籾子一〇〇俵を、外郎源七郎に毎年支出するよう命じられる（陳外郎文書・一三〇九）。この間、上野庭谷（群・甘楽町）に在城していたらしい。天正三年（一五七五）四月一日、庭谷在城の功を労われ、石和郷（山・笛吹市）における屋敷の棟別役を免許されたのが終見となる（上原家文書・二四七五）。なお、「軍鑑末書」は加藤虎景とともに武者奉行をつとめ、のちに庭谷に在城した人物として「上原随応軒」を記す（大成下四三六頁）。あるいは同一人物か。同十八年三月二十一日、「上原随方」の息女が父親の供養を営んでいる。法名は月洲正帰庵主（蓮華定院過去帳月牌信州佐久分第一）。

（丸島）

上原甚十郎 うえはらじんじゅうろう

生没年未詳。天正三年（一五七五）四月一日、知行地が不知行となっており、軍役をつとめられないと言上した結果、新たに信濃中込郷（長・佐久市）のうち一〇貫文、駿河安東（静・静岡市）のうち一五貫文、同浅服（静岡市）のうち一〇貫文、合計三五貫文を与えられた（潮音堂書蹟典籍目録三号掲載文書・二四七六）。

（丸島）

上原筑前守 うえはらちくぜんのかみ

生没年未詳。佐久郡の土豪と思われる。初名は瀬戸筑前守か。瀬戸筑前守は某年十二月二十四日、信濃耳取城（長・小諸市）における武略を晴信から賞されている人物（岡部忠敏氏所蔵文書・六五一）。永禄十一年（一五六八）九月十六日、志賀（長・佐久市）・日村（佐久市）における御恩地の検地帳が作成されている（柳沢護氏所蔵文書・一三三三、一四）。志賀における持高は二一貫八五五文、日村における持高は六六貫四六〇文余（後欠）。天正六年（一五七八）二月の諏訪大社上社造宮に際し、佐久郡滑瀬郷（佐久市）の代官として上諏訪中門の大鳥居造営のため一貫文の負担をしている（諏訪大社上社所蔵文書・二九四三）。翌七年二月の諏訪上社造宮に際しては、日村郷の代官としてやはり中門大鳥居造営のため、一貫文を負担した（大祝諏訪家文書・三〇七七）。

（丸島）

上原与三左衛門尉 うえはらよそうざえもんのじょう

生没年未詳。某年十二月二十四日、信濃耳取城（長・小諸市）攻略がうまくいきそうだとの報告を受けた武田晴信によって、同城攻略の責任者であった馬場備前守のもとに使者として派遣された（岡部忠敏氏所蔵文書・六五一）。次いで弘治三年（一五五七）六月には、上野倉賀野（群・高崎市）に派遣されていたが、市川藤若救援のために呼び戻されている（市川家文書・五六二）。所領を佐久郡山田郷（長・佐久市）に有していたが、同地は諏訪上社の神領であったため、永禄九年（一五六六）九月三日に諏訪社に寄進され、与三左衛門尉には替地が与えられることが決定した（諏訪大社文書・一〇三）。（丸島）

右近 うこん

生没年未詳。信濃国筑摩郡刈谷原（長・松本市）の土豪。会田岩下氏の被官とみられる。天正九年（一五八一）の「伊勢内宮道者御祓くばり帳」において、「かりや原分」の人物として「小瀬の右近」と記載され、熨斗五本、茶五袋を配られたと記されているのが唯一の所見（堀内健吉氏所蔵・三六四）。なお同史料には「こせの右進」とあるが右近の誤記であろう。（平山）

潮神主 うしおかんぬし

生没年未詳。信濃国筑摩郡明科（長・安曇野市）の潮神明宮の神主。天正九年（一五八一）の「伊勢内宮道者御祓くばり帳」において、「あかしな分」の人物として記載され、茶三袋を配られたと記されているのが唯一の所見（堀内健吉氏所蔵・三六四）。（平山）

牛奥兵部左衛門尉 うしおくひょうぶさえもんのじょう

生年未詳～天正三年（一五七五）五月二十一日。実名は昌頼と伝わる（寛政譜）。石森（山・山梨市）の地頭。天正三年の長篠合戦で戦死した（記録御用所本古文書・二八五二）。（丸島）

牛奥与三左衛門尉 うしおくよそうさえもんのじょう

生没年未詳。実名は昌茂と伝わる（寛政譜）。兵部左衛門尉昌頼の弟。天正三年（一五七五）の長篠合戦で兄が戦死したため、同五年閏七月十八日に、本領である石森郷（山・山梨市）内六〇貫文を安堵された（記録御用所本古文書・二八五三）。武田氏滅亡後、「天正壬午起請文」に信玄近習衆として名がみえる（山6下九四九頁）。同十一年閏正月十四日、家康から本領上石森のうち六〇貫文を安堵された（記録御用所本古文書・家康文書上四七六頁）。小田切茂富の子太郎右衛門を養子に迎えた。慶長六年（一六〇一）九月二十一日、太郎右衛門によって高野山成慶院で供養されている（甲州月牌帳二印・武田氏研究43一九頁）。法名は清泰常春禅定門。妻には花林理栄禅定尼という法名が付されている。供養依頼時、太郎右衛門は八代郡上村郷を領していた。（丸島）

牛御 うしご

生没年未詳。日向是吉の母。享禄元年（一五二八）に日向是吉が比志神社に奉納した棟札に記載がある（比志神社所蔵・六六）。「老母幼名牛御」とあり、当時の女性の名前のあり方の一端を教えてくれる。（丸島）

牛田真綱 うしださねつな

生没年未詳。善右衛門尉。郡内小山田氏の被官。永禄十年（一五六七）八月八日、小山田被官衆の一人として、武田氏に忠節を誓う「下之郷起請文」を提出した（生島足島神社文書・一二七九）。（丸島）

牛田若狭守 うしだわかさのかみ

生没年未詳。永正十七年（一五二〇）に、勝沼武田信友と小山田信有（涼苑）が岩殿山円通寺（山・大月市）に奉納した棟札にその名が見える（甲斐国志資料・四八）。小山田氏の被官とみてよい。（丸島）

牛牧甚三郎 うしまきじんざぶろう

生年未詳～天正三年（一五七五）十月二十三日。伊那郡牛牧（長・高森町）の武士。秋山虎繁の麾下として活動し、東美濃岩村城で戦死した。法名は歳連歳万禅定門（開善寺過去帳・新編伊那史料叢書4）。そ

のほかの事蹟は不明。（平山）

牛山五郎次郎 うしやまごろうじろう
生没年未詳。甲斐国巨摩郡武川村（山・北杜市）の在郷細工職人頭。細工奉公の内容は不明であるが、天正三年（一五七五）十二月二十八日付の武田家朱印状によると、累年におよぶ細工奉公の代償として、郷次普請役を免除されている（牛山家文書・二五七二）。（柴辻）

牛山次郎左衛門 うしやまじろうざえもん
生没年未詳。信濃国諏訪郡栗原（長・諏訪市）の在郷細工職人頭。天正五年（一五七七）閏七月七日付の武田家朱印状によれば、細工奉公の代償として、栗林郷の内で三貫文ほかを宛行われている（原家文書・二八四二）。ただし細工奉公の明細は不明である。（柴辻）

後屋対馬守 うしろやつしまのかみ
生年未詳～明応三年（一四九四）三月二十六日。武田氏の内向では油川信恵に味方したようである。しかし明応三年の合戦で信恵方は大敗し（勝山）、対馬守も討ち死にした。法名は、敬阿弥陀仏（一蓮寺過去帳・山6上四一八頁）。（丸島）

うすい対馬 うすいつしま
生没年未詳。信濃国筑摩郡麻績北条の土豪。天正九年（一五八一）の「伊勢内宮道者御祓くばり帳」において、「おミ北条分」の人物として記載され、熨斗三〇本、帯、茶五袋を配られたと記されているのが唯一の所見（堀内健吉氏所蔵・三四四四）。（平山）

うすい与五衛門 うすいよごえもん
生没年未詳。信濃国筑摩郡麻績北条の土豪。うすい対馬の子。天正九年（一五八一）の「伊勢内宮道者御祓くばり帳」において、「おミ北条分」の人物として記載され、茶三袋を配られたと記されているのが唯一の所見（堀内健吉氏所蔵・三四四四）。（平山）

臼田勝興 うすだかつおき
生没年未詳。主水丞。永禄七年（一五六四）二月十一日、木曽郡定勝寺（長・大桑村）に寺領一〇〇文を寄進した（定勝寺文書・八七五）。（丸島）

臼田満安 うすだみつやす
生没年未詳。善右衛門尉。伴野信是の被官。永禄十年（一五六七）八月八日、野沢衆の一員として、武田氏に忠節を誓った「下之郷起請文」を吉田信生に提出し、血判を据えている（生島足島神社文書・一八六）。（丸島）

臼田吉晟 うすだよしあきら
生没年未詳。佐渡守。佐久郡北方衆のひとり。永禄十年（一五六七）八月七日、北方衆の一員として、信玄に忠節を誓う「下之郷起請文」に署判し、吉田信生・浅利信種に提出した（生島足島神社文書・二四九）。（丸島）

内田加賀守 うちだかがのかみ
生没年未詳。甲斐国八代郡下岩崎郷（山・甲州市）の土豪。弘治三年（一五五七）三月十日の武田晴信感状（内田家旧蔵文書・五三三）で、信濃国水内郡葛山（長・長野市）での戦功を賞された内田善三の子、あるいは後身か。天正四年（一五七六）十月の武田家官途状（同前・二七三三）で加賀守の受領を与えられた。同七年六月十七日の武田家朱印状写（妙遠寺旧蔵文書・三一三〇）では、河野織部佑の死去後に恩地と駿州在城領の半分を武田氏から宛行われており、駿河国内の城に在番していたことが窺える。武田氏滅亡後は徳川氏に仕えたが、同氏の関東転封には従わず、在所に残留したとみられる（国志4二八四頁）。（鈴木）

内田監物 うちだけんもつ
生没年未詳。弘治元年（一五五五）四月

二十五日、佐野山（長・千曲市）在城のため、知行地北大塩（長・茅野市）の押立公事を一部免除されたのが初見である（別本歴代古案・四三二）。同年七月十九日の第二次川中島合戦で首一つを討ち取る軍功をあげ、感状を与えられている（高橋家文書・四四八）。弘治三年三月十日、二月十五日の葛山（長・長野市）攻めにおける働きで感状を与えられた（同前・五四五）。永禄九年（一五六六）の諏訪大社上社の玉垣造作では、一間を担当している（守矢家文書・九八〇）。元亀元年（一五七〇）九月二十三日、海津（長野市）在城を命じられ、知行地北大塩の普請役を一部免除されている（別本歴代古案・一六〇〇）。天正三年（一五七五）二月十四日、北大塩における普請役免除特権の安堵を受けている（同前・二四五八）。代替わり安堵を受けたものとみてよいだろう。この時も海津に在城している。同六年二月の上諏訪大宮・前宮の瑞籬・外垣造宮帳にその名がみえる（諏訪大社文書・二九四六）。瑞籬造営のため、宇木郷（長野市）ほか二郷の取手、外垣造営のため、春日郷（長・佐久市）ほか四郷の取手をつとめている。同八年九月二十三日、あらためて海津在城免として、普請役の免許を受けている（別本歴代古案・三四二六）。活動期間が長いため、これ以前に代替わりをしたものか。一貫して海津城の守備にあたった人物である。（丸島）

内田清三 うちだせいぞう

生没年未詳。天文十六年（一五四七）八月六日の小田井原（長・御代田町）合戦で小島次郎四郎を討ち取り、その日のうちに感状を与えられた（西沢徳太郎氏所蔵文書・二三二）。続く志賀城（長・佐久市）攻めでも清水左近丞を討ち取るという戦功をあげ、八月十一日に即刻感状を与えられている（西沢徳太郎氏所蔵文書・二三八）。同十七年七月十九日の塩尻峠合戦で首二つを討ち取り、感状を与えられたのが終見である（内田家文書・二五五）。内田氏は武田氏滅亡後、上杉氏に仕えた。（丸島）

団扇屋 うちわや

生没年未詳。吉田（山・富士吉田市）の富士山御師で、近世には代々小沢伯耆を称した（山4解説編二四三頁）。永禄二年（一五五九）四月十四日、小山田信有（桃隠）から悪銭法度を通達された（御師中所持之書物写・六六〇）。天正十年八月十二日、下総の国衆高木胤辰から祈禱の礼を謝せられるとともに、胤辰が従属する北条氏直と、徳川家康の戦争の状況を知らされている（森島本甲斐国志草稿・山4一五三五）。（丸島）

宇津木下総守 うつぎしもうさのかみ

生没年未詳。上野国衆で那波郡玉村郷（群・玉村町）の領主。通称は初め官途名左京亮、のちに受領名下総守を称する。天正七年（一五七九）十一月十六日付で武田氏から、厩橋北条高広を武田氏に従属させるために使者をつとめた功績に対し、二〇〇貫文の所領を与えられているのが初見（宇津木文書・三一九五）。取次を箕輪城代内藤昌月がつとめている。なお同五年六月二十一日付岳雲軒（下曾禰浄喜）宛武田家過書に目的地として「上州宇津木」があがっているが（同前・二八一九）、表記に問題があり、検討を要する。そのため確実な初見は天正七年となる。同年十二月二十八日には北条高広から、武田氏への従属を取り成した功績に対し、本領玉村五二貫文のほか、茂木郷・上之手郷・斎田郷・南玉村・飯島半郷（玉村町）長井分の計二八一貫文の所領を与えられている。さらに北玉村に城郭を築き在城することを認められている（同前・三三三四）。このことから、左京亮は厩橋北条氏の被官となったことが窺われる。同八年十月十日には、今後の忠節に対する功賞として武蔵で知行二〇〇貫文の宛行を約されており、以後は受領名下総守でみえる（同前・三四三五）。武田氏時代の知行高は五四一貫文と伝えられる（同前・宇津木泰繁言上状）。しかし同九年五月までのうちに武田氏から離叛して北条氏に従属している（同前・戦北三三二）。これによって厩橋北条氏からは自立し、北条氏旗本の国衆になったと考えられる。北条氏従属下では北条氏邦・垪和康忠の取次を受ける。その後は北条氏への従属を続け、同十一年に那波郡福島郷（玉村町）内六〇貫文（実際には約三二貫文、同前・戦北二五八九、二六〇二）、同十三年に新田領金山城（群・太田市）在城給分として一七四貫文（同前・戦北二八八二）、同十四年に知行一〇〇貫文・同心給七〇貫文（同前・戦北二九七八）を宛行われている。このほかに同心鉄炮衆給分を一〇〇貫文与えられ、毎年支給されたようである（同前・三〇二八ほか）。同十五年までは金山城に在番しているが（同前・戦北三一七〇）、同十七年には厩橋城（群・前橋市）に在番している（同前・戦北三五〇二）。同年十二月八日、北条氏から小田原合戦のための出陣命令を受けているのが終見（同前・戦北三五六四）。北条氏時代の知行高は二六〇貫文・同心給二〇〇貫文と伝えられる（宇津木泰繁言上状）。同月二十四日から嫡子と推定される兵庫助が所見されるので、その間に死去した可能性が高い。子女には、嫡子兵庫助（のち下総守）と女子三人（遠山左衛門佐妻・倉賀野家吉妻・家臣武井正詮妻）があったと伝えられる（宇津木家譜）。なお嫡子兵庫助は同十八年三月には下総守を襲名している（宇津木文書・戦北三六九二）。小田原合戦後は所領福島郷に居住し、新入部の井伊直政に仕え、一時牢人の後、彦根藩井伊氏家臣となった。　（黒田）

浦野義見斎　うらのぎけんさい

生没年未詳。上野国吾妻郡日影（群・中之条町）の土豪。「儀見斎」とも表記される。「加沢記」によれば、永禄五年（一五六二）頃における吾妻郡鎌原氏と羽尾氏の所領をめぐる紛争に際し、草津（群・草津町）の湯本善太夫とともに鎌原氏に味方し、羽尾氏没落に協力したという。武田氏に被官化し、真田氏の同心に編成されたと推測されるが、確実な初見は、天正三年（一五七五）六月十六日に、武田氏家臣跡部勝資から、湯本善太夫の老母への扶持について指示を受けていることである（浦野文書・二四九九）。これは同年五月の三河長篠合戦での負傷がもとで善太夫が死去し、その際に善太夫から老母への扶持について依頼されていたことによるとみられる。武田氏段階での所見はこれのみで、天正十年三月の武田氏滅亡後は真田氏家臣となり、同年十月、真田昌幸から羽尾領内屋敷分五貫文を与えられ、湯本三郎右衛門尉が真田氏に奉公するよう尽力を求められている（同前・群三〇八四）。ここで屋敷分として所領を宛行われていることからすると、それ以前は被官ではなかった可能性もある。同十八年十二月二十一日、知行改めにより長野原（群・長野原町）五貫文を安堵されている（同前・群三六六）。その後の動向は不明。　（黒田）

浦野源一郎　うらのげんいちろう

生年未詳～天正十年（一五八二）三月五日。信濃小県郡の国衆浦野氏の当主とみられる。「遺文」をはじめとする諸書は姓を「海野」と誤読しているので、注意が必要である。以下に述べる文書においEND

て、武田氏から当主として扱われているから、母は武田信虎の娘とみてよいだろう。元亀三年（一五七二）七月晦日、武田氏の分国を追放された一四名の者が、近辺を徘徊していたら、ただちに召し捕り注進するよう命じられた（小泉家文書・一九三〇）。この文書の宛所には、小県郡の国衆当主が並んでいるから、源一郎が浦野氏を代表する立場にあったことは確実である。天正六年二月の「上諏訪造宮帳」において、小県郡浦野荘内田沢郷（長・青木村）の代官は浦野宮内介がつとめている（諏訪大社上社所蔵文書・二九四二）。塩原郷（青木村）の代官も「宮内介」とある。これはおそらく、仁古田衆色部宮内助を指すのではないか。翌七年二月六日の「上諏訪造宮帳」では浦野荘内村松郷（青木村）の代官を浦野主水佐が、尾上郷（夫神、青木村）の代官を浦野四郎兵衛がつとめている（大祝諏訪家文書・三〇七七）。いずれも浦野同名衆と考えられ、浦野氏の勢力が浦野荘のなかでも、現青木村域を中心に広がっていたことがわかる。同十年三月五日に死去した。当時の情勢からみて、織田軍と戦って討ち死にした可能性が高い。法名は、天長院殿光桂宗玉（東昌寺宝篋印塔墓銘・浦野文書と一族の系譜一〇三頁）。翌十一年三月五日、「光桂宗玉」の菩提を弔うため、後室「天窓寿清」が供物を載せるための打敷に刺繍し、東昌寺住持易叟周賢がその経緯を墨書している（浦野文書と一族の系譜九九頁）。一周忌の供養であり、この女性が源一郎の正室とわかる。後室は慶長二年（一五九七）二月二十一日没。法名は心浄院天窓寿清（東昌寺宝篋印塔墓銘・同前一〇三頁）。その後の浦野氏の動向は判然としない。武田氏滅亡後の天正十年七月二十六日、屋代秀正が上杉景勝から浦野氏跡を与えられている（屋代家文書・上越二四八五）。このことからすると、浦野氏は上杉氏には与しなかったと思われる。慶長七年には、浦野七左衛門が真田氏に仕えていることが確認されるが（大鋒院殿御事蹟稿・信19四五一頁）、別系である。浦野氏が禰津氏の庶流であること、「豊岡浦野氏家譜」（浦野文書と一族の系譜三四頁）が伝存していることを考えると、禰津常安にしたがって、上野豊岡（群・高崎市）に入ったとみるのが妥当だろう。　（丸島）

浦野貞次　うらのさだつぐ

生没年未詳。信濃小県郡の国衆浦野氏の一門。新左衛門尉。永禄十年（一五六七）八月七日、武田氏に忠誠を誓う下之郷起請文を、被官衆連名で提出している（宛所を欠く、生島足島神社文書・一一六八）。その際、「正印」（浦野幸次）が逆心を抱いた場合は、浦野氏を見捨てて武田氏に従うことを誓約している。　（丸島）

浦野新右衛門　うらのしんえもん

生没年未詳。小県郡の国衆浦野氏の一門新左衛門尉貞次と同一人物視されているが、疑問。弘治元年（一五五五）七月十九日の第二次川中島合戦で首ひとつを討ち取り、感状を与えられている（新編会津風土記・四四四）。宛所の敬称は「との」であり、さほど高い身分ではなかったと考えられる。　（丸島）

浦野信慶　うらのしんけい

生没年未詳。信濃小県郡の国衆浦野氏の一門。宗波軒。永禄十年（一五六七）八月七日、武田氏に忠誠を誓う下之郷起請文を、被官衆連名で提出している（宛所を欠く、生島足島神社文書・一一六八）。その際、「正印」（浦野幸次）が逆心を抱いた場合は、浦野氏を見捨てて武田氏に従うことを誓約している。　（丸島）

浦野（大戸）新四郎　うらのしんしろう

生没年未詳。上野国衆大戸浦野氏の一族。永禄七年（一五六四）二月七日付で武田信玄から、浦野三河守とともに、忠節への功賞として本領吾妻郡三島郷（群・東吾妻町）を宛行われるが、当知行者の拒否にあったためか実現をみないため、信濃高梨領新野八〇〇貫文・井上糧米二〇〇俵（長・須坂市）を替地として宛行われているのが唯一の所見（浦野文書・八六二）。ただし同文書は文言的にも検討の余地があり、そのままに信用できないが、同時にみえる三河守はその父と推定される。（黒田）

浦野（大戸）真楽斎 うらのしんらくさい

生没年未詳。上野国衆で吾妻郡大戸（群・東吾妻町）城主。初め箕輪長野氏の同心であったが、永禄五年（一五六二）に武田氏に従属する。通称は、初め官途名中務少輔、次いで宮内左衛門尉、出家後は真楽斎を称する。山内上杉氏没落後は北条氏に従っており、同三年九月十五日に北条氏政から忠信のため実子を人質に出すよう命じられているのが初見。「中務丞」でみえる（新編会津風土記・戦北三八六六）。その後、越後上杉謙信に従属し、同四年の「関東幕注文」（群二三三）に、箕輪長野氏の同心として「大戸中務少輔」とみえている。妻は長野業正の娘（長野系図・箕郷町誌）。そのほか、吾妻郡岩下斎藤越前守の妹も妻と伝えられているが（加沢記）、世代が合わないか。同五年五月二日までに武田氏に従属し、同日にその具体的行動として箕輪領権田（群・高崎市）に侵攻した（大竹文書・七八一）。武田氏への従属は、吾妻郡鎌原氏の仲介により（伏島文書・七八五）、従属後は甘利昌忠のもとに初めて参陣している（新編会津風土記・八一五）。同七年一月まで中務少輔を称しているが（同前・八五七）、同九年閏八月から宮内左衛門尉でみえる（武家事紀・一〇〇五）。同十年四月十六日には信玄から、これまでの忠信への功賞として、吾妻郡三島・山県・権田・三蔵・水沼・岩氷（高崎市）を宛行われている（新編会津風土記・一〇六六）。同十一年閏五月には箕輪城代浅利信種に従って武蔵への進軍を命じられ（小幡文書・一四一三）、天正元年十二月には三河作手城に在番し（君山合偏・二二三〇）、同二年閏十一月には箕輪城代内藤昌月に従って利根川河東への進軍を命じられている（小幡文書・二三九五）。同三年と推測される十二月まで宮内左衛門尉を称しているが、同六年までに推定される三月には隠居し、嫡子弾正忠（孫六郎）に家督を譲り（新編会津風土記・三〇七二）、同七年三月十八日には真楽斎を称している（同前・三一〇七）。その後は土屋昌恒の取次を受けている。しかし同九年の遠江高天神城落城にともない弾正忠が戦死したとみられ、再び家督を管掌したと考えられる。同十年三月の武田氏滅亡後、上野国衆安中氏を通じて織田氏に従属（君山合偏）、同年六月の神流川合戦後は北条氏に従属し、十月までの所見がある（富田仙助氏所蔵文書・戦北二四三三）。北条氏従属下では北条氏邦の指南を受けた。しかし同十二年二月までの間に、北条氏から離叛して吾妻郡・沼田領の真田氏に従ったとみられ、北条氏から攻撃を受け（小板橋文書・戦北二六三〇）、同年三月二日には氏邦があらためて大戸城を取り立てているから（諸州古文書・戦北二五〇六）、大戸城は落城、浦野氏は没落したと推定される。なお天正三年一月、「大戸」から武田氏に出されている人質として、娘（永禄四年生まれ）と息梅千世（同六年生まれ）が存在している（新編会津風土記・二四〇〇）。

「大戸」は真楽斎を指す可能性が高く、その場合、真楽斎には弾正忠・梅千世・女子の子女があったことになる。（黒田）

浦野（大戸）丹後　うらのたんご

生年未詳～天正九年（一五八一）三月二十二日。高天神籠城衆。天正九年の高天神落城に際して討ち死にした（乾徳山恵林寺雑本・信15一七頁）。「大戸丹後」と記されているから、上野吾妻郡の国衆大戸浦野氏の一門だろう。（丸島）

浦野（大戸）弾正忠　うらのだんじょうのじょう

生年未詳～天正九年（一五八一）三月二十二日か。上野国衆で吾妻郡大戸（群・東吾妻町）城主、浦野真楽斎の嫡子。幼名能化丸、仮名孫六郎、官途名弾正忠を称する。永禄六年（一五六三）十二月九日付で甘利昌忠が父中務少輔（真楽斎）に宛てた書状のなかにみえる「御息」は彼にあたるとみられる。同十年四月十六日に、父宮内左衛門尉（真楽斎）が信玄から、これまでの忠信への功賞として、吾妻郡三島・山県・権田・三蔵・水沼・岩氷（群・高崎市）を宛行われた際、父にならんで能化丸の名でみえるのが明確な初見（新編会津風土記・一〇六六）。天正四年から同六年までの間に推定される三月六日付で武田勝頼から、「其地」普請のための在陣を労われる書状を送られており（同前・三七二）、この時には父真楽斎に代わって家督を嗣いでいたと推定される。また仮名孫六郎でみえる。また同年までに比定される二月十七日付で勝頼から送られた書状では、遠江への参陣を命じられている（小幡文書・三六九四）。同六年七月には勝頼から遠江高天神城支援のための出陣を命じられている（同前・三〇〇五）。以後は官途名弾正忠を称している。同七年三月十八日には勝頼から、父真楽斎が信玄から宛行われていた吾妻郡三島・山県・権田・三蔵・水沼・岩氷（高崎市）について、あらためて与えられている（新編会津風土記・三一〇七）。同年十月には高天神城に在番している（諸家古案・三一七九）。この後、所見はみられず、父真楽斎が家督としてみえているから、同九年三月二十二日の高天神城落城に際して戦死した可能性が高い。妻は吾妻郡海野長門守幸光の娘とする伝えがある（加沢記）。（黒田）

浦野友久　うらのともひさ

生年未詳～永禄十一年（一五六八）六月八日。小県郡の国衆浦野氏の一門とみられる。源之丞、兵部少輔、美濃守を称したという（豊岡浦野氏家譜・浦野文書と一族の系譜三六四頁）。これが正しければ、「惣人数」に信州先方衆、騎馬一〇騎と記載のある「うらの源之丞」と同一人物ということになるが、同系図が「軍鑑」を参考に記述された可能性もあり、確定できない。問題は浦野幸次との関係で、幸次が単に「浦野殿」と呼ばれていることからすれば、「浦野美濃守殿」である友久は庶流ということになる。永禄元年七月六日、高野山蓮華定院に逆修（生前）供養を依頼した（過去帳月坏信州小県郡分第一）。ここで太松玄久という法名が付されている。天文十一年（一五四二）正月十九日付でみえる浦野美濃守（法名天応玄芳禅定門）は父親であろう（同前）。永禄三年に、越前朝倉氏の菩提寺心月寺（福・福井市、廃寺）の高僧才応総芸を開山として招き、東昌寺（長・上田市）を中興開基したという（東昌寺所蔵世代幷僧開基・信13三〇三頁、東昌寺所蔵法衣袋墨書銘・同前）。これが友久と伝わり、浦野氏の菩提寺となっているから、幸次と友久のどちらが力を有していたか、判断が難しい。同寺には、友久所用とされる印判が二顆伝わっており、印文は「金木」および「友久」という（浦野文書と一族の系譜九四頁）。「東昌寺過去帳」によると、同二十三年二月二十一日に友久の姉が死去している（浦野文書と一族の系譜一〇一頁）。東昌寺院塔記は天文十三年二月二十一日とする・同前一〇三頁）。しかし法名を浦野源一郎妻と取り違えており、明らかに混乱がみられる。永禄九年二月、浦野氏とゆかりの深い上野烏子稲荷神社（群・高崎市）に、絵馬を奉納している（稲荷神社由来書・浦野文書と一族の系譜一二六頁）。なお、武田信虎の娘が信濃浦野氏に嫁いでおり、具体的に誰かが問題となる（古浅羽本武田系図・群書系図部集3四三頁、武田源氏一統系図・山6下七三頁、武田源氏一流系図・同前七四二頁）。友久の正室が、この信虎の娘という伝承があるというが、友久にせよ、幸次にせよ、武田氏から偏諱を受けた形跡がなく、確定しがたい。友久の正室は、同十一年三月十七日に没し、法名は花光院蘭庭妙芳大姉とされる（東昌寺過去帳・浦野文書と一族の系譜一〇二頁、東昌寺宝篋印塔墓銘・同前一〇三頁ほか）。この女性は「蓮華定院過去帳月坏信州小県分第一」には「浦野老母」と記されており、蓮華定院は「浦野惣領家」の母親と捉えたようである。あるいは友久に信虎の娘が嫁ぎ、美濃守家が惣領の地位を手にしたのかもしれない。いずれにせよ、東昌寺の記録にはかなり混乱があり、問題が多いと言わざるをえない。浦野友久は、同十一年六月八日に没した。法名昌樹院殿大松玄久大居士（東昌寺過去帳・浦野文書と一族の系譜一〇一頁、東昌寺宝篋印塔墓碑銘・同前一〇三頁ほか）。この点は諸記録一致している。なお、浦野幸次・信政の項を参照。（丸島）

浦野長種 うらのながたね

生没年未詳。信濃小県郡の国衆浦野氏の一門。源右衛門（尉）。永禄十年（一五六七）八月七日、武田氏に忠誠を誓う下之郷起請文を、被官衆連名で提出している（宛所を欠く、生島足島神社文書・二六八）。その際、「正印」（浦野幸次）が逆心を抱いた場合は、浦野氏を見捨てて武田氏に従うことを誓約している。（丸島）

浦野信政 うらののぶまさ

生没年未詳。源太郎。某年九月五日、「羨野」（未詳）から高野山蓮華定院に書状を送り、父の菩提のため、印塔・石塔の建立と日牌供養を依頼している（蓮華定院文書・四七七）。信濃小県郡の浦野氏と思われるが、系譜関係を明らかにすることは難しい。ただし、武田氏の通字「信」を実名に用いている点は注目され、彼が浦野氏惣領で、武田信虎の娘を娶った可能性がある。（丸島）

浦野政吉 うらのまさよし

生没年未詳。信濃小県郡の国衆浦野氏の一門。新太郎、弥三左衛門尉。某年八月二十九日、高野山蓮華定院に亡父「りんせつげんとく」が同年三月十八日に死去したことを伝え、月牌供養を依頼している（蓮華定院文書・四七七）。「遺文」は「海野」と誤読しているが、原本で確認する限り「浦野」が正しい。また花押型も、後述する「生島足島神社文書」のそれと類似し、武田様の特徴をもつ。弘治三年（一五五七）、武田勢によって焼亡した文永寺（長・飯田市）の再興を、晴信に求めることが決められた。文永寺の本寺である理性院厳助が、大蔵卿厳詢に女房奉書を携えて甲斐に下向することを決めたところ、正月に「浦野弥三」が上洛し、迎えに出ている（厳助往年記弘治三年三月三日条）。これが政吉であろう。永禄十年

（一五六七）八月七日、武田氏に忠誠を誓う下之郷起請文を、被官衆連名で提出している（宛所を欠く、生島足島神社文書・二六八）。その際、「正印」（浦野幸次）が逆心を抱いた場合は、浦野氏を見捨てて武田氏に従うことを誓約している。（丸島）

浦野（大戸）三河守　うらのみかわのかみ

生没年未詳。上野国衆大戸浦野氏の一族。永禄七年（一五六四）二月七日付で武田信玄から、忠節への功賞として本領吾妻郡三島郷（群・東吾妻町）を宛行われるが、当知行者の拒否にあったためか実現をみないため、信濃高梨領新野八〇〇貫文・井上糧米二〇〇俵（長・須坂市）を替地として宛行われているのが初見（浦野文書・八六二）。宛名に同時にみえる新四郎はその子と推測される。同八年二月十七日に信玄から、前年の信濃川中島合戦での戦功への功賞として、三島郷を宛行われている（小宅文書・九二七）。ただし両文書とも文言的にも検討の余地があるため、そのままには信用できないが、三河守の存在は信じてよいと思われる。またともに海津城代香坂虎綱が取次をつとめている。同九年までと推測される五月四日付の信玄書状では、在番衆の山家薩摩守・城対馬守とともに「其地」の普請を命じられ、同地には信濃国衆禰津常安が近く着陣することが伝えられている（小幡文書・二〇六五）。三河守に関する所見はこれが終見となる。大戸浦野氏において受領名三河守は歴代官途にあたり、それに基づけばこの三河守は当時の当主中務少輔（真楽斎）・新八郎（民部右衛門尉）兄弟の父にあたる可能性が高い。そうであれば永禄五年十一月に甘利昌忠が新八郎に宛てた書状（新編会津風土記・八〇九）、同年十二月に昌忠が中務少輔に宛てた書状（同前・八四八）にみえる「御老父」は、三河守にあたることになる。しかし他方、「加沢記」では、大戸浦野氏と別系の三島郷を本拠とする浦野氏の存在が伝えられているので、この系統にあたる可能性も推定される。その場合、「加沢記」に同郷地頭でみえる下野守にあたるか。下野守は岩下斎藤越前守の娘婿と伝えられている。（黒田）

浦野（大戸）民部右衛門尉（初代）　うらのみんぶえもんのじょう

生年未詳～永禄十二年（一五六九）十月六日。上野国衆大戸浦野氏の一族、三河守の次男か、真楽斎（中務少輔・宮内左衛門尉）の弟。通称は初め仮名新八郎、永禄十年から官途名民部右衛門尉を称する。永禄五年九月二十二日付で武田信玄から忠節への功賞として箕輪領五〇〇貫文地の宛行を約されているのが初見（新編会津風土記・七九七）。すでに兄中務少輔は武田氏に従属しているから、それに従ったものとみられる。十一月十日付で甘利昌忠から書状を送られているように、兄と同じく同人の取次を受けている（同前・八〇九）。翌十一日に先の約束にあたる箕輪領半田跡を宛行われている（同前・八一〇）。同六年七月以前に甲府に参府している（同前・八二九）。同十年五月一日までに官途名民部右衛門尉に改称し、武田氏から白井領渋河内石原郷（群・渋川市）一五〇貫文を与えられている（同前・一〇六八）。奉者を金丸（のち土屋）昌続がつとめており、以後は同人の取次を受ける。同十二年八月五日には信玄から、石原内一二〇貫文・山名（群・高崎市）一〇〇貫文を宛行われている（同前・一四四二）。しかし同年十月六日の相模三増合戦で戦死、家督は嫡子新八郎（のち民部右衛門尉）が嗣いだ（同前・一五一九）。（黒田）

浦野（大戸）民部右衛門尉（二代）

うらのみんぶえもんのじょう

生没年未詳。上野国衆大戸浦野氏の一族、民部右衛門尉（初代）の子。通称は初め仮名新八郎、天正六年（一五七八）から官途名民部助、同八年から民部右衛門尉を称する。永禄十二年（一五六九）十月六日の相模三増合戦で父民部右衛門尉の戦死によって家督を嗣ぎ、翌元亀元年（一五七〇）三月五日に武田信玄から、家督相続を認められているのが初見（新編会津風土記・一五二九）。同三年六月十九日に信玄から、父から相続した箕輪領山名（群・高崎市）一〇〇貫文について、木辺越前守に宛行った替地として、多胡郡多比良領（高崎市）内六〇貫文を宛行われている（同前・一九〇四）。奏者を土屋昌続がつとめており、父以来、同人の取次を受けている。同三年八月には、これ以前に白井真光寺（群・渋川市）に対し、同寺領八幡免のうち三貫文余を寄進していたことが知られ（真光寺文書・一九四二）、武田氏から白井領で所領を与えられていたことが知られる。天正二年七月十九日には武田勝頼から、駿河・遠江参陣の功賞として、遠江大野郷（静・磐田市）内五〇貫文を宛行われている（新編会津風土記・二三一七）。同六年十二月十五日に武田氏から、所領多比良領・石原郷（渋川市）について城御用以外の竹木伐採禁止を命じられ、官途名民部助でみえる（浦野文書・三〇五二）。同八年三月十日には武田氏から、沼田領での所領宛行を約され、官途名民部右衛門尉でみえる（新編会津風土記・三二〇〇）。同年八月五日、箕輪領室田（高崎市）内の所領が相違したため、菖蒲沢以下五ヶ所の屋敷を替地として宛行われている（同前・三三九二）。室田における所領は、これ以前に宛行われていたものであろう。同九年三月十日、岩櫃城代真田昌幸から甲府までの参陣を命じられており（同前・三五一六）、同人の与力に編成されていたか。同十年三月一日には勝頼から、本地知行分についてあらためて安堵を受けている（同前・三六六七）。同月の武田氏滅亡後は織田氏、次いで六月の神流川合戦後は北条氏に従属した。しかし同年九月十二日に、越後上杉景勝の家臣岩井信能から書状を送られ、武田氏によって没落させられていた羽尾源六郎の本領復帰の工作を賞されている（覚上公御書集・上越二五五九）。このことから真田氏への対抗からか上杉氏にも接近していたことが窺われる。その一方で、同月十八日には松井田城将大道寺政繁に、屋敷安堵について北条氏への取り成しを依頼し、政繁からはその了解と松井田へ来るよう命じられている（新編会津風土記・戦北二四二三）。その件は、箕輪内藤昌月の意見によるというから、北条氏への従属にあたり、内藤氏の仲介を得ていたのであろうか。同年十一月には松井田城に行っており、政繁の次男直昌に訴訟の取り成しを依頼したとみられる（同前・戦北四二五八）。同十一年五月には政繁から書状を送られ、下野佐野領攻めの状況を報されている（同前・戦北三九二七）。北条氏従属下では大道寺政繁の指南を受けている。これ以後の所見はなくその後の具体的動向は不明。同十二年になると大戸浦野氏が没落しているから、同時に没落したと推測される。

（黒田）

浦野幸次 うらのゆきつぐ

生没年未詳。信濃小県郡浦野（長・上田市）の国衆浦野氏の当主と思われる人物。左衛門尉。浦野氏は滋野一族に連なる家で、禰津氏から分かれた可能性が指摘されている。小県浦野家は、上野吾妻郡の大戸浦野家と血縁関係があることが諸系図にみえるものの（浦野文書と一族の系譜）、歴代は判然とせず、また大戸浦野氏との関係は検討の余地が大きい。現在残されている史料を見る限り、浦野本家と浦野美濃守家に分かれていたようである。幸次は、浦野本家の当主とみられる。天文二十二年（一五五三）八月十五日、訴訟を退ける形で、八木沢（上田市）三〇〇貫文・福田（同前）一〇〇貫文を宛行われている「浦那」は浦野氏の誤記と思われ（甲陽日記）、幸次に比定できよう。永禄元年（一五五八）四月十六日に、高野山蓮華定院に逆修（生前）供養を依頼した「浦野殿」も幸次であろう（過去帳月坏信州小県郡分第一）。法名は永繁とあるが、「浦野殿立之」とあるから、幸次自身のものではない。妻室か。同十年八月七日、武田氏に忠誠を誓う下之郷起請文を提出した（宛所を欠く、生島足島神社文書・二六七）。同日付で、被官も起請文を提出しており、そこでは「正印」と呼ばれている（同前・二六八）。翌十一年三月十七日、「浦野老母」つまり惣領家の妻室の逆修供養を蓮華定院に依頼した人物は幸次の可能性もあるが（過去帳月坏信州小県郡分第一）、友久と理解されているようである。その後の動静は不明だが、同十二年十二月十八日付で蓮華定院で供養が営まれ、実叟道真禅定門という法名が付されている（同前）。美濃守家の当主友久が開基した東昌寺の過去帳には「宝樹院殿実叟道真居士　浦野大覚」（浦野文書と一族の系譜一〇二頁）とある一方、「東昌寺記」（同前一〇三頁）には同じ戒名が「源一郎重久」とあって混乱がみられる。しかし「蓮華定院供養帳」には単に「浦野殿」とだけあり、この時点での浦野氏惣領つまり幸次のものとみるのが自然であろう。東昌寺の宝篋印塔にも戒名と命日が記される（同前）。なお「豊岡浦野氏家譜」は、「理中院実相道真」と法名が音通する人物を浦野美濃守友久の弟で、大戸城主浦野民部右衛門重秀、同十二年に三増峠合戦で討ち死にしたとする（浦野文書と一族の系譜三六四頁）。たしかに大戸浦野民部右衛門尉は、同年十月六日に死去しているから、三増峠合戦で討ち死にしたとみてよい。この記述が正しければ、浦野幸次は大戸城主浦野民部右衛門尉と同一人物ということになるが、誤伝と考えざるをえない。もっとも、元亀三年（一五七二）には源一郎が浦野氏の当主として扱われているから、あるいは三増峠合戦で、大戸浦野民部右衛門と同時に討ち死にしたのかもしれない（この点、色部宮内助の項を参照）。ただし「東昌寺記」は、戒名を源一郎と取り違えてはいるものの、天正二年（一五七四）三月五日没としており（同前一〇三頁）、確定は困難である。ただいずれにせよ、法名は宝樹院殿実叟道真居士とみるのが自然ではないか。大永三年（一五二三）三月二十日に月叟玄嘉禅定門という法名が付された「浦野殿」がおり（蓮華定院過去帳月坏信州小県郡分第一）、幸次の父または祖父とみられる。法名の付し方に、類似点があることに注目したい。なお、浦野友久・信政の項を参照。（丸島）

浦野幸守　うらのゆきもり

生年未詳～天正九年（一五八一）三月二十二日。信濃小県郡の国衆浦野氏の一門。右衛門（尉）。永禄十年（一五六七）八月七日、武田氏に忠誠を誓う下之郷起請文を、被官衆連名で提出している（宛所を欠く、生島足島神社文書・二六八）。その際、「正印」（浦野幸次）が逆心を抱いた場合は、浦野氏を見捨てて武田氏に従うことを誓約している。「幸」は幸次の偏諱か。その後、遠江高天神城（静・掛川市）に在城。天正九年三月、同城の落城によって討ち死にした（乾徳山恵林寺雑本・信15一七頁）。（丸島）

浦野吉忠 うらのよしただ

生没年未詳。信濃小県郡の国衆浦野氏の一門。久右衛門尉。永禄十年（一五六七）八月七日、武田氏に忠誠を誓う下之郷起請文を、被官衆連名で提出している（宛所を欠く、生島足島神社文書・一一六八）。その際、「正印」（浦野幸次）が逆心を抱いた場合は、浦野氏を見捨てて武田氏に従うことを誓約している。（丸島）

瓜生宮内助 うりゅうくないのすけ

生没年未詳。実名の上の字は「昌」。天正三年（一五七五）二月二日、伊勢神宮に願文を出し、立願の暁には、供田一〇〇俵を寄進することを誓約している（幸福大夫文書・二四五〇）。（丸島）

漆戸虎秀 うるしどとらひで

生没年未詳。丹波守。武田氏滅亡が間近に迫った天正十年（一五八二）三月二日、勝頼の指示で上杉景勝に援軍派遣を求めたひとり（上杉家文書・三六七二）。越後国境に配備されていたものと思われる。現存はしていないが、高野山成慶院に書状を送っている（檀那御寄進状幷消息・戦国大名武田氏の権力と支配三八頁）。（丸島）

漆戸虎光 うるしどとらみつ

生没年未詳。主水佑、左京進。永禄八年（一五六五）六月、武田義信が甲斐二宮美和神社造立奉納を行った際、太刀一腰を奉納した（美和神社文書・九四六）。この時、主水佑。天正六年（一五七八）三月二十一日、信濃芹ヶ沢と富岡で相論が起こった際、飯室善忠とともに双方の言い分を書き記した証文を作成した（芹ヶ沢富岡問答日記写・二九五七）。この時、左京進。なお「惣人数」は百足の指物衆として「漆戸左京亮」の名を記す。あるいは同一人物か。また漆戸左京亮の娘が青木信立に嫁いだという（寛政譜）。ただし、虎光の娘とするには世代が齟齬し、虎光の姉妹にあたるのかもしれない。（丸島）

漆戸光範 うるしどみつのり

生年未詳～天文十四年（一五四五）十月十八日。河内守。勝沼（山・甲州市）の住人。天文六年三月二十一日、高野山引導院で逆修（生前）生前供養を行い、道安禅定門の法名を付されている（引導院日坏帳・山6下九三〇頁）。同九年六月二十四日には妻の逆修供養（法名妙幸禅定尼）、同十九年十一月五日には母の追善供養（法名喜貞妙慶禅定尼）がそれぞれ高野山引導院で行われている（同前・九二〇、三二頁）。同十四年十月十八日没（一蓮寺過去帳・山6上四三二頁）。娘は武田信実に嫁いだ（寛政譜、ただし染土河内守と誤記する）。（丸島）

漆畠加賀守 うるしばたけかがのかみ

生年未詳～天正十二年（一五八四）六月二十四日か。駿河衆。「岡部氏過去帳」に記されているから、岡部一門ないし姻戚と思われる。没年ないし供養依頼年は「申年」とだけあるが、岡部氏は天正十二年甲申にまとまって供養を行っていることから同年に比定できると思われる。法名は、前加州太守春岩昌栄禅定門（本覚院所蔵西方院岡部氏過去帳）。なお、漆畠は静岡県藤枝市の地名である。（丸島）

上穂源三郎 うわぶげんざぶろう

生没年未詳。信濃国伊那郡の国衆。上穂城（長・駒ヶ根市）主。上穂氏は、飯島・大島・片切・赤須氏とともに春近衆と呼称された。「軍鑑」に五人あわせて五〇騎を引率し、組頭でも組子でもない武田氏直属の侍大将衆と記載されている。源三郎は、活動時期から上穂貞親の孫、上穂為光の子に相当するか。天正九年（一五八一）七月二十三日、武田勝頼より私領分の人足について在陣や番手にあたっては郷次の御普請役免除を通達されている。ただし、軍中の用事をしっかりつとめない者については御城普請などを命じるよう指示されていた（東京大学史料編纂所所蔵文書・三五八六）。上穂氏は、同十年三月の織田軍侵攻の際に滅亡したと伝わる（駒ヶ根市誌）。この伝承は、上穂氏がその後一切の記録から姿を消すので事実と考えられる。（平山）

上穂貞親 うわぶさだちか

生没年未詳。信濃国伊那郡の国衆。上穂城主。官途は左京亮。上穂氏は、飯島・大島・片切・赤須氏とともに春近衆と呼称された。「軍鑑」に五人あわせて五〇騎を引率し、組頭でも組子でもない武田氏直属の侍大将衆と記載されている。永禄三年（一五六〇）四月、上穂郷と赤須郷が境界争論を行った際に、上穂郷の地下人らは飯島為定・片切為成に境界についての慣行を訴えた（福沢文書・六九一）。これを受けて、飯島・片切両氏が仲裁に入り、現地調査とそれに基づく縄打ちにより中分を行ってその解決を図っている（福沢家文書・六九二）。その際に、飯島・片切両氏は、斡旋内容を赤須郷地頭赤須昌為と上穂郷地頭上穂貞親にそれぞれ通知している。これを受けて、赤須と上穂貞親は、仲裁内容の受諾を飯島・片切両氏に連署で誓約している（同前・七一五）。なお、この文書によると、彼らはこの時、伊那大島城（長・松川町）に在城していたらしい。その後の事蹟は不明。（平山）

上穂為光 うわぶためみつ

生没年未詳。信濃国伊那郡の国衆。上穂城（長・駒ヶ根市）主。通称は善次。上穂氏は、飯島・大島・片切・赤須氏とともに春近衆と呼称された。「軍鑑」に五人あわせて五〇騎を引率し、組頭でも組子でもない武田氏直属の侍大将衆と記載されている。上穂貞親の子か。永禄十年（一五六七）八月七日付「下之郷起請文」では、武田氏重臣吉田信生・浅利信種に一紙起請文を提出している（生島足島神社文書・一二四）。その後の事蹟は不明。（平山）

雲岫宗竜 うんちゅうそうりゅう

生没年未詳。曹洞宗雲岫派の開祖。甲斐国八代郡中山（山・笛吹市）の広厳院の開山。甲斐国内では雲岫派の寺僧が活躍している。永正元年（一五〇四）三月に作製された一華文英頂相に、その弟子の永昌院菊隠瑞潭が賛を加えたものに名がみえる（一華文英頂相賛・四三一）。のちに相模国小田原の最乗寺一四世となる。永禄三年（一五六〇）八月二十六日、信玄は山梨郡の永昌院（山・山梨市矢坪）に対して、同派の広厳院（笛吹市一宮町）の住職を雲岫二派の内より任命するよう命じている（永昌院文書・七〇八）。（柴辻）

海野薩摩守 うんのさつまのかみ

生年未詳～永禄二年（一五五九）四月二十日。特に事蹟はなく、蓮華定院「過去帳日坏信州小県分第一」に記載がある。法名は、哲叟正賢大禅定門。問題は海野姓と、薩摩守という受領名で、これは矢沢頼綱のそれと一致する。また法名に「叟」が用いられている点も共通する。矢沢頼綱の確実な所見は、天正三年（一五七五）であり（良泉寺文書・二四七四）、真田幸綱の弟にしては活動を確認できる時期が遅い。同四年十一月に武田勝頼から「頼」の偏諱を受けた源十郎が存在し（矢沢頼忠家文書・二七四八）、これを頼綱とする説がある。これにしたがえば、頼綱は実は海野薩摩守の子で、幸綱の甥である可能性がでてくる。つまりこの海野薩摩守が、幸綱の弟ということになる。ただしその場合、頼綱の子頼幸の生年との整合性を再検討する必要がでるため、速断はできない。（丸島）

海野下野守 うんのしもつけのかみ

生没年未詳。信濃国筑摩郡虚空蔵山城（会田城）（長・松本市）主。会田岩下（海野）氏の当主。会田岩下氏は、小県海野長氏の子幸持が会田御厨に入り、会田二郎を称したことに始まるという（信州滋野三家系図・続群書類従七輯上）。会田氏とも称した。岩下氏ではあるが、公的には海野氏を称している。家臣は岩下衆とよばれた。天文二十二年（一五五三）五月七日、武田氏は、海野下野守の所領がある苅屋原（松本市）の借用を要請、その替地として甲郷のうち苅屋原城と隣接する二〇〇貫文を与えるとした（甲陽日記）。さらに、新村（松本市）三〇〇貫文を与えると判物を出すことになったが、武田信玄の判断で新村は正式に知行として宛行うこととした（同前）。翌八日、深志（松本市）に帰還した信玄は、早速甲郷（光郷、長・安曇野市）の分配を通達したが、苅屋原城代今福長閑斎がこれに難色を示した。そこで信玄は下野守を深志へ呼び寄せて諭し、三〇〇貫文を与えることで落着している。さらに新村三〇〇貫文の安堵状を与えられた（同前）。苅屋原城が武田氏の領国に組み込まれ、その地に海野氏の所領があったために生じたトラブルであった。永禄十年（一五六七）八月七日、岩下衆が「下之郷起請文」を提出した際、海野下野守親子が信玄に逆心を抱いた場合は諫め、諫言に従わないようであれば下野守親子を見捨てる旨を誓っている（生島足島神社文書・一一七三）。天正九年（一五八一）の「伊勢内宮道者御祓くばり帳」において、光郷の領主として記載され、熨斗五〇本・上の茶一〇袋を配る旨が記されている（堀内健吉氏所蔵・三六四）。そのほかの事蹟は不明。（平山）

海野中務大輔 うんのなかつかさのだいふ

天文十三年（一五四四）～天正九年（一五八一）十一月二十一日、三八歳。上野吾妻郡の国衆。海野能登守の子で、実名は幸貞といったという。妻は矢沢頼綱の娘（加沢記）。天正九年、父とともに真田昌幸に滅ぼされた。妻子は矢沢氏に引き取られたという（同前）。娘はその後、禰津信忠の次男幸直（志摩）、真田家臣原昌澄（監物）に嫁いだ（同前）。なお、信濃国衆の海野幸貞とは別人である。（丸島）

海野長門守 うんのながとのかみ

永正四年（一五〇七）～天正九年（一五八一）十一月二十一日、七五歳（加沢記）。上野吾妻郡の国衆。羽尾景幸の次男で、実名を幸光といったという（加沢記）。永禄六年（一五六三）十月十三日、弟能登守とともに岩下城主斎藤氏に謀叛を起こし、同城を武田氏に引き渡した（同前）。某年正月七日、新年の御礼として矢根を献上し、勝頼から礼状を送られる（羽尾記・三六八三）。この時の取次は土屋昌続がつとめているから、小指南は昌続であったと思われる。天正八年五月二十三日、岩櫃（群・東吾妻町）城将として配置され、弟長門守・金子美濃守・渡部右近丞とともに受け持ちの曲輪の番などについて、指示を受けている（吾妻記・三三四八）。その際、敵地に使者や書状を派遣する際には、海野長門守と談合のうえ、指示するように定められており、長門守が在城衆を指揮していたことがわかる。翌同九年三月七日、真田昌幸より、上野で二城（羽尾・大戸と伝わるが要検討）を手に入れたことを賞され、なおいっそうの合力を求められた（長国寺殿御事蹟稿・三五四）。その後、恩賞不足から不満を募らせたといい、謀叛の陰謀が露顕した。このため、勝頼の許可を受けた真田昌幸に岩櫃で滅ぼされたという（加沢記）。（丸島）

海野能登守 うんののとのかみ

永正七年（一五一〇）～天正九年（一五八一）十一月、七二歳（加沢記）。上野吾妻郡の国衆。羽尾景幸の三男で、実名を輝幸といったという（加沢記）。永禄六年（一五六三）十月十三日、兄長門守とともに岩下城主斎藤氏に謀叛を起こし、同城を武田氏に引き渡した（同前）。天正八年五月二十三日、岩櫃（群・東吾妻町）城将として配置され、兄長門守・金子美濃守・渡部右近丞とともに受け持ちの曲輪の番などについて、指示を受けている（吾妻記・三四八）。藤田信吉が沼田城本城に入った後は、同城二の曲輪（北条曲輪）に入ったという（加沢記）。その後、恩賞不足から不満を募らせたといい、謀叛の陰謀が露顕した。このため、勝頼の許可を受けた真田昌幸に滅ぼされたという（同前）。（丸島）

海野信盛 うんののぶもり

生没年未詳。信濃筑摩郡の国衆塔原海野氏の一門。平八郎。幸貞の子で、幸忠の弟（白鳥神社所蔵海野系図・真田町誌歴史編上三八八頁）。この系図は塔原海野氏と小県海野氏をつなげて記しているようである。永禄十年（一五六七）八月七日、信玄に忠節を誓う「下之郷起請文」を、兄幸忠と連名で吉田信生・浅利信種に宛てて提出した（生島足島神社文書・一二三〇）。この時、「同（海野）平八郎信盛」と署判している。そのほかの事蹟は不明。（丸島）

海野幸貞 うんのゆきさだ

生年未詳～天正十一年二月十三日。信濃国筑摩郡塔原城（長・安曇野市）主。塔原海野氏の当主。会田岩下（海野）氏の一族。塔原海野氏は、滋野一族のうち、小県郡海野幸継の三男幸次が塔原に居住し、塔原氏を称したことに始まるという（信州滋野三家系図、『続群書類従』七輯上）。塔原海野氏は、「惣人数」に信州先方衆として「とうの原中務、是ハ本名海野也」とある。永禄十年（一五六七）八月七日、武田氏に忠節を誓う「下之郷起請文」を跡部勝資に宛てて提出したのが初見（生島足島神社文書・一二三九）。この時、「海野三河守幸貞」と署名している。また塔原衆の桑原康盛、塔原宗定、堀内貞維、山崎善七郎、同名貞吉も同日、跡部勝資に起請文を提出した（同前・一二七二）。なお、信濃小県郡の海野三河守とは別人であろう。天正九年（一五八一）の「伊勢内宮道者御祓くばり帳」において、「ひかるの分」の人物として記載され、熨斗五十本、茶五袋を配られたと記されているのが初見（堀内健吉氏所蔵・三六四四）。武田氏滅亡後は、小笠原貞慶に属し、天正十年八月には、日岐城攻撃に出陣し戦功を挙げている（御書集、信15三九三）。しかし、同十一年二月十三日、小笠原氏への謀反を画策したことが発覚したため、貞慶により古厩盛勝とともに松本城内で成敗、塔原城は攻略され、塔原氏は滅亡した（御書集、信15五六八～五七二、豊前豊津小笠原家譜、信15五七五）。（平山）

海野幸忠 うんのゆきただ

生没年未詳。信濃筑摩郡の国衆塔原海野氏の当主幸貞の子（白鳥神社所蔵海野系図・真田町誌歴史編上三八八頁）。系図は実名を幸直とするが、誤り。同系図は塔原海野氏と小県海野氏をつなげて記しているようである。伊勢守。永禄十年（一五六七）八月七日、信玄に忠節を誓う「下之郷起請文」を、弟信盛と連名で吉田信生・浅利信種に宛てて提出した（生島足島神社文書・一三〇）。この時、「海野伊勢守幸忠」と署判している。海野衆のなかでは、惣領である父幸貞に次ぐ地位にあったらしい。同十二年十月十二日、軍役定書を父幸貞とともに与えられている（長泉寺所蔵文書・一四六二）。（丸島）

海野幸房 うんのゆきふさ

生没年未詳。信濃小県郡の国衆、海野氏の一門か。某年十二月八日、諏訪大社上社の頭役について、先代同様に権祝矢崎氏に頼み入りたいと申し入れている（矢崎家文書・三五三二）。頭役銭の減免処置に関するものか。そのほかの事蹟は不明。（丸島）

海野幸光 うんのゆきみつ

生没年未詳。信濃小県郡の国衆、海野氏の一門。海野棟綱の嫡子・幸義の子。左馬亮（允）（白鳥神社所蔵海野系図・真田町誌歴史編上三八〇頁）。武田氏では惣領扱いは受けてはいなかった。これは小県海野氏当主が武田竜芳であることによる。永禄五年（一五六二）五月十七日、上野鎌原城（群・嬬恋村）の在番として、常田新六郎・小草野孫左衛門尉とともに派遣された（伏島家文書・七六五）。この時、左馬允。同十年八月七日、信玄に忠節を誓う「下之郷起請文」を、海野衆の一員として提出した（生島足島神社文書・一三二）。この時、「海野左馬亮幸光」と署判している。天正六（一五七八）～九年頃の諏訪大社上社神長官の神領書上に小県郡一〇貫文として記載される「海野殿」は幸光であろうか（守矢家文書・三三一一）。（丸島）

え

永順 えいじゅん

生没年未詳。武田家の右筆。「軍鑑」では、真の物書きなりとして、宗白・神尾庄左衛門とともに「御右筆衆」としている。畦村（山・甲府市）の入明寺の記録によれば、内藤昌秀の従兄弟で、同寺の栄閑について出家して住職となり、能書家の名声により信玄に近侍することになったという。（柴辻）

江上 えがみ

生没年未詳。甲斐国下山（山・身延町）の人物。穴山家臣か。元亀二年（一五七一）十一月二十日に息子が高野山に供養を依頼しているのが唯一の所見。この息子は、江上文右衛門尉のことか、詳細不明。法名は道泉禅門（成慶院過去帳・武田氏研究34）。（平山）

江上文右衛門尉 えがみぶんうえもんのじょう

生没年未詳。甲斐国下山（山・身延町）の人物。穴山家臣か。永禄四年（一五六一）閏三月四日に自身の逆修供養を、また南部の名取常陸守妻女の供養を取り次ぎ、高野山に依頼しているのが唯一の所見。法名は源江禅門（成慶院過去帳・武田氏研究34）。（平山）

江戸主税助 えどちからのすけ

生年未詳～天正九年（一五八一）三月二十二日。高天神籠城衆。天正九年の高天神落城に際して討ち死にした（乾徳山恵林寺雑本・信15一七頁）。なお、「恵林寺雑本」は江間右馬允を江戸右馬允と誤記しているから、主税助も江間主税助の誤記の可能性がある。（丸島）

榎下八郎左衛門尉 えのきしたはちろうさえもんのじょう

生年未詳～天正三年（一五七五）五月二十一日か。元は山内上杉氏の家臣で上野に在所し、実名は憲康と伝えられる（榎下家系図書）。八郎左衛門尉は、関東上杉氏の庶流榎下上杉氏の子孫とされ、戦国前期の小五郎顕房の子と伝えられるが世代が合わず、かりにその子孫だとしてもその間に少なくとも一世代は入るとみられる。武田氏の西上野侵攻のなかで武田氏に被官化したと推測され、永禄十二年（一五六九）正月、信玄から扶持切符の替えとして、甲斐国地蔵堂分（山・笛吹市）二五貫文と夫丸一人を与えられているのが初見（榎下文書・補遺三〇）。これ以前に信玄に仕え、特定の所領を与えられておらず、扶持を与えられており、この時にそれを知行地に替えられている。夫丸は、元亀元年（一五七〇）四月と天正二年正月に信濃国知久郷（長・飯田市）の夫一人を与えられており、前者には「前々」とあるから、当初から知久郷の夫丸を与えられていたとみられる（同前・補遺三三、四三）。元亀元年十月、信玄から数年にわたる甲府在府の苦労への功賞として、武蔵国比企郡山田郷（埼・滑川町）二〇〇貫文を宛行われている（同前・補遺三四）。これまで信玄に仕えて以来、甲府に在所していたことが知られる。ただしここで宛行が予定された地は、いまだ武田氏の領国外であったから、これは経略を遂げた場合の宛行約束にすぎない。天正三年五月の三河長篠合戦で戦死したとされる。法名は全真（榎下家系図書）。家督は嫡子彦八郎（憲清）が嗣いでいる。（黒田）

榎下彦八郎 えのきしたひこはちろう

永禄四年（一五六一）～寛永十年（一六三三）十二月二十二日没、七三歳（榎下家系図書）。榎下八郎左衛門尉の子。実名は憲清と伝えられる。天正三年（一五七五）五月の三河長篠合戦での父八郎左衛門尉の戦死によって家督を嗣いだとみられ、同八年二月、勝頼から、父八郎左衛門尉が武蔵国で信玄から宛行を約束された知行について安堵を受けているのが初見（榎下文書・補遺五四）。この時の安堵は、武田氏の武蔵侵攻が展開されていたため、あらためて宛行約束の確認を求めた結果とみられる。同十年三月の武田氏滅亡後は徳川氏に仕え、同年十一月、父以来の所領である地蔵堂分（山・笛吹市）三〇貫文に加え、新知飯田郷（山・甲府市）内六〇貫文などを宛行われている（同前・史料集柴屋舎文庫所蔵文書一七）。その後、徳川氏重臣の都留郡鳥井氏に付属されたが、寛永九年の改易にともない浪人したと推測される。妻は武田氏家臣早川半兵衛の娘、寛永十年十二月二十二日に甲斐国で死去、法名は一機紹玄禅定門（榎下家系図書）。その子憲重はのちに江戸幕府旗本に取り立てられている。（黒田）

江馬右馬允 えまうまのじょう

生年未詳～天正九年（一五八一）三月二十二日。飛騨国衆。江馬輝盛の弟。永禄七年（一五六四）五月、武田氏に降伏した江馬輝盛は弟で僧侶となっていた円城寺（善立寺とも）を人質として甲府に進上したといい、武田氏は彼を還俗させ、知行を与えて江馬右馬允と名乗らせ、足軽一〇騎を預けたといい、その後御旗本足軽大将衆となったとされる（軍鑑8、11）。天正五年頃より、遠江国高天神城に在城を命じられた。同年九月二十四日、武田勝頼は清野刑部左衛門尉、江馬右馬允ら高天神在城衆に書状を送り、大井川付近に在陣する徳川軍を殲滅すべく、勝頼本隊は田中城から、高天神在城衆は小山城と連携して行動するよう命じている（古筆手鑑披番殿・二八七二）。しかしこの作戦は結局実現しなかった。同七年以後は、徳川軍の包囲のもと高天神城に籠城を続けた。同年十月十七日、武田勝頼は栗田鶴壽、江馬右馬允ら籠城衆に書状を送り、近日使者を派遣するので城を堅守するよう指示している（諸家古案集6・三一七七）。だが、高天神城は武田氏の後詰めを受けられないまま、同九年三月二十二日に落城し、江馬右馬允も戦死した（軍鑑、信長公記、恵林寺雑本ほか、なお後二者には「江戸右馬允」とあるが江馬の誤記）。なお小四郎という息子がいたというが（後鑑録）、詳細不明。（平山）

江馬輝盛　えまてるもり

生年未詳～天正十年（一五八二）十月二十七日。飛驒国衆。高原諏訪城（岐・飛驒市）主。常陸介、常陸守、中務少輔。江馬時盛の子とされるが、現在では否定する説が有力（岡村守彦『飛驒史考中世編』）。飛驒は、上杉・武田両氏の狭間にあって、国衆は立場を変えて両氏と離合集散を繰り返しており、その経緯は複雑であるが、確実な史料に恵まれない。ここでは武田氏との関係に絞って紹介する。永禄七年（一五六四）、江馬輝盛は三木嗣頼・自綱父子と結んで上杉方に属し、江馬時盛と対立を深めた。時盛は、輝盛らと対抗すべく武田氏と結び、支援を要請した。このため武田氏は、六月には山県昌景・甘利昌忠らを飛驒に派遣した。このため江馬輝盛は降伏し、三木氏も追い詰められたが、上杉謙信が川中島に出陣してきたため、信玄は飛驒出兵を中止している（飛驒軍乱記、軍鑑ほか）。しかしまもなく輝盛は、武田氏への従属を決め、実弟円城寺（善立寺とも）を人質として甲府に進上した・武田氏は彼を還俗させ、知行を与えて江馬右馬允と名乗らせ、足軽一〇騎を預けたといい、その後御旗本足軽大将衆となったとされる（軍鑑8、11）。同八年五月、武田氏は江馬輝盛が具足を所望したため、その運送に便宜を図るべく過書を発給しているが（江馬匡氏所蔵文書・九四三）、この文書は検討の余地がある。しかし一方で上杉氏との交渉も維持しており、輝盛は両属の立場をとっていたらしい。天正元年四月、武田信玄が死去したとの情報をつかんだ輝盛は、これを四月二十五日、家臣河上富信に命じて上杉謙信に報じている（上杉家文書・一一五二）。同年九月、輝盛は三村右兵衛尉とともに武田氏のもとに書状を送り、三木自綱が武田方を離反したことを報じ、三木家臣鍋山豊後守を引き続き武田方に留める工作を行っている（武家事紀三二・一九六二）。この飛驒工作は、武田勝頼が父信玄の死を秘匿し、信玄と連署の書状で実施しているが、信玄死去の噂は広まりをみせていた。そのため、輝盛もまもなく上杉方に転じて武田氏から離反し、八月十五日には武田方の江馬時盛を殺害したという（円城寺過去帳・飛州志備考）。輝盛は、武田氏と断交して上杉方に転じたが、御館の乱後は武田氏に再び接近し、同七年十一月十八日、仁科信盛の調略に応じて、実弟や三村監物らとともに武田氏に帰属した。この成果は、一向宗僧侶で武田方の使僧長延寺実了師慶の奔走によるものであった（本誓寺文書・三一九九）。これは飛驒が一向宗の勢力が強い地域であることや、御館の乱により上杉氏の影響力が後退した事情が背景にあるのだろう。なおここに登場する江馬輝盛の弟が誰なのかははっきりしない。小四郎とする説（江馬家譜略考）と、貞盛とする説（後鑑録、なお同書によれば小四郎は江馬右馬允の息子であるという）が並立しており決着をみていない。同十年三月、織田氏の武田領国侵攻が開始されると、これに参加する意志を表明し、織田方に転じた（左古文書・飛州志）。本能寺の変後、飛騨統一をめざす三木氏と対立し、戦死した。（平山）

江馬時盛 えまときもり

生年未詳〜天正元年（一五七三）八月十五日か。飛騨国衆。飛騨国高原城（岐・飛騨市）主。江馬時経の子。左馬助。実弟に麻生野直盛がいる（江馬家譜略考）。飛騨は、上杉・武田両氏の狭間にあって、国衆は立場を変えて両氏と離合集散を繰り返しており、その経緯は複雑であるが、確実な史料に恵まれない。ここでは武田氏との関係に絞って紹介する。永禄七年（一五六四）、江馬時盛は、上杉方の三木嗣頼・自綱父子や江馬輝盛と対立を深め、武田氏と結んでこれに対抗した（飛騨軍乱記ほか）。武田氏はこの抗争に介入し、六月には山県昌景・甘利昌忠らを飛騨に派遣した。このため江馬輝盛は降伏し、三木氏も追い詰められたが、上杉謙信が川中島に出陣してきたため、信玄は飛騨出兵を中止している（軍鑑ほか）。その後も江馬時盛は、麻生野直盛とともに武田方に属した。元亀元年（一五七〇）八月十八日、武田氏は江馬時盛が具足を所望したため、その運送に便宜を図るべく過書を発給しているが（三井廉男氏所蔵文書・一五八〇）、この文書は検討の余地がある。天正元年四月、武田信玄が死去すると、これを知った江馬輝盛は、上杉方にいち早く通じ、時盛を殺害し主導権を握ったと推定されている。時盛の死去は、同年七月十六日に殺害されたとする説（江馬家譜略考）、同年八月十五日とする説（円城寺過去帳・飛州志備考）があるが、後者が有力。菩提寺は円城寺（岐・飛騨市）で、法名は照光院稲船東梅居士。（平山）

ゑもり七郎衛門 えもりしちろうえもん

生没年未詳。信濃国筑摩郡中芝（長・麻績村）の土豪。麻績氏の被官とみられる。天正九年（一五八一）の「伊勢内宮道者御祓くばり帳」において、「いほり・たかの分」の人物として記載され、茶三袋を配られたと記されているのが唯一の所見（堀内健吉氏所蔵・三六四四）。（平山）

円阿弥 えんあみ

生没年未詳。天正六年（一五七八）に結ばれた甲越同盟に際し、勝頼妹菊姫が上杉景勝に嫁ぐことが誓約された。この約束は翌年九月に実施され、菊姫が越後に輿入れしている。九月二十六日、勘定奉行跡部勝忠と市川元松は、長井昌秀に対し「越国居住衆」つまり菊姫の付家臣の名簿を書き送った。そのなかに名がみえる（上杉家文書・三一七三）。（丸島）

円首座 えんしゅそ

生年未詳〜天正十年（一五八二）三月十一日。大竜寺麟岳の弟子（国志）。秋山民部助の子（軍鑑・大成下一八〇頁、国志）とされるが、「武田三代軍記」は弟とする。武田氏滅亡に際し、勝頼と運命をともにした（甲乱記、軍鑑・大成下一八〇頁）。（丸島）

円性教雅 えんしょうきょうが

生没年不詳。甲斐・法善寺住職、法印。同寺は古義真言宗高野山如意輪寺の末寺で、武田氏累代の祈願所。甲斐国巨摩郡加賀美（山・南アルプス市）の加賀美山法善寺へ、信玄によって高野山から招かれた。元亀三年（一五七二）四月七日には、信玄が越後上杉氏との合戦での戦勝祈願文を奉納している（法善寺文書・一八三四）。「歴代古案」にある教雅の書状から、

信玄との親密な交誼が窺えるが、その後、信玄と不和になり、法印光海が住職に代わった。（柴辻）

遠藤加賀守　えんどうかがのかみ

生没年未詳。美濃郡上郡の国衆遠藤胤繁の一門（鷲見栄造氏所蔵文書・岐1七五八頁）。元亀三年（一五七二）九月、武田信玄に使者を送り、友好を求めた。信玄は九月二十六日付で返書を出し（経聞坊文書・四三四）、信濃において一〇〇貫文の知行地を与えている（古今消息集・一九五八）。また同月中に、東美濃において一〇〇貫文の宛行が約束されている（鷲見栄造氏所蔵文書・一九六三）。ただしこの時点ではまだ信玄は信長との友好関係を維持しており、日付は十一月の誤写の可能性を残す。いずれにせよ、遠藤氏の従属申し出により、武田氏は朝倉氏との連絡が緊密に保てるようになったのであり、その功績は大きなものであった。これにより十一月五日・十五日には、朝倉義景・浅井長政から書状を送られている（鷲見栄造氏所蔵文書・岐1七五八、五九頁）。十一月十二日、来春に美濃へ出馬する意向を示され、信長に明確に叛旗を翻すよう求められた（鷲見栄造氏所蔵文書・一九六七）。この際には、遠江を過半掌握したこと、岩村（岐・恵那市）が味方したことを伝えられており、武田氏の優勢が示されている。同日、一門結束して忠節を尽くすよう求められている（古今消息集・四三三六）。十一月十九日、十四日に岩村城を受け取ったことを伝えられるとともに、あらためて信長への軍事行動を求められた。具体的には、鉈尾砦（岐・美濃市）の築城である。あわせて、朝倉氏への使者の通行路を確保するよう要請されている（鷲見栄造氏所蔵文書・一九九一、徳川黎明会所蔵文書・一九九〇）。十二月十二日、再度信長への明確な軍事行動を示すよう求められた（東家遠藤家記録・一九九八）。翌天正元年（一五七三）とみられる五月二十日、安養寺（岐・郡上市）からの書状を受けた勝頼が、安養寺および加賀守の主君である両遠藤氏との友好を喜び、本願寺と同盟関係にあるので、今後も腹蔵なく話し合いたいと返書を出している（安養寺文書・一八九七）。この書状は信玄の名で出されているが、内容からみて信玄没後のものであろう。両遠藤氏は具体的に信長に敵対行動をみせたわけではなかったため、信玄死去が明確になった後、信長に帰属したようである。（丸島）

遠藤胤繁　えんどうたねしげ

天文十七年（一五四八）～文禄二年（一五九三）十一月二十三日、四六歳（寛政譜）。郡上遠藤氏の一門木越遠藤氏。新兵衛尉、大隅守。後に胤基と名を改めた（寛政譜ほか）。永禄七年（一五六四）、兄胤俊が美濃の混乱に乗じ（この年、竹中半兵衛のクーデターが起きている）、幼少の当主遠藤慶隆に背いて郡上八幡城（岐・郡上市）を占拠したとされる。しかし翌八年、慶隆を後見する長井不甘に敗北。隠棲した兄から木越城（同前）を譲られたという（郡上郡史一六三頁）。ただし胤俊もまだ十九歳と若年であり（寛政譜）、事実関係は判然としない。「寛政譜」は、胤俊が元亀元年（一五七〇）十一月に近江堅田（滋・大津市）で討ち死にしたため、家督を嗣いだとする。斎藤氏滅亡後は、織田信長に従う。しかし同二年の比叡山焼き討ちに衝撃を受け、慶隆とともに信長からの離反を決意したようである（経聞坊旧記・郡上町史一六七頁）。その後の動静は、織田信長と同盟を結ぶ信玄の動きが確定しがたく、同三年五月段階で信玄と結んだととるか、本格的な連絡は信玄挙兵間際と捉えるか、関連書状の年次比定を含め、検討課題となっている（安養寺文書・一八九七ほか）。ただし交渉を担当した遠藤加賀守が、浅井長政にはじめて書状を送り、信玄と結んで信長に敵対することを知らせたのは同三年十一月頃のことであり（鷲見栄造氏所蔵文書・岐一七五八頁）、具体的な話が動き出したのは少なくとも信玄挙兵後のことであった。同年十二月十三日、信玄側近土屋昌続から書状を送られている「兵衛尉」（上部欠損）は、胤繁の仮名が「新兵衛尉」であること、遠藤氏との連絡にあたっている三村兵衛尉が間に入っていることから、胤繁の可能性が高い（小島家文書・四三七）。信玄没後、信長の攻撃を受けたが、降伏を申し出て赦免されたという（経聞坊旧記所収粥川氏由緒書・郡上町史一七一頁）。文禄の役からの帰陣後、長門国分寺（山口・下関市）で病死した。享年四六、法名は宗康（寛政譜）。（丸島）

遠藤慶隆 えんどうよしたか

天文十九年（一五五〇）～寛永九年（一六三二）三月二十一日、八三歳（寛政譜）。郡上遠藤氏の当主で、郡上八幡城主（岐・郡上市）。分家である木越遠藤氏とともに「両遠藤」と通称される。三郎四郎、新六郎、六郎左衛門、左馬助、但馬守、旦斎。遠藤盛数の子。母は宗家である東常慶の娘（寛永伝、寛政譜）。盛数が東常慶の婿養子となった後、遠藤姓が嫡流の苗字となったという。慶隆は木越城（郡上市）で生まれる。永禄五年（一五六二）、一三歳の時に父が早逝。このため、生母が美濃の有力者長井不甘に再嫁し（系図纂要）、領国の安定を確保した。斎藤氏の滅亡後は、織田信長に従う。しかし元亀二年（一五七一）の比叡山焼き討ちに衝撃を受けて信長からの離反を決意し、九月十八日、郡内の安養寺に本願寺顕如に連絡をとるよう命じた（経聞坊旧記・郡上町史一六七頁）。五月二十日付で信玄から安養寺に対し、「両遠藤」との関係構築を喜ぶ書状が送られているが（安養寺文書・一八九七）、この段階では信玄は織田信長と同盟中であり、通説どおり同三年のものとみるか、天正元年（一五七三）に勝頼が信玄の名前で出したとみるか、見解が分かれるところである。信玄没後、郡上郡は信長の攻撃を受け、降伏を申し出て赦免されたという（経聞坊旧記所収粥川氏由緒書・郡上町史一七一頁）。本能寺の変後は織田信孝に従うが、最終的に秀吉に降伏。徳川幕府においては美濃郡上郡二万七〇〇〇石の大名となった（寛政譜）。寛永九年正月、徳川秀忠の死去を受けて剃髪し、旦斎と号した。同年三月没、享年八三。法名は乗性源心院（郡上市の乗性寺が菩提所である）。妻ははじめ西美濃国衆安藤守就の娘、後妻は飛騨三木良頼の娘。良頼娘死去後、姉小路頼綱（良頼嫡男）の娘を妻とした（寛政譜）。（丸島）

お

大あし左京之助 おおあしさきょうのすけ

生没年未詳。信濃国筑摩郡会田（長・松本市）の土豪。会田岩下氏の被官とみられる。天正九年（一五八一）の「伊勢内宮道者御祓くばり帳」において、「あいたいりの分」の人物として記載され、茶三袋を配られたと記されているのが唯一の所見（堀内健吉氏所蔵・三八四四）。（平山）

大井源三郎 おおいげんざぶろう

生年未詳～永禄十年（一五六七）九月二十五日。天正元年（一五七三）十一月十六日、蘆沢六郎兵衛尉によって高野山で追善供養が営まれている（成慶院過去帳・武田氏研究34六頁）。法名は常円禅門。「甲州西郡大井」とあるから、武田一門大井氏の人物であることは間違いないが、系譜上の位置はわからない。「国志」が載せる法寿寺（山・富士川町）の寺伝などによれば、永禄十年に平林村（富士川町）で自害したという。法寿寺で小林対馬守によって菩提が弔われている。ここでの法名は、覚源院日玄。経緯は不明だが、これは「下之郷起請文」が徴収された直後にあたる。謀叛などの嫌疑がかけられ、自害に追い込まれたのではないか。
（丸島）

大井貞清　おおいさだきよ

生年未詳～天正三年（一五七五）五月二十一日。貞隆の子で、岩村田大井氏の当主。左衛門督。天文十二年（一五四三）九月十九日に、父貞隆が武田氏に捕らえられた（甲陽日記）後も、内山城（長・佐久市）を拠点に抵抗を続ける。同十五年五月二十一日、武田氏の攻勢の前に内山城を明け渡し、野沢（佐久市）に落ち延びた（同前）。しかし翌十六年に抵抗を断念。四月十六日、甲府に在府すれば、父子ともに進退を保証する旨の起請文を与えられ、武田氏に降伏（同前）。五月四日に子息貞重とともに甲府に着府し、六日に出仕した（同前）。しかし武田氏従属後の同十七年、関東管領山内上杉憲政と北信濃の大名村上義清に秘かに内通。両者の同盟を仲介した。同年二月十三日、上野国衆小林平四郎へ、当郷（長・青木村）で一〇〇貫文の知行宛行を約束しており（小林家文書・藤岡市史資料編原始古代中世三七二）、これは村上義清からも追認されている（同前・藤岡市史資料編原始古代中世三七三）。しかしこの工作はうまくいかなかった反面、武田氏にも露顕しなかったようで、その後も武田氏の従属国衆として活動。同二十年三月十日、近日中に本拠内山城に移るよう晴信から命じられる（甲陽日記）。同月二十七日に甲府を出立し、二十八日に着城した（同前）。これは上原（小山田）虎満と交代であったとみられる。同年五月二日、市川右近助に対し、津布羅子（佐久市）を安堵している（甘楽郡村誌附録編所収市川直太郎家旧蔵文書・補遺三）。しかし同年九月二十日に内山城主を解任され、甲府に帰還。内山城代には再度上原虎満が派遣された（甲陽日記）。以後の動静は不明であり、本領を没収されたものとみられる。高野山蓮華定院と師檀関係にあり、某年三月八日に礼状を出すとともに、「当郡静謐」を祈念している（蓮華定院文書・四六八）。また某年九月二十八日には、被官諸山秀盛を通じて、「爰元断而乱入」のため返事が遅れたことを謝している（丸山史料蓮華定院古文書・三九一六）。いずれも、晴信の佐久郡侵攻時のものであろう。天正三年の長篠合戦で討ち死にしたという。法名大山（寛永伝）。
（丸島）

大井貞重　おおいさだしげ

生年未詳～天正三年（一五七五）五月二十一日。岩村田大井貞清の子。助右衛門尉。天文十六年（一五四七）に父貞清は武田氏に対する抗戦を断念。四月十六日、甲府に在府すれば、進退を保証する旨の起請文を与えられ、武田晴信に降伏（甲陽日記）。五月四日に父とともに甲府に着府し、六日に出仕した（同前）。同二十年九月に父貞清は内山城を小山田虎満に引き渡し（同前）、内山領は事実上虎満の管轄下に入る。これにより、岩村田大井氏は事実上没落することとなったとみられる。天正二年三月に渡辺玄忠斎が「信州佐久郡大井殿御始之事」という由緒書を著し、岩村田大井氏は佐久郡ほか六万貫の盟主で、家中には蘆田・阿江木・志賀・平尾・平原・板鼻・後閑・手城塚がいたと記しているのは（丸山史料佐久大井氏由緒・信14一七頁）、この状況を嘆いたためであろう。長篠合戦で討死したという（大井系図・上田小県誌1五九九頁）。長篠では父貞清も討ち死にしているから、岩村田大井氏嫡流は、事実上断絶したことになる。（丸島）

大井貞隆 おおいさだたか

生没年未詳。太郎、刑部大輔、出家号高台（寛永伝）。「甲陽日記」は出家号を「光台」と記す。佐久郡最大の国衆・岩村田大井氏の当主で信濃佐久郡長窪（長・長和町）城主。大井氏は小笠原氏の分かれで、佐久郡大井庄を名字の地とする。永正六年（一五〇九）五月三日、同じ佐久郡の国衆伴野氏との確執が著しいとして、将軍足利義尹（義稙）より調停を受けている（御内書案・信10三〇三頁）。大永二年（一五二二）十月三日、三郎右衛門に合計八貫文の知行を宛行う（大井文書・信10四八三頁）。同三年三月十一日、大井知行分の僧俗を高野山蓮華定院の旦那と定める宿坊契約状を発給する（蓮華定院文書・信10四八六頁）。ただし、津金寺衆徒については、以前より成慶院の旦那であるとして、対象から除外している。次いで年未詳の三月二十二日、蓮華定院に年頭祝賀の返礼を送る（丸山史料所収高野山蓮華定院古文書・信10四八七頁）。この時、刑部太輔。同じく年未詳の十一月一日にも、巻数の礼状を蓮華定院に送っている（同前・信10四八八頁）。この時、「大井源貞隆」と署名。同七年には、伴野氏を佐久郡から追い出すことに成功するが、かえって武田信虎の介入を招く（勝山）。しかし伴野氏の意向により、この時は和睦で終わった。天文九年（一五四〇）年にも武田信虎の侵攻を受けた（同前）。佐久郡侵攻は信虎を追放した晴信も踏襲する。同十二年九月九日、晴信は大井高台を攻撃するために千塚（山・甲府市）まで出陣（甲陽日記）。十七日に長窪城に攻めかかる（同前）。十九日、高台は武田氏の捕虜となった（同前）。翌二十日、高台を警護するため、曾禰虎長と駒井高白斎が青柳（長・茅野市）に泊まっている（同前）。二十一日に甲府に着府（同前）。以後、甲府で幽閉の身となったようで、甲府で死去したという（寛永伝）。

大井将監 おおいしょうげん

生没年未詳。武田親類衆と思われる。永禄末期のものとみられる信玄旗本の陣立書にその名がみえる（山梨県立博物館所蔵文書・三九七二）。そのほかの事蹟は不明。（丸島）

大井正棟 おおいしょうとう

→武石正棟 たけししょうとう

大井高政 おおいたかまさ

生没年未詳。左馬允、道賢。「寛永伝」は実名を満実または忠成とするが、誤り。信濃小諸城主（長・小諸市）。佐久郡最大の国衆岩村田大井氏の一族。武田氏の佐久郡出兵に抵抗した。天文十二年（一五四三）に一族の大半が討ち死にし、本拠を逐われた望月昌頼を小諸に匿っている（甲陽日記、蓮華定院文書・四八二）。同十五年に惣領大井貞清が武田氏に降伏した後も抵抗を続けるが、同二十三年に降伏した（勝山）。永禄三年（一五六〇）十月二十二日、信玄から不出馬中の普請役を免許されるとともに、小諸城の普請と兵糧の運送をしっかりとつとめるよう命じられる（武州文書・七四）。同五年までに入道。道賢を称す。某年十月四日、佐久郡矢島氏の調略を大井民部丞・依田新九郎・小林与一助とともに命じられている（同前・七六八）。すでに入道しているが、佐久郡経略関係の文書とみられ、永禄の早い時期のものと推定される。同五年二月八日、被官の欠落を取り締まるよう命じられた（同前・七六九）。同年五月十九日、原与左衛門尉とともに浦野中務少輔のもとへ派遣され、服属の際の要望を聞いてくるよう命じられる（新編会津風土記・七八六）。同年十月十日、四五人の軍役を定められた（武州文書・八〇三）。内訳は、鑓三〇本、弓五張、持鑓二丁、鉄砲一挺、甲持一人、小旗持一人、指物持一人、手明四人だが、このうち鑓（長柄の意であろう）五本は在府を理由に免除されている。このことから、当時甲府に在府奉公していたことが判明する。しかし同十九日には、あらためて四五人の軍役を定められ、内訳が変化している（同前・八〇四）。新しい軍役は、持道具二本・弓五張・鉄砲一挺・持小旗一本・乗馬五騎・長柄三一本で、このうち長柄五本はやはり在府を理由に免除されている。理由は判然としないが、具足を身につける人間が四五人から四〇人に軽減される一方、騎馬数が五騎と増えており、武田氏と大井高政との間で軍役をめぐって駆け引きが行われた結果とみてよいだろう。さらに同七年五月二十八日、再度軍役が改訂され、三八人の軍役を定められた（同前・八九二）。内訳についても、持道具三本・弓四張・鉄砲一挺・乗馬四騎・持小旗一本・指物持一人・甲持一人・手明五人・長柄一八本と変化しているが、引き続き在府を理由に長柄五本を免除されている。同十年十二月二日、子息満安とともに、上野箕輪（群・高崎市）在城を命じられる（大井文書・一三一七）。その際、信濃における本領返上を申し出、替地を上野で与えることが約束されており、事実上の転封処理がなされている点が注目される。転封が完了するまでは一六人、転封完了後は四〇人の軍役をつとめるよう、申し付けられている。また、この時より入道と称せられている。同十二年七月三日には、駿河富士大宮城攻略を信玄から伝えられた（大井家文書・一四二八）。天正二年（一五七四）六月十一日、武田勝頼は道賢からの陣中見舞いに返書を出し、高天神城攻略の状況を伝えた（武州文書・二三九五）。長篠合戦後の天正三〜四年頃に不穏な動きをみせたようで、一時所領を没収された。しかし先非を悔いたとして、子息満安に上野で知行七九貫九〇〇文と籾子七四三俵八升六合が宛行われている（岡本家文書・二七四五）。この時、道賢を称しており、入道号が確認できる。したがって「寛永伝」のいう天正二年に高天神において病死、享年六四というのは、誤りとなる。

（丸島）

大井高幸 おおいたかゆき

生没年未詳。甘助。佐久郡北方衆のひとり。永禄十年（一五六七）八月七日、北方衆の一員として、信玄に忠節を誓う「下之郷起請文」に署判し、吉田信生・浅利信種に提出した（生島足島神社文書・一一四九）。

（丸島）

大井虎昌 おおいとらまさ

明応八年（一四九九）〜天正七年（一五七九）十二月十四日、八一歳（古浅羽本武田氏系図・群書系図部集3三六頁）。監物、因幡守。信達の子（武田源氏一統系図・山6下七二七頁ほか）。動向は判然とせず、天正七年に病死した。法名は一渓宗義（心）。甲府瑞泉寺に葬られた（寛永伝、寛政譜、古浅羽本武田系図・群書系図部集3三六頁）。娘は油川信貞の妻（寛政譜）。

（丸島）

大井信舜 おおいのぶきよ

生没年未詳。新三郎（武田源氏一統系図・山6下七七頁）、式部大輔。大井信常の子。父信常が天文二十年（一五五一）に死去したため、大井氏の家督を嗣ぐ。永禄十年（一五六七）八月七日、信玄への忠誠を誓った「下之郷起請文」を山県昌景に提出した（生島足島神社文書・二二）。この時、式部大輔。「大方」（生母であろう）が元亀二年（一五七一）八月五日に没し、大久保与助が高野山に登山した際、同年九月十二日に供養を営まれている。法名は祐盛禅定尼（成慶院過去帳・武田氏研究34八六頁）。

（丸島）

大井信達 おおいのぶさと

生年未詳～某年七月九日。西郡の有力国衆大井氏の当主。大井氏は武田信武の次男信明を祖とする武田氏の庶流。信包の子。武田信虎の舅で晴信の外祖父（武田源氏一統系図・山6下七七頁）。次郎、高雲斎宗芸。延徳二年（一四九〇）九月十六日、穴山信懸と合戦した（王代記）。この時の当主は信達であったとみられる。永正十二年（一五一五）、武田信虎（信直）と対立。本拠大井（山・甲斐市）を包囲されるが、武田勢は深田に足をとられ、十月十七日に大井方が大勝した（勝山）。その後、信達は駿河今川氏に援軍を仰ぎ、今川勢二〇〇〇人は甲斐勝山城（山・甲府市）を築いて入城した。同十三年九月二十八日に武田勢と駿河勢が万力口で衝突している（勝山、王代記、宇津山記、宗長手記）。しかし信達は今川氏親への相談抜きで信虎と和睦したため、連歌師飯尾宗長が同十四年正月二十八日から三月二日まで和睦の仲介を行い、今川勢は帰国した（宇津山記、宗長手記）。この和睦に際し、信達の娘（長禅寺殿、大井夫人）が信虎に嫁いだと考えられているが、「宇津山記」はこの合戦を「武田兄弟矛盾」（つまり信虎と義弟信業の合戦）とよんでいるから、入輿はそれ以前ではないか。同十五年、大井で万部経法会が行われている（王代記）。同十六年、信虎は「一国大人」を甲府に集めて屋敷を造らせるが（勝山）、大井氏を始めとする国衆はこれに反発。同十七年、大井・逸見・栗原氏は一族ことごとく同心して信虎に反抗した。六月十日、同時に三ヶ所で合戦を行うが、敗北。武蔵秩父に引きこもったのち、和談して帰参した（王代記、向嶽）。その後は信虎に臣従。出家して高雲斎宗芸を称した。その際に家督も嫡子信業に譲ったとみられる。大永二年（一五二二）、高野山成慶院で逆修供養を営まれた「大井殿大方様」（理泉禅定尼）は、信達の室であろう（武田御日坏帳二番・山6下八九八頁）。天文七年（一五三八）八月、武田信虎屋敷で初めて冷泉為和と出会い、和歌を詠んでいる（為和集）。この時、為和より「歌道執心之法師」と称されるほど文芸の道に励んだようである。以後、同八年九月、同十一年二月十三日、同十二年一月二十八日、同七月七日と、為和と交流を重ねている（同前）。歌道については、「武田源氏一統系図」にも、「至時歌人也」と記される（山6下七七頁）。某年七月九日没。法名能嶽（学）宗芸庵主（武田源氏一統系図・山6下七七頁、平塩寺過去帳・山6上五〇五頁）。娘は武田信虎のほか、小山田信有（涼苑）、今井信元、今井信良に嫁いだ（武田源氏一統系図・山6下七七頁）。

（丸島）

大井信為 おおいのぶため

永正十七年（一五二〇）～天文十八年（一五四九）、二〇歳。次郎。大井信業の子。享禄四年（一五三一）二月二日、父信業

の病死を受けて家督を相続した。天文十八年六月二十七日に、叔父信常が大井氏の「名代」に定められているため（甲陽日記）、この直前に病死したものと思われる。同年七月二十五日、家臣秋山清四郎為経が高野山成慶院を訪ね、菩提を弔っている。法名天叟道清大禅定門（武田御位牌帳・山6下九二頁）。「武田源氏一統系図」は「年廿二シテ病死、歌人也」と注記する（山6下七七頁）。父祖同様、和歌に堪能であったと思われる。妻は、武田信虎の娘・於亀御料人。（丸島）

大井信為室 おおいのぶためしつ

→武田亀 たけだかめ

大井信常 おおいのぶつね

生年未詳～天文二十年（一五五一）七月十四日か。上野介。大井信達の次男。天文十四年六月十四日、信府（長・松本市）での小笠原長時との合戦で、信常の被官中島善五郎が首二つを討ち取ったことを讃えた感状を晴信から与えられた（諸州古文書・一九〇）。同十六年、三条西実枝（実澄）が甲斐に下向した際の歌会に参加。八月二十日、精進（山・富士河口湖町）で三条西実枝・武田信繁および実弟の武藤信堯らと船遊びをしながら和歌に興じた（甲信紀行の歌・山6下八六八頁）。翌二十一日、出立する実枝と和歌を詠み交わす（同前八七九頁）。某年秋、信常の宿所を四辻季遠が訪問した際も、和歌を詠み合っている（心珠詠藻・山6下八七三頁）。父同様、歌道を嗜んだことがわかる。同十八年六月二十七日、甥の大井信為の死去を受け、「名代」として家督を相続した（甲陽日記）。信為の子息が幼かったための措置と思われるが、「武田源氏一統系図」には「大井早跡ヲ立」とあるから、実質的な家督継承を意味するものであろう（山6下七七頁）。同十九年八月二十五日、晴信が村上義清の籠もる砥石城（長・上田市）を包囲した際、敵情を視察するために横田高松・原虎胤とともに派遣された（同前）。子息によって高野山成慶院で供養が営まれている。法名松山全祝禅定門（武田御位牌帳・山6下九〇頁、武田源氏一統系図・山6下七七頁）。ただしこの日付は供養依頼日とも思われ、命日はもう少しさかのぼる可能性が高い。（丸島）

大井信業 おおいのぶなり

生年未詳～享禄四年（一五三一）二月二日。次郎、左衛門督。信達の子。某年、諏訪大社上社に具足と馬を奉納した（守矢家文書・三〇〇）。この馬は松井鹿毛といって名のある名馬であったという。この時、左衛門督。若い頃は父信達と行動をともにしたとみられる。父の出家にともない、家督を相続した。享禄四年二月二日、病没した。法名弥阿弥陀仏（一蓮寺過去帳・山6上四六頁、武田源氏一統系図・山6下七七頁）。「平塩寺過去帳」にも「左衛門督信業」と記載がある（山6上五〇五頁）。（丸島）

大井信通 おおいのぶみち

生年未詳。右京亮。永禄十年（一五六七）八月七日、信玄に忠節を誓う「下之郷起請文」を浅利信種に宛てて提出した（生島足島神社文書・一二六）。（丸島）

大井昌業 おおいまさなり

生没年未詳。源八郎。永禄九年（一五六六）閏八月十九日、上杉勢が沼田に着陣したことを受け、吾妻の防備を固めるよう指示を受ける（武家事紀・一〇〇五）。同十年八月七日、信玄に忠節を誓う「下之郷起請文」を、吉田信生・浅利信種に提出した（生島足島神社文書・一二七）。（丸島）

大井三河守 おおいみかわのかみ

生没年未詳。武田親類衆大井氏の一門か。天文十六年（一五四七）七月九日、

先衆を率いて出陣している（甲陽日記）。このことから、それなりの家格にあった人物であると推定される。なお、武藤三河守と同一人物とする説があるが、世代的に無理があろう。（丸島）

大井満安 おおいみつやす

天文十一年（一五四二）～寛永四年（一六二七）六月四日、八六歳（寛永伝）。小右兵衛尉、河内守。高政の子で、信濃国衆小諸大井家の当主。「寛永伝」は実名を満雪とするが、誤り。永禄十年（一五六七）八月七日、信玄に忠節を誓う「下之郷起請文」を吉田信生・浅利信種に提出しているのが初見（生島足島神社文書・二二八）。この時、小兵衛満安と署判している。同年十二月二日、父高政とともに、上野箕輪（群・高崎市）在城を命じられる（大井文書・一三一七）。その際、信濃における本領の替地を上野で与えることが約束されており、事実上の転封処理がなされた。上野での知行が安定するまでは一六人、その後は四〇人の軍役をつとめるよう、申し付けられている。同十二年八月十日、三増峠合戦で戦死した本郷八郎左衛門尉の上野における知行地を与えられ、八郎左衛門尉の寄子足軽一〇人を付与された。そのうえで、箕輪在城をあらためて申し付けられている（大井家文書・一四四四）。これにより、父から独立した扱いを受けるようになったものと思われる。天正四年（一五七六）十一月二十日、父道賢が不忠に対する先非を悔いたとして、上野における旧領七九貫九〇〇文と籾子七四三俵八升六合を与えられた（岡本家文書・二七四五）。一時的に、知行を没収されていた時期があったと思われる。なお、約八〇貫文という知行規模は、大井氏の知行高としてはいかにも少ない。所領の一部のみを没収されていたものと考えたい。同五年三月二十四日、上野白河郷（高崎市）を加増された（武州文書・二七八八）。なお白河郷は、すでに天正四年に籾子の形で宛行われており、同郷全体をあらためて与えられたものと思われる。同八年一月十二日、私領白河・松原（高崎市）・同所屋敷における竹木伐採を禁止するよう、申し付けられた（同前・三三三）。この時、河内守。なお、小指南は跡部勝資であった（同前・二七八八ほか）。武田氏滅亡後の天正十年九月二十日、北条氏直より甲斐松尾分・島上条・酒寄・大蔵あわせて七〇〇貫文の加増を約束される（同前・戦北二四一五）。しかしその後、蘆田依田氏を経て徳川家康に仕えた（寛永伝）。奥州攻めに参加。慶長五年（一六〇〇）の関ヶ原合戦では徳川秀忠に属し、真田昌幸の上田城を攻撃したという（同前）。寛永四年六月四日、駿府で病死。法名一道（同前）。（丸島）

大井民部助 おおいみんぶのすけ

天文十八年（一五四九）～慶長八年（一六〇三）九月十六日、五五歳（寛永伝、寛政譜）。「寛永伝」「寛政譜」は実名を政成とし、「国志」は信直とするが、確認できない。信濃佐久郡の国衆耳取大井氏の当主。父の代に耳取城（長・小諸市）を攻め取ったようである（寛永伝、寛政譜）。また、平賀玄信の曾孫というが（同前）、玄信の存在自体が疑わしい。永禄初年の十月四日、佐久郡矢島氏の調略を大井高政・依田新九郎・小林与一助とともに命じられている（武州文書・三七六六）。この時、民部丞。天正元年（一五七三）十二月二日、玉虫定茂らとともに三河作手城（愛・新城市）の番手を命じられ、十二月までの着城を定められた（君山合偏・二二三〇）。この時は民部助で記載される。同五年前後の某年、駿河富士大宮

（静・富士宮市）に神馬一疋を奉納した（永昌院所蔵兜巌史略・補遺二三）。同十年の壬午の乱において徳川家康に従属。本領耳取一三〇〇貫文を安堵され、大井家の惣領職を与えられたという（寛永伝、寛政譜）。これは本来の惣領である岩村田大井氏が没落した結果とみてよいだろう。徳川氏の佐久郡経略の過程では、依田信蕃に従った（寛政譜、芦田家旧臣列簿・もうひとりの真田一五六頁）。同十八年の徳川氏関東転封に際しては、事実上依田康貞の家臣となったようで、上野藤岡（群・藤岡市）で一三〇〇石を与えられたが、康貞改易により高野山に蟄居したという（寛政譜）。慶長五年の関ヶ原合戦後、真田昌幸の居城上田城を破却し、引き続き同城の在番をつとめた（寛永伝、寛政譜）その後、旧領藤岡で知行を与えられ、慶長八年に同地で没した。法名は玄頂、または玄頂寺殿天山了雲（同前）。自身が開基した玄頂寺に葬られた（寛政譜）。妻は岩尾行頼の妹という（岩尾氏系大井系図・上田小県誌1六〇二）。（丸島）

大井弥次郎 おおいやじろう
生没年未詳。弘治元年（一五五五）八月十日、武田信繁から返書を受け取り、長尾景虎が越後へ帰陣したこと、普請はおおむね完了したことを信玄に披露してほしいと頼まれるとともに、駿河・遠江の情勢を尋ねられた（尊経閣文庫所蔵文書・四九）。武田庶流大井氏の一門で、信玄にかなり近い位置にいた人物と思われるが、系譜関係ははっきりしない。（丸島）

大井行頼、信景 おおいゆきより、のぶかげ
→岩尾行頼、信景 いわおゆきより、のぶかげ

大炊助 おおいのすけ
甲斐都留郡西原（山・上野原市）の国衆一宮武田氏の被官。政所・代官として永正五年（一五〇八）、永禄元年（一五五八）、天文九年（一五四〇）の一宮神社造営の棟札に名がみえる（森嶋本甲斐国志草稿・三、九三、六〇八）。（丸島）

大岡 おおおか
生没年未詳。信濃国筑摩郡井堀・高（長・麻績村）の土豪か。官途、受領、諱は不明。大岡は井堀、高と峠を隔てた更級郡に地名があるが、その地域との関係などは一切不明。天正九年（一五八一）の「伊勢内宮道者御祓くばり帳」において、「いほり・たかの分」の人物として記載され、熨斗五〇本、帯、茶一〇袋を配られたと記されているのが唯一の所見（堀内健吉氏所蔵・三六四四）。（平山）

大口右馬介 おおぐちうまのすけ
生没年未詳。信濃国筑摩郡の会田岩下（海野）下野守の被官・岩下（長・松本市）衆の一員。実名は□辰（上の字が読めない）。永禄十年（一五六七）八月七日、岩下衆の一員として「下之郷起請文」を提出し、海野下野守親子が信玄に逆心を抱いた場合は諫め、諫言に従わないようであれば下野守親子を見捨てる旨を誓っている（生島足島神社文書・一一七三）。そのほかの事蹟は不明。（平山）

大久保賀平次 おおくぼかへいじ
生年未詳～天正十年（一五八二）三月二十四日。武田信廉の被官。信廉が織田信忠に処刑された後、同日中に殉死したという。法名は、儀運随賀禅定門（開善寺過去帳・新編伊那史料叢書4三六二頁）。（丸島）

大久保二郎左衛門 おおくぼじろうざえもん
生没年未詳。信濃国筑摩郡大久保（長・安曇野市）の土豪。塔原海野氏の被官とみられる。天正九年（一五八一）の「伊勢内宮道者御祓くばり帳」において、「こ

せり・大くほ・けみの分」の人物として記載され、茶二袋を配られたと記されているのが唯一の所見（堀内健吉氏所蔵・三六四）。（平山）

大熊伊賀守 おおくまいがのかみ

生没年未詳。上野国衆で箕輪領富岡村（群・高崎市）の領主。初め箕輪長野氏の家臣で、永禄七年（一五六四）に武田氏に被官化した。この大熊氏は越後上杉氏家臣大熊氏と同族と伝えられることが多いが、箕輪長野氏と同紋であるから、それと同族であったと考えられる。実名は尊秀と伝えられるが（記録御用所本古文書）、良質史料では確認できない。永禄四年の「関東幕注文」（群三二三）に箕輪長野氏の家臣として「小熊源六郎」としてみえるのが初見。同七年五月一日までに武田氏に従い、倉賀野城（高崎市）仕置の様子を信玄に報告し、信玄からは和田・木辺・倉賀野三ヶ城（高崎市）の守備が重要であり、飯富氏らを倉賀野城に派遣すること、それまで同城在城を命じた人々にその催促をするよう命じられている（記録御用所本古文書・八九二）。また伊賀守の名でみえるから、その間に改称している。伊賀守は武田氏に従うと、倉賀野城攻略に功績をあげ、その在城をつとめたことが知られる。同十年五月一日には武田氏から、本領富岡村のほか柴村内・箕輪内・行力村内・大八木村内（高崎市）における所領三一七貫六〇〇文を安堵されている（同前・一〇六九）。奏者は金丸（のち土屋）昌続がつとめているから、同人の取次を受けている。その後の所見はなく、武田氏滅亡後の天正十年（一五八二）七月、弟と伝えられる五郎左衛門が、真田昌幸に従っており、真田氏が北条氏に従う仲介の功賞によって、北条氏から信濃奥郡井上（長・須坂市）内七〇〇貫文を宛行われている（同前・戦北三三八四）。両者ともその後の動向は明確ではない。伊賀守の家伝文書は、高崎大熊林庵（高崎近郷村々百姓由緒書）と江戸幕府家臣大熊氏（記録御用所本古文書）に伝来されているが、前者では武田氏滅亡後は、信濃国衆禰津昌綱に仕え、同氏滅亡後は牢人して高崎宿に在住したという。後者では伊賀守・五郎左衛門兄弟の家伝文書が伝えられ、いずれかの系統が幕臣として続いたとみられるが、いずれも詳細は判然としない。また武蔵崎西領大室（埼・加須市）に在住した子孫があり、武田氏滅亡後は、富岡村に住し、次いで箕輪領保渡田（高崎市）の叔父備後守の扶助を得て、その後武蔵深谷を経て崎西領大室に移住し、元和八年（一六二二）十月十七日に死去したともいう（加須市の金石文）。（黒田）

大熊朝秀 おおくまともひで

生年未詳～天正十年（一五八二）三月十九日か。政秀の子。彦次郎、新左衛門尉、備前守。越後箕冠（新・上越市板倉区）城主。当初は越後守護上杉氏の重臣として、長尾為景・晴景・上杉謙信に仕える。享禄三年（一五三〇）、父政秀の工作によって越後守護代長尾為景と、守護上杉定実の実家の当主・上条定憲の関係が悪化。十月六日、朝秀は父とともに上条定憲に従って長尾為景に敵対（山内文書・新三七五六、塔寺八幡宮帳・越佐史料3七七六頁）。松ヶ岡を退去して会津方面に逃れた。同年十一月六日、為景は会津蘆名氏の家臣山内舜通に対し、「牢人」大熊朝秀らを速やかに殺害してくれれば、本望であると書き送っている（山内文書・新三七五六）。この時、新左衛門尉。天文四年（一五三五）五月には上田衆や宇佐美定満とともに上条（新・柏崎市）に集結し、為景への反攻態勢を整えた（為景公御書・上越市史資料編3七六〇）。その後、長尾晴景に従う。同十七年、長尾晴景方にたって晴景・景虎兄弟の争いに関与。同年七月、晴景に景虎方の妻有口（新・十日町市）への出兵を提言し、受け入れられる（歴代古案・史料纂集歴代古案三五三）。この時、備前守。兄弟の和睦後は、引き続き財務担当の重臣として景虎に仕える。同十八年十一月八日、本庄実乃・小林宗吉とともに、平子氏本領山又（新・出雲崎町）を平子孫太郎に引き渡すことを、松本河内守に通達した（武州文書・上越二四）。同年十一月十五日、上杉定実が上野家成の所領を通過するため、きちんと饗応をするよう指示する（越後文書宝翰集上野文書・上越二六）。同十九年十二月三日、段銭奉行の一員として、頸城郡夷守郷上広田（新・上越市三和区）の段銭を受納した（東京大学史料編纂所所蔵文書・上越三七）。同二十年七月七日、本庄・小林氏と連名で、上田（新・南魚沼市）出陣を平子氏に命じた（武州文書・上越五三）。関連して某年七月二十三日、本庄実乃・新保長重とともに平子氏に書状を出しているが、前欠であるため内容がわからない（同前・越佐史料4一六頁）。天文二十一年十月二十二日、本庄実乃・直江実綱とともに、庄田定資の関東出陣の労を謝した（歴代古案・上越九八）。同年十二月十二日、宇佐美定満より、平子孫太郎に多劫氏の屋敷を引き渡す件について、再考を求めた書状を受け取る（武州文書・上越一〇〇）。同二十二年十一月十日、段銭奉行の一員として、夷守郷河井村（上越市柿崎区）・阿弥陀瀬（上越市柿崎区）の段銭を受納した（謙信公御書集・上越一〇七）。同年十二月十七日にも、魚沼郡波多岐庄上野村（十日町市）の段銭を受納した（越後文書宝翰集上野文書・上越一〇九）。同年十二月十八日、本庄実乃は段銭について、大熊朝秀がいろいろ意見を言ったが、そちらの希望どおりに処理したと、上野家成に伝えている（同前・上越一一〇）。同二十三年三月十六日、上野家成と下平修理亮の相論について、下平方の主張が通ったという書状を本庄実乃に送った（同前・上越一一三）。この書状を、実乃は妙雲院に送って見せている（同前・上越一一四）。三月二十三日には、この裁許における朝秀の判断への不満を上野家成が本庄実乃に書き送っている（同前・上越一一五）。この訴訟は下平方の勝訴で終わるが、敗訴した上野家成が再度訴訟を起こしたため、八月十三日に家成を諭す書状を出している（同前・上越一一七）。同二十四年二月三日、越後国衆安田景元に対し、決して進退を見放さないという起請文を、本庄宗緩・直江実綱と連名で差し出した（越後文書宝翰集毛利安田文書・上越一三三）。同年十月二十八日、転輪寺（上越市吉川区）常住が用いる塩の調達を許可する証文を、本庄宗緩・直江実綱とともに出している（歴代古案・上越一三八）。しかし弘治二年（一五五六）八月に武田氏に内通し、謀叛を起こす。八月十三日、蘆名家臣山内舜通より書状を送られ、武田晴信からの書状を受け取ったこと、越後に対しては小田切安芸守が動くことを伝えられている（山内文書・新三七三五）。八月二十三日、越中より駒帰（新・糸魚川市）に出兵したが、敗退した（上杉定勝古案集・上越一三七）。これにより、出奔して武田氏に仕えた。武田氏のもとでは、山県昌景の同心に配属される。箕輪（群・高崎市）攻めにおいて武功を立て、騎馬三〇騎・足軽七五人持ちの旗本足軽大将に任じられたという。受領名備前守を与えられたともあるが、朝秀の通称はもともと備前守であり、事実ではない。あわせて、小畠虎盛の妹小宰相を妻とした（軍鑑・大成上三六二頁、惣人数）。その後は、山県昌景の相備えとなる（惣人数）。「軍鑑」においては、大熊備前として一貫して記述されるが、永禄十年（一五六七）には子息長秀の活動が確認でき（生島足島神社文書・一二五）、それ以降の記載は長秀のものである可能性が高い。ただし、元亀年間（一五七〇～七三）頃に、遠江小山（静・袋井市）に在城した大熊備前は（惣人数）、朝秀かもしれない。全般に、武田時代の動向ははっきりしない。天正十年三月十九日に織田氏に殺害されたとされる。法名は徳温院雄巌良英居士と伝わる（大熊氏系図）。（丸島）

大熊長秀　おおくまながひで

生年未詳～天正十年（一五八二）三月。朝秀の子。新左衛門尉、備前守。永禄十年（一五六七）八月七日、信玄に忠節を誓う「下之郷起請文」を吉田信生に宛てて提出した（生島足島神社文書・一二五）。この時、新左衛門尉。その後、元亀年間（一五七〇～七三）頃には遠江小山（静・袋井市）に在城した（惣人数）。天正六年の越後御館の乱に際し、越後への進軍に従軍。七月二十三日、上杉景虎方の山吉掃部助らに勝頼が書状を出した際に取次をつとめた（上杉家文書・三〇〇三）。その後、九月に上杉景勝より割譲された妻有城（新・十日町市）に在城したらしい。十月七日、赤沢城（新・津南町）に在城している市川信房と連名で書状を出し、上杉景勝からの援軍派遣要請を、現地に着城したばかりで余裕がないとしてやんわりと断っている（佐藤明徳氏所蔵文書・三〇四〇）。この時点でも新左衛門尉とみえるから、備前守改称は武田家臣が一斉に官途・受領を与えられた同七年末～八年初頭か。天正十年三月の武田氏滅亡に際し、甘利左衛門尉・秋山昌成とともに離反し、天目山（山・甲州市）への道を塞いで弓矢・鉄砲を打ちかけたという（甲乱記）。「三河物語」は、甘利甚五郎とともに離反したとし、長秀との関係は婿舅であったとする。その後、織田氏によって誅殺された。場所は信濃諏訪（同前）とも、伊那（軍鑑・大成下一八〇頁）ともいう。なお、武蔵に逃れたという所伝もある（大熊氏系図）。（丸島）

大熊伯耆守　おおくまほうきのかみ

生没年未詳。真田家臣。天正二年（一五七四）閏十一月十一日、真田信綱が四阿（長・上田市）別当職を以前同様に蓮花院に出しおいた際、取次をつとめた（山家神社文書・二三九七）。同六年二月の諏訪上社造宮に際し、中条郷（上田市）の代官をつとめている（諏訪大社上社所蔵文書・二九四二）。翌七年二月六日の造宮に際しては、同郷の代官は大熊靫負尉と真楽斎に代わっており（大祝諏訪家文書・三〇七七）、代替わりをしたものとみられる。なお「大熊氏系図」（大熊氏旧蔵）は、伯耆守を越後衆大熊朝秀の子息と位置づけているが、事実ではない。当初から真田氏の家臣であったとみてよいだろう。（丸島）

大熊靫負尉　おおくまゆきえのじょう

生没年未詳。真田家臣。伯耆守の子か。天正七年（一五七九）二月六日の諏訪大社上社の造宮において、中条郷（長・上田市）の代官を真楽斎とともに、上条郷（上田市）の代官を小玉禅光とともにつとめている（大祝諏訪家文書・三〇七七）。この上条郷は、天文十九年（一五五〇）に真田幸綱が武田氏から与えられた所領にあたり、まさに真田氏にとって知行の中核にあたる場所であった（真田家文書・三二）。天正六～七年頃作成された「真田氏給人知行地検地帳」には、本高二四貫三八〇文・見出四貫五〇〇文のあわせて二八貫八八〇文が書き上げられている（真田町誌調査報告書2）。したがってその家格はかなり高いものと推測され、同十年七月、真田昌幸が北条氏直に服属した際に、北条氏直から七〇〇貫文の知行宛行を約束された「大熊殿」は大熊靱負尉であろう（長国寺殿御事蹟稿・戦北二三六四）。その後は、真田氏分家の真田信幸に従い、沼田領支配に携わった。文禄三年（一五九四）九月の「秋和之御料所午御見地帳」（中島治男氏所蔵文書・信18二四頁）に「大ゆきふん」つまり大熊靱負尉分として八貫五八〇文がみられるのが終見である。（丸島）

大蔵式部太夫　おおくらしきぶたゆう

生没年未詳。武田氏の猿楽師。能楽の金春八郎入道及蓮・同源左衛門の弟。「軍鑑」巻八では能楽衆として観世太夫とともに両座をつとめ、大蔵太夫が能、彦右衛門が脇、宮益弥右衛門が小鼓、加納孫二郎・長命勘左衛門が狂言師とある。巻二には、永禄九年（一五六六）の甲府・一蓮寺での歌会に大蔵彦右衛門とともに縁に控えるとあり、巻一一には信濃砥石合戦の帰陣後に、御殿で三日御能をつとめている。長男新之丞は土屋直村の名跡を拝領して土屋新蔵と称するも、長篠の戦で戦死。その弟藤十郎は武田家滅亡後、徳川家康に仕えて大久保姓を賜り、のちに石見守長安となり、甲斐国ほかの五ヶ国総検地奉行をつとめ、さらに佐渡金山奉行などをつとめる。大蔵式部大夫の能興行の記事は、「軍鑑」のほか「勝山記」などにもみえる。（柴辻）

大蔵院日珠　おおくらいんにちじゅ

生没年未詳。武田氏の使僧。もと延暦寺の僧侶で、元亀三年（一五七二）十二月に朝倉氏から本願寺のもとに派遣されている（顕如上人御書札案留・四〇五七）。天正四年（一五七六）六月十二日には、足利義昭の御内書をたずさえて勝頼のもとを訪ねている（古今消息集・四〇八一ほか）。そのまま甲斐に留まったものとみられる。同七年五月十二日には、上杉景勝から書状を送られ、使者毛利秀広・野口与三左衛門が不案内のため、世話をしてくれるよう依頼されている（歴代古案・四〇八六）。このことから、早くから甲越同盟に携わっていたことが推測される。同七～九年の二月九日には、上杉景勝の重臣山崎秀仙に返書を送っている（景勝公御年譜・三七九六）。そのほかの動静は不明。（丸島）

大島蔵人　おおしまくろうど

生没年未詳。信濃国の武士。伊那郡大島氏の一族か。詳細不明。天正九年（一五八一）九月十五日、武田逍遙軒信綱（信玄の弟）より知行宛行を受けているのが唯一の所見（大島文書・四二九三）。その後の事蹟などは一切不明。（平山）

大島次郎左衛門　おおしまじろうさえもん

生没年未詳。会津（福島県）の商人。永禄二年（一五五九）二月の甲斐国古関関所（山・甲府市）での通行記録とみられる「諸役免許状書上」（諸州古文書・六六五）では、会津高橋郷（現在地未詳）の商人とあり、高白斎（駒井政武）を奏者として、弘治四年（一五五八）三月、武田家より甲信通行の過書を交付されている。それには荷物五駄分の諸役を免除するとある。甲府へ往来した遠隔地商人のひとりである。（柴辻）

大島甚七郎　おおしまじんしちろう

生没年未詳。信濃国伊那郡の国衆大島氏の一族か。武田氏滅亡と本能寺の変直後、下条頼安に宛てて提出された「天正壬午起請文」(七月六日付)に、飯島傑叟、片切意鉤、飯島為吉、同為長、為若、北原七左衛門とともに署名しているのが唯一の所見(内閣文庫所蔵・山6下二四八)。なお「天正壬午起請文」の別本では、彼らは飯島衆の肩書きがつけられている。そのほかの事蹟は一切未詳。(平山)

大島介之丞 おおしますけのじょう

生没年未詳。信濃国伊那郡の国衆大島氏の一族。武田氏滅亡と本能寺の変直後、提出された「天正壬午起請文」に、片切衆として記載されているが、七月十二日付で伊那衆下条頼安に一紙起請文を提出しており、竜千代殿(大島辰千代)を取り立てることを誓約している(内閣文庫所蔵・山6下二四八)。竜千代は、「天正壬午起請文」に介之丞とともに登場するので、幼少ながら彼が当主であり、介之丞は近親としてそれを擁立する立場にいたことがわかる。あるいは、大島長利の弟に相当するか。その後の事蹟は不明。(平山)

大島辰千代 おおしまたつちよ

生没年未詳。信濃国伊那郡の国衆。大島氏の当主か。通称は新助か。竜千代とも書く。武田氏滅亡と本能寺の変直後、提出された「天正壬午起請文」に、片切衆として記載されているが、七月十二日付で大島介之丞が伊那衆下条頼安に提出した一紙起請文によれば、彼は竜千代殿を取り立てることを誓約しており、竜千代(辰千代)が幼少ながら大島氏の当主であったと推察される(内閣文庫所蔵・山6下二四八)。その後所見が見られなくなるが、天正十三年(一五八五)八月二十日、徳川家康より小県郡真田昌幸攻略のため、鳥居元忠・大久保忠世・平岩親吉の指揮下に入り、小笠原信嶺ら伊那国衆とともに出陣するよう命じられている飯島新助と同一人物と推察される(宮下文書・信16三五〇)。その後の事蹟は不明。(平山)

大島長利 おおしまながとし

生年未詳～天正三年(一五七五)十一月二十六日。信濃国伊那郡の国衆。元大島城(長・松川町)主。通称は五郎左衛門尉。大島氏は、飯島・上穂・片切・赤須氏とともに春近衆と呼称された。「軍鑑」に五人あわせて五〇騎を引率し、組頭でも組子でもない武田氏直属の侍大将衆と記載されている。大島氏の居城大島城は、武田氏により接収され、大改修が行われたといわれる(日本城郭体系8)。永禄十年(一五六七)八月七日付「下之郷起請文」では、武田氏重臣吉田信生・浅利信種に一紙起請文を提出しているのが初見(生島足島神社文書・二四三)。その後、天正三年八月十日、長篠敗戦後の武田勝頼が信濃伊那郡の防衛を保科正俊に指示した覚書において、木曾義昌・下条信氏・松尾小笠原信嶺とともに、伊那郡の目付を春近衆として命じられ、大島氏は座光寺氏とともに、武田氏直参衆と協力して村の地下人を指揮するよう指示されている。また大島氏は、座光寺、伴野氏ら同じ伊那衆とともに忠節を尽くせば、所望を叶えるとの約束を提示されており、武田氏より重視されていたことが窺われる。なお、織田軍により万一信濃・美濃国境が突破された場合には、大島氏ら春近衆は高遠城に籠城するよう命じられている(武田神社所蔵文書・二五一四)。ただし、ここに記載される大島氏は、当主ではなく、その子と推察される。当時大島氏の当主は、武田氏重臣秋山伯耆守虎繁とともに東美濃岩村城に籠城していた。この時の当主について確証はないが、大島長利と推察される。しかし秋山らは武田氏の後詰が敗退したことから籠城を諦め、織田氏の勧告に従って、同年十一月二十一日に降伏、開城した。大島長利も、秋山、座光寺氏らとともに赦免の御礼のため岐阜に参上したところ捕縛され、十一月二十六日に三人とも磔に掛けられ、処刑された（信長公記、古美術品展観目録、愛11二四〇）。（平山）

大須賀久兵衛尉 おおすがきゅうべえのじょう

生年未詳～天正三年（一五七五）五月二十一日（大須賀家文書・二七五三）。佐渡守。信濃国更級郡村上庄（長・坂城町）の土豪。戦国期には村上義清に属して武田氏の北信濃侵攻に抵抗していたが、弘治三年（一五五七）三月二十八日の武田晴信感状（同前・五五四）によれば、天文二十二年（一五五三）四月に武田方に内通して狐落城（坂城町）を陥落させ、小島兵庫助・小四郎・与四郎の三名を討ち取っている。同月十五日に出仕し、武田晴信（信玄）に拝謁した（甲陽日記・山6上九九頁）。同年六月十六日の武田家朱印状（大須賀家文書・三七三）で、在所を退出して武田氏に従属したことを賞され、三〇〇貫文の地を宛行われた。弘治三年三月二十八日の武田晴信感状（同前・五五五）によれば、天文二十二年八月に布施（長・長野市）で越後衆（長尾軍）と戦って首一つをあげ、同年九月二十一日の武田晴信判物（同前・三八六）で、戦功により天摩（長・千曲市）で三〇〇貫文を加増された。また、同二十三年十一月八日の武田家朱印状（同前・四一九）では、塩尻（長・上田市）南方の知行を安堵されている。その後も海津城（長野市）に在城して長尾（上杉）軍と戦い、同二十四年七月十九日の武田晴信感状（同前・四四六）では、同日の川中島合戦における被官の戦功を賞された。同年十月二十三日の武田晴信書状（同前・四五六）では、一昨日の夜中に城内の小屋に放火しようとした敵兵を捕らえたことにより、晴信から褒賞されている。また、弘治三年七月二十三日の武田家朱印状（同前・五七二）では、坂木（坂城町）で四〇貫文を加増され、五日以内に検使を派遣したうえで渡すことを伝えられている。同二年六月二十八日の武田家朱印状（同前・五〇三）では、五ヶ年以内に他所へ移った被官について、現在の主人に断ったうえで前々の如く召し使うことを認められた。ただし、この問題は長期にわたったようで、永禄五年（一五六二）三月二十四日の武田家朱印状（同前・七七四）でも、他所を徘徊している久兵衛尉の被官について、法意に任せて地頭と現在の主人に再三断ったうえで召し返し、もし従わない者がいれば武田氏に注進するよう命じられている。同十年十一月十九日の武田家朱印状（同前・三二）で、所領役の人数のほかに具足を着用した鑓持一人を召し連れて軍役をつとめるよう命じられ、その代替として村上庄内の知行分から上納される堰役・上役の四三俵を免除された。なお、本文書は大須賀佐渡守の初見であり、久兵衛尉は永禄五年四月から同十年の間に佐渡守の受領を称したと考えられる。天正三年五月二十一日の長篠合戦で討死（同前・二七五三）。実子がなかったため名跡は弟の小次郎が相続した。（鈴木）

大須賀小次郎 おおすがこじろう

生年未詳～元和九年（一六二三）。大須賀久兵衛尉の弟。兄の久兵衛尉が天正三年（一五七五）五月の長篠合戦で討死し、実子がなかったため、同四年十二月二十五日の武田勝頼判物（大須賀家文書・二七五三）で名跡の相続を認められ、知行を安堵された。武田氏滅亡後は上杉氏に仕え、同十年七月十三日に屋代秀正の同心として知行を安堵されている（丸山史料古文書・信15五四四頁）。のちに帰農して村上庄内の上平（長・坂城町）に住み、家伝によれば元和九年に死去したとされる（埴科郡誌）。（鈴木）

太田忠左衛門尉　おおたちゅうざえもんのじょう

生没年未詳。喜三郎。駿河国三宮の御穂（三保）神社（静・静岡市）の神主。天正五年（一五七七）九月十一日の武田家朱印状（三保神社文書・二八六四）で、先の印判状に従い三保神主職に補任され、三保松原浦（静岡市）以下の支配権を安堵された。同年十一月六日の武田家朱印状（同前・二八八六）で、三保松原浦で船三艘分の諸役を免許され、武田氏の武運長久を祈るよう命じられている。奉者はいずれも土屋右衛門尉昌恒。前者は喜三郎、後者は忠左衛門尉宛であり、この間に改名したと考えられる。同八年四月十九日の武田家朱印状（太田家文書・三三二八）では、早船造立の奉公を賞されて三二竈分の塩釜役を免許されている。奉者は跡部越中守勝忠。同九年二月二十六日の武田家朱印状（同前・三五〇六）では、社領についての訴訟が認められ、相応の欠所を宛行うことを伝えられた。奉者は土屋右衛門尉昌恒。その後の事蹟は不明。御穂（三保）神社は、同十八年八月二十二日に羽柴秀吉から社領を安堵（同前・静史2八五三頁）、また慶長七年（一六〇二）十二月七日には徳川家康より三保・織部・別府（いずれも静岡市）の三村で一〇六石を寄進されている（同前・静史2八五三頁）。（鈴木・柴）

太田盛家　おおたもりいえ

生没年未詳。四郎左衛門尉。駿府（静・静岡市）の豪商。室は松木宗清の女（静岡市史）。天正三年（一五七五）十月一日の武田家朱印状（奉者は跡部久郎右衛門尉昌忠。友野家文書・二五三六）で、駿府の商人衆が駿河国に帰参した際に諸役を免許する旨を伝えられ、同月十一日の松木宗清等連署起請文写（同前・二五三七）で、駿府での商売に関する起請文を武田氏へ提出した一二名のなかに名がみえる。年未詳九月晦日の穴山信君条書写（判物証文写・三九一七）で、大井川河畔の水川郷（静・川根本町）で商売を行うこと、敵方（徳川方）から鉄炮・鉄を仕入れた際には夫馬を与えること、条書を与えられた一〇名以外の商人が商売を行うことを禁止し、違反した場合は見つけ次第荷物を奪い取ることなどを、松木宗清ら九名とともに命じられた。武田氏滅亡後も駿府で商人として活動し、慶長年間（一五九六～一六一五）には後裔の太田治右衛門が貿易商として活躍した（駿河志料）。（鈴木）

太田守重　おおたもりしげ

生没年未詳。佐渡守。天正四年（一五七六）十一月十一日、野呂瀬秀次・鷹野昌郷とともに、小笠原信興の富士郡転封で屋敷を明け渡した篠原尾張守に対し、替地を宛行っている（判物証文写・二七四二）。（丸島）

大滝信忠　おおたきのぶただ

生年未詳～慶長四年（一五九九）三月十五日。宮内左衛門尉、土佐守。信濃高井郡東大滝（長・野沢温泉村）の国衆。市川信房の弟と伝わる（藤原姓市川氏系図・山梨県立博物館研究紀要5五九頁）。天正八年（一五八〇）九月三日、尾崎重元より年貢訴訟の裁許について要望が通った旨を伝えられた（尾崎家文書・三四三三）。この時すでに土佐守とみえる。かつて武田信玄から清白寺四九貫三五〇文ならびに人夫一人を、および信濃において籾子五〇俵を与えられていた。しかし返上を申し出たため、同年十二月十三日、勝頼から替地として戸狩郷（長・飯山市）内で六〇七俵を与えられている。その際、増分があった場合は飯山城（飯山市）に納めるよう注記がなされており、あくまで与えられたのは六〇七俵であった（歴代古案・三四六二）。武田氏滅亡後の同十年四月五日、森長可から当知行を安堵された（石井進氏所蔵諸家古案集・信補遺上五四頁）。本能寺の変後の同年八月、上杉景勝に従属を申し出て、五日に本領安堵を受けている（歴代古案・信15三七五頁）。ただちに越後に召し連れられ、かわりに信濃における知行地の諸役免許を受けた（同前）。二〇日、飯山城を上杉景勝に引き渡したことを賞されるとともに、春日信達へ忠節に励むよう伝えよと命じられた（上杉年譜・信15三五三頁）。文禄三年（一五九四）二月十一日、幌の出来具合とどのような時に上杉景勝が着すのかを大谷吉継から尋ねられた。同時に幟棹が必要であれば手配すると伝えられている（歴代古案・信16四三二頁）。「文禄三年定納員数目録」には五〇六石八斗一升、軍役三〇人半でみえる（上杉氏分限帳一四頁）。慶長四年死去。法名は、長天清雲居士（藤原姓市川氏系図・山梨県立博物館研究紀要5五九頁）。なお、子息忠直に寡婦となった市川信房の娘（忠直の従姉妹）が嫁いでいる（同前・山梨県立博物館研究紀要5六〇頁）。子孫は米沢藩士として続いた。

（丸島）

大滝信安　おおたきのぶやす

生年未詳〜天正九年（一五八一）十月十九日。新兵衛尉・甚兵衛尉・和泉守。信濃国水内郡西大滝（長・飯山市）の国衆。信鎌倉御家人の泉親平を祖とする千曲川左岸地域の土豪集団「泉八家」の一つ。文明年間（一四六九〜八七）に泉重家が当地に移住し、大滝を名字にしたといわれる。当初は越後上杉氏に従う。年未詳正月二日付で、上杉輝虎（謙信）から年始祝儀への礼状を送られているのが初見（大滝家文書・信14三〇四頁）。この時は新兵衛尉でみえる。天正六年の御館の乱では上杉景勝方に属し、同年九月一日に湯浅分を宛行われている（同前・信14三六〇頁）。その後、武田・上杉両氏の和睦で北信濃が武田氏に割譲されたため同氏に従属し、同七年二月十七日の武田家朱印状（大滝家文書・三〇八七）で、翌秋の飯山領（飯山市）での検地の後に闕所を宛行われることを約された。奉者は土屋右衛門尉昌恒。この時甚兵衛尉でみえ、武田氏従属時に通称を改めたものか。同八年九月三日の尾崎重元証文写（尾崎家文書・三四三三）では、夜交・小幡・上倉氏ら六名とともに、同族（泉宗家）の尾崎を通じて年貢の件を甲府（勝頼）に訴えたところ、蔵方に申し出るように指示されて訴訟を起こした結果、勝頼の上聞に達して武田氏の代官・蔵方の書立と引き合わせたうえで渡す旨を伝えられた。以後土佐守。その後、同年十一月二十三日の跡部勝忠証文（大滝家文書・三四四九）では、信安の恩地で検出された増分二五〇貫文を、軍役衆であることを理由に、土屋昌恒に断ったうえで所務するよう指示されている。（上杉年譜23三〇四、〇五頁）。子の実安（甚兵衛尉）が武田氏滅亡後に上杉氏に帰参して本領を安堵され、子孫は米沢藩士として存続した（同前）。

（鈴木・丸島）

大竹屋　おおたけや

生没年未詳。本姓は渡辺氏。富士北口浅間神社（山・富士吉田市上吉田）所属の上吉田宿の御師。元亀元年（一五七〇）十月の小山田信茂作製による「西念寺寺領仕置日記」（西念寺文書・一六〇七）によれば、西念寺の燈明料が寺領である吉田上・下宿に割り付けられている。下宿では小林和泉守ほかの地侍や郷人が多いが、そのなかに御師として大竹屋・小竹屋・菊屋の三名がみられる。元亀三年正月の「吉田新宿帳」には、西町分のなかに「大竹屋　四郎兵衛」とその名がみられる（田辺本甲斐国志草稿・一七八四）。御師衆は江戸期に最盛期を迎え、各戸で個別の信仰関係文書を所蔵している。（柴辻）

大戸氏　おおどし
→浦野氏　うらのし

大橋又右衛門尉　おおはしまたえもんのじょう
生没年未詳。甲斐国岩間庄瀬戸（山・身延町）の人物。穴山家臣か。慶長十三年（一六〇八）七月二十一日、高野山に自身の逆修供養を依頼しているのが唯一の所見。法名は宗真禅定門（成慶院過去帳・武田氏研究47）。（平山）

大間宗是　おおまむねこれ
生没年未詳。新右衛門丞。天文十三年（一五四四）三月二日の大蔵経寺（山・笛吹市）堂宇を檀那として建立し、棟札に子息与次郎とともに名がみえる（大蔵経寺所蔵・四二四〇）。同地の地頭であろうか。ただし、大間宗是より上に立つ在地の人間として鎮目家次の所見があるから、鎮目氏の代官かもしれない。（丸島）

大村彦六郎　おおむらひころくろう
生没年未詳。駿河国安部郡湯島（静・静岡市）の土豪。大村氏は、宝徳年間（一四四九～五二）に湯島へ在住し、俵沢（静岡市）に開村を行ったとされる（駿河志料）。彦六郎は、永禄二年（一五五九）十一月二十八日に今川氏真より朱印状で、湯島村内の屋敷などに対し、先の判物や印判状に従い、棟別ほか諸役を免除されている（大村家文書・戦今一四八二）。また、先の判物や印判状が棟別ほか諸役免除の根拠となっていることから、この特権は今川氏から代々認められていたものであったことがわかる。同十一年六月七日には、氏真より彦六郎が山中へ運搬する米殻六〇駄に対し、関役を免除する朱印状を与えられている（同前・戦今二一七九）。武田氏の駿河領有後、武田氏へ捕物奉公につとめる旨を申し出て、天正二年（一五七四）十二月十八日に武田家朱印状（奉者は跡部勝資）により、その旨が認められるとともに、前々の通り棟別諸役が免除されている（同前・二四二五）。その後の事蹟は不明。後裔は俵沢村へ移り、以後同村に在住し続けた（駿河志料）。（柴）

大村弥十郎　おおむらやじゅうろう
生没年未詳。遠江衆。大村氏は駿河今川家臣で遠江国小池村（静・浜松市）を拠点に活動し、天文十七年（一五四八）十二月には、弥三郎綱次が前々年より今川氏の東三河攻略に従軍し、今橋城（愛・豊橋市）攻撃の際の戦功や田原城（愛・田原市）攻囲での働きを賞され、今川義元より感状を得ている（御家中諸士先祖書・戦今八八四）。そして翌十八年十一月一日には、弥三郎は義元より三河国小島村（愛・豊橋市）を宛行われた。この後、綱次に代わり弥兵衛高信がみられ、高天神小笠原氏の同心衆にあった。永禄十一年（一五六八）十二月の徳川氏による遠江侵攻のなかで、高天神小笠原氏とともに徳川氏へ従属し、翌十二年正月十一日には徳川家康より遠江国勝間田郷内麻生村（静・牧之原市）内三五〇俵ほか本知行を安堵された（御家中諸士先祖書・戦今二二四二）。弥十郎は綱次・高信の一族と推察されるが、系譜関係は不明。高信と同じく高天神小笠原氏の同心衆としてあり、また徳川氏へ従い、同十二年正月十二日に家康より遠江国城東郡内の替地として小池村七五貫文ほか知行を宛行われた（歴代古案・戦今二三四六）。その後も小笠原信興の同心衆にあったが、天正二年（一五七四）六月十七日に武田勝頼による攻囲のなか遠江高天神城は開城、小笠原信興とともに武田氏へ従う。九月九日、弥十郎へ勝頼の直判により小池村は綱次分も含めて一二五貫文、そのほか徳川氏旗下時の知行地六ヶ所と陣夫五人を安堵された（新集古案・二三五九）。一方、高信はその後も徳川方としてあり、後裔は紀伊藩の家臣として仕えた（南紀徳川史名臣伝）。

（柴）

小笠原慶庵 おがさわらけいあん

生没年未詳。永禄末期のものと思われる信玄旗本の陣立書に、長坂光堅とならんで名が記される（山梨県立博物館所蔵文書・二九七二）。「惣人数」に御伽衆として記載のある小笠原慶庵斎が該当するものと思われる。

（丸島）

小笠原忠長 おがさわらただなが

生没年未詳。信濃国伊那郡の武士。松尾城（長・飯田市）主小笠原信嶺の家臣。左衛門尉。小笠原日向守の近親であろう。小笠原一族とみられるが系譜関係は不明。元亀四年（一五七三）七月六日、松尾城主小笠原信嶺は武田勝頼より三河国長篠城在城を命じられたが、その際に在城領を遠江国井伊谷で支給されており、それらを信嶺家臣四人にも配当するよう指示されている判物に登場するのが唯一の所見（小笠原家文書・二三八）。そのほかの事蹟は不明。

（平山）

小笠原長和 おがさわらながかず

生没年未詳。信濃国伊那郡の武士。松尾城（長・飯田市）主小笠原信貴の家臣。孫十郎。小笠原長記、長穂の近親であろう。小笠原一族とみられるが系譜関係は不明。永禄十年（一五六七）八月七日、武田氏重臣山県昌景に宛て武田氏に忠節を誓った下之郷起請文に「小笠原下総守被官」の一員として登場するのが唯一の所見（生島足島神社文書・一二三）。そのほかの事蹟は不明。

（平山）

小笠原長記 おがさわらながのり

生没年未詳。信濃国伊那郡の武士。松尾城（長・飯田市）主小笠原信貴の家臣。新八郎。小笠原長和、長穂の近親であろう。諱の読みは仮説。小笠原一族とみられるが系譜関係は不明。永禄十年（一五六七）八月七日、武田氏重臣山県昌景に宛て武田氏に忠節を誓った下之郷起請文に「小笠原下総守被官」の一員として登場するのが唯一の所見（生島足島神社文書・一二三）。そのほかの事蹟は不明。

（平山）

小笠原長穂 おがさわらながほ

生没年未詳。信濃国伊那郡の武士。松尾城（長・飯田市）主小笠原信貴の家臣。孫十郎。小笠原長記、長和の近親であろう。小笠原一族とみられるが系譜関係は不明。永禄十年八月七日、武田氏重臣山県昌景に宛て武田氏に忠節を誓った下之郷起請文に「小笠原下総守被官」の一員として登場するのが唯一の所見（生島足島神社文書・一二三）。そのほかの事蹟は不明。

（平山）

小笠原信興 おがさわらのぶおき

生年未詳～天正十八年（一五九〇）七月か。今川・徳川両氏への従属を経て、武田氏へ従属した遠江高天神城（静・掛川市）を本拠とする国衆。通称は与八郎、官途名弾正少弼を称す。初名は氏助。遠江での小笠原氏が史料上で確認できるのは、祖父春茂の時で、永正年間（一五〇四～二一）には今川氏へ従属して、笠原荘（掛川市南部、静・袋井市など）を支配領域とし、父氏興は今川氏より「氏」の一字を与えられた一門格の国衆としてあった。永禄十一年（一五六八）正月までには、氏興は出家（法名は泰翁）して馬伏塚城（袋井市）へ隠居し（高野山不動院奉納釣灯籠銘文・紀伊國金石文集成一八九頁）、氏助（信興）が家督を継承した。同十二年正月、氏助は父氏興とともに徳川氏へ従属し、今川氏真の籠もる懸川城（掛川市）の攻撃に参戦した（松平記）。その際、徳川家康より一門の小笠原清有には知行宛行（小笠原文書・戦今二三五六）、牧野源介たち同心衆が知行安堵された（早稲田大学荻野研究室所蔵文書・戦今二三三九ほか）。そして閏五月二日に黒印状で、龍巣院（袋井市）へ五貫文の地を寄進しているのが（龍巣院文書・戦今二三七八）、氏助の史料上の初見である。またこの乱中に、今川氏より給地として与えられていた駿河国中田（静・静岡市）寺家方小笠原分の百姓職保有者の西屋左近衛門が氏助のもとへ移っている（天野文書・戦今二四五九）。元亀元年（一五七〇）六月の江北姉川合戦には、徳川勢として大須賀康高の備に属し従軍した（大須賀家譜）。同三年三月十六日には、徳川氏より給地として与えられたと推察される遠江国神座（静・湖西市）の石田次郎右兵衛尉へ余慶分を給恩として与える（豊田文書・静8四一一）。同年十月に、駿河方面より進軍した武田信玄が率いる本軍により攻撃を受け、一時は降伏に追い込まれる（武市通弘氏所蔵文書・一九七六）。その後も徳川氏へ従属する高天神城主としてあったが、天正二年五月より武田勝頼の攻撃にあう。勝頼の攻撃に際し、氏助は穴山信君を通じ降伏を願い出るとともに、進退保証の起請文、同心衆・領知の保証を求め、勝頼の了承を得ている（山梨県誌本巨摩郡古文書・二三八八）。氏助はその後も降伏交渉を求めるが、勝頼は攻撃を続行した（武州文書・二三九五）。結局、氏助は徳川方を支持する一門の小笠原清有たちを追い（信長公記）、六月十七日に降伏した（大須賀記）。武田氏へ従属した氏助は、官途名弾正少弼と「信」の一字を賜り、実名を信興と改め、高天神領を安堵された。また七月九日には同心衆の本間氏重（本間家文書・二三〇六）・斎藤宗林（遠州高天神記所収文書・二三〇七）・伊達宗綱（駿河伊達家文書・二三〇八）が武田家朱印状（奉者は跡部勝資）で、九月九日には同心衆の大村弥十郎が勝頼の直判により知行地を安堵された（米沢市立上杉博物館所蔵新集古案・二三五九）。なお七月九日付で高天神領と引き替えに駿河国下方（静・富士市）一万貫文を宛行った勝頼判物写（水月明鑑・二三〇五）が存在するが、「城飼郡」の表記などより検討の余地がある。弾正少弼信興としての署判は、七月十四日に佐東（掛川市）の宗禅寺領への諸役免許を認めた判物よりみられる（宗禅寺文書・二三一三）。同月二十日には竹本坊へ西大谷普門寺（掛川市）の再興を認め（普門寺文書・二三二九）、二十七日には華厳院（掛川市）が永代買得した土方下郷（掛川市）の田地を保証（華厳院文書・二三三二）、八月十五日には比企郷正福寺（静・御前崎市）に寺領安堵（正福寺文書・二三三三）、二十六日には大淵西方宝珠寺（掛川市）の琴峰受泉和尚へ寺務職を認め寺領安堵（正林寺文書・二三五〇）、二十八日には比企郷（御前崎市）の禰宜五衛門尉へ神領安堵（賀茂神社文書・二三五三）、十二月二十日には高松社（御前崎市）の神主へ笠原荘内の社領安堵（中山家文書・二四一七）を行っている。また十一月二十八日付で同心衆の本間和泉守へ発給された武田家朱印状（奉者は跡部勝資）では、本間氏重の頓死にともなう和泉守よりの家督相続の願い出を受け、信興が認可を求めたことが確認できる（本間家文書・二三八五）。翌三年正月二十日には櫨城検校へ前年の籠城の際の働きに応え比企郷内で一〇石一斗の知行などを与え（正福寺文書・二四四二）、二月二十四日には一条院（袋井市）に寺領を安堵し、棟別・四分一などの諸役を免除している（尊永寺文書・二四六六）。このなか正月二十九日には、武田家朱印状（奉者は跡部勝資）により毎月支給される扶持で武勇の者を雇うよう指示された（市川家文書・二四四七）。五月二十一日の長篠敗戦後における武田氏の遠江勢力圏の減退にともない、高天神領は徳川方に対する最前線となり在番衆が配置されたのを受け、十月二十三日に山梨上郷中（袋井市）へ在番衆と自身の軍勢による濫妨狼藉を禁じている（村松家文書・二五四二）。これが高天神領で確認できる信興の文書の終見で、この後駿河国富士郡へ移封された。このようななか同四年八月二十四日、武田家朱印状（奉者は跡部勝資）によって家中の男女に対する人返しを認められている（深沢家文書・二七一二）。また駿河国富士郡への移封にともない、十一月十日に配下の篠原尾張守へは武田家代官衆より青柳（静・富士宮市）にて三貫文屋敷の屋敷替地が与えられている（判物証文写・二七四二）。そして富士郡へ移封後の十一月二十三日には、佐野弥右衛門へ家中の者による竹木伐採を禁じている（諏訪部家文書・二七四六）。同五年四月三日、嫡男万千代麿・妻とともに富士大宮（富士宮市）に高天神領への帰国を願い、遠江国河尻郷（掛川市）ほか一五貫文の地を寄進（判物証文写・二七九七）、その一方で五月三日には由野郷（富士宮市）の孫右衛門（高天神城実戦記所収文書・二八〇五）、十二月一日には由比郷（静岡市）の二郎兵衛と彦次郎（本間家文書・二八九七）へ、それぞれ高天神領よりの被官に対しての郷次の諸役免除を指示した。この後、信興は駿河三枚橋城（静・沼津市）の曾禰河内守のもとで北条氏との戦闘に従事し、同九年八月晦日付武田勝頼書状では、須津（富士市）へ帰陣していることが確認できる（平山家文書・三六〇六）。同十年三月の武田氏滅亡後は、相模国小田原（神・小田原市）へ逃れたが、「当代記」によると徳川家康の要請を受け織田信長が北条氏へ殺害を命じたことにより、信興は殺害され、首は遠江国浜松（静・浜松市）の家康のもとへ届けられたとする。一方、「北条記」では同十八年七月、関東へ移封してきた徳川家康により成敗されたとする。北条氏関係者に伝わった後者の記事が妥当か。　（柴）

小笠原信貴　おがさわらのぶたか

生年未詳〜天正七年（一五七九）五月二十四日。信濃国伊那郡松尾城主。松尾小笠原氏当主。定基の子。六郎・孫六郎・左衛門佐・信濃守・相模守・下総守（寛永伝、笠系大成ほか）。永正六年（一五〇九）三月、室町幕府が殿中で開催した犬追物に射手としてみえる小笠原六郎が信貴に相当するとみられる（後鑑二四・信10二六六〜七〇）。同十二年八月、伊那郡龍門寺開山として、妙心寺住職瑞郁（文叔）を招いている（龍門寺文書・信11九二）。天文二年（一五三三）、府中小笠原長棟、伊那衆下条時氏に攻められ、父貞忠とともに降伏し、伊那を追われ、武田氏を頼ったというが（下伊那史6）、確実な史料では確認できない。同四年に死去した伊那郡龍門寺開山瑞郁の略伝に、彼を招いた開基として信貴がみえるが、その後、同十八年に菩提寺である伊那郡開善寺の住持に宗販（美濃国出身、土岐氏）を招き、中興開山としたことが記録に登場するまで一切管見されないので（龍門寺文書・信11九三）、この間本拠地松尾城を離れており、武田氏の庇護のもと帰還したのは事実かもしれない。永禄元年（一五五八）には、息子信嶺を甲府に人質として送っており、武田氏より重臣駒井高白斎を奏者として、同月十一日付で毎月糧米四駄分の諸役免許状を与えられている（諸州古文書五・六五五）。同十年八月七日、武田氏に逆心しないことを誓約した「下之郷起請文」を、武田氏重臣山県昌景に提出した（生島足島神社文書・一二三）。これが下総守の受領の初見である。なお同日付で、信貴家臣小笠原長記・同長和らも起請文を山県に提出している（同前・一三三）。同十三年（元亀元年）三月十日、伊那郡長石寺創建の小檀那として登場し、これを最後に史料に所見がなくなるので、息子信嶺に家督を譲ったのであろう。天正七年五月二十四日歿。法名高嶺宗堅（寛永伝、寛政譜、開善寺過去帳ほか）。なお、信貴の正室、信嶺生母は、同十年三月二日、信嶺が織田信長に降伏したため、甲府で自害している。法名「円成院殿亀算栄聚大姉」（開善寺過去帳）。（平山）

小笠原信嶺 おがさわらのぶみね

天文十六年（一五四七）～慶長三年（一五九八）二月十九日。信濃国伊那郡松尾城主。松尾小笠原氏当主。信貴の子。十郎三郎・掃部大夫。正室は武田逍遙軒信綱（信玄の弟）の息女。永禄元年（一五五八）六月に、父信貴により甲府に人質として送られている（諸州古文書五・六五五）。永禄末年までには、父信貴に家督を譲られたらしい。同五年九月十八日、飯田城主坂西永忠と所領問題で対立し、これを攻め破り、永忠を木曽に放逐したという。この時活躍した家臣清水但馬入道に知行宛行状を発給しているが（清水家文書・七五五）、この文書は検討の余地がある。元亀三年（一五七二）十一月十五日、信嶺は徳川方の国衆と推定される人物に書状を送り、武田信玄と手を結んだことを讃え、近日三河に出陣するのでその際は味方するよう申し入れている（小島明二氏所蔵文書・一九八八）。このことから、信嶺は、三河・遠江・美濃方面の国衆の調略に従事していたことがわかる。天正元年（一五七三）七月六日、武田勝頼より三河国長篠城在番を命じられ、在城料として遠江国井伊谷（静・浜松市）を与えられた。信嶺自身は在城せず、一族小笠原忠長、家臣常葉常陸守らを派遣したらしい。同年七月、長篠城は徳川家康に包囲されるが、武田氏は軍勢を後詰めとして送っている。この時信嶺も援軍の一員として記録されており、長篠に在城していなかったことがわかる（松平・奥平家古文書写・二四三）。だが援軍派遣の甲斐なく、九月に長篠城は降伏し、在城衆は信濃に退去した。同三年四月、武田勝頼が三河に侵攻した際に、山県昌景らとともに山家三方衆の案内で足助城をはじめとする一帯の諸城を攻略し、作手城（古宮城か、愛・新城市）に入り、その後は大野田城（新城市）を攻撃し、徳川方の菅沼定盈を放逐した。さらに徳川方の属城二連木城を攻略し、家康が籠城した吉田城を攻めている（孕石家文書ほか・一七〇三、〇四）。同年五月の長篠合戦では信濃に撤退し、家臣を東美濃岩村城などに派遣している（開善寺過去帳）。また同年六月、長篠敗戦後、織田・徳川方の調略に同調し謀叛を企図した伊那郡坂西一族の動きを察知し、同二十九日に坂西氏を攻めこれを殲滅した（同前）。そのため同年七月十九日、武田氏から褒賞され、山村郷（長・飯田市）を与えられた（勝山小笠原文書・二五〇七）。この事件に関連してか、同年九月十六日、家臣清水但馬入道に対し、山村郷で知行を宛行っている（清水澄家文書・補遺四五）。さらに八月十日、武田氏は長篠敗戦を受けて信濃国木曽・伊那の防衛強化を企図し、保科正俊に詳細な指示を出しているが、その際に信嶺は、家中を率いて清内路口（長・阿智村）を固め、信嶺自身は山本（飯田市）に在陣することや、彼の一族、重臣らは高遠城に人質提出を、また家臣や地下人らは武田氏に誓詞と人質の提出を命じられている。さらに、もし敵に突破されたら、信嶺は伊那大島城（長・松川村）に籠城するよう指示されていた。なお武田氏は、松尾小笠原氏を監視するため目付を派遣している（武田神社所蔵文書、二五一四）。同五年、駿河国大宮浅間神社に武田家臣が神馬を奉納した「武田家臣神馬奉納記」に、神馬二疋を納めたことが記録されている（永昌院所蔵兜巌史略・補遺一三）。同八年には、駿河国沼津三枚橋城の築城と在番にあたっている（楓軒文書纂・三三七三）。蒲原まで信嶺自身が出陣しているのは、これに関連したものか（諸州古文書五・三二九八）。同十年二月、織田軍の武田領国侵攻が始まると、同十四日、信嶺は実弟長巨を人質に差し出して織田軍に降伏し、三月二日の高遠城攻防戦では先陣をつとめている（信長公記・甲乱記ほか）。武田氏滅亡後は、織田氏に属し本領を安堵されたが、織田家臣毛利秀頼に暗殺されかけ、すんでのところで逃亡したという。このため本領を失ったが、まもなく本能寺の変が起きたため、徳川方に属して松尾城を回復し、以後、一貫して家康に従った。（平山）

小笠原彦三郎 おがさわらひこさぶろう

生年未詳～天正十年（一五八二）二月二十九日。信濃国伊那郡の武士。松尾城（長・飯田市）主小笠原信嶺の家臣か。小笠原一族とみられるが系譜関係は不明。天正十年二月、松尾城主小笠原信嶺は、侵攻してきた織田信忠に降伏したが、彦三郎はこれに反抗して鈴岡城（飯田市）に籠城したらしい。だが織田方についた知久頼氏と二月二十九日に戦い戦死したという（矢島家文書・三六五五）。そのほかの事蹟は不明。（平山）

小笠原日向守 おがさわらひゅうがのかみ

生没年未詳。信濃国伊那郡の武士。松尾城（長・飯田市）主小笠原信嶺の家臣。左衛門尉。小笠原忠長の近親であろう。小笠原一族とみられるが系譜関係は不明。元亀四年（一五七三）七月六日、松尾城主小笠原信嶺は武田勝頼より三河国長篠城在城を命じられたが、その際に在城領を遠江国井伊谷で支給されており、それらを信嶺家臣四人にも配当するよう指示されている判物に登場するのが唯一の所見（小笠原家文書・二一三八）。そのほかの事蹟は不明。（平山）

岡田堅桃斎 おかだけんとうさい

生没年未詳。近習御伽衆。「軍鑑」に信玄御伽衆一二人のうちで、一花堂とともに、信玄が甲府に招いた花道の宗匠とある。年未詳五月十五日付の武田勝頼宛の穴山信君書状によれば、「源氏物語」が入用とのことなので、堅桃斎に書かせたものを所持しているので進上するとある（諸州古文書・三八四九）。（柴辻）

岡部雅楽助 おかべうたのすけ

生没年未詳。今川家臣、のち武田氏へ属した駿河衆。岡部氏は駿河国志太・益津両郡に勢力を伸ばし、鎌倉時代には御家人として、室町時代には駿河守護今川氏の譜代として活躍する一方で、数流の系統に分かれた。雅楽助の系譜および今川家臣としての活動は不明。永禄十一年（一五六八）十二月よりの武田氏による駿河侵攻のなかで従属する。翌十二年正月十七日には、武田信玄より本地の駿河国越後島（静・焼津市）三〇貫文ほか新地二ヶ所で計一三〇貫文の知行を宛行われたうえ、四月十三日にも追加として越後島良玄分一〇〇貫文を宛行われ、二三〇貫文の知行を所持した（反町文書・一三九二）。その後、駿河国の某城（久能城か、静・静岡市）での籠城につとめていたところ、五月二十三日に信玄より長尾久兵衛尉とともに籠城のつとめを慰労され、来月早々の出馬の意向を伝えられるとともに、遠江懸川城（静・掛川市）の開城にともなう駿河国山西地域（静・藤枝市、島田市）の状況を伝達するように指示された（野口寛三氏所蔵文書・一四二一）。（柴）

岡部九郎次郎　おかべくろうじろう

生年未詳～天正二年（一五七四）五月二十一日。岡部正綱の弟。天正二年に没した。法名は、太清宗安禅定門（本覚院所蔵西方院岡部氏過去帳）。なお、日付けの一致から翌三年の誤記のようにもみえるが、記された干支「甲戌」は正しく二年のものであり、偶然の一致ではないだろうか。（丸島）

岡部小五郎　おかべこごろう

生年未詳～天正三年（一五七五）五月二十一日。元信の子。天正三年の長篠合戦で戦死した。法名は、孝徹善忠禅定門（高野山本覚院所蔵西方院岡部氏過去帳）「信長公記」にある「岡部」とは、この人物を指す。（丸島）

岡部真堯　おかべさねたか

生年未詳～天正十二年（一五八四）四月九日。駿河先方衆岡部元信の嫡子。通称は小次郎、官途は般若助、五郎兵衛尉。永禄三年（一五六〇）十二月二十日に、今川氏真より偏諱を賜り、実名「真堯」を称す。同十一年十二月に始まる武田氏の駿河侵攻の際には、父元信と同様に、氏真と行動をともにしたと推察され、元亀元年（一五七〇）正月二十七日に、武田信玄が真堯の知行地である駿河国北矢部（静・静岡市）三三俵を土屋木左衛門尉へ宛行っている（早稲田大学所蔵文書・一四九六）。その後、父とともに武田氏へ従属か。以後、真堯は官途名般若助でみえ、天正七年（一五七九）時には甲斐国甲府（山・甲府市）で在府奉公につとめ、駿河国山西地域で知行地を所持していたが、同年七月二十一日、同地域での知行が不所務の状況につき、父元信の同心渡部四郎兵衛尉知行名田での所務代替の処置が武田家朱印状（奉者は跡部勝資）により行われている（土佐国蠹簡集残編・三一四）。その後、真堯は官途名五郎兵衛尉を称し、同九年五月十四日には、父元信の遠江高天神城（静・掛川市）における三ヶ年と討死に及ぶ働きを賞され、勝頼より元信の同心・被官と駿河・遠江両国における遺領を安堵されている（土佐国蠹簡集残編・三五四）。また十月七日には駿河国小鹿郷（静・静岡市）内七五貫文ほか二ヶ所、計一九五貫文の知行を宛行われた（土佐国蠹簡集残編・三六二）。真堯は、その後天正十二年四月九日に、法名雲声浄廓禅定門でみられることより（本覚院所蔵西方院岡部氏過去帳）、同日に死去したと推察される。嫡子盛綱は上総久留里藩主土屋利直に仕えたが、孫道綱の代に利直次男の直方（のちの相馬忠胤）が陸奥国相馬中村藩相馬家を継いだことにより追従し、後裔は陸奥国相馬中村藩士としてあった（衆臣家譜 七十八・相馬市史資料集特別編14 衆臣家譜 巻十四）。一方、元信には養子として五郎兵衛尉（実名は元昌と伝わる）があり、結城秀康へ仕え、後裔は越前松平家臣としてあった（諸氏先祖之記・福井市史 資料編4近世二―四九頁）。（柴）

岡部治部左衛門 おかべじぶざえもん

生年未詳～天正九年（一五八一）三月二十二日か。岡部正綱の弟で、同心の筆頭として活動した（軍鑑・大成下二九頁）。その後、岡部元信に従って遠江高天神城（静・掛川市）に入る。天正九年、高天神落城に際して討ち死にをした（乾徳山恵林寺雑本・信15一七頁）。「恵林寺雑本」は、同二年四月十七日没という異説を載せる。これも高天神城攻略のための出陣だが、この日付けでは勝頼はまだ出陣をしていない。したがって、高天神落城時の討ち死にと捉えておきたい。高天神城攻防戦のなかで記憶された人物といえる。（丸島）

岡部次郎兵衛尉 おかべじろうひょうえのじょう

生没年未詳。今川家臣、のち武田氏へ属した駿河衆。父は今川家臣岡部大和守時綱で、兄には永禄十一年（一五六八）十二月に始まる武田氏の駿河侵攻後も、今川氏真と行動をともにし、翌十二年五月の遠江懸川開城後は相模北条氏のもとへ逃れた和泉守がいる。次郎兵衛尉は父や兄と行動をともにせず、武田氏へ従属し、駿河国島田郷（静・島田市）を与えられた。だが島田郷は遠江国との境界に位置するため所務できず、その旨を申し出た結果、同年四月十九日に、武田信玄より駿河平定のうえで和泉守知行分内二〇〇貫文を与えることを約束された（水府明徳会彰考館所蔵能勢文書・戦今二三五〇）。そして元亀二年（一五七一）三月二十五日には、信玄からあらためて一族と行動をともにせず、武田氏へ従った忠信により、駿河国島田内の三浦元政分と大平（静・沼津市）内で計二五〇貫文の知行を宛行われた（同前・一六九九）。天正元年（一五七三）十二月十一日、武田勝頼は代替わりの安堵として、次郎兵衛尉へ信玄より宛行われた駿河国島田内の知行を安堵し、あわせて大平内の一〇〇貫文の知行地を遠江国吉永（静・焼津市）内に替えて宛行っている（同前・二二三二）。また同四年には、武田家朱印状（奉者は温井常陸守・跡部勝忠）により、野呂助三の知行地の矢部郷（静・静岡市清水区）の検地結果による増分一五貫文と段銭三貫七〇〇文を重恩として与えられた（同前・二六〇八）。武田氏滅亡後は徳川氏へ従い、武田万千代信吉の家臣となり、六五〇石を与えられたという（水府系纂）。慶長七年（一六〇二）十一月、万千代信吉の常陸水戸（茨・水戸市）移封に従い、水戸へ移った。後裔は水戸藩家臣として仕えた。（柴）

岡部帯刀 おかべたてわき

生年未詳～天正九年（一五八一）三月二十二日。高天神籠城衆。天正九年の高天神落城に際して討ち死にした（乾徳山恵林寺雑本・信15一七頁）。高天神城将岡部元信の一族か。（丸島）

岡部俊具 おかべとしとも

生年未詳～天正十三年（一五八五）九月四日か。太郎左衛門尉。駿河国衆とみられる。「記録御用所本古文書」は実名を「正綱」とするが誤り。天正九年十月十三日、越後島（静・焼津市）の百姓名職を彦左衛門尉に与え、奥居屋敷については永代安堵を約束した（判物証文写・三六二、三六三）。この時、花押に円形黒印を重捺している。武田氏滅亡後の同十年八月五日、弟掃部助とともに駿河での知行を安堵されている（記録御用所本古文書・家康文書上三〇頁）。同十七年十二月三日に、遠江白羽村（静・浜松市）の検見を白羽惣左近に任せた「岡俊」が同一人物という指摘があるが（清水文書・静8三三八）、姓と実名の一字をとって略すことは異例であり（通常は姓と通称の一字をとって略す）、別人とみたほうがよい。元亀元年（一五七〇）正月十九日に生母賀岳妙慶禅定尼、天正六年十一月五日に子息清安元浄禅定門、某年二月二十八日に子息了心宗悟禅定門の供養を、高野山西方院で営んだ（本覚院所蔵西方院岡部氏過去帳）。自身の供養は、天正十三年九月四日に営まれ、円光宗覚禅定門という法名が付せられている（同前）。これが命日であろうか。（丸島）

岡部正綱　おかべまさつな

天文十一年（一五四二）～天正十一年（一五八三）十一月八日、四二歳。今川家臣、のち武田氏へ属し、「惣人数」（軍鑑）では五〇騎を率いる駿河先方衆。父は久綱（法名は常慶）で、官途は次郎左衛門尉。次郎左衛門尉家は五郎兵衛尉家など数流の系統に分かれた岡部家の一家である。

岡部久綱は、今川義元の代に重臣として政務に携わり、天文十年六月には今川氏のもとへ追放された武田信虎の隠居分などにつき、太原崇孚（雪斎）とともに武田晴信（信玄）のもとへ訪れ、その交渉に従事している（堀江家文書・四〇三）。同十七年八月十三日の久綱の死後、家督を継承した。永禄五年（一五六二）五月一日に、今川氏真より河村七右衛門との遠江国榛原郡上泉村新田（静・島田市）の境界をめぐる相論に際し、同二年に起きた酒井右京進との境相論での裁定どおりに保証を受けたのが、初見である（里見忠三郎氏所蔵文書・戦今一八一四）。同十一年十二月の武田信玄による駿河侵攻の際には、弟治部右衛門とともに今川方の立場を堅持し、翌十二年四月に信玄がいったん甲斐国甲府（山・甲府市）へ帰還すると、駿河駿府館（静・静岡市）を占拠し、武田氏と対戦する（当代記、軍鑑）。同年十二月、臨済寺（静岡市）の僧侶鉄山宗鈍の交渉により開城し、武田氏へ従属した（松平記）。元亀元年（一五七〇）正月五日、正綱とともに駿府館に籠城した諸士を同心衆として保証される（岸和田藩志所収文書・一四九〇）。その一方、同月末の武田氏による駿河花沢城（静・焼津市）の攻撃に参戦し（軍鑑）、駿河平定に尽力した。同三年五月十四日、岡部氏の菩提寺である宝泰寺（静岡市）が、正綱が寄進した米方十二俵の地を信玄より保証されている（宝泰寺文書・一八七五）。同年十月に始まる信玄の徳川領国への侵攻には馬場信春の先備に属し従軍、弟治部右衛門が十二月二十二日の遠江三方原合戦で戦功をあげる（軍鑑）。また天正元年三月、美濃岩村城（岐・恵那市）の親織田方勢力の救援に赴いた織田勢との合戦でも、正綱は馬場信春の先備に属し戦う（軍鑑）。八月二十五日、徳川氏による三河長篠城（愛・新城市）への攻撃に対し、武田勝頼より山県昌景のもとで、穴山信君・武田信廉・朝比奈信置・岡部元信とともに、後詰にあたるよう指示される（尊経閣古文書纂・二一五五）。また九月三日には、武田家朱印状（奉者は跡部勝忠）により、大井孫三郎・玉木与四郎・高井次郎右衛門尉とともに、駿河国段銭の納入にあたるよう命じられる（鎌田武男氏所蔵文書・二一六二）。十月七日、同心衆の杉山小兵衛へ駿河国志太郷（静・藤枝市）三輪分五貫文を扶持する（判物証文写・二一八九）。同二年五月には勝頼の遠江高天神城攻めに従軍、弟治部右衛門が戦死している（軍鑑）。同年かと年次比定される十二月二十三日には、某城の焼失に際し、山県昌景の指示に従い、普請を行ったことを勝頼より賞されている（新春書画幅浮世絵逸品目録一九九四年所収文書・二四一八）。同四年八月二十三日、武田家朱印状（奉者は土屋昌恒）で、正綱が所有する清水湊（静岡市清水区）の船一四艘の役銭を免除された（岸和田藩志所収文書・二七二〇）。同五年五月二十一日付の富士大宮神事帳によると、富士本宮浅間社（静・富士宮市）の正月一日神事祭礼に際し、修湯料一〇〇文を負担することとなっている（富士本宮浅間神社文書・二八〇九）。五月二十六日、武田家朱印状（奉者は土屋昌恒）で、同三年に決められた定納高九六八貫二八五文（知行高は二四六五貫文）に対し、七〇人の軍役を負担することが定められる（岸和田藩志所収文書・二八一〇）。同八年八月十三日、父久綱の三十三回忌法要を営む（仏語禅師語録・静8一三三二）。同十年の織田氏による武田氏攻めの際、穴山信君とともに徳川家康へ内通（軍鑑）、しかし織田氏より知行を保証されなかったのか、五月十一日に家康より進退保証を約束され（寛永伝）、この後徳川氏へ従属した。六月六日、本能寺の変を受け帰還中の山城国宇治田原（京・宇治田原町）で穴山信君が殺害されたことを受け、穴山武田氏の河内領保全のために、家康より甲斐国下山（山・身延町）へ派遣され、菅沼城（身延町）の普請にあたる。この直後に開始された徳川氏の甲斐侵攻では、大須賀康高・曾禰昌世とともに先陣をつとめ、曾禰昌世と六月十二日付で加々美右衛門尉（古今消息集・野田市史資料編中世2二〇）、同十五日付で米山囚獄助（朝野旧聞裒藁所収文書・野田市史資料編中世2二一）、同二十三日付で古谷甚五兵衛（感状写・野田市史資料編中世2三）、大須賀康高を加えた三人連署で五月十七日に、窪田正勝（記録御用所本古文書・野田市史資料編中世2三）に知行の保証を約束する。以後、甲斐国甲府（山・甲府市）に常駐し、八月九日、早河兵部助へ替地を宛行う旨の徳川家朱印状の奉者をつとめ、また曾禰昌世と連署で新津直太郎へ替地を打渡している（早川家文書・山4五二四、二五）。同月十日には、徳川氏より甲斐御嶽衆の身上を任され、翌十一日には御嶽衆へ知行を宛行う徳川家朱印状の奉者として活動している（金桜神社文書、若尾資料「臆垂鈔」・山4九〇〜九四）。同十一年正月十三日、家康より「手先」に派遣され、徳川家譜代重臣の平岩親吉とともに、軍事指揮下にある穴山武田氏の軍勢への指図を任された（記録御用所本古文書・野田市史資料編中世2三一、三二）。閏正月十六日、相原内匠助へ幼少の助丞の陣代を申し付け（金桜神社文書・山4九九）、六月十三日には永昌院（山・山梨市）への徳川家禁制の奉者をつとめた（永昌院文書・山4四八二）。同年に死去。死去の月日は、同十三年十一月八日に嫡子康綱が三回忌法要を営んでいることより、十一月八日であることが確認できる（仏眼禅師語録・静8一八一九）。法名は好雲道庵禅定門で（同前）、宝泰寺（静・静岡市）に葬られた。その遺領は駿河国で三〇〇〇貫文（そのうちの六〇貫文は同心の安倍衆の知行）、甲斐国では定納高で四〇〇〇貫文におよんだ（領知目録書抜・野田市史資料編中世2三六）。正綱死後は、嫡子康綱が家督・遺領を継承し、同十八年徳川氏の関東移封により、下総国野田（千・野田市）へ入部した。その後、康綱から

長盛へ家督が継承され、後裔は和泉国岸和田藩主としてあった。（柴）

岡部元信　おかべもとのぶ

生年未詳～天正九年（一五八一）三月二十二日。今川家臣、のち武田氏へ属し、「物人数」（軍鑑）では一〇騎を率いる駿河先方衆。官途は五郎兵衛尉、のち受領名丹波守を称す。五郎兵衛尉を称す岡部家は、次郎右衛門尉家と同じく数流の系統に分かれた一家である。父は左京進親綱で、天文五年（一五三六）の花蔵の乱に戦功をあげたことで知られる。同十一年二月二十二日には、今川義元より偏諱を与えられた小次郎元綱がいるが（岡部長武氏所蔵文書・戦今六七二）、時期より元信の前身と考えられる。同二十一年八月十五日付で、義元より三河小豆坂合戦での戦功を賞され、感状を与えられているのが（岡部文書・戦今一一〇六）、元信が五郎兵衛尉としての初見である。永禄三年（一五六〇）五月の今川義元による尾張侵攻時は、鳴海城（愛・名古屋市緑区）に在城して堅守し続ける。桶狭間合戦での敗戦にともない鳴海城を開城するが、撤兵の際に織田方に属す水野信近の苅屋城（愛・刈谷市）を攻略し、六月八日に今川氏真よりこれらの戦功を賞され、駿河・遠江両国の知行・被官給恩分を安堵された（同前・一五四四）。また六月十三日には、武田信玄より鳴海城での働きを賞されるとともに、以後も氏真との入魂を記した書状を得る（岡部家文書・六九六）。この後、年未詳の三月五日と正月十四日付北条氏規書状より氏規との交友が確認でき（孕石文書・戦北四〇一〇、一四）、このうち正月十四日付では受領名丹波守としてみえる。永禄十一年十二月に始まる武田氏の駿河侵攻後は、今川氏真と行動をともにしたと考えられ、天正元年八月二十五日、徳川氏による三河長篠城（愛・新城市）への攻撃に対し、勝頼より山県昌景のもとで穴山信君・武田信廉・朝比奈信置・岡部正綱とともに後詰にあたるよう指示されているのが（尊経閣古文書纂・二一五五）、武田氏従属後の初見である。そして十一月二十日に武田家朱印状（奉者は跡部勝資）により、本屋敷と今川義元の隠居屋敷を与えられ（岡部文書・二二二六）、二十七日には武田勝頼が武田信玄より、夏に元信が岡部惣領職として認められたことをあらためて安堵している（岡部長武氏所蔵文書・二二三三）。同二年三月晦日、勝頼より駿河国石田（静・沼津市）ほか八ヶ所の知行、計五二八貫四〇文を宛行われ、「先方」（駿河今川氏）との関係は顧みず、忠節につとめるよう求められる（土佐国蠹簡集残編・二三七七）。同二年五月には勝頼の遠江高天神城攻めに従軍した（松平記ほか）。なお武田氏への従属に際し、息小五郎を甲斐国甲府（山・甲府市）へ提出していたが、同年十一月晦日に小五郎は旗本として軍役をつとめることとなり、駿河国山西五十海郷（静・藤枝市）内で一〇〇貫文の知行を宛行われている（土佐国蠹簡集残編・二三八七）。この後、遠江小山城（静・吉田町）の在番をつとめていたところ、同三年五月の長篠敗戦後のなか徳川氏による攻勢にあうが、九月二十一日に勝頼より籠城し堅守し続けたことを賞され、感状を与えられる（岡部家文書・二五三三）。同四年五月十二日、酒井実明・興津藤太郎・浅羽九郎兵衛尉・横山次右衛門尉の四人が、武田氏への奏者人がいないため、元信の同心衆として配備されることが、武田家朱印状（奉者は跡部勝資）により認められた（土佐国蠹簡集残編・二六五〇）。また五月十四日には前年よりの武田氏への訴訟により、抑留されていた知行の増分六〇俵余を、重恩として武田家朱印状（奉者は跡部勝資）により与えられている（同前・二六五二）。同五年二月七日、同心一〇人への給恩として駿河国時谷一三〇貫文を与えられ（岡部家文書・二七六四）、九日には遠江国青柳（吉田町）三ヶ郷ほか六ヶ所、計一五五八貫九〇〇文の知行を宛行われ、同時に一八人の陣夫徴収を認められている（土佐国蠹簡集残編・二七六六）。また同月十九日には、武田家朱印状（奉者は跡部勝資）により、闕所ができ次第、駿河国において一ヶ所を与える旨を約束される（同前・二七七四）。同五年に年次比定される九月二十日には、徳川勢の遠江武田方領域への侵攻に際し、勝頼出陣に際し堅固な備えを求められる（岡部家文書・二八六九、本文書の写文書が土佐国蠹簡集残編・三〇二九にあり）また この頃であろうか、勝頼より納馬を伝えられている十月八日付の書状がある（岡部鶴象氏所蔵文書・三七三三）。同六年三月二十二日に高野山で元信夫妻は逆修供養を営み、元信の法名として一深宗信禅定門、妻の法名として喜窓理慶信女が確認できる（本覚院所蔵西方院岡部氏過去帳）。同六年六月十四日、勝頼より遠江高天神城（静・掛川市）の在番衆交替に際し、番衆の路地中の送迎を任される（土佐国蠹簡集残編・二九八七）。同七年七月二十一日、嫡子般若助（のち五郎兵衛尉）真堯が駿河国山西地域での知行が不所務の状況につき、元信の同心衆渡部四郎兵衛尉知行名田での所務代替の処置が、武田家朱印状（奉者は跡部勝資）により行われている（同前・三一四四）。またこの年より、元信は小山城在番から替わり、高天神城在番をつとめることとなったことが、同九年五月十四日付嫡子五郎兵衛尉（実名は「真堯」と伝わる）宛の勝頼判物写（同前・三五四四）より確認できる。その一方で同八年五月十三日には、駿河三枚橋城（沼津市）の普請のため在陣し、勝頼より慰労されている（同前・三三四三）。この後、同年よりの徳川氏による攻囲の際籠城につとめるなか、同九年正月十七日に元信が匂坂甚大夫・暮松三右衛門尉を飛脚として往還させたことを賞され、武田家朱印状（奉者は跡部勝資）により彼らに対しての駿河国で三〇貫文・遠江国相良（静・相良町）内で三〇貫文の知行を宛行われている（孕石家文書・三四八四）。しかし三月二十二日に高天神城は落城し、元信は討死した（乾徳山恵林寺雑本・静8一三五八）。元信の高天神城における働きを賞し、五月十四日には、勝頼より嫡子五郎兵衛尉真堯が元信の同心・被官と駿河・遠江両国における遺領を安堵され（土佐国蠹簡集残編・三五四四）、また十月七日には駿河国小鹿郷（静・静岡市）内ほか二ヶ所、計一九五貫文の知行を宛行われている（同前・三六一二）。

（柴）

小川可遊斎 おがわかゆうさい

生没年未詳。上野国衆で、沼田領小川（群・みなかみ町）城主。荷用斎・可葉斎とも表記されている。小川氏は沼田領の国衆沼田氏の親類かつ重臣であった。可遊斎はその名跡を継承した存在であるが、その出自と継承の経緯については明らかではない。「加沢記」は永禄三年（一五六〇）の上杉謙信の関東侵攻以前のこととし、上方牢人の赤松孫五郎といい、小川氏家中で台頭、出家して自ら小川氏を称し、謙信に召し出されて小川氏の名跡を認められたとし、謙信重臣河田氏の「藤原姓河田氏累系」では、河田長親につき従っていた僧侶が還俗したもので、ともに越後に赴いて謙信に仕えた、としている。

これによれば可遊斎が謙信に仕えたのは、関東侵攻後のことになる。永禄十年三月、越後国から送られてくる荷物毎月一五疋分について、謙信から過書を与えられているのが初見（米沢市立図書館所蔵文書・群二三四三）。これより以前に、小川氏の名跡を継承し、小川城に在城したことがわかる。以後は、上杉方沼田城代の指揮下におかれた。天正六年（一五七八）三月からの越後御館の乱では、北条氏に属したとみられ、同年八月、北条氏の要請のもと越後に赴いて何らかの馳走を行っている（落合文書・戦北二〇九七）。同八年二月から、武田氏の調略の対象としてみえ（参考諸家系図・三二五四）、三月十六日には真田昌幸を通じて武田氏への従属を受け容れ（歴代古案・三二八五）、四月二日には従属を決定している（参考諸家系図・三三〇六）。以後は昌幸の指揮下におかれ、五月には名胡桃城（みなかみ町）在城を命じられている（吉川金蔵氏所蔵文書・三三四七）。七月に勝頼から本領安堵を保証され（同前・三三七八）、十二月七日に勝頼から本領・当知行一一〇〇貫文余を正式に安堵されている（別本歴代古案・三四五五）。同九年二月、武蔵経略を遂げた際には知行一〇〇〇貫文の宛行を約束されている（吉川金蔵氏所蔵文書・三五〇四）。同十年三月の武田氏滅亡にともなって没落し、越後上杉氏に仕え、文禄年間（一五九二〜九五）に死去した（御家中諸士略系譜）。（黒田）

小河原大蔵右衛門尉 おがわらおおくらえもんのじょう

生没年未詳。川口（山・富士河口湖町）の富士山御師。弘治二年（一五五六）十二月二十七日、小山信有（桃隠）に今後はきちんと奉公すると侘言を申し立て、諸役免許を安堵された（諸州古文書・五三二）。信有の不興をかっていたらしい。あるいは、土佐守（二代）と同一人物か。（丸島）

小河原重清 おがわらしげきよ

生没年未詳。上野国衆小幡縫殿助の家臣か。多胡郡長根郷（群・高崎市）を本拠とする長根衆の一員。永禄十年（一五六七）八月七日付の「下之郷起請文」において、長根衆の連署起請文で二番目に署判しているのが唯一の所見（生島足島神社文書・一一七四）。（黒田）

小河原土佐守（初代） おがわらとさのかみ

生没年未詳。川口（山・富士河口湖町）の富士山御師。土佐守（二代）の父とみられる。天文十三年（一五四四）十月十二日、助次郎（二代土佐守と思われる）とともに奉公を賞され、小山田信有（契山）から諸役免許を免許されるとともに、釜次郎右衛門の跡職を与えられた（諸州古文書・一八二）。そのほかの事蹟は不明。（丸島）

小河原土佐守（二代） おがわらとさのかみ

生没年未詳。川口（山・富士河口湖町）の富士山御師。土佐守（初代）の子とみられる。初名は助次郎か。あるいは大蔵右衛門尉も同一人物かもしれない。天文十三年（一五四四）十月十二日、土佐守（初代）とともに奉公を賞され、小山田信有（契山）から諸役免許を免許されるとともに、釜次郎右衛門の跡職を与えられた（諸州古文書・一八二）。この時、助次郎。永禄五年（一五六二）三月に本栖（富士河口湖町）の定番を務めると言上し、武田氏から都留郡の棟別銭春秋六〇〇文を免除された文書は、本来小河原家に伝わっている。土佐守宛てとみてよいだろう（諸州古文書・七七二）。永禄十年七月十六日、小山田信茂から代替安堵を受け、諸役と

関銭免許を確認されている（小佐野得季家文書・一四九四）。この時は土佐守でみえる。以後の動静は不明。（丸島）

隠岐虎清 おきとらきよ

生年未詳〜天文八年（一五三九）十月十三日。信濃佐久郡の国衆。一右衛門尉。花押が武田様に類似しており、またその実名から武田信虎に従った可能性があるため、ここにあげておく。内山（長・佐久市）に居住（蓮華定院過去帳月坏信州佐久分第一・信11一四五頁）。某年春、自身の逆修（生前）供養を高野山蓮華定院に依頼し、宗範という法名を与えられた。翌年の三月二十三日、そのことを謝する書状を出している（蓮華定院文書・信11一四五頁）。天文八年十月十三日死去。法名宗範（蓮華定院過去帳月坏信州佐久分第一・信11一四五頁）。没年からみて、武田信虎に従ったとすると、大永七年（一五二七）六月に、伴野氏を支援して佐久郡に出兵した時であろう（勝山）。（丸島）

興津興忠 おきつおきただ

生没年未詳。豊後守。駿河国庵原郡興津郷（静・静岡市）の国衆興津氏の一族か。天正二年（一五七四）に比定される六月二十五日、穴山信君宛武田勝頼書状（稲葉家文書・二三〇二）のなかで、遠江高天神城（静・掛川市）に早飛脚を遣わすよう命じられている。同五年四月三日の興津興忠証文写（判物証文写・二七九八）では、遠江国榛原郡河尻郷（静・吉田町）内の一貫文の地を富士浅間神社（静・富士宮市）に寄進しているが、記載内容より検討の余地ありとされる。（鈴木・柴）

興津左近助 おきつさこんすけ

生没年未詳。駿河国衆興津氏の一族で、穴山家臣。永禄十一年（一五六八）十二月以降の武田氏の駿河侵攻のなか、今川・北条方として活動した摂津守・弥四郎父子には従わず、穴山信君へ仕官を願いでる。これを受け、元亀元年（一五七〇）二月九日に信君より、駿河国小沼（静・焼津市）ほか二ヶ所の知行地と駿河国駿府窪町（静・静岡市）で屋敷地二ヶ所、計四八貫八八〇文を宛行われた（諸家文書纂・一五〇六）。武田氏滅亡時は、穴山信君に従い出陣し、三月二十四日に徳川家宿老の酒井忠次より書状にて出陣を謝され、徳川氏への用件に関しては承る旨を伝えられている（同前・静4一五一四）。その後の事蹟は不明。（柴）

興津十郎兵衛 おきつじゅうろうひょうえ

生年未詳〜天正三年（一五七五）五月二十一日。実名は正房と伝わる（真田氏所蔵御家中系図）。今川旧臣興津藤六郎（実名は正備という）の子。藤六郎は、武田家では朝比奈信置の与力となったという（同前）。天正三年の長篠合戦で討ち死にした（同前）。諸記録にある「おきつ」（宣胤卿記）、「奥津」（信長公記）、「奥津十郎兵衛」（乾徳山恵林寺雑本・信14九八頁）は、いずれもこの人物に比定してよいだろう。徳川家臣高力正長に討ち取られたという（寛永伝、寛政譜）。十郎兵衛の弟の系統が、真田家に仕えている（御家中系図）。（丸島）

興津藤左衛門尉 おきつとうざえもんのじょう

生年未詳〜天正四年（一五七六）。駿河国駿東郡青野郷（静・沼津市）にある愛鷹明神社の神主。元亀三年（一五七二）五月十四日の武田家朱印状（桃沢神社文書・一八七六）で、阿野庄青野郷の浅間・足高（愛鷹）明神社の別当職を安堵された。奉者は市川宮内助昌房。家譜によれば、天正四年に死去したとされる（鷹根村誌）。（鈴木）

興津藤六 おきつとうろく

生年未詳～元和四年（一六一八）。興津藤左衛門尉の子。天正八年（一五八〇）十二月十六日の跡部勝忠証文（桃沢神社文書・三四四）で、父藤左衛門尉が受給した先の印判状の如く阿野庄（静・沼津市）の社領を安堵のうえ荒地などの所務を認められ、武田氏への軍役奉公を命じられた。その後も愛鷹明神社の神主をつとめ、慶長七年（一六〇二）五月十日に駿府町奉行の井出正次から社領を安堵されている（桃沢神社文書・静史1五六六頁）。家譜によれば元和四年に死去、子孫は明治以降も代々神主をつとめた（鷹根村誌）。
（鈴木・柴）

興津弥四郎 おきつやしろう

生没年未詳。駿河国興津郷（静・静岡市）を本拠とする今川家臣で、武田氏へ従属した駿河国衆。興津氏は、鎌倉時代は御家人、室町時代も興津郷の国人としてあったが、やがて今川氏へ従い家臣として活動した。弥四郎は永禄年間（一五五八～七〇）に今川家臣としてみえる摂津守の嫡子と推察される。永禄十一年十二月の武田氏による駿河侵攻に際し、美濃守は今川氏真に従い活動した。氏真が駿河大平城（静・沼津市）へ移るとともに行動し、同十二年十二月十八日には、氏真よりその忠節を賞され感状を与えられている（諸家文書纂・戦今二四三四）。弥四郎も父摂津守と行動をともにし、元亀元年三月二十一日には、氏真より朱印状で駿河国阿野・沼津（いずれも沼津市）において堪忍分として一五貫文を宛行われている（同前・戦今二四五〇）。その後、北条水軍を率いる相模玉縄城主北条氏繁のもとで活動し、同二年霜月晦日には氏繁より弥四郎へ一所を宛行う約束がなされ（同前・戦北一五五九、戦今二四九五）、また十二月二日には相模国村岡郷（神・藤沢市）内の夫銭三〇〇疋（三貫文）が同地の代官より支給されている（同前・戦北一五六二、戦今二四九六）。翌三年正月二十六日、氏繁より左近助の官途を与えられてる人物がいるが（同前、戦北一五七四）、文書の伝来より推察して、弥四郎と同人であろう。但しこの官途は、北条家中内のみの認められたものであったため、その後武田氏に従属すると、再び仮名「弥四郎」でみられる。天正四年（一五七六）五月十二日、武田家朱印状（奉者は土屋昌恒）により、駿河国の知行地における増分を武田氏へ披露し、改めのうえで、その通りであるならば知行として与える旨が約束された（同前・二六五一）。武田氏滅亡後は徳川氏へ仕え、同十八年七月の徳川氏の関東移封に従い関東へ移り、同十九年頃と推察される二月十五日には下総国岩富（千・佐倉市）の北条氏勝（氏繁の子）より近辺に入部した際には訪れるよう求められている（諸家文書纂・戦北四三三九）。なお、この文書では、弥四郎は玉縄北条氏との関係につき、官途名左近助でみられる。その後の事蹟は不明。
（柴）

荻原右馬丞 おぎわらうまのじょう

生没年未詳。永禄末期のものとみられる信玄旗本の陣立書に、その名がみえる（山梨県立博物館所蔵文書・三九七二）。なお、「遺文」は「萩原」と読んでおり、字体もそのとおりだが、荻原の誤記であろう。
（丸島）

荻原源八郎 おぎわらげんぱちろう

天文二年（一五三三）～天正十六年（一五八八）五月十日。武田氏・徳川氏の家臣。豊前守の子。「寛政譜」は実名を昌之とし、母を板垣信方娘とする。源八郎、甚之丞。永禄十一年（一五六八）三月二十一日、石橋（山・笛吹市）のうち三八貫五〇〇文および夫丸一人を与えられた

（大野聖二氏所蔵文書・三五〇）。この時、源八。同十二年の駿河出兵に参陣。山県昌景から「能々奉公」している様子を父豊前守に伝えられている（菅野家文書・二三九〇）。武田氏滅亡後、徳川家康に仕える。天正十年九月一日、徳川氏から同心三一人を還付され、所領および諸役免許の特権を安堵される（大野聖二氏所蔵文書・山5上四七四）。この時、甚之丞。この点は同年十二月九日付の朱印状でより明確になり、上井尻（山・甲州市）において七五貫文と夫丸一人、石橋（笛吹市）において三八貫五〇〇文および夫丸一人、飯田川原（山・甲府市）において一〇八貫文、志田郷（山・甲斐市）において夫丸一人などを安堵されている（同前・山5上四七五）。同十七年十一月二十一日、徳川家の奉行伊奈家次から、甲斐における知行として中下条郷（甲斐市）および吉沢郷（甲斐市）において一六七二俵一斗二升三合二勺を与えられた（同前・四七六）。ただし「寛政譜」は同十六年五月十日死去と記すから、同十七年の甚之丞は、子息昌友のことであろう。法名は道輝。恵林寺に葬られた（寛政譜）。子息甚之丞昌友は八王子に移り住み、これが八王子千人同心頭の始まりとなる。（丸島）

荻原定久 おぎわらさだひさ

生没年未詳。民部。上野の武士と思われるが、詳細は不明。永禄十年（一五六七）八月七日、武田氏に忠誠を誓う下之郷起請文を、連名で跡部勝資に宛てて提出した（生島足島神社文書・二一七六）。この際、「上州鎮守一二両社明神」が神文に含まれている。（丸島）

荻原重吉 おぎわらしげよし

生没年未詳。玄蕃允。上野の武士と思われるが、詳細は不明。永禄十年（一五六七）八月七日、武田氏に忠誠を誓う下之郷起請文を、連名で跡部勝資に宛てて提出した（生島足島神社文書・二一七六）。この際、「上州鎮守一二両社明神」が神文に含まれている。（丸島）

荻原長久 おぎわらながひさ

生没年未詳。図書助。上野の武士と思われるが、詳細は不明。永禄十年（一五六七）八月七日、武田氏に忠誠を誓う下之郷起請文を、連名で跡部勝資に宛てて提出した（生島足島神社文書・二一七六）。この際、「上州鎮守一二両社明神」が神文に含まれている。（丸島）

荻原常陸介 おぎわらひたちのすけ

寛正元年（一四六〇）か〜天文四年（一五三五）九月十三日か。実名は昌勝（武田三代軍記ほか）・勝政（国志所引荻原家説）と伝わるが、確かな史料では確認できない。信虎幼少の時に弓矢の指南を受け、晴信が幼少の時に弓矢の物語を聞かされたという（軍鑑・大成下二四頁）。大永元年（一五二一）生まれの晴信が一一、三歳の時に七〇余歳で死去したというから、天文初年の死去となる。「国志」は恵林寺に「追福ノ碑」があったといい、法名天真院功巌元忠居士、天文四年九月十三日没と記されていたという。また、「兵家茶話」から「荻原家説」を引き、七五歳死去とする。「国志」は荻原備中守の子とするが、血縁関係にあったとしても世代は逆であろう。また飯富虎昌の伯母婿というが、これも世代が合わない。実在したのかも含め、検討の余地の大きい人物といえる。（丸島）

荻原備中守 おぎわらびっちゅうのかみ

生年未詳〜享禄元年（一五二八）九月晦日。実名未詳。武田家臣。大永四年（一五二四）に信虎が北条氏綱に和睦をもちかけた際、半途まで出向いて交渉を取りまとめた（上杉家文書・戦北六五）。享禄元年九月、信虎の諏訪出兵に従うが、同月晦日の堺川合戦で討死した（勝山）。
（丸島）

荻原豊前守　おぎわらぶぜんのかみ

永正六年（一五〇九）～天正九年（一五八一）十月八日、七三歳（国志）。武田家臣。長坂源内右衛門尉、荻原弥右衛門尉、豊前守。実名は正明（まさあきら）と伝わるが（寛永伝）、「寛政譜」が異説として記す昌明のほうが蓋然性は高いか。「軍鑑」で活躍する常陸介の子といい（寛政譜）、常陸介は飯富虎昌の伯母婿だから（軍鑑・大成上二五七頁）、山県昌景の従兄弟にあたるという（国志）。ただし「寛政譜」は母は飯富虎昌の娘としており、混乱がみられる。「惣人数」によると、横目衆（中間頭）として一三通の感状をもらったとされる。戦功により荻原姓を与えられ、弥右衛門尉、豊前守と称したという。したがって、荻原常陸介が実在し、かつ「軍鑑」の記す姻戚関係が事実だとしても、飯富虎昌・山県昌景とは直接の血縁関係にはない（寛政譜に従えば、話は別である）。妻は板垣信方の娘、後妻は太田弥助の娘（寛政譜）。また以下に述べる経歴には、もうひとり、豊前守が存在し、その事蹟が混ざっている可能性がある。天文十六年（一五四七）八月十一日、同日未刻（午後二時頃）に行われた志賀城（長・佐久市）攻略において、城主笠原清繁を討ち取った戦功を賞される（菅野家文書・二三〇）。志賀城攻めにおいて、最も大きな功績を立てたこととなる。この時、すでに荻原弥右衛門尉とある。同十七年五月十日にも、晴信から感状を与えられている。ただし長坂源内右衛門尉宛と（松雲公採集遺編類纂・二四五、惣人数）、荻原弥右衛門宛（菅野家文書・二四六）が残されており、「惣人数」の記す改称経緯と一致しない。早くから荻原姓であったのではないか。同二十一年八月十三日申刻（午後四時頃）、苅屋原城（長・松本市）攻略において、太田弥助を討ち取った（同前・三五二）。なお「惣人数」はこの人物を苅屋原城主と記す。であるとすれば、城主を続けて二人も討ち取ったことになり、いささかできすぎの観がある。某年二月十一日卯刻（午前六時）、前線の城の用心として派遣されたからには、油断なくつとめるよう、秋山藤左衛門・原菅左衛門とともに命じられる（大野聖二氏所蔵文書・六二一）。八月七日卯刻にも同様の指示を受けているが（菅野家文書・六三九）、本文書は検討の余地を残す。天文二十一年八月十日、信濃松原神社（長・小海町）の神馬銭二貫文が、荻原豊前方より渡されている（松原神社文書・三五〇）。この時、豊前守。ただし先述したように弥右衛門の終見は同月十三日であり、通称変遷が矛盾している。永禄元年（一五五八）三月二日には、同心縫右衛門・新左衛門が有野郷（山・南アルプス市）に有した家一間に懸けられた役が免除されている（矢崎家文書・五八八）。永禄六年の恵林寺検地帳に軍役衆として記載されており、低い身分から立身した様子がみてとれる（恵林寺文書・山4二九五）。同八年の「義信事件」を信玄に報告したという（惣人数）。同十二年の駿河出兵に際し、加藤景忠と談合して檜原（東・檜原村）を攻撃し、勝利を収めたことを、山県昌景から激賞されている（菅野家文書・一三九〇）。この時、都留郡北部の防衛を任されていたようで、西原武田氏（一宮氏）・小菅氏・小俣飛驒・小俣六右衛門尉が指揮下に配属されている。彼らは、都留郡北部の中小国衆であり、豊前守が状況に応じて同地の防衛を任される立場にあったことがわかる。ただし基本的には旗本に配属されたようで、この頃の陣立書をみると窪田文左衛門尉とともに旗本の長柄鑓隊を率いている（山梨県立博物館所蔵文書・三九七三）。天正九年、小山田氏への援軍として都留郡岩殿城（山・大月市）に入城。再び都留郡北部の防衛を任される。三月二十日、在番衆一〇人の普請役を免除するよう通達されている（大野聖二氏所蔵文書・三五三三）。この時、宛所に「荻原豊前」とだけみえるから、すでに出家していた可能性が高い（入道した人物には「殿」を付けないことが多い）。天正九年十月八日死去。享年七三。法名は融松院利峰道顕居士（国志）。恵林寺に葬られた（国志、寛政譜）。子孫は八王子千人同心頭として続いた（寛政譜）。真田家臣窪田家は、豊前守について窪田家から荻原家に養子入りした人物とし、自家をその弟の系統と位置づけている（御家中系図）。それによれば、豊前守は天正九年に駿河で岡部丹後とともに討死したとするが、信用できない。それだけ、荻原豊前守の名が知られていたということであろう。（丸島）

奥秋大蔵 おくあきおおくら

生没年未詳。永正十七年（一五二〇）に、勝沼武田信友と小山田信有（涼苑）が岩殿山円通寺（山・大月市）に奉納した棟札にその名が見える（甲斐国志資料・四八）。小山田氏の被官とみてよい。（丸島）

奥秋長吉 おくあきながよし

生没年未詳。神右衛門尉。永正十七年（一五二〇）に、勝沼武田信友と小山田信有（涼苑）が岩殿山円通寺（山・大月市）に奉納した棟札にその名が見える（甲斐国志資料・四八）。小山田氏の被官とみてよい。（丸島）

奥秋房吉 おくあきふさよし

生没年未詳。加賀守。郡内小山田氏の被官。「物人数」には小山田氏「おぼへの衆」筆頭として「おくわき加賀守」の名がみえる。永禄十年（一五六七）八月八日、小山田被官衆のひとりとして、武田氏に忠節を誓う「下之郷起請文」を提出した（生島足島神社文書・一二七九）。（丸島）

小草野隆吉 おぐさのたかよし

生没年未詳。信濃小県郡の国衆、海野氏の被官。若狭守。永禄十年（一五六七）八月七日、信玄に忠節を誓う「下之郷起請文」を、海野衆の一員として提出した（生島足島神社文書・一二三二）。なお「物人数」によると、真田幸綱が村上義清を調略した際、弟の須原惣左衛門とともに功績があり、もともと五〇貫の知行主であったのを一〇〇〇貫に加増され、海野衆八〇騎の陣代を任されたという。さらにその後、春原から小草野への改姓を許され、海野（武田）龍芳の「一おとな」に任ぜられたという。弟の系統が真田家に仕えた（御家中系図）。隆吉自身は、武田氏滅亡後に没落したらしい。天正十四年（一五八六）三月十四日、真田昌幸によって、所領と被官が上野吾妻郡の国衆湯本三郎右衛門尉に与えられている（熊谷家文書・信61四〇四頁）。（丸島）

小草野孫左衛門尉 おぐさのまござえもんのじょう

生没年未詳。信濃小県郡の国衆、海野氏の被官とみられる。永禄五年（一五六二）五月十七日、上野鎌原城（群・嬬恋村）の在番として、常田新六郎・海野幸光とともに派遣された（伏島家文書・七八五）。（丸島）

奥平定勝 おくだいらさだかつ

永正九年（一五一二）～文禄四年（一五九五）十月九日、八四歳。三河国衆、作手奥平家当主。作手奥平氏は三河国作手

（愛・新城市）を本拠とし、田峯菅沼・長篠菅沼両家との地域的結合による山家三方衆として活動した。通称は九八郎、官途は監物丞。法名は道紋。天文六年（一五三七）三月二十九日に、駿河今川氏と河東一乱で対抗した北条氏綱より、遠江経略ののち五〇〇貫文の所領を与えることを約束され、遠江国衆井伊氏と談合のうえで出兵を求められる（松平奥平家古文書写・戦今五九六）。この時の書状の宛先は、「奥平九七郎」とあるが、九八郎の誤りかと推察される。同年十一月十四日に三河国佐脇熊野権現（愛・豊川市）の造立に際し奉納された棟札には、「領主奥平九八郎定勝」としてみえる（下佐脇村誌所収佐脇神社所蔵・戦今六〇四）。同十五年十月から今川義元による三河侵攻が開始されると、今川氏へ従属する。同十七年正月に弟日近久兵衛尉（奥平貞友）の今川氏への謀叛が露見すると、同国吉田（愛・豊橋市）へ嫡子仙千代（のちの定能）を人質として提出する。義元はこの功績を賞し、同月二十六日付で作手をはじめとする本領や、新知の遠江国高部（静・袋井市）の給分、三河国山中七郷（愛・岡崎市）などの所領を安堵した（松平奥平家古文書写・戦今八六〇）。同二十三年十月二十九日には、遠江国高部郷（袋井市）の年貢増収を本百姓に代わり請け負うという訴人の願い出を義元が受け、定勝へ同郷の年貢収納に関する指示を与えている（同前・一二八九）。また十一月九日には、山中七郷の支配に関して、義元から同郷より提出された本帳に基づき行うよう指示を与えられる（同前・一二九六）。同二十四年九月八日に近江国多賀大社（滋・多賀町）に奉納された梵鐘銘に、「奥平監物」と「藤川久兵衛尉」（奥平貞友）とともに名前がみえる（多賀大社所蔵・戦今一三〇〇）。弘治二年（一五五六）に定勝の嫡子定能を擁する日近久兵衛尉（奥平貞友）や奥平彦九郎・同与十郎たち親類衆が田峯菅沼定継とともに今川氏へ敵対する。この時、定勝は一時作手を追われたようであるが、義元への従属を固持し、七月十七日に義元より本領を還付するとの判物を得る（松平奥平家古文書写・戦今一三五二）。その後、定勝は今川氏へ敵対する定能を高野山（和・高野町）へ追放、また親類衆を鎮め、十月二十一日と十一月七日に義元より本領を安堵される（同前・一三一〇、一四）。また、この頃の十二月には、三河国高橋郡の平定のために岡崎城（岡崎市）に着陣した（同前・一三五二）。同三年六月二十六日、前年春より謀叛した奥平彦九郎を成敗したことを義元より賞され、同じく謀叛した弟日近久兵衛尉（奥平貞友）の所領であった日近郷（岡崎市）を宛行われる（同前・一三三八）。この時、定勝は出家していたのか、これ以降の宛所には「奥平監物入道」とみえることがある。また十一月二十一日には、義元より日近郷で増分が生じても、定勝が所務することを保証される（同前・一三六九）。永禄元年（一五五八）四月十三日、義元より忠節を賞され、野田菅沼定盈に与えられていた大野田（新城市）の地を還付されている（同前・一三九一）。また五月十七日には、名倉船戸橋（愛・設楽町）で岩村遠山氏と戦い、義元よりその功績を賞され、六月二十五日付で感状を与えられた（同前・一四〇一、〇二）。同二年十月十九日には、尾張大高城（愛・名古屋市緑区）へ義元が軍勢・兵粮を遣わした際、先勢をつとめ、織田勢と交戦している（同前・一四七八）。同四年四月、松平元康（徳川家康）が今川氏へ敵対の態度を明確にし、田峯菅沼氏や菅沼定盈、日近奥平氏たち奥平家中の者が応じたのに際し、定勝は定能とともに今川氏真へ従属の意向を示し、六月十七日に氏真より賞されている（同前・一七〇七）。なお同月十一日付定能宛氏真判物写（同前・一七〇三）に、定勝は「道紋」と法名でみられるので、おそらく桶狭間合戦での今川義元の敗死を受けて出家し、定能へ家督を譲っていたことが確認できる。同七年二月、奥平氏は松平（徳川）氏へ従属する（同前・一九六六）。しかし、元亀三年（一五七二）七月、当主定能が武田信玄へ従属の態度を示し（同前・一九二九）、十月には信玄による徳川領国侵攻が開始されると、その最中の同月二十一日、定勝は、信玄より忠節を賞され、今後の浜松（静・浜松市）への進攻予定を伝えられている（武市通弘氏所蔵文書・一九九六）。天正元年（一五七三）七月、徳川家康の長篠城攻撃に際し、武田勝頼より自身の長篠着陣まで家康を留めおくよう指示されるが（松平奥平家古文書写・二一四三）、定能・信昌父子は織田・徳川両氏へ従属を示し作手を退城、定勝は次男（寛政譜などで実名を「常勝」とされる）とともに武田方として作手に残り、徳川方となった定能・信昌父子と対峙する（当代記）。同三年四月、武田勝頼の東三河侵攻に際し、山県昌景のもとで田峯菅沼・長篠菅沼両氏とともに山家三方衆として従軍し、野田城（新城市）、二連木城（豊橋市）の攻略に参加（孕石家文書・一七〇四）、その後長篠城攻撃にあたる（信長公記）。しかし翌五月二十一日の長篠合戦での敗北にともない、織田・徳川両軍による反撃が開始されると、本拠作手から信濃国伊那郡へ逃亡、ほかの三方衆ともども下条信氏の指揮下に編制される（菅沼家譜・愛11二五六、武田神社所蔵文書・二五一四）。同十年三月の武田氏滅亡後、三河国奥平領へ潜住し、文禄四年十月九日に宮崎（岡崎市）にて死去した（寛永伝）。（柴）

奥平定能　おくだいらさだよし

天文六年（一五三七）～慶長三年（一五九八）十二月十一日、六二歳。三河国衆、作手奥平家当主。武田氏従属時は、「惣人数」（軍鑑）に一五〇騎を率いる三河先方衆としてみえる。父は奥平定勝。幼名仙千代。今川義元による三河侵攻が実施される最中の天文十六年八月二十五日、親類衆に擁されて医王山（愛・岡崎市）を攻略した功績で、義元が山中郷（岡崎市）を新知行として与えたのが初見である（松平奥平家古文書・戦今八三六）。翌十七年正月、叔父久兵衛尉（貞友）の今川氏への謀叛が露見し、父定勝により今川氏への従属の態度を示すため、吉田（愛・豊橋市）へ人質に出される（同前・八六〇）。この後、元服し、通称九八郎を称す。弘治二年（一五五六）、今川氏と父定勝へ謀叛を企て、同年十月二十一日付今川義元判物写（同前・一三一〇）によると、定勝方の親類衆により高野山（和・高野町）へ追放されることとなったが、永禄元年（一五五八）閏六月八日付朝比奈親孝等連署状書写（同前・一四〇三）によると、親類中の今川氏への取り成しにより、大恩寺（愛・豊川市）に籠居していたようである。その後、作手（愛・新城市）に帰還し、同四年四月に松平元康（徳川家康）が今川氏へ敵対の態度を明確化させ、田峯菅沼氏や菅沼定盈、日近奥平氏たち奥平家中の者が応じたのに対し、定能は父定勝とともに今川氏真へ従属の意向を示し、六月十一日に当時不知行地となっていた山中郷の替地として、牛久保本領内五〇四貫一〇〇文の知行を宛行われ（同前・一七〇三）、十七、十八日には感状を与えられている（同前・一七〇八、一〇）。なお、この時に定能は官途名「監物丞」、父定勝は「道紋」と法名でみられるので、桶狭間合戦を受け、定能が家督を継承したと推察される。また六月十一日付今川氏真朱印状写（同前・一七〇四）によると、牛久保（豊川市）に嫡子仙千代（のちの信昌）を人質として提出していることが知られる。この後、今川方として活動し、十二月二十日付氏真感状（同前・二六六二）によると、大和田（新城市）を攻略している。同五年十一月九日には、大代口（岡崎市）での松平元康（徳川家康）との戦いで戦功をあげ、十三日には氏真より感状を与えられた（同前・一八七八〜八〇）。また同六年五月十四日には、前年に田峯菅沼氏を今川氏へ帰属させ、同氏の所領を返還したことを賞され、氏真より替地を給付されている（同前・一九二三）。同七年二月に松平（徳川）氏へ従属し、二十七日には家康より牛久保ほか三五〇〇貫文の所領の給与を約束され、同時に駿河・遠江・東三河における債務破棄（徳政）を認められている（同前・一九六六）。同十年五月、徳川家康より受領名美作守を与えられる（同前・愛11五五〇）。以後、徳川氏の遠江侵攻などに参陣するが（寛政譜）、その一方で同十二年十一月十九日、元亀元〜三年（一五七〇〜七二）の間に二回、武田信玄より書状を送られているように（同前・四七六、一九〇二、二〇六九）、武田氏にも通じた境目領域の国衆として活動した。同三年七月、定能は信玄へ従属の態度を示し、晦日には信玄より三河・遠江両国における本領の安堵・新知宛行を約束され、新知に関しては田峯菅沼・長篠菅沼両氏との山家三方衆で談合し配当するよう指示される（同前・一九二九）。同年十月に信玄による徳川領国への侵攻が開始されると、嫡子信昌と源次郎たち親類衆を山県昌景のもとに参陣させ、また自身の出陣時期に関しても昌景へ尋ねていることが、十一月二十七日付山県昌景書状（奥平家文書・一九五五）より確認できる。これ以降、「惣人数」（軍鑑）によると、田峯菅沼刑部丞や長篠菅沼伊豆守とともに、山県昌景の相備衆にあった。天正元年（一五七三）六月晦日、武田勝頼より遠江国新所（静・湖西市）五〇〇貫文、同高部（静・袋井市）一〇〇貫文、三河国山中七村山形原分（岡崎市）一〇〇〇貫文の所領を安堵され、田峯菅沼刑部丞との牛久保領の所領相論に関しては、山家三方衆で談合による解決を求められる（松平奥平家古文書写・二一二三）。この後相論は解決せず、定能は武田氏に上訴するが、七月七日に長坂光堅より不服を申し立てず、落着を求められる（同前・二一三九）。同月、徳川家康による三河長篠城（新城市）攻撃に際し、勝頼より父定勝とともに自身の長篠着陣まで家康を留めおくよう指示されるが（同前・二一四三）、先の武田氏の対応に不満を感じた定能・信昌父子は、翌八月に織田・徳川両氏へ従属を示し（譜牒余録・愛11九〇一）、作手を退城し宮崎（岡崎市）を拠点に武田方と交戦する（当代記）。この定能の織田・徳川方への従属を受け、勝頼は九月二十一日に人質であった定能の子千代丸（仙丸）を殺害した（広祥院過去帳写・愛11九〇八）。千代丸（仙丸）の菩提を弔うために、定能は仙洞庵（遊仙寺、岡崎市）を建立し、翌二年四月十二日には一〇貫文の寺領を保証している（天恩寺文書・愛11九四八）。同三年五月二十一日の長篠合戦では、酒井忠次の麾下に属し、鳶巣山攻撃に加わり、戦功をあげる（当代記、寛政譜ほか）。合戦後は織田重臣の佐久間信盛のもとで奥三河地域攻略に加わり、田峯・長篠両菅沼氏領などを領有した（当代記ほか）。以後、家督を信昌に譲ったとみられ、定能は同十七年二月十一日の徳川氏主催の駿河駿府城（静・静岡市）での連歌会（家忠日記）などの行事にしか、その活動はみられなくなる。同十九年六月四日、羽柴秀吉より家康の嫡子徳川秀忠に従い在京を命じられ、隠居分二〇〇〇石を無役として宛行われた（御感証文集ほか・家康文書中三五頁）。また、この頃より秀吉の御伽衆としてみられる（東京国立博物館所蔵文書・大阪城天守閣特別展 秀吉お伽衆一八）。慶長三年十二月十一日に山城国伏見（京・京都市伏見区）において死去、法名は牧庵（寛永伝）。（柴）

奥平信昌 おくだいらのぶまさ

弘治元年（一五五五）～元和元年（一六一五）三月十四日、六一歳。三河国衆、作手奥平家当主。父は奥平定能。幼名仙千代、通称は九八郎。慶長三年（一五九八）十二月十一日の父定能死去時頃より受領名美作守を称す。永禄四年（一五六一）六月十一日、父定能へ宛てられた今川氏真朱印状写（松平奥平家古文書写・戦今一七〇四）で、定能の嫡子仙千代の人質としての処置が定めれられているが、この仙千代が信昌で、同状より三河牛久保城（愛・豊川市）にあったことがわかる。元亀三年（一五七二）十月に武田信玄の徳川領国への侵攻が開始されると、すでに同年七月に従属の意を示していた定能は信昌と源次郎たち親類衆を山県昌景のもとに参陣させ、十一月二十七日付山県昌景書状（奥平家文書・一九九五）によれば、遠江二俣城（静・浜松市天竜区）の攻略にあたっていたことが確認できる。天正元年（一五七三）八月には、父定能とともに織田・徳川両氏へ従属を示し、作手（愛・新城市）を退城し、宮崎（愛・岡崎市）を拠点に武田方と交戦する（当代記）。同月二十日、従属に際し定能・信昌父子に宛てられた徳川家康起請文写（譜牒余録・愛11九〇二）によると、信昌と家康長女亀姫との婚姻、三河・遠江両国における所領の安堵、田峯・長篠両菅沼氏領の宛行が約束されている。同年十一月二十一日、定能と連署で某土佐守へ文書を発給する（中津藩史三三頁）。同状は定能・信昌の署名部分しか確認できないが、この時点においてすでに「九八郎信昌」とみられ、花押も武田様であることから、「信昌」の実名は「寛政譜」などで知られる織田信長よりの偏諱でなく、武田氏への従属にともなう信玄よりの一字拝領であったことが推察される。同三年二月二十八日、家康より三河長篠城（新城市）を任され、同年五月より武田勝頼により攻撃を受けるが死守する（当代記）。同月二十一日の長篠合戦後は、織田重臣佐久間信盛のもとで父定能とともに奥三河地域攻略に加わり、田峯・長篠両菅沼領などを領有した（同前ほか）。同四年に新城（新城市）に城を築き本拠を移転、同年七月には織田信長の取り成しにより遅れていた家康長女亀姫との婚儀がなされたという（寛政譜）。また、この頃、定能より家督を譲られたと推察され、家康より武田氏の遠江侵攻の際には、遠江横須賀城（静・掛川市）の防衛にあたるよう命じられ（譜牒余録・愛11一六四九）、同十年六月以降の信濃侵攻では、酒井忠次のもとで諏訪（長・諏訪市）へ出陣（当代記、寛永伝）、同十二年三月の長久手合戦で戦功をあげる（寛永伝）など、徳川氏のもとでの軍事活動に従事する。同十八年徳川氏の関東移封により上野国小幡（群・富岡市）三万石を領有し、慶長六年二月に美濃国加納（岐・岐阜市）を与えられ移る。元和元年三月十四日に加納で死去、法名は道安（同前）。信昌の嫡子家昌は同年正月に下野国宇都宮（栃・宇都宮市）一〇万石を与えられ、この系統が最終的には豊前中津藩主となる。また四男忠明が家康の養子となり、松平姓を授与され、その後裔が武蔵忍藩主へと至る。（柴）

奥平信光 おくだいらのぶみつ

生年未詳～寛永七年（一六三〇）三月十五日。三河国衆、名倉奥平氏の当主。幼名は松千代、通称は喜八郎。名倉奥平氏は、諸系図によると、奥平貞久（定勝の祖父）の六男で実名「貞次」とされる人物が、三河国名倉（愛・設楽町）を拠点にしたことから始まるとされる。本宗家の作手奥平氏と同様に、今川氏へ従属する。永禄元年（一五五八）五月十七日に、名倉船戸橋（設楽町）で奥平定勝とともに岩村遠山氏と戦い、今川義元にその際の被官たちの功績を賞され、六月二十五日付で幼名松千代宛の感状を与えられているのが初見である（古文書写・戦今一四〇〇）。その後、松平（徳川）氏へ従属し、同十二年正月の徳川氏による遠江懸川城（静・掛川市）攻めで戦功をあげ、二十日に徳川家康より感状を与えられている（三川古文書・愛11六三八）。この時、信光の指南に石川数正が配置され、家康感状の添状を発給している（同前・六三九）。元亀三年（一五七二）十月に、武田信玄による徳川領国への侵攻が開始されると、武田氏へ従属し、「惣人数」（軍鑑）によると三河先方衆として位置づけられた。天正元年（一五七三）に年次比定される十一月十四日付武田勝頼書状写（武家事紀33三〇五）によると、去春に勝頼が信濃大島城（長・松川町）に滞在した際に、信光が矢の根・焔硝を納入したことが確認できる。しかし、その後奥平定能・信昌父子と同じく徳川氏へ帰参し、同三年四月に武田氏が奥三河へ侵攻した際、同氏へ属す津具郷（設楽町）を攻撃、同地の土豪後藤九左衛門たちを討ち取り、徳川氏より賞されている（譜牒余録・愛11一〇七八、八二）。同九年十月十三日、織田家宿老の滝川一益より三河・信濃国境での陣城普請につき、来訪を求められる（武家事紀・愛11一四六三）。その後、信光は没落を経て同十八年徳川氏の関東移封後は、家康の四男で武蔵忍城主松平忠吉の重臣としてみられ（家忠日記）、慶長十二年（一六〇七）三月の忠吉死後は、尾張藩主徳川義直の家臣となる。この後、姓を戸田に改め、受領名加賀守を称す。同十四年三月、義直の後見役をつとめる平岩親吉と小笠原吉次や信光たち旧忠吉家臣との間での争いの結果、追放される（当代記）。その後、義直のもとへ帰参し、大坂冬・夏両陣に参陣、寛永七年三月十五日に死去した（士林泝洄）。後裔は尾張藩家臣として仕えた（同前）。（柴）

小口加賀守 おぐちかがのかみ

生没年未詳。信濃国諏訪郡小口（長・岡谷市）の土豪。諏訪大社下社社家衆。永禄八年（一五六五）十一月一三日、武田信玄が諏訪大社に指示した「諏訪大社上社祭礼再興之次第」に、十二月一日の祭祀をつとめる人物として登場するのが初見（諏訪大社文書・九六〇）。その後、天正六年（一五七八）二月五日成立の「春秋之宮造宮之次第」において、諏訪大社下社四本の御柱のうち、三之御柱造宮役の取手役（徴収役）として、小口加賀守が登場する（大祝諏訪家文書・二九一九）。ただ、そこでは過去の取手役として記録され、今は竹居源右衛門尉、同名作三とあるのですでに死去していたのであろう。その

ほかの事蹟は不明。　（平山）

小口新左衛門尉　おぐちしんざえもんのじょう

生没年未詳。信濃国諏訪郡小口（長・岡谷市）の土豪か。小口加賀守の一族か。諏訪大社社家衆。天正期の成立とみられる「両社御造営領幷御神領等帳」に、諏訪大社の御室七日目祭礼銭を負担しているのが唯一の所見（大祝諏訪家文書・三〇七九）。そのほかの事蹟は不明。　（平山）

小口忠清　おぐちただきよ

生没年未詳。信濃国筑摩郡会田（長・松本市）の岩下海野下野守の被官。清大夫。永禄十年（一五六七）八月七日、武田氏に忠節を誓った下之郷起請文を御奉行所に単独で提出している（生島足島神社文書・一二四八）。ところが同日付で、岩下衆の一員として「下之郷起請文」を提出し、海野下野守親子が信玄に逆心を抱いた場合は諌め、諌言に従わないようであれば下野守親子を見捨てる旨を誓っている（同前・一一七三）。このことから、小口忠清は会田岩下の出身ではなく、与力・同心として付属を命じられた可能性がある。もしこの推定が正しければ、信濃国諏訪郡小口（長・岡谷市）の土豪小口加賀守の一族か。そのほかの事蹟は不明。　（平山）

小口民部少輔　おぐちみんぶのしょう

生没年未詳。信濃国諏訪郡小口（長・岡谷市）の土豪か。小口加賀守の一族か。諏訪大社社家衆。永禄十年（一五六七）八月七日、武田氏に忠節を誓った起請文を提出した「下諏訪五十騎」の一員として登場するのが初見（諏訪家旧蔵文書・一一七八）。その後、天正七年（一五七九）二月十六日の武田家朱印状において、諏訪大社下社秋宮の一之鳥居造宮役を負担している（諏訪家文書・三〇八五）。その後の事蹟は不明。　（平山）

小口民部丞　おぐちみんぶのじょう

生没年未詳。信濃国諏訪郡小口（長・岡谷市）の土豪か。小口加賀守の一族か。諏訪大社社家衆。天正六年（一五七八）二月二日成立の「下諏訪春秋両宮御造宮帳」に、諏訪大社下社春宮の二之鳥居造宮役の取手（徴収役）として登場するのが初見（大祝諏訪家文書・二九一七）。同年二月七日成立の「下諏訪春宮造宮帳」にも同様の記述がある（同前・二九二二）。また、同年二月十日成立の「下諏訪秋宮造宮帳」に、諏訪大社下社秋宮の一之大鳥居造宮役の取手として記録されている（同前・二九二三）。その後、同七年一月二十日成立の「諏訪下宮春宮造宮帳」において、諏訪大社下社春宮の二之鳥居造宮役を受け取る手師小祝として登場する（同前・三〇六九）。その後の事蹟は不明。　（平山）

奥山定友　おくやまさだとも

生没年未詳。遠江国奥山郷（静・浜松市）の国衆奥山氏の一族。官途名は兵部丞・右馬助。実名は、「遠江風土記伝」所収などの系譜より定友とされる。同時代史料より奥山右衛門尉の子で（奥山文書・戦今二二二）、左近将監友久の兄にあたる（与板町奥山家文書・一九九九）。永禄十年（一五六七）正月二十二日、今川氏真から朱印状により、友久とともに遠江中尾生城（浜松市）の普請に天方三河守・天野藤秀との相談のうえであたるよう指示される（水窪町奥山家文書・戦今二二一〇）。また同日には、氏真より友久ともども直参奉公を認められ、父右衛門尉の当知行分の奥山郷内大井村・瀬尾などの領有を判物により保証された（奥山文書・戦今二二一二）。同十一年十二月に徳川家康の遠江侵攻が開始されると、友久とともに天野藤秀のもとで犬居城（浜松市）にて守衛にあたる。翌十二年正月十日、氏真判物により友久とともに、この忠節を賞され、今川領国の「忩劇」事態のなか離叛した奥山大膳亮跡職を与えられ、また大膳亮の妨害による所領支配が行えない場合の対応として朝比奈信置の知行地であった駿河国上長尾（静・川根本町）六〇貫文と遠江国友長（静・袋井市）内二〇〇俵の所務が認められている（水窪町奥山家文書・戦今二三三六）。その後、四月に天野藤秀とともに徳川氏へ従属し（天野文書、遠江国風土記伝・戦今二三三五、二三四三）、十三日には徳川家康より友久とともに、判物にて本領の奥山郷内大井村・瀬尾を安堵のうえ、上長尾六〇貫文を与えられた（奥山文書・戦今二三四二）元亀三年（一五七二）十月に武田信玄による遠江・三河侵攻が開始されると、武田氏へ従属し、十二月十四日には、信玄より友久とともに上長尾の知行地を安堵されたうえ、平松・鶴松内で一〇〇貫文の知行地を与えられる（同前・一九九九）。しかしこれでは不服であったのか、その後、友久とともに甲斐国甲府（山・甲府市）に滞在して加増を求め、天正元年（一五七三）七月五日に武田勝頼より鶴松内で一〇〇貫文の知行を加増されている（同前・二三三六）。その後、官途名右馬助を称した人物が友久とともにみられるが、これまでの友久と連名の宛名および活動時期をふまえると、定友が官途を兵部丞から右馬助へと改めたのであろう。同二年十一月二十一日、友久とともに武田氏へ働きかけ、二通の武田家朱印状（いずれも奉者は土屋昌恒）を得て、上長尾における人夫を武田家の印判以外での動員を禁じること（水窪町奥山家文書・二三七九）、また上長尾での市立の興隆（与板町奥山家文書・二三八〇）を認められる。その後の事蹟は、弟友久とともに不明である。（柴）

奥山左馬允 おくやまさまのじょう

生没年未詳。遠江国奥山郷（静・浜松市）の国衆奥山氏の一族。「遠江国風土記伝」所載の系譜では奥山加賀守定吉の子、同大膳亮吉兼の弟で、実名は有定とされるが、福岡藩士奥山家の系譜では実名を信興とする（新修福岡市史）。天正元年（一五七三）十一月十七日の武田家朱印状写（奥山家文書・三二一〇）で、本領・新知行を「先御判形」のとおり安堵された。同五年十二月二十二日の武田勝頼朱印状（同前・二九〇五）では、飯田（静・森町）二〇〇貫文の替地として、遠江国を徳川方から奪回した後、望みの知行地を与えると伝えられた。奉者は跡部大炊助勝資。武田氏滅亡後、子孫は徳川氏に属し、さらに福岡藩主の黒田忠之へ仕官している（新修福岡市史）。（鈴木）

奥山友久 おくやまともひさ

生没年未詳。遠江国奥山郷（静・浜松市）の国衆奥山氏の一族。官途名は左近将監・左近丞。実名は、「遠江風土記伝」所収などの系譜より友久とされる。「遠江風土記伝」所収の系譜では、奥山右馬助定友の後継とするが、同時代史料より奥山右衛門尉の子で（奥山文書・戦今二三二）、定友とは兄弟にあることが確認できる（与板町奥山家文書・一九九九）。永禄十年（一五六七）正月二十二日、今川氏真から朱印状により、定友とともに遠江中尾生城（浜松市）の普請に天方三河守・天野藤秀との相談のうえであたるよう指示される（水窪町奥山家文書・戦今二二一〇）。また同日には、氏真より定友ともども直参奉公を認められ、父右衛門尉の当知行分の奥山郷内大井村・瀬尾などの領有を判物により保証された（奥山文書・戦今二三二）。同十一年十二月に徳川家康の遠江侵攻が開始されると、定友とともに天野藤秀のもとで犬居城（浜松市）にて守衛にあたる。この働きに対し、翌十二年正月十日、氏真より忠節を賞され、今川領国の「忩劇」事態のなか離叛した奥山大膳亮跡職を与えられ、また大膳亮の妨害による所領支配が行えない場合の対応として朝比奈信置の知行地であった駿河国上長尾（静・川根本町）六〇貫文と遠江国友長（静・袋井市）内二〇〇俵の所務を認められている（水窪町奥山家文書・戦今二三三六）。その後、四月に天野藤秀とともに徳川氏へ従属し（天野文書、遠江国風土記伝・戦今二三三五、二三四三）、十三日には徳川家康より判物にて本領の奥山郷内大井村・瀬尾を安堵のうえ、上長尾六〇貫文を与えられた（奥山文書・戦今二三四二）。元亀三年（一五七二）十月に武田信玄による遠江・三河侵攻が開始されると、武田氏へ従属した。この従属の忠節により、十月二十一日に武田家朱印状により、家康が与えた所領と本領を安堵される（与板町奥山家文書・一九七八）。また十二月十四日には、信玄より定友とともに上長尾の知行地を安堵されたうえ、平松・鶴松内で一〇〇貫文の知行地を与えられる（同前・一九九九）。しかしこれでは不十分だったのか、その後、兄定友とともに甲斐国甲府（山・甲府市）に滞在して加増を求めた結果、天正元年（一五七三）七月五日に武田勝頼より鶴松内で一〇〇貫文の知行を加増された（同前・二二三六）。同二年十一月二十一日、兄定友とともに武田氏へ働きかけた結果、二通の武田家朱印状（いずれも奉者は土屋昌恒）により、上長尾における人夫を武田家の印判以外での動員を禁じること（水窪町奥山家文書・二三七九）、また上長尾での市立の興隆（与板町奥山家文書・二三八〇）を認められる。その後、徳川氏の攻勢のなか没落し、事蹟は不明である。（柴）

奥山吉兼　おくやまよしかね

生没年未詳。遠江国奥山郷（静・浜松市）の国衆。官途は大膳亮。実名吉兼は、「遠江風土記伝」所収などの系譜のみに確認される。奥山氏は、南北朝時代以来、奥山郷を拠点に活動し、戦国時代は犬居天野氏に政治的・軍事的に従う国衆としてあった。永正年間（一五〇四〜二〇）に駿河今川氏の勢力が遠江国に及ぶようになると、天野氏とともに今川氏へ従属した。天文二十三年（一五五四）九月二日付天野景泰宛長坂虎房副状（広島大学日本史学研究室所蔵天野文書・四二）長坂虎房副状（同前・四二）で、武田氏が犬居天野氏へ伊那遠山氏を赦免し、人質の差し出しを求めたことを奥山大膳亮へも伝達するように指示している。この大膳亮が吉兼であるならば、この時が初見である。その後、永禄十一年（一五六八）十二月に武田・徳川両氏が今川領国へ侵攻するという「忩劇」事態のなか、吉兼はいち早く徳川方に属したのか、翌十二年正月十日に今川氏真によりその跡職は奥山定友・友久兄弟に与えられている（奥山家文書・戦今二三三六）。だが吉兼はその後も奥山郷で活動し続け、定友・友久兄弟の本知たる郷内の大井村・瀬尻も横領するような事態で、同十二年四月十三日に定友・友久兄弟は徳川家康より吉兼の横領を斥け、両地の領有を認められている（奥山文書・戦今二三四二）。元亀三年十月に武田氏の遠江・三河侵攻が開始されると、武田氏へ従属し、その忠節を賞され、十二月三日には武田信玄より遠江国御園郷（浜松市）ほか四ヶ所で、計二〇〇〇貫文の知行地を宛行われた（水窪町奥山家文書）。天正三年（一五七五）五月の長篠敗戦後、徳川氏の勢力が北遠江地域にも及ぶが、奥山郷を保持し続け、同八年九月二十一日には武田方へ反抗を示す家臣を取り締まり、武田勝頼より「勝頼」朱印を押捺した書状で賞されている（諸州古文書・三四三五）。武田氏滅亡後も奥山郷に在住し続け、同十六年十一月十七日の神原八幡社（浜松市）の社殿造営に際する棟札銘に大旦那としてみられる（神原八幡宮所蔵・静8一九九四）。その後の事蹟は不明であるが、「遠江風土記伝」によると尾張徳川家へ仕えたとされる。（柴）

小倉惣次郎 おぐらそうじろう

生没年未詳。近世に甲府城下の工町（山・甲府市）に居住した檜物職人で、甲州枡の製造元とされる（国志4三三頁）。永禄十一年（一五六八）六月二十八日の武田家朱印状（諸州古文書・一二八五）で、家一間分の普請役を免許された中下条（山・甲斐市）番匠善六の後継者か。天正元年（一五七三）正月の武田家印判状写（甲斐史料集成稿・二〇一五）で、甲斐国中の鉄印枡（鉄判枡）の製造権を認められたが、日付・文言とも不自然で、検討の余地ありとされている。同四年二月十六日の武田家朱印状（小倉〈保〉家旧蔵文書・二五八五）では、細工奉公の代償として宿次の普請役を免許された。同年二月の武田家官途状（小倉〈武〉家文書・二六〇〇、〇一）にみえる小倉新兵衛・七左衛門は一族か。（鈴木）

小倉民部丞 おぐらみんぶのじょう

生没年未詳。甲斐国八代郡石和郷（山・笛吹市）の土豪で、八田村（笛吹市）の商人末木氏の関係者。「国志」では読みを「こごい」としているが、これは小笠原長清の十男行長が巨摩郡小蔵（こごえ、山・北杜市）に住み小倉氏を称した伝承による（国志4三三九頁）。天正初期に作成されたと考えられる甲斐二宮祭礼帳（美和神社文書・山4七八四）では「石和之小倉民部」として名がみえる。天正九年（一五八一）二月七日の末木家重証文（八田家文書・三四九三）と同年四月一日の末木家重証文（同前・三五二九）では、家重が嫡子政清に名跡・家産を譲渡した際の証人のひとりになっている。（鈴木）

小坂石見守 おさかいわみのかみ

生没年未詳。信濃国諏訪郡小坂郷（長・岡谷市）の土豪。小坂氏は小坂城に拠る諏方氏の旧臣。小坂氏は神氏の支族で、諏訪大社上社大祝諏方敦忠の子助忠（小坂左近将監）を祖とする（神家系図、神氏系図・諏訪史料叢書5）。戦国期は、有賀氏らとともに諏訪西方衆を構成した。小坂石見守は、天正六年（一五七八）二月二日の「下諏訪春秋両宮造宮帳」によると、諏訪大社下社春宮瑞籬造宮役を負担していた大塚（長・長野市）を知行していたと推定される。ところが小坂石見守は、元亀三年（一五七二）に造宮銭を諏訪大社上社の造宮銭として納入してしまったため、下社春宮瑞籬は建てられずに終わったという（大祝諏訪家文書・二九一七）。このことは、同年二月七日の「下諏訪春宮造宮帳」にも同様の記述がみえる（同前・二九二二）。その後、天正六年二月吉日の「上諏訪造宮帳」によると、小坂鎮守造宮役の徴収（取手）とされている（諏訪大社上社所蔵文書・二九四二）。時期的にみて、小坂石見守と永禄期に登場する小坂藤三親知は同一人物の可能性があるが確認できない。（平山）

小坂二郎 おさかじろう

生没年未詳。信濃国諏訪郡小坂郷（長・岡谷市）の土豪か。小坂氏は小坂城に拠る諏方氏の旧臣。小坂氏は神氏の支族で、諏訪大社上社大祝諏方敦忠の子助忠

（小坂左近将監）を祖とする（神家系図、神氏系図・諏訪史料叢書5）。戦国期は、有賀氏らとともに諏訪西方衆を構成した。年未詳一月十三日、信濃国伊那郡高遠城主諏方高遠頼継より改年にあたっての贈答品に対する礼状を受け取っているのが唯一の所見（小坂家文書・三七八二）。時期的にみて、天文十七年（一五四八）七月、信濃守護小笠原長時と結んで武田信玄より離叛し、諏訪を追放された諏訪西方衆のひとりと考えられる。そのほかの事蹟は不明。（平山）

小坂新兵衛尉 おさかしんひょうえのじょう

生没年未詳。信濃国諏訪郡小坂郷（長・岡谷市）の土豪か。小坂氏は小坂城に拠る諏方氏の旧臣。小坂氏は神氏の支族で、諏訪大社上社大祝諏方敦忠の子助忠（小坂左近将監）を祖とする（神家系図、神氏系図・諏訪史料叢書5）。戦国期は、有賀氏らとともに諏訪西方衆を構成した。弘治三年（一五五七）三月十日、武田信玄より同年二月十五日の信濃国水内郡葛山城（長・長野市）攻略の際に、被官源衛門が首級を取ったことを賞した感状を与えられているのが唯一の所見（武州文書・五三九）。そのほかの事蹟は不明。（平山）

小坂親知 おさかちかとも

生没年未詳。信濃国諏訪郡小坂郷（長・岡谷市）の土豪。藤三。小坂氏は小坂城に拠る諏方氏の旧臣。小坂氏は神氏の支族で、諏訪大社上社大祝諏方敦忠の子助忠（小坂左近将監）を祖とする（神家系図、神氏系図・諏訪史料叢書5）。戦国期は、有賀氏らとともに諏訪西方衆を構成した。永禄十年（一五六七）八月七日、小坂親知は諏方豊保らとともに、武田氏に忠節を誓約した下之郷起請文を、奉行水上菅兵衛に提出しているが、彼らは武田信豊同心衆とある（生島足島神社文書・一一〇〇）。また同日、親知は単独で水上菅兵衛に一紙起請文を（小坂家文書・一二四七）、さらに同日付で、諏方頼豊らとともに「下諏訪五十騎」の一員として連署で起請文を提出している（諏訪家旧蔵文書・一一七八）。その後、元亀二年（一五七一）十一月二十四日、武田氏より諏訪大社上社御頭役の勤仕を命じられている（小坂家文書・一七五二）。その後の事蹟は不明。（平山）

刑部新七郎 おさかべしんしちろう

生没年・実名未詳。富士北口浅間神社（富士吉田市上吉田）所属の上吉田宿の御師。屋号は小猿屋。元亀三年（一五七二）正月の「吉田新宿帳」には、西町分の中に、一族と思われる刑部修理・惣左衛門尉の名がみられる（「田辺本甲斐国志草稿」・一七八四）。同年三月吉日の新七郎宛の小山田信茂書状では、甲相の和睦が成立して富士参詣の道者が増えたので、今後は郡中の関所役銭を半分にするとの通知を得ている（刑部家文書・一八二二）。一般に「小山田の半関」と呼ばれる政策である。文禄元年（一五九二）三月の上吉田宿伝馬帳写では、新九郎が小猿屋を名乗っている（小沢鯉一郎家文書・富士吉田市史史料編3八四）。もう一筆「明屋」とあることから、あるいは新七郎はこれ以前に死去したものか。同家には武田家滅亡後の北条氏伝馬手形をはじめ、近世初頭の関東地域の諸大名文書が多く残されている（新甲）。（柴辻・丸島）

刑部隼人佐 おさかべはやとのすけ

生没年未詳。吉田（山・富士吉田市）の富士山御師で、小猿屋を称した。近世には代々伊予を名乗った家である（山4解説編三七頁）。永禄四年（一五六一）十月二十五日、来年富士山に参詣する道者二

○○人の過所を、小山田信有（桃隠）から与えられている（刑部家文書・七五七）。年未詳五月二十二日、結城政勝は宿老多賀谷安芸守に対し、領内の富士参詣における御師は「小猿屋伊与（予）」と定めることを通達している（刑部家文書・山4一四〇四）。結城政勝は永禄二年没だから、隼人佐の時代のことだろう。小猿屋が、結城領を檀那場としていることを知ることができる。また年未詳五月二十八日付で、安房の正木時茂が富士参詣道者世話を依頼した書状が「刑部家文書」に伝来しており（刑部家文書・山4一四〇九）、檀那場は安房にも及んでいた。（丸島）

尾崎氏俊 おざきうじとし

生没年未詳。上野国衆国峰小幡氏の家臣。通称は三郎太郎。名字の地は甘楽郡尾崎郷（群・富岡市西部）とみられる。永禄十年（一五六七）八月七日付「下之郷起請文」において、国峰小幡氏の家臣で尾崎郷における地縁集団尾崎衆の連署起請文で八番目に署判しているのが唯一の所見（生島足島神社文書・一一七三）。尾崎郷は貫前神社（富岡市）の所領であった地であったから、実名のうち「氏」は、同社神主で国峰小幡氏の同心であったとみられる一宮氏忠からの偏諱であった可能性がある。（黒田）

尾崎重信 おざきしげのぶ

生没年未詳。三郎左衛門尉・道甫。信濃国水内郡尾崎郷（長・飯山市）の国衆。鎌倉御家人の泉親平を祖とする千曲川左岸地域の土豪集団「泉八家」の宗家で、戦国期まで泉氏を称し、越後の長尾（上杉）氏が飯山城（飯山市）を築くまで同地を居館とした（飯山市史）。その後も上杉氏のもとで飯山に在城し、永禄十一年（一五六八）十一月二十六日の尾崎重信等連署証文写（尾崎家文書・一三三三）で、同族の泉重歳（弥七郎）とともに五束村（飯山市）で五〇俵を寄進している。同六年の甲越同盟成立により、一族は武田氏に属し、越後での所領は収公された（文禄三年定納員数目録・上杉氏分限帳六六頁）。後世の家譜では実名を重昌とし、天正六年（一五七八）五月に戦死したと伝わる（下水内郡誌）、しかし同十年十一月八日、上杉景勝から子息重元に与えた書状には、「老父道甫」の身上も安堵を約束されており、その後も存命であったことがわかる（己亥採訪文書・三六二、武田勝頼書状と書写されているが上杉景勝書状の誤写）。これにより、天正六年の甲越同盟成立によって北信濃が武田氏に割譲された際、武田氏に従ったことも明らかとなる。同時に、子息重元が北信濃国衆をとりまとめて上杉景勝に従ったのに対し、慎重姿勢をみせた様子も読み取れる。文禄三年（一五九四）時点の上杉家中の知行高を記したとされる「文禄三年定納員数目録」では、尾崎三郎左衛門（重誉）が「尾崎大和守（重元）子也、前ノ三郎左衛門重信ニハ孫ナリ」とあることから（上杉氏分限帳五三頁）、実名と系譜関係が判明する。英岩寺（飯山市）の中興開基とされる。法名は、英岩寺殿飯山部君光林本光大禅定門。または英岩寺殿飯山部君光林本徹大居士（水内郡誌）。前者は「光」が重なるから、後者のほうが自然であろう。妻は清野氏。天正十三年九月四日没、法名は上洞院殿月果寥染大師という（同前）。（鈴木・丸島）

尾崎重元 おざきしげもと

生年未詳～文禄三年（一五九四）五月十七日。孫十郎・大和守・大和入道・東源斎。北信濃の国衆。尾崎重信の子で、清野満秀（清寿軒）の実兄（文禄三年定納員数目録・上杉氏分限帳三一頁）。後世の家譜

では尾崎重昌の次男で、兄の左衛門佐が母方の清野氏を嗣いだため、家督を継承したとされる（下水内郡誌）。初めは越後上杉氏に属した。天正六年（一五七八）の御館の乱では上杉景勝に従い、八月二十日に知行改めを受けている（歴代古案・信14三五四頁）。同年の武田・上杉両氏の和睦で北信濃が武田氏に割譲されたため同氏に従属した（文禄三年定納員数目録・上杉氏分限帳六八頁）。同七年と推定される九月二十三日の武田家朱印状写で（歴代古案・三七三）、重元が武田氏への忠節を申し出たことを賞された。累年所持してきた領地を安堵されるとともに、武田氏が検使を派遣して知行改めを行うので、定納高に応じた軍役を勤めるよう命じられている。奉者は跡部大炊助勝資。同八年九月三日の尾崎重元証文写（尾崎家文書・三四三）では、大滝・夜交・小幡・上倉氏ら北信の諸氏七名の年貢に関する訴えを甲府（勝頼）に取り次ぎ、蔵方に申し出るように指示されて訴訟を起こしたところ、勝頼の上聞に達し、武田氏の代官・蔵方の書立と引き合わせた上で渡すことになった旨を先の七名に伝えている。この時「尾孫十重元」と署名。同十年の武田氏滅亡後、天正壬午の乱においては、早くに上杉景勝に従属し、四月六日に越後鴨井村（新・上越市）において二〇貫文を宛行われた（歴代古案・信15二〇五頁）。この時点では、北信濃には織田家臣森長可が入部しているから、いったん越後に退去したのだろう。本能寺の変後、信濃に復帰したと思われ、飯山城（長・飯山市）の留主居役に任じられている（文禄三年定納員数目録・上杉氏分限帳五三頁）。十一月八日、飯山実城（本丸）在城の功績を賞され、本領泉郷・飯山郷に加え、須坂郷（長・須坂市）など合計一〇〇〇貫文の安堵を受けた（己亥採訪文書・三六三二）。なお、本文書は武田勝頼書状として書写され、天正九年という年号注記が付せられているが、本文書で用いられている「実城」（本丸）「吾分」（お前）といった文言は上杉氏では多用されるものの、武田氏では管見の限り用例がない。また内容からみて、天正十年の上杉景勝書状写を誤写したものと思われる。重元は上倉治部大輔・中曾根・大室・井上・奈良沢・綱島・夜交・今清水各氏を上杉氏に従属させることに成功した。この顔ぶれには地縁集団である泉八家に属するものが多い。また父の道甫（重信）はまだ出府していなかったようで、景勝は重元が在郡して扶持を続ければ、父である道甫も岩井昌能のもとに参上するだろうと述べている。続けて、保科・上堺・仁科・大滝・西条諸氏を味方につけろと指示を受けた。このように、上杉景勝にとって、重元は北信濃国衆とりまとめのキーマンであったといえる。文禄三年五月十七日に死去。法名は東源寺殿飯山県公力山大居士、墓所は五束村（飯山市）の東源寺（下水内郡誌）。子の重誉（三郎左衛門）は上杉氏の会津（福島・会津若松市）・米沢（山形・米沢市）への転封に従い、子孫は米沢藩士になっている（上杉年譜23三三七頁、下水内郡誌）。

（鈴木・丸島）

尾崎十右衛門　おざきじゅうえもん

生没年未詳。信濃国水内郡尾崎郷（長・飯山市）の国衆尾崎氏の一族か。初めは越後上杉氏に属したが、天正六年（一五七八）に武田・上杉両氏の和睦で北信濃が武田氏に割譲されたことにともなって同氏に従属した。なお、この結果越後における所領は上杉氏に収公された。同八年七月七日、上杉景勝が丸山助兵衛尉に旧領を与えている（歴代古案・信14五五四頁）。同年九月三日の尾崎重元証文写（尾崎家文書・三四三）では、大滝・夜交・小幡氏ら六名とともに、尾崎重元を通じて年貢の件を甲府（勝頼）に訴えたところ、蔵方に申し出るように指示されて訴訟を起こした結果、勝頼の上聞に達して武田氏の代官・蔵方の書立と引き合わせたうえで渡す旨を伝えられた。武田氏滅亡後は上杉氏に帰参し、文禄三年（一五九四）には尾崎三郎左衛門（重誉）の同心として二七〇石を知行している（文禄三年定納員数目録・上杉氏分限帳五二頁）。

（鈴木・丸島）

小佐手信房　おさでのぶふさ

永禄八年（一五六五）～寛永五年（一六二八）正月二十三日、六四歳（寛永伝、寛政譜）。新八郎（同前）。小佐手氏は武田信守の弟永信を初代とする武田庶流家（武田源氏一統系図・山6下七二九頁）。その後、信俊・信行・信広・信房と続くという（系図纂要）。「寛永伝」「寛政譜」は永信を川中島合戦で討死とするが、明確な誤りである。これは宝徳元年（一四五〇）三月十七日に死去した信俊が抜け落ちているためだが（系図纂要）、その子信行は二七歳で病死したというから（寛永伝、寛政譜）、「系図纂要」の歴代にも遺漏があると考えられる。信房の父信広は、永禄十二年四月五日に薩埵山合戦で討ち死にしたという（系図纂要、寛永伝、寛政譜）。享年二五とあるから（寛永伝、寛政譜）、信房は元服前であったことは間違いない。前掲した生没年は「寛永伝」「寛政譜」によるが、父信広討ち死に時四歳というのは妥当な年齢であり、間違いはないと思われる。天正五年（一五七七）頃、富士大宮（静・富士宮市）に神馬一疋を奉納している「小佐手」が信房であろう（永昌院所蔵兜巌史略・補遺一三）。武田氏滅亡後牢人となるが、徳川家康が関東に入部したときに召し出された（寛永伝、寛政譜）。寛永五年に病死。享年六四。法名日隆。牛込清隆寺に葬られた。妻は青沼忠重の娘（寛政譜）。

（丸島）

小佐野能秀　おさのよしひで

生没年未詳。冨士御室浅間社（山・富士河口湖町）の神主。越後守。弘治二年（一五五六）十二月二十日、小山田信有（桃隠）より棟別銭を免許されている（冨士御室浅間神社文書・五一八）。永禄元年（一五五八）六月二十四日、社領勝山郷（山・富士吉田市）において新儀非法を行う者がいれば、ただちに言上するよう、小山田信有から指示を受けた（同前・五九五）。同六年五月、富士山内の御室の別当小屋の管轄権をめぐって国中（くになか）の七覚山円楽寺と相論。小山田信有が甲府に赴いて訴訟をし、五月二十六日、小佐野能秀の勝訴となった（同前・八二三）。能秀は喜びのあまり、文書の紙背にその経緯を書き込んでいる（同前・八二四）。同七年正月二十三日、小山田信有から祈禱の礼状を送られている（諏訪家旧蔵文書・九四八）。同年には、小山田信有と浅間社への納物の帰属をめぐって相論を起こしたものらしい。能秀は甲府に直訴し、三月六日、今後は浅間社に捧げられた諸物は能秀が受け取り、造営に宛てるようにという裁許がなされた。翌七日、信有にもその旨が通達されている（冨士御室浅間神社文書・八八〇、八八一）。同年三月十九日、武田家から神馬一疋が奉納されている（同前・八八六）。同年六月十九日には、能秀が管轄している富士山内の脇宮十ヶ所および中宮の御座石・女性禅定の追立の諸役を免許しているからには、山中警固役も免除するという通達が小山田信有からなされた（同前・九〇三）。同八年四月四日、市川家光より書状を受け取る。出家（僧侶）が一人不足しているので召し返すこと、大般若経を富士吉田（富士吉田市）から召し寄せるので、明日早天には届けるようにすると伝えられる（同前・九三七）。また奉納物の書立を送られている（同前・九三八）。五月九日までに、大般若経を真読して巻数を進上し、市川家光から慰労されている（同前・九四二）。同九年閏八月四日、小山田信茂から祈禱の礼状を送られる（諏訪家旧蔵文書・一〇〇三）。元亀二年（一五七一）四月二十一日、駿河を制圧した武田信玄より、祈禱の奉公を讃えられ、駿河須走浅間社（静・小山町）および岡宮（静・沼津市）の社務を任された（富士御室浅間神社文書・一六九八）。これにより、小佐野能秀は、富士山北麓・東麓の登山口を一括して支配することとなる。天正元年（一五七三）九月五日、これらの特権は勝頼によって代替わり安堵を受けた（同前・二二六七）。しかし同年十二月、岡宮の神領をめぐって井出権丞から相論を起こされた。井出権丞の主張は岡宮神領のうち一五貫五〇〇文は三〇年以上諏訪部惣兵衛尉が先行して軍役をつとめてきたというもので、勝頼もその事実そのものは認めたが、冨士浅間への崇敬は厚いとして、同領をあらためて寄進し直している（同前・二二四八）。某年四月二十四日、体調を崩していた保科正直より、祈禱を依頼されている（同前・三八三八）。某年五月二十一日、野村勝政より、船津役所（関所、山・富士河口湖町）再興について、能秀が鬮を引いたところ、造営という鬮が出たので、そのとおりに行うよう指示をされた（渡辺家旧蔵文書・三八五二）。船津役所が信玄の命で開放されていたのを、再度役所を設けることになったと考えられる。某年六月九日、跡部勝忠より「於御室大事之御祈禱」を求められている（冨士御室浅間神社文書・三八五八）。とくに信玄が強く望んだのであろう。某年六月十一日、鉄砲玉の製造のため、手元にある悪銭をすべて納入するように指示を受けた（同前・三七五八）。某年十一月十五日、極秘の立願があるとして、跡部勝忠を介して神馬と願書が奉納されている（同前・三九三九）。天正七年三月に、子息とみられる人物が武田氏より受領名越後守を与えられているため（同前・三一一三）、それ以前に死去または隠居したものとみられる。

（丸島）

小沢 おざわ

生没年未詳。信濃国筑摩郡会田（長・松本市）の番匠。天正九年（一五八一）の「伊勢内宮道者御祓くばり帳」において、「あいた分」の人物として記載され、茶三袋を配られたと記されているのが唯一の所見（堀内健吉氏所蔵・三六四四）。

（平山）

小沢右衛門丞 おざわえもんのじょう

生没年未詳。信濃国筑摩郡会田（長・松本市）の番匠。小沢某の一族。天正九年（一五八一）の「伊勢内宮道者御祓くばり帳」において、「あいた分」の人物として記載され、茶三袋を配られたと記されているのが唯一の所見（堀内健吉氏所蔵・三六四四）。

（平山）

小沢平太 おざわへいた

生年未詳～天正三年（一五七五）五月二十一日。禰津月直の被官。天正三年の長篠合戦で討ち死にしたものと思われる。法名は、等叔道平禅定門（蓮華定院過去帳月坏信州小県分第一）。翌四年十二月十六日、子息とみられる小沢平太の供養が営まれており、あるいは相次いで早逝したものか。法名は、心紹大徳禅定門（同前）。

（丸島）

小沢坊 おざわぼう

生没年未詳。吉田（山・富士吉田市）の富士山御師で、近世には小沢丹波を称した（山4解説編二四三頁）。永禄二年（一五五九）四月十四日、小山田信有（桃隠）から悪銭法度を通達された（諸州古文書・六五九）。本文書の伝来には混乱があり、「諸州古文書」は小沢河内（仁科豊前守）家所蔵とするが、「田辺本甲斐国志草稿」の記載から、小沢丹波家所蔵とわかる（山4解説編二四三頁）。そのほかの事蹟は不明。（丸島）

小沢孫右衛門 おざわまごえもん

生年未詳～天正三年（一五七五）五月二十一日。禰津月直の被官。天正三年の長篠合戦で討ち死にしたものと思われる。法名は、休庵宗耕禅定門（蓮華定院過去帳月坏信州小県分第一）。（丸島）

小沢杢丞 おざわもくのじょう

生没年未詳。信濃国筑摩郡会田郷（長・松本市四賀村）の番匠頭。天正九年（一五八一）の伊勢神宮内宮の荒木田久家による信濃筑摩・安曇郡での御祓配付帳によれば、番匠小沢氏らから、その礼物として茶三袋ずつを受け取っている（堀内健吉氏所蔵文書・三六四四）。（柴辻）

小沢行重 おざわゆきしげ

生没年未詳。上野国衆国峰小幡氏の家臣で、甘楽郡南牧谷（群・南牧村）の地縁集団南牧衆のひとり。通称は源十郎。実名のうち「行」は小幡氏の通字であるから、それからの偏諱とみられる。永禄十年（一五六七）八月七日付「下之郷起請文」において、南牧衆の連署起請文で筆頭に署判しているのが唯一の所見（生島足島神社文書・一一七五）。なお国峰小幡氏家臣の小沢氏としては、武田氏滅亡後の天正十八年（一五九〇）に比定されるとみられる、八月四日付で小幡信定が小沢豊後守に宛てた暇状がある（古文書集・戦北四〇一二）。豊後守はあるいは行重の後身であろうか。（黒田）

小島彦左衛門 おじまひこざえもん

生没年未詳。下野佐野領天命（栃・佐野市）の鋳物師商人。名字は尾島とも表記された。元亀元年（一五七〇）十二月に、某からの奉書式印判状によって、抱屋敷を知行として認められ、相当の軍役をつとめることを命じられている（天明鋳物故実・戦北一四四八）。発給者は不明だが、在所地が天命であれば佐野氏とみられるが、不明である。その後、天正五年（一五七七）十二月十六日に武田氏から、鋳物師奉公をつとめると言上したことへの反対給付として、毎月荷物一駄について、武田領国中の役所での諸役免除を認める過書を与えられている（天明鋳物故実・補遺四八）。これによってこの頃に、武田領国において鋳物師商売を行っていたこと、この時に役銭免除のために奉公関係を結んだことがわかる。（黒田）

おしま志摩 おしましま

生没年未詳。信濃国筑摩郡青柳（長・筑北村）の土豪。麻績氏の被官とみられる。天正九年（一五八一）の「伊勢内宮道者御祓くばり帳」において、「あおや木分」の人物として記載され、熨斗五〇本、茶五袋を配られたと記されているのが唯一の所見（堀内健吉氏所蔵・三六四四）。（平山）

於曾 おそ

生年未詳～天文六年（一五三七）。武田信虎の家臣。天文六年、北条氏と戦って万沢（山・南部町）で討ち死にした（勝山）。（丸島）

於曾源八郎 おぞげんはちろう

生年未詳～天文二十二年（一五五三）四月二十三日。天文二十二年三月十八日、信濃深志（長・松本市）へ派遣された（甲陽日記）。その後、自落した葛尾（長・坂城町）へ在城。しかし敵勢の攻撃を受け、四月二十三日に討ち死にした（同前）。

（丸島）

織田信房 おだのぶふさ

生年未詳～天正十年（一五八二）六月二日。御坊丸、源三郎。織田信長の子。実名は一般に「勝長」とされるが、誤り。天正元年八月十四日、遠山景任の死去で後継者不在となった岩村城（岐・恵那市）に養子として入部した（三河物語）。しかしこの養子入りは遠山一門・家臣の反発を受け、遠山家中は十一月に武田氏への従属を表明した（徳川黎明会所蔵文書・一九八九）。武田勢は、十一月十四日に岩村に入城（鷲見栄造氏所蔵文書・一九九二）。信房は武田氏に捕らえられ、甲府へ送られた（三河物語、校訂松平記ほか）。「軍鑑」（大成上四二頁、下一七二頁）および「信長公記」同九年十一月二十四日条にある同盟に際する人質として差し出されたという記述は事実ではないが、武田家においてはそれなりの処遇を受けたようである。武田氏のもとで元服し、源三郎信房を名乗った。したがって、「信」字は武田勝頼からの偏諱であり、信長のもとで元服したというのは誤りである。花押も武田様のものを用いている。同八年三月、勝頼が佐竹義重の仲介で織田信長との和睦を試みた際、織田氏のもとに返還された（歴代古案・三六八）。この時、源三郎を称しているから、前述のように元服は武田時代のこととわかる。「軍鑑」は武田信豊の婿にという約束をつけての返還とするが（大成下一七二頁）、信長はこの和睦交渉自体相手にしておらず（書簡并証文集・信14五〇八頁）、うまくはいかなかった。またこの返還は上杉景勝との間に軋轢を生じさせることとなり、跡部勝資が佐竹義重の要請によるものだと弁明をしている（歴代古案・三六八）。なお「当代記」は返還を同九年のこととするが、これは信房が同年に安土に出仕したこととの混同であろう。勝頼は信房に対し、信長との和睦仲介を依頼したようだが（牧田茂兵衛氏所蔵文書・三七三七、徳川林政史研究所所蔵古案）、うまくいくことはなかった。同年十一月二十四日、初めて安土に出仕し、兄信長と対面した（信長公記）。織田家のもとでは、尾張犬山（愛・犬山市）城主に任じられ、同年十一月に瑞泉寺（犬山市）に禁制を下している（瑞泉寺所蔵御朱印御墨印御制札写・愛11一四七九）。同十年の武田領侵攻に参陣。三月三日、自落した諏訪高島城（長・諏訪市）を受け取っている（信長公記）。同月、諏訪大社上社神長官守矢信真の還住を認めた（守矢家文書・信4二七四頁）。三月七日には上野に攻め入る（信長公記）。三月十七日、安中七郎三郎を仲介として大戸浦野氏も服従させた（君山合偏・安中市史4二七四）。二十一日までに安中（群・安中市）に入城し、上野国衆に織田家従属を促している（覚上公御書集・上越三三二）。その後、信長に従って帰国。四月二十一日に垂井で一献を進上している「ごぼう」は信房のことか（信長公記）。六月二日の本能寺の変に際し、二条御所で兄信忠とともに討ち死にした（信長公記、甲乱記）。妻は池田恒興の娘という（織田系図・群書系図部集4）。

（丸島）

小田切秋連 おだぎりあきつら

生没年未詳。平六左衛門尉。享禄二年（一五二九）十月、信虎の許可を受けたうえで、聖応庵金慶軒（山・笛吹市）へ寺領を寄進した（聖応寺文書・六八）。

（丸島）

小田切茂富 おだぎりしげとみ

享禄四年（一五三一）～慶長十六年（一

六一二)、八〇歳(寛永伝)。大隅守。寛永伝・寛政譜は実名を「昌吉」とするが誤り。母は馬場信春の妹という(寛政譜)。小田切氏は馬場信春と姻戚関係にあり、その一環であろう。妻は牛奥織部の娘(同前)。「軍鑑」には子息次太夫とともに、原昌胤の「おぼへの衆」として配属されていたとある(大成下二六頁)。天正六年(一五七八)十一月十一日、武田勝頼から受領名大隅守を与えられた(永井宏氏所蔵文書・補遺五〇)。武田氏滅亡後は、徳川家康に仕える。「天正壬午起請文」には、信玄近習衆として名がみえる(山6下九四九頁)。徳川氏の甲斐支配には、同十一年四月二十日に桜井信忠と連署して禁制を発給しているが(棲雲寺文書・山4六九五)、甲斐四奉行の一員となったのは慶長六年である。以後慶長十二年まで二三通、年未詳のもの一通を発給している。わずかだが、黒印の使用例もみられる(三井家文書・山4一三三ほか)。同十二年八月には、桜井信忠とともに、甲府城(山・甲府市)を平岩親吉から受け取るよう命じられている(記録御用所本古文書・山8四三二)。同六年九月二十一日、牛奥家の養子となった子息太郎右衛門が、高野山成慶院で茂富の逆修(生前)供養を営んでいる。子息の養子入りは妻との縁によるものであろう。法名は、心叟休安禅定門と付された(甲州月牌帳二印・武田氏研究43一九頁)。同十五年四月、桜井信忠と連署状を出した際には、病気のため印判を捺したとあるから、この時期には体調を崩していたようである(今沢文書・山8四三六)。慶長十六年死去。享年八〇(寛永伝)。大泉寺(甲府市)に葬られた(寛政譜)。(丸島)

小田切七兵衛　おだぎりしちひょうえ

生年未詳~天正三年(一五七五)五月二十一日。実名は光季と伝わる(寛永伝、寛政譜)。「寛政譜」は通称を喜兵衛、七郎兵衛に作る。弟弥惣とともに、長篠合戦で討ち死にした。法名常三(寛永伝、寛政譜)。子息喜兵衛(光猶)が跡を嗣ぎ、武田氏滅亡後は徳川氏に仕えた。(丸島)

小田切下野守　おだぎりしもつけのかみ

生没年未詳。馬場信春室の父という(寛政譜)。天正四年(一五七六)以前に死去しており、信春の子息又三郎昌松が跡を嗣いだ。同年十月十八日、妻の依頼により高野山成慶院で供養が営まれている。法名太翁元祖禅門。供養自体の施主は養子昌松がつとめた(過去帳・武田氏研究34九〇頁)。甲府の屋敷は聖道小路に所在。妻は同五年八月二十三日に成慶院で自身の逆修供養を行っている。法名活功徳主泰窓永康大姉(甲州月牌帳二印・武田氏研究42五一頁)。(丸島)

小田切昌松　おだぎりまさしげ

生年未詳~天正十八年(一五九〇)五月二十日。馬場信春の子で、外祖父小田切下野守の跡を嗣いだ。又三郎。実名は高野山成慶院「檀那御寄進状并消息」(戦国大名武田氏の権力と支配三七六頁)および「寛政譜」により、昌松と確定される。天正四年十月十八日、実父信春・養父下野守・兄馬場玄蕃の供養を高野山成慶院で行った(武田御日坏帳二番・山6下九〇五頁、過去帳・武出氏研究34八九、九〇頁)。同五年頃に、駿河富士大宮(静・富士宮市)に神馬一疋を奉納した(永昌院所蔵兜巌史略・補遺二三)。武田氏滅亡後、姉が鳥居元忠に嫁いだことで鳥居氏に仕える。同十八年の小田原合戦で、武蔵岩槻城(埼・さいたま市)を攻撃した際に戦死した(北条記、士林泝洄)。同年七月一日、姉(鳥居元忠室)の手で高野山成慶院において供養が営まれている。法名固翁昌

堅禅定門（甲州過去古帳・武田氏研究38四三頁）。（丸島）

小田切弥惣　おだぎりやそう

生年未詳～天正三年（一五七五）五月二十一日。実名は光永と伝わる（以下、寛政譜）。七兵衛の弟。長篠合戦で、兄七兵衛とともに討ち死にした。子息弥惣（光有）が跡を嗣ぎ、武田氏滅亡後は徳川家康に仕えた。（丸島）

小田中直久　おだなかなおひさ

生没年未詳。与七郎。禰津常安の被官。永禄十年（一五六七）八月、武田家臣が信玄への忠節を誓った「下之郷起請文」を、甘利信忠に宛てて提出している（宮入八樹氏所蔵御願書幷誓詞写・四二〇）。「直」は禰津氏からの偏諱とみられる。（丸島）

落合市丞　おちあいいちのじょう

生没年未詳。永禄末期のものとみられる信玄旗本の陣立書に、鉄砲衆として名がみえる（山梨県立博物館所蔵文書・三九七二）。そのほかの事蹟は不明。（丸島）

落合三郎左衛門尉　おちあいさぶろうざえもんのじょう

生没年未詳。信濃葛山（長・長野市）城主落合二郎左衛門尉の一族。同名常陸守とともに早くから武田氏に従っていた。弘治二年（一五五六）三月十一日、晴信からたとえ惣領二郎左衛門尉が降伏してきても、待遇に代わる事はないと伝えられている（上杉家文書・四九五）。晴信は翌年二月十五日に葛山城に全面攻勢をしかけ、三月十日に大量の感状を出していることから（三井家文書・五三四ほか）、この日に同城を攻略し、落合惣領家を没落させたのであろう。年未詳だが、桜郷（長野市）三〇〇貫文の内訳を記した覚書が残されており、そこに落合越後守七五貫文とある（石井進氏所蔵諸家古案衆・一五六九）。あるいは同一人物かもしれない。（丸島）

落合常陸守　おちあいひたちのかみ

生年未詳～天正十年（一五八二）三月十一日。武田氏滅亡に際し、勝頼にしたがって討ち死にした（以下、寛永伝）。実名は信資と伝わる。法名は、竜善院機叟。子息清左衛門（信生）は幼少であったため、武河衆青木信時の養子となった。（丸島）

落合常陸守　おちあいひたちのかみ

生没年未詳。信濃葛山（長・長野市）城主落合二郎左衛門尉の一族。同名三郎左衛門尉とともに早くから武田氏に従っていた。弘治二年（一五五六）三月十一日、晴信からたとえ惣領二郎左衛門尉が降伏してきても、待遇に代わる事はないと伝えられている（上杉家文書・四九五）。なお本文書の宛所である静松寺は、落合氏の菩提寺である。（丸島）

乙千世丸　おとちよまる

生没年未詳。信濃国筑摩郡会田（長・松本市）の土豪。会田岩下氏の被官とみられる。天正九年（一五八一）の「伊勢内宮道者御祓くばり帳」において、「あいた」の人物として記載され、茶三袋を配られたと記されているのが唯一の所見（堀内健吉氏所蔵・三六四）。（平山）

尾沼雅楽助　おぬまうたのすけ

生没年未詳。駿河国庵原郡の土豪。小沼とも。武田氏の駿河侵攻後、永禄十二年（一五六九）に穴山信君へ仕える。元亀三年（一五七二）九月十一日の佐野泰光等連署証文写（判物証文写・一九四九）で、滝（多喜、静・静岡市）ほか知行地で実施された検地の結果を知行書立として渡され、一五貫二〇〇文の定納高を定められた。天正八年（一五八〇）二月十二日の穴山信君朱印状（北条家文書・三四六）では、坂本（静岡市）の当知行分が近年荒地であることを言上したところ、当地の開発を行う代わりに新屋三間分の諸役を免許された。奉者は穂坂君吉。なお同文書で、姓は「小沼」と記されている。信君（不白）が徳川家康に降伏した直後の同十年三月三日の穴山不白判物（同前・三六七三）では、徳川軍に協力して甲斐国を制圧した際の褒賞として、知行三〇貫文を宛行う旨を約束されている。（鈴木）

小野伊豆守 おのいずのかみ

生没年未詳。駿河国柳沢（静・沼津市）の土豪。彦兵衛尉。同家の家伝によると、甲斐国塩山（山・甲斐市）より移住してきたという（沼津市史通史編原始・古代・中世六三七頁）。天正六年（一五七八）二月二十一日に武田家朱印状（奉者は曾禰昌世）により、長倉十左衛門とともに公用や郷中の改めにつとめるよう指示される（小野家文書・二九三九）。また年未詳十一月十九日には、武田家朱印状（奉者は市川昌房）により「阿野之庄三町、阿原・東山之口、同綱渡」（静・沼津市）ほかでの前々のとおりの年貢納入と、これまで所持してきた柳沢内での名田などを保証されたうえで百姓役の負担を命じられた（桃沢神社文書・三七七〇、小野家文書・静8四六三）。これらはいずれも彦兵衛尉としてみえるが、時期より考え伊豆守と同人であろう。天正八年十二月二十五日には受領名伊豆守でみえ、武田家朱印状（奉者は曾禰昌世）により近年の無給での軍役奉公に対し、阿野荘内の光厳寺分ほか二ヶ所計二貫八一二文の荒蕪地を与えられ、百姓に再開発のうえで所務を認められている（判物証文写・三四七一、小野家文書・静8三六三）。後裔は、武田氏滅亡後も柳沢の地に在住し続けた。（柴）

尾上十郎 おのうえじゅうろう

生没年未詳。遠江国周智郡熊切郷長蔵寺（静・浜松市）の土豪で、遠江先方衆天野藤秀の同心衆。尾上氏は犬居天野氏へ仕える一方で、戦国時代になると駿河今川氏の被官ともなり、大永四年（一五二四）八月には十郎の父とされる右京亮正為が遠江国宇刈郷（静・袋井市）の検地に携わっている（尾上家文書・戦今三七八）。天文年間（一五三二～五五）には、正為の嫡子彦太郎信正が家督を継ぎ、永禄二年（一五五九）二月四日に、今川氏真より改めて遠江国犬居領（浜松市）内の知行分を安堵されるが（同前・戦今一四四五）、信正は翌三年五月十九日の尾張桶狭間合戦で戦死している。その家督は正為三男の藤十郎正良が継いだと推察され、同四年二月二十八日、氏真より信正の跡職が安堵されている（同前・戦今一六四七）。その後、正良は同六年の遠州忩劇時に今川氏へ叛逆した天野景泰・元景父子を討伐した天野藤秀に属し活動、その忠節を氏真より賞され、気多郷内里原（浜松市）で二〇貫文を宛行われた（同前・戦今一九五五）。永禄十二年四月に天野藤秀が徳川氏へ従属すると、尾上氏も従い、閏五月二十日には彦十郎正長（正為四男）が徳川家康より遠江国熊切・気多内の本知を安堵されている（同前・戦今二九三七）。十郎は正為の次男で、弟の正良・正長と行動を供にしてきたと推察される。元亀三年（一五七二）十月、天野藤秀が武田氏へ従属すると十郎も武田氏へ仕え、天正元年（一五七三）十一月十九日には、武田勝頼より「先御判形」（武田信玄の判物ヵ）に基づき、本領・当知行を安堵された（同前・三三三）。同二年十一月二十一日には、天野藤秀より与えられた遠江国山梨（袋井市）・大原内の一〇〇貫文の知行地を、勝頼より安堵され、今後も藤秀との関係を保持していくよう指示されている（同前・二三八

三)。その後の事蹟は不明。尾上家は、長蔵寺に在住し、江戸時代は庄屋をつとめた(遠江国風土記伝)。(柴)

小畠虎盛　おばたとらもり

延徳三年(一四九一)～永禄四年(一五六一)六月二日。武田家の牢人衆。日浄の子。山城守。遠江出身という(寛永伝)。明応九年(一五〇〇)、一〇歳の時に日浄に連れられ得て甲斐に赴く(軍鑑・大成下三頁)。武勇に優れ、騎馬一五騎・足軽七五人を預けられたと伝わる(同前・三頁)。春日虎綱の副将として、海津城(長・長野市)二の曲輪に配された(同前、惣人数)。海津城は、山本菅助の指図で、虎盛が縄張りをしたものと伝えられる(森家先代実録・信補遺下四〇頁、森家伝記・信補遺下四一頁)。永禄四年六月二日死去(国志所引景憲家譜)。「よくみのほどをしれ」という遺言が著名である(軍鑑・大成下三頁)。なお、享年はほかに五七、六九、七二と諸説ある(国志)。嫡男昌盛が跡を嗣いだ。子女が多く、信濃国衆西条治部少輔、海野(塔原か)中務大輔、海津城の押さえである長沼(長野市)城代原与左衛門尉、同市川等長の子平右衛門および桜井信忠に嫁いだという(軍鑑・大成上三六二頁、下三三頁、寛政譜)。(丸島)

小畠日浄　おばたにちじょう

生年未詳～永正十一年(一五一四)二月十日。武田家の牢人衆。「寛永伝」は実名盛次、遠江出身とし、日蓮宗に帰依していたという(寛政譜)。明応九年(一五〇〇)に甲斐に赴き、武田信縄から足軽大将に任じられた(軍鑑・大成下三頁、寛永伝)。虎盛が二四歳の時に死去したというから永正十一年没となる(軍艦・大成下三頁)。菩提寺妙遠寺の過去帳には忌日は二月十日とある。なお、「寛政譜」は嫡子虎盛の娘を日浄の娘と混同しており、注意が必要である。娘の小宰相は越後牢人大熊朝秀に嫁いだ(同前上三三一頁)。(丸島)

小畠日浄娘　おばたにちじょうむすめ

生年未詳～天正二年(一五七四)閏十一月二十九日。小畠日浄の娘で、虎盛の妹。小宰相。越後牢人大熊朝秀に嫁いだ(軍鑑・大成上三五一頁)。信玄の「出頭人」とよばれ、武田家臣団や従属国衆の縁組みを数多く取りまとめるなど(同前・三五九頁)、多くの役割を果たしたという。永禄七年(一五六四)四月、清運寺(山・甲府市)に日蓮の木像を寄進したという(国志)。同寺は横田氏と関係の深い寺院であり、小宰相とのつながりはよくわからない。元亀二年(一五七一)の甲相同盟復活交渉をとりまとめた一人であり、他国への使いもつとめたと伝わる(惣人数)。天正二年閏十一月二十九日死去。法名は本証院妙寿(国志所引妙遠寺石塔、大熊氏系図)または日寿(国志所引清雲寺の記録)。(丸島)

小幡源五郎　おばたげんごろう

生没年未詳。上野国衆小幡氏の一族。永禄八年(一五六五)に比定される十月二十三日付で武田信玄から出された書状が唯一の所見(小幡文書・九五九)。そこでは武田氏における義信事件の状況について連絡を受けているから、小幡氏一族のなかでも有力な存在であったことが窺われる。同文書は、近世加賀藩前田氏に伝来されたものであることから、同人は同藩士小幡氏の先祖にあたる可能性が高い。同藩士小幡氏は、いずれも憲重の次男信高の子孫であることからすると、源五郎は信高の仮名にあたる可能性が高い。(黒田)

小幡高貞　おばたたかさだ

生没年未詳。上野国衆小幡氏の一族。同十年八月七日付の「下之郷起請文」において、国峰小幡氏重臣の熊井土重満に宛てた小幡氏家臣で、尾崎郷（群・富岡市西部）における地縁集団尾崎衆の連署起請文にみえるのが唯一の所見（生島足島神社文書・一一七三）。そこでは筆頭で署判しており、名字が省略されているから、小幡氏と推定される。憲重・信真の一族とはいっても、家臣化した存在であったと推定される。（黒田）

小幡高政　おばたたかまさ

生没年未詳。上野国衆小幡氏の一族。通称は左馬助。永禄十年（一五六七）八月七日付の「下之郷起請文」では、小幡親類中の一員として署判している（生島足島神社文書・一一六四）。署判位置は二番目であるから、本家憲重・信真とも近い血縁関係にあった一族と推定される。天正五年（一五七七）三月に憲重が妙義神社・菅原神社に鰐口を奉納した銘文のなかに、憲重・信真に続いて高政の名がみえている（八幡神社旧蔵ほか・三七九二、九三）。当時の小幡氏一族のなかで、本家に次ぐ位置にあったことが窺われる。その後の動向は不明。（黒田）

小幡道佐　おばたどうさ

生没年未詳。上野国衆小幡氏の一族。道佐は法名、自徳斎を号した。永禄三年（一五六〇）九月の上杉謙信の関東侵攻に際しては、謙信に従った図書助・景高父子と行動をともにし、景虎に従い、足利長尾氏の指揮下に入っている（関東幕注文・群三一三三）。同四年十一月から武田氏の西上野侵攻が展開され、憲重が国峰城主に復帰すると、憲重に従ったととらえられる。同十年八月七日付の「下之郷起請文」では、小幡親類中の一員として署判している（生島足島神社文書・一一六四）。署判位置は三番目であるから、本家憲重・信真とも近い血縁関係にあった一族と推定される。その後の動向は不明。（黒田）

小幡具隆　おばたともたか

生没年未詳。上野国衆小幡氏の一族。通称は彦太郎。永禄十年（一五六七）八月八日付の「下之郷起請文」が唯一の所見（生島足島神社文書・一一八四）。単独で署判していること、奉公対象が武田信玄となっているから、国峰城主小幡氏とは別家の存在と捉えられる。（黒田）

小幡縫殿助　おばたぬいのすけ

生没年未詳。上野国衆小幡氏の一族で、多胡郡長根郷（群・高崎市）を本拠とする。通称は初め孫十郎、のちに縫殿助。永禄十年（一五六七）十一月二十五日付で武田氏から、上野惣社領大友郷（群・前橋市）一二〇〇貫文を新恩所領として宛行われたところ、一〇〇貫文少なかったため、来年春に白井領内で一〇〇貫文を与えることを約諾する朱印状を与えられているのが、史料上の初見（西光院文書・三三三）。同十一年十月一日には北条領側の武蔵国内の地を所領として与えられている（佐藤文書・一三三七）。同十二年五月十八日には、上野川東・武蔵における所領についてあらためて安堵を受けている（西武古書即売展目録・一四〇九）。しかし同年七月一日には、北条方の武蔵御嶽城主平沢政実の誘いによって、同族の小幡信尚とともに武田氏から離叛して北条氏に従属している（安保文書・戦北一二七二）。そこでは「同（小幡）長根」と記されており、のちに同地を本拠にしていたことが確認されるから、これは孫十郎にあたるとみられる。その後、平沢氏の武田氏従属、武田氏と北条氏の同盟が結ばれると武田氏に復帰したとみられる。天正四年（一五七六）二月には、武田氏は上野松井田城代の小宮山虎高に対し、孫十郎の被官金沢が武田氏への人質として出していた女子が成人したため、返還を求められるとともに、代わりに孫十郎の婿の弟を代わりに人質とする申し出を了承したことを伝え、男子を請け取ったら女子を返還するよう命じる朱印状を出しており（松本文書・二五九六）、孫十郎が武田氏に人質を出していたこと、それは松井田城（群・安中市）におかれていたことが知られる。同年五月には、越後上杉氏の上野侵攻の状況を武田氏に報告しており、勝頼から松井田城代小宮山虎高・箕輪城代工藤長門守と防戦について相談するよう命じられている（甲州古文書・二六〇八）。同八年正月、かつて武田信玄から与えられたものの、北条領であったため支配できなかった武蔵小林郷内地などについて、あらためて勝頼から安堵されている（佐藤文書・三三四）。ここで通称を縫殿助と称している。同十年の武田氏滅亡後は、織田氏次いで北条氏に従属し、同年十月に長谷寺宝塔を造立、「長根住小幡縫殿□殿」と銘にあることから、長根郷を本拠としていたことが確認できる（長谷寺所蔵）。同十三年二月十八日に供養されている利雲永秀禅定尼はその母とみられる（高野山清浄心院過去帳・新編高崎市史資料編4）。同年十一月に、北条氏から下総松戸への参陣を命じられているのが終見（小幡文書・戦北二八〇二）。その後の動向は不明であるが、子孫は奥平松平氏家臣となったらしい。（黒田）

小幡信定 おばたのぶさだ

永禄九年（一五六六）～慶長十一年（一六〇五）没、四一歳（享和三年系図帳）。上野国衆小幡信真の養嗣子。実父は信真の弟信高でその次男。幼名弁丸、通称は初め平三、のちに右兵衛尉。元亀元年（一五七〇）三月十七日付で武田信玄から、父信高の戦死の戦功を賞され、知行・被官の相続を認められているのが史料上の初見（梅島文書・一五三二）。同三年五月二日付で多胡郡馬庭郷（群・高崎市）の土豪で被官の松本与惣兵衛尉に知行宛行状を出している（松本文書・一八六二）。元服前のため、弁丸の署名下には版刻花押を押捺している。天正七年（一五七九）五月十七日付で祖父憲重から、成人にともなって行儀などについて意見書を与えられている（小幡文書・三一三三）。仮名平三を称しており、それまでに元服している。一四歳である。元服にあたって武田氏から通字を与えられ、実名信定を名乗ったと推定される。「定」は祖父憲重の別名「重定」の一字を継承したものか。この時、憲重は甲府参府からの帰還にあたり、信濃小諸城（長・小諸市）に寄ることを伝え、信定に同城まで来ることを求めている。また同時に、信真の養嗣子とされたと推測される。同八年六月十一日付で多胡郡の土豪で被官の富田主計助に同郡黒熊・馬庭で所領を宛行っているが、ここでも版刻花押を用いている（富田文書・三三五六）。馬庭・黒熊については、父信高からの継承所領か、信定自身に武田氏から与えられた所領とみられる。同八年以前と推定される三月二十二日付で武田勝頼から、小幡平三宛で送られた書状があり（小幡文書・三六九八）、そこでは甲府へ参府したことが知られる。信定の元服が同七年のことであったとすれば、同文書の年代は同八年に比定される。武田氏滅亡後の同十三年四月、北条氏から右兵衛尉の官途を与えられている（同前・戦北二七九九）。同十七年九月には、養父信真から家督を譲られ、当主になったとみられる（高崎近郷村々百姓由緒書・戦北四一〇三）。同十八年の小田原合戦では小田原城に籠城した。小田原開城後は、徳川家康に従って陸奥まで従軍したらしい（小幡文書）。旧知小幡には家康重臣奥平信昌が入部し、信定はそれに仕え同十九年正月に知行一八〇〇俵を与えられている（同前）。その後、正確な時期は不明であるが、加賀藩前田利家に仕えて知行一五〇〇石を与えられたとみられる。利家の死後は、その子利長に仕えた（享和三年系図帳）。（黒田）

小幡信真　おばたのぶざね

天文十年（一五四一）～文禄元年（一五九二）十一月二十一日、五二歳（小幡氏歴代法名記録、寛政譜）。上野国衆で、甘楽郡国峰（群・甘楽町）城主。小幡憲重の子。母は上野箕輪（群・高崎市）城主長野業正の娘。実名は初め信実、のちに信真。通称は初め右衛門尉、のちに上総介。天文二十二年九月、父憲重に従って武田晴信に出仕しているのが史料上の初見（甲陽日記）。ときに一三歳であるから、その後に晴信から偏諱を得て元服、信実を名乗ったと推定される。永禄十年（一五六七）八月一日に馬頭観音菩薩像を寄進しており、それ以前に父憲重から家督を譲られて当主になっていたと推定される（藤木観音堂所蔵）。国峰城を中心に領国を形成し、甘楽郡ほぼ一円から多胡郡の一部にわたっていた。同年八月七日付「下之郷起請文」では単独で起請文を出し、取次の武田氏家臣原昌胤に宛てている（生島足島神社文書・一一六二）。また同時に、同心衆は信実への忠節を誓約した起請文を出しており、それによって甘楽郡西端の南牧衆、南端の山中衆、多胡郡の土豪とみられる松本氏などを同心に従えていたことが知られる。同十一年六月まで右衛門尉信実の名でみえ（赤城神社文書・一二七八）、同年十一月には上総介（高橋文書・一三四五）、天正元年（一五七三）十月には信真（上毛諸家所蔵文書・二一九六）を称している。元亀三年（一五七二）十二月二十二日の遠江三方原合戦には、兄弟とともに参戦し先手をつとめている（小幡文書・二〇〇九）。弟昌定が戦死したほか、信真自身も負傷したとみられる（別本歴代古案・二一四〇）。天正三年十月二十七日付で多胡郡下日野（群・藤岡市）の土豪で被官の黒沢源三に宛てた知行宛行状（黒沢文書・二五四三）では、版刻花押を用いている。同七年五月には、嫡子がなかったためか、亡弟信高の子信定を嫡子に迎えていたと推定される（小幡文書・三一三三）。同八年六月十一日付で下日野黒沢大学助に宛てた知行宛行約諾状では印判状を用いている（黒沢文書・三三五五）。印判の形状については明確ではないが、年未詳十一月一日付新居又太郎宛感状写（群馬県庁所蔵文書・三九三二）では丸朱印の形状が示されている。ただし使用例はいずれも署名下に押捺された花押代用としてのものに限られている。天正九年三月に弟昌高に宛てた判物が、当主としての発給文書の終見である（浅香文書・三五三二）。同十年三月の武田氏滅亡に際しては、三月七日に上野に侵攻してきた織田信房を通じて織田氏に従属するが（信長公記）、同年六月の神流川合戦後は北条氏に従属した。続く天正壬午の乱においては、北条方の先手をつとめ、信濃・甲斐に進軍している。同十四年七月まで当主として存在していたことが確認される（小幡文書・戦北二九六五）。同十七年九月から嫡子信定による知行宛行状が出されるようになるため（高崎近郷村々百姓由緒書・戦北四一〇三）、その頃に隠居し、家督を信定に譲ったと推定される。同十八年の小田原合戦では、本拠国峰城に在城したとみられる。同城落城の時期は明確ではないが、西上野諸城が四月下旬に落城しているから、同時のこととみられる。戦後、信真は攻城者であり武田家中時代に旧知の関係にあった真田昌幸を頼って信濃上田に移ったという（真武内伝）。信濃塩田郷（長・上田市）に閑居したらしく、同地で死去した。法名は風山宗家居士（小幡氏歴代法名記録）。別所安楽寺に葬られた。妻の出自は不明であり（一部に長野業正娘とするが母との混同）、天正十七年九月二十二日死去、法名は領室永統大姉（同前）。（黒田）

小幡信高　おばたのぶたか

天文十二年（一五四三）～永禄十二年（一五六九）十二月六日、二七歳（享和三年系図帳）。上野国衆小幡憲重の次男で、信真の弟。弾正左衛門尉を称す。永禄十年八月七日付の「下之郷起請文」が史料上の初見で、小幡親類中の筆頭で連署起請文に署判している（生島足島神社文書・二六四）。実名のうち「信」は武田氏からの偏諱、「高」は小幡氏の通字である。同十二年以前の四月一日付で穴山武田信君が弟昌高に宛てた書状のなかで、兄信真（右衛門尉）に並べて「弾正」の名があげられている（小幡文書・三八二五）。同十二年十二月六日の駿河蒲原城攻めにおいて戦死した。その遺領・被官は次男弁丸（信定）に安堵されている（梅島文書・一五三）。法名は徳翁永隣禅定門、妻の出自は不明だが亥五月二十九日死去、法名は等室正寿禅定尼とされる（小幡氏歴代法名記録）。子女には、彦三郎（のち駿河守、妻は武田信豊娘）、兄信真の養嗣子となった信定、囚獄があった（享和三年系図帳・諸士系譜）。いずれも近世では加賀藩前田氏の家臣になっている。なお彦三郎と信定との長幼関係については、天正十七年（一五八九）八月に武田氏旧臣原三左衛門が信定に宛てた書状のなかで（江戸東京博物館所蔵文書）、「御舎兄彦三」とみえていることにより確認される。（黒田）

小幡信尚　おばたのぶなお

生年未詳～天正十年（一五八二）十月か。上野国衆小幡氏の一族。天文期～永禄四年（一五六一）所見の小幡三河守の子。鷹巣（板鼻もしくは下仁田）城主とも伝えられるが確認できない。通称は三河守。実名のうち「信」は武田氏から通字を偏諱として与えられたものと推定されるから、父三河守が武田氏に従属した後に、元服した存在であったとみられる。永禄十年八月七日付の「下之郷起請文」が史料上の初見（生島足島神社文書・一一六三）。そこでは単独で署判し、また奉公対象が武田信玄となっているから、国峰城主小幡氏とは別家の存在であったことが確認される。また同文書において三河守を称している。同十二年六月十日には、北条方の武蔵御嶽城主平沢政実の誘いを受けて、長根小幡孫十郎とともに（安保文書・戦北一二七二）、武田氏から離叛して北条氏に従属している（島根県立博物館所蔵文書・一四二九）。そのため武田氏から追討の軍勢の発向を受けている。同年七月一日に北条方の存在としてみえるのが、確実な史料における終見（前出安保文書）。翌元亀元年（一五七〇）三月、武田氏時代の所領緑埜郡緑野郷（群・藤岡市）は武田氏に収公され、あらためて武田信豊に与えられている（古今消息集・一五二八）。同二年四月には同郡下大塚（藤岡市）の所領が武田氏から小林氏に与えられている（小林文書・一六八九）。この後、信尚に関する史料はみられなくなるから、北条氏に従属した後、武田氏との抗争のなかで没落したと想定される。その後の動向は不明であるが、天正十年までの間に越後上杉氏に仕えたとみられる。子孫は上杉氏家臣となっており、信尚にあたる人物は同年十月死去と伝えられている（小幡氏系図）。（黒田）

小幡信直 おばたのぶなお

生没年未詳。上野国衆小幡氏の一族。天正五年（一五七七）三月に小幡氏本家の隠居憲重が、妙義神社・菅原神社に鰐口を奉納した銘文のなかに、憲重・信真・高政に続いて信直の名がみえているのが唯一の所見（八幡神社旧蔵ほか・二七九二、九三）。実名のうち「信」は、武田氏から通字を与えられたものと推定されるから、当時の小幡氏一族のなかでも有力な存在であったこと、また本家に次ぐ位置にあったことが窺われる。小幡氏一族中の序列から考えると、永禄十年（一五六七）八月七日付の「下之郷起請文」における小幡親類中の連署起請文にみえた一族のうち（生島足島神社文書・一一六四）、筆頭の信高はすでに亡く、二番目の高政がみえるから、三番目の道佐・四番目の行実の後継者にあたる可能性も想定される。（黒田）

小幡憲重 おばたのりしげ

生年未詳～天正十一年（一五八三）か八月十五日（小幡氏歴代法名記録）。上野国衆で、甘楽郡国峰（群・甘楽町）城主。小幡顕高の子、初め山内上杉氏の家臣、天文十七年（一五八九）頃に武田氏に従属する。同四年頃に、山内上杉氏の重臣で上野箕輪（群・高崎市）城主長野業正の娘を妻に迎えたと推定される（箕輪軍記）。同十七年十月には山内上杉氏から離叛しており、これが史料上の初見。受領名尾張守を称している（小林文書）。同年十二月には山内上杉氏の本拠平井城（群・藤岡市）を攻撃している（同前）。同十八年か同十九年には、同族三河守について武田氏への従属を仲介している（陽雲寺文書・六二七）。同二十一年三月に北条氏の攻撃により山内上杉氏は没落するが、それまで、武田方の甘楽郡西端の南牧村（群・南牧村）の土豪市河氏を通じて武田氏の支援を得ながら抵抗していたとみられる（上毛諸家所蔵文書・六三六、四七）。山内上杉氏没落後、北条氏にも従うが、武蔵における所領に限ったものであったらしく（鈴木文書・戦北四〇九）、基本的には武田氏に従属する関係にあり、同二十二年九月に嫡子信実（のち信真）とともに、信濃塩田城（長・上田市）に在陣する武田晴信のもとに出仕している（甲陽日記）。同二十三年十二月、甘楽郡南牧村の土豪で被官の高橋氏に銭の預け状を出しているのが、発給文書の初見。印文「憲重」黒印を使用している（高橋文書）。これによって実名が憲重であったことが確認される。この実名は山内上杉氏からその通字を偏諱として与えられたものであろう。なおほかに「重定」とする所伝があるが、それが事実であれば、山内上杉氏からの離叛後に、改名したものであろう。永禄三年（一五六〇）九月、上杉謙信の関東侵攻に際し、相婿で従兄弟と推測される図書助が謙信に応じ、それによって本拠国峰城を追われ、武田氏を頼り、南牧城に在城したとみられる。同四年十一月に武田氏が西上野に侵攻、二十日に国峰城の小幡景高（図書助の子）を追うと、同城に復帰する（鎌原系図・一六六三）。これにともなって、甘楽郡のほぼ一円を所領として認められ、国峰領を形成する。同年十二月には緑埜郡小林氏を武田方に誘っている（小林文書・七六五）。このとき尾張入道と称されているから、それ以前に出家している。同五年三月、憲重が占領していた新田岩松氏の旧領丹生郷（群・富岡市）について、武田氏から同氏の知行保証を命じられているが（野口文書・七七三）、その後、新田岩松氏には替え地が宛行われ、同郷は小幡氏所領として続くから、返還はなかった。その後、同十年八月には嫡子信実が当主としてみえるので、その間に隠居したと推定される。信竜斎（のち心竜斎か）全賢を称した。天正七年五月に嫡孫信定に、成人にともなって行儀などについて意見を与えている（小幡文書・三三二三）。同八年七月、上野沼田城（群・沼田市）の件について武田勝頼から書状を送られているのが終見（会津酒造歴史館所蔵文書・三三八二）。忌日について「小幡氏歴代法名記録」に「未八月十五日」とあることから、天正十一年八月十五日と推定される。法名は清潤純納居士（同前）、または清潤祥純居士（高野山清浄心院過去帳・新編高崎市史資料編4）。妻長野氏は、同十七年七月二十八日死去、法名一峯永純大姉（小幡氏歴代法名記録）。子女には、信真（信実）・信高・昌高・昌定・信秀・武田信豊妻があった。　（黒田）

小幡憲行　おばたのりゆき

生没年未詳。上野国衆小幡氏の一族。通称は左衛門大夫。永禄十年（一五六七）八月七日付の「下之郷起請文」にみえる（生島足島神社文書・一一六二）。単独で署判していること、奉公対象が武田信玄となっているから、国峰城主小幡氏とは別家の存在と捉えられる。実名のうち「憲」は山内上杉氏から偏諱を与えられたもの、「行」は室町時代前期までの小幡氏の通字と推定されるから、初めは山内上杉氏の家臣であったが、国峰城主小幡氏と同じく、のちに武田氏に従属するようになった存在であることが窺われる。その後、小幡左衛門大夫については、武田氏滅亡後の天正十二年（一五八四）二月に、北条氏に従う上野武士のひとりとしてみえる（宇津木文書・戦北二六二六）。そこでは上野厩橋城（群・前橋市）への在番にあたっており、北条氏に従った段階でも、国峰小幡氏とは別家の存在としてあったことが確認される。両者は同一人物かもしくは親子関係と推測される。　（黒田）

小幡昌定　おばたまささだ

生年未詳〜元亀三年（一五七二）十二月二十二日。上野国衆小幡憲重の四男で、信真の弟。当時の史料における所見はないが、「小幡氏歴代法名記録」などの小幡氏の系譜類において、通称又八郎、実名昌定と伝えられ、元亀三年十二月二十二日の遠江三方原合戦で戦死したと記載がある。法名は光山宗鑑禅定門。　（黒田）

小幡昌高　おばたまさたか

生没年未詳。上野国衆小幡憲重の三男、信真の弟。通称は初め民部助、のちに播磨守。実名は当時の史料では確認されないが、「小幡氏歴代法名記録」などによる。「昌」は武田氏からの偏諱、「高」は小幡氏の通字である。永禄十二年（一五六九）以前の四月一日付穴山武田信君書状の宛名として「小幡民部助」とみえるのが、史料上の初見（小幡文書・三八二五）。そこでは昌高は、兄信真・信高とは別に武田氏から参陣を求められる存在であることが知られる。元亀二年（一五七一）に推定される十一月十日付の武田信玄書状では、信玄から上野厩橋（群・前橋市）城主北条高広との密談のために家臣雨宮淡路守を派遣したことを伝えられ、それへの馳走を命じられている（同前・一七四七）。同三年六月には武田氏から上野高山氏の隠居分鮎河・日野（群・藤岡市）を新恩所領として与えられている（同前・一九〇六）。天正二年（一五七四）七月には、遠江・三河出陣の戦功によって、遠江江川郷（静・浜松市）を所領として宛行われている（同前・二三二六）。同三年に推定される五月七日付で兄信真が「保小（保科氏か）」に宛てた書状に（松田文書・二四八七）、信真自身は病気のため参陣できないが、播磨守ら一族を参陣させることを伝えている。昌高がこの時期、一族のなかで最有力の存在であったことが知られる。またこれが通称播磨守に関する初見である。同九年三月十七日付で兄信真から証文を与えられ（浅香文書・三五三二）、甘楽郡南端の山中（群・神流町）の八幡における防衛について命じられている。これによりこの時、昌高は同地に在番していたことが知られる。同十年の武田氏滅亡後は、兄信真に従って北条氏に従属した。同十七年八月に武田氏旧臣で羽柴秀次家臣になっていた原三左衛門が小幡信定に宛てた書状のなかに、信真に続いて昌高の名があげられている（江戸東京博物館所蔵文書）。そのほか、九月七日付で北条氏直から病気を見舞う書状を送られている（小幡文書・戦北三九六二）。同十八年の小田原合戦後は越後上杉氏に仕え、慶長五年（一六〇〇）の関ヶ原合戦後は山形最上氏に仕え、同六年までの動向が確認される（小幡文書）。法名は安室永隆居士（小幡氏歴代法名記録）。子孫は奥平松平氏の家臣になっている。（黒田）

小幡昌盛 おばたまさもり

天文三年（一五三四）～天正十年（一五八二）三月六日、四九歳（国志）。虎盛の子。昌盛の代に小畠を小幡に改姓した（寛永伝）。又兵衛尉、豊後守。虎盛同様、海津城二の曲輪に配置されることになったが、あくまで信玄の旗本であることを望み、しきりに訴訟を行った。このため、所領を召し上げられることとなったが、勝頼と土屋昌続の取り成しにより、騎馬三騎・足軽一〇人を率いて旗本として仕えることになった。父から引き継いだ所領・同心は、叔父の弥左衛門（光盛）に与えられることになったという（軍鑑・大成上三六一、六三頁）。なお「惣人数」には御旗本足軽大将衆、騎馬三騎足軽二〇人持ちとみえる。史料上の初見は、永禄七年（一五六四）に蘆田信守・伴野信直が起こした境目相論に際し、横目をつとめたことである（市川家文書・信24二四七頁）。同末年頃と推定される信玄旗本の陣立書に、鉄砲衆として名が記されている（山梨県立博物館所蔵文書・三九七二）。このことから、旗本になったという「軍鑑」の記述が裏づけられる。元亀二年（一五七一）十一月二十八日、甲斐慈眼寺（山・笛吹市）の祈禱奉行を輪番でつとめるよう命じられた（慈眼寺文書・一七五七）。武田氏滅亡時には豊後守を称し、病身をおして今生の暇乞いをしたというが（大成下一七六頁）、同書の成立過程を考えると、検討を要する。その後、黒駒（笛吹市）まで赴くが、六日に死去したらしい（同前、国志）。「軍鑑」の編者であり、武田流軍学の祖とされる小幡景憲（盛虎・尚縄）の父である。娘は広瀬郷左衛門尉に嫁いだ（国志）。（丸島）

小幡三河守 おばたみかわのかみ

生没年未詳。上野国衆小幡氏の一族。初めは山内上杉氏の家臣であったが、のちに武田氏に従属したと推測される。天文十八年（一五四九）もしくは同十九年のものと推定される四月十一日付で武田晴信から送られた書状が唯一の所見（陽雲寺文書・六二七）。そこではそれより以前に武田晴信に年頭挨拶の祝儀を送り、その返礼を受けていること、同族の小幡憲重と入魂にすることを求められているから、これより以前に、武田氏に従属していたこと、それは憲重の仲介によったことが窺われる。三河守の家系は、室町時代以来山内上杉氏の家臣で、すでに国峰小幡氏とは別家の存在であった。この三河守も、初めは山内上杉氏の家臣であったが、同族の憲重が武田氏に従属したことにともない、同様に武田氏に従ったとみられる。永禄三年（一五六〇）九月に上杉謙信の関東侵攻にともない上杉氏に従属、惣社長尾氏の指揮下に入っている（関東幕注文・群三三三）。同十年以降に所見がある三河守信尚は、その子と推測される。（黒田）

小幡光盛 おばたみつもり

生年未詳〜慶長元年（一五九六）二月か。武田・上杉氏の家臣。小畠日浄の子で、虎盛の弟。弥左衛門尉、山城守、下野守。実名は一般に光盛というが（国志）、同時代史料では確認できない。「上杉年譜」御家中諸士略系譜は虎昌、「寛政譜」は初名虎昌、のちに貞長に改めるとする。ここでは仮に光盛としておく、初めは使番一二人のうちのひとり（軍鑑・大成上三九二頁）。馬場信春が出陣する際に、深志城（長・松本市）の留守を預かったとされる（惣人数）。永禄四年（一五六一）、兄の遺言を一族とともに聞いたという（軍艦・大成下三三頁）。その後、甥昌盛が旗本になることを望んだため、兄の遺領・同心を相続し、海津城二の曲輪に入った（同前上三六二頁、惣人数）。「惣人数」は御旗本足軽大将衆、騎馬一二騎・足軽六五人持ちとする。天正八年（一五八〇）九月三日、訴訟していた年貢について、代官・蔵方の書立と引き合わせたうえで与えるという証文を、北信濃の国衆とともに受け取っている（尾崎家文書・三四三）。この時、山城守。武田氏滅亡後は、織田信長に従属。四月五日、川中島四郡支配を任された森長可から、本領安堵を受けている（小幡家文書・信15三〇二頁）。本能寺の変直後の六月六日、上杉景勝から飯山城領を与えるとともに、飯山城代に任ずるとして従属を求められた（景勝公御書・上越三三八八）。これを受け入れ、同十年六月二十日、小松原（長・長野市）一〇〇貫文、日賀野（長野市）三〇貫文、信府（松本市）のうち八〇貫文、東条（長野市）一七〇貫文の合計三八〇貫文の知行を安堵された（景勝公御書・上越三四一七）。また六月二十七日にも、あらためて本領安堵を受けている（小幡家文書・上越三四三五）。同年八月五日、越後へ召し連れるに際し、あらためて申告した本領を安堵されているが、東条一七〇貫文の代わりに小松原代官免三〇貫文となっており、一四〇貫文目減りしている（景勝公御書・上越三五一〇、一一）。あわせて、他者と主従関係を結び直した被官についても、召し返すよう命じられた（高野孝雄氏所蔵文書・上越三五三三）。その後、上杉家執政直江兼続（山城守）と通称が同じであることを憚って、下野守に改称したという（軍鑑・大成下一九五頁）。たしかに、「文禄三年定納員数目録」には、二〇人・三四二石として「同（元信州衆）若名山城守ト云　小幡下野守分」という記載がある（米沢図書館所蔵文書・信18五五頁）。したがって、某年十月十九日、上杉家奉行衆から小松原神明社の修理免を認められている「小幡下野守」は光盛のことであろう（歴代古案・上越三八四二）。「上杉年譜」御家中諸士略系譜は慶長元年二月没、「国志」所引妙音寺過去帳は某年三月十一日没、法名日善とする。「二」と「三」は書き間違えやすいが、確定できない。さしあたり、没年は御家中諸士略系譜に従っておく。子孫は米沢藩上杉家に仕えた。なお、春日虎綱・惣二郎が書き記したとされる「軍鑑」に加筆したといい（大成下一五五頁）、武田氏滅亡時に保護した甥景憲に（伝附状悉解）引き渡した可能性が指摘されている。（丸島）

小幡行実　おばたゆきざね

生没年未詳。上野国衆小幡氏の一族。通称は能登守。永禄十年（一五六七）八月七日付の「下之郷起請文」が史料上の初見で、小幡親類中の一員として署判している（生島足島神社文書・一二六四）。署判位置は四番目であるから、本家憲重・信真とも近い血縁関係にあった一族と推定される。実名のうち「行」は、室町時代前期までの小幡氏の通字であるから、それを継承しているものとみられる。天正二年（一五七四）以降の二月一日付で武田勝頼が小幡信真に送った書状のなかに、「両舎弟（昌高・信秀か）」に続いて「能登入道」の名があげられ、病気の信真に代わって、その弟両名とともに軍勢を出陣させているから（蓮華院誕生寺所蔵文書・三六九〇）、国峰小幡氏一族のなかでも、本家一族に次ぐ存在であったことが窺われる。またこの時、入道しているから出家していたことが知られる。その後の動向は不明。（黒田）

小浜景隆　おばまかげたか

天文九年（一五四〇）～慶長二年（一五九七）九月七日、五八歳。海賊衆として、「惣人数」（軍鑑）では安宅一艘・小舟一五艘・船五艘を率いたとされる。官途は民部左衛門尉、天正八年（一五八〇）六月頃より受領名伊勢守を称す。小浜氏は伊勢国を拠点に活動していた海賊衆であったが、元亀二年（一五七一）十一月二十日に、景隆が武田信玄へ土屋貞綱を通じて仕官を求め、その際に知行を含む要望を認められた（小浜家文書・一七四八）。翌三年五月二十一日、仕官願い出の際の要望に従い、武田家朱印状（奉者は土屋昌続）により領国内において一ヶ月に馬三疋の自由通行許可を認められている（同前・一八九九）。また十二月十九日には、信玄から駿河国岡部郷（静・藤枝市）内松山方ほか三三五貫九〇〇文の知行を宛行われた（同前・二〇〇四）。天正元年（一五七三）十月十日、武田勝頼から仕官願い出の際の約束により、駿河国において岡部郷浅井分ほか一三ヶ所、遠江国において下吉田郷（静・吉田町）岡部石見分ほか三ヶ所の海上活動と関わりある計三〇〇〇貫文の知行を宛行われ、海上での戦功を求められる（同前・二一八四）。同二年六月一日、遠江国の知行地内にある能満寺（吉田町）に榛原郡内の末寺を含む寺領安堵・諸役免許を確認した（能満寺文書・三九一二）。同三年に年次比定される六月七日、徳川方による攻撃のなかであろうか、勝頼の指示に従い撤所せず在陣し続けたことを賞され、同心衆ともども感状を与えられた（小浜家文書・三七〇五）。同五年五月十日、武田家朱印状（奉者は土屋昌恒）により同心への弓矢の稽古や小舟の鍛錬を疎かにしないこと、先陣の際の装いを統一することを命じられる（同前・二八〇六）。同八年四月二十五日、伊豆浦への攻撃の際、北条方の梶原備前守が率いる水軍を破り、船を奪捕した戦功を賞され、勝頼より「晴信」朱印を押捺した感状を与えられた（同前・三三三二）。また六月二十九日にも、伊豆国内の中小浦における戦功を賞され、勝頼より「勝頼」朱印を押捺した感状を与えられている

（同前・三三七二）。同文書が、景隆が受領名伊勢守を称した初見である。十二月七日、武田家朱印状（奉者は土屋昌恒）により、伊勢国から駿河国清水浦（静・静岡市清水区）着岸の船二艘への諸役免除を認められる（同前・三四五四）。同九年三月二十九日には、伊豆国久料津（静・沼津市）での北条方の梶原備前守が率いる水軍との戦闘において、船三艘を撃沈し一〇人を討ち捕らえたことを賞され、勝頼より四月七日付で感状を与えられた（同前・三五三四）。この時に景隆に従い敵船を奪い取る戦功をあげ、同じく勝頼感状（中村林一氏所蔵文書・三五三五）を与えられている小野田筑後守は景隆の同心衆であろう。同十年三月の武田氏滅亡後は、徳川家康へ仕え、同十一年正月十三日には間宮信高とともに岡部正綱に代わり甲斐国甲府（山・甲府市）の留守をつとめる（記録御用所本古文書・二〇三）。同十二年四月四日、織田信雄より間宮信高とともに九鬼跡職の宛行約束のもと働きを期待され（小浜家文書・三重県史資料編近世1第二章四八六）、五月五日には伊勢国生津・村松（三・伊勢市）での戦功を賞され、家康より間宮信高とともに感状を与えられた（記録御用所本古文書・二〇四）。この時に景隆は、官途名民部左衛門尉でみられるので、武田氏滅亡・徳川氏への仕官に際し、受領名伊勢守より再び民部左衛門尉に戻したことがわかる。同十八年の小田原合戦でも伊豆国内での戦闘で戦功をあげ、家康より持鑓を与えられたという（寛永伝）。徳川氏の関東移封後は相模・上総両国において三〇〇〇石を知行し、相模国三崎（神・横須賀市）に居住した（寛政譜）。法名は浄見（寛永伝）。後裔は旗本に属し、大坂船手番をつとめた。

（柴）

小原宮内丞　おはらくないのじょう

生没年未詳。武田氏へ属し、「惣人数」（軍鑑）では二〇騎を率いる駿河先方衆。小原家は今川氏の家臣で、「宗長手記」では大永四年（一五二四）七月二十八日と同五年九月三十日に実名「親高」なる人物（静7八四一、八三）、同七年十二月一日には兵庫頭嵩親が確認できる（静7九九六）。また天文二十一年（一五五二）二月二十三日に遠江国西山寺（静・牧之原市）へ宛てられた今川義元判物写（土佐国蠹簡集残編・戦今一〇七八）では、相良荘（牧之原市）内で知行を所持する小原左馬助がみられる。そして弘治二年（一五五六）九月より駿府（静・静岡市）に滞在していた山科言継へ、翌三年正月十三日の今川氏真による和歌会の開催を知らせる使者をつとめ、同会にも参加が確認される小原伊豆守がいる（言継卿記・静7二四八五、八八）。伊豆守は永禄十一年（一五六八）十二月の武田信玄の駿河侵攻時に従属し、信玄の許可を得ずに武田信友・朝比奈信置とともに安倍山中に籠もる駿河衆と人質交渉にあたり、信玄の怒りにより出仕を止められた（酒井家文書・二三六九）。宮内丞は伊豆守の後継にあたる人物と推察される。宮内丞の活動は、武田勝頼の代まで確認できず、天正三年（一五七五）の長篠敗戦直後にあたる六月一日に、駿河田中城（静・藤枝市）で在番のなか、勝頼より戦況伺いに対し武田信友・三浦員久との連名宛で返札を送られ、敗戦ながらも穴山信君・武田信豊たちの生存や尾張・美濃・三河境目領域の備えを固めた後に帰陣したことを知らされているのが、初見である（関保之助氏旧蔵文書・二四九四）。そして七月五日には、勝頼より山県昌満が宮内丞を遠江国犬居（静・浜松市天竜区）の天野藤秀への加勢に朝比奈信置・三浦員久たちとともに引き連れあたるよう指示されている（孕石家文書・二五〇二）。このことより、これまでにほかの駿河先方衆同様に、山県昌景・昌満父子の相備衆として指揮下にあったことが想定できる。その後も小山田昌盛・三浦員久とともに田中城（藤枝市）で在番をつとめており、十二月二十七日には武田家朱印状により同城の用心および普請に昼夜を問わずあたり、また遠江国諏訪原（静・島田市）方面への働きに従事するよう命じられた（友野氏旧蔵文書・二五六九）。その後の事蹟は不明。（柴）

小原源太左衛門　おばらげんたざえもん

生年未詳～天正十年（一五八二）三月十一日。天正十年三月の武田氏滅亡に際し、勝頼に従って討ち死にしたという。景徳院での法名は、実山金性（景徳院位牌）。通称は源五左衛門とも伝わる。小原下総守・継忠兄弟の一族か。（丸島）

小原下総守　おばらしもうさのかみ

生年未詳～天正十年（一五八二）三月十一日。勝頼の側近家臣のひとり。「甲乱記」は継忠の兄とするが、「軍鑑」は記述が一定していない。しかし「惣人数」の勝頼衆の書上をみると、安倍宗貞に次いで二番目に記されており、兄と考えてよいだろう。発給文書がなく、実名は未詳である。「国志」は地誌類などから「忠国」とする説を記すが、信頼性は低い。永禄五年（一五六二）に武田勝頼が高遠（長・伊那市）城主となった際の付家臣のひとりである（軍鑑・大成上三四六頁）。小原という地名は、甲斐山梨郡（山・山梨市）と信濃伊那郡（伊那市）にあり、現在は前者はコバラ、後者はオバラと読む。「国志」は甲斐出身の氏族とするが、高野山成慶院「信州日牌帳」に「高遠庄小原之村」とあり（信濃61-12六七頁）、信濃伊那郡高遠出身で、高遠諏方家臣のなかから起用された存在であったとみられる。天正七年四月九日に息女に先立たれ（華窓芳春禅定尼）、翌年十一月に成慶院に供養を依頼している（同前）。弟継忠とは異なり、武田家朱印状の奉者をつとめてはおらず、古文書上で動静を確認することができない。このため、高遠を拠点として活動していた可能性もある。しかし同八年十一月十五日、成慶院に自身の逆修供養を依頼した際の居所注記は「甲府」となっており（甲州過去古帳・武田氏研究38四三頁）、双方を往復していたと考えたほうがよいだろう。同十年三月の武田氏滅亡に際しては勝頼と行動をともにし、十一日に田野（山・甲州市）で戦死した（信長公記、甲乱記、軍鑑・大成下一八〇頁）。女房衆が自害する際に、弟継忠等と介錯をつとめたという（軍鑑・大成下一七九頁）。法名は、同年の逆修供養時に「生翁守瑞禅定門」と定めていた（成慶院甲州過去古帳・武田氏研究38四三頁）。また武田氏滅亡後に徳川家康の手で建立された田野景徳院の位牌には、「空岸東海居士」とあるという（国志）。妻がともに戦死しており、同十年八月二十一日に成慶院で供養が営まれている（信州日牌帳・信濃61-12六七頁）。なおこの妻女と同人かは不明だが、同五年八月二十三日に、成慶院で下総守女中の逆修供養が営まれている。法名は信安宗忠禅定尼（甲州月牌帳二印・武田氏研究42五二頁）。子孫の動静は判然としないが、高遠で地域権力化を遂げた保科氏の家臣に小原氏の存在を確認できる。保科氏に仕え、その後転封に従って会津に赴いた一族がいるものとみられる。（丸島）

小原下野守　おばらしもつけのかみ

生年未詳～天正十年（一五八二）三月十

一日。下総守・継忠の近親とみられる。武田氏滅亡に際し、勝頼に従って戦死した（軍鑑・大成下一八〇頁）。法名は、一峯宗誉（景徳院位牌）。（丸島）

小原清二郎　おばらせいじろう

生年未詳～天正十年（一五八二）三月十一日。天正十年三月の武田氏滅亡に際し、勝頼に従って討ち死にしたという。景徳院での法名は、原清道資（次）（景徳院位牌）。小原下総守・継忠兄弟の一族か。（丸島）

小原継忠　おばらつぐただ

生年未詳～天正十年（一五八二）三月十一日。勝頼の側近家臣のひとりで、下総守の弟。丹後守。永禄五年（一五六二）に武田勝頼が高遠（長・伊那市）に入った際の付家臣のひとり（軍鑑・大成上三四六頁）。もともと高遠諏方氏に仕えていたと思われ、実名の「継忠」は、高遠頼継から偏諱を受けた可能性が高い。知行などは不明だが、天正八年十二月二十日付河西虎満証文写によれば、小山新兵衛が管理する竹林が小原継忠に進ぜられたため、以後河西から用を申し付けることはない旨が通達されている（山梨県誌本巨摩郡古文書・三四六六）。河西虎満の活動から考えて、御料所の竹林を宛行われたものと思われ、継忠の知行として唯一確認できるものである。早くから勝頼に仕えていたはずだが、史料上確認できるのは、勝頼が武田家を嗣いでからである。同三年八月十日、長篠合戦の敗北で動揺した伊那郡を固めるため、青沼忠重に代わって高遠在城を命じられているのが初見（武田神社所蔵文書・二五二四）。その際、継忠の同心大草衆を遠江に派遣するよう指示されていることから、伊那郡の国衆を同心としていたことが窺える。同四年三月には甲府に帰還しており、甲府在城の奉行人として、甲斐における地頭役徴収を担当している（一蓮寺旧蔵文書・二六〇四、早川家文書・二六〇六）。この際、印文未詳の朱印を用いている。そのまま在府を続けたものと思われ、同七年に勝頼が駿河に出陣した際には、跡部勝忠・青沼忠重・市川元松とともに甲府の留守を任されている（諸州古文書・三一八八）。この時同時に指示を受けた三人が、勘定奉行と考えられている顔ぶれと重なるうえ、継忠は留守居にあたって、青沼忠重とともに籾子の請取を担当している（同前・三一九四）。このため、同年頃には勘定奉行の一員となっていた可能性を指摘できる。また同五年頃、駿河富士大宮（静・富士宮市）に神馬一疋を奉納している（永昌院所蔵兜巌史略・補遺二三）。朱印状奉者としては、甲斐・信濃・駿河に宛てた朱印状を奉じているが、とりわけ伊那郡との関わりが深い。同五年三月十七日、高遠の番匠に遺領安堵を認めた獅子朱印状を奉じる（鉾持神社文書・二七八六）。同月二十五日、伊那郡座光寺如来堂の印首座が、武田信綱を相手取って起こした寺領訴訟の裁許は、継忠の書状によって通達されている（諸州古文書・二七九二）。同六年十月十五日には、勝頼の外祖母太方様（諏方頼重室麻績氏）からの訴えを受け、太方様のもとで細工奉公をつとめていた池上清左衛門尉に知行を与える獅子朱印状の奉者をつとめた（池上家文書・三〇四三、五二）。さらに同八年には、早逝した勝頼正室（龍勝寺殿）の菩提所である龍勝寺（伊那市）への寺中定書（龍勝寺文書・三三〇〇）、同九年には香坂右近助に伊那辺（同前）を宛行う竜朱印状を奉じている（円福寺文書・三五三三）。甲府にあって、伊那郡担当の取次をつとめていたものと考えられる。同十年二月、織田勢の侵攻を迎え撃っため、伊那郡大島城（長・松川村）に派遣されるが敗退する（信長公記）。翌三月の武田氏滅亡に際しては、最後まで勝頼に同行し、十一日に田野（山・甲州市）で戦死した（信長公記、甲乱記、軍鑑・大成下一八〇頁）。女房衆の介錯をつとめた後に自害し、自身の首級を勝頼のものと偽装したが見破られたという逸話が、「軍鑑」に記される（大成下一七九頁）。田野景徳院の位牌によれば、法名は鉄岩恵船居士（国志）。子息忠五郎も、ともに戦死したという（武田三代軍記）。（丸島）

小尾宮内少輔 おびくないのしょう

生年未詳～天正三年（一五七五）五月二十一日。実名は吉親と伝わる（以下、寛永伝、寛政譜）。保科氏出身で、小尾能登守の女婿として家督を嗣いだ。長篠合戦で討ち死にした。宮内少輔にも男子がなく、小尾監物の子息彦五郎（正秀）を婿養子に迎えている。彦五郎は、武田氏滅亡後は徳川家康に仕えた。（丸島）

小尾周誾 おびしゅうぎん

生没年未詳。甲斐国巨摩郡江草郷（山・北杜市）在郷の大工職人頭。永正十年（一五一三）十二月の同地の十五所明神社の社壇造立棟札によると、武田彦六信意の発願によって作られた同社の大工職を担当しており、上葺大工は伴野庄（長・佐久穂町）の住人吉久、小工は同地の新六、鍛冶大工は江草郷の新五郎光重・光家兄弟がつとめている（十五所神社所蔵・四三〇）。（柴辻）

小尾祐久 おびすけひさ

生没年未詳。兵部尉。甲斐国巨摩郡小尾郷（山・北杜市）の土豪。永正十年（一五一三）十二月二十六日に棟上された、江草郷（北杜市）の十五所明神社檀神像棟札銘（十五所神社所蔵・四三〇）に、「大檀那小尾兵部尉藤原祐久」とある。後世の家譜で小尾氏は武田氏の庶流（清和源氏義光流）とされるが（寛永伝、寛政譜）、実際は藤原氏であったことが判明する。また、同棟札銘に檀那としてみえる小尾浄賢は一族か。（鈴木）

小尾祐光 おびすけみつ

天文十一年（一五四二）～慶長十二年（一六〇七）。六六歳（寛永伝）。監物。津金美濃守意久の次男で、小尾周防の婿養子になって小尾氏を嗣いだ（寛永伝、寛政譜、国志4三四頁）。「軍鑑」で土屋昌続・昌恒兄弟の配下に属し、「覚えの者」とされた「帯監物」は祐光と考えられている。武田氏滅亡後は徳川氏に仕え、天正十年（一五八二）八月二十一日に武田氏の旧臣が徳川氏に提出した起請文（天正壬午起請文・山6下九五〇頁）では「津金衆」として、実弟の津金修理（胤久）・跡部又十郎（久次）、子の小尾彦五郎（正秀）らとともに名がみえる。甲斐を領有した徳川氏の下で甲信国境の守備を担い、各地の合戦に従軍した。法名は莫金（寛永伝）。墓所は駒込（東・文京区）の高林寺（寛政譜）。「国志」では同年十一月に死去、法名を英金とする（国志4三四頁）。また別の呈譜では、同十三年十一月二十四日に死去、法名を本明としている（寛政譜）。長男の彦五郎正秀が小尾宮内の婿養子になったため、次男の仁左衛門光重が家督を嗣ぎ、双方の子孫が幕臣として存続した（同前）。また正秀の次男藤五郎が慶長十年に徳川家康の九男義直に附属され、子孫は尾張藩士になっている（士林泝洄）。（鈴木）

帯金君松 おびがねただとし

生年未詳～寛永十五年（一六三八）十一月。甲斐国八代郡帯金（山・身延町）の国衆。穴山家臣。美作守の子。刑部助・刑部亮・刑部介。諱を君以とする記録もあるが確認できない（士林泝洄）。天正期（一五七三〜九二）と推定される四月二日付穴山信君判物によれば、帯金刑部助が副状を発給していることが知られ、重臣としての地位を確立していた（判物証文写・三八二六）。同じく年未詳七月二十三日の穴山信君書状でも、佐野右京亮入道に副状を発給している（佐野家文書・三八七八）。武田氏滅亡と本能寺の変後、帯金君松は武田（穴山）勝千代を補佐するが、彼が天正十五年六月に夭折すると、徳川家康の五男万千代（武田信吉）を支えた。同十八年には徳川氏の関東移封により、信吉と下総国小金に移り、禁制などの内政文書には、万沢らと連署で登場する（新編相州古文書5一〇四頁）。同十九年と推定される卯九月十一日、徳川家康の意を奉じて、穂坂常陸助息女に一〇〇石の知行を与えることを、芦沢伊賀守に指示した文書に、万沢君元、馬場忠時らとともに連署している（東大史料編纂所影写本水戸芦沢文書）。文禄二年（一五九三）二月十日には、家康より万沢助六郎とともに家中を統括するよう指示されている（松濤棹筆・新家康文書二二七頁）。慶長七年（一六〇二）十一月、家康の命により信吉を奉じて常陸国水戸に入り、家康より筆頭家臣として、万沢氏らとともに二〇〇〇石を与えられた（深旧考証所収武田信吉公万千代御附諸臣、万千代君古帳、万千代様御領中之時水戸御知行割）。ところが同八年九月に万千代が病没すると、万沢氏らとともに家中を専断して、芦沢氏らの奉行衆と対立し、同九年一月に家康の裁定によって改易処分となり、平岩親吉に預けられ（慶長年録、徳川実紀）、寛永十五年十一月に死去したといい、子孫はその後尾張徳川家に仕えたという（士林泝洄）。そのほかの事蹟は現在不明。（平山）

帯金虎達 おびがねとらたつ

生年未詳〜永禄四年（一五六一）九月十日か。甲斐国八代郡帯金（山・身延町）の国衆。穴山家臣。刑部介。天文十三年（一五四四）三月二十九日、某氏（湯之奥佐野氏か）が大垈山の争論を解決するにあたって、金銭を帯金刑部介に贈った記録が初見（門西家文書・一七六）。このことに関連して、年未詳十月八日、湯之奥郷佐野縫殿右衛門に大垈山を安堵する判物を発給している（同前・一三三）。同二十三年五月吉日、大崩（身延町）の土豪佐野孫衛門に対し、丸滝（身延町）で恩地を宛行っている（佐野家文書・四〇二）。弘治三年（一五五七）十二月二十九日、穴山信友は下部（身延町）佐野文三の父が陣参を無奉公したことに怒り、湯之奥（身延町）の恩地を取り上げたが、帯金虎達の詫言により返却している（恩地家文書・五八五）。その後史料に所見されなくなるが、「国志」引用の「北越太平記」によれば、永禄四年九月十日の第四次川中島合戦で戦死したという。（平山）

帯金美作守 おびがねみまさかのかみ

生年未詳〜天正十年（一五八二）六月二日。甲斐国八代郡帯金（山・身延町）の国衆。穴山家臣。美作守。刑部助虎達の子か。諱については、高野山成慶院文書に基家とあるが確認できない（檀那御寄進状幷消息・平山優・丸島和洋編戦国大名武田氏の権力と支配所収）。天文十三年（一五四四）三月二十九日、某氏（湯之奥佐野氏か）が大垈山の争論を解決するにあたって、金銭を帯金美作守に贈った記録が初見（門西家文書・一七六）。また、永禄二年（一五五九）一月十九日、放外院（身延町）が寺領の瀬戸（身延町）に賦課された棟別を免除してもらうため、美作守を通じて穴山信君に依頼し、了承されている（放外院文書・六二六）。同六年十一月二十五日、放外院は穴山信君に瀬戸の寺領を再度安堵されているが、これは先年帯金美作守が取次となって発給した判物を確認したものである（同前・八四）。同十一年十二月七日、駿河侵攻に際して穴山信君は、駿河国富士郡の佐野一族に動員をかけており、これに美作守が副状を発給している（佐野家文書・一三三七）。元亀三年（一五七二）三月十一日には、大水で破損した富士川渡船の修復を信君から命じられている（甲州古文書・一八〇四）。その後、天正八年閏三月十四日、信君は佐野泰光に竹火縄などの徴発を命じているが、そのうち松脂は美作守に依頼するよう指示している（楓軒文書纂・三三〇五）。同九年には、梅雪やほかの重臣達とともに南松院に奉加を行っている（南松院文書・三五八九）。同十年二月五日、大垈郷（身延町）は諸役免許特権が認められていたにもかかわらず、雇いの人足が賦課されたことに対し、穴山梅雪は美作守にそれを中止するよう指示している（鈴木家文書・三六五三）。同十年四月、武田氏滅亡後、穴山梅雪が近江国安土城へ参上し、織田信長に見参した際に随行した。だが六月二日、本能寺の変を知った梅雪とともに、畿内を脱出しようとしたが、山城国宇治田原で一揆に襲撃され、梅雪らとともに戦死した（本土寺過去帳）。（平山）

帯金与五右衛門　おびがねよごえもん

生没年未詳。甲斐国八代郡帯金（山・身延町）の国衆か。穴山家臣。天文十八年（一五四九）に福士（山・南部町）の八幡一宮諏訪神社本殿を造宮した際に代官を務めているのが唯一の所見（八幡一宮諏訪神社蔵棟札・三〇二）。帯金虎達らとの系譜関係などは一切不明。（平山）

大日方佐渡守　おびなたさどのかみ

生没年未詳。信濃国水内郡大日方一族。大日方美作守の三男。上総介直武の弟。諱は直長とされるが確認できない。のちに叔父山城守直康（千見城主）の養子になったという（大日方系図・小川村誌所収）。主税助、佐渡守。天文二十三年（一五五四）九月二十二日、武田信玄は上杉方の侵攻に備えて、重臣長坂虎房を大日方主税助のもとに移動させた（大日方家文書・四一三）。信玄はなおも軍事行動を継続するつもりでいたが、北条氏康息女と嫡男義信の婚礼のため延期せざるを得なくなった。そこで信玄は同二十六日、大日方主税助に書状を送り、惣領大日方直武と相談し守備を固めるよう指示している（同前・四一四）。同二十四年三月二十一日、信玄は大日方入道が千見城（長・大町市）を乗っ取ったことを賞し、またその時に活躍した大日方主税助に太刀一腰を贈っている（同前・四三〇）。同年六月二十日には、武田氏より戦功を賞され三〇貫文の知行を与えられている（信濃寺社文書坤・四三五）。その後、永禄元年（一五五八）四月二十五日、大日方主税助は信濃国深志（長・松本市）周辺で替地を与えられることを望み、武田氏は亡父山城守以来の忠節を考慮し、それを容認している（大日方家旧蔵文書・五九二）。また同年九月八日、武田氏より父山城守の知行地の替地として中条（長・長野市）を与えられた（同前・六〇三）。その後、惣領上総介直武が、同十年以後史料から姿を消すと、佐渡守として登場するようになる。元亀四年（一五七三）八月十九日、武田氏より信玄以来の継目安堵を受け軍役勤仕と、武田勝頼の御馬廻をつとめるよう命じられているのが初見（大日方家文書・二一五三）。その後、天正四年（一五七六）三月二十七日、武田氏より鉄炮一挺、持鑓二本、弓一張、小旗一本、長柄四本の合計九人の軍役定書を与えられている（諸州古文書11・二六八）。また同五年、駿河国大宮浅間神社に武田家臣が神馬を奉納した「武田家臣神馬奉納記」に、神馬一疋を納めたことが記録されている（永昌院所蔵兜巌史略・補遺一三）。武田氏滅亡後、佐渡守は息子主税助直家とともに上杉景勝に属し、小笠原貞慶らと対抗した。（平山）

大日方讃岐入道 おびなたさぬきにゅうどう

生没年未詳。信濃国水内郡古山（小川城（長・小川村）主。大日方氏の惣領。大日方氏は、信濃守護小笠原貞朝の子長利（孫次郎、民部少輔、讃岐守、讃岐入道、法名善悦、のちに長政と称す）を祖とするといい、讃岐入道は嫡男とされる。諱は直政とされるが確認できない（大日方系図・小川村誌所収、寛永伝ほか）。「惣人数」には、一一〇騎を率いたとある（軍鑑）。天文二十一年（一五五二）八月十一日、武田信玄より目を引く奉公をした褒賞として大子（長・白馬村）、桐山を与えられ、大日方一族が武田氏に忠節を尽くすよう命じられたのが唯一の所見（大日方家文書・三五一）。そのほかの事蹟は不明。（平山）

大日方直武 おびなたなおたけ

生没年未詳。信濃国水内郡古山（小川城（長・小川村）、安曇郡千見城（長・大町市）主。大日方美作守の次男。大日方氏の惣領。上総介。「惣人数」には、一一〇騎を率いたとある（軍鑑）。天文二十二年（一五五三）三月から始まった武田氏の村上氏攻めに際して活躍し、同年八月九日、父大日方美作入道とともに、安曇郡仁科氏、水内郡春日氏、落合氏、埴科郡東条氏らへの調略を命じられている（同前・三八一）。また同年とみられる武田信玄書状写によれば、上杉方の攻勢を受けていた仁科匠作を救援すべく援軍を派遣したことを賞せられ、父美作入道とともに今後も東条・落合氏と相談して仁科氏を支援するよう指示されている（同前・三九二）。このように、この時期の大日方氏の領域は、武田・上杉両氏の境目となっていたため、領中の百姓が他所へ移転する動きが広まった。そこで武田氏は、同二十三年三月十二日、大日方美作入道、上総介直武父子に対し人返しを命じている（同前・三九六）。同年十月二十五日、元小笠原旧臣二木豊後守重高一族が旧領への還住を希望した際に、これを武田氏に申請し赦免を勝ち取っている（大日方家記草稿・四一七）。その後、永禄十年（一五六七）八月八日、武田氏重臣吉田信生に宛て武田氏に忠節を誓った下之郷起請文に登場する（生島足島神社文書・一一八三）。なおこの時大日方氏は、武田氏より警戒されていたらしく、屋代政国・室賀信俊・麻績清長との交渉を制限されている（生島足島神社文書・一一八〇）。その後史料に登場しなくなるので、まもなく死去したものか。そのほかの事蹟は不明。（平山）

大日方兵庫亮 おびなたひょうごのすけ

生年未詳～天正三年（一五七五）五月二十一日。大日方美作入道の次男上総介の子（以下、真田氏所蔵家系補録大日方氏家譜松山丁による）。実名は重定と伝わる。安曇郡四ヶ条（しかじょう、長・白馬村）を領したという。天正三年の長篠合戦で討ち死にした。法名は心峯和水。子孫は豊前小倉藩に仕えたらしい。（丸島）

大日方美作守 おびなたみまさかのかみ

生没年未詳。信濃国水内郡古山（小川城（長・小川村）、安曇郡千見城（長・大町市）主。大日方氏の惣領。大日方讃岐

入道の子。美作入道。大日方入道。信竜斎（ただし、信竜斎と明記された史料は系図類を除いて確認できない）。大日方直政の子、上総介直武の父。諱は直忠、重秀（真田氏所蔵大日方氏家譜）とされるが確認できない。大日方氏は、信濃守護小笠原貞朝の子長利（孫次郎、民部少輔、讃岐守、讃岐入道、法名善悦）を祖とするという（大日方系図・小川村誌所収、寛永伝ほか）。「惣人数」には、一一〇騎を率いたとある（軍鑑）。天文二十二年（一五五三）三月から始まった武田氏の村上氏攻めに際して活躍し、四月二十五日には武田氏重臣駒井高白斎の陣所を訪ね一泊している（甲陽日記）。同年八月九日、大日方美作入道は、息子上総介直武とともに、安曇郡仁科氏、水内郡春日氏、落合氏、埴科郡東条氏らへの調略を命じられている（同前・三八二）。また同年とみられる武田信玄書状写によれば、上杉方の攻勢を受けていた仁科匠作を救援すべく援軍を派遣したことを賞せられ、今後も東条・落合氏と相談して仁科氏を支援するよう指示されている（同前・三九二）。このように、この時期の大日方氏の領域は、武田・上杉両氏の境目となっていたため、領中の百姓が他所へ移転する動きが広まった。そこで武田氏は、同二十三年三月十二日、大日方美作入道、上総介直武父子に対し人返しを命じている（同前・三九六）。同二十四年三月二十一日、信玄は大日方入道が安曇郡千見城を乗っ取ったことを賞し、大日方主税助に太刀一腰を贈っている（同前・四三〇）。これ以後、大日方氏は千見城を確保したといわれる。弘治三年（一五五七）四月、第三次川中島合戦に際し、上杉方の島津氏らが鬼無里方面に夜襲を仕掛けてきたことなどを、木島氏を通じて武田氏重臣長坂虎房、日向虎頭に報告している（長野県立博物館所蔵文書・五五七）。永禄元年（一五五八）四月吉日、武田氏が上杉謙信の侵攻より川中島方面を防備すべく在城衆を決定した朱印状において、大日方氏は甲斐衆室住虎光、水上六郎兵衛、信濃衆坂西氏、箕輪衆とともに柏鉢城（長・長野市）の守備を命じられている（神宮文庫所蔵武田信玄古案・五九二）。この大日方氏は、美作守と考えられる。その後、同二年とみられる二月八日、父子参府のため、武田氏より一月に荷物三駄分の諸役を免除する朱印状を、奏者跡部伊賀守を通じて与えられている（諸州古文書5・六五五）。これを最後に所見がなくなるので、まもなく死去したものか。そのほかの事蹟は不明。（平山）

大日方山城守　おびなたやましろのかみ

生没年未詳。信濃国水内郡大日方一族。大日方長政の三男。大日方讃岐入道の弟。大日方主税助（のちに佐渡守）の養父。安曇郡千見城（長・大町市）主とされる（大日方系図・小川村誌所収ほか）。天文二十三年（一五五四）四月八日、武田氏より一月に三度の限定で馬三疋分の諸役免除を与えられているのが初見（諸州古文書5・六五五）。次に、同二十四年閏十月二日、武田氏より大日方山城守・春日駿河守の俵物の輸送について過書を与えられている（大日方家文書・四五七）。この時、武田氏は川中島で上杉謙信と長期対陣中（第二次川中島合戦）であったことから、その兵粮輸送だったとみられ、大日方山城守は武田軍に同陣していたのであろう。その後記録に登場しなくなり、永禄元年（一五五八）九月八日、信玄が息子主税助に父山城守知行地の替地を与えることを通知した書状には「亡父山城守」とあるので（大日方家旧蔵文書・五九二）、弘

治元年（一五五五）～永禄元年までの間に死去したと推定される。そのほかの事蹟は不明。（平山）

飯富稲蔵　おぶいなぞう

生没年未詳。虎昌の子息ではないかと考えられている人物。天文二十年（一五五一）十一月二十二日、村上方の坂木（長・坂城町）番手衆東条某を討ち取った（甲陽日記）。（丸島）

飯富道悦　おぶどうえつ

生年未詳～永正十二年（一五一五）十月十七日。武田信虎の家臣。永正十二年十月十七日、大井信達を信虎が攻撃した際、深田に馬を乗り入れて戦死した（勝山）。法名は、宣阿弥陀仏（一蓮寺過去帳・山6上四二四頁）。同時に子息とみられる源四郎も戦死している。法名は、喜阿弥陀仏（同前）。源四郎は飯富虎昌の弟山県昌景の仮名であるため、道悦は虎昌・昌景兄弟の父親である可能性が高い。なお、菩提寺天沢寺（山・甲斐市）にあったという位牌「笑岳悦公居士」は、飯富虎昌のものかとされているが、「悦」字が共通することを考慮すると、道悦のものである可能性も残される。ただし、忌日は二月一日とあったという（国志）。（丸島）

飯富虎昌　おぶとらまさ

生年未詳～永禄八年（一五六五）十月十五日。兵部少輔。武田信玄の嫡子・義信の初陣時に具足を着させる役を果たしたという（軍鑑・大成上三四四頁）。実名は確実な史料からは確認できない。家格から武田氏の通字「信」字の偏諱を受けている可能性が高い。そうなると、永禄八年六月に義信が甲斐二宮美和神社（山・笛吹市）へ納めた奉加帳に署判した「信盛」「信康」「信秀」あたりが該当すると思われるが、決め手を欠く（美和神社文書・九四六）。享禄四年（一五三一）正月二十一日に武田信虎に背き、栗原氏とともに謀叛を起こした「ヲウ殿」は虎昌と考えられている（勝山）。この合戦は信濃諏方勢を呼び込む大乱となったが、信虎の勝利で終わり、以後、虎昌が背くことはなかった。天文二十年（一五五一）七月二十五日には小山田虎満とともに佐久郡内山城（長・佐久市）に在城。晴信は先衆として武田信繁を派遣し、自身も若神子（山・北杜市）まで出陣しているので、真田幸綱にもこの旨を知らせるよう指示している（恵林寺旧蔵文書・三一九）。この後、千野重清が自身の軍功を上申した際、三村逆心の時の働きを言上したところ、飯富虎昌を通じて戦功を讃えられたと記している（千野家文書・五四九）。同二十二年とみられる五月十六日には、村上義清が放棄したばかりの葛尾（長・坂城町）に在城。同地の悪党成敗を命じられるとともに、室賀信俊の出仕を促すよう命じられた（昭和五十九年東京古典会入札目録掲載文書・六三〇）。その際、室賀信俊には晴信の意向は隠すよう指示されているから、自発的な従属という体裁をとろうとしたものと思われる。同年八月七日、塩田（長・上田市）城代を拝命（甲陽日記）。八日、同城本城（本丸）に入城した（同前）。その後、八月晦日に室賀城（上田市）に入り（同前）、室賀氏降伏後の仕置きをしたものと思われる。以後、北信濃方面の軍事を統轄した。弘治三年（一五五七）二月には、長尾勢の中野筋（長・中野市）出陣の報が原左京亮・木島出雲守から飯富虎昌のもとに送られている（石井進氏所蔵諸家古案集・五三二）。同年六月に武田勢が信濃国衆市川氏の救援に失敗した際には、今後の改善策として、晴信に注進せずに塩田在城衆の出陣を許可する旨が、飯富虎昌に下知されている（市川家文書・五六二）。第三次川中島合戦期には、塩田城代飯富虎昌を中心とする川中島防衛体制が整えられたといってもよいであろう。永禄元年九月二十六日、栗田永寿に知行を宛行った際には、虎昌が使者として派遣された（牧田茂兵衛氏所蔵文書・六〇六）。同四年の第四次川中島合戦では別働隊として参陣したという（軍鑑・大成上三三五頁）。同六年四月十日、父親が討ち死にした尻高弥次郎のもとへ使者として派遣された（歴代古案・八一九）。同年十月十九日には、安中景繁に後閑（群・安中市）の宛行を約束する書状に副状を付した（会津酒造歴史館所蔵文書・八三八）。同年十一月の恵林寺検地帳には同心河村常陸守の名が記されている（恵林寺文書・山4二九五）。同七年五月一日には、飯富虎昌・真田幸綱・阿江木常喜・望月信雅を倉賀野（群・高崎市）に派遣することが定められている（記録御用所本古文書八九二）。川中島方面の安定を背景として、徐々に活動の舞台を上野に移しつつあった。しかし同八年十月、武田義信は織田信長との同盟に反対したとみられ、謀叛を計画（軍鑑・大成上二一八頁）。虎昌もこれに従った。結局事件は未然に発覚し、十月十五日、責任をとる形で虎昌が処断された（成慶院過去帳・武田氏研究34八三頁、軍鑑・大成上三五七頁）。信玄が十月二十三日に小幡源五郎に送った書状では、信玄・義信親子の仲を裂こうとした陰謀が露見したので、虎昌を処刑したとあり、対外的には首謀者という扱いであったようである（尊経閣文庫所蔵小幡家文書・九五九）。ただしこの手の事件の性質上、真相は不明である。同十年六月二十八日、被官の三井宗三が高野山成慶院に登山し、菩提を弔った。法名光山道円禅定門（過去帳・武田氏研究34八三頁）。屋敷地は西八幡（山・甲斐市）にあった。「国志」は享年六一または六二とするが、確証はない。天沢寺（山・甲斐市）に墓所がある。なお、「軍鑑末書」は美濃土岐氏の小姓が牢人して、武田家家老飯富家を嗣いだとするが、検討を要する（大成下三七六頁）。「義信事件」に関与した虎昌を貶めるための創作の可能性が高い。娘は荻原豊前守の母というが世代が合わない（寛政譜）。また真田幸綱に嫁いだ娘もいたようである（系図纂要）。率いた部隊の軍装は赤備えとしてしられ、具足・指物・鞍・鐙・馬の鞭まで赤くしていたと伝わる（軍鑑・大成下一九〇頁）。なお、実弟山県昌景は赤備えとは記されていない。処刑後、実弟昌景は山県家を嗣ぎ、飯富家は断絶した。（丸島）

小曲美濃　おまがりみの

生年未詳～文亀元年（一五〇一）二月二十七日。栗原信遠の謀叛に与同したようで、ともに敗死した。法名は、与阿弥陀仏（一蓮寺過去帳・山6上四二二頁）。（丸島）

小俣飛驒　おまたひだ

生没年未詳。都留郡の小国衆とみられる。永禄十二年（一五六九）四月、郡内防衛のため、同名六郎右衛門尉とともに、荻原豊前守の同心として配備された（菅野家文書・一二九〇）。（丸島）

小見九郎右兵衛尉　おみくろうひょうえのじょう

生没年未詳。大宮浅間神社（現富士山本宮浅間神社、静・富士宮市）の社人で、代々小見職を世襲した。小見職は祭礼帳を持ち、儀礼に違背した者を糺す役で、大宮司富士氏の「家来」として位置づけられていた（浅間神社の歴史）。天正四年（一五七六）五月二十八日の武田家朱印状（旧鎰取鎖是家文書・二六五九）で、上之橋を遷宮以前の状態に再興するよう命じられた。奉者は跡部美作守勝忠。同六年三月七日の武田家朱印状（浅間社権鎰取鎖是氏文書・二九五〇）では、武田氏から居屋敷一間を与えられている。奉者は原隼人佑昌栄。（鈴木）

麻績清長　おみきよなが

生没年未詳。信濃国筑摩郡青柳（長・筑北村）の国衆。青柳城・麻績城主。元小笠原氏家臣。近江守か。勘解由左衛門尉。天文二十二年（一五五三）三月から始まった武田氏の村上氏攻めに際し、武田氏に降伏した。青柳氏は四月早々に降伏したとみられ、四月十五日に武田信玄が青柳城に入っている（甲陽日記）。そして同十七日に、武田信繁が青柳城の鍬立を実施しているので、青柳城は武田方の城として面目を一新したとみられる。武田氏は同二十五日に、麻績・青柳・大岡といった旧麻績服部氏や青柳氏の領域についての仕置きを実施している。この時、武田氏の侵攻により没落した麻績服部氏の名跡と麻績城を与えられたと推定され、以後麻績氏を自称している。そのため、以後の麻績氏は、麻績青柳氏として区別される。同二十三年二月二十五日、麻績神明宮に一二四貫六九五文の土地を寄進している（青柳家旧蔵文書・三九五）。なおこの文書の付箋に「旧城主青柳近江守清長ヨリ神明宮へ寄進状」とあり、清長の受領を近江守とする唯一の所見であるが誤記の可能性が高く、青柳近江守は一族と推定される。またこの文書は円形の朱印状であり、信濃国衆のなかで、この時期に朱印を使用した事例はほかにない。同年三月十四日、息子の青柳（麻績）頼長が一族とみられる青柳近江守に知行を安堵しているが、そのなかに勘解由左衛門尉が頼長より知行を分与されている（青柳家旧蔵文書・三九七）。その後、永禄十二年（一五六九）四月吉日、一族とみられる青柳加賀守に麻績・大岡（長・長野市）において八六〇貫文の地を与えている（青柳家文書・一三九九）。また同十年八月七日、武田氏重臣吉田信生・浅利信種に宛て武田氏に忠節を誓った下之郷起請文に登場する（生島足島神社文書・一二四〇）。ところが清長は、よほど警戒されていたらしく、翌日の八月八日、武田氏重臣金丸（土屋）昌続に対し、武田氏に忠節を尽くすことはもちろん、小笠原長時、村上義清、長尾景虎などの敵方に内通しないことや、近隣の国衆屋代政国、室賀信俊、大日方直武らと私的なつきあいをしないと誓約している（同前・一二八〇）。その後の事蹟は不明。（平山）

麻績新左衛門尉　おみしんざえもんのじょう

生没年未詳。信濃国筑摩郡青柳（長・筑北村）の国衆である青柳城主麻績（青柳）清長の一族か。元小笠原氏家臣。天文二十三年（一五五四）四月十二日、武田氏より一月に馬三疋の諸役を免除する朱印状を、奏者跡部伊賀守を通じて与えられているのが唯一の所見（諸州古文書五・六五五）。そのほかの事蹟は不明。（平山）

麻績頼長　おみよりなが

生年未詳～天正十五年（一五八七）九月二十八日。信濃国筑摩郡青柳（長・筑北村）の国衆。青柳城・麻績城主。元小笠原氏家臣。麻績（青柳）清長の子。小四郎、伊勢守。天文二十二年（一五五三）三月から始まった武田氏の村上氏攻めに際し、父清長とともに武田氏に降伏した。青柳氏は四月早々に降伏したとみられ、四月十五日に武田信玄が青柳城に入っている（甲陽日記）。そして同十七日に、武田信繁が青柳城の鍬立を実施しているので、青柳城は武田方の城として面目を一新したとみられる。武田氏は同二十五日に、麻績・青柳・大岡といった旧麻績服部氏や青柳氏の領域についての仕置きを実施している。この時、武田氏の侵攻により没落し麻績服部氏の名跡と麻績城を与えられたと推定され、以後麻績氏を自称している。そのため、以後の麻績氏は、麻績青柳氏と区別される。頼長は、同年九月一日、武田氏より来国光の太刀を与えられている（甲陽日記）。その後、同二十三年三月十四日、一族とみられる青柳近江守に知行を安堵している（青柳家旧蔵文書・三九七）。永禄元年（一五五八）四月吉日、武田氏が上杉謙信の侵攻より川中島方面を防備すべく在城衆を決定した朱印状において、青柳頼長は甲斐衆市川梅陰斎等長とともに大岡城（砦山城、長・長野市）の守備を命じられている（神宮文庫所蔵武田信玄古案・五九二）。同六年閏十二月十六日、頼長は伊勢神宮の御師宇治氏に所領のなかから社領を寄進している（伊勢神宮荒木氏所蔵文書・八五五）。天正九年の「伊勢内宮道者御祓くばり帳」において、「あおや木分」の人物として記載され、熨斗五〇本、上の茶一〇袋、青海苔、帯一筋ほかを配られたと記されている（堀内健吉氏所蔵・三六四四）。武田氏滅亡後は、一時上杉景勝に属したが、やがて小笠原貞慶に従属した。だが貞慶を快く思わず、諏訪大社上社副祝に依頼して彼を呪詛していた（守矢文書・信16四七六）。これが小笠原貞慶の知るところとなり、同十五年九月二十八日に松本城内で息子長迪とともに誅殺され（箕輪記、信府統記ほか）、麻績青柳氏は滅亡した。（平山）

麻績光貞 おみみつさだ

生没年未詳。信濃国筑摩郡青柳（長・筑北村）の土豪。青柳城・麻績城主麻績（青柳）清長の家臣。市尉。永禄十年（一五六七）八月七日、御奉行に宛て武田氏に忠節を誓った下之郷起請文に「青柳被官」として登場するのが唯一の所見（生島足島神社文書・一二四一）。その後の事蹟は不明。（平山）

尾山守重 おやまもりしげ

生没年未詳。信濃小県郡の国衆、海野氏の被官。右衛門尉。永禄十年（一五六七）八月七日、信玄に忠節を誓う「下之郷起請文」を、海野衆の一員として提出した（生島足島神社文書・一二三二）。（丸島）

小山田有誠 おやまだありまさ

生没年未詳。弾正。天文四年（一五三五）に討ち死にした弾正の子とみられる。郡内小山田氏の一門、境弾正家の当主。実名の「有」は小山田信有の偏諱であろう。「惣人数」には小山田氏の「おぼへの衆」としてその名が記される。弘治二年（一五五六）、下吉田衆一〇〇余人が小林房実には非分が多いとして訴訟を起こした際、房実は有誠を頼んで、訴訟回避を試みるが失敗している（勝山）。永禄十二年（一五六九）に駿河深沢城（静・御殿場市）が開城した後、同城の「定番」として城代駒井昌直のもとに配置されたというから（軍鑑・大成上三五五頁）、武田氏から直接指揮を受けることもあったようである。なお、深沢城は郡内から籠坂峠を越えた先に位置しており、有誠の配置はそうした地理的事情によるとみてよい。天正二年（一五七四）十一月、境天神社（山・西桂町）の造営棟札に「大檀那倉見・境之主平朝臣有誠」として、関戸対馬守・同壱岐守とともに記される（小佐野景賀氏所蔵・四三五六）。武田氏滅亡と本能寺の変勃発後の混乱（天正壬午の乱）が深刻化した同十年秋頃、北条氏忠が「小山田弾正」に武蔵鉢形（埼・寄居町）へ移るよう指示を出しており、武田氏滅亡後は北条氏のもとに落ち延びたらしい（森嶋本甲斐国志草稿・森嶋家文書　甲斐国志草稿森嶋弥十郎其進遺稿上三四頁）。その後の動静は不明だが、子息とみられる茂誠は小田原開城後、真田昌幸に仕えている。それ以前に死去したか、存命であれば行動をともにした可能性がある。（丸島）

小山田掃部助　おやまだかもんのすけ

生年未詳～天正十年（一五八二）三月十一日。天正元年九月、高野山成慶院使僧に与えた伝馬手形を奉じる（柳沢文庫所蔵文書・二一七四）。「惣人数」はむかで衆小山田又六郎に「掃部卜改」と注記すると同時に、小山田信茂衆にも「小山田掃部」を載せる。同時期に二人の小山田掃部助がいたことになるが、直臣として活動していることからみて、前者であろう。また子息とされる弥助も「惣人数」ではむかでの指物衆とあり、混乱がみられる。同十年三月の武田氏滅亡に際し、子息弥介とともに田野（山・甲州市）で戦死したという（軍鑑・大成下一七九頁）。掃部助は法名洞岩泉谷居士、弥介は法名明鑑道白居士。まだ元服前の子息は法名久桂芳昌居士という戒名が付されたという（国志）。（丸島）

小山田五郎兵衛　おやまだごろうひょうえ

生年未詳～天正三年（一五七五）五月二十一日。長篠の戦いで討ち死にしたという（乾徳山恵林寺雑本・信14九八頁）。実名は昌晟というが、確証はない。そのほかの事蹟は不明。（丸島）

小山田式部丞　おやまだしきぶのじょう

生年未詳～天正十年（一五八二）三月十一日。天正十年三月の武田氏滅亡に際し、勝頼に従って討ち死にした（甲乱記、甲州安見記・定本武田勝頼三七頁）。（丸島）

小山田茂誠　おやまだしげまさ

永禄四年または五年（一五六一・六二）～寛永十四年（一六三七）八月三日。有誠の子とみられる。平三、壱岐守。天正三年（一五七五）十一月、小山田信茂より「茂」の字を与えられて元服し、小山田平三と名乗る（松代小山田家文書・四六八）。一般に小山田昌成の子と伝わるが、信茂謀叛の悪評を避けるための系譜操作とみられる。同十年の高遠落城時に二一、二歳と伝わるから（長国寺殿御事蹟稿・信叢15四七頁）、同三年の元服時には一四、五歳となり、年齢は問題なさそうである。同十八年十二月一日に、真田昌幸から村松郷（長・青木村）において蔵納三〇〇文を与えられている（松代小山田家文書・信17三八頁）。時期的にみて、武田氏滅亡後は北条氏に仕え、小田原合戦後に真田昌幸を頼ったとみてよいだろう。なお昌幸の長女村松殿を正室に迎えている。慶長三年（一五九八）三月に昌幸から受領名壱岐守を与えられ、真田姓を許された（同前・信18三六頁）。昌幸の婿として、真田一門という厚遇を受けたことがわかる。正室村松殿の村松は、最初蔵納を与えられた村松郷を指すのであろう。同地を本領としたとみられる。同五年の関ヶ原合戦時には、昌幸に従って上田城（長・上田市）に籠城した（改撰仙石家譜・信補遺下六七頁）。西軍の敗北後は信之に仕え、本領三二三貫四〇〇文を安堵された（松代小山田家文書・信19八五頁）。同二十年、大坂冬の陣後の和平の最中には、義弟の真田信繁と親しく音信を交わしている（同前・信22三頁）。なお信繁の娘を養女として匿い、のちに伊達家臣片倉重長に嫁がせたともいう（御家中系図）。元和八年（一六二二）、信之の転封に従い、松代に移った。その際には、すでに隠居していたようである。寛永十四年死去。享年は七六ないし七七となる。法名は霊雲院殿龍山恕白居士（御家中系図、長国寺墓銘）。長国寺に葬られた。娘は禰津昌綱の子信秀に嫁いだ（米山一政氏旧蔵系図写）。子孫は、松代藩次席家老の家柄として続いている。なお、嫡男之知はのちに真田姓を返上して小野姓を名乗り（小山田姓を憚ったという）、孫の代に小山田に復姓している。（丸島）

小山田十郎兵衛 おやまだじゅうろうひょうえ

生年未詳～天正三年（一五七五）五月二十一日。郡内小山田氏の一族とみられる。長篠の戦いで討ち死にしたという（乾徳山恵林寺雑本・信14九八頁）。実名は国次というが、信頼できない。なお、子息の十郎兵衛は武田氏滅亡後、北条氏を頼り（柏木正男氏所蔵文書・戦北四九八三）、その後真田昌幸に仕えた（柏木正男氏所蔵文書・真田氏一門と家臣二九～三三頁）。文禄年間（一五九二～九六）に死去したらしく、高野山蓮華定院で生母の手で供養された。法名は風室貞春禅定門（過去帳月坏信州小県分第一）。（丸島）

小山田将監 おやまだしょうげん

永禄元年（一五五八）～慶長五年（一六〇〇）十一月十三日、四三歳（小山田多門書伝平姓小山田氏系図写）。小宮山内膳とともに勝頼に近侍し、「両天」と謳われた人物（三河物語）。近世初期に郡内小山田氏嫡流を称しているが（同前）、事実ではない。庶流家であろう。あるいは高遠の住人か。実名は貞政（同前）、正貞（保科御事歴・信叢2三四三頁）と伝わる。妻は保科正俊の娘（保科御事歴・信叢2三四三頁、小山田多門書伝平姓小山田氏系図写）。「小山田多門書伝平姓小山田氏系図写」は生母も保科氏とする。勝頼に信頼されていたが、天正十年（一五八二）の武田氏滅亡に際し、早々に逐電した（三河物語）。なお、この経緯は小山田彦三郎と類似しており、同一人物かもしれない。武田氏滅亡後は、北条氏直に仕える。同十四年四月、猪俣邦憲が真田方の沼田城（群・沼田市）に向けて寄居を築いた際、奔走した事を賞される（新編会津風土記・戦北二九四九）。同十八年四月の小田原合戦では、籠城して虎口を守り、西之庄宛行の約束を受けた（新編会津風土記・戦北三七二二）。小田原開城後、井伊直政ついで上杉景勝に召し抱えられたという（小山田多門書伝平姓小山田氏系図写）。その後、結城秀康に召し抱えられ、知行七〇〇石を与えられていたとあるが、これは子息の誤りか（松平文庫結城秀康給帳・福井市史4一八六頁）。慶長五年十一月十三日没、享年四三。上名倉（福島・福島市）に葬られた。法名は元政利貞居士（小山田多門書伝平姓小山田氏系図写）。その後、ふたりの子息は結城秀康・松平忠直父子に仕えた（小山田淨氏所蔵文書・平姓小山田氏系圖写解説口絵写真、新編会津風土記1一七四頁）。松平忠直改易後、嫡男多門の子息の系統が米沢藩上杉氏に、次男伝四郎の系統が会津藩保科氏に仕えた（小山田多門書伝平姓小山田氏系図写ほか）。（丸島）

小山田大学助 おやまだだいがくのすけ

生年未詳～天正十年（一五八二）三月二日。武田家臣。小山田虎満の子で、昌成の弟。「国志」は実名を「昌貞」とするが、一次史料では確認できない。永禄十二年（一五六九）の小田原出兵に際し、三五騎を率い、旗本に編制されたとされる（軍鑑・大成上三八六頁）。したがって、昌成とは独立した扱いを受けていたとみてよいだろう。天正五年閏七月に、不慮の喧嘩をしでかした同心が、誓願寺（静・静岡市）の山林に蟄居処分となったというのが一次史料上の初見である（誓願寺文書・二八五四）。この同心は、「御内儀苦しからざる人」つまり勝頼のお気に入りであったため、特別にこのような措置がとられることになったという。同七年八月十二日に、被官一〇人の普請役を赦免された（飯島家文書・三二五〇）。この文書は丸子（長・上田市）に伝わっているから、内山城代である小山田虎満・昌成父子の権限は小県郡にもおよんでいたのかもしれない。某年十月二十七日に、駒井昌直および駒井宮内大輔とともに、居城の法度を申し付けられた（東京国立博物館所蔵武田家判物・四三三六）。駒井昌直が駿河深沢城代であること（軍鑑・大成上三五五頁）、北条方の足柄城（静・南足柄市）への対応を指示した条文があることから、深沢城に入っていたとみてよいだろう。年次の確定はできないが、元亀二年（一五七一）か、天正七～八年の可能性が高い。その後、兄昌成に従って高遠城に入り、奮戦の末に討ち死にした（信長公記、甲乱記）。大学助の子孫という真田家臣山田氏（小山田分家）において付された法名は、格翁道外禅定門（真田氏所蔵御家中系図）。

（丸島）

小山田弾正 おやまだだんじょう

生年未詳～天文四年（一五三五）八月二十二日。平三。郡内小山田氏の一門、境弾正家の当主。境（山・都留市）・倉見（山・西桂町）を領した。永正五年（一五〇八）十二月五日、小山田弥太郎が武田信虎に敗死した後、伊豆韮山（静・伊豆の国市）の伊勢宗瑞のもとに亡命した（勝山）。この時、平三。その後、小山田氏のもとに帰還したものとみられる。天文四年八月二十二日、甲斐郡内に出兵してきた北条氏綱を迎え撃った際に戦死した（同前）。

（丸島）

小山田藤四郎 おやまだとうしろう

生没年未詳。昌成の子と思われる。徳川家臣。武田時代の動静ははっきりしない。武田氏滅亡後の「天正壬午の乱」において、徳川家康に従った。天正十年（一五八二）十一月十二日、岩村田城（長・佐久市）攻略戦で数ヶ所傷をこうむったとして、家康から感状を与えられている（大宮家文書・信15五二八頁）。岩村田攻略を主導したのは、家康に従属した佐久郡の国衆依田信蕃である。同年十一月十九日には、本領として内山（佐久市）二一〇貫文・平賀（佐久市）一〇貫文・馬流（長・小海町）一〇貫文を安堵され、新恩として入沢（佐久市）七〇〇貫文・岩尾（佐久市）三〇〇貫文を依田信蕃から宛行われた（大宮家文書・信15五二八頁）。本領の合計が二三〇貫文というのは、武田時代の虎満・昌成父子の活躍からするといかにも少ない。武田氏滅亡の混乱のなか、確保できたのが本拠である内山城周辺の地だけであったということであろう。それに対し、新恩が一〇〇〇貫文と大きくかつ整序された数字なのは、入沢・岩尾がこれから依田信蕃が勢力を拡大していく攻略目標であったためである。つまりこの新恩は、約束手形とみてよい。なお、同年七月二十八日に上杉景勝が出した知行宛行状に、「今井郷小山田分」とある（板屋家文書・上越二四九二）。上杉景勝の宛行状であるため、上杉氏勢力圏である更級郡今井郷（長・長野市）と考えられる。これが小山田昌成の遺領で、上杉領となってしまったために藤四郎が確保できなかった所領なのかもしれないが、確定できない。なお、いわゆる「天正壬午起請文」に「備中衆」として被官二四名の記載があるのは、父昌成が討死している以上、形式的には藤四郎が受け継いだものであろう（山6下九二三頁）。ただし武田氏滅亡の混乱期において、藤四郎がこれらの被官をうまく把握できたかは判然としない。父の受領名をとって、「備中衆」と記載されているのは、そのためであろう。（丸島）

小山田虎満 おやまだとらみつ

生年未詳～天正七年（一五七九）十月十二日。内山（長・佐久市）城代などを歴任し、主として佐久郡支配に携わった。「佐久郡司」とよぶべき立場であろう。初名は上原伊賀守で、のちに小山田姓に改めている。したがって小山田氏でも、郡内小山田氏とは別系で、「石田ノ小山田」と通称されたという（国志）。実名を「昌辰」とする説があるが（同前）、虎満の誤り。備中守。出家号は玄怡。当初は諏訪郡司板垣信方の与力として配属されていたようで、上原郷（長・茅野市）四貫文を信方の裁量で与えられている。しかし同地は諏訪社神事用の地であり、事実関係を知った信玄は激怒し、永禄八年（一五六五）に翌九年よりは諏訪社の社人に返還するよう命じた（諏訪大社文書・九六五）。ただこれより以前の同元年十一月三日には、上原の伊勢中務丞に対する商売役免許を虎満が取り次いでおり（諸州古文書・六五五）、信玄の諏訪社神事再興までは問題にならなかったものと思われる。天文十六年（一五四七）二月二十三日、日向つふらこ（長・南牧村）において一三貫文を市川右近助に与えているのが活動の初見（甘楽郡村誌附録編所収市川直太郎家旧蔵文書・補遺二）。したがって天文十七年二月の板垣信方の戦死以前に、武田氏直参に配置換えされ、佐久郡支配に関与した可能性が高い。この時すでに虎満と署判している。某年二月十六日、虎満の拠る根小屋衆の奉公を讃え、恩賞を約束した竜朱印状が出されている（機山公展写真・三七四九）。天文十七年八月、佐久郡に在城していた虎満は、敵に奪取された前山城（佐久市）再攻略のため、出陣を命じられた（陽雲寺旧蔵文書・二六七）。この時は、「三郎殿」の指揮下におかれている。天文二十年三月二十九日に、大井貞清と入れ代わる形で、甲府へ帰還している（甲陽日記）。おそらく内山に入っていたのであろう。翌日、晴信のもとへ出仕した。同年七月二十五日には、飯富虎昌とともにそのまま内山に在城しており、晴信出陣の予定を聞かされている（恵林寺旧蔵文書・三二九）。この年九月二十日、再度大井貞清の甲府出仕を受け、内山に城代として入城。この時、小山田備中守と名乗りを改める（甲陽日記）。同二十二年一月二十八日、晴信の北信濃出陣を隠蔽するため、砥石城（長・上田市）再興（改修）のための出陣と虚報を流すよう指示される（陽雲寺文書・三五七）。同二十三年には、内山で虎満に歓待を受けた旨、伊勢神宮御師の幸福虎勝が書き送っている（幸福大夫文書・四一五六）。虎満の居城が内山城であることがこれで確認できる。弘治二年（一五五六）八月八日、真田幸綱とともに一刻も早く東条尼飾城（長・長野市）を攻略するよう指示されており（真田家文書・五〇七）、北信濃攻略の中心人物であったといえるだろう。同三年七月六日、出陣中の虎満は東条尼飾衆・綿内衆および真田幸綱と談合して武略に励むよう命じられている（大阪城天守閣所蔵文書・五六三）。晴信自身はより北方の川中島に出陣しているから、やや後方の敵城を攻略し、前線の安定を図るよう指示されたのであろう。永禄元年四月、長尾景虎が攻めてきた際には、佐久郡北方衆を率いて攻略した東条尼飾城へ籠城するよう命じられた（神宮文庫所蔵武田信玄古案・五九二）。しかしこの年春より体調を崩しており、本山派修験勝仙院が聖護院門跡の代官として佐久郡に到着した際には、閏六月になってもまだ歩行もままならず挨拶にいけないとこぼしている（思文閣古書資料目録一四五号掲載文書・四一七四）。四月二十日、心配した晴信が、山本菅助に虎満の腫物の様子を見てくるよう命じたほどであった（真下家所蔵文書・補遺一七）。その際、虎満は「当州宿老」と表現されており、武田家中で重きをなしていた様子が窺える。同四年三月十一日には、高野山蓮華定院に「悦翁宗喜禅定門」なる人物の供養を取り次いでいる（過去帳月坏信州佐久分第一）。同年九月の第四次川中島合戦では別働隊に所属したという（軍鑑・大成上三三五頁）。永禄七年二月二十日、高野山蓮華定院に内山のうち五〇〇疋の地を寄進した（蓮華定院文書・八七四）。この時、出家して玄怡と称している。三月には和田城（群・高崎市）番手衆が敵勢を撃退したことを喜んだ信玄から、当時在城していた松井田（群・安中市）の守りを固めるよう指示を受けている（諏訪家旧蔵文書・八八七）。同年十一月八日、真田幸綱が通報した安中重繁の不穏な動静、とくに松井田城乗っ取りに注意するよう指示されている（徳川林政史研究所所蔵古案・九一五）。同九年三月二日、虎満以来の働きによって、嫡男昌成が中込郷（佐久市）を加増されている（大宮家文書・九七九）。同年十月二十五日、上杉勢が西上野へ攻めてくる可能性があるとして、松井田城へ佐久郡北方衆・同郡の同心衆・松井田の地衆を集め、防備を固めるよう指示を受けた（松代小山田家文書・一〇三二）。この時の宛所は嫡子昌成と連名で、また内容から、虎満が松井田城将をつとめつつ、内山城代を兼任していることが明らかとなる。同十年二月十六日、知行および同心を死後に昌成に譲渡することを信玄から承認された（甲斐荘楠香氏所蔵文書・一〇五二）。虎満自身の心境は、完全に隠居に向かっていたのであろう。元亀元年（一五七〇）十一月二十八日、軍役をつとめると申し出た堤左近丞に虎満の決定どおり、中込のうち七〇俵を与えるという竜朱印状が出されている（小林家文書・一六一八）、同三年五月には、小諸城代下曾禰浄喜と談合して、夜討ち犯を捕らえるよう指示が出されている（柏木家文書・四三三二）。天正元年九月十六日には、虎満の位牌所として、正安寺（佐久市）の寺領が勝頼によって安堵された（正安寺文書・二一七六）。隠居後に再度体調を崩し、中風に冒されたらしく、勝仙院には朱印を用いて書状を出している（保井文庫文書・三八六二）。子息昌成の手で、高野山蓮華定院で供養が営まれた（過去帳日坏信州佐久分第一）。法名咲岩玄怡大禅定門。「内山殿」と記載があり、居城は内山城が基本であったと思われる。なお「軍鑑」は、天文二十一年三月の常田台合戦で討ち死にしたとするが（大成上三〇九頁）、明確な誤りである。　（丸島）

小山田信有（契山） おやまだのぶあり（けいざん）

生年未詳～天文二十一年（一五五二）正月二十三日。甲斐郡内の国衆。涼苑信有の子息とされるが、弟の可能性がある。弥三郎、出羽守。「軍鑑」は通称を左兵衛尉とするが、信茂と混同した誤りである。天文十年、涼苑信有の死去により家督を嗣ぐ。これに先立ち、同九年には嫡子桃隠信有と信茂兄弟を儲けている。同十一年九月二十五日、武田晴信から諏訪郡安国寺合戦における戦功を賞され、感状を与えられた。とくに被官が首を七も取るという特筆すべき働きをしたという（東洋文庫所蔵水月古鑑・一四七）。この時、弥三郎。家督相続後、菩提寺長生寺（山・都留市）を開基した（長生寺文書・二三五）。信有の寄進はすべて開山一道光円の時期に行われており、この人物は同十四年に死去するから（長生寺月日過去帳、国志）、家督相続後間もない時期に同寺を開基したことがわかる。同十一年十月十六日、上吉田の西念寺（山・富士吉田市）に棟別諸役を免許した（西念寺旧蔵文書・一五〇）。これが信有発給文書の初見であるとともに、小山田氏の行政文書の事実上の初見でもある。戦国大名武田氏の内政に倣う形で、行政組織を調えていったのが信有（契山）の代であった。同十三年十月十二日、小河原氏の奉公を讃え、諸役を免許するとともに、釜次郎衛門の跡職を与えた（諸州古文書・一六三）。これが「月定」と陽刻された朱印と、花押の重捺という文書発給形式の初見である。以後、小山田氏の発給文書は、信茂の代までこの形式が踏襲されることとなる。つまり「月定」朱印は、家印としての地位を獲得することになるのである。同十二年正月一日、武田晴信の側近駒井高白斎と向山又七郎が、小山田氏の本拠・谷村館（都留市）を訪れ、翌日北条氏康の使者桑原盛正と会談した（甲陽日記）。戦争状態にあった両国の和睦を模索したもので、その会談場所として、小山田氏の本拠が選ばれたのである。これはかつて小山田氏が、北条氏（伊勢氏）と結んで武田氏に対抗したという経緯と、それに基づく小山田領の擬似的な中立性、境目の国衆という立場が考慮された結果と思われる。以後、小山田氏は北条氏との外交にも関与していく。この年十二月には、家老小林氏が北条氏の本拠小田原（神・小田原市）を訪ねている（勝山）。同十四年四月、武田軍に従って信濃伊那郡福与城（長・箕輪町）の藤沢頼親を攻撃。五月二十一日、今井信甫とともに別働隊を率い、龍ヶ崎城（長・辰野町）を攻撃し、板垣信方の指揮のもと、六月に攻略している（甲陽日記）。しかし福与城の守りは堅かったため、小山田信有は今井信甫・穴山信友とともに和平を仲介し、成立させた（勝山）。以後、出羽守でみえる。同十六年閏七月、武田晴信は佐久郡志賀城（長・佐久市）を攻撃、八月十一日に攻略した。晴信は同日のうちに信有に感状を与え、信有の被官仁科清八が首一つを討ち取ったことを賞している（諸州古文書・二三九）。さらに信有は、笠原清繁後室（未亡人）を与えられ、駒橋（山・大月市）にある別邸へともなった（勝山、ただし天文十五年条に誤記する）。同十七年二月一日の村上義清攻めには、一日遅れて二日に出陣し（甲陽日記）、上田原で奮戦した（勝山）。しかしこの戦いは、武田方が大敗北を喫して終わっている。帰陣した信有は、五月二十六日、吉田諏訪（富士吉田市）より富士山の上手へ、勝手に新宮を設けることを禁じた（北口本宮冨士浅間神社旧蔵文書・二四八）。もし勝手に新宮を設立し、新神楽を行うようであれば、禰宜の怠慢とみなすとしたうえで、とくに騮の馬場とよばれた富士山登山口入口より上手、つまり富士山内における鳴り物停止の厳守を命じている。当時の富士山山開きは六月一日であったから、富士参詣道者への非法を禁じた、的確な処置であったといえる。なお、この年六月の富士参詣道者は、ここ一〇年にないほど多いものであったという（勝山）。塩尻峠の戦いで反武田方に勝利した晴信は、八月十八日、信有に佐久郡田野口城（佐久市）攻めを行わせた（同前）。ところが逆に敵勢に包囲されてしまい、晴信の援軍を仰ぐ事態となっている。信有は、翌十八年八月にも、佐久郡へ派遣された（磯部家文書・二九三）。佐久郡安定のため、軍事に奔走している様子が窺える。同十八年十一月、大地震などで不安定な世上が続くなか、信有は晴信と談合して、社寺をも含む郡内すべての人々に臨時税を賦課した（勝山）。「過料銭」と呼称されているから、郡内の人びとはまるで罰金であるかのように受け止めたのだろう。同十九年二月五日、向嶽寺（山・甲州市）の寺僧に対し、国中（くになか）の塩山（向嶽寺の所在地）から郡内の四日市場（都留市）への交通を許可する手形を発給した（向嶽寺文書・三〇三）。国中と郡内の境目に位置する初狩に設けられた役所（関所）の通行を許可した過所である。これが、小山田氏の過所発給の初見となると同時に、出羽守信有が直接発給した文書の終見となった。同年四月三日、美濃の商人佐藤五郎兵衛尉が武田領国を通過するための過所発給を、晴信側近でおそらくは小山田氏に対する小指南である向山又七郎を通じて武田氏に申請した（諸州古文書・六五五）。同年三月中旬、保性大夫・大蔵大夫の両座を率い、五〇〇余人で大善寺（甲州市）に参詣した。その際、惣領息子である鶴千代丸（桃隠信有）、藤乙丸（信茂）を同道している（大善寺文書・山4六二八）。これが、信有自身の活動記録の終見となる。同年四月晦日から五月三日にかけて、小山田氏の菩提寺桂林寺（都留市）において、信有の病気平癒を祈願した大般若経転読が行われた（真蔵寺所蔵大般若経裏書・三〇八）。翌年の平瀬（長・松本市）在番は桃隠信有が差配していることから（勝山）、そのまま回復することはなかったらしい。同二十一年正月二三日に死去した。葬儀には、一万人もの人々が葬列を作った。続いて日蓮宗が郡内では一番の法要を営んだという（同前）。法名は、長生寺殿契山存心（引導院日坏帳・山6下九三頁、国志）。「国志」および長生寺「月日過去帳」は法名を常瞻院桃隠宗源大禅定門とするが、これは嫡子信有（弥三郎）の法名を混同したものであり、一代のずれが生じた結果である。また弘治元年（一五五五）八月二十三日没とあるが、これも誤りである。同様に「軍鑑」が、天文二十一年三月の常田合戦で負った傷がもとで戦病死したとするのも明確な誤りである（大成上三〇頁）。盛大な葬儀が行われていながら、没年について混乱が多い。なお、涼苑信有と同名の信有という実名を用いている点がひとつ問題となる。涼苑信有死去時に元服したとすると、享年は三〇歳程度になるが、菩提寺長生寺に伝存する契山信有像の容貌は、頭髪・口ひげ・あごひげが白髪混じりとなっており、とてもそのような若さにはみえない。家督時元服とすると、相続のわずか四年後に受領名出羽守を称していることになり、異例に早い。また仮名弥三郎は、先々代当主の弥太郎と相違しており、途中で直系ではない相続があったことを示唆する。したがって、契山信有は、涼苑信有の弟で、もともと別の実名を称していたのを、家督相続時に改めた可能性が残る。（丸島）

小山田信有（桃隠）　おやまだのぶあり（とういん）

天文九年（一五四〇）～永禄八年（一五六五）八月二十日か、二六歳（引導院日

坏帳・山6下九三二頁）。甲斐郡内の国衆。契山信有の嫡男で、信茂の兄。かつては信茂の初名と考えられてきたが、現在は別人であることが明らかとなった。文書発給においては、父同様家印「月定」と花押の重捺という様式を用いている。鶴千代丸、弥三郎。天文十九年三月に、大善寺（山・甲州市）を父・弟と参詣したことが初見（大善寺文書・山4六三八）。この時一二歳と記録されるが、自身の発給文書より、一一歳の誤りであることが判明している（田辺本甲斐国志草稿・七八八）。この直後、父契山信有が病床に臥し、翌二十年十一月に武田氏から指示された平瀬城（長・松本市）在番は、桃隠信有が差配している（勝山）。同二十一年正月、契山信有の死去によって正式に家督を嗣いだ。弱冠一三歳であり、実名「信有」襲名は家中の混乱を最低限に抑えるためであろう。同年五月十五日、武田晴信の生母大井夫人の葬儀においては、武田家被官衆の最初に焼香を行っている（甲陽日記）。小山田氏の立場の重さを示すものであると同時に、小山田氏が徐々に武田氏の家中に組み込まれていく様を示しているともいえる。後には、正月儀礼の参加も確認される（向嶽寺文書・九五二）。同年十一月の今川義元息女の輿入れに参列。その出で立ちは「一国ニテ御勝レ候」と絶賛された（勝山）。同二十二年正月十七日、北条氏康の使者が甲府を訪れ、縁組みについて交渉が進められた。使者との対面の席において、武田家中では信有と宮川将監のみが烏帽子を着けて参加している（甲陽日記）。同二十三年一二月、武田晴信の息女黄梅院殿が北条氏に輿入れした際には、若干一五歳で蟇目役（邪気を祓うために音の鳴る鏑矢を射る役目）をつとめた（勝山）。武田方の行列は小田原で越年しており、信有も同様であった。その威儀・ふるまいは、両国家臣団においていちだんと優れていたらしい（同前）。このように、信有は北条氏に対する取次をつとめていた（楓軒文書纂・六四八ほか）。なお信有が、北条氏家臣団と従属国衆の知行高をまとめた「北条家所領役帳」に「他国衆」として記載がみえるのは（戦北別巻一五二頁）、北条氏から取次行為に対する謝礼、つまり取次給を与えられていたためであったと考えられる。同年九月二九日、信有は富士山北室の籠所の上葺きを行うため、「郡中残らず」勧進を許可する通達を出した（富士御室浅間神社文書・四一五）。つまり信有の認識では、小山田領は都留郡内一円におよぶというものであったとみてよいだろう。郡内には、中小国衆領が存在したが、小山田領はその上位に位置するものとみられる。なお都留郡では「郡内枡」という独自の枡が用いられており、時期は不明だが、小山田氏によって定められたものという（国志）。弘治二年（一五五六）、家老小林尾張守と上吉田衆、家老小林房実と下吉田衆が相論を起こすという事態が生じた（勝山）。まだ若年の信有は家老に配慮して裁許を行うことができず、裁判は武田氏のもとに持ち込まれた。これを受けて晴信は、前者については上吉田衆勝訴としたうえで配属を信有馬廻に変更し、後者については信有の嘆願を受けて郡内に訴訟を差し戻した。このように、小山田領に対して武田氏は裁判権を行使することがあったが、それは訴人から要望があった場合に限られ、かつ小山田氏権力を強化する方向で裁許を下すこともあったといえる。この点は、小山田氏と武田氏の関係を考えるうえで見逃せない。永禄二年四月十四日、信有は富士山御師に対して「悪銭法度」を通達した(諸州古文書・六五九、小沢幸之進旧蔵文書・六六〇)。これは武田氏が定めた撰銭令を補強するもので、「甲州法度之次第」で禁止されていた三種の悪銭使用に加え、新銭とよばれる粗悪な私鋳銭も撰銭許可の対象に加えるよう指示し、富士参詣道者が賽銭として使用する銭を、良質な貨幣に限定しようと定めたのである。これにより、富士山御師の経営を安定させようと試みたものであった。信有はこの法令を徹底させるために、登山口に奉行を配置し、違犯した御師は改易するとまで述べている。逆にいえば、富士山御師を取り潰す権力をも有していたのである。同四年十月二五日、信有は富士山御師刑部隼人佐の要請に応え、来年の富士参詣道者二〇〇人分の都留郡における役所(関所)通過を認める過所を発給した(刑部家文書・七五七)。これも、富士山御師の経営安定政策の一環である。さかのぼって同年四月一三日、武田信玄は信有に書状を送り、武蔵由井筋(東・八王子市)の動静を報告するよう求めた(楓軒文書纂・七三六)。これは北条氏康からの書状を読んだうえでの報告要請であることからも明らかなように、甲相同盟に基づく援軍として出陣したものであった。その軍事状況を報告するよう求められたのである。しかしこの年半ばより体調を崩したようで、同年九月十日の第四次川中島合戦では、自身は出陣せず、手勢のみを派遣するという異例の措置をとった。ただしこの軍勢は、側面から上杉勢を攻撃し、高名をあげたという(勝山)。同五年五月、弥三郎信有は北口本宮冨士浅間神社に願文を掲げ、病気平癒を祈願した(田辺本甲斐国志草稿・七八八)。ここでは従来どおり小山田家嫡流の人間は鷹を使わないこと、動物や鳥を食べないこと、富士山登山を行うことなどが誓われており、興味深い。しかしその後体調は回復したようで、同六年に富士山御室の別当小屋の帰属をめぐって、郡内の冨士御室浅間神社(山・富士河口湖町)と、国中の円楽寺(山・甲府市)間で相論が勃発した際には、自身が甲府に参加して訴訟を行い、勝訴した(冨士御室浅間神社文書・八三三)。冨士御室浅間神社神主小佐野能秀は、信有を「谷村様」と呼称してその喜びを記している(同前・八二四)。同七年正月、信有は上野に出陣し、攻略したばかりの岩下城(群・東吾妻町)などの普請を行った(諏訪家旧蔵文書・九四八)。同年四月十五日、信玄は自身の祈願を叶えるために撤去した川口(富士河口湖町)・船津(富士河口湖町)の役所(関所)が再興されていることに驚き、信有に自筆で書状を送っている(思文閣古書資料目録一三号掲載文書・八八九)。郡内には、主に宗教面で、武田氏の権力が関わる場合があったといえる。同年五月二十六日、信有の要請を受けた信玄が、郡内住人の人返しを命じている(小山田家文書・八九三)。その後、病気が再発し、同八年八月二十日に死去した(引導院日坏帳・山6下九三三頁)。ただし高野山供養帳は、供養依頼日を記すことが多いため、命日は少しさかのぼる可能性がある。法名は、常瞻院桃隠宗源大禅定門(同前、長生寺文書・二三五、国志)。(丸島)

小山田信有(涼苑) おやまだのぶあり(りょうえん)

生年未詳～天文十年(一五四一)二月十二日。甲斐郡内の国衆。弥太郎の子とみて間違いないだろう。弟説もあるが、これは弥太郎が仮名のまま、つまりかなり若年で討ち死にしたことからの類推と思われる。涼苑信有は、三三年間家督の座にあるから、彼自身若年で家督を相続したと考えて差し支えない。正室は、武田信虎の妹とされる（武田源氏一流系図・山6下七三九頁、武田源氏一統系図・山6下七三〇頁）。また、信虎正室の妹（大井信達娘）にも「小山田妻」と注記があり、後妻に迎えた可能性がある（武田源氏一統系図・山6下七一七頁）。信虎妹の死後、相婿という立場で姻戚関係を継続しようとしたという考えである。永正五年（一五〇八）に父弥太郎が戦死した二年後の永正七年春、ついに「都留郡」は武田信虎（国中、くになか）との和睦を果たした（以下、勝山）。この「都留郡」こそ涼苑信有であろう。和睦といっても、事実上の服属を指すとみてよい。この時、武田信虎の妹を妻にした可能性が高い。同十二年の武田信虎と大井信達の争いでは、信虎を支援したために、駿河から国境を封鎖され、経済的打撃を蒙った。同十三年末には籠坂峠を越えて今川勢が郡内に侵入。吉田（山・富士吉田市）に陣を布いた。小山田氏は家老小林氏が応戦し、翌年正月に撃退に成功した。しかし国中での戦争はその後も続いたため、正式に講和が実現したのは同十五年五月のことである。この時、武田氏と今川氏だけでなく、小山田氏と今川氏の間でも和睦が結ばれている。同十六年、武田信虎の川田館（山・甲府市）から甲府への本拠移転に際し、十二月に涼苑信有室（信虎妹）も甲府に居を構えた。同十七年三月、猿橋（山・大月市）の掛け替えを行った。この年、国中の広厳院（山・笛吹市）で弥太郎を供養しているのも（菊隠録・山6上三三六頁）、武田氏に従属したからこそできる行為である。なお、この時「藤原朝臣孝子」と称しており、戦国期の郡内小山田氏が本来藤原姓であったことが明らかとなる。また、同年に岩殿の円通寺（大月市）に棟札を奉納し、「当郡主（守）護平信有」（甲斐国志資料・四八）と記載されているのが唯一の発給文書となる。これ以後の小山田氏は平姓を称しており、鎌倉初期に滅ぼされた秩父平氏小山田氏の子孫という由緒を主張したのであろう。なおこの棟札から、郡内つまり都留郡を一円支配する領域権力者という涼苑信有の自負がみえてくる。涼苑信有の代に、武田家の支援のもと、小山田氏の支配勢力は南北に拡大し、都留郡一円をほぼ覆うようになった可能性が高い。なお、冷泉為和も、天文四年に信有を「都留郡主」と呼称している（為和集・山6下八六三頁）。ただし「武田被官」とも注記しており、甲斐本国における従属国衆で、徐々に家臣化しつつあった小山田氏の複雑な立場がよく表れている。大永元年（一五二一）二月十九日、信虎が本拠中津森館（山・都留市）を訪問している（以下、勝山）。同四年から五年にかけ、信虎は津久井城（神・相模原市）一帯を攻撃しており、信有もこれに動員された可能性が高い。逆に同六年には郡内が北条勢の攻撃を受けており、信有も応戦したはずである。同七年、中津森の屋敷を一〇〇坪に作り直した。享禄二年（一五二九）郡内への棟別銭課税をめぐって信虎と対立。郡内への路次が閉ざされた。一種の経済封鎖である。十一月五日、信有は屈服し、封鎖を解いてもらう代わりに棟別銭賦課を受け入れた。以後、小山田氏が武田氏に逆らう事態はみられない。同三年正月七日、武田氏の命で猿橋に出陣。「勝山」のこの記述が受領名越中守の初見である。家督相続してから、二五年後のことであった。三月に火事が起こり、中津森館が炎上している。四月二十三日、矢坪坂（山・上野原市）で北条氏綱と交戦し、小山田勢は敗北した。天文元年、正室である信虎妹が死去した。これを契機として、より内政に向いた谷村（都留市）への本拠移転を実施する。谷村移転は武田氏の全面的支援のもとに行われており、信有妹死去によって弱まった武田氏との関係を再強化したものといえる。翌二年、火災を契機として、七〇坪の屋敷を甲府に造立した。この段階になると、小山田氏の武田氏従属は明確なものになったといえる。同四年八月二十二日、郡内は北条氏綱率いる二万四〇〇〇の大軍による攻撃を受け、二〇〇〇程度の小山田勢は敗北を喫した。小山田氏の損害は、過半数に達したという（為和集・山6下八六三頁）。郡内を保護する役割を担った勝沼信友・一門小山田弾正・家老小林左京助まで討ち死にする大敗であった（勝山）。これに対し、同五年に、相模の青根郷（相模原市）を攻撃し、足弱（老人・女・子供）を捕虜とした（同前）。こうした紛争の繰り返しのなかで、相模奥三保北部の相模川流域八ヶ村（相模原市）が小山田氏と津久井内藤氏（北条方）の「半手」地、つまり年貢を半分ずつ納める中立地帯として設定された（北条家所領役帳・戦北別巻三九～三八頁）。この地では、涼苑信有による裁判も実施されたことがあり、小山田氏単独占領期も存在したようである（坂本是成氏所蔵文書・神資料編6-四三五～三八）。この状況は永禄十一年（一五六八）末の甲相同盟崩壊まで維持されたとみられ、小山田氏の領国は相模に少し出た形となっていた。天文九年の信虎による信濃佐久郡攻撃においては、落城した城ひとつを任され、家老小林氏を配置している（勝山）。七月、下之奉行実次と白洲平治郎を都留郡常在寺（山・富士河口湖町）の本寺である駿河光長寺（静・沼津市）に代参させた（同前）。同十年二月十二日に死去（国志所引長生寺位牌）。法名は従来、契山信有と混同されてきたが（国志ほか）、「涼苑」であると確定した。なお、涼苑信有の没年は四〇歳前後とみられ、契山信有を子息とすると、契山信有の年齢に矛盾が生じる（契山信有の項参照）。したがって、涼苑信有と契山信有は、親子ではなく兄弟関係にある可能性が高い。世代が近いからこそ、戒名に混乱が生じたとも考えられ、今後の検討課題である。（丸島）

小山田信茂　おやまだのぶしげ

天文九年（一五四〇）～天正十年（一五八二）三月二十四日、四三歳（国志ほか）。甲斐郡内の国衆。契山信有の次男で桃隠信有と同年の弟。藤乙丸、弥五郎、左兵衛尉、左衛門大夫、出羽守。「軍鑑」は弥三郎とも記すが、誤り。天文十九年三月に、大善寺（山・甲州市）を父・兄と参詣したことが初見（大善寺文書・山4六三八）。永禄八年（一五六五）、兄桃隠信有の病死を受けて家督を嗣ぐ。「惣人数」には御譜代家老衆騎馬二五〇騎持ちとみえる。妻は駿河先方衆御宿友綱の妹（武田源氏一流系図・山6下七三八頁）。また後妻として馬場信春の妹を迎えたともいう（甲州郡内小山田氏系図）。対北条氏外交の取次で、「北条家所領役帳」にも取次給の記載がある（戦北別巻二三三頁）。郡内の土豪を家臣化するとともに、中小国衆を相備えにおいた（惣人数ほか）。文武に優れた教養人であり、自画自賛するほどであったという（甲乱記）。臨済寺（静・静岡市）鉄山宗鈍とは漢詩を交わしている（仏眼禅師語録・四二四）。通称は同十年（一五六七）に左兵衛尉（生島足島神社文書・一一〇三）、天正三年七月より左衛門大夫（諸州古文書・二五〇八）、同九年五月より出羽守（上杉家文書・三五四八）でみえる。父・兄同様家印「月定」を用いているが、勝頼期に入ると花押を書くだけで済ませるようになり、また実名印「信茂」の使用も確認される（山梨県誌本古文書雑集・二七九六）。永禄十年八月七日、吉田信生を通じて、「下之郷起請文」を提出した（生島足島神社文書・一一〇三）。同十一年十月、兄桃隠信有の供養を菩提寺である長生寺桃隠軒（山・都留市）で依頼した（諸州古文書・一三二六）。同十二年の小田原城包囲に際しては、御嶽（埼・神川町）・鉢形（埼・寄居町）その他数ヶ所の敵城を攻撃したうえで、滝山（東・八王子市）に放火せよとの命を受け、富士浅間社に戦勝を祈願している（諏訪家旧蔵文書・一四五六）。元亀元年（一五七〇）十月十三日、焼失した上吉田西念寺（山・富士吉田市）の再興に乗り出した（西念寺文書・一六〇五、〇六）。「西念寺々領仕置日記」を作成させて、伽藍再興の負担者を明確化させるとともに、決算報告をも課している（同前・一六〇七）。これにより、上吉田の富士山御師との関係を深めた。同年八月の伊豆出陣に際しては、韮山城（静・伊豆の国市）を攻撃している（尊経閣文庫所蔵文書・戦北一四三五）。同三年正月には上吉田宿の移転を実施。西念寺を起点とした町割りを行った（田辺本甲斐国志草稿・一七八四）。某年四月、富士参詣道者の減少を憂えた信茂は、関銭を半減させるように命じた（諸州古文書・三八四三）。甲相同盟復活後の元亀三年三月にはこの恒常化を指示し、関銭収入と御師経営の安定を図った（刑部家文書・一八二二）。「小山田の半関」とよばれる政策である。同年十月に始まる「西上作戦」に出陣し、十二月二十二日の三方原合戦に参陣（相州文書・二〇二三）。この戦いでは先陣を仰せ付けられたという（軍鑑・大成上四三四頁）。なお、その際投石隊を率いたという俗説があるが、史料の誤読によるもので、事実ではない。天正元年七月三日、菩提寺長生寺に対し、信長以下歴代の寄進を安堵した（長生寺文書・二一三五）。同三年の長篠の戦いでは、敗戦後、勝頼の身辺を護衛して退却した（武家事紀・二五〇〇）。ただし信茂は討ち死にせずに退却した自分を恥じており、御宿友綱に慰められている（同前・山5下三一九）。その後織田信忠に包囲された美濃岩村城（岐・恵那市）に対し、武田信豊と連名で援軍派遣を約束するが（諸州古文書・二五〇八）、結局実現をみずに終わった。同四年四月十六日の信玄の本葬では、御剣をもって参列したというから（武家事紀・戦武二六三八）、その家格の高さが窺える。外交面では、房総里見氏への取次（里見家永正元亀年中書札留抜書・戦房4三三九頁）をつとめたほか、同六年に始まる上杉景勝との甲越同盟も担当した（反町十郎氏所蔵文書・二九九二ほか）。信茂は勝頼に従って景勝方を攻撃すべく越後に進軍中であったが、その途上で上杉景勝からの和睦要請を受けたのである。勝頼は家督を争う景勝と景虎の和平調停を目指し、信茂も交渉に参加したようだが、結局失敗に終わった（歴代古案・三〇三〇ほか）。以後、上杉景勝に対する取次となり、勝頼妹菊姫の輿入れにも関与した（上杉家文書・三〇五六）。しかしこのことは北条氏政との関係を悪化させ、甲相同盟決裂を招いた。信茂は同八年四月に郡内の「道留」を命じ、防衛を強化したが（内閣文庫所蔵御感状之写幷書翰・三八四一）、同年五月には、郡内に北条勢が侵入するようになる（新編武蔵国風土記稿・戦北二一七七)。この事態を受け、信茂は同九年に入ると勝頼に支援を要請し、郡内岩殿城(山・大月市)に武田勢の在番を求めた(大野聖二氏所蔵文書・三五三)。小山田勢単独では、北条氏の軍隊を防ぎきれない以上、当然の処置であった。しかし同年三月十七日にも、棡原(山・上野原市)で北条氏との合戦が行われた(新編相模国風土記稿・戦北三三六)。その状況下の同十年、織田信長が武田領侵攻を開始した。信茂は勝頼に従って諏訪上原(長・茅野市)に着陣するが、義兄御宿友綱に和歌と漢詩を送り、賄賂を受け取った「佞人」(跡部勝資を指す)が上杉景勝との同盟を選択し、武田家を滅ぼすことになってしまったと嘆いたという(甲乱記)。ここで信茂は砂金を一朱も受け取っていない自分まで非難されるのか(信茂も取次である)と嘆いているから、この意識は武田家中に広く存在したらしい。結局、勝頼は防戦もままならないまま、新府城(山・韮崎市)に退いた。ここで軍議が開かれ、小山田信茂の領国郡内に退避することが決まり、信茂もそれを承諾した(甲乱記、軍鑑・大成下一五五頁ほか)。信茂は、籠城の支度のために本拠地谷村(都留市)に帰還した。しかし武田氏滅亡は確実で、これに従っていては小山田氏も滅亡を免れない。小山田氏の家中と領国を預かる責任をもつ国衆家当主として、信茂は勝頼を見放すことを決めた。信茂は鶴瀬(甲州市)と郡内の間に木戸を設け、従兄弟の小山田八左衛門尉を派遣して人質となっていた老母を奪い返し、謀叛の意思を明確にしたという(軍鑑・大成下一七六、七七頁、甲乱記)。これにより、武田氏は滅亡することとなる。その後、信茂は甲府に布陣した織田信忠のもとを訪ねたが、不忠者として善光寺(山・甲府市)で処刑された(甲乱記)。信茂の立場は、織田氏からみればあくまで武田家の家老であったといえる。法名は、青雲院武山長文居士(十輪院過去帳・山6下九三頁、国志)。七〇余歳の老母、妻、男子(八歳、幻朝童子)、女子(三歳)もともに殺害されたという。子孫は八戸藩士として続いたというが、現時点では確定できない。信茂には別に年長の娘がいたようで、郡内北部の小規模国衆小菅五郎兵衛(甲州郡内小山田氏系図)、教来石左近大夫に嫁いだという(明治大学博物館所蔵内藤家文書)。信茂は、後者の間に生まれた女子、つまり孫娘を養女とした(同前)。また、武田信堯を妹婿とする説もあるが(軍鑑・大成下一七七頁)、これは誤りであろう。実際に信堯に嫁いだのは、信茂妻(御宿監物妹)の妹とみてよい(武田源氏一流系図・山6下七三八頁)。なお、養女とした孫娘は武田氏滅亡時に松姫に保護され、のちに内藤忠興に嫁いだ(明治大学博物館所蔵内藤家文書)。忠興夫妻の養女が武田龍芳の孫信正に嫁いで、その子信興が高家武田家の初代となっている(武田由来書)。　(丸島)

小山田信長　おやまだのぶなが

生没年未詳。甲斐郡内の国衆。明応年間(一四九二〜一五〇一)の武田信縄・油川信恵兄弟の対立に乗じ、田原郷(山・都留市)のうち向嶽庵分(山・甲州市)を横領しようと図った。しかし兄弟の和睦を受け、明応八年(一四九九)九月二十四日に、押領分を向嶽庵に返還している(向嶽寺文書・八)。弥太郎の父と思われる。小山田信茂の長生寺(都留市)に対する寄進状(長生寺文書・三三五)にみえる「耕雲」が相当しよう。とすると、文明六年(一四七四)に用津院(都留市)を開基した「耕雲」(寺記、国志)は信長とみて間違いない。たしかに「耕雲」は、用津院に寺領寄進を行っている（長生寺文書・二三五）。この寺領が、のちに創建される小山田氏の菩提寺長生寺に受け継がれることとなる。森嶋本「甲斐国志草稿」は、実名不詳の人物として「耕雲院田公大禅定門」を載せ、忌日を九日とする（森嶋家文書 甲斐国志草稿 森嶋弥十郎其進遺稿上一〇四頁）。この人物に該当しよう。弥太郎の父にあたると思われる。なお、姉妹が武田信昌に嫁ぎ、油川信恵・岩手縄美を産んだという所伝がある（甲州郡内小山田氏系図）。（丸島）

小山田八左衛門尉　おやまだはちざえもんのじょう

生年未詳～天正十年（一五八二）三月。小山田信茂の従兄弟で、小山田昌盛の弟にあたるが、父親についてははっきりしない（軍鑑・大成下一七七頁、広島県立文書館所蔵上田家文書所収岡田右衛門先祖書）。「惣人数」にはむかでの指物衆とあり、また旗本とも記されるから（同前上三八六頁）、立場上は武田家の直臣であった。庶流家が大名に登用される事例は多いから、その一例であろう。天正七年三月二十日、勝頼が上杉景勝の重臣竹俣慶綱のもとに、使者として八左衛門尉を送り、無音を謝している（歴代古案・三一九〇）。この書状の副状は小山田信茂が出しているから、使節自体小山田信茂が編成したものであったのだろう。「軍鑑」に「勝頼公御ひそうの武士」とあり、勝頼の寵愛を受けていたようである（大成下一七八頁）。しかし同十年の武田氏滅亡時、郡内に向けて逃避行を続ける勝頼のもとから、人質となっていた小山田信茂の老母を奪い取った（軍鑑・大成下一七七頁）。その後、小山田信茂とともに織田信忠によって善光寺（山・甲府市）で殺害されたという（同前一八二頁）。なお、江戸末期成立の随筆「傍廂」では、初名八弥とするが、事実かどうかの判断は困難である（日本随筆大成3－1八三頁）。（丸島）

小山田彦三郎　おやまだひこさぶろう

年没年未詳。天正三年（一五七五）八月、駒屋に与えた諸役免許状を奉じる（諸州古文書・二五三三）。勝頼が重用した跡部勝資・長坂光堅・秋山昌成と親しく、小宮山内膳を誹謗したと伝えられる（軍鑑・大成下一七七、一七八頁）。「三河物語」が小宮山内膳と「両天」つまり並び立つ人物で、武田氏滅亡に際して逃亡したと記す「小山田将監」と同一人物の可能性がある。（丸島）

小山田平左衛門尉　おやまだへいざえもんのじょう

生年未詳～天正十年（一五八二）三月十一日。天正二年十二月十六日、甲府から高遠までの伝馬手形を奉じているのが初見（平山家所蔵文書・二四一〇）。同三年十二月、諏訪から甲府までの伝馬手形を奉じた（金井金蔵氏所蔵文書・二五七四）。このように伝馬手形の奉者としてみえる点に特徴がある。同十年三月十一日、勝頼に従って田野（山・甲州市）で討ち死にした（軍鑑・大成下一七九頁）。景徳院の位牌に、法名は中源実宝居士とあるという（国志）。（丸島）

小山田昌成　おやまだまさなり

生年未詳～天正十年（一五八二）三月二日。虎満の子。「国志」は実名を昌行とし、かつ六左衛門尉昌盛と同一人物とする。しかしこれは「軍鑑」が、昌成の官途名を六左衛門と記したことに由来する誤伝である（大成上一六八頁）。藤四郎、菅右衛門尉、備中守。史料上の初見は、永禄七年（一五六四）十一月八日に、武田信玄の書状を父虎満に届けたことである（徳川林政史研究所所蔵古案・九二五)。この時、藤四郎。同九年三月二日、父虎満以来の働きによって、中込郷(長・佐久市)を加増されている(大宮家文書・九七九)。次いで同年十月二十五日に、父虎満と連名で松井田城の守りを固めるよう指示を受けた(松代小山田家文書・一〇三二)。これが、官途名菅右衛門尉の初見となる。同十年二月十六日、父虎満が死去した暁には、知行と同心の相続を認めるという文書を、信玄から与えられた(甲斐荘楠香氏所蔵文書・一〇五二)。この頃から、活躍の中心は昌成に移り、内山城代(佐久郡司)と松井田城将を兼任しつつ、各地を転戦していく。天正元年十二月二日、三河作手(愛・新城市)の番手衆に対し、小山田昌成と浦野宮内左衛門の異見をよく聞くようにという指示が出されている(君山合偏・二二三〇)。この頃には、三河に在城していたらしい。その後、父虎満の受領名備中守を継承した。同三年八月二十五日、武藤三河守とともに竜朱印状を奉じている(内田家文書・二五二九)。しかしながら、同四年正月八日に、丸子(長・上田市)の小平又左右衛門尉が普請役を免許された際の文書の宛所には、連名で「小山田菅右衛門尉殿」とみえる(小平家文書・二五七五)。同三年に受領名備中守を名乗ったという前述の文書と矛盾しており、前者に問題があるようである。この文書の宛所に、昌成の名が併記されたことを考えると、ひょっとしたら内山城代の権限は小県郡にまでおよんでいたのかもしれない。同七年十月十二日、高野山蓮華定院で父の供養を営んだ(過去帳日坏信州佐久分第一)。同八年四月二十七日、浦野某の後室に、被官の普請役を免除する竜朱印状を奉じた(秋田藩家蔵文書・三三二六)。同年六月十九日には、やはり武藤三河守と連名で、金山衆に対する竜朱印状を奉じている(田辺源吾家文書・三三六〇、文殊川家文書・三三六一、依田家所蔵感状写・三三六二、風間家文書・三三六三)。同年五月十二日、駿河三枚橋城(静・沼津市)築城普請が遅延しているとして、督促を受けている(国文学研究資料館所蔵真田家文書・補遺五六)。同年八月十一日、駿河江尻城代穴山信君より、徳川家康の動き次第では勝頼自身が出馬するかもしれないので、心得ておくようにという連絡を受けた(岡本家文書・三三九九)。昌成も出陣中であり、八日の合戦での戦功を、信君に感心されている。この時の出陣は、伊豆泉頭城(静・清水町)攻撃であったようである(反町大膳訴状・山6下三〇九頁)。同年十二月晦日、甲府より居城に帰陣した。昌成はただちに上野国衆和田昌繁に書状を送り、二十四日の合戦における被官の戦功を勝頼が評価している旨を伝達している(群馬県立歴史博物館所蔵佐藤家文書・三四七七)。後で直接会って話を聞きたい、と述べているから、帰陣先は内山ではなく松井田であろう。その後、武田勝頼の弟仁科盛信(信盛)に従って、信濃伊那郡高遠城に入った(甲乱記)。「信長公記」によると、「脇大将」であったというから、副将である。時期は特定できないが、おそらく同九年三月の遠江高天神城(静・掛川市)落城後、南信濃の防備を強化するための措置であろう。そして同十年の織田信忠の攻撃を前に、三月二日に高遠城で討ち死にした(信長公記、甲乱記)。（丸島）

小山田昌盛 おやまだまさもり

生没年未詳。六左衛門尉。「国志」は昌成の初名とするが、明らかに別人である。小山田信茂の従兄弟八左衛門尉の兄にあたる(軍鑑・大成下一七七頁、広島県立文書館所蔵上田家文書所収岡田右衛門先祖書）。天正三年（一五七五）八月十日、長篠敗戦後の勝頼が、伊那郡防衛体制を構築しようとした際に、大島城（長・松川町）に配属されているのが初見（武田神社所蔵文書・二五二四）。美濃岩村城（岐・恵那市）に在城している秋山虎繁の同心衆・足軽衆を保科正直とともに指揮下においた。その後駿河田中城（静・藤枝市）に配属。同年十二月二十七日、番替えが到着次第、ただちに帰国するよう命じられている（友野氏旧蔵文書・二五六九）。同四年七月十三日、甲斐一宮浅間神社（山・笛吹市）に対し、社中造営以外の竹木伐採を禁じた文書を奉じた（諸州古文書・二六九二）。同年八月二十日、一蓮寺常灯名田の夫銭をめぐる訴訟の裁許結果を、桜井信忠とともに通達した（一蓮寺旧蔵文書・二七〇八）。この時、「小山田六左衛門尉昌盛」と署判している。同五年七月十二日、川除用の竹の進上を命じた獅子朱印状の奉者（保坂家文書・二八二八）。同年閏七月七日、内田徳千世丸に成人までは名代を立てることを通達した朱印状を奉じた（内田家旧蔵文書・二八四〇）。同六年二月二十八日、原昌栄とともに、諏訪大社下社大鳥居造宮銭の徴集を許可した朱印状を奉じる（諏訪大社文書・二九四四）。同七年四月十六日、真田昌幸とともに穴山信君のもとに派遣され、勝頼出馬について報告することを指示された「小山田書左衛門尉」は「六左衛門尉」の誤写ではないかと考えられている（武家事紀・三一三〇）。以後の動静は不明だが、「天正壬午の乱」において依田信蕃のもとに出仕したらしい（依田記・信15五〇五頁）。（丸島）

小山田弥五郎 おやまだやごろう

生没年未詳。小山田信茂の仮名とみられるが、「惣人数」に信茂とは別に近習衆に名が記される。「惣人数」は御譜代家老衆桃隠信有を「小山田弥三郎」、近習衆信茂を「小山田弥五郎」と記している可能性もないわけではないが、問題が多い。また天正十年（一五八二）十二月九日、徳川家康が辻弥兵衛に与えた替地宛行状に、岩崎（山・甲州市）のうち小山田弥五郎分五貫八〇〇文という記載がある（譜牒余録後編・家康文書上四三九頁）。したがって、弥五郎と称した人物が、信茂とは別にいたようである。（丸島）

小山田弥七郎 おやまだやしちろう

生没年未詳。郡内小山田氏の一門。仮名からみて、当主にかなり近い位置にいた人物とみられる。天文二十二年六月、武田晴信から、永昌院（山・山梨市）の郡内における寺領の年貢納入を対捍しているとして、谷村（山・都留市）に召還し、在所への出入りを禁じるように命じられた（永昌院文書・三八八）。小山田一門ということで、まだ若い桃隠信有の統制から外れた動きをみせていたのであろう。（丸島）

小山田弥太郎 おやまだやたろう

生年未詳～永正五年（一五〇八）十二月五日。甲斐郡内の国衆。信長の子息とみられる。「甲州郡内小山田氏系図」は実名を信隆とするが、確証はない。永正五年に勃発した武田信虎と油川信恵・岩手縄美兄弟の抗争に油川氏側として参戦した。これは父信長の姉妹が、信恵・縄美兄弟の生母であったという伝承（甲州郡内小山田氏系図）が事実と考えれば理解しやすい。同年十月四日、大敗した信恵側は信恵・縄美兄弟も含め討ち死にしてしまった。このため、報復を図って国中に兵を進めた。しかし十二月五日の合戦で敗北、弥太郎自身も討ち死にした（勝山）。同十七年十二月五日に、広厳院

（山・笛吹市）において子息（涼苑信有とみてよい）の手で十三回忌仏事が行われ、「義山勝公禅定門」という法名を確認することができる（菊隠録・山6上三六頁）。したがって、弥太郎が小山田氏当主であることは間違いない。ただし、仮名弥太郎のまま討ち死にしていることからみて、かなり若年であったのだろう。（丸島）

小山田弥太郎室 おやまだやたろうしつ

生没年未詳。永正五年（一五〇八）の弥太郎死去後、「中津森御太方（おだいぼう）様」とよばれた。姉は今川氏重臣の正室であることは確実だが、高天神福嶋氏説、懸川朝比奈氏説など諸説ある。「甲州郡内小山田氏系図」は、弥太郎室は駿河国衆葛山氏の娘で、姉は瀬名一秀に嫁いだとする。小山田氏との地理的関係からすると、これが一番蓋然性が高いかもしれない。享禄二年（一五二九）、突如武田信虎が国中から郡内へ通じる路次を封鎖した（以下、勝山）。これは郡内への棟別銭賦課をめぐる対立であり、小山田氏は事実上経済封鎖を受けた形となった。この事態に弥太郎後室は六月二十日に遠江に赴き、姉と対面して状況の打開を図っている。今川氏重臣の妻である姉の政治力をもって、信虎を抑え込もうとしたのであろう。弥太郎後室は、十月十八日に帰国した。その際には、金造りの刀などで着飾った小山田氏の近習衆一〇〇人が、富士川の端まで出迎えた。その後小林和泉守の屋敷に一泊、小林尾張入道の屋敷に一泊、倉見（山・西桂町）の新九郎の屋敷に一泊と小山田氏重臣の屋敷を渡り歩きながら、中津森（山・都留市）に帰国した。一種の示威行動であろう。しかし結局、涼苑信有は信虎の圧力に屈服し、十一月十五日に封鎖を解いてもらう代わりに棟別銭賦課を受け入れた。そのほかの動静は不明。（丸島）

小山田大和守 おやまだやまとのかみ

生年未詳～永正十二年（一五一五）十月十七日。武田信虎の家臣。永正十二年十月十七日、大井信達を信虎が攻撃した際、深田に馬を乗り入れて戦死した（勝山）。（丸島）

小里 おり

生没年未詳。「遺文」は写本から採録し、「小軍」と読んでいるため注意。美濃遠山氏に従属している国衆で、小里城（岐・瑞浪市）を拠点とした。某年八月、「隣郡」からの支援を受けて武田氏から離反した。しかし信玄は、遠山景任・直廉兄弟に対し、穏便にすませるよう指示している（古典籍展観大入札会目録二〇〇八年掲載文書・二〇九〇）。おそらく、武田・織田同盟成立以前の出来事だろう。織田信長または斎藤義竜・竜興の工作で離反したが、信玄は東美濃で戦争が起こることを避けたものと思われる。（丸島）

折井市左衛門尉 おりいいちざえもんのじょう

天文二年（一五三三）～天正十八年（一五九〇）八月四日、五八歳（寛永伝）。武河衆の一員。実名は「次昌」と伝わり、のち淡路守を称したという（寛永伝）。武田氏滅亡後、徳川家康に仕えた。天正十年七月十五日、巨摩郡における働きを賞され米倉主計助とともに家康から感状を与えられている（寛永諸家系図伝所収文書・家康文書上三三頁）。武河衆を徳川方につけるべく、奔走したためという（寛永伝）。同年八月十七日、家康から本領の替地として一三三貫四〇〇文を与えられた（御庫本古文書纂・家康文書上三四七頁）。十二月七日、旧領と含めて新たに一四八貫四〇〇文を与えられ直されている（譜牒余録後編・家康文書上四三五頁）。同十三年五月二十七日、あらためて所領一六八貫四〇〇文を給された（御庫本古文書纂・家康文書上六五九頁）。天正十八年正月二十七日、扶持米四〇〇俵を加増されている（記録御用所本古文書・新甲一九三七）。同年八月四日、小田原合戦の最中に陣没した。法名は道白（寛永伝）。妻は青木信立の娘（寛政譜）。（丸島）

折田豊後守　おりたぶんごのかみ

生没年未詳。元上野国衆斎藤氏の家臣で、吾妻郡折田（群・中之条町）の土豪。通称は初め将監、のちに豊後守を称した。永禄七年（一五六四）二月、将監の名でみえ、斎藤越前入道が武田氏から離叛した際、斎藤弥三郎とともに越前入道に従わず、武田氏への帰属を維持し、その忠信に対して武田氏から、本領塚越分六貫文に加えて新恩として宮之前在家など七貫三〇〇文、合計一三貫三〇〇文の所領を与えられている（折田文書・八六六）。その後は弥三郎の家臣となったとみられるが、同八年末に弥三郎が武田氏から離叛して没落した後は、吾妻郡支配を管轄した真田氏に付属されたとみられる。同十一年五月、豊後守の名でみえ、箕輪城（群・高崎市）合戦での戦功に対し、吾妻郡横尾平（中之条町）一〇〇貫文・市城青山（中之条町）内五〇貫文の所領を与えられている（同前・一三七二）。ただし同文書は文言などに疑問がある。その後の所見はないが、真田氏の同心として存在し続けたとみられ、天正十年（一五八二）の武田氏滅亡後には、子とみられる軍兵衛が、真田氏の家臣としてみえている（同前・群三八九）。（黒田）

折野真実　おりのまさざね

生没年未詳。信濃国伊那郡の武士。松尾城（長・飯田市）主小笠原信貴の家臣。藤右衛門尉。永禄十年（一五六七）八月七日、武田氏重臣山県昌景に宛て武田氏に忠節を誓った下之郷起請文に「小笠原下総守被官」の一員として登場するのが唯一の所見（生島足島神社文書・一二三）。そのほかの事蹟は不明。（平山）

大和勝親　おわかつちか

生没年未詳。信濃国諏訪郡大和郷（長・諏訪市）の土豪。監物、越前守。諏方氏の旧臣。諏訪大社下社の社家衆。大和氏は、大輪ともいい、金刺氏の支流で大和郷に拠り、大和城を拠点とした。大和勝親は惣領とみられ、大和備中の子と推定される。だが詳細な系譜関係などは不明。下諏訪五十騎の一員で、武田信豊の同心。永禄八年（一五六五）、武田信玄より諏訪大社下社祭礼役のうち、三月の御室七番目の御頭を負担するよう命じられているのが初見（諏訪大社文書・九六〇）。この祭礼復興にあたっては、宮奉行として活動している。また、同九年九月晦日、同社の造宮銭のうち、小県郡洗馬・曲尾・横尾（長・上田市）三ヶ郷分は大和監物と諏方藤七郎の両人が受け取るよう武田氏より指示されている。さらに四之御柱役を負担してきた住吉の一八郷のうち、氷室郷など四ヶ郷が難渋していることを武田氏に訴えている（同前・一〇二八）。同十年八月七日、大和勝親は諏方豊保らとともに、武田氏に忠節を誓約した下之郷起請文を、奉行水上菅兵衛に提出しているが、彼らは武田信豊同心衆とある（生島足島神社文書・一二〇〇）。同日付で大和勝親は、諏方頼豊らとともに「下諏訪五十騎」として連署で起請文を提出している（諏訪家旧蔵文書・一二七八）。天正二年（一五七四）八月、武田勝頼が造営した諏訪社千手堂の棟札にその名がみえる（諏訪史料叢書・一三五五）。同五年三月三日、武田勝頼が造営した諏訪大社下社宝塔の棟札に大和越前守勝親として登場する（同前・二七八〇）。同六年二月二日、「下諏訪春秋両宮造宮帳」に、下諏訪春宮四之御柱役を賦課されていた住吉庄（長・安曇野市）の（大祝諏訪家文書・二九一七）、「諏訪大社春秋之宮造宮之次第」に、秋宮御瑞籬造宮役を賦課されていた中俣（長・長野市）、外之籬造宮役を賦課されていた犬飼（長・松本市）の取手（徴収役）として登場する（同前・二九一九）。この役割は、同年成立の「春秋之宮造宮之次第」「下諏訪春宮造宮帳」および同七年成立の「諏訪下宮春宮造宮帳」でも確認できる（同前・二九一九、二二、三〇六九）。そして同年一月二十七日の「下諏訪春宮造宮帳」には、外籬造営役を賦課されていた針尾郷（長・朝日村）の取手と記録されている（同前・三〇七三）。その後の事蹟は不明。（平山）

大和喜三 おわきぞう

生没年未詳。信濃国諏訪郡大和郷（長・諏訪市）の土豪。大和勝親の子か。天正六年（一五七八）二月二日、「下諏訪春秋両宮造宮帳」に、秋宮外籬造営役を賦課されていた針尾郷（長・朝日村）の、秋宮外籬造宮役を賦課されていた犬飼（長・松本市）の取手と記録されているのが初見（大祝諏訪家文書・二九一七）。その後、同年二月十日成立の「下諏訪秋宮造宮帳」にも、秋宮外籬造営役を賦課されていた針尾郷の取手と記録されている（同前・二九二三）。これらは、元は大和勝親が担当していたものなので、両者は父子と考えられる。その後の事蹟は不明。（平山）

大和外記助 おわげきのすけ

生没年未詳。信濃国諏訪郡大和郷（長・諏訪市）の土豪。大和勝親の父か。諏方氏の旧臣。大和氏は、大輪ともいい、金刺氏の支流で大和郷（諏訪市）に拠り、大和城を拠点とした。大和勝親は惣領とみられるが、系譜関係などは不明。天正六年（一五七八）成立の「諏訪大社春秋之宮造宮之次第」に、秋宮御瑞籬造宮役を賦課されていた中俣（長・長野市）、外之籬造宮役を賦課されていた犬飼（長・松本市）のかつての取手（徴収役）として登場するのが初見（大祝諏訪家文書・二九一九）。なお、この取手役は大和越前守勝親に引き継がれているので、両者は父子の可能性が高い。その後の事蹟は不明。（平山）

大和監物 おわけんもつ

生没年未詳。信濃国諏訪郡大和郷（長・諏訪市）の土豪。大和勝親の子か。天正五年（一五七七）三月三日、武田勝頼が造営した諏訪大社下社宝塔の棟札に大和越前守勝親とともに登場するのが初見（諏訪史料叢書・二七八〇）。同六年二月二日、「下諏訪春秋両宮造宮帳」に、春宮瑞籬造宮役を賦課されていた横尾・曲尾・洗馬（長・上田市）の取手（徴収役）としてみえる（大祝諏訪家文書・二九一七）。この役割は、同年二月七日成立の「下諏訪春宮造宮帳」（同前・二九二二）および同七年成立の「諏訪下宮春宮造宮帳」でも確認できる（同前・三〇六九）。その後の事蹟は不明。（平山）

大和作右衛門尉 おわさくえもんのじょう

生没年未詳。信濃国諏訪郡大和郷（長・諏訪市）の土豪。大和勝親の近親か。系譜関係などは一切不明。天正六年（一五七八）二月二日、「下諏訪春秋両宮造宮帳」に、春宮瑞籬造宮役を賦課されていた平瀬・小宮郷（長・松本市）の、また若宮二之御柱春宮の取手役（徴収役）としてみえるのが唯一の所見（大祝諏訪家文書・二九一七）。この役目は、同年二月七

日成立の「下諏訪春宮造宮帳」でも確認できる（同前・二九二）。その後の事蹟は不明。（平山）

大和左近右衛門尉 おわさこんえもんのじょう

生没年未詳。信濃国諏訪郡大和郷（長・諏訪市）の土豪。大和勝親の一族か。系譜関係などは一切不明。天正七年（一五七九）成立の「諏訪下宮春宮造宮帳」において、諏訪大社下社春秋若宮御柱一本の造宮役を、洗馬郷（長・松本市）より徴収する取手として登場するのが唯一の所見（大祝諏訪家文書・三〇六九）。（平山）

大和新右衛門尉 おわしんえもんのじょう

生没年未詳。信濃国諏訪郡大和郷（長・諏訪市）の土豪。大和勝親の一族か。系譜関係などは一切不明。諏訪大社下社の社家衆。永禄八年（一五六五）十一月一日、武田信玄による「諏訪大社下社祭祀再興之次第」において、諏訪大社下社の武射衆の一員に指名されているのが唯一の所見（諏訪大社文書・九六〇）。（平山）

大和新介 おわしんすけ

生没年未詳。信濃国諏訪郡大和郷（長・諏訪市）の土豪。大和勝親の一族か。系譜関係などは一切不明。諏訪大社下社の社家衆。永禄八年（一五六五）十二月十一日、武田信玄による「諏訪大社下社湛神事再興之次第」において、毎年霜月子の日に実施される下諏訪宵の宿湛神事役を徴収する神主として登場するのが初見（諏訪大社文書・九七一）。その後、天正六年（一五七八）二月二日、「下諏訪春秋両宮造宮帳」に、春宮瑞籬造宮役を賦課されていた小県郡横尾・曲尾（長・上田市）、洗馬郷（長・松本市）からの役銭をもとに造営を実施する小祝として登場する（大祝諏訪家文書・二九一七）。その後の事蹟は不明。（平山）

大和甚六 おわじんろく

生没年未詳。信濃国諏訪郡大和郷（長・諏訪市）の土豪。大和勝親の一族か。系譜関係などは一切不明。諏訪大社下社の社家衆。天正年間（一五七三～九二）成立と推定される「両社御造宮領幷御神領等帳」において末社鷺宮御柱役の負担者として登場するのが唯一の所見（大祝諏訪家文書・三〇七九）。その後の事蹟は不明。（平山）

大和清次郎 おわせいじろう

生没年未詳。信濃国諏訪郡大和郷（長・諏訪市）の土豪。大和勝親の一族か。系譜関係などは一切不明。諏訪大社下社の社家衆。永禄八年（一五六五）十一月一日、武田信玄による「諏訪大社下社祭祀再興之次第」において、諏訪大社下社の武射衆の一員に指名されているのが唯一の所見（諏訪大社文書・九六〇）。（平山）

大和縫殿丞 おわぬいのじょう

生没年未詳。信濃国諏訪郡大和郷（長・諏訪市）の土豪。大和勝親の一族か。系譜関係などは一切不明。諏訪大社下社の社家衆。永禄八年（一五六五）十一月一日、武田信玄による「諏訪大社下社祭祀再興之次第」において、諏訪大社下社の武射衆の一員に指名されているのが唯一の所見（諏訪大社文書・九六〇）。（平山）

大和備中 おわびっちゅう

生没年未詳。信濃国諏訪郡大和郷（長・諏訪市）の土豪。大和勝親の祖父か。諏方氏の旧臣。大和氏は、大輪ともいい、金刺氏の支流で大和郷（諏訪市）に拠り、大和城を拠点とした。永禄八年（一五六五）十一月一日、武田信玄による「諏訪大社下社祭祀再興之次第」において、諏訪大社下社の二月御室七番目の御頭として登場するのが唯一の所見（諏訪大社文書・九六〇）。彼はこの時すでに故人であったらしく、その御頭役は大和勝親が継承していたので、両者は近親と思われ、時期的にみて勝親の祖父、外記助の父と推定される。そのほかの事蹟は不明。（平山）

大和又右衛門尉 おわまたえもんのじょう

生没年未詳。信濃国諏訪郡大和郷（長・諏訪市）の土豪。大和勝親の一族か。系譜関係などは一切不明。年未詳ながら天正六〜九年（一五七八〜八一）ごろと推定される十一月二十六日付、等々力次右衛門尉宛三枝栄富斎元久に登場するのが唯一の所見（等々力文書・三九四五）。この書状は、栄富斎が勘当していた息子三枝監物吉親が、武田勝頼側近大竜寺麟岳和尚の取り成しにより、仁科盛信の軍勢に配備されたことを知り、秘かに引き回しを依頼したもので、大和又右衛門尉は副状を出している。このことから、大和又右衛門尉は武田勝頼に近仕し甲府にいた可能性が高い。そのほかの事蹟は不明。（平山）

大和与三右衛門尉 おわよさえもんのじょう

生没年未詳。信濃国諏訪郡大和郷（長・諏訪市）の土豪。大和勝親の一族か。系譜関係などは一切不明。永禄八年（一五六五）十一月一日、武田信玄による「諏訪大社下社祭祀再興之次第」において、諏訪大社下社の九月申日神事を再興するよう指示されているのが唯一の所見（諏訪大社文書・九六〇）。その後の事蹟は不明。（平山）

大和善親 おわよしちか

生没年未詳。信濃国諏訪郡大和郷（長・諏訪市）の土豪。越前守。大和勝親の子か。天正四年（一五七六）三月十七日に、上諏訪権祝矢島氏に対し、善親の孫山家夜叉の願書奉納と祈禱を依頼しているのが唯一の所見（矢島家文書・二六二一）。（平山）

小□忠助 お□ただすけ

生没年未詳。信濃国筑摩郡の会田岩下（海野）下野守の被官・岩下（長・松本市）衆の一員。姓は二文字目が読めない。通称は□助（一文字目が読めない）。永禄十年（一五六七）八月七日、岩下衆の一員として「下之郷起請文」を提出し、海野下野守親子が信玄に逆心を抱いた場合は諫め、諫言に従わないようであれば下野守親子を見捨てる旨を誓っている（生島足島神社文書・一一七三）。そのほかの事蹟は不明。（平山）

か

快川紹喜 かいせんしょうき

文亀二年（一五〇二）〜天正十年（一五八二）。恵林寺住職。大通智勝国師と号す。美濃土岐氏の一族として生まれる。臨済宗妙心寺派（関山派）の仁岫宗寿の弟子。美濃国岐阜の崇福寺（岐・岐阜市長良川）住職の後に、甲斐・恵林寺（山・甲州市塩山）の住職。最初、天文二十二年（一五五三）に恵林寺に入山し、同二十四年五月七日、信玄の母大井夫人の年忌をつとめた。翌年、美濃の崇福寺に帰るが、永禄五年（一五六二）五月には、信玄宛に川中島の戦いでの武田信繁らの戦死を見舞い、いずれ東八ヶ国を掌握して上洛するだろうと述べている（恵林寺雑詩・七八四）。次いで同七年十一月には恵林寺に再入院し、同寺を信玄の菩提寺と定める。信玄は同年十月四日付で、美濃国衆の長井道利に、快川の恵林寺入院の際の路次の伝馬の手配を依頼している（崇福寺文書・九三三）。同年十二月朔日付の信玄判物では、牌所に定めるにあたって、寺領寄進をしている（恵林寺文書・九一八）。快川は美濃国守護の土岐頼芸の孫といわれる斎藤竜興と信玄の同盟をも画策している。天正三年（一五七五）四月の信玄三年秘喪明けの密葬、同四年四月の本葬を恵林寺で執り行い導師をつとめた（武家事紀・二六三八）。七回忌法要の際には香語を読んでいる（天正玄公仏事法語、山6上）。勝頼の代でも政務顧問的な役割をしており、同五年閏七月には、駿河安倍郡の誓願寺の依頼で、寺領の保証をしている（誓願寺文書・二八五六）。年未詳三月には、木曽福島（長・木曽町）の興禅寺に対して、木曾義昌への助言を約束している（南泉寺文書・三八一六）。天正十年三月、武田氏滅亡の折、近江の佐々木氏一族や美濃国人の残党狩りに際して、織田信長に反抗して恵林寺を焼かれ、山門で火定した。同九年九月には、正親町天皇より大通智勝国師の国師号をおくられている（恵林寺略史・横山住雄『快川国師の生涯』）。墓は恵林寺にある。（柴辻）

開善寺球山 かいぜんじきゅうざん

生年未詳〜某年八月十二日。武田信廉の子。信濃開善寺（長・飯田市）の開山とされるが、実際の中興開山は速伝宗販であり、住持をつとめたということであろう。甲斐永岳寺（山・韮崎市）の開山と伝わる。某年八月十二日死去。法名球山大和尚（開善寺過去帳・新編伊那史料叢書4三六七頁）。（丸島）

快弁法印 かいべんほういん

生没年未詳。駿河国・久能寺（静・静岡市清水区）の住職。永禄十二年（一五六九）正月、武田信玄は再度駿府（静岡市）を攻略し、その防衛のために久能寺山上にあった久能寺を移転させ久能山城を構築した。翌元亀元年（一五七〇）正月二十八日、信玄は久能寺に武運長久を祈らせ、矢部の妙音寺と富士六所権現の別当職を与えている（鉄舟寺文書・一四九七）。次いで同年四月朔日、信玄は快弁法印を久能寺住持職に任命している（同前・一五三〇）。（柴辻）

角雲玄麟 かくうんげんりん

生年未詳〜元亀元年（一五七〇）四月六日。穴山信友の弟（武田源氏一統系図・山6下七一九頁）。曹洞宗竜華院（山・甲府市）の五世住持で、駿河・先照寺（静・富士宮市）の開山（広厳大通禅師譜語集・昭和再版妙亀譜語集六二頁、国志）。永禄八年（一五六五）、信玄が竜雲寺（長・佐久市）住持に北高全祝を招いた際、永昌院謙室大奕とともに尽力した（永昌院文書・九六八）。元亀元年に示寂した（広厳大通禅師譜語集・昭和再版妙亀譜語集六六頁）。（丸島）

楽巌寺雅方 がくがんじまさかた

生没年未詳。望月氏の被官。天文十七年（一五四八）二月十四日の上田原合戦では、村上義清方の先鋒をつとめたという（軍鑑・大成上二四七頁）。その後武田氏に従属。弘治四年（一五五八）三月七日、望月信雅が釈尊寺（長・小諸市）を再興した棟札に「宗栄楽巌寺」とみえる（釈尊寺所蔵・四一七三）。永禄十年（一五六七）八月七日、武田氏に忠節を誓う「下之郷起請文」を、連名で金丸（土屋）昌続に提出した（生島足島神社文書・一一三四）。「軍鑑」は、天文二十三年に長尾方内通の嫌疑により、飯富（山県）昌景によって成敗されたと記すが（大成上三一八頁）、誤りである。（丸島）

覚恕親王 かくじょしんのう

生没年未詳。京都・曼殊院門跡。後奈良天皇の皇子であり、早くから門跡寺院の曼殊院（京・京都市）に入り、天文六年（一五三七）に二七世の門跡となった。元亀元年（一五七〇）に天台座主となり、親王が座主になった時、武田信玄は祝儀の書状を送っている（曼殊院文書・一五七三）。また、信玄が同三年七月、僧正に任ぜられた時、その執事をつとめている（同前・一九二三）。（柴辻）

懸河直重　かけがわなおしげ

生没年未詳。上野国衆国峰小幡氏の家臣で、甘楽郡南牧谷（群・南牧村）の地縁集団南牧衆のひとり。通称は彦八郎。永禄十年（一五六七）八月七日付「下之郷起請文」において、国峰小幡氏同心となっていた南牧衆の連署起請文で五番目に署判しているのが唯一の所見（生島足島神社文書・一一七五）。（黒田）

かけみ勘解由衛門　かけみかげゆえもん

生没年未詳。信濃国筑摩郡小芹・大久保・花見（長・安曇野市）の土豪。塔原海野氏の被官とみられる。天正九年（一五八一）の「伊勢内宮道者御祓くばり帳」において、「こせり・大くほ・けみの分」の人物として記載され、茶二袋を配られたと記されているのが唯一の所見（堀内健吉氏所蔵・三六四四）。（平山）

河西源左衛門尉　かさいげんざえもんのじょう

生没年未詳。河西虎満と同一人物の可能性があり、あわせて参照されたい。武田氏が任じた信濃国諏訪大社の奉行人のひとり。永禄三年（一五六〇）に篠原吉忠とともに、諏訪上社造宮料を信濃国中から集めるよう命じた朱印状を奉じている（矢島家文書・六八四）。同九年三月の頭役を、篠原吉忠とともに務めた（土橋家文書・九六八）。同十一年二月十七日、諏訪社神殿に頭人および役者以外の出入りを禁ずるよう通達された（諏訪家旧蔵文書・一二四二）。天正元年（一五七三）三月・四月の諏訪大社神事頭役を篠原吉忠とともに務めたのが終見である（土橋家文書・二一四五）。これと入れ替わる形で虎満が姿を見せ、また常に篠原吉忠と同行をしていることから、虎満の初名の可能性を指摘しておく。（丸島）

笠井三郎左衛門尉　かさいさぶろうざえもんのじょう

生没年未詳。甲斐国八代郡河内楠甫村（山・市川三郷町）の土豪。穴山家臣か。慶長十三年（一六〇八）五月二十一日、高野山に自身の逆修供養を依頼しているのが唯一の所見。法名は道安禅定門（成慶院過去帳・武田氏研究47）。（平山）

河西伝右衛門　かさいでんえもん

生没年未詳。在郷の紺屋職人頭。甲斐国河内領岩間郷（山・市川三郷町岩間）の紺屋職人。天正四年（一五七六）正月十一日付で、穴山信君より伝右衛門尉の官途書出を授与されており（河内領古文書・二五七七）、同年十月二十日には、穴山信君朱印状で、父より紺屋役継承の申請があり、御用などに走り回るので、諸役は免除するとの安堵を受けている（同前・二七二八）。（柴辻）

河西虎満　かさいとらみつ

生没年未詳。但馬守。武田氏が任じた信濃国諏訪大社の奉行人。天文十六年（一五四七）、巨摩八幡宮に社領を寄進した上で、そのために氏子衆が守るべき条件を示した木製の法度のが初見（巨摩八幡宮所蔵・四一五〇）。ただし、これは父親で、初名は源左衛門尉の可能性がある。あわせて同項を参照されたい。天正元年に諏訪における所領を安堵されている（河西家文書・四三五二）。天正三年四月二十一日の諏訪社千手堂棟札銘写に「河西但馬守虎満」とみえる（諏訪史料叢書掲載文書・二四八二）。同四年二月九日、篠原讃岐守とともに諏訪大社上社の神役を怠りなく務めるよう命じられている（諏訪忠弘氏旧蔵文書・二五八二）。某年六月晦日、諏訪上社造営および高島城普請に関する定書を、他の高島在城衆とともに通達されている（如法院文書・三七五九）。天正五年三月三日の諏訪大社下社龐続棟札銘写には「河西但馬入道」とみえるから、既に出家していたことがわかる（諏訪史料叢書掲載文書・二七八〇）。同六年の諏方大社造宮に際しては、諏方頼豊・窪島石見守・諏方伊豆守とともに、黒印または朱印を押捺して造宮料を集めた（堀籠家文書・二九二三、矢島家文書・二九二四〜二六、千野家文書・二九二七、守矢家文書・二九三〇、大祝諏訪家文書・二九三一、諏方大社文書・二九四五、矢島家文書・二九五三）。この時「河西但馬」としか署判していないのは、入道していたためであろう（入道した場合、「守」は省くことが多い）。某年の「両社造営領幷御神領等帳」には、紙綴目印を捺している（大祝諏訪家文書・三〇七九）。同八年十二月二十日、小山新兵衛が保持する竹林について、小原継忠に売却したので、今後自分から役を賦課することはないと新兵衛に伝えているのが終見（山梨県誌本巨摩郡古文書・三四六六）。某年九月二十日、知行書上を朱印状で出しているが、前欠のため性格が不分明である（山田英胤氏所蔵文書・三九一〇）。虎満の活動からみて、諏訪衆の知行書上であろうか。（丸島）

河西肥後守 かさいひごのかみ

生年未詳〜天正三年（一五七五）五月二十一日。信玄に改易された南部信登の家老の子（軍鑑・大成上四四頁）。信玄によって旗本に抜擢されたという。長篠合戦で敗走する際、勝頼の馬の動きが鈍いのに気がついた。ただちに自分の馬を差し出して交換し、自身は戦場に引き返して討ち死にしたという（軍鑑・大成下二一六頁）。実名は高利（乾徳山恵林寺雑本・信14九八頁、国志）、または正直・光正というが（衆臣家譜・相馬市史資料集13一五五頁）確定できない。法名は常佑（国志所引身延過去帳）。なお「天正壬午起請文」の一本に、「河西孫右衛門尉慶秀、肥後満秀ノ男」とあったという（国志）。「国志」はさらに、肥後守の官途名は与右衛門と考察し、娘は三井右近尉の妻になったとしている。妻は守屋新左衛門の娘。孫の次郎左衛門は徳川忠長、土屋忠直を経て元和年間（一六一五〜一六二四）に相馬利胤に仕えた。その後、苗字を池田に改めている（衆臣家譜・相馬市史資料集13一四頁）。以後、相馬中村藩士として続いた。（丸島）

笠井与左衛門尉 かさいよざえもんのじょう

生没年未詳。甲斐国巨摩郡河内西島村（山・身延町）の土豪。穴山家臣か。慶長十三年（一六〇八）七月二十一日、高野山に彼の後家が逆修供養を依頼している記録に登場するのが唯一の所見（成慶院過去帳・武田氏研究47）。（平山）

笠井六郎右衛門尉 かさいろくろうえもんのじょう

生没年未詳。甲斐国巨摩郡河内西島郷（山・身延町）の土豪。穴山家臣か。慶長十三年（一六〇八）五月二十一日、彼の後家理清禅定尼が自身の逆修供養を高野山に依頼した記録に登場するのが唯一の所見（成慶院過去帳・武田氏研究47）。（平山）

笠原政晴 かさはらまさはる

生年未詳〜天正十八年（一五九〇）六月十七日（高野山高室院相州日牌帳）。北条氏宿老松田憲秀の長男。通称は新六郎。天正九年十月に武田氏に従属する。同三年三月、北条氏政から、北条氏宿老で伊豆郡代笠原千松が幼少のため、同十一年までの九年間についてその陣代を命じられている（松田文書・戦北一七七二）。同八年七月、伊豆在庁宛の文書を出しており、「笠原政晴」と署名しているから（古文書花押写・北条補遺家臣二六）、笠原氏の家督を嗣いで伊豆郡代をつとめている。同年八月、徳川家康から遠江高天神城攻めに関して何らかの契約を成立させた功績を賞されている（紀州藩家中系譜・戦北四四九〇）。同九年八月に駿河徳倉城将（静・清水町）に赴任するが、十月二十七日以前に、武田氏家臣曾禰河内守の調略に応じて武田氏に従属した（平山文書・三六一九）。武田勝頼は、政晴の家中から人質をとること、徳倉城近辺の郷村から人質をとって同城に入れることを指示している。なお同年十月二十八日に武田氏に従属し、忠節を示す最初の行動として北条方の伊豆韮山城（静・伊豆の国市）を攻撃した「松田上総介」があるが、その立場からみると政晴にあたる可能性が高い。その場合は武田氏従属後、松田名字に戻し、受領名を与えられたことが考えられる。同十年三月の武田氏滅亡の際、北条氏の攻撃を受け徳倉城は二月二十八日に落城（近代武将翰墨類聚書翰抜書・戦北四七四〇）、政晴は北条氏に帰参した。同十八年の小田原合戦においては羽柴方に内通するが、実弟で松田氏当主の直秀によって六月十七日に露見（松田文書・戦北三七四六）、同日に北条氏によって殺害された。法名は香義宗固禅定門。なお紀伊徳川氏家臣笠原氏は、政晴の子能登守氏信、その子助左衛門氏隆が小田原合戦後に徳川氏に仕えたことに始まるとするが、実子とは考えられないから、北条氏への帰参後、笠原氏の家督は養子によって継承されたとみられる。（黒田）

風間佐渡守　かざまさどのかみ

生没年未詳。甲斐国山梨郡於曽郷（山・甲州市）の在郷商人。同村祐泉寺の開基と伝わる（甲斐国社記・寺記）。天文十二年（一五四三）三月の武田晴信朱印状（風間家文書・一六〇）で棟別役を免許されたのが初見。同十三年六月の武田家朱印状写（同前・一七九）で、武田氏が「金山之佐渡守」に三〇貫文を六文子で預けおいたことを根拠に、甲斐黒川金山（同前）の「金山衆」のひとりとみなされていたが、同文書は検討の余地ありとされる。同十六年正月の武田家朱印状（同前・二二〇）では、武田氏の御蔵銭を預かる「蔵主」として宮原内匠助に銭を貸し付けており、御蔵銭の運用を任されていたことが窺える。また、同十九年四月の宮原内匠助証文写（同前・三〇七）に宛所としてみえる風間清五郎は佐渡守の後継者と考えられ、在所で代々金融活動を行っていたことがわかる。（鈴木）

梶山与三右衛門尉　かじやまよさえもんのじょう

生没年未詳。上野和田宿（群・高崎市）の商人。通称は初め与三次郎、のちに与三右衛門尉。永禄七年（一五六四）正月二十二日、武田氏から一ヶ月につき馬三疋分の荷物について、信濃における通行諸役を免除されている（梶山文書・八六〇）。信濃を商圏とした商人で、武田氏に対し何らかの奉公を行っていたとみられる。元亀元年（一五七〇）八月二十六日に、和田宿問屋に任じられることを求めていたことについて、武田氏からは、領主和田信業も同意すれば認める旨を伝えられている。また上野新田方面への使者を以前と同様につとめることを求められている（同前・一五八二）。このことから、和田氏の家臣になっていたわけではなく、武田氏との関係から勢力を伸ばした存在であ

ったこと、武田氏に対しては敵対勢力への使者をつとめる奉公を行っていたことが知られる。（黒田）

糟尾左衛門尉 かすおさえもんのじょう

生没年未詳。武蔵国児玉郡金屋村（埼・本庄市）の土豪で医者、糟尾法眼の嫡子。天正四年（一五七六）二月十七日に、父法眼から所領を譲られ、武田勝頼からそれを承認され、医術鍛錬を求められている（武州文書・二五八八）。元は黒沢伊予といい、下野在住の医者糟尾養信斎に医術を学び、晩年は師匠の号に改称したというが（新編武蔵国風土記）、伊予については同八年に武蔵鉢形城主北条氏邦から金屋内手作地・孫左衛門屋敷を知行として与えられ、（武州文書・戦北二〇六八）、同十四年十二月に同じく氏邦から児玉郡阿奈志（埼・美里町）から欠落した被官の返還を認められており（同前・戦北三〇四四）、氏邦の被官としてみえている。その間の同十一年五月十六日、糟尾法眼寿信が糟尾養信斎に宛てて、氏邦が上野箕輪城（群・高崎市）に在城しているところ病気を治療した際、養信斎が補助し、薬の調合などを行った功績を受けて、名字・斎号を与えている（同前・戦北二五三六）。これからすると宛名の養信斎が黒沢伊予にあたり、法眼寿信は左衛門尉の後身の可能性が高い。そうすると寿信は、武田氏に仕えた後、上野で氏邦に仕え、氏邦家臣の黒沢伊予が医術に通じていたため、寿信の診療を補助した状況が想定される。（黒田）

糟尾法眼 かすおほうげん

生没年未詳。武蔵国児玉郡金屋村（埼・本庄市）の土豪で医者。元は黒沢伊予といい、下野在住の医者糟尾養信斎に医術を学び、晩年は師匠の号に改称したという（新編武蔵国風土記）。天正四年（一五七六）二月十七日に嫡子左衛門尉に所領を譲り、武田勝頼から承認を受けている（武州文書・二五八八）。ただし黒沢伊予はその後に所見されること、法眼・左衛門尉とそれ以前に父子二代が存在しているから、この糟尾法眼は同人に医術を伝授した側にあたるか。そうであれば武田氏に召し抱えられ、同領国内で所領を与えられていた可能性がある。（黒田）

春日意足 かすがいそく

生没年未詳。水内郡篠平城（長・長野市）を本拠とする国衆。天文十九年（一五五〇）八月二日、同名備前守とともに起請文を提出し、武田氏に従属した（甲陽日記）。（丸島）

春日越前守 かすがえちぜんのかみ

生没年未詳。信濃水内郡の国衆。天文二十二年（一五五三）八月九日、晴信は大日方美作入道・直武父子に対し、敵方の春日越前守・備前守・新助が武田氏に忠節を誓った結果、在所を退出するようなことがあれば、扶持を与えて保護するように指示を出している（大日方文書・三八二）。（丸島）

春日大隅 かすがおおすみ

生年未詳～某年十二月十七日。石和（山・笛吹市）の大百姓（軍鑑・大成上六二頁）。春日虎綱の父。天正六年（一五七八）六月二十一日、妻の手によって、高野山成慶院で供養が営まれている。法名喜翁宗運。命日は辰年の十二月十七日であった（甲州月牌帳二印・武田氏研究42三三頁）。「軍鑑末書」によると、当初子息がいなかったため、長女の婿の惣右衛門を養子に迎えたという。大隅は虎綱の仕官以前に死去したらしく、田地の相続をめぐって虎綱と惣右衛門が争い、虎綱が敗訴する事態になったという（大成下三八頁）。妻は法名妙本（成慶院武田御日坏帳二番・山6

下九〇〇頁）。（丸島）

春日狩野介 かすがかのうのすけ
生没年未詳。信濃水内郡の国衆。武田氏滅亡後の天正十年（一五八二）六月十四日、上杉景勝に降伏を申し出て、二柳（長・長野市）を安堵されている（大日方英雄氏所蔵文書・上越二三九七、二四〇〇）。同年七月二十四日、塩田郷（長・上田市）において三〇〇貫文を景勝から与えられた（同前・二四七七）。（丸島）

春日河内守 かすがかわちのかみ
生年未詳～天正十年（一五八二）三月二日。信濃国伊那郡の国衆。伊那部城（長・伊那市）主か。春日氏の当主もしくは一族か。天正十年三月、織田軍の侵攻に際し、仁科信盛らとともに高遠城に籠城し、奮戦の末戦死した（信長公記）。（平山）

春日三丞 かすがさんのじょう
生没年未詳。信濃水内郡の国衆。武田氏滅亡後の天正十年（一五八二）六月十四日、上杉景勝に降伏を申し出て許可を得ている（大日方英雄氏所蔵文書・上越二四〇〇）。（丸島）

春日治部少輔 かすがじぶしょう
生没年未詳。信濃国伊那郡の国衆。伊那部城（長・伊那市）主。諱は玄定。伊那部衆。武田氏滅亡と本能寺の変直後、提出された「天正壬午起請文」に、伊那部衆として上坂為昌らとともに連署しているのが唯一の所見（内閣文庫所蔵・山6下二四八）。その後の事跡は不明。（平山）

春日志摩守 かすがしまのかみ
生没年未詳。信濃水内郡の国衆。武田氏滅亡後の天正十年（一五八二）八月三日、両度の忠勤に励んだとして、常陸介・三河守とともに安坂郷（長・栄村か）を景勝から与えられている（大日方英雄氏所蔵文書・上越二五〇三）。時期的にみて、春日信達の謀叛と関係するものであろう。（丸島）

春日新助 かすがしんすけ
生没年未詳。信濃水内郡の国衆。天文二十二年（一五五三）八月九日、晴信は大日方美作入道・直武父子に対し、敵方の春日越前守・備前守・新助が武田氏に忠節を誓った結果、在所を退出するようなことがあれば、扶持を与えて保護するように指示を出している（大日方文書・三八二）。（丸島）

春日惣二郎 かすがそうじろう
生没年未詳。春日虎綱の姉婿・惣右衛門の子（軍鑑末書・大成下三八頁）。虎綱の甥。「軍鑑」では「惣次郎」と記される。天正六年（一五七八）七月二十五日、高野山成慶院で虎綱の供養を営んだ（武田御日坏帳一番・山6下八九七頁、甲州月牌帳二印・武田氏研究42五三頁）。同十年の武田氏滅亡に際し、越中へ逃亡し、佐渡の雑太郡で「軍鑑」を書き継いだという。三九歳より病を患い、四〇歳で死去したとされる（軍鑑・大成下一九四頁）。（丸島）

春日虎綱 かすがとらつな
大永七年（一五二七）～天正六年（一五七八）六月十四日、五二歳（軍鑑）。石和（山・笛吹市）の豪農春日大隅の子（軍鑑・大成上六五頁）。源五郎、弾正左衛門尉、弾正忠。生年は「軍鑑」による。信濃国衆香坂氏に養子入りし、香坂と称したが、のちに春日に復姓した。「軍鑑」の原著者とされる。ただし、「軍鑑」の記す高坂昌信という名乗りは明白な誤りで、実際に用いたことはない。当初は使い番をつとめた（軍鑑・大成上二九三頁）。天文末年～弘治年間（一五五五～一五五八）頃、晴信が信濃更級郡の国衆寺尾刑部助に宛てた書状で、虎綱との談合を指示されているのが初見（京都大学博物館所蔵文書・

六三）。この時、香坂弾正左衛門尉。すでに香坂氏に養子入りしていること、更級郡の国衆と接触をもっている点が注目される。「軍鑑」は当初東条尼飾城に配置されたと記す（大成上六六頁）。弘治二年（一五五六）四月二十一日、高野山成慶院で老母（妙本）の逆修供養を営んだ（武田御日坏帳二番・山6下九〇〇頁）。永禄二年（一五五九）十一月二十日、屋代政国の隠居後の処置について定めた書状の取次をつとめる（真田家文書・六七六）。他例からすると、屋代氏の指南をつとめていたらしい（諏訪慎平氏所蔵文書・三九六六）。同三年頃の海津城（長・長野市）築城後、海津城代として対上杉氏最前線を任されるとともに（惣人数）、「川中島郡司」として更科・埴科・水内・高井四郡の軍政を委ねられた（軍鑑末書・大成下三八頁）。「惣人数」では騎馬四五〇騎持ちに、相備えを合わせて一〇二七騎と最大の軍役高を記される。同四年九月十日の第四次川中島合戦では別働隊に属したという（軍鑑・大成上三三五頁）。同六年六月十二日、井上新左衛門尉に知行を宛行った際の取次をつとめる（丸山史料・八二五）。同七年二月七日、浦野三河守・新四郎に替地を与えた判物の使者をつとめた（浦野家文書・八六二）。この時、香坂弾正忠とみられるが、本文書自体に検討の余地がある。同年二月十四日、服属した上野国衆尻高弥二郎への使者をつとめた（歴代古案・八六七）。同八年二月十七日、第五次川中島合戦での感状を浦野三河守に届ける使者をつとめたが、本文書も検討の余地を残す（小宅家文書・九二七）。同九年九月二日、山田飛驒守・右衛門尉に替地を宛行った朱印状を奉ずる（石井進氏所蔵諸家古案集・一〇二二）。この時、春日弾正忠となっており、春日復姓を確認できる。同年十月二十八日、山田左京亮知行地の山林を保護する証文を出した（石井進氏所蔵諸家古案集・一〇三二）。これらの行為は、「川中島郡司」としての職権に基づく。同十年三月頃には上野箕輪（群・高崎市）に在番（諸州古文書・一〇五四）。八月、「下之郷起請文」を屋代政国から受け取った（宮入八樹氏所蔵御願書幷誓詞写・四二〇）。十一月二十三日、禰津常安に箕輪（高崎市）在城給を与えた信玄判物の取次をつとめる（甲斐国志所収文書・一二三二）。同十一年十月二日、西巌寺（長野市）の寺領を安堵した竜朱印状を奉じる（西巌寺旧蔵文書・一三二八）。同年十一月十七日、信濃国衆市川信房に替地を宛行った竜朱印状の奉者をつとめた（市河家文書・一三二九）。同年十二月二十四日、小幡信竜斎・信真父子に対し、援軍遅延を謝した際、馬場信春とともに証人として軍勢派遣を命じられた（高橋弘二氏所蔵文書・一三四五）。同十三年四月、和田業繁との談合のため、跡部攀桂斎とともに信濃・上野国境に派遣される（長野家文書・一五三二）。同月十四日、上杉輝虎が沼田（群・沼田市）に在陣してきたことを受け、信州衆を率いて上野に出馬するよう命じられる（歴代古案・一五三九）。元亀元年（一五七〇）九月一日、千日大夫に飯縄明神（長野市）の社領を安堵する竜朱印状を奉じた（仁科家文書・一五八四）。同月六日、栗田鶴寿に対し、知行を宛行う書状の使者をつとめた（善光寺大本願所蔵文書・一五九〇）。同月十七日、関大蔵左衛門尉の本領南高田郷（長野市）を安堵する朱印状を奉じた（新編会津風土記・一五九六）。同二年三月九日、高野山成慶院を武田家の宿坊と定める文書を、山県昌景と連名で出した（成慶院文書・一六六八）。この時は、高坂弾正虎綱と署判しており、写か。某年九月十一日にも、成慶院に護摩堂建立の件で山県昌景と連名で書状を送った（武将文苑・四三三）。この時も「高坂弾正虎綱」とあり、誤写であろうか。いずれにせよ、対外的には「香坂」姓を用いたようである。元亀三年七月晦日、分国追放者一二名の名前を通達した文書を、内藤昌秀と連名で奉じた（小泉家文書・一九三〇）。某年九月十三日、信玄から馬場信春とともに書状を送られ、越中方面の動向に注意するよう指示を受ける（歴代古案・二一〇三）。天正二年正月六日、勝頼から今後の軍事行動に備えて在番を命じていたが、当面軍事行動を延期するという書状を送られた（宝月圭吾氏所蔵文書・二二五三）。あわせて、番替えとして禰津常安と小幡信真を派遣した旨を伝えられる。在番地は不明だが、家康の動向を尋ねられていることから、駿河・遠江方面とみられる。同四年二月七日、小田切民部少輔の軍役定書を奉じる（君山合偏・二五八〇）。同年四月の信玄の葬儀では、四月十五日に跡部勝資・勝忠とともに信玄の骨壺を涙ながらに開き、とくに懇望して剃髪して臨んだという（武家事紀・二六三八）。同五年頃、駿河富士大宮（静・富士宮市）に神馬二疋を奉納した（永昌院所蔵兜巖史略・補遺二三）。同六年五月二十七日、井上庄（長・須坂市）に対して諏訪造宮の先例を尋ねるため、郷中乙名に参府を命じた竜朱印状を奉じた（越智神社所蔵文書・二九七三）。某年二月六日、香坂図書助から人質を海津におくのは避けたいと悃望があったため、深志（長・松本市）におくことになった旨、通達を受ける（石井進氏所蔵諸家古案集・三七四八）。香坂弾正忠とあるため、永禄前半のものか。某年四月二十二日、須田氏と山田左京亮の知行相論に関して、自身の考えを原昌胤を通じて報告しており、一定の相論裁許権も委ねられていたようである（石井進氏所蔵諸家古案集・二九八八）。天正六年六月の上杉景勝との和睦交渉に参加。六月八日、上杉景勝は交渉について武田信豊と「高坂弾正」の取り成しで進展していると述べている（大嶋道子氏所蔵文書・上越一五二八）。しかし和睦の成立を見届けることなく、同年六月十四日巳刻に死去した。同年七月二十五日、甥春日惣二郎によって高野山成慶院で供養が営まれた（武田御日坏帳一番・山6下八九七頁、甲州月牌帳二印・武田氏研究42五三頁）。法名保雲椿公禅定門。この法名は、弘治二年四月二十一日には定められていた（過去帳・武田氏研究34七四頁）。子息信達が跡を嗣いだ。武田氏滅亡後の天正十年八月五日、上杉景勝が村上景国を海津城代に任じた際、郡司の権限については「春日古弾正」と同様に行うようにと指示を出している（満泉寺文書・上越三五一六）。（丸島）

春日中務少輔 かすがなかつかさのしょう

生没年未詳。信濃水内郡の国衆で、春日虎綱が養子入りした春日氏の一門であろう。天正五年（一五七七）前後に、駿河富士大宮（静・富士宮市）に神馬一疋を奉納している（永昌院所蔵兜巖史略・補遺二三）。そのほかの事蹟は不明。（丸島）

春日能登守 かすがのとのかみ

生没年未詳。信濃水内郡の国衆。武田氏滅亡後の天正十年（一五八二）六月十四日、上杉景勝に降伏を申し出て許可を得ている（大日方英雄氏所蔵文書・上越二四〇〇）。あるいは香坂能登守と同一人物か。（丸島）

春日信達 かすがのぶたつ

生年未詳～天正十年（一五八二）七月十三日。虎綱の子。香坂源五郎の弟。源五郎、弾正忠。父の跡を嗣いで海津（長・長野市）城代となり、天正六年の甲越同盟交渉に参加した。同年十月一日、上杉景勝の重臣新発田長敦・竹俣慶綱・斎藤朝信に返書を出しているのが初見（歴代古案・三〇三七）。このなかで、景勝と景虎の和平が破綻したことを嘆いている。この時、源五郎。甲越同盟成立により、北信濃の情勢が安定したことを受け、同七年三月頃に駿河三枚橋（静・沼津市）城代に転出。同年九月十七日、竹俣慶綱に返書を送り、こちらの備えは思うに任せていると書き送っている（歴代古案・三一六七）。しかしその後も川中島四郡との関わりは保持し続けた。同九年正月九日、入沢治部少輔および市川信房に巣鷹進上を命じる竜朱印状の奉者をつとめている（入沢家文書・三四八二、石井進氏所蔵色部家市川家古案集・三四八三）。同八年五月十二日、居城となる三枚橋城の普請が遅延しているとして、督促を受けている（国文学研究資料館所蔵真田家文書・補遺五六）。この時、弾正忠。同九年に伊豆戸倉城代笠原政晴を調略し、寝返らせたのは信達だとされる（北条五代記）。同十年の武田氏滅亡に際しては、北条氏の攻勢を前に、三月二十八日夜に三枚橋城を放棄した（三上文書・戦北三三一九）。その後勝頼のもとに出頭し、同行を願い出るが、長坂光堅の進言によって拒絶されたという（軍鑑・大成下一八二頁）。「軍鑑」は勝頼滅亡の五日前の出来事と記すが、三月六日では勝頼はすでに駒飼宿（山・甲州市）に入って都留郡を目指しており（理慶尼記）、事実とは考えがたい。もう少し早いタイミングであろう。同行を拒絶されたため、信濃へ向かったという。本来の居城である海津城に入ったものとみられる。織田氏の支配下での動静は不明。本能寺の変後、六月十日までに上杉景勝に従属を申し出て受け入れられる（坂井進氏所蔵文書・上越二四二一）。同十年六月二十八日、上杉景勝が春日与三兵衛尉に本領を安堵した際（高野孝雄氏所蔵文書・上越二四三〇）、同時に加々井郷（長野市）を宛行っている（同前・上越二四三一）。このことからみて、武田時代と同様の権限を安堵されていたらしい。しかし同年七月、北条勢が佐久郡に出兵した際に、内通する。ところが北条氏からの使者が上杉氏に捕らえられ、内通が露顕してしまう。七月十三日、何も知らずに景勝の陣所を訪ねたところを捕縛され、処刑された（覚上公御書集・信補遺上五七六頁、景勝一代略記・越佐史料6三〇三頁）。「国志」は七月二十五日に処刑とするが、誤りであろう。（丸島）

春日備前守 かすがびぜんのかみ

生没年未詳。水内郡篠平城（長・長野市）を本拠とする国衆。天文十九年（一五五〇）八月二日、同名意足とともに起請文を提出し、武田氏に従属した（甲陽日記）。同二十二年八月九日、晴信は大日方美作入道・直武父子に対し、敵方の春日越前守・備前守・新助が武田氏に忠節を誓った結果、在所を退出するようなことがあれば、扶持を与えて保護するように指示を出している（大日方文書・三八一）。したがって起請文を提出してはいたものの、その去就はまだ明確ではなかったのだろう。この後、武田氏に従属したものと思われる。（丸島）

春日常陸介 かすがひたちのすけ

生没年未詳。信濃水内郡の国衆。武田氏滅亡後の天正十年（一五八二）八月三日、両度の忠勤に励んだとして、志摩守・三河守とともに安坂郷（長・栄村か）を景勝から与えられている（大日方英雄氏所蔵文書・上越二五〇三）。時期的にみて、春日信達の謀叛と関係するものであろう。（丸島）

春日三河守　かすがみかわのかみ

生没年未詳。信濃水内郡の国衆。武田氏滅亡後の天正十年（一五八二）六月十四日、上杉景勝に降伏を申し出て、川中島藤牧（長・長野市信州新町）を安堵されている（信濃寺社文書・上越二三九八、大日方英雄氏所蔵文書・上越二四〇〇）。同年七月、塩田郷（長・上田市）において三〇〇貫文を景勝から与えられた（信濃寺社文書・上越二四七八）。八月二日、両度の忠勤に励んだとして、志摩守・常陸介とともに安坂郷（長・栄村か）を景勝から与えられている（大日方英雄氏所蔵文書・上越二五〇三）。時期的にみて、春日信達の謀叛と関係するものであろう。このことから、春日信達の謀叛は、春日・香坂氏の支持を得ない孤立したものであったことが窺える。上杉氏の会津転封後は、「信州葛山衆」と把握され、知行一〇〇石を与えられた（上杉侯家士分限簿・上杉氏分限帳一六九頁、会津御在城分限帳・上杉氏分限帳二四頁、直江支配長井郡分限帳・上杉氏分限帳二四六頁）。　（丸島）

春日与三右衛門尉　かすがよそうえもんのじょう

生没年未詳。北信濃水内郡の国衆。春日与三兵衛尉と同一人物の可能性が高いが、念のため別に立項する。武田氏滅亡後の天正十年五月五日、織田家臣森長可より当知行を安堵された（高野寛一氏所蔵文書・信15三三頁）。　（丸島）

春日与三兵衛尉　かすがよそうひょうえのじょう

生没年未詳。信濃水内郡の国衆。武田氏滅亡後の天正十年（一五八二）六月二十八日、上杉景勝に降伏を申し出て、本領安堵を受けている（高野孝雄氏所蔵文書・上越二四三〇）。同日付で春日信達からも加々井郷（長・長野市）を宛行われている（同前・上越二四三二）。「去春已来不浅懇意」とあるから、武田氏滅亡後、信達を支えて行動していたものと思われる。同年八月五日、上杉景勝から、被官について人返しの許可を受けている（同前・上越二五二二）。同日、越後移住に際し、信濃における知行分の諸役免許を受けた（同前・上越二五二三）。　（丸島）

加津野勝房　かずのかつふさ

生没年未詳。兵部丞。年未詳五月十八日、伊勢幸福大夫へ祈禱の礼状を出している（幸福大夫文書・二一九）。そのほかの事蹟は未詳。　（丸島）

加津野次郎右衛門尉　かずのじろうえもんのじょう

生年未詳～天正三年（一五七五）五月二十一日。武田氏の御一家（惣人数）。天正三年五月の長篠合戦で戦死した。名跡は、老母の訴えにより、真田幸綱の四男昌春の嫡男出羽に息女を娶らせることで維持された。しかし出羽が幼少であったため、昌春が「名代」として実質的に家督を掌握することになる。本領は、牛奥郷（山・甲州市）一二八貫八〇〇文であった（木村家文書・二八四六）。同年八月二十三日、武田勝頼は加津野昌春に対し、次郎右衛門尉の老母・息女や被官の扱いについて指示を出し、老母の隠居分として一〇貫文を分与するよう命じている（木村家文書・二八五九）。なお、加津野家の家財や下女については、次郎右衛門尉の老母・息女の差配下におかれることとなった。　（丸島）

加津野出羽　かずのでわ

生没年未詳。昌春の嫡男。天正三年（一五七五）、加津野次郎右衛門尉が長篠合戦で戦死したことを受け、同五年閏七月十三日に加津野家の婿養子として同家に入嗣した。しかしまだ幼少であったため、父昌春が「名代」をつとめることとなった（木村家文書・二八四六）。その後の動静は不明だが、昌春の嫡子であることから、真田長兵衛幸政が該当するか。であるとすると、承応二年（一六五三）正月五日死去、法名祖西院殿樹山林柏（白）居士（蓮華定院真田御一家過去帳、龍願寺過去帳）。母は馬場信春の娘、妻は真田昌幸の娘である（寛政譜）。しかし飯島文庫「御事蹟類典」のなかの早川家先祖書によると、出羽は昌春の嫡男で、真田長兵衛の兄とする。武田氏滅亡に際し、早川大蔵と名前を改めた（滅亡以前の致仕とも記す）。真田氏の姻戚である遠山右馬助（丹波守の子という）に扶助を受け、一斎と号した。甲府で死去し、子孫は佐渡奉行に任ぜられたとする。しかしこの先祖書は天保十四年（一八四三）九月に早川家から真田家に提出されたものであるうえ、昌春嫡男が早川姓を称した理由を不明とするなど問題が多すぎる。なお参考までに記して後考を俟ちたい。なおこの先祖書には、加津野出羽関係の武田氏発給文書二点が書写されている。（丸島）

加津野昌世 かずのまさただ

生没年未詳。孫四郎。永禄八年（一五六五）六月、武田義信とともに甲斐二宮美和神社（山・笛吹市）に太刀一腰を奉納した（美和神社文書・九四六）。（丸島）

加津野昌春 かずのまさはる

天文十六年（一五四七）～寛永九年（一六三二）五月四日、八六歳（寛永伝ほか）。源五郎、市右衛門尉、隠岐守、真田隠岐守。真田幸綱の四男。実名は昌春・信尹で、系譜類の伝える信昌は確認できない。「昌」字は信玄からの一字書出であろう。妻は馬場信春の娘という（寛政譜）。「惣人数」によれば、御鑓奉行、騎馬一五騎・足軽一〇人持ちであったという。元亀二年（一五七一）の駿河深沢城（静・御殿場市）攻めにおいて、武功をあげ、北条綱成が落とした「黄八幡」の旗指物を与えられたという（軍鑑・大成上三六六頁）。この旗は、今も伝わっている（真田宝物館所蔵）。天正五年（一五七七）閏七月十三日、息子出羽が加津野次郎右衛門尉の婿養子となったことを受け、成人までの「名代」として加津野家とその本領牛奥郷（山・甲州市）一三八貫八〇〇文を継承する（木村家文書・二八四六）。これにより、武田親類衆の家格となった。この時、一（市）右衛門尉。同年八月二十三日、次郎右衛門尉老母・息女の扱いについて勝頼から指示を受け、老母の隠居分として一〇貫文を分与するよう命じられる（木村家文書・二八五九）。この頃、駿河富士大宮に神馬一疋を奉納している（永昌院所蔵兜巌史略・補遺二三）。同七年六月二十五日、竜朱印状の奉者として甲斐二宮美和神社に対し、諸役免許を通達する（八代家文書・三一三三）。同八年十月、獅子朱印状奉者として妻籠（長・南木曽町）在番衆に対し、国一大夫の一行一三人の通行を許可する伝馬手形を奉じた（日本大学法学部所蔵算所村国一大夫文書・補遺五五七）。この時、隠岐守。同七年末から八年頭に、受領名を与えられたものとみられる。同十年の武田氏滅亡後は、実兄昌幸と行動をともにする。織田信長を経て上杉景勝に従属。しかし同十年七月二十七日、逆意を企てたと景勝から非難されているから（景勝公御書・上越二四八九）、これ以前に上杉氏を離反したことがわかる。同年九月二十八日、徳川家康から真田昌幸従属の仲介の功を賞される（譜牒余録・信15四六三、六四頁）。あわせて、昌幸と北条氏直の手切について工作を進めるよう指示を受けた。同月二十九日および十月十日にも、昌幸の徳川氏従属について徳川氏と音信を交わす（譜牒余録後編・信15四六六、六七頁）。同十一年一月二十四日、小県郡武石・丸子・和田・大門・内村・長窪の反乱を家康に報じたことを賞される（内角文庫所蔵御感書・信補遺上六〇三頁）。あわせて、昌幸の老母を人質として差し出すところ、病気のため遅れていたが、病気が平癒したため出発できる旨を伝えている（同前）。しかしながら、同年二月九日、昌幸老母の人質提出は、木曾義昌との調整が必要であると断りを入れ、了承された（同前・信補遺上六〇四頁）。同年三月十五日、島津忠直に対し、家康出馬は間違いないと述べるとともに、上杉氏と対立する意思はないと伝える（登坂金右衛門氏所蔵文書・信16四頁）。この時、「加隠昌春」と署判。その後、兄昌幸から離れ、同十二年に家康に仕える（寛永伝）。しかし家康とも相性悪く、致仕。同十八年の会津入国に際し、蒲生氏郷に仕えた（信直記・青中世1六九七頁）。曾禰昌世と行動をともにしたと思われる。その際、真田に復姓。実名もこの時信尹に改めたものとみられる。蒲生氏のもとでは、知行五〇〇〇石（会津支配帳・近江国古文書志4七九〇）、のち六〇〇〇石（武将文苑所収氏郷奥州会津拝領之刻千石より高侍支配帳）。同十九年の九戸攻めには、曾禰昌世とともに従軍した（信直記・青中世1六九七頁）。文禄年間（一五九二〜九六）とみられる五月六日、肥前名護屋（佐・唐津市）で秀吉の勘気をこうむり、金律へ流された三松斎（津川義近）が、禰津長左衛門に出す書状を託されている（禰津家文書・信17五〇二頁）。蒲生氏郷死去後、徳川氏のもとに復帰。慶長七年（一六〇二）正月二十七日、甲斐逸見筋で三〇〇〇石を与えられた（東武実録・山8四六〇、屋代家文書・山8六一六）。同十七年閏十月二十四日、真田信之に書状を出し、唐木田勘兵衛と百姓の出入りについて、寛恕を求めている（矢野文書・信21一八〇頁）。某年十一月二十八日、真田信之に書状を出し、無音を謝すとともに、頼まれていた懐紙を送った（長国寺殿御事蹟稿・信叢15三三頁）。この時、信尹と署判。同十九年十月の大坂冬の陣では使番として参陣（慶長見聞記・信21四七一頁）。同年十一月三日、陣中目付七人のうちのひとりに任ぜられる（当代記）。同月十一日、目付七人の連署で軍中の苅田狼藉禁止を、山内忠義や太田美濃守に通達している（山内家史料第二代忠義公記1二四七頁、譜牒余録・信21五〇六頁）。同日、翌十二日に天王寺に陣取るよう山内忠義に連名で通達した（山内家史料第二代忠義公記1二五三頁）。寛永九年五月四日病死。法名無斎禅定門（蓮華定院過去帳日坏信州小県分第一）。同年六月五日、跡部良保から山内忠義に訃報が伝えられている（山内文書・信25六三頁）。長兵衛幸政が後を継ぎ、子孫は旗本として存続したが、本家は三代目で無嗣絶家となった。娘のひとりは、真田昌幸養女の扱いで鎌原重春に嫁いだ（鎌原家記・真田一族と家臣団九八頁、県立長野図書館所蔵本藩名士小伝）。後室は寛永十七年に没した。法名は少林院殿月浦宗香大姉と伝わる（寺記）。（丸島）

かすへ かすへ

生没年未詳。信濃国筑摩郡井堀・高（長・麻績村）の人物。名字、諱は不明。「といや」は「問屋」か、詳細不明。天正九年（一五八一）の「伊勢内宮道者御祓くばり帳」において、「いほり・たかの分」の人物として「といやかすへ」と記載され、熨斗三〇本、茶五袋を配られたと記

されているのが唯一の所見（堀内健吉氏所蔵・三六四）。（平山）

葛山 かずらやま

生没年未詳。武田氏滅亡後、信松院（東・八王子市）に隠棲した信玄の娘信松尼（松姫）を頼ってきた人物のひとり。信松尼の「叔父信連入道弟葛山氏甥」であるという（信松院百回会場記・新編武蔵風土記稿）。叔父の「信連入道」は、松姫の母方の叔父油川信連の可能性があるが、信連は比較的若年で討ち死にしており、入道した可能性は低い。したがって、武田信廉（逍遥軒信綱）の実名として誤伝されている「信連」が該当しよう（武田源氏一統系図・山6下七三二頁）。信廉の弟には葛山氏はいないが、甥（松姫の弟）に葛山信貞がいる。信貞の男子が、松姫を頼ってきた可能性を指摘しておく。ただし、油川氏は葛山氏との関係が深く、「叔父信連入道」は油川信連であることも否定できない。その場合は、信貞の子息ではなく、別の葛山一族が亡命してきたことになる。（丸島）

葛山右近 かずらやまうこん

生年未詳～天正十年（一五八二）三月。武田信豊に仕えた。「武田源氏一流系図」によれば、油川信恵の曾孫といい、実名は氏友と伝わる（山6下七三八頁）。父は御宿左衛門佐信名、母は武田信虎の娘。祖父は葛山播磨守信貞で、油川信恵と武田信虎妹の間に生まれ、竹下葛山備中守維貞の養子となったというが（同前七三七頁）、信虎と信恵の関係を考えると疑わしい。ただし、信貞が今川義元に仕え、尾張笠寺（愛・名古屋市）に在城したという所伝は、那古屋今川氏に仕えたことを示唆する。また信恵の子が葛山播磨守信貞、その子が左衛門尉信名という記載は「古浅羽本武田系図」「両武田系図」にもみられ（群書系図部集3四二、五三頁）、系譜関係に疑問点が多いものの、油川氏と葛山氏は何らかの姻戚関係にあった可能性がある。父信名まで今川氏に仕えたという（武田源氏一流系図・山6下七三六頁）。葛山右近が「与武田相州一処打死」したという系図記載は（同前七三八頁）、「甲乱記」と一致しており、少なくとも武田信豊に仕えた人物であったことは間違いない。（丸島）

葛山氏元 かずらやまうじもと

永正十七年（一五二〇）～天正元年（一五七三）二月、五四歳。駿河国駿東郡の国衆。葛山氏は室町幕府の在国奉公衆であったが、今川氏との従属関係を深め、伊勢宗瑞の子息氏広を養子とした。氏元は葛山播磨守貞氏の子で（為和集・静7一八四四）、氏広の養子。通称は八郎。官途は左衛門佐、備中守。妻は北条氏綱の娘おちよ。天文四年（一五三五）正月二十二日の駿府東漸寺（静・静岡市）の月次歌会始で頭人をつとめたのが初見（同前・静7一三二二）。その後家督を継承し、同十一年七月十日には沼津光長寺（静・沼津市）へ長久保（静・長泉町）一〇貫文を給与（光長寺文書・戦今六八三）。同十四年九月に今川氏の長久保城攻めに参戦し、二十三日に吉野郷三郎へ感状を与える（吉野文書・戦今七七七）。同十五年四月七日に冷泉為和へ歌道の弟子となり（古今消息集・戦今七九六）、二十二日には吉野郷左衛門へ久日（静・富士宮市）内ほか（吉野文書・戦今七九七）、二十六日には後藤修理助へ西修理進跡地を宛行う（後藤文書・戦今七九八）。同十九年五月三日、岡宮浅間社（沼津市）へ社領安堵（判物証文写・戦今九四三）、二十日には武藤新左衛門へ神山（静・御殿場市）の政所給二貫文を与える（武藤文書・戦今九四五、一〇六〇）。八月二十日、植松藤太郎へ尾張出陣に際し一〇貫文を宛行う（植松徳郎氏所蔵文書・戦今九五九）。この文書が、印文「萬歳」の六角形朱印を押捺した初見である。十二月十五日、牧野保成へ三河国長沢（愛・豊川市）の領有に関し、駿府への上訴を助言する（松平奥平家文書写・戦今九九三）。同二十年十二月晦日には佐野浅間社（静・裾野市）の神主柏宮内丞へ懸銭を免除（柏木文書・戦今一〇六二）。同二十一年正月二十三日、佐野浅間社に領中での勧進を認め（同前・一〇六七）、四月二十七日には植松藤太郎へ口野郷内尾高村（沼津市）の権益を保証（植松徳郎氏所蔵文書・戦今一〇九〇）、九月六日には龍運庵宗玄へ棟別諸役を免除（龍雲寺文書・戦今一一〇八）、十一月十五日には佐野郷で検地を実施し浅間社への年貢高を定め、十二月十六日に社領を寄進した（柏木文書・戦今一一一一、二〇）。同二十二年三月九日には、武藤新左衛門尉へ神山の門屋棟別・点役を免除（武藤文書・戦今一一三五）、四月頃より尾張国笠寺（愛・名古屋市）へ出陣（信長公記首巻）、八月十六日には神五郎へ二岡権現（御殿場市）の禰宜職を安堵（内海文書・戦今一一五二）、九月十四日には大泉寺（沼津市）へあらためて諸点役を免除（大泉寺文書・戦今一一五五）、十一月二十六日には芹沢玄蕃尉へ茱萸沢郷（御殿場市）内の屋敷・門屋への諸役を免除した（芹沢文書・戦今一一五八）。弘治三年（一五五七）正月十三日と二月十五日には、今川氏真の館で前年より駿府滞在中の公家山科言継を招き開催された歌会へ参加し（言継卿記・静7二四八八、二五三七）、三月二十四日には楠見善左衛門尉へ口野郷江浦での問屋の権益を保証（久住文書・戦今一三三七）、八月二十八日には岡宮浅間社神主の諏訪部守信に神領への法度を定め（判物証文写・戦今一三五〇）、十月十六日には宝持院（御殿場市）へ寺領を安堵した（宝持院文書・戦今一三六二）。永禄元年（一五五八）八月四日、佐野浅間社禰宜助三郎へ風旱損のため延引していた修造の勧進を当一年限り認め（柏木文書・戦今一四一三）、十二日には吉野郷三郎へ富士高原（富士宮市）関所の管理を認めた（吉野文書・戦今一四八一）。同二年十一月七日、芹沢玄蕃助へ茱萸沢宿の問屋役を保証（芹沢文書・戦今一六四二）。同四年十一月二十八日、今川氏真による岡宮浅間社の供僧職安堵を受け、あらためて神領への法度を定めた（岡宮浅間神社文書・戦今一七五）。同五年二月六日、吉野郷三郎へ棟別銭三〇〇文を負担させ（吉野文書・戦今一七九〇）、七月二十六日には神山宿の伝馬銭をめぐる相論に裁許を下し（武藤文書・戦今一八四四）、八月五日には神山代官・名主武藤新左衛門尉へ裁許の執行と未納分の伝馬銭三貫文の納入を命じ（同前・一八五〇、五二）、十月二十日には大泉寺の寺領を安堵した（大泉寺文書・戦今一八七三）。同六年三月十九日、芹沢伊賀守へ須走関（静・小山町）の関銭納入と荷駄の通過を指示（芹沢文書・戦今一九〇二）、四月三日には獅子浜北南（沼津市）百姓中へ海豚捕獲を命じ、七月二日に植松右京亮へ上納分を定め（植松文書・戦今一九〇七、二四）、十二日には武藤与太郎へ神山の新在家の諸役を免除した（武藤文書・戦今一九二六）。同七年五月二十七日、芹沢伊賀守へ須走道者関の関銭上納を命じる（芹沢文書・戦今一九九〇）。同八年四月十五日、定輪寺（裾野市）を存桃長老へ安堵（定輪寺文書・戦今二〇三四）、二十八日には芹沢玄蕃允へ須走関の関銭一〇貫文の納入を命じ（芹沢文書・戦今二〇三五）、五月八日には芹沢伊賀守へ富士山警固衆の兵粮を新橋（御殿場市）の年貢での調達を指示（判物証文写・戦今二〇三六）、十月十日には轆轤師某□四郎へ堀内（裾野市）の伐木を認め（山田文書・戦今二〇五五）、十一月一日には吉野日向守へ三河国八幡（豊川市）での陣番を賞し山本（富士宮市）ほか四〇貫文を給与（吉野文書・戦今二〇六二）。同九年五月二十日、武藤新左衛門尉へ神山内新橋分の年貢一貫文を屋敷分として免除（武藤文書・戦今二〇九〇）、十二月三日には富士本宮浅間社（富士宮市）の鎰是彦六郎へ正月の祭礼費用を吉野日向守知行より受け取りを指示（判物証文写・戦今二一二六）、五日には吉田兼右が氏元夫人おちよの所望に応じ御守りを遣わす（兼右卿記・静7三三七二）。この「兼右卿記」の記事より、三男二女の子女が確認できる。同月七日、口野五ヶ村へ未勤の陣夫の提出を命じる（植松文書・戦今二二一七）。同十年八月三日、古沢市（御殿場市）の商人へ茱萸沢・二岡前・萩原の通行を義務づけ（芹沢文書・戦今二二三七）、十七日には鈴木若狭守たちへ関銭と荷留で没収した塩荷の納入を命じる（同前・二二四二）。十一月五日、吉原湊（静・富士市）での渡船修理のため、矢部将監たちへ河東領中での勧進を認めた（矢部文書・戦今二二五四）。同十一年二月二日、淀師（富士宮市）内の新四郎名を市川権右衛門に与える（渡井康景氏所蔵市川文書・戦今二二六三）。十二月、武田信玄が駿河侵攻を開始すると、娘婿の瀬名信輝たちとともに従属する（今川記・静7三四九七）。だが河東領は、武田氏と敵対する北条氏に経略されてしまう。同十二年二月十四日、橋本源左衛門尉へ植松右京亮知行分三〇貫文（橋本家文書・一三六五）、三月二十八日には三輪与兵衛へ古沢（御殿場市）など五〇貫文（判物証文写・一三八〇）、四月六日には芦沢清左衛門尉へ足洗（静岡市）内七〇貫文（芦沢家文書・一三八八）を宛行う。元亀元年（一五七〇）三月二十日、橋上（富士宮市）船役所中へ瀬名信輝の同朋衆竹阿弥の渡船通行を指示（森家文書・一五三六）。この後、武田氏への叛意が露見し、天正元年二月に信濃国諏訪（長・諏訪市）で一族とともに処刑された（仏眼禅師語録・静8六〇八ほか）。法名は瑞栄居士（同前）。（柴）

葛山三郎 かずらやまさぶろう

生没年未詳。駿河国衆葛山氏の一族。弘治二年（一五五六）十二月十日に駿府（静・静岡市）滞在中の山科言継と夕食をともに食したことが初見（言継卿記・静7二四四九）。また同三年正月二十九日には、今川義元のもとでの和歌始に参列している（同前・二五〇七）。このことより、当主葛山氏元に従い、駿府に在府していたことがわかる。永禄十一年（一五六八）十二月の武田信玄による駿河侵攻に際し、氏元とともに武田氏へ属す。元亀三年（一五七二）五月二日、信玄より武田氏へ属した以来の働きを賞され、駿河国古沢（静・御殿場市）内二〇〇貫文の知行地を宛行われる（東北遺物展覧会記念帳一九九三年所収文書・一八五三）。天正三年（一五七五）八月七日、武田家朱印状（奉者は長坂光堅）により、原川大和守へ知行なく奉公につとめていることを賞し、駿河国長窪（静・長泉町）の内六〇貫文の知行を与えているが（浅羽本系図所収文書・二五二〇）、これは元は葛山三郎が返上した知行地であった。この後は史料にはみられず、事蹟は不明。（柴）

葛山信貞 かずらやまのぶさだ

生年未詳～天正十年（一五八二）三月。武田信玄の六男で、「惣人数」（軍鑑）では、一二〇騎を率いる御一門衆としてみえる。駿河葛山氏の当主。母は油川氏娘。通称は十郎。元亀三年（一五七二）五月以前に葛山氏元の二女おふちと婚姻し、家督を継承する。同月十一日に、信玄が見性寺（静・裾野市）へ信貞との相談のうえで、葛山氏直轄地から寺領を寄進することを約束した判物（普明寺文書・一八七二）が、葛山氏当主としての確かな初見で、以後、重臣の御宿友綱による後見のもとで、葛山領の支配にあたったという（桃源美術館所蔵御宿文書・一〇五五、武田源氏一流系図・山6下一八三）。天正四年（一五七六）四月十五日の甲斐恵林寺（山・甲州市）で行われた信玄の葬儀では、信玄の位牌を捧げ参列する（武家事紀所収文書・二六三八）。同五年には富士本宮浅間社（静・富士宮市）の神事執行に際し、所領より計一二〇〇文を出費する（冨士浅間大社文書・二八〇九）。同六年八月二十三日には、越後上杉景勝へ同景虎との和平成就につき、武田勝頼の祝意を伝える（歴代古案・三〇二〇）。同十年三月の武田氏滅亡にともない、織田氏により甲斐善光寺（山・甲府市）で殺害された（甲乱記）。法名は「古浅羽本武田系図」（続群書類従）によると、陽春院瑞香浄英大禅定門。子息には結城秀康に仕えた後、大坂の陣では羽柴（豊臣）方として活動した御宿源左衛門貞友（のちに葛山信哲斎と称す）がいたとされるが（武田源氏一流系図・山6下一八三）、詳細は不明である。（柴）

加瀬沢助九郎 かせざわすけくろう
生没年未詳。駿河国庵原郡加瀬沢（静・静岡市）の土豪。武田氏が駿河へ侵攻した後の永禄十二年（一五六九）五月十六日の穴山信君判物（加瀬沢家文書・一四〇六）で穴山信君へ従い、興津（静岡市）近辺で一五貫文を宛行われた。また、同日付の穴山信君朱印状（同前・一四〇七）で、本領の加瀬沢を含む知行地の書立を渡されている。元亀三年（一五七二）九月十一日の佐野泰光等連署証文（同前・一九四八）では、滝（多喜、静岡市）の知行地で実施された検地の結果を知行書立として渡された。武田氏滅亡後は、在所に居住した（駿河志料）。（鈴木）

片切左馬丞 かたぎりさまのじょう
生没年未詳。信濃国伊那郡の国衆片切氏の一族か。通称は左馬允とも。元亀四年（一五七三）三月二十三日、諏訪大社御頭役に座光寺郷が指定されたことに対し、祝儀を使者として派遣されているのが初見（土橋満麿氏所蔵文書・二一四五）。その後、天正六年（一五七八）に武田氏が作成した「上諏訪大宮同前宮造宮帳」において、座光寺郷の代官として記録されている（諏訪大社上社文書・二九四六）。その後の事蹟は一切不詳。（平山）

片切西謙 かたぎりせいけん
生没年未詳。信濃国伊那郡の国衆片切氏の一族か。斎号は意鉤（意鈞、意釣とも）。武田氏滅亡と本能寺の変直後、下条頼安に宛てて提出された「天正壬午起請文」（七月六日付）に、飯島傑叟、飯島為吉、同為長、為若、大島甚七郎とともに署名しているのが唯一の所見（内閣文庫所蔵・山6下二四八）。なお「天正壬午起請文」の別本では、彼らは飯島衆の肩書きが付けられている。そのほかの事蹟は一切未詳。（平山）

片切宗三郎 かたぎりそうざぶろう
生没年未詳。信濃国伊那郡の国衆片切氏の一族か。武田氏滅亡と本能寺の変直後、徳川氏に提出された「天正壬午起請文」に、署名しているのが唯一の所見（内閣文庫所蔵・山6下二四八）。その後の事蹟は不明。（平山）

片切為茂 かたぎりためしげ
生没年未詳。信濃国伊那郡の国衆片切氏の一族か。通称は孫左衛門。武田氏滅亡と本能寺の変直後、徳川氏に提出された「天正壬午起請文」に、署名しているのが唯一の所見（内閣文庫所蔵・山6下二四八）。その後の事蹟は不明。（平山）

片切為成 かたぎりためなり

生没年未詳。信濃国伊那郡の国衆。片切城（長・中川村）主。通称は兵庫頭と伝わるが確認できない（赤須・上穂旧記録抄）。片桐と記す史料もあるが、片切が正しい。片切氏は、飯島・上穂・大島・赤須氏とともに春近衆と呼称された。「軍鑑」に五人あわせて五〇騎を引率し、組頭でも組子でもない武田氏直属の侍大将衆と記載されている。永禄三年（一五六〇）四月、上穂郷と赤須郷が境界争論を行った際に、片切為成・飯島為定が仲裁に入り、現地調査とそれに基づく縄打ちにより中分を行ってその解決を図っている（福沢家文書・六九一、六九二）。その際に、片切・飯島両氏は、斡旋内容を赤須郷地頭赤須昌為に通知している。これを受けて、赤須昌為と上穂貞親（上穂郷地頭）は、仲裁内容の受諾を片切・飯島両氏に連署で誓約している（福沢家文書・七一五）。なお、この文書によると、片切氏ら春近衆はこの時、伊那大島城（長・松川町）に在城していたらしい。その後史料に所見されなくなる。その後の事蹟は不明。（平山）

片切為房 かたぎりためふさ

生没年未詳。信濃国伊那郡の国衆片切氏の一族。通称は二兵衛尉。永禄十年（一五六七）八月八日付「下之郷起請文」では、武田氏重臣山県昌景に飯島為政、伴野三衛門とともに連署起請文を提出しているのが唯一の所見（生島足島神社文書・一一八一）。その後の事蹟は不明。（平山）

片切昌忠 かたぎりまさただ

生没年未詳。信濃国伊那郡の国衆片切氏の一族か。通称は源三郎。片切昌為の兄弟か。武田氏滅亡と本能寺の変直後、徳川氏に提出された「天正壬午起請文」に、署名しているのが唯一の所見（内閣文庫所蔵・山6下二四八）。その後の事蹟は不明。（平山）

片切昌為 かたぎりまさため

生没年未詳。信濃国伊那郡の国衆。片切城（長・中川村）主。通称は源七郎。片切為成の子と考えられる。片切氏は、飯島・上穂・大島・赤須氏とともに春近衆と呼称された。「軍鑑」に五人あわせて五〇騎を引率し、組頭でも組子でもない武田氏直属の侍大将衆と記載されている。永禄十年（一五六七）八月七日付「下之郷起請文」では、武田氏重臣吉田信生・浅利信種に一紙起請文を提出しているのが初見（生島足島神社文書・一二四三）。その後、天正三年（一五七五）八月十日、長篠敗戦後の武田勝頼が信濃伊那郡の防衛を保科正俊に指示した覚書において、木曾義昌・下条信氏・松尾小笠原信嶺とともに、伊那郡の目付を春近衆の一員として命じられ、もし忠節を尽くせば大草において、飯島氏とともに重恩を与えると特筆されている。このことからも、上伊那郡において片切氏は飯島氏とならんで有力な国衆であり、その帰趨が重視されていたことが窺われる。なお、織田軍により万一信濃・美濃国境が突破された場合には、飯島氏ら春近衆は高遠城に籠城するよう命じられている（武田神社所蔵文書・二五四四）。時期は定かでないが、天正期の諏訪神長官守矢氏の所領書立のなかに、伊那郡において「片切殿」は三貫文を請け負っていることが記載されている（守矢家文書・三三一一）。その後史料に所見されなくなる。そのほかの事蹟は一切不詳。ただ、同十年三月、織田軍侵攻の

際に、赤須・上穂氏らとともに大島城で戦死したとの伝承があるが（赤須・上穂旧記録抄）確認できない。（平山）

かた山新左衛門　かたやましんざえもん

生没年未詳。信濃国筑摩郡会田（長・松本市）の土豪。会田岩下氏の被官とみられる。天正九年（一五八一）の「伊勢内宮道者御祓くばり帳」において、「あいたいりの分」の人物として記載され、茶三袋を配られたと記されているのが唯一の所見（堀内健吉氏所蔵・三六四四）。（平山）

勝俣主税助　かつまたちからのすけ

生年未詳～天正九年（一五八一）三月二十二日。高天神籠城衆。天正九年の高天神落城に際して討ち死にした（乾徳山恵林寺雑本・信15一七頁）。（丸島）

勝村清兵衛　かつむらせいべい

生没年未詳。甲府城下の桶屋大工職頭。府中桶屋町に居住し、桶屋職人頭として国内桶屋職人の統轄をする。天正九年（一五八一）七月二十三日付の武田家朱印状によれば、甲斐国内の桶結の大工職を勝村氏と小長井宗兵衛の二人に申し付けるとある（諸州古文書・三五八七）。同十八年八月三日付の豊臣秀勝印判状や、文禄四年（一五九五）七月七日付の浅野家印判状も収蔵しており（国志）、江戸期にも甲府の桶屋職人頭として存続している。（柴辻）

加藤景忠　かとうかげただ

生年未詳～天正三年（一五七五）五月二十一日。駿河守虎景の子。丹後守。上野原（山・上野原市）の国衆。「惣人数」は小山田信茂の同心・被官とするが、「軍鑑」の別の箇所には相備えつまり寄騎とあり（大成上三八四頁）、こちらの方が正しい。郡内において、小山田氏から相対的に独立し、武田氏と直接結びついた国衆であった。ただし、「惣人数」が記すように、小山田氏との関係も強かったと考えられ、武田・小山田両氏に結びつくことで家の存続を図ったと思われる。地理的な関係から、北条氏への援軍、もしくは北条勢からの防衛を委ねられることが多かった。永禄四年（一五六一）秋には由井（東・八王子市）に北条氏への援軍として出陣しており、七月十日、北条勢の様子を報告するよう求められるとともに、いまだ在陣を続けているのはどういうなりゆきかと尋ねられている（加藤家旧蔵文書・七四六）。同元年に菩提寺保福寺（山・上野原市）を開基したという（寺記）。同九年十二月十二日、領内にある鷲宮神社（上野原市）宝殿の再興に際する棟札に「大檀那加藤丹後守殿」と名がみえる（鷲神社所蔵・一〇四五）。同年十二月には、嫡子弥次郎信景と連名で、牛久等神社本殿再興の棟札に記載がある（森嶋本甲斐国志草稿・一〇五〇）。この時、「大檀那藤原朝臣加藤丹後守景忠」と名が記されるとともに、「丹後守景忠」と署判しており、実名が判明する。某年、北条氏への援軍として由井（八王子市）へ派遣されたが、北条氏照より「無用」と回答され、信玄から撤退を命じられている（思文閣古書史料目録一九一号掲載文書・四一八四）。同十二年に武田氏が北条氏と敵対した際には、郡内防衛のため、荻原豊前守の指揮下におかれた（菅野家文書・一三九〇）。同年七月、再度駿河に出兵した際には先手として出陣、戦功を賞されている（静嘉堂文庫所蔵集古文書タ・一四二九）。この時は、手勢数百人を引き連れ、信玄の本陣がおかれた佐川から蓮池を繰り返して攻撃し、三増峠合戦にも参陣した（甲斐国志所収文書・一八九六）。天正五年に嫡子信景が「亡父丹後」とよんでいるため（同前）、同年以前に死去したものと思われる。菩提寺保福寺（上野原市）の過去帳に記された命日からすると、同三年の長篠合戦で討ち死にしたとみてよいだろう。法名は、傑宗道英居士（国志）。勝沼の泉勝院（山・甲州市）に位牌があったという（同前）。（丸島）

加藤虎景　かとうとらかげ

生没年未詳。駿河守。実名は「国志」所引の「里長ノ家記」による。加藤景忠・初鹿野昌久の父。郡内上野原（山・上野原市）を本拠とする国衆。信玄に「弓矢の指南」をしたという（軍鑑・大成下一九頁）。永禄四年（一五六一）三月三日、大石（北条）氏照より書状を送られ、援軍として千喜良口（神・相模原市）に出兵するよう求められている（加藤家文書・四〇三四）。加藤氏は北条領に接する都留郡の中小国衆で、しばしば北条氏への援軍として出兵したようである。法名は実山性心禅定門（国志）。なお、嫡孫信景と次男昌久の生年はほとんど変わらず、系譜関係に錯誤がある可能性を残す。（丸島）

加藤信景　かとうのぶかげ

天文九年（一五四〇）か～天正十年（一五八二）三月十二日。弥次郎、次郎左衛門尉。郡内上野原（山・上野原市）を本拠とする国衆。永禄九年（一五六六）十二月、牛倉神社本殿造営の棟札に父景忠と連署しているのが初見（森嶋本甲斐国志草稿・一〇五〇）。この時、「弥次郎信景」とある。天正五年十二月五日、諏訪神社（山・山梨市）に棟札を奉納し、亡父景忠の戦功を書き残した（甲斐国志所収文書・二八九八）。諏訪神社再興は、三増峠合戦の帰路に、暖をとる薪が不足した者たちが、同社を破却してしまったためという（同前）。信景は同年十一月十九日に、徳川領との境目である徳谷へ番手として出陣し、留守は嫡子千久利丸に任せていた。その無事を祈るための奉納でもあった。この時、次郎左衛門尉。また某年七月八日、勝頼より物見に出した者たちが、軍勢が通れる道ではないと言上してきたので進軍を停止しているが、その是非を判断してほしいと任されている（加藤家旧蔵文書・三七一六）。勝頼が「御行」と書いていること、加藤信景に再調査を頼んでいることから、信玄生前の永禄末～元亀頃（一五六九～七二）で、北条氏との戦争時のことと推定されるが、年次の確定はできない。「国志」および「武田源氏一統系図」（山6下七三〇頁）「武田源氏一流系図」（同前・七三九頁）が天正十年三月十二日死去としている「丹後守」（信厚）は、父景忠がすでに死去していることから、信景に比定される。晩年に受領名丹後守を継承したとみられる。武田氏滅亡時に武蔵箱根ヶ崎（東・瑞穂町）で討たれた。享年は四一または四三という（武田源氏一統系図、武田源氏一流系図、国志）。系図類にある四三とする説に従っておく。法名は傑宗道英居士（武田源氏一流系図・山6下七三九頁、国志）。なお、「武田源氏一統系図」（山6下七三〇頁）、「武田源氏一流系図」（同前七三九頁）は、武田信虎の弟勝沼信友の子とするが、世代が合わない。父景忠のこととしても、次男昌久を初鹿野氏に養子に出していることとずれが生じる。ただし、景忠とされる法名と同じ位牌が勝沼の泉勝院（山梨市）にあったといい（国志）、加藤氏が勝沼氏と関係が深かったことは事実のようである。勝沼氏は信友の死後、今井氏が継承しており、そこから養子入りを含む姻戚関係の構築がなされたことがあったのかもしれない。（丸島）

加藤兵部少輔　かとうひょうぶのしょう

生年未詳～明応三年（一四九四）三月二

十六日。郡内上野原加藤氏の一門か。武田氏の内向では油川信恵に味方したようである。しかし明応三年の合戦で信恵方は大敗（勝山）、兵部少輔も討ち死にした。法名は、与阿弥陀仏（一蓮寺過去帳・山6上四八頁）。（丸島）

加藤弥平次 かとうやへいじ

生年未詳～天正三年（一五七五）五月二十一日。郡内上野原の国衆加藤駿河守虎景の子（寛永伝御手洗氏譜）。実名は昌氏と伝わる。長篠合戦で討ち死にしたというから、兄景忠に同陣していたとみてよいだろう。妻は武田信廉の娘という（寛政譜御手洗氏譜）。後室はまだ二歳の子息を連れて、御手洗五郎兵衛尉に再嫁した。成長した子息は五郎兵衛尉の養子となり、左平次（昌広）と称した（寛永伝御手洗氏譜）。武田氏滅亡後は、徳川氏に仕え、慶長十六年（一六一一）七月一日に三七歳で没している。法名は桂山（同前）。なお、弥平次が加藤景忠・初鹿野昌久の弟で、虎景の三男であることは、「常山紀談」にもみえる。（丸島）

金井直澄 かないなおずみ

生没年未詳。助九郎。禰津常安の被官。永禄十年（一五六七）八月、武田家臣が信玄への忠節を誓った「下之郷起請文」を甘利信忠に宛てて提出している（宮入八樹氏所蔵御願書并誓詞写・四二〇）。「直」は禰津氏からの偏諱とみられる。（丸島）

金井房次 かないふさつぐ

生没年未詳。信濃小県郡の国衆、海野氏の被官。彦右衛門。永禄十年（一五六七）八月七日、信玄に忠節を誓う「下之郷起請文」を、海野衆の一員として提出した（生島足島神社文書・一二二）。（丸島）

金刺氏 かなさしうじ

→諏方（金刺）豊保 すわとよやす
諏方（金刺）尭存 すわたかあり

金子美濃守 かねこみののかみ

生没年未詳。上野国沼田衆（群・沼田市）。元は上野国衆沼田氏の重臣。「加沢記」では、妹が沼田顕泰の側室となり、末子景義を生んだことで、顕泰に取り立てられ、「執権」まで台頭した存在で、実名を泰清と伝えているが、事実かは確認できない。永禄四年（一五六一）の「関東幕注文」には、沼田衆として金子監持丞がみえ、これが前身にあたる可能性が高い（群三三三）。上杉謙信の関東侵攻後、沼田氏が没落して以降も、沼田衆として存続していたとみられる。天正八年（一五八〇）五月、武田氏から海野長門守らとともに吾妻郡岩櫃城（群・東吾妻町）の在城衆に任じられている（吾妻記・三三四八）。これによれば、これより以前に沼田城から退去し、武田氏に従ったことになる。以後は吾妻・沼田領支配を担当した真田昌幸の軍事指揮下におかれた。その一方、同年六月に沼田城から退去して、昌幸が同城攻略のために在城した名胡桃城（群・みなかみ町）に参陣したとするもの（加沢記・三三七五）、武田氏から同城明け渡しの功績を賞され、本領八〇貫文・新知行二〇貫文の計一〇〇貫文を宛行われたもの（同前・三三七四）、があり、矛盾している。沼田城攻略はそれ以後のことであるから、それらの内容には疑問がある。また同九年二月、勝頼から「彼者」を沼田で生害させたら川西で一〇〇〇貫文の知行を与えることを約されている（同前・三四九六）。これは「加沢記」によれば、妹の子沼田景義による沼田城奪取の計画に加担したが、武田氏のこの誘いによって寝返ったらしい。同十年三月の武田氏滅亡後も沼田衆として存続したらしいが、同十七年七月、沼田領が真田氏から北条氏に引き渡された後、同年十一月、沼田城代猪俣邦憲が同心吉田氏に宛行った知行のなかに、金子美濃分一六貫文があげられているから（吉田系図・戦北三五四七）、沼田城引き渡しにともなって、真田氏に従って沼田領から退去したとみられる。以後は真田氏家臣になったとみられるが、確実な所見はない。「加沢記」では、同十八年の小田原合戦後、家中から放逐され、吾妻領厚田村（東吾妻町）に隠棲、病死したとする。（黒田）

金子与三郎 かねこよさぶろう

生没年未詳。上野国衆国峰小幡氏の家臣とみられる。永禄十年（一五六七）八月七日付「下之郷起請文」において、小幡氏親類衆の連署起請文の宛名としてみえるのが唯一の所見（生島足島神社文書・一二四）。同起請文は、奉公対象が小幡信実（信真）とされているから、その宛名としてみえる金子与三郎は国峰小幡氏の重臣であったと捉えられる。（黒田）

金丸助六郎 かねまるすけろくろう

生年未詳～天正十年（一五八二）三月十一日。金丸筑前守の四男で（軍鑑・大成下三五頁）、土屋昌続の弟。「国志」は実名を定光または昌義とするが、一次史料からは明らかにできない。長兄平三郎が横死したため、金丸家の家督を嗣いだ。「惣人数」によると、むかでの指物衆であったという。武田氏滅亡に際し、勝頼に最後まで付き従って討ち死にした（軍鑑・大成下一八〇頁）。法名は金渓道助居士（国志）。また長盛院という寺には、功叟浄安禅定門とあったという（同前）。「国志」によると、男子が二人おり、嫡男左馬助昌春は、のちに結城秀康の家臣となり、越前大野城代三万五〇〇〇石に抜擢されている。「結城秀康給帳」は、石高一万八〇〇〇石とする（福井市史4一八四頁）。なお「徳川諸家系譜」は実名を昌雄とするが、いずれが正しいか確定できない。成慶院「甲州月牌記五」によると、三河足助の生まれであるというから、助六郎が三河に在番したことがあったようである（武田氏研究47四三頁）。左馬助は、慶長十二年（一六〇七）閏四月八日に没した結城秀康の後を追って、同月十一日に殉死した。法名は閑窓道有居士（国志）。ただし法名は寺院によって異なったらしく、「徳川諸家系譜」は高岳宗心、「甲州月牌記五」は国清寺殿一庭玄柏居士とする。（丸島）

金丸忠経 かねまるただつね

生没年未詳。若狭守。実名は、高野山成慶院に送った書状の目録による（檀那御寄進状幷消息・戦国大名武田氏の権力と支配三七六頁）。筑前守の父とされるが（国志、軍鑑・大成上三九一頁）、同世代の人物である。永禄七年（一五六四）には和田城（群・高崎市）に在城。四月九日、上杉方の物見を捕らえ、甲府へ送っている（丸山文庫古文書集・八八八）。それが確かに目付（物見）であったため、四月二十六日、信玄から捕縛したものに褒美を与えるよう命じられるとともに、防衛強化のため、山宮氏率いる鉄砲衆を派遣することを伝えられた（丸山文庫所蔵古文書集・八九〇）。某年、禰津（長・東御市）・甲府間の伝馬五疋の使用を長禅寺（山・甲府市）に許可した竜朱印状を奉じた（佐藤邦子氏所蔵続錦雑誌・三七五二）。「国志」は実名を虎嗣とし、天文五年（一五三六）九月五日没、法名麒庵勝麟居士とするが、明確な誤りである。おそらく同年に没した金丸若狭守という人物がおり、その嫡男が若狭守忠経、次男が金丸筑前守であったのではなかろうか。そうであれば、若狭守忠経と筑前守の世代が同じである事実と符合する。ひとつの試案として、提示してお

く。（丸島）

金丸筑前守 かねまるちくぜんのかみ

生年未詳～元亀二年（一五七一）八月八日。実名は「虎義」（国志）とするが、確認できない。若狭守忠経の子とされるが、活動時期は重なっている（同前、軍鑑・大成上二九二頁）。平三郎・土屋昌続・平八郎・秋山昌詮・助六郎・土屋昌恒・土屋惣八・秋山源三郎の父（同前下二四、二五頁ほか）。使番をつとめたという（同前上二九二頁）。永禄九年（一五六六）八月晦日、一蓮寺内の軸屋跡職を安堵するよう、市川家光とともに命じられた（一蓮寺旧蔵文書・一〇〇三）。同十年三月六日、真田幸綱が白井城（群・渋川市）を攻略したことを受け、箕輪（群・高崎市）に在番している春日虎綱と談合するよう命じられる（諸州古文書・一〇五四）。元亀二年八月八日没、法名長盛院玉叟浄金庵（国志所引長盛院位牌）。また「国志」は異説として「金丸某ノ家乗」から同三年没、長守院大叟照公禅定門を引き、こちらを正しいとするが、確定できない。菩提寺の位牌に従っておく。（丸島）

金丸平三郎 かねまるへいざぶろう

生没年未詳。「国志」は、天文九年（一五四〇）～永禄三年（一五六〇）三月とするが、一次史料と矛盾する。金丸筑前守の嫡男。実名は昌直というが（国志）、確認できない。永禄元年十月十六日、松尾信是の被官助右衛門に対し、一ヶ月に一度ずつ往来の荷物一駄分の諸役を免許する朱印状を取り次いだのが初見（諸州古文書・六五五）。同二年九月十二日、七〇貫文の給分を信玄から与えられているのが終見である（三越反町弘文荘展示大即売会目録掲載文書・七〇）。「軍鑑」によると、二一歳の時に、武田信廉の被官落合彦助に切り殺されたという（大成下二四頁）。その後の活動の所見がないため、事実を反映しているとみてよいであろう。子息に土屋讃岐守定政（法名西雲）、孫として土屋右衛門尉正成がいたというが（国志）、裏づけをとることができない。娘は甘利信忠に嫁いだ（同前）。（丸島）

金丸又四郎 かねまるまたしろう

生年未詳～天正三年（一五七五）五月二十一日。実名は忠次と伝わる（以下、寛永伝、寛政譜）。長篠合戦で討ち死にした。子息四郎兵衛尉（久次）が跡を嗣ぎ、上野において武功をあらわしたという。武田氏滅亡後は家康に仕え、井伊直政のもとに配された。（丸島）

狩野左近 かのさこん

生没年未詳。上野国勢多郡上南雲郷津久田村（群・渋川市）の土豪。天正九年（一五八一）七月十日付で岩櫃・白井城代真田昌幸が、南雲衆に宛てた朱印状写（長国寺殿御事蹟稿・三五八三）のなかに、南雲衆の寄親のひとりとしてみえている。そこでは南雲衆一一人は、以前に左近らの指揮のもと、利根川西岸域からの退去を受け容れた忠節を賞され、沼田領経略後に同領で所領を与えられることになっていたができなくなったため、武蔵・上野経略のうえであらためて所領を与えられることを約束されたうえで、とりあえず屋敷分について知行化を認められている。利根川西岸域からの退去とは、天正六年六月三日に上杉方白井長尾憲景から真田昌幸が不動山城（渋川市）を攻略し（歴代古案・戦北四八三）、その後おそらく同年中に同城が北条氏に引き渡されたことをいうとみられる。左近は、真田が同地に進出した際、それに応じた存在であったとみられる。しかし左近の所見は以後はなく、その後、津久田村狩野氏としては、同年十二月に越後上杉氏に従った新介

（狩野文書・群三〇八三）、同十年以降に北条氏に従った大学助・越後守（同前・戦北二四五、六九、三五七四）、隠岐守（同前・戦北二五六五）が所見される。相互の関係は不明だが、政治的代表者の地位に交替があったとみられる。左近がここで知行を認められているのは、武田氏が再び同地に進出したため、かつての関係が再確認されたことによるとみられる。（黒田）

鎌田長門守 かまたながとのかみ

生年未詳～天文十四年（一五四五）四月二十九日。天文十二年四月二十一日、高野山で自身の逆修（生前）供養を行ったのが初見（成慶院武田御日坏帳一番・山6下八九九頁）。天文十四年四月、伊那郡福与城（長・箕輪町）攻めにおいて討ち死にしてしまう（同前、甲陽日記）。同年五月二十日、妻室が自身の逆修供養を成慶院で営んでいる（成慶院武田御日坏帳一番・山6下八九九頁）。この時、亡夫の廻向も改めて依頼したのではなかろうか。（丸島）

上泉信綱 かみいずみのぶつな

生年未詳～天正元年（一五七三）。剣術家。軍配者。初めは秀綱と称す。伊勢守。上野国勢多郡上泉（群・前橋市）の出身。元は同地の大胡氏一族で、箕輪城主（群・高崎市）の長野業政の家臣となり、新影流の兵法を創始した。永禄九年（一五六六）の長野氏滅亡後に、一時、武田家に仕える。しかし間もなく京都に移っており、元亀三年（一五七二）八月二日付で、武蔵守信綱との名で諏訪の国衆である千野昌房に宛てて、今度の不慮に際して、種々の馳走に預かったので、太刀や武具などを譲ると伝えている（千野家文書・一九三）。この頃の動向は「言継卿記」にも多くみられる。（柴辻）

上倉治部大輔 かみくらじぶだゆう

生年未詳～慶長四年（一五九九）。信濃国水内郡上倉郷（長・飯山市）の国衆。後世の家譜では実名を元春とする（上杉年譜23三〇〇）。永禄年間（一五五八～七〇）に越後上杉氏の下で飯山（飯山市）に在城した上倉下総守の後継者か。天正九年（一五八一）十一月八日の武田勝頼書状写（己亥採訪文書・三六二）で、武田氏に従属したことがみえる。武田氏滅亡後は尾崎重元の仲介により、十一月までに上杉氏に帰参した（己亥採訪文書・三六二、なお本文書は武田勝頼書状ではなく上杉景勝書状の誤写）。同十一年正月（京暦では閏正月）に上杉景勝から軍役定書を与えられ、海津（長・長野市）に在城している（上杉年譜・信15五五六頁）。同年四月の徳川勢佐久・小県出兵に際しては、海津から大将（物主）として出陣し、虚空蔵山城（長・坂城町）に入るよう命じられた（歴代古案・信16四〇頁）。七月に織田家臣佐々成政が越後西浜を攻撃した時には、岩井昌能とともにただちに春日山（新・上越市）に入っている（鈴木文書・信16七二頁）。翌十二年四月の屋代秀正出奔に際しては、二日に信濃をしっかりとまとめ、とくに須田信政が離反することがないよう才覚することが求められた（歴代古案・信16二八頁）。「文禄三年定納員数目録」には知行二五〇〇石が書き上げられている他、多くの同心を抱えている（上杉氏分限帳五七頁）。上杉氏の会津（福島・会津若松市）への転封にも従ったが、慶長四年（一五九九）に讒訴で上杉景勝の勘気をこうむり、直江兼続に御預となって同年中に死去した（上杉年譜23三〇〇）。家督は尾崎三郎左衛門重誉の子の茂左衛門元経が嗣ぎ、子孫は米沢藩士として存続している（同前）。（鈴木・丸島）

上倉三河守 かみくらみかわのかみ

生没年未詳。信濃国水内郡上倉郷（長・

飯山市）の国衆上倉氏の一族。初めは越後上杉氏に属したが、天正六年（一五七八）に武田・上杉両氏の和睦で北信濃が武田氏に割譲されたことにともなって同氏に従属した。同八年九月三日の尾崎重元証文写（尾崎家文書・三四三）では、大滝・夜交・小幡氏ら六名とともに、尾崎重元を通じて年貢の件を甲府（勝頼）に訴えたところ、蔵方に申し出るように指示されて訴訟を起こした結果、勝頼の上聞に達して武田氏の代官・蔵方の書立と引き合わせたうえで渡す旨を伝えられた。武田氏滅亡および本能寺の変後の動きは必ずしも迅速ではなかったらしい。同十年六月六日、上杉景勝は小幡光盛を味方につけようとした際に、本田石見守同心上倉三河守の所領宛行を条件として出している（小幡家文書・信15三四頁）。空手形の乱発であったともいえる。その後上杉氏に帰参し、文禄三年（一五九四）には上倉治部大夫（元春）の同心として一二七石余を知行している（文禄三年定納員数目録・上杉氏分限帳五七頁）。　（鈴木）

上条高業　かみじょうたかなり

生没年未詳。上野国衆国峰小幡氏の家臣。通称は権助。実名のうち「高」は小幡氏の通字であるから、それからの偏諱によるとみられる。永禄十年（一五六七）八月七日付「下之郷起請文」において、国峰小幡氏の家臣で尾崎郷（群・富岡市西部）における地縁集団尾崎衆の連署起請文で三番目に署判しているのが唯一の所見（生島足島神社文書・一一七二）。　（黒田）

亀田大夫　かめだだゆう

生没年・実名未詳。伊勢大神宮の御師。駿河ほか東海地域担当の先達。元亀二年（一五七一）十二月、武田氏配下の駿河庵原郡領主の朝比奈信置は、亀田氏に伊勢大神宮の神楽銭として、同郡西方から二〇貫文を寄進して、祈禱を依頼している（亀田文書・一七六七）。翌三年四月十四日、武田信玄は今川氏時代の亀田氏の所領を没収し、替地として富士郡善徳寺領のうちから一〇〇貫文を寄進し、武運長久を祈らせている（同前・一八二八）。　（柴辻）

萱沼大炊左衛門尉　かやぬまおおいざえもんのじょう

生没年未詳。元亀元年（一五七〇）四月十五日、小山田信茂から渡辺又五郎の跡地を与えられ、軍役をつとめるよう指示されている（萱沼家文書・一五四〇）。萱沼氏は同年十月の「西念寺寺領仕置日記」の冒頭に下吉田衆として、萱沼右馬允、同名木工助、同与三左衛門の名が見える（西念寺文書・一六〇七）。同帳に記された負担額は数十文の者が多いが、右馬允は七二〇文、木工助は四九二文と突出しており、萱沼氏は下吉田の有力者であったことがうかがえる。近世には天神社を祀っていたといい、大炊左衛門はその中でも旧家に属した可能性が高いという（山4解説編・二四五頁）。

軽沢登安　かるいざわなりやす

生没年未詳。宮内助。苗字からみて、佐久郡軽井沢の国衆か。年未詳十一月十七日、高野山蓮華定院に返書を送っている（蓮華定院文書・信叢1四四七頁）。「世情故爰元者不輩」と述べており、天正十年（一五八二）のものの可能性があるが、確定できない。　（丸島）

河上三蔵　かわかみさんぞう

生年未詳～天正九年（一五八一）三月二十二日。高天神籠城衆。天正九年の高天神落城に際して討ち死にした。法名雄山元良居士（乾徳山恵林寺雑本・信15一七頁）。法名について、「信州塩尻河上喜十郎申之」と注記があるから、信濃筑摩郡の武士とわかる。　（丸島）

河上富信 かわかみとみのぶ

生没年未詳。飛驒国の武士。江馬輝盛の家臣。中務丞・中務少輔。河上氏は、江馬輝盛とともにほぼ一貫して上杉方に帰属した。天正元年（一五七三）四月二十五日、輝盛の指示を受け、武田軍が甲斐に撤退したのは、信玄が病死したからだとの噂があると上杉謙信に報じたのは富信である（上杉家文書・一五二）。しかし同七年七月、信濃国安曇郡の仁科信盛（信玄の息子、仁科氏当主）の調略を受け、武田氏に従属する旨を河上富信が申し入れている（御判物古書写・三四一）。だが、江馬氏や河上氏が武田方に帰属してそれ以後積極的に動いた形跡はなく、御館の乱にともなう上杉氏の勢力後退を背景に、武田氏と織田氏の両属を目指したのであろう。なお、江馬氏は同十年二月には織田方に属し、武田領国侵攻に従軍している（飛州志ほか）。同年十月、江馬輝盛が三木自綱と戦い敗死すると、ほとんどの一族、家臣も戦死したといわれ、江馬氏は事実上滅亡するが、富信は生き残り、江馬時政を擁して江馬氏再興を図るが実現しなかったようである（飛州志ほか）。その後の事蹟は不明。（平山）

河窪信俊 かわくぼのぶとし

→松尾信俊 まつおのぶとし

河田重親 かわだしげちか

享禄四年（一五三一）～文禄二年（一五九三）、六三歳（寛永伝）。元は越後上杉氏家臣で上野沼田（群・沼田市）城将。天正七年（一五七九）八月に武田氏に従属する。前年からの越後御館の乱に際して北条氏に従い、越後に進軍するが、同年四月に上杉景虎滅亡にともない上野に帰還、厩橋北条氏を頼って同城に居住する（諸家文書・三五九）。五月に北条氏から勢多郡不動山城（群・渋川市）を与えられるが（伊佐早謙採集文書・戦北二〇六九）、実現をみたかは不明である。同年八月、武田氏と北条氏の抗争の展開にともない、厩橋城（群・前橋市）に在城するなか、同城主北条芳林（高広）に従って武田氏に従属する（諸家文書・三五三）。同年十二月二十六日付で武田氏から、沼田領経略のうえで同領内の地の宛行を約束されている（伊佐早謙採集文書・三二九）。同八年七月一日に不動山城が所在する南雲郷宮田村の土豪須田勘丞に対し、「彼口」における「種々相稼」ぐ功績への功賞として、「相調」ったら南雲郷において三〇貫文の所領の宛行を約束し、今後の忠信を求めている（須田文書・三八二）。「彼口」は沼田城のこととみられている。これによれば重親は不動山城を領有していた可能性が認められる。しかしその後の動向は不明で、明確な所見はみられなくなる。その後は北条氏に従い、同十八年の同氏滅亡後は徳川氏に仕えたという。北条氏に従った時期についても明確にならない。（黒田）

河田彦左衛門尉 かわだひこざえもんのじょう

生没年未詳。甲斐国八代郡一宮郷（山・笛吹市一宮町）の甲斐一宮の浅間神社付属の大工職人。永禄元年（一五五八）十一月の同社山宮本殿の棟札銘によれば、檜皮大工の次郎左衛門尉とともに、同本殿の造営を担当している（浅間神社所蔵・六二）。（柴辻）

川手惣大夫 かわてそうだゆう

生没年未詳。甲斐国巨摩郡河内帯金庄大島（山・身延町）の人物。穴山家臣。慶長四年（一五九九）十一月六日、高野山に亡父本伝徳心の供養を依頼しているのが唯一の所見（成慶院過去帳・武田氏研究43）。（平山）

河原宮内助　かわはらくないのすけ
生年未詳～天正三年（一五七五）五月二十一日。河原隆正の嫡男。実名は正良といったという（信綱寺殿御事蹟稿・信叢15一〇七頁）。これが正しければ、実父隆正からの偏諱となる。天正三年の長篠合戦で弟とともに討ち死にした（同前、真田氏所蔵御家中系図）。これにより、河原家の家督は弟綱家が嗣ぐことになる。（丸島）

河原玄斎　かわはらげんさい
生没年未詳。真田郷の住人。天正八年（一五八〇）三月二十一日、子息善興禅定門の菩提を高野山蓮華定院に依頼している（過去帳月坏信州小県郡分第一）。あるいは、河原隆正と同一人物か。某年某日、真田昌幸から朱印状で兵糧の運搬を命じられている（河原家文書）。文書の伝来より、河原一門で、かつ同氏の当主に近い人間であることは間違いない。（丸島）

河原新十郎　かわはらしんじゅうろう
生年未詳～天正三年（一五七五）五月二十一日。河原隆正の次男。実名は正忠といったという（信綱寺殿御事蹟稿・信叢15一〇七頁）。これが正しければ、実父隆正からの偏諱となる。天正三年の長篠合戦で兄弟ともに討ち死にした（同前、真田氏所蔵御家中系図）。（丸島）

河原隆正　かわはらたかまさ
生没年未詳。真田家臣。丹波守。妹が真田幸綱に嫁ぎ、五人の子息を産んでいる（一徳斎殿御事蹟稿・信叢15三頁ほか）天正三年（一五七五）十月十七日、真田（長・上田市）の町屋敷・年貢について、子息宮内助が真田信綱より宛行われたと主張し、真田昌幸から安堵を得る（河原家文書・三四〇）。これは、隆正の嫡男宮内助が同年五月二十一日の長篠合戦で戦死したための処置とみられる（信綱寺殿御事蹟稿・信叢15一〇七頁）。家督は四男の綱家が継承した（県立長野図書館所蔵本藩名士小伝）。（丸島）

河原綱家　かわはらつないえ
生年未詳～寛永十一年（一六三四）七月二十一日。真田家臣。隆正の子。又次郎、左衛門尉、右京亮。天正元年（一五七三）十一月二十二日、真田信綱の加冠によって元服し、又次郎綱家を名乗った（河原家文書・三三七）。同三年五月の長篠合戦で、長兄宮内助、次兄新十郎が戦死したため、家督を嗣ぐ（信綱寺殿御事蹟稿・信叢15一〇七頁、県立長野図書館所蔵本藩名士小伝）。同六～七年頃の「真田氏給人知行地検地帳」には本高六貫四七〇文・役高五四〇文・見出一貫七〇文の合計八貫八〇文が書き上げられている（真田町誌調査報告書2）。また、同心給として、七郎右衛門四貫二一〇文、かひやうへ七貫五四〇文・蔵嶋忠左衛門一貫八二〇文・新蔵右衛門一貫三二〇文も記載がある。同十年の武田氏滅亡後も、引き続き真田昌幸に仕えた。同十七年まで左衛門尉、慶長二年（一五九七）より右京亮でみえる。主として上野吾妻郡の軍政に携わった。関ヶ原合戦時には、大坂留守居役をつとめており、昌幸正室山之手殿をともなって脱出することに成功している（本藩名士小伝、真田氏所蔵御家中系図）。関ヶ原合戦後は、信之に仕え、真田（長・上田市）・横尾（上田市）の肝煎として、上田領支配の一端を担った。真田家の松代転封後の寛永元年、知行五〇〇石を与えられた（河原家文書・信24一八三頁）。寛永十一年死去。法名は陽春院殿華□長閑大居士（上田市真田町にある墓銘による）。（丸島）

河村左衛門尉　かわむらさえもんのじょう
生年未詳～永正五年（一五〇八）十月四

日。油川信恵の被官と思われる。永正五年の武田信虎と油川信恵の合戦で討ち死にした。法名は、頓阿弥陀仏（一蓮寺過去帳・山6上四三頁）。（丸島）

河村重家 かわむらしげいえ

生没年未詳。油川信恵の家臣。河内守。某年正月十八日、油川信恵のもとに送られた伊勢御師幸福平次郎の書状に返書を書くと同時に、自身の御祓いまでしてもらったことに謝辞を述べている（幸福大夫文書・一二四）。（丸島）

河村下総守 かわむらしもうさのかみ

生年未詳～天正十年（一五八二）三月十一日。武田信勝幼少よりの家臣。武田氏滅亡に際し、信勝の後を追って自害した（甲乱記）。（丸島）

河村縄興 かわむらつなおき

生没年未詳。隠岐守。大永二年（一五二二）二月八日、伊勢御師幸福大夫に返書を送り、駿河衆を多く討ち取ったことを伝えている（幸福大夫文書・四九）。信虎の側近家臣であろう。某年、逸見左京亮のもとに派遣され、同陣を指示されている「河村」は彼のことか（逸見文書・一〇八）。（丸島）

河村信貞 かわむらのぶさだ

生没年未詳。掃部允。延徳元年（一四八九）十一月十八日、広厳院（山・笛吹市）に寺領三貫文を寄進している（広厳院文書・三）。（丸島）

河村房秀 かわむらふさひで

生没年未詳。治部左衛門尉。郡内小山田氏の被官。永禄十年（一五六七）八月八日、小山田被官衆のひとりとして、武田氏に忠節を誓う「下之郷起請文」を提出した（生島足島神社文書・一二九）。（丸島）

河村道雅 かわむらみちまさ

生年未詳～天正十年（一五八二）三月十一日。下野守。御納戸奉行（惣人数）。落合村（山・富士河口湖町）の地頭という（国志）。武田氏滅亡に際し、勝頼に従って討ち死にした。法名は、西山常円庵主（同前）。妻室が居宅跡に常泉寺を開いたという。妻は天正十三年三月二十三日没。法名真如貞春大姉（同前）。（丸島）

菅右衛門 かんえもん

生没年未詳。諏方春芳軒の代官。元亀元年（一五七〇）九月二十三日、諏訪大社上社神長官守矢信真に田辺郷（長・諏訪市）からの年貢一一貫文を連名で引き渡した。その際、「春芳代官」として、円形黒印を捺している。（丸島）

閑斎軒入道 かんさいけんにゅうどう

生没年未詳。木曾家臣。永禄八年（一五六五）十月一日、木曾義昌が黒沢若宮社（長・木曽町）に三十六歌仙板絵を奉納した際、大中臣頼基朝臣の板絵を奉納した（武居誠氏所蔵・九五六）。（丸島）

願成寺俊虎 がんじょうじしゅんこ

生没年未詳。武田晴信の甥というが（国志）、系譜関係はわからない。鳳凰山願成寺（山・韮崎市）の住持をつとめた（同前）。そのほかの事蹟は不明。（丸島）

神尾淡路守 かんのおあわじのかみ

生没年未詳。宗（惣）大夫、淡路守。遠江出身だが、海野衆の一員。あるいは房友と同一人物か。元亀三年（一五七二）の「西上作戦」に従軍。同年十月八日、信玄より遠江における本領を安堵される（神尾家文書・一九七二）。この時、宗大夫。同月十六日、同心・被官が忠信に励めば、恩賞を与える旨を伝えられた（同前・一九七五）。天正四年（一五七六）十一月十一日、被官が軍役を嫌って他所を徘徊しているとして、早々に召し返すよう命じられる（同前・二七四二）。同八年五月に、淡路守の受領を与えられた（同前・三三五〇、神尾氏先祖書写）。武田氏滅亡後、真田昌幸に帰属。同十四年二月十六日、近年の忠節を賞され、葦田のうち依田摂津守知行分七〇貫文を与えられた（神尾家文書・信16四〇五頁）。同十六〜十七年とみられる十月十九日、高野山蓮華定院で高侃浄蓮禅定門という法名が付されている（過去帳月坏信州小県分第一）。これが命日だろう。子息はその後、上田宿（長・上田市）の旅籠屋となった。慶長十一年（一六〇六）十月二十七日、真田信之より上田城下の海野町・原町における来客用の宿所取りまとめを命じられる（同前・信20三〇一頁）。元和二年（一六一六）六月六日、海野町の伝馬法度を与えられた（同前・信22三三五頁）。子孫は代々遠州屋久左衛門を称し、真田氏の松代転封後も上田の問屋として存続した。（丸島）

神尾左近丞 かんのおさこんのじょう

生没年未詳。駿河衆。天正元年（一五七三）十月二十一日、武田氏へ軍役奉公を願い出て認められ、武田家朱印状（奉者は市川昌房）により駿河国上島（静・静岡市）内ほか三ヶ所、計三五貫文を宛行われた（判物証文写・二九九）。同状に「不募先方」とみえることより、武田氏へ仕える以前は今川氏の被官としてあったことが推察される。（柴）

神尾但馬 かんのおたじま

生年未詳〜天正九年（一五八一）三月二十二日。高天神籠城衆。天正九年の高天神落城に際して討ち死にした（乾徳山恵林寺雑本・信15一七頁）。遠江衆から信濃海野衆となった神尾氏の一族か。（丸島）

神尾成房 かんのおなりふさ

天文二年（一五三三）〜慶長十三年（一六〇八）十二月二十九日、七六歳（寛政譜）。庄左衛門尉。武田家の祐筆（惣人数）。天正五年（一五七七）頃、駿河富士大宮（静・富士宮市）に神馬一疋を奉納した（永昌院所蔵兜巌史略・補遺二三）。この時、「庄左衛門尉成房」と署判しており、これが正しい実名である。「寛政譜」に神尾勝左衛門房成とみえる。それによると当初今川義元・氏真に仕え、その後に武田信玄・勝頼に仕えた。武田氏滅亡後、徳川家康のもとで祐筆をつとめ、扶持米三〇〇俵を賜ったという。この経歴からみて、「惣人数」の記す神尾庄左衛門尉と、「寛政譜」の記す神尾勝左衛門は同一人物とみてよいだろう。慶長十三年十二月十九日没、享年七六。法名道円（寛政譜）。（丸島）

神尾房友 かんのおふさとも

生没年未詳。信濃小県郡の国衆、海野氏の被官。惣左衛門。元は今川家臣で、遠江出身の可能性がある。永禄九年（一五六六）閏八月二十四日、栩原次郎右衛門尉分の給恩籾子一七四俵一斗六升・畠年貢七貫二一〇文および染屋（長・上田市）において屋敷地などを信玄より宛行われた（神尾家文書・一〇二一）。同十年八月七日、信玄に忠節を誓う「下之郷起請文」を、海野衆の一員として提出した（生島足島神社文書・一二三一）。その後の動静は不明だが、淡路守と同一人物の可能性がある。（丸島）

神林 かんばやし

生没年未詳。信濃国伊那郡の土豪。高遠衆。高遠諏方頼継の旧臣。受領、官途、諱など一切不明。弘治三年（一五五七）一月二十一日、武田氏より伊那の諸郷に対し夫丸を徴発するよう、保科正俊とともに命じられているのが唯一の所見（新編会津風土記二・五三七）。そのほかの事蹟は不明。（平山）

神林喜三郎 かんばやしきさぶろう

生没年未詳。信濃国伊那郡の土豪。高遠

衆か。永禄九年（一五六六）三月吉日成立の「諏訪社頭役請取帳」において、同年三月頭のうち十九日に中沢高見郷（長・駒ヶ根市）の頭殿をつとめているのが唯一の所見（土橋家文書・九八八）。そのほかの事蹟は不明。（平山）

神林刑部少輔　かんばやしぎょうぶのしょう

生年未詳～天正十年（一五八二）三月十一日。天正十年三月の武田氏滅亡に際し、勝頼に従って討ち死にしたという（甲乱記）。（丸島）

神林清十郎　かんばやしせいじゅうろう

生年未詳～天正十年（一五八二）三月十一日。神林氏は諏方高遠氏の旧臣か。神林道林の子か。武田勝頼とともに滅亡した人物のひとりとして記録にみえるのが唯一の所見（景徳院過去帳）。法名は、清神道林もしくは清林道格（景徳院位牌）。ただし一次史料では確認できない。（平山）

神林道林　かんばやしどうりん

生年未詳～天正十年（一五八二）三月十一日。神林氏は諏方高遠氏の旧臣か。武田勝頼とともに滅亡した人物のひとりとして記録にみえるのが唯一の所見（景徳院過去帳）。ただし一次史料では確認できない。（平山）

鎌原筑前守　かんばらちくぜんのかみ

大永七年（一五二七）～天正三年（一五七五）五月二十一日、四九歳（鎌原氏家譜）。上野国衆で、吾妻郡鎌原郷（群・嬬恋村）の領主。実名は重澄と伝えられる。通称は初め宮内少輔、のちに筑前守を称した。妻は吾妻郡海野長門守幸光の娘と伝えられるが（加沢記）、世代が合わないように思われる。初めは岩下斎藤氏に従い、同心となっていたとみられるが、吾妻郡羽尾氏と所領をめぐる争いから、永禄四年（一五六一）十一月、武田氏の上野侵攻に際して斎藤氏から離叛し、武田氏に従属した。信玄からは援軍として一軍の派遣を約束されている。この時宮内少輔でみえる（鎌原系図・七六三）。同五年三月、信玄は、武田氏に帰属してきた斎藤氏に対して、宮内少輔の所領について返還を要請したが、斎藤氏からは拒否されたため、信玄から羽尾領（群・長野原町）で与えた所領のとおりに、信濃国海野領で所領を与えることを伝えられている（伏島文書・七七五）。これによれば、斎藤氏から離叛した後、所領を奪われていたこと、武田氏の上野侵攻にともなって本領に復帰し、新たに羽尾領を与えられたが、斎藤氏が武田氏に従属したため、それを維持できなくなり、武田氏から信濃国で替地を与えられることになったとみられる。同年五月、箕輪衆であった吾妻郡大戸城（群・東吾妻町）の浦野中務少輔・新八郎兄弟を武田方に引き入れ、武田氏から援軍を獲得して、本拠鎌原城に海野・禰津・真田勢を迎えている（同前・七八五）。以後、浦野氏との間の取次にあたっている（新編会津風土記・八〇九、四〇八）。同七年正月二十二日、斎藤氏が武田氏から離叛したものの家中衆の離叛にあって没落した際は、岩下城におかれていた家中衆の人質を確保し、武田氏家臣三枝虎吉とともに同城在番をつとめ、その確保にあたり、それらの功績を信玄から賞されている。この時まで宮内少輔でみえる（国立国会図書館所蔵文書・八六二）。翌二月十七日から筑前守でみえるので、その間に同受領名を武田氏から与えられたと推測される。そこでは、以前に吾妻郡三原（群・嬬恋村）で与えることを約束していた所領について、斎藤氏の押領によって与えることができず、海野領で替地を与えていた二〇〇貫文について、あらためて宛行われている（鎌原系図・八七三）。同地はそれ以前に羽尾領と称されていた地に相当するから、羽尾氏の旧領とみられ、これ以前に羽尾氏が没落したことがわかる。以後は真田氏に付属され、その同心とされた（信綱寺殿御事蹟稿・三七三八）。天正三年二月二十二日に、武田氏から欠落した被官の召し返しを認められているのが終見（伏島文書・二四六四）。その後、武田氏滅亡までの鎌原氏の動向はみられないが、子孫は真田氏家臣となっている。（黒田）

勘兵衛 かんべえ

生没年未詳。信濃国筑摩郡会田（長・松本市）の土豪。会田岩下氏の被官とみられる。天正九年（一五八一）の「伊勢内宮道者御祓くばり帳」において、「あいた」の人物として記載され、茶二袋を配られたと記されているのが唯一の所見（堀内健吉氏所蔵・三六四四）。（平山）

き

希庵玄密 きあんげんみつ

生没年未詳。臨済宗妙心寺派僧。甲斐・恵林寺住職。明叔慶浚の法嗣で、永禄六年（一五六三）十一月、信玄は美濃岩村（岐・恵那市岩村町）・大円寺住職であった希庵玄密を、甲斐の恵林寺・継続院両寺の住持に懇請した（葛藤集・四〇二七、二八、四一九三）。信玄の度重なる懇請により、同七年春に大円寺より恵林寺（山・甲州市塩山）に入るが、すぐに弟子の快川紹喜に住職を譲り、大円寺に戻る。同年五月、信玄母の大井夫人の十三回忌に恵林比丘玄密として香語を読んでいる。同十年には、親交の深かった穴山信君の求めに応じて、その父穴山信友の画像に賛を贈っている（穴山信友画像賛銘・一〇九七）。年未詳であるが、希庵の帰国後に、快川が希庵やその弟子である功淑宗輔に、その後の様子を尋ねた書状がいくつかみられる（葛藤集ほか・三八一九、三九二一、五三三、六二）。没年は明らかでないが、帰国後に賊徒に殺されたという。（柴辻）

帰雲軒宗存 きうんけんそうぞん

生没年未詳。武田信昌の子（武田源氏一流系図・山6下七三七頁）。出家したこと以外は、詳細不明である。なお、竜華院（山・甲府市）大用宗存とは別人である。（丸島）

菊隠瑞潭 きくいんずいたん

文安三年（一四四六）～大永四年（一五二四）。矢坪（山・山梨市）の永昌院の二世。丹波国上杉村（京・綾部市）の生まれ、俗姓は荒木氏。広厳院の一華文英の弟子。のちに甲斐楠甫村（山・市川三郷町六郷）に善応寺、武蔵に瑞泉寺を開き開山となる。永正元年（一五〇四）に師の「一華文英頂相」に賛を書いている（永昌院所蔵・四一三二）。仏事法語を集めた「菊隠録」「菊潭録」を残している（山6上）。同九年、丹波の永澤寺の住職となるが、程なく帰国し、広厳院で没す。（日本洞上聯灯録）（柴辻）

菊屋坊 きくやぼう

生没年未詳。富士北口浅間神社（山・富士吉田市）所属の上吉田宿富士山御師で、近世には代々田辺豊前を称したという（山4解説編三三八頁）。年未詳六月九日、武田信虎から駒橋のうちで宮の脇六貫文を与えられている（秋山雅子氏所蔵文書・九八）。元亀三年（一五七二）十月の「西念寺領仕置日記」には、燈明料三百文負担者としてみえている（西念寺文書・一六〇七）。文禄元年（一五九二）三月の「上吉田宿伝馬帳写」には、菊屋を名乗る者が複数みえる（小沢鯉一郎家文書・富士吉田市史

史料編3八四）。 （柴辻・丸島）

輝山宗珠 きざんしゅうじゅ

生年未詳～享禄元年（一五二八）。曹洞宗・甲斐竜華院の二世住職。三河宝飯郡（愛・豊橋市）の生まれで俗姓は藤原氏。二七歳で竜華院（山・甲府市中道町）開山の桂節宗昌（明応五年・一四九六没）に師事し、その跡を嗣ぎ住職となる。在住三十余年におよぶ（日本洞上聯灯録）。 （柴辻）

岸平右衛門尉 きしへいえもんのじょう

生没年未詳。遠江国城東郡中村（静・掛川市）の土豪。天正二年（一五七四）六月九日、武田勝頼の遠江高天神城（掛川市）への攻撃に際し、各所へ逃散した中村郷百姓の還住を認めた武田家朱印状（奉者は山県〈三枝〉昌貞）を獲得した（岸家文書・三五四）。岸家には、このほかに天正十七年（一五八九）七月七日付で原桑地（掛川市）や中村郷へ宛てた徳川家七か条定書（奉者は前者が小栗吉忠、後者が大久保忠佐）が伝わるが（同前・静8二〇九八・三二〇）、平右衛門尉との関係は不明。後裔は中村に在住し続けた。 （柴）

木島出雲守 きじまいずものかみ

生没年未詳。信濃国高井郡木島（長・木島平村、飯山市）の国衆。鎌倉期から同地に居住し、南北朝期以降は高梨氏の傘下にあったが、戦国期の弘治三年（一五五七）二月に武田氏の攻撃を受けて従属した（木島平村誌）。この後は飯富虎昌の指揮下に入り、原左京亮の居城の山田城（長・高山村）を守備し、越後長尾（上杉）氏の動向を注視する役割を担った。同月二十五日の武田晴信判物写（諸家古案集・五三一）では、飯富虎昌から敵（長尾氏）が中野（長・中野市）へ移動したとのしらせを受けたので、城内の備えを堅固にするよう、原左京亮とともに命じられた。同年三月十一日には越後衆の出兵を知らせる注進状を原左京亮と連名で送り、十四日の武田晴信書状（志賀槙太郎氏所蔵文書・五五〇）では、この注進状の返書として、予定どおり晴信が出陣するので、詳細は陣中で直接会って話をすること、それまでは飯富虎昌の所へ報告するよう命じられている。その後の動向は不明だが、武田氏滅亡後に木島監物丞・又次郎兄弟が上杉氏配下の高梨頼親から所領を宛行われている（別本歴代古案・上越二八四四、三〇一二）。 （鈴木）

岐秀元伯 ぎしゅうげんぱく

生年未詳～永禄五年（一五六二）三月二十三日。京都・臨済宗妙心寺派（関山派）の僧。鳳栖玄梁の法弟。信玄の母大井夫人の招きを受け、初め甲斐巨摩郡大井庄鮎沢（山・南アルプス市）の長禅寺（古長禅寺）に入山し、信玄幼時の学問の師となった。天文二十一年（一五五二）五月、大井夫人の葬儀の大導師をつとめる。その後、信玄は長禅寺を甲府に移し、岐秀を開山とし、府中五山の第一位に列した。弘治二年（一五五六）十月の希庵玄密宛の快川紹喜書状によれば、その状況を伝えている（葛藤集・四一六三）。永禄元年、信玄が出家するに際して、薙髪の大導師となり、授衣・授戒し、機山信玄の法名を与えたという。没後は、その法嗣の春国が住職となった。 （柴辻）

木曾千太郎 きそせんたろう

元亀元年（一五七〇）～天正十年（一五八二）三月一日、一三歳（国志）。木曾義昌の嫡男。甲府に人質として出され、甲斐坂井村（山・韮崎市）にある上野豊後の屋敷に預けられていた。天正十年正月の木曾義昌謀叛により、祖母（義昌母、七〇歳、法名宝光院玉輪妙関大姉）・姉（一七歳、法名六観院幻屋法身大姉）とともに

処刑された。法名は、光明寺木曾浄高大禅定門。のちに光明寺（韮崎市）に墓が造られた（系図纂要、国志）。　（丸島）

木曾長稠　きそながしげ

生没年未詳。九郎次郎。木曾一門。永禄八年（一五六五）十月一日、木曾義昌が黒沢若宮社（長・木曽町）に三十六歌仙板絵を奉納した際、藤原敏行朝臣および壬生忠見の板絵を奉納した（武居誠氏所蔵・九五六）。　（丸島）

木曾長政　きそながまさ

「木曾旧記録」は木曾義昌の初名とするが（信叢1三五頁）、この時期の木曾氏の通字は「義」であり、庶流家であろう。永禄三年（一五六〇）六月十三日の願文が唯一の所見である（木曾旧記録・六九七）。
（丸島）

木曾義昌　きそよしまさ

天文九年（一五四〇）～文禄四年（一五九五）三月十七日、五六歳（木曾旧記録・信叢1三三頁）。信濃木曽郡の国衆。宗太郎、左馬頭、伊予守。妻は武田信玄の娘真竜院殿。印文「玄徹」「福寿」の朱印・黒印を用いた。某年十月二十八日、定勝寺如意庵に小川山を安堵しているのが初期の文書（定勝寺文書・三〇五〇）。この時、宗太郎。永禄七年（一五六四）六月九日、義昌が参府した返礼として、本来なら信玄・義信か、少なくとも勝頼が赴くべきところ、出陣で慌ただしいため、工藤七郎左衛門を派遣した旨が千村・山村両家老に伝えられている（千村家文書・八九八）。世上が落ち着いたら、木曾領である洗馬（長・松本市）まで信玄自身が赴くと述べられているから、木曾義昌が相当厚遇されている様子が窺える。同八年までに家督を相続。同年二月、諏訪慈雲寺の天桂玄長より「玉山」の道号を与えられた（久々利東漸寺旧蔵・可児市史5一〇五頁）。同年十月一日、黒沢若宮社（長・木曽町）に三十六歌仙の板絵を奉納した（武居誠氏所蔵・九五六）。義昌は、九枚と最も多くの板絵を奉納している。天正元年（一五七三）正月五日、前年十二月二十二日の三方原での戦勝祝いの使者を信玄のもとに派遣した（歌田家文書・二〇二三）。同年八月二十四日、原平左衛門尉に知行を宛行った（原家文書・二一五四）。この時は、袖に署名のうえで朱印を押捺している。印文は未確認だが、「玄徹」の可能性が高い。義昌は武田氏より朱印使用を許可されており、出家号を刻んだ朱印を使用していた。この時点で、自身の出家号を決めていたことがわかる。同二年十二月十日、勝頼から美濃制圧の暁には、関（岐・関市）において一〇〇〇貫文を宛行う約束を受けた（東京大学史料編纂所所蔵古文書雑纂・二四〇四）。同三年七月十三日、家老山村良利が木曾家中を義昌のもとでまとめるよう、勝頼から求められている（山村家文書・二五〇六）。同年八月十日に勝頼が出した伊那郡の防衛指示では、木曾義昌は伊那郡への援軍として位置づけられると同時に、木曽谷の防衛にも配慮するよう求められた。また木曽谷へ目付を派遣するよう指示されており、勝頼が神経をとがらせている様子がよくわかる（武田神社所蔵文書・二五一四）。某年六月二十二日付の武田信豊書状では、義昌老母の在府を讃えられると同時に、三郎次郎が三〇日間木曽へ戻ることが許されている（辻守正氏所蔵文書・補遺六五）。天正四年四月三日、木曾家臣が連名で、武田勝頼・木曾義昌に忠節を誓う起請文を提出した。その最後の条項では、万一義昌が勝頼に逆心を企てた場合は、まず諫言し、それでも従わなければ甲府へ注進することを誓約している（東京国立博物館所蔵甲州信州武州古文書・二六二九)。同六年十二月二十六日には、定勝寺如意庵に対し、徹蔵主の身上および隠居所・町屋敷について、要望に応えると書き送った(定勝寺文書・三〇六二)。この時が、朱印「玄徹」の確実な初見である。同七年四月三日には伝馬手形を発給(多賀大社本池家文書・補遺三五二)。同八年初頭に甲府へ参府(新編会津風土記・三八三)。土屋昌恒がそれにより「彼是御取乱」と述べているから、逆にいえば木曾氏の参府は相当の待遇で迎えられたとみてよい。同年閏三月二十六日の岩門大権現(長・王滝村)社頭再興の棟札に、大檀那伊予守源義昌とみえる(滝重規氏所蔵文書・三三二四)。以後、伊予守。武田家では同七年末～八年初頭に家臣団に官途・受領が与えられているため、参府時に改称したものか。同九年二月、興禅寺に対し、朱印状で寺中定書を発給した(興禅寺文書・三五一〇)。武田家では厚遇されてきたが、同十年正月までに離反(甲乱記)。織田信長に実弟上松蔵人を人質として差し出し、二月一日、苗木遠山氏の援軍を得た(信長公記)。二月六日、信長のもとに派遣していた塚本三郎兵衛尉に対し、援軍の早期派遣を促すように求める条目を送る(塚本家文書・三六五四)。この時は「玄徹」印判を黒印で使用しており、信長に配慮している様子が窺える。勝頼は二月二日に諏訪上原に布陣し、十六日に今福昌和を総大将とする先陣を出陣させるが、義昌はこの軍勢を撃退した(信長公記、甲乱記)。二月二日、原平左衛門尉に、朱印状の形で感状を与えているのは、この時武田方と交戦したことへの恩賞であろうか(原家文書・三六五三)。義昌謀叛を聞いた上杉景勝は援軍派遣を申し出るが(上杉家文書・三六六〇)、北条氏政は、木曾が裏切ったのが本当ならば、そのまま美濃衆が乱入し、勝頼は防戦のしようがないだろうという予測をたてていた(三上文書・戦北二三〇九)。この予測どおり、三月十一日に武田氏は滅亡をとげる。木曾義昌は、その引き金を引いたといってよいだろう。三月二十日、上諏訪法花寺に陣を布いた信長のもとへ御礼に見参し、馬二疋を献上した。これに対し、信長は安曇・筑摩二郡を義昌に与え、その功に報いた(徳川林政史研究所所蔵信玄勝頼秀吉家康秀忠公御朱印御書写・信15一七六頁、信長公記)。以後、信長のもとでは黒印を用いている。六月二日の本能寺の変で情勢は激変。義昌は帰国しようとする滝川一益を押しとどめ(木曾考・信15二六五頁)、一益が連れてきた佐久・小県郡の人質衆を受け取ることでようやく通過を許可した(寛政譜)。なおこの時一益が伊予守を称したことを憚ってか、左馬頭を名乗っている。諏訪郡への進出も図り、諏訪大社神宮寺に印文「福寿」の黒印を用いて禁制を下している(矢島家文書・信15二四四頁、家康朱印状とするが誤り)。そのまま深志城(松本市)に入るが、上杉景勝の支援を受けた旧城主小笠原氏の攻勢に敗退。安曇・筑摩二郡の人質を連れて木曽に退却した(岩岡家記・信15二七二頁)。七月に北条氏直と結んで頽勢を挽回しようとするが(千野家文書・戦北二三七三)、失敗。手に入れた人質を活用することはできなかった。同十年七月二十七日、伊那郡箕輪の知行割りを進める旨、定勝寺に申し入れた(定勝寺文書・信15三五四頁)。この時は再び印文「玄徹」の朱印を使用。以後、朱印使用を再開する。同日出家し、玄徹と号した(小野家文書・信15三五三頁)。八月九日、佐久郡・小県郡の人質の引き渡しを、徳川家康から要請される(古今消息集・信15三八七頁）。結局、信長から与えられた二郡を失ったまま、九月十日に家康に従属した（同前・信15四四七頁ほか）。同十一年には印文「福寿」の朱印使用を再開しており、また武田氏の用いた奉書式朱印状の形式を踏襲した事例もある（三村家文書・信16三三頁ほか）。このように、印判使用にはやや混乱がみられるようであり、今後の検討課題となっている。羽柴政権下では、家康に従って、下総阿知戸（網戸、千・旭市）一万石へ転封となった。同十八年九月のことであるという（木曾旧記録・信叢1二三五頁）。どのような場所かわからないと尻込みして、従う家臣は少なかったとされる（木曾考・信叢7二三六頁）。その後隠居し、家督を子息義利に譲った。年次のわかる発給文書は、同年十二月十二日付の黒印状が終見である（千村家文書・信17二五六頁）。そのほか、阿知戸発給とおぼしき文書が散見される。文禄四年三月十七日、同地で没したという（東漸寺位牌、岐蘇古今沿革志ほか）。享年五六（木曾旧記録・信叢1三三二頁）。ただし没年は諸書一致せず、ほかに文禄四年二月十三日説（同前）、同三月十三日説（同前・信叢1三三二頁）、慶長元年（一五九六）七月十三日説（木曾考続貂・信叢7二五五頁）がある。法名は東漸寺殿玉山徹公（同前）。東漸寺に肖像画が残る。（丸島）

木曾義昌室　きそよしまさしつ

天文十九年（一五五〇）～正保四年（一六四七）七月十日、九八歳。武田晴信の三女。母は側室油川氏の娘。真理姫と称す。弘治元年（一五五五）八月、武田晴信が信濃・木曽谷（長・木曽町）に進攻し、木曾義康は降伏して和議を申し入れ、娘を人質として甲府へ送った。代わりに嫡男の義昌に晴信の娘を正室として迎えている（軍鑑）。同年十一月には、義康父子が甲府へ赴き臣従の礼を取り、義昌は武田親族衆になっている。天正五年（一五七七）に、嫡男千太郎（のちの義利）を出生しており、次男義春ほかの子女も儲けている。同十年二月、義昌が織田信長の調略により武田勝頼に謀叛したため、人質となっていた義昌母と娘は処断された。夫人は処断を免れ、義昌は本能寺の変後に徳川家康に臣従して本領を安堵された。同十八年七月の小田原戦役の後、関東へ国替えとなった家康に従って、義昌は下総・阿知戸（千・旭市）へ移封となり、夫人も同行した。慶長五年（一六〇〇）九月の関が原合戦後、子義利が改易となり、母は末子義通とともに木曽谷に戻り、黒沢（木曽町）に隠棲して、同地で病死している。法名は真竜院殿仁栄宗真大姉。（柴辻）

木曾義康　きそよしやす

永正十一年（一五一四）か～天正七年（一五七九）正月七日、六六歳（木曾旧記録・信叢1二三〇頁ほか）。信濃木曽郡の国衆。義在の子。源太郎、中務大輔、聴雨斎宗春。天文二十三年（一五五四）八月頃に武田氏に出仕した（勝山）。娘の岩姫を人質に出したという（木曾考続貂・信叢1二五四頁）。弘治元年（一五五五）九月、苗木遠山直廉からの援軍要請を晴信に伝え、九月二十七日、後詰めとして出陣を指示された（早稲田大学図書館所蔵諸家文書写・六四五）。この時、中務大輔。永禄二年（一五五九）二月四日、亀子の所領を安堵している（木曾旧記録・六一五）。同三年八月九日、古畑孫助の戦功を讃え、かつ要害防衛を命じている（木曽福島町史掲載文書・七〇四）。本文書は袖に「木曾源」黒印を捺したものだが、偽文書と考えざるを得ない。木曾氏の文書は、検討の余地がある文書が多い点に留意する必要がある。同四年正月十七日、菩提寺定勝寺（長・大桑村）に野尻郷内（大桑村）の林在家を新寄進している（定勝寺文書・七三二）。この時は、花押を袖に書いている。同年閏三月四日、千村新十郎の忠功を讃え、宮之越津領（長・木曽町）から扶持米を宛行った（千村家文書・七三三）。某年三月二十四日、祝言は吉日であるので、明後日に執り行うのがよいという考えに賛同する旨の返書を出している（定勝寺文書・三八八）。義昌の祝言に関するものであろうか。その後隠居したとみられ、聴雨斎宗春と号する。永禄八年十月一日、嫡子義昌が黒沢若宮社（木曽町）に奉納した三十六歌仙板絵には、「紀友則」および「小野小町」の歌が書かれた板絵を納めている（武居誠氏所蔵・九五六）。某年四月一日、「苗室」三回忌について、興禅寺と書状を交わしている（興禅寺文書・四三〇七）。木曾義昌の母親は義康死後も健在だから、この「苗室」は側室という意味であろうか。某年五月一日、興禅寺に書状を送り、世話になった礼を謝している（同前・四三六）。ただし、体調を崩していたらしい。このため、朱印を使用。某年七月十五日にも興禅寺に赴くはずが眼病で行くことができず、逆に興禅寺に足を運んでもらうことになった礼状を出している（同前・四三三）。興禅寺には、某年十月二十四日、十二月二十六日にも書状を出しているほか、署判部のみの断簡もある（同前・四三五、三九、四二）。いずれも印文「福」の朱印を用いている点に特徴がある。木曾氏は、武田氏より朱印状の使用を許可されていたとみてよいだろう。なお、「源義康」朱印の使用例もあるが、こちらは疑わしい。「木曽旧記録」のひく「或書」によると、天正二年に隠居し、同七年正月に死去したという（信叢1二三〇頁）。ただし、生没年については諸説ある。「木曽旧記録」は、没年を永禄八年五月七日または天正七年正月七日とし、享年五二または六六とする（同前）。「木曽考」は永正十一年生まれ、永禄八年没、享年五二としている（信叢7二〇七頁）。一方「木曽考続貂」は永禄四年没と書いたものを天正七年正月七日に訂正する（信叢7二五四頁）。しかしながら、永禄八年十月一日の三十六歌仙板絵裏銘の存在から、永禄八年五月七日説は成立し得ない。したがって、諸記録に記載のある天正七年正月七日没がもっとも蓋然性が高い。ただし「木曽旧記録」が「或書」から引用する同二年隠居は、義昌の活動と整合性がとれず、事実ではないだろう。享年も五二歳説と六六歳説とある。前者なら享禄元年（一五二八）、後者なら永正十一年生まれとなる。子息義昌が天文九年生まれであることを考えると、永正十一年説が妥当か。「木曽旧記録」は父義在の生年を永正十一年とするが（信叢1二三〇頁）、これは義康との混同となる。父義在の生年について、「木曾考」は明応二年（一四九三）生まれとしており（信叢7二〇七頁）、これなら問題はない。以上から、永正十一年生まれ、天正七年没、享年六六と考えておきたい。法名は、自覚院伝陽山椿公。位牌は定勝寺にあったという（木曽旧記録・信叢1二三〇頁）。

（丸島）

北条勝広 きたじょうかつひろ

生没年未詳。上野国衆で厩橋城（群・前橋市）主。北条高広（芳林）の次男。通称は初め仮名弥五郎、次いで受領名丹後守を称する。兄景広が天正七年（一五七九）二月に越後御館の乱において戦死したため、新たに嫡子に立てられたとみられる。同十年二月、父高広が白井領子持山別当（群・渋川市）に出した寄進状のなかに、「高広・勝広父子」とあるのが初見（子持神社文書・三六六二）。「勝」は武田勝頼からの偏諱と推定される。武田氏滅亡後の同十一年六月二十一日付で家臣曾我式部に知行宛行状を出し、また「丹後守」と署名しているから、それまでに家督を継承し、同官に改称したことが知られる（上毛伝説雑記・群三一五五）。同年七月十九日付で越後上杉景勝から父高広と連名で書状を送られ、宛名には仮名弥五郎で記されていることから、同仮名を称していたことが確認される（坂田文書・群三一五八）。仮名でみえるのは、丹後守への改称を、上杉氏が承知していなかったためであろう。ただし宛名は勝広が筆頭で記されているから、勝広が家督であったことは間違いない。しかし勝広に関する所見はこれが最後で、同十二年八月からは弟弥五郎高広が家督としてみえるから（前橋八幡宮文書・戦北二六九五）、その間に死去もしくは廃嫡されたと推測される。（黒田）

北条高広　きたじょうたかひろ

生没年未詳。上野国衆で厩橋城（群・前橋市）主。元は越後上杉氏の重臣、天正七年（一五七九）八月に武田氏に従属する。通称は仮名弥五郎、受領名丹後守、次いで安芸守を称し、出家後は法名芳林を称する。元来は越後国衆で、刈羽郡北条城主（新・柏崎市）。天文三年（一五三四）が初見。同二十三年から丹後守でみえる。上杉謙信から永禄五年（一五六二）五月頃に厩橋城を与えられ、厩橋領を支配する。また同族常陸介高繁は大胡氏を継承し、大胡領を支配した。同九年十二月に上杉氏から離叛して小田原北条氏に従属した。それにともない武田氏とも味方関係になり、十二月五日に武田信玄から書状を送られている（江口文書・一〇四二）。同十二年四月、上杉氏と北条氏の同盟にともなって上杉氏に帰参を認められた（謙信公御書・戦北一三〇七）。元亀二年（一五七一）十二月には、武田氏と小田原北条氏の同盟にともない、上杉氏を加えた三和を画策し、武田氏に打診している（高橋大吉氏所蔵文書・一七六二）。またその時から嫡子景広とともに宛名書されるようになり、同三年九月には景広が上位に記されているから（亙尊文庫文書・群二七一五）、その間に景広に家督が譲られたと捉えられる。天正二年三月から十一月の間に安芸守に改称、景広が丹後守を襲名している（塚原周造氏所蔵文書・群二七九三）。同六年三月の上杉謙信の死去直後から、法名芳林でみえる（江口文書・群二八九五）。その後の越後御館の乱においては景虎方に味方し、小田原北条氏に従って越後に侵攻する。同七年の景虎滅亡後、上野に帰還した。同乱で当主景広が戦死したため、再び家督を管掌するようになる。武田氏と小田原北条氏の抗争が展開すると、同年八月十六日以前に武田氏に従属した（諸家文書・三一五二）。娘婿那波顕宗や厩橋城に滞在していた河田重親らがそれに同調している。同年十二月には還俗したのか、実名高広を称している（宇津木文書・三三一四）。同十年二月には白井領子持山別当（群・渋川市）に寄進状を出しており、同領への進出を遂げている（子持神社文書・三六六二）。武田氏滅亡後は滝川一益に従い、本拠厩橋城を明け渡している。同十年六月の神流川合戦後は、小田原北条氏に従いつつ、領国の回復、さらに惣社領の経略をすすめている（上毛伝説雑記・群三一五一）。十一月、小田原北条氏が沼田領侵攻のため進軍してきた際、参陣を求められたが拒否、同氏に敵対し越後上杉氏を頼る。この頃から再び法名芳林を称している（江口文書・群三三六）。同十一年六月には嫡子勝広が文書発給しているので、家督を譲ったか（上毛伝説雑記・群三二五）。しかし同年九月十八日に小田原北条氏に降伏し、厩橋城から出城し、大胡城（群・前橋市）に退去した（藩中古文書・戦北四二九）。同年十一月に指南を受けた北条氏照から書状を送られているのが終見（楓軒文書纂・戦北二七四二）。その後に死去したとみられる。家督は三男弥五郎高広が継承、子孫は米沢藩士として続いた。子女には景広・勝広・高広、河田長親妻・那波顕宗妻があった。（黒田）

北条高政 きたじょうたかまさ

生没年未詳。上野国衆厩橋北条氏の一族で、北条高広の弟といい（北条家系譜草稿・北条元利の生涯）、同親富の養子と推定される。通称は初め右衛門尉、次いで長門守を称する。実名については当時の史料では確認されていない。天正七年（一五七九）八月二十八日に武田勝頼から、養父と推定される親富とともに、惣領高広を武田氏に従属させたことを賞されている（北条文書・三一五七）。取次として箕輪城代内藤昌月がみえるから、同人の取次を受けたことが知られる。同年十一月にも同じく高広が武田氏に忠信を果たしたことに尽力したため、勝頼から称されている（同前・三一九三）。同八年三月から長門守でみえ、養父親富から家督を嗣いだとみられるとともに、武田氏から新田由良氏領の桐生領仁田山一跡（群・桐生市）の宛行を約束されている（同前・三三二七）。武田氏滅亡後は惣領高広に従って滝川一益に従い、同十年四月、一益から所領の安堵・宛行を受けている（同前・三二四）。それにより本領が厩橋領原中尾郷（群・前橋市）にあったことが知られる。神流川合戦後は惣領高広とは別行動をとって小田原北条氏に従い、同年閏十二月に同郷を北条氏直から安堵されている（同前・戦北二四六八）。しかし同十三年に越後上杉景勝に従い、越後に移住し、その後上杉氏重臣直江兼続配下の与板衆に属したという。文禄四年（一五九五）に隠居したという。子孫は米沢藩士として続いた（北条家系譜草稿）。（黒田）

北条親富 きたじょうちかとみ

生没年未詳。上野国衆厩橋北条氏の一族。通称は仮名源八郎、官途名右衛門尉、受領名長門守を称する。永禄六年（一五六三）四月、惣領高広から景広に付属され、源八郎でみえるのが初見（北条文書・群三二九三）。同十年二月から右衛門尉でみえる（歴代古案・上越五四九）。同十二年九月に北条氏照家臣に送った書状で実名「親富」が確認される（杉田文書・戦北四一三）。同年十月から長門守でみえる（江口文書・戦北三三三）。天正七年八月二十八日に武田勝頼から、養子と推定される高政とともに、惣領高広を武田氏に従属させたことを賞されている（歴代古案・三一五八）。取次として箕輪城代内藤昌月がみえるから、同人の取次を受けたことが知られる。これが終見であり、その後は高政が家督としてみえている。（黒田）

北須肥前 きたすひぜん

生没年未詳。信濃国伊那郡の武士。伊那部衆。春近衆の構成員である赤須氏の家臣とみられ、武田氏滅亡と本能寺の変直後、提出された「天正壬午起請文」に赤須衆の肩書きをもちつつも、伊那部衆として春日治部少輔らとともに連署しているのが唯一の所見（内閣文庫所蔵・山6下二四八）。その後の事蹟は不明。（平山）

北原七左衛門 きたばらしちざえもん

生没年未詳。信濃国伊那郡の武士。北原

（長・伊那市）の人か。武田氏滅亡と本能寺の変直後、下条頼安に宛てて提出された「天正壬午起請文」（七月六日付）に、飯島傑叟、片切意鉤、飯島為吉、同為長、為若、大島甚七郎とともに署名しているのが唯一の所見（内閣文庫所蔵・山6下二四八）。なお「天正壬午起請文」の別本では、彼らは飯島衆の肩書きが付けられている。そのほかの事蹟は一切未詳。（平山）

北山の山作衆 きたやまのやまづくりしゅう

駿河国富士郡狩宿村（静・富士宮市）の山作衆。元亀三年（一五七二）四月晦日付の武田家朱印状によると、富士北山の木樵山作衆との連名宛で、城の材木板以下の奉公をつとめるよう指令されている（判物証文写・一八四六）。次いで天正七年（一五七九）五月二十三日付の朱印状では、山作りの奉公をつとめたので、杣取り四九人に一月に馬六〇疋と、弥左衛門は特別な奉公をしたので馬二疋の駿河・遠江両国内での往還諸役を免除している（同前・三一二四）。（柴辻）

木辺越前守 きべえちぜんのかみ

生没年未詳。上野国衆で箕輪領山名郷（群・高崎市）の領主。元亀三年（一五七二）頃に武田氏の家臣になる。木辺氏は木部氏とも表記し、元は山内上杉氏の家臣で木部郷（高崎市）を本拠にしていたとみられる。天文二年（一五三三）に木部因幡守がみえる（快元僧都記・群一九七二）。その後、箕輪長野氏の同心になったとみられ、木部宮内少輔が箕輪長野業正の娘婿になっている（石井本長野系図ほか）。世代から考えると、越前守はその後身の可能性が高い。武田氏の上野侵攻後、しばらく所見されないから、同九年の長野氏の滅亡にともなって没落したか。同十年五月四日に武田氏が上野国衆小林監物（松林斎）に与えた所領のなかに、緑埜郡下栗須（群・藤岡市）内散地木辺分とあるうちの木辺分は、もと木部氏の旧所領であったとみられる（小林文書・一〇七三）。しかし元亀三年六月十九日までに、武田氏に従った功賞として山名郷一〇〇貫文を宛行われている。同所は以前に武田氏から大戸浦野民部右衛門尉（初代）に宛行われていたものであったが、荒所になっていたため越前守に与えられ、そのため民部右衛門尉の嫡子新八郎には替地が与えられている（新編会津風土記・一九一四）。越前守の所見はこれが唯一であり、その後の動向は不明。武田氏滅亡後は、嫡子と推定される木部宮内少輔が、織田氏宿老滝川一益に仕え、人質を出している（滝川一益事書・群三二六七）。滝川氏没落後は北条氏に仕え、天正十二年（一五八四）二月には、木部宮内助の名でみえ、北条氏に従う他国衆として存在している（堀内文書・戦北二六一六）。なお因幡守の子に兵右衛門尉があり、某年七月十二日に武蔵国衆藤田氏の一族と推測される藤田大学邦綱から、父の遺領武蔵西木部分（埼・美里町）など四八貫文余を宛行われている（木部文書・戦北四七八六）。因幡守が同一人物であれば、木部氏は上野・武蔵に所領を展開し、山内上杉氏没落前後頃に上野の宮内少輔と、武蔵の兵右衛門尉に分裂したことが想定される。（黒田）

木村与三郎 きむらよさぶろう

生没年未詳。天正六年（一五七八）に結ばれた甲越同盟に際し、勝頼妹菊姫が上杉景勝に嫁ぐことが誓約された。この約束は翌年九月に実施され、菊姫が越後に輿入れしている。九月二十六日、勘定奉行跡部勝忠と市川元松は、長井昌秀に対し「越国居住衆」の名簿を書き送った。つまり菊姫の付家臣である。そのなかに

名がみえる（上杉家文書・三七三）。（丸島）

木村与三兵衛　きむらよそうひょうえ

生没年未詳。天正六年（一五七八）に結ばれた甲越同盟に際し、武田勝頼の妹菊姫が上杉景勝に嫁ぐことが誓約された。翌年九月、菊姫が越後に輿入れしている。九月二十六日、勘定奉行跡部勝忠と市川元松は、長井昌秀に対し「越国居住衆」つまり菊姫の付家臣の名簿を書き送った。そのなかに名がみえる（上杉家文書・三七三）。（丸島）

吸江英心　きゅうこうえいしん

生年未詳〜弘治元年（一五五五）。曹洞宗雲岫派僧。甲府の大泉寺二世住職。武田信縄の次男。甲斐・慈照寺（山・甲斐市竜王町）の真翁宗見に師事する（広厳大通禅師譫語集）。永正十六年（一五一九）に武田信虎が石和から府中に武田館を移した際、天桂禅長を招いて大泉寺を自身の墓所として創建した。天桂の跡を嗣ぎ住職となる。信虎は弟を出家入寺させて二世とした。（柴辻）

久三　きゅうぞう

生没年未詳。信濃国筑摩郡青柳（長・筑北村）の土豪。武蔵の一族。名字、諱は不明。麻績氏の被官とみられる。天正九年（一五八一）の「伊勢内宮道者御祓くばり帳」において、「あおや木分」の人物として記載され、茶三袋を配られたと記されているのが唯一の所見（堀内健吉氏所蔵・三六四）。（平山）

鏡空上人　きょうくうしょうにん

生没年未詳。信濃国善光寺の三七世住職。大本願智浄比丘尼と号す。永禄元年（一五五八）、武田信玄が信濃の善光寺本尊を甲府に移して善光寺を創建した時、住職として甲府善光寺の創建事業を担当した。同七年七月の善光寺本堂棟札銘によると、本願主として造営を完成させたことが明らかである（善光寺記録・九〇四）。同十一年十一月十日付の大本願御坊宛の武田家朱印状によると、金堂建立用の材木として八幡天神宮（山・甲府市）の森から切り取ることを下知されている（善光寺文書・一三八）。（柴辻）

僥倖軒宗慶　ぎょうこうけんそうけい

生没年未詳。代々板坂法印を名乗ったとされ、文書上でも呼称が混在している。「惣人数」に「御とぎ衆」として名がみえる。「軍鑑」には信玄の侍医として描かれ、永禄十一年（一五六八）に脈をとり「かく」と診断したこと（大成上三七四、四七頁ほか）などが記される。天文十四年（一五四五）十月二十七日に、将軍足利義晴に解毒剤五〇〇粒を進上した「板坂法眼」と同一人物か（大館記）。板坂法印としては、元亀三年（一五七二）の信玄の権僧正叙位に際し、重順から書状を受け取っていることが初見（小林正直氏所蔵文書・四〇六〇）。同年十月三日、庁務法眼に対し、権僧正位馳走の礼状をしたためている（曼殊院文書・一九七〇）。次いで天正元年（一五七三）二月十六日に、本願寺の東老軒常存に対して信玄が書状を出した際、取次をつとめた（山口市歴史民俗資料館所蔵万代家手鑑・二〇三二）。同年三月二十六日、山城大山崎惣中から要請のあった禁制発給を、当面は不要と断っている（離宮八幡宮文書・二〇三〇）。同二年五月には真田一徳斎（幸綱）の治療を施し、小康状態を得るが（真田家文書・三六九）、結局死去してしまった。同年十二月十六日、富士郡下方（静・富士市）の知行における諸役免許を受けた（小島明二氏所蔵文書・二四〇九）。同三年五月、長篠合戦直前に武田勝頼が側室に病気見舞いの書状を出した際、「ほういん」から薬をもらうよう伝えている（山下家文書・二四九三）。同五年頃、駿河富士大宮（静・富士宮市）に神馬一疋を奉納した（賜蘆文庫文書・三九六三）。某年十二月一日、古河公方の侍医である豊前山城守が屋敷を訪ねたが不在であったため、翌二日に不在を謝し、丸一日語り合いたいと書き送っている（古文書纂所収豊前家文書・三九四八）。武田氏滅亡後は徳川家康に仕える。同十年十一月二十日、広厳寺（山・甲府市）の檀那職を安堵されている（広厳寺文書・山4二三五）。なお、板坂氏の系譜類は永禄末年以降の法印は二代宗商（卜斎、卜庵）とするというが、少なくとも天正二年末までは僥倖軒宗慶でみえる。（丸島）

刑部左衛門　ぎょうぶざえもん

生没年未詳。信濃国筑摩郡塔原（長・安曇野市）の塔原海野氏の一族か。天正九年（一五八一）の「伊勢内宮道者御祓くばり帳」において、「ひかるの分」の人物として記載され、茶三袋を配られたと記されているのが唯一の所見（堀内健吉氏所蔵・三六四四）。（平山）

玉林聖賓　ぎょくりんせいいん

延徳二年（一四九〇）～天正七年（一五七九）正月一日、九〇歳（定勝寺所蔵位牌・信14三八四頁）。木曾義元の子で義在の弟。義康の叔父にあたる。木曽定勝寺（長・大桑村）三世住持（木曽考・信叢7二〇七頁、木曽考続貉・信叢三五四頁）。永正四年（一五〇七）六月、建仁寺祥雲院塔主義海以信に依頼して、定勝寺の中興開山である香林恵厳の頂相に賛を記してもらったのが初見（定勝寺所蔵・信10二四五頁）。天文四年（一五三五）二月十三日にも、東福寺住持茂彦善叢に依頼して、定勝寺二世貴山恵珍の頂相に賛を記してもらった（定勝寺所蔵・信11八二頁）。同十八年十一月十七日、実兄木曾義在が檀那として梵鐘を鋳造し、玉林がその銘を記している（定勝寺由緒書・信11四三四頁）。永禄四年（一五六一）正月十七日、木曾義康から野尻村（長・大桑村）の林在家を以前と同じように安堵された（定勝寺文書・七三二）。永禄四年八月二十六日に隠遁。天心宗球に什物を譲り渡し、四世住持とした（定勝寺文書・信12三六四頁）。同七年八月、天心宗球の要請に応じ、自身の頂相に自賛を加えた（定勝寺所蔵・信12五三五頁）。如意庵と号しており、年未詳十月二十八日、まだ宗太郎を賞していた木曾義昌から、小川山については以前に定めたとおりとすると伝えられている（徳川林政史研究所所蔵木曾古文書写・三〇五〇）。「遺文」は天正六年に比定するが、明確な誤りで、木曾義昌が家督を嗣いだばかりのものであろう。天正六年十二月二十六日、徹蔵主の身上安堵や、玉林自身の隠居所・町屋敷については、望みに任せるという朱印状を木曾義昌から与えられた（定勝寺文書・三〇六二）。この時も如意庵と宛所に記される。南禅寺・真如寺の住持も兼ねていた。同七年正月一日子刻に遷化した。享年九〇（定勝寺所蔵位牌・信14三八四頁）。前述した頂相が定勝寺に残る。（丸島）

清野刑部左衛門尉　きよのぎょうぶざえもんのじょう

生没年未詳。信濃国埴科郡清野（長・長野市）の国衆清野氏の一族か。永禄八年（一五六五）に推定される三月十三日の武田信玄書状写（加沢記・九三二）で、上野方面の戦況を伝えられ、奥信濃から帰陣したばかりであるが急いで出陣し、真田（長・上田市）近辺で敵（上杉軍）の動向を注進するよう命じられている。天正三年（一五七五）六月三日の武田勝頼書状（堤猪三郎氏所蔵文書・二四九五）で、長篠合戦後の駿河・遠江方面の押さえとして残され、江尻（静・静岡市）に入った穴山信君と相談し、同番の駿河先方衆とともに「其城」を堅固に守るよう指示された。同五年九月二十四日の武田勝頼書状（古筆手鑑披番殿・二六七二）では、遠江の某城に籠城中の依田・栗田・江間ら諸氏とともに、勝頼から駿河での戦況を伝えられたうえで、小山城（静・吉田町）の味方と相談して城を堅固に守るよう指示され、とくに物主衆自身が出撃しないよう戒められている。同十年三月の武田氏滅亡の際、家老として織田軍に処刑された清野美作守（信長公記）と同一人物とする説もあるが未詳。　（鈴木）

清野信秀　きよののぶひで

生年未詳～永禄八年（一五六五）正月十二日。左近太夫・左近入道。初名は清秀（寛政譜）。信濃国埴科郡清野（長・長野市）の国衆。村上惟国の次男国仲を祖とする説（同前）、村上氏一族の仲沢勝親が応仁年間（一四六七～六九）に清野に移住し、子の政衛が清野氏を名乗ったとする説（埴科郡誌）など、出自は諸説ある。後世の家譜では清野山城守勝照（道寿軒）の次男で法名清寿軒とされ（同前）、伊勢守および美作入道清樹軒を称したとされるが（寛政譜）、いずれも同時代史料では確認できない。戦国期には村上氏に従属し、武田氏の北信濃侵攻によって父とともに越後へ逃れたが、永禄二年に一族の西条氏を頼って本拠地へ帰還し、武田氏に従属したとされる（埴科郡誌）。しかし、天文二十二年（一五五三）五月二十一日に清野左近太夫が武田氏から「信」の一字を与えられており（甲陽日記・山6上九九頁）、これ以前から武田氏に従属していたことが判明する。永禄五年二月四日の武田信玄判物（東京大学史料編纂所所蔵文書・七六八）で、清野領内から具足二〇〇人を召し連れて参陣するところを、領内が不作の間は一六〇人に減免することを認められた。同八年正月十二日に死去。法名禅透（埴科郡志、寛政譜）。墓所は信濃国埴科郡森村（長・千曲市）の禅秀院。信秀の子（あるいは孫）とされる満成が武田氏滅亡後に佐久郡の依田（芦田）氏に仕え、子孫は幕臣になっている（同前）。　（鈴木）

清野満秀　きよのみつひで

生年未詳～文禄元年（一五九二）五月二十八日（上杉年譜24三〇九頁）。与次郎・左衛門佐・清寿軒範真。北信濃の国衆。尾崎重信の子、重元（東源斎）の実弟（文禄三年定納員数目録・上杉氏分限帳三頁）。清野信秀の養子。信州先方衆として九〇騎を率いた（惣人数）。後世の家譜にみえる清野清入軒（美作守）康祐と同一人物か。永禄九年（一五六六）六月六日の清野満秀書状（広田家文書・九九三）で、伊勢神宮に当年から二〇〇疋の地を寄進し、伊勢御師の広田源八郎に手形と寄進地の日記を送った。なお、本文書で「清野与次郎満秀」と署名し、黒印を使用している。天正年間（一五七三～九二）に作成された神長官知行書上（守矢家文書・戦武三二一）では、更級郡で三貫文の役銭を負担。天正十年（一五八二）三月に武田氏が滅亡した後は上杉氏に仕えた。八月七日、屋代氏の本拠新砥城（長・千曲市）在番を命じられた（景勝公御書・上越二五三二）。同十二年四月の屋代秀正出奔に際しては、同心しないよう景勝から求められている（西条家文書・信16二六頁）。この時から左衛門佐でみえる。上杉氏のもとでは猿ヵ馬場の麓竜王城（千曲市）を安堵されていたという（管窺武鑑・信15三七四頁）。同十三年八月二十六日、徳川勢の小県出兵の報に接した上杉景勝から、通常では動員対象外の一五歳以下、六〇歳以上の者を引き連れて参陣するよう求められた（佐藤亀之助氏所蔵文書・信16三二頁）。同十四年の「上杉家軍役帳」で一四五人の軍役を課せられている（信16四八〇頁）。同十六年正月に上杉景勝が主催した歌会に「清野清寿軒範真」が参加しており（上杉家記・上越三〇八）、この頃には剃髪していたとみられる。文禄元年五月二十八日に嗣子なく死去したため（上杉年譜24三〇九頁）、平田尾張守常範の次男の助次郎長範が清野氏を相続した（文禄三年定納員数目録・上杉氏分限帳三頁、同前）。（鈴木・丸島）

く

櫛木庄左衛門 くしきしょうざえもん

生年未詳～天正九年（一五八一）三月二十二日。高天神籠城衆。天正九年の高天神落城に際して討ち死にした（乾徳山恵林寺雑本・信15一七頁）。（丸島）

九頭井大夫 くずいだゆう

生没年・実姓未詳。諏訪大社（長・諏訪市）末の九頭井神社（諏訪市）の神主。永禄九年（一五六六）閏八月二十五日、武田信玄は諏訪大社の社殿・神事復興の一環として、九頭井社の社殿の復興を命じている（矢嶋家文書・一〇四）。次いで同月二十八日には、年末年始の神事の復興のため小口郷（長・岡谷市）の田役一貫文を寄進している（同前・一〇八）。（柴辻）

楠浦虎常 くすほとらつね

生没年未詳。昌勝の子か。若狭守。永禄八年（一五六五）六月、武田義信とともに二宮造立帳に記名しているのが初見（美和神社文書・九四六）。某年十月十九日、信玄が芋川刑部左衛門尉の在陣の労を謝した際、副状を発給している（綱島光次氏所蔵文書・三二二）。娘は西山十右衛門尉に嫁いだ（寛政譜）。（丸島）

楠浦昌勝 くすほまさかつ

生没年未詳。信縄・信虎の側近。清三、刑部少輔。永正元年（一五〇四）二月二十七日、林都寺が法度を破った件は、向嶽庵の衆議に任せる旨を、武田信昌に披露するよう、武田信縄から指示された（向嶽寺文書・一五）。この時、清三。昌勝はこれを受け、この書状自体を向嶽庵大衆に転送し、決定が遅れたことを謝している（同前・一六）。この決定は信昌・信縄連署状の形で向嶽庵に伝えられており（同前・一七）、武田氏が相当気を遣っていたことがわかる。同年閏三月十一日、伊勢御師幸福大夫に返書が遅れたことを謝した（幸福大夫文書・一八）。同七年十月十六日、永昌院菊隠瑞潭より、武田氏および楠浦昌勝が同寺を外護していることを讃えるとともに、所領返付を依頼した書状を送られた（菊隠録・補遺七三）。この時はまだ清三を称している。某年三月十九日には、近江に移座した将軍足利義澄の御内書副状に対する返事を、曾禰昌長とともに出している（秋田藩家蔵文書・三八一）。この時、昌勝は刑部少輔を称しており、近江亡命中の足利義澄は永正八年八月に死去するから、この返書は同年と確定できよう。同時に、昌勝は同七年十月まで清三、翌八年三月頃から刑部少輔の官途を許されたことになる。某年十月十二日、幸福大夫に返書を出している（幸福大夫文書・一三）。某年十一月十一日にも同様の返書を出している（同前・一二五）。信縄の死後は信虎に側近として仕える。某年五月十八日、まだ信直と名乗っていた信虎（永正十八年改名）が幸福大夫に出した返書に副状を付した（同前・四一、四三）。幸福大夫の書状を信直（信虎）に披露したところ喜んでいたことを伝え、自身へも進物を贈られたことに謝意を表している。某年十一月十九日、幸福大夫に返書を出し、祈禱と進物に礼を述べた（同前・二二九）。曾禰昌長とならんで、武田信縄・信虎期の代表的側近であったと思われる。その後の動静は不明。（丸島）

工藤喜盛 くどうきせい

生没年未詳。玄随斎喜盛。長門守と同一人物という説があるが、ここでは別人として立項する。天正八年（一五八〇）四月二十九日に起こった信濃内田（長・松本市）・小池（松本市）の入会相論が決裂し翌九年正月に持ち越した際、原貞胤とともに奉行を引き継いでいる（草間家文書・信補遺下四三三頁）。この時検使派遣が決定されるが、双方が納得せず、結局湯治中の勝頼の裁許を仰ぐことになったという話が著名である。ここで「工藤堅随斎」と記されており、これが遡及した名前でなければ、長門守とは別人ということになる。武田氏滅亡後、徳川氏に仕える。同十年十二月九日より甲斐四奉行に名を連ね（保坂家文書・山4四五六）、同十七年三月七日まで（大原家文書・山4九五五）に三三通の文書を発給した。当初は印文未詳の円形黒印を用いたが、同十三年頃より「随」黒印を使用している。同十八年の徳川氏関東転封後の動静は不明だが、慶長期の奉行人には名がみえず、この間に死去したものとみられる。（丸島）

工藤祐久 くどうすけひさ

生没年未詳。武田信縄または信虎の側近と思われる。某年十月十四日、伊勢御師幸福大夫に宛てた返書に副状を付している（幸福大夫文書・二二四）。（丸島）

工藤長門守 くどうながとのかみ

生没年未詳。玄随斎喜盛と同一人物とする説があるが、確証がもてないため、ここでは別人として立項する。内藤昌秀の兄と伝わる（武田三代軍記）。天正二年（一五七四）七月、北条氏政が厩橋城（群・前橋市）攻撃に出陣。このため援軍を要請された武田勝頼は、八月一日に上野先方衆小幡信真に出陣を命じた。その際、箕輪（群・高崎市）に赴いて、工藤長門守と相談するよう指示をしている（中村不能斎採集文書・三二四）。備えの詳細については工藤長門守に伝えたとあるので、基本的に箕輪に在城しており、実弟内藤昌秀の代わりをつとめることがあったようである。同三年の内藤昌秀戦死後も箕輪に在城を続けたとみられ、同五年五月二十一日、上杉勢出陣を報告した小幡孫十郎に対し、勝頼は小原継忠と工藤長門守と協議するよう命じている（多和文庫所蔵甲州古文集・二八〇八）。同年七月三日には、跡部勝資とともに朱印状を奉じ、修験不動院に対し西上州年行事職とその特権を安堵している（大聖院文書・二八二五）。したがって、実質的に箕輪城代を代行していた可能性が高い。同七年に甥内藤昌月が箕輪に着城した後も補佐を続けたものとみられる。また同五年前後に駿河富士大宮（静・富士宮市）に神馬二疋を奉納している（永昌院所蔵兜巌史略・補遺二三）。同九年三月二十一日、内藤昌月とともに昌月の実兄保科正直に片蔵郷（長・伊那市）百姓の人返しを命じる朱印状を奉じている（一ノ瀬芳政氏所蔵御判物古書写・三五四）。以後の動静は不明だが、玄随斎喜盛と同一人の可能性があることは、前述したとおりである。娘は、朝比奈藤太郎の養子新九郎に嫁いだ（寛政譜）。（丸島）

工藤昌祐 くどうまさすけ

生没年未詳。武田信縄の側近。藤七。某年正月十九日、武田信縄が伊勢御師幸福大夫に返書を送った際、副状を出している（幸福大夫文書・二五、二六）。幸福大夫の書状自体、昌祐が信縄に披露したものであった。某年六月十九日、信縄が祈願のために幸福大夫に書状を送った際にも、副状を付した（同前・二八）。某年十一月一日にも、信縄宛の幸福大夫からの書状を披露し、返書に副状を付している（同前・三六）。この時は出陣中であったようで、戦勝祈願を依頼している。このように、信縄の側近として活躍した人物であった。（丸島）

宮内衛門 くないえもん

生没年未詳。信濃国筑摩郡会田（長・松本市）の土豪。会田岩下氏の被官とみられる。天正九年（一五八一）の「伊勢内宮道者御祓くばり帳」において、「あいた分」の人物として記載され、茶二袋を配られたと記されているのが唯一の所見（堀内健吉氏所蔵・三六四）。（平山）

宮内助 くないのすけ

生没年未詳。信濃国筑摩郡生野（長・安曇野市）の土豪。塔原海野氏の被官とみられる。天正九年（一五八一）の「伊勢内宮道者御祓くばり帳」において、「いくの、分」の人物として記載され、茶二袋を配られたと記されているのが唯一の所見（堀内健吉氏所蔵・三六四）。（平山）

窪甚介 くぼじんすけ

生没年未詳。信濃国安曇郡仁科郷（長・大町市）の仁科神明宮の遷宮造営に関与した銅細工職人。弘治二年（一五五六）二月の同社遷宮に際して、その棟札銘に大工甚三郎長吉に次いで、銅細工とある（仁科神明宮所蔵・四一六〇）。次いで天正四年（一五七六）の遷宮に際しても、その棟札銘に大工金原周防守長吉とともに、銅細工担当とみえている（同前・二六六八）。（藤島亥治郎「大工金原周防に就いて」信濃2巻11号）。（柴辻）

窪川宮内丞 くぼかわくないのじょう

生没年未詳。甲斐国山梨郡八幡郷（山・山梨市）の土豪。天文二十年（一五五一）七月五日の武田家朱印状（窪川家文書・三二六）で、荒地八貫五〇〇文分の諸役を免許される代わりに、前々からの恩地については年貢・諸役を納入するよう命じられた。弘治三年（一五五七）三月十日の武田晴信感状（同前・五三八）では、信濃国水内郡葛山（長・長野市）で二月十五日に行われた合戦の戦功を賞されている。武田氏滅亡後、後継者と考えられる右近助が徳川氏に仕え、天正十年（一五八二）十二月十一日に徳川家朱印状（同前・山5五四二）により、窪八幡（山梨市）・於曽（山・甲州市）などの知行地を安堵された。（鈴木・丸島）

久保志摩 くぼしま

生没年未詳。信濃国筑摩郡明科（長・安曇野市）の土豪。塔原海野氏の被官とみられる。天正九年（一五八一）の「伊勢内宮道者御祓くばり帳」において、「あかしな分」の人物として記載され、熨斗二〇本、茶三袋を配られたと記されているのが唯一の所見（堀内健吉氏所蔵・三六四四）。（平山）

窪島石見守 くぼしまいわみのかみ

生没年未詳。諏訪五〇騎のひとりとして、永禄十年（一五六七）八月七日に「下之郷起請文」を提出している「久保島石見守」（諏訪家旧蔵文書・二七八）と同一人物か。武田氏の奉行として活動。天正五年（一五七七）九月二十三日、鷹野昌郷と連名で前島市右衛門尉に年貢算用状を発給している（前島家文書・二八七〇）。この時、方形黒印を使用。同六年二月の諏訪大社上社造営に際しては、諏訪頼豊・河西虎満・諏方伊豆守とともに造営手形を発給し、神役勤仕を命じた（堀籠家文書・

二九二三、矢島家文書・二九二四〜二六、千野家文書・二九二七、守矢家文書・二九三〇、大祝諏訪家文書・二九三一、諏訪大社文書・二九四五）。この時は方形朱印を用いた。そのほかの動静は不明。（丸島）

窪島加賀守　くぼしまかがのかみ

生没年未詳。永禄末期のものとみられる信玄旗本の陣立書に、その名がみえる（山梨県立博物館所蔵文書・三九七二）。そのほかの事蹟は不明。（丸島）

窪田房安　くぼたふさやす

生没年未詳。新介。諏訪大社上社権祝矢崎氏に対し、新年の挨拶と祈禱の御礼を述べている（矢崎家文書・三七九一）。（丸島）

窪田文左衛門尉　くぼたぶんざえもんのじょう

生没年未詳。永禄末期のものとみられる信玄旗本の陣立書に、長柄鑓衆としてその名がみえる（山梨県立博物館所蔵文書・三九七二）。そのほかの事蹟は不明。（丸島）

窪村宮内衛門　くぼむらくないえもん

生没年未詳。信濃国筑摩郡麻績北条（長・麻績村）の土豪。窪村源右衛門の近親か。天正九年（一五八一）の「伊勢内宮道者御祓くばり帳」において、「おミ北条分」の人物として記載され、熨斗三〇本、茶五袋を配られたと記されているのが唯一の所見（堀内健吉氏所蔵・三六四四）。（平山）

窪村源右衛門　くぼむらげんうえもん

生没年未詳。信濃国筑摩郡麻績北条（長・麻績村）の土豪。天文二十二年（一五五三）九月十六日、村上義清攻略戦において高名をあげたのが初見（甲陽日記）。その後、天正九年（一五八一）の「伊勢内宮道者御祓くばり帳」において、「おミ北条分」の人物として記載され、熨斗三〇本、茶五袋を配られたと記されている（堀内健吉氏所蔵・三六四四）。（平山）

窪村源左衛門　くぼむらげんざえもん

生没年未詳。天文二十二年九月十六日、長尾方の内匠・禰津治部少輔・奥村大蔵少輔を討ち取り、景虎の書状三通を奪って塩田（長・上田市）在陣中の晴信に進上した。ただちに褒美として一〇〇貫文の所領が宛行われたという（甲陽日記）。（丸島）

窪村善左衛門　くぼむらぜんざえもん

生没年未詳。信濃国筑摩郡永井（長・筑北村）の土豪。麻績北条の土豪窪村氏の一族か。麻績氏の被官とみられる。天正九年（一五八一）の「伊勢内宮道者御祓くばり帳」において、「なかいの分」の人物として記載され、熨斗二〇本、茶三袋を配られたと記されているのが唯一の所見（堀内健吉氏所蔵・三六四四）。（平山）

熊井土重満　くまいどしげみつ

生没年未詳。上野国衆国峰小幡氏の家臣。実名は小幡憲重からの偏諱とみられる。通称は対馬守。永禄十年（一五六七）八月七日付「下之郷起請文」では小幡氏親類と連署しているから、小幡氏一族に準じる宿老であったとみられる（生島足島神社文書・一二六四）。また「下之郷起請文」では小幡氏被官の尾崎衆連署起請文（同前・一二七二）・馬庭松本氏等連署起請文（同前・一二六九）の宛名としてみえているから、彼らに対する取次をつとめていたと捉えられる。その後の動向は不明であるが、武田氏滅亡後の天正十七年（一五八九）十月十五日付小幡家印判状の奉者としてみえている熊井土甚内は、その後継者とみられる（黒沢文書・戦北三五一九）。（黒田）

倉沢与五右衛門　くらさわよごえもん

生没年未詳。川口（山・富士河口湖町）の番匠（森島本甲斐国志草稿）。永禄十一年（一五六八）九月二十五日、番匠奉公に対する恩賞として、家二間の棟別役免許を小山田信茂から許されている「勘祖」は父親であろうか（若尾史料古文書雑集・三二六）。天正五年（一五八七）四月三日、免許されているにも関わらず「借用」と称して取り立てられていた棟別銭について、今後はいっさいそのようなことはしない旨、信茂から証文を与えられている（若尾史料古文書雑集・二七九六）。本文書は、現在他例を確認できない「信茂」朱印が押捺されている点でも、貴重なものである。（丸島）

倉林越後守 くらばやしえちごのかみ

生没年未詳。上野国衆長井政実の家臣。武蔵国児玉郡金谷（埼・本庄市）の土豪。天正八年（一五八〇）二月十七日に長井政実から、本領金谷ほか四〇貫文の所領を宛行われているのが唯一の所見（武州文書・三五〇）。ここで本領と表記されているのは、金谷・塩谷（本庄市）でいずれも児玉郡の地にあたる。当時は北条領国に属していた。宛行の理由として、「近年堪忍」にもかかわらず奉公してきたため、とあるから、長井氏の上野移住にともなって本領を離れていたことが窺われる。前年から武田氏と北条氏の抗争が展開し、それにともなって本領の宛行を約されたのではないかとみられる。家伝文書の伝来状況からすると、そののちにみえる若狭守政次はその子弟にあたるか。（黒田）

倉林政次 くらばやしまさつぐ

生没年未詳。上野国衆長井政実の家臣。武蔵国児玉郡金谷（埼・本庄市）の土豪で、細工大工棟梁。通称は若狭守。実名は長井政実からの偏諱とみられる。天正八年（一五八〇）二月十八日に長井政実から、若狭守の官途を与えられている（武州文書・三五二）。同名の越後守とは家伝文書の伝来状況から同一家系にあたる存在とみられるから、その子弟にあたるであろうか。同十年の武田氏滅亡にともなう長井氏滅亡後は、武蔵鉢形（埼・寄居町）城主北条氏邦に従ったとみられ、同十五年十一月十五日に、氏邦発願の秩父郡薄郷（埼・小鹿野町）薬師堂鰐口を制作している（新編武蔵国風土記・戦北三一八〇）。（黒田）

栗田永寿（初代） くりたえいじゅ

生没年未詳。善光寺別当。実名は寛明・寛安など諸説あるが、同時代史料では確認できない。栗田氏は村上為国の子・寛覚を祖とし、中世に善光寺（長・長野市）・戸隠（長野市）の別当をつとめた。室町期には戸隠の栗田氏（山栗田）と、本拠の栗田（山栗田）に居住する栗田氏（里栗田）に分立し、後者は永正年間（一五〇四～二一）までに善光寺一帯を支配下においた。天文二十二年（一五五三）、武田氏の北信濃侵攻に対抗するため越後の長尾景虎（上杉謙信）を頼ったが（歴代古案・上越一三四）、のちに武田氏に従属。弘治元年（一五五五）三月十日の武田晴信判物写（善光寺文書・四二七）で、善光寺の院坊や町屋敷に対する支配権を安堵される一方、信州から移住した僧俗への私的支配を禁じられた。ただし、この文書は後年の偽作の疑いがある。同年七月、善光寺西方の旭山城（長野市）に籠城して長尾（上杉）軍と戦い、武田氏から三〇〇〇人の援兵と弓八〇〇張・鉄炮三〇〇挺を送られた（勝山・山6上三四三頁）。永禄元年、信玄が甲斐に善光寺本尊を移して甲斐善光寺を創建した際に随行し、板垣郷（山・甲府市）に居住。同年九月二十六日の武田晴信書状（牧田茂兵衛氏所蔵文書・六〇六）で、甲斐での在国料として大下条（甲府市）で三〇〇貫文を宛行われた。使者は飯富兵部少輔虎昌。甲斐善光寺の本堂が完成した同八年までに没

したとみられる。（鈴木）

栗田永寿（二代） くりたえいじゅ

天正二年（一五七四）〜正保三年（一六四六）二月三日、七三歳（栗田伝右衛門書上書・信濃中世史考二八四頁ほか）。栗田鶴寿の子。母は山県昌景の娘。善光寺別当。晩年に寛喜を名乗る。天正九年（一五八一）三月に父鶴寿が戦死した後の五月二十五日、父が高天神城（静・掛川市）で三ヶ年の籠城の末に戦死したことを賞され、遺領・同心・被官などを安堵された（武徳編年集成・三五四）。同年七月四日、善光寺（山・甲府市）の院坊や町屋敷に対する支配権を、信玄の直判を引き継ぐ形で安堵された（栗田家文書・三五七七）。その際、信濃善光寺（長・長野市）から移住した僧俗のうち、罪科人を保護したり、私的に罰銭を徴収することを禁じられている。あくまでも、永寿の支配が及ぶのは甲府善光寺の範囲内であった。武田氏滅亡後、上杉氏に仕えた「栗田永寿」がいるが、二代永寿はまだ九歳と幼少であり、上杉家臣として確認できる「栗田永寿」は叔父の国時と考えられている。たしかに、「栗田永寿」が上杉方として所見がある一方、同じ「栗田永寿」が対立する徳川家康から保護を受けている。また栗田家の家政は国時がみていたという（病間雑記・信濃中世史考二八五頁）。二代永寿自身は甲斐を領有した徳川家康から善光寺の寺領を安堵された（同前・信15五三五頁）。同十一年三月五日、徳川家重臣酒井忠次が永寿の身上については、等閑にしないと述べている（菅滝三氏所蔵文書・信16六三頁）。これは永寿の生母が忠次の側室となったためであろう（大泉叢誌所収御系譜参考・大泉叢誌平成二十六年刊行本一五〇頁、病間雑記・信濃中世史考二八四頁）。あわせて、後見人として一徳が指名された（菅滝三氏所蔵文書・信16六四頁）。同十八年十二月六日、甲斐を領した毛利秀勝から善光寺の寺領を安堵された（栗田家文書・信17三二頁）。文禄元年（一五九二）二月、やはり甲斐に入部した加藤光泰から仏供田として板垣（山・甲府市）七〇俵を寄進された（同前・信17四五八頁）。同三年十二月十八日、浅野幸長から寺領の再寄進を受けている（同前・信18九六頁）。その後、上杉景勝に従い、甲斐を去った。慶長八年（一六〇三）四月二十四日に「三年へつとうなく」と述べているから、これを素直に読めば慶長五年の上杉景勝会津帰国に従ったのであろうか（同前・信19五三二頁）。この時、大本願智慶上人に信濃善光寺別当職復帰を求めたが、実現はしていない。ただし、善光寺付近に居住はしていたらしく、また知行は召し上げられていたというから、上杉景勝に与したことを罪に問われたのであろう（栗田伝右衛門書上書・信濃中世史考二八四頁）。なお「病間雑記」は、武田氏滅亡後は川中島堀の内に居住し、その後同地を立ち退いて、善光寺の後ろ七、八〇間ばかりのところに屋敷を構えた。しかし浪人の身には大きな屋敷を抱えかね、善光寺如来御堂の西に方二、四〇間の屋敷を作って閑居したという。この屋敷は、近世では道心寺となっていたらしい（病間雑記・信濃中世史考二八四頁）。武田氏滅亡後、ただちに川中島に入ったとする点は、酒井忠次の書状と矛盾するが、その他は信頼して良いと思われる。その後、重病に苦しんだ際、江戸の大本願智伝上人に子息伝右衛門への言づてを頼んだ。しかし伝右衛門は奉公に暇がないとすげなく拒絶している（栗田家文書・信濃中世史考二八三頁）。子息との関係は良好ではなかったようだ。このとき、「くわんき」と記されており、永寿が「寛喜」と称したことを確認できる。ただし寛永二十年（一六四三）には、伝右衛門は信濃善光寺を訪ねており、父永寿の病気見舞いであった可能性が高い。某年二月三日死去（同前・信濃中世史考二八三頁）。「栗田伝右衛門書上書」に天和四年（一六八四）から三九年前に七三歳で死去したとあり（信濃中世史考二八四頁）、天正九年時に八歳であったという所伝（病間雑記・信濃中世史考二八五頁）を勘案すると正保四年二月三日没となる。子息伝右衛門は慶安五年（一六五二）に酒井家に召し抱えられ（酒井旧記）、以後庄内藩士として続いた。おそらく、外祖母が酒井忠次に嫁いでいたことが影響したと思われる。（丸島）

栗田鶴寿 くりたかくじゅ

天文二十年（一五五一）～天正九年（一五八一）三月二十二日。三一歳。刑部。善光寺別当。初代栗田永寿の子。系譜では実名を寛久とするが、同時代史料では確認できない。武田氏に仕え、信州先方衆として一六〇騎を率いた（惣人数）。永禄十一年（一五六八）四月三日の武田家朱印状（善光寺大本願文書・一三五三）で条規を定められ、善光寺の寺中・門前の支配権を安堵された。奉者は山県三郎兵衛尉昌景。元亀元年（一五七〇）九月六日の武田信玄判物（同前・一五九〇）では本領の安堵と、新恩として千田（長・長野市）・市村（長野市）のうち飯縄社領と葛山衆の知行地を除く分を宛行われ、半分を栗田家中で奉公の志ある者に与えるよう命じられた。なお、詳細は春日弾正忠虎綱・長坂釣閑斎光堅が口頭で伝えるとしている。その後、勝頼の代には遠江で徳川氏と戦い、最前線の諸城に籠城した。天正五年九月二十四日の武田勝頼書状（古筆手鑑披番殿・二八七二）では、遠江の某城に籠城中の清野・依田・江間ら諸氏とともに、勝頼から駿河での戦況を伝えられたうえで、小山城（静・吉田町）の味方と相談して城を堅固に守るよう指示され、とくに物主衆自身が城から出ないよう戒められている。同六年頃には高天神城（静・掛川市）に入り、徳川軍の包囲による孤立無援のなかで三年間にわたり籠城した。同七年と推定される十月十七日の武田勝頼書状写（諸家古案集・三一七九）では、江間・横田・浦野氏らと連名で勝頼へ嘆願を行い、その返信として近日中に使者を遣わすこと、高天神城を堅固に守るよう指示され、長坂釣閑斎光堅が詳細を伝えている。しかし、その後も徳川軍の包囲は続き、落城の直前に城中から討って出て戦死（家忠日記・静8一三八四、乾徳山恵林寺雑本・静8一三八五）。妻は山県昌景の女で、武田氏滅亡後に酒井忠次の側室となって松平久恒（のちの庄内藩家老）を産んだ（大泉叢誌所収御系譜参考・大泉叢誌平成二十六年刊行本一五〇頁、病間雑記・信濃中世史考二八四頁）。（鈴木）

栗田国時 くりたくにとき

生年未詳～慶長五年（一六〇〇）か。刑部、永寿。栗田鶴寿の弟。武田時代の動静は不明。天正九年（一五八一）に兄鶴寿が討死した際、甥鶴寿が八歳と幼少であったため、家政をつかさどった（病間雑記・信濃中世史考二八五頁）。武田氏滅亡後は上杉氏に仕える（管窺武鑑・信15三七四頁）。この時期上杉家臣として「栗田永寿」が散見するが、永寿はまだ幼少であったため、この「栗田永寿」は国時と考えられている。通称の「刑部」も、兄鶴寿の官途名を引き継いだものである。問題のある史料だが、天正十四年の新発田攻めの陣容を記した覚書に「栗田永寿斎国時」とある（覚上公御代御書集・信補遺上六六五頁）。上杉家臣としての栗田永寿は、天正十三年九月二十二日には伊勢崎城（上田城、長・上田市）普請の進み具合について直江兼続に報告をしている（上杉家文書・信16三九頁）。同十九年七月十五日には、河原田（福島・喜多方市）における戦功を賞された（管窺武鑑・信17三七頁）。文禄元年（一五九二）九月二十四日、他の上杉家臣とともに、豊臣政権から九戸一揆の残党討伐を命じられる（歴代古案・信17四六八頁）。同三年に上杉景勝が権中納言に任官した際には、太刀一腰・御服三つを進上した（上杉家記・信18八三頁）。慶長二年頃の分限帳に、知行高三六七〇石六斗六升二合、軍役二六〇人小半とみえる「栗田永寿丸」は国時か（越後分限帳・上杉氏分限帳一〇二頁）。上杉氏の会津転封後、大森城主（福島・福島市）として八五〇〇石、同心七人の給分として三二〇〇石を与えられた（上杉侯家士分限帳・上杉氏分限帳一四七頁ほか）。この時は明確に「栗田刑部少」とある。その後上杉家を退去しようとして、陸奥八丁目（福島市）で殺害された（病間雑記・信濃中世史考二八五頁）。慶長五年関ヶ原合戦時と考えられている。末子ひとりが生き延び、後に刑部を称して水戸徳川家に仕えた（同前）。（丸島）

栗田彦兵衛 くりたひこひょうえ

生年未詳～天正九年（一五八一）三月二十二日。高天神籠城衆。天正九年の高天神落城に際して討ち死にした（乾徳山恵林寺雑本・信一七頁）。栗田鶴寿の一族か。（丸島）

栗原右衛門尉 くりはらえもんのじょう

生没年未詳。実名は従来「信景」と判読され、かつ岩手氏の菩提寺信盛院（山・山梨市）宛文書を発給していることから、岩手信景とされてきたが、栗原と明記されているうえ、実名の二文字目は判読できない（少なくとも「景」ではない）。そこで右衛門尉で立項する。天正九年（一五八一）三月十四日、信盛院に寺領一〇貫一〇〇文を寄進した（信盛院文書・三五三〇）。そのほかの事蹟や、系譜上の位置は不明。（丸島）

栗原治部大輔 くりはらじぶのだゆう

生没年未詳。武田親類衆栗原氏の一門とみられるが、系譜関係は不明である。「山梨県史」は信重に比定するが、世代があわない。文明五年（一四七三）十二月七日、代官新右衛門に命じて田中郷（山・山梨市ほか）の年貢一貫文を大善寺に寄進させた（大善寺文書・山4六二四）。（丸島）

栗原十三郎 くりはらじゅうざぶろう

生没年未詳。天正五年（一五七七）頃、駿河富士大宮（静・富士宮市）に神馬を奉納した（永昌院所蔵兜巌史略・補遺一二三）。武田親類衆栗原氏の一門と思われるが、詳細は不明である。（丸島）

栗原道台 くりはらどうだい

生没年未詳。甲斐東郡の国衆栗原氏の一門とみられる。天文十年（一五四一）十二月二十三日、武田八幡宮造営棟札に「栗原宜春軒道台」と記載がある（甲斐国志資料・四一三七）。栗原氏の中心人物と推定されるが、誰に比定するかの判断は難しい。信重または信泰あたりが該当する可能性がある。なお、この棟札に記された人名はおおむね正確だが、いくつか問題点があり、少なくとも同年のものではない。（丸島）

栗原信明 くりはらのぶあき

生年未詳～明応二年（一四九三）四月九日。出羽守。栗原信通の子。「武田源氏一統系図」は信通の嫡男のように記すが（山6下七一八頁）、「系図纂要」をみると次男であり、「巨海出羽守」を称したとされる。おそらくは、兄信続が長禄二年（一四五八）正月九日に討ち死にしたことを受け、若年の甥信尊を退ける形で栗原氏の当主になったのであろう。明応二年四月九日没。法名は臨阿弥陀仏（一蓮寺過去帳・山6上四二七頁）。（丸島）

栗原信重 くりはらのぶしげ

生没年未詳。伊豆守。栗原信友の子（武田源氏一統系図・山6下七八頁）。享禄四年（一五三一）正月二十一日、飯富虎昌・今井信元とともに信虎を蔑んで甲府を退去し、御岳（山・甲府市）に籠もり、信濃諏方氏に支援を求めた（勝山）。この時の「栗原殿」は信重であろう。父に続いて、信虎に叛したことになる。四月十二日、河原辺（山・韮崎市）で合戦するが、信元の軍勢が崩れて敗北した（同前）。その際、一門栗原兵庫が討ち死にをしている（同前）。以後は信虎に従った。天文十四年（一五四五）三月二十一日、妻室専誉禅定尼が高野山で自身の逆修（生前）供養を営んでいる（引導院日坏帳・山6下九三一頁、なお「理慶」とあるのは誤写で、抹消されている）。永禄十一年（一五六八）三月、中御門寿桂尼（今川氏親室）の死去を諏方（武田）勝頼に伝え、二十九日に返事を送られている「栗原伊豆」は信重ではなかろうか（恵林寺文書・一三五二）。その際、境目で変事があれば連絡してほしいと頼まれているから、甲駿国境に在城していた可能性が高い。武田・今川間の緊張が高まった同年八月十六日、駿河の様子を探るために信重が目付を派遣したものの、その結果が信玄に知らされていないと勝頼が苦言を呈している（窪田家文書・一三〇七）。ここでも「其御城之御用心」を念を押されているから、あるいは甲駿国境の本栖（山・富士河口湖町）あたりに在城していたものか。永禄末期の信玄旗本の陣立書に、近習衆を囲む親類衆の一員として名がみえる（山梨県立博物館所蔵文書・三九七二）。長篠敗戦後の天正三年（一五七五）八月十日、勝頼が伊那郡防衛のために諸将を配置した条目では、日向虎頭らとともに下伊那郡の重要拠点大島城（長・松川町）への在城が指示されている（武田神社所蔵文書・三五二四）。そのほかの動向は不明。また途中から、信盛の事蹟となっている可能性も含まれる。（丸島）

栗原信尊 くりはらのぶたか

生年未詳～永正三年（一五〇六）二月五日。能登守。甲斐東郡の国衆。栗原信続の子で、信遠の従兄弟にあたる。「系図纂要」によると本来こちらが嫡流だが、父信続は長禄二年（一四五八）正月九日に死去したとあるから（法名金阿弥陀仏、一蓮寺過去帳・山6上四〇一頁、系図纂要）、当時まだ幼少で、栗原家の実権を叔父信明に奪われたのであろう。信続の命日は、武田一門吉田氏が守護代跡部氏と戦い、岩崎一族が壊滅した戦いと同日付であり、想定外の討ち死にであったとみられる。成人後の状況は不明だが、永正三年二月五日に死去した。法名は、覚阿弥陀仏（一蓮寺過去帳・山6上四三三頁、系図纂要）。妻は永正十四年正月に死去した。法名東一房（一蓮寺過去帳・山6上四七五頁）。（丸島）

栗原信遠 くりはらのぶとお

生年未詳～文亀元年（一五〇一）二月二十七日。甲斐東郡の国衆で、武田庶流家。民部大輔。「武田源氏一統系図」にみえる信遠（出羽守信明の子、山6下七八頁）、「平塩寺過去帳」にある民部太輔信遠（山6上五〇五頁）に該当する人物。栗原氏初代武続の曽孫にあたるが、「系図纂要」

は父信明を信通の次男としているから、傍流である。しかし、信通の嫡男信続は長禄二年（一四五八）に死去したとあるから、信続の子信尊が幼く、その結果事実上嫡流化したのであろう。文亀元年二月二十七日の合戦で一門栗原彦二郎とともに討ち死にした。合戦の詳細は不明。法名は、連阿弥陀仏（一蓮寺過去帳・山6上四三頁）。また高野山引導院では、皎庵道光という法名が付されている（明応九年（一五〇〇）とあるが、誤り。引導院日坏帳・山6下九三七頁）。天文八年（一五三九）六月一日、今井信房後室が、信遠老母の逆修供養を引導院で行い、理秀禅定尼という法名を付している（同前・山6下九三〇頁）。（丸島）

栗原信友 くりはらのぶとも

生年未詳～享禄二年（一五二九）十一月五日。甲斐東郡の国衆で、武田庶流家。伊豆守。信遠の子で（武田源氏一統系図・山6下七八頁）、その死後の栗原家当主と考えられる。永正十七年（一五二〇）五月、ほかの国衆に「大将」として担がれる形で武田信虎に謀叛を起こす（勝山）。六月八日、都塚（山・笛吹市）の合戦で敗北し、その日の内に居城栗原（山・山梨市）を包囲された（同前）。その後四ヶ月にわたって籠城するが（この年は閏六月がある）、八月十三日の夜、降伏（同前）。武蔵秩父へ逃亡するが、まもなく帰参した（向嶽・王代記）。法名寥山道廓（一蓮寺過去帳・山6上四三頁、系図纂要）。「系図纂要」は享禄三年没とするが、誤記であろう。なお、「寺記」は養安寺を信友開基とし、天文二十一年（一五五二）四月二十一日死去、法名養安寺殿法名寥山道廓大居士とする。戒名が一致する点は注目に値するが、世代からみて没年は誤りと思われる。（丸島）

栗原信豊 くりはらのぶとよ

生没年未詳。甲斐東郡の国衆栗原氏の一門とみられる。大学助。永禄末期の信玄旗本の陣立書に、近習衆を囲む親類衆の一員として名がみえる（山梨県立博物館所蔵文書・三九七三）。天正五年（一五七七）三月三日に諏訪大社下社に奉納された棟札に記載があり、実名が判明する（諏訪史料叢書掲載文書・二七八〇）同年頃、駿河富士大宮（静・富士宮市）に神馬一疋を奉納した（永昌院所蔵兜巌史略・補遺二三）。（丸島）

栗原信宗 くりはらのぶむね

生年未詳～永正六年（一五〇九）四月二十六日か。左衛門尉。高野山引導院の日坏帳に、「武山長文庵主　武田左衛門尉源信宗」、永正六年四月二十六日、という記載がみえる（山6下九三七頁）。前後の記述からして、日付は命日とみられる。栗原氏の供養に続いて記されていることからみて、栗原一門と考えられる。信遠の子息とする説もあるが、検討を要する。居住注記は「甲州御屋敷」つまり後屋敷郷（山・山梨市）とある。新五郎信由の父（菊隠録・山6上三二頁）。「一蓮寺過去帳」に「弥阿弥陀仏　栗原金吾　己巳　四　廿五」という記載がある（山6上四三頁）。金吾は衛門府の唐名で、己巳は永正六年のことだから、日付は一日ずれるものの、信宗のことを指すとみてよいだろう。（丸島）

栗原信盛 くりはらのぶもり

生年未詳～寛永八年（一六三一）十一月十三日。甲斐東郡の国衆で、武田庶流家。「武田源氏一統系図」「系図纂要」など、系譜類は信盛の記載がないが、「寺記」養安寺の項は信友の子息とする。ただし活動時期に隔たりが大きすぎ、系図類が信重の子息とする信方あるいはその弟に該当するのではないか。つまり、信友の孫という位置づけである。左衛門尉（寺記）。一次史料上は通称の所見がない。天正二年（一五七四）八月十日、原昌胤とともに板山孫左衛門尉・玉泉坊と保科八郎左衛門尉の相論の裁許結果を通達したのが初見（藤沢家文書・二三七）。同五年四月九日、内田右近丞からの軍役に見合った知行が与えられていないという訴訟の裁許について、自身の判断を通達（木村家文書・二八〇〇）。勝頼が多忙で披露ができないでいるが、明所ができたので、勝頼の下知を受けてはいないけれども、知行九貫五〇文および被官一人を宛行うという証文を出した。正式な朱印は、勝頼が帰陣してから出すという。同九年三月十四日、黒印を用いて西海郷（山・富士河口湖町）などを宛行っている（西湖区有文書・三五九）。某年九月二日、多門坊（静・富士市）の門前棟別赦免訴訟について、そもそも門前の諸家が退転しているではないかと指摘し、たとえ牢人のような者を雇ってでもよいから、ともかく人を集めよという指示を出した。あわせて、寺領の竹木伐採について、信盛の証文を持たない人間が来たら、必ず報告をせよとも求めている（多門坊文書・三九〇二）。以上から、おそらく公事奉行の任にあったと思われ、かつかなりの裁量権を委ねられていたことが窺える。武田親類衆ゆえであろう。その後の動静は不明。なお、「天正壬午起請文」は栗原日向守昌次の名を載せ（山6下九四八頁）、また栗原衆として同心二六名が書き上げられている（同前九五〇頁）。天正十年十一月二日には、栗原内記が家康から本領栗原郷三九三貫文をはじめ、合計七六二貫四八〇文の安堵を受けている（家康文書上三八六頁）。本領を継承しているところからみて、この内記が当主であろう。あるいは信盛の子息にあたるか。前述「寺記」は、法名栗原院芳誉連西大居士と記す。（丸島）

栗原信泰　くりはらのぶやす

生没年未詳。甲斐東郡の国衆で、武田庶流家。善九郎。永正十七年（一五二〇）に自身の逆修（生前）供養を高野山引導院で行っている。付された法名は高翁宗堅。また同日、弟亀王丸とともに老母の逆修供養を引導院で行った（引導院日坏帳・山6下九三七頁）。ともに「栗原殿」という注記があり、栗原家の嫡流に属する人物と思われるが、この当時栗原家当主信友は本拠地栗原（山・山梨市）に籠城中であり、系譜上の位置関係は不明である。あるいは、信尊の子であろうか。なお、「系図纂要」は信尊の子に次郎信真を記し、法名を真翁とする。法名の類似は注目され、信泰の子で、信真の父にあたる人物かもしれない。栗原信友の謀叛に際し、信虎方についたとすれば、栗原攻撃中に高野山で逆修供養を行い、自身を栗原殿つまり栗原氏当主と主張することも可能であるだろう。（丸島）

栗原信由　くりはらのぶよし

生没年未詳。新五郎。永正十七年（一五二〇）五月十七日、自身の日牌供養を高野山引導院で行った（引導院日坏帳・山6下九三七頁）。記載内容は、「古岑浄春居士　武田新五源信由　逆修」で、栗原信泰の逆修供養と同日付である。栗原氏の供養に続いて記されていることからみて、栗原一門の可能性が高い。居住注記は「甲州御屋敷」つまり後屋敷郷（山・山梨市）とあり、これは信宗と同じである。「菊隠録」に「武田前左金吾、清和苗裔也、長子賢良新五郎」とあり（山6上三一頁）、金吾は衛門府の唐名だから、栗原左衛門尉信宗の嫡男とわかる。信由は、預求法要（菊隠録・山6上三四頁）、下火法要も行っており（同前・山6上三六二頁）、そこでは「古岑浄椿禅定門」となっている。引導院のものと事実上一致しており、同一人物と確定できる。（丸島）

栗原彦二郎 くりはらひこじろう

生年未詳～文亀元年（一五〇一）二月二十七日。甲斐東郡の国衆栗原氏の一族。文亀元年二月二十七日の合戦で、当主信遠とともに討ち死にした。法名は、眼阿弥陀仏（一蓮寺過去帳・山6上四二頁）。（丸島）

栗原兵庫 くりはらひょうご

生年未詳～享禄四年（一五三一）四月十二日。享禄四年正月二十一日、飯富虎昌・栗原信重・今井信元が信虎を蔑んで甲府を退去し、御岳（山・甲府市）に籠もった（勝山）。四月十二日、河原辺（山・韮崎市）で合戦するが敗北した（神使御頭之日記）。その際、栗原兵庫が討ち死にをしている（勝山）。栗原氏内における系譜関係は不明である。（丸島）

栗原昌種 くりはらまさたね

生年未詳～永正五年（一五〇八）十月四日。惣次郎。油川信恵の家臣と思われる。永正元年十月二十八日、広厳院（山・笛吹市）に寺領を寄進している（広厳院文書・一九）。その後、同五年十月四日の戦いで敗死した。法名は喜阿弥陀仏（一蓮寺過去帳・山6上四三頁）。（丸島）

黒岩長門守 くろいわながとのかみ

生没年未詳。上野国吾妻郡三原（群・嬬恋村）の土豪。永禄十年（一五六七）五月四日、武田氏は三原衆に対し、六月一日から九月一日まで草津（群・草津町）の湯治の停止を認められている（黒岩文書・一〇七四）。同文書が黒岩氏に伝来されているから、三原衆の代表者であったと推測される。某年六月二十一日、黒岩長門守の名がみえ、勝頼から、武田氏への入魂の申し出を賞されるとともに、草津での家伝の癩施薬を認められている（同前・三七一〇）。この時に武田氏に被官化したことが知られる。また草津で癩病への施薬を生業とした存在であったことも知られる。（黒田）

黒河内 くろごうち

生没年未詳。信濃国伊那郡黒河内（長・伊那市）の土豪。艮城、神明城主（宮坂武男著『信濃の山城と館』5上伊那編）。高遠衆。高遠諏方頼継の旧臣。黒河内氏は、武田氏に抵抗したため、弘治二年（一五五六）に成敗された伊那侍八人のひとりに数えられているが、その一族に所領の半分、三分の一などを与えてその跡を嗣がせたという（軍鑑10）。だが事実関係は明らかでない。長篠敗戦直後の天正三年（一五七五）八月十日、武田氏は信濃国木曽・伊那の防衛強化を企図し、保科正俊に詳細な指示を出しているが、その際に黒河内氏は、松島衆が遠江国奥山へ加勢に出陣した留守をつとめるため、伊那郡松島城（長・箕輪町）に派遣されている（武田神社所蔵文書・二五二四）。ここに登場する黒河内は、時期的にみて黒河内神三かその子に相当すると考えられるが不明。（平山）

黒河内神三 くろごうちじんぞう

生没年未詳。信濃国伊那郡黒河内（長・伊那市）の土豪。艮城、神明城主（宮坂武男著『信濃の山城と館』5上伊那編）。高遠衆。高遠諏方頼継の旧臣。永禄四年（一五六一）八月九日、武田氏の指示により高遠新衆に編入され、騎馬での奉公を命じられるとともに、一五貫文の知行を与えられているのが唯一の所見（新編会津風土記二・七四八）。そのほかの事蹟は不明。（平山）

黒沢出雲守 くろさわいずものかみ

生没年未詳。武蔵国衆長井政実の家臣、のちに上野国衆国峰小幡氏の家臣。多胡郡日野（群・藤岡市）の土豪か。無年号四月二十日付で長井政実が中野将監に宛てた書状のなかに、中野将監の所領とみられる日野郷椚山の百姓が出雲守の所領へ退去してきたことがみえている（黒沢文書・三八三五）。政実は中野の要請を容れて彼らの還住について承認し、そのことを出雲守も了解していることを述べている。同文書は天正十年（一五八二）以前のものと推測される。同十年の武田氏滅亡にともなう長井氏の滅亡後は、国峰小幡氏に従ったとみられ、同十八年六月十四日に小幡信定から、新恩所領として一〇貫文を宛行われている（同前・戦北三七四四）。家伝文書の伝来状況から、天正三年まで所見された源三の後身の可能性が高い。（黒田）

黒沢源三 くろさわげんぞう

生没年未詳。武蔵国衆平沢（のち長井）政実の家臣、また上野国衆国峰小幡氏の家臣。多胡郡日野（群・藤岡市）の土豪か。黒沢玄蕃允の子か。永禄七年（一五六四）六月二日付で上野倉賀野城（群・高崎市）攻略の際の戦功を武田信玄から賞されている（黒沢文書・八九七）。このことから、武田氏に従う国衆の家臣であったことがわかる。しかし同八年八月十六日には、北条氏に従う武蔵国御嶽（埼・神川町）城主平沢政実から、武蔵国賀美郡五明（埼・上里町）など三〇貫五〇〇文を所領として宛行われ、さらに父とみられる玄蕃允の所領五貫五〇〇文についても安堵を受けている（同前・群三九三）。三〇貫五〇〇文の地については、「中務少輔」から宛行われたことがみえており、「中務少輔」はそれまで御嶽城主であったと推測される安保氏と考えられるから、これより以前は安保氏の家臣であったか。御嶽城主が平沢氏に交替したことにともない、政実から安堵を受けたと考えられる。この時期、平沢氏に家臣化していたことがわかる。天正三年（一五七五）十月二十七日には、国峰（群・甘楽町）城主小幡信真から本領五貫文、新恩六貫文余、計一一貫文余を所領として宛行われている（同前・二五四二）。その間に平沢（長井）氏家臣から、小幡氏家臣に転じている。あるいは平沢（長井）氏と小幡氏への両属関係にあったとも考えられるが、確定できない。なお家伝文書の伝来状況から、天正期にみえる黒沢出雲守は、その後身の可能性が高い。（黒田）

黒沢定吉 くろさわさだよし

生没年未詳。上野国衆国峰小幡氏の家臣で、甘楽郡南部山中（群・神流町）の地縁集団山中衆のひとり。通称は出羽守。実名は小幡憲重の別名「重定」からの偏諱であろうか。永禄十年（一五六七）八月七日付「下之郷起請文」において、国峰小幡氏の同心となっていた山中衆の連署起請文で三番目に署判しているのが唯一の所見（生島足島神社文書・二五〇）。（黒田）

黒沢重家 くろさわしげいえ

生没年未詳。上野国衆国峰小幡氏の家臣で、甘楽郡南部山中（群・神流町）の地縁集団山中衆のひとり。通称は兵衛尉。実名は小幡憲重からの偏諱とみられる。永禄十年（一五六七）八月七日付「下之郷起請文」において、国峰小幡氏の同心となっていた山中衆の連署起請文で五番目に署判しているのが唯一の所見（生島足島神社文書・二五〇）。（黒田）

黒沢重慶 くろさわしげよし

生没年未詳。上野国衆国峰小幡氏の家臣

で、甘楽郡南部山中（群・神流町）の地縁集団山中衆のひとり。通称は駿河守。実名は小幡憲重からの偏諱とみられる。永禄十年（一五六七）八月七日付「下之郷起請文」において、国峰小幡氏の同心となっていた山中衆の連署起請文で二番目に署判しているのが唯一の所見（生島足島神社文書・一一五〇）。（黒田）

黒沢新八郎 くろさわしんぱちろう

生没年未詳。上野国衆国峰小幡氏の家臣で、甘楽郡南部山中（群・神流町）の地縁集団山中衆のひとり。山中小平村の土豪。天正八年（一五八〇）六月十二日付で小幡信真から、武蔵国秩父郡日尾城（埼・小鹿野町）を攻略した場合に、同郡小鹿野において所領を宛行うことを約されている（黒沢文書・三三六八）。文書の伝来からみて、前日所見の黒沢大学助の後継者の可能性が高い。（黒田）

黒沢大学助 くろさわだいがくのすけ

生没年未詳。上野国衆国峰小幡氏の家臣で、甘楽郡南部山中（群・神流町）の地縁集団山中衆のひとり。山中小平村の土豪。天正八年（一五八〇）六月十一日付で小幡信真から、武蔵国秩父郡日尾城（埼・小鹿野町）を攻略した場合に、同郡小鹿野において所領を宛行うことを約されている（黒沢文書・三三五五）。（黒田）

黒沢光吉 くろさわみつよし

生没年未詳。上野国衆国峰小幡氏の家臣で、甘楽郡南部山中（群・神流町）の地縁集団山中衆のひとり。通称は掃部助。永禄十年（一五六七）八月七日付「下之郷起請文」において、国峰小幡氏の同心となっていた山中衆の連署起請文で四番目に署判しているのが唯一の所見（生島足島神社文書・一一五〇）。（黒田）

桑原兼久 くわばらかねひさ

生没年未詳。刑部右衛門尉。木曾家臣。永禄八年（一五六五）十月一日、木曾義昌が黒沢若宮社（長・木曽町）に三十六歌仙板絵を奉納した際、中務の板絵を奉納した（武居誠氏所蔵・九五六）。（丸島）

桑原康盛 くわばらやすもり

生没年未詳。信濃国筑摩郡塔原城主（長・安曇野市）塔原海野三河守幸貞の家臣。式部少輔。塔原衆の一員。永禄十年（一五六七）八月七日、武田氏重臣跡部勝資に「下之郷起請文」を提出し、塔原宗定、堀内貞維らとともに海野三河守が信玄に逆心を抱いた場合は諫め、諫言に従わないようであれば三河守を見捨てる旨を誓っているのが唯一の所見（生島足島神社文書・一一七二）。その後の事蹟は不明。天正十一年（一五八三）二月の会田岩下、塔原氏滅亡とともに滅びたか。（平山）

け

下庵 げあん

生没年未詳。甲斐武田一族穴山信君の家臣。下庵は出家後の号であるが、それ以前の名前などは一切不明。天正八年（一五八〇）十月二十五日、穴山信君が、穴山宗九郎（祖父甲斐守の弟、小山穴山氏）の古廟が路次端に放置されていたことから、これを江禅庵（山・市川三郷町）が境内に移して、回向をすると申し出てきたことに対し、棟別諸役を免許するとの朱印状に奉者として登場するのが唯一の所見。このほかの事蹟については、現在のところ一切不明。（平山）

桂岩徳芳 けいがんとくほう

生没年未詳。臨済宗円蔵院二世住職。穴山信君の要請により甲斐国南部（山・南部町）の円蔵院の二世となる。弘治元年（一五五五）九月、甲斐河内領主の穴山信友は円蔵院に対して御崎原（南部町）

を寺領として寄進し、あわせて南部の成島新田の年貢銭も寄進して、同寺を自身の墓所と定めた（円蔵院文書・四五二）。永禄二年（一五五九）と同六年、桂岩は本山妙心寺へ板寮官銭を奉納しており、その受取状が残っている（円蔵院文書）。次いで同十二年八月、武田信玄は桂岩和尚に対して、本寺・末寺にわたっての駿河侵攻時における諸卒の乱暴狼藉を停止する定書を与えている（同前・一四七）。天正六年（一五七八）八月、穴山信君は甲府の長禅寺に対して、円蔵院の桂岩和尚の本山瑞世について、運上の黄葉が遅れていることを伝えている（長禅寺文書・三〇一二）。（柴辻）

慶寿院　けいじゅいん

生没年未詳。天正三年（一五七五）または同四年に、武田勝頼・甘利信恒・山県昌景らとともに同地の鎮目寺（山・笛吹市）に棟札を奉納した（甲陽随筆・三四七〇）。勝頼外祖母麻績氏（太方様）と並ぶ位置に記載されているから、武田氏親族の女性の可能性があるが、現時点では比定できない。（丸島）

慶林斎　けいりんさい

生没年未詳。天正五年（一五七七）頃、富士大宮（静・富士宮市）に神馬一疋を奉納している（永昌院所蔵兜巌史略・補遺二三）。そのほかの事蹟は不明。（丸島）

外記　げき

生没年未詳。信濃国筑摩郡会田（長・松本市）の土豪。会田岩下氏の被官とみられる。天正九年（一五八一）の「伊勢内宮道者御祓くばり帳」において、「あいたいりの分」の人物として「かち原の外記」と記載され、茶三袋を配られたと記されているのが唯一の所見（堀内健吉氏所蔵・三六四四）。（平山）

下条讃岐守　げじょうさぬきのかみ

生没年未詳。浅利虎在の次男で、下条氏に養子入りしたという（国志）。御聖道様衆のひとりとして、武田（海野）竜芳に仕えた（惣人数）。元亀二年（一五七一）二月二十三日、信玄から遠江出馬の意向を伝えられ、小山城（静・吉田町）に向かって付城を築くよう指示されている（橘家文書・一六五七）。この年、大規模な遠江出兵は確認されないから、国境の小山城を威嚇した程度であったのだろう。同年九月二十一日、高野山成慶院で自身の逆修（生前）供養を営んだ（武田御日坏帳二番・山6下九〇四頁）。当時、甲府六方小路に屋敷を構えていた。天正元年（一五七三）十月二十一日、山下又左衛門尉とともに、竜芳の料所河原部郷（山・韮崎市）の年貢籾子を甲府に運び込むよう命じられている（山下家旧蔵文書・二二九七）。（丸島）

下条長勝　げじょうちょうしょう

生没年未詳。兵部少輔。下条家は、武田信満の弟六郎信継から分かれた庶流家である。長勝は信継の孫で、実名は信元。官途名兵部少輔を名乗り、英山長勝と号した（武田源氏一統系図・山6下七九頁）。文亀四年（一五〇四）に浅間神社（山・南アルプス市）の本殿を造営しており、厨子に「地頭武田下条殿　兵部少輔入道戒名長勝」と墨書されている（浅間神社所蔵・四二二六）。（丸島）

下条信俊　げじょうのぶとし

生没年未詳。弥四郎。武田庶流家。永禄八年（一五六五）六月、武田義信とともに甲斐二宮美和神社（山・笛吹市）に太刀一腰と銭一〇〇疋を奉納した（美和神社文書・九四六）。同年九月、浅間神社（山・南アルプス市）の社壇を造営した（浅間神社所蔵・四二〇一）。（丸島）

下条兵部少輔　げじょうひょうぶのしょう

生没年未詳。長勝の子とみられる。「武田源氏一統系図」は、長勝の子として遠江守信遠を載せるが、あるいはこの人物か（山6下七二九頁）。武田庶流家。弘治三年（一五五七）正月二日、前年冬に三河武節谷（愛・豊田市）に軍勢を派遣した際の戦功を晴信から讃えられている（下条由来記・五三五）。（丸島）

下条民部少輔 げじょうみんぶのしょう

生没年未詳。武田親類衆とみられる。永禄末期のものとみられる信玄旗本の陣立書に、その名がみえる（山梨県立博物館所蔵文書・三九七二）。「国志」に武田氏滅亡後、小牧・長久手の戦いで軍令に背いて改易された人物の筆頭に「下条民部」がいたという記載があり、あるいは同一人物か。（丸島）

月航玄津 げっこうげんしん

生没年未詳。臨済宗妙心寺派の僧。京都・妙心寺住職。武田信玄の招きにより甲斐・恵林寺（山・甲州市塩山）の住職を一時期つとめる。永禄十一年（一五六八）春、穴山信君の家臣である万沢氏の正室に「宗機」の法号を前妙心の名で授けており、その法号記が残されている（甲斐国志資料・四二三）。天正十年（一五八二）に、武田勝頼没後の法語を書いている（妙心寺史）。（柴辻）

花見市衛門 けみいちえもん

生没年未詳。信濃国筑摩郡花見（長・安曇野市）の土豪。塔原海野氏の被官とみられる。天正九年（一五八一）の「伊勢内宮道者御祓くばり帳」において、「こせり・大くほ・けみの分」の人物として記載され、茶三袋を配られたと記されているのが唯一の所見（堀内健吉氏所蔵・三六四）。（平山）

花見宮内助 けみくないのすけ

生没年未詳。信濃国筑摩郡花見（長・安曇野市）の土豪。塔原海野氏の被官とみられる。天正九年（一五八一）の「伊勢内宮道者御祓くばり帳」において、「こせり・大くほ・けみの分」の人物として記載され、茶二袋を配られたと記されているのが唯一の所見（堀内健吉氏所蔵・三六四）。（平山）

源右衛門 げんえもん

生没年未詳。甲斐国巨摩郡宇津谷郷（山・甲斐市）在郷の番匠大工頭。永禄十一年（一五六八）六月二十八日付の駒沢番匠縫左衛門との連名宛の武田家朱印状では、上様へのご奉公をつとめたので、家一間分の普請役を免除されており（諸州古文書・二六七）、同日付で、国内の番匠が多数動員されているから、武田館内で大普請があった。元亀二年（一五七一）三月二十六日付の朱印状では、源次郎宛に両棟別役ほかが免除され、軍役衆並に陣参が命ぜられている（禰津家文書・一六八二）。（柴辻）

源右衛門 げんえもん

生没年未詳。信濃国筑摩郡刈谷原（長・松本市）の土豪。会田岩下氏の被官とみられる。天正九年（一五八一）の「伊勢内宮道者御祓くばり帳」において、「かりや原分」の人物として記載され、茶三袋を配られたと記されているのが唯一の所見（堀内健吉氏所蔵・三六四）。（平山）

源五 げんご

生没年未詳。美濃の商人。武田氏の「永禄二年諸役免許状書上」（諸州古文書・六五三）によれば、姓未詳であるが、美濃の商人源五宛に、弘治三年（一五五七）十二月十九日付で、越中への武田家使者の案内役をつとめさせており、その代償として、一月に馬一疋分の商売諸役を免除している。商人として来甲していた源五に、越中への使者の道案内をさせていた

点が注目される。（柴辻）

源三左衛門　げんさざえもん

生没年未詳。甲斐国巨摩郡下山村（山・身延町）の番匠大工頭。永禄六年（一五六三）十一月二十四日付の穴山信君判物によれば、河内領内の番匠で大工の下知に背く者は、道具を押さえろといい、番匠奉公を督励している（諸州古文書・八四）。次いで年未詳であるが、二月にも信君は、普請に際して板や釘を支給して、普請を急がせている（同前・三八〇一）。さらに十月にも、普請をつとめない者は成敗すると厳命している（同前・三九一九）。その際の普請の内容は不明である。（柴辻）

謙室大奕　けんしつだいえき

生年未詳～天正六年（一五七八）。曹洞宗雲岫派の僧で、甲斐・永昌院の六世住職。甲斐国山梨郡の人で、本姓は武田氏。敬翁性遵の跡を受け永正院住職（広厳大通禅師譫語集・曹洞宗全書8）。甲府・逍遙院開山。元亀元年（一五七〇）十月、武田信玄の命により、領国内の曹洞宗長老が連署して作製した「曹洞宗真法度」に署名している（永昌院文書・一六〇四）。同三年四月、信濃岩村田（長・佐久市）の竜雲寺で信玄が戦死者供養のために催した千人法幢会で首座をつとめる（竜雲寺文書・一八二七、五〇）。天正二年三月、松本郷（山・甲府市）に逍遙院を開き、武田信綱・勝頼より寺領を寄進されている（逍遙院文書・二三七二）。年未詳中秋二十日付で小山田信茂に宛てた長文の条目があり、永昌院寺領である猿橋（山・大月市）の年貢ほかについて交渉をしている（永昌院文書・三八九三）。（柴辻）

源四郎　げんしろう

生没年未詳。信濃国筑摩郡刈谷原（長・松本市）の土豪。会田岩下氏の被官とみられる。天正九年（一五八一）の「伊勢内宮道者御祓くばり帳」において、「かりや原分」の人物として記載され、茶二袋を配られたと記されているのが唯一の所見（堀内健吉氏所蔵・三六四四）。（平山）

源助　げんすけ

生没年未詳。武田晴信の寵童。天文十五年（一五四六）七月五日、晴信より弥七郎と関係をもったことはないという起請文を提出されている（東京大学史料編纂所所蔵文書・二〇四）。なお、名字は「春日」とされるが、これはのちに加筆された部分である。春日虎綱と信玄の間に男色関係があったという説があり、同一人物と誤解されて書き加えられたものであろう。また、虎綱の仮名は源五郎であり、源助ではない。（丸島）

源三　げんぞう

生没年未詳。下山の大工頭。甲斐国巨摩郡下山郷（山・身延町）に在住して、穴山氏の御用大工をつとめていた。永禄六年（一五六三）十一月二十四日、穴山信君より河内領の番匠の差配を命ぜられており（明細由緒書・八四三）、次いで年未詳二月二十一日付の穴山氏朱印状では、下山番匠衆に下知して、御門の修築をするよう命ぜられている（国志・三八〇〇）。さらに年未詳二月二十二日付の信君判物では、朴板を支給するので、番匠共を糾合して普請を急がすようにと言われており（同前・三八〇一）、年未詳十月一日には、同じく信君判物で、その大工職を安堵して、職人衆の統轄を命じている（諸州古文書・三九一九）。江戸期にも下山の大工頭として、竹下幸内と称して、活躍している（国志）。（柴辻）

釼持但馬守　けんもちたじまのかみ

生年未詳～天正十年（一五八二）三月十一日。北条氏政の妹桂林院殿が、武田勝頼に嫁いだ際の付家臣のひとり。初名は与三左衛門尉とみられる（北条記）。桂林院殿から小田原に帰り、自分の最後を伝えるよう求められたが、誰も残って御供をしないのは、北条氏への聞こえも悪いとして、後に残って討ち死にしたという（甲乱記、北条五代記）。（丸島）

顕了道快 けんりょうどうかい
生年未詳〜寛永二十年（一六四三）。甲府・長延寺住職。信玄二男竜芳の嫡男。俗名信道。天正十年（一五八二）三月の武田氏滅亡に際して、真宗寺僧で武田家の外交を担当した実了師慶にともなわれて信濃に逃れたが、徳川家康が甲斐を領するにおよび、帰甲して僧となり、府中・長延寺住職となった。慶長十九年（一六一四）、大久保長安の事件に連座し、顕了は、その子信正とともに伊豆大島に流され、寛永二十年にその地で没した。信正は寛文三年（一六六三）に許され、江戸に戻り、その子孫は高家に列し、武田氏の血統を引き続いでいる。（柴辻）

こ

小井木親房 こいきちかふさ
生没年未詳。信濃国伊那郡の武士。通称は四郎左衛門。伊那部衆。武田氏滅亡と本能寺の変直後、提出された「天正壬午起請文」に、伊那部衆として春日治部少輔、上坂為昌らとともに連署しているのが唯一の所見（内閣文庫所蔵・山6下二四八）。その後の事蹟は不明。（平山）

小泉勘解由左衛門尉 こいずみかげゆざえもんのじょう
生没年未詳。駿河国安倍郡入島郷（静・静岡市）の土豪。駿河国今川・武田領国下の駿河梅ヶ島金山（静岡市）で金の採掘に携わった「金山衆」の有力者。永禄十一年（一五六八）十二月に武田信玄が駿河侵攻を開始すると、阿部（倍）一揆衆として活動し、翌十二年二月十八日には、北条方の伊波大隅方へ援軍を求めた連署書状の署判者の一人に「小泉」がみえるが（南条文書・戦今三三七六）、勘解由左衛門尉との関係は不明である。元亀元年（一五七〇）四月二十六日の武田家朱印状（秋山家文書・一五四二）で、入島・梅島（静岡市）両郷が今川時代と同様に武田氏の御料所（直轄領）になることを伝えられ、年貢の納入を命じられた。奉者は土屋右衛門尉昌続。子孫は入島村の村役人を世襲している（駿河志料）。（鈴木・柴）

小泉重永 こいずみじゅうえい
生没年未詳。信濃小県郡の国衆。喜泉斎重永。天文二十二年（一五五三）に武田氏に出仕し、八月十一日に晴信から所領安堵の判物を与えられた「小泉」は彼のことであろう（甲陽日記）。同時に、居城を破却している（同前）。「惣人数」には信州先方衆として、騎馬一〇騎の書上があり、「組頭に而も組子ニ而もなき衆」つまり旗本であったという。永禄十年（一五六七）八月七日、「下之郷起請文」を内匠助宗貞とともに浅利信種に宛てて提出している（生島足島神社文書・一一三八）。同日、被官衆（平介・惣二郎・四郎右衛門・弥六郎・藤右衛門尉・忠介・藤三・半右衛門尉）が血判を据え、やはり信種に起請文を提出している（同前・一一三九）。彼らは姓を記さず、花押も据えずに血判だけしているから、百姓層であろう。小泉氏の本領の住人とみられ、彼らにまで起請文提出を求められたことは、同氏の勢力を考えるうえで参考になる。そのほかの事蹟は不明。（丸島）

小泉昌宗 こいずみまさむね
生没年未詳。信濃小県郡の国衆。惣三郎。重永・宗貞との関係は不明だが、宗貞の弟ないし子息と推定されている。ただし宗貞との活動年代はかなり近い。元亀三年（一五七二）七月晦日、武田氏の分国を追放された一四名の者が、近辺を徘徊していたら、ただちに召し捕り注進するよう命じられた（小泉家文書・一九三〇）。天正三年（一五七五）十二月十六日、勝頼から新たな軍役条目を与えられている（続錦雑誌・二五五五）。同五年前後に、駿河富士大宮（静・富士宮市）に神馬一疋を奉納した「小泉」は昌宗であろう（永昌院所蔵兜巌史略・補遺二三）。同七年十二月二十六日、高野山における宿坊を、蓮華定院と定める証文を発給している（蓮華定院文書・三二三二）。これにより、先代と同様に、本領である小泉荘（長・上田市）の住人が高野山に参詣する際には、蓮華定院に宿泊することがあらためて定められた。その後の事蹟は不明。（丸島）

小泉宗貞 こいずみむねさだ

生没年未詳。信濃小県郡の国衆。内匠助。永禄十年（一五六七）八月七日、「下之郷起請文」を小泉重永とともに浅利信種に宛てて提出している（生島足島神社文書・一二三八）。重永の子息と思われる。なお、武田氏滅亡後の天正十年（一五八二）六月十六日に、滝沢八兵右衛門尉の奉公を讃え、三〇貫文の宛行を約している「松政」と花押型が類似しているという指摘がある（滝沢家文書・信15二四七頁）。同一人物とすれば、宗貞の法名となるが、その場合元亀年間（一五七〇〜七三）から活動している昌宗との関係をどう捉えるかが問題となる。（丸島）

小井弖伊賀守 こいでいがのかみ

生没年未詳。信濃国伊那郡小出郷（長・伊那市）の土豪か。小井弖良喜の一族か。詳細不明。天正年間（一五七三〜九二）成立と推定される「両社御造宮領幷御神領等帳」において、諏訪大社の十一月十五日祭礼役の負担者として登場するのが唯一の所見（大祝諏訪家文書・三〇七九）。その後の事蹟は不明。（平山）

小井弖大炊允 こいでおおいのじょう

生没年未詳。信濃国伊那郡小出郷（長・伊那市）の土豪か。小井弖良喜の一族か。詳細不明。小井天とも書く。永禄八年（一五六五）十二月五日、武田信玄が諏訪大社に指示した「諏訪大社上社祭礼再興之次第」に、七月晦日の祭田五反（上桑原に所在）の定納四貫七〇〇文のうち、七〇〇文を給恩として武田氏より与えられているのが初見。ここで信玄は、祭礼再興のため、小井弖大炊允らの知行を他所に振り替えることとしている（諏訪大社文書・九六五）。さらに同年十二月七日、信玄が同社に指示した「諏訪大社上社祭礼再興之次第」において、大炊允に十一月十五日の神事を亀石（不明）でつとめるよう指示されている（同前・九六六）。その後、同十年八月七日、武田氏に忠節を誓約した下之郷起請文を、諏方頼豊らとともに「下諏訪五十騎」の一員として連署で提出している（諏訪家旧蔵文書・一一七八）。その後の事蹟は不明。（平山）

小井弖大隅守 こいでおおすみのかみ

生没年未詳。信濃国伊那郡小出郷（長・伊那市）の土豪か。小井弖良喜の一族か。詳細不明。天正年間（一五七三〜九二）成立と推定される「両社御造宮領幷御神領等帳」において、諏訪大社の十二月二十五日祭礼役の負担者として、渡辺四郎右衛門尉とともに登場するのが唯一の所見（大祝諏訪家文書・三〇七九）。その後の事蹟は不明。（平山）

小井弖鶴寿 こいでかくじゅ

生没年未詳。信濃国伊那郡小出郷（長・伊那市）の土豪。小井弖良喜の一族か。

永禄三年（一五六〇）八月十日、武田信廉が、小井弖藤四郎に鶴寿分の神田六貫文のうち四貫文を鶴寿に返還するよう指示している判物に登場するのが唯一の所見（矢島家文書・七〇五）。　（平山）

小井弖源二　こいでげんじ

生没年未詳。信濃国伊那郡小出郷（長・伊那市）の土豪。源次。小井弖良喜の一族か。詳細不明。永禄八年（一五六五）十二月十一日、武田信玄が諏訪大社に指示した「諏訪大社上社祭礼再興之次第」に、三月戊日に執行される宿湛神事のための神田（下桑原、長・諏訪市）を抱える神主として登場するのが初見（諏訪大社文書・九二二）。その後、同九年九月三日、武田信玄が諏訪大社に指示した「諏訪大社上社祭礼再興之次第」に三の御柱造宮役を難渋していた小県郡塩田二十ヶ郷（長・上田市）を武田氏に訴えた社家衆のひとりとしてみえる（同前・一〇三三）。その後の事跡は不明。　（平山）

小井弖五郎左衛門尉　こいでごろうざえもんのじょう

生没年未詳。信濃国伊那郡小出郷（長・伊那市）の土豪。小井弖良喜の一族か。詳細不明。永禄四年（一五六一）二月六日、武田氏より官途状を与えられているのが唯一の所見（小出家文書・七三三）。その後の事蹟は不明。　（平山）

小井弖五郎兵衛　こいでごろひょうえ

生没年未詳。信濃国伊那郡小出郷（長・伊那市）の土豪。小井弖良喜の一族か。詳細不明。天正年間（一五七三〜九二）成立と推定される「両社御造宮領幷御神領等帳」において一月八日祭礼役の神領所有者として登場するのが初見（大祝諏訪家文書・三〇七九）。その後、天正七年九月九日、武田氏より官途状を与えられている（小出家文書・三一六三）。その後の事蹟は不明。　（平山）

小井弖三郎次郎　こいでさぶろうじろう

生没年未詳。信濃国伊那郡小出郷（長・伊那市）の土豪。小井天とも書く。小井弖良喜の一族か。詳細不明。永禄八年（一五六五）十二月五日、武田信玄が諏訪大社に指示した「諏訪大社上社祭礼再興之次第」に、七月二十九日の御射山三之御手幣のための神田の知行主として登場し、また十二月二十五日大夜明神事のための領田（金子、長・諏訪市に所在）を給恩地として与えられているのが唯一の所見（諏訪大社文書・九六五）。その後の事蹟は不明。　（平山）

小井弖庄右衛門尉　こいでしょうえもんのじょう

生没年未詳。信濃国伊那郡小出郷（長・伊那市）の土豪。小井弖良喜の一族か。詳細不明。永禄九年（一五六六）三月四日成立の「諏訪大社玉垣日記」に登場するのが初見（守矢家文書・九八〇）。その後、天正六年（一五七八）二月吉日の「上諏訪造宮帳」において、諏訪大社上社の二之御柱、三之御柱造宮役の使衆として登場するのが初見（諏訪大社上社文書・二九四三）。また同年二月吉日成立の「上諏訪大宮同前宮造宮帳」において瑞籬一間役を負担する志津田郷、松井郷の取手として登場する（同前・二九四六）。同七年二月六日成立の「上諏訪造宮帳」において、大宮二之御柱、三之御柱の使衆として、さらに同日成立の「上諏訪大宮同前宮造宮帳」にも瑞籬一間役を負担する志津田郷、松井郷の取手として登場する（同前・三〇七七、七八）。その後の事蹟は不明。　（平山）

小井弖善三郎　こいでぜんざぶろう

生没年未詳。信濃国伊那郡小出郷（長・伊那市）の土豪。小井弖良喜の一族か。詳細不明。永禄八年（一五六五）十一月

五日、武田信玄が諏訪大社に指示した「諏訪大社上社祭礼再興之次第」に、九月九日神事の田畠（上桑原に所在）のうち二貫文を給恩として与えられているのが唯一の所見。なおこの文書には神主としてみえる（諏訪大社文書・九六五）。その後の事蹟は不明。（平山）

小井弖綱清 こいでつなきよ

生没年未詳。信濃国伊那郡小出郷（長・伊那市）の土豪。半兵衛。小井弖良喜の一族か。詳細不明。天正六年（一五七八）二月吉日の「上諏訪造宮帳」において、諏訪大社上社の一之御柱造宮役の使衆として登場するのが初見（諏訪大社上社文書・二九四二）。また同年二月二十六日、信濃国佐久郡根々井郷（長・佐久市）に対し、一之御柱造宮役銭納入手形に署名している（水野家文書・二九四三）。その後、同七年二月六日成立の「上諏訪造宮帳」に、大宮一之御柱の使衆として記録されている（大祝諏訪家文書・三〇七七）。天正年間（一五七三〜九二）成立と推定される「両社御造宮領幷御神領等帳」において九月九日祭礼役の神領所有者としてみえる（大祝諏訪家文書・三〇七九）。その後の事蹟は不明。（平山）

小井弖藤四郎 こいでとうしろう

生没年未詳。信濃国伊那郡小出郷（長・伊那市）の土豪。小井弖良喜の一族か。詳細不明。弘治三年（一五五七）二月十五日、信濃国水内郡葛山城（長・長野市）を攻略した際に首級を一つ討ち取ったことから、武田信玄より同年三月十日に感状を受けているのが初見（工藤家文書・五四三）。また同年七月五日、第三次川中島合戦に際して、信濃国安曇郡小谷城を攻略し、反武田方に転じた花岡氏（諏訪西方衆か）を討ち取り、武田晴信より同十一日感状を受けている（小出家文書・五六七）。その後、永禄三年（一五六〇）八月十日、武田信廉が、小井弖藤四郎に鶴寿分の神田六貫文のうち四貫文を鶴寿に返還するよう指示している判物に登場する（矢島家文書・七〇五）。その後の事蹟は不明。（平山）

小井弖彦作 こいでひこさく

生没年未詳。信濃国伊那郡小出郷（長・伊那市）の土豪。小井弖孫次の子。小井弖良喜の一族か。詳細不明。永禄九年（一五六六）三月四日成立の「諏訪大社玉垣日記」に登場するのが初見（守矢家文書・九八〇）。その後、天正六年（一五七八）二月吉日成立の「上諏訪大宮同前宮造宮帳」において瑞籬五間役を負担する犬飼郷の取手として登場する（同前・二九四六）。その後の事蹟は不明。（平山）

小井弖房綱 こいでふさつな

生没年未詳。信濃国伊那郡小出郷（長・伊那市）の土豪。三丞。小井弖綱清の一族か。詳細不明。天正六年（一五七八）二月吉日の「上諏訪造宮帳」において、諏訪大社上社の一之御柱造宮役の使衆として登場するのが初見（諏訪大社上社文書・二九四二）。また同年二月二十六日、信濃国佐久郡根々井郷（長・佐久市）に対し、一之御柱造宮役銭納入手形に署名している（水野家文書・二九四三）。その後、同七年二月六日成立の「上諏訪造宮帳」に、大宮一之御柱の使衆として記録されている（大祝諏訪家文書・三〇七七）。その後の事蹟は不明。（平山）

小井弖孫次 こいでまごじ

生没年未詳。信濃国伊那郡小出郷（長・伊那市）の土豪。小井弖彦作の父。小井弖良喜の一族か。詳細不明。永禄九年（一五六六）三月四日成立の「諏訪大社玉垣日記」に登場するのが唯一の所見（守矢家文書・九八〇）。その後の事蹟は不

明。（平山）

小井弖民部丞　こいでみんぶのじょう

生没年未詳。信濃国伊那郡小出郷（長・伊那市）の土豪。小井弖良喜の一族か。詳細不明。天正七年（一五七九）二月六日成立の「上諏訪造宮帳」に、大宮西方大鳥居の代官として記録されているのが唯一の所見（大祝諏訪家文書・三〇七七）。その後の事績は不明。（平山）

小井弖与一　こいでよいち

生没年未詳。信濃国伊那郡小出郷（長・伊那市）の土豪。小井弖良喜の子か。天正六年（一五七八）三月十四日を諏方頼豊らから伊那郡伊賀良庄（長・飯田市）の諏訪大社造宮役の徴収を、小井弖越前入道とともに命じられているのが初見（矢島家文書・二九五三）。同七年成立と推定される「上諏訪造宮帳」にも同様の記述がみえる（大祝諏訪家文書・三〇七七）。そのほかの事績は不明。（平山）

小井弖良喜　こいでりょうき

生没年未詳。信濃国伊那郡小出郷（長・伊那市）の土豪。越前守、越前入道。出家前の諱は不明。小井天とも書く。小出城主。小井弖氏は、鎌倉幕府の御家人工藤氏の後裔であり、鎌倉期から小出郷の地頭であった。天文十六年（一五四七）八月十一日の信濃国佐久郡志賀城攻めにおいて、高田憲頼（関東管領上杉憲政家臣、志賀城主笠原氏への援軍）を討ち取り、武田信玄より同日付で感状を与えられているのが初見（工藤文書・三七）。その後、永禄七年（一五六四）二月十七日、武田信玄が薬王寺・慈眼寺に宛てた書状に、信玄の口上を述べる人物としてみえ、この時「小井弖越前入道」と称している（同前・八七二）。同九年三月十四日、諏訪大社上社前宮一之御柱役を納入した原美作入道に対し（矢島家文書・九八三）、同年四月二十日、同役を納入した常葉弥六郎・松沢四郎左衛門尉に対し、権祝代官木心（矢島基綱）と連署で請取状を発給している（同前・九九九）。同年九月三日の「諏訪大社上社祭礼再興之次第」によると、水内郡県庄が大宮明かずの門造宮役を難渋していることを武田氏に訴え、事態を収拾している（諏訪大社文書・一〇三三）。同十年八月七日、武田氏に忠節を誓約した下之郷起請文を、諏方頼豊らとともに「下諏訪五十騎」の一員として連署で提出している（諏訪家旧蔵文書・一一七八）。同年十二月十五日、武田氏より栗林郷（長・諏訪市）の神田を与えられ、御頭役をつとめるよう指示されている（矢島彦治氏所蔵文書・一二三三）。元亀元年（一五七〇）四月二十日、知行していた栗林北郷に賦課されていた御左口守上下の用銭と鹿皮三枚の納入を無沙汰していると、神長官守矢氏に訴えられ、武田氏より納入を厳命されている（田中家文書・一五四三）。同三年四月八日、諏訪大社上社一之御柱引人夫を、先例により北大塩（長・茅野市）、上桑原郷（諏訪市）に賦課するよう武田氏より指示されている（工藤文書・一八二五）。天正六年（一五七八）二月吉日成立の「上諏訪造宮帳」によれば、前宮一之御柱役の取手して、不開の御門造宮銭の使免として登場する（諏訪大社上社文書・二九四二）。さらに同年、伊那郡伊賀良庄（長・飯田市）の造宮役の使衆をつとめていることが確認され（人祝諏訪家文書・三〇七七）、同年三月十四日を諏方頼豊らより同庄よりその徴収を命じられている（矢島家文書・二九五三）。そして同七年成立と推定される「諏訪上宮工事在家諸役書上」には、栗林北郷の神主として記録され、祭礼役の徴収と負担を行っている（大祝諏訪家文書・三〇八〇）。その後の事績は不明。（平山）

小岩井新兵衛　こいわいしんひょうえ
生没年未詳。信濃国筑摩郡会田（長・松本市）の土豪。会田岩下氏の被官とみられる。天正九年（一五八一）の「伊勢内宮道者御祓くばり帳」において、「あい田分」の人物として記載され、茶三袋を配られたと記されているのが唯一の所見（堀内健吉氏所蔵・三六四）。（平山）

広庵芸長　こうあんげいちょう
生没年未詳。出自は不明だが、上野群馬郡岸氏の子とも伝わるという。父は真田氏に仕え、武功をあげた。武蔵天寧寺（東・青梅市）五世住持で、天正寺（東・日の出町）開山（広厳大通禅師譫語集・昭和再版妙亀譫語集七五頁）。天寧寺は三田氏の菩提寺だが、開山は武田一門恵光寺周檜の次男一華文英であり、甲斐とゆかりの深い寺院ともいえる。永禄六年（一五六三）三月二十四日没という（同前）。いっぽう寺伝によると、天正元年（一五七三）没といい、一致をみない。いずれにせよ、真田氏が群馬郡に勢力を延ばす時期からすると無理があり、誤伝があると思われる。前者は、三田氏の滅亡と関連づけられた没年であろうか。群馬郡出身というのはあくまで、「或云」に過ぎないから、真田氏の本拠小県郡出身と考えるのが妥当か。（丸島）

香坂源五郎　こうさかげんごろう
生年未詳～天正三年（一五七五）五月二十一日。春日虎綱の子で、信達の兄。天正三年五月二十一日の長篠合戦で戦死した。実名は「昌澄」と伝わるが、確認できない（乾徳山恵林寺雑本・信14九九頁）。（丸島）

香坂図書助　こうさかずしょのすけ
信濃水内郡の国衆香坂氏の一門とみられる。人質を海津城（長・長野市）に差し出していたが、他に移したいと懇望し、深志城（長・松本市）に移されることとなった（石井進氏所蔵諸家古案集・三七四八）。永禄前半のことと思われるが、年次比定はできない。海津が前線に位置していたためか。（丸島）

香坂筑前守　こうさかちくぜんのかみ
生没年未詳。信濃水内郡の国衆。牧之島（長・長野市信州新町）城主。弘治二年（一五五六）五月十二日、八郎丸郷（長野市）一〇〇貫文のうち定所務六五貫四〇〇文を与えられている（高野家文書・四九九）。永禄三年（一五六〇）六月十五日、海津城（長野市）在城給として、横田（長野市）三〇〇貫文のうち、屋代分を除いた地を与えられた（同前・六九八）。香坂氏には海津城代春日虎綱が養子入りしており、虎綱を補佐するための入城とみられる。（丸島）

香坂虎綱　こうさかとらつな
→春日虎綱　かすがとらつな

香坂入道　こうさかにゅうどう
生没年未詳。信濃水内郡の国衆。牧之島（長・長野市信州新町）城主。武田氏従属時の香坂氏惣領であろう。天文二十二年（一五五三）四月十六日、武田氏のもとに出仕した（甲陽日記）。同月九日の村上義清の逃亡を受けてのものとみられる。西条治部少輔の知行地である原（長・千曲市）・今里（千曲市）を自領と主張し、信玄から安堵を受けている。小田切川北の香坂領を武田氏が確保するまでの一時的な処置として受容されたものであった（西条家文書・五二〇）。（丸島）

香坂能登守　こうさかのとのかみ
生没年未詳。上杉年譜所収「御家中諸士略系譜」では香坂氏の惣領の扱いを受けている。同書は仮名源五郎、実名を定昌とするが、確認できない。仮名源五郎は春日（香坂）虎綱・信達父子と同じであり、両者の正統な後継者であるとのアピールであろう。信濃水内郡の国衆。あるいは春日能登守と同一人物か。武田氏滅亡後の天正十年（一五八二）六月十八日、上杉景勝から水内郷（長・長野市信州新町）ほかの本領を安堵されている（景勝公御書・上越二四一〇）。八月三日、両度の忠勤に励んだとして、鬼無里（長・鬼無里村）ほか二〇〇〇貫文を景勝から与えられている（大日方英雄氏所蔵文書・上越二五〇三）。時期的にみて、春日信達の謀叛と関係するものであろう。春日信達の謀叛は、香坂・春日氏の協力が得られない、孤立したものであったことが窺える。天正年間（一五七三〜九二）に信濃で死去したという（上杉年譜所収御家中諸士略系譜）。（丸島）

香坂又八郎 こうさかまたはちろう

生年未詳〜天正三年（一五七五）五月二十一日。春日虎綱の関係者とみられる。天正三年五月二十一日の長篠合戦で戦死した（信長公記）。実名は「助宣」と伝わるが、確認できない（乾徳山恵林寺雑本・信14九六頁）。（丸島）

高山玄寿 こうざんげんじゅ

生没年未詳。甲斐府中の長禅寺三世。板垣郷（山・甲府市）の東光寺にも住持したことがある。「天正玄公仏事法語」（山6上）の高山の香語により、永禄二年（一五五九）に信玄出家の時、岐秀元伯が、その道号を授けたことが知られる。天正四年（一五七六）四月十六日の恵林寺における信玄本葬儀では、七仏事の次第として奠湯をつとめている（武家事紀・二六三八）。天正十年三月、織田信長のために恵林寺で火定した。（柴辻）

功叔宗輔 こうしゅくしゅうほ

生没年未詳。臨済宗妙心寺派僧。飛驒・大円寺（岐・岩村町）住職か。快川紹喜と親交が深い。天文末年（一五五五）と推定される美濃・禅昌寺（岐・下呂市）宛の快川書状によると、快川の甲斐下向に際して功叔の指南を受けている（明叔慶浚等諸僧法語雑録・三七九三）。弘治二年（一五五六）と推定される功叔宛の二通の快川書状によると、飛驒の政情について情報交換をしている（同前・三八一九、三九六二）。（柴辻）

甲天総寅 こうてんそういん

生没年未詳。曹洞宗雲岫派僧。甲斐府中（山・甲府市）の大泉寺に住持す。信玄が深く帰依し、甲斐国曹洞宗の僧録司とする。永禄元年（一五五八）閏六月、娘である桃由童女や、元亀元年（一五七〇）十二月、娘の北条氏政夫人黄梅院の菩提を弔わせている。天正六年（一五七八）四月、勝頼は宗門興隆の定書を定めており（大泉寺文書・二九六五）、それに応えて甲天が十一ヶ条におよぶ請状を提出している（同前・四三四四）。翌七年二月には、信玄の定めた分国中曹洞宗法度の「追加」も定めている（同前・三〇九〇）。（柴辻）

河野家昌 こうのいえまさ

生没年未詳。因幡守。武田氏滅亡が間近に迫った天正十年（一五八二）三月二日、勝頼の指示で上杉景勝に援軍派遣を求めたひとり（上杉家文書・三六七二）。越後国境に配備されていたものと思われる。本能寺の変後の六月十日、飯山城を約束通り引き渡したことを上杉景勝より賞される（坂井進氏所蔵文書・上越二四二二）。しかし同年七月二十八日、布施（長・長野市）に有していた所領が、上杉景勝によって板屋光胤に宛行われている（板屋家文書・上越二四九一、九二）。（丸島）

河野多兵衛 こうのたひょうえ

天文七年（一五三八）〜天正三年（一五七五）五月二十一日、三八歳（信綱寺殿

御事蹟稿・信叢15一〇七頁）。真田家臣。実名は通秀と伝わる。長篠合戦で討ち死にしたという。（丸島）

河野通郷 こうのみちさと

弘治二年（一五五六）～慶長三年（一五九八）五月十五日。四三歳（寛政譜）。伝之丞。河野通重の子。天正十年（一五八二）八月二十一日に武田氏の旧臣が徳川氏へ提出した起請文（天正壬午起請文・山6下九三三頁）に（別本〈塩山市史史料編1三四三〉では「小人頭横目衆」として）名がみえる。徳川氏から本領を安堵され、同十八年の関東転封に従って武蔵国八王子（東・八王子市）へ移住し、八王子千人同心頭のひとりとなる。慶長三年に山城伏見城（京・京都市）の城番に任じられたが、同年に死去した（寛政譜）。法名理春。墓所は父通重と同じく甲斐国の一蓮寺（山・甲府市）（同前）。（鈴木）

河野通重 こうのみちしげ

永正七年（一五一〇）～文禄四年（一五九五）十月十八日。八六歳（寛政譜）。但馬守。甲斐国山梨郡和戸郷（山・甲府市）の土豪。武田氏の小人頭。伊予河野氏の一族で、天文・弘治年間（一五三二～五八）に甲斐国に来て武田氏に仕えたという（寛政譜）。年未詳三月十三日の武田家朱印状（池谷家文書・三六九六）で、明後十五日の御用として、鮒・雑魚を捕って明晩に献上するよう命じられた。奉者は内藤某。年未詳八月十三日の河野但馬守証文写（古文書雑集・四三三〇）では、慈照寺（山・甲斐市）の訴えに基づいて、同寺内での竹木伐採を禁じている。天正十年（一五八二）三月に武田氏が滅亡した後は徳川氏に仕え、本領や同心の扶持給などを安堵された。同十五年に致仕し、武蔵国八王子（東・八王子市）で死去（寛政譜）。法名道仁。墓所は甲斐国の一蓮寺（甲府市）（同前）。（鈴木）

幸福虎勝 こうぶくとらかつ

生没年未詳。右馬助・日向守と称す。伊勢大神宮外宮の御師。起源や系譜は不明であるが、伊勢の宇治山田に神殿を構え、戦国期初期より伊勢御師としての活動が確認される。檀家として東国の大名家を担当しており、武田家との関係は緊密であった。甲府の城下町内に屋敷を拝領しており、定期的な交流が確認されている。永正元年（一五〇四）閏三月、武田信縄の重臣の楠浦昌勝より、伊勢両神宮への神馬奉納と祈念を取り次いでおり（幸福大夫文書・一八）、同四年正月には、信縄とその重臣の工藤昌祐より、万度の御祓の礼と神前での祈念、神馬奉納を取り次いでいる（同前・二五、二六）。同九年七月、甲斐での先達である大井泉蔵坊慶喜より、武田家臣の工藤家を旦那とする件に付き報告を受けている（同前・三七）。同十四年五月、武田信虎と楠浦昌勝より御祓い・鮑の到来の礼と神前での祈念を依頼されている（同前・四一、四三）。大永二年（一五二二）三月、武田信虎家臣の秋山昌満より、駿河衆来襲を撃退した報告を受け、六月には巡礼参詣をしたいと通知されている（同前・五二）。年未詳であるが、同時期に、武田家臣の曽祢昌長・小宮山虎泰・加津野勝房・楠浦昌勝・工藤祐久らより、御祓い・大麻・熨斗鮑・五明など送付の礼状を受け、神前での祈念を依頼されている（同前・一一五、一一六、一一九、一二三～一二六、一二九）。天文二十二年（一五五三）三月、子の大和守宛の書状で、久保蔵氏との訴訟の件で指示を出している（同前・四一五三）。翌二十三年五月、日向守虎勝は大和守に宛て、鳥屋尾神四郎殿の草津湯治について、懇ろな便宜を図るよう連絡している（同前・四一五六）。（柴辻）

幸福平次郎 こうふくへいじろう
幸福大夫虎勝の親族か。永正五年（一五〇八）正月、武田家臣の河村重家より、武田信恵方への御札到来の礼と、重家への御祓い給付の礼状を受けている（幸福大夫文書・一二四）。年未詳であるが、七月十八日に甲斐での先達である花蔵坊祐厳より、今福五郎兵衛らを新旦那とする連絡を受けている（同前・一三〇）。（柴辻）

幸福光広 こうふくみつひろ
孫十郎と称す。幸福虎勝の親族か。天文二十二年（一五五三）三月、一族の幸福大和守宛の宛の二通の書状で、甲府での屋敷地の売却について親と相談するとしている（幸福大夫文書・一一七、三六五）。年未詳四月の武田家臣の土屋昌続宛の書状では、船にて渡海につき、諸役ご免の朱印を頂戴したいと披露してほしいと伝えている（同前・四一〇七）。同二十二年三月、父幸福虎勝は大和守宛の書状で、久保蔵氏との訴訟の件で指示を出しており、孫十郎を派遣すると伝えている（同前・四一五三）。翌二十三年五月、幸福大和守宛の虎勝書状によれば、鳥屋尾神四郎殿の草津湯治について、懇ろな便宜を図るよう連絡しており、その費用などを御蔵から借用し、それを孫十郎に預けるよう伝えている（同前・四一五六）。（柴辻）

幸福大和守 こうふくやまとのかみ
幸福虎勝の子。実名未詳。天文二十二年（一五五三）三月、大和守宛の虎勝書状で、久保蔵氏との訴訟の件で指示を出している（幸福大夫文書・四一五三）。同年三月、幸福大和守宛の二通の虎勝書状で、甲府での屋敷地の売却について親と相談することとしている（同前・一一七、三六五）。翌二十三年五月、日向守虎勝は大和守に宛て、鳥屋尾神四郎殿の草津湯治について、懇ろな便宜を図るよう連絡している（同前・四一五六）。（柴辻）

小海高富 こうみたかとみ
生没年未詳。宮内介。佐久郡北方衆のひとり。永禄十年（一五六七）八月七日、北方衆の一員として、信玄に忠節を誓う「下之郷起請文」に署判し、吉田信生・浅利信種に提出した（生島足島神社文書・二四九）。（丸島）

晃誉貞吟 こうよていぎん
生没年未詳。浄土宗寺僧。永禄七年（一五六四）、武田信玄が甲府の浄土五ヶ寺の一つである栄迎寺を建立した際、教安寺から招かれてその開山となった。栗原筋中村（山・山梨市）の竜安寺の開山でもある。（柴辻）

紅葉斎 こうようさい
生没年未詳。天正五年（一五七七）頃、富士大宮（静・富士宮市）に神馬一疋を奉納している（永昌院所蔵兜巌史略・補遺一三）。そのほかの事蹟は不明。なお、岡田賢桃斎とともに甲斐に招かれた歌人に保田紅青斎という人物がいる（軍鑑末書・下二九四頁）。（丸島）

箇学光真 こがくこうしん
明応四年（一四九五）～永禄元年（一五五八）。曹洞宗僧。甲斐・広厳院六世住職。相模国足柄郡大庭村（神・藤沢市）の生まれで本姓は大庭氏。広厳院（山・笛吹市一宮町）の以船文済に師事し、その没後に跡を嗣ぐ（広厳大通禅師譫語集・曹洞宗全書8）。弘治二年（一五五六）、武田晴信より祖母崇昌院菩提供養料として、一宮郷内（笛吹市）で一〇貫文の寺領を寄進された（広厳院文書・五一三）。（柴辻）

後閑刑部少輔 ごかんぎょうぶのしょう
生没年未詳。上野碓氷郡後閑郷（群・安中市）の国衆で、後閑信純の長男。通称は初め弥太郎、次いで刑部少輔を称する。天正七年（一五七九）二月二十日、父信純は弥太郎に後閑領五〇〇貫文を譲ることを武田勝頼から認められたことを受けて（後閑文書・三〇八九）、同年四月三日、勝頼からそのとおりに宛行われている（同前・三一四）。ここでは後閑名字でみえている。武田氏滅亡後は北条氏に従い、同十一年正月からは刑部少輔でみえ、後閑領五〇〇貫文を安堵されている（同前・戦北二四八〇、八三）。以後の軍事行動は弟宮内少輔とともに行われ、同十二年正月には厩橋城（群・前橋市）への在番を（同前・二六一四）、同年八月には厩橋城への参陣を命じられている（同前・戦北二六九三）。ここから弟よりも序列が下がっており、嫡庶の交替があった可能性がある。同十七年六月が終見（同前・戦北三四六六）。北条氏滅亡後は、弟とともに徳川氏宿老井伊直政に仕え、子孫は彦根藩士となる。（黒田）

後閑（上条）宮内少輔（宮内大輔） ごかんくないのしょう

生没年未詳。上野碓氷郡後閑郷（群・安中市）の国衆で、後閑信純の次男。通称は初め善次郎、次いで宮内少輔、宮内大輔を称する。天正七年（一五七九）二月二十日、父信純は善次郎に後閑領五〇〇貫文を譲ることを武田勝頼から認められたことを受けて（後閑文書・三〇八九）、同年四月三日、勝頼から後閑領四四八貫文を宛行われている（新田文庫文書・三一一五）。ここでは上条（じょうじょう）名字でみえており、兄弥太郎が後閑名字を称したのに対し、父の同名字を継承したことがわかる。同八年正月二十日、父の旧官途を襲名して官途名宮内少輔でみえ、勝頼から、新田領高林郷（群・太田市）などの旧領の宛行を約束されている（同前・三二三五）。武田氏滅亡後は北条氏に従い、同十一年正月からは後閑名字でみえ、北条氏直から武田氏段階の所領を安堵されている（同前・戦北二四八四）。以後の軍事行動は兄刑部少輔とともに行われ、同十二年正月には厩橋城（群・前橋市）への在番を（後閑文書・戦北二六一四）、同年八月には厩橋城への参陣を命じられている（同前・戦北二六九三）。この時から、官途名は宮内大輔に昇格しており、また兄よりも序列が上がっているから、嫡庶の交替があった可能性がある。同十七年十二月が終見（同前・戦北三五六六）。北条氏滅亡後は、兄とともに徳川氏宿老井伊直政に仕え、子孫は彦根藩士となる。（黒田）

後閑下野守 ごかんしもつけのかみ

生没年未詳。上野国惣社（群・前橋市）領の武士か。天正五年（一五七七）十月十二日付で武田氏から下野守の官途を与えられている（後閑文書・二八五五）。これによって武田氏の直臣であったことがわかる。武田氏滅亡後は厩橋北条氏に被官化し、同十年七月十日に北条芳林から、惣社領で一五〇貫文の所領を安堵されている（諸州古文書・群三五三二）。惣社領に所領を有していたことが確認される。下野守についてはこれが終見で、同十二年十二月からは、嫡子とみられる又右衛門尉が所見され、芳林の子弥五郎高広から所領を宛行われているから（青木俊明氏所蔵文書・戦北二八〇〇）、その間に下野守は死去もしくは隠居したとみられる。（黒田）

後閑信純 ごかんのぶすみ

生没年未詳。上野国碓氷郡後閑郷（群・安中市）の国衆。元は上野国甘楽郡丹生郷（群・富岡市）の領主で新田岩松氏一族。永禄五年（一五六二）頃に武田氏に従う。系譜は不明だが、世代からすると丹生郷を継承したと推測される岩松憲純の子か。初め新田名字を称し、後閑郷を本拠としてからは後閑氏を称し、さらに武田氏から甲斐の名族上条氏の名跡を与えられて上条氏を称する。実名のうち「信」は武田氏からの偏諱と推測される。通称は初め官途名宮内少輔、次いで受領名伊勢守を称する。永禄五年三月までに武田氏に従ったが、本領丹生郷などは武田方の国峰小幡憲重の当知行におかれていたため、信玄は小幡氏に所領を保障するように命じている（野口寛三氏所蔵文書・七三二）。そこで「新田岩松」とみえている。しかし小幡氏からは返還されなかったため、甲府に在府し、同九年九月には信濃南栗林（長・松本市）で所領を与えられ、信玄から深志城代内藤昌秀に対し対処が命じられている（守屋正造氏所蔵文書・一〇二七）。同十年六月二十七日に信玄から上野国後閑郷を与えられ、同地を本拠として後閑氏を称し、また伊勢守を称する（新田文庫文書・一〇八八）。同年七月一日には軍役を規定され、同月七日付の知行書立から一〇六四貫文余の所領を与えられていたことが知られ（後閑文書・一〇九三）、国衆として存在するようになっている。同年八月七日付の「下之郷起請文」（生島足島神社文書・一一六〇）では単独で起請文を出しており、跡部勝資に宛てているから、同人の取次を受けたことが知られる。天正元年（一五七三）九月には奥三河で在番していることが知られ、また上条氏を称し、出家して伊勢入道を称するようになっている（竹重文書・二一七三）。同七年二月二十日、後閑領一〇〇〇貫文を嫡子弥太郎（のち刑部少輔）・次男善次郎（のち宮内少輔）にそれぞれ五〇〇貫文ずつ譲与し、家財を妻に譲って隠居し、これを勝頼から認められている（後閑文書・三〇八九）。隠居後は聴松軒を号し、同年四月が終見（同前・三一一四）。法名は長源院殿一山信純大禅定門（清浄心院上野国日月供名簿・新編高崎市史資料編4）。

（黒田）

極楽院　ごくらくいん

生没年未詳。本姓長野氏。上野国群馬郡箕輪郷（群・高崎市）にある本山派修験寺院の住職。永禄十一年（一五六八）正月、武田信玄より西上野国内での年行事職を与えられる（住心院文書・一二三五）。同年七月、信玄より大蔵坊との年行事職争論について、本山である勝仙院（京・京都市）の下知に任すと指令される（同前・三九五）。元亀元年（一五七〇）九月、信玄は箕輪城在陣衆らに同寺領内での屋敷・山林での竹木切り取りを禁じている（極楽院文書・一五九三）。同三年二月、信玄は三ヶ条の定書を与え、諸役免許ほかを保証し、武運長久の祈念を命じている（同前・一七八五）。天正四年（一五七六）六月、武田勝頼は従来どおりに西上野年行事職を安堵し、先判での寺領を安堵している（住心院文書・二六七〇、七一）。さらに同年同日の武田家朱印状では、西上州より上洛の山伏を、当年中は押さえることを命じている（中沢家文書・二六七二）。

（柴辻）

木暮存真　こぐれぞんしん

生没年未詳。上野群馬郡伊香保（群・渋川市）の土豪。同地は白井領のうちと推測される。天正四年（一五七六）四月吉日に武田氏から存真の法名を与えられているのが初見（伊香保志・二六三七）。このことから武田氏の直臣であったことが知られる。同八年から同十年までの一月十五日、武田勝頼に年頭祝儀として太刀一腰を贈ったことの返礼として、刀一振を贈られている（木暮文書・三六八一）。同十年二月二十五日から、嫡子と推定される木暮下総守がみえ、上野国衆の八崎（渋川市）城主長尾輝景から湯坪以下の知行の安堵・宛行を受けているから（伊香保志・戦北三二七）、それ以前に伊香保の地は、北条氏に従属する白井長尾氏の領国下に入り、木暮氏もそれにともなって被官化したことが知られる。存真については、同十六年十一月六日が終見で、長尾輝景から木暮存心宛で、薬師堂居屋敷を知行として認められ、滝についての支配権を認められるとともに、それへの対価として鉄炮一挺の奉公を命じられている（同前・戦北三八六）。（黒田）

小倉惣次郎 こごえそうじろう

生没年未詳。檜物職人。甲斐国内枡座頭。小倉は山梨県北巨摩郡須玉町内の大字であり、小倉氏は同郷の出であろうか。府内（山・甲府市）工町に住んで甲州枡の製造と販売を独占営業していた。元亀四年（一五七三）正月には「甲斐国中の鉄印枡」認可の武田家朱印状を得ており、枡座頭として一族を従えて特権商人のひとりとなった（小倉家文書・二〇二五）。天正四年（一五七六）二月十六日、武田家より細工奉公の代償として、宿次普請役を免除されており（同前・二五八五）、同年二月吉日には、一族の者が武田家より、小倉新兵衛と小倉七左衛門の仮名書出を拝領している（同前・二六〇〇・〇二）。同九年二月七日の末木家重置文によれば、その一族である民部丞が跡式譲状の証人のひとりとなっている（八田家文書・三四九三）。その子孫は桝屋伝之丞と称して、江戸期にも甲州枡の営業に従事している。小倉製造の枡には「班」「帝」「斎」などの焼判が押されたところから、「鉄判桝」といわれた。（柴辻）

小宰相 こざいしょう

→小畠日浄娘 おばたにちじょうむすめ

小坂小左衛門 こさかしょうざえもん

生没年未詳。駿河国富士郡国郷（久萌郷、静・富士市）の土豪か。天正二年（一五七四）十二月十四日、武田氏が駿河衆庵原源一郎に与えた知行のなかに、小坂小左衛門の抱地が登録されているのが唯一の所見（判物証文写・二四〇八）。（平山）

小島修理亮 こじましゅりのすけ

生没年未詳。信濃国高井郡須毛（菅）郷（長・山ノ内町）の国衆。高梨氏の一族で、同郡小島郷（長・長野市）から興ったとされる。弘治元年（一五五五）に高梨氏傘下を離れて武田氏に従属。同年七月十九日の武田晴信感状（小島家文書・四三七）で、同日の川中島（長野市）合戦における戦功を賞された。同年十月五日の武田晴信判物写（歴代古案・四四四）では、同心七人とともに高梨（長・中野市）内の河南で一五〇〇貫文を宛行われたが、本文書は検討の余地ありとされる。同家の家譜によれば、天正十年（一五八二）三月に武田氏が滅亡した後、子孫は上杉氏に仕えており、須田相模守満親の抱えとして福島（長・須坂市）に在城し、文禄三年（一五九四）に七八石余を知行した小島豊後がこれに該当するか（文禄三年定納員数目録・上杉氏分限帳六三頁）。その後、慶長三年（一五九八）に上杉氏に従って会津（福島・会津若松市）へ移り、同六年の米沢（山形・米沢市）転封にも従った家と、帰農して佐野村（山ノ内町）の名主になった家に分かれた（長野県姓氏歴史人物大辞典）。（鈴木）

小島飛騨守 こじまひだのかみ

生没年未詳。駿河駿東郡（静・沼津市）の惣大工職。もとは葛山氏配下の大工職人頭であったが、元亀二年（一五七一）末の甲相同盟の復活により武田氏に仕える。天正六年（一五七八）十二月二十八日の富士本宮浅間神社本殿（静・富士宮市）の造営時の俵子について、武田家代官の鷹野徳繁宛の覚書に、神官とともに署名しており、それには「家盛」と記されている（公文富士家文書・三〇六二）。歴代が飛騨守を称し、武田家滅亡後には徳川氏に仕えている。なお、永禄六年（一五六三）十一月の「恵林寺領御検地日記」のなかの「従寺之恩地」部分の筆頭に、小島飛騨守の名がみられるが（山・二九五）、同名異人と思われる。（柴辻）

悟宗純嘉 ごしゅうじゅんか

生年未詳～永禄三年（一五六〇）。曹洞宗僧。甲斐・永昌院四世住職。肥後国阿蘇郡の人で、本姓は葛木氏。円明禅師。（広厳大通禅師譫語集）。永昌院（山・山梨市矢坪）の一樹存松の跡を嗣ぐ。天文六年（一五三七）十二月、後奈良天皇より禅師号勅書を授かり（永昌院文書）、同十年六月、三条西公篠より、天覧のための草行書を求められる（同前）。（柴辻）

小菅九兵衛 こすげきゅうひょうえ

生没年未詳。甲斐都留郡小菅（山・小菅村）の地頭で、遠江守の孫というが（国志）、同家の嫡流は次郎三郎を称しており、分家であろうか。天正十二年（一五八四）十一月に巌山東福寺（同前）を再建した（同前）。元和元年（一六一五）七月八日、甲斐都留郡谷村（山・都留市）の住人平井角兵衛によって高野山で供養がなされている。法名は宝山宗珎大禅定門（櫻池院所蔵輪蔵院下総常州上総奥州甲州過去帳）。角兵衛は同日付で、小菅次郎三郎の廻向も行っているから、両者が近親であることは間違いない。（丸島）

小菅刑部丞 こすげぎょうぶのじょう

生没年未詳。上野国衆小川可遊斎の家臣。刑部少輔とも表記されている。実名は重晴と伝えられる（参考諸家系図）。天正八年（一五八〇）二月二十四日、いまだ小川可遊斎が武田氏に従属する以前、真田昌幸に通じて小川城（群・みなかみ町）を乗っ取る意向を示したことに対し、武田氏から本領などの安堵を約束されている（参考諸家系図・三二五四）。同時に、可遊斎が武田氏に従属してきた場合、身上の引き立てを約束されている（同前・三二五五）。同八年三月、昌幸から、可遊斎の武田氏従属に尽力していることを満足され、可遊斎が要求している起請文発給を了承し、その案書を送るよう指示され、その知行についても要求どおりに武田氏から判物が出されることを伝えられており（同前・三二八六）、可遊斎と昌幸との間で取次をつとめている。同年四月、勝頼からあらためて本領などを安堵されている（同前・三三一六）。また土屋昌恒に書状を送り、可遊斎からの援軍要請を伝え、勝頼から了承されている（同前・三三三〇）。同年十二月には勝頼から、以前からの昌幸への忠信を賞され、以前の約束どおりの本領安堵を認められている（同前・三四五八）。同十年三月の武田氏滅亡後しばらくの動向は不明だが、秩父豊後守に改称し、同年六月、沼田領に進出してきた真田昌幸に忠節する旨を言上し、昌幸から知行安堵を約束されている（同前）。同年閏十二月、昌幸は沼田領の牢人衆に「小菅所務」の地を与える意向を示しているが（森下文書・群三〇七）、この「小菅」は豊後守の可能性も想定される。同十四年と推定される九月、越後に移った天徳寺宝衍から書状を与えられ、可遊斎と面談できたらその様子を伝えることを述べられている（参考諸家系図）。これにより可遊斎とは行をともにしていなかったことがわかるが、当時の在所地は不明である。その子重張は武田氏滅亡にともない牢人したといい、その子成因の生国は上野とされているから（同前）、上野に在所し

続けた可能性が高い。ただし昌幸の沼田領経略後、それに仕えたのかどうかは不明である。（黒田）

小菅監物　こすげけんもつ

生没年未詳。永禄十年（一五六七）七月十四日、薬袋弥四郎の隠田の替地として、浅利（山・中央市）において二七貫四〇〇文を与えられた（黒沢芳弘氏所蔵文書・一〇九五）。元亀二年（一五七一）十二月六日、戦功に励んだとして、麻績（長・麻績村）の籾子五〇俵を与えられている（黒沢芳弘氏所蔵文書・一七五九）。（丸島）

小菅五郎兵衛　こすげごろうひょうえ

生年未詳～天正十年（一五八二）三月。都留郡北部小菅（山・小菅村）の土豪小菅氏の一門とみられる。山県昌景の同心のうち、采配所持を許された衆として、惣人数に記載されている。山県昌景の従兄弟だが（軍鑑・大成下七七頁）、系譜関係は不明。天正三年の遠江・三河出兵に際し、山県昌景が使者として「小菅舎弟源右衛門」を岩手信景・孕石元泰のもとに派遣しており、この「小菅」が五郎兵衛に該当すると考えられる（徴古雑抄・一七〇三、孕石家文書・一七〇四）。その後の長篠合戦では、同輩の広瀬郷左衛門尉・三科伝右衛門尉とともに奮戦したという（軍鑑・大成下一四頁）。長篠合戦で昌景が戦死した後は、嫡子昌満の陣代をつとめたとされる（同前三三頁）。これは五郎兵衛が昌景の従兄弟であるためであった。武田氏滅亡に際しては、甲府善光寺で殺害されたという（同前一六一頁）。一緒に殺害されたのは、小山田信茂・武田信堯・小山田八左衛門尉とされるから、郡内衆として信茂に従って行動したのではないか。なお、信茂の娘を妻にしていたともいう（甲州郡内小山田氏系図）。（丸島）

小菅次郎三郎（初代）　こすげじろうさぶろう

生年未詳～永禄三年（一五六〇）七月七日か。甲斐都留郡小菅（山・小菅村）の土豪で、宝生寺を菩提寺とするが、系譜関係を確定しがたい氏族である。永禄三年四月二日に、同寺中興開山の三甫元公和尚の木像座底に墨書をしたという（国志）。「国志」は遠江守の孫で実名を景吉とする。また「寺記」から法名昌岩法久居士と、前述した没日を引用したと記すが、該当する記述を見いだすことができなかった。この人物の子息が天正十年（一五八二）に討ち死にしたという遠江守で、その子息が別項を立てた次郎三郎だろうか。いちおう「国志」にしたがって、仮に掲げておく。ただし世代を勘案すれば、この次郎三郎が後に遠江守を名乗り、天正十年に討ち死にしたとするほうが理解しやすい。（丸島）

小菅次郎三郎（二代）　こすげじろうさぶろう

生没年未詳。都留郡北部小菅（山・小菅村）の土豪。天正十年（一五八二）三月一日、織田軍の侵攻に対処するため、地下人を集め、鉄砲・鑓を持参させるように命じられている（黒沢家文書・三六六五）。同日、父遠江守が戦死して敵を防いだことを讃えられた（同前・三六六六）。文明期の小菅遠江守信景・次郎三郎信久親子（箭弓神社所蔵棟札・二七六二）の子孫であろう。ただし、両通とも検討の余地ありとされている。同年七月二十日、都留郡上野原加藤氏の跡職を与えると約束されている（黒沢家文書・藤岡市史資料編原始古代中世三六八）。（丸島）

小菅摂津守　こすげせっつのかみ

生没年未詳。郡内の土豪小菅氏の一族とみられる。天正八年（一五八〇）閏三月二十三日、逐電した被官の召し返しを命じられている（成慶院所蔵武将文苑・四八七）。箕輪城代内藤昌月が奉者となっているから、上野に在城していたものか。「結城秀康給帳」に下野にて仕官、一五〇石として名が見えるが（福井市史資料編4二〇二頁）、同人であろうか。元和元年（一六一五）七月八日、甲斐都留郡谷村（山・都留市）の住人平井角兵衛によって高野山で供養がなされている。法名は忠山文勝居士（櫻池院所蔵輪蔵院下総常州上総奥州甲州過去帳）。角兵衛は同日付で、小菅九兵衛も供養している。（丸島）

小菅信景 こすげのぶかげ

生没年未詳。遠江守。甲斐都留郡小菅（山・小菅村）の土豪。文明十年（一四七八）十二月十三日、子息信久とともに小菅総社に箭弓神社宝殿造宮の棟札を奉納した（箭弓神社所蔵・二七六二）。（丸島）

小菅信久 こすげのぶひさ

生没年未詳。次郎三郎。甲斐都留郡小菅（山・小菅村）の土豪。文明十年（一四七八）十二月十三日、父信景とともに小菅総社に箭弓神社宝殿造宮の棟札を奉納した（箭弓神社所蔵・二七六二）。（丸島）

巨勢信乗 こせのぶのり

生没年未詳。武田庶流。民部少輔。大永二年（一五二二）八月二十七日、巨勢村諏訪神宮（山・甲府市）に棟札を奉納した（甲斐国志史料・五二）。同日付で、諏訪神社の神像にも名が刻まれている（甲斐国志掲載文書・五三）。巨勢村信賢の系統であろう。（丸島）

巨勢村信意 こせのぶおき

生年未詳～明応三年（一四九四）三月二十六日。武田庶流家巨勢（村）氏の一門だろう。武田氏の内向では油川信恵に味方したらしい。しかし明応三年の合戦で信恵方は大敗し（勝山）、信意も討ち死にした。法名は、念阿弥陀仏（一蓮寺過去帳・山6上四一八頁）。同日中に討ち死にした油川方は少なくなく、「一蓮寺過去帳」にその片鱗を知ることができる。（丸島）

巨勢村信賢 こせむらのぶかた

生年未詳～延徳元年（一四八九）七月十二日。宮内大輔。実名は武田源氏一統系図による（山6下七一九頁）。武田信満の子。延徳元年七月十二日に死去した。法名師阿弥陀仏（一蓮寺過去帳・山6上四一四頁）。ただし、これは世代的にみて信賢の子息にあたるかもしれない。巨勢（村）氏は、「一蓮寺過去帳」に散見されるが、人物比定が困難である。（丸島）

小薗八郎左衛門 こそのはちろうさえもん

生没年未詳。経歴などは不明であるが、永禄二年（一五五九）二月の甲斐国古関関所（山・甲府市）での通行記録とみられる「諸役免許状書上」（諸州古文書・六五五）では、京都の商人とみえている。この書上は、甲斐八代郡古関関所の通過にかかわる諸役の免許状の集成であり、小薗氏は京都と甲斐とを往来して絹糸売買をしていた特権商人と思われる。それには天文十八年（一五四九）十月、武田氏より分国内で、一月に馬三疋口の諸役免許の過書を受けている。（柴辻）

小竹屋 こたけや

生没年未詳。本姓は小沢氏。富士北口浅間神社（山・富士吉田市上吉田）所属の上吉田宿の御師。元亀元年（一五七〇）十月の小山田信茂作製による「西念寺寺領仕置日記」（西念寺文書・一六〇七）によれば、西念寺の灯明料が寺領である吉田上・下宿に割り付けられている。下宿では小林和泉守ほかの地侍や郷人が多いが、その中に御師として大竹屋・小竹屋・菊屋の三名がみられる。同三年正月の「吉田新宿帳」には、西町分のなかにその名がみられる（田辺本甲斐国志草稿・一七四）。御師衆は江戸期に最盛期を迎え、各戸で個別の信仰関係文書を所蔵している。

（柴辻）

小中彦兵衛尉　こなかひこひょうえのじょう

生没年未詳。上野国衆で沼田（群・沼田市）衆。もとは越後上杉氏家臣。永禄期末頃に、病気の兄大蔵少輔に代わって、沼田衆として派遣され（上杉定勝古案集・上越九七六）、以後は沼田領での在番を続けたとみられる。天正五年（一五七七）の「上杉家中名字尽」（群二八八七）にも、河田重親・上野家成など沼田在城衆に続いてみえる。同六年の御館の乱後、沼田領が北条氏に帰属した後も、北条氏に従属し、同領への在所を続けていたとみられる。同七年十二月十五日までに、沼田領経略をすすめる武田氏からの働きかけに応じ、武田氏に従属する旨を表明、忠節を誓う起請文を提出し、同日に勝頼からそのことを賞されている（北条文書・三二四）。同月二十五日、取次の跡部勝資から、家臣新井蔵人を通じて伝えられた武田氏への忠信の表明について、勝頼が感心している旨を伝えられている（同前・三二七）。翌二十六日、武田氏から、沼田城攻略のうえで沼田領河場吉祥寺分（群・川場村）などの所領を宛行うことを約束されている（同前・三二八）。また同心の大橋与三右衛門尉以下一一名に対しても、本領安堵が約束されている（同前・三二〇）。同八年三月、勝頼の上野進軍にあたってすぐに参陣しており、それを賞されている（同前・三二七〇）。その後の動向は不明。その家伝文書は、兄大蔵少輔の娘を通じて上杉氏家臣北条長門守家に伝来されているので、同十年三月の武田氏滅亡後に上杉氏のもとに逃れ、没落した可能性が高い。

（黒田）

小長井宗兵衛尉　こながいそうべいのじょう

生没年未詳。甲府城下の桶大工頭。天正九年（一五八一）七月二十三日付の、勝村清兵衛尉宛の武田家朱印状によれば、勝村とともに、「当国中桶結之大工職」を命ぜられており、細工奉公を督励されている（諸州古文書・三五八七）。

（柴辻）

小林　こばやし

生没年未詳。天正三年（一五七五）十二月二十日、佐久の法花堂（長・佐久市）に禰々井（同）のうち祖母田は神役免許であることを、長坂光堅・石原昌明と連盟で通達した（大井家文書・二五五八）。そのほかの事蹟は不明。

（丸島）

小林和泉守　こばやしいずみのかみ

生年未詳〜天文五年（一五三六）二月十一日（勝山）。船津（山・富士河口湖町）の土豪で、小山田氏の重臣。房秀の父。大永三年（一五二三）春、大原代官をつとめていた小林和泉が屋敷を新造したというのが初見（勝山）。享禄二年（一五二九）、武田信虎と小山田信有の関係が悪化し、郡内への路次が封鎖された。この時、事態解決のために小山田弥太郎夫人（中津森大方）が遠江にいる姉を訪問したが、その帰路に和泉の屋敷に立ち寄った（同前）。重臣の屋敷を一泊ずつ訪れており、一種の示威行動であったとみられる。つまり小林和泉守は、そのような扱いを受ける小山田氏重臣であったといえよう。天文二年六月、船津の小林和泉守御内方が高野山引導院で自身の逆修供養を行っている（法名理清禅定尼、引導院日坏帳・山6下九三〇頁）。家督は子息房秀が継いだものとみられる。

（丸島）

小林一兵衛　こばやしいちひょうえ

生没年未詳。郡内の土豪で、和泉家に近い人物。天文十九年（一五五〇）八月、小林尾張守（宮内少輔）が川除普請のために下吉田衆に命じて材木を伐採したところ、これに反発した小林一兵衛が、下吉田衆より質物を奪い取ったのが初見（勝山永禄二年条）。弘治三年（一五五七）二月、奉行衆として各地を巡見した際に悪口を吐き、下吉田衆一〇〇余人に敗訴した（勝山）。同年十月、堰を造るために下吉田衆が宮林を伐採した際、伐採道具を没収し、人足に暴行を働いた。このため、下吉田衆一〇〇余人が一兵衛のいる松山に押しかけ、道具を取り返したが収まらず、信濃出陣中の小山田信有の裁許を仰ぐこととなった。このときは、結局和議となっている（同前）。　（丸島）

小林右京介　こばやしうきょうのすけ

生没年未詳。和泉守房実の嫡子。天正八年（一五八〇）八月九日、父房実死去の後を受け、家督を相続した。その際、武田氏から与えられていた信濃岩村田（長・佐久市）五〇貫文の相続を認められている（所蔵者未詳文書・四二六九）。子孫は上吉田の富士山御師・雁丸（小林）七郎右衛門の養子になったとされるが（森嶋本甲斐国志草稿・森嶋家文書　甲斐国志草稿森嶋弥十郎其進遺稿上一三頁）、尾張守系との混同が考えられ、判然としない。　（丸島）

小林尾張守　こばやしおわりのかみ

生年未詳～天正十二年（一五八四）か。宮内助（丞・少輔）、尾張守。斎号宗賀斎か。尾張入道道光の子。実名を貞親とすることが多いが、これは「妙法」が「勝山」のカタカナ書きを漢字に直した際に生じた誤りである。船津（山・富士河口湖町）を拠点とした土豪で、小山田氏の重臣。「惣人数」では小山田信茂の「おぼへの衆」に記される。永正十三年（一五一六）十二月二十九日、郡内に出兵してきた駿河勢を迎え撃つために出陣したのが初見（勝山）。この時、宮内丞。そのまま在陣して鶴島（富士河口湖町）において越年した。同十八年二月十八日、小山田氏を訪ねる途中の武田信虎が、大原船津にある小林宮内丞の屋敷に立ち寄り、一泊逗留した（同前）。あるいはこの時までに家督を相続していたものか。享禄五年（一五三二）八月八日、高野山引導院において自身の逆修供養を行い、浄秀禅定門という法名を付される（引導院日坏帳・山6下九三〇頁）。この時は小林宮内助と記される。天文四年（一五三五）、父道光が死去（勝山）。同九年五月、武田信虎が信濃佐久郡に出兵し、城郭を三六も落とした。小林宮内助も、小山田信有の代官として一城を預けられている（同前）。小山田氏の重臣としては、相模北条氏との外交にも関与。同十三年十二月、小山田信有から北条氏康のもとに派遣された。この時、御供衆の刀はことごとく金造りとし、そのきらびやかさに北条氏は目を見はったという（同前）。同十九年八月、川除普請のために、西新居左近地付きの林を伐採して堰を造らせた（勝山永禄二年条）。この時は小林宮内少輔とみえる。同二十三年十二月、武田晴信息女黄梅院殿と北条氏政の婚儀に際し、小山田信有に従い、北条氏康の御前にまで参向した（勝山）。これ以降、尾張守でみえる。弘治二年（一五五六）、沙汰地に垣内を開墾した（同前）。同年、尾張守に非分が多かったとして、吉田衆が谷村の小山田信有に訴訟を起こした。小山田氏では決着がつかず、武田晴信が裁許に乗りだすこととなった。晴信の裁許は、尾張守の被官は屋敷払い、吉田衆二〇名は尾張守の寄子から外され、小山田氏の馬廻とするというものであった（同前）。その後武田氏の北信濃経略に従軍。同三年三月十日、二月十五日の水内郡葛山（長・長野市）の合戦で被官の渡辺江左衛門尉が首を一つ討ち取ったとして、晴信から感状を与えられている（小林家文書・四一六七）。同年十一月十九日、晴信息女黄梅院殿の安産祈願として、船津の関鎖を抜くよう命じられているのは、おそらく尾張守であろう（冨士御室浅間神社文書・五七九）。永禄二年（一五五九）二月、小山田信有の命を受け、奉行として宮林を伐採するが、小林和泉守と対立した（勝山）。同六年七月二十二日から八月二日にかけての大雨によって、荒蔵山から大水が出、二〇日間ほど田畠屋敷を押し流した。船津では、円通寺と小林尾張守の屋敷のみが無事であったという（同前）。同七年四月十五日、小山田信有が川口と船津の両役所を開くよう信玄から命じられているが、実際に関所を管理していたのは小林尾張守であったとみられる（思文閣古書資料目録平成二年掲載文書・八九）。同八年三月二十八日、武田氏より戦勝祈願のため、冨士御室浅間神社における大般若経転読を命じられる（小林家文書・四一九八、冨士御室浅間神社文書・九三七）。武田氏滅亡後の天正十二年三月十日、徳川家康より都留郡小沼郷（山・西桂町）内五五貫文・暮地郷（富士吉田市）内二三貫七〇〇文と棟別一間を本領として安堵された（井出家文書・日本歴史七四八号三七頁）。ただし、年代が離れていること、文書自体に検討の余地があることから、尾張守と同一人物かは不明である。もっとも、下吉田と小沼・暮地近辺に尾張守の手作地があったことは、寛永十二年（一六三五）の下吉田村惣百姓訴状から裏づけがとれる（萱沼安孝家文書・富士吉田市史史料編3三七〇）。「月江寺過去帳」によると、天正十二年某月十日に没した「尾張守□□小林宗賀斎」がいるといい、これに該当するか。法名明庵了光禅定門。船津円通寺に、「明庵了光居士」「絶三恵寂大姉」という寛永六年八月年紀の位牌があったといい（森嶋本甲斐国志草稿・森嶋家文書 甲斐国志草稿 森嶋弥十郎其進遺稿上一三頁）、尾張守の屋敷跡とされる神社にもこの戒名を刻んだ石碑がある。ただし、年代的に子息の可能性もある。子孫は、上吉田の富士山御師芝雁丸家に養子入りし、小林豊前（七郎右衛門）家として存続したものらしい。一方で「月江寺過去帳」には、慶長十年（一六〇五）三月十四日没の「喜安高公禅定門」「舟津宮内少輔」という記載もあり、さらに検討の余地を残す。同五年二月十二日の「甲州都留郡上吉田御検地帳 小猿屋」には下田一反二畝の名請人として「舟津ノ宮内少」の記載があり、これも同人であろう（刑部自生家文書・富士吉田市史史料叢書6八七頁）。 （丸島）

小林左京助 こばやしさきょうのすけ

生年未詳～天文四年（一五三五）八月二十二日。和泉守の子か。小山田氏の重臣。天文四年八月二十二日、北条氏綱が二万四〇〇〇におよぶ大軍を引き連れて甲斐郡内に出兵してきた際、迎え撃って戦死した（勝山）。 （丸島）

小林七郎右衛門 こばやししちろうえもん

生没年未詳。上吉田（山・富士吉田市）の富士山御師。近世の屋号は芝雁丸で、代々豊前を称した。この七郎右衛門も、のちに豊前を称したとみられる。元亀元年（一五七〇）十月、吉田の地域信仰の中心を担う西念寺の伽藍造立助成費用として、三〇〇〇文を負担した（西念寺文書・一六〇七）。この時は下吉田の御師として記されている。同年の吉田宿屋敷割帳では東町に一六間一尺五寸×一一間五尺五寸の屋敷を有していたと記される（刑部家文書・山4一四六）。武田氏滅亡後、郡内に入部した鳥居元忠から雁丸旦那・屋敷を安堵される（旧上吉田村雁丸豊前旧蔵文書・山4一五〇七）。のち、豊前に改称するか。天正二十年（一五九二）三月五日、加藤光吉より雁丸新八郎に宛て、武田信玄時代の富士山室の宮の大般若祈禱は、小林豊前が才覚していたという先例を承認した文書が出されている（田辺本甲斐国志草稿・山4一五〇八）。文禄二年（一五九三）八月十八日、小林豊前をめぐる月江寺と西念寺の旦那相論に際し、豊前は月江寺の旦那に間違いない旨、加藤光吉家臣森村興治が証文を出している（月江寺文書・山4一五二九）。これは小林七郎左（右）衛門の老母の供養をどちらで行うかをめぐって争われたもので、結局老母は月江寺で供養された（法名声岩是音禅定尼、月江寺過去帳）。この小林七郎右衛門は、豊前の子息であろうか。慶長五年（一六〇〇）二月十二日の「甲州都留郡上吉田御検地帳　小猿屋」には「雁丸七郎右衛門」の記載がいくつかみられる（刑部自生家文書・富士吉田市史史料叢書6）。（丸島）

小林七郎右衛門尉　こばやししちろうえもんのじょう

生没年未詳。駿河国富士郡根原（静・富士宮市）の土豪、駿河衆。永禄十一年（一五六八）十二月以降の武田氏の駿河侵攻直後より、武田氏に属し奉公をつとめたことを賞され、翌十二年七月十一日に武田家朱印状（奉者は跡部勝資）により、伯父文左衛門尉の所有する根原郷など四ヶ所にて計一二貫文の知行地を与えられる（根原家文書）。この時、伯父文左衛門尉は今川方にあったと推察され、同年に比定される十二月二日付一陽斎宛武田信玄書状（諸州古文書・一四七八、また同写文書が佐野〈兼〉家旧蔵文書・三一七にあり。）によると、武田氏の侵攻の噂に根原を退出していることが確認できる。武田氏滅亡後の天正十年（一五八二）八月二十八日に、徳川氏より朱印状（奉者は井伊直政。富士根原村文書・静8一五六七）で、根原郷内にて三〇間分の諸役免許を認められている小林佐渡守は、活動時期より七郎右衛門尉の後身と推察される。後裔は、根原村に在住し続けた（駿河志料）。（柴）

小林正喜　こばやししょうき

生没年未詳。大原（山・富士河口湖町）の土豪。文明七年（一四七五）八月三日、冨士御室浅間神社に寄進した神田を安堵した（冨士御室浅間神社文書・山4一六〇六）。在所から、小林尾張守家の先代にあたると思われる。（丸島）

小林浄玖　こばやしじょうきゅう

生没年未詳。文明十五年（一四八三）十二月、広済庵に寺領を寄進した（広済寺文書・山4八四二）。「入道」とあり、出家号とわかる。なお、本文書はほぼ全文が仮名書きである。地下人層であろうか。（丸島）

小林松林斎　こばやししょうりんさい

生没年未詳。西上野の領主。元は山内上杉氏の被官で、永禄四年（一五六一）に武田氏に従う。通称は仮名平四郎、官途名監物、出家後は松林斎（小林斎・松隣斎とも）を称する。天文六年（一五三七）六月に山内上杉憲政の家臣として、仮名平四郎でみえるのが初見（小林文書・群馬県史研究二九）。永禄四年十一月二十一日、武田氏の西上野侵攻にあたり武田氏に従い、武田信玄から本領の替地を上野もしくは信濃で与えることを約束されている（同前・七六五）。これ以降、監物でみえる。本領は国峰小幡憲重の当知行下におかれており、引き渡しを求めることが述べられているから、本領は甘楽郡域から碓氷郡南部域・多胡郡西部域に所在していた可能性が高い。そのため上野綿貫郷（群・高崎市）・信濃海野領（長・東御市）で所領を与えられたらしいが、同十年五月四日に武田氏から、緑埜郡保美村（群・藤岡市）倉賀野勘解由左衛門尉分以下の山内上杉氏家臣旧領一〇九貫文を所領として宛行われ、さらに綿貫郷・海野領に替えて緑埜郡中栗須（藤岡市）木辺分以下五一貫文余、碓氷郡下板鼻（群・安中市）内五〇貫文を与えられている（同前・一〇七二、七三）。合わせて二一〇貫文の所領を有するようになり、これ以後、緑埜郡の所領に在所したとみられる。その後、多胡郡山名郷（高崎市）も与えられたらしいが、元亀二年（一五七一）四月二日に同地が木辺氏に宛行われる替地として、緑埜郡下大塚（藤岡市）小幡信尚跡・武蔵秩父郡で一〇〇貫文を宛行われている（同前・一六八九）。これ以降、松林斎でみえるから、その間に出家したことが知られる。またここでは箕輪城代内藤昌秀と市川家光が奉者をつとめているから、内藤氏の指揮下に属し、市川氏の取次を受けていたことが知られる。天正五年四月二十七日には武田氏から、没後には娘の婚姻相手に所領・被官の譲与が認められている（同前・二八〇三）。このことから嫡子がなく、婿養子をとることになったらしい。またここでは跡部勝資が奉者をつとめているから、取次が同人に交替されたことが知られる。同七年十一月二十三日には勝頼から、秩父郡で所領二〇〇貫文を与えられている（同前・三二〇三）。なおそこでは「先代」から武田氏に従ったと記されている。あるいは監物と松林斎は父子であったか、松林斎は二代にわたっていた可能性が想定される。武田氏滅亡後は滝川一益から、同十年五月に群馬郡豊岡郷（高崎市）以下二〇〇貫文の所領を安堵されている（同前・群馬県史研究二九）。同地が筆頭にあげられていることからすると、あるいは同地が本拠になっていたのかもしれない。ただ同文書には「滝河所不出仕」と注記があるから、実際には一益には従わず、北条氏にも従った形跡はないから、没落したとみられる。某年九月二十四日に「長」から本領などの安堵を約束されているから（同前）、その後は「長」という人物に仕えたとみられる。娘が北条氏邦宿老用土新左衛門（業国の子新六郎であろう）の妻になり、藤田信吉（永禄元年生まれ）がその所生で、次男平四郎を養子に迎えたとされる（小林家家譜）。松林斎に後継者がなかったことは間違いないが、天正五年の段階で娘は未婚であったから、世代は合致しない。監物・松林斎が同一人物の場合、藤田信吉の父と同世代とみられるから、娘は信吉に嫁し、その次男が養子に入った可能性が想定でき、両者が別人ないし松林斎が二代にわたった場合には、初代の娘が信吉の母で、その次男で甥を養子に迎えた可能性が想定される。具体的な系譜関係は明確ではないが、平四郎の子主膳（弥太郎）は伯父藤田信吉に仕え、藤田氏改易後は下野鹿沼に蟄居し、のちに下総山川藩水野氏に仕え、子孫は同家家臣となる。（黒田）

小林道光　こばやしどうこう

生年未詳～天文四年（一五三五）（勝山）。尾張入道。船津（山・富士河口湖町）の土豪で、郡内小山田氏の重臣。文亀四年（一五〇四）、船津の河口湖筒口を開けたのが初見。これにより、多く井戸水を引くことができたが、河口湖が干上がってしまったという（勝山）。永正五年（一五〇八）、富士山室の宮の勧進のために諸国をまわり、前代未聞のことと驚かれた（同前）。同十四年正月一日、甲斐郡内に出兵してきた駿河今川勢と戦うために荒蔵（山・富士吉田市）に出陣。翌二日から今川勢の籠もる吉田の城を責め立て、十二日夜今川勢を撤退させた。これにより、吉田宿は今川氏と和睦を結ぶ（同前）。同十七年、岩殿山七社権現（円通寺、山・大月市）に小山田信有の配下として、駒一疋と太刀一腰を奉納した。このとき、「藤原道光下之奉行」と記される（甲斐国志資料・四八）。享禄二年（一五二九）、武田信虎と小山田信有の関係が悪化し、郡内への路次が封鎖された。この時、事態解決のために小山田弥太郎後室（中津森大方）が遠江にいる姉を訪問し、その帰路に道光の屋敷に立ち寄った（勝山）。重臣の屋敷を一泊ずつ訪れており、一種の示威行動であったとみられる。逆にいえば、道光はそのような扱いを受ける小山田氏重臣であった。（丸島）

小林業吉 こばやしなりよし

生没年未詳。図書守（頭）。佐久郡北方衆のひとり。永禄十年（一五六七）八月七日、北方衆の一員として、信玄に忠節を誓う「下之郷起請文」に署判し、吉田信生・浅利信種に提出した（生島足島神社文書・一一四九）。（丸島）

小林幡繁 こばやしはたしげ

生没年未詳。永禄十年（一五六七）八月七日、下之郷起請文を吉田信生・浅利信種に提出している（生島足島神社文書・一一六五）。（丸島）

小林秀永 こばやしひでなが

生没年未詳。新助。佐久郡北方衆のひとり。永禄十年（一五六七）八月七日、北方衆の一員として、信玄に忠節を誓う「下之郷起請文」に署判し、吉田信生・浅利信種に提出した（生島足島神社文書・一一四九）。（丸島）

小林房実 こばやしふさざね

生年未詳～天正八年（一五八〇）。刑部左衛門、和泉守。船津の土豪で、郡内小山田氏の重臣として下吉田郷（山・富士吉田市）の地頭をつとめた。享禄五年（一五三二）八月八日、船津の小林刑部右衛門が高野山引導院で自身の逆修供養を行ったのが初見（引導院日坏帳・山6下九三〇頁）。法名昌厳禅定門。このことから、和泉守家も本来船津を拠点としていた家であることがわかる。またこの日付は尾張守（宮内少輔）の供養依頼日と同じであり、両家が一緒に廻向をしたことがわかる。天文五年（一五三六）、父和泉守の死去（勝山）により家督を相続。この年、松原崎（富士吉田市松山）に屋敷を建て、下吉田へと進出した（同前）。同八年十月、松山（富士吉田市）を開発（同前）。同二十年正月二十四日、松山宿が焼けたが、房実の屋敷のみは焼け残った。このことから、屋敷は宿場の中心ではなく、外れにあったと推測される。同二十二年十二月十四日、北条氏康から相模～甲斐間の伝馬手形を与えられた（小山田文書・戦北一九〇）。商業活動にも携わっていた様子が窺える。弘治二年（一五五六）下吉田衆一〇〇余人が、房実には非分が多いとして訴訟を起こす（勝山）。この時、和泉。房秀は小山田有誠を頼み、訴訟回避を試みるが失敗。武田晴信の裁許により、下吉田衆は房秀の寄子から外された。ただし、小山田信有の配慮により、裁許の場に房実が同席することはなく、かろうじて面目は保たれた（同前）。永禄二年（一五五九）二月、小山田信有の命で小林尾張守が宮林を伐採しようとした際、これを拒否して抵抗する。権益範囲の理解に齟齬があったためとみられるが、信有の指示により伐採は続行され、材木は川除に用いられた（同前）。同十年八月八日、小山田被官衆のひとりとして、武田氏に忠節を誓う「下之郷起請文」を提出した（生島足島神社文書・一一七九）。元亀元年（一五七〇）十月、吉田の地域信仰の中心を担う西念寺の年中仏供灯明料として、一二〇〇文を負担した（西念寺文書・一六〇七）。天正八年に死去し、信濃岩村田（長・佐久市）で武田氏から与えられていた知行五〇貫文は嫡子右京介が相続した（所蔵者未詳文書・四二八九）。（丸島）

小林美濃守 こばやしみののかみ
生没年未詳。永禄十年（一五六七）十二月四日に武田氏から、屋敷の竹木について城用以外の伐採禁止を認められているのが初見（小林文書・一二二九）。在所地は不明だが、奉者を武藤三郎左衛門尉がつとめていることからすると、甲斐の武士とみられる。次いで天正四年（一五七六）五月十二日に武田氏から、欠落した被官の人返しを認められている（同前・二六四九）。奉者を跡部勝資がつとめている。これが終見となるが、家伝文書には、北条氏が上野松井田（群・安中市）衆に宛てた軍役掟書がある（同前・戦北三八〇七）。あるいは西上野に移住した存在であったか。（黒田）

小林盛重 こばやしもりしげ
生没年未詳。五郎左衛門尉。佐久郡北方衆のひとり。永禄十年（一五六七）八月七日、北方衆の一員として、信玄に忠節を誓う「下之郷起請文」に署判し、吉田信生・浅利信種に提出した（生島足島神社文書・一一四九）。（丸島）

小林与一助 こばやしよいちのすけ
生没年未詳。信濃佐久郡の国衆とみられる。永禄初年の十月四日、佐久郡矢島氏の調略を大井民部丞（助）・大井高政（道賢）・依田新九郎とともに命じられている（武州文書・三七六六）。（丸島）

駒井家友 こまいいえとも
生没年未詳。孫次郎。永禄六年（一五六三）八月九日、下伊那の赤須郷と菅沼の川・井草相論の裁許を、山川家喜とともに赤須昌為に通達した（松崎家文書・八三三）。（丸島）

駒井高白斎 こまいこうはくさい
生没年未詳。「寛永伝」「寛政譜」は実名政武とするが、大永元年（一五二一）に丸山（積翠寺、山・甲府市）城代となった昌頼が該当すると思われる（以下、甲陽日記）。晴信初期の代表的側近で、「甲陽日記（高白斎記）」の記主とされる。また「甲州法度之次第」の起草者でもある。今川氏・北条氏に対する取次をつとめたほか、諏訪郡担当取次もつとめた。大永六年十月五日、駒井（山・韮崎市）五〇〇貫文を与えられ、八日に入部した。晴信の側近だが、天文十年（一五四一）の信虎追放は知らされておらず、六月十六日にほかの家臣と同時に知らされている。同十一年の諏訪出兵に際しては、温井丹波守の軍勢も指揮下においた。以後、高白斎でみえる。同十二年正月三日、躑躅ヶ崎館が類焼したため、自分の屋敷を仮館として差し出した。三月二十三日の軍勢揃えでは、原虎胤同心衆も率いて参列した。四月六日、板垣信方を諏訪郡司に任命する使者を今井伊勢守・甘利虎泰とともにつとめる。九月二十日、大井貞隆の警固のため、曾禰虎長とともに青柳（長・茅野市）に宿泊した。同十四年四月の藤沢頼親攻めに参加。六月十日に和睦が成立した後、十三日に塩尻に帰陣した際、高白斎の陣所で鶉を捕らえたため晴信へ進上した。同十四年の第二次河東一乱に際し、今川・北条両氏の和睦斡旋に尽力。八月五日と九日、本栖（山・富士河口湖町）に派遣されており、今川氏の使者と談合したようである。十日、善得寺（静・富士市）において今川家重臣に晴信書状を手渡した。十月十五日、板垣信方・向山又七郎と連署状を作って、北条氏康陣所を訪ね、取次桑原盛正と談合している。ところが氏康が国境に築城をしたため交渉が難航。十月二十九日、今川家重臣朝比奈・太原崇孚から和睦交渉を白紙に戻すという書状が板垣信方・高白斎宛に渡され、帰陣した。しかし高白斎の尽力もあったためか、和睦はついに成立をみた。同十五年十一月六日、石森（山・山梨市）のうち四〇貫文は扶持によって与えるという上意を伝えられる。なお、石森は翌年あらためて与えられている。特筆されるのは同十六年五月晦日、「甲州法度之次第」を起草し、進上したことである。武田氏初期の内政は、高白斎によって支えられていたといっても過言ではない。同十七年二月十四日の上田原合戦で大敗した後、在陣を続ける晴信を説得するため、今井信甫とともに晴信生母大井夫人の協力を仰ぎ、帰陣させることに成功した。三月二十七日、諏方神三郎へ所領を与える使者をつとめた。五月十七日、信濃布引城（長・小諸市）を鍬立てしたのは高白か。八月十一日、長坂大炊助に諏訪在城を命じる使者をつとめた。十二月三日、来福寺に与える判物を晴信に申請し、翌日手渡している。同十八年五月には佐久に出陣。二十七日、望月新六を説得したうえで、海の口（長・南牧村）まで帰陣した。六月二十七日、大井信常を大井氏の名代に定めることが決定し、跡部昌長と使者をつとめている。同年八月十二日付の竜淵斎宛武田晴信書状に副状を付す（磯部家文書・二九三）。十二月二十三日、馬場信春の奏者が駒井高白斎に定まったので、御礼を持参されている（以下、甲陽日記）。同十九年正月十九日、駿府（静・静岡市）へ使者として派遣され、二十三日に義元に対面し、晴信書状を手渡している。駿府では歓待され、甲府帰着は二月二日であった。二月十三日、水上六郎兵衛の奏者に定められている。六月二十五日にも甲府を出立して二十七日に駿府に入り、同日中に義元正室（武田信虎娘定恵院殿）に対面。次いで二十九日・六月一日に義元と対面した。二日に義元正室が死去しており、その病気見舞いであろう。同日、今川家重臣の連署書状が出されている。七月十九日、深志城（長・松本市）を鍬立て。五月二十四日、砥石城（長・上田市）の偵察に派遣されている。十二月二十四日、先陣として深志へ入城した。同二十一年二月一日、駿府へ派遣され、六日に義元と対面している。同年八月、小岩嶽城（長・安曇野市）攻略後の十四日に出陣している。同年の今川義元娘の輿入れに際しては、十一月二十九日に、今川家臣高井・三浦両氏の宿へ挨拶へ赴いた。同二十二年閏正月十一日、高白斎の知行地である石森を鮎川藤五郎に与えることが決定したので、受諾せよとの命が下った。この決定は、二月十五日に文書の形で実施に移されている。三月晦日、知行地である小松（山・甲府市）・和田（甲府市）・塚原（甲府市）・岩窪（甲府市）・駒井の押立公事を免許する朱印状を与えられた。四月十六日、自落したばかりの葛尾城（長・坂城町）を武田信繁の御供として訪れている。十月一日、長坂虎房の子息の縁組について、同意する旨の晴信判物が自筆で高白斎に渡された。同年十二月十八日、清水寺成就院（京・京都市）に戦勝の祈禱を依頼した書状に副状を付した（成就院文書・三九〇）。諏訪郡に対する領域担当取次もつとめており、同二十三年八月十六日、諏訪大社上社神長官守矢頼真宛書状に副状を付した（桜井家文書・四〇九）。諏訪大社の社人千村重清が小谷（長・小谷村）攻略の軍功を申告した際には、深志の御対面所にいざなう役割を演じた（千野家文書・五四九）。某年五月晦日、諏方頼忠宛の書状に副状を付した（諏訪家文書・六三三）。某年八月六日、守矢頼真宛書状に副状を付している（桜井家文書・六四二）。同年四月晦日、岡部豊後入道に一ヶ月に馬一〇疋の諸役を免許する朱印状発給を取り次いだ（諸州古文書・六五五）。同様に、弘治三年（一五五七）十二月十九日、永禄元年（一五五八）三月六日、同六月十一日、同十月三日に諸役を免許する朱印状発給の奏者をつとめている（同前）。某年正月十九日、諏方頼忠宛の信玄書状に副状を付した（諏訪大祝家文書・二〇三六）。天文二十四年八月、駿河の今川氏真に越後長尾勢の出陣と撤退を伝える書状を送った。同月二十九日、氏真から出陣中の穴山信君に返書が送られている（諸州古文書・四〇一七）。永禄五年五月、市川家光とともに甲府の留守居役をつとめる。一日、信玄から書状を送られ、武田信虎が駿河に帰還したか否かを問われている（比毛関家所蔵文書・九九二）。天正六年（一五七八）五月十二日、諏訪郡司今福昌和が、高白斎の文書を根拠として、昌福寺（長・岡谷市）の寺領を安堵する竜朱印状を奉じている（昌福寺文書・二九六八）。このことからも、諏訪郡担当取次であったことが確認できる。永禄六年以前に死去。同六年五月晦日、妻室および嫡子昌直の手で高野山成慶院で供養がなされている。法名は、越序銀公安座（過去帳・武田氏研究34七九頁）。和歌の素養もあり、天文十一年三月には、積翠寺で当座の歌を詠んでいる（為和集・山6下八六六頁）。（丸島）

駒井信久　こまいしんきゅう

生没年未詳。文明七年（一四七五）三月八日、柏尾山大善寺に西石森郷（山・山梨市）において五〇〇文の地を寄進した（大善寺文書・山4六二五）。「駒井入道信久」と署判しており、出家号とわかる。そのほかの事蹟は不明。（丸島）

駒井周防　こまいすおう

生年未詳～文亀元年（一五〇一）二月二十七日。栗原信遠の謀叛に与同したようで、ともに敗死した。法名は、応阿弥陀仏（一蓮寺過去帳・山6上四三二頁）。（丸島）

駒井信家　こまいのぶいえ

生没年未詳。越後守。大永三年（一五二三）、細草神社（山・甲府市）に地頭として棟札を奉納している（甲斐国志所収文書・五六）。本願は窪寺豊前守で、同社の再建に際するものであった。（丸島）

駒井肥前守　こまいひぜんのかみ

生年未詳～天正二年（一五七四）三月八日「寛永伝」「寛政譜」は実名を勝英（かつふさ）とする。代々躑躅ヶ崎館の詰城である積翠寺城（山・甲府市）の城代をつとめたという。このことは、高野山成慶院「甲州月牌帳二印」で「甲府石水寺駒井肥前守」と記されていることから裏づけがとれる（武田氏研究42五三頁）。ただし「惣人数」は、石水寺城番を駒井二郎左衛門と記す。また、積翠寺城には大永元年（一五二一）に駒井高白斎が入っているから、それと交代したものか。成慶院「過去帳」において、天文十八年（一五四九）に石水寺（駒井か）梅庵と駒井孫五郎が、某年十一月七日に没した駒井肥前（樹盛元松庵主）を追善供養しており（同前34六八頁）、肥前守の父祖とみられる。おそらく、孫五郎が肥前守の前名であろう。そうすると初見は、天文十六年十一月二十四日に、晴信より偏諱を受けていることである（甲陽日記）。晴信は偏諱に「勝」字を用いることがあったから、「寛永伝」のいう実名勝英は正確かもしれない。なお、積翠寺にある宝積寺の開基駒井右京進の法名は肥前守と同一であり、右京進を称した時期もあったか（寺記）。これが事実だとすると、高白斎・昌直父子との親族関係はより掘り下げる必要があるだろう。同十九年七月十三日に初陣を遂げ、駒井（山・韮崎市）を経由して十五日に着陣し、その日の合戦で勝利を得ている（同前）。永禄十二年（一五六九）十月十二日、武田信玄より軍役定書を与えられた（東京国立博物館所蔵武田家判物・四三三）。以後、肥前守。天正元年十一月一日にも、勝頼から二通の軍役定書を与えられている（同前・四五二、五三）。城内の用心を命じられているのは、積翠寺城のことであろう。その後、同二年三月八日に没した。法名前肥州太守雲岩龍公禅定門。同五年八月二十三日に駒井孫五郎によって、文禄五年（一五九六）九月二十八日に市川昌倚によって、高野山成慶院で追善供養がなされている（甲州月牌帳二印・武田氏研究42五二、六七頁）。市川昌倚は肥前守の実子だから、孫五郎は肥前守の嫡子と推定される。「寛永伝」「寛政譜」のいう昌長に該当するか。なお、駒井孫五郎の妻は、市川昌房の追善供養を成慶院で行っており（同前・武田氏研究42五二頁）、市川氏の出身と思われる。駒井家と市川家は重縁関係にあったとみてよいであろう。なお、肥前守自身の妻は内藤昌秀の妹という（内藤家系譜写・武田氏家臣団の系譜三三九頁）。　（丸島）

駒井英長　こまいひでなが

生没年未詳。帯刀左衛門尉。元亀二年（一五七一）九月十七日、籠鼻（静・静岡市）の円皆寺宗文に対し、給人が寺領の山に入り、勝手に竹木を切り取り、牛馬を放つことを禁じる証文を青木泰定と連名で出している（駿河志料・一七三九）。　（丸島）

駒井昌直　こまいまさなお

天文十一年（一五四二）～文禄四年（一五九五）六月八日。孫三郎、右京進。高白斎の子。「惣人数」では騎馬五五騎持ちだが、うち五〇騎は外様であるため、普段は在郷していたという。駿河深沢（静・御殿場市）城代（惣人数）。永禄六年五月晦日、高野山成慶院で父高白斎の供養を行った（過去帳・武田氏研究34七九頁）。この時、孫三郎。父同様諏訪郡担当取次をつとめ、某年正月十六日付禰宜大夫宛の信玄書状（宮坂家古文書写・二〇三七）、某年正月十九日付権祝矢島氏宛信玄書状（矢島家文書・二〇四三）に副状を付している。某年二月七日、禰宜大夫に伊那郡からの頭役銭がほとんど納められなくなっているという訴訟に応対した（矢崎家文書・三七五四）。この時、「駒孫三昌直」と署判している。永禄十年（一五六七）の「下之郷起請文」は吉田信生に宛てて提出した（宮入八樹氏所蔵御願書幷誓詞写・四三〇）。この時、「駒井右京進昌直」と署判。某年正月十六日にも諏訪三精寺宛の信玄書状に副状を付した（宮坂家古文書写・二〇三八）。元亀元年（一五七〇）四月二十日、諏訪社御左口神事の用銭と鹿皮が未納になっているとして、ただちに納めるよう命じた朱印状を原昌胤と奉じた（田中家文書・一五四三）。天正元年（一五七三）九月には遠江ないし三河の城郭に配備。九月八日、伴野信守・阿江木常林とともに居城の防備を固めるよう指示された（森村敏夫氏所蔵文書・三七二八）。同二年八月二十七日、宝持院（御殿場市）の寺領を安堵する朱印状の奉者をつとめた（宝持院文書・二三五二）。某年七月八日、勝頼より出陣先の状況報告を求められる（森村敏夫氏所蔵文書・三七一七）。某年十月二十七日、居城深沢の防備について指示されるとともに、北条方の足柄（神・南足柄市）の様子を窺うよう命じられた（東京国立博物館所蔵武田家判物・四三六）。武田氏滅亡後は徳川家康に従う。天正十年八月二十一日、本領六〇四貫五〇〇文ほかを安堵された（記録御用所本古文書・家康文書上三五四頁）。そのなかには、積翠寺（山・甲府市）屋敷も含まれている点が注目される。同十一年閏正月十四日、三六二貫九〇〇文をあらためて安堵されたというが（寛政譜）、文書は伝存していない。同十四年八月二十一日、今福新右衛門と成瀬正一・日下部定吉に起請文を提出、武田旧臣を取りまとめた（天正壬午起請文・山6下九四八頁）。「天正壬午起請文」には、同心衆一二名の記載がある（同前・山6下九五四頁）。徳川家康の関東移封にともない、上野那波郡において一五〇〇石を与えられた（寛政譜）。榊原康政に属したという（国志）。文禄四年六月八日没、享年五四（五七説もある）。法名は全可（寛永伝、寛政譜）。知行地那波郡連取村（群・伊勢崎市）の宝幢院に葬られたが、のちに同地の竹芳寺に改葬された。竹芳寺は、昌直の開基という（寛政譜）。子息親直が跡を嗣ぎ、子孫は旗本として続いた。娘は跡部昌秀に嫁いだ（同前）。

（丸島）

古槇源四良 こまきげんしろう

生没年未詳。駿河衆。永禄十一年（一五六八）十二月の武田信玄による駿河侵攻に際し、今川氏へ反旗した朝比奈信置に従い瀬名谷（静・静岡市）へ退き、武田氏へ属した。朝比奈信置に従って行動していることより、その立場は信置の軍事指揮下の与力・同心であったと考えられる。同十二年正月二十日、信玄よりこの働きを賞され、知行を宛行われた（土佐国蠹簡集残編・一三五八）。

（柴）

駒沢新右衛門 こまざわしんえもん

生没年未詳。信濃国諏訪郡駒沢（長・岡谷市）の人物。峰畑（駒沢）城主。諏訪西方衆か。永禄十年（一五六七）八月七日、駒沢新左衛門は、諏方頼豊らとともに「下諏訪五十騎」として連署で起請文を提出しているのが唯一の所見（諏訪家旧蔵文書・一一七八）。その後の事蹟は不明。

（平山）

駒沢主税助 こまざわちからのすけ

生年未詳～天正十一年（一五八三）三月二十一日。信濃国水内郡駒沢郷（長・長野市）の土豪。駒沢山城守（常閑）の子。天正九年の「伊勢内宮道者御祓くばり帳」（堀内健吉氏所蔵・三六四四）で「こまさハちからのすけ殿」とあり、海津（長野市）に在城していたことが判明する。同十年三月に武田氏が滅亡した後は上杉氏に仕えて六月二十日に本領を安堵された（歴代古案・信15三五五、三五六頁）。同十一年三月二十一日に虚空蔵山城（長・坂城町）で真田勢と戦い討死（景勝公諸士来書・上越三七一〇）。家督は弟の源五郎（主税助）が相続したが、若年のため父の山城守が軍役をつとめ、文禄三年（一五九四）には長沼（長野市）城代の島津淡路守忠直の同心として二一七石を知行した（文禄三年定納員数目録・上杉氏分限帳四八頁）。その後、上杉氏の転封に従って会津（福島・会津若松市）・米沢（山形・米沢市）

へ移住し、子孫は米沢藩士になったが、正徳元年（一七一一）に断絶している（上杉年譜24一八〇頁）。（鈴木）

小松助兵衛　こまつすけひょうえ

生没年未詳。甲斐国巨摩郡河内三沢郷（山・身延町）の土豪。穴山家臣か。慶長八年（一六〇三）七月五日、自ら高野山に登り、自身と妻林円禅定尼の逆修供養および近親とみられる花学浄瑞禅定門の供養を依頼しているのが唯一の所見。法名は喜学道春禅定門（成慶院過去帳・武田氏研究44）。（平山）

駒屋　こまや

生没年未詳。本姓は中村氏。富士山河口浅間神社（山・富士河口湖町）所属の御師。年未詳七月の武田信虎判物によれば、伝馬三疋分の免許を受けており、早くから地方への旦那廻りを行っていた（甲斐国志草稿・一〇二）。天文十五年（一五四六）九月には、武田信玄より同内容の免許状を受けている（諸州古文書・二〇六）。永禄十一年（一五六八）十月、中村与十郎は、小山田信茂より屋敷・坊中名田ほかの安堵を受けている（同前・一三三）。元亀元年（一五七〇）六月、中村右近助・新右衛門は、武田信玄より年来の忠節に対して、御厨（静・御殿場市）内で知行を宛行われている（伴家文書・一五六二）。天正三年（一五七五）八月、武田勝頼より従来どおりの伝馬三疋分の免許を受けている（諸州古文書・二五三）。（柴辻）

五味彦次郎　ごみひこじろう

生年未詳～天正九年（一五八一）三月一日。実名は長俊と伝わる。遠江高天神城（静・掛川市）で討ち死にした（国志）。法名は清蓮日露（国志所引蓮性寺過去帳）。（丸島）

五味与三兵衛　ごみよそうびょうえ

生年未詳～天正三年（一五七五）五月二十一日。「惣人数」に越後牢人で牢人衆頭とある五味宗左衛門と同一人物か。土佐守の弟。実名は高重と伝わる（国志）。天正三年の長篠合戦で、牢人衆を統率する武田信実に従って鳶ノ巣山要害を守る。しかし徳川勢の奇襲を受け、討ち死にしたという（軍鑑・大成下一七七頁）。法名は、浄法日長（国志所引蓮性寺過去帳）。（丸島）

小宮正知　こみやまさとも

生没年未詳。信濃国安曇郡の人物。仁科氏家臣。大蔵丞。永禄十年（一五六七）八月七日、仁科親類・被官衆が武田氏に忠節を誓った下之郷起請文に登場するのが唯一の所見（生島足島神社文書・一三〇）。（平山）

小宮山土佐守　こみやまとさのかみ

生年未詳～天正三年（一五七五）五月二十一日。小宮山虎高の弟。実名は忠房と伝わるが、確定できない。はじめは武田信廉に仕えたという。長篠合戦で討ち死にした（国志）。自西斎と号したという（国志所引泉竜寺過去帳）。（丸島）

小宮山虎高　こみやまとらたか

生没年未詳。丹後守。天文十五年（一五四六）、虎高の仲介で岩村田・（長・佐久市）・岩尾（佐久市）両城を中沢彦次郎が引き渡したとあるのが初見だが（記録御用所本古文書・四一四）、本文書には問題が多い。確実な初見は、天文十七年七月十九日、塩尻峠の合戦で首一つを討ち取り、感状を与えられたものである（小宮山家文書・二五八）。永禄九年（一五六六）には倉賀野（群・高崎市）近辺に在城。伴野信是・室賀信俊と談合して上杉謙信に対する防備を固めるよう指示されている（室賀家文書・一〇三四）。なお、「軍鑑」は松井田に在城していたとするが、あるいはこの時の状況を指すか（大成下一七七頁）。

ただし、松井田には小山田虎満が入っており、この所伝には疑問が大きい。倉賀野在城であろうか。同十二年十月十二日、軍役定書を与えられる（小宮山家旧蔵文書・一四六三）。元亀三年（一五七二）七月四日、佐久郡岩村田（佐久市）での竜雲寺千人法幢の奉行を無事につとめたとして、甲斐萩原郷（山・甲州市）一〇〇貫文を与えられた（小宮山家文書・一九一九）。「軍鑑」は同年十一月の二俣城攻撃中に鉄砲に当たって討ち死にしたとするが、明確な誤りである（大成下一七七頁）。天正四年（一五七六）二月二十五日、小幡孫十郎被官金沢の人質交代を滞りなく行うよう指示を受けた（細川良爾氏所蔵文書・二五九六）。同五年に越後衆が出陣した際、工藤長門守・小幡孫十郎と相談して防備を固めるよう指示された「小丹」は虎高であろう（多和文庫所蔵甲州古文集・二八〇八）。某年三月八日、武田・上杉間の和睦仲介を斡旋しようとした瑞泉寺（新・上越市）に返書を出した「小丹虎高」は小宮山丹後守に比定できる（上杉家文書・三八〇九）。これにより、実名が判明する。もっとも小原丹後守の可能性を残すが、「老眼」のため黒印を用いたとあるから、小宮山丹後守のほうが蓋然性が高い。なお、高野山成慶院の重書目録には「兵部少輔虎高」が二点みられ（檀那御寄進状幷消息・戦国大名武田氏の権力と支配三八一頁）、小宮山虎高の書状かもしれない。法名は、意清斎（国志所引泉竜寺過去帳）。（丸島）

小宮山虎泰 こみやまとらやす

生没年未詳。信虎の側近とみられる。弥八。某年三月六日、伊勢神宮御師幸福大夫に、参宮の代わりとして黄金一両を寄進している（幸福大夫文書・二六）。そのほかの動静は不明。なお、「遺文」は虎景と読んでいるが、誤読である。（丸島）

小宮山内膳 こみやまないぜん

生年未詳〜天正十年（一五八二）三月十一日。虎高の嫡男。実名は友晴などと伝わるが（国志）、検討の余地が大きい。勝頼の出頭衆（長坂光堅・跡部勝資・秋山昌成）と仲が悪く、小山田彦三郎とも険悪だったため、勝頼から疎まれていた。しかし武田氏滅亡前日の三月十日、田野（山・甲州市）にいる勝頼のもとへ駆けつけたという（軍鑑・大成下一七〇、一七八頁）。十一日、奮戦の末討ち死にした（甲乱記、軍鑑・大成下一八〇頁）。法名は、賢室院忠叟道節居士（国志）。なお「忠叟道節居士」という法名は、土屋民部少輔が高野山成慶院に依頼して、土屋昌恒に付けたものと同じである。また江戸末期成立の随筆「傍廂」では、初名助太郎とするが、事実かどうかの判断は困難である（日本随筆大成3・1八二頁）。また、小林道休とも伝わる（国志所引泉竜寺過去帳）。（丸島）

小宮山八左衛門 こみやまはちざえもん

生没年未詳。武田遺臣。甲斐東郡出身で、慶長二年（一五九七）には下野羽田（栃・佐野市）に居住していた。天正三年（一五七五）五月二十一日の長篠合戦で舅が討死したため、慶長二年十一月二十一日に高野山で供養を営んでいる（成慶院甲州月牌帳二印・武田氏研究43一六頁）。法名は鈎月浄円禅定門と付し。（丸島）

強瀬四郎三郎 こわぜしろうさぶろう

生没年未詳。永正十七年（一五二〇）に、勝沼武田信友と小山田信有（涼苑）が岩殿山円通寺（山・大月市）に奉納した棟札にその名が見える（甲斐国志資料・四八）。強瀬（同前）は岩殿山の南山麓に位置する地名であり、同地の土豪で、小山田氏の被官だろう。（丸島）

強瀬六郎右衛門 こわぜろくろうえもん

生没年未詳。永正十七年（一五二〇）に、勝沼武田信友と小山田信有（涼苑）が岩殿山円通寺（山・大月市）に奉納した棟札にその名が見える（甲斐国志資料・四八）。岩殿山の南山麓に位置する強瀬（同前）の土豪と思われる。小山田氏の被官であろう。（丸島）

さ

材岳宗佐 ざいがくそうさ

生没年未詳。甲斐・恵林寺（山・甲州市塩山）の住職となった希庵玄密の法嗣で、天文二十年（一五五一）頃、武田信玄の招聘を受けて甲府に至る。信玄の漢詩一七首を見て、その傑作に驚き、これを写して京に帰り、惟高妙安に序文を、仁恕禅師に跋文を請いて珍重した。のちに妙心寺五四世となった。（柴辻）

斎木助三右衛門尉 さいきすけぞうえもん

生没年未詳。甲斐府中鍛冶町（山・甲府市）の鍛冶職人頭。初名助三郎。同家の由緒書によれば、永禄年間（一五五八〜七〇）に武田氏により下鍛冶屋村（甲府市）より召し出され、府内の鍛冶小路で具足御用をつとめたという。元亀三年（一五七二）三月十七日付で、武田氏より細工の奉公を賞して町並みの普請役ほかを免除されている（斎木家文書・一八〇九）。同年六月三日には、同姓の助三右衛門尉にも国衙郷（甲府市）で五貫文が与えられている（同前・一九〇四）。小倉氏製造の甲州枡には、斎木氏作製の焼鉄印「斎」が押印されて公用枡とされた。天正十五年（一五八七）十二月三日、駿府城（静・静岡市）の普請に国内の鍛冶職人が動員されており、徳川家康より鍛冶衆に伝馬手形が交付されている（古文書雑集・県史4・三三二）。江戸期には新しい甲府城下の鍛冶町へ移り、鍛冶衆三二人を統括していた。（柴辻）

三枝（山県）源左衛門尉 ざえもんのじょう さいぐさげん

天文九年（一五四〇）〜天正三年（一五七五）五月二十一日、三六歳（寛永伝）。虎吉の子で、昌貞の弟。「寛永伝」は実名を守義とするが、三枝氏が「守」を通字とするのは近世に入ってからであるため、信用できない。父・兄同様山県昌景から山県姓を与えられ、山県源左衛門尉を称している。天正三年の長篠合戦で討ち死にした。同五年八月二十三日、後室によって高野山成慶院で供養が営まれた。法名は、大心宗徹禅定門（武田御日坏帳一番・山6下八九七頁）。（丸島）

三枝新十郎 さいぐさしんじゅうろう

生没年未詳。虎吉の弟。「寛永伝」は実名を守直とするが、三枝氏が「守」を通字とするのは近世に入ってからであるため、信用できない。永禄六年（一五六三）以前に死去しており、同年十一月十二日に、成人前の子息を虎吉・昌貞父子が養育するよう指示がなされている（三枝家旧蔵文書・四一九三）。生前は、曾禰昌世・金丸（土屋）昌続・三枝昌貞・真田昌幸・曾禰与市之助とともに奥近習をつとめたという（軍鑑・大成下一三七頁）。「惣人数」に御旗本足軽大将衆、騎馬三騎・足軽一〇人持ちと記されるが、これは子息であろう。（丸島）

三枝甫直 さいぐさすけなお

生没年未詳。孫右衛門。本姓は石原。今井信甫の被官。「甫」字は信甫の偏諱であろう。天文十八年（一五四九）六月二十九日、横井村熊野権現（山・甲州市）新宮上葺き再興の棟札に名がみえる（塩山市熊野神社所蔵熊野神社由緒書上・二九一）。

「代官」とあるから、御座郷（甲州市）の地頭今井信甫の代官であったのだろう。（丸島）

三枝（山県）虎吉　さいぐさとらよし

永正八年（一五一一）か～天正十一年（一五八三）五月十四日、七三歳（寛永伝）。武田氏、徳川氏の家臣。守綱の子というが（寛永伝）、戦国期三枝氏の通字は「守」ではなく「吉」なので創作だろう。右衛門尉、土佐守、栄富斎元久。「軍鑑末書」は武者奉行をつとめたとする（大成下四三六頁）。弘治二年（一五五六）四月二十一日、妻室が亡父（春巌浄林庵主）の供養を高野山成慶院で営んでいるのが史料上の初見（過去帳・武田氏研究34七四頁）。この時、右衛門尉。同三年十一月六日、京進のための課税を行う連署状に署判している（早稲田大学図書館所蔵安藤家文書・五七八）。永禄六年（一五六三）十一月十二日、幼少の甥新十郎を嫡男昌貞と相談して養育するよう指示を受けている（三枝家旧蔵文書・四九二）。同年十一月の恵林寺検地帳に同心金子平次右衛門子・町田民部丞の記載がある（恵林寺文書・山4二九五）。同七年正月二十二日、鎌原宮内少輔が集めた岩下（群・東吾妻町）の人質の番を、三枝虎吉と談合してつとめていることを信玄から賞されている（国立国会図書館所蔵文書・八六二）。以後、土佐守でみえる。同八年九月二十一日、早逝した息女月秀妙半禅定尼の供養を高野山で営んでいる（成慶院過去帳・武田氏研究34八三頁）。元亀元年（一五七〇）の駿河攻めに参陣。攻略した徳一色城（田中城に改称、静・藤枝市）の本城（本丸）に入城した（高山吉重氏書状文書・一五一五）。天正五年頃の富士大宮への神馬奉納に際しては、「栄富斎」の名で一疋を奉納（永昌院所蔵兜巖史略・補遺二三）。この頃に出家し、栄富斎元久と称していた。勘当した子息吉親が仁科盛信の陣に加わったと聞いた際には、仁科家臣等々力次右衛門尉に指南を頼んでいる（等々力家文書・三九四五）。一時、寄親である山県姓を名乗ったことが、高野山成慶院に残された書状の目録からわかる（檀那御寄進状并消息・戦国大名武田氏の権力と支配三五五頁）。同十年の武田氏滅亡は駿河田中城で迎え、家康から同地の東雲寺に身を隠すよう指示された（寛永伝）。本能寺の変後は、一時徳川家臣井伊直政の与力になったようである（軍鑑・大成下一九〇頁）。また本領一七一〇貫八〇〇文を安堵され、幼少の嫡孫守吉が成人するまでは、引き続き次男昌吉を「陣代」とすることを認められた（寛永伝）。徳川氏の甲斐制圧後、初代の甲斐四奉行の一員となる。甲斐四奉行としては、同年十二月十三日から同十一年二月二十四日にかけ、連署状に署判（田辺紀俊家文書・山4四二八、保坂家文書・山4四五七、木村家文書・山5上五三三、内閣文庫所蔵古文書花押写）。その際には印文未詳の円形黒印を用いている。なお、しばしば徳川家の奉行人として、「駒井元久」と名を記す書物があるが、これは「国志」に四奉行の構成員として「駒井・元久」とあるのを一人の人物と誤読した結果である。同年五月十四日死去。法名宝山元玖禅定門。子息昌吉によって同十三年七月三日に高野山成慶院で月坏供養が営まれている（甲州月牌帳二印・武田氏研究42五八頁）。三回忌の供養であろう。文禄五年（一五九六）三月三日には、より高位の日牌供養に改められた（甲州過去古帳・武田氏研究38四三頁）。したがって、「寛永伝」「寛政譜」が天正十二年死去とするのは誤りであろう。同十一年五月死去であれば、同年二月をもって甲斐四奉行としての活動が所見されなくなることも納得がいく。妻は当初山県昌景の娘、のち永井豊後守の娘というが（寛政譜）、世代的に疑問が残る。（丸島）

三枝備後守 さいぐさびんごのかみ

生没年未詳。虎吉の弟。「寛永伝」は実名を守竜とするが、三枝氏が「守」を通字とするのは近世に入ってからであるため、信用できない。元亀二年（一五七一）十一月二十八日、慈眼寺（山・笛吹市）の祈禱奉行を輪番でつとめるよう命じられた（慈眼寺文書・一七五七）。（丸島）

三枝（山県）昌貞 さいぐさまささだ

天文七年（一五三八）～天正三年（一五七五）五月二十一日、三八歳（寛永伝）。宗四郎、勘解由左衛門尉、山県勘解由左衛門尉、山県善右衛門尉。虎吉の嫡男。武田信玄の側近から、山県昌景の寄子となって活躍した人物。一般に実名を守友というが（寛永伝ほか）、これは近世三枝氏が「守」を通字とし、古代氏族三枝氏と系譜を繋げようとしたために起きた系譜操作の結果で、事実ではない。「軍鑑」には同じ側近である真田昌幸・曾禰昌世とともに活動が描かれることが多く、とくにこの三人は「信玄が両眼のごとく」とまで称されたという（軍鑑・大成下二七頁）。永禄四年（一五六一）三月九日、信濃在国の功績を評価され、六五貫文の知行を与えられたことが初見（三枝家旧蔵文書・七三八）。この時、宗四郎。同六年十一月十二日、八四貫三六〇文を与えられるとともに、叔父新十郎の子が成人するまで養育するよう命じられる（同前・四九三）。その際、奉公の覚悟ができているので知行を与えるが、以前と同じようであれば悔い返す（知行を没収する）と付記されており、信玄が昌貞の奉公に高い期待を寄せ、厳しく接しようとする態度が窺える。同八年三月十日、魚座定所務六〇貫文を加増された（東近江市能登川博物館寄託三枝家文書・四九七）。なおこの判物は信玄自筆であり、両者の親しい関係が窺える。同九年閏八月十四日、向源寺（長・上田市）に対し、陣取を禁止する朱印状を奉じた（向源寺文書・一〇〇四）。同年閏八月二十三日、山県昌景に対し、「下之郷起請文」を提出（生島足島神社文書・一〇〇八）。この時、「三枝宗四郎昌貞」と署判しており、実名が判明する。「昌」字は信玄からの偏諱であろう。通常より一年早い提出であった。同十年十一月二十九日、信玄より叱責を受ける。先日の判物では、御料所石森郷（山・山梨市）の代官に任命し、奉公次第で同郷で知行を与えるという約束であった。奉公については問題なくつとめているが、六月以来油断があるようで、いつも細かいことで不満を漏らしている様子が顔色に出ており、最近はとくに分別がない、と信玄は述べる。しかしながら約束は約束だとして、甲斐において籾子一〇〇俵、信濃において五〇俵を与えられた（横浜市立大学図書館所蔵文書・三二五）。同十一年十一月二十三日、代官をつとめていた御料所石森郷をことごとく与えられるとともに、軍役の加増を命じられた（三枝家旧蔵文書・四二五）。この時、勘解由左衛門尉。同十二年六月十二日、先非を悔いて奉公に励んだとして、塩後郷（山・甲州市）の代官に任じられた（早稲田大学図書館所蔵文書・一四二〇）。同年八月二十三日、妙厳院（山・笛吹市）に対する竜朱印状の奉者をつとめる（妙厳院文書・一四五〇）。元亀元年（一五七〇）九月二十三日、西光寺（上田市）に対する竜朱印状の奉者（西光寺文書・一五九八）。永禄末～元亀初年のものとみられる信玄旗本の陣立書に「弓衆」の指揮官として名がみえる（山梨県立博物館所蔵文書・三九七二）。病死した跡部長与を抹消したうえで書かれているから、その後任であろう。この時、「山形勘解由左衛門尉」と記される。これにより、寄親である山県昌景から、山県姓を与えられた話が事実とわかる（寛永伝）。天正元年七月晦日、長篠（愛・新城市）への援軍として武藤（真田）昌幸とともに出陣（東京大学総合図書館所蔵松平奥平家古文書写・二一四三）。これ以降、山県善右衛門尉を名乗る。同二年正月十一日、軍役衆一五人について、出陣中の普請役を免除することを通達される（三枝家旧蔵文書・四三五四）。同年の勝頼の遠江出陣に参陣。六月九日、岸平右衛門尉に対し、逃散した遠江中村郷の還住を申し付けた朱印状を奉じる（岸家文書・二三九四）。同年七月二十八日、遠江高天神城（静・掛川市）攻略を契機として、駿河・遠江出陣の軍功を賞され、遠江で三〇〇貫文の知行地を与えられた（横浜市立大学図書館所蔵文書・二三三三）。同三年五月二十一日の長篠合戦において、鳶の巣山要害を守って討死。同四年十月十八日、妻によって高野山成慶院で月牌供養が営まれた。法名常見禅定門（過去帳・武田氏研究34九一頁）。同五年八月二十三日には、より高位の日牌供養に直されている（武田御日坏帳二番・山6下九〇六頁）。屋敷は甲府御前小路にあった（同前）。死去時、嫡子守吉はまだ二歳であったため、父虎吉によって養育され、弟昌吉が陣代として家督を相続した。遺領は、武田氏滅亡の段階で一七一〇貫八〇〇文であったというから（寛永伝）、これに近い数字であったのだろう。なお「三枝家文書」には、三枝宗四郎宛の封紙が三点残されており（東近江市能登川博物館寄託三枝家文書・補遺三九〜四二）、昌貞もしくは嫡子守吉宛文書のものと推定される。娘は駿河府中浅間社神職中村左近将監昌貞の妻となった（寛永伝）。（丸島）

三枝（山県）昌次　さいぐさまさつぐ

永禄三年（一五六〇）〜天正三年（一五七五）五月二十一日、二六歳（寛永伝）。三枝虎吉の末子。甚太郎。「寛永伝」は実名を守光とするが、これも「守」字が通字であったようにみせかけた誤伝である。父虎吉・兄昌貞同様、山県昌景から山県姓を与えられていた。同三年五月の長篠合戦で討ち死にした（寛永伝）。同四年十月十八日に高野山で供養が営まれ、月洲常心禅定門という戒名が付された（武田御日坏帳二番・山6下九〇五頁）。実名昌次はこれにより判明する。屋敷は甲府広小路にあり、兄とは独立した屋敷を構えていたことがわかる（同前）。（丸島）

三枝昌吉　さいぐさまさよし

天文十九年（一五五〇）〜寛永元年（一六二四）六月九日、七五歳（寛永伝）。源八郎、平右衛門尉、土佐守。虎吉の子。母は山県昌景の娘（寛政譜）。妻は酒依昌光の娘（同前）。天正三年（一五七五）五月二十一日の長篠合戦で、兄昌貞が戦死し、その子守吉がまだ二歳であったため、陣代として家督を嗣いだ（寛永伝）。屋敷は甲府御前小路にあったから（成慶院甲州月牌帳二印・武田氏研究42六七頁）、兄の屋敷を相続したものとみられる。武田時代の動静は不明。武田氏滅亡後、「天正壬午起請文」を徳川氏に提出、重臣として記載があるほか（山6下九四八頁）、同心四二名も記される（同前九五九頁）。この時、平右衛門尉。以後、同十三年の第一次上田合戦を始め（三河物語）、家康に従って各地を転戦した（寛永伝）。一方虎吉は守吉をともなって家康に別に拝謁し、家督相続を確認しているから（同前）、守吉と昌吉で家を分けたことになる。同年七月三日、亡父虎吉の追善供養と生母山県氏の逆修（生前）供養を高野山成慶院で営んだ。この供養は月牌供養で、虎吉については文禄二年（一五九三）三月三日に、生母については同年七月二十一日に、より高位の日牌供養に改めている（甲州月牌帳二印・武田氏研究42六八頁、甲州過去古帳・武田氏研究38四三頁）。父には宝山元玖禅門、母には笑岩慶隆禅尼という法名が付されている。母の供養を日牌に改めたのと同時に、娘の菩提を弔っている（成慶院三枝氏御過去帳）。法名は、香林芳春禅定尼。なおこの供養は元和元年（一六一五）正月十四日にも営まれており、その際には「女中」つまり妻室とあるが、誤記であろう（同前）。天正十八年の徳川氏関東転封時には、上野那波において一万石を提示されたが、辞退したという（同前）。実際には下野足利荘羽田（栃・佐野市）に居住しているから（成慶院甲州月牌帳二印・武田氏研究42六七頁）、同地で知行を与えられた可能性が高い。文禄五年三月三日、自身の逆修供養を成慶院で営み、高太存誉禅定門という戒名を付している（同前）。この供養もやはり月牌供養で、慶長十三年（一六〇八）七月二十一日に日牌供養に改めている（成慶院甲州過去古帳・武田氏研究38四七頁）。慶長七年正月、屋代秀正・真田信尹（加津野昌春）とともに、甲斐で知行地一万五〇〇〇石をを与えられた（屋代忠雄家文書・山8六六）。三名で相談のうえ、内訳を決めるよう命じられている。屋代秀正が六〇〇〇石、真田信尹が三〇〇〇石だから、昌吉は残る六〇〇〇石ということになる。これは「寛政譜」の記述とも一致する。逸見筋東向村（山・北杜市）に拠点をおいた（成慶院甲州過去古帳・武田氏研究38四七頁）。この年、社領に年貢を催促したとして、屋代秀正とともに甲斐四奉行から譴責を受けている（若尾資料古文書雑纂・山8六三七）。同十一年四月二十日にも息女於菊が死去し、同十三年七月二十一日に供養を営んでいる。法名は、秀蓮禅定尼（成慶院三枝氏御過去帳）。同十二年より土佐守でみえる（成慶院甲州月牌記五・武田氏研究47三三頁）。元和元年十二月二十一日に子息新九郎が死去。翌二年三月二十一日に供養を行い、善通正慧禅定門という戒名を付した（成慶院三枝氏御過去帳）。同四年八月十六日には息女が死去。十月十六日に供養を行い、光空真瑞禅定尼という戒名を付している（同前）。同六年八月十八日に妻室が死去。孫の内匠助守全が供養を行い、法名は昌室豊久禅定尼と付された（同前）。寛永元年六月死去。法名は枝源院殿功太玄誉大居士に改めると三枝氏から成慶院に伝えられた（同前）。なお、命日は「三枝氏御過去帳」は六月六日、「寛永伝」「寛政譜」は九日とする。ここでは、成立の早い「寛永伝」に従っておきたい。子息守昌は安房で一万石を与えられ、大名となるが、孫の守全の代に分知したため、旗本となって続いた。

（丸島）

三枝吉親　さいぐさよしちか

生没年未詳。三枝虎吉の子。監物。「惣人数」には御小姓衆とある。実名は、成慶院「檀那御寄進状幷消息」により確定できる（戦国大名武田氏の権力と支配三七九頁）。「不届者」として父虎吉から勘当された。その後、大龍寺麟岳の取り成しで仁科盛信の陣に加わる。天正五年（一五七七）以降と思われる十一月二十六日、その話を聞いた父虎吉が、仁科家臣等々力次右衛門尉によろしく指南してくれるよう依頼している（等々力家文書・三九四五）。武田氏滅亡後、いわゆる「天正壬午起請文」を徳川氏に提出（山6下九八頁）。しかし病気がちであったため、家康には結局仕えず、兄昌吉に従ったという（寛政譜）。関ヶ原合戦後、兄昌吉とともに甲斐東向（山・北杜市）に入部（成慶院甲州月牌記五・武田氏研究47三六頁）。慶長八年（一六〇三）十月二十九日に妻室が死去。翌九年三月五日に高野山成慶院で供養を行い、遠清妙久禅定尼という戒名を付した（三枝氏御過去帳）。同十二年十月十八日、成慶院で自身の逆修（生前）供養を行っている。法名は、籌屋宗滕禅定門（甲州月牌記五・武田氏研究47三六頁）。同十三年六月二十一日に子息角蔵の菩提を弔っている（成慶院甲州過去古帳・武田氏研究38四七頁）。法名は、月庭宗心禅定門。元和元年（一六一五）正月六日、大坂陣に際し、子息善吉が老母、つまり吉親の妻の逆修（生前）供養を成慶院で行っている。法名は、玉法妙椿信女（三枝氏御過去帳）。元和二年三月二十一日、息女の供養を営んだ（同前）。法名は、妙覚禅定尼。子孫は幕府に出仕している。（丸島）

西条二郎衛門　さいじょうじろうえもん

生没年未詳。信濃国筑摩郡麻績北条の土豪。天正九年（一五八一）の「伊勢内宮道者御祓くばり帳」において、「おミ北条分」の人物として記載され、茶三袋を配られたと記されているのが唯一の所見（堀内健吉氏所蔵・三六四四）。（平山）

斎藤越前守　さいとうえちぜんのかみ

生没年未詳。上野国衆で、吾妻郡岩下（群・東吾妻町）城主。実名は憲広、出家後の斎号は一岩斎と伝えられる（加沢記）。永禄四年（一五六一）の「関東幕注文」において「岩下衆」の筆頭でみえるのが初見（群二一三三）。岩下城を本拠に、大戸氏・羽尾氏領を除くほぼ吾妻郡一円を領国に編成していたと推測される。この時点で越後上杉氏に帰属していたが、同年末からの信玄の西上野侵攻にともなって、武田氏に帰属したと推定される。同五年二月には、再び上杉氏の攻勢を受けたらしく、箕輪長野氏を通じて、上杉氏に従属を懇望しているが（上杉文書・群二一五九）、離叛までには至らなかったとみられる。同年三月、信玄から吾妻郡鎌原氏の所領の返還を働きかけられたが、拒否している（伏島文書・七七五）。同六年十二月、信玄が「今度之忠節衆」に宛てた書状に、越前入道が逆心したものの、岩櫃城（東吾妻町）を乗っ取ったことを賞しているが（加沢記・八四九）、岩櫃城は当時は存在していないと考えられるため、同文書の内容には疑問がある。しかし同七年正月二十二日付で、信玄は鎌原氏に対し、岩下城の人質を取ったことを賞していること（国立国会図書館所蔵文書・八六二）、二月十四日には岩下衆とみられる武士に「今度忠節」を称していること（折田文書・八六六ほか）、同月十七日は今度「斎藤逆心」とみえることから（鎌原系図・八七三）、同年一月には、武田氏から離叛して、上杉氏に従属したとみられる。越前入道に関する所見は以後はみられず、岩下城の人質が取られた際、武田氏家臣三枝虎吉や鎌原氏が同城在番に入っていることから、家中の離叛にあって、同城から退去、没落したとみられる。（黒田）

斎藤源兵衛尉　さいとうげんひょうえのじょう

生没年未詳。木曾家臣。永禄八年（一五六五）十月一日、木曾義昌が黒沢若宮社

（長・木曽町）に三十六歌仙板絵を奉納した際、源順の板絵を奉納した（武居誠氏所蔵・九五六）。（丸島）

斎藤作蔵　さいとうさくぞう

生年未詳～天正十年（一五八二）三月十一日。御鷹師。武田氏滅亡に際し、勝頼に従って討ち死にした（軍鑑・大成下一八〇頁）。（丸島）

斎藤宗林　さいとうそうりん

生没年未詳。遠江国衆で、遠江高天神小笠原信興の同心衆。天正二年（一五七四）六月十七日の遠江高天神城（静・掛川市）の開城、信興の武田勝頼への従属にともない、武田氏へ従う。七月九日には、武田家朱印状（奉者は跡部勝資）により徳川家康への従属時の領有に従い、遠江国中村郷（掛川市）ほか二ヶ所、計三五〇貫文の知行を安堵された（遠州高天神記所収文書・二三〇七）。ただし本文書は、「城飼郡」という江戸時代の郡名表記でみられることより、検討を要す。（柴）

斎藤弥三郎　さいとうやさぶろう

生没年未詳。上野国衆で、吾妻郡岩下（群・東吾妻町）城主か。斎藤越前守の甥といい、実名は憲実と伝えられる（加沢記）。永禄六年（一五六三）十二月、信玄が「今度之忠節衆」に宛てた書状に、斎藤越前入道が逆心したものの、岩櫃城（東吾妻町）を乗っ取ったことを賞しているなかで、弥三郎が越前入道から離叛して、武田氏に帰属したことがみえているが（同前・八四九）、岩櫃城は当時は存在していないと考えられるため、同文書の内容には疑問がある。しかし同七年正月二十二日付で、信玄は鎌原氏に対し、岩下城の人質を取ったことを賞するとともに、それらの人質は弥三郎から武田氏に送られることになっているから（国立国会図書館所蔵文書・八六二）、弥三郎が、武田氏から離叛した越前入道に従わず、武田氏に従属したことがわかる。その後は、越前入道に代わって岩下城とその所領を継承して国衆として存在したと推測される。「加沢記」では越前入道の所領五分の一を与えられたという。同年九月、上杉方の沼田城（群・沼田市）から、弥三郎の家中で計略を受けたものがあり、弥三郎はそれを生害させ、そのことを信玄に知らせ、信玄から賞されている（松雲公遺編類纂・九一三）。しかし武田方としての存在はこれが最後で、同八年二月までのうちに離叛し、上杉氏に従属した。その際、本拠岩下城からは退去したらしく、新たに構築した嶽山城（東吾妻町）に籠城した（守矢文書・九八八）。同年十一月、岩櫃城を拠点とする真田幸綱の攻撃によって、落城し（加沢記・九六一）、弥三郎は没落したとみられる。（黒田）

才間河内　さいまかわち

生年未詳～天文十七年（一五四八）二月十四日。実名未詳。晴信の重臣。村上義清との上田原合戦で戦死した（勝山）。（丸島）

左衛門三郎　さえもんさぶろう

生没年未詳。信濃国筑摩郡井堀・高（長・麻績村）の土豪。名字、諱は不明。麻績氏の被官とみられる。天正九年（一五八一）の「伊勢内宮道者御祓くばり帳」において、「いほり・たかの分」の人物として記載され、茶三袋を配られたと記されているのが唯一の所見（堀内健吉氏所蔵・三六四四）。（平山）

左衛門四郎　さえもんしろう

生没年未詳。駿河国有渡郡三保郷（静・静岡市）の塩竈職人衆のひとり。同地の三保神社神主の太田氏配下にあり、塩の製造に関わっていた。天正八年（一五八〇）四月十九日付の太田氏宛の武田家朱印状によれば、左衛門四郎ほか三二人の塩竈職人が、早船の造立の奉公をつとめたので、塩釜役を免除されている（太田家文書・三三八）。　（柴辻）

左衛門四郎　さえもんしろう

生没年未詳。信濃国安曇郡青木花見（長・安曇野市）の土豪。名字、諱は不明。仁科氏の被官とみられる。天正九年（一五八一）の「伊勢内宮道者御祓くばり帳」において、「にしなの分」の人物として「青花見の左衛門四郎」と記載され、茶五袋を配られたと記されているのが唯一の所見（堀内健吉氏所蔵・三六四）。　（平山）

酒井作之右衛門　さかいさくのえもん

生年未詳～天正三年（一五七五）五月二十一日。実名は尚昌と伝わる（寛政譜）。「寛永伝」は尾張出身とするが、「寛政譜」は松平家重臣酒井忠尚の子とする。忠尚が永禄八年（一五六五）に出奔した後、駿河を経て武田氏に仕えたというが、検討を要する経歴である。「寛政譜」編者は、「寛永伝」編纂段階では、家康を離反した忠尚とのつながりを隠すために尾張出身としたと考察するが、そのままでは受け入れがたい。武田氏のもとでは、穴山信君に仕え、長篠合戦で戦死した。毛林祥半と号したという（寛永伝）。子息作之右衛門（吉次）は、は穴山勝千代を経て、徳川氏に仕えた。　（丸島）

酒井実明　さかいさねあきら

天文二年（一五三三）～慶長十年（一六〇五）、七三歳（寛政譜）。駿河衆。通称は極助。近江国出身とされる。天正元年（一五七三）九月二十四日、実明からの武田氏に対する忠節奮励の申し出を受け、武田家朱印状（奉者は市川昌房）により駿河国安西新田（静・静岡市）・同須津（静・富士市）・遠江国金屋（静・島田市）内三ヶ所で計一〇五貫文の知行を宛行われた（古文書集・二八三）。同四年五月十二日、実明は奏者がいないため興津藤太郎・浅羽九郎兵衛尉・横山次右衛門尉とともに、武田家朱印状（奉者は跡部勝資）により遠江小山城将岡部元信の同心衆として配備された（土佐国蠹簡集残編・二六五〇）。同十年三月の武田氏滅亡後は徳川家康へ仕え、同十八年関東移封に従い、武蔵国多摩郡で四五〇石の知行を与えられた（寛政譜）。法名は道説（同前）。家督は次男実重が継承し、後裔は旗本として仕えた（同前）。　（柴）

酒井高重　さかいたかしげ

生没年未詳。上野国緑埜郡高山庄（群・藤岡市）の領主高山氏の被官。通称は中務少輔。永禄十年（一五六七）八月七日付「下之郷起請文」（生島足島神社文書・二五五）において、高山衆の三番目に署判しているのが唯一の所見。高山衆が、山城守行重と遠江守定重のいずれの被官衆であるのかは不明である。　（黒田）

さかくち藤右衛門　さかぐちとうえもん

生没年未詳。信濃国筑摩郡麻績北条の土豪。天正九年（一五八一）の「伊勢内宮道者御祓くばり帳」において、「おミ北条分」の人物として記載され、茶五袋を配られたと記されているのが唯一の所見（堀内健吉氏所蔵・三六四）。　（平山）

坂田源右衛門　さかたげんえもん

生没年未詳。甲斐府中八日市場（山・甲府市）の有力町人。家記によれば、元は伊勢北畠氏の家臣で坂内氏を称したが、天文年間（一五三二～五五）に甲斐へ移住し、武田氏に仕えて坂田に改姓した。のちに与一左衛門に改名、法名は善空とされる（国志4二四九頁）。天文十一年（一五四二）閏三月十五日の武田家過所（坂田家文書・一三九）で、馬一疋分の諸役所通過を許可されたのが初見。同十九年三月十日の武田家朱印状（同前・三〇四）では、肴役奉公をつとめる代償として一月に馬一疋分の諸役を免許されている。弘治二年（一五五六）十月十日の武田家朱印状（同前・五二）では、八日市場（甲府市）の「夜廻之番帳」を渡され、一三番までの当番を定められたうえで、盗賊や火の用心に努めるよう命じられた。永禄五年（一五六二）三月十日の武田家朱印状（同前・七三）でも、肴役奉公をつとめる代償として一月に馬一疋分の諸役を免許されている。天正四年（一五七六）六月二十八日の武田家朱印状（同前・二六三）では、八日市場の町人三〇名が伝馬衆に任じられ、与一左衛門も一間分を割り当てられている。また、同日の武田家朱印状（同前・二六八）で、同町が伝馬役をつとめる際の定書を渡されている。奉者は武藤三河守・安西平左衛門尉有味。「八日市場」宛の文書が数通伝来していることから、坂田家が八日市場の代表者として位置づけられていたことが窺える。子孫は八日町に居住し、府中（甲府）の検断職をつとめた（国志4二四九頁）。（鈴木）

坂本貞次 さかもとさだつぐ

永正十四年（一五一七）～文禄元年（一五九二）十月十八日、七六歳（寛政譜）。駿河国山西地域の代官をつとめた家臣。官途は兵部丞、豊前守。坂本家は常陸国の出身で、小瀬氏を称していたが、貞次の祖父貞義の代に甲斐国へ移り、武田氏へ仕え姓を坂本に改めたという（先祖書）。天正二年（一五七四）十月晦日、武田家朱印状（奉者は跡部勝資）により、貞次からの鉄砲一〇挺・鑓一〇本を用意して足軽二〇人を扶助し、駿河田中城（静・藤枝市）に在城を望む申請が認められ、岡部・関方・良知中郷（藤枝市）の三ヶ所の代官に任命された（金子元治氏所蔵坂本家文書・補遺四）。また同五年三月十日には、武田家朱印状（奉者は跡部勝資）により、遠江国榛原郡で貞次同心の鉄砲足軽一〇人の扶持分として一〇〇貫文が宛行われ、駿河田中城の普請と在番を疎略なくつとめるよう指示されている（同前・補遺四七）。このように貞次は田中城に在城のうえ、代官として活動した。同十年三月の武田氏滅亡後は、徳川家康へ仕え、小牧・長久手合戦中の同十二年八月二十六日には、駒井勝盛とともに駿河国方上惣郷（藤枝市）ほか五郷へ原川新三郎を物主に一五歳以上六〇歳未満の男子の軍事動員を指示している（原川文書・静8一七四五）。同十八年徳川氏の関東移封後は、相模国大住郡波多野（神・秦野市）の二四郷の代官をつとめたという（先祖書、寛政譜）。法名は順応（寛政譜）。家督は嫡男貞吉が継承、相模国深見郷（神・大和市）を知行地に、後裔は旗本として仕えた（先祖書、寛政譜）。（柴）

酒依清三郎 さかよりせいざぶろう

生年未詳～天正三年（一五七五）五月二十一日。実名は昌光と伝わる（以下、寛永伝、寛政譜）。長篠合戦で討ち死にした。法名道英（寛政譜）。子息長兵衛（昌吉）は武田氏滅亡後に家康に仕えた。なお、父の越後守（昌元）は天正八年の上野膳城（群・前橋市）攻めで討ち死にしたらしい（国志、寛永伝、寛政譜）。（丸島）

策彦周良 さくげんしゅうりょう

文亀元年（一五〇一）～天正七年（一五七九）六月三十日。甲斐・恵林寺住職。怡斎・謙斎・怡雲子と号す。丹波の人で、管領細川家の家老である井上宗信の三男。京都・天竜寺の子院である妙智院三世住職。「詩文の策彦」とうたわれた。大内氏の委嘱により、天文八年（一五三九）と同十六年の両度にわたり、遣明使節として入明しており、「策彦入明記」「初渡書」「再渡書」を残している。従来は、弘治二年（一五五六）、甲斐へ下向し、恵林寺（山・甲州市塩山）の第三三世として入院したといわれていたが、永禄元年（一五五八）十二月十四日付の妙智院宛の信玄書状によれば、甲斐への下向が病気で延引していることと、恵林寺のほか長興寺・継統院を任せるとあり、自分は「近日剃髪」したとも伝えているから（妙智院文書・八五〇）、入院は同二年となる。同五年には、帰京の途次に穴山氏の下山館に立ち寄り、南松院（信虎女・信君生母）に葵庵理誠の法号を与えている（南松院文書・七九二）。これを機縁として穴山信君との関係が深まり、天正七年十一月には、信君が江尻城内に梵鐘を設置した際に、その鐘楼銘として「観国楼」を揮毫して贈っている（仏眼禅師語録・三八七）。また、信君が晩年に私印として使用した「怡斎図書」朱印は、策彦が生前に蔵書印として使用していたものであり、その遺品である。同年に天竜寺塔頭の妙智院で没す。文集に（謙斎詩集、山6下）ほかがある。（遠藤珠紀 穴山信君と策彦周良・日本歴史七五四）。 （柴辻）

桜遠江守 さくらとおとうみのかみ

生没年未詳。葛山衆。桜孫左衛門尉の後身、あるいは一族か。元亀二年（一五七一）四月十五日の武田家朱印状写（諸家古案集・一六九三）で、越後国頸城郡で相当の知行を宛行うことを約束された。同月十九日の武田家朱印状写（立岩氏家蔵文書書上・一六九四）では、桜郷（長・長野市）における知行地の山手を前々の如く安堵されている。いずれも奉者は跡部大炊助勝資。 （鈴木）

桜孫左衛門尉 さくらまござえもんのじょう

生没年未詳。葛山衆（長・長野市）のひとりで靭負尉の父（上杉年譜）。本来は乙名層で、弘治三年（一五五七）に葛山城主落合氏が没落した後、武田氏によって取り立てられたとみられる。永禄十一年（一五六八）十一月十八日、葛山衆に地下人の還住が命じられている（石井進氏所蔵諸家古案集・一四七三）。元亀元年（一五七〇）九月一日、桜郷（長野市）五〇貫文を中心とした本領六五貫文に、二三五貫文が加増されている（歴代古案・一五八七）。四倍近い加増であり、晴信が意図的に葛山衆を強化しようとしていた様子が読み取れる。これらの所領には同日付で飯縄明神社千日次郎大夫にも寄進されているものがあり、同社を中心とした結合が求められたのではないか。この点から、葛山衆は本来山伏であったという指摘もあり、同年の飯縄社甲斐勧請と結びつけて考えられている。なお、年未詳だが桜郷三〇〇貫文の内訳を記した覚書が残されており、「五拾貫文　桜本領」とある（石井進氏所蔵諸家古案衆・一五八九）。これにより、孫左衛門尉が桜氏の中心人物であると想定できる。本領桜郷は葛山衆の相給となっており、知行関係はかなり複雑であったと思われる。桜苗字のものは、他に九郎左衛門・藤右衛門・藤左衛門がおり、その惣領的対場であったのだろう。その後、桜遠江守が元亀年間に惣領的立場で活動しているように思われ、あるいは同一人物かもしれない。以後の活動は確認できなくなり、子息靭負尉に代替わりをしたものであろうか。 （丸島）

桜靭負尉 さくらゆきえのじょう

生没年未詳。孫左衛門尉の子（上杉年譜所収御家中諸士略系譜）。武田時代の動静

は所見がないが、既に家督を嗣いでいたとみられる。武田氏滅亡後の天正十年（一五八二）五月七日、他の葛山衆とともに、森長可から当知行安堵を受けた（歴代古案・信15三三頁）。六月二日の本能寺の変後、上杉景勝に従属。十八日、希望通り水内郡布野郷を与えられた（歴代古案・信15二四二頁）。この時の宛行は、他の葛山衆（立岩・上野・鱸）と同時に受けたものである。同年八月、長沼城代（長・長野市）島津忠直との間で御料所の帰属をめぐる相論が起こった。八月七日、直江兼続は葛山乙名衆に対し、武田勝頼以来の先例があるとして、長沼城代の城領とするので、何ヶ所であろうと引き渡せという命令を通達した（長野県立歴史館所蔵文書・上越二五三〇）。敵襲に際しては、長沼城に入れというのが景勝の意向であったという。八日、景勝朱印状の形で、もしもの時は長沼城に入り島津忠直の命令に従うこと、葛山領における人足の扱いは以前通りと認めること、被官・百姓の人返しを行うことを命じられた（葛山衆御朱印物等之写・上越二五三四）。しかしこの相論は長引いたため、翌十一年二月二十二日、直江兼続は改めて島津忠直との相論裁許の結果を桜靫負尉を始めとする葛山衆に伝達した（上杉年譜・信15五八四頁）。論争の決着がつかないため、また人質については、葛山衆の希望通りに春日山城に移されることになったという。これは葛山衆が「河北軍司」島津忠直の支配下に置かれることを拒んだことを意味した。しかし「文禄三年定納員数目録」をみると、桜靫負は葛山衆島津抱の一員として知行高二三三石余・軍役一三人半の記載があり（上杉氏分限帳四八）、結局島津忠直に従ったようである。文禄三年（一五九四）十一月二十日、夜交昌国の知行申告を大日方主税助・松本大炊助とともに受け取った（世間瀬家文書・信18八八頁）。慶長三年（一五九八）の上杉景勝の会津転封に従う。葛山衆の一員として知行二五〇石を領した（会津御在城分限帳・上杉氏分限帳二二四頁）。（丸島）

桜井綱吉 さくらいつなよし

生没年未詳。信濃小県郡の国衆、海野氏の被官。平内左衛門尉。永禄十年（一五六七）八月七日、信玄に忠節を誓う「下之郷起請文」を、海野衆の一員として提出した（生島足島神社文書・一二三）。（丸島）

桜井信忠 さくらいのぶただ

享禄二年（一五二九）～慶長十六年（一六一一）、八三歳（寛政譜）。右近助、安芸守。河内守信定の子という（寛永伝）。父信定は武田信虎の末弟とする説もあるが（国志）、信定に信虎の娘が嫁ぎ、信忠を産んだというのが正しい（武田源氏一流系図・山6下七三九頁）。「軍鑑」に「小身にて候へ共、桜井殿ハ近キ御親類」（大成下五七頁）とあるのは、このためである。妻は斎藤法眼の娘。のち、小畠虎盛の娘（寛政譜）。天正四年（一五七六）八月二十日、小山田昌盛と連名で、一蓮寺（山・甲府市）の常灯明田の夫銭について裁許を通達しているのが初見（一蓮寺旧蔵文書・二七〇八）。この時、「桜井右近助信忠」と署判。「惣人数」は公事奉行としており、裁判を管掌していたらしい。裁判にあたっては、慈悲のある裁きをしたという（軍鑑・大成上四六四頁）。同五年二月十一日、市川元松と連名で、金山において黄金が枯渇した苦難を支援するため、一ヶ月に馬一疋の諸役免許を金山衆に通達する朱印状を奉じた（風間家文書・二七六七）。同年頃、駿河富士大宮に神馬一疋を奉納（永昌院所蔵兜巌史略・補遺一二三）。同七年二月八日、信濃二宮小野神社（長・塩尻市）造宮のため、諸郷への催促を許可する獅子朱印状を奉じている（小野家文書・三〇八二）。これが官途名右近助の終見となる。同九年二月七日、大門郷（長・長和町）の伝馬定書を武藤三河守と連名で奉じた（大草家文書・三四九一、諸州古文書・三四九二）。以後、安芸守に改称。某年九月二十七日、高野山小坂坊（引導院）に返書を出している（持明院文書・三九一五）。この時、「桜井安芸守信忠」と署判している。武田氏滅亡後、本能寺の変を経て徳川家康に仕えた。天正十年十月三日、市川元松とともに甲斐穂見社（山・韮崎市）に戦時禁制を発給（社記・山4一四三〇）。同十一年四月にも天目山棲雲寺（山・甲州市）に小田切茂富と連名で禁制を発給している（天目山山法掟書写・山4六九五）。九月晦日、新恩として四〇貫文を宛行われた（記録御用所本古文書・新甲一四九八）。同年十月より甲斐四奉行に就任（社記・山4一四三二）。花押または「□宝」黒印を用いて、徳川氏が関東に転封となる同十八年までに二三点の連署状に署判した。また慶長五年の関ヶ原合戦後、同六年から同十二年までの間に二一点の連署状に署判している。このほかに、年次未詳の連署状が四点確認される。同十二年八月には、小田切茂富とともに、甲府城（甲府市）を平岩親吉から受け取るよう命じられている（記録御用所本古文書・山8四二一）。同十五年四月十六日、小田切茂富と連名で八幡の神主源太郎に河東村（山・昭和町、中央市）の権現宮などを安堵したのが終見である（今沢文書・山8四二六）。天正二十年二月十五日、自身と妻女の逆修（生前）供養を高野山持明院に依頼した。信忠は法名慶林禅定門、妻女は妙幼禅定尼である（江州浅井家之霊簿）。なお、慶長六年四月に甲府善光寺の別当となった重栄は、信忠の親族である（善光寺別当略伝・信濃史料叢書中五三三頁）。同十六年死去、甲斐東光寺（甲府市）に葬られた（寛政譜）。ただし没年は同十五年九月二十四日とする説もある。法名は、実岫玄相居士（国志）。娘は石原昌明、室賀満俊、青木主計頭に嫁いだ（寛政譜）。なお、上杉家中に「桜井安芸守」が存在する。庶流家であろうか（文禄三年定納員数目録下・信18七二頁）。（丸島）

桜井棟昌 さくらいむねまさ

生没年未詳。信濃小県郡の国衆、海野氏の被官。駿河守。永禄十年（一五六七）八月七日、信玄に忠節を誓う「下之郷起請文」を、海野衆の一員として提出した（生島足島神社文書・一一三）。（丸島）

桜井与三 さくらいよぞう

生没年未詳。永禄末期とみられる信玄旗本の陣立書にその名がみえる（山梨県立博物館所蔵文書・三九七二）。配置からみて、武田親類衆であろう。桜井信忠と同一人物の可能性が指摘されているが、確証はない。（丸島）

座光寺貞房 ざこうじさだふさ

生年未詳～天正三年（一五七五）十月二十六日。信濃国伊那郡の国衆。座光寺氏の当主。通称は三郎左衛門尉。山吹館（長・高森町）を拠点に勢力を張った。「軍鑑」には三〇騎を引率したとある。永禄十年（一五六七）八月七日付「下之郷起請文」では、単独で一紙起請文を作成し、武田氏重臣吉田信生・浅利信種に提出しているのが初見（生島足島神社文書・一二四六）。元亀四年（一五七三）三月二十三日、諏訪大社御頭役に座光寺郷が指定されたことに対し、祝儀を諏訪大社に贈っている（土橋満麿氏所蔵文書・三二四五）。その後、武田氏重臣秋山虎繁とともに、東美濃岩村城に在城し織田氏に備えたが、天正三年の長篠敗戦後、織田信忠の軍勢に包囲された。織田軍の包囲は六月十三日までには始まり、岩村城方は頑強に抵抗し落城の気配を見せなかった。しかし武田勝頼の後詰めがなかなか到着しないなか、十月二十六日に展開された織田軍との激戦で貞房は戦死した（開善寺過去帳）。秋山らはなおも籠城を続けたが、武田氏の後詰が敗退したことから、織田氏の勧告に従って、十一月二十一日に降伏、開城した。この時、秋山虎繁、大島長利とともに赦免の御礼のため岐阜に参上した人物のなかに、座光寺の名がみえるが、誰なのかは不明。おそらく貞房の息子と推察される。しかし彼らは捕縛され、十一月二十六日に三人とも磔に掛けられ、処刑された（信長公記、古美術品展観目録、愛11一一四〇）。（平山）

座光寺左馬尉 ざこうじさまのじょう

生年未詳～天正三年（一五七五）十月二十六日。信濃国伊那郡の国衆座光寺氏の一族。武田氏重臣秋山虎繁、座光寺貞房とともに、東美濃岩村城に在城し織田氏に備えたが、天正三年の長篠敗戦後、織田信忠の軍勢に包囲された。織田軍の包囲は六月十三日までには始まり、岩村城方は頑強に抵抗し落城の気配を見せなかった。しかし武田勝頼の後詰めがなかなか到着しないなか、十月二十六日に展開された織田軍との激戦で貞房、伴野三郎左衛門とともに戦死した（開善寺過去帳）。（平山）

座光寺為清 ざこうじためきよ

生没年未詳。信濃国伊那郡の国衆。座光寺氏の当主。貞房の子か。受領は豊前守、通称は次郎兵衛。諱は為秋とも称したという。晩年は出家して存周（寛永伝、寛政譜）。山吹館（長・高森町）を拠点に勢力を張った。「軍鑑」には三〇騎を引率したとある。天正三年（一五七五）八月十日、長篠敗戦後の武田勝頼が信濃伊那郡の防衛を保科正俊に指示した覚書において、座光寺氏は大島氏らとともに、武田氏直参衆と協力して村の地下人を指揮するよう指示されている。また座光寺氏は、大島、伴野氏ら同じ伊那衆とともに忠節を尽くせば、所望を叶えるとの約束を提示されており、武田氏より重視されていたことが窺われる。なお、織田軍により万一信濃・美濃国境が突破された場合には、座光寺氏ら下伊那衆は大島城に籠城するよう命じられていた（武田神社所蔵文書・三五二四）。ここに記載される座光寺氏は、当主貞房ではなく、その子と推察される。当時貞房は、東美濃岩村城に籠城中であり、信濃の本領に在国していないからである。確証はないが、ここに記載されているのは、おそらく座光寺為清を指すのではなかろうか（寛永伝、寛政譜）。某年に八五歳で死去したという。法名存秀。（平山）

座光寺為時 ざこうじためとき

天文二十年（一五五一）～寛永二十年（一六四三）六月二十六日、九三歳。信濃国伊那郡の国衆。座光寺氏の当主。為清の子。受領は丹後守、通称は次郎右衛門、二郎右衛門尉。諱は為真とも称したという。晩年は出家して帰慶斎（寛永伝、寛政譜）。山吹館（長・高森町）を拠点に勢力を張った。武田時代の活動状況は判然としない。武田氏滅亡後は徳川氏に仕え、天正十三年（一五八五）十二月、豊臣秀吉の調略により謀叛を企てた伊那郡松岡城主松岡貞利の動きを察知し、伊那郡郡司菅沼定利にこれを報じた。そして定利らとともに、松岡貞利らを捕縛し、駿府へ送った。この功績により、伊那郡で知行を加増されたという（寛永伝、座光寺文書・信28五八二）。同十八年、徳川氏の関東転封に従い、上野国碓氷郡下磯部で九五〇石余を拝領し、同郡大竹に居住した。文禄二年（一五九三）十二月十三日には、同所で三八石余を加増され、千石役の負担を命じられている（寛永伝、座光寺文書・信28五八〇）。慶長五年（一六〇〇）、徳川秀忠に従い信濃上田城攻撃に参加した。同六年には上野国の知行を、信濃伊那郡に改められ、再び山吹館に居住した。元和元年（一六一五）の大坂夏の陣では松平乗壽とともに活動し、河内国枚方を守ったという。その後隠居し、本領の山吹で死去した。（寛永伝）。（平山）

左近士新左衛門尉 さこんじしんざえもんのじょう

生没年未詳。京都の商人。武田氏より、天文十八年（一五四九）五月九日から、分国内での諸関の諸役を一月に三疋口につき免除されている、その通行過書の奏者は秋山善右衛門尉である（永禄二年諸役免許状書上・六五三）。天正十二年（一五八四）十月七日付の京都の医師一鷗軒宛の北条氏政書状によると、商人左近士が上洛の序でに一鷗軒へ書簡を届けさせている（承天寺所蔵文書・戦北二七二八）。これらにより経歴や商売の内容は未詳であるが、京都より甲府のみならず東国地域を活動の場としていた遠隔地商人であろう。（柴辻）

鎖是時成 さぜときなり

生没年未詳。内記助。大宮浅間神社（現富士山本宮浅間神社、静・富士宮市）の社人で、内陣の鎰を司る鎰取（かぎとり）のうち首席の正鎰取をつとめ、武田氏による本宮の造営事業を担った。天正四年（一五七六）五月二十八日の武田家朱印状（旧四和尚宮崎家文書・二六六〇）で、造営奉行の鷹野徳繁と相談し、案主（富士又十郎か）・一和尚清長・四和尚春長と鬮取りで社殿などの造営を分担するよう命じられた。奉者は跡部美作守勝忠。同五年五月二十一日に作成された富士大宮神事帳（本宮浅間大社文書・二八〇九）では、正月から十二月までの祭礼費用を正鎰取として受け取り、末尾に清長・春長と連署。同六年十二月二十八日の浅間社家連署証文（旧公文富士家文書・三〇六二）では、同四年から六年まで三年間の本宮造営費用を記載し、春長・清長・河東勝泰・小島家盛と連名で鷹野徳繁へ提出している。同七年七月十日の武田家朱印状写（旧鎰取鎖是家文書・三二三八）で祭祀料を宛行われ、旧規の如く神前の祭祀をつとめるよう命じられた。奉者は土屋右衛門尉昌恒。慶長十二年（一六〇七）三月、正鎰取職・権鎰取職・行事大夫職など自身の跡職を配分し、大宮司富士信通の承認を得ている。近世には総社家の筆頭として、大宮司富士氏から二五石二斗を宛行われた（浅間神社の歴史）。（鈴木）

鎖是宮猿 さぜみやさる

生没年未詳。大宮浅間神社（現富士山本宮浅間神社、静・富士宮市）の社人。元亀三年（一五七二）五月十六日の武田家朱印状写（判物証文写・一八八九）で次席の権鎰取職に補任された。奉者は原隼人佑昌胤・市川宮内助昌房。天正五年（一五七七）五月二十一日に作成された富士大宮神事帳（本宮浅間大社文書・二八〇九）では、三月分の祭礼費用を権鎰取として受け取っている。（鈴木）

鎖是宮千代 さぜみやちよ

生没年未詳。大宮浅間神社（現富士山本宮浅間神社、静・富士宮市）の社人。元亀三年（一五七二）五月十六日の武田家朱印状写（判物証文写・一八九〇）で次席の後

権鎰取職に補任された。奏者は市川宮内助昌房・原隼人佑昌胤。　（鈴木）

佐渡　さど

生没年未詳。信濃国筑摩郡青柳（長・筑北村）の土豪。麻績氏の被官とみられる。天正九年（一五八一）の「伊勢内宮道者御祓くばり帳」において、「あおや木分」の人物として「西条の佐渡」と記載され、茶三袋を配られたと記されているのが唯一の所見（堀内健吉氏所蔵・三六四）。（平山）

佐藤五郎左衛門尉　さとうごろうさえもんのじょう

生没年未詳。美濃の商人。出自などの詳細は不明であるが、甲府に出入りの遠隔地商人。永禄二年（一五五九）二月の甲斐国古関関所（山・甲府市）での通行記録とみられる「諸役免許状書上」（諸州古文書・六五）では、天文十九年（一五五〇）四月三日に、向山又七郎を奏者として領国内諸役所での一月に三匹の過所を与えられている。業種は判然としないが、遠隔地商人のひとりであり、同書上には同じく美濃の商人として「源五」の名もみられるが、同人の詳細も不明である。（柴辻）

佐藤治部少輔　さとうじぶのしょう

生没年未詳。上野国衆国峰小幡氏・赤坂和田氏などの家臣。群馬郡寺尾郷館村（群・高崎市）の土豪。天正八年（一五八〇）六月二十三日付で国峰（群・甘楽町）城主小幡信真とみられる人物から、館村で三五貫文余の所領と居屋敷・代官銭を所領として宛行われている（高崎近郷百姓由緒書・三三六八）。この時に初めて小幡氏に家臣化したことが窺われる。年未詳五月八日付で信真から、所持地が荒地化したため、他者に宛行おうとしたところ、「左衛門殿様」からの要請を受け、引き続き治部少輔に管轄させることを承認されている（同前・三八四六）。「左衛門殿様」については不明だが、治部少輔の寄親にあたる存在であろうか。武田氏滅亡後の天正十一年十二月十七日に、赤坂（高崎市）城主和田信業が領内寺尾郷清水寺を再建した際に、その奉加者として名を連ねている（清水寺本堂棟札銘・戦北二六〇二）。このことからすると、和田氏にも家臣化していたことが考えられる。同十五年十月一日には、北条氏邦の重臣で大戸（群・東吾妻町）城主斎藤定盛から、同地に移住したら本領を安堵することを約されており（佐藤文書・戦北三一八四）、この時には斎藤氏に家臣化し、館村を離れて大戸に移住したのであろうか。同十七年に比定される丑九月二十五日付で、小幡信定とみられる人物から、本領三〇貫文をあらためて安堵されている「佐藤」は、その子であろうか（同前・戦北四一〇三）。これは治部少輔が大戸に移住した後、本領の継承にともなうものと捉えられる。同年十二月三日付で、子の佐藤甚平が信定から、治部少輔名跡について安堵を受けているから（同前・戦北三五五〇）、治部少輔はその間に死去したとみられる。また同十八年三月十日には、佐藤与四郎が斎藤定盛から所領五貫文を与えられているから（高崎近郷百姓由緒書・戦北三六七七）、斎藤氏家臣としての地位は与四郎に継承されたことが窺われる。　（黒田）

佐藤十弥　さとうじゅうや

生没年未詳。上野国衆和田昌繁の家臣。天正八年（一五八〇）、和田昌繁が武田氏家臣小山田昌成の指揮に従って、伊豆国泉頭城（静・沼津市）を攻撃した際（反町大膳一代働之事・新編高崎市史資料編4）、それに従軍したらしく、十二月二十四日にあげた戦功について、小山田昌成から昌繁に対し、勝頼から感状が出されることが伝えられている（群馬県立歴史博物館所蔵文書・三四七七）。同九年正月、昌繁から戦功への功賞として、知行二〇〇貫文を宛行われている（同前・三四八七）。また年未詳六月二十日付で同じく昌繁から、戦功を賞され、乗馬が負傷したため褒美として昌繁所有の馬を与えられている（同前・三八六三）。（黒田）

佐藤平三郎 さとうへいさぶろう

生没年未詳。吉田（山・富士吉田市）の富士山御師とみられるが（山4解説編二四四頁）、あるいは地侍であろうか。天正六年（一五七八）十月二十三日、小山田信茂から渡部弥六郎がかつて所持していた吉田の屋敷について、伝馬役・普請役を免除される（田辺本甲斐国志草稿・三〇四八）。同十年四月十七日、後継者とみられる佐藤清二郎が、河尻秀隆から吉田の居屋敷を安堵されている（田辺本甲斐国志草稿・山4一五二一）。（丸島）

佐藤民部少輔 さとうみんぶのしょう

生没年未詳。永禄九年（一五六六）閏八月二十三日、「下之郷起請文」を吉田信生・浅利信種に対して提出した（佐藤家文書・一〇一〇）。通常より一年早い提出であった。そのほかの事蹟は不明。（丸島）

真田源八郎 さなだげんぱちろう

生没年未詳。天正六年（一五七八）～七年頃の「真田氏給人知行地検地帳」に、本高・見出し合わせて五貫二四〇文の知行が書き上げられている（真田町誌調査報告書2）。この時期、源を関した仮名は真田嫡流家が用いたものだから、真田昌幸の近親とみられるが、詳らかにしえない。早逝した子息または弟であろうか。（丸島）

真田高勝 さなだたかかつ

生年未詳～慶長十一年（一六〇六）七月六日。真田幸綱の五男。母は河原隆正の妹。宮内助。金井氏を称した。なお、文書の署判には「幸」とみえる。武田時代の動向は不詳。真田氏の独立後は、上田に居住したようである。某年三月十七日、河原綱家に対して沼田から依頼のあった双六番を用意するよう求めた（河原家文書・信20二五三頁）。某年四月二十一日、真田信之が草津（群・草津町）に湯治に赴くと教えられ、河原綱家に謝した（同前）。某年十一月晦日、綱家に鶉（鶴か）の礼状を送った（同前・信20二五四頁）。某年三月二日、真田信之から病気見舞いの書状が出されている（真田家文書・信20二三二頁）。慶長十一年七月六日没。高野山蓮華定院で、真田信繁によって供養が営まれている（真田御一家過去帳）。死去したのが六日の夜から明け方であったためであろう、金井家の位牌には「慶長十一丙午七月七日　金井宮内介高勝」と記される。法名龍顔宗白。同十二年六月二十六日、真田信之が高勝の弔いのため、菩提寺高勝寺（長・上田市）に寺領三貫文を寄進した（龍顔寺文書・信20二五三頁）。高勝寺での法名は、高勝寺殿龍顔宗白大居士。菩提寺高勝寺は、寛文年間（一六六一～七三）に寺号を龍顔寺に改めたと伝え、同寺に五輪塔が残る。居館は同寺の西方にあったといい、現在は「宮内宮」と称する石祠が残っている。慶長十七年三月二十一日、「局」が自身の逆修（生前）を高野山蓮華定院で営んでいる（過去帳月坏信州小県分第一）。法名宗栄。同年七月六日にも、局による供養があり、法名安僧直真（同前）。十月十一日、やはり局が父の供養を営んでいる（同前、法名の記載はなし）。子孫は丸子（上田市）で帰農したという（一徳斎殿御事蹟稿・信叢15三二頁）。（丸島）

真田綱吉 さなだつなよし

生没年未詳。信濃小県郡の国衆、海野氏の被官。右馬助。真田氏の庶流だが、「右馬助」という通称は真田幸綱・矢沢頼綱の父である真田頼昌と同じであり、あるいは頼昌の嫡男とも考えられる。であるとすると、武田氏に対する貢献が幸綱よりも少なかったため、取り立てられることがなかったのであろう。永禄十年（一五六七）八月七日、信玄に忠節を誓う「下之郷起請文」を、海野衆の一員として提出した（生島足島神社文書・一一三二）。天正十年（一五八二）末に真田氏が御料所と認識していた玉泉寺分を、小菅氏の当知行地であると主張して、昌幸を納得させた「真右」は綱吉またはその子息であろう（本多夏彦氏所蔵文書・群7三〇七）。つまり真田家臣となったわけである。その後、仙石秀久に仕え、三〇〇貫文の知行地を与えられて、重臣として処遇されている（豊岡市教育委員会管理略家譜）。この右馬助は元和九年（一六二三）十一月二十八日没。法名源庵叟本禅定門（蓮華定院過去帳月坏信州小県分第一）。没年からみて、少なくとも仙石氏に仕えた右馬助は綱吉の子とみるのが妥当である。代替わりの時期は不明。（丸島）

真田信尹　さなだのぶただ
→加津野昌春　かずのまさはる

真田信綱　さなだのぶつな

天文六年（一五三七）～天正三年（一五七五）五月二十一日、三九歳（信綱寺殿御事跡稿・信叢15一〇七頁）。信濃小県郡真田郷（長・上田市）の国衆真田幸綱の嫡男で、真田氏当主。源太左衛門尉。母は河原隆正の妹。「系図纂要」は母を飯富虎昌の娘とするが、年代が合わない。「信」字は武田晴信からの偏諱であるという（滋野世紀）。正室（側室とも）は「御北様」とよばれ、北信濃の上杉方国衆高梨政頼の妹とされる（信綱寺殿御事蹟稿所引高梨系図・信叢15一〇九頁）。また井上氏の娘ともいう（同前史料所引大日方直貞書留・信叢15一〇八頁、同前史料所引堤俊詮書留・信叢15一〇九頁）。永禄五年（一五六二）六月十三日付で山家神社板扉銘に父子で記載がみえるのが初見である（山家神社所蔵・七八九）。同七年十二月十二日、岩下城（群・東吾妻町）の斎藤弥三郎を寝返らせたとされるが、確証はない（加沢記）。次いで同十年三月八日に、白井城（群・渋川市）を幸綱が攻略したことを連名で讃えられているから（越前真田家文書・一〇五六）、白井城攻略には一定の役割を果たしたのであろう。この「越前真田家文書」は信綱の家伝文書であり、同十年までに、信綱が家督相続をしたことが窺える。これにともない、岩櫃（東吾妻町）城将としての地位も引き継いだものとみてよい。次いで同十二年には、信玄から駿河での戦況を父とともに伝えられている（越前真田家文書・一四八〇）。元亀元年（一五七〇）四月十四日、武田信玄は信濃海津（長・長野市）城代春日虎綱に書状を送り、沼田（群・沼田市）へ出陣してきた上杉謙信への備えとして、真田信綱と頻繁に連絡を取り合うよう指示をしている（歴代古案・一五三九）。このように、真田家家督として顕著な活動を見せ始めた。信玄晩年の陣容を表すとされる「惣人数」では、「信州先方衆」筆頭として旗色黒四方の指物を掲げ、騎馬二〇〇騎（三〇〇騎とも）を率いたとされる。また弟昌輝の五〇騎を指揮下において、先衆（先陣）を任される立場にもあった。このように、信綱はあくまで信濃国衆の扱いであり、譜代家臣ではない点に注意する必要がある。したがって、武田氏の家政機構には組み込まれておらず、朱印状の奉者になることもなかった。天正元年九月には三河長篠（愛・新城市）に在番。防備が心許ないとして、勝頼に支援を求めている（越前真田家文書・二七三）。同年十一月二日、河原又次郎を元服させ、「綱家」の実名を与えた（河原家文書・三二七）。同二年閏十一月十一日には、真田氏の氏神である四阿別当職について、蓮花院に安堵する旨を伝えている（山家神社文書・三九七）。しかし同三年五月二十一日の長篠合戦で戦死した（宣教卿記、信長公記）。享年三九。信綱寺に葬られたという。法名は、信綱寺殿大室道也大居士（信綱寺殿御事蹟稿・信叢15一〇七頁）。ただし蓮華定院「真田御一家過去帳」では若室道屋禅定門と微妙に相違し、同十九年五月二十一日に十七回忌の法要が営まれている。遺領は昌輝の分とあわせて一万五〇〇〇貫文であったという（長国寺殿御事蹟稿・信叢15一三五頁）。なお年月日は不明だが、勝頼から川中島衆が姿を見せたので、湯本・鎌原両氏を率いて諏訪上原に参陣するよう指示を受けている（信綱寺殿御事蹟稿・三七三八）。ただし、時期的に内容が合わず、検討を要する。没後、信綱の裁許は、跡を継いだ昌幸によって安堵された。子息として真田与右衛門がいたといい、子孫は福井藩に仕えたとされる（信綱寺殿御事蹟稿所引見夢雑録・信叢15一四頁）。しかしこの系譜をみると、与右衛門の子息以降は昌輝の家系であり、結局絶家となったものか。家伝文書は、「越前真田家文書」として同じく福井藩士となった弟昌輝の家に伝わっている。信綱没後の同八年に「真田源太左衛門尉」が蓮華定院で「天開喜清大禅定門」および信綱室の供養を営んでおり（真田御一家過去帳）、施主が誰なのかも含め、今後の検討課題である。なお、昌輝の曾孫幸明が源太左衛門を称している（松平文庫諸士先祖之記惣目録）。また正室の「御北様」は北の方という意味ではなく、この女性の名前であったようである。同八年二月十日に没した（信綱寺殿御事蹟稿・信15一〇八頁）。同六〜七年頃のものと推定される「真田氏給人知行地検地帳」によると、知行地七三貫八九五文を領した（真田町誌調査報告書2）。法名は、「花翁妙永大姉」（信綱寺殿御事蹟稿）、「花翁妙永大禅定尼」（真田御一家過去帳）と伝わる。明治六年（一八七三）に繁喬院殿と追号された（真田系譜考・大日本史料10-22一五七頁）。娘は真田信幸に嫁いだ（系図纂要ほか）。元和五年（一六一九）九月二十五日死去。法名は清音院殿徳誉円寿大姉（真田御一家過去帳ほか）。（丸島）

真田信幸　さなだのぶゆき

永禄九年（一五六六）〜万治元年（一六五八）十月十七日、九三歳（大鋒院殿御事蹟稿・信叢16七九頁）。昌幸の嫡男で信繁の兄。母は山之手殿（寒松院殿）。源三郎、伊豆守。妻は真田信綱の娘（系図纂要ほか）、および徳川家臣本多忠勝の娘小松殿。天正六（一五七八）〜七年頃成立の「真田氏給人知行地検地帳」に「若殿様」とみえるのが史料上の初見となる（真田町誌調査報告書2）。ここでは本役二貫六〇〇文、見出し四三〇文の記載がある。このことからみて、「信」字は武田勝頼からの偏諱であろう。勝頼のもとに人質として出されていた（加沢記）。武田氏滅亡後の同十年夏頃、昌幸から岩櫃城代に任ぜられ、補佐として大叔父矢沢頼綱を付せられたという（同前）。発給文書の初見は、同十三年閏八月十三日、第一次上田合戦における戦勝を沼田衆へ伝えた書状であり、上野入部は事実とみてよさそうである。秀吉のもとでは、家康の与力大名となった。領国は、上野沼田領二万七〇〇〇石である（内閣文庫所蔵慶長年間大小名分限帳・信補遺下二八頁）。同十七年、秀吉の裁定により、上野の真田領三分の二は、北条氏直に引き渡されることとなり、徳川家康から替地として信濃伊那郡箕輪領を宛行われ、十一月三日に家臣に知行を宛行っている（折田家文書・信17四七頁ほか）。しかしまさにこの当日、北条家臣猪俣邦憲が真田方の名胡桃城（群・みなかみ町）を奪取（家忠日記）。信幸は事態を寄親である家康を通じて秀吉に報告し（真田家文書・信17四九頁）、結果的に小田原合戦を引き起こすことになった。同十八年の北条氏滅亡後は、沼田に再入部。八月に検地を実施している（生方満太郎氏所蔵文書・群12九八）。文禄三年（一五九四）十一月二日に従五位下伊豆守に叙せられた（真田家文書・信18六六頁）。慶長五年（一六〇〇）の関ヶ原合戦では、父昌幸・弟信繁と袂を分かち家康に従う。このため、当初から昌幸旧領の宛行を約束されていた（真田家文書・信18四三〇頁）。戦後は沼田領に加え、昌幸旧領上田領を加増された。石高は諸説あるが、「徳川実紀」元和八年（一六二二）九月二十一日条の記述から九万五〇〇〇石とみておきたい。慶長六年に信之と改名。元和八年に松代藩一〇万石に転封。のちに沼田藩三万石を分知し、松城藩一〇万石の大名として続いた。長命であったため、子息に相次いで先立たれている。明暦二年（一六五六）に九一歳で隠居した。万治元年七月十六日に出家し、一当斎と号する。同年十月十七日に死去した。享年九三（大鋒院殿御事蹟稿・信叢16七九頁）。法名は、大鋒院殿徹巌一当居士であった（蓮華定院真田御一家過去帳）。

（丸島）

真田昌輝 さなだまさてる

天文十二年（一五四三）六月か〜天正三年（一五七五）五月二十一日、三三歳（信綱寺殿御事蹟稿・信叢15一二九頁）。信濃小県郡真田郷（長・上田市）の国衆真田幸綱の次男。兵部丞。実名は「信綱寺殿御事蹟稿」（信叢15一二八頁）による。母は河原隆正の妹。武田信玄晩年の陣容を示すとされる「惣人数」では、信州先方衆として騎馬五〇騎を率いたとされ、兄信綱とは別家を立てていた。ただし、戦時には信綱の指揮下に入ったようである。天正三年五月二十一日の長篠合戦で兄とともに戦死した。法名風山良薫大禅定門。文政年間（一四六六〜六七）に嶺梅院殿という院殿号が追贈された。葬地は不詳だが、真田氏の菩提寺長谷寺と、信綱寺に信綱と連牌が置かれたという（信綱寺殿御事蹟稿・信叢15一二九頁）。高野山蓮華定院でも、供養が営まれている（真田御一家過去帳）。子孫は越前松平氏（福井藩）に仕えた（松平文庫諸士先祖之記惣目録、加沢記）。越前真田氏の家譜によると、天文十二年六月生、妻は阿江木常喜の娘という（真田一族と家臣団五七、五八頁）。兄信綱の子孫が絶えたためか、信綱の家伝文書を伝領している。なお、「系図纂要」は享年三二としており、これに従えば天文十三年生となる。

（丸島）

真田昌幸 さなだまさゆき

天文十六年（一五四七）〜慶長十六年（一六一一）六月四日、六五歳（長国寺殿御事蹟稿・信叢15一三三頁）。信濃小県郡真田郷（長・上田市）の国衆、真田幸綱の三男で、真田氏当主。母は河原隆正の妹。源五郎、喜兵衛尉、安房守。正室の山之手殿の出自は、京都出身であることは間違いないが、公家の娘とは考えにくく、その侍女という説が有力である。なお、昌幸は高野山蓮華定院に武田信玄の養女として嫁いだと説明しているが（真田御一家過去帳）、武田氏滅亡後の粉飾の可能性が高い。天文二十二年八月十日、人質として甲府に送られた「真田子」は昌幸と考えられている（甲陽日記）。「軍鑑」によると奥近習から足軽大将になったといい、永禄四年（一五六一）九月十日の第四次川中島合戦が初陣であったという（長国寺殿御事蹟稿所引滋野世紀・信叢15一五五頁）。実名の「昌」は武田信玄からの一字書出とみられる。「軍鑑」には同じ側近である三枝昌貞・曾禰昌世とともに活動が描かれることが多く、とくにこの三人は「信玄が両眼のごとく」とまで称されたという（軍鑑・大成下二七頁）。さらに武田親類衆武藤家を相続した。これにより、昌幸は外様国衆（先方衆）の子息から武田氏の譜代家臣化を遂げ、家政機関に組み込まれることとなる。「惣人数」では御旗本足軽大将衆に列し、騎馬一〇騎、足軽三〇人を率いたと記される。元亀三年（一五七二）二月四日より武藤喜兵衛尉でみえる（竜雲寺文書・一七八六）。この時、曾禰右近助と連名で竜朱印状を奉じている。竜朱印状の奉者としては、後述する沼田経略時に突出して多いことを除けば、平均年二通程度、合計二一通を奉じている。武田信玄死後の天正元年（一五七三）七月晦日、三河長篠（愛・新城市）防衛のために山県（三枝）昌貞とともに出陣している（松平奥平家古文書写・二四三）。しかし同三年五月二十一日の長篠合戦で長兄信綱・次兄昌輝が戦死したことを受け、真田に復姓して家督を嗣ぎ、兄信綱の遺領一万五〇〇〇貫文（長国寺殿御事蹟稿・信叢15三五五頁）と、岩櫃（群・東吾妻町）城将の地位を継承した。この結果、真田氏自体が国衆としての性格を喪失し、武田家譜代家臣となる。なお武藤姓での終見は、天正三年二月一日の竜朱印状である（矢島家文書・二四四八）。同年十一月十七日、四阿別当職を頼甚に安堵し（山家神社文書・二五四八）、代替わり政策に手をつける。同四年から五年にかけ、父幸綱が攻略した上野白井城（群・渋川市）に入城し、城代をつとめた（戸榛名神社文書・二五九三ほか）。真田氏の譜代家臣化により、岩櫃領における権限は向上したものとみられ、それを背景に上杉領沼田城（群・沼田市）を窺うようになる。同六年の越後御館の乱に際しては、同盟国北条氏政方についた沼田城を攻める動きを見せ、勝頼から制止されている（長野市立博物館所蔵文書・補遺四九）。沼田経略は北条氏との同盟崩壊後に本格的に進展する。同八年三月、小川城（群・みなかみ町）を調略によって攻略。城主小川可遊斎を服属させた（盛岡市中央公民館所蔵参考諸家系図・三八六ほか）。次いで五月には、猿ヶ京城（みなかみ町）を攻撃し（中沢家文書・三三八ほか）、間もなく攻略している。この前後に名胡桃城（みなかみ町）も攻略したとみられる。八月十七日、名胡桃城から書状を送り、沼田城に在城している用土新左衛門尉（藤田信吉）の調略に成功（松代古文書写・三四〇七）、まもなく同城を攻略した。これにより勝頼から沼田のある利根郡の支配を任せられ（真田家文書・三五五八）、岩櫃のある吾妻郡とあわせた二郡の軍政を担当する「北上野郡司」とよべる地位につくことになる。この間の同年五月十二日、ほかの有力城代と名を並べる形で三枚橋城（静・沼津市）普請の督促を受けた（国文学研究資料館所蔵真田家文書・補遺五六）。これにより、武田家中での地位が確固たるものとなったことが明らかとなる。翌天正九年、吾妻郡の有力者であった海野長門守・能登守兄弟を粛清（加沢記）、同郡の支配を固める。同十年正月二十二日、家臣団に新府城（山・韮崎市）普請を指示（小林清吾氏所蔵文書・三四八五）。しばしば誤解されるが、これは普請奉行のひとりとしての行動である。しかしこの時点で、すでに武田氏のおかれた状況は手遅れになっていた。同年三月の武田氏滅亡に際しては、居城岩櫃への避難を勝頼に勧めたという逸話（軍鑑・大成下一七五頁）が著名だが、真偽は不明である。この時昌幸は、沼田城番である叔父矢沢頼綱に軍勢を集めるよう指示するとともに（矢沢頼忠家文書・三六七四、七五）、北条氏邦と連絡をとろうとしていた（上田市立博物館所蔵文書・戦北三三五）。氏邦の返書は三月十二日付で、これは勝頼自刃の翌日だから、かなり早い段階で領国保全のために動き出したとみてよいだろう。以後、真田氏は再び国衆としての活動を再開する。当初北条氏と接触をもった昌幸だが、織田勢が上野に入ったことを受けて信長に服属を誓っている（長国寺殿御事蹟稿・信15三〇七頁、加沢記）。信長から上野を与えられた滝川一益は、信濃佐久・小県郡も与えられているから、真田氏の領国はすべて滝川一益の支配下におかれたことになる。昌幸は、沼田・岩櫃といった拠点を一益に引き渡したという。しかし同年六月二日の本能寺の変により、情勢は一変する。昌幸は一益を支援して北条氏直と戦う姿勢を見せる一方で、旧領を奪還。上野吾妻・利根両郡の支配を固め、信濃小県郡においても領国を拡大した。その後の「天正壬午の乱」では、上杉・北条・徳川氏の間を渡り歩き、徳川家康の従属下で上田城（上田市）を築城し、本拠を移す。しかし同十年十月に北条・徳川間で和睦が成立し、その条件として上野が北条氏に割譲されることが決まると徳川氏を離反。再度上杉氏に属して、徳川家康の軍勢を撃退した。その後上杉景勝の仲介を得て羽柴政権に従属して近世大名への道を切り開く一方、沼田城も北条氏直から守り抜いた。天正壬午の乱以来の「沼田領割譲問題」ではこの結果を評価され、秀吉の裁定で上野のうち三分の一は真田氏に残された（真田家文書・信17五二頁）。このなかには、昌幸が「真田代々ノ墓所」と主張して確保した名胡桃城を含んでいる（長国寺殿御事蹟稿所引真武内伝・信叢15三四頁）。しかし北条家臣猪俣邦憲がこの名胡桃城を攻略したことで（家忠日記）、小田原合戦へと繋がったことはあまりにも著名である。羽柴政権下では家康の与力大名となり、昌幸が信濃上田三万八〇〇〇石、嫡男信幸が上野沼田を領した（内閣文庫所蔵慶長年間大小名分限帳・信補遺下二八頁）。慶長五年の関ヶ原合戦では石田三成との親交もあって西軍に荷担。東山道を進む徳川秀忠隊の足止めに成功するが、西軍が敗北してしまったために上田城を開城し、高野山に配流となる。その後、紀伊九度山（和・九度山町）にて慶長十六年に死去した。法名は一翁干雪居士（蓮華定院真田御一家過去帳ほか）。墓所は九度山の善名称院（真田庵）および菩提寺長谷寺（上田市）に残る。内政面では、武田氏滅亡後の天正十年六月十日を初見として（山家神社文書・信15三四頁）、「道」「調銅」および印文未詳の朱印使用を開始し、武田氏同様の奉書式朱印状を採用して支配にあたった。同六～七年頃には本拠地原之郷（上田市）で貫高制を用いた検地を実施し（真田氏給人知行地検地帳・真田町誌調査報告書2）、とくに上田領においては、幕末まで貫高制が継続することになる。長女の村松殿は家老小山田茂誠に嫁ぎ、ほかに甥の真田幸政（加津野昌春の子）、滋野一族鎌原重春、武田旧臣保科正光、滝川一積（一益の孫）、妻木頼照に嫁いだ女子がいたという（長国寺殿御事蹟稿・信叢15一四五頁）。

（丸島）

真田幸綱　さなだゆきつな

永正十年（一五一三）～天正二年（一五七四）五月十九日、六二歳（一徳斎殿御事蹟稿・信叢15三一頁）。信濃小県郡真田郷（長・上田市）の国衆。真田頼昌の子で、海野棟綱の娘婿または外孫にあたる。実名は一般に幸隆として知られるが、幸綱が正しい。ただし出家して一徳斎と号した際に、一徳斎幸隆と称した可能性は残る。この実名の誤りは「寛永伝」の段階で確認され、嫡孫の信之も混同していたことになる。天文九年（一五四〇）に高野山蓮華定院において、生母「玉窓貞音大禅尼」の供養を行っているのが史料上の初見（蓮華定院過去帳月坏信州小県分第一）。この時、弾正忠幸綱を称している。正室は、河原隆正の妹とされ、五人の子息はすべてこの女性が生んだという（信綱寺殿御事蹟稿・信叢15一〇一頁ほか）。また、飯富虎昌の娘を妻としたという説もあり（系図纂要）、これが事実なら武田氏従属後に正室に迎えたのであろう。幸綱は、北信濃川中島において飯富虎昌の指揮下に属したことがあり、結びつきは強い。同十年五月、幸綱を含む海野一族は、武田信虎・村上義清・諏方頼重連合軍の攻撃を受け、海野平で敗北した。幸綱は惣領である海野棟綱とともに上野に逃れたが（神使御頭之日記）、棟綱とは別行動をとり、箕輪（群・高崎市）の長野業正を頼った（一徳斎殿御事蹟稿所引真武内伝・信叢15三一頁）。その後、武田信虎が追放されたことを受け、武田晴信に出仕。同十六年に上杉憲政と武田勢が衝突した小田井原（長・御代田町）合戦では武田方として参戦したらしい（軍鑑・大成上三五一～三五二頁）。武田被官としての確実な初見は、同十八年三月十四日、望月源三郎に知行七〇〇貫を安堵する朱印状を手渡したことである（甲陽日記）。望月氏は同じ滋野一族だから、その繋がりであろう。翌同十九年七月二日、晴信から年来の忠信を讃えられるとともに、本領復帰後は諏方形（上田市）・上条（上田市）で一〇〇〇貫文を与えるという約諾を得た（真田家文書・三二）。これは事実上本拠真田郷復帰を見越しての話と捉えてよい。同年九月二十三日、寺尾城（長・長野市）への援軍として派遣されるなど、北信濃での行動が盛んとなる（甲陽日記）。同二十年五月二十六日、晴信が苦戦した村上方の拠点・砥石城（上田市）をあっさりと攻略（同前）、真田郷復帰を果たした。砥石城攻略は「乗取」とあるから、調略によるものであろう。これにより、武田氏の北信濃における優勢を決定づけた。同二十二年八月十日、三男昌幸を甲府に人質として送り、代わりに秋和（上田市）三五〇貫文の知行を与えられた（同前）。弘治二年（一五五六）八月八日、小山田虎満とともに早急に東条尼飾城（長野市）を攻略するよう指示されている（真田家文書・五〇七）。同城攻略後の同三年七月、城代小山田虎満指揮のもと、東条尼飾城に在城（神宮文庫所蔵武田信玄古案・五九二）。北信濃川中島一帯における軍事の一翼を担った。ただし永禄三年（一五六〇）十一月十三日には、ほかの北信濃国衆同様、長尾景虎（上杉謙信）に太刀を進上している（上杉家文書・信12三六七頁）。同四年九月十日の川中島合戦では迂回奇襲部隊に参加したという（軍鑑・大成上三三五頁）。同年頃、小県郡から鳥居峠を越えた先の国衆鎌原氏が武田氏に帰属。これを受け、海野氏および禰津常安とともに番勢を派遣している（伏島家文書・七六五）。同五年六月十三日、真田氏の氏神である四阿山奥宮社殿を子息信綱と連名で修復している（山家神社所蔵板扉銘・七八九）。同六年十月十三日、海野兄弟の寝返りにより上野吾妻郡の拠点城郭岩下城（群・東吾妻町）が陥落（加沢記）。真田幸綱がこれに関与したとされるが、確証はない。同七年五月一日、倉賀野（高崎市）在番を命じられる（記録御用所本古文書・八九二）。この間に築城された岩櫃城（東吾妻町）に入城。これ以降、吾妻郡の国衆を軍事指揮下におき、勢力拡大を図る。同年十一月には、信玄に密書を送り、安中重繁が不穏な動向をみせていると報告した（徳川林政史研究所所蔵古案・九一五）。この時は「真弾」とあり、まだ法体ではないとみられる。同八年三月十三日、信濃国衆清野刑部左衛門尉が幸綱の指図によって岩櫃に移るよう命じられている（加沢記・九三二）。これが斎号一徳斎の初見であり、同七年末から八年初頭にかけて入道したものとみてよいだろう。同八年九月、大戸（東吾妻町）での合戦の開始時刻について、信玄から再考を促されている（加能越文庫所収馬場雅乗氏所蔵文書・補遺九〇）。同年十一月には、日向虎頭とともに、大戸浦野氏の調略を命じられている（富野俊一郎氏所蔵文書・九六三）。同九年三月には、軍事指揮下においている湯本氏の戦功を信玄に報告した（加沢記・九八七）。同十年三月には、「計策」によって白井城（群・渋川市）を攻略、事後処理を箕輪に在番している春日虎綱と話し合うよう指示されている（諸州古文書・一〇五四）。この時から信玄書状の宛所に嫡男信綱が併記されるようになり（越前真田家文書・一〇五六、一四八〇）、隠居したことがわかる。以後の動静は不明だが、信玄死去後に体調を崩したらしく、武田家の侍医僥倖軒宗慶の治療を受けていた。天正二年五月二十八日、武田勝頼が病状回復を喜ぶ書状を出しているが（真田家文書・二三八九）、それ以前の十九日に死去していた。法名は月峯良心庵主（蓮華定院真田御一家過去帳）。また院殿号は笑傲院殿であったという（松城通記・信叢2三六〇頁）正室の河原氏は文禄二年（一五九三）八月一日（長谷寺過去帳）または天正二十年五月二十日（長国寺墓銘）に死去（一徳斎殿御事蹟稿・信叢15三一頁）。おそらく後者は生前供養で、没年月日は前者であろう。法名は喜山理慶大姉。明治六年（一八七三）に泰運院殿と追号された（真田系譜考・大日本史料10-22一五五頁）。五人の子息のほか、娘が長坂虎房（釣閑斎光堅）の子息源五郎昌国に嫁いでいる（甲陽日記天文二十二年十月五日条）。もうひとりの娘が、武田家臣遠山右馬助（丹波守）に嫁いだとされる（一徳斎殿御事蹟稿所引滋野世紀・信叢15三四頁、浅羽本遠山系図）。また、妹を養女として禰津常安の弟信忠に嫁がせている（米山一政氏旧蔵系図写）。（丸島）

佐野安芸守　さのあきのかみ

生没年未詳。駿河国興津郷（静・静岡市）の土豪か。穴山家臣。年未詳四月三日、穴山信君は、興津において佐野安芸守が上表した切符前の田畠屋敷を矢次なる人物に重恩として与えている史料に登場するのが唯一の所見（楓軒文書纂・三八二七）。佐野安芸守は何らかの理由で知行を返上し、穴山家臣から退身したと考えられる。（平山）

佐野市右衛門 さのいちえもん

生没年未詳。駿河国の上稲子もしくは下稲子郷（静・富士宮市）の土豪か。天正三年（一五七五）九月、徳川家康が遠江国小山城を包囲、攻撃した際に奮戦した。そのため、同月二十一日付で武田勝頼より感状を与えられているのが唯一の所見（佐野氏古文書写・四二六三）。上稲子・下稲子郷には佐野一族が広く展開しており、佐野市右衛門宛勝頼感状はそのなかに含まれているが、系譜関係など詳細は不明（小和田哲男 佐野氏古文書写・地方史静岡二四）。（平山）

佐野右京亮入道 さのうきょうのすけにゅうどう

生没年未詳。駿河国の上稲子もしくは下稲子郷（静・富士宮市）の土豪か。穴山家臣。年未詳七月二十三日の穴山信君書状に登場するのが唯一の所見（佐野文書・佐野氏古文書写・三八七八）。この文書によれば、佐野左京亮入道は「市若」なる人物の知行の件で、武田氏に訴訟すべく穴山氏を通じて甲府に赴き、事情を上申し首尾よく帰国したことがわかる。「市若」は、佐野右京亮入道の子か孫に相当するとみられるが詳細不明。なお、この文書は、上稲子・下稲子郷に広く展開する佐野一族の関係文書のなかに含まれており、同所の佐野氏とみられるが系譜関係など詳細は不明（小和田哲男 佐野氏古文書写・地方史静岡二四）。（平山）

佐野右近丞 さのうこんのじょう

生没年未詳。駿河国油野郷（静・静岡市）の人物。天正五年（一五七七）閏七月十四日、御宿友綱宛武田家朱印状において、油野郷に賦課されていた富士大宮浅間神社の流鏑馬役銭を負担した人物のひとりとして登場するのが唯一の所見（判物証文写・二八四八）。（平山）

佐野鷗庵 さのおうあん

生没年未詳。甲斐武田一族穴山信君（梅雪）の家臣。薬袋（山・早川町）佐野氏の当主。鷗庵と佐野泰光は同一人物と推定されている。天正九年（一五八一）五月二十三日、穴山氏が番匠与十郎に知行を与えた際に、梅雪は鷗庵に届けた後に百姓前から直に請け取るよう指示している（石川家文書・三五五三）。これが鷗庵の初見。さらに同年八月十七日、鷗庵は佐野七郎兵衛尉とともに梅雪から、望月六郎左衛門知行の名田を無奉公により差し押さえるよう命じられている（佐野弘家文書・三五九九）。これらから、鷗庵は佐野七郎兵衛尉の父と想定され、穴山氏の代官などをつとめた家臣であったとみられる。同年十二月十一日、鷗庵は籏持清右衛門の年貢についてこれを免除し、その受給者に対しては切符で与えるよう指示するとともに、清右衛門には百姓役を申し付けることを堅く命じている（河内領古文書・三六三九）。また、同年に穴山信君が家臣とともに南松院に寄進した奉加帳にもその名がみえ、御家中衆の筆頭に位置づけられており、一両を納めている（南松院文書・三五八九）。同十年までには隠居したと推定され、同年二月十三日、梅雪は早川入の用について佐野七郎兵衛尉ひとりに行わせるが、それは鷗庵存命中は彼と同じ権限を与えると述べている（佐野弘家文書・三六五七）。同十二年までの間に死去している。現在では、鷗庵は佐野泰光と同一人物で、本能寺の変に際し、信君とともに死去した可能性が高いとされている。（平山）

佐野喜兵衛 さのきひょうえ

生没年未詳。駿河国小泉郷（静・富士宮市）の人物。天正六年（一五七八）二月二十一日、武田氏より佐野喜兵衛、中野

善三郎ら七人が協力して公用の勤仕、郷中の善悪改めを厳重に行うよう指示した朱印状に登場するのが唯一の所見（中野文書・二九三九）。（平山）

佐野九郎左衛門尉 さのくろうざえもんのじょう

生没年未詳。駿河国の人物。元亀元年（一五七〇）七月十日、武田氏が佐野善次郎に与えた知行のなかに、佐野九郎左衛門尉分として青柳（静・富士宮市）が登録されており、これが唯一の所見（佐野氏古文書写・一五六九）。武田氏に従属したかは不明。また青柳が彼の在所であるかも不明。（平山）

佐野九郎左衛門尉 さのくろうざえもんのじょう

生没年未詳。駿河国富士郡長貫（静・富士宮市）の土豪。佐野左京助の近親か。詳細不明。天正六年（一五七八）二月二十一日、武田氏より佐野左京助とともに協力して公用の勤仕、郷中の善悪改めを厳重に行うよう指示した朱印状に登場するのが唯一の所見（佐野文書・二九三五）。（平山）

佐野源右衛門尉 さのげんえもんのじょう

生没年未詳。駿河国大岩（静・富士宮市）の土豪か。天文十年（一五四一）十月四日、武田氏より駿河国湯野（同前）において三貫文分を切符で与えられているのが唯一の所見（判物証文写・一三三）。（平山）

佐野源左衛門尉 さのげんざえもんのじょう

生没年未詳。甲斐国中野（山・南部町）の人物か。穴山家臣。永禄十二年（一五六九）三月吉日、穴山重臣佐野泰光より官途状を与えられているのが唯一の所見（河内領古文書・一三八二）。（平山）

佐野源六 さのげんろく

生没年未詳。穴山家臣。永禄十二年（一五六九）十月九日、穴山信君が下山竜雲寺（山・身延町）の永悟座元に対し、興津（静・静岡市）のうち小島郷鳳栖院を与えた際に、以春軒とともに副状を発給しているのが唯一の所見。穴山氏の側近のひとりと推察されるが、どの佐野一族であるのか詳細は不明。（平山）

佐野小太郎 さのこたろう

生没年未詳。駿河国下稲子郷（静・富士宮市）の土豪。永禄十二年（一五六九）七月五日、武田氏が佐野小太郎の知行地で軍勢の乱暴狼藉を禁止する高札を発給しており、武田方に従属していたことが確認できるのが唯一の所見（判物証文写・一四三四）。（平山）

佐野左京助 さのさきょうのすけ

生没年未詳。駿河国富士郡長貫（静・富士宮市）の土豪。佐野清九郎の近親か。詳細不明。天正六年（一五七八）二月二十一日、武田氏より九郎左衛門とともに協力して公用の勤仕、郷中の善悪改めを厳重に行うよう指示した朱印状に登場するのが唯一の所見（佐野文書・二九三五）。（平山）

佐野左京亮 さのさきょうのすけ

生没年未詳。駿河国富士郡上稲子（静・富士宮市）の土豪。穴山衆か。永禄十二年（一五六九）三月七日、武田氏に今後忠節を尽くすことを申請し、新恩を与えられているのが初見（判物証文写・一三七五）。なおこの時発給された佐野左京亮宛武田家朱印状は、穴山信君が奉者をつとめているので、穴山氏を通じて武田氏に従属したと考えられる。その後、永禄十二年七月五日、武田氏が佐野左京亮の知行地で軍勢の乱暴狼藉を禁止する高札を発給しており、なおも武田方に従属していたことが確認できる（望月文書・一四三二）。元亀三年（一五七二）四月十九日、武田氏より奉公により家一間分の御普請役を免除されている（同前・一八三九）。天正三年（一五七五）九月、徳川家康が遠江国小山城を包囲、攻撃した際に奮戦した。そのため、同月二十一日付で武田勝頼より感状を与えられている（同前・二五二四）。これを最後に所見されなくなる。（平山）

佐野三郎左衛門尉 さのさぶろうざえもんのじょう

生没年未詳。駿河国富士郡下条（静・富士宮市）の土豪か。元亀三年（一五七二）四月十九日、武田氏より奉公により家一間分の御普請役を免除されているのが唯一の所見（判物証文写・一八三八）。（平山）

佐野治右衛門尉 さのじえもんのじょう

生没年未詳。甲斐国八代郡河内岩間郷（山・市川三郷町）の土豪。穴山家臣か。慶長八年（一六〇三）三月二十一日、妻の父玉山常金禅定門、母花林妙香大姉の供養を高野山に依頼しているのが唯一の所見（成慶院過去帳・武田氏研究43）。また治右衛門の父は天正八年（一五八〇）六月六日没と推定されるが、官途、受領、諱は一切不明。穴山家臣か。慶長八年（一六〇三）三月二十一日、佐野治右衛門尉が彼とその妻花林妙香大姉の供養を高野山に依頼している。法名は玉山常金禅定門（成慶院過去帳・武田氏研究43）。さらに治右衛門の妻は文禄五年（一五九六）十月二十五日没と推定され、慶長八年（一六〇三）三月二十一日、佐野治右衛門尉が彼女と夫玉山常金禅定門の供養を高野山に依頼している。法名は花林妙香大師（成慶院過去帳・武田氏研究43）。（平山）

佐野（門西）七左衛門 さの（もんざい）しちざえもん

生没年未詳。甲斐国巨摩郡河内湯之奥郷（山・身延町）の土豪。元は佐野氏だが、慶長二年（一五九七）に門西（門在とも書く）へと改姓したという（下部村誌）。慶長十一年（一六〇六）二月二十三日、自ら高野山に登り、自身と妻とみられる更栄庭花禅定尼の逆修供養を依頼しているのが唯一の所見。法名は能繁浄芸禅定門（成慶院過去帳・武田氏研究44）。（平山）

佐野七郎兵衛尉 さのしちろうひょうえのじょう

生没年未詳。甲斐武田一族穴山信君（梅雪）・勝千代の家臣。薬袋（山・早川町）佐野氏の当主。鷗庵の子。君弘の弟。与十郎・七郎兵衛尉。永禄九年（一五六六）とみられる八月二十一日、穴山信君より佐野与十郎に対し、新左衛門尉の時のごとく穴山氏に奉公することと、その見返りとして関役、陣夫役などの免除を安堵され、さらに代官奉公をも委任された（佐野家文書・三八九四）。これが初見。なお某年十一月二十四日にも、代官に任命されており、これが七郎兵衛尉の初見（佐野弘家文書・三九四三）。元亀元年（一五七〇）八月二十一日、信君より下山（山・身延町）の天輪寺御用材木の調達を命じられている（同前・二五八二）。天正三年（一五七五）四月一日、信君より大蔵郷（山・北杜市）で知行を与えられた（同前・二四七七）。同八年九月二十四日、駿河国富士大宮浅間神社宝殿の柱材の調達を命じられた（同前・三四二七）。同九年一月二十四日、早川入の材木調達の奉公を実施すると穴山氏に言上し、その見返りとして諸役免許の特権を受けている（同前・三四八六）。こうした材木調達と納入の指示を穴山氏より頻繁に命じられている（同前・三九〇〇）。同年三月十九日、梅雪より早川入の鷹巣育成と鷹の納入を厳密に行うよう指示された（同前・三五三三）。巣鷹については、年未詳六月六日、穴山氏は毎年巣鷹納入を早川入の諸村に命じていたにもかかわらず、怠慢のためこの夏はまったく巣鷹が見いだせなくなったことを咎め、棟別免許特権を破棄し、諸村より徴収するよう七郎兵衛に指示した。ただし、雨畑（早川町）は新巣を納めたので半棟別とし、奈良田（同前）は不納につき本棟別を徴収するよう命じている（佐野弘家文書・三八五七）。また同年八月十七日、佐野七郎兵衛尉は鷗庵とともに梅雪から、望月六郎左衛門知行の名田を無奉公により差し押さえるよう命じられている（同前・三五九九）。天正十年二月十三日、梅雪は早川入の用について佐野七郎兵衛尉ひとりに行わせるが、それは父鷗庵存命中は彼と同じ権限を与えると述べている（同前・三六五七）。これは鷗庵の隠居にともなう措置であろう。こうした地位は、勝千代の代も変化はなく、同十一年九月十七日には、早川入の御用すべてを梅雪時代と同様、七郎兵衛尉ひとりに申し付けると通達されている（諸州古文書4・三九八八）。また父鷗庵死去にともない、同十二年六月二十二日には鷗庵の時と同様の御用をつとめるよう穴山氏奉行佐野君弘に命じられた（佐野家文書・三九九九）。同十五年一月二十六日、七郎兵衛は梅雪以来実施されてきた薬袋の関所の継続設置申請について、勝千代より認定され、非分なく運営するよう命じられた（同前・四〇〇二）。同十八年の徳川氏の関東転封には、兄君弘がこれに従ったのに対し、七郎兵衛尉は薬袋に残り、豊臣大名支配下でも戦国期以来の地位を確保し、引き続き材木調達などを担っている。（平山）

佐野治部右衛門尉 さのじぶえもんのじょう

生没年未詳。甲斐国下部（山・身延町）の土豪。穴山家臣。天正六年（一五七八）七月二十日、風雨により破損、流失した下部の湯屋再興について、穴山信君より下部温泉の人足を動員して実施するよう命じられているのが唯一の所見（恩地文書・三〇〇二）。（平山）

佐野下野守 さのしもつけのかみ

生没年未詳。駿河国油野郷（静・静岡市）の人物。天正五年（一五七七）閏七月十四日、御宿友綱宛武田家朱印状において、油野郷に賦課されていた富士大宮浅間神社の流鏑馬役銭を負担した人物のひとりとして登場するのが唯一の所見（判物証文写・二八四八）。（平山）

佐野十右衛門 さのじゅうえもん

生没年未詳。甲斐国河内福士郷（山・南部町）の土豪。慶長二年（一五九七）十一月二十一日に、息女闌室慶芳禅定尼の供養を高野山に依頼している（成慶院過去帳・武田氏研究38）。また慶長七年七月十五日には、高野山に自ら登り、自身と妻喜雲妙歓禅定尼、義母実渓妙真禅定尼の逆修供養を依頼している（成慶院過去帳・武田氏研究43）。（平山）

佐野次郎衛門尉 さのじろうえもんのじょう

生没年未詳。甲斐国下部（山・身延町）の土豪か。穴山家臣。佐野二郎右衛門尉と同一人物とみられるが確証がない。天正七年（一五七九）と推定される三月三日、穴山氏より佐野氏が二〇ヶ年にわたって扶持してきたにもかかわらず欠落した彦右衛門が、河内谷に帰還しほかの人物に召し使われていることについて、その子一人を差し押さえ、召し使うよう指示されているのが唯一の所見（恩地文書・三一〇三）。（平山）

佐野二郎右衛門尉 さのじろうえもんのじょう

生没年未詳。甲斐国下部（山・身延町）

の土豪か。穴山家臣。佐野治部右衛門尉の近親か。永禄十二年（一五六九）閏五月十九日、穴山信君より興津城（静・静岡市）の在城料として興津・松野で五貫文を与えられたのが唯一の所見（恩地文書・一四一四）。（平山）

佐野新左衛門尉 さのしんざえもんのじょう

生没年未詳。甲斐国下山（山・身延町）の土豪か。穴山家臣か。天正九年（一五八一）二月九日、穴山梅雪が実施した下山の天輪寺（穴山信介菩提寺）領の検地に際し寺領を名請している人物として登場するのが唯一の所見。この時、新左衛門尉の名請地のうち八〇〇文は「公事免」なので、彼が陣夫役を負担していたことがわかる（南松院文書・三四九四）。（平山）

佐野新四郎 さのしんしろう

生没年未詳。駿河国の武士。その出身地などは不明であるが、富士郡の人物と推定される。天正三年（一五七五）九月、徳川家康が遠江国小山城を包囲、攻撃した際に奮戦した。そのため、同月二十一日付で武田勝頼より感状を与えられているのが唯一の所見（望月文書・二五三三）。（平山）

佐野（門西）新蔵 さの（もんざい）しんぞう

生没年未詳。甲斐国巨摩郡河内湯之奥郷（山・身延町）の土豪。もとは佐野氏だが、慶長二年（一五九七）に門西（門在とも書く）へと改姓したという（下部村誌）。慶長十二年（一六〇七）五月二十六日、自ら高野山に登り、自身の逆修供養を依頼しているのが唯一の所見。法名は明叟白鑑禅定門（成慶院過去帳・武田氏研究47）。（平山）

佐野新八 さのしんぱち

生没年未詳。甲斐国巨摩郡南部（山・南部町）の土豪か。穴山家臣。年未詳四月八日、穴山信君は重臣佐野泰光に長陣にともなう荷物輸送のために馬の準備を指示しているが、その実務を担う人物として登場するのが唯一の所見（楓軒文書纂・三六三二）。この文書において、佐野新八は佐野宗意軒とともに登場するので、南部の佐野宗意軒の近親と推定されるが詳細不明。（平山）

佐野新八 さのしんぱち

生没年未詳。駿河国富士郡厚原郷（静・富士市）の土豪。元亀二年（一五七一）十二月二十七日、穴山信君は厚原郷内の開作申請を承認したが、もし不作であれば別人にそれを委ねるよう佐野新八組一三人中に指示しているのが初見（楓軒文書纂・一七六六）。また天正八年（一五八〇）閏三月二十四日、穴山信君が穂坂君吉に佐野新八居屋敷の代わりとして箱原（山・富士川町）で米俵を与えているが（久遠寺文書・三三二一）、ここに登場する佐野新八が厚原の人物と同一人物であるかどうかは不明。（平山）

佐野助左衛門尉 さのすけざえもんのじょう

生没年未詳。甲斐武田一族穴山信友の家臣。大崩郷（山・身延町）の土豪。佐野孫衛門の子か。弘治三年（一五五七）二月十二日、信友より山作棟梁の実績を認められ棟別免許の特権を与えられた。そして山造たちを統括し板の納入を円滑に行うよう指示されているのが唯一の所見（佐野家文書・五三九）。そのほかの事蹟は不明。（平山）

佐野清九郎 さのせいくろう

生没年未詳。駿河国富士郡長貫（静・富士宮市）の土豪。佐野左京助の近親か、詳細不明。元亀四年（一五七三）十月十九日、武田氏より信玄時代に認められた

家一〇間分の諸役免許を安堵されているのが唯一の所見（判物証文写・三二九四）。 （平山）

佐野善次郎 さのぜんじろう

生没年未詳。駿河国富士郡上稲子（静・富士宮市）の土豪。元亀元年（一五七〇）七月十日、武田氏より稲子の屋敷をはじめ富士郡において合計五五貫文を安堵されているのが初見（佐野氏古文書集・一五六九）。その後、天正元年（一五七三）十月十九日、武田氏より信玄時代に認められた家一〇間分の諸役免許を安堵されている（佐野文書・二一九五）。 （平山）

佐野宗威軒 さのそういけん

生没年未詳。穴山家臣。甲斐国河内南部宿（山・南部町）の土豪。南部佐野氏の当主。元は和泉守盛重と称したといわれるが確認できない（佐野兼子家所蔵佐野系図）。宗意軒とも書く。永禄四年（一五六一）閏三月十二日に妻「昌渓妙繁大姉」の菩提を高野山に依頼したのが初見（成慶院過去帳・武田氏研究34）。同九年とみられる九月二十三日、宗威軒は穴山信君より、南部宿で伝馬役をつとめない者を追放するよう命じられている（朝夷家文書・一〇二五）。このことから、宗威軒が南部宿の統括を行っていた人物であることがわかる。南部宿は駿州往還の要所。その後、同十二年八月十六日、駿河侵攻を目前にした武田氏が南部宿に禁制を与えているが、その宛所は宗威軒であった（同前・一四四七、ただしこの文書は疑問も残る）。元亀二年（一五七一）二月には南部成島の開発地を穴山氏菩提寺円蔵院に寄進している（円蔵院文書・一六八八）。天正四年（一五七六）四月には松岳院領の境界確定を実施し（南松院文書・二六二八）、同九年には南松院奉加帳に名を連ねている（同前・三五九〇）。さらに同年八月二十日、南部宿の伝馬負担者が退出してしまった事態を受け、穴山梅雪より人返しを命じられている（朝夷家文書・三六〇三）。また年未詳四月八日の穴山信君証文写によると、宗威軒は佐野新八、意軒とともに馬の調達に携わっている（楓軒文書纂40・三八三二）。佐野新八は息子、意軒は一族であろう。天正十年四月十九日、梅雪より穴山氏に奉公する者を除く南部宿住人を伝馬衆と定めるよう命じられている（朝夷家文書・三九七三）。これを最後に所見されなくなる。その後の事蹟は不明。宗威軒の妻女は、生没年不明ながら、永禄四年（一五六一）閏三月十二日に、宗威軒が妻「昌渓妙繁大姉」の菩提を高野山に依頼しているのが唯一の所見（成慶院過去帳・武田氏研究34）。 （平山）

佐野惣左衛門尉 さのそうざえもんのじょう

生没年未詳。駿河国富士郡上稲子（静・富士宮市）の土豪。宗左衛門尉とも書く。元富士大宮浅間神社に拠る国衆富士氏の同心とみられる。永禄十一年（一五六八）十二月七日、武田氏と今川氏との関係が緊迫の度合いを増してきた情勢下、穴山信君より惣左衛門尉らが武田軍の侵攻が始まり次第、ただちに味方するよう要請されているのが初見（佐野文書・一三三七）。同十二年二月二十四日、大宮城を出て武田氏に帰属したことを賞され、一一五貫二七八文の知行を安堵されている（佐野家古文書集・一三七一）。元亀三年（一五七二）四月十九日、武田氏より惣左衛門尉の知行地に増分があり、訴人が出ても許容しないと安堵されている（同前・一八四二）。また同年九月十九日、知行地上稲子郷の棟別、御普請役を長く免許され、その代わりに今川時代のように鹿皮一〇枚を毎年上納するよう指示された（同前・一九五四）。

天正四年（一五七六）五月九日、武田氏より信玄時代に安堵された知行地を安堵され、同日にはそのうえで知行地上稲子郷の棟別、御普請役も、信玄時代のように免許され、その代わりに今川時代のように鹿皮七枚を毎年上納するよう指示されている（同前・二六四四）。そして同三年九月、徳川家康が遠江国小山城を包囲、攻撃した際に籠城し奮戦している。そのため、同月二十一日付で武田勝頼より感状を与えられている（同前・四二六三）。その後所見されなくなるが、武田氏滅亡後は徳川氏に仕え、関東転封の際にはこれに従い、上稲子郷を去った（小和田哲男 佐野氏古文書集・地方史静岡二四）。（平山）

佐野君胤 さのただたね

生没年未詳。駿河国富士郡上稲子（静・富士宮市）の土豪。穴山家臣。善六郎。天正元年（一五七三）十二月二十三日、穴山信君より偏諱を受けているのが唯一の所見（佐野家古文書集・三四五）。（平山）

佐野君弘 さのただひろ

生年未詳～文禄五年（一五九六）二月十七日。甲斐武田一族穴山（武田）信君（梅雪）・勝千代・武田万千代の家臣。薬袋（山・早川町）佐野氏の一族。佐野泰光（鷗庵）の子。兵左衛門尉。永禄五年（一五六二）四月、穴山信君が望月藤左衛門尉に川除に要する材木などの供出を命じた朱印状の奉者として登場するのが初見。元亀二年（一五七一）四月二十六日、信君より筏乗の扶持を台所領のなかから渡すように指示されている（楓軒文書纂40・一六九九）。年未詳九月十日、信君より北条領国への飛脚派遣のため、山中（静・三島市）の関所通過のための手形を武田家臣八田村新左衛門尉を通じて北条氏より貰い受けるよう指示されている（同前・三九〇三）。また年未詳九月十八日、駿河衆とみられる小長井彦九郎を下山に呼び寄せるための手続きを信君に命じられている（同前・三九〇八）。梅雪死後は勝千代を補佐した。天正十二年（一五八四）六月には、弟佐野七郎兵衛尉に早川代官の地位を安堵している。同十三年十二月二十四日には、徳川家康から亡父鷗庵の所領を安堵され（佐野家文書・四二三三）、同十七年十二月七日には、徳川氏奉行伊奈忠次より甲斐国西郡筋中野郷で知行を与えられた（楓軒文書纂40）。同十二年三月五日、穂坂君吉・芦沢君次らとともに十谷の又右衛門らに対し、西島などで合計四貫九〇〇文の地を、また同日八日市場の百姓中に対し同地の増分二貫一〇〇文を、それぞれ梅雪の遺命により高野山に寄進するので、年貢を福昌院に渡すよう指示している（歴代古案・三九六六、九七）。同年六月二十二日、佐野七郎兵衛尉に対し、早川入の用は梅雪以来の判形と父鷗庵時代の権限を引き続き認めるとの手形を発給している（佐野弘家文書・山県史資4一〇五六）。同十五年一月二十六日、穴山梅雪以来実施されてきた薬袋の関所の継続設置申請について、勝千代より認定され、佐野七郎兵衛に非分なく運営するよう指示せよと命じられた（佐野家文書・四〇〇二）。年未詳三月九日、穴山勝千代の命を奉じ、水野平太夫・横山喜四郎に対し駿河国内房郷（静・富士市）の人足を動員して、川除普請を実施するよう指示しており、この命令は諸役免許特権をもつ寺社領にも適用されるものだと明記されている（水野家文書・四〇〇六）。年未詳十二月八日、徳川家臣成瀬正一・日下部定吉らに対し、穴山家中の力者五人への切符給与の手形を発給してくれるよう依頼している（甲州古文書2・四〇〇九）。また、甲斐国河内領の年貢米を売却して換金し、これを家康側近加々爪甚十郎政尚に納めている（楓軒文書纂40・茨城県史料中世編Ⅱ三五頁）。このように君弘は、勘定方などを中心とした穴山氏奉行人衆の一員でありながらも、穴山梅雪死後は家康の指揮下で、それを統括する重要な地位にいたものと考えられる。その後、勝千代早世後、穴山武田氏を相続した武田万千代の重臣となり、関東移封にともなって甲斐を去ったと考えられる。法名は芳岳正春禅定門。そのほかの事蹟は不明。（平山）

佐野藤六 さのとうろく

生没年未詳。甲斐国巨摩郡薬袋（山・早川町）の土豪。穴山家臣。天文五年（一五三六）九月吉日、穴山信友より名字状を与えられているのが唯一の所見（佐野文書・八二）。薬袋佐野泰光らとの系譜関係については不明。（平山）

佐野友重 さのともしげ

生没年未詳。甲斐武田一族穴山信君の家臣。福士（山・南部町）佐野氏の当主。日向守。佐野将監友光の子とされる。永禄十二年（一五六九）十月五日、穴山信君より官途状を与えられ、日向守と称したのが初見（佐野兼子家文書・一四七〇）。また、某年三月二十九日、信君より福士代官に任じられ、南部茶などの管理や納入を指示されている（同前・三八二三）。その後、年未詳九月二十一日、穴山氏の指揮下に入っていた駿河国の土豪で富士氏の同心衆とみられる岩間・興津・後藤氏らが出陣に際して遅参したため、信君はこれに怒り、佐野友重に命じて、彼らの所領を差し押さえ、年貢・作毛を奉行を派遣して早々に取り上げるように指示した。これは厳しい命令で、信君は友重に、彼らを二度と富士氏などの家中に召し返すことを許さず、その妻子もともに郷村より追放するよう命じている（佐野兼子家文書・三九〇九）。また、天正九年（一五八一）とみられる九月二十六日、興津郷や小河内郷（静・静岡市）で検地や不参陣衆改めを実施しており（佐野文書・三九一三）、穴山氏の奉行衆に地位にあったと考えられる。その後の事蹟については、現在不明。（平山）

佐野友光 さのともみつ

生没年未詳。甲斐武田一族穴山信友・信君の家臣。福士（山・南部町）佐野氏の当主。将監、筑後守。佐野友重の父。天文三年（一五三四）一月吉日、穴山信友より将監の官途を与えられたのが初見（佐野兼子家文書・七二）。年未詳五月十七日、甲府へ参上し、さらに長陣を続ける武田信玄のもとへ贈答品を送ったことから、信玄より礼状を受けている（佐野兼子家文書・六三二）。この時、筑後守を称しているので、永禄元年（一五五八）までには穴山氏より受領を受けたのであろう。その後、某年十月八日、穴山信君が身延山久遠寺の御会式にあたって、諸塔頭より大坊へ納める最花について差配する奉行のひとりとして登場する（久遠寺文書・三九二五）。その後の事蹟は不明。なお永禄十三年、駿河侵攻で抜群の戦功を成し遂げたのは大神の御神徳によるものと考え、禰宜内記に社殿の造宮寄附と金八分を奉納している光子沢（山・身延町）住人佐野将監友光は別人であろう（古文書雑集三・一六三八）。（平山）

佐野内膳 さのないぜん

生没年未詳。甲斐国河内井出村（山・南部町）の土豪。穴山家臣。佐野下野守の一族か。武田時代での活動は史料がなく詳細不明。天正十六年（一五八八）二月二十一日に高野山に逆修供養を依頼している。法名覚叟瑞円信士（成慶院過去帳・

武田氏研究38）。また、慶長五年（一六〇〇）四月十五日には自ら高野山に登山し、亡父学豊常詮庵主、生母玉龐正金大姉の供養を依頼している（成慶院過去帳・武田氏研究43）。井出佐野氏は、穴山衆の関東移封には従わず、井出村に残った（国志）。なお、内膳の妻は、天正十四年十二月二十九日に死去しており、同十六年二月二十一日に、内膳が高野山に供養を依頼している。法名花林妙春禅定尼（成慶院過去帳・武田氏研究38）。（平山）

佐野縫殿右衛門尉 さのぬいえもんのじょう

生没年未詳。甲斐国武田一族穴山信友・信君（梅雪）の家臣。湯之奥郷（山・身延町）の土豪。湯之奥佐野氏の当主。佐野文三、佐野文右衛門尉の父か。天文十二年（一五四三）七月五日、穴山信友より竹藪を繁茂させ、印判状で所望した場合はただちに納入するよう指示されているのが初見（門西家文書・一六七）。その後、弘治二年（一五五六）十一月十五日、信友より山作奉公の見返りとして山作五間の普請役そのほかを免許された（同前・五三）。さらに、年未詳三月二十九日、縫殿右衛門尉は穴山信友より一万枚の葺板の納入を指示され、そのために佐野山、椿草里山などで材木を伐採するよう命じられている（同前・七二六）。このように縫殿右衛門尉は、山作の頭領しての性格をもっていたのであろう。また年未詳十月八日の帯金虎達書状によれば、縫殿右衛門は大岱山（身延町）の請負を望んだため、虎達は年貢納入を条件にこれを許可している（同前・一三）。なおこのことに関して、天文十三年三月二十九日、某氏が大垈山の争論を解決すべく、帯金虎達、同美作守らに金銭を贈った記録があり、これは縫殿右衛門尉であったと推定されている（同前・一七六）。その後、永禄三年（一五六〇）十一月三日、穴山信君は縫殿右衛門尉が保有する犬三疋について、ほかの者の違乱を厳禁している（同前・六七四）。これは縫殿右衛門尉が猟犬を飼育し、猟を行っていたことを保護する政策であったこと、また彼の保持する犬は甲斐犬であった可能性が指摘されている（穴山氏の「犬の安堵」について・勝俣鎮夫『中世社会の基層をさぐる』山川出版社、二〇一一年、初出は二〇〇一年）。その後、史料に登場しなくなるので、事蹟は現在不明。なお湯之奥郷佐野氏は、慶長二年（一五九七）より門西氏と改姓したという（下部村誌）。（平山）

佐野八郎左衛門尉 さのはちろうざえもんのじょう

生没年未詳。駿河国の土豪。永禄十二年（一五六九）七月五日、武田氏が佐野八郎左衛門尉の知行地で軍勢の乱暴狼藉を禁止する高札を発給しており、武田方に従属していたことが確認できる（佐野六蔵家文書・一四三五）。その後、元亀元年（一五七〇）七月十日、佐野孫兵衛尉に対し武田氏が知行を与えた所領のなかに、佐野八郎左衛門尉分として大窪下沢渡（静・富士市か）がみえる（佐野家蔵文書・一五六八）。

佐野彦右衛門尉 さのひこえもんのじょう

生没年未詳。本拠地などは一切不明。年未詳四月八日、穴山信君は重臣佐野泰光に長陣にともなう荷物輸送のために馬の準備を指示しているが、その実務を担う人物として登場するのが唯一の所見（楓軒文書纂・三八三一）。（平山）

佐野文右衛門尉 さのぶんえもんのじょう

生没年未詳。甲斐国下部（山・身延町）の土豪。穴山家臣。天正六年（一五七八）十月七日、穴山信君より具足内容について指示されているのが初見（恩地文書・三〇三九）。その後、同八年一月二十六日、穴山信君より私宅一間の棟別諸役を免除されている（門西文書・三三三九）。佐野文三と同一人物か。（平山）

佐野文三 さのぶんぞう

生没年未詳。甲斐国下部（山・身延町）の土豪。穴山家臣。弘治三年（一五五七）十二月二十九日、穴山信友より文三の親が軍役を無奉公したため恩地を召し上げられたことについて、穴山重臣帯金氏を通じて詫び言を行い、その返還を実現した。その際に信友より恩地返却の見返りによくよく奉公するよう命じられているのが初見（門西文書・五八五）。その後、永禄十年（一五六七）五月晦日、穴山信君より直属の在郷衆と認定され、居屋敷と新屋それぞれ一間ずつの棟別諸役を免除されている（恩地文書・一〇八二）。その後所見されなくなり、佐野文右衛門尉が登場するので、時期的にみて両者は同一人物か。（平山）

佐野孫衛門 さのまごえもん

生没年未詳。甲斐国大崩（山・身延町）の土豪。穴山家臣帯金氏の家来か。天文二十三年（一五五四）五月吉日、穴山重臣帯金虎達より丸滝で恩地を安堵され、奉公を命じられているのが唯一の所見（佐野重家文書・四〇二）。（平山）

佐野孫右衛門尉 さのまごえもんのじょう

生没年未詳。甲斐武田一族穴山信君の家臣。大崩郷（山・身延町）の土豪。佐野助左衛門尉の子か。天正八年（一五八〇）十月十二日、信君より弘治三年（一五五七）二月十二日付の穴山信友判形所持により、棟別、機役、普請役免許の特権を与えられ、山造の奉公をするよう指示されているのが唯一の所見（佐野家文書・三四〇）。そのほかの事跡は不明。（平山）

佐野孫三郎 さのまごさぶろう

生没年未詳。甲斐武田一族穴山信君の家臣。大崩郷（山・身延町）の土豪。佐野助左衛門尉の子か。天正八年（一五八〇）一月二十六日、信君より河内谷中の私宅一間分の棟別諸役免許の特権を与えられ、山造の奉公をするよう指示されているのが唯一の所見（佐野家文書・三三四〇）。そのほかの事跡は不明。（平山）

佐野孫四郎 さのまごしろう

生没年未詳。駿河国の土豪と推察されるが詳細不明。永禄十二年（一五六九）七月五日、武田氏が佐野孫衛門の知行地で軍勢の乱暴狼藉を禁止する高札を発給しており、この時期武田方に従属していたことが確認できるのが唯一の所見（佐野家蔵文書・一四三六）。（平山）

佐野孫右兵衛尉 さのまごひょうえのじょう

生没年未詳。駿河国富士郡の土豪。孫兵衛尉とも。元亀元年（一五七〇）七月十日、武田氏より富士郡内で九〇貫一〇〇文の知行を安堵されているのが初見（佐野家蔵文書・一五六八）。その後、天正三年（一五七五）九月二十日、武田氏より彼の屋敷に対する竹納入について、公用を除き免除されている（同前・二五三二）。また徳川家康が遠江国小山城を包囲、攻撃した際に籠城し奮戦している。そのため、同月二十一日付で武田勝頼より感状を与えられている（同前・二五三五、この文書では孫右兵衛尉と記されている）。同七年八月二十二日、武田氏より大竹一〇〇本を進上するよう命じられている（同前・三一五六）。（平山）

佐野弥右衛門 さのやえもん

生没年未詳。駿河国富士郡の土豪。穴山家臣。元亀四年（一五七三）七月二十四日、穴山信君より望月善三郎の旧領松野

郷（静・富士市）と内房郷（静・富士宮市）において穂坂君吉の同心給を与えられ、同人の同心に編入されているのが初見（楓軒文書纂・二四二）。天正四年（一五七六）十一月二十三日、小笠原信興家臣との間で、彼の屋敷地の竹木に関し、その伐採をめぐり紛争が起こったため、信興よりその排除を認定されている（諏訪部文書・二七四六）。　（平山）

佐野弥左衛門尉　さのやざえもんのじょう

生没年未詳。駿河国富士郡内房郷（静・富士宮市）の土豪。穴山家臣。穴山家臣佐野越前守泰光の甥。元亀元年（一五七〇）七月十日、武田氏が佐野善次郎に与えた知行のなかに、佐野弥右衛門尉分として水沼（富士宮市沼久保の小字）がみえる（佐野氏古文書集・一五六九）。ただしこの時期の彼の去就は不明。天正六年（一五七八）十月十日、内房郷は検地が実施され、その結果に基づき穴山家臣横山友次・長谷川吉広により年貢納入を指示されている（佐野六蔵家文書）。また同七年七月十日、武田氏は富士大宮浅間神社の鎰是内記に祭祀料を安堵し、神楽などの再興を行っているが、その負担者のひとりとしてみえる（浅間社旧鎰取鎖是氏文書・三三八）。同十年二月、武田領国侵攻を開始した徳川家康に対し、穴山梅雪が江尻城開城を伝える書状を送るために、穂坂君吉を通じてそれを託され、路地封鎖の困難を克服して役目を果たしたという（佐野六蔵家文書・四〇〇五）。　（平山）

佐野泰光　さのやすみつ

生没年未詳。穴山家臣。甲斐国河内薬袋郷（山・早川町）を本拠とする薬袋佐野氏の当主。主税助・新左衛門尉・越前守。佐野鷗庵の子、佐野君弘の弟と推定される。また佐野弥左衛門の叔父であるという（佐野六蔵家文書・四〇〇五）。永禄四年（一五六一）閏三月十二日に妻とともに高野山に逆修供養を依頼しているのが初見（成慶院過去帳・武田氏研究34）。またこの記録から、泰光は通常、下山に居住していたことが確認できる。同七年三月に息女の菩提を弔っている（武田御日坏帳、山県史資6下）。同六年閏十二月六日、遠州忩劇の勃発を知った武田信玄より書状を受け、駿河今川氏の情勢を報告するよう指示され、また反今川方の遠江国衆と連絡をつけるよう命じられた（佐野家蔵文書・八五三）。その後、年未詳八月二十一日の穴山信君証文によると、穴山氏の薬袋についての一切を委任され、その見返りとして関役、陣夫役などを免除されている（佐野家文書・三八九四）。この時は新左衛門尉の官途を称していた。永禄十一年十二月二十八日、武田氏が駿河衆とみられる車屋惣右衛門尉の所領に対する安堵状を発給した際に、佐野越前守の知行地であることが安堵の背景にあったと記されている（楓軒文書纂40・一二四七）。なおこの文書が、越前守の受領名の初見である。同十二年三月吉日、佐野源左衛門尉に官途状を与えている（河内領古文書・一三八二）。元亀元年（一五七〇）十二月晦日、穴山重臣万沢遠江守が代官をつとめていた内房郷（静・富士市）について、遠江守が戦死したため、若年だった万沢君泰が成人するまでその職務を引き継ぐよう信君に命じられている（諸家文書纂9・一六三六）。同二年十一月二十日には、高野山成慶院に逆修供養を依頼した（武田御日坏帳・山県史6下一三一六）。同三年九月十一日、駿河衆加瀬沢助九郎、尾沼雅楽助に対し知行書立を塩津友重と連署で行っている（加瀬沢文書ほか・一九四八、四九）。佐野泰光は、武田氏との交渉を担当していたらしく、武田氏よりの指示や穴山氏よりの申し立ては、佐野泰光を経由して行われていた。それは天正五年（一五七七）七月十六日、甲斐国岩間宿（山・市川三郷町）で伝馬役徴発が頻繁であったため、宿住人が窮乏を武田氏に訴えたところ、その軽減が認められた武田氏朱印状に奉者として登場することや（折井忠義氏所蔵文書・二八二九）、同年九月四日、穴山領の信濃埴原郷（長・松本市）に俵物運送や普請役が頻繁に賦課されたことに対し、武田一門衆武田信綱、信豊と同じように諸役免許の朱印状発給実現に向け交渉するよう命じられていること（楓軒文書纂40・二八六二）、駿河国興津城の仕置きについて、穴山氏の意見を武田氏に上申するために、武田氏重臣長坂光堅と交渉する役目を担っていたこと（富永家文書・三八六七）などから窺われる。某年十月八日、穴山信君が身延山久遠寺の御会式にあたって、諸塔頭より大坊へ納める最花について差配する奉行のひとりとしても登場する（久遠寺文書・三九二五）。このように、佐野泰光は、穴山氏の奉行人衆として活躍し、穴山衆への副状や知行書立などを発給した。それは軍事物資の調達や（楓軒文書纂40・三三〇五）、駿河国富士川渡船の管理（矢入家文書・三三六〇）、甲府在府の人質の生活全般に関する支援（楓軒文書纂40・三八三九）夫馬の徴発（同前・三八三二）などを広範囲におよんでおり、穴山氏の軍事・経済などの運営に密接に関わる地位にあったとみられる。同八年閏三月十四日を終見に（同前・三三〇五）、史料がみられなくなり、代わって同九年二月から佐野鷗庵が登場するので、泰光と鷗庵は同一人物とする説が有力。法名「功岳宗忠禅定門」。そのほかの事蹟は不明。（平山）

佐野弥八郎 さのやはちろう

生没年未詳。駿河国富士郡の土豪。元亀四年（一五七三）三月四日、今後在郷のまま軍役をつとめると申請し、武田信豊より知行を与えられている（判物証文写・〇二五）。おそらく武田信豊の同心となったのであろう。天正三年（一五七五）二月一日、軍役奉公を武田氏に申請し、知行を与えられている（同前・二四四九）。（平山）

佐野与三右衛門尉 さのよさうえもんのじょう

生没年未詳。駿河国富士郡の土豪。与三左衛門尉と記す史料もある。永禄十二年（一五六九）二月二十四日、武田氏が佐野惣左衛門尉に与えた知行のなかに、佐野与三右衛門尉分として淀師青柳（静・富士宮市）がみえる（佐野氏古文書集・三七二）。この佐野与三左衛門尉分の淀師青柳は、天正四年（一五七六）五月九日にも佐野惣左衛門尉に安堵されている（佐野氏古文書集・二六四三）。ただし永禄十二年段階での彼の去就は不明。元亀四年（一五七三）十一月二十七日、武田氏より富士郡のうち新屋三間の御普請役を免許されている（判物証文写・二三三四）。（平山）

佐野山孫六郎 さのやままごろくろう

生没年未詳。信濃国の人物か、詳細不明。天正三年（一五七五）二月五日、武田氏より鉄炮の奉公が認められ、甲斐国巨摩郡八幡村（山・甲斐市）で加恩され、安永砦、八幡城（不明）を望月三蔵とともに鉄炮衆を引率して守備するよう命じられているのが唯一の所見（大草家文書・二四五二）。（平山）

三郎右衛門 さぶろうえもん

生没年未詳。甲斐国河内領の山造頭。甲駿国境の徳間郷（山・南部町徳間）に在住していた山造衆頭。天文九年（一五四〇）六月九日付の徳間山造ら宛の穴山信友朱印状によれば、駿河諸役所においての諸商売の荷物役を沙汰しているので、関銭・材木役などの諸役は免除すると指令されており（甲州信州武州文書・八八）、国境を越えた材木奉公に従事している。同時期と思われる八月十七日付の三郎右衛門宛の同人印判状によれば、福士（南部町福士）・徳間の山造衆の普請役ほかを免除するので、材木の奉公をつとめるようにと命ぜられている（同前・七七）。天正三年（一五七五）四月一日には、穴山信君より信友時代の特権を安堵されており、山造りの奉公に励むよう命ぜられている（同前・二四七八）。さらに同十二年十二月三日には、穴山勝千代より前代までの判形の内容を安堵され、山造りの奉公をつとめるよう指令されている（同前・山4二二四〇）。（柴辻）

三郎衛門　さぶろうえもん

生没年未詳。信濃国筑摩郡小芹・大久保・花見（長・安曇野市）の土豪。塔原海野氏の被官とみられる。天正九年（一五八一）の「伊勢内宮道者御祓くばり帳」において、「こせり・大くほ・けみの分」の人物として記載され、茶二袋を配られたと記されているのが唯一の所見（堀内健吉氏所蔵・三六四四）。（平山）

三郎左衛門　さぶろうざえもん

生没年未詳。信濃国筑摩郡高（長・麻績村）の土豪。名字、諱は不明。麻績氏の被官とみられる。天正九年（一五八一）の「伊勢内宮道者御祓くばり帳」において、「いほり・たかの分」の人物として「高の三郎左衛門」と記載され、茶五袋を配られたと記されているのが唯一の所見（堀内健吉氏所蔵・三六四四）。（平山）

佐目田菅七郎　さめだかんしちろう

生没年未詳。天正六年（一五七八）に結ばれた甲越同盟に際し、勝頼妹菊姫が上杉景勝に嫁ぐことが誓約された。この約束は翌年九月に実施され、菊姫が越後に輿入れしている。九月二十六日、勘定奉行跡部勝忠と市川元松は、長井昌秀に対し「越国居住衆」つまり菊姫の付家臣の名簿を書き送った。そのなかに名がみえる（上杉家文書・三一七三）。同八年と推定される四月二十三日、勝頼は帰国してきた佐目田菅七郎に、上杉景勝への書状を託している（伊佐早謙氏所蔵文書・三七〇二）。なお、同年四月二十五日に、菊姫への奉公を理由として、諸役を免許された佐目田右兵衛は同一人物か（山梨県立図書館所蔵臆乗鈔・三三三三）。（丸島）

左利次郎左衛門尉　さりじろうさえもん

のじょう

生没年未詳。信濃国諏訪郡（長・諏訪市）在住の細工職人か。天正四年（一五七六）五月二十一日付の内記勝長宛の武田家朱印状によれば、左利氏ほか池上蓮法・佐野惣右衛門尉・宗善三郎右衛門尉ら七人に対して、郷次の普請役を免除し、その代償として「鉄砲玉調法之奉公」をつとめるよう厳命されている（諏訪家文書・二六五五）。（柴辻）

猿屋石見守　さるやいわみのかみ

生没年未詳。川口（山・富士河口湖町）の富士山御師。当初の苗字を申谷といったが、寛永年間（一六二二～四四）に養子が入った際に、三浦と改め、代々外記を称したという（三浦氏所蔵履歴・山4解説編二六四頁）。年未詳十一月十四日、富士山登山の荷物通過の過所として出された「縄満」朱印状が伝わっている（三浦家文書・二二八）。発給者の人物比定は難しいが、朱印の大きさと音通から、岩手縄美であろうか。跡部縄満の可能性も残るが、朱印が大きすぎる点が問題として残る。天正二年（一五七四）四月十二日、小山田信茂から格別に「懇意」にされているとして、諸役を免許された（諸州古文書・三八二）。同六年正月七日に同様の理由で、信茂から川口宿の伝馬役をはじめ、郡中の諸役を免除されている「川口猿屋」は石見守またはその子息であろう（三浦家文書・二九二三）。武田氏滅亡後の同十年四月十九日、河尻秀隆から、屋敷地・買得地および富士参詣の道者について安堵を受けた（三浦家文書・山4一六〇七）。（丸島）

猿屋宝性 さるやほうしょう

生没年未詳。川口（山・富士河口湖町）の富士山御師で、近世には宮下讃岐を称した（山4解説編二六一頁）。永禄四年（一五六一）十月四日、信濃国衆仁科盛政から、もう年の瀬も押し迫っているので、勧進は来年行うことの了解を得た（柏木本甲斐国志草稿・七五六）。同五年九月二十八日、仁科盛政から五貫文の寄進を受けている（柏木本甲斐国志草稿・七九九）。したがって、信濃安曇郡に檀那場を有していたことが明らかとなる。年未詳七月五日、続家から戦乱が落着し進退が落ち着いたら、甲一刎を奉納し、さらに翌年六月に神馬を奉納するので、祈禱に励んでもらいたいと求められた（諸州古文書・山4一五八二）。（丸島）

沢吉長 さわよしなが

生没年未詳。左衛門尉。某年十一月九日、幸福右馬助虎勝に対し、掃部が甲府へ下向すると聞いた、もし掃部と同道するようであれば、その際の世話は任せてほしいと書き送っている（幸福大夫文書・三七）。（丸島）

猿渡満繁 さわたりみつしげ

生没年未詳。上野国衆和田氏の家臣か。通称は宇左衛門尉。永禄十年（一五六七）八月七日付「下之郷起請文」において、和田業政・富所業久とともに連署起請文を出し、三番目に署判しているのが唯一の所見（生島足島神社文書・一一五九）。（黒田）

沢渡盛則 さわどもりのり

生未詳～元亀元年（一五七〇）一月か。信濃国安曇郡沢渡郷（長・白馬村）の国衆。仁科氏家臣。兵部助。沢渡氏は仁科一族。「小倉藩沢渡系図」に登場する沢渡兵部介盛賢と同一人物とみられる。妻は古厩氏の女。永禄十年（一五六七）八月七日、仁科親類・被官衆が武田氏に忠節を誓った下之郷起請文に登場するのが唯一の所見（生島足島神社文書・一二三〇）。「小倉藩沢渡系図」によると、駿河国花沢城攻防戦で戦死したという。武田氏滅亡後、小笠原貞慶に仕えた沢渡九八郎盛忠は、盛則の子である。（平山）

三右衛門 さんえもん

生没年未詳。信濃国筑摩郡小立野（長・生坂村）の土豪。日岐氏の被官とみられる。天正九年（一五八一）の「伊勢内宮道者御祓くばり帳」において、「をたつの分」の人物として記載され、茶二袋を配られたと記されているのが唯一の所見（堀内健吉氏所蔵・三六四四）。（平山）

三衛門 さんえもん

生没年未詳。信濃国筑摩郡会田（長・松本市）の土豪。会田岩下氏の被官とみられる。天正九年（一五八一）の「伊勢内宮道者御祓くばり帳」において、「あいたいりの分」の人物として「かな井の三衛門」と記載され、茶三袋を配られたと記されているのが唯一の所見（堀内健吉氏所蔵・三六四四）。（平山）

し

椎名源右衛門尉 しいなげんえもんのじょう

生没年未詳。武田遺臣。甲斐府中近習小路に居住していた。天正三年（一五七五）

五月二十一日の長篠合戦で、主君が討ち死にしたため、同十九年に高野山で供養を営んでいる（成慶院甲州月牌帳二印・武田氏研究42六三頁）。法名は、即伝道頓禅定門と付している。（丸島）

塩入守直 しおいりもりなお

生没年未詳。日向守。佐久郡の国衆蘆田依田氏の家臣か。天正九年（一五八一）二月十三日、高野山蓮華定院に書状を送り、「正印」つまり主君が一昨年より駿河に在城しており、前年春にせっかく下向してもらったのに見参できなかったことを謝している（蓮華定院文書・三四九九）。この城は田中城（静・藤枝市）と思われ、「正印」は依田信蕃であろう。「依田記」は信蕃の田中在城を同八年のこととするが、本書状を見る限り、七年の誤りの可能性が高い。「守」は蘆田信守からの偏諱であろうか。（丸島）

塩川原三郎左衛門 しおかわらさぶろうざえもん

生没年未詳。信濃国安曇郡塩川原（長・安曇野市）の土豪。仁科氏の被官とみられる。天正九年（一五八一）の「伊勢内宮道者御祓くばり帳」において、「にしなの分」の人物として記載され、熨斗三〇本、茶五袋を配られたと記されているのが唯一の所見（堀内健吉氏所蔵・三六四四）。（平山）

塩川原宗左衛門 しおかわらそうざえもん

生没年未詳。信濃国安曇郡塩川原（長・安曇野市）の土豪。仁科氏の被官とみられる。天正九年（一五八一）の「伊勢内宮道者御祓くばり帳」において、「にしなの分」の人物として記載され、熨斗五〇本、茶一〇袋、帯を配られたと記されているのが唯一の所見（堀内健吉氏所蔵・三六四四）。なお宗左衛門は、仁科地域における伊勢御師の宿であったという（平山）

塩田右京進 しおだうきょうのしん

生年未詳～明応三年（一四九四）三月二十六日。武田氏の内向では油川信恵に味方したようである。しかし明応三年の合戦で信恵方は大敗し（勝山）、右京進も討ち死にした。法名は、純阿弥陀仏（一蓮寺過去帳・山6四一八頁）。（丸島）

塩田真興 しおだしんこう

↓以心軒真興 いしんけんしんこう

塩田信秀 しおだのぶひで

生没年未詳。宮内大輔。永正十五年（一五一八）三月二十八日、曾祖父が向嶽庵に寄進した井尻茶畑（山・甲州市、山梨市）の年貢五〇〇文が不知行になっていたのを、寄進し直している（向嶽寺文書・四七）。（丸島）

塩津治部右衛門 しおづじぶえもん

生没年未詳。甲斐国武田一族穴山信君（梅雪）の家臣。塩津友重、塩津助兵衛の近親か。系譜関係は一切不明。天正五年（一五七七）九月四日、穴山信君は重臣佐野泰光に対し、穴山領の信濃埴原郷（長・松本市）に俵物運送や普請役が頻繁に賦課されている現状を憂慮し、武田一門衆武田信綱、信豊と同じように諸役免許の朱印状発給実現に向け交渉するよう命じているが、この時泰光に信君書状の副状（現存せず）を記したことが判明するのが唯一の所見（楓軒文書纂40・二八六二）。そのほかの事蹟は不明。（平山）

塩津助兵衛 しおづすけひょうえ

生没年未詳。甲斐国武田一族穴山信君（梅雪）の家臣。塩津友重、塩津治部右衛門の近親か。系譜関係は一切不明。永禄八年十二月晦日、穴山信君より官途状を与えられたのが初見（稲葉家文書・九七三）。その後、同十年三月十六日、信君より鷹打惣左衛門尉の恩地を与えられている（同前・一〇六一）。その後の事蹟は不明。

塩津友重 しおづともしげ

生没年未詳。甲斐国武田一族穴山信君（梅雪）の家臣。与兵衛尉。元亀三年（一五七二）九月十一日、佐野泰光とともに駿河国衆加瀬沢助九郎と小沼雅楽助に対して、それぞれ穴山信君が与えた知行地の貫高と定納分を調査し、確定させた知行書立に連署したのが唯一の所見（加瀬沢家文書・一九四八、判物証文写・一九四九）。このことから塩津友重は穴山氏の奉行衆であったことがわかる。その後、史料に登場しないので、事蹟は現在不明。（平山）

しか田 しかだ

生没年未詳。信濃国筑摩郡光郷（長・安曇野市）の土豪。塔原海野氏もしくは光海野氏の被官か。天正九年（一五八一）の「伊勢内宮道者御祓くばり帳」において、「ひかるの分」の人物として記載され、茶二袋を配られたと記されているのが唯一の所見（堀内健吉氏所蔵・三六四）。（平山）

慈眼寺尊長 じげんじそんちょう

生没年未詳。甲斐・慈眼寺実相院住職。同寺は八代郡末木村（山・笛吹市一宮町）にある新義真言宗で醍醐寺報恩院末寺。永禄十一年（一五六八）三月の信濃・長沼（長・長野市）宛の武田信玄判物によれば、慈眼寺ほかの同宗派の寺院に対して、越後出馬につき祈念を命じている（慈眼寺文書・一三四五）。次いで元亀二年（一五七一）十一月にも、同寺での祈願読経をさせ、家臣らに祈禱奉行を割り付けている（同前・一七五七）。天正十年（一五八二）三月の武田勝頼自害後には、四月十五日付の高野山引導院（持明院）宛に書状と遺品目録を添えて勝頼寿像画ほかの遺品を送り届けている（同前・三七四三～四五）。（柴辻）

自山得吾 じざんとくご

永享十年（一四三八）～大永二年（一五二二）。曹洞宗僧。甲斐・広厳院三世住職。甲斐国萬沢郷（山・南部町）の下山氏の子（広厳大通禅師譫語集）。身延山で得度の後、比叡山で具足戒を受け、のちに禅に転じた。広厳院（山・笛吹市一宮町）の雲岫に謁し、一華文英に師事する。文英の跡を嗣ぎ広厳院住職を長期間つとめる。門人らが寺内に顕彰碑を立てる。文亀元年（一五〇一）十月十六日付の武田信縄判物で住僧らの国内関所の通交を認められる（広厳院文書・九）。永正十四年（一五一七）三月には武田信虎の禁制（同前・四四）を拝領している（日本洞上聯灯録）。（柴辻）

鎮目家次 しずめいえつぐ

生没年未詳。七郎右衛門尉。天文十三年（一五四四）三月二日の大蔵経寺（山・笛吹市）堂宇建立棟札銘に子息泉千世丸とともに名がみえる（大蔵経寺所蔵・四一四〇）。檀那は大間宗是という人物だが、武田晴信に加え、甘利虎泰・向山虎継・板垣信方といった重臣に続いて名が記されている。また子息にも「御」が付されており、大間氏よりも上に立つ、同地の有力者であったとみてよいだろう。あるいは大間氏が代官で、鎮目氏が地頭であろうか。（丸島）

鎮目左衛門尉 しずめさえもんのじょう

生没年未詳。鎮目郷（山・笛吹市）の土豪とみられる。天正三年（一五七五）または同四年に、武田勝頼・甘利信恒・山県昌景らとともに同地の鎮目寺に棟札を奉納した（甲陽随筆・三四七〇）。鎮目一族の「理転禅定門」「隠居入道高善清」の名もみられる。そのほかの事蹟は不明。（丸島）

七右衛門 しちえもん

生没年未詳。信濃国筑摩郡会田（長・松本市）の土豪。会田岩下氏の被官とみられる。天正九年（一五八一）の「伊勢内宮道者御祓くばり帳」において、「あいた分」の人物として記載され、茶二袋を配られたと記されているのが唯一の所見（堀内健吉氏所蔵・三六四四）。（平山）

尻高三河守 しったかみかわのかみ

生没年未詳。上野国沼田（群・沼田市）衆で沼田領尻高（群・高山村）城主。初め仮名弥次郎、次いで官途名左馬助を称したか。尻高氏は沼田領の国衆沼田氏の親類で重臣。本家は左馬助を称していたが（関東幕注文・群二二三）、弥次郎は庶家にあたったか。永禄六年（一五六三）四月、弥次郎は信玄から、親討死の忠節を賞され、先忠を忘れず今後の忠節を求められているから、それ以前に、父とともに武田氏に従っていたとみられる（歴代古案・八一九）。同七年二月、信玄から尻高城を攻略したならば尻高氏一跡を与えることを認められている（同前・八六七）。武田氏に従って本家の左馬助に対し離叛し、尻高城攻略をすすめていたことがわかる。しかし同八年二月の時点で、同城は上杉方として存在しているから、攻略はなっていない（山宮寅二氏所蔵文書・九二九）。その後しばらくについて、尻高氏の動向は不明である。弥次郎による尻高城攻略がなっていなかったとすれば、本家の左馬助が依然として上杉方として存在し、弥次郎は武田氏に扶持されたことになろう。また同城攻略がなっていたとすれば、弥次郎はその後は上杉方に属したことになる。天正六年（一五七八）の越後御館の乱後、沼田領が北条方となると、尻高氏も北条氏に属したらしい。同七年十二月、北条氏から離叛して武田氏に従属した河田重親に対し、武田氏が沼田城攻略後に宛行を約束したうちに尻高左馬助分があげられている（伊佐早謙採集文書・三二二九）。少なくとも北条方として左馬助の存在が確認される。これが弥次郎と同一人物であれば、弥次郎はそれより以前に尻高城の攻略を遂げ、本家の名跡を継承していたことになる。その後、同八年十月十二日、武田氏から三河守の受領名を与えられている（歴代古案・三四三七）。弥次郎の後身にあたるとみて間違いない。この時期、武田氏は沼田領攻略をすすめていたから、三河守がどのような経緯であれ、尻高氏の当主として武田氏に帰属する存在となっていたことがわかる。三河守についてはこれが終見となり、武田氏滅亡後の同十一年正月、その子とみられる源次郎が、北条氏に帰属している（同前・戦北二四八八）。そこでは本領として尻高があげられているから、三河守が尻高城を領有していたことは確実とみられる。（黒田）

実了師慶 じつりょうしけい

生年未詳～天正十年（一五八二）三月か。長延寺住持。「惣人数」には御伽衆とあるが、武田氏の外交僧として活動した人物である。浄土真宗本願寺派の僧侶であるため、主に本願寺との外交で活躍した。「実」の字は得度に際し、本願寺九世実如から与えられたものであろう。実如は大永五年（一五二五）に死去するから、得度はそれ以前となる。山内上杉憲政の一族と伝えられる（国志）。娘は武田信玄の次男龍芳に嫁ぎ、顕了道快を産んだという（市立米沢図書館所蔵源姓武田氏系図）。また、信玄六男信清に嫁いだともいう（同前、上杉年譜所収外戚略譜）。「国志」は信玄の妹または娘を妻としたとする説を載せる。北条氏政は実了師慶について「信玄親類」とよんでいるから

（歴代古案・戦北二六五）、武田氏と姻戚関係にあったのは事実とみられる。弟に足軽大将本郷八郎左衛門尉がいる。天文八年（一五三九）六月三日に上洛し、父の死去を本願寺証如に伝えた（天文日記）。同年八月二十日には、証如の食事（斎、つまり精進料理）に相伴している（同前）。なお実了師慶の滞在中の費用は、本願寺が出したらしい（同前天文十六年四月十八日条）。同十六年に相模を離れ、甲斐に招かれたとされる。同年中に、京から下向してきた三条西実枝を招いて和歌会が開かれている（甲信紀行の歌・山6下八八三、八四頁）。某年五月二十日、武田晴信が本願寺顕如に対し、先年実了師慶が帰国した際に、太刀を送られたことを謝している（馬越恭一氏所蔵文書・六三二）。某年八月五日、晴信から、一向に病気が治らない荻原彦二郎にしっかり養生するよう伝えてほしいという書状を送られている（大野聖二氏所蔵文書・六三八）。永禄五年（一五六二）七月五日、本願寺坊官下間頼充が北条幻庵に書状を送り、越中からの上杉領侵攻に関する談合を、阿佐布善福寺（東・港区）住持と実了師慶が行ったと伝えた（箱根神社文書・戦北四五三六）。同七年六月十七日、美濃の長井不甘に対する信玄書状の副状を出している（長井家文書・九〇二）。同十一年の越中動乱において活躍。四月には本願寺顕如の依頼を受け、越中の上田石見守のもとに派遣された（埴生八幡宮文書・二五七）。同年七月、越中国衆神保氏と椎名氏の和睦を受け、本願寺派寺院の勝興寺（富・高岡市）に越後侵攻の取りまとめを依頼する書状に副状を出した（勝興寺旧蔵文書・二三四）。同年七月十六日には、越中国衆椎名氏康胤の上杉氏離反を受け、康胤側の拠点金山城に五日以内に使者として派遣されることが定められた（勝興寺文書・二三九）。同年八月二十九日には、実了師慶が越中に在国しているので、世話をしてほしいという書状が上田石見守に出されている（埴生八幡宮文書・二三一〇）。元亀元年（一五七〇）六月五日には、越中に派遣したはずの実了師慶が、江北に留まっていることを訝る書状が信玄から織田家臣武井夕庵に向けて出されている（徳川美術館所蔵文書・一五五〇）。同年十二月十五日、本願寺顕如から信玄に送られた書状には、長延寺から報告があると記された（龍谷大学所蔵顕如上人御書札案留・四〇四一）。信長と本願寺の和睦交渉を、信玄が仲介していた件とみられる。同三年正月十四日にも、本願寺顕如から信長の軍事行動の詳細と、上杉謙信の越中侵攻の件について長延寺と竜雲斎から報告させるという書状が、信玄に送られている（龍谷大学所蔵顕如上人御書札案留・四〇四五～四七）。五月には一転して相模へ派遣される。前年末に復活した北条氏政との同盟を固めるためであった（岩瀬文庫所蔵古文状・一八八〇）。同年秋には、越中へ出陣中の上杉謙信のもとへ使者として送られ、越中衆への攻勢を抑えるよう働きかけている（上杉家文書・上越一一三九）。七月にも越中に滞在し、椎名康胤への外交工作を行っていた（村田四郎氏所蔵文書・一九三三）。滞在は九月末以降も確認され、富山城（富・富山市）の普請を進めるよう、本願寺の杉浦壱岐法橋とともに指示を受けている（尊経閣文庫所蔵文書・一九五七）。同年十月の信玄「西上作戦」に参陣したらしい。天正元年二月二十五日、美濃安養寺（岐・郡上市）に戦況を報じている（安養寺文書・二〇三四）。七月十四日、北条氏政から書状を送られ、越中において加賀一向一揆と上杉謙信の対立を扇動した旨を謝せられるとともに、勝頼の家督相続を祝われている（秋山吉次郎氏所蔵文書・四〇七四）。八月には大和国衆岡修理亮からの書状を勝頼に取り次ぎ、十日に勝頼が返書を出している（真田宝物館所蔵文書・二五一三）。同三年三月七日には、越前の本願寺派寺院を団結させ、織田信長に与さないよう工作せよと命じられている（京都大学所蔵古文書纂・二六〇七）。同五年二月（遺文は七月とする）には、信濃の本願寺派寺院勝善寺順西が、本願寺の坊官下間頼廉に対し、長延寺と八重森家昌が本願寺顕如の意向を勝頼に報告していると申し送った（勝善寺文書・二七七三）。同年閏七月十二日、某寺門前の境目訴訟を取り次ぎ、末木新左衛門尉の林ということに落着させている（一蓮寺旧蔵文書・二八四七）。同年前後とみられる十月十日には、北信濃本願寺派寺院からの兵糧米支援に対する謝辞を伝えるよう下間頼龍に指示されている（勝善寺文書・信14二二七頁）。謙信の代に引き続き、上杉景勝への使僧もつとめ、某年九月十二日には、西山土佐守とともに越後へ派遣された（細野家文書・三〇三三）。同七年十二月十三日には、景勝と勝頼妹菊姫の祝言に際し、進物を贈られ、礼状を出している（覚上公御代御書集・三〇五七）。同年七月二十八日には、相模の本願寺派寺院長徳寺に書状を出し、籠城している本願寺顕如を支援するよう要請した（長徳寺文書・三二四五）。某年八月九日、能登の本誓寺（石・輪島市）に礼状を送った（本誓寺文書・三八八六）。天正七年には飛驒方面との外交も担当。同年十一月十六日、飛驒における知行改めを受け取るようにとの指示を勝頼から受けた（諸州古文書・三一九四）。同年十一月二十八日には飛驒口における軍事行動について、仁科信盛と相談するよう指示されている（本誓寺文書・三三九九）。同八年九月二十三日、本願寺教如から石山合戦の終結を告げられ、甲斐・信濃門徒中によく言って聞かせるよう求められた（石山退城一件・四三四五）。同九年十月には上杉景勝のもとへ派遣され、越中出陣について協議している（山崎甚三郎氏所蔵文書・上越二二九三）。全般的に、本願寺および越中一向一揆との外交を中心に担当していたといえる。武田氏滅亡時の動静は不明瞭だが、古府中で自害したという説と（甲乱記、国志所引本朝三国志）、武田竜芳の子顕了道快を保護した（寺記）という説がある。なお、長延寺の寺領は甲斐岩崎村（山・甲州市）にあったと信濃犬飼村（長・松本市）にあったという（国志）。同十年十二月に、岩崎郷長延寺分四二貫文が家康によって辻弥兵衛に宛行われている（譜牒余録後編・家康文書上四三九頁）。（丸島）

篠沢雅□　しのざわまさ

生没年未詳。新九郎。実名の下の字は欠損で読めない。実名からみて、望月氏の被官であろう。永禄十年（一五六七）八月七日、武田氏に忠節を誓う「下之郷起請文」を、連名で金丸（土屋）昌続に提出した（生島足島神社文書・一一三四）。篠沢氏は、篠沢勘兵衛が信豊のおぼへの衆となっており（惣人数）、望月氏に仕えた者と、望月信頼・信永の実家の信豊に仕えた者がいたのであろう。（丸島）

篠原尾張守　しのはらおわりのかみ

生没年未詳。駿河国富士郡大鹿（静・富士宮市）の土豪。甲斐国巨摩郡篠原荘（山・甲斐市）の出身とされる。天正四年（一五七六）十一月十一日の武田家代官衆連署証文写（判物証文写・二七四二）で、小笠原信興の転封による家臣団の屋敷地造成にともない、武田氏から青柳（富士宮市）分の替地を与えられた。同五年閏七月十四日の武田家朱印状写（同前・二八四八）では、御宿友綱の知行地油野郷（富士宮市）において、富士大宮の流鏑馬神事に計四〇〇文を負担している。武田氏滅亡後は、大鹿村に在住した（駿河志料）。（鈴木）

篠原与一右衛門尉　しのはらよいちえもんのじょう

生没年未詳。駿河国富士郡下稲子（静・富士宮市）の土豪。篠原尾張守の一族か。元亀三年（一五七二）四月十九日の武田家朱印状写（判物証文写・一八三七）で、奉公の代償として家一間分の普請役を免許された。奉者は市川宮内助昌房。天正元年（一五七三）十一月二十七日の武田家朱印状写（同前・二二三五）でも、富士郡において新屋一間の普請役を免許されている。奉者は土屋右衛門尉昌続。武田氏滅亡後は、下稲子村に在住した。（鈴木）

篠原吉忠　しのはらよしただ

生没年未詳。讃岐守。武田氏が任じた信濃国諏訪大社の奉行人。弘治三年（一五五七）十二月十四日、極楽寺（長・諏訪市）に奉納した棟札に「大檀那篠原讃岐守吉忠」とみえるのが初見（極楽寺文書・四七〇）。永禄三年（一五六〇）に河西源左衛門尉とともに、諏訪上社造宮料を信濃国中から集めるよう命じた朱印状を奉じている（矢島家文書・六八四）。同九年三月の諏訪社頭役を河西源左衛門尉とともに務めている（土橋家文書・九八八）。小川郷（長・諏訪市）を地頭として領有している。同地は諏訪大社上社末社藤島社の造営神田であったが、毎年のように水害にあっており、造宮が断絶していた。しかし吉忠は自身の立願のために造立を行うと信玄に言上し、賞されている（諏訪大社文書・一〇三三）。同十年八月七日、下之郷起請文を諏訪五〇騎の一員として提出した（諏訪家旧蔵文書・一二七八）。同十一年二月十七日、諏訪社神殿に頭人および役者以外の出入りを禁ずるよう通達された（諏訪家旧蔵文書・二二四二）。天正元年（一五七三）三月・四月の諏訪大社頭役を河西源左衛門尉とともに務めた（土橋家文書・二二四五）。某年六月晦日、諏訪上社造営および高島城普請に関する定書を、他の高島在城衆とともに通達された（如法院文書・三七五九）。同四年二月九日、河西虎満とともに、諏訪大社上社の神役を怠りなく務めるよう命じられている（諏訪忠弘氏旧蔵文書・二五八二）。以後の動静は不明。（丸島）

四宮輝明　しのみやてるあき

生没年未詳。駿河衆。四宮氏は駿河国有度郡を拠点に今川家臣としてあり、年未詳正月二十五日付今川氏親書状（駿河伊達家文書・戦今三三三）では、伊達蔵人とともに某城で在番をつとめた四宮図書助がいる。その後、弘治三年（一五五七）になると駿河国駿府浅間社（静・静岡市）の社人村岡左衛門尉（彦九郎）と中河内の社領屋敷をめぐり争った後継の図書助がみられ、九月一日付今川義元朱印状（村岡大夫文書・戦今一三五三）で、その社領屋敷の非法所持が斥けられている。この図書助が、永禄三年（一五六〇）十一月十七日付署判写（古文書花押・戦今一六〇九）より、実名が輝明であることがわかる。実名の「輝」は、今川氏輝よりの偏諱であろう。今川氏滅亡後は、武田氏へ属し、元亀元年（一五七〇）六月二十二日付け駿河国臨済寺（静岡市）へ宛てられた武田家朱印状（奉者は市川昌房・青沼忠重）では、戸坂大福寺（静岡市）の寺産を与えられている（臨済寺文書・一五五七）。（柴）

四宮与六　しのみやよろく

生没年未詳。駿河衆。今川家臣であった四宮輝明の一族か。永禄五年（一五六二）

十月十一日付村岡左衛門尉宛今川氏真朱印状（村岡大夫文書・戦今一八七〇）では、村岡左衛門尉の堪忍分の負担先として、親族と推察される四宮与一郎の存在が確認できる。与六は、天正二年（一五七四）四月二十八日、武田信堯より駿河国内谷（静・藤枝市）内の五〇貫文を宛行われたのが初見である（矢島家文書・三八四）。このことより、信堯の同心衆としてあったかと推察される。翌三年二月一日には、武田家朱印状（奉者は武藤〈真田〉昌幸）により駿河国浅服（静・静岡市）ほか二ヶ所、計三〇貫文を宛行われた（同前・二四八）。その後の事蹟は不明。（柴）

渋江右近丞 しぶえうこんのじょう

生没年未詳。富士山河口浅間神社（山・富士河口湖町）所属の御師。天文十一年（一五四二）三月、武田晴信は河口道者坊の安堵状を与え（渋江家文書・一三八）、同十四年十二月二十五日には、河口浅間神社の土屋神主が、蔵銭を滞納して欠落した後の田地・屋敷を宛行われ、蔵銭の納入を命じられている（同前・一九七）。天正八年（一五八〇）二月、小山田信茂は、渋江善四郎に瘤馬場（山・富士河口湖町）での小屋一間分の町役銭を赦免している（同前・三四八）。（柴辻）

渋田見長盛 しぶたみながもり

生没年未詳。信濃国安曇郡渋田見（長・池田町）の国衆。渋田見城主。仁科氏家臣。伊勢守。ただし長盛については、諱や受領ともに「小倉藩渋田見系図」にしか所見がなく事実関係は不明。同書によると、渋田見氏は仁科道外の弟伊勢守長盛が渋田見に居住したことに始まるという。また長盛は、若くして出家し仁科氏の菩提寺長生寺に入ったが還俗し、渋田見を与えられたという経緯から、長生寺ともよばれていたとされる（小倉藩渋田見系図）。天文二十三年（一五五四）十二月十四日、仁科盛政より丹生子、大町における役所務を与えられており、その宛所として「長生寺」とみえている（栗原文書・四三）。時期的にみて、長生寺は渋田見長盛を指すと推定されている。また、弘治二年（一五五六）二月九日の仁科神明宮棟札に、仁科盛康らとともに奉行人として「長生寺」として登場する（仁科神明宮所蔵・信12一〇七）。その後、同年九月の若一王子神社社殿造宮棟札に、仁科盛康、仁科盛冬とともに登場する「渋田見長生寺盛近」こそ、「小倉藩渋田見系図」が指摘する長盛に相当する人物ではなかろうか（一志茂樹『美術史上より見たる仁科氏文化の研究』）。その後の事蹟は不明。（平山）

渋田見政長 しぶたみまさなが

生没年未詳。信濃国安曇郡渋田見（長・池田町）の国衆。渋田見城主。仁科氏家臣。源介。渋田見氏は仁科道外の弟伊勢守長盛が渋田見に居住したことに始まるといい、若くして出家し仁科氏の菩提寺長生寺に入ったが還俗し、渋田見を与えられたという経緯から、長生寺ともよばれていたとされる（小倉藩渋田見系図）。渋田見政長は、永禄十年（一五六七）八月七日、仁科親類・被官衆が武田氏に忠節を誓った下之郷起請文に登場する（生島足島神社文書・一一三〇）。天正四年（一五七六）二月九日、仁科盛信とともに仁科神明宮の造宮を実施する本願として登場する「本願長生寺」は政長を指す可能性が高い（仁科神明宮所蔵・新編信濃史料叢書7一八五頁）。（平山）

渋田見盛種 しぶたみもりたね

生没年未詳。信濃国安曇郡渋田見（長・池田町）の国衆。渋田見城主。仁科氏家臣。渋田見長盛の子か。天正八年（一五

八〇）八月十一日には、盛信より天正六年の御館の乱に際し武田氏が奪取した、越後国頸城郡根知城への在城を指示されている（等々力文書・三四〇〇）。また同九年二月二十一日、仁科盛信が某（擦り消しのため不明）弥三郎に対し、以前より渋田見盛種が知行していた狐島（長・安曇野市）などを与えている（丸山家文書・三五〇五）。（平山）

渋田見主水 しぶたみもんど

生没年未詳。信濃国安曇郡渋田見（長・池田町）の国衆。渋田見城主。仁科氏家臣。渋田見盛種の子か。天正九年（一五八一）の「伊勢内宮道者御祓くばり帳」において、「にしなの分」の人物として記載され、熨斗五〇本、上の茶一〇袋を配られたと記されている（堀内健吉氏所蔵・三六四四）。（平山）

島津貞忠 しまづさだただ

生没年未詳。尾張守。信濃国水内郡赤沼（長・長野市）の国衆。後世の家譜では実名を忠吉とするが（上杉年譜24三三頁）、文禄三年（一五九四）時点の上杉家中の知行高を記したとされる「文禄三年定納員数目録」では、島津泰忠（常陸入道）の父を「尾張守貞忠」としている（上杉氏分限帳四八頁）。薩摩島津氏の祖・忠久が承久三年（一二二一）に信濃国太田庄（長野市）の地頭職に補任され、その次男忠綱の曾孫・忠秀が赤沼郷地頭職となり子孫に相伝された。戦国期に北信濃を領国化した武田氏に従属し、永禄六年（一五六三）八月十五日の武田家朱印状（島津家文書・八三三）で、長沼の地下人を集めて同地に居住するよう命じられた。その後間もなく没したと思われる。（鈴木）

島津孫五郎 しまづまごろう

生年未詳～正保三年（一六四六）十一月二十二日。（上杉年譜24三三頁）。北信濃の国衆。左京亮・孫右衛門。島津泰忠の甥で養子。後世の家譜では実名を忠隠とする（同前）。天正八年（一五八〇）正月の武田勝頼官途状写（武田古案・三二四二）で、養父泰忠と同じく左京亮の官途名を与えられた。同十年三月に武田氏が滅亡した後は上杉氏に仕え、同族の島津義忠（忠直の子）と同じ官途名（左京亮）を避けて、孫右衛門に改称。文禄三年（一五九四）には海津（長・長野市）城代・須田満親の同心として一五〇石を知行している（文禄三年定納員数目録・上杉氏分限帳三六頁）。慶長三年（一五九八）の会津（福島・会津若松市）転封後は関東へ退隠した養父と別れて梁川（福島・伊達市）に在城した（上杉年譜24三三頁）。子孫は米沢藩士として存続した（同前）。（鈴木）

島津泰忠 しまづやすただ

生没年未詳。孫五郎・左京亮（進）・常陸介・常陸入道。北信濃の国衆。島津尾張守貞忠の子（文禄三年定納員数目録・上杉氏分限帳四八頁）。後世の家譜では実名を忠泰とする（上杉年譜24三三頁）。永禄十一年（一五六八）十一月二日の武田信玄判物（島津家文書・一三二六）で、夏川（長・飯綱町）・西尾（長・長野市）・普光寺・堀廻の本領五六八貫文を安堵され、新地として長沼（長野市）・蓮（長・飯山市）・夏川・村山（長野市）・今富で七〇七貫文を宛行われた。この時は孫五郎を称していたが、元亀元年（一五七〇）七月の武田信玄官途書出（同前・一五七六）で、左京亮の官途名を与えられた。天正六年（一五七八）七月二十七日の島津泰忠証文（同前・三〇〇四）では、島津領内の本領一六八貫文と高梨領内の新恩地七〇七貫文の上司（高辻）と定納の内容を、今井新左衛門尉信衡・武藤三河守に申告。この時「島津左京亮泰忠」と署名している。

これを受けて、同年八月二十三日の武田家奉行人連署証文（同前・三〇二五）では、今井・武藤から同五年分の定納一二〇貫四〇〇文に対応した軍役として、騎乗・武装した泰忠本人と、持小旗・鉄炮・弓・持鑓・三間の長柄鑓を持った歩兵の計二〇人が参陣するよう定められている。同七年と推定される十二月の武田勝頼官途状写（武田古案・三三三六）で、常陸介を称することを認められ、同八年三月の武田家官途状（島津家文書・三三九六）で、正式に常陸介の受領名を与えられた。左京亮の官途名は、同年正月の武田勝頼官途状写（武田古案・三三四二）で養子の孫五郎に継承されている。同九年の「伊勢内宮道者御祓くばり帳」（堀内健吉氏所蔵・三六四四）で「島津左京進殿」とあり、長沼に在城していたことが判明する。また、天正年間（一五七三～九二）に作成された神長官知行書上（守矢家文書・三二二二）では「三貫文　石ワたの役銭　島津殿」とあることから、諏訪社の祭礼費用も負担していたようである。同十年三月に武田氏が滅亡した後は越後の上杉氏に仕えた。一時越後に入っていたが、本能寺の変後の六月二十日、直江兼続より信濃還住を指示される（別本歴代古案・信15二四六頁）。なおほぼ同文で六月十六日付の写が「歴代古案」に収められており（信16六六頁）、いずれかが誤写であろう。七月十三日、本領を安堵された（徳富文書・信15三〇四頁）。この安堵状は島津忠直宛のものと同日付であり（上杉年譜・信15三〇三頁）、忠直は北信濃の検使をつとめているから（上杉家記・信16一六三頁）、その指揮下に属していたのだろう。「文禄三年定納員数目録」には、長沼城代島津忠直同心筆頭として島津常陸入道の記載がある。知行高は五三七石四斗、軍役数は三二人（上杉氏分限帳四八頁）。慶長三年（一五九八）、上杉氏の会津（福島・会津若松市）転封の際に関東へ退隠し、その後梅田（福島・福島市）に移住。元和年間（一六一五～二四）に直江兼続の仲介で上杉氏に帰参し、米沢（山形・米沢市）で五〇〇石を与えられた後、信夫（福島市）で没したとされる（上杉年譜24三五三頁）。ただし、ここでいう「直江兼続の仲介」というのは、明らかに本能寺の変後の書状を指している。元和年間に兼続は重光に改名しているから、帰参経緯は再考の余地があるだろう。

（鈴木・丸島）

志村勘十郎　しむらかんじゅうろう

生没年未詳。甲斐国八代郡河内岩間庄中山（山・市川三郷町）の土豪。穴山家臣か。慶長六年（一六〇一）四月八日、高野山に登り、中山の志村宮内左衛門の亡父道永禅定門の供養を高野山に依頼しているのが唯一の所見（成慶院過去帳・武田氏研究43）。彼は志村宮内左衛門の息子か。また中山には志村藤三郎、志村清蔵らが存在するが、その関係は不明。

（平山）

志村宮内左衛門　しむらくないざえもん

生没年未詳。甲斐国八代郡河内岩間庄中山（山・市川三郷町）の土豪。穴山家臣か。慶長六年四月八日、亡父道永禅定門（永禄十二年〈一五六九〉十二月十四日歿）の供養を高野山に登った志村勘十郎を通じて依頼しているのが唯一の所見（成慶院過去帳・武田氏研究43）。志村勘十郎は息子か。また中山には志村藤三郎、志村清蔵らが存在するが、その関係は不明。

（平山）

志村清蔵　しむらせいぞう

生没年未詳。甲斐国八代郡河内岩間庄中山（山・市川三郷町）の土豪。穴山家臣か。慶長二年十一月二十一日、高野山に子息本覚浄窓禅定門（文禄三年〈一五九四〉五

月六日歿か）の供養を依頼しているのが唯一の所見（成慶院過去帳・武田氏研究38）。なお、志村藤三郎らとの関係は不明。（平山）

志村藤三郎 しむらとうざぶろう
生没年未詳。甲斐国八代郡河内岩間庄中山（山・市川三郷町）の土豪。穴山家臣か。慶長六年（一六〇一）四月十五日、高野山に登り、亡父道清禅定門（天正二十年〈一五九二〉一月十一日歿か）の供養を依頼したのが唯一の所見（成慶院過去帳・武田氏研究38）。（平山）

志村長吉 しむらながよし
生没年未詳。左近進。永正十七年（一五二〇）に、勝沼武田信友と小山田信有（涼苑）が岩殿山円通寺（山・大月市）に奉納した棟札に、「扉之本願」としてその名が見える（甲斐国志資料・四八）。小山田氏の被官であろう。「長」はあるいは小山田信長の偏諱か。（丸島）

志村又左衛門 しむらまたざえもん
生没年未詳。実名は「貞盈」と伝わる（寛政譜）。永禄末期のものとみられる信玄旗本の陣立書に、「各鉄砲」の統率者として名がみえる（山梨県立博物館所蔵文書・三九七二）。「惣人数」に御中間頭として名がみえる志村又右衛門は同一人物であろう。武田氏滅亡後は徳川家康に仕え、「天正壬午起請文」には信玄直参衆として名がみえる（山6下九五三頁）。天正十年（一五八二）十二月十二日、家康から知行七九貫文を安堵されている（御庫本古文書纂・家康文書上四五三頁）。同十七年十一月二十一日、甲斐長塚郷（山・甲斐市）において一〇一四俵四升を与えられた（同前・新甲一三五三）。その後、八王子千人同心頭となった（国志）。（丸島）

下源七郎 しもげんしちろう
生没年未詳。上野松井田（群・安中市）衆か。下但馬守の弟。天正九年（一五八一）六月二十三日に武田氏から、兄但馬守死去にともない、その知行四〇貫文の相続を認められている（武井文書・三五七二）。同十年三月の武田氏滅亡後は、北条氏に従ったとみられ、同十一年三月二日に下主税助が北条氏から、以前の所領を安堵され、それに対する軍役を規定されている（同前・戦北二五〇三）。主税助は源七郎からの改称と考えられる。その後の動向は知られない。（黒田）

下但馬守 しもたじまのかみ
生年未詳～天正九年（一五八一）か。上野松井田（群・安中市）衆か。永禄五年（一五六二）二月に、武田信玄が武田方諏訪宰相に下弾正知行を宛行っているが、その弾正の関係者とみられる（武井文書・七七〇）。初め源五左衛門尉を称したとみられる。元亀三年（一五七二）一月五日、源五左衛門尉の名でみえ、武田氏から知行三五貫文分の軍役を規定されている（同前・一七六八）。その後、但馬守を称したとみられるが、天正九年六月までに死去、弟源七郎が嗣いでいる（同前・三五七二）。（黒田）

下枝田久綱 しもえだひさつな
生没年未詳。信濃国伊那郡の武士。松尾城（長・飯田市）主小笠原信貴の家臣。右衛門尉。永禄十年（一五六七）八月七日、武田氏重臣山県昌景に宛て武田氏に忠節を誓った下之郷起請文に「小笠原下総守被官」の一員として登場するのが唯一の所見（生島足島神社文書・一一三三）。そのほかの事蹟は不明。（平山）

下条氏長 しもじょううじなが
生年未詳～天正十年（一五八二）六月。信濃国伊那郡阿知原（長・下條村）の領主。下条時氏の三男。信氏の弟。九兵衛尉。諱は氏長とされるが確認できない

（下条記ほか）。天正七年二月六日成立の「上諏訪造宮帳」に、伊賀良庄下条領早田郷の代官として登場する（大祝諏訪家文書・三〇七）。同十年二月、織田氏が武田領への侵攻を開始した際には、信濃国境の滝沢要害を下条信氏・信正父子と守備していたが、圧倒的な織田軍を前にして動揺し、秘かに下条一族や家臣らのなかから武田氏から離反する同志を募り、信氏父子に織田氏への帰属を進言したが容れられなかったため、六日に反乱を組織し、信氏父子を追放して織田氏に降伏した（甲乱記、信長公記）。これが、信濃の武田方諸城が総崩れになる契機となった。しかし、同年六月の本能寺の変により織田氏の勢力が退去すると、下条家中を統制できなくなり、三河に亡命していた牛千世丸・頼安らと家中の反対派により、某日息子次郎九郎、実弟で長岳寺住職祐教法師らとともに謀殺されたという（下条記ほか）。このほかの事蹟は不明。（平山）

下条時氏 しもじょうときうじ

生没年未詳。信濃国伊那郡吉岡城（長・下條村）主。信濃国鈴岡小笠原氏の家臣。源太・伊豆守。伊豆守元経の子。家氏の孫か。明応二年（一四九三）一月、鈴岡小笠原政秀が松尾小笠原定基に謀殺された際、府中小笠原氏から譲られた家伝の書籍などを携えて、政秀の妻女と家臣らが時氏を頼って落ち延びてきた事件の記録に登場するのが初見。時氏は定基の攻撃を、府中小笠原長棟と結んで撃退した。政秀の妻女が時氏のもとで客死すると、政秀の遺品は元経・時氏父子に譲られた。これを知った定基は、遺品を奪うため時氏を松尾に招き、途中でこれを待ち伏せて謀殺したという。享年など一切不明。なお、時氏を暗殺した定基は吉岡城に攻め寄せ、時氏の父元経をも戦死させたが、時氏の祖父で元経の老父雲石入道が攻撃をしのぎ、府中小笠原氏の支援を得て、漸く撃退したという。鈴岡小笠原氏は、府中小笠原長棟の次男信定によって再興され、雲石入道は下条氏の手元にあった家伝の書籍などを献じたといわれる（以上、小笠原系図、諸家系図纂、寛政譜ほか・信11四三〇～三三）。だがこの一連の事件については、確実な史料が少なく、詳細は不明。鈴岡小笠原氏の没落後、武田氏の家臣となった。下条信氏は時氏の子とされる。そのほかの事蹟は不明。（平山）

下条信氏 しもじょうのぶうじ

享禄二年（一五二九）～天正十年（一五八二）六月二十五日、五四歳（下条記ほか）。信濃国伊那郡吉岡城（長・下條村）主。時氏の子。兵庫助・弾正・伊豆守。鈴岡小笠原信定に従属していたが、天文二十三年（一五五四）八月の武田氏の下伊那侵攻の際に、父時氏とともに降伏した（天野家文書・四二一）。その際に、武田氏より偏諱を与えられたものと考えられる。また、信玄の妹を正室に迎えたとされるが（武田源氏一統系図・山県史資6下一八一、武田源氏一流系図・山県史資6下一八三）、『下条記』などによれば彼の妻は糟屋氏だったとあり、事実を確認できない。ただし、「武田源氏一流系図」などによると、信玄妹は嫡男兵庫助信正の生母とあり、次男兵庫助頼安とは生母が違う可能性もある。同年十二月二十日、武田氏より知久平（長・飯田市）を与えられている。なおこの文書によると、信氏は美濃国上村（岐・恵那市）をすでに給与されていたことがわかる（武家事紀・四四四）。永禄六年（一五六三）頃、今川氏真の依頼を受けた信玄が、三河国松平元康を調略するため、信三国境で信氏に松平氏と接触させている（東洋文庫所蔵水月古鑑5・八五六）。天正三年四月十九日、三河国足助城を武田氏が攻略した際に、在番を命じられており、その直後に発生した長篠合戦には参戦していない（水野寿夫氏所蔵文書ほか・一七〇二～四）。時期は定かでないが、天正期（一五七三～九二）の三月二十四日、武田信豊より織田方の動向を監視し逐一報告するように依頼されている（同前・一六七七）。天正三年八月十日、長篠敗戦後、織田・徳川領への反攻を目指した武田勝頼は、伊那郡の防衛に関する二八ヶ条におよぶ朱印状を発給し、下條信氏に対して織田方が信濃を伺った際には、浪合（長・阿智村）と新野（阿南町）口の防衛を担当し、自身は山本（飯田市）に在陣するとともに、山家三方衆を麾下におくよう指示されていた。またもし敵に防御を突破されたら、松尾小笠原信嶺とともに伊那大島城に籠城するよう命じられている（武田神社所蔵文書・二五一四）。同五年、駿河国大宮浅間神社に武田家臣が神馬を奉納した「武田家臣神馬奉納記」に、息子兵庫助信正とともに神馬一疋を納めたことが記録されている（永昌院所蔵兜巌史略・補遺一三）。同九年十月二十八日には、家臣平沢勘四郎を知久平の代官に任命している（平沢家文書・三六一八）。また年未詳七月二十八日には、伊那郡瑞光院に寺中の山野、祠堂銭、修理助成などを安堵している（瑞光院文書・三八八二）。同十年二月、下伊那に侵攻してくる織田軍を迎撃するため、滝沢要害（長・平谷村）を息子信正とともに守っていたが、一族で家臣下条九兵衛尉氏長、熊谷玄蕃、原民部らが謀叛を起こしたために支えきれず、本拠地を退去した（甲乱記、信長公記）。その後、三河国黒瀬（愛・新城市）に隠れた。しかし、同年三月二十二日に信正を病気で失い、同国宮脇（静・掛川市）に移ったが、自身もそこで六月二十五日に死去した。このため、下条氏は信氏の次男兵庫助頼安と、信正の子牛千代（康長）が継承した。　（平山）

下条信氏室　しもじょうのぶうじしつ

生没年未詳。武田信虎の娘。「武田源氏一統系図」に母は松尾氏（松尾信賢娘）、下条氏の母と記載される（山6下七三二頁）。「武田源氏一流系図」（同七四三頁）「卜部本武田系図」（群書系図部集3三一頁）はより詳細で、信濃国衆下条信氏の妻で、信正の母と記す。たしかに下条信氏父子は、武田氏滅亡時に徹底抗戦の構えをみせ、勝頼の眼前で討ち死にしたいとまで述べたとされる（甲乱記）。武田氏と姻戚関係にあったとすれば、納得がいく言動である。しかし下条氏側の史料では、信氏の妻は重臣糟谷氏の娘と記しており（下条記・新編伊那史料叢書4二九二頁、下伊那郡誌資料上三五頁ほか）、なお検討を要する。伊那郡下条氏ではなく、武田庶流家の下条（げじょう）氏に嫁いだ可能性を指摘しておく。　（丸島）

下条信正　しもじょうのぶまさ

生年未詳～天正十年（一五八二）三月二十二日。信濃国伊那郡吉岡城（長・下條村）主。信氏の嫡男。生母は武田信玄の妹といわれるが（武田源氏一流系図・山県史資6下一八〇三）、異説もある。戊千世丸・兵庫助。信昌とも書くとされるが、確実な史料には所見が確認できない。天正五年、駿河国大宮浅間神社に武田家臣が神馬を奉納した「武田家臣神馬奉納記」に、父伊豆守信氏とともに神馬一疋を納めたことが記録されている（永昌院所蔵兜巌史略・補遺一三）。同十年二月、織田氏が武田領への侵攻を開始した際に、父信氏とともに下条家中を率いて、滝沢要害に籠城した。ここは、平谷・浪合口を押さえる信濃・美濃国境の関門で、三日路の切所とよばれる難所であった。だが、織田軍の圧倒的な戦力と、衰退する武田氏との狭間で動揺する家臣下条氏長・原民部・熊谷玄蕃の三人が、織田氏への降伏を信氏・信正父子に進言してきたため、これを退けたものの、これを不満とした三人が謀叛を起こしたため、二月六日に父信氏とともに城を退去した（甲乱記、信長公記）。この際に、嫡男牛千世丸や実弟頼安らをともなっていたらしい。信氏・信正らは三河国黒瀬谷（愛・新城市）に身を潜めたが、信正は下条への帰還を実現することなく父信氏に先立って病没した。享年などは不明。子女に牛千世丸（康長）のほかに、女子一人、権八という男子があったというが（下条記ほか）、確認できない。（平山）

下条康長 しもじょうやすなが

天正三年（一五七五）～没年未詳。信濃国伊那郡吉岡城（長・下條村）主。牛千世丸（牛千代丸）・兵庫助。信正の嫡男。天正十年六月、本能寺の変後、旧臣達の招きで信濃に叔父頼安とともに帰還し、徳川家康に属した。同十一年一月、叔父頼安が小笠原信嶺によって謀殺されると幼少ながら家督を相続した（下条記ほか）。小笠原氏と対立しながらも領域を守り抜き、同十二年三月九日に伊那郡瑞光院に対し寺領安堵の黒印状を発給している（関昌寺文書・信16三五）。これが確実な史料に登場する初見。同十三年八月には、家康の命により信嶺・松岡貞利らとともに出陣し、上田城主真田昌幸攻撃に参加している（三河物語ほか）。同年十一月、家康家臣石川数正が小笠原貞慶らの人質を連れて、豊臣秀吉のもとへ出奔すると、伊那も動揺し、松岡氏らの謀叛が起こったが、牛千世丸は老母と家中の人質を菅沼定利に送り、家康より褒賞され知行を安堵され、美濃で新知行を与えられた（下条文書・信16三八五～八七、三八九、九〇）。ところが、同十五年に上田合戦で失策を犯した家臣の讒訴により、豊臣方への内通を疑われ、三月に飯田城の菅沼定利によって拘束された。だが家臣らが秘かに康長を奪回し、本拠を捨てて逃亡した。これにより下条氏は没落し、康長は小笠原秀政のもとに身を寄せその家臣になったという（下条記ほか）。そのほかの事蹟は不明。（平山）

下条頼安 しもじょうよりやす

弘治二年（一五五六）～天正十二年（一五八四）一月二十日、二九歳（下条記ほか）。信濃国伊那郡吉岡城（長・下條村）主。兵庫助・兵部少輔。信氏の次男。信正の弟。生母は糟屋氏であるという（下条記ほか）。諱は武田勝頼の偏諱であろう。武田時代の史料に所見がないが、天正十年二月、下伊那に侵攻してくる織田軍を迎撃するため、滝沢要害（長・平谷村）を父信氏、兄信正とともに守っていたが、一族で家臣下条九兵衛尉氏長、熊谷玄蕃、原民部らが謀叛を起こしたために支えきれず、本拠地を退去し（甲乱記、信長公記）。その後、三河国黒瀬（愛・新城市）に隠れた。しかしまもなく父信氏、兄信正が相次いで死去したため、兄信正の嫡男で甥の牛千代丸（のちの下条康長）を庇護した。同年六月、本能寺の変後、旧臣達の招きで信濃に帰還し、甥牛千代丸を擁立して徳川家康に属し、七月には伊那片桐・飯島氏・大草衆・上穂衆らを徳川方に引き入れた（早稲田大学所蔵天正壬午甲信諸士起請文・山県史資6下二四八）。さらに家康の命により、松尾小笠原信嶺とともに藤沢頼親を調略し、諏方頼忠包囲に参加した（龍嶽寺文書・信15三一七）。八月、北条軍の南下により奥平信昌・鈴木重次とともに飯田城に籠城し、木曾義昌とともに伊那の防備を固めた（同前・信15三九二）。家康が甲斐で北条氏と対陣中は、頼安が小笠原貞慶らを統括し、奥平氏と連携して伊那・木曾郡を安定させた（木曾旧記録・信15四四〇、下条文書・信15四六〇ほか）。だが同十一年六月、頼安の勢力拡大を恐れる信嶺との対立が激化し、遂に合戦におよび、九月にも激突した。そこで小笠原氏の菩提寺開善寺と下条氏の祈願寺文永寺が仲裁に入り、信嶺の息女を頼安に嫁がせることで和睦が成立したが、同十二年一月、舅信嶺のもとへ年頭の挨拶に参上したところを謀殺された。（平山）

下曾禰源七 しもそねげんしち

生年未詳～天正三年（一五七五）五月二十一日。下曾禰浄喜の子で、源六の弟であろう。天正三年の長篠合戦で討ち死にした（乾徳山恵林寺雑本・信14九八頁）。（丸島）

下曾禰源三 しもそねげんぞう

生年未詳～天正三年（一五七五）五月二十一日。源六の弟か。長篠合戦において討ち死にした（国志所引寺記）。実名は信盛と伝わるというが、「寺記」に源三を含め、該当する記述は見いだせなかった。（丸島）

下曾禰源六 しもそねげんろく

生年未詳～天正三年（一五七五）五月二十一日。仮名からみて、下曾禰浄喜の嫡男か。天正三年の長篠合戦で討ち死にした（乾徳山恵林寺雑本・信14九八頁）。同書は実名を政利とするが、疑問。源六の死去により、弟信辰が同じ仮名を名乗り、源六信辰と称したのであろう。（丸島）

下曾禰浄喜 しもそねじょうき

生没年未詳。通称は源六郎、中務少輔、出羽守と変遷したものと考えられる。岳雲軒浄喜。天文九年（一五四〇）五月十九日、高野山成慶院で下曾禰出羽守の供養を行った源六郎が該当すると思われる（過去帳・武田氏研究34五五頁）。出羽守の供養は、別に「下曾根中務□輔」が行っており（国志）、これも浄喜であろう。同時期に曾禰虎長が中務大輔を称しているうえ、「古浅羽本武田氏系図」は初代賢信の通称を中務少輔としているから（群書系図部集3四〇頁）、中務少輔であろうか。下曾禰殿と敬称されていること、文書の宛所に「出羽守殿」と姓を記さない書札礼からすると、武田親類衆と位置づけられていたことは間違いない。信濃小諸（長・小諸市）城代をつとめた（惣人数）。元亀三年（一五七二）五月三日、信濃佐久郡畑物（長・佐久穂町）における夜討ちへの対処を小山田虎満（玄怡）と共同して行うよう指示を受けたことが確実な初見（柏木家文書・四三三）。天正三年（一五七五）正月六日、大戸浦野氏の人質を受け取るように命じられている（新編会津風土記・二四四〇）。この時、出羽守。同四年二月二十八日、坂本（群・安中市）地下人の籾子などの小諸領通過を許可するよう命じられる（石川県立図書館所蔵雑録追加・二五九八）。同年八月六日、塩野（長・御代田町）・志賀（長・佐久市）・耳執（小諸市）の三ヶ所より悪党三人の妻子雑物を近日中に引き渡すことが、依田立慶より報告されている（伴野家文書・二七〇二）。このことからみて、佐久郡支配を小山田虎満・昌成とともに行っている様子が窺える。これは浄喜が入部した小諸領が、国衆大井氏が返上した国衆領であり、同地の行政権は佐久郡司の管轄範囲外であったためとみられる。また同五年頃、駿河富士大宮（静・富士宮市）に神馬を奉納した（永昌院所蔵兜巌史略・補遺二三）。同年六月二十一日、信濃から上野宇津木（群・玉村町）・松井田（安中市）への俵子および外郎籾子通過を許可するよう命じられている（宇津木家文書・二八一九、陳外郎家文書・二八二〇）。この時から出家号岳雲軒でみえる。同九年十一月十四日、追分大明神（長・軽井沢町）の大般若経が戦乱で紛失したとして、四〇巻余りを奉納し直し、奥書を記している（追分諏訪神社旧蔵・三六二四）。この時、法名浄喜と署判している。この奉納は、十二月三日に本格的に行われ、佐久郡の諸将が奥書を記している（同前・三六二九）。同十年三月の武田氏滅亡に際し、小諸城へ逃れてきた武田信豊を二の曲輪まで迎え入れるが、突如謀叛（信長公記、甲乱記、軍鑑・大成下一八一頁）。十六日に信豊を自害に追い込み、その首を信長に進上した（信長公記）。信長はこれを「出羽守為忠節、切首到来」としているから（武家事紀・信長文書九七八）、忠節を認められたようである。なお、娘が禰津昌綱に嫁いでいる（米山一政氏旧蔵系図写）。子孫は旗本として続いた。（丸島）

下曾禰出羽守　しもそねでわのかみ

生没年未詳。下曾禰氏は武田信重の子息賢信を初代とする武田庶流家。世代からみて、「武田源氏一統系図」が記す信文・信白父子（山6下七二〇頁）のいずれかが該当するか。武田信虎・信玄の家臣。岳雲軒浄喜の父とみてよいだろう。名字は「曾禰」と略されることもある。永正十七年（一五二〇）六月、逸見・大井・栗原氏が反乱を起こし、三方で合戦が起こった際、曾禰昌長らとともに信虎に従って戦った「曾禰羽州」は彼であろう（王代記）。天文九年（一五四〇）五月十九日、高野山成慶院で源六郎の手で供養が営まれている（過去帳・武田氏研究34五九頁）。法名は、堅公禅定門。この後も活動が所見されるから、逆修（生前）供養であろうか。同十八年五月七日、徳役始めの談合を落着させ、今井信甫・今井伊勢守と三人で連判を据えた（甲陽日記）。下曾根村実際寺（山・甲府市）に位牌があり、「固山堅公禅定門、□□□月廿日」、裏に「下曾根中務□輔」という記載があったという（国志）。「寺記」によると、固山堅公は実際寺の開基で、同七年の開創であったという。いずれも成慶院供養帳に記された法名と一致しており、これが出羽守にあたるであろう。なお施主の「下曾禰中務□輔」を曾禰中務大輔虎長と比定する見解があるが、下曾禰中務（少輔か）とみるべきだろう。「古浅羽本武田氏系図」では、初代賢信の通称を中務少輔としている（群書系図部集3四〇頁）。おそらく、岳雲軒浄喜が該当すると思われる。（丸島）

下曾禰信辰　しもそねのぶとき

生没年未詳。源六。仮名からみて、浄喜の嫡男扱いを受けたとみられる。長篠で兄たちが討死したためだろう。「天正壬午起請文」にその名がみえる（山6下九四八頁）。のちに中務大輔を称したといい（寛永伝）、下曾禰氏の直系であることを確認できる。「寛政譜」は実名を信秀とする。なお、天正三年（一五七五）の長篠合戦で「下曾禰源六」が討死したという所伝があり（乾徳山恵林寺雑本・信14九八頁）、これが正しければ源六が討死したことで、弟の信辰が嫡男扱いを受けることになったのであろう。同時に、下曾禰源七・下曾禰弥左衛門も討死している（同前）。「国志」が実際寺の位牌に「華

岩城栄居士」とあるとするのは、源六のものか。（丸島）

下曾禰弥左衛門尉 しもそねやざえもんのじょう

生年未詳～天正三年（一五七五）五月二十一日。下曾禰源六の一門とみられる。源六とともに、天正三年の長篠合戦で討ち死にした（乾徳山恵林寺雑本・信14九八頁）。（丸島）

下田神衛門 しもだしんえもん

生没年未詳。信濃国筑摩郡光郷（長・安曇野市）の土豪。塔原海野氏もしくは光海野氏の被官か。天正九年（一五八一）の「伊勢内宮道者御祓くばり帳」において、「ひかるの分」の人物として記載され、茶三袋を配られたと記されているのが唯一の所見（堀内健吉氏所蔵・三六四）。（平山）

下平伝右衛門 しもひらでんえもん

生没年未詳。信濃国伊那郡の武士。伊那部衆。武田氏滅亡と本能寺の変直後、提出された「天正壬午起請文」に、伊那部衆として春日治部少輔、上坂為昌らとともに連署しているのが唯一の所見（内閣文庫所蔵・山6下二四八）。あるいは、下平伝左衛門尉と同一人物か。その後の事蹟は不明。（平山）

下平伝左衛門尉 しもひらでんざえもんのじょう

生没年未詳。信濃国伊那郡の武士。天正七年（一五七九）に武田氏によって作成された「上諏訪大宮同前宮造宮帳」において、上穂郷（長・駒ヶ根市）の代官としてその名がみえるのが唯一の所見（大祝諏訪家文書・三〇七八）。彼は、「天正壬午起請文」に、伊那部衆として登場する下平伝右衛門と同一人物か。その後の事蹟は不明。（平山）

下平藤七郎 しもひらとうしちろう

生没年未詳。信濃国伊那郡の武士。天正六年（一五七八）に武田氏によって作成された「上諏訪大宮同前宮造宮帳」において、上穂郷（長・駒ヶ根市）の代官としてその名がみえるのが唯一の所見（大祝諏訪家文書・二九四六）。同じく上穂郷の代官をつとめていた下平伝左衛門尉の近親か。その後の事蹟は不明。（平山）

下村重守 しもむらしげもり

生没年未詳。新右衛門尉。伴野信是の被官。永禄十年（一五六七）八月八日、野沢衆の一員として、武田氏に忠節を誓った「下之郷起請文」を吉田信生に提出し、血判を副えている（生島足島神社文書・一一八六）。（丸島）

下村満幸 しもむらみつゆき

生没年未詳。与左衛門尉。伴野信是の被官。永禄十年（一五六七）八月八日、野沢衆の一員として、武田氏に忠節を誓った「下之郷起請文」を吉田信生に提出し、血判を副えている（生島足島神社文書・一一八六）。（丸島）

下屋棟吉 しもやむねよし

生没年未詳。信濃小県郡の国衆、海野氏の被官。与三右衛門尉。実名の下の字については、確証を欠く。「棟」は海野棟綱からの偏諱であろう。永禄十年（一五六七）八月七日、信玄に忠節を誓う「下之郷起請文」を、海野衆の一員として提出した（生島足島神社文書・一一三二）。真田幸綱の弟常田隆永の子であるという（系図纂要）。（丸島）

十郎衛門 じゅうろうえもん

生没年未詳。信濃国安曇郡の土豪。名字、諱などは不明。仁科氏の被官とみられる。天正九年（一五八一）の「伊勢内宮道者御祓くばり帳」において、「にしなの分」の人物として記載され、茶五袋を配られたと記されているのが唯一の所見

（堀内健吉氏所蔵・三六四）。（平山）

叔応文伯 しゅくおうぶんぱく

生年未詳～天正十年（一五八二）。曹洞宗僧。甲斐・信盛院の始祖。甲斐国山梨郡の生まれ、本姓は甘利氏。太栖禅師の法嗣。山梨郡岩手郷（山・山梨市）の領主の岩手信守の要請により、同地に信盛院を開く（広厳大通禅師譫語集）。天正二年九月、武田勝頼より先判寺領安堵状を受ける（信盛院文書・二三六三）。同八年八月、武田家朱印状によって、門前五間の棟別諸役の免許を受け（同前・三三九七）、翌九年三月には、栗原信景より一〇貫文余の寺領寄進を受けている（同前・三五二〇）。（柴辻）

俊屋桂彦 しゅんおくけいげん

嘉吉三年（一四四三）～天文八年（一五三九）。甲斐・広厳院（山・笛吹市一宮町）の四世住職。常陸国真壁郡小栗郷（茨・真壁町）の出身で俗姓は藤原氏（広厳大通禅師譫語集）。初め天台宗を修めた後、広厳院の自山得吾に師事する。大永二年（一五二二）、自山の没後に跡を嗣ぐ（日本洞上聯灯録）。（柴辻）

春国光新 しゅんこくこうしん

生没年未詳。府中・長禅寺二世住職。岐秀元伯の跡を嗣ぎ住職となる。永禄六年（一五六三）に武田信廉の描いた雪田画像があり、春国光新が画賛を付している（恵運院所蔵・四一八七）。次いで同人筆の府中・大泉寺開基の武田信虎肖像画にも賛を加えている。元亀元年（一五七〇）十一月、下山（山・身延町）の南松院開山の桃隠和尚肖像画に着賛をしている（南松院所蔵・一六一九）。永禄元年、信玄弟の信繁は家訓百ヶ条を定めているが、原案を春国が策定している。同六年十一月、信玄が美濃・大円寺の希庵玄密を、再度恵林寺・継続院両寺の住持に懇請した時、その実現に奔走した（葛藤集・四〇二八）。同九年頃と推定される駿府・臨済寺宛の快川紹喜書状によれば、信玄と義信父子の和親仲介について協議している（紹喜集・三六六）。のちに妙心寺四八世住持にのぼっている。（柴辻）

春定斎棹月 しゅんていさいていげつ

生没年未詳。禰津常安の被官。永禄十年（一五六七）八月、武田家臣が信玄への忠節を誓った「下之郷起請文」を、甘利信忠に宛てて提出している（宮入八樹氏所蔵御願書幷誓詞写・四二一〇）。（丸島）

城景茂 じょうかげもち

大永二年（一五二二）～天正十五年（一五八七）、六六歳（寛永伝）。上杉氏、のち武田氏の家臣。和泉守、意庵。本姓玉虫氏。玉虫貞茂の子。上杉氏を離反して会津に牢人していたところ、永禄三年（一五六〇）に武田氏のもとに足軽大将として迎えられたという（軍鑑・大成上三三頁）。この時、三九歳であったというから、大永二年生まれとなる。これは「寛永伝」の記述とも一致するから、信じてよかろう。弟二郎右衛門（繁茂）と、子息織部助（昌茂）をともなったという。なお、父貞茂も同行し、信濃において八〇余歳で死去したと伝わる（寛永伝）。「惣人数」によれば、御旗本足軽大将衆、騎馬一〇騎・足軽三〇人持ち。上野箕輪城（群・高崎市）攻めで活躍し、弟忠兵衛が討死したという（軍鑑・大成上三五一頁）。永禄十年八月七日、武田氏に忠節を誓った「下之郷起請文」を、鉄砲衆の一員として吉田信生・浅利信種に提出した（生島足島神社文書・一一五一）。この時、和泉守。なお本文書は、現状では「庭谷」と書かれた封紙に収められているため上野庭谷衆と誤解されやすいが、「鉄砲衆」と書かれた封紙に収められていたのが本来の姿である。永禄後期の陣立書でも、鉄砲衆として記載がある（山梨県立博物館所蔵文書・三九七二）。付けたりで記載のある甚五郎は、子息昌茂か。天正元年七月三日、勝頼が信玄の名前で三方原合戦の戦勝と越後出兵の予定を某人（越中衆か）に伝えた際、長尾平四郎とともに取次をつとめている（千野家文書・一七三五）。この時、たんに「和泉」とだけあるから、すでに入道していたか。同月晦日、三河奥平道紋・定能父子に対し、今福虎孝・横田康景とともに長篠（愛・新城市）への援軍として先発させた旨が伝えられている（松平奥平家古文書写・二一四三）。あるいはこの時出陣したのは子息の昌茂かもしれない。同五年頃、駿河富士大宮（静・富士宮市）に神馬一疋を奉納した（永昌院所蔵兜巌史略・補遺二一三）。この時は確実に「意庵」である。同六年には遠江に在番。六月十四日、勝頼は高天神（静・掛川市）城代岡部元信に対し、室賀満正・朝比奈信置・城意庵と談合するよう指示をしている（土佐国蠹簡集残編・二九八七）。武田氏滅亡後の天正壬午の乱において、徳川氏に従属。同十年九月十三日、各所で調略を行いつつ、従属を表明した旨を、家康から賞されている（記録御用所本古文書・家康文書中六九一頁）。この結果、同十一年七月九日、上杉景勝と対立していた徳川家康より越後国古志郡一円を宛行うという約束を受けた（譜牒余録後編・家康文書上五三四頁）。同十二年の長久手合戦に従軍（寛永伝）。同十五年、駿府で死去。法名道逸（同前）。（丸島）

城昌茂 じょうまさもち

天文二十年（一五五一）～寛永三年（一六二六）、七六歳（寛政譜）。織部佑、和泉守。景茂の子。永禄末期の陣立書に城景茂の付属として記される「甚五郎」は、あるいは昌茂か（山梨県立博物館所蔵文書・三九七二）。また天正元年（一五七三）七月、三河奥平道紋・定能父子に対し、今福虎孝・横田康景とともに長篠（愛・新城市）への援軍として先発した「城」も昌茂の可能性がある（松平奥平家古文書写・二一四三）。同七年より沼津（静・沼津市）に在番し、北条氏との国境を守る。同八年十二月二十九日、前年に北条勢を撃退した功績を讃えられ、信濃河北のうち稲付（稲積か、長・長野市）で一〇〇貫文を与えられた（記録御用所本古文書・三四七五）。この時、織部佑。同十年の武田氏滅亡後、父とともに徳川家康に帰属。「天正壬午起請文」には同心四九名の記載がある（山6下九五四頁）。同年九月十三日、父とともに各所で調略を行いつつ、従属を表明した旨を、家康から賞されている（記録御用所本古文書・家康文書中六九一頁）。北条氏の甲斐侵攻に際して妻子が捕虜となるが、同年十月の和睦成立により返還された（木俣家文書・神3下八〇四）。同十一年七月九日、上杉景勝と対立していた徳川家康より、越後国古志郡一円を宛行うという約束を父とともに受けた（譜牒余録後編・家康文書上五三四頁）。その後小牧長久手合戦・関ヶ原合戦などに参陣したという（寛永伝）。同十七年三月、臨済寺（静・静岡市）で武田信玄の十七回忌仏事を催した（仏眼禅師語録・静8二〇四）。家康の関東移封後は、武蔵忍（埼・行田市）・熊谷（埼・熊谷市）で七〇〇〇石を与えられた（寛政譜）。その後は家康の使者として各地を往来、諸氏と交友をもつ（大和田重清日記、言経卿記、舜旧記、鹿苑日録、兼見卿記、慶長日件録、時慶記、慈性日記、言緒卿記、藤原惺窩全集ほか）。慶長九年（一六〇四）六月二十二日より和泉守でみえる（時慶記）。学問に関心が深く、同二年には西笑承兌より群書治要や太平御覧を借りている（日用集）。和歌にも秀でていたようで、飛鳥井昌庸（時慶記慶長八年二月二十九日条）、直江兼続（大日本古文書上杉家文書九六八）、蜷川親長（大日本古文書蜷川家文書八三五）などの和歌会によばれている。同十二年二月五日には、大慈悲院（静岡市、父景茂が中興開基したという）の社領を安堵するよう、井出正次に依頼した（大慈悲院文書・静史3三八頁）。同十六年六月十六日、真田信之に書状を送り、信之の父昌幸の弔問を行った（信21六六頁）。大坂冬の陣では陣中目付に任ぜられ（当代記慶長十九年十一月三日条）、諸将に軍令を伝えている（譜牒余録・信21五〇六頁、山内家史料第二代忠義公記1二四七頁）。しかし元和元年（一六一五）に勘気をこうむり、改易されて近江石山寺（滋・大津市）に蟄居したという（寛政譜）。寛永三年に赦免されるが、江戸に赴く途中、信濃において死去した。法名は宗仲。武蔵熊谷東漸寺（熊谷市）に葬られた。妻は長尾義景の娘（同前）。子孫は旗本として続いた。（丸島）

松看斎 しょうかんさい

生没年未詳。天正五年（一五七七）前後の某年、駿河富士大宮（静・富士宮市）に神馬一疋を奉納した（永昌院所蔵兜巌史略・補遺二三）。某年、木曾義昌に人質として老母を差し出すよう求める使者を森本永派とともにつとめた（辻守正氏所蔵文書・補遺六五）。そのほかの事蹟は不明。（丸島）

勝仙院 しょうせんいん

生没年・僧名ともに不詳。京都の門跡寺院である聖護院代官の院家の一つであり、本山派修験を司っていた。詳しい来歴はわからないが、勝泉院ともあり、京都六角堂にあって、のちに住心院と寺名を改めている。天台宗寺門派に属し、「園城寺文書」「山城住心院文書」に、その名が多くみえている。武田氏との関係は早くから師檀関係があったと思われ、永禄元年（一五五八）閏六月には、穴山信友との交流を示すもの（天理大学図書館所蔵文書・五九六）や、小山田虎満が聖護院代官として下国してきた勝仙院を接待している（住心院文書）。年未詳であるが、武田義信が国内修験中についての御用を承諾した書状もある（北条家文書・三〇四）。同十一年（一五六八）七月十二日には、信玄が上野国修験の年行事職について極楽院と大蔵坊が争論をしている件に関して、聖護院門主の決済を仰ぐ取次を勝仙院に依頼している（住心院文書・三九五）。信玄は台密智証派のしかるべき僧侶の下向や、園城寺門主への取次も依頼しており、元亀三年（一五七二）七月には、山門の穴太流の相伝も依頼している（真如苑所蔵文書・一九二二）。勝仙院は使僧として甲府にも何度か下向している。勝頼期にもその関係が保たれており、天正四年（一五七六）六月十七日付の勝頼判物（住心院文書・二六七二）では、傘下の極楽院の寺領を安堵している。（高埜利彦 修験本山派勝仙院について・東京大学史料編纂所報四）。（柴辻）

浄円 じょうえん

生没年未詳。武田家奉行人。天正四年（一五七六）七月十日、竹下郷（静・小山町）に伝馬法度を通達する朱印状を奉じた（湯山家文書・二六九一）。天正八年五月七日、鈴木若狭守らに敵地へ欠落した六人の名田屋敷を浄円と相談のうえで没収するよう指示がなされている（鈴木家文書・三三四二）。法名の一致と、駿東郡東部で活動していることから、油川信次の子信貞と同一人物の可能性がある。油川氏は、駿東郡の国衆葛山氏との関係が深い。浄円は、信次が長篠合戦で討ち死にした翌年から姿をみせており、信貞と同一人物とすれば、二〇歳までに出家していたことになる。あるいは、信次の嫡男が長篠でともに戦死し、仏門に入っていた浄円が急遽家督を嗣ぐことになったのかもしれない。信貞は同十年に徳川家康に仕えているから、その頃までに還俗したものか。なお、油川信次の項を参照。（丸島）

浄国院頼快　じょうこくいんらいかい

寛永元年（一六二四）～寛永十七年六月二十三日一七歳。武田（勝沼）信友の曾孫で、加藤信景の孫というが（武田源氏一統系図・山6下七三〇頁、武田源氏一流系図・山6下七三九頁、卜部本武田系図・群書系図部集3一八頁）、勝沼氏は信友の死後、今井氏が跡を嗣ぎ、その後謀叛の疑いで滅ぼされている。したがって、直系の子孫は存在しないと思われる。このように系譜関係がはっきりせず、どのような系譜を引く人物か確定は難しい。父は信就といい、眼が見えず武田日閑と称したというから、仏門に入っていたのだろう。もと法華宗の信隆院に入寺していたらしい。頼快は、鎌倉鶴岡の浄国院に入り、宰相法印頼任の直弟であったが、一七歳で早逝したという（卜部本武田系図・群書系図部集3一八頁、両武田系図・同前五四頁）。浄国院に入寺したものの、一七歳で早逝したという所伝は、頼任に伝わっているものとまったく同じであり、同寺に武田氏の末流が入寺した可能性を高めるものである。実際に頼任が浄国院の住持となったのは、寛永十四年のことだから、頼快がその弟子となった可能性はある。頼快の所伝が、頼任と混同されたのであろう。（丸島）

浄国院頼任　じょうこくいんらいにん

慶長九年（一六〇四）～元禄二年（一六八九）十一月十日、八六歳（鶴岡八幡宮寺僧次第補遺・続群書類従〔系図部〕34一五頁）。「古浅羽本武田系図」が岩手信正の子とする人物。岩手縄美の曾孫にあたることになる。鎌倉浄国院に入寺し、宰相と号したが、一七歳で早逝したという（群書系図部集3四一頁）。これは「卜部本武田系図」「両武田系図」も同様であり（同前一八、五四頁）、浄国院の住持とある。しかし「鶴岡八幡宮寺供僧次第　補遺」によると、頼任は武田信昌の三男で、高野山で一〇年間過ごした後、鶴岡八幡宮に入り、正覚院を経て寛永十四年（一六三七）に浄国院の住持となったとする。最勝院敬任の直弟子で、権少僧都、大僧都を経て宰相法印。仏殿に関する一切の事をつかさどる御殿司（おでんす）をつとめた。天和二年（一六八二）に隠居し、元禄二年に入寂した（続群書類従〔拾遺部〕34六、一五頁）。したがって、岩手縄美の曾孫とみるのは世代からして難しく、かつ早逝したわけでもない。しかしながら、武田信昌三男という所伝は、岩手縄美との関係を連想させる。系譜関係に混乱があるものの、岩手氏の流れを汲む人物と捉えてよいだろう。なお、「古浅羽本系図」が記す鎌倉浄国院は、上杉禅秀の乱で武田信満が自害した後、武田信元と改名して甲斐守護となった穴山満春の法名浄国院空山と一致する（古浅羽本武田系図・群書系図部集3三八頁、鎌倉大草紙・群書類従〔合戦部〕20六八一頁）。つまり武田氏と関係の深い鶴岡八幡宮塔頭であった可能性があり、頼任の弟とされる盛弁も、同院に入ったという（古浅羽本武田系図・群書系図部集3四一頁ほか）。なお、浄国院住持は、「快元僧都記」天文二年（一五三三）五月六日条、同三年十月一日条、同四年正月十一日条、同五年八月二十八日条、同六年七月十六日条、同九年十一月二十三日条に記載がある。ただし同五年条の浄国院住持は法印尊雅であり、岩手氏関係者ではなさそうである。（丸島）

正左衛門 しょうざえもん

生没年未詳。信濃国安曇郡の土豪。名字、諱などは不明。仁科氏の被官とみられる。天正九年（一五八一）の「伊勢内宮道者御祓くばり帳」において、「にしなの分」の人物として記載され、茶三袋を配られたと記されているのが唯一の所見（堀内健吉氏所蔵・三六四四）。（平山）

笑山宗誾 しょうざんしゅうぎん

生年未詳～永禄十二年（一五六九）。曹洞宗僧。駿河・楞厳院の開山。生地・本姓とも未詳。孤児であったが千葉氏に養われ、長じて大慈山で出家し、武蔵・天寧寺の霊蔭禅師に師事する。のちに駿河の岡部氏の後援を得て、駿河今泉郷（静・静岡市清水区今泉）に楞厳院を創建する（広厳大通禅師譫語集）。岡部貞綱は永禄十二年に武田信玄によって譜代家臣の土屋姓に改められ、同寺の開基となり、清水湊における武田水軍の将となる。（柴辻）

匠山長哲 しょうざんちょうてつ

永正十四年（一五一七）～天正十年（一五八二）。甲斐・広厳院の七世住職。信濃国筑摩郡の生まれで、本姓は村上氏（広厳大通禅師譫語集）。広厳院の箇学光真に師事し、没後にその跡を嗣ぐ。元亀元年（一五七〇）に紫衣と真空無相禅師号を授かる。天正四年八月、武田勝頼より寺領安堵状と禁制を受ける（広厳院文書・二六九七、九八）。（柴辻）

上条彦七郎 じょうじょうひこしちろう

生年未詳～永正六年（一五〇九）十二月二十四日。武田庶流家。武田信虎と油川信恵の戦いに際し、信虎方に荷担したようである。その際、今井平三とともに諏方氏の攻撃を受け、敗死したらしい。法名は、重阿弥陀仏（一蓮寺過去帳・山6上四三頁）。（丸島）

勝善寺順西 しょうぜんじじゅんせい

生没年未詳。勝善寺の僧。寺伝によれば、勝善寺は正治元年（一一九九）に井上頼綱の子頼重（明空）が信濃国水内郡中俣（長・須坂市）に創建した浄土真宗寺院で、応永年間（一三九四～一四二八）には信越両国に末寺五二ヶ寺を有したとされる（須坂市史）。法名の順西は勝善寺九世顕順から与えられたものか。本願寺との交渉を担う一方、武田氏から三六貫文の知行を宛行われ、自身が鑓を持って参陣するなど、軍役奉公も行っていた。天正五年（一五七七）二月十八日の勝善寺順西書状（勝善寺文書・二七七三）で、本願寺の坊官下間頼廉に宛てて、顕如・教如の大坂籠城を労い、路次不自由のために上洛が叶わないことを詫びるとともに、本願寺から勝頼に贈られた黄金八両について、甲府で長延寺師慶・八重森家昌を通じて進上されたことを伝え、顕如・教如にもこの旨を披露するよう依頼している。同六年七月十三日の勝善寺順西起請文案（同前・二九九八）で、自らの定納・上司（高辻）について隠すことなく武田氏に申告することを今井新左衛門尉信衡・武藤三河守に対して誓い、同年七月十九日の勝善寺順西証文（同前・三〇〇二）で「勝善寺分本領」一八貫文と「合津分」一八貫文、計三六貫文の上司と定納の内容を今井・武藤に申告している。これを受けて、同年八月二十三日の武田家奉行人連署証文（同前・三〇一八）で、今井・武藤から上司三六貫文のうち同五年分の定納一一貫四〇〇文に対応した軍役として、三間の長柄鑓を用意して一人で参陣するよう命じられている。勝善寺九世顕順は大坂の石山合戦に参戦して同四年に摂津花隈城（兵・神戸市）で討死。本山取立ての十世教了（寿光、鳥羽伝内）が文禄四年（一五九五）に高井郡八丁村（須坂市）に寺地を移し、元和九年（一六二三）に須坂藩主堀直升の招きで須坂（須坂市）へ移転した（須坂市史）。（鈴木）

笑伝宗咄 しょうでんそうせつ

生没年未詳。曹洞宗雲岫派僧。都留郡主小山田氏墓所である谷村（山・都留市）の長生寺六世住職。長生寺の鷹岳宗俊の弟子。天正十年（一五八二）に紫衣と恵光禅師号を賜る。（柴辻）

成福院 じょうふくいん

生年未詳～天正十年（一五八二）四月三日。元は将軍足利義昭の使僧で、甲斐に留まっていた（軍鑑末書・大成下二七五、四八三頁）。武田氏のもとでは、知行一〇〇貫文を与えられていたという（同前・三二頁）。上杉氏に対する使者として活動。天正七年七月三日、勝頼は近日中に成福院を派遣すると景勝に書き送った（上杉家文書・三一三三）。同年七月十九日、三日前に成福院・森本永派を派遣したと、勝頼が上杉景勝に伝えている（高梨家文書・三一四二）。同年八月二十日、成福院と森本永派を派遣したところ、懇切にしてもらった旨、勝頼が上杉景勝に謝辞を述べている（上杉家文書・三一五四）。同年十一月には越後に派遣されていたらしく、甲府留守居役である跡部勝忠に成福院へ書状を出すよう指示がなされている（諸州古文書・三一八八）。同八年三月二十八日、勝頼は上杉景勝に対し、先日成福院・西山十右衛門尉を派遣した際に伝えた事項への回答を求めた（上杉家文書・三二九五）。同年四月八日、成福院と西山十右衛門が帰国し、景勝が越後奥郡に出陣した旨を報告している（同前・三三一七）。同年四月九日、勝頼はしばらく音信が絶えていたとして、成福院を景勝のもとに派遣している（歴代古案・三三二〇）。同年八月六日、勝頼は景勝の出陣がうまくいっていると聞き、成福院と西山十右衛門尉を上杉家臣山崎秀仙のもとに派遣した（本誓寺文書・三三九六）。武田氏滅亡に際しては恵林寺（山・甲州市）に逃げ込んだようだが（甲乱記）、恵林寺もろとも焼き払われた。（丸島）

白須新五左衛門 しらすしんござえもん

生没年未詳。永禄末期のものとみられる信玄旗本の陣立書にその名がみえる（山梨県立博物館所蔵文書・三九七二）。そのほかの事蹟は不明。（丸島）

白州信重 しらすのぶしげ

生没年未詳。永正十七年（一五二〇）に、勝沼武田信友と小山田信有（涼苑）が岩殿山円通寺（山・大月市）に奉納した棟札にその名が見え、銭三〇〇文を奉納している（甲斐国志資料・四八）。小山田氏の被官であろう。（丸島）

二郎衛門 じろうえもん

生没年未詳。信濃国筑摩郡永井（長・筑北村）の土豪。麻績氏の被官とみられる。天正九年（一五八一）の「伊勢内宮道者御祓くばり帳」において、「なかいの分」の人物として「やまわきの二郎衛門」と記載され、茶二袋を配られたと記されているのが唯一の所見（堀内健吉氏所蔵・三六四四）。（平山）

四郎左衛門 しろうざえもん

生没年未詳。信濃国筑摩郡会田（長・松本市）の土豪。会田岩下氏の被官とみられる。天正九年（一五八一）の「伊勢内宮道者御祓くばり帳」において、「あいたいりの分」の人物として「わ田原の四

郎左衛門」と記載され、茶二袋を配られたと記されているのが唯一の所見（堀内健吉氏所蔵・三六四）。（平山）

四郎左衛門　しろうざえもん
生没年未詳。信濃国筑摩郡小芹・大久保・花見（長・安曇野市）の土豪。塔原海野氏の被官とみられる。天正九年（一五八一）の「伊勢内宮道者御祓くばり帳」において、「こせり・大くほ・けみの分」の人物として記載され、茶三袋を配られたと記されているのが唯一の所見（堀内健吉氏所蔵・三六四）。（平山）

四郎左衛門　しろうざえもん
生没年未詳。信濃国筑摩郡明科（長・安曇野市）の土豪。塔原海野氏の被官とみられる。天正九年（一五八一）の「伊勢内宮道者御祓くばり帳」において、「あかしな分」の人物として記載され、茶三袋を配られたと記されているのが唯一の所見（堀内健吉氏所蔵・三六四）。（平山）

二郎左衛門　じろうざえもん
生没年未詳。信濃国筑摩郡光郷（長・安曇野市）の土豪。塔原海野氏もしくは光海野氏の被官か。天正九年（一五八一）の「伊勢内宮道者御祓くばり帳」において、「ひかるの分」の人物として記載され、茶三袋を配られたと記されているのが唯一の所見（堀内健吉氏所蔵・三六四）。（平山）

二郎左衛門　じろうざえもん
生没年未詳。信濃国筑摩郡生野（長・安曇野市）の土豪。塔原海野氏の被官とみられる。天正九年（一五八一）の「伊勢内宮道者御祓くばり帳」において、「いくの、分」の人物として記載され、茶三袋を配られたと記されているのが唯一の所見（堀内健吉氏所蔵・三六四）。（平山）

四郎右衛門　しろえもん
生没年未詳。信濃小県郡の国衆小泉氏の被官。永禄十年（一五六七）八月七日、武田氏に忠誠を誓う下之郷起請文に血判を据え、被官衆連名で浅利信種に提出している（生島足島神社文書・一一三九）。名字がない上に花押も書いておらず、地侍層と思われる。（丸島）

津梁斎　しんりょうさい
生没年未詳。天正五年（一五七七）頃、富士大宮（静・富士宮市）に神馬一疋を奉納している（永昌院所蔵兜巌史略・補遺二三）。そのほかの事蹟は不明。（丸島）

新右衛門　しんえもん
生没年・姓未詳。甲斐国山梨郡藤木郷（山・甲州市）の放光寺近在の檜皮大工職人。天文十七年（一五四八）四月の放光寺十五所権現社宝殿の棟札銘によれば、番匠大工は七郎左衛門で、檜皮大工を子息清七郎とともにつとめている（放光寺所蔵・二四三）。（柴辻）

神右衛門　しんえもん
生没年未詳。信濃国筑摩郡黒坪（長・安曇野市）の土豪。塔原海野氏の被官とみられる。天正九年（一五八一）の「伊勢内宮道者御祓くばり帳」において、「こせり・大くほ・けみの分」の人物として「黒坪の神右衛門」と記載され、茶二袋を配られたと記されているのが唯一の所見（堀内健吉氏所蔵・三六四）。（平山）

神右衛門　しんえもん
生没年未詳。信濃国筑摩郡野口（長・麻績村）の土豪。名字、諱は不明。麻績氏の被官とみられる。天正九年（一五八一）の「伊勢内宮道者御祓くばり帳」において、「の口分」の人物として記載され、茶三袋を配られたと記されているのが唯一の所見（堀内健吉氏所蔵・三六四）。（平山）

甚右衛門　じんえもん
生没年未詳。信濃国筑摩郡会田（長・松本市）の土豪。会田岩下氏の被官とみられる。天正九年（一五八一）の「伊勢内宮道者御祓くばり帳」において、「あいたいりの分」の人物として「穴沢の甚右衛門」と記載され、茶二袋を配られたと記されているのが唯一の所見（堀内健吉氏所蔵・三六四）。（平山）

真翁宗見 しんおうしゅうけん

永享十二年（一四四〇）～永正十三年（一五一六）五月四日、七七歳（寺記ほか）。曹洞宗雲岫派僧。有富山慈照寺（山・甲斐市）を、延徳元年（一四八九）に中興開山した。武蔵国足立郡の生まれで岡部氏一族という（広厳大通禅師譫語集・昭和再版妙亀譫語集八頁、日本洞上聯灯録・曹洞宗全集8三三頁）。武蔵小山田郷（東京都町田市）の大泉寺で剃髪した後、甲斐・竜華院（甲府市中道町）で桂節宗昌について修業の後、竜王の慈照寺（山・甲斐市竜王町）開山となる。弟子に天桂禅長がいる。年未詳であるが、「前竜華真翁叟宗見（花押）」と署名捺印した断簡が残されている（慈照寺所蔵）。永正十三年五月四日に入寂した（広厳大通禅師譫語集、日本洞上聯灯録）。なお、「寺記」は同寺の開基を武田信昌の六男昌清（正しくは虎光）と伝え、真翁も信昌の五男とする。しかしいずれもとうてい事実とは考えられず、真翁にいたっては、信昌（文安四年（一四四七）生まれ）よりも年長であり、かつ武蔵岡部氏の出であることがはっきりしている。なぜこのような誤伝が生じたのかは判然としない。（柴辻・丸島）

新宮清通 しんぐうきよみち

生没年未詳。新宮大夫。駿河府中浅間社（現静岡浅間神社、静・静岡市）の富士新宮（現浅間神社）の社人で、鎰取（かぎとり）の新宮大夫をつとめた（駿河記）。戦国期には今川氏へ仕えたが、駿河へ侵攻した武田氏へ従属し、永禄十一年（一五六八）十二月二十五日の武田家朱印状（静岡市文化財資料館所蔵文書・一三四六）で、駿河府中浅間社の御供勤仕を取り計らうよう命じられた。奉者は土屋平八郎昌続。元亀二年（一五七一）十一月二十五日の武田家朱印状（浅間神社文書・一七五五）では、社頭在番の社家一六人に安西（静岡市）の内で一六貫文を宛行われ、神役をつとめるよう命じられた。奉者は市川宮内助昌房。同三年四月十八日の武田家朱印状（同前・一八三三）で、不知行ながら神役をつとめたことを賞され、先宮新田の上成四貫三〇〇文を宛行われた。奉者は市川宮内助昌房。天正二年（一五七四）八月二十四日の武田家朱印状（旧新宮神主文書・二三四二）で、旧来どおり神役をつとめるよう命じられ、同日の武田家朱印状（静岡市文化財資料館所蔵文書・二三四五）で、曲金（静岡市）の社領を安堵された。奉者はいずれも市川宮内助昌房。同七年と推定される三月十四日の新宮清通等連署書状（旧駿府浅間神社社家大井家文書・三一〇五）では、奈吾屋清秋（奈吾屋大夫）と連署で、江尻（静岡市）から普請役を命じられたのに際し郷中の禰宜衆に状況を聞くため、八草（静岡市）の藤左衛門に駿河府中浅間社へ来るよう命じている。この書状の署名より、実名「清通」が確認できる。同年十月の武田家朱印状（浅間神社文書・戦武三一八五）では、社人の筆頭にあり、同年分の年貢として下方枡で計八五四俵余を受け取っている。ほかの社家が戦国期に断絶したなかで、近世まで同職を保ち続けた（駿河記）。（鈴木）

新宮正清 しんぐうまさきよ

生年未詳～天正三年（一五七五）六月以前。左近将監。駿河府中浅間社（現静岡浅間神社、静・静岡市）の富士新宮（現浅

間神社）神主。本姓は村主（すぐり）氏。延喜元年（九〇一）に信濃国中村出身の中村（村主）勝宗が大宮（静・富士宮市）から浅間神社を勧請した際に神主となり、新宮氏を称したのが始まりとされる。代々同職を世襲し、奈古屋（現大歳御祖神社）・山宮（現麓山神社）の神主も兼任した（駿河記）。戦国期には今川氏に仕えて中村を称したが、武田氏の駿河侵攻後に従属し、その後は新宮を称した。元亀元年（一五七〇）正月二十日の武田信玄判物（浅間神社文書・一四九二）で、武田氏の駿河侵攻による戦乱で断絶した社人の再編成を命じられた。同年六月十六日の武田家朱印状（同前・一五五二）では、社領内の船一艘分の諸役を免許された。また、同日の武田家朱印状（同前・一五五三）では、駿河国内から徴収していた神事銭を従前どおり催促するよう命じられた。いずれも奉者は原隼人佑昌胤・市川備後守家光。年未詳十一月十三日の市川家光書状写（駿国雑志・四三六八）では、「霞満」（昌忠か）の元服と一字拝領を祝賀されている。その後は嫡子の昌忠に神主職を譲ったとみられ、天正三年七月六日の新宮昌忠証文写（駿河志料・二五〇三）で、正清の供養料が天徳院に寄進されており、これ以前に死去したことがわかる。（鈴木）

新宮昌忠　しんぐうまさただ

生没年未詳。兵部少輔・左近将監。駿河府中浅間社（現静岡浅間神社、静・静岡市）の富士新宮（現浅間神社）神主。新宮正清の子。室は三枝昌貞の女（寛政譜）。年未詳十一月十三日の市川家光書状写（駿国雑志・四三六八）で元服を祝われた「霞満」は昌忠の幼名と推察され、この時に武田氏から「昌」の一字を授与されたと考えられる。元亀三年（一五七二）四月十八日の武田家朱印状（浅間神社文書・一八三三）で、被官五五人分の普請役を免許されたのが初見。天正二年（一五七四）六月二十日の武田家朱印状（同前・二三九九）でも、武田氏の代替わりに際して前出の被官五五人分の普請役免許を再認可されている。いずれも奉者は市川宮内助昌房。同三年七月六日の新宮昌忠証文写（駿河志料・二五〇三）で、正清・貞性の供養料として大岩（静岡市）の田地を天徳院へ寄進し、「新宮兵部少輔昌忠」と署名。同七年十二月一日の武田家朱印状（浅間神社文書・三二〇六）で、徳川軍によって焼失した新宮の社殿造営のために番匠三人法師の扶助を指示され、今後一切の細工奉公を免許された。また、同日の武田家朱印状（同前・三二〇七）でも、社殿造営のために宮崎（静岡市）に居住する人夫と被官五五人分の普請役を免許された。いずれも奉者は跡部大炊助勝資。同八年二月十九日の跡部勝資書状（大井博氏所蔵文書・三二五二）では、関東の陣中へ村岡大夫とともに書状を送り、神事勤行の遅滞について訴えたところ、その返書として、神事道具が近日中に用意できることを伝えられ、あわせて三月会の神事頭役に「御屋形様」（武田信勝）があたっているとのことにつき、「御隠居様御代」（武田勝頼時）の先例を調べること、去年の大段銭は穴山信君に了承を得たうえで催促するよう指示された。同年に比定される十一月十八日の武田家朱印状（浅間神社文書・三四四八）では、浅間社の祭礼で新宮神主が使用する道具と、その費用が書き上げられている。年未詳正月二十日の新宮昌忠書状（駿府浅間神社社家大井文書・三七八五）では、八草（静岡市）の藤左衛門への返信として奈吾屋清秋（奈吾屋大夫）を遣わし、普請役を命じる印判状が発給されたことに対して、江尻（静岡市）の穴山氏へ詫言を行うこと、不受理の場合は今回に限り普請役の動員に従うよう指示している。武田氏滅亡後も羽柴秀吉や徳川将軍家の保護を受け、明治維新まで駿河国惣社（現神戸神社）の神主志貴氏とならんで神職の首座にあった（駿河記）。　（鈴木・柴）

新五郎　しんごろう

生没年未詳。在郷の番匠頭。甲斐国八代郡石橋郷（山・笛吹市境川町）在住の番匠頭。永禄十一年（一五六八）六月二十八日には、武田家館内で上様への普請奉公をし、普請役を免除されている（巨摩郡古文書・一二八八）。同日付で同文のものが五通みられる。天正三年（一五七五）十二月六日には、新五左衛門尉宛の武田家朱印状によって、駿東郡深沢城（静・御殿場市）での普請役を命ぜられ、代償として水役の細工役を免除されている（同前・二五五三）。　（柴辻）

新五郎　しんごろう

生没年未詳。信濃国安曇郡の土豪。名字、諱などは不明。仁科氏の被官とみられる。天正九年（一五八一）の「伊勢内宮道者御祓くばり帳」において、「にしなの分」の人物として記載され、茶二袋を配られたと記されているのが唯一の所見（堀内健吉氏所蔵・三六四）。　（平山）

新五郎　しんごろう

生没年未詳。信濃国筑摩郡小立野（長・生坂村）の土豪。日岐氏の被官とみられる。天正九年（一五八一）の「伊勢内宮道者御祓くばり帳」において、「をたつの分」の人物として記載され、茶二袋を配られたと記されているのが唯一の所見（堀内健吉氏所蔵・三六四）。　（平山）

神五郎　しんごろう

生没年未詳。信濃国筑摩郡刈谷原（長・松本市）の土豪。会田岩下氏の被官とみられる。天正九年（一五八一）の「伊勢内宮道者御祓くばり帳」において、「かりや原分」の人物として記載され、茶三袋を配られたと記されているのが唯一の所見（堀内健吉氏所蔵・三六四）。　（平山）

新左衛門　しんざえもん

生没年未詳。信濃国安曇郡押野（長・安曇野市）の土豪。仁科氏の被官とみられる。天正九年（一五八一）の「伊勢内宮道者御祓くばり帳」において、「にしなの分」の人物として「押野の新左衛門」と記載され、茶三袋を配られたと記されているのが唯一の所見（堀内健吉氏所蔵・三六四）。　（平山）

新左衛門　しんざえもん

生没年未詳。信濃国筑摩郡会田（長・松本市）の土豪。会田岩下氏の被官とみられる。天正九年（一五八一）の「伊勢内宮道者御祓くばり帳」において、「あいた」の人物として記載され、茶三袋を配られたと記されているのが唯一の所見（堀内健吉氏所蔵・三六四）。　（平山）

甚左衛門　じんざえもん

生没年未詳。信濃国筑摩郡小芹・大久保・花見（長・安曇野市）の土豪。塔原海野氏の被官とみられる。天正九年（一五八一）の「伊勢内宮道者御祓くばり帳」において、「こせり・大くほ・けみの分」の人物として記載され、茶三袋を配られたと記されているのが唯一の所見（堀内健吉氏所蔵・三六四）。　（平山）

新三郎　しんざぶろう

生没年未詳。信濃国筑摩郡永井（長・筑北村）の人物。「かち」とは鍛冶のことを指すか、詳細不明。天正九年（一五八一）の「伊勢内宮道者御祓くばり帳」において、「なかいの分」の人物として「かち新三郎」と記載され、熨斗二〇本、茶三袋を配られたと記されているのが唯一

の所見（堀内健吉氏所蔵・三六四四）。（平山）

神四郎　しんしろう

生没年未詳。信濃国筑摩郡会田（長・松本市）の土豪。会田岩下氏の被官とみられる。天正九年（一五八一）の「伊勢内宮道者御祓くばり帳」において、「あいた分」の人物として記載され、茶二袋を配られたと記されているのが唯一の所見（堀内健吉氏所蔵・三六四四）。（平山）

新介　しんすけ

生没年未詳。信濃国筑摩郡光郷（長・安曇野市）の土豪。塔原海野氏もしくは光海野氏の被官か。天正九年（一五八一）の「伊勢内宮道者御祓くばり帳」において、「ひかる分」の人物として記載され、茶三袋を配られたと記されているのが唯一の所見（堀内健吉氏所蔵・三六四四）。（平山）

新助　しんすけ

生没年未詳。信濃国筑摩郡刈谷原（長・松本市）の土豪。会田岩下氏の被官とみられる。天正九年（一五八一）の「伊勢内宮道者御祓くばり帳」において、「かりや原分」の人物として記載され、茶三袋を配られたと記されているのが唯一の所見（堀内健吉氏所蔵・三六四四）。（平山）

神介　しんすけ

生没年未詳。信濃国筑摩郡野口（長・麻績村）の土豪。麻績氏の被官とみられる。名字、諱は不明。天正九年（一五八一）の「伊勢内宮道者御祓くばり帳」において、「の口分」の人物として記載され、茶二袋を配られたと記されているのが唯一の所見（堀内健吉氏所蔵・三六四四）。（平山）

新三衛門　しんぞうえもん

生没年未詳。信濃国筑摩郡安坂（長・筑北村）の土豪。天正九年（一五八一）の「伊勢内宮道者御祓くばり帳」において、「あさかの分」の人物として「おんさわの新三衛門」と記載され、熨斗三〇本、茶二袋を配られたと記されているのが唯一の所見（堀内健吉氏所蔵・三六四四）。（平山）

甚三衛門　じんぞうえもん

生没年未詳。信濃国筑摩郡刈谷原（長・松本市）の土豪。会田岩下氏の被官とみられる。天正九年（一五八一）の「伊勢内宮道者御祓くばり帳」において、「かりや原分」の人物として記載され、茶三袋を配られたと記されているのが唯一の所見（堀内健吉氏所蔵・三六四四）。（平山）

進藤与兵衛　しんどうよひょうえ

生年未詳～天正九年（一五八一）三月二十二日。高天神籠城衆。天正九年の高天神落城に際して討ち死にした（乾徳山恵林寺雑本・信15一七頁）。なお、「丸山勘三郎義明」と注記されている。理由は不明。（丸島）

甚丞　じんのじょう

生没年未詳。信濃国筑摩郡野口（長・麻績村）の土豪。弥左衛門の子。名字、諱は不明。麻績氏の被官とみられる。天正九年（一五八一）の「伊勢内宮道者御祓くばり帳」において、「の口分」の人物として記載され、茶三袋を配られたと記されているのが唯一の所見（堀内健吉氏所蔵・三六四四）。（平山）

新兵衛　しんひょうえ

生没年未詳。信濃国筑摩郡小芹・大久保・花見（長・安曇野市）の土豪。塔原海野氏の被官とみられる。天正九年（一五八一）の「伊勢内宮道者御祓くばり帳」において、「こせり・大くほ・けみの分」の人物として「中山の新兵衛」と記載され、茶二袋を配られたと記されているのが唯一の所見（堀内健吉氏所蔵・三六四四）。（平山）

新兵衛　しんべえ

生没年未詳。信濃国筑摩郡青柳（長・筑北村）の土豪。麻績氏の被官とみられる。

天正九年（一五八一）の「伊勢内宮道者御祓くばり帳」において、「あおや木分」の人物として「下まちの新兵衛」と記載され、茶三袋を配られたと記されているのが唯一の所見（堀内健吉氏所蔵・三四四）。（平山）

神保昌光 じんぼまさみつ

生没年未詳。上野国衆小幡縫殿助の家臣か。多胡郡長根郷（群・高崎市）を本拠とする長根衆の一員。永禄十年（一五六七）八月七日付の「下之郷起請文」において、長根衆の連署起請文で筆頭に署判しているのが唯一の所見（生島足島神社文書・二一七四）。（黒田）

す

末木家重 すえきいえしげ

生年未詳～天正十五年（一五八七）三月以前。淡路守。甲斐国八代郡八田村（山・笛吹市）の在郷商人。末木正重の子。由緒書では八田氏の初代で、武田信玄から末木の地を与えられて改姓し、武田氏に仕えたとされる。永禄十二年（一五六九）八月十八日の末木家重証文（八田家文書・一四四八）で、松沢善空を証人として跡職を末木新七郎に譲り渡す。この時「末木淡路守家重」と署名。元亀三年（一五七二）十二月二十八日の願念証文（同前・二〇〇八）で、借米の代替として願念（八田屋敷門前の願念寺開山）から黄金一〇両で屋敷を買得。この時は与三左衛門尉・善右衛門尉が「さいはん（裁判）人」となる。天正初期に作成されたと考えられる甲斐二宮祭礼帳（美和神社文書・山4七八四）では「奈良原油免」として七七五文、「冬御幸之御雑事免」として九五〇文の祭礼費用を負担している。天正九年二月七日の末木家重証文（八田家文書・三四九三）で「老衰」のため隠居し、嫡子の政清に名跡を譲る。この時の証人は山下行西斎・願念・三沢美濃守・末木七郎次郎・小倉民部丞・末木善右衛門尉の七名。同年四月一日の末木家重証文（同前・三五二九）で、末木善右衛門・小倉民部丞・寺川和泉守を証人として田畠・下人を政清に譲り渡す。同時に等々力（山・甲州市）の蔵の支配も政清に委ねており、甲斐国内で相当な経済力を有していたことが窺われる。同十五年三月以前に死去（同前・山4七三五）。正重と同一人物とする説もある。（鈴木）

末木新左衛門尉 すえきしんざえもんのじょう

生年未詳～慶長十一年（一六〇六）頃。のちの土佐守か。一般に八田村新左衛門尉の名で知られる。由緒書では末木家重の子で政清の弟とされるが、活動時期から正重の子で家重の弟と考えられている。また正重と同一人物とする説もある。武田氏に信任されて蔵前衆・代官をつとめた（軍鑑）。信玄の代には「御弓の番所」への出入りに留まっていたのが、勝頼の代になってからは「御くつろげじょ」（看経の間）まで出入りしているとして、三枝昌貞から非難されている（同前）。天正五年（一五七七）二月二十二日の武田家朱印状写（西湖区有文書・二七七六）で、高萩（山・市川三郷町）・三帳（市川三郷町）・芦川（山・笛吹市）・梯（山・甲府市）・古関（甲府市）・鶯宿（笛吹市）・精進（山・富士河口湖町）・本栖（富士河口湖町）・西湖（富士河口湖町）の九郷に対して諸役を免許したので、末木新左衛門尉・西林能登の代官所そのほかの諸役所が異議を申し立てないよう命じている。奉者は跡部大炊助勝資。同年閏七月十三日と同八年閏三月二十三日の長延寺師慶書状（一蓮寺旧蔵文書・二八四七、三三一〇）では、一蓮寺（甲府市）の住持が申し出た西門前の境目の件で、師慶が末木新左衛門尉に佗言を行って了解を得、新左衛門尉が所有する林を境目としたことを報じている。年未詳九月十日の穴山信君書状写（楓軒文書纂・三九〇三）で、飛脚を信君のもとへ遣わすよう佐野兵左衛門尉君弘に命じ、山中の役所への手形は八田村（末木新左衛門尉）に頼んで発行させること、新左衛門尉が沼津（静・沼津市）へ帰ってきたら、小田原（神・小田原市）へ遣わす飛脚であると佐野から伝え、新左衛門尉に手形を発行させるよう指示している。以上の点から、新左衛門尉は甲府に居住して武田氏館に出入りする一方、蔵前衆・代官として武田氏の役所を管理し、甲相駿三国を結ぶ街道の通行手形を発行できる権限を有していたことがわかる。同十年三月に武田氏が滅亡した後は、翌十一年九月二十一日に徳川氏から諸役を免許されて、引き続き商人として活動した（八田家文書・山4七二三、七三三）。慶長十一年九月十七日に徳川氏の四奉行（桜井信忠・石原昌明・小田切茂富・跡部昌忠）が新左衛門尉の財産目録を作成しており（同前・山4七三〇）、この頃に死去したとみられる。跡職は甥政清の子の管太郎政俊が相続した。（鈴木）

末木政清 すえきまさきよ

生年未詳～慶長十四年（一六〇九）頃。東市佑・市丞。末木家重の子。永禄十二年（一五六九）に家重から跡職を譲られた新七郎と同一人物とする説もある。天正九年（一五八一）二月七日の末木家重証文（八田家文書・三四九三）と、同年四月一日の末木家重証文（同前・三五二九）で父家重から家産を譲られ、名跡を相続。同年四月十六日の武田家朱印状（同前・三五三八）で、家重の譲状に基づき跡職の相続を認められる。奉者は跡部越中守勝忠。同十年三月に武田氏が滅亡した後は徳川氏に仕え（同前・七一九～二二）、慶長年間（一五九六～一六一五）に八田姓に復帰。近世には名字帯刀を許されて浪人となり、三四〇〇坪の居屋敷（御朱印屋敷）を所有した（国志4二七八頁）。慶長十四年十月まで史料上にみえ（八田家文書・山4七三三～三五）、その後間もなく死去したと考えられている。（鈴木）

末木正重 すえきまさしげ

生没年未詳。土佐守。甲斐国八代郡八田村（山・笛吹市）に居住して金融業を営み、甲斐・信濃で商業活動を行った。同家の由緒書では下野宇都宮氏支族の八田氏が武田氏に仕え、家重が信玄から末木の地を与えられて姓を改めたとされる。永禄二年（一五五九）三月二十日に過去の諸役免許者を書き上げた武田家朱印状（諸州古文書・六五五）によれば、天文十九年（一五五〇）六月十六日に、甲信の内で一月に馬五疋分の「分国商買の諸役」を免許されている。奉者は跡部九郎右衛門尉昌忠。同二十二年三月九日の武田家朱印状（東光寺文書・三六六）で、東光寺（山・甲州市）塔頭領の定納七貫五〇〇文分を質物として、同二十三年から永禄元年まで五年間の期限で東光寺への借銭貸与を認められた。相州小田原外郎屋宇野某の所蔵文書に「八田村土佐守正重」の印書（国志4二七九頁）があり、小田原（神・小田原市）に居住していた北条氏の御用商人外郎（ういろう）氏とも交流があったようだが、詳細は不明。家重あるいは新左衛門尉と同一人物とする説もある。（鈴木）

須賀吉久 すがよしひさ

生没年未詳。上野国群馬郡倉賀野（群・

高崎市）の土豪。通称は初め縫殿助、のちに佐渡守。年未詳十月十四日付で武田氏が倉賀野城主金井淡路守（のち跡部家吉）・倉賀野衆に宛てて、倉賀野居住の無足人で参陣したものに西庄玉村郷（群・玉村町）で所領を与えることを約しているが（須賀文書・三七六七）、これを伝来しているのが須賀氏であった。永禄十年（一五六七）八月七日付「下之郷起請文」では、単独で起請文を出し、取次とみられる武田氏家臣跡部勝資に宛てている。そこでは縫殿助吉久と署名している（同前・四二〇九）。取次は金井氏に対してと同じ跡部氏であるから、須賀氏は倉賀野衆として存在し、金井氏の指揮下にあったとみられる。これによりすでに武田氏に家臣化し、所領を与えられていたと考えられるから、先の文書はそれ以前に出されたものと推測される。元亀元年（一五七〇）十二月五日、佐渡守の名でみえ、武田氏から後閑堀之内（群・安中市か）刑部少輔分の所領三〇貫文を宛行われている（同前・一六二八）。これは新恩所領の宛行とみられる。天正十年（一五八二）三月の武田氏滅亡後は、武士としての活動は確認されない。同十五年十一月十日に、北条氏から西庄から小田原（神・小田原市）までの伝馬利用を認める手形を与えられており（同前・戦北三二一七）、商人としての活動が知られる。　（黒田）

菅沼伊賀守　すがぬまいがのかみ

天文九年（一五四〇）～元和元年（一六一五）十月六日、七五歳。三河国衆。三河国島田（愛・新城市）を本拠とし、駿河今川氏の三河侵攻に際して、ほかの菅沼氏同様に今川氏へ従属した。通称は久助。その後、受領名伊賀守を称す。「寛政譜」では実名を「三照」とするが、活動時期より系譜関係を考えると、同書でその父に位置する実名を「定勝」とされる人物で捉えた方がよく（三照は出家号か）、両者はおそらく同一人物の可能性がある。永禄二年（一五五九）十月二十三日に、同十九日の尾張大高城（愛・名古屋市緑区）における合戦での戦功を、今川義元に賞され感状を授与されている（浅羽本系図・戦今一四七九）。また、翌三年十月七日には、今川氏真より義元時の判物を受け、知行地と田峯郷での人夫銭を安堵されるとともに、桶狭間合戦の際の武節（愛・豊田市）筋での戦功を賞されている（同前・一五八七）。その後は、ほかの三河国衆同様に、松平（徳川）氏へ従属し（寛政譜）、元亀三年（一五七二）十月以降の武田信玄による徳川領国侵攻のなかで、山家三方衆と同じく武田氏へ従属した。その時の従属行為に際し、天正元年（一五七三）六月一日に、武田氏より西三河での一所の知行宛行を約束されている（浅羽本系図・二一三二）。これを受け翌二年九月九日には、遠江国浜松（静・浜松市）にて一〇〇貫文の知行宛行を約束する武田家朱印状（奉者は山県昌景）が発給されている（同前・二六三二）。この後、時期は不明ながら再び徳川氏へ属し仕え、後年は結城秀康に附属させられ、秀康とともに越前国へ移ったとされる。元和元年十月六日に同国にて死去、法名は源英で、孝顕寺（福井・福井市）に葬られた（寛政譜）。子定重の代の同八年八月、後継なきにより絶家となる（同前）。　（柴）

菅沼伊豆守　すがぬまいずのかみ

生年未詳～天正十年（一五八二）五月十七日。長篠菅沼一族。長篠菅沼氏は、三河国衆・山家三方衆で、三河国長篠（愛・新城市）を本拠とする。同氏は駿河今川氏の三河侵攻に際し、ほかの菅沼氏同様に今川氏への従属を経た後、松平（徳川）氏に従属していた。伊豆守の実名は、「寛政譜」などでは「満直」とするが、確認はできない。永禄十二年（一五六九）正月に、長篠菅沼当主（「寛政譜」では実名を「貞景」とする）が徳川氏の遠江侵攻に従い、遠江懸川城（静・掛川市）攻めにおいて戦死したため、嫡男右近助を当主に擁立し、実権を握る。元亀三年（一五七二）十月以降の武田氏による徳川領国侵攻では、武田氏への従属を明確にし、山県昌景・秋山虎繁の別働隊に加わり行動する（徳川黎明会所蔵文書・一九六九、当代記）。これ以降、「惣人数」（軍鑑）によると、奥平定能や田峯菅沼形部丞とともに、山県昌景の相備衆として、三〇騎を率いる立場にあった。天正元年六月晦日に、武田勝頼より遠江国高部（静・袋井市）一〇〇貫文の所領を安堵される（松平奥平家古文書写・二一三二）。しかし七月より徳川氏に本拠長篠城を攻撃され、九月八日に進退保証を条件に開城し、鳳来寺（新城市）へ撤退する。その直後、長篠籠城時より徳川家康に通じていた右近助を当主の地位から退け、新兵衛尉（右近助の兄）を当主に擁立し、同年十一月十三日に武田勝頼より承認を受ける（狩野亭氏旧蔵文書・二二二八）。同三年四月、武田勝頼の東三河侵攻に際し、山県昌景のもとで山家三方衆として従軍し、野田城（新城市）、二連木城（愛・豊橋市）の攻略に参加（孕石家文書・一七〇四）、その後長篠城攻撃にあたる（信長公記）。しかし五月二十一日の長篠合戦での敗北にともない、織田・徳川両軍による反撃のなか、信濃国伊那郡に逃亡、下条信氏の指揮下に編制される（菅沼家譜・愛11一二六八、武田神社所蔵文書・二五一四）。同十年三月の織田氏による武田領国への侵攻のなか、織田重臣の河尻秀隆のもとへ田峯菅沼刑部丞とともに降参を申し出たが（当代記）、「信長公記」によると、田峯菅沼刑部丞と同じく百姓たちの手により殺害されたとされる。「貞享書上　菅沼主水」（朝野旧聞裒藁5一四四頁）は、殺害された日付を五月十七日とする。（柴）

菅沼右近助　すがぬまうこんのすけ

生没年未詳。三河国衆、長篠菅沼当主。「寛政譜」などで実名を「正貞」としてみられる人物、「浅羽本系図」所収菅沼系図の刑部少が該当する。前者では長篠菅沼嫡流の系譜に位置するが、後者は伊豆守の子として扱う。天正元年（一五七三）十一月十三日付武田勝頼判物より、新兵衛（「当代記」や「浅羽本系図」所収菅沼系図では八左衛門）の兄であることが確認できるので（狩野亭氏旧蔵文書・二二二八）、「浅羽本系図」所収菅沼系図のとおり、伊豆守の嫡子とするのが妥当であろう。永禄十二年（一五六九）正月に長篠菅沼当主（「寛政譜」では実名を「貞景」とする）が徳川氏の遠江侵攻に従い、遠江懸川城（静・掛川市）攻めにおいて戦死したため、長篠菅沼当主に擁立される。元亀三年（一五七二）十月以降の武田信玄による徳川領国侵攻では、父伊豆守とともに武田氏への従属を明確にし、山県昌景・秋山虎繁の別働隊に加わり行動する（徳川黎明会所蔵文書・一九六九、当代記）。なお従属に際し、信玄より判物を発給されていたことが、前掲の勝頼判物の記述より確認できる。天正元年六月晦日には、勝頼より田峯菅沼刑部丞、奥平定能とともに、牛久保領の配分は作手奥平氏や田峯菅沼氏との山家三方衆のもとで相談して行うよう指示される（松平奥平家古文書写・二一三二）。同七月より徳川家康が本拠長篠城（愛・新城市）を攻撃した際、秘かに家康へ内通する。このため九月八日の開城の後、武田氏と父伊豆守により当主の地位を退かされ、信濃国小諸（長野・小諸市）に籠居する。同十年三月の武田氏滅亡後、家康へ仕えることを試みるが叶わず、牧野康成に預けおかれたとされる（当代記）。後裔は紀伊藩の家臣として仕えた（南紀徳川史名臣伝）。（柴）

菅沼刑部丞 すがぬまぎょうぶのじょう

生年未詳～天正十年（一五八二）五月十七日。三河国衆、田峯菅沼家当主。武田氏従属時は、「惣人数」（軍鑑）によると、四〇騎を率いる三河先方衆としてみえる。田峯菅沼氏は、初め三河国菅沼（愛・新城市）を拠点としたが、のちに田峯（愛・設楽町）を本拠とし、長篠、島田、野田（新城市）へ庶家を分立したとされる。幼名は小法師。通称は新三郎（軍鑑）、実名は系譜類で「定忠」または「貞吉」とするが、確認できない。父定継の時に、今川氏の三河侵攻により従属するが、弘治元年（一五五五）に定継が今川義元に敵対し、翌二年に今川氏と一族の攻撃を受け、自害する。これを受け、今川方に属した伯父定直たちにより、田峯菅沼宗家当主として擁立された。永禄四年（一五六一）四月十五日、松平（徳川）氏の対今川氏との戦争のなか、定直たちの働きにより松平元康（徳川家康）へ従属し、本領安堵を受ける（久能山東照宮博物館所蔵文書・戦今一六八三）。しかし、一族の次大夫や奥平氏の尽力により今川氏へ帰参する（集古文書・戦今一七八八、松平奥平家古文書写・戦今一九一三）。翌五年正月十四日に、今川氏真より帰参に際し、本領を返付のうえに新知の宛行などがなされるが、その一方で平井城（新城市）の破却を命じられた（松平奥平家古文書写・戦今一七八七）。その後、再び徳川氏へ従属する。元亀三年（一五七二）七月頃、奥平定能の主導のもとで武田氏へ従属し（同前・一九二九）、十月には武田信玄による徳川領国侵攻の一環として、山県昌景・秋山虎繁の別働隊が三河へ侵攻するなか、奥平氏・長篠菅沼氏たちとともに山家三方衆として従い行動する（徳川黎明会所蔵文書・一九八九、当代記）。ただし、一族の定利、定氏たちは刑部丞とは行動をともにせず徳川方に止まった（譜牒余録・愛11九〇二）。これ以降、「惣人数」（軍鑑）によると、奥平定能や長篠菅沼伊豆守とともに、山県昌景の相備衆として、四〇騎を率いる立場にあった。天正元年六月晦日、武田勝頼より遠江国高部（静・袋井市）一〇〇貫文の所領を安堵され、奥平定能との牛久保領の所領相論に関しては、作手奥平氏・田峯菅沼氏との山家三方衆で談合による解決を求められる（松平奥平家古文書写・二一三二）。この後相論は解決せず、奥平定能により武田氏に上訴されるが（同前・二一三九）、武田氏の対応に不満を感じた定能は同年八月に徳川氏へ従属してしまう（譜牒余録・愛11九〇二）。同三年四月、武田勝頼の東三河侵攻に際し、山県昌景のもとで山家三方衆として従軍し、野田城（新城市）、二連木城（愛・豊橋市）の攻略に参加（孕石家文書・一七〇四）、その後長篠城攻撃にあたる（信長公記）。しかし五月二十一日の長篠合戦での敗北にともない、織田・徳川両軍による反撃が開始されるなか、本拠田峯城を捨て武節城（愛・豊田市）に籠もるが、六月には落城させられ、信濃国伊那郡へ逃亡、下条信氏の指揮下に編制される（野崎達三氏所蔵文書・愛11一一一四、菅沼家譜・愛11一一五八、武田神社所蔵文書・二五一四）。同十年三月の織田氏による武田領国への侵攻のなか、織田重臣の河尻秀隆のもとへ、長篠菅沼伊豆守父子とともに降参を申し出たが（当代記）、「信長公記」によると、百姓たちの手により殺害されたとされる。「寛政譜」は、殺害された日付を五月十七日とする。法名は浄秀。その後、刑部丞の従弟で、徳川方に属していた定利が田峯菅沼家を継承し、徳川氏の信濃国伊那郡統治の重責を担い、徳川氏の関東移封後は上野国吉井（群・高崎市）二万石を領有するに至る。慶長七年（一六〇二）十月の定利死後、奥平信昌の三男で養子忠政が後継となり、美濃国加納（岐・岐阜市）一〇万石となるが、寛永十二年（一六三五）七月に後継なく絶家となる（寛政譜）。（柴）

菅沼新兵衛尉 すがぬましんひょうえのじょう

生年未詳～天正十年（一五八二）五月十七日。三河国衆、長篠菅沼当主。武田氏従属時の「惣人数」（軍鑑）に、四〇騎を率いる三河先方衆に位置づけられている人物「ながしの、城主菅沼文左衛門」は、彼のことか。父は菅沼伊豆守で、右近助の弟。「当代記」や「浅羽本系図」所収菅沼系図では、通称を「八左衛門」とする人物が該当する。天正元年九月八日の長篠開城後、籠城時より徳川家康に通じていた右近助を退けて、父伊豆守により当主として擁立され、同年十一月十三日に武田勝頼より承認される（狩野亭氏旧蔵文書・三三八）。同二年正月二十九日、甲府（山・甲府市）への出頭に際してであろうか、自身と家臣二二人、馬七疋の通過を許可する過所を与えられている（御判物古書写・三六二）。その後は、父伊豆守とともに、同三年四月、武田勝頼の東三河侵攻に際し、山県昌景のもとで山家三方衆として従軍し、野田城（愛・新城市）、二連木城（愛・豊橋市）の攻略に参加（孕石家文書・一七〇四）、その後長篠城攻撃にあたる（信長公記）。しかし五月二十一日の長篠合戦での敗北にともない、織田・徳川両軍による反撃のなか、信濃国伊那郡へ逃亡した。同十年三月の織田氏による武田領国への侵攻のなか、織田重臣の河尻秀隆のもとへ父伊豆守とともに降参を申し出たが、父伊豆守、田峯菅沼刑部丞とともに殺害された（当代記）。「貞享書上 菅沼主水」（朝野旧聞裒藁5 三四頁）は、殺害された日付を五月十七日とする。（柴）

菅野直棟 すがのなおむね

生没年未詳。兵部少輔。禰津常安の被官。姓の読みは「かんの」かもしれない。永禄十年（一五六七）八月、武田家臣が信玄への忠節を誓った「下之郷起請文」を、甘利信忠に宛てて提出している（宮入八樹氏所蔵御願書幷誓詞写・四三〇）。「直」は禰津氏からの偏諱とみられる。（丸島）

菅原為繁 すがわらためしげ

生年未詳～慶長十九年（一六一四）一月二十三日（正能家位牌）。元は武蔵国衆で羽生（埼・羽生市）城将。広田直繁の子で、妻は木戸忠朝の娘。通称は左衛門佐。元亀三年（一五七二）正月、越後上杉謙信から畠山菅原名字を与えられているのが初見（謙信公御書・上越一〇八〇）。父直繁は上野館林（群・館林市）領を与えられて同城主に転じていたから、為繁はそれを受けて羽生城将になっていたとみられる。以後、叔父木戸忠朝、その嫡子重朝とともに羽生城将をつとめるが、天正二年（一五七四）閏十一月、同城は謙信によって破脚、在城衆は謙信に引き取られ東上野に配置された。忠朝の次男能元斎休波（のち元斎寿三）が同六年三月に善城（群・前橋市）に在城したとみられているから（奈良原文書・群二八九二）、同じく善城に在城したか。しかしその後の在所地は明らかではない。同七年から武田氏と北条氏の抗争が展開されると、武田氏に通じたらしく、同八年正月七日、赤城神社に、勝頼の進軍によって羽生城への帰還が実現できるよう祈願している（同前・三三〇）。同社に祈願しているから、この時には善城に在城していたか。武田氏滅亡後の同十一年十一月、元斎は山上城（前橋市）に在城し、北条氏と厩橋北条氏に両属していたとみられるが（楓軒文書纂・戦北二七四二）、為繁の動向は明確ではない。同十六年に武蔵岩付浄国寺（埼・さいたま市）に仏舎利を寄進したという所伝があり（同寺縁起）、また崎西（埼・加須市）城主や羽生城主との所伝があるから、忍成田氏に従ったと推測される。同十八年の小田原合戦の際、実名を直則に改めて、従兄弟重朝とともに羽生城奪回を行っている（寺院証文）。それに関して羽柴方の天徳寺宝衍は、秀吉への赦免を図っているから、為繁らはそれまで北条方に在ったことは間違いない。その後の動向は明確ではないが、崎西正能竜華寺に葬られたから同地に在住したか。法名は白翁遊山居士。（黒田）

杉原日向守　すぎはらひゅうがのかみ

永正十四年（一五一七）～天正三年（一五七五）五月二十一日、五九歳（寛永伝）。「寛永伝」は実名を直明とする。元将軍足利義輝の家臣で、のちに信玄に仕えたという（寛永伝）。永禄十一年（一五六八）とみられる十月十三日、越後の板屋古瀬右馬允の所領付近で派遣され、今後の談合を指示されている（常安寺所蔵文書・一三三三）。天正三年の長篠合戦で討ち死にした（宣教卿記、信長公記）。（丸島）

杉山小兵衛尉　すぎやまこひょうえのじょう

生没年未詳。駿河国安倍郡俵峯（静・静岡市）の土豪、駿河衆。今川氏へ仕え、明応三年（一四九四）九月二十日には、今川氏親より黒印状で忠節を賞され、俵峰半分を宛行われた太郎右衛門がみられる（杉山家文書・戦今八九）。その後、天文二十一年（一五五二）になると、四月二十一日には今川義元より朱印状で、杉山氏は同地域の土豪の望月氏とともに湯山（静岡市）での普請をつとめたことから、四分一・押立諸役を免除されている（同前・戦今一〇八六）。この頃からみられだす小太郎は継母の計らいにより、俵峯の名職を所有する田畠を別子や親類に分けられてしまい退転においこまれていたが、今川氏へ訴え出たところ、義元より俵峰の名職と山屋敷などを改めて認められている（同前・戦今一二一〇）。その後、小太郎は永禄六年（一五六三）四月十日には、今川氏真より朱印状で、望月四郎右衛門とともに三州急用の事態にも拘わらず、被官としての立場を重視して棟別役を免除され（同前・戦今一九〇八）、同十年九月二十八日には、氏真より朱印状で、屋敷地内の竹木伐採を、必要時は除き、一切禁止を認められた（同前・戦今二三四七）。また、同年十月付貫高注文写（宮本勉氏所蔵文書）によると、俵峯村で二四貫文の山屋敷を所持していたことがわかる。この小太郎の後身が活動時期より、小兵衛尉と推察され、今川氏滅亡後は武田氏へ従い、一時、岡部元綱の同心衆にあったらしく、天正元年（一五七三）十月十七日には正綱より志田郷三輪分（静・藤枝市）内で五貫文の知行地を扶持されている（判物証文写・二一八九）。同二年十二月十八日には、武田家朱印状（奉者は市川昌房）により、武田氏へ仕えて以来の安倍郡内の本地と賀地間（加島、静・藤枝市）で計二四貫文の知行地を改めて宛行われている（杉山家文書・二四三）。同三年八月、徳川氏による遠江小山城（静・吉田町）攻囲のなか籠城に参加、撃退後の九月二十一日に武田勝頼より籠城の戦功を賞され、感状を与えられた（同前・二五二七）。その後の事蹟は不明。後裔は、俵峯村に在住し続けた（駿河志料）。　（柴）

杉山惣兵衛　すぎやまそうひょうえ

生没年未詳。駿河国阿野荘井出郷（静・沼津市）の土豪、駿河衆。天文六年（一五三七）の駿河国駿東・富士両郡をめぐる今川氏と北条氏との戦争である河東一乱以来、今川氏へ仕え、駿府（静・静岡市）での奉公や駿河興国寺城（沼津市）の城番をつとめた。その働きを賞され、同十九年四月晦日に、今川義元より井出郷内において所持する名田のうち一二石九斗と畠銭二貫五〇〇文を給恩として与えられ、諸役免除を得た（判物証文写・戦今九四二）。今川氏滅亡後は、武田氏へ仕え、元亀三年（一五七二）三月二十三日、武田家朱印状（奉者は山県昌景）により、阿野荘内井出分（井出郷、沼津市）の所有を認められたうえ、給恩地に関しては改めて宛行うことを約束され、また諸役免除を得た（同前・一八二五）。後裔は、その後も西井出村に在住し続けた。　（柴）

助右衛門　すけえもん

生没年未詳。信濃国筑摩郡野口（長・麻績村）の土豪。名字、諱は不明。麻績氏の被官とみられる。天正九年（一五八一）の「伊勢内宮道者御祓くばり帳」において、「の口分」の人物として記載され、茶二袋を配られたと記されているのが唯一の所見（堀内健吉氏所蔵・三六四四）。（平山）

助衛門　すけえもん

生没年未詳。信濃国筑摩郡桑関（長・麻績村）の土豪。名字、諱は不明。麻績氏の被官とみられる。天正九年（一五八一）の「伊勢内宮道者御祓くばり帳」において、「いほり・たかの分」の人物として「桑関の助衛門」と記載され、茶三袋を配られたと記されているのが唯一の所見（堀内健吉氏所蔵・三六四四）。　（平山）

助左衛門　すけざえもん

生没年未詳。佐野姓か実名未詳。甲斐国巨摩郡大崩村（山・身延町）の山造職人棟梁。天文二十三年（一五五四）五月吉日の穴山信友家臣の帯金虎達証文によれば、恩地を保証するので、奉公に励むように伝達されており（佐野家文書・四〇二）、弘治三年（一五五七）二月十二日の穴山信友判物では、山造りの棟梁により、棟別役を免除するので、奉公に励むよう指令されている（同前・五二九）。天正八年（一五八〇）正月二十六日には、その子と思われる孫三郎に、穴山信君判物で河内谷中で私宅一間の棟別諸役を免除するので、山造りの奉公を勤仕するよう命ぜられている（同前・三四〇）。次いで同人に対して、同年十月十二日付の信君判物では、弘治三年時の信友判物の内容が安堵がなされている（同前・三四〇）。江戸期には佐野姓を称し、大崩村の名主役をつとめる。　（柴辻）

助三衛門　すけぞうえもん

生没年未詳。信濃国筑摩郡会田（長・松本市）の土豪。会田岩下氏の被官とみられる。天正九年（一五八一）の「伊勢内宮道者御祓くばり帳」において、「あいたいりの分」の人物として「鍛治屋在家助三衛門」と記載され、茶二袋を配られたと記されているのが唯一の所見（堀内健吉氏所蔵・三六四四）。　（平山）

鈴木神左衛門尉　すずきしんざえもんのじょう

生没年未詳。大宮浅間神社（現富士山本宮浅間神社、静・富士宮市）の社人で、境内末社七之宮の禰宜。元亀三年（一五七二）五月十六日の武田家朱印状（旧祝子鈴木家文書・一八四）で七宮禰宜に補任され、代官坊分の年貢二貫五〇〇銭を当年に限り認められた。奉者は原隼人佑昌胤・市川宮内助昌房。天正元年（一五七三）十二月十七日の武田家朱印状（同前・三四〇）で、遠江領有が達せられたら、篠原庄左衛門へ替地を与えたうえで七之宮社領を宛行うことを約束され、当年分として大宮司領から二〇〇疋（二貫文）を与えることを伝えられた。奉者は市川宮内助昌房・原隼人佑昌胤。同七年十二月二十八日の市川元松証文（宮崎喜旦氏所蔵文書・三三三）では、大宮浅間神社の正月祭礼の費用として、七之宮禰宜に下される分として二貫文が書き上げられている。（鈴木）

鈴木新七郎 すずきしんしちろう

生没年未詳。上野国衆国峰小幡氏の家臣で、武蔵国児玉郡今井村（埼・本庄市）の土豪。同村は小幡氏の所領であった関係から、家臣化したとみられる。同家には、天文二十一年（一五五二）三月十四日付小幡憲重宛で今井村百姓の還住を認める北条家朱印状（鈴木文書・戦北四〇九）、永禄元年（一五五八）十一月九日付今井百姓中宛小幡憲重黒印状（同前・戦北四八三）が伝来されているから、同郷の政治的代表者であったとみられる。後者では、北条氏の拠点武蔵河越（埼・川越市）との間の飛脚の通行に関して、憲重の黒印状による命令以外は、こへ夫・馬を提供しなくてよいこと、宿泊についても宿を貸すだけでよく食事は出さなくてよいと命じられている。年未詳十二月二十三日付憲重黒印状（同前・戦北三九六〇）では、同名与八郎が放棄した耕作地について、その管轄を認められている。その後、武田氏滅亡後の天正十八年（一五九〇）四月二十六日付で鈴木氏（新七郎の子孫であろう）宛で小幡信秀（憲重の五男）から、居住地の両今井村をはじめ五ヶ村の「用所」（年貢・公事などか）負担について、納入責任者の地位に任じられている（同前・戦北三七三三）。（黒田）

鈴木清三郎 すずきせいざぶろう

生没年未詳。甲府（山・甲府市）在住の秤職人。天正二年（一五七四）閏十一月二十四日の武田家朱印状（守随家文書・二四〇〇）で、吉川守随・鈴木与治郎・長坂善七郎とともに、甲府在住と細工奉公を命じられ、町棚一間分の商売役を免許された。奉者は山県三郎兵衛尉昌景。同四年二月二十二日の武田家朱印状（同前・二五九〇）でも、吉川彦太郎・鈴木与治郎・長坂善七郎とともに甲府在住と細工奉公を命じられ、町棚一間分の商売役を免許されている。奉者は長坂釣閑斎光堅。同八年八月十六日の武田家朱印状（同前・三四〇三）では、吉川彦太郎・鈴木与治郎・長坂十左衛門尉とともに武田氏への細工奉公をつとめたことに対して、町棚一間分の商買役、利倍役、宿次の諸役・人足役を免許された。奉者は長坂釣閑斎光堅。これには竜朱印のほかに、宛名の上に二個の「晴信」方朱印がみられる。（鈴木）

鈴木与治郎 すずきよじろう

生没年未詳。甲府（山・甲府市）在住の秤職人。与次郎とも記された。鈴木清三郎とは同族か。天正二年（一五七四）閏十一月二十四日の武田家朱印状（守随家文書・二四〇〇）で、吉川守随・鈴木清三郎・長坂善七郎とともに、甲府在住と細工奉公を命じられ、町棚一間分の商売役を免許された。奉者は山県三郎兵衛尉昌景。同四年二月二十二日の武田家朱印状（同前・二五九〇）でも、吉川彦太郎・鈴木清三郎・長坂善七郎とともに甲府在住と細工奉公を命じられ、町棚一間分の商売役を免許されている。奉者は長坂釣閑斎光堅。同八年八月十六日の武田家朱印状（同前・三四〇三）では、吉川彦太郎・鈴木清三郎・長坂十左衛門尉とともに武田氏への細工奉公をつとめたことに対して、町棚一間分の商買役、利倍役、宿次の諸役・人足役を免許された。奉者は長坂釣閑斎光堅。武田氏滅亡後の事蹟は不明だが、吉川（守随）氏が徳川氏に召し出された際に随行して、江戸へ移住したと考えられる（国志4三一〇頁）。（鈴木）

鱸与助 すずきよすけ

生没年未詳。葛山衆（長・長野市）のひとり。本来は乙名層で、弘治三年（一五五七）に葛山城主落合氏が没落した後、武田氏によって取り立てられたとみられる。永禄十一年（一五六八）十一月十八日、葛山衆に地下人の還住が命じられている（石井進氏所蔵諸家古案集・一四七三）。元亀元年（一五七〇）九月一日、本領鱸郷（長野市）一五〇貫文に、上松（長野市）一〇〇貫文を加増された（歴代古案・一五八五）。倍近い加増であり、晴信が意図的に葛山衆を強化しようとしていた様子が読み取れる。なお、これらの所領には同日付で飯縄明神社千日次郎大夫にも寄進されているものがあり、同社を中心とした結合が求められたのではないか。この点から、葛山衆は本来山伏であったという指摘もあり、同年の飯縄社甲斐勧請と結びつけて考えられている。（丸島）

鈴木若狭守 すずきわかさのかみ

生没年未詳。駿河国竹之下（静・小山町）の土豪で、問屋を営んだ。永禄十年（一五六七）八月十七日、葛山氏元より朱印状にて、武藤新左衛門尉・芹沢玄蕃允とともに過書銭と塩荷留により没収した塩荷を納入するよう命じられる（芹沢文書・戦今二一四二）。元亀元年（一五七〇）三月十七日、北条氏より朱印状にて「竹下村」に宛てた住人の帰住のうえで、諸役を免除する朱印状が鈴木家に伝来していることより、同朱印状の獲得に尽力したのであろう（鈴木文書・戦北一三九四）。また天正四年（一五七六）二月十四日には、「竹下之郷」へ宛てられた武田家朱印状（奉者は長坂光堅）による伝馬定書を受けていることより（鈴木家文書・二五八四）、鈴木家が竹之下における伝馬の管理を委ねられたことがわかる。同八年五月七日、武田家朱印状（獅子朱印、奉者は安西伊賀守）により、若狭守は同名和泉守と湯山豊後守とともに室伏内膳たち六人の北条領国（敵地）への欠落を受け、彼らの名田・屋敷の所持を認められたうえで年貢納入を命じられた（同前・三三四二）。後裔は、その後も竹之下に長百姓として存在し続けた（駿河志料）。（柴）

須田新左衛門尉 すだしんざえもんのじょう

生没年未詳。上野国勢多郡下南雲郷宮田村（群・渋川市）の土豪。天正九年（一五八一）七月十日付で岩櫃・白井城代真田昌幸から、同郷で知行を認められている（長国寺殿御事蹟稿・三五八二）。同日付で南雲衆一一人に宛てた真田昌幸朱印状写によって、南雲衆の寄親のひとりであったことがわかる（同前・三五八三）。先年に宮田村所在の不動山城を経略した功績を立て、さらにその後に利根川西岸域から退去することを受け容れた忠節に対し、沼田領経略後に同領で所領を与えられる約束を受けていたが行われず、あらためて武蔵・上野経略のうえで所領を与えられることを約束され、堪忍分として南雲郷で知行を認められている。これは年貢分を免除され知行化されたものであろう。不動山城の攻略とは、同六年六月三日に上杉方白井長尾憲景から真田昌幸が攻略した時のこと（歴代古案・戦北四八三）、利根川西岸域からの退去とは、その後おそらく同年中に同城が北条氏に引き渡されたことをいうとみられる。新左衛門尉は、真田が同地に進出した際、それに応じた存在であったとみられる。その後において須田氏の代表者としてみえるのは勘丞・弥七郎父子（須田文書・三八一・戦北二四三ほか）であるから、代表者の地位に交替があったとみられる。新左衛門尉がここで知行を認められているのは、武田氏が再び同地に進出したため、かつての関係が再確認されたことによるとみられる。（黒田）

須田信政 すだのぶまさ

生年未詳〜天正十三年（一五八五）五月。藤五郎、左衛門尉、左衛門佐。須田信頼の子。実名は後に信正に改めている。天正六年（一五七八）十二月二十四日、興国寺の住持職を順堯和尚に定めたのが初見（興国寺文書・三〇六〇）。この時、「須田藤五郎信政」と署判している。この頃のものとみられる諏訪大社上社神長官知行書上に「三十貫　八重森　当代相違　須田殿」とあり（守屋家文書・三二一〇）、神事用途への年貢を滞納していたのだろう。同十年三月の武田氏滅亡・本能寺の変を経て、上杉氏に仕える。福島（長・須坂市）に在城（菅窺武鑑・信15三七三頁）。同年七月二十三日、上杉景勝が仙仁昌泰の本領を安堵した際、井上分は信政の計らいに任せるとしている（仙仁家文書・上越三四七四）。この時、左衛門尉。同十一年八月一日、監物の養子に入った某に対し、相続を安堵した（諸家古案・上越二八二七）。この時、「信正」と署判。同十二年二月二十八日、家臣芦川囚獄・蟹江次大夫・服部主計に中条銚子塚（長・小布施町）において二〇貫文を宛行った（志賀槙太郎氏所蔵文書・信16一三三頁）。三月二十六日、羽尾源六郎の上野丸岩城（群・長野原町）攻略を岩井昌能・市川信房とともに支援し、二十八日に景勝から賞されている（歴代古案・信16一四六頁）。さらに源六郎を支援して吾妻郡三原を確保したらしく、両城の守備を固めるよう指示された。そのためか、信濃千見（長・大町市）への番勢派遣を断ったが、直江兼続から他に人がいないと諭されている（歴代古案・信16一四七頁）。この時、左衛門佐。翌十三年、真田昌幸への内通の嫌疑を受けてしまう。病気と称して出仕をしなかったことから、海津城代上条宜順に処刑された（本間美術館所蔵文書・上越三〇二七、北越軍記・信16三三三頁）。景勝は五月八日に上条宜順に始末を尋ねているから、五月頭のことであろう。千見への番勢派遣への拒絶など、消極的姿勢を疑われたのであろうか。子の左衛門尉満乗は慶長初年に越中へ出奔している（文禄三年定納員数目録・上杉氏分限帳六三頁）。同六年に上杉氏が米沢（山形・米沢市）へ移された際に、満乗の子の善右衛門忠長が上杉氏に帰参し、子孫は米沢藩士になっている（上杉年譜所収御家中諸士略系譜）。（丸島）

須田信頼 すだのぶより

生没年未詳。新左衛門尉・刑部少輔。信濃国高井郡須田郷（長・須坂市）の国衆。信濃源氏井上氏の一族で、戦国期には村上氏に属したが、天文十九年（一五五〇）九月十九日に誓紙を提出し武田氏に従属した（甲陽日記・山6上九四頁）。一方、大岩郷（須坂市）を本拠とした一族の須田満国・満泰（満国の弟）・満親（満国の子）らは越後の長尾景虎（上杉謙信）を頼り、在所を退去している。実名は武田氏の通字「信」を授与されたと考えられ、また信州先方衆として七〇騎を率いた須田淡路守は信頼を指すか（惣人数）。永禄九年（一五六六）六月の須田信頼願文（広田文書・四〇三）で、八重森（須坂市）を信玄から宛行われることを願い、同地で一〇〇疋（一貫文）分の土地の寄進を約した。天正年間（一五七三～九二）に作成された神長官知行書上（守矢家文書・三三二）では、更科郡八重森の地頭として名がみえるが、「当代相違」とあることから、この頃には嫡子信政（信正）が家督を嗣いでいたと思われる。また、年未詳四月二十二日の春日虎綱書状写（諸家古案集・二六八）では、原左京亮と知行をめぐって相論になったことがみえる。（鈴木）

須藤仙長 すどうせんちょう

生没年未詳。弥八。実名の読みは不明。禰津常安の被官。永禄十年（一五六七）八月、武田家臣が信玄への忠節を誓った「下之郷起請文」を、甘利信忠に宛てて提出している（宮入八樹氏所蔵御願書幷誓詞写・四二〇）。（丸島）

須藤久守 すどうひさもり

生没年未詳。上野国衆。通称は縫殿助。多胡郡馬庭（群・高崎市）の土豪か。永禄十年（一五六七）八月七日付「下之郷起請文」において、松本重友・同行定との連署起請文において三番目に署判しているのが唯一の所見（生島足島神社文書・二七〇）。連署する両松本氏は小幡氏の家臣もしくは同心であった可能性があり、須藤久守についても同様に考えられる。ただし奉公対象は武田信玄となっているから、武田氏の直臣であったことは間違いない。（黒田）

須藤豊後守 すどうぶんごのかみ

生年未詳～天正三年（一五七五）五月二十一日。禰津月直の被官。天正三年の長篠合戦で討ち死にしたものと思われる。法名は、茂庵道樹禅定門（蓮華定院過去帳月坏信州小県分第一）。（丸島）

須沼 すぬま

生没年未詳。信濃国安曇郡須沼（長・大町市）の土豪。仁科氏の被官とみられる。天正九年（一五八一）の「伊勢内宮道者御祓くばり帳」において、「にしなの分」の人物として記載され、熨斗五〇本、茶一〇袋を配られたと記されているのが唯一の所見（堀内健吉氏所蔵・三六四）。（平山）

春原惣左衛門尉 すのはらそうざえもんのじょう

生没年未詳。小草野隆吉の弟（惣人数）。実名は幸則と伝わる（真田氏所蔵御家中系図）。「惣人数」によると、真田幸綱が村上義清を調略した際、兄とともに功績があったという。その後は海野衆の一員となったようである。永禄六年（一五六三）十月十二日、高野山蓮華定院で妻室とみられる女性の菩提を弔っている。法名は、妙修禅定尼（過去帳月坏信州小県郡分第二）。子孫は真田氏に仕えた（真田氏所蔵御家中系図）。（丸島）

諏方 すわ

生没年未詳。信濃国諏訪郡の人物。諏方一族と思われるが、おそらく下社金刺諏方氏の系統であろう。系譜関係など詳細不明。諏訪大社社家衆。天正五年（一五七七）三月二日成立の諏訪大社下社宝塔棟札において、諏方［　］（下が欠損していて判読できない）と署名しているのが唯一の所見（諏訪史料叢書二九・二七八〇）。その後の事蹟は不明。（平山）

諏方伊豆守　すわいずのかみ

生年未詳～天正十年（一五八二）三月。信濃国諏方氏の一族。系譜関係などは一切不明であるが、頼豊の弟か。諏訪大社上社の有力社家衆。永禄九年（一五六六）三月。四日成立の「諏訪大社玉垣日記」に登場するのが初見（守矢家文書・九八〇）。天正六年二月、諏方頼豊、窪島石見守、河西虎満とともに諏訪大社造宮手形を発給している（堀籠家文書ほか・二九三三～二七、三〇～三二、四五、五三）。また同年二月吉日成立の「上諏訪造宮帳」において、前宮四之御柱の造宮役の取手（徴収役）として登場し（諏訪大社上社文書・二九四二）、同年二月吉日成立の「上諏訪大宮同前宮造宮帳」に瑞垣造営役を横厩郷から徴収しているが、この徴収をめぐって千野源之丞と争論になったらしいが、伊豆守が取手で決着したようである。また、瑞籬役を上須毛・下須毛郷より、外垣役を毛田井郷、片切郷、大岩上、下条より取手として徴収している（同前・二九四六）。同七年一月二十日成立の「諏訪下宮春宮造宮帳」（大祝諏訪家文書・三〇六九）と同年一月二十七日成立の「下諏訪春宮造宮帳」（同前・三〇七二）に布施郷、塩田原、大塚郷の役銭につき、これは諏訪大社上社造宮役であると武田氏に訴訟し、取手役に任じられている。同年二月六日成立の「上諏訪造宮帳」には、前宮四之御柱造宮役の取手として記録されている（同前・三〇七七）。また、同年二月六日成立の「上諏訪大宮同前宮造宮帳」には、瑞籬役上穂郷などから取手として徴収している（同前・三〇七八）。その後、同年二月十六日、武田氏より諏訪大社大宮御炊殿の造宮担当者としてその実現に尽力するよう命じられている（諏訪家文書・三〇八五）。同十年三月、武田氏滅亡の際に、織田軍に捕らえられ処刑されたという（甲乱記）。（平山）

諏方伊予守　すわいよのかみ

生没年未詳。信濃国諏訪郡の人物。諏方一族か、系譜関係など詳細不明。諏訪大社社家衆。永禄九年（一五六六）九月三日、武田信玄が諏訪大社に指示した「諏訪大社上社祭礼再興之次第」に、大宮不開門建立のための造宮役を負担していた水内郡県之庄が難渋していると武田氏に訴訟した小祝のひとりとして登場するのが唯一の所見（諏訪大社文書・一〇三二）。（平山）

諏方采女正　すわうねめのじょう

生年未詳～天正十年（一五八二）四月。信濃国諏方氏の一族。諏方頼豊の子。天正十年二月十六日、織田氏に内通し謀叛を起こした木曾義昌を討つため、父頼豊とともに木曽に侵攻したが、鳥居峠で織田・木曾軍に敗退した。その際に、弟源二郎とともに戦死したという記録もあるが（諏訪家譜）、同年四月、武田氏滅亡後、織田軍の追及に遭い、諏方刑部丞らとともに百姓に殺害され首級を進上された「諏方采女」と同一人物であろう（信長公記）。（平山）

諏方越後守　すわえちごのかみ

生没年未詳。信濃国諏訪郡の人物。諏方一族と思われるが、おそらく下社金刺諏方氏の系統であろう。系譜関係など詳細不明。諏訪大社社家衆。天正六年（一五七八）二月五日成立の「春秋之宮造宮之次第」に春宮御瑞籬役を若槻庄より徴収している記録が唯一の所見（大祝諏訪家文書・二九一九）。（平山）

諏方右衛門尉　すわえもんのじょう

生没年未詳。信濃国諏訪郡尾口郷（長・岡谷市）の人物。諏方一族と思われるが、おそらく下社金刺諏方氏の系統であろう。系譜関係など詳細不明。天文十八年

（一五四九）三月八日、武田晴信は諏方右衛門尉の本領尾口郷を千野靫負尉に返却させているのが初見（千野家文書・二八七）。その後まもなく死去したらしく、同二十一年九月二十八日、諏訪上原城の長坂虎房が来迎寺（長・諏訪市）に寺領を安堵した際、虎房はその寺領をもって、諏方右衛門尉の忌日には法事を行うよう指示している（宮坂家古写文書・三三五）。（平山）

諏方勘解由左衛門尉　すわかげゆざえもんのじょう

生没年未詳。信濃国諏訪郡の人物。諏方一族と思われるが、おそらく下社金刺諏方氏の系統であろう。系譜関係など詳細不明。諏訪大社社家衆。天正六年（一五七八）二月二日成立の「下諏訪春秋両宮御造宮帳」に、春宮瑞籬、秋宮瑞籬の造宮役を笠原郷などから徴収する取手を高木刑部左衛門尉とともにつとめているのが初見（大祝諏訪家文書・二九一七）。同年二月五日成立の「春秋之宮造宮之次第」に春宮御瑞籬造宮役を多田井郷などから徴収する取手を高木刑部左衛門尉とともにつとめている（同前・二九一九）。また、同年二月七日成立の「下諏訪春宮造宮帳」（同前・二九二二）や、同年二月十日成立の「下諏訪秋宮造宮帳」（同前・二九二三）、同七年一月二十日成立の「諏訪下宮春宮造宮帳」（同前・三〇六九）、同年一月二十七日成立の「下諏訪春宮造宮帳」（同前・三〇七二）にも同様の記述がある。（平山）

諏方主計佑　すわかずえのすけ

生没年未詳。信濃国諏訪郡の人物。諏方一族と思われるが、おそらく下社金刺諏方氏の系統であろう。系譜関係など詳細不明。諏訪大社社家衆。天正六年（一五七八）二月二日成立の「下諏訪春秋両宮御造宮帳」に、春宮瑞籬の造宮役を小池郷などから徴収する取手をつとめているのが初見（大祝諏訪家文書・二九一七）。同年二月七日成立の「下諏訪春宮造宮帳」にも同様の記述がある（同前・二九二二）。（平山）

諏方勘七郎　すわかんしちろう

生没年未詳。信濃国諏訪郡の人物。諏方一族と思われるが、おそらく下社金刺諏方氏の系統であろう。系譜関係など詳細不明。諏訪大社社家衆。諏方刑部右衛門尉の子。天正六年（一五七八）二月二日成立の「下諏訪春秋両宮御造宮帳」に、春宮瑞籬の造宮役を芋川郷から徴収する取手として登場するのが初見。なおこの時取手を高木刑部左衛門尉と争っていたことが知られる（大祝諏訪家文書・二九一七）。同年二月五日成立の「春秋之宮造宮之次第」（同前・二九一九）、同年二月七日成立の「下諏訪春宮造宮帳」（同前・二九二二）、同年二月十日成立の「下諏訪秋宮造宮帳」（同前・二九二三）にも芋川郷の取手を高木と争っていると記述されている。その後の事蹟は不明。（平山）

諏方久三　すわきゅうぞう

生没年未詳。信濃国小県郡屋代（長・千曲市）の人物。屋代氏の家臣。諏方佐渡守の子か。天正十三年（一五八五）六月二十四日、弁丸（真田信繁）より屋代秀正以来の本領を安堵されているのが初見（諏訪家文書・信16三三九）。これは、屋代秀正が同十二年四月一日に、上杉方から離反して徳川方に帰属した際に、諏方久三はこれに従わず真田氏に臣従したためであると考えられる。その後、同十八年七月十一日、某右衛門尉より本領を安堵されており、「屋代馬上衆」とあるので、騎馬衆であったことがわかる（同前・信17一四五）。その後の事蹟は不明。（平山）

諏方刑部右衛門尉　すわぎょうぶえもん

のじょう

生没年未詳。信濃国諏訪郡の人物。諏方一族と思われるが、おそらく下社金刺諏方氏の系統であろう。系譜関係など詳細不明。諏訪大社社家衆。永禄八年（一五六五）十一月一日、武田信玄が諏訪大社下社に命じた「神事再興之次第」において、三月御室御祭の祭礼役を武田氏の料所より徴収する人物として高木伊藤左衛門尉とともに登場し、またこの時宮奉行をつとめていたことが判明するのが初見（諏訪大社文書・九六〇）。同九年閏八月二十八日、武田氏より三月御室祭礼料を武田氏重臣跡部泰忠より受け取り、また諏方刑部右衛門尉と高木伊藤左衛門の恩地となったため退転していた分は、辰野（長・辰野町）で与えることを伝達されている（三輪家文書・一〇二〇）。その後、同年九月晦日、武田信玄が諏訪大社下社に命じた「神事再興之次第」において、宮奉行をつとめており、芋川郷の造宮料徴収を高木喜兵衛と争っている（同前・一〇二八）。この争論は、天正七年まで決着がついておらず、その時の当事者は諏方勘七郎と高木刑部左衛門尉であった。このことから、諏方勘七郎は刑部右衛門尉の子と推定される。その後の事蹟は不明。（平山）

諏方刑部丞　すわぎょうぶのじょう

生年未詳～天正十年（一五八二）四月。信濃国諏訪郡の人物。諏方一族か、系譜関係など詳細不明。高遠衆。年未詳八月九日、武田勝頼が諏方刑部丞に飛脚をもって与えた書状に登場するのが唯一の所見（塚田順氏所蔵文書・三七二四）。それによれば、諏方刑部丞は、勝頼祖母御大方様を高遠から藤沢（長・伊那市）まで送り届けており、彼女の甲斐出立に関与していたことがわかる。また逸物の鷹を所持しており、それを勝頼に献上するよう依頼されている。天正十年四月、武田氏滅亡後、織田軍の追及に遭い、百姓に殺害され首級を進上された「諏方刑部」と同一人物であろう（信長公記）。（平山）

諏方宮内左衛門尉　すわくないざえもんのじょう

生没年未詳。信濃国諏訪郡の人物。諏方一族か、系譜関係など詳細不明。諏訪大社社家衆。永禄二年（一五五九）八月三日、更級郡の国衆屋代政国より諏訪大社上社寄進地の年貢一八俵を納入することを約束した判物の受給者として登場するのが唯一の所見（諏訪家文書・六六九）。

諏方賢聖　すわけんしょう

生没年未詳。信濃国諏訪郡の人物。諏方満隆の子。諏訪仏法寺（長・諏訪市）の僧侶。七月晦日の祭田（上桑原に所在）を一部所持し、祭礼役を負担していたが、武田氏から没収され、替え地すら与えられず放置されたことが、永禄八年（一五六五）十二月五日の武田信玄判物より判明する。その理由は、賢聖が諏方満隆という「逆徒之愛子」だからであった。彼の動向は武田氏から監視され、過酷な待遇を強いられていたらしい（諏訪大社文書・九六五）。その後の事蹟は不明。（平山）

諏方源二郎　すわげんじろう

生年未詳～天正十年（一五八二）二月。信濃国諏訪方氏の一族。諏方頼豊の子、采女正の弟。天正十年二月十六日、織田氏に内通し謀叛を起こした木曾義昌を討つため、父頼豊、兄采女正とともに木曽に侵攻したが、鳥居峠で織田・木曾軍に敗退した。その際に、源二郎は戦死したという（諏訪家譜）。（平山）

諏方宰相　すわさいしょう

生没年未詳。上野国衆松井田諏方氏の一

族か。松井田（群・安中市）諏訪社の寺僧か。諏方氏は永禄四年（一五六一）初めの時点では上杉氏に従っていたが（関東幕注文・群三三二）、同年八月までの間に上杉氏から離叛して武田氏に従属したため、上杉方安中氏によって没落させられていたとみられる（海老原文書・四八五）。宰相は引き続き同地に残っていたが、同年十月一日までに武田氏に内応し、信玄からそのことが露見して在所から退去を余儀なくされた場合に、信濃で所領三〇〇貫文を与えることを約されている（武井文書・七五四）。同年十二月二日には信玄から、松井田城の攻略を果たしたら所領の宛行を約されている（同前・七六四）。同五年二月十日には信玄から、松井田城攻略に尽力している功賞として下弾正（松井田衆か）知行を宛行われている（同前・七七〇）。その後の動向は知られない。（黒田）

諏方佐渡守 すわさどのかみ

生没年未詳。信濃国小県郡屋代（長・千曲市）の人物。屋代氏の家臣。某年の屋代政国書状に、屋代政国より葛山上野より贈られた杉板のうち二枚を、農繁期の最中であるが運んできてほしいと依頼されている（諏訪今朝吉氏所蔵文書・三九六五）。また、某年に犀川の川除を地下人はもちろん、陣参せず残留した軍役衆にも命じて実施するよう指示されている（諏訪慎平氏所蔵文書・三九六六・六七）。その後の事蹟は不明。（平山）

諏方春芳 すわしゅんぽう

生没年未詳。武田家蔵前衆。諏訪高島城下の商人として代官に任用される。元亀元年（一五七〇）九月二十三日の諏訪大社神長官守矢氏宛の年貢渡し手形には、「春芳代官」の二名が署名しており、諏訪領内での直轄領を管理していた（守矢家文書・一五九九）。次いで天正初年（一五七三）の信濃諏訪郡内の棟札には、本願として「春芳宗富」がみえている（諏訪史料叢書・二三五五）。さらに同三年十一月の諏訪大社棟札では「沙門春芳軒」が高島居住とみえている（諏訪神社所蔵・二五五二）。次いで同五年三月の諏訪下社の宝塔造立の棟札にも、「郡人春老翁」が勝頼の命により資財を投じて建立したとある（諏訪史料叢書二九、二七八〇）。翌同六年二月の「上諏訪造宮帳」でも、筑摩・安曇両郡の造営銭の取り手として春芳軒の名がみられる（諏訪大社文書・二五四二）。さらに年未詳六月晦日付の武田家朱印状では、諏訪領代官との連名宛で、高島城の再興ほかを命ぜられており（如法院文書・三七五九）、諏訪領代官としての活躍年代は、信玄末期から勝頼期にわたってのものと思われる。（柴辻）

諏方清三 すわせいぞう

生没年未詳。信濃国諏訪郡の人物。諏方一族か、系譜関係など詳細不明。諏訪西方衆か。天文十七年（一五四八）七月、武田氏に謀叛を起こしたが、武田一族穴山信友を通じて降伏と再帰属を申請したことから、同十八年十月二日、晴信に許されたのが初見（三沢家文書・二九五）。このことから、彼は諏訪西方衆の一員であった可能性が高い。弘治三年（一五五七）二月十五日、武田軍の水内郡葛山城攻略に際して首級をあげ、信玄より感状を受けている（同前・五四四）。その後、年未詳八月九日、武田勝頼が諏方刑部丞に飛脚をもって与えた書状に登場し、勝頼に呼び寄せられ甲府に滞在していたことや、諏方刑部丞と何事か判然としないが対立していたことなどが知られる。また、勝頼と雑談していることから、きわめて近しい関係にあったらしい（塚田順氏所蔵

文書・三七四）。その後の事蹟は不明。（平山）

諏方（金刺）堯存　すわたかあり

生没年未詳。信濃国諏訪郡諏訪大社下社大祝。諏方（金刺）豊保の子とされるが（諏訪下社大祝武居祝系図略）、確実な史料では確認できない。なお諱も系図以外に所見がなく、読みも確証はない。下社大祝は金刺氏であったが、対外的には諏方氏を称していた。父とされる豊保は、天正二年（一五七四）八月吉日、武田勝頼が諏訪大社下社に造宮した千手堂の棟札にその名がみえるのが終見であるので（諏訪史料叢書・三三五）、それ以後の諏訪大社下社大祝は、堯存を指すと推定される。同五年三月三日、諏訪大社下社宝塔が建立された際の棟札によれば、下社大祝金刺氏は、武田勝頼の命を報じて、一族竹居祝（金刺善政）ら諏方衆とともにその事業に尽力していることがわかる（諏訪史料叢書29・二七〇）。同七年二月吉日には、大境郷（長・飯山市）とその地頭に、諏訪大社南宮明年常楽会頭役の差定を行っている（建御名方富命彦神明別神社文書・三〇九七）。また同六年から七年にかけて、武田勝頼が実施した、諏訪大社下社春宮・秋宮造宮に際してはその事業の中心を担っている（大祝諏訪家文書・二九一七、一九、二一、二三、三〇六九、七二、七九、諏訪史料叢書所収諏訪家文書・三〇八五）。しかし、そのほかの諸記録に所見がなく、その動向は一切不明。「諏訪下社大祝武居祝系図略」によれば、故あって諏訪を去り、各地を流浪して薩摩国に落ち延びたと伝えるが確認できない。（平山）

諏方内匠助　すわたくみのすけ

生没年未詳。信濃国諏訪郡の人物。諏方一族と思われるが、おそらく下社金刺諏方氏の系統であろう。系譜関係など詳細不明。諏訪大社社家衆。永禄八年（一五六五）十一月一日、武田信玄が諏訪大社下社に命じた「神事再興之次第」において、一月三日神事の祭礼役徴収を命じられているのが初見（諏訪大社文書・九六〇）。その後、同九年九月晦日、武田信玄が諏訪大社下社に指示した「諏訪下社造宮改帳」において、北信濃の高梨のうち笠原郷の造宮領の帰属をめぐって、高木喜兵衛と争論していることが判明する（同前・一〇二八）。その後の事蹟は不明。（平山）

諏方主税助　すわちからのすけ

生没年未詳。信濃国諏訪郡の人物。諏方一族か、系譜関係など詳細不明。年未詳八月二十三日の千野昌房宛武田信廉書状において、諏訪衆有賀氏のもとから逐電した被官が、諏方主税助のもとで召し使われており、召し返しのため催促するよう千野が指示されているのが唯一の所見（千野家文書・三八九六）。（平山）

諏方藤七郎　すわとうしちろう

生没年未詳。信濃国諏訪郡の人物。諏方一族と思われるが、おそらく下社金刺諏方氏の系統であろう。系譜関係など詳細不明。諏訪大社社家衆。永禄八年（一五六五）十一月一日、武田信玄が諏訪大社下社に命じた「神事再興之次第」において、三月三日御祭役の神田を所持していた人物として登場するのが初見。また同文書には、諏訪大社下社の武射之衆のひとりとしても記録されている（諏訪大社文書・九六〇）。また、同九年九月晦日、武田信玄が諏訪大社下社に命じた「神事再興之次第」において、同社の造宮銭のうち、小県郡洗馬・曲尾・横尾（長・上田市）三ヶ郷分は諏方藤七郎と大和監物の両人が受け取るよう武田氏より指示されている（同前・一〇二六）。その後、同十年八月七日、諏方藤七郎は、諏方頼豊らとともに

「下諏訪五十騎」として連署で起請文を提出している（諏訪家旧蔵文書・二七八）。その後の事蹟は不明。（平山）

諏方藤三 すわとうぞう

生没年未詳。信濃国諏訪郡の人物。諏方一族と思われるが、おそらく下社金刺諏方氏の系統であろう。系譜関係など詳細不明。諏訪大社社家衆。天正六年（一五七八）二月二日成立の「下諏訪春秋両宮御造宮帳」に、秋宮三之御柱造宮領若槻庄の小祝として、秋宮瑞籬造宮領小田和、上条の取手（徴収役）として登場するのが初見（大祝諏訪家文書・二九一七）。同様の記述は、同年二月十日成立の「下諏訪秋宮造宮帳」にもある（同前・二九三二）。その後の事蹟は不明。（平山）

諏方（金刺）豊保 すわとよやす

生没年未詳。信濃国諏訪郡の人物。諏訪大社下社大祝。本姓は金刺氏。諏方（金刺）昌春の子。右近助。天文から永禄期に右馬助を称したとする記録もあるが確認できない（諏訪下社大祝武居祝系図略）。永禄十年（一五六七）八月七日、武田氏に忠節を誓った起請文を、諏方頼運らとともに奉行水上菅兵衛尉に提出している。同文書の包紙には武田信豊の同心衆と明記されている（生島足島神社文書・一〇〇）。また同日付で、諏方頼豊らとともに「下諏訪五十騎」として連署で起請文を提出している（諏訪家旧蔵文書・二七八）。その後、天正二年（一五七四）八月吉日、武田勝頼が諏訪大社下社に造宮した千手堂の棟札にその名がみえる（諏訪史料叢書・二三五）。その後の事蹟は不明。（平山）

諏方虎寿丸 すわとらじゅまる

生没年未詳。信濃国諏訪郡の人物。諏方一族と思われるが、おそらく下社金刺諏方氏の系統であろう。系譜関係など詳細不明。諏訪大社社家衆。天正六年（一五七八）二月五日成立の「春秋之宮造宮之次第」において、御瑞籬造宮の取手（徴収役）として登場するのが初見（大祝諏訪家文書・二九一九）。このことは同年二月七日成立の「下諏訪春宮造宮帳」にもみえる（同前・二九二二）。その後の事蹟は不明。（平山）

諏方虎千世 すわとらちよ

生没年未詳。信濃国諏訪郡の人物。虎千代。諏方一族と思われるが、おそらく下社金刺諏方氏の系統であろう。系譜関係など詳細不明。諏訪大社社家衆。天正六年（一五七八）二月二日成立の「下諏訪春秋両宮御造宮帳」に、春宮瑞籬造宮役を海野のうち横尾・曲尾・洗馬（長・上田市）より徴収する取手として登場するのが初見（大祝諏訪家文書・二九一七）。同書には、大祝狩衣造宮役を香坂・山布施より徴収する代官としても登録されている。同様の記録は、同七年一月二十日成立の「諏訪下宮春宮造宮帳」にもみえる（同前・三〇六九）。その後の事蹟は不明。（平山）

諏方満茂 すわみつしげ

生没年未詳。信濃国伊那郡高遠（長・伊那市）の人物。高遠諏方氏の一族か。諏方高遠氏の家臣。天文十五年（一五四六）二月八日、自分の被官とみられる善六に対し、跡目相続を認め知行を安堵し、奉公を指示しているのが唯一の所見（御判物古書写・一九九）。満茂はこの時、高遠諏方頼継に命じられ、貝沼（伊那市）の代官をつとめており、その職務の円滑化に善六に協力を求めている。その後の事蹟は不明。（平山）

諏方満隆 すわみつたか

生年未詳～天文十五年（一五四六）八月二十八日。信濃国諏方氏の一族。政満の子。頼満の弟。頼重の叔父（諏訪系譜・

新編諏訪史料叢書5)。薩摩守。天文十一年六月、武田信玄が諏方頼継・禰宜太夫矢島満清らとともに、諏方頼重を攻めると、頼重を助けてこれに対抗した。頼重死後、諏訪郡を占拠し、諏訪大社上社大祝の地位を簒奪しようと画策した諏方頼継・矢島満清に反発し、頼重の遺児千代宮丸(虎王丸)を擁立して、これに諏方氏を継承させ、頼継らを打倒すると宣伝した武田信玄に応じ、九月に頼継らを宮川橋の合戦で打ち破った(守矢頼真書留・新編信濃史料叢書7)。満隆は、頼継・満清方を撃破すると、九月二十六日に、武田方の案内者を兄竺渓斎とともにつとめ、伊那郡箕輪城の藤沢頼親を攻めている(甲陽日記)。その後、諏方衆の統括をつとめていたが、同十五年八月二十八日、武田氏に反逆を企て切腹を命じられた(諏訪神使御頭之日記・新編信濃史料叢書7)。その理由は定かでないが、同年に信玄の子勝頼の諏方氏継承が決定しているので、それが原因か。なお満隆の子賢聖は、諏訪仏法寺の僧侶になっているが、武田氏から監視され、過酷な待遇を強いられている(諏訪大社文書・九六五)。
(平山)

諏方満隣 すわみつちか

生没年未詳。信濃国諏方氏の一族。政満の子。頼満の弟。頼重の叔父。新太郎・伊豆守・竺渓斎(諏訪系譜・新編諏訪史料叢書5)。天文十一年(一五四二)六月、武田信玄が諏方頼継・禰宜太夫矢島満清らとともに、諏方頼重を攻めると、頼重を助けてこれに対抗した。頼重死後、諏訪郡を占拠し、諏訪大社上社大祝の地位を簒奪しようと画策した諏方頼継・矢島満清に反発し、頼重の遺児千代宮丸(虎王丸)を擁立して、これに諏方氏を継承させ、頼継らを打倒すると宣伝した武田晴信に応じ、九月に頼継らを宮川橋の合戦で打ち破った(守矢頼真書留・新編信濃史料叢書7)。竺渓斎は、頼継・満清方を撃破すると、九月二十六日に、武田方の案内者を神長官守矢頼真や弟満隆とともにつとめ、伊那郡箕輪城の藤沢頼親を攻めている(甲陽日記)。その後記録に登場しなくなるので、まもなく死去したものか。詳細は現在不明。なお、その子に頼豊・頼忠・頼辰の三人がおり、頼豊は諏方衆を統括する有力社家衆となり、末子頼辰も武田氏に仕えたがともに天正十年(一五八二)に戦死した。頼忠は大祝となり、その後諏方氏を再興し、この系統が諏訪高島藩を継承した。(平山)

諏方弥左衛門尉 すわやざえもんのじょう

生没年未詳。信濃国諏訪郡の人物。諏方一族と思われるが、おそらく下社金刺諏方氏の系統であろう。系譜関係など詳細不明。諏訪大社社家衆。永禄九年(一五六六)九月三日、武田信玄が諏訪大社に指示した「諏訪大社上社祭礼再興之次第」に三の御柱造宮役を難渋していた小県郡塩田二十ヶ郷(長・上田市)を武田氏に訴えた社家衆のひとりとしてみえるのが初見(同前・一〇三三)。同十年八月七日、武田氏に忠節を尽くすことを誓った起請文を、諏方頼豊らとともに「下諏訪五十騎」として連署し提出している(諏訪家旧蔵文書・一一七八)。その後の事蹟は不明。
(平山)

諏方与七郎 すわよしちろう

生没年未詳。上野国衆松井田諏方氏の一族か。もと松井田(群・安中市)城主で物社長尾氏指揮下にあった諏方氏(左馬助か)の子か。諏方氏は、永禄三年(一五六〇)九月の上杉謙信の関東侵攻にあたり同氏に従属し、与七郎を人質に出していたとみられる。同四年八月までに上杉氏から離叛して武田氏に従属したため、上杉方安中氏によって松井田城を攻略され、没落したとみられる。同五年九月に武田氏は松井田城を攻略するが、諏方氏の復活は果たされなかった。ただし同六年から同九年までの六月二十三日、武田氏と上杉氏との間で上野国衆の人質交換の交渉があり、上杉方惣社長尾長建娘と武田方安中重繁息との交換がすすめられていたが、武田方和田業繁が弟の返還を要請したため、上杉方からは諏方与七郎と和田弟が返還されることになっている（羽田文書・二〇七四）。これによりその後は、武田氏のもとにあったと思われるが、その動向は知られない。（黒田）

諏方（金刺）善政　すわよしまさ

生没年未詳　諏訪大社下社竹居（武居）祝。諏方（金刺）昌春の次男、豊保（下社大祝）の弟、尭存の叔父（諏訪下社大祝武居祝系図略）。「諏訪下社大祝武居祝系図略」によると、諏訪大社下社は大祝豊保が、武田氏の軍事に同行することが頻繁であったため、神事が退転しがちになり、善政が訴えてその再興を行ったという。下社竹居祝は、もとは金刺氏の管掌するところではなかったらしいが、前竹居祝は天文二十三年（一五五四）三月二十日付の検校大夫橘善盛覚書によると、村上義清に内通して諏訪より亡命し、牢人していたと記されており（桃井文書・信12二〇）、武田氏はこれを契機に、竹居祝の跡職に大祝金刺氏の系統を据えたと考えられる。竹居祝に金刺氏が就任したことが確認できる確実な史料は、永禄八年（一五六五）二月吉日、諏訪大社南宮明年常楽会頭役を小谷郷（長・小谷村）とその地頭に命じた諏訪大祝頭役差定に、武居祝金刺と自署しているものである（桃井保邦氏所蔵文書・九三〇）。彼が善政と同一人物であろう。これは、現存しないが、諏訪大社下社秋宮旧蔵の函の底に「于時永禄八歳乙丑　武居祝金刺善政花押」と記されていたという記録と時期的に一致するからである（諏訪下社大祝武居祝系図略）。同年十一月一日、武田信玄が諏訪大社下社祭礼の再興を命じた神事再興次第によれば、竹居祝は宮奉行の筆頭としてそれに尽力するよう命じられている（諏訪大社文書・九六〇）、それは翌九年九月晦日の諏訪下社造宮改帳でも繰り返されている（同前・一〇二八）。また天正六年（一五七八）から七年にかけて、武田勝頼が実施した、諏訪大社下社春宮・秋宮造宮に際してはその事業の中心を、大祝らとともに担っている（大祝諏訪家文書・二九一七、一九、二一、二三、三〇六九、七二、七九、諏訪史料叢書所収諏訪家文書・三〇八五）。同五年三月三日、諏訪大社下社宝塔が建立された際の棟札によれば、下社大祝諏方（金刺）尭存、竹居祝金刺善政は、武田勝頼の命を報じて、諏方衆とともにその事業に尽力している（諏訪史料叢書29・二七八〇）。同十年三月の武田氏滅亡時、織田軍が諏訪に侵攻してきたため、兵火を避けるべく御神体などを神輿に奉じて御射山に逃れ、時節を待ったといい、この時没落した大祝の役職を竹居祝が兼任する先例になったと伝える。その後の事蹟は不明。（平山）

諏方頼重室　すわよりしげしつ

享禄元年（一五二八）～天文十二年（一五四三）正月十九日。祢々。信濃諏訪郡領主の諏方頼重の後室。武田信虎の三女。母は大井夫人。天文九年十一月、信虎によって諏方氏との同盟の証として諏方頼重に婚姻させられた。頼重は直後の十二月に甲府を訪れ、答礼をしている。同十一年四月、祢々は嫡男虎王丸を出生したが、直後の六月末に兄信玄が諏訪へ侵攻し、諏方頼重は開城降伏して甲府に送られ、自害を命ぜられる。祢々は嫡男とともに甲府へ移されるが、心労のため翌十二年に病死する。一六歳。玉芳妙貴（武田源氏一統系図・山6下）。嫡男は千代宮丸と改めた後に甲府を出奔し、流浪の後に若くして没している。（柴辻）

諏方頼忠 すわよりただ

天文五年（一五三六）～慶長十一年（一六〇六）八月十一日、七一歳。信濃国諏方氏の一族。諏方満隣の子。伊勢宮丸・小太郎・安芸守。諏方頼重の弟で大祝の頼高が殺害されたため、武田信玄により天文十一年十二月以前に大祝に擁立され、十二月七日に諏訪明神御渡の注進を実施しているのが初見（当社神幸記・信11一九三）。同十六年一月十一日には頼忠と名乗っている（同前・信11三二九）。永禄七年（一五六四）七月十九日には、武田氏の飛驒侵攻が成就するよう神前での祈禱を、信玄に依頼されている（諏訪家文書・九〇六）。同八年十二月には、武田信玄の指示により諏訪大社上社祭礼の再興に（諏訪大社文書・九六五～七二）。また同九年九月三日には末社の祭礼再興に尽力している（同前・一〇三三、二八）。天正六、七年（一五七八、九）の武田勝頼による諏訪大社造宮に際しては、大祝として尽力している（諏訪大社上社所蔵文書・二九四二、四六、大祝諏訪家文書・三〇七七、七八～八〇）。同十年、武田氏滅亡と本能寺の変後、頼忠は諏訪高島城に拠って自立しようとしたが、北条氏直と徳川家康の勢力に挟まれて実現しなかった。当初は、徳川方につこうとしたようであるが、酒井忠次と対立して決裂し、高島城に籠城して徳川軍と戦った。まもなく、小県郡から北条軍が南下してくると、北条氏についた。しかし、同年十一月に徳川・北条両氏が和睦すると、国分協定により、信濃国は徳川領となったため、翌十一年三月に、保科正直・小笠原貞慶らとともに甲府の家康を訪ねて臣従し、同二十八日には諏訪郡を安堵された。同十八年に隠居し、嫡子頼水に家督を譲った。諏方氏は徳川氏の関東転封により武蔵国、次いで上野国に移ったが、慶長六年には諏訪に戻り、諏訪高島藩として幕末まで続いた。（平山）

諏方頼辰 すわよりたつ

生年未詳～天正三年（一五七五）三月二一日。信濃国諏方氏の一族。満隣の子、頼豊、頼忠の弟。庄左衛門尉、勝左衛門尉。諱は「諏方家譜」などにのみ所見され、文書などでは確認できない。天正十年三月、信濃国伊那郡高遠城に仁科信盛らとともに籠城し、戦死したのが唯一の所見（信長公記、諏訪家譜、武田三代軍記ほか）。なお、頼辰の妻も刀を抜いて多くの敵兵を倒し、抜群の活躍をしたと「信長公記」に特記されている。彼女の名前は確実な記録では不明ながら、「はな」と伝承されており、高遠の五郎山に墓所がある（高遠町誌）。（平山）

諏方（高遠）頼継 すわよりつぐ

生年未詳～天文二十一年（一五五二）一月二十七日か（一説に八月十六日）。信濃国諏方氏の一族。伊那郡高遠に拠点をおき、高遠氏を称す。満継の子。信濃守・紀伊守。妻は諏方頼満（碧雲斎）の息女。天文二年七月、府中小笠原長棟と対立した頼継が、知久頼元とともに対戦したとあるのが初見（厳助往来記・信11五八）。頼継は、八月に伊那郡片桐（長・中川村）で長棟と和談し、諏方頼満とともに神之峯（飯田市）に知久氏を訪ね、協力を謝している（同前）。同八年十二月九日、諏方頼満が死去したため、頼継はこの葬儀に参列しているが、府中小笠原長時は頼継と顔を合わせることを嫌い、時期を外して霊前に参じたという（神使御頭之日記・信11一四六）。その後、諏方氏を相続した頼重に不満を抱き、武田信玄と、禰宜太夫矢島満清の誘いに応じて、諏方氏惣領職の奪取を決意した。同十一年六月、武田氏が諏訪に侵攻を開始すると、これに呼応して頼重を攻め、降伏させた。頼重滅亡後、諏訪を武田氏と分割占領したが、満清と語らって惣領の奪取を画策し、九月武田氏の拠点上原城（茅野氏）や諏訪大社などを攻撃した。頼継は、矢島、諏訪西方衆、藤沢頼親、春近衆らを味方につけたが、宮川橋の合戦で敗れ、同十五年に再び武田氏と戦うがまたも敗北し、高遠城を放棄して逃亡した。同十七年武田氏に出仕して臣従し、高遠に在城した（神使御頭之日記・守矢頼実書留ほか）。だが、その動向はつねに監視され、同年二月に武田氏が上田原の合戦で敗退すると、四月三日に甲府出仕を命じられている（甲陽日記）。同年五月十一日、家臣保科因幡守に（諸事記・二四七）、同二十年十二月吉日には家臣一瀬市村にそれぞれ知行安堵状を発給している（御判物古書写・三四〇）。同二十一年一月二十五日、頼継は甲府に出仕を命じられ、同二十七日（八月十六日とする記録もある）に突如切腹させられた（甲陽日記、武田御日坏帳・信11五〇九）。その理由は不明。これにより高遠諏方氏は滅亡した。（平山）

諏方頼豊 すわよりとよ

生年未詳～天正十年（一五八二）三月。信濃国諏方氏の一族。諏方満隣の子。頼忠の兄。新六郎・越中守（諏訪系譜・新編諏訪史料叢書5）。諏訪大社上社の有力社家衆。永禄九年（一五六六）三月四日成立の「諏訪大社玉垣日記」において、玉垣造営のための課役取手をつとめているのが初見（守矢家文書・九八〇）。また同十年八月七日、武田氏に諏方衆（諏訪五十騎）が提出した「下之郷起請文」の筆頭に署名している（諏訪家旧蔵文書・一一七八）。同十三年とみられる三月、諏方衆河西肥後守が駿河国大宮（静・富士宮市）で戦功をあげ、信玄から褒賞された際には副状を出している（河西家文書・一五三〇）。同六年に、武田勝頼が実施した上社造宮に際しては、役銭取り集めの中心的役割を果たし、信濃国の各郷村に対して、弟諏方伊豆守らと連署で造宮銭納入を命じた手形を多数発給している（堀籠家文書ほか・二九二三～二七、三〇、三一、五三、諏訪大社上社所蔵文書・二九四二、四六）。またこの際に禰宜太夫は、前宮御宝殿の造宮料を伊那郡宮所郷（長・辰野町）などが怠納していることなどを訴え、頼豊に改善を要請している。さらに天正七年にも引き続き諏訪大社上社の造宮役の徴収を実施している（大祝諏訪家文書・三〇七七、七八、諏訪家文書・三〇八五）。同十年二月十六日、織田氏に内通し謀叛を起こした木曾義昌を討つため、軍勢を率いて木曽に侵攻したが、鳥居峠で織田・木曾軍に敗退した（甲乱記ほか）。その後、織田氏に捕らえられ処刑されたという。息子采女正・源二郎も殺害され、末子頼辰は幼少のため、諏方宗家は弟の頼忠が再興した（甲乱記、諏訪系譜・新編諏訪史料叢書5ほか）。（平山）

諏方頼途 すわよりみち

生没年未詳。信濃国諏訪郡の人物。諏方一族と思われるが、おそらく下社金刺諏方氏の系統であろう。系譜関係など詳細不明。諏訪大社社家衆。伊賀守。天正二年（一五七四）八月吉日成立の諏訪大社下社千手堂棟札に登場するのが初見（諏訪史料叢書二九・二三五)。また同五年三月二日成立の諏訪大社下社宝塔棟札において、諏方伊賀守頼途と署名している(同前・二七〇)。同六年二月二日成立の「下諏訪春秋両宮御造宮帳」では、春宮瑞籬造宮役を若槻庄より、秋宮四之御柱造宮役を安田、底和田、野坂田より徴収する取手として登場する(大祝諏訪家文書・二九七)。同様の記録は、同年二月五日成立の「春秋之宮造宮之次第」(同前・二九一九)、同年二月十日成立の「下諏訪秋宮造宮帳」(同前・二九二三)、同七年一月二十日成立の「諏訪下宮春宮造宮帳」にもみえる(同前・三〇六九)。その後の事蹟は不明。

(平山)

諏方頼運 すわよりゆき

生没年未詳。信濃国諏訪郡の人物。諏方一族と思われるが、おそらく下社金刺諏方氏の系統であろう。系譜関係など詳細不明。諏訪大社社家衆。左衛門尉。永禄八年(一五六五)十一月一日、武田信玄が諏訪大社下社に命じた「神事再興之次第」において、七月の御射山登座の祭礼を実施する人物として登場するのが初見(諏訪大社文書・九〇)。同九年九月晦日、武田信玄が諏訪大社下社に命じた「神事再興之次第」において、同社の造宮銭を清水郷(長・松本市)に催促したところ納入を拒否されたため、武田氏に訴えている(同前・一〇二八)。同十年八月七日、武田氏に忠節を誓った起請文を、諏方豊保らとともに奉行水上菅兵衛尉に提出している。同文書の包紙には武田信豊の同心衆と明記されている(生島足島神社文書・二〇〇)。さらに同日、諏方頼運は、諏方頼豊らとともに「下諏訪五十騎」として連署で起請文を提出している(諏訪家旧蔵文書・一一七八)。同年十二月二十七日、武田氏より来年秋には信府近辺で知行を与えるとの約束を必ず実施するとの朱印状を受給している(松城藩士系譜抄・一二二六)。それはまもなく果たされたらしく、同十一年四月四日、頼運は武田氏より信府栗林(松本市)で知行を宛行われている(新編会津風土記・三三五四)。その後、同十二年八月十一日、武田氏より知行地北栗林における蔵入分と夫銭分の区分を指示され、後者を与えられている(同前・一四四五)。その後の事蹟は不明。ただ生島足島神社起請文で、諏訪大社下社大祝諏方豊保と連署していることから、兄弟もしくは近親の可能性が高い。

(平山)

諏訪部大炊左衛門尉 すわべおおいざえもんのじょう

生没年未詳。甲斐国河内谷の土豪。穴山家臣。宮内左衛門尉。兄とみられる諏訪部助右衛門尉が長篠合戦で戦死したため、その名代として家督を相続し、穴山信君より天正三年(一五七五)七月二十日、本領・加恩などの継承を認められ、軍役以下の奉公を命じられたのが初見(温故知新集・二五〇九)。その後、同八年八月二十五日、駿河国橋上郷(静・静岡市)の彦左衛門らが穴山氏に筌漁の一部を上納すると申請した際に、信君は諏訪部宮内左衛門尉に助言を命じ、納入が円滑になるよう配慮している(森文書、佐野文書・三四二一・一三)。

(平山)

諏訪部三郎左衛門尉 すわべさぶろうざえもんのじょう

生没年未詳。甲斐国巨摩郡南部(山・南部町)の土豪。穴山家臣。弘治元年(一五五五)九月五日、穴山信友が南部円蔵院茂林和尚に対し、寺領の山林を安堵しているが、その境界に諏訪部三郎左衛門尉の恩地があったことが知られる。この史料が唯一の所見(円蔵院文書・四五〇)。

(平山)

諏訪部助右衛門尉 すわべすけえもんのじょう

生年未詳～天正三年（一五七五）五月二十一日。甲斐国河内谷の土豪。穴山家臣。諏訪部三郎左衛門尉の子か。永禄十二年閏五月十九日、穴山信君とともに興津城に籠城し、その際に在城料を駿河国興津・松野で与えられているのが初見（紀伊国古文書・一四一六）。また元亀二年（一五七一）七月十三日に、穴山氏に不如意を申し立てて、信君より譜代という筋目により興津河原新田で新知行を与えられている（紀伊国古文書・一七三八）。天正三年五月の長篠合戦で戦死した。実子がなかったため、父（諏訪部三郎左衛門尉か）の申請によりその跡は諏訪部大炊左衛門尉（助右衛門尉の弟か）が名代として相続している（温故知新集・二五〇九）。（平山）

諏訪部善三 すわべぜんぞう

生没年未詳。駿河国の土豪。諏訪部藤七郎政義の弟か。天正九年（一五八一）八月十六日、駿河衆三浦員久が、諏訪部政義の戦死を悼み、その子百代が幼少なので、彼が成人するまで諏訪部善三に陣代をつとめるよう指示している文書が唯一の所見（諏訪部文書・三五九八）。おそらく、三浦氏の家中を構成する人物だったのであろう。（平山）

諏訪部惣兵衛尉 すわべそうひょうえのじょう

生没年未詳。本拠などは一切不明。天正元年（一五七三）十二月二十四日、武田氏が冨士御室浅間神社小佐野越後守に与えた朱印状において、小佐野氏と駿河衆井出権丞が駿河国岡宮の神領をめぐる争論は、論所がすでに諏方部惣兵衛尉の恩地となって三〇年が経過し、しかも彼が軍役衆であることが歴然なのでその分を別途寄進しなおすとあるのが唯一の所見（冨士御室浅間神社文書・二二四八）。諏訪部惣兵衛尉と、穴山家臣諏訪部氏との関係は不明だが、駿河岡宮のもと神領を知行としてから三〇年とあるので、今川旧臣であることは間違いなかろう。このことから穴山家臣の甲斐諏訪部氏とは別系統の駿河諏訪部氏の人物と推察される。（平山）

諏訪部政義 すわべまさよし

生年未詳～天正九年。駿河国の土豪。藤七郎。天正九年（一五八一）八月十六日、駿河衆三浦員久が、諏訪部政義の戦死を悼み、その子百代が幼少なので、彼が成人するまで諏訪部善三に陣代をつとめるよう指示している文書が唯一の所見（諏訪部文書・三五九八）。おそらく、三浦氏の家中を構成する人物だったのであろう。（平山）

諏訪部又三郎 すわべまたさぶろう

生没年未詳。甲斐国河内谷の土豪。穴山家臣。永禄九年（一五六六）十一月四日、穴山信君より居屋敷一間、新屋四間分の棟別諸役を免許されているのが唯一の所見（紀伊国古文書・一〇三七）。諏訪部三郎左衛門尉との関係は不明。（平山）

諏訪部又六郎 すわべまたろくろう

生没年未詳。本拠などは一切不明。永禄十二年（一五六九）二月二十四日、武田信玄が駿河の土豪佐野惣左衛門尉に知行を与えた判物のなかに、淀師（静・富士宮市）が諏方部又六郎分としてみえるのが初見（佐野家古文書集・一三七二）。これは、その後天正四年（一五七六）五月九日、武田氏が佐野惣左衛門尉に知行を安堵した際にも同様の記述がみられる（同前・二六四三）。諏訪部又六郎と、穴山家臣諏訪部氏との関係は不明。（平山）

諏訪部百代 すわべももよ

生没年未詳。駿河国の土豪。諏訪部藤七

郎政義の子。天正九年（一五八一）八月十六日、駿河衆三浦員久が、諏訪部政義の戦死を悼み、その子百代が幼少なので、彼が成人するまで諏訪部善三に陣代をつとめるよう指示している文書が唯一の所見（諏訪部文書・三五九八）。おそらく、三浦氏の家中を構成する人物だったのであろう。（平山）

せ

清又七郎 せいまたしちろう
生没年未詳。六左衛門の弟。北条氏政の妹桂林院殿が勝頼に嫁いだ際の付家臣のひとり。武田氏滅亡に際し、桂林院殿から小田原に戻って自分の最後の様子を伝えてほしいと頼まれ、文と和歌、髪を受け取った（甲乱記）。（丸島）

清六左衛門 せいろくざえもん
生没年未詳。北条氏政の妹桂林院殿が勝頼に嫁いだ際の付家臣のひとり。武田氏滅亡に際し、桂林院殿から小田原に戻って自分の最後の様子を伝えてほしいと頼まれ、文と和歌、髪を受け取った（甲乱記）。（丸島）

静久斎 せいきゅうさい
生没年未詳。佐久郡小諸の国衆。天正十年（一五八二）の織田軍信濃侵攻により、徳川家康を頼って駿河に逃げ込んだらしい。翌年四月十五日、春に佐久郡に帰ったことを蓮華定院に伝えている（蓮華定院文書・信叢1四三頁）。同十七年三月二十一日、妻室の供養を蓮華定院で営んだ（過去帳日坏信州佐久分第一）。法名は心月理円禅定尼。次いで同年十一月十五日、蓮華定院で祖母の供養を営んでいる（同前）。法名は、妙桂禅定尼。そのほかの事蹟は不明。（丸島）

清左衛門 せいざえもん
生没年未詳。駿河国富士郡三園郷（静・富士宮市）の山造衆。天正二年（一五七四）十一月晦日付の武田家朱印状で、清左衛門以下近在の四九人の山造衆に対して、江尻城（静・静岡市）・興国寺城（静・沼津市）と、本栖（山・富士河口湖町）・大宮（富士宮市）の御座席の葺板・材木以下の奉公を命ぜられており、自余の普請役は免除されている（木本弥太郎氏所蔵文書・二三九二）。（柴辻）

清左衛門 せいざえもん
生没年未詳。信濃国筑摩郡大久保（長・安曇野市）の土豪。塔原海野氏の被官とみられる。天正九年（一五八一）の「伊勢内宮道者御祓くばり帳」において、「こせり・大くほ・けみの分」の人物として記載され、茶二袋を配られたと記されているのが唯一の所見（堀内健吉氏所蔵・三六四四）。（平山）

清左衛門 せいざえもん
生没年未詳。信濃国筑摩郡野口（長・麻績村）の土豪。名字、諱は不明。麻績氏の被官とみられる。天正九年（一五八一）の「伊勢内宮道者御祓くばり帳」において、「の口分」の人物として記載され、茶二袋を配られたと記されているのが唯一の所見（堀内健吉氏所蔵・三六四四）。（平山）

清三 せいぞう
生没年未詳。信濃国筑摩郡安坂（長・筑北村）の土豪。天正九年（一五八一）の「伊勢内宮道者御祓くばり帳」において、「あさかの分」の人物として記載され、茶三袋を配られたと記されているのが唯一の所見（堀内健吉氏所蔵・三六四四）。あるいは宮の大夫、平左衛門、安衛門らの一族か。（平山）

西誉空遠 せいよくうおん
生没年未詳。浄土宗僧。甲斐・善光寺三世住職。浄蓮社と号す。永禄十一年（一

五六八）十二月、同寺所蔵の朝比奈泰熙母寄進の浄土曼荼羅図の修補を推進した。そのために勧進奉加した善根の人名が列記されている（善光寺所蔵・二三四）。（柴辻）

関宮内左衛門尉 せきくないざえもんのじょう

生没年未詳。甲斐国巨摩郡河内下部村（山・身延町）の土豪。穴山家臣か。慶長十二年（一六〇七）五月二十五日、自ら高野山に登り、自身の逆修供養を依頼しているのが唯一の所見。法名は陽庵現当禅定門（成慶院過去帳・武田氏研究47）。（平山）

関繁国 せきしげくに

生没年未詳。越前守。北信濃の土豪。信濃国水内郡長沼（長・長野市）山ノ内の関城に住し、関氏を称したとされる（上杉年譜24四四六）。天正八年（一五八〇）九月三日の関繁国証文（太田八幡神社文書・三四二一、三二）で、黒印を用いて赤沼（長野市）の太田八幡社と神代村（長・安曇野市）の出雲社、ならびに東和田村（長野市）の諏訪社と下越村（長野市）の天王社に、それぞれ社領を寄進している。同十年三月に武田氏が滅亡した後は、上杉氏に仕えて、六月二十日に本領を安堵された（歴代古案・信15三五五頁）。同十二年九月十五日には、印判を用いて左衛門大夫に神代村出雲宮一貫五〇〇文を安堵している（太田文書・信補遺上六四三頁）。子孫は米沢藩士として存続した（上杉年譜24四四六頁）。（鈴木）

関甚五兵衛 せきじんごひょうえ

生没年未詳。「惣人数」では御旗本足軽大将衆、足軽一〇人持ち。尾張牢人であるという（惣人数）。駿河先方衆庵原氏を改易した際、法度を破って諏訪まで送り届けたことをかえって賞され、討ち死にした本郷八郎左衛門尉の足軽を預けられ、足軽大将に取り立てられたという（同前）。この逸話は、「軍鑑」に繰り返し記述される。永禄後期頃の陣立書には、鉄砲衆として記載がある（山梨県立博物館所蔵文書・三九七二）。ただしこの陣立書には、討ち死にして関五兵衛に地位を譲ったはずの本郷八郎左衛門尉の名前もあり、「軍鑑」の記述は鵜呑みにはできない。天正十年（一五八二）の織田氏の侵攻に際しては、駿河の加勢に派遣された（軍鑑・大成下一七三頁）。用宗城（静・静岡市駿河区）を守備していたが、織田氏に内通。田野（山・甲州市）において勝頼の首を探し出したという（同前一七九頁）。武田氏滅亡後の天正壬午の乱において、真田昌幸の使者日置五右衛門尉が、徳川家康から甲斐・駿河における関甚五兵衛の知行地を与えられている（長国寺殿御事蹟稿・信15四六五頁）。（丸島）

関平左衛門 せきへいざえもん

生没年未詳。駿河国石田（静・沼津市）の土豪。大永四年（一五二四）正月十九日に葛山氏元より前代か同人の前身にあたると推察される孫九郎が石田周辺三ヶ村内の所持する田地を知行として宛行われている（関家文書・戦今三七六）。元亀三年（一五七二）正月十九日、石田を知行していた朝比奈信置より、同地内の関名・松井名を預けおかれた（同前・一七七二）。後裔は、その後も石田に存在し続けた。（柴）

関政直 せきまさなお

生没年未詳。信濃国安曇郡の人物。仁科氏家臣。源介。関氏は仁科氏の譜代で四天王と呼称され、伊勢国より従ってきたと伝える（二木家記）。永禄十年（一五六七）八月七日、仁科親類・被官衆が武田氏に忠節を誓った下之郷起請文に登場す

るのが唯一の所見（生島足島神社文書・一三〇）。（平山）

関光吉 せきみつよし

生没年未詳。信濃国筑摩郡青柳（長・筑北村）の土豪。青柳城・麻績城主麻績（青柳）清長の家臣。又助。永禄十年（一五六七）八月七日、御奉行に宛て武田氏に忠節を誓った下之郷起請文に「青柳被官」として登場するのが唯一の所見（生島足島神社文書・一四二）。その後の事蹟は不明。（平山）

石雲斎 せきうんさい

生没年未詳。天正二年（一五七四）十一月十九日、禰津常安・小山田昌成とともに、在城している上野の情勢を報告するよう、勝頼から命じられている（思文閣墨跡史料目録三二号掲載文書・三三七）。そのほかの事蹟は不明。（丸島）

関岡光助 せきおかみつすけ

生没年未詳。信濃国筑摩郡青柳（長・筑北村）の土豪。青柳城・麻績城主麻績（青柳）清長の家臣。宮内右衛門。永禄十年（一五六七）八月七日、御奉行に宛て武田氏に忠節を誓った下之郷起請文に「青柳被官」として登場するのが唯一の所見（生島足島神社文書・一四二）。その後の事蹟は不明。（平山）

積桂自徳 せきけいじとく

生年未詳～永正五年（一五〇八）。曹洞宗の甲斐・長生寺（山・都留市）住職。武蔵国大里郡の生まれで、俗姓は小林氏。一三歳で金峰寺浄智について出家し、その後に長生寺の鷹嶽宗俊に師事する。師の没後に住職を継承する。長生寺は都留郡主の小山田氏歴代の墓所であり、小山田信有画像ほかを所蔵している。（柴辻）

石心宗玖 せきしんそうく

生没年未詳。曹洞宗雲岫派僧。甲斐・曽祢（山・甲府市中道町）の竜華院三世。米倉（山・八代町）の竜安寺開祖。武田氏時代の文書は現存しないが、天正十年（一五八二）三月三日付の徳川家康禁制と、同年十二月の家康寺領安堵状が残されている（竜華院文書）。（柴辻）

せきとり宗左衛門 せきとりそうざえもん

生没年未詳。信濃国筑摩郡青柳（長・筑北村）の土豪。麻績氏の被官とみられる。天正九年（一五八一）の「伊勢内宮道者御祓くばり帳」において、「あおや木分」の人物として記載され、茶五袋を配られたと記されているのが唯一の所見（堀内健吉氏所蔵・三六四）。（平山）

関屋新左衛門尉 せきやしんざえもんのじょう

生没年未詳。信濃国埴科郡関屋郷（長・長野市）の土豪関屋氏の一族か。天正八年（一五八〇）三月の武田家官途状（武家文書・三二九八）で、新左衛門尉の官途を与えられた。武田氏滅亡後は上杉氏に仕え、同十年七月に本領を安堵されている（景勝公御書・上越二四五〇）。（鈴木）

関屋備後守 せきやびんごのかみ

生没年未詳。信濃国埴科郡関屋郷（長・長野市）の土豪で、諏方氏の一族とされる（更級埴科地方誌）。永禄十年（一五六七）五月二十日の武田家朱印状（武家文書・一〇八〇）で、関屋源介・滝沢与左衛門尉とともに、苅田郷（長・小布施町）・小高梨（小布施町）・北岡（小布施町）・小島郷（長・須坂市）・比賀野（氷鉋）郷（長野市）などで知行を宛行われた。同年九月六日の市川家光証文（同前・一一九二）では、滝沢与左衛門尉・西沢兵衛尉とともに、上日加野（氷鉋）からの年貢を受け取っている。（鈴木）

瀬下采女 せしもうねめ

生没年未詳。上野国惣社（群・前橋市）領の領主。瀬下豊後守の弟（高崎近郷村々百姓由緒書）。天正四年（一五七六）十月に武田氏から采女の官途を与えられている（上州瀬下氏由緒書・二七三六）。武田氏滅亡後は厩橋北条芳林に従ったとみられ、同十一年と推定される六月二十日付で芳林から、惣社領から厩橋城に移住し、忠信を示していることを賞され、瀬下飛驒守の旧領石倉分二〇貫文を宛行われている（丸山史料・新編高崎市史資料編4五二三）。宛名には「采女佐」とある。この時、厩橋北条氏は北条氏から攻撃を受けて、それ以前に惣社領を経略されており、采女は厩橋北条氏への被官化を維持し、本拠を離れたことが知られる。その後の動向は不明。（黒田）

瀬下隼人　せしもはやと

生没年未詳。上野国惣社（群・前橋市）領の領主。瀬下豊後守の子（高崎近郷村々百姓由緒書）。天正七年（一五七九）二月九日に、箕輪城代内藤昌月から、同城代就任について連絡され、着城の際には面談を求められている（手塚良一氏所蔵文書・三〇八四）。これによれば隼人は、箕輪城（群・高崎市）に配属されていたことが窺われる。同十年三月の武田氏滅亡後は厩橋北条氏に従い、同十一年二月に惣社衆として「せちも」がみえる（宇津木文書・戦北二五〇二）。北条氏が厩橋城を攻撃しているなか、瀬下氏の帰属が想定されている。同年と推定される六月十七日付で越後上杉景勝から書状を送られているが、北条氏の厩橋城攻めにともなうものであろう。上杉氏からは援軍が不可能であることを伝えられており、瀬下氏が厩橋北条氏方の有力者であったことが知られる（丸山史料・上越三〇三五）。ここで瀬下豊後守でみえるから、おそらく隼人の後身にあたるとみられる。同年の厩橋城攻略後は北条氏に従い、その直臣になったとみられる。同十五年以降、松井田城代大道寺政繁が惣社領を管轄すると、その指揮に従っている（諸州古文書・戦北三二〇一、三九三〇）。北条氏滅亡後の動向は不明で、関ヶ原合戦後に惣社領に入部した秋元長朝に仕えたが、のちに牢人し、同領矢島村（高崎市）に在所したという（上州瀬下氏由緒書）。（黒田）

瀬下豊後守　せしもぶんごのかみ

生没年未詳。上野国惣社（群・前橋市）領の領主。元は惣社長尾氏の同心衆で、永禄十年（一五六七）に武田氏に被官化する。同年五月五日付で武田氏から、惣社城攻略の際に奉公した功賞として惣社領高井・川曲・上野（前橋市）・栗崎・中島（群・高崎市）などで二二三〇貫文余の所領を安堵・宛行されている（上州瀬下氏由緒書・一〇七六）。筆頭に高井があげられ、手作分がみえるから、同地を本拠にしていたとみられる。武田氏による惣社城攻略にあたり、惣社長尾氏から離叛して武田氏に被官化したことが窺われる。豊後守についてはこれが唯一の所見で、天正七年（一五七九）には嫡子隼人が所見されるから、それまでに死去したとみられる。（黒田）

説三恵燦　せっさんえさん

生没年未詳。府中・円光院住職。永禄初年、武田信玄の帰依により、府中（山・甲府市）の成就院の住職となったが、のちに同寺を信玄正室の三条氏の墓所とし、寺名を円光院と改める。弘治二年（一五五六）と推定される説三宛の快川紹喜書状によれば、明年の宗祖の関山二百年忌に際して、武田晴信が万疋の奉加をすると伝えている（葛藤集・四一六三）。元亀元年（一五七〇）、信玄正室三条氏の示寂により、同寺を円光院と改め、夫人の菩提寺とし、府中五山の一つとする。同三年七月二十八日の夫人の三回忌、天正十三年（一五八五）四月十二日の信玄十三回忌の仏事法要を執行した。また同四年四月十六日の恵林寺における信玄本葬儀では、七仏事の次第として起龕役をつとめている（武家事紀・二六三八）。希庵玄密が甲斐に下向すると決まった時、説三は「宗門の光、多事」と快川に伝えている。（柴辻）

雪田宗岳 せつでんそうがく

生年未詳～永禄十一年（一五六八）。曹洞宗僧。信濃国祢津（長・東御市）の定津院の住職。天文年間（一五三二～五五）に祢津政秀が、海秀和尚の後住として招く（恵運院文書・四八二）。次いで武田信虎が父信縄の墓所として開いた塚原村（山・甲府市）の恵運院の二世として招く。永禄六年に武田信廉の描いた雪田画像があり、長禅寺の春国光新が画賛を付す（恵運院所蔵）。（柴辻）

瀬戸右馬丞 せとうまのじょう

生没年未詳。天文十七年（一五四八）三月三日、奉公を讃えられ、瀬戸（長・佐久市）において五五貫文を与えられた（岡部忠敏氏所蔵文書・二三七）。これは事実上の本領安堵であろう。同年九月二十五日にも、日村（佐久市）において七〇貫文の加増を受けている。そのほかの動静は不明（同前・二七七）。（丸島）

瀬戸是慶 せとこれよし

生没年未詳。右近助、丹波守。野沢伴野信是の被官とみられる。「是」は信是からの偏諱であろう。某年三月十二日、高野山蓮華定院へ巻数・御守り・墨筆の礼状を送った（蓮華定院文書・四七〇）。某年三月十七日にも蓮華定院に返書を送り、毎年の最花として二〇〇文を進上している（同前・四六九）。この時、右近助。天正八年三月二十一日、自身と妻室の逆修（生前）供養を蓮華定院で行い、それぞれ湖月宗珊、妙的禅定尼という法名を付している（過去帳月坏信州佐久分第一）。この時、丹波守でみえる。武田氏滅亡後の「天正壬午の乱」において、徳川・北条氏の国分により佐久郡を追われ、上野へ亡命した。そのため、三年も挨拶ができなかったことを詫び、一両年中に登山したいという意向を伝えている（蓮華定院文書・四九〇）。（丸島）

瀬名信輝 せなのぶてる

天文十三年（一五四四）～没年未詳。今川貞世（了俊）を祖とする今川一門瀬名家の当主、駿河先方衆。父は左衛門佐貞綱で、母は今川義元の妹。幼名は虎王で、一三歳の弘治二年（一五五六）十二月十四日に、駿河在国中の山科言継より竹門の短冊三枚が送られたのが（言継卿記・静7二四五三）、初見である。その後、通称源五郎、のち官途名左衛門佐、実名は氏明または氏詮を称したといわれ、葛山氏元の娘を室とする（寛永伝ほか）。永禄十一年（一五六八）十二月の武田信玄による駿河侵攻に際し、義父の葛山氏元とともに武田氏へ従属し、官途を中務大輔に改め、また信玄より偏諱を与えられ「信輝」を称す（今川家譜）。元亀元年（一五七〇）三月、葛山氏元のもとへ同朋の竹阿弥を遣わし、二十日に竹阿弥は帰還に際し、氏元より駿河国橋上（静・富士宮市）の船役所中へ支障なく渡船通行ができるよう朱印状で指示が出されている（森家文書・一五六）。十二月九日には、奈良屋清秋を瀬名郷（静・静岡市）内の利倉宮と御霊社の神主職に任じている（浅間神社旧奈吾屋大夫文書・一六三二）。同三年九月七日には、竜泉院（静岡市）へ母光岩の茶湯料として駿河国瀬名郷・水上郷（静・藤枝市）のうちなどを寄進しているのが（竜泉院文書・一四三五）、終見である。この後葛山氏元の叛意が発覚し処罰されると、信輝も連座して信玄により追放され、相模国で出家して過ごしたという（今川家譜）。法名は浄庵（寛政譜）。なお天正五年（一五七七）五月二十一日付の富士大宮神事帳によると、富士本宮浅間社（富士宮市）の正月一日神事祭礼に際し、駿河国星山（富士宮市）の知行分より神事料として七斗五升を負担することとなっている「瀬名殿」がみられるが（富士本宮浅間神社文書・二八〇九）、信輝との関係は不明。嫡男正勝が同九年に徳川家康へ仕官し、後裔は旗本として仕えた（寛政譜）。（柴）

芹沢対馬守　せりざわつしまのかみ

生没年未詳。はじめの官途は玄蕃允。駿河国駿東郡茱萸沢（静・御殿場市）の土豪。玄蕃允家は、茱萸沢宿で問屋を営む一方、駿河・甲斐両国の国境の須走関（御殿場市）を管理した。父伊賀守（はじめは玄蕃允）は、天文二十二年（一五五三）十一月二十六日に葛山氏元より茱萸沢内の居屋敷と門屋一〇間分の安堵と諸役を免除され（萩原芹沢家文書・戦今一一五八）、永禄二年十一月七日には、氏元より朱印状にて茱萸沢宿中の伝馬の管理と問屋の活動を保証されている（同前・戦今一四八二）。同六年三月十九日、伊賀守は須走関の過書銭（関銭）を、それまでの半分の六〇貫文の納入とすることを氏元より朱印状にて認められ、荷駄の通過の取り締まりを命じられた（同前・戦今一九〇三）。その後、同七年五月二十七日、氏元より朱印状にて伊賀守が改めて関銭の徴収と上納を命じられたが（同前・戦今一九九〇）、翌八年四月二十七日になると玄蕃允が氏元より朱印状にて須走関の関銭一〇貫文をこれまで通りに納入するよう指示されている（同前・戦今二〇三五）。この玄蕃允が、対馬守の初見で、この後、対馬守は父伊賀守に代わり活動する。同十年六月十二日、小山田信茂より父出羽守信有（契山）の判物のとおり、山中関（山・山中湖村）における年間一〇〇疋の駄馬の通行を認められた（同前・二〇八五）。また、八月三日には葛山氏元より古沢（御殿場市）の市に集う商人たちが茱萸沢・二岡前・萩原（いずれも御殿場市）を通行することを義務づけた朱印状を与えられ（同前・戦今二一三七）、同月十七日には氏元より朱印状で鈴木若狭守・武藤新右衛門尉とともに過書銭と塩留につき没収した塩荷の納入を命じられている（同前・戦今二二四二）。同年十月十五日、小山田信茂より茱萸沢郷内と推察される村方の荒地を伝馬牧料として宛行われた（同前・一一九九）。同十一年十二月、武田氏が駿河国へ侵攻すると、十四日に駿河今川氏の援助に軍勢を派遣した相模北条氏より、茱萸沢郷宛に北条家禁制（奉者は垪和氏続）が出されているが（同前・戦北一一一八）、伝来より考え対馬守が獲得したものであろう。天正四年（一五七六）二月十四日、茱萸沢郷へ武田家朱印状（奉者は長坂光堅）により、武田領国内での伝馬規定について定められるが（同前・二五八二）、同文書も玄蕃允家に伝来していることより、対馬守へ発給されたと推察される。この文書の発給をふまえ、三月十六日には御宿友綱より芹沢若狭守（将監）とともに、前出の天文二十二年十一月七日付葛山氏元朱印状と推察される「葛山殿一札」に基づき、茱萸沢宿の伝馬と駄賃について以前通りの差配を認められた（同前・二六一〇）。同七年七月八日、武田家朱印状（奉者は跡部昌成）により、新田内匠助とともに過所の確認に際し、これまで与えられた過所の写を提出するよう命じられている（同前・三三五）。同年十月、武田氏より対馬守の官途を与えられ（同前・三八六）、同月二日には秋山昌成より、偽造過所の所持者を捕縛したことを賞され、今度も怠慢なく須走関の管理につとめるよう指示された（同前・三一七五）。その後の動向は不明。子息玄蕃允は、同十八年正月、羽柴秀吉の関東侵攻に際し茱萸沢に宛てられた禁制獲得に尽力し（同前・静史1六七六頁）、また文禄元年（一五九二）二月八日には長沢秀綱より、浪人を招集し新田・野畑の開発を認められている（同前・静史1六七六頁）。後裔は、茱萸沢に在住し続けた。（柴）

芹沢若狭守　せりざわわかさのかみ

生没年未詳。はじめの官途は将監。駿河国駿東郡茱萸沢郷（静・御殿場市）の土豪。芹沢玄蕃允家とは別系統に属す。天正四年（一五七六）三月十六日の御宿友綱書状（萩原芹沢家文書・二六一〇）で、芹沢対馬守（玄蕃允）と連名で「葛山殿御一札」のとおり茱萸沢（茱萸沢）宿における伝馬・駄賃の権益を保証されたのが初見。同八年二月の武田家官途状（田中芹沢家文書・三五八）で、若狭守の受領を与えられている。武田氏の滅亡後、豊臣期に子の将監（二代）が駿府城主中村氏の代官横田村詮の下で御厨（御殿場市）の支配に関与し（同前・静史1六七八頁）、後裔は小田原藩下の西田中村（御殿場市）の名主を代々つとめた（御殿場市史）。（鈴木・柴）

せんくう　せんくう

生没年未詳。信濃国筑摩郡刈谷原（長・松本市）の土豪。会田岩下氏の被官とみられる。天正九年（一五八一）の「伊勢内宮道者御祓くばり帳」において、「かりや原分」の人物として記載され、茶三袋を配られたと記されているのが唯一の所見（堀内健吉氏所蔵・三六四）。（平山）

浅間坊　せんげんぼう

生没年未詳。本姓は小佐野氏。富士北口浅間神社（山・富士吉田市上吉田）所属の上吉田宿の御師。元亀元年（一五七〇）十月の小山田信茂作製による「西念寺寺領仕置日記」（西念寺文書・一六〇七）によれば、西念寺の灯明料が寺領である吉田上・下宿に割り付けられている。上宿分に浅間坊がみられる。翌二年七月の小佐野氏宛の鶴屋喜大夫ら連署証文によれば、下総での御座所の宮番請けを承諾している（浅間坊文書・一七三二）。同三年正月の「吉田新宿帳」には、その名がみられない（田辺本甲斐国志草稿・一七八四）。（柴辻）

先光大夫　せんこうだゆう

生没年未詳。駿河府中浅間社（現静岡浅間神社、静・静岡市）の社人。先光大夫職を世襲し、同社の庁分をつとめた。駿河国へ侵攻した武田氏に従い、元亀元年（一五七〇）一月二十二日の武田家朱印状（旧先光大夫文書・一五二四）で、瀬名川（静岡市）の先光大夫領を安堵された。奉者は曾禰三河守虎長。天正四年（一五七六）二月二十五日の武田家朱印状（同前・二五九七）で、浅間社領から納入された小屋銭二貫文を与えられた。奉者は跡部大炊助勝資。同七年十月の武田家朱印状（浅間神社文書・三一八五）では、同年分の年貢として下方枡で六八俵余を受け取っている。（鈴木）

善左衛門尉　ぜんざえもんのじょう

生没年未詳。西湖大田和（山・富士河口湖町）の土豪。永禄七年（一五六四）三月五日、小田和（山・富士河口湖町）を大嵐の弥七郎に売却している（三浦小一郎家文書・八七九）。その際、年貢は五年間前納させたと記している。その年貢は二〇〇文であったというから、一年につき四〇文であったようだ。同九年五月一日、同地の年貢を今度は一三年分も前納させたとして、大嵐の弥七郎とともに証文を受け取っている（三浦小一郎家文書・九九〇）。このことからすると、同地は弥七郎からさらに転売されたと思われる。これらの文書はいずれも仮名書きであり、土豪層の作成する文書の実態を示す点、興味深い。（丸島）

善三郎 ぜんざぶろう

生没年未詳。番匠頭。山梨郡畦村（山・甲府市）に在住の番匠職人であり、永禄十一年（一五六八）六月二十八日付の武田家朱印状では、上様へのご奉公をつとめたので、家一間分の普請役を免除されており（加賀美家文書・一二九〇）、同日付で同文の文書が、他に中下条（山・甲斐市）の善六、六方小路（甲府市）孫三郎、駒沢（甲斐市双葉町）の縫左衛門尉、石橋（山・笛吹市境川）の新五郎、米倉（笛吹市八代町）の内匠助らにも与えられているので（諸州古文書ほか・一二八五～八九）、この時に武田家館内での普請に領内の番匠大工が大動員されている。（柴辻）

仙仁定泰 せんにさだやす

生没年未詳。信濃高井郡の国衆。大和守。仙仁は地名では「せに」と読むが、氏族名は「せんに」と読む。小笠原氏から分流した一族で、仁礼衆の一員である。武田氏の北信進出にともない、武田晴信に従属。弘治二年（一五五六）十一月十日、晴信から忠信を讃えられ、新恩として保科のうち小井天（小出、長・長野市）で三〇〇貫文を宛行われた（仙仁家文書・五一七）。綿内要害（春山城、長野市）での戦功を讃えられてのものという。このことからみて、本領を喪失した状態で武田氏に帰属したものと思われる。（丸島）

仙仁昌泰 せんにまさやす

生没年未詳。信濃高井郡の国衆。吉泰の子。靫負佐。実名は「仙仁家系図」（仙仁家文書）による。天正八年（一五八〇）三月、勝頼より「靫負佐」の官途を与えられる（仙仁家文書・補遺五五）。武田氏滅亡後は上杉景勝に従属。同十年七月二十三日、景勝から本領を安堵された。ただし、井上分については須田信正の計らいに任せるとされている（同前・上越二四七四）。このことからすると、須田信正の同心衆に配属されたらしい。天正十三年の須田信正処断後は、栖沢主殿助の同心となったようである。知行高は、七五石三斗（文禄三年定納員数目録・上杉氏分限帳四九頁）。上杉景勝の会津移封にともない信濃を去り、子孫は米沢藩の医師となったという。（長野県立歴史館「武田・上杉・信濃武士」八八頁）（丸島）

仙仁吉泰 せんによしやす

生没年未詳。信濃高井郡の国衆。定泰の子。民部少輔。実名は「仙仁家系図」（仙仁家文書）による。弘治三年（一五五七）六月十二日、本領小井弖（小出、長・長野市）三〇〇貫に加え、赤埜（長野市）一〇〇貫文を加増された（同前・補遺三三）。（丸島）

千日大夫 せんにちだゆう

生没年未詳。千日次郎大夫。仁科甚十郎と称す。信濃・飯縄権現神社神主。同社は水内郡飯綱山（長・飯綱町）にある修験を中心にした山岳信仰の本拠地であり、上杉謙信や武田信玄などの武家の信仰が厚かった。安曇郡仁科（長・大町市領主の仁科盛政の子というが（長野県史）、検討の余地がある。弘治三年（一五五七）三月、武田晴信は千日大夫に対して、父豊前守代のごとく社領を安堵し、武運長久を祈念している（信濃寺社文書・五五三）。永禄十年（一五六七）十月、信玄は長刀を奉納し（仁科家文書・一三〇〇）、元亀元年（一五七〇）九月、旧領七ヶ所の安堵と、三ヶ所の新領寄進を行い、祈念を命じている（同前・一五八四）。天正六年（一五七八）一月二十三日、武田勝頼より「仁科甚十郎」の名字を与えられている（同前・二九一三）。次いで同閏八年三月、武田勝頼は同社の遷宮につき、神領を安堵するとともに（早稲田大学所蔵文書・三三〇二）、社領内の一七人の者を還住させ、その普請役を免除している（仁科家文書・三三〇三）。同九年の信濃での「伊勢内宮道者御祓くばり帳」によれば、葛山分（長・長野市）のなかに千日の名がみられる（堀内健吉所蔵・三六四四）。武田家滅亡後には越後の上杉景勝より社領を安堵され（仁科家文書・信15五三二頁）、近世には子孫が代々仁科甚十郎を名乗っている　（柴辻）

善兵衛　ぜんひょうえ

生没年未詳。信濃国筑摩郡生野（長・安曇野市）の土豪。塔原海野氏の被官とみられる。天正九年（一五八一）の「伊勢内宮道者御祓くばり帳」において、「いくの、分」の人物として記載され、茶三袋を配られたと記されているのが唯一の所見（堀内健吉氏所蔵・三六四四）。　（平山）

善兵衛　ぜんひょうえ

生没年未詳。信濃国筑摩郡青柳（長・筑北村）の土豪。名字、諱は不明。麻績氏の被官とみられる。天正九年（一五八一）の「伊勢内宮道者御祓くばり帳」において、「あおや木分」の人物として記載され、熨斗三〇本、茶五袋を配られたと記されているのが唯一の所見（堀内健吉氏所蔵・三六四四）。　（平山）

禅祐　ぜんゆう

生没年未詳。永正十七年（一五二〇）に、勝沼武田信友と小山田信有（涼苑）が岩殿山円通寺（山・大月市）に奉納した棟札にその名が見える（甲斐国志資料・四八）。小山田氏の被官で、入道した人物であろう。　（丸島）

善六　ぜんろく

生没年未詳。甲斐国巨摩郡中下条（山・甲斐市）在住の番匠大工職人で、永禄十一年（一五六八）六月二十八日、武田家上様の御用普請をつとめ、その賞として普請役を免除されている（諸州古文書・一二八五）。この時、武田館内で大規模な普請が行われており、同日付で同内容の文書が、府中および近郷の大工職人宛にも多数出されている。　（柴辻）

そ

宗右衛門　そうえもん

生没年未詳。信濃国安曇郡の土豪。名字、諱などは不明。仁科氏の被官とみられる。天正九年（一五八一）の「伊勢内宮道者御祓くばり帳」において、「にしなの分」の人物として記載され、茶二袋を配られたと記されているのが唯一の所見（堀内健吉氏所蔵・三六四四）。　（平山）

惣右衛門尉　そうえもんのじょう

生没年・姓未詳。信濃国木曽郡須原郷（長・大桑村）の定勝寺の大工職人か。天正九年（一五八一）二月、木曽氏歴代の墓所である定勝寺の惣門造立に際して、大工次右衛門尉、小工二子荷彦八・吉河彦八らとともに、造立番匠をつとめている（定勝寺文書・三五三三）。　（柴辻）

宗左衛門　そうざえもん

生没年未詳。信濃国筑摩郡会田（長・松本市）の土豪。会田岩下氏の被官とみられる。天正九年（一五八一）の「伊勢内宮道者御祓くばり帳」において、「あいたいりの分」の人物として「しほはさまの宗左衛門」と記載され、茶二袋を配られたと記されているのが唯一の所見（堀内健吉氏所蔵・三六四）。（平山）

宗左衛門　そうざえもん

生没年未詳。信濃国筑摩郡刈谷原（長・松本市）の土豪。会田岩下氏の被官とみられる。天正九年（一五八一）の「伊勢内宮道者御祓くばり帳」において、「かりや原分」の人物として「うへのたいら宗左衛門」と記載され、熨斗三〇本、茶五袋を配られたと記されているのが唯一の所見（堀内健吉氏所蔵・三六四）。（平山）

惣左衛門　そうざえもん

生没年未詳。細工職人頭。若神子郷（山・北杜市須玉町）に居住の矢作細工職人頭。年未詳の子年七月十二日付の武田家朱印状で、細工奉公について諸役免許と大工共を下されており（国志・三七六〇）、武田家滅亡後の加藤光泰代官の井上忠三の年未詳子年十二月二十四日付の証文では、矢の根作製につき屋敷銭を免除されている（同前・山4一四六三）。（柴辻）

宗三衛門　そうさんえもん

生没年未詳。信濃国筑摩郡会田（長・松本市）の土豪。会田岩下氏の被官とみられる。天正九年（一五八一）の「伊勢内宮道者御祓くばり帳」において、「あいたいりの分」の人物として「まつ原の宗三衛門」と記載され、茶三袋を配られたと記されているのが唯一の所見（堀内健吉氏所蔵・三六四）。（平山）

宗三衛門　そうさんえもん

生没年未詳。信濃国筑摩郡刈谷原（長・松本市）の土豪。会田岩下氏の被官とみられる。天正九年（一五八一）の「伊勢内宮道者御祓くばり帳」において、「かりや原分」の人物として記載され、茶二袋を配られたと記されているのが唯一の所見（堀内健吉氏所蔵・三六四）。（平山）

宗春　そうしゅん

生没年未詳。某年十月十日、松木善明・善三郎に対し、甲信両国において、一ヶ月に一〇駄分の諸役を免許する朱印状発給を取り次いでいる（諸州古文書・六五五）。木曾義康の出家号と同じだが、別人であろう。（丸島）

宗二郎　そうじろう

生没年未詳。信濃国安曇郡の土豪。名字、諱などは不明。仁科氏の被官とみられる。天正九年（一五八一）の「伊勢内宮道者御祓くばり帳」において、「にしなの分」の人物として記載され、茶二袋を配られたと記されているのが唯一の所見（堀内健吉氏所蔵・三六四）。（平山）

宗二郎　そうじろう

生没年未詳。信濃国筑摩郡小立野（長・生坂村）の土豪。日岐氏の被官とみられる。天正九年（一五八一）の「伊勢内宮道者御祓くばり帳」において、「をたつの分」の人物として記載され、茶二袋を配られたと記されているのが唯一の所見（堀内健吉氏所蔵・三六四）。（平山）

惣二郎　そうじろう

生没年未詳。信濃小県郡の国衆小泉氏の被官。永禄十年（一五六七）八月七日、武田氏に忠誠を誓う下之郷起請文に血判を据え、被官衆連名で浅利信種に提出している（生島足島神社文書・一二三九）。名字がない上に花押も書いておらず、地侍層と思われる。（丸島）

宗助　そうすけ

生没年未詳。信濃国筑摩郡生野（長・安曇野市）の土豪。塔原海野氏の被官とみられる。天正九年（一五八一）の「伊勢内宮道者御祓くばり帳」において、「いくの丶分」の人物として記載され、茶三袋を配られたと記されているのが唯一の

所見（堀内健吉氏所蔵・三六四）。（平山）

惣助　そうすけ

生没年未詳。諏方春芳軒の代官。元亀元年（一五七〇）九月二十三日、諏訪大社上社神長官守矢信真に田辺郷（長・諏訪市）からの年貢一一貫文を連名で引き渡した。その際、「春芳代官」として、花押を据えている。（丸島）

宗白　そうはく

生没年未詳。武田家の右筆。「軍鑑」（品一七）の「惣人数之事」では、真の物書きなりとして、永順・神尾庄左衛門とともに「御右筆衆」としている。本姓や経歴は未詳。関係文書もみられない。（柴辻）

そうは斎　そうはさい

生没年未詳。信濃国安曇郡の人物。渋田見主水の一族と推定される。天正九年（一五八一）の「伊勢内宮道者御祓くばり帳」において、「にしなの分」の人物として記載され、茶五袋を配られたと記されているのが唯一の所見（堀内健吉氏所蔵・三六四）。なお、仁科地域における伊勢御師の奏者をつとめていた。（平山）

宗兵衛　そうひょうえ

生没年未詳。信濃国筑摩郡会田（長・松本市）の土豪。ほうおふちの宗左衛門の一族。会田岩下氏の被官とみられる。天正九年（一五八一）の「伊勢内宮道者御祓くばり帳」において、「あいた」の人物として記載され、茶二袋を配られたと記されているのが唯一の所見（堀内健吉氏所蔵・三六四）。（平山）

宗兵衛　そうひょうえ

生没年未詳。信濃国筑摩郡刈谷原（長・松本市）の土豪。会田岩下氏の被官とみられる。天正九年（一五八一）の「伊勢内宮道者御祓くばり帳」において、「かりや原分」の人物として「反町の宗兵衛」と記載され、茶二袋を配られたと記されているのが唯一の所見（堀内健吉氏所蔵・三六四）。（平山）

速伝宗貶　そくでんそうへん

信濃伊那郡の名刹開善寺の住持で、勝頼にとっての教学の師でもある。寺伝によると伊那松尾城主の小笠原信貴が開善寺の保護復旧に努めた際、信玄の要請により関山派に宗旨を替え、速伝を招いたとされる。天正四年（一五七六）四月十六日の恵林寺における信玄本葬儀で、七仏事の次第として奠茶役をつとめている（武家事紀・二六三八）。また、穴山信君が江尻城主の時、自己の菩提寺として駿河興津（静・静岡市）に霊泉寺を開基し、勝頼に依頼し、速伝を招き、開山とした。（柴辻）

曾禰右近助　そねうこんのすけ

生没年未詳。「国志」は曾禰昌世と同一人物とする。永禄十二年（一五六九）十月二十六日、松木次郎三郎に遺領を安堵した竜朱印状の奉者（松木家文書・一四六六）。元亀三年（一五七二）二月四日、武藤（真田）昌幸と連名で竜雲寺僧堂屋根の萱を進上するよう、岩村田（長・佐久市）御家人衆に命じた竜朱印状を奉じる（竜雲寺文書・一七六六）。某年閏□月晦日、赤見山城守に重恩を宛行った朱印状の奉者をつとめる（赤見家文書・三七七二）。（丸島）

曾禰勝長　そねかつなが

生没年未詳。虎長の子とみられる。孫次郎。上曾根村山王権現の天文十七年棟札に、「曾根中務大輔虎長・曾根孫次郎勝長・曾根孫助虎吉」とあったというのが唯一の所見である（国志）。（丸島）

曾禰掃部助　そねかもんのすけ

生年未詳～天正十年（一五八二）三月。曾禰河内守の子息または弟。天正十年の武田氏滅亡に際し、勝頼に随行する。しかし小山田信茂の謀叛を知り、三月十日、河内守とともに陣屋に火を懸け、笹子峠を越えて小山田領に逃亡した（朱稿本理慶尼乃記・武田勝頼死の真相三七頁）。その後、甲府で上野入道・河内守とともに殺害された（甲乱記）。河内守との関係について、「朱稿本理慶尼乃記」は河内守の弟、「甲乱記」は河内守の子息とする。史料の性格を考えれば、子息の可能性のほうが高い。（丸島）

曾禰河内守 そねかわちのかみ

生年未詳～天正十年（一五八二）三月。天正七年八月十八日、天野小四郎に知行を安堵した朱印状の奉者としてみえるのが初見（天野家文書・三一五三）。同年十月二十七日、依田信蕃に堤の普請を命じた竜朱印状の奉者（平野家文書・三一八二）。同八年十二月二十一日、三井右近丞の名田増分への課税を赦免した朱印状を奉じる（三井家文書・三四六七）。その後駿河三枚橋城（静・沼津市）に在城し、北条氏の攻撃を勝頼に報告。同九年八月三十日、勝頼から北条氏の動静報告や沼津の普請を命じられたのが終見である（平山家文書・三六〇六）。武田氏滅亡時は勝頼に従うが、小山田信茂謀叛を聞いて、三月十日に陣屋に火を放ち、掃部助とともに笹子を越え、小山田領に逃げ込んだ（朱稿本理慶尼乃記・武田勝頼死の真相三七頁）。その後、甲府において父上野入道・子息掃部助とともに殺害された（甲乱記）。活動期間がきわめて短く、誰かの後身である可能性が高い。子息が称した掃部助は、曾禰氏嫡流虎長のものであるため、あるいは勝長が該当するか。しかしその場合、虎長の受領名が齟齬をきたす。確定させることは難しい。（丸島）

曾禰七郎兵衛尉 そねしちろうひょうえのじょう

生没年未詳。永禄八年（一五六五）三月、上杉勢の上野出陣に際し、甲斐から援軍として派遣された（加沢記・九三二）。永禄末期のものとみられる信玄旗本の陣立書には、鉄砲衆の指揮官としてみえる（山梨県立博物館所蔵文書・三九七二）。「惣人数」は上野石倉砦（群・前橋市）在城とする。そのほかの事蹟は不明。（丸島）

曾禰大学助 そねだいがくのすけ

生年未詳～永正十七年（一五二〇）六月十日。永正十七年、逸見・大井・栗原一族が謀叛を起こした際に、武田信虎方として戦い、討ち死にした（王代記）。（丸島）

曾禰縄直 そねつななお

生年未詳～享禄四年（一五三一）三月十六日。縄長と同じ三河守を称しており、同一人物の可能性が高いが、ここでは別項を立てる。享禄四年の内乱に際し、三月七日に大荘に布陣（王代記）。この時、「三州縄直」と記される。曾禰氏の通字は「長」だから、「縄長」を誤記したか、縄長が急逝し、弟などの庶流が急遽家督を嗣いだかのいずれかであろう。同年、万力（山・山梨市）において討ち死にした（勝山）。「王代記」が「十六日辰剋、討死」とあるのが縄直であろう。（丸島）

曾禰縄長 そねつななが

生年未詳～享禄四年（一五三一）三月十六日か。掃部助、三河守。大永元年（一五二一）十一月三日、信虎の嫡男晴信が誕生した際に蟇目役をつとめた（甲陽日記）。この時三河守とあるが、まだ父昌長は存命である。遡及して官途名が書かれたものであろう。同二年、昌長が信虎の代官として天神社（山・山梨市）の遷宮を行った棟札に「息掃部助□長」とあるのが縄長であろう（甲斐国志料・山7二〇頁）。同三年、父の死去により家督を相続。父昌長の初七日仏事を行っている(菊隠録・山6上三三頁)。この時、三河守。しかし享禄四年(一五三一)になると「三州縄直」という人物がみえる(王代記)。縄長の誤記と思われるが、別人の可能性もあり、別項をたてる。 (丸島)

曾禰虎長 そねとらなが

生没年未詳。中務大輔、掃部助、三河守。天文十二年(一五四三)九月二十日、大井貞隆の警固を駒井高白斎とともにつとめ、青柳(長・茅野市)に泊まっている(甲陽日記)。上曽根村山王権現の同十五年の棟札に「源中務大輔虎長」、同十七年の棟札に「曾根中務大輔虎長」とあったという(国志)。某年八月十日、越後西浜国境に在城。城の防備を固めるよう晴信から指示を受けている(芸林荘茶掛展目録掲載文書・六四〇)。この時掃部助。永禄六年(一五六三)の下伊那郡赤須郷と菅沼の川・井草の相論に関与。「当意川」の堺は、虎長と「吉八」(未詳)が花押を据えた地図に従うこととなった(松崎家文書・八三二)。同九年閏八月二十七日、武田家を離反する動きをみせていた上野国衆安中重繁のもとに、使者として派遣されることが定められている(岡本家文書・一〇一六)。これは安中氏に対する小指南(奏者)をつとめていたことによる。同年の伊那郡川野郷の田地相論に際しては、十一月四日に原昌胤と連名で裁許結果を宮下新左衛門に通達した(河野家文書・一〇三八)。この頃は、相論裁許に関わることが多かったといえる。また掃部助期に、高野山成慶院に三通書状を出していることが確認される(檀那御寄進状并消息・戦国大名武田氏の権力と支配三七五、七九頁)。某年八月八日には、安中景繁の人質に関する書状の副状を出している(慈雲寺文書・二〇九二)。同十年五月五日にも、安中丹後守のもとに派遣されている(市谷八幡神社旧蔵文書・一〇七五)。この時より三河守でみえる。同年七月一日には、安中丹後守に知行を宛行う竜朱印状の奏者としてみえる(同前・一〇八九)。いずれも、安中氏の小指南としての活動とみてよい。このため、同年八月七日に安中景繁および安中衆が「下之郷起請文」を提出した際には、曾禰虎長に宛てて提出する形をとっている(生島足島神社文書・一一五六、五七)。同十一年二月十七日、板垣信安と連名で、諏訪大社の神殿に勝手に出入りすることを禁じた朱印状を奉じた(諏訪家旧蔵文書・二三四二)。元亀元年(一五七〇)二月二十二日、静岡浅間社の庁守大夫に対し、毎年定額を支給するので、神役を勤仕せよという朱印状を奉じた(駿国雑記・一五三三)。同時に、先光大夫に際しては、不知行地を還付するので、同様に神役をつとめるよう指示した朱印状を奉じている(浅間神社旧先光大夫文書・一五一四)。駿河に在城していたようで、同年四月八日、信玄より防備を固めるよう指示を受けるとともに、一部の同心の出陣を指示されている(諸州古文書・一五四二)。同年と思われる年に、熊野那智大社実報院(和・那智勝浦町)から神領安堵を求める書状を受け取っている(米良文書・四一一五)。しかしこの時は「くまの忩劇」のため返事が出せず、延引となった。その後武田氏が駿河を制圧したことを受けて、あらためて神領安堵の要請を受けた。同二年ないし翌三年の十二月七日、実報院の神領を安堵する旨の返書を出している(米良文書・三九五〇)。以後の動静は不明。なお、成慶院の重書日録(檀那御寄進状并消息・戦国大名武田氏の権力と支配三七五頁)には「曾禰三河守信堯」の名があるが、偏諱を受け直したものか、姓を別人のものと誤写したか。また「曾禰兵部太輔虎長」の名もあり（同前）、兵部太輔を称した時期もあったのかもしれない。いずれも検討を要する。（丸島）

曾禰虎盛 そねとらもり

生没年未詳。九郎左衛門尉。永禄八年（一五六五）六月、武田義信とともに甲斐二宮美和神社（山・笛吹市）に太刀一腰を奉納した（美和神社文書・九四六）。ただし、花押は据えていない。諏訪大社上宮普請在家諸役書上（大祝諏訪家文書・三〇八〇）に同心の名がみえる。しかし同帳は天正年間（一五七三～九二）のものの可能性が高く、あるいは虎盛の子息かもしれない。また高野山成慶院に書状を一通出している（檀那御寄進状并消息・戦国大名武田氏の権力と支配三七五頁）。元亀年間（一五七〇～七三）以降に久能城（静・静岡市）に在城。某年五月八日、曾禰弥兵衛尉とともに参府するよう指示を受けている（岡部氏所蔵文書・補遺六二）。同心は在城を続けようともあり、一時的な参府であったらしい。（丸島）

曾禰昌世 そねまさただ

生年未詳～某年七月九日。孫次郎、内匠助、下野守。仮名からすると曾禰氏嫡流のようだが、高野山成慶院の重書目録（檀那御寄進状并消息・戦国大名武田氏の権力と支配三七五頁）に「曾禰内匠助長成　二通」とあるから、初名は長成であったと思われる。「長」字は曾禰氏の通字で、それが上についているから、曾禰氏庶流であったのだろう。その後信玄から偏諱を受けて、昌世に改名したものと思われる。「国志」は勝長と同一人物とするが、誤り。あるいは虎長の次男で嫡男勝長が早逝したため、家督を嗣いだか。「軍鑑」に官途名「兵部」を希望したが（縄長・虎長が掃部助を称している）、謀叛人飯富兵部虎昌と同名になることを忌避して、内匠助と名乗らせたとある（大成下三一頁）。初名右近助とする説もあるが、別人であろう。「国志所引曾根系図」は、子息周防が「義信事件」に関与して処刑されたため、駿河に出奔したとするが、曾禰周防自身の実在が怪しく、またその後の昌世の活動とも一致しない。後述する織田方への内通嫌疑からさかのぼって創作されたものであろう。某年八月二十五日、土橋惣右衛門尉に給地を宛行っている（山梨県誌本古文書雑集・三八九七）。この時、昌世でみえる。「軍鑑」には信玄の側近家臣としての活動が散見され、真田昌幸・三枝昌貞とともに描かれることが多い。とくにこの三人は「信玄が両眼のごとく」とまで称された（軍鑑・大成下二七頁）。永禄十二年（一五六九）の三増峠合戦では、検使として派遣されていた浅利信種が戦死したことで、指揮を代行したという（同前上三九一頁）。「惣人数」では、御旗本足軽大将衆、騎馬一五騎・足軽三〇人持ち。天正五年（一五七七）二月三十日に竜朱印状を奉じているのが初見（松木家文書・二七七九）。この時、内匠助。同年九月には、遠江高天神城（静・掛川市）救援の先陣として出陣した（岡部家文書・二八六九）。その後、駿河興国寺（静・沼津市）城代をつとめる（国志）。同六年二月二十一日、駿河河東二郡（富士・駿東）で郷中改めを命じた朱印状の奉者をつとめる（佐野家文書・二九三五、斎藤家文書・二九三六、中野家文書・三三九七、山梨県立図書館蔵巨摩郡古文書・二九三八、小野家文書・二九三九、静岡県立中央図書館所蔵渡辺家文書・二九四〇、武家事紀・二九四一）。以上の働きからすると、河東二郡、とくに駿東郡の郡司をつとめた可能性が高い。同七年四月九日、再度郷中改めを担当（静岡県立中央図書館所蔵渡辺家文書・三二八）。某年、馬淵大夫の入婿又兵衛が曾禰昌世の同心を昨年までつとめていた旨が、馬淵大夫・常所大夫の存続を求めた訴状に記されている（駿河志料・三九六八）。同八年十月二日、秋山昌成が駿河茱萸沢（静・御殿場市）の土豪芹沢対馬守に過所偽造犯の摘発を命じた際に、曾禰昌世・鷹野徳繁の指南を得るようにと指示している（芹沢家文書・三一七五）。この時以後、下野守でみえる。同年十二月十三日、富士大宮西町の六斎市設立に際する掟書を奉じている（旧公文富士家文書・三四六二）。同年十二月二十五日、無足で奉公をしていた小野伊豆守に対し、阿野荘（沼津市）で知行を与える朱印状を奉じた（判物証文写・三四七二）。同九年の西山本門寺と北山本門寺の相論に関与。北山本門寺日殿の言上に間違いがないと、昌世も理解しているはずだという主張が展開されている（北山本門寺文書・三五七五）。これは昌世が同地の支配担当者であったためであろう。「軍鑑」によれば信玄他界後すぐに信長に内通したという。武田氏滅亡後、信長からとくに口添えされて興国寺城を中心とする河東二郡を与えられた。事実上、これは旧領の安堵指示であろう。しかし昌世は富士下方を選んだとされる（大成下一八二頁）。ただしこれは、駿河国主となった家康が、昌世の不忠を嫌ったためであるともいい、判然としない（同前一九〇頁）。実際には、本能寺の変後の家康の甲斐経略において、岡部長盛とともに先陣として活躍している。「天正壬午起請文」には同心三四名の記載がある（山6下九九八頁）。同十年六月十五日、北条氏直から甲府に出入りする許可を得る（渡辺泉氏所蔵文書・戦北三三四九）。同日、岡部長盛とともに、米山囚獄助に知行を宛行った（朝野旧聞裒藁・野田市史資料編中世2二二）。六月十七日、駿河において曾禰昌世のもとで活躍したとして、大須賀康高・岡部正綱とともに窪田助丞に知行を与えている（記録御用所本古文書・信15三四九頁）。六月二十三日、岡部正綱と連名で古屋甚五兵衛に知行を宛行った（国文学研究資料館所蔵依田家感状写・新甲三三五三）。八月九日、やはり岡部長盛と連名で新津直太郎に知行を引き渡している（早川家文書・新甲八八二）。十月十日、依田信蕃とともに加津野昌春（真田信尹）へ真田昌幸従属に際し、奔走したことを家康が感謝していることを伝えた（譜牒余録後編・信15四六七頁）。その後徳川家を出奔、同十八年に蒲生氏郷に仕えた（信直記・青中世1六九七頁）。その際、真田信尹（加津野昌春）と行動をともにしたと思われる。蒲生氏のもとでは、知行三〇〇〇石（会津支配帳・近江国古文書志4七九〇）、のち六〇〇〇石（武将文苑所収氏郷奥州会津拝領之刻千石より高侍支配帳）。なお、ここでは蒲生忠郷を憚ってか、「内匠助」で記されている。同十九年の九戸攻めに真田信尹とともに従軍した（信直記・青中世1六九七頁）。某年七月九日死去。慶長九年（一六〇四）八月二十一日に、子息内匠助によって高野山成慶院で供養が営まれた。法名天岩永普禅定門。また妻には笑月心江禅定尼、母には安窓泰寿禅定尼という戒名が付されている（甲州月牌記五・武田氏研究44六七頁）。

（丸島）

曾禰昌長 そねまさなが

生年未詳〜大永三年（一五二三）。孫四郎、三河守。「昌」字は武田信昌の偏諱であろう。永正三年（一五〇六）に金桜神社（山・山梨市）の宝殿補修を主導し、棟札に署判したのが初見（金桜神社所蔵・二四）。この時、孫四郎。同八年とみられる三月十九日には、近江に逃れた将軍足利義澄の御内書副状に対する返書を、楠浦昌勝とともに出している（秋田藩家蔵文書・三八二）。この時、三河守でみえる。あるいは通称の改称時期は楠浦昌勝と同様永正八年正月前後か。このような立場から、楠浦昌勝とならんで、武田信縄・信虎の代表的側近であったことがわかる。同じく三月二十八日には、単独で御内書副状への返書を出している（同前・三八三）。大永二年、信虎のもとで代官として天神社（山梨市）の遷宮を行い、棟札に名前が記される（甲斐国志料・山7一〇二〇頁）。永正十七年六月、逸見氏・大井氏・栗原氏が反乱を起こし、三方で合戦が起こった際には、信虎に従って戦った（王代記）。某年正月二十四日、伊勢御師幸福大夫に返書を送っている（幸福大夫文書・一二五）。この時幸福大夫の書状を披露したと述べているから、側近であったことを確認できる。法名久庵永公庵主。子息縄長によって初七日の供養がなされている（菊隠録・山6上三三頁）。（丸島）

反町大膳 そりまちだいぜん

生没年未詳。「反町大膳訴状」（続群書類従〔合戦部〕22）を著し、武田氏滅亡後に仕官活動を行った人物。以下同史料によって経歴を記す。基本的に上野高崎の国衆和田氏に従った人物。天正三年（一五七五）五月二十一日の長篠合戦では、和田業繁の同心として鳶ノ巣山（鴻の巣城とあるが誤記、愛・新城市）に籠もった。徳川家臣酒井忠次の攻撃に対し、鑓を持って迎え撃った。しかし忠次の攻撃は激しく、大膳は敵ひとりを討ち取ったものの、七箇所も手傷を負った。和田業繁が鉄砲に当たって倒れたため、業繁を助けて退いた。この状況を業繁が勝頼に言上し、感状を貰ったというが、実際には和田業繁はここで討ち死にをしており、感状を貰ったというのは虚言であろう。その後和田信業に従って高天神城に入る。徳川勢の攻撃に際し、鉄砲頭平岩主膳を討ち取り、勝頼から感状を与えられた。同八年頃、勝頼が三枚橋城（静・沼津市）を築城した際、北条氏直は泉頭・戸倉両城（静・清水町）に松田憲秀父子を入れて対抗した。武田方で出陣したのは小山田昌成・和田信業・安中左近大夫だというから、この時も和田信業に従ったと思われる。この時、浅手ながら二箇所疵を負いつつも手柄を立てたため、小山田・和田両将の言上により、手勢三〇騎を預けられたという。次いで同盟を破棄した上杉景勝と川中島で戦って高名を揚げ、勝頼から感状を貰おうとしたところ、武田家が滅亡してしまって約束を果たして貰えなかったと記しているが、もちろん虚言である。長篠合戦から起筆されていることとあわせ、川中島合戦・長篠合戦への参陣が武田遺臣にとって一種のステータスになっていたことがわかる。同十年六月の本能寺の変後、滝川一益と北条氏直が衝突した神流川合戦では、一番鑓をいれ、討ち取った首を高崎まで持って帰って和田信業に見せたものの、感状は貰えなかったという。その後、北条氏に直接仕えたものとみられ、様々な軍功を書き連ねているが、時系列に疑問がある。同十八年正月二十四日に下野足利表で敵一人を討ち取った感状が残されている（木島作次郎氏所蔵文書・戦北三六三五）。「反町大膳訴状」には、足利長尾氏が信長に内通した際に北条氏直自身が出馬し、大膳は長尾家臣浜田を討ち取って感状を与えられたという。しかし信長生前にこのようなことが起こるわけはなく、時系列に混乱がみられるといわざるを得ない。

大膳の主張によれば（以下、反町大膳訴状）、慶長三年（一五九八）までに三三の首をとり、そのうち九つは感状をもらったという。北条氏滅亡後は、牢人して佐野（群・高崎市か）に滞在していた。この年、今まで討ち取った三三の首を羽林寺（双林寺か、群・渋川市）で供養したといい、当時の風習を知るうえで興味深い。同寺の長帳に首供養の記録を残したといい、不審があったら調べて欲しいと述べているから、首供養も仕官活動の一環であったようで、どうも今後は合戦は起こらないと考えていたらしい。同五年の関ヶ原合戦では上杉景勝に仕官。蔵米五〇〇石取りであったが、武田・北条時代と違い低い身分であったことを嘆いている。合戦では思い通りの働きができなかったことを、もう首供養を行ったためだと述懐しており、首供養には今後は戦はしないという意味があったものか。関ヶ原では、直江兼続にしたがって、最上領に進軍。長谷堂合戦に参陣している。その後、諸牢人は上杉景勝から暇を出された。大膳については、直江兼続の口添えで召し抱えられるという話があったが、越前の結城秀康から誘いを受けたため、致仕。越前では二〇〇〇石、鉄砲衆二〇を付されたが、子息が喧嘩をしたため牢人し、帰郷した。その後、同九年より高崎で牢々していたところ、酒井家次から誘いを受けた。大膳はすでに子息が病死し、いまさら出世をする必要はないと断ったという。ところが、生活に困窮し、再度仕官活動を行うようになった。そこで著した軍功記が、「反町大膳訴状」である。元和三年（一六一七）まで高崎にいたというから、その時より仕官活動を再開したのであろう。（丸島）

尊体寺界誉　そんたいじかいよ

生没年未詳。武田信虎の弟という（以下、国志）。信虎長男竹松を供養するために建立された尊体寺（山・甲府市）の二世住持となっている。開山弁誉霊印は天文二十年（一五五一）十月十九日に入寂しているから、その後住持を引き継いだものか。なお、三世感誉は天正二年（一五七四）五月十八日に入寂しており、死去はそれ以前だろう。（丸島）

た

大円禅師　だいえんぜんじ

生没年・経歴未詳。甲府・長興院（今亡）住職。天正四年（一五七六）四月十六日の恵林寺（山・笛吹市塩山）における武田信玄の本葬儀で、七仏事の次第として安骨役をつとめている（武家事紀・三三八）。（柴辻）

大用宗存　だいようそうぞん

生年未詳～元亀元年（一五七〇）十二月十日（広厳大通禅師譫語集・昭和再版妙亀譫語集〈三頁〉）。竜華院（山・甲府市）四世住持。大和国高市郡の人。末寺三星院（中央市、三枝氏菩提寺）の開山となっている（同前、寺記）。元亀元年に示寂した（広厳大通禅師譫語集・昭和再版妙亀譫語集〈三頁〉）。なお、武田一門帰雲軒宗存とは別人であるので、注意。（丸島）

平藤丸　たいらのふじまる

生没年未詳。小山田家臣。あるいは小山田氏の一門か。永正十七年（一五二〇）、岩殿山七社権現（円通寺、山・大月市）に小山田信有の配下として、駒一疋と太刀一腰を奉納した。このとき、「平藤丸上之奉行」と記される（甲斐国志資料・四八）。（丸島）

大竜寺麟岳　だいりゅうじりんがく

生年未詳～天正十年（一五八二）三月十

一日。大竜寺（山・甲府市、廃寺）住持。武田信廉の子（系図纂要）。「国志」が勝頼の従兄弟、「甲乱記」が「近キ親属」とするのはこのためである。長禅寺春国光新の弟子（武田三代軍記）。天正五～九年頃、三枝栄富斎（虎吉）から勘当された子息吉親を、仁科盛信の陣に参陣できるよう取り計らった（等々力家文書・三四五）。同八年に織田信長との和睦を図るため、織田信房帰国を協議したひとりである（軍鑑・大成下一七二頁）。同十年の武田氏滅亡に際し、弟子円首座とともに勝頼につき従う。勝頼は麟岳に最期を見届けた後、脱出して、菩提を弔って欲しいと依頼したが、麟岳は師匠と弟子の関係でもあり、また門葉を見捨てるわけにはいかない。いまさら僧俗の違いはないとして断り、奮戦の末に勝頼嫡男信勝と指し違えて最期を遂げた（甲乱記、軍鑑・大成下一八〇頁）。「信長公記」も、「長老中に比類無き働き」と絶賛している。宝珠寺（山・甲斐市）の開山であるといい、同寺に墓が残る。（丸島）

高井次郎右衛門尉 たかいじろうえもんのじょう

生没年未詳。駿河衆。高井氏は今川家臣としてあり、兵庫入道連悰は義元・氏真父子へ仕え、年未詳の正月十二日付穴山幡竜斎（信友）宛（源喜堂古文書目録7所収文書・四一四）や、永禄三年（一五六〇）十二月二十三日に穴山信君へ父信友の弔意を伝えた際（楓軒文書纂・四〇二）、いずれも今川氏真書状の添状発給に携わっている。次郎右衛門尉は連悰の一族と推察され、武田氏へ仕えた。初見は天正元年（一五七三）九月三日に、朝比奈真重へ駿河段銭に関し岡部正綱、大井孫三郎、玉木与四郎、そして高井次郎右衛門尉と談合のうえで進納するよう命じた武田家朱印状（奉者は跡部勝忠）である（鎌田武雄氏所蔵文書・二一六二）。そして同五年三月二十五日、武田家朱印状（奉者は市川元松）により駿府浅間社（静・静岡市）の社人庁守大夫へ段銭一〇貫文五五〇銭の納入の配分を指示した際にも、段銭の徴収先として次郎右衛門尉の名前がみられる（駿国雑誌・二七九〇）。（柴）

高出昌海 たかいでまさうみ

生没年未詳。左兵衛。下諏訪衆で、武田信豊同心衆のひとり。永禄十年（一五六七）八月七日、「下之郷起請文」を他の同心と連名で水上菅兵衛尉に提出した（生島足島神社文書・一一〇〇）。（丸島）

高尾伊賀守 たかおいがのかみ

生年未詳～天正十年（一五八二）三月十一日か。上野出身という（寛永伝）。主として太田資正・梶原政景父子、および佐竹氏への使者をつとめた。文書上は「鷹尾」とも表記される。永禄十二年（一五六九）四月以前に、佐竹義重への使者をつとめている（弘文荘古書展目録昭和五十年掲載文書・一三八七）。同年五月五日、太田資正・梶原政景父子およびその家臣大田宮内太夫に対する使者をつとめた（明治古典会目録平成元年掲載文書・一四〇一、山梨県立博物館所蔵文書・補遺九八）。同年六月に十七日に信玄が梶原政景に書状を出した際に、以前に高尾伊賀守を佐竹義重のもとに派遣したが、無事参着したか問い合わせている（太田家文書・一四三三）。同年十二月、太田資正への使者をつとめた（報徳博物館所蔵名将古筆録・一三四二）。同年から元亀二年（一五七一）の間の某年、北条氏への軍事行動について話し合うため、常陸に派遣された（専宗寺所蔵文書・四三〇）。日付・宛所は切断されているが、太田資正ないし梶原政景に宛てたものであろう。天正十年の武田氏滅亡に際し、勝頼に従って討ち死にしたという説がある（甲州安見記・定本武田勝頼三七頁）。なお、今井九兵衛尉（昌茂）の子息惣十郎昌俊を養子に迎えたという（寛永伝）。（丸島）

高木伊藤左衛門尉 たかぎいとうざえもんのじょう

生没年未詳。信濃国諏訪郡高木（長・下諏訪町）の土豪。高木刑部左衛門と同一人物との説がある（下諏訪町誌上）。この説は可能性が高い。高木喜兵衛尉の一族。諏訪大社下社の社家衆。永禄八年（一五六五）十一月一日、武田信玄が諏訪大社下社に命じた「神事再興之次第」において、三月御室御祭の祭礼役を武田氏の料所より徴収する人物として諏方刑部左衛門尉とともに登場するのが初見（諏訪大社文書・九六〇）。同九年閏八月二十八日、武田氏より三月御室祭礼料を武田氏重臣跡部泰忠より受け取り、また高木伊藤左衛門と諏方刑部右衛門尉の恩地となったため退転していた分は、辰野（長・辰野町）で与えることを伝達されている（三輪家文書・一〇二〇）。天正年間（一五七三～九二）成立と推定される「両社御造宮領幷御神領等帳」において、諏訪大社上社御室五日目の祭礼役を負担している（大祝諏訪家文書・三〇七九）。その後の事蹟は不明。（平山）

高木喜兵衛尉 たかぎきひょうえのじょう

生没年未詳。信濃国諏訪郡高木（長・下諏訪町）の土豪。殿村館、高木城主。高木氏の惣領とみられる。諏訪大社下社の社家衆。永禄八年（一五六五）十一月一日、武田信玄が諏訪大社下社に命じた「神事再興之次第」において、宮奉行として登場するのが初見（諏訪大社文書・九六〇）。同九年九月晦日、信玄が諏訪大社下社に命じた「諏訪下社造宮改帳」においても、宮奉行をつとめており、仁科のうち渋田見、滝沢郷（長・安曇野市）より納入される造宮銭をめぐって大祝と争論におよんでいる。これは武田氏より高木喜兵衛尉が受け取り納入することで決着をみている。また、高梨のうち笠原郷の造宮領も諏方内匠助と争っており、これは中分とされている。さらに安曇郡小倉郷が造宮役を難渋していると武田氏に訴え、同郷に納入を約束させている（同前・一〇二八）。なお天正二年（一五七四）八月吉日、武田勝頼が諏訪大社下社に造宮した千手堂の棟札（諏訪史料叢書・二三五五）に「昌秀」は、高木喜兵衛尉その人との説があるが確認できない（下諏訪町誌上）。その後の事蹟は不明。（平山）

高木刑部左衛門尉 たかぎぎょうぶざえもんのじょう

生没年未詳。信濃国諏訪郡高木（長・下諏訪町）の土豪。諏訪大社下社の社家衆。高木喜兵衛尉の一族。天正五年（一五七七）三月三日成立の「諏訪大社下社宝塔棟札銘写」に登場するのが初見（諏訪史料叢書29・二七八〇）。これ以後、頻繁に諏訪大社関係史料に登場するので、高木伊藤左衛門尉と同一人物とする説（下諏訪町誌上）があるが、その可能性は高い。その後、同六年二月二日成立の「下諏訪春秋両宮御造宮帳」（大祝諏訪家文書・二九一七）、同年二月五日成立の「春秋之宮造宮之次第」（同前・二九一九）同年二月七日成立の「下諏訪春宮造宮帳」（同前・二九二二）、同年二月十日成立の「下諏訪秋宮造宮帳」（同前・二九二三）、同七年一月二十日成立の「諏訪下宮春宮造宮帳」（同前・三〇六九）、同年一月二十七日成立の「下諏訪春宮造宮帳」（同前・三〇七三）などに、諏訪大社下社春宮御門造宮役、同不明之門屋造宮役、同玉垣造宮役、同瑞籬造宮役、秋宮瑞籬役の取手（徴収役）として登場する。さらに同年二月十六日の武田家朱印状によれば、下諏訪春宮の不開御門、御門屋、舞台の担当者として登録されている（諏訪史料叢書所収諏訪家文書・三〇八五）。その後の事績は不明。（平山）

高木蔵人 たかぎくろうど

生没年未詳。信濃国諏訪郡高木（長・下諏訪町）の土豪。諏訪大社下社の社家衆。高木喜兵衛尉の一族。永禄八年（一五六五）十一月一日、武田信玄が諏訪大社下社に命じた「神事再興之次第」において、一月十七日神事の担当者として三沢六左衛門尉、高木彦五郎とともに登場するのが唯一の所見（諏訪大社文書・九六〇）。その後の事績は不明。（平山）

高木次郎右衛門尉 たかぎじろうえもんのじょう

生没年未詳。信濃国諏訪郡高木（長・下諏訪町）の土豪。諏訪大社下社の社家衆。二郎右衛門尉。高木喜兵衛尉の一族。天正六年（一五七八）二月二日成立の「下諏訪春秋両宮御造宮帳」（大祝諏訪家文書・二九一七）、同年二月七日成立の「下諏訪春宮造宮帳」（同前・二九二二）に、春宮瑞籬造宮役、同不開之御門造宮役、秋宮瑞籬・外籬造宮役の取手（徴収役）として登場する。その後の事績は不明。（平山）

高木佐左衛門尉 たかぎすけざえもんのじょう

生没年未詳。信濃国諏訪郡高木（長・下諏訪町）の土豪。諏訪大社下社の社家衆。高木喜兵衛尉の一族。天正期の成立とみられる「両社御造営領幷御神領等帳」に諏訪大社上社の一月十七日の祭礼役を負担している人物として、高木伝次とともに登場するのが唯一の所見（大祝諏訪家文書・三〇七九）。その後の事績は不明。（平山）

高木清七郎 たかぎせいしちろう

生没年未詳。信濃国諏訪郡高木（長・下諏訪町）の土豪。諏訪大社下社の社家衆。高木喜兵衛尉の一族。永禄八年（一五六五）十一月一日、武田信玄が諏訪大社下社に命じた「神事再興之次第」において、武射之衆として登場するのが初見（諏訪大社文書・九六〇）。その後、同十年八月七日、高木清七郎は、諏方頼豊らとともに「下諏訪五十騎」として連署で起請文を提出している（諏訪家旧蔵文書・一一七八）。その後の事績は不明。（平山）

高木正兵衛 たかぎせいひょうえ

生没年未詳。信濃国諏訪郡高木（長・下諏訪町）の土豪。諏訪大社下社の社家衆。高木喜兵衛尉の一族。永禄十年（一五六七）八月七日、高木清七郎は、諏方頼豊らとともに「下諏訪五十騎」として連署で起請文を提出しているのが唯一の所見（諏訪家旧蔵文書・一一七八）。その後の事績は不明。（平山）

高木伝次 たかぎでんじ

生没年未詳。信濃国諏訪郡高木（長・下諏訪町）の土豪。諏訪大社下社の社家衆。高木喜兵衛尉の一族。天正期の成立とみられる「両社御造営領幷御神領等帳」に諏訪大社上社の一月十七日の祭礼役を負担している人物として、高木佐左衛門尉とともに登場するのが唯一の所見（大祝諏訪家文書・三〇七九）。その後の事績は不明。（平山）

高木藤介 たかぎとうすけ

生没年未詳。信濃国諏訪郡高木（長・下諏訪町）の土豪。諏訪大社下社の社家衆。高木喜兵衛尉の一族。藤助。天正六年（一五七八）二月二日成立の「下諏訪春秋両宮御造宮帳」（大祝諏訪家文書・二九一七）、同年二月十日成立の「下諏訪秋宮造宮帳」（同前・二九二三）において、諏訪大社下

社秋宮一之御柱造宮役の取手（徴収者）として登場する。その後の事蹟は不明。（平山）

高木二兵衛　たかぎにひょうえ

生没年未詳。信濃国諏訪郡高木（長・下諏訪町）の土豪。諏訪大社下社の社家衆。高木喜兵衛尉の一族。天正六年（一五七八）二月二日成立の「下諏訪春秋両宮御造宮帳」（大祝諏訪家文書・二九一七）、同年二月七日成立の「下諏訪春宮造宮帳」（同前・二九二二）において、諏訪大社下社春宮瑞籬造宮役、秋宮瑞籬、外籬造宮役の取手（徴収者）として登場する。その後の事蹟は不明。（平山）

高木彦五郎　たかぎひこごろう

生没年未詳。信濃国諏訪郡高木（長・下諏訪町）の土豪。諏訪大社下社の社家衆。高木喜兵衛尉の一族。永禄八年（一五六五）十一月一日、武田信玄が諏訪大社下社に命じた「神事再興之次第」において、一月十七日神事の担当者として三沢六左衛門尉、高木蔵人とともに登場するのが唯一の所見（諏訪大社文書・九六〇）。その後の事蹟は不明。（平山）

高木彦七郎　たかぎひこしちろう

生没年未詳。信濃国諏訪郡高木（長・下諏訪町）の土豪。諏訪大社下社の社家衆。高木喜兵衛尉の一族。永禄八年（一五六五）十一月一日、武田信玄が諏訪大社下社に命じた「神事再興之次第」において、一月四日御祭の神田を恩地として保持しており、武田氏よりそのうちの一部を神前に奉納するよう指示されているのが唯一の所見（諏訪大社文書・九六〇）。その後の事蹟は不明。（平山）

高木平右衛門尉　たかぎへいえもんのじょう

生没年未詳。信濃国諏訪郡高木（長・下諏訪町）の土豪。諏訪大社下社の社家衆。高木喜兵衛尉の一族。天正年間（一五七三～九二）成立と推定される「両社御造宮領幷御神領等帳」において、諏訪大社上社の十二月二十二日御室の祭礼役を負担しているのが唯一の所見（大祝諏訪家文書・三〇九九）。その後の事蹟は不明。（平山）

高瀬能業　たかせよしなり

生没年未詳。上野国衆国峰小幡氏の家臣。通称は与兵衛。名字の地は上野国甘楽郡高瀬（群・富岡市）とみられる。永禄十年（一五六七）八月七日付「下之郷起請文」において、国峰小幡氏の家臣で尾崎郷（富岡市西部）における地縁集団尾崎衆の連署起請文で二番目に署判しているのが唯一の所見（生島足島神社文書・二七三）。（黒田）

高田繁頼　たかだしげより

大永六年（一五二六）～天正元年（一五七三）四月五日、四八歳（寛政譜）。上野国衆で甘楽郡高田（群・富岡市）城主。高田憲頼の次男。初め山内上杉氏の家臣、その後北条氏、上杉謙信、武田氏に従う。武田氏には永禄四年（一五六一）に従属した。通称は初め小次郎、のちに大和守。天文十六年（一五四七）八月十一日の信濃小田井原合戦（長・佐久市）で、山内上杉氏家臣であった父憲頼・兄右衛門佐の戦死により、家督を嗣ぐ。同二十一年の山内上杉氏の没落により、北条氏に従ったとみられるが、永禄三年九月の上杉謙信の関東侵攻にともなって、謙信に従い、箕輪長野氏の指揮下に入っている（関東幕注文・群三三）。小次郎の名でみえる。同四年十一月に武田氏の侵攻を受け、十九日までに従属した（鎌原系図・七六二）。同十年五月一日、武田氏から上野白井領渋川内金井郷（群・渋川市）三〇〇貫文および久原郷を新恩所領として宛行われたという（寛永伝）。同年八月七日付「下之郷起請文」では、単独で起請文を出し、取次とみられる武田氏重臣原昌胤に宛てている（生島足島神社文書・二五三）。大和守の名でみえる。同十二年六月、離叛した小幡信尚を追討し、その戦功を武田信玄から賞されている（島根県立博物館所蔵文書・一四一九）。同年十月の相模小田原城（神・小田原市）攻めにおいては先鋒をつとめ、翌元亀元年（一五七〇）三月二十八日に、上野川東静謐後に二宮（群・前橋市）二〇〇貫文・飯島（群・玉村町）一〇〇貫文の宛行を約されたという（寛永伝）。同三年十二月二十二日の遠江三方原合戦に従軍、同合戦で負傷し、その疵がもとで翌年に死去したという（同前）。法名は正闇。妻は上野国衆安中重繁の娘。天文十九年に嫡子信頼が生まれているから、婚姻は山内上杉氏に従っていた時期のことになる。（黒田）

高田能登守　たかだのとのかみ

生没年未詳。永禄十一年（一五六八）十二月の武田信玄による駿河侵攻に際し、武田氏へ属した駿東郡を拠点とする駿河衆。元亀三年（一五七二）五月二日、信玄より武田氏へ属した以来の働きを賞され、駿河国大期田（静・小山町）のうちほか二三〇貫文の知行地を宛行われた（高田家文書・一八五二）。同日には葛山三郎や三輪与兵衛尉たちの駿河国衆葛山氏一族・家臣に対し知行宛行が実施されていることより、その立場は葛山氏の軍事指揮下にある与力・同心にあったと推察される。また前々よりの大岡荘（静・沼津市）の問屋への支配権の許可に関し、土屋昌続を通じ武田氏に申請していたが、駿河平定により認可の朱印状の発給が遅れていたため、八月二十一日に昌続より信玄の意をふまえ支配権を認めた「一筆」を獲得する（駿河志料所収文書・一九四二）。天正三年（一五七五）二月二十八日、子加賀守へ領知・名田被官屋敷を譲渡し、武田勝頼より安堵された（高田家文書・二四六七）。（柴）

高田信頼　たかだのぶより

天文十九年（一五五〇）～天正十六年（一五八八）三月十五日、三九歳（寛政譜）。上野国衆で甘楽郡高田（群・富岡市）城主。高田繁頼の子。通称は小次郎。母は安中重繁娘。実名は武田氏から通字を偏諱として与えられたもの。天正元年四月の父繁頼死去により家督を嗣ぐ。同年五月五日に勝頼から、おそらく家督相続を認める書状を与えられたらしい。同二年七月十九日には駿河・遠江への数度にわたる出陣への功賞として、上野野辺（群・館林市か）内永安寺一五〇貫文のを宛行われたという（寛永伝）。また年未詳十一月十六日付で勝頼から、出陣の労をねぎらう書状を送られている（甲斐国志・三七三五）。天正十年三月の武田氏滅亡後は、織田氏、次いで北条氏に従属したが、具体的な動向は知られない。法名は正伝。妻は上野国衆国峰小幡憲重の娘。同六年に嫡子直政が生まれているから、婚姻は元亀～天正初め頃のことと推測される。（黒田）

高遠頼継　たかとうよりつぐ

→諏方（高遠）頼継　すわよりつぐ

鷹野徳繁　たかののりしげ

天文二年（一五三三）～慶長十八年（一六一三）七月十二日。八〇歳。喜兵衛尉・因幡守。甲斐源氏の一族大井田能徳の子。生後すぐに父と死別し、家臣の鷹野源右衛門尉道秀に養育される。一五歳で武田信玄の嫡子義信へ仕え、鷹野に改姓した。永禄十年（一五六七）に義信が死去した後は蟄居していたが、その後許されて信玄のもとで活動した（鷹野富士家譜系図・浅間文書纂二九頁）。武田氏の駿河侵攻後に大宮浅間神社（現富士山本宮浅間神社、静・富士宮市）の統制に関与し、社家の再編や本宮の造営事業を担当した。また、大宮司富士氏の復帰にも尽力したとされる。天正元年（一五七三）十二月十七日の武田家朱印状（宮崎家文書・三三九）で、武田氏が大宮浅間神社の惣社人衆に対して、祭礼の米銭を徳繁と相談したうえで徴収するよう命じている。奉者は原隼人佑昌胤・市川宮内助昌房。同四年三月二十六日の武田家朱印状（同前・二六二六）では、本宮の神宝となっている武具類一式を武田氏が申し受けるにあたって、代価一万疋（一〇〇貫文）を大宮近辺の御料所から三ヶ年で支払う旨を約された。奉者は市川備後守家光。なお、翌年十月二十三日の跡部勝忠証文（同前・二八七八）で、二ヶ年分の代価の支払い報告が行われている。同年五月二十八日の武田家朱印状（同前・二六六〇）では、武田氏が段所・案主（富士又十郎か）・鎖是時成・宮崎清長・宮崎春長に対して、徳繁と相談のうえで、鬮取りで社殿などの造営を分担するよう命じている。奉者は跡部美作守勝忠。同年十一月十九日の富士信忠等連署証文写（旧公文富士家文書・二七四四）で、富士信忠・信通父子が、信忠の養子にあった徳繁の末子富士千代（のちの能通）について、武田氏の「御上意」に従って公文家を相続させる旨の契約状を徳繁へ提出。同年十二月二十八日の武田家朱印状（同前・二七五七）では、徳繁が大宮浅間神社の復興と遷宮に尽力したことを賞され、富士千代が公文職を相続するよう命じられた。奉者は長坂釣閑斎光堅・跡部美作守勝忠。同五年十二月一日の富士信通起請文写（同前・二八九六）で、信通が徳繁へ起請文を提出し、大宮司家復興に対する徳繁の「御取持」を謝し徳繁と今後いっそう懇意にすること、富士千代に対して実子同様に懇切を加えること、かりに国家の存亡に関わる危機に瀕しても徳繁に相談することなどを約束している。同六年五月二十九日の武田家朱印状（同前・二九七七）では、宮次郎に改名した富士千代が公文職に補任され、父徳繁が所持していた公文領を宛行われた。同年十二月二十三日の武田家朱印状（同前・三〇五九）では、西山十右衛門尉と徳繁へ、大宮浅間神社の祭礼費用が元亀三年（一五七二）から滞納にあるとの社人衆の訴えを受け、地頭衆へ催促を加えるよう命じられている。奉者は原隼人佑昌栄・市川以清斎元松。天正六年十二月二十八日の浅間社家連署証文（同前・三〇六二）では、鎖是時成・宮崎春長・宮崎清長・河東勝泰・小島家盛の五名が、同四年から六年まで三年間の本宮造営費用を徳繁へ提出した。同七年と推定される十月二日の秋山昌成書状（萩原芹沢家文書・三一七五）では、茱萸沢（静・御殿場市）の芹沢対馬守に対して、過書の改めを厳重に行い、曾禰昌世と徳繁の指南を受けるよう命じている。本文書が受領名因幡守の初見。同七年十二月二十八日の市川元松証文（宮崎喜旦氏所蔵文書・三二三三）で、大宮浅間神社の正月祭礼の費用を調達するよう命じられた。年未詳十月八日の跡部勝忠証文（多門坊文書・三九二六）では、多門坊に対する先代（信玄）・当代（勝頼）の直判を確認し、勝頼の上意を得たことを伝えられている。年月日未詳の武田信堯等連署神馬奉納状写（賜蘆文庫文書・三九六三）では、信堯・仁科盛信ら武田氏の親族・重臣一二名が神馬を奉納した際に、その奉者をつとめた。天正十年三月の武田氏滅亡後は駿河国富士郡青山（富士宮市）に蟄居。同十九年に中村一氏の招きで仕官し、美濃国大垣（岐・大垣市）へ移住。朝鮮にも従軍して小荷駄奉行をつとめたが、帰国後に退隠・出家し、慈蓬軒と称す。慶長十八年に大垣で死去。法名は士嶺院殿貴岫宗富大居士（鷹野富士家譜系図・浅間文書纂三〇）。また、嫡子の喜兵衛尉は武田氏滅亡後に徳川氏へ仕えて本領を安堵され、天正十年八月二十一日に武田氏の旧臣が徳川氏へ提出した起請文（天正壬午起請文・山6下九六〇頁）に「御蔵前衆」として名がみえるが、早世したとされる。（鈴木）

鷹野昌郷 たかのまささと

生没年未詳。喜三。武田氏の代官として駿河国の在地支配を担当。鷹野徳繁とは同族か。天正四年（一五七六）十一月十一日の武田家代官衆連署証文写（判物証文写・二六四二）では、小笠原信興の転封による家臣団の屋敷地造成にともない、野呂瀬秀次・太田守重と連署で篠原尾張守に替地を与えた。この時「鷹野喜三昌郷」と署名。同五年九月二十三日の鷹野昌郷等連署証文（前島家文書・二八七〇）では、田中名（静・富士市）の年貢算用を行い、その結果を窪島石見守と連署で前島市衛門尉に渡している。（鈴木）

高橋右馬助 たかはしうまのすけ

生年未詳～天正三年（一五七五）五月二十一日。小山田昌成の被官というから、佐久郡の領主であろう。実名は吉房と伝わる。長篠合戦で討ち死にした（士林泝洄・名古屋叢書続編17四三七頁）。子孫は尾張徳川氏に仕えている。（丸島）

高橋勘解由左衛門 たかはしかげゆざえもん

生没年未詳。実名も未詳。富士山河口浅間神社（富士河口湖町）所属の御師か。天正八年（一五八〇）十二月、武田勝頼は、高橋の知行の信濃・富部郷（長野市）の内での荒地開発分を宛行っている（諸州古文書・三四六〇）。同十年八月二十四日に、本領である甲斐休息郷（山・甲州市）のうち二五貫文、蔵出しの替地栗原（山・山梨市）のうち二〇貫文を徳川家康から安堵された与五郎は、子息であろう（山4一五七七）。同十一年五月二十五日、「川口社務中」が北条氏邦から領内における川口衆取り立てを約束されている（諸州古文書・戦北二五四二）。北条氏が郡内に進出した際に与同し、北条・徳川同盟成立後も甲斐から退去せざるをえなかったのだろう。その帰還交渉を約束したものと思われる。ただし「甲州本意」についても述べているから、あるいはこの段階でも北条氏は甲斐進出を諦めてはいなかったものか。（柴辻・丸島）

高橋重行 たかはししげゆき

生年未詳～文禄元年（一五九二）四月三日か（高橋家系図）。上野国衆国峰小幡氏の家臣で、上野国甘楽郡南牧谷岩戸村（群・南牧村）の土豪。実名は小幡憲重からの偏諱とみられる。通称は左近助。天文二十三年（一五五四）十二月十九日に憲重から五貫文の融資を受けている（高橋文書）。永禄三年（一五六〇）十月二十日には、上杉謙信に応じて国峰城主となった小幡景高に従い、南牧谷宮室村以下一三貫文地を所領として認められている（高橋文書）。翌年の憲重の国峰城主復帰にともなって憲重に従ったとみられ、同十年八月七日付「下之郷起請文」（生島足島神社文書・一一七五）では、南牧谷の地縁集団南牧衆のひとりとして署判している。その後の動向は明確でないが、家系図によると、武田氏滅亡後は北条氏に仕

えたという。　（黒田）

高橋十左衛門尉　たかはしじゅうざえもんのじょう

生没年未詳。上野国衆国峰小幡氏の家臣。多胡郡日野（群・藤岡市）の土豪か。天正三年（一五七五）十月二十七日付で小幡信真から本領四貫文、新恩六貫文、計一〇貫文を所領として宛行われている（高橋文書・二五四三）。　（黒田）

高見沢庄左衛門尉　たかみざわしょうざえもんのじょう

生没年未詳。佐久郡高野（長・佐久穂町）の土豪。年未詳八月六日、伴野貞能から鷹野町において軍役を勤めると申し出たことを賞され、三五貫文の知行を与えられたのが事実上の初見か（高見沢家文書・三八八五）。伴野貞能がいつ頃の人物か明らかではなく、本文書の発給時期は不明だが、庄左衛門尉の活動は武田氏滅亡後から確認されるようになる。とすると、天正十年（一五八二）、壬午の乱の最中のものかもしれない。この時点では北条方にいたものか。同年十一月十四日、徳川方の依田信蕃から出仕した功績を賞され、高柳関助分三〇貫文・左京助分一二貫文の合計四二貫文を宛行われた（同前・信15五二九頁）。次に所見があるのは慶長十三年（一六〇八）であるため（同前・信20三四〇頁）、代替わりしていると思われるが、「高野町衆」の代表をつとめており、高野の中心人物の立場を維持している（同前・信20三四二頁）。なお、甲府から諏訪郡に勧進で「棒道」を作るように武田氏が指示した文書は、天文二十一年（一五五二）十月六日付で、高見沢家に伝わっており、早くから同家が高野の中心人物であったことがうかがえる（同前・三五六）。なお高見沢名字は、高野一帯の有力者が名乗った家名の可能性があり、同族であるかは必ずしも定かではない。　（丸島）

高見沢美濃守　たかみざわみののかみ

生年未詳～天文二十一年（一五五二）七月二十一日か。佐久郡海ノ口（長・南牧村）の土豪。天文十二年五月二十一日、高野山で子息の供養を営んだ（成慶院信州月牌帳三・信濃64-1六二頁）。法名は、道通禅門。次いで同十六年九月二十一日にも子息大蔵の逆修（生前）供養を営んでいる（同前）。同十八年四月二十一日に、妻室の逆修供養が営まれている（成慶院信州日牌帳・信濃61-12六五頁）。法名は桂薫禅尼。同二十一年七月二十一日、高見沢大蔵左衛門尉によって高野山で供養された（同前）。法名は常皆禅門。夫婦で日牌供養を営んでいることから、高見沢一族中の有力者と推定される。大蔵左衛門尉は子息と思われ、永禄十年七月二十一日に生母玉窓妙金禅定尼の日牌供養を成慶院に依頼している（同前）。これは先述した美濃守妻室の法名とは異なっており、側室ないし継室を迎えていたと思われる。なお高見沢名字は、海ノ口一帯の有力者が名乗った家名の可能性があり、同族であるかは定かではない。　（丸島）

高山右馬助　たかやまうまのすけ

永禄三年（一五六〇）～元和五年（一六一九）十一月十五日、六〇歳（高山系図）。上野国緑埜郡高山庄（群・藤岡市）の領主高山氏の一族。「高山系図」では主水佑（泰重）の子としてあげられ、その嫡子与次の後身としてあげられている。右馬助としては、天正九年（一五八一）二月四日に武田氏から、上野玉村御厨沼上（群・玉村町）内の高山分五〇貫文を、那波顕宗に与えることになった知行の替地として宛行われている（高山吉重文書・三四九〇）。那波氏に引き渡された知行が何処に所在していたのかは不明である。また替地として与えられた沼上高山分は、以前に高山氏が知行していたものとみられるから、失っていた所領を与えられたものと理解される。翌十年三月の武田氏滅亡後は滝川一益に従い、六月に一益から、東平井・川除・別所・岡・道中子・矢場（藤岡市）など二五六貫文、蔵出分替地として柴崎十右衛門分跡ほか一五〇貫文、合計四〇〇貫文余を安堵、宛行を受けている（高山系図・群三一四六）。ただしそのうち、東平井・川除は遠江守定重の所領、道中子も同人の代官地であるから、それらがすべて右馬助の所領であったとは考えがたい。武田氏段階では定重が惣領的存在であったとみられるから、右馬助は滝川氏に従うにあたり、定重にとって代わった可能性もある。ただし「高山系図」によれば、妻は定重の娘とされるから、一族内での役割分担とも考えられる。しかしその後の所見はなく、領主としては没落した可能性が高い。同系図では神流川合戦後は北条氏に従い、北条氏滅亡後は甘楽郡山中（群・神流町、上野村）に隠遁したとする。法名は無天宗源居士。（黒田）

高山小次郎　たかやまこじろう

生没年未詳。上野国緑埜郡高山庄（群・藤岡市）の領主高山氏の一族。高山大和守の子か。年未詳七月二十五日付で武田勝頼から、「其地」の普請のため長期の在陣について賞されているのが、唯一の所見（川上茂久氏所蔵文書・三七一九）。文書の伝来関係から、元亀元年（一五七〇）まで所見された大和守の子の可能性が高い。なお「高山系図」では、山城守行重の次男、大和守の弟としてあげているが、誤りとみられる。（黒田）

高山定重　たかやまさだしげ

大永元年（一五二一）～天正十八年（一五九〇）三月八日、七〇歳（高山系図）。上野国緑埜郡高山庄（群・藤岡市）の領主高山氏の一族。通称は初め官途名彦兵衛尉、のちに受領名遠江守。高山満重の四男、母は上野「安中伊賀守忠繁」娘とされるが（同前）、同人は架空の人物であり、安中氏出身とすれば永正四年（一五〇七）所見の顕繁の姉妹の可能性がある。永禄十年（一五六七）四月二十九日付で武田氏から、緑埜郡宇塩・八塩・松房・和田郷内川除（藤岡市）一〇〇貫文を宛行われているのが初見（群馬県庁採訪文書・一〇六七）。それらは「最前退在所忠信」に対する功賞として宛行うことがみえているから、この直前に在所を退去し、その替地としてそれらの所領を宛行われたことが知られる。同年八月七日付「下之郷起請文」（生島足島神社文書・一一五四）では単独で起請文を出している。同時にみえる高山行重との関係は不明。「高山系図」では行重の弟としてあげられているが、確定できない。同十一年三月、武田氏から緑埜郡神田・道中子（藤岡市）四二貫文の代官に任じられている（高山満雄文書・一二四八）。同十二年五月、武田氏から箕輪城代浅利信種に協力して、武蔵・上野国境に要害を構築し、在城するよう命じられている（高山鶴治文書・一四〇八）。元亀三年（一五七二）六月九日に武田氏から、多胡郡多比良（群・高崎市）・碓氷郡入山（群・安中市）二七〇貫文の代官に任じられている。奉者を箕輪城代内藤昌秀・原昌胤がつとめているから、両人の取次を受けたことが知られる。同年六月十四日には武田氏から、東平井（藤岡市）の六斎市の安堵、多比良領・高山領から欠落した百姓の人返し保障を受けている（高山徳樹文書・一九一三）。ここから定重は、東平井を本拠にしていた可能性と、その支配地が高山領と称される地域であったことが知られる。このことから、この時期には行重に代わって、定重が高山氏一族の代表者になっていたと捉えられる。天正二年八月には武田氏から、武蔵での所領が北条氏に割譲されたうえ、上野での所領は少ないことから、遠江羽妻村（静・掛川市）三〇〇貫文を宛行われている（高山系図・二三三六）。同十年三月の武田氏滅亡後は、指南を受けていたとみられる箕輪城代内藤昌月に従ったとみられ、昌月から箕輪領下村・井出・海沢（高崎市）四〇〇貫文を宛行われている（高山系図・三八一三）。またこの時から遠江守の名でみえる。同年六月の神流川合戦後は北条氏に従い、北条氏から「当郷」（東平井か）に対して禁制を与えられている（高山鶴治文書・戦北三三五）。同十二年には厩橋城（群・前橋市）の（堀内文書・戦北二六二六）、同十三年から同十四年には金山城（群・太田市）の（群馬県庁所蔵文書・戦北二八八四、高山満雄文書・戦北二九七九）在番をつとめている。定重に関する所見は同年までで、その後は嫡子と推定される彦四郎がみえ、厩橋城の在番をつとめているので（宇津木文書・戦北二八三三、後閑文書・戦北二八五六）、家督を譲り隠居したとみられる。法名は椛屋宗見大禅定門（高山系図）。　（黒田）

高山飛騨守 たかやまひだのかみ

生没年・系譜未詳。武田氏領内の惣大工頭といわれる。天正三年（一五七五）四月に、諏訪代官の諏方春芳が、信濃・諏訪神社下社の千手堂を寄進建立した際の棟札銘に、大工として名がみられる（諏訪史料叢書・二四八二）。次いで同七年十二月九日付の駿河国富士郡（静・富士市）の細工職人である田口・花村氏宛の穴山勝千代朱印状には、高山飛騨守に随身して細工奉公をつとめよと指令されている（田口家文書ほか・三二〇八・〇九）。同年十二月二十一日付の高山宛の穴山信君朱印状によれば、江尻城の造作覚として、細かい指示が出されている（鈴木文書・三二一六）。さらに同九年十一月二十五日付の番匠次郎右衛門宛の武田家朱印状によれば、高山の指図に従って細工の奉公をつとめるよう指示されている（田口家文書・三六三八）。　（柴辻）

高山主水佑 たかやまもんどのじょう

生没年未詳。上野国緑埜郡高山庄（群・藤岡市）の領主高山氏の一族。高山与次の父。元亀三年（一五七二）六月九日、主水佑の戦死を受けて、嫡子与次が家督を嗣いでいる（川上茂久氏所蔵文書・一九〇九）。「高山系図」では、山城守行重の三男としてあげられ、八郎三郎泰重の後身とされている。行重との関係は判断できないが、泰重の後身の可能性は残る。むしろ文書の伝来関係から推測すると、大和守の子弟の可能性が高い。同系図では天文十三年（一五四四）生まれ、永禄十二年（一五六九）十月の相模三増峠合戦で二六歳で戦死したとし、法名を一翁宗純大禅定門としている。主水佑が泰重の後身であれば、その戦死は同合戦におけるものとなる。　（黒田）

高山泰重 たかやまやすしげ

生没年未詳。上野国緑埜郡高山庄（群・藤岡市）の領主高山氏の一族。仮名八郎三郎を称す。永禄十年（一五六七）八月七日付「下之郷起請文」（生島足島神社文書・一一五五）において、高山衆の筆頭として署判しているのが唯一の所見。高山衆が、行重と定重のいずれの被官衆であるのかは不明である。なお「高山系図」は、山城守行重の子としてあげ、天文十三年

（一五四四）生まれ、「主水正」を称したとしている。行重との関係については判断できないが、同官途名を称したとすれば、元亀三年（一五七二）以前に戦死した主水佑と同一人物となる。（黒田）

高山大和守 たかやまやまとのかみ

生没年未詳。上野国緑埜郡高山庄（群・藤岡市）の領主高山氏の一族。永禄十二年（一五六九）十二月、武田信玄から駿河蒲原城攻略について書状を送ったことについて返書を出され、蒲原城の仕置きが終わり次第に甲府に帰陣し、ただちに上野に向けて出陣し、信濃岩村田（長・佐久市）まで進軍することを伝えられ、上野進軍の際に面会することを伝えられている（川上茂久氏所蔵文書・一四八五）。翌元亀元年（一五七〇）二月には信玄から返書を送られ、西駿河経略の状況を報されるとともに、佐久郡衆について上野方面に配備するため帰国させたことを伝えられている（高山吉重文書・一五一五）。大和守に関する所見はこれらにすぎない。「高山系図」では山城守行重の嫡子としてあげられているが、天文十三年（一五四四）死去とされているから、それとは別人になる。孫とも考えられないから、別系統の存在の可能性が高い。なお文書の伝来関係から推測すると、小次郎が後継者であった可能性がある。また大和守宛の文書が「川上茂久氏所蔵文書」「高山吉重文書」に伝来されていることからすると、両系統の文書群は大和守の系統に伝来されたと理解でき、そこに所見される主水佑・与次郎・右馬助は子弟の関係にあった可能性が推測される。（黒田）

高山行重 たかやまゆきしげ

文亀三年（一五〇三）～元亀二年（一五七一）六月二十四日、六九歳（高山系図）。上野国緑埜郡高山庄（群・藤岡市）の領主高山氏の一族。元は山内上杉氏の被官で、永禄十年（一五六七）以前に武田氏に被官化する。通称は受領名山城守。同四年初頭の「関東幕注文」（群二三三）に、白井長尾憲景の同心衆としてみえるのが初見。高山氏としては唯一の所見であるから、行重が当時において高山氏を代表する存在であったとみられる。なおそれ以前の北条氏領国期に、北条氏から六斎市（場所不明）における安全保障を受けている高山彦五郎があるが（高山茂文書・戦北四三六）、高山氏の代表者であったとすれば、行重の前身にあたる可能性がある。同十年までに武田氏に被官化し、八月七日の「下之郷起請文」（生島足島神社文書・一一五三）では、単独で起請文を出している。同時にみえる高山定重との関係は不明。「高山系図」では定重の兄としてあげられているが、確定できない。元亀元年十二月二十七日に武田信玄から、当知行の緑埜郡鬼石（藤岡市）の借用を了解した替地として、若田郷（群・高崎市）を与えられ、同じく浄法寺郷（藤岡市）の替地については後日に指定することとされている。これにより鬼石・浄法寺を所領としていたことがわかる。なおそこでは箕輪城代内藤昌秀・原昌胤が取次をつとめているから、両者の取次を受けたことが知られる。法名は前庵宗鑑居士（高山系図）。（黒田）

高山与次 たかやまよじ

生没年未詳。上野国緑埜郡高山庄（群・藤岡市）の領主高山氏の一族。高山主水佑の子。元亀三年（一五七二）六月九日に武田氏から、父主水佑の戦死に対する功賞として、緑埜郡牛田・白塩（藤岡市内一〇〇貫文を宛行われているのが、唯一の所見（川上茂久氏所蔵文書・一九〇九）。奉者を箕輪城代内藤昌秀がつとめているから、同人の指南を受けていたと捉えられる。「高山系図」では、右馬助の前身としてあげられている。右馬助の所見文書は「高山吉重文書」であり、「川上茂久氏所蔵文書」とは同系統の文書群と捉えられることからすると、その可能性は高いと判断される。（黒田）

多善政吉 たきせいきち

生没年未詳。駿府商人頭。駿府の商人頭十二人衆のひとりで、総九郎といった。天正三年（一五七五）十月十一日には、松木宗清・友野昌清・畠川次久・山本長徳・市野秀忠・長島吉広・大野規重・太田盛家・古市昌家・星野久次・神範貞とともに、駿府今宿内での町取り決めの五箇条目に連署している（友野家文書・二五三七）。個々の商人の商売内容は不明。（柴辻）

田草川新左衛門尉 たぐさがわしんざえもんのじょう

甲斐黒川金山（山・甲州市）で金の採掘に携わっていた「金山衆」のひとり。元亀二年（一五七一）二月十三日の武田家朱印状（武州文書・一六五〇）で、駿河国深沢城（静・御殿場市）攻めの戦功により、分国中で一月に馬一疋分の商買役と棟別役・田地への検使派遣・人足普請役などを免許された。奉者は山県三郎兵衛尉昌景。武田氏滅亡後の天正十一年（一五八三）四月二十四日、徳川氏から諸役を免許されている（同前・山5九二五）。（鈴木）

田口次郎右衛門尉 たぐちじろうえもんのじょう

生没年未詳。駿河国有度郡中田郷（静・静岡市）の番匠。天正七年（一五七九）十二月七日の穴山勝千代朱印状（田口家文書・三三〇八）で、奉公を申し出たことにより中田郷で二三俵を宛行われ、高山飛騨守の指図に従って細工奉公を行うよう命じられた。同九年十一月二十五日の武田家朱印状（同前・三六二八）でも、中田の内前島寺方の増分から三五俵を与えられ、高山飛騨守の指図に従うことを再度命じられている。奉者は土屋右衛門尉昌恒。（鈴木）

内匠助 たくみのすけ

生没年未詳。甲斐国八代郡米倉郷（山・笛吹市八代町）在住の番匠大工職人。永禄十一年（一五六八）六月二十八日、武田家上様の御用普請をつとめ、その賞として普請役を免除されている（諸州古文書・一三八九）。この時、武田館内で大規模な普請が行われており、同日付で同内容の文書が、府中および近郷の大工職人宛にも多数出されている。（柴辻）

竹河肥後守 たけかわひごのかみ

生没年未詳。富士金山衆頭。天正五年（一五七七）十二月十九日付の穴山信君判物によれば、富士金山（静・富士宮市）の川胡桃場での藤左衛門後家の家屋敷と、堀間や山林などの跡式を安堵されており、百姓らが意義を申し立てても許容しないとしている（竹川家文書・二九〇二）。（柴辻）

武石左馬助 たけしさまのすけ

生没年未詳。信濃小県郡の国衆武石大井氏。永禄十一年（一五六八）七月十七日、在番している城郭の防衛指示を受ける（諸州古文書・一三〇〇）。担当は、三枚をつそ（未詳）であった。そのほかの事蹟は不明。なお、岩尾行頼の弟が、武石信広の養子となって三郎信綱を称したという（岩尾氏系大井系図・上田小県誌1六〇二頁）。この人物と関係があるのかもしれない。（丸島）

武石正棟 たけししょうとう

生没年未詳。信濃小県郡武石の国衆、武石大井氏。竹葉斎。天正八年（一五八〇）

三月一日、武石領（長・上田市）を高野山蓮華定院の檀那場とする旨を安堵した（蓮華定院文書・三六五）。同十一年正月（三島暦による、京暦では閏正月）に徳川・真田氏の支配に抵抗して蜂起した「河南之者」の中心人物である（内閣文庫所蔵御感書・補遺上六〇三頁）。真田昌幸は家康に援軍を要請したが、結局自力で丸子を攻め落とした（飯島家文書・信15五三三頁ほか）。三月八日、昌幸は武石のうち一〇貫文を伊勢神宮に寄進しているから（長国寺殿御事蹟稿・16四頁）、武石領は真田氏の領国に組み込まれ、正棟は没落したものとみられる。（丸島）

武田戌千代 たけだいぬちよ

大永三年（一五二三）～享禄二年（一五二九）二月十九日。武田信虎の子。七歳で夭折した。三月二十四日、跡部宮内丞（氏意）が使者として高野山成慶院に上って廻向を頼み、芳巖伊春大禅定門という戒名が付されている（武田御日坏帳二番・山6下八九八頁、武田御位牌帳・山6下九二〇頁、十輪院武田家過去帳・山6下九一九頁）。「一蓮寺過去帳」は二月二十日没とし、戒名は厳阿弥陀仏である（山6上四二八頁）。（丸島）

武田勝親 たけだかつちか

天正九年（一五八一）～天和三年（一六八三）六月十九日、一〇三歳（系図纂要）。初名を勝三といったといい（国志）、これが幼名か。「国志」は勝頼の三男であったため、勝三と名付けられたとする。実名は勝近とも。通称左衛門（系図纂要）。天正十年三月の武田氏滅亡に際し、栗原氏に抱きかかえられて、大菩薩峠を越えて鎌倉（神・鎌倉市）に落ち延びた（同前、国志）。「系図纂要」には「又還住」とあるから、天正壬午の乱後、甲斐に帰国したことがあったのかもしれない。摂津尼崎藤田村（富田、とうだ、兵・尼崎市）に入って、浄土真宗本願寺派の僧侶となり、善悦と号した（系図纂要、国志）。非常に長命で、天和三年に一〇三歳で没したという（系図纂要）。「摂津名所図会」は栗原左衛門尉に抱きかかえられて落ち延びたとし、勝頼の縁者であった醍醐寺密経院の差配で富田村に入ったとする。その後、大坂に入城して織田信長と戦ったというが、いうまでもなく誤伝である。富田村に善念寺を建立したといい（摂津名所図会）、現在も同寺に近世に建てられた供養墓が残る。（丸島）

武田（穴山）勝千代 たけだかつちよ

天正元年（一五七三）～天正十五年六月七日、一六歳。甲斐国河内谷の下山館（山・身延町）主。甲斐武田一族穴山信君の嫡男。生母は見性院（信玄の息女、勝頼の異母姉）。勝千世とも書く。勝千代は、天正七年に、父信君より家督を譲られていたとの説があったが、現在では否定されている（海老沼真治「富永家文書」山梨県史だより31）。同九年に武田勝頼の息女と縁談が持ち上がったが、武田信豊らによって破談にされたといわれ、これが武田氏と穴山氏との関係に亀裂をもたらしたとされる（軍鑑）。勝千代は生母見性院とともに甲府の穴山氏館に人質として滞在していたが、同十年二月二十五日、武田氏より離叛する決意をした父梅雪の指示を受けた家臣に護られて、秘かに甲府を脱出し、本領下山の穴山氏館に帰還している（信長公記・甲乱記ほか）。父梅雪は、織田信長のもとで武田氏再興を企図していたらしいが、同年六月二日、本能寺の変に巻き込まれ父梅雪は山城国宇治田原で横死した。これに伴い勝千代は正式に穴山氏の当主となったものの、十歳の幼児であったことから、領域支配や穴山衆の統括など政務全般は、穴山氏の重臣層によって担われている。勝千代は、本能寺の変後、徳川家康に属して北条氏と対決した。同年八月十八日、勝千代は、徳川家康から駿河国山西などの知行を安堵された（譜牒余録・家康文書三四九）。この時家康は、勝千代を穴山姓ではなく「武田勝千世殿」と呼称していることから、武田氏の相続を認められていたことが判明する。事実、同年十月二十七日、勝千代が諏訪大社上社神長官守矢信真に宛てた書状では、「武田勝千代」と自署している（守矢文書・三九八〇）。しかし管見の限り判物の発給は確認できず、全ては万沢・有泉氏らの重臣層による奉書式朱印状によって領域支配がなされた。その際に、重廓長方形で印文不明（「武田」とする説もあるが確認できない）の朱印を使用している。なお、この朱印は父信君が使用していたものである。同十五年に元服・加冠して信治と称したとされるが（武徳編年集成ほか）、確実な史料では確認できない。ただ、現存する穴山勝千代画像（天正十九年六月七日成立、没後に生母見性院殿が描かせた遺像。あまりにも生前の面影を伝えているため、かえって悲しみが増した見性院殿はこれを穴山氏の菩提寺円蔵院に納めた〈最恩寺文書・山梨6上一〇七〉、後に勝千代の墓所がある最恩寺に移された）をみると、元服・加冠していることが確認できるので、信治と名乗った可能性は高い。その後まもなく天然痘に罹り、六月七日に病没した（国志、高野山武田御位牌帳・山梨6下三三七）。法名松源院殿勝岳守公大居士（南松院文書・山梨6上一〇七）。なお現在では、最恩寺殿勝岳守公大居士。勝千代の死により武田氏は断絶したが、家康は五男万千代（御万）を後継者に据えて、武田氏を再興し、穴山衆に補佐を委ねている。なお、勝千代が妻帯していなかったのが通説であるが、「高野山武田御位牌帳」において、彼の供養を同十六年九月二十一日に行っている人物が「甲州武田勝千代様奉為御菩提御後室様御建立之」とあり、この御後室様が勝千代の妻女なのか、生母見性院殿であるかは検討の余地がある。見性院殿は、同十六年六月七日の勝千代一周忌において、高野山成慶院に供養を依頼しているが、そこには「武田信君殿内室建立」とあり（高野山成慶院武田家過去帳・山梨6下三三八）、「御後室様」とは呼称されていないので、勝千代は元服前後に妻帯していた可能性も否定できない。（平山）

武田勝頼　たけだかつより

天文十五（一五四六）〜天正十年（一五八二）三月十一日、三七歳。武田晴信の四男。四郎・大膳大夫。母は信玄側室の諏方頼重娘。生月日は未詳。永禄五年（一五六二）に、母の実家の諏方氏の名跡を継承して、諏方四郎勝頼と称し、信濃高遠城主（長・伊那市）となる。その際に、信玄は馬場信春に命じて高遠城の改修を行わせ、その縄張りを山本勘助に命じた。入城の際には、跡部右衛門尉ほか八名を勝頼衆として附属させたという（軍鑑）。同八年十一月十三日に、織田信長の養女であった美濃苗木城主（岐・中津川市）遠山直廉の娘を正室に迎えた。信玄はこれより先の弘治二年（一五五六）頃より、飛驒・東美濃地域へも軍事介入を始めており、永禄七年六月には、飛驒の江馬時盛を支援するために飛驒に出兵し、同月十七日には、美濃郡上八幡城主（岐・郡上市）の長井道利に、斎藤龍興を救援するよう要請している（長井家文書・九〇二）。信長もこの時期に、美濃の領国化を進めており、両者は当面の対立を回避するために、同盟関係が成立した。しかしこれによって、今川氏真の妹を正室に迎えていた嫡男義信と信玄との関係が悪化し、同八年八月の謀叛事件が起こる。二年後に義信が自害させられると、勝頼は実質的な信玄の後継者とみなされ始める。この間に高遠領主としての実績も積み、同七年冬には、信濃国二宮である伊那郡小野郷（長・辰野町）の小野神社に、梵鐘を寄進しており、その銘に「諏訪四郎神勝頼」と記している（同鐘銘・九一六）。高遠領主としての初見文書は、同五年九月の埋橋氏宛の年貢処置状であり、袖判が押されている（埋橋家文書・七九八）。次いで同十一年十一月の高野山成慶院宛の宿坊定書があり、これには「高遠領」とみえており、これにしか見られない印文「勝頼」の二重円朱印が押されている（成慶院文書・一三四）。同年八月には、栗原伊豆守宛書状がみられ、城番の指示を命じているが、これは出陣中の信玄に代わって甲府から出したものであり（窪田家文書・一三〇七）、この頃から甲府在府が多くなる。元亀二年（一五七一）に入ると、発給文書が急増し、信玄を補佐する形での軍事指令が多くみられるので（水野氏所蔵文書・一七〇三）、この時期に武田館へ戻されて武田姓に復し、後継者に定められたと推定される。同三年十月からの信玄の西上作戦には同行したが、天正元年四月十二日の信玄の死去によって、全軍を甲府に帰陣させた。その遺言によって、信玄の三年秘喪の形をとったが、七月頃には家督継承を内外に告知している。家督直後から大膳大夫を称したと思われ、その初見は、同二年八月の諏訪大社千手堂棟札である（諏訪史料叢書・二三五）。当初は徳川家康の攻勢にも自重していたが、同年正月には、東美濃に出陣して、織田方の明智城（岐・恵那市明智町）を攻略し、四月には足助城（愛・豊田市足助町）、六月には徳川方の遠江・高天神城（静・掛川市）を攻略している。同三年四月には、大軍をもって三河長篠城（愛・新城市）の奪還に向かったが、織田・徳川連合軍のために、五月二十一日の長篠設楽ヶ原の戦いで大敗して、宿老の多くを戦死させた。この後、三河・遠江では後退を余儀なくされるが、その対策として、同五年正月、北条氏政の妹を後室に迎え、甲相同盟の強化を図った。しかし同六年三月、越後の上杉謙信が急死した後の家督争いである御館の乱に際して、氏政弟の上杉景虎を支援するために出陣しながら、敵対する上杉景勝の調略に乗って、景勝側と甲越同盟を結んだ。これによって北条氏政と対決することとなり、同八年より駿河で徳川家康との挟撃に遭うこととなる。この頃には、信長も甲州攻めを内外に宣伝し始めており、勝頼はその危機感から、同九年に入ると、新たな防衛拠点として、韮崎（山・韮崎市）の地に新府城を構築して、遷府を実行している。その完成も実現しない、同十年正月末に、まず信長と通じた木曾義昌謀叛の知らせが入る。次いで二月に入ると、信長の総攻撃令が発せられ、伊那・木曽・駿河の三方面より、甲斐侵攻が開始された。駿河口では、穴山信君が徳川家康を先導している。勝頼は諏訪まで出陣するが、すでに従う将兵の多くは逃亡しており、緒戦でも木曾勢に敗退している。三月二日には、唯一の抵抗をみせていた弟の仁科信盛の守る高遠城が、織田信忠に攻められて攻落し、勝頼は翌日に新府城を自焼して逃避を始める。いったん勝沼（山・甲州市勝沼町）

の柏尾山大善寺に入って、小山田信茂の迎えを待つが、信茂の造反にあって日川を遡上する。十一日に山梨郡田野（甲州市大和町）まで逃避したところで、織田方の先鋒の滝川一益の追撃軍に追いつかれ、同所の鳥居畑で一戦の後、一族・従者とともに自害している。これによって武田家は滅亡する。勝頼父子の首は京都に送られ、六条河原で晒された。妙心寺の南化玄興がそれをもらい請けて、同寺で供養して埋葬した。戒名は玉山龍公大禅門であり、墓は同寺のほか、遺髪を持ち帰った甲府・法善寺の快岳宗悦によって同寺にも建てられ、菩提所とされた。ほかに没地である田野にも、徳川家康が、同十六年に、景徳院を創建して墓を造立している。勝頼の治政は、基本的には信玄の政策を踏襲しており、拡大した領国の維持に努めている。領国支配に関しては、信玄の竜朱印を襲用したほか、印文「晴信」朱印も同八年まで使用している。独自の印判としては、獅子朱印が同三年十二月からみられ、物資の徴用に用いられている。ほかに印文「勝頼」方朱印も、同八年六月頃からみられる。勝頼の発給文書は一〇〇〇点ほどが確認されており、そのうち竜朱印が五五〇点と多くを占めている。花押はほぼ一定した形であり、代替わり後の初見文書は、同元年四月二十三日付の内藤昌秀宛の起請文であり（京都大学所蔵文書・二二三）、信玄没後の重臣層との軋轢に対処したものである。同三年五月の長篠での敗戦によって、世代交代が一気に進行し、とりわけ親族衆の穴山信君・武田信豊と、奉行人としての跡部勝資・長坂光堅の権限が強まっていった。家臣団に対する軍役が、長篠敗戦を契機として強化されており、同四年二月の信濃国衆の小田切氏宛のものを初見として（君山合偏・二五六〇）、軍役定書が多くみられるようになる。同五年閏七月の複数の軍役条目では、「当家興亡之基」と称して、領中の一五から六〇歳までの者に出陣を強制している（市谷八幡旧蔵文書・二八三七以下）。同九年になると、こうした方針を実現するために、惣郷検地の実施を指示したものもみられるようになる（西条家文書・三五七〇ほか）。さらに伝馬制度に関する規定が、詳細になるのも勝頼期になってからであり、同三年十月の駿河・草ケ谷（静・静岡市清水区）宛の伝馬定書（草ケ谷文書・二五三九）を初見として、同九年二月の信濃・大門宿（長・長和町）宛のものに至るまで（大草家文書・三四九一）、断続的に細かい規定のものが出されている。領国内の農村や都市支配に関しては、信玄代での政策を踏襲した安堵関係のものが多く、新規の政策として特筆するものは少ない。政権末期には、生き残りをかけて、前述した甲越同盟のほかにも、常陸佐竹氏との甲佐同盟や、織田信長との甲江和与も意図して、信玄代に人質としていた織田信房の返還をしているが、いずれも時期を失しており、退勢を挽回することはできなかった。（柴辻）

武田勝頼男 たけだかつよりおとこ

天正九年（一五八一）～天正十一年三月七日、三歳（国志）。勝頼の子。武田氏滅亡に際し、渡辺嘉兵衛・瀬兵衛兄弟によって鎮目村（山・笛吹市）に匿われたが、病気のため夭折した。法名は武性院斎理周哲大童子（国志、系図纂要）。一町田という地に葬り、そこに芍薬の木を一株植えて標としたという。文化年間に里長の屋敷内に改葬し、芍薬を株分けして石碑を建てたとされる（国志）。この墓は鎮目渡辺氏旧屋敷内に現存しており、

芍薬塚と称されている。なお、勝親が三男というから（国志）、勝頼の次男にあたるか。（丸島）

武田勝頼男　たけだかつよりおとこ

天正十年（一五八二）四月八日～明暦元年（一六五五）十二月二十五日。実名は不明。生母は甲斐高畑（山・甲府市）の女性だったといい、産まれたのは勝頼滅亡後であったらしい（甲国聞書・定本武田勝頼三〇九頁、以下特記しない限り同史料による）。母親は、勝頼に従って新府を離れた「そば上臈高畠のおあひ」（信長公記）が該当すると思われる。であるとすると、途中で勝頼と別れ、この男子を産んだことになる。武蔵足立（埼・志木市）に落ち延びた後、諸国を流浪した。その後、宮原主膳（姉が嫁いだ宮原義久の関係者か）の取り成しで恵林寺に入った。幕府には、由井正雪の乱の頃に報告がなされたという。恵林寺において死去。法名本光信継庵主（十輪院武田家過去帳・山6下九二六頁）。（丸島）

武田勝頼外祖母　たけだかつよりがいそぼ

生年未詳～天正十年（一五八二）三月十一日か。諏方頼重の妻麻績氏。武田勝頼の母・乾福院殿の生母にあたる。太方（おだいぼう）様と呼ばれた。永禄八年（一五六五）三月二十一日、孫の諏方（武田）勝頼によって逆修（生前）供養が営まれている（信州日牌帳・信濃61-12六五頁）。天正三年十一月、武田勝頼が諏訪南宮（長・辰野町）に奉納した棟札に曾孫武田信勝（武王殿）とならんで「御祖母」とみえる（諏訪神社所蔵・二五三二）。同六年十月、被官池上清左衛門が無足で奉公していることを知り、武田勝頼に頼んで五貫文の知行を与えてもらっている（池上家文書・三〇四三、五二）。この際、仮名書き消息に朱印を据えている点が注目される。某年八月九日、勝頼が諏方刑部丞に同心を求めた際、「祖母様が思いがけず甲府にお越しになったので、藤沢（長・伊那市）までお送りした」と述べている（塚田順氏所蔵文書・三七三四）。同五年から九年の十一月二十三日、土屋昌恒が勘定奉行跡部勝忠に書状を出している。それによれば、向嶽寺（山・甲州市）に対し土屋氏所領荻原郷（甲州市）から納めていた堂明免二貫文が、先代昌続の代に途絶してしまっていた。しかし太方様のご意向により、新寄進として今後は納めることにしたいので、このことを向嶽寺に取り成してほしいと求めている（向嶽寺文書・三四二）。また瑠璃光山鎮目寺（山・笛吹市）に武田勝頼・鎮目左衛門尉が奉納した棟札に「大方様」の名がある（山梨県立図書館所蔵甲陽随筆・三七四〇）。年次の記載はないが、甘利信恒と山県昌満の名がみえることから、長篠合戦後、信恒が殺害されるまでの期間に比定される。同三年か四年のものであろう。その後の動静ははっきりしないが、「信長公記」が武田氏滅亡時に勝頼に従ったと記す「勝頼の伯母大方」が該当するのではないか。であるとすれば、勝頼とともに自害したことになる。（丸島）

武田勝頼室　たけだかつよりしつ

永禄七年（一五六四）～天正十年（一五八二）三月十一日、一九歳（景徳院位牌）。北条氏康の娘で、武田勝頼の継室となった。桂林院殿。婚姻の背景として、長篠合戦による勢力縮小による甲相同盟強化とする点は諸書一致する（軍鑑・大成下一二四頁、北条記ほか）。時期については、「軍鑑」は天正五年正月（大成下三四頁）、「小田原編年録」は同正月二十二日とするが、より信頼性の高い「甲乱記」は同十年の武田氏滅亡時に「今年早七年」としており、同四年が正しい可能性がある。同五年三月三日、武田勝頼が信濃諏訪下社に奉納した棟札に「御前様」とみえる（諏訪史料叢書掲載文書・二七八〇）。同七年の甲相同盟破綻後も甲斐に留まり、夫婦仲は睦まじかったが、子宝に恵まれなかった様子が「甲乱記」に記される。同十年二月十九日、武田氏滅亡に際して、「ミなもとのかつ頼うち」と記した仮名書きの願文を奉納し、窮地を脱するよう祈願した（武田八幡神社文書・三六五九）。しかしその願いもむなしく、武田氏は敗走し、田野（山・甲州市）まで逃れる。滅亡に際し、勝頼から小田原に逃げるように勧められたがこれを断り、付家臣に書状を託して自害した（甲乱記）。この書状には、髪が巻き添えられ、「黒髪ノ乱タル世ソハテシナキ思ヒニ消ル露ノ玉ノ緒」と辞世の句を詠んだという（同前）。同十一年、兄北条氏規の手によって、高野山高室院で供養され、桂林院殿本渓宗光と法名が付された（北条家過去帳・平塚市史1付録）。なお甲府の法泉寺（勝頼の菩提所）の位牌には、陽林院殿華庵妙温大師（法泉寺位牌）、同十六年に徳川家康の命で建立された景徳院では北条院殿模安妙相大禅定尼（景徳院位牌）とある。高野山における武田家の菩提所である引導院には、勝頼およびその子信勝とともに描かれた寿像（生前像）が奉納され（持明院文書・三七四五）、現在に伝わっている。

（丸島）

武田勝頼室 たけだかつよりしつ

生年未詳～元亀二年（一五七一）九月十六日。竜勝寺殿。美濃苗木城主遠山直廉の娘。姻戚関係にある織田信長の養女の扱いで、永禄八年（一五六五）に諏方（武田）勝頼に嫁いだ（軍鑑・大成上三六〇頁）。勝頼との間で、嫡男信勝をもうけている（軍鑑・大成上三六七、六八頁）。しかし元亀二年九月十六日に死去。法名は、竜勝寺殿花蕚春栄禅定尼。勝頼は稲村清右衛門尉と富沢平三を高野山に派遣し、同年十一月二十六日に成慶院で供養を営んでいる（信州日牌帳・信濃61-12六六頁）。このため、信玄は息女信松院殿と織田信長の嫡子信忠の婚姻話を再度模索するようになる（土御門文書・補遺参考二）。なお、「軍鑑」が信勝出産時の難産で死去したとするのは（大成上三六八頁）、明確な誤伝である。

（丸島）

武田勝頼側室 たけだかつよりそくしつ

生没年未詳。元亀二年（一五七一）九月の勝頼正室の遠山氏娘の死後、勝頼が複数の側室をもったことは指摘されているが、出生した子供達とともに、伝承のみであって確実な記録は少ない。そうしたなかで、天正三年（一五七五）五月の長篠出陣中に、勝頼が甲府の「こう」という女性に宛てた病気見舞いの仮名書状があり（山下家文書・二四九三）、その内容から側室のひとりとみられている。

（柴辻）

武田勝頼娘 たけだかつよりむすめ

生没年未詳。大正九年（一五八一）、甲斐逸見筋中条村上野（山・韮崎市）に恩昌寺を建立したと伝わる（寺記、国志）。これが事実だとすると、一定の年齢になっていたことになり、勝頼の長女と推定される。恩昌寺には「武田姫」の供養塔が現存している。同五年三月三日に諏訪大社下社に奉納された棟札に記載された「御料人様」が該当すると思われる（諏訪史料叢書掲載文書・二七八〇）。武田氏滅亡時の動静は不明。法名は、紅暎林葉大姉（国志）。

（丸島）

武田勝頼娘 たけだかつよりむすめ

生没年未詳。当初穴山信君嫡男勝千代との縁談が持ち上がったが、武田信豊が長坂光堅・跡部勝資・大竜寺麟岳に賄賂を送り、相性が悪いと言上させたため、信豊嫡男次郎と婚約することとなった（軍鑑・大成下一七三頁）。穴山信君夫人見性院殿は非常に立腹したといい、穴山信君との関係悪化につながったようである。実際に武田次郎に嫁いだか、また武田氏滅亡時の動静については不明。（丸島）

武田勝頼娘　たけだかつよりむすめ

天正七年（一五七九）か〜万治二年（一六五九）六月三日。武田氏滅亡に際し、伯母松姫（信松院殿）に連れられて甲斐を離れ、横山（東・八王子市）、ついで信松院（同前）で養われた（信松院百回会場記・新編武蔵風土記稿）。その後、高家宮原義久に嫁いでいる（系図纂要、新編武蔵風土記稿ほか）。高家宮原氏は、古河公方足利高基の子息で、一時関東管領山内上杉氏に養子入りした足利晴直（上杉憲寛）に始まる。義久は慶長七年（一六〇二）に兄が死去したことで家督を嗣ぎ、勝頼娘は嫡男晴克を産んでいる（寛永伝）。万治二年六月三日没。法名は竜雲院殿明窓貞光大姉（祥雲山東陽院御代々御法号歴代諸大和尚、同院の過去帳の控である）。東陽院（栃・足利市）に葬られた。夫義久は寛永七年（一六三〇）、子息晴克は同十九年に死去しており（同前ほか）、親族に先立たれた波乱の多い人生であった。なお、名は貞姫、享年八一というが（定本武田勝頼三〇八頁）、現時点では裏づけをとることはできなかった。貞姫という名前については「信松院百回会場記」（新編武蔵風土記稿）に記載があるとされるが、確認できない。（丸島）

武田亀　たけだかめ

天文三年（一五三四）〜天文二十一年五月二十六日、一九歳。於亀御料人。武田信虎の娘。母は楠浦氏。大井信為に嫁いだが、夫は天文十八年に二〇歳で病死した。自身も、天文二十一年五月二十六日に早逝した。同年七月十八日、兄晴信は塩沢藤十郎を高野山成慶院に派遣し、菩提を弔わせている。法名光岩宗玉大禅定尼（武田御位牌帳・山6下九二頁、武田源氏一統系図・山6下七三頁）。（丸島）

武田菊　たけだきく

永禄六年（一五六三）〜慶長九年（一六〇四）二月十六日、四二歳。武田晴信六女。越後春日山城主の上杉景勝室。永禄六年に母を側室の油川氏娘として生まれる。当初、伊勢長島（三・桑名市）の一向宗寺院の願証寺の嫡男と婚約したが破談となる。天正六年（一五七八）六月、兄勝頼と上杉景勝との甲越同盟が成立すると、景勝のもとに嫁ぐこととなり、翌七年十月、越後春日山城（新・上越市）へ赴いた。この時、夫人に従って越後へ赴いた家臣も少なくなかった。同八年四月、佐目田右兵衛は、勝頼より越後に在って、簾中の奉公につとめたとして諸役を免除されている（臆乗抄・三三三）。越後では甲府御前とよばれ、初めは豊臣秀吉、晩年には徳川家康方への人質として京都・伏見屋敷で過ごした。法名は大儀院殿梅岩周香大姉といい、米沢（山形・米沢市）の林泉寺に埋葬されている。（柴辻）

武田義貞　たけだぎてい

生没年未詳。若狭武田信豊の子で、義統・信由の弟（山県系図・群書系図部集3三〇五頁）。甲斐守。従来、受領名の一致や、成慶院「檀那御寄進状幷消息」において穴山氏の書状を納めた巻子に整理されていたと確認できることから（戦国大名武田氏の権力と支配三七四頁）、穴山武田信風に比定されてきたが、別人である。信由とともに父信豊の寵愛を受け、これにより信豊と嫡子義統の関係が悪化した。弘治二年（一五五六）、越前朝倉義景を巻き込んでの内訌に発展し、信豊は敗北、剃髪した。このため、信由・義貞兄弟は甲斐に亡命することとなった（山県系図・群書系図部集3二〇六頁）。武田家も「国持ちの御牢人」として「御客人」待遇で迎えた（軍鑑末書・大成下三三頁）。永禄十一年（一五六八）の足利義昭上洛後、義昭に仕えたとみられる。元亀元年（一五七〇）十二月に義昭が織田信長と朝倉義景・浅井長政の和睦を斡旋した際には、義昭の使いとして関白二条晴良のもとを訪れている（尋憲記元亀元年十二月十三日条・大日本史料10-5一七四頁）。天正四年（一五七六）に足利義昭が武田・上杉・北条の三和を求めた際には使者をつとめた（高橋琢也氏所蔵文書・二七三五）。某年五月十四日、成慶院に返書を出し、「当国中無事」を伝えている（成慶院所蔵武将文苑・四三五）。当国は甲斐を指すとは考えにくく、若狭であろうか。この時、「武田甲斐守入道義貞」と署判しており、義貞は出家号とわかる。武田氏滅亡後の動向は不明。（丸島）

武田三郎　たけださぶろう

生没年未詳。史料上は、たんに「三郎」とだけ記される。天文十七年（一五四八）八月十九日、佐久郡前山城（長・佐久市）攻略のため、小山田虎満以下の在城衆および足軽大将を率いて出陣するように命じられている（陽雲寺旧蔵文書・二六七）。内容から、信濃の拠点城郭の城代に任じられていた人物と考えられる。晴信書状の宛所にはたんに「三郎殿」とだけあり、姓が省略されている。武田家では、しばしば一門・親類衆に文書を出す際に姓を記さないことがあり、書状中で「被申付」と丁寧な表現が用いられていることを勘案すると、武田一門と考えるのがもっとも自然である。「遺文」では、三郎という仮名から「望月信頼カ」としているが、信頼の生年は同十六年であり、明らかに別人である。同十九年二月十三日、水上六郎兵衛の奏者を駒井高白斎がつとめよ、という晴信の上意を三郎が伝えている（甲陽日記）。この時も「被仰」とあり、やはり敬意が表されている。同月二十三日、晴信・義信が台所に出御した際、酔っ払った源七と小六が騒ぎを起こし、怪我をしている（同前）。高白斎は「狐鳴候ヤ」と記しているから、怪異と受け止めたのであろう。武田一門の「三郎」として、同十年十二月二十三日の武田八幡宮宝殿造営棟札写に「小檀那武田三郎義信」との記載がある（若尾資料甲斐国志資料・四三七）。この棟札は、まだ左京大夫在任中の晴信の官途を大膳大夫と記しており、かつ同七年生まれの義信の記載があることから、後から手が加えられていることは間違いない。しかもわざわざ追記したはずの義信の仮名を「太郎」ではなく「三郎」と誤記している。しかしこの「三郎義信」を晴信嫡子太郎義信と別人だとすると、武田三郎と同一人物の可能性が出てくる。その場合、仮名三郎を用い、実名に「義」を用いている人物として、安田三郎義定（武田家初代信義の弟）の系統を指摘できる（尊卑分脈）。安田家を再興するために、取り立てられた人物と推定しておきたい。その場合、同二十年三月十日に、大井貞清に内山帰城を命じる使者を駒井高白斎とともにつとめた「安田」が該当する可能性がある（甲陽日記）。ただし、「甲陽日記」同十九年八月二十四日条に「安田式部少輔」がみえるから、別人かもしれない。少なくとも御一門衆に列する家格で、信濃経略における働きを期待されたことは間違いない。しかし同十九～二十年を最後に史料から姿を消しており、早逝したものと考えられる。系譜関係は不明だが、晴信にかなり近い一門と想定される。（丸島）

武田次郎 たけだじろう

生年未詳～天正十年（一五八二）三月十六日か。信豊の嫡男。武田勝頼の娘は、当初穴山信君の子勝千代に縁談があったが、信豊が賄賂を贈って嫡男次郎と縁組みさせてしまったという（軍鑑・大成下一七三頁）。武田氏滅亡に際し、父信豊に従い、小諸城（長・小諸市）を目指すが、城代下曾禰浄喜の謀叛にあい、三月十六日に殺害された（信長公記）。一方、甲府普済寺の過去帳には、天正十年四月十三日没、法名法輝、武田次郎とあったという（国志）。この命日が正しいとすると、父より一ヶ月程生き延びて、殺害されたことになる。なお、「武田源氏一流系図」は信豊子息として武田雅楽助を記し、富田信濃守の家司として三〇〇〇石を領したと記す（山6下七四〇頁）。弟の系統が生き延びたものか。（丸島）

武田次郎 たけだじろう

生没年未詳。文書上は、ただ「次郎殿」とだけある。永禄四年（一五六一）四月、小山田信有とともに北条氏康への援軍として由井筋（東・八王子市）へ出陣していた。しかし上杉謙信が草津（群・草津町）に湯治に出かけた警固のためか、上野国衆が倉賀野（群・高崎市）周辺に在陣しており、不測の事態が懸念された。その場合は、急ぎ参陣するよう信玄から指示されている（楓軒文書纂・七三五）。宛所が単に「次郎殿」とだけあるため、武田一門と思われるが、人名比定が困難である。次郎は武田信繁の用いた仮名だが、既に「左馬助」に改称しており、信繁ではない。武蔵由井筋への援軍であること、小山田信有と同陣していることから勝沼今井氏の可能性があるが、当主信良は安芸守を称している。また勝沼今井氏は、永禄初年に謀叛の疑いで処断されたと思われる。あるいは信良の嫡男で、勝沼今井氏最後の当主であろうか。（丸島）

武田宗智 たけだそうち

生没年未詳。甲斐国守護武田信虎の子。「武田源氏一統系図」では、母を松尾氏娘とし、恵林寺へ入寺後早逝とする（山6三上）。大聖寺所蔵の「甲斐源氏系図」（同前）では、恵林寺喝食となるも早逝とある。（柴辻）

武田竹松 たけだたけまつ

永正十三年（一五一六）～大永三年（一五二三）十一月十一日。武田信虎の長男。七歳で夭折した（以下、国志）。誓願寺（山・甲府市）開山弁誉霊印（東条吉良持広の弟）に依頼して廻向を行い、源澄（証）院殿天誉尊体智光童子という戒名が付された。その後、弁誉霊印を開山として、大永年間（一五二一～一五二八）に尊体寺（甲府市）が建立されている。竹松の夭折により、晴信が嫡男扱いを受けることとなった。（丸島）

武田道鑑 たけだどうかん

生年未詳～某年九月十五日。武田信武の四男公信を祖先とする奉公衆家で、政信の子（古浅羽本武田系図・群書系図部集3九頁）。彦五郎、民部少輔。実名は尚信（武田源氏一統系図・山6下七一八頁）。出家号は怡雲斎道鑑。奉公衆四番衆の一員として在京し、代々将軍から一字を拝領した家柄である。通称は彦五郎または五郎、官途名は兵庫頭を称することが多い。尚信の場合、父政信が兵庫頭を称し続けたためか、民部少輔となっている。「尚」は将軍足利義尚からの偏諱だから、義尚が将軍となった文明五年（一四七三）以降の元服であろう。その後の動静からみて、早い時期に偏諱を受けて元服した可能性が高い。同じ奉公衆四番衆の美濃佐竹舜方（光家・義方）の娘を養女に迎えている（美乃佐竹系図・群書系図部集2五四頁）。まだ彦五郎と称していた時期に、冷泉為広に師事して和歌を学んだ（冷泉家時雨亭文庫所蔵近代秀歌紙背文書・冷泉家時雨亭叢書37）。子息信喬の書状の可能性を残すが、筆跡は晩年の道鑑のものに近い。同十九年正月二日、武田小三郎信明（甥か）とともに中院通秀のもとを訪ねている（十輪院内府記）。年始の挨拶とみてよいだろう。この時民部少輔でみえる。長享元年（一四八七）、足利義尚に従って近江六角氏討伐に出陣。四番衆として「武田民部少輔尚信」の名がみえる（長享元年九月十二日常徳院殿様江州御動座当在陣衆着到・群書類従29）。義尚の死後、将軍足利義材（義稙）に仕える。延徳三年（一四九一）十月十六日、近江富波荘領家方（滋・野洲市）・江辺荘のうち石山分（野洲市）の代官に任じられ、請文を出している（小林正直氏所蔵文書・東京大学史料編纂所架蔵影写本）。これは両地を知行していた六角氏被官山内政綱が義材の討伐対象となり、闕所処分を受けたためだろう。ただし、翌年五月十六日には、同地は浦上則宗に宛行われているから（蔭涼軒日録）、一年に満たない代官であった。義材が河内出馬の直前に、明応元年（一四九二）十二月から翌年正月にかけて成立させた「東山殿時代大名外様附」（室町幕府解体過程の研究三二頁）には、父兵庫頭政信・大叔父中務大輔入道持明、その子小次郎政明・小三郎信明兄弟とともに、「民部少輔」の記載がある。この番帳は、将軍義材と管領畠山政長による河内畠山基家討伐に際して作成されたものだが、出陣中に細川政元が足利義澄を擁立し、明応の政変とよばれるクーデターに成功した。出陣していたのは二番衆が中心のようで、四番衆である尚信が出陣していたかは不明だが、大混乱に陥った奉公衆は義材の陣を次々と離脱し、帰京してしまう。この政変をきっかけに、奉公衆は事実上崩壊したとされる。尚信もその後しばらくして京を離れたとみられ、いったん本領のある尾張に在国したと思われる。その後、子息信喬とともに同族武田氏を頼って甲斐に下向した。以後、出家して怡雲斎道鑑と称している。天文十二年（一五四三）正月三日の大風で、道鑑の屋敷より出火し、「御前ノ屋形」が類焼しているから（甲陽日記）、屋敷は躑躅ヶ崎館のすぐ側にあったらしい。甲斐には、かつて師事した冷泉為広の子為和が下向したことがあったため、為和と晴信の交流を結ぶ役割を果たしている（冷泉家時雨亭文庫所蔵天文十二年十月東素経白歌合紙背文書・補遺六～九）。書状のうち三通に「虫気」とあり、体調を崩しがちであったようである。同八年十月、孫の彦五郎が溺死したことを聞いた冷泉為和から、追悼の和歌を送られている（為和集）。したがって、甲斐下向は遅くても信虎期にまでさかのぼる。道鑑自身の和歌としては、軒梅という題に「とふ人の袖口しるきこすの戸に匂ひあはする梅の下風」と句を付した（同前）。子息信喬とともに、甲斐歌壇形成において重要な役割を果たしたといってよい。「武田源氏一統系図」では、「一代賢人也」と絶賛されている。法名は亀江道鑑（山6下七八頁）。命日は九月十五日であったという（系図纂要ほか）。

（丸島）

武田信勝　たけだのぶかつ

永禄十年（一五六七）～天正十年（一五八二）三月十一日、一六歳。武田勝頼の嫡男。永禄十年十一月、織田信長養女の遠山氏娘（竜勝院殿）を母として、信濃・高遠城（長・伊那市高遠町）で生まれる。仮名は太郎。信玄はその祝詞の使者として、山県昌景・金丸昌続（のちの土屋昌続）・武藤喜兵衛（のちの真田昌幸）を遣わしている（軍鑑）。幼名は武王丸とされ、信玄によって即座に信勝と命名されたという（同前）。守役には温井常陸介が付けられ、信玄在世中には、御曹司様と称して、特別扱いをされていた。信玄没時には七歳であったが、遺言によって、元服成人後には家督を継承させよとされ、勝頼はそれまでの後見人とされた。しかし実際には、勝頼が直後に家督を継承している。元服は天正七年十一月であり（諸州古文書・三九四）、一二歳であった。そこではまだ武王とみえているので、この時に信勝と名を改めたと思われる。しかしその後にも信勝署名の文書はみられない。同十年三月、父と継母とともに、新府城（山・韮崎市）を脱出して、東郡に向かって逃避したが、十一日に逃避先の田野（山・甲州市大和町）で、織田勢に囲まれて父母とともに自害する。法名は春山華公大禅門。

（柴辻）

武田信廉　たけだのぶかど

天文元年（一五三二）～天正十年（一五八二）三月七日、五一歳。甲斐国守護の武田信虎の六男。仮名は孫六。刑部少輔・逍遙軒。生母は大井夫人（瑞雲院殿）とされているが、その生年からみて疑問視されている。その名の初見は、天文十七年十一月の、信濃国諏訪郡内の千野氏宛書状であり（千野家文書・二八二）、小笠原長時に同調して、逆心した諏訪西方衆の処置について指令をしている。次いで同十九年には、大破した勝沼（山・甲州市）の大善寺本殿の修復奉加として、武田晴信以下の一族と共に、太刀一腰を寄進しており（大善寺文書・三〇五）、同二十二年には、前年に病死した母大井夫人の肖像画を描いている（長禅寺殿画像銘・三四）。永禄三年（一五六〇）八月、諏訪郡の小井出氏に、神田所務を安堵しており（矢島家文書・七〇五）、初期の諏訪郡支配に関わっている。翌四年九月、兄信繁の戦死後には、信玄の補佐役として政務に関与しており、元亀元年（一五七〇）には、内藤昌秀に代わって、信濃深志城代（長・松本市）をつとめており、翌二年には、勝頼に代わって信濃高遠城主（長・伊那市高遠町）をつとめる。同四年四月の信玄の死を契機に出家し、逍遙軒信綱と称した。その初見文書は、同年五月二十八日に、諏訪郡の千野神三郎宛の兄戦死後の名跡安堵判物であり（千野家文書・二三六）、同年八月には、代替わりした勝頼より、三河・長篠城（愛・新城市）への後詰めを命ぜられている（尊経閣文庫所蔵文書・二一五五）。天正二年（一五七四）には、祖父信虎の死去に際して、その画像も描いており（大泉寺文書・二三九〇）、絵師としても才能を発揮している。甲斐国内での本領がどこかはっきりしないが、同三年八月に、正覚院に市蔵郷（山・笛吹市一宮町）内の百姓前を寄進しており、それには印文「信綱」方朱印が用いられているので（諸州古文書・二五二七）、この付近が知行地と想定される。同七年には、自ら位牌を刻んで、菩提寺と定めた逍遙院（山・甲府市）に納めている（逍遙院所蔵・三三七）。同九年には、高遠城主を娘婿の仁科信盛と代わり、信綱はその南方の大島城（長・松川町）へ移った。同年三月には、知行地内の小川郷（長・喬木村）に対して、大島城の普請役を厳命している（湯沢家文書・三五二七）。しかし翌十年二月、織田信忠の伊那郡侵攻に際しては、何の抵抗もせずに甲斐国内へ逃れた。次いで三月七日には、進攻してきた織田軍に捕縛されて誅殺された。法名は逍遙院殿海天綱公庵主。子女として、信澄（永禄三年～天正四年十二月十七日）・仁科信盛室・松尾信俊室・小笠原信嶺室らがいる。（柴辻）

武田信実　たけだのぶざね

生年未詳～天正三年（一五七五）五月二十一日。武田信虎の七男。兵庫助。親族衆として一五騎の軍役をつとめる（軍鑑）。元亀二年（一五七一）三月、兄松尾信是の死去により、その遺跡である松尾郷（山・甲州市）を継承し、信玄より信是未亡人と松尾老母の扶養を命ぜられた（陽雲寺文書・一六七二）。同時にこの新知宛行に対して二八人の軍役負担を命ぜられている（同前・一六七三）。この遺領は嫡男の信俊が松尾信是の娘に婿入りして松尾家を継承している。天正三年五月の長篠の戦いでは、別働隊として長篠城（愛・新城市）の付城として鳶ヶ巣山砦を守り、酒井忠次に攻められて戦死している。（柴辻）

武田信繁　たけだのぶしげ

大永五年（一五二五）～永禄四年（一五六一）九月十日。次郎、左馬助。左馬助の唐名により、典厩としばしば称される。信虎の子で、信玄の弟。母は大井氏。花押は鳥のような形状をしており、独特な趣がある。「軍鑑」は天文十一年（一五四二）の信濃諏訪攻めおよび高遠頼継の謀叛に際し大将をつとめたほか（大成上三二頁）、多くの合戦に参陣したとする。このうち諏訪攻めと高遠頼継討伐について主要な役割を果たしたことは、事実とみてよいだろう。信繁の子息信豊が甲信国境の武河衆および下諏訪衆を同心にしているからである（生島足島神社文書・一二七、同・二〇〇）。繰り返された内訌の結果一門が少ないなかで、信繁は最も晴信に近い一門であり、それゆえに重用されたものと考えられる。同十三年五月十一日、高野山引導院に書状を送り、前年に父信虎が滞在した際に受けた厚遇を謝しているのが初見（持明院文書・七五〇）。同十九年、大善寺（山・甲州市）のに兄晴信、弟信廉・信是らとともに太刀一腰を奉納している（大善寺文書・三〇五）。同二十年二月一日、武田親類衆である吉田家に養子入りする（甲陽日記）。ただし、その後も武田姓を用いており、前年十二月七日に元服した武田義信の後継者としての地位を確立させるための政治的処置と思われる。七月二十四日、信濃佐久郡に向かって先衆を統率して出陣（恵林寺旧蔵文書・三二九）。そのまま北信濃に在城したようである。同二十二年四月八日、今福石見守（長閑斎）を苅屋原（長・松本市）城代に任ずる使者をつとめた（甲陽日記）。四月十一日、九日に自落したばかりの葛尾城（長・坂城町）の検分に訪れる（同前）。この直後に起きた石川氏の反乱に際し、活躍した千野重清を苅屋原の陣所に二、三度派遣して御賞を与えさせた（千野家文書・五四九）。四月十七日、青柳城（長・筑北村）の鍬立てを行う（甲陽日記）。同二十三年八月十日、晴信より書状を送られ、明日小諸（長・小諸市）に出馬するので、軍勢を調えておくよう指示を受けた（松田孝弘氏所蔵文書・補遺八四）。堅く「親類被官衆」へ意見せよ、と命じられているので、信繁のもとには親類衆をはじめ、多くの同心・被官が配備されていた様子が窺える。弘治元年（一五五五）八月十日、大井弥次郎に返書を送り、長尾景虎が越後へ帰陣したこと、普請は大方完了したことを信玄に披露してほしいと頼むとともに、駿河・遠江の情勢を尋ねている（尊経閣文庫所蔵文書・四九）。永禄元年三月二日には、被官有野民部丞が、有野郷（山・南アルプス市）に有した家一間に懸けられた役が免除されている（矢崎家文書・五八八）。某年七月二十八日、長尾景虎（上杉謙信）が川中島に姿を見せ、佐久郡でも混乱が生じていると晴信側近に披露を依頼しているから（長野市立博物館所蔵文書・補遺六六）、川中島一帯に在城していたことは間違いなかろう。某年、兄晴信、弟信廉・信是とともに高野山引導院に黄金一両を寄進した（持明院文書・六五二）。永禄四年閏三月二十七日、妙法坊に本尊の像と巻数などを送られた礼状を記している（矢沢家文書・七三三）。某年八月十日、秋山虎繁に書状を送り、三河武節口（愛・豊田市）での動静について、原与一・熊善玄蕃と談合するよう指示している（刈谷市立図書館所蔵尾張文書通覧・七五二）。某年十月十八日、妙了寺（南アルプス市）に陣中見舞いの礼状を送った（妙了寺文書・二七）。永禄四年九月十日の第四次川中島合戦で戦死（恵林寺雑詩・七八四、軍鑑・大成上三八頁）。享年三七（国志）。法名は玉壺一色冷含輝宗闇院角山祖月居士（十輪院武田家過去帳・山6下九二〇頁）。のち、川中島に典廐寺が建てられ、松操院殿鶴山巣月大居士と追号された（国志）。同五年五月十六日、快川紹喜はその死を「惜しむべくして尚惜しむ」と信玄に書き送っている（恵林寺雑詩・七八四）。同元年四月には、嫡男長老（信豊）に家訓九十九ヶ条を書き送り、信玄への忠節を説いている（軍鑑・大成上四三頁）。これは論語や孫子をはじめとする中国の典籍より引用しつつ、訓戒を説いたものであり、信繁の教養の高さが窺える。天文十六年に三条西実枝が甲斐に下向した時には、和歌五首を詠んでおり、漢籍ばかりか、和歌にも通じた教養人であった（甲信紀行の歌）。正室は同十年三月二十日に、信濃小諸で死去。日付からみて、信豊を追って小諸に来たものの、信豊の死を知って自害したということであろうか。法名養周院日藤尊尼（国志）。

（丸島）

武田信澄 たけだのぶずみ

永禄三年（一五六〇）～天正四年（一五七六）十二月十七日、一七歳（系図纂要）。武田信廉の嫡男。平太郎（同前）。おそらく病死であろう。高野山十輪院で供養が営まれた。法名は、雪庵宗梅大禅定門（持明院所蔵十輪院三好家過去帳）。なお「三好家過去帳」は実名を信隆、享年一六とする。逍遙院に墓があったという（国志）。

（丸島）

武田信喬 たけだのぶたか

生没年未詳。道鑑の子。彦五郎、兵庫頭。文明十八年（一四八六）正月十五日に中院通秀を訪ねた彦五郎は（十輪院内府記）、父尚信（道鑑）がすでに「民部少輔」を称していることから、信喬の可能性が高い。元服後間もない時期と思われるが、歴代と異なり、将軍偏諱を受けていない。祖父政信・父尚信が出仕していたためか、奉公衆としての活動は確認できない。その後、父に従って甲斐に下向したようである（冷泉家時雨亭文庫所蔵天文十二年十月東素経白歌合紙背文書・補遺三～五）。甲斐にある冷泉家領の百姓が指出の提出をも拒んでいると聞いて「曲事」と書状に記し、武田信虎へ訴えることを勧めている（同前・補遺五）。その一方で、明日の和歌にまだ手をつけていないと陳謝するなど（同前・補遺三）、まだ不慣れな様子をみせている。天文八年（一五三九）十月、嫡子彦五郎の溺死を知った冷泉為和から、追悼の和歌を寄せられている（為和集）。そのほかの動静は不明だが、甲斐の歌壇を作ったひとりといえる。（丸島）

武田信堯　たけだのぶたか

天文二十三年（一五五四）～天正十年（一五八二）三月十五日。駿府在番役の武田一族である信友の嫡男。勝千代・左衛門佐・左金吾。駿府城代をつとめたとされる。正室は駿河先方衆の御宿友綱の妹。元亀三年（一五七二）十月、平尾氏宛の知行宛行の竜朱印状の奉者をつとめたのが初見である（早稲田大学所蔵文書・一九七七）。天正元年十二月、府中八幡神主（静・静岡市）宛に願文を捧げ、社領を寄進している（八幡神社文書・二二五〇）。翌二年三月には、勝頼より平尾氏宛の先判安堵の竜朱印状の奉者になっており（慶応大学所蔵文書・二二七二）、同七年八月の小山田昌成宛の勝頼書状では、北条氏との対戦指示について、取次をしている（自応雑話・三四七）。年月未詳であるが、同六年と推定される富士本宮浅間神社への、武田一族・重臣の神馬奉納状では筆頭に署名しており（賜廬文庫所蔵文書・三九六三）、いずれも駿河関係のものである。同十年二月、徳川家康の駿河侵攻により甲斐へ逃れ、三月十五日に織田信忠によって処断された（信長公記）。（柴辻）

武田（穴山）信君　たけだのぶただ

天文十年（一五四一）～天正十年（一五八二）六月二日、四二歳。甲斐国河内谷の下山館（山・身延町）主。武田一族穴山信友の子。生母は南松院殿（葵庵理性、信虎の息女、信玄の姉）。正室は見性院殿（武田信玄息女、勝頼異母姉）。幼名勝千代、仮名彦六郎、官途は左衛門大夫・玄蕃頭、受領は陸奥守、出家して梅雪斎不白。諱「信君」の読みについては、「のぶきみ」が通説であったが、いっぽうで「のぶただ」とする異説が古くから存在したものの（駿河志料巻四二）、裏づけられていなかった。ところが、「異本葛藤集」所収の鉄山宗鈍起草「江尻城鐘銘」において「賢郡守武田信君」の箇所に「タケタノフタ々」とあることが指摘され（横山住雄『武田信玄と快川和尚』）、さらに『鉄山集』（内閣文庫蔵）の「武田信玄七回忌香語」にも「信君」に「ノブタ、」と注記されていることから、「のぶただ」と読むのが適切であることが確認された。なお、幼名、仮名、官途、受領、斎号の初出から終見の時期について列挙すると、次のようになる。幼名勝千代（天文十一年一月一日のみ〈稲葉家文書ほか、一三五・六〉）、彦六郎（天文二十二年一月十五日初見〈甲陽日記〉～永禄六年閏十二月六日終見〈佐野家蔵文書・八五三〉）、左衛門大夫（永禄九年閏九月二十四日初見〈南松院文書・一〇二三〉～天正二年二月十一日終見〈谷氏所蔵文書・補遺三〇・二〉）、玄蕃頭（天正二年八月十日初見〈谷氏所蔵文書。補遺三三、三三〉～天正八年二月十九日終見〈大井博氏所蔵文書・三三五二〉）、陸奥守（天正八年閏三月十八日初見〈東大史料編纂所所蔵文書・三三〇七〉～同年十月二十日終見〈真田宝物館所蔵文書・三四二〉）、梅雪斎不白（天正八年十二月九日初見〈久遠寺文書・三四五九〉～天正十年六月二日終見〈『家忠日記』他〉）。また、左衛門大夫の唐名「金吾」「左金吾」「左金吾大夫」の呼称は四例（駿河国新風土記巻一九ほか・一〇四三、一〇九七、一三六六、一六一九）、玄蕃頭の唐名「鴻臚卿」の呼称は二例（武家事紀三四・二五〇〇、二六三八）確認出来る。また、武田家臣、有力国衆のなかで、朱印を使用していたことが確認される数少ない人物でもある。信君の朱印は、「栄」の重廓方形の朱印の使用が、永禄十二年（一五六九）五月十六日初見（加瀬沢文書・一四〇七）～天正八年十月三日（石川文書・三四三三）まで確認され、さらに「怡斎図書」の印文を刻んだ重廓方形の朱印の使用が、同年八月十四日初見（甲斐国志巻一〇一・三四〇一）～同十年四月十九日（朝夷文書・三九七三）まで確認できる。この「怡斎図書」朱印については、信君と親交が深かった策彦周良より贈られたものであることが明らかにされている（遠藤珠紀 穴山信君と策彦周良 日本歴史七四四号）。また、重廓長方形で印文不明（「武田」とする説もあるが確認できない）の朱印を使用している。この朱印は、息子勝千代が信君死後に使用していたことから、勝千代の朱印であり、天正七年を契機に家督を勝千代に譲っていたのではないかとの学説の根拠となってきたが、年未詳五月二十二日に村松藤兵衛宛朱印状が発見され（富永文書・三八五二）、信君の署名下に捺されていることが確認されたことから、同朱印は信君自身のものであり、勝千代は父の朱印を継承しただけであることが判明した（海老沼真治「富永家文書」山梨県史だより31、なお戦国遺文武田氏編は「栄」朱印と誤記している）。この結果、天正七年の勝千代家督、梅雪隠居説は再考の余地がある。以上から、信君使用の韻文未詳朱印は、天正七年二月六日に駿河国安東（静・静岡市）の与右衛門に諸役免許状（鈴木文書・三〇七六）、十二月九日に駿河国の番匠田口次郎右衛門尉、花村与右衛門尉にそれぞれ知行宛行状（田口文書・三二〇八、鈴木文書・三二〇九）、以上の四通の朱印状発給が、武田氏滅亡までに確認されたことになる。事蹟を追っていくと、天文十一年一月一日、父信友が誕生した勝千代のために下山一宮・二宮に社領を寄進しているのが初見（稲葉文書他・一三五、一三六）。同二十二年一月十五日には、甲府の穴山屋敷に入ったことが確認され（甲陽日記）、これは人質として下山から移ったものと推定されている。永禄元年十一月十一日、父信友に代わって、河内領支配の文書を発給し始める（望月文書・六〇七）。父信友の支配文書の終見が、同年閏六月二日（天理大学図書館所蔵文書・五九六）であることを考慮すると、六月から十一月までの間に、信友は出家して幡竜斎と称して隠居し、家督を信君に譲ったものと見られる。その後、本領の河内領（史料には「河内谷」と記される）において、穴山家臣への知行宛行・安堵を始め、郷村への棟別諸役賦課と免除、中山金山、早川金山、黒柱金山、保金山などのほか、材木など山資源の支配と統制に関する領域支配文書の発給を多数行っており、その支配の様相は、武田氏の領国支配の方法を踏襲している。また穴山氏の軍事力は、二〇〇騎であったとされる（軍鑑）。穴山氏は、父祖以来、隣国駿河国今川氏と関係が深く、信君も父信友と同じく駿河との交渉や情報収集にあたっていた。とりわけ、信君は、同六年に勃発した遠州錯劇（今川氏真に対する遠江国衆の叛乱）の情報を、関東出陣中の武田信玄に穴山家臣佐野泰光を通じて報告しており、さらに穴山氏を窓口に今川氏に叛乱を起こした遠江国衆に向けた書状を送っている（佐野家蔵文書・八三三）。同十一年十二月、武田氏の駿河侵攻に際しては、今川家中への調略を担当したほか、侵攻後は今川旧臣より提出された人質を、信玄の指示により下山で預かっていたという（軍鑑）。確実な記録によれば、武田氏の駿河侵攻で信君は、今川家臣と武田氏の取次役を勤めている（判物証文写武田二・三七他）。またこの軍事侵攻に先立って、信君は、同十二年二月十六日には、徳川氏との同盟交渉において中心的役割を担っている（本光寺所蔵文書・一三六一、一三六八）。この他にも、近江国浅井・蒲生氏・六角氏・三好氏などとの交渉にも参加しており（土屋文書・四〇六四、谷氏所蔵文書・補遺一三〇、一三一、本堂平四郎氏所蔵文書・四〇七九、谷氏所蔵文書・補遺一三三）、これらの取次役であった。同十二年二月一日に信君は、葛山氏元とともに、北条・今川方の背後を牽制すべく、駿河大宮城を攻めているが（富士大宮司家文書・静8三五八号文書）、城主富士信忠の抵抗が激しく、これを攻略できなかった。武田氏の駿河侵攻が、北条氏の介入によって一時頓挫すると、信玄により同年四月十九日に、興津城の守備を命じられ、甲駿国境の警固を担った（駿河国風土記巻一九・一三九六）。この他にも後に蒲原城を預けられたが、信玄よりその野心を警戒され、取り上げられたというが（甲乱記）、確実な記録では確認できない。武田氏は、同年七月三日に、大宮城主富士信忠を降伏させているが、その際に信忠は信君を通じて降伏しており（大井文書・一四二八）、以後、両者は昵懇の間柄になったという。元亀元年（一五七〇）一月、信君は、武田軍の一員として、駿河国花沢城を攻め、その攻略に尽力しているが、重臣万沢遠江守を失っている。同三年十一月、武田信玄の遠江・三河侵攻が開始されると、信君は、今川旧臣三浦元政を誘い、武田方への帰属を促すなど調略の中心を担っていた（三浦文書・一九八四）。同年十二月二十二日の三方原合戦で、穴山衆は多大な戦功を挙げたという（軍鑑他）。武田信玄死去の直後にあたる天正元年七月から九月にかけての長篠城攻防戦では、武田逍遙軒信綱・山県昌景らとともに、長篠城の後詰として遠江に出陣したが、徳川軍と遭遇し敗退している（三河物語他）。同二年の高天神城攻撃に際しては、勝頼に代わって攻撃の指揮を執るとともに、城主小笠原氏助の帰属交渉を担っている（巨摩郡古文書・二三八八）。同三年五月の長篠合戦においては、城包囲戦で戦功を挙げたとされ、とりわけ城から脱出して岡崎城の徳川氏のもとへ援軍を乞いに行った奥平信昌家臣鳥居強右衛門尉を、その帰路捕縛したのは、穴山衆だったとの記録がある（総見記他）。だが、信君は織田・徳川連合軍との決戦には強く反対したといわれ（当代記他）、勝頼と不仲になったともいい、そのためかこの合戦で、穴山信君はほとんどめぼしい活躍をせずに後退したという（軍鑑他）。ただ、穴山衆も諏方部助右衛門尉が戦死しており、必ずしも活躍しなかったわけではない。この合戦で、武田氏は駿河江尻城代を務めていた山県昌景が戦死したため、勝頼は五月末までに信君をその後任として同城に派遣し、その後駿河・遠江支配で重要な役割を果たすようになる（関保之助氏旧蔵文書・二四九四）。同年から同十年までの信君の駿河・遠江における地位や権限については諸説あり、その評価は定まっていない。なお、同七年二月六日を初見に、息子勝千代の文書発給が開始され（鈴木文書・三〇七六）、その年の末までに出家し梅雪斎不白を称していることから、家督を勝千代に譲った可能性が高い。また、同年七年十一月から十二月にかけて、信君は江尻城の大改修を実施しており、新たな曲輪や土塁、塀を始め、櫓などが相次いで建設された（同前三二六号）。この時、江尻城には「百尺城楼」と称された大矢倉も建設され、臨済宗の高僧策彦周良（もと恵林寺住持）によって「観国楼」と命名され、鉄山宗鈍の起草した銘文を伴う鐘が掲げられた（同前三八七号）。同九年、梅雪は、嫡男勝千代と武田勝頼息女と婚姻を実現しようと図るが失敗し、武田氏との関係に亀裂が入ったとされるが（軍鑑）、これは勝千代の家督相続と関係があるとみられる。梅雪の織田・徳川方への内通は、ちょうどこの時期であることから（武家事紀・信長文書九七八）、この婚約破綻が離反の原因だった可能性がある。同十年二月、織田・徳川氏の武田領侵攻が始まると、すでに内通していた梅雪は二十五日に甲府から正室見性院、嫡男勝千代を奪回して下山に退避させると（信長公記・甲乱記他）、同二十九日家康へ降伏と江尻開城に向けた覚書を提示し（芦沢文書・三六三）、三月一日正式に徳川氏に降伏した（家忠日記）。三月二日、家康は梅雪に身上を保証し、信長への取り成しを約束する判物を与えている（記録御用所本古文書・四〇九九）。そして、徳川氏の案内役として三月十日、甲斐国市川に布陣し（国志）、翌十一日、甲府善光寺において織田信忠に謁見している（家忠日記）。同十三日には、徳川軍より穴山領において略奪された人馬などが返還された（同前）。武田氏滅亡後、三月二十日、梅雪は信濃国諏訪で織田信長に謁見し、太刀などを下賜され、自身は黄金二〇〇両（一説に二千枚）を進上している（信長公記・当代記・多門院日記）。その後、四月十日に信長より河尻秀隆領を除く甲斐国本領（河内領）を安堵された（吉多助五郎氏所蔵文書・信長文書一〇〇八号文書）。そして四月十五日、亡母南松院殿の十七回忌法要を南松院で執行し、その席上で織田氏の許しを得て武田氏を相続すると宣言した（南松院文書・山梨6上二〇六号文書）。梅雪はまもなく御礼言上のため、五月十五日家康とともに安土城を訪問して信長に謁見し、その後堺に滞在したが、六月二日、本能寺の変が起きたため、家康一行と離れて甲斐を目指した。だが京都郊外の宇治田原で一揆に襲われ横死した。（平山）

武田（穴山）信君娘　たけだのぶただむすめ

生年未詳～天正三年（一五七五）十二月一日。甲斐国河内谷の下山館（山・身延町）主、甲斐武田一族穴山信君の息女。生母は不明。勝千代の姉妹。身延過去帳に「天正三年十二月朔日延寿院日厳梅雪ノ娘」と記録されていたという（国志巻之九六）。幼くして夭折したのであろう。詳細な事績は不明。天正十年二月二日、父梅雪は身延山久遠寺に対し、延寿院牌所の取り立てを依頼し、寺領の寄進を行っている（久遠寺文書・三五二）。梅雪横死後、同十一年十二月二十三日には、勝千代が亡父梅雪が延寿院のために寄進した土地を安堵し、菩提を弔うことをあらためて依頼している（同前・三九二）。（平山）

武田信縄　たけだのぶつな

生年未詳～永正四年（一五〇七）二月十四日（一蓮寺過去帳・山6上三）。武田信昌の嫡男、甲斐国守護。五郎・陸奥守・孚山・長興院殿と称す。明応元年（一四九二）、信昌の隠居により家督を嗣ぐが、それに反発した弟油川信恵との抗争が始まる。内乱は父信昌が信恵に与したため、一族・国人・地侍を二分して長期化する。同年六月、一族の河内領主穴山信懸が、信恵に同調して国中地域に攻め込み、市川（山・市川三郷町）で戦いとなり、山宮右近助・巨瀬式部丞らが戦死する。同年九月には駿河今川勢・信濃諏訪勢の甲斐侵攻もあり、危機的状況が続いた。翌二年四月の塩後原（山・甲府市）、十一月の小松（甲府市小松町）・八代（山・笛吹市八代町）の戦いなどで、信縄は敗戦したが（一蓮寺過去帳）、同三年三月二十六日の勝山城（甲府市中道町）の戦いで信恵勢を破り（勝山）、政権の座を確保した。次いで同七年には信昌と和睦し、信縄が病弱であったため、信昌が政権補佐をした。同五年三月、三ツ椚（笛吹市境川町）の熊野神社に禁制を与えたものを初見として（熊野神社文書・六）、文亀元年（一五〇一）十月には、中山（笛吹市一宮町）の広厳院に国中関所の過書を与えている（広厳院文書・九、一〇）。次いで同四年二月の家臣の楠浦昌勝宛書状（向嶽寺文書・一五）では、塩山向岳庵への目安下付について、落合殿（信昌）との調整に苦慮している。さらに永正三年四月には、吉田（山・富士吉田市上吉田）の北口浅間神社に、自らの病気平癒の願文を捧呈しており（北口浅間神社文書・三）、次いで年未詳であるが、伊勢神宮外宮御師の幸福大夫との交渉を示す書状のほか（幸福大夫文書・二五、二七、三〇）、諏訪大社（長・諏訪市中州）の神長官守矢氏宛にも、神前祈願を懇請した書状（守矢家文書・二九）がある。長興院殿孚山邦公大禅定門と諡し、塚原村（甲府市塚原）の恵雲院に葬す。（柴辻）

武田信縄室　たけだのぶつなしつ

生年未詳～天文十四年（一五四五）六月十九日。実名未詳。没後に崇昌院殿・広厳院殿と諡する。父は不明であるが、山梨郡の国人である一族の栗原氏との説がある。弘治二年（一五五六）十一月、武田晴信は、祖母の菩提を弔うため、一宮郷（山・笛吹市一宮町）で一〇貫文を中山広厳院（笛吹市一宮町）へ寄進し（広厳院文書・五三）、以後は崇昌院殿の称を改めて、広厳院殿と称号するよう命じている。（柴辻）

武田信縄側室　たけだのぶつなそくしつ

生没年、実名未詳。没後に桂岩妙英大姉と諡られる（菊隠録）。甲斐国山梨郡岩下村（山・山梨市岩下）の地侍である岩下越前守の妹であり、武田信虎の実母ともいう。（柴辻）

武田信縄娘　たけだのぶつなむすめ

生没年未詳。竹岩山浄林寺（常林寺、山・北杜市）を文亀二年（一五〇二）に中興開基した（国志）。「国志」は武田晴信の妹とするが、明らかに時期が合わず、「寺記」の記す武田信縄の娘という所伝が正しかろう。法名は、浄林寺殿花慶光春。（丸島）

武田（穴山）信友　たけだのぶとも

永正元年（一五〇四）～永禄三年（一五六〇）十二月十六日、五五歳。甲斐国河内谷の南部館（山・南部町）主、後に下山館（身延町）主。甲斐武田一族竜雲寺殿（甲斐守。諱は信綱・信風・信松などと伝わるが不明）の嫡男。生母は不明。穴山氏は武田信武の子義武を祖とする武田一族。武田氏を称す。伊豆守・幡龍斎。信君の父。妻は武田信虎の次女南松院殿（葵庵理誠）。当初は、河内谷の南部に本拠を構えており、父甲斐守とともに今川氏と友好関係を結び、武田信虎と対立した。だが大永元年（一五二一）に、今川氏の甲斐侵攻に際し、信虎が河内谷の今川方に攻撃をかける直前の七月、信虎の許しを得て武田氏に駿河から武田八郎が帰国して帰順している（勝山記・妙法寺記）。この武田八郎は、信友の弟と推定されている。このことから、穴山甲斐守・信友父子は、この時点で武田氏に転じた可能性が高い。享禄四年（一五三一）三月、父の死去に伴い穴山氏を継承し、まもなく信虎の次女を迎えたと見られる。信友は、天文三年（一五三四）から本領の河内領（史料には「河内谷」と記される）において、穴山家臣への知行宛行・安堵を始め、郷村への棟別諸役賦課と免除、中山金山、早川金山、黒柱金山、保金山などのほか、材木など山資源の支配と統制に関する領域支配文書の発給を多数行っており、その支配の様相は、武田氏の領国支配の方法を踏襲している。また穴山氏の軍事力は、二〇〇騎であったとされる（軍鑑）。このうち、印判状は六点（うち二点が写本）が確認される。朱印は、八角形単廓を二種類使用しており、その始期は同十二年七月五日付の湯之奥郷（山・身延町）の佐野縫殿右衛門尉に宛てた竹奉公の申付であり（門西文書・一六七）、武田氏に次いで使用が早くその影響を受けていると見られるが、形態は葛山氏などの駿河系の影響によるものと推定されている。また時期は定かでないが、同十六年九月までには本拠地をそれまでの南部から下山に移転している（南松院所蔵大般若経奥書・山梨6上三八）。

信友は、武田信玄を支え、信濃侵攻にも貢献したが、前線で活動した記録はあまりみられない。その理由について確実な記録に恵まれないが、武田軍の後方支援のために諏訪郡に残留したり、甲府の留守居をつとめることが多かったからだとされている（軍鑑）。同十四年六月、武田信玄が伊那郡福与城（箕輪城、長・箕輪町）主藤沢頼親を攻めた際に、信友は勝沼今井信元らとともに頼親降伏の仲介役となり、頼親実弟藤沢権次郎を人質として預かっている。その後も信友は、頼親の甲府参府を仲介している（甲陽日記、妙法寺記）。また信友は文人としても知られ、冷泉為和や晴信らと歌会を開催している（冷泉為和記ほか）。また外交では、信濃村上氏や駿河今川氏との折衝に重要な役割を果たした。ただ、同十八年八月七日の村上義清との和睦交渉では、宴席で酒に酔い、これを破談させる大失態を演じ、信玄を呆れさせている（磯部文書・二九三）。信友は酒乱で有名だったようで、同十六年三月、酒席で乱れ醜態をさらした信友は、以後禁酒し、同年四月四日に武田信玄を通じて冷泉為和に詫びを入れている（冷泉家時雨亭文庫所蔵・補遺一〇）。

今川氏との関係についてみると、今川義元より某年六月十九日に駿河国岡田（静・島田市）で所領を与えられている（楓軒文書纂・戦今一五一九）。これは、武田・今川両氏の取次役に与えられた「取次給」と推定されている。今川氏との交渉では、天文二十一年二月、武田氏重臣駒井高白斎とともに、信玄嫡男義信と、義元息女嶺松院殿との婚姻に関する協議を担当し、その輿入れに際し義元息女は、同年十一月二十五日に下山の穴山氏館で一泊した後に、同二十七日には甲府の穴山氏屋敷に入っている（甲陽日記）。その後信友は、出家して幡龍斎と号し、永禄三年五月、桶狭間合戦で今川義元が戦死すると、ただちに駿府に入って、今川氏真と同盟継続交渉を行い、六月二十二日までには合意を取り付けている（諸州古文書・六九九）。法名は、円蔵院殿剣江義鉄大居士（高野山成慶院武田家過去帳・山梨6上三八ほか）。信友（幡龍斎）逝去を知った今川氏真は、十二月二十三日に信君

に弔意を伝え、香典を贈っている（楓軒文書纂・戦今一六三〇）。子女に信君の他、次男信嘉（信邦）、彦九郎がいる。（平山）

武田（穴山）信友室　たけだのぶともしつ

生年未詳～永禄九年（一五六六）四月二十五日。南松院殿。武田信虎の次女。穴山信友正室。信君の母。信友に嫁した時期は不明であるが、信友が家督を継承した父信綱（信風・竜雲寺殿）没後の天文元年（一五三二）前後といわれている。しかし嫡子である勝千代（のちの信君）の生誕は同十年であるから、むしろその直前ぐらいのことであろう。弘治三年（一五五七）に、恵林寺（山・甲州市塩山）の住職を辞して上京する途中の策彦周良は、穴山氏の下山館（山・身延町下山）に立ち寄り、その際に信友夫人より法諱と雅号を懇願されている。その際には辞退したが、永禄五年七月にあらためて「葵庵」の法号を大書した頌書を送り届けている（南松院文書・七九二）。夫人はそれを受けて、七月十九日に自身の逆修法要を営んでいる。同九年四月に病死するが、ただちに信君は生母の画像を描かせ、それに京都・妙心寺前住の天桂玄長が賛を書き添えている（南松院所蔵・一〇四三）。画像は比丘尼姿であり、弟の信廉が描いたものという。墓所として下山館の近くに南松院が建立されている。天正十年（一五八二）三月の武田家滅亡後の四月二十五日、信君は母の十七回忌法要を南松院で営み、住職の明院玄昉が香語を献辞しているが、それでは南松院の遺徳を讃えるとともに、勝頼の失政を非難し、穴山氏が武田家中興となることを述べている（静8一五三八）。（柴辻）

武田信友　たけだのぶとも

生年未詳～天正十年（一五八二）三月七日。武田信虎の五男。母は内藤氏娘といわれ、信虎の駿河退隠後の出生といわれる。仮名は六郎。官途は左京亮・上野介。大聖寺所蔵の「甲斐源氏系図」には、駿河に住し、今川義元・氏真に仕えた後、永禄十一年（一五六八）十二月の、信玄の駿府侵攻の際に、瀬名氏輝・朝比奈信置・三浦員久・葛山氏元らとともに、いち早く信玄に属したとある。同十二年二月二十三日付の徳川家康家臣酒井忠次宛の山県昌景書状に、上野介とみえるのが初見であり（酒井家文書・一三六九）、今川氏真退去後の駿府仕置きと、徳川方との折衝を担当している。次いで四月十九日には、信玄より穴山信君とともに、今川旧臣の三浦氏の安堵状を取り次いでいる（三浦家文書・四三八）。翌元亀元年（一五七〇）二月には、上野介の官途名で竜朱印状を奉じており（朝比奈家文書・一五〇〇）、駿河国衆の取次役をつとめている。天正二年四月晦日の孕石元泰宛の山県昌景書状では、勝頼の遠江侵攻に際して、前線で指令を出しているので（孕石家文書・一七〇四）、駿河侵攻後の駿河支配の一端を担っていた。この時期には、田中城主（静・藤枝市）であった。翌三年六月朔日には、長篠敗戦直後の勝頼より、駿府留守居役の信友に対して、穴山信君を江尻城へ移すとの指令を受けている（関氏旧蔵文書・二四九四）。その直後には、隠遁したとされ、同十年二月、穴山信君に先導された、徳川家康の駿河進攻に際しては逃亡し、三月七日に織田信忠によって殺害された（信長公記）。（柴辻）

武田（勝沼）信友　たけだのぶとも

生年未詳～天文四年（一五三五）。武田信縄の次男、信虎弟。仮名は次郎五郎・五郎、官途は左衛門大輔。年次は不明であるが、信友が都留郡の小山田氏や相模の北条氏に対置するため、甲府盆地東境の甲斐国山梨郡勝沼郷（山・甲州市勝沼町）の地に配置されたことにより、勝沼姓を称した。勝沼町勝沼の日川右岸の河岸台地上に勝沼館が営まれ、武田氏の東郡支配の拠点になっていた。永正十七年（一五二〇）に、岩殿山七社権現（山・大月市）が大破した際、その再建修復寄進の願主となっており、「武田左衛門大輔信友」と署名し、銭一貫文を寄進している（円通寺棟札銘・四七）。以下に都留郡領主の小山田越中守信有ほかの名が連記されており、武田氏を代表する立場での参画である。大永六年（一五二六）八月、若宮八幡宮（山・笛吹市境川村）神殿の修復に際して、信虎とともに願主となっており、「勝沼氏信友」とある（若宮八幡宮棟札銘・六三）。天文四年八月、信虎が甲駿国境の万沢（山・南部町）で今川氏輝勢と戦った際に、今川氏を支援した北条氏綱が甲相国境の籠坂峠（山・山中湖町）に進攻した。信友は小山田氏とともにそれを山中湖畔で迎え撃ち、大敗して戦死した。法名は不山道存庵主。（柴辻）

武田信豊　たけだのぶとよ

天文十八年（一五四九）～天正十年（一五八二）三月十六日か、三四歳（当代記）。武田信繁の次男。兄信頼が望月家を嗣いだため、嫡男扱いを受けた。幼名長老、仮名六郎次郎、左馬助、相模守。父同様、唐名から典厩ともよばれた。勝頼の竹馬の友（甲乱記）。若衆の頃に万福寺教雅に手習いを受けたという「左馬助」は信豊のことか（歴代古案・四二七三）。「惣人数」に御親類衆（御一門衆）筆頭、騎馬二〇〇騎、二の御先衆とみえる。永禄元年（一五五八）四月に、父信繁から家訓九十九ヶ条を授けられたのが初見（軍鑑・大成上四三頁）。この時は、幼名の長老で記される。同九年、諏訪大社下社の神領である辰野郷（長・辰野町）の一部が信豊の同心のものとなっていることがわかり、替地宛行が決定されている（諏訪大社文書・一〇二八）。この時、六郎次郎。同十年八月七日の「下之郷起請文」は、奉行吉田信生・浅利信種に宛てて提出した（生島足島神社文書・一〇九九）。同起請文は、信豊同心の下諏訪衆は武河衆水上菅兵衛尉に（同前・一一〇〇）、武河衆は信豊に宛てて提出している（同前・一一二七）。同年九月九日、小野（長・塩尻市）において小田切源五郎に知行地を宛行った（徳川林政史研究所所蔵平岩家分限証文書札集・一一九三）。なお信豊は信濃に多数知行を有しており、かつ人夫役を赦免されていたようである（楓軒文書纂・二八六二）。某年十一月四日、穴山信君・小山田信茂とともに諏訪大社上社に参詣し、宝鈴を鳴らした（山梨岡神社文書・三一三）。永禄十二年十二月六日の蒲原城（静・静岡市清水区）攻めでは、「いつもながら何も考えない（聊爾）ため」勝頼と強引な城攻めを行い、信玄を焦らせている（信玄公宝物館所蔵文書・一四八三）。元亀元年（一五七〇）三月二十八日、上野緑野郷（群・藤岡市）の小幡信尚旧領を与えられた（古今消息集・一五二八）。以後、左馬助。同年八月の再度の駿府攻略に参陣し、軍功を讃えられた（同前・一五七七）。同二年三月二十四日、信玄とともに上伊那と思われる城郭へ着城（水野寿夫氏所蔵文書・一六七七）。同年五月二十三日、増沢源兵衛の働きを讃え、信玄に披露したうえで秋成年貢を与えることを約した（山梨県立図書館所蔵臆乗鈔・一七一四）。同三年四月十日、駿河賀島（静・富士市）において四〇〇貫文を与えられ、さらに六〇〇貫文の加増を約束されている（古今消息集・一八二六）。同年九月十三日、朱の撓・指物は信豊のみに許可するという特権を与えられた（同前・一九五〇）。天正元年正月二十七日、負傷した山家左馬允の功労を讃えるとともに、身ひとつで帰国し養生するように伝えた（武家事紀・二〇二四）。三月四日、軍役奉公を申し出た佐野弥八郎に知行地を朱印状で与えた（判物証文写・二〇二五）。信玄死後、駿河へ出陣して防備を固めている（松平奥平家古文書写・二一三九）。天正二年七月二十四日、勝頼から高天神城（静・掛川市）攻略のうえで、垂木郷（掛川市）一〇〇〇貫文（朝比奈泰朝知行分）を与える約束を受けた（古今消息集・二三一〇）。同年十一月十九日、今後の出陣では手勢すべてを率いて出陣することを定められ、同時に銀の采配を信豊だけが使用できるという特権を与えられた（同前・二三七八）。天正三年四月一日、三河における戦況を岩手信景に報じた（徴古雑抄・一七〇三）。五月二十一日の長篠合戦より生還（関保之助氏旧蔵文書・二四九四）。七月十九日、織田信忠の軍勢に包囲された美濃岩村城（岐・恵那市）在城衆に小山田信茂と連名で書状を送り、近日中に援軍を送ると約束している（諸州古文書・二五〇八）。八月十日、勝頼が伊那郡の防衛体制を構築した際には、最高指揮官のひとりとして、高遠本城（本丸）へ入部することが定められた（武田神社所蔵文書・二五一四）。十一月十九日、長篠で戦死した実弟望月信永の娘婿が定まって成人するまでの間、望月家の家督代行を命じられた（古今消息集・二五四九）。同四年正月十一日、望月領継承にともなって行われた諏訪大社上社祈禱への礼状を出している（矢崎家文書・三七八〇）。同年二月十九日、望月家名代として、隠居の望月信雅が位牌所と定めた寺院に三〇貫文を寄進することを認めた（洞雲寺文書・二五八九）。同年四月十六日の信玄本葬では、武田信堯とともに後龕を持って参列した（武家事紀・二六三八）。同年六月より備後亡命中の足利義昭および毛利氏との外交を担当し、義昭より甲相越三和を求められている（古今消息集・四〇八一、八三、三浦周行氏所蔵文書・四〇八二）。九月十三日、義昭側近真木島昭光に返書を出した（古今消息集・二七三二）。十月二十八日、松渓和尚に能満寺（静・吉田町）を宛行った（能満寺文書・二七三〇）。同五年三月三日の諏訪大社下社宝塔再興の棟札に名がみえる（諏訪史料叢書掲載文書・二七八〇）。同年九月、望月領にある浅科村八幡宮（長・佐久市）の棟札に「大旦那」として名がみえる（八幡宮所蔵・二八七四）。同六年三月二十八日に、朱印状を奉じているが、武田一門としては異例といえる（武山家文書・四三八〇）。同年の越後御館の乱に際し、上杉景勝討伐のために先陣として越後に出陣。その途上で景勝からの和睦要請を受け（杉原謙氏所蔵文書・二九八四）、六月十二日に返書を出している（上杉家文書・二九八五）。この時、印文「信豊」の朱印を使用。上杉氏の本拠越府（新・上越市）到達後の六月二十九日、景勝に勝頼自身の越府着陣を伝えている（歴代古案・二九九五）。なお信豊の対上杉氏外交参加はあくまで彼が先陣の総大将であったためで、勝頼の越府到着以後は交渉に参加していない。翌七年九月、勝頼に従って駿河に出陣したとみられる。この時三枚橋城（静・沼津市）築城を始めているから、これに従事したか（渡辺忠胤氏所蔵文書・戦北二〇九九）。その後、徳川家康の陣所を攻撃するも敗北を喫する。十月、駿河江尻（静・静岡市清水区）に再び在陣。伊豆三島（静・三島市）で築城を進める北条氏政と対峙した（紀伊国古文書所収藩中古文書・三一七七）。武田勢は十二月九日に帰陣している（野口家文書・三二五）。この天正七年から始まった佐竹氏との同盟に取次として参加（紀伊国古文書所収藩中古文書・三一七七、千秋文庫所蔵佐竹文書・三三五四、三四〇八）。同年十一月二十一日には、波合備前守に駿河での戦況を回答（千葉守人氏所蔵文書・三二〇四）。十二月十五日、服属を申し出た上野国衆小中彦兵衛尉に副状を出した（北条家文書・三二二四）。同八年三月十一日、望月領を高野山蓮華定院の檀那場として安堵した（蓮華定院文書・三二八二）。以後、相模守。八月九日には宇都宮国綱へ（小田部庄右衛門氏所蔵文書・三三九八）、同九年十一月十三日には佐野宗綱に書状を出しており（福地家文書・三六二三）、北関東の外交を一手に把握していた様子が窺える。また織田信長側近菅谷長頼に書状を送り、関係改善を試みたが、失敗に終わった（香取神宮所蔵古案・三八八九）。某年六月二十二日、木曾義昌に書状を送り、人質として老母を差し出したことを喜んでいる（辻守正氏所蔵文書・補遺六五）。軍事面では、天正八年五月下旬にも勝頼の命で駿河に出陣。この時三枚橋城の築城を終え、翌六月まで在陣した（千秋文庫所蔵文書・三三五四）。八月には佐竹義重と軍事行動の打ち合わせをしているから（同前・三四〇八）、同年九月から十月にかけての上野出陣（上杉家文書・三四三八）にも参加したとみてよいだろう。同九年十一月、北条方の伊豆戸倉（静・清水町）城代笠原政晴従属を受け、伊豆口へ出陣している（福地家文書・三六二三）。同十年の武田氏滅亡においては、勝頼の命を受けて小諸（長・小諸市）に向かうが、城代下曾禰浄喜に裏切られ、自害した（甲乱記）。三月十二日（武田源氏一流系図・山6下七四〇頁）もしくは十六日のことといい（信長公記）、首は信長のもとに運ばれ、京都で獄門にかけられた（同前）。享年三四（当代記）。法名は、英叟智雄禅定門（南化玄興遺稿・山6下六五五頁）。「天正壬午起請文」には典厩衆二八名の記載がある（山6下九五三頁）。妻は小幡信真の娘（武田源氏一流系図・山6下七四〇頁）とされるが、実際にはその父憲重の娘であったようである。娘のひとりは織田信房との婚約話があがったほか（軍鑑・大成下一七二頁）、元室町幕府奉公衆大和秀国に嫁いだという（萩藩譜録）。（丸島）

武田信虎 たけだのぶとら

明応三年（一四九四）～天正二年（一五七四）三月五日、七七歳。武田信縄の嫡男。甲斐国守護。五郎、右京大夫・陸奥守・道因・無人斎と称す。生年は明応三年正月六日生まれとの通説であったが、近年、同七年生まれとの見解が出されている。「甲陽日記」同年条のほか、根拠となる関連史料がみられ、訂正が必要のようである（秋山敬 武田信虎の生年について・武田氏研究35）。母は信虎の側室の岩下越前守の妹（桂岩大姉）。仮名は五郎。永正四年（一五〇七）、父の病死により一四歳で家督を嗣ぎ、初名は信直と称す。大永元年（一五二一）四月に信虎と改名し、右京大夫を称す。享禄二年（一五二九）頃出家し、道因・無人斎とも号し、天文六年（一五三七）よりは陸奥守を称す。信虎の領国支配は、永正四年の家督相続から、国主を追われる天文十年の三五年間におよぶが、その画期は、永正十六年の甲府居館移転、天文元年の国内統一の完了、同十年の駿河への追放である。まず家督直後に、それに反発した叔父油川信恵ら一族・国衆・地侍の反乱鎮圧に奔走し、永正五年十月の坊ケ峰（山・笛吹市境川町）の戦いで、信恵らを滅亡させた。同七年には、信恵に味方した都留郡谷村領主の小山田氏をも従属させた。同十二年には、一族で巨摩郡西郡の領主であった大井氏をも制圧して、その長女（長禅寺殿）を正室に迎えている。同十六年八月、居館を歴代の拠点とした石和（笛吹市石和町）の地から、甲府盆地の躑躅ヶ崎（山・甲府市古府中）へ移して府中と定め、家臣団に新府中への移住を強制した。それに反発した、一族の山梨郡の栗原氏、巨摩郡の今井氏らを相次いで制圧し、天文元年頃までには、ほぼ国内の統一を果たした。しかしこうした経過のなかで、駿河の今川氏や相模北条氏、信濃の諏方氏などの甲斐国内侵攻もあり、大永元年には、今川氏親勢が、移転直後の府中にまで攻め込んでいる。その際、戦乱を避けて詰城である要害山城に避難した夫人は、嫡男晴信を出生している。今川勢を撃破した後には、相模の北条氏と甲相国境で対戦となり、それに対抗するため、武蔵の扇谷上杉氏と同盟した。天文四年には、甲駿国境付近で今川氏輝勢と対戦し、都留郡山中湖周辺でも北条氏綱勢と対戦して敗北している。しかし翌五年六月、今川家の家督争い（花倉の乱）に乗じて、今川義元を支援し、その翌年に長女を義元の正室として、同盟関係を実現させたことによって、対外関係も安定した。発給文書の初見は、年未詳十一月の慈照寺（山・甲斐市竜王町）宛の寺領安堵判物（慈照寺文書・三九）であって、信直の署名で、花押はⅠ型であり、永正十四年以前のものである。次いで同年三月の広厳院（笛吹市一宮町）宛の禁制（広厳院文書・四三）では、花押がⅡ型に変わっている。信虎と改名した時期は、大永元年であるが、さらに同五年八月の塩山向岳庵（山・甲州市塩山）宛の禁制（向嶽寺文書・六〇）からは、花押がⅢ型に変わり、同時に印文「信虎」方朱印の使用も始まっている。この後、花押は官途の変化や隠居後にも変化はないが、印判の形態は、新規に虎模様の円印など二種類が確認されており、明らかに家印としての印判状が創始されている。これまでに発給文書は、三六点が確認されており、甲斐在国中での最後のものは、命禄元年（天文九年）十一月の御射山社（笛吹市黒駒）宛の社領寄進の朱印状写（甲斐国社記・九二）である。駿府退隠後に関しては、発給文書は確認されていない。信虎発給文書で特筆されるものは、寺社宛のものは別として、郷村宛の定書があり、天文三年十二月の、押立公事ほかの諸役規定（諸州古文書・七八）や、同九年七月に、富士山北麓の西海衆に古関の関所役を免除したもの（西湖区有文書・九〇）などがある。同年には佐久郡での伝馬制度の創設を物語る伝馬定書もみられる（津金家文書・九一）。さらに年未詳である書状類にも、内容のあるものが多い。九月十六日付の逸見左京亮宛書状では、陸奥守信虎と署名しており、天文初年と推定される対上杉氏との同名関連の外交書状（逸見文書・一〇八）であり、公方御内書の下賜依頼を述べている。さらに伊勢神宮御師の幸福大夫との交渉を示すものは、その側近家臣の添状が多く残っている。家臣団に関しては的確な史料を欠くが、基本は一族に連なる譜代被官であり、甘利・駒井・曾禰・工藤氏のように、その実名に「昌」字の多いことから、祖父信昌の代に取り立てられた者が多く、「虎」字拝領の者は、次代の晴信代に中核家臣となっている。そのほか、信虎の代に他国からの新参者も多く登用されており、原・小幡・小宮山氏らのように、彼らも次代の中核家臣団となっていく。さらに信虎期には、検断・奉行・代官などの、職制を示すものが多く確認できる。同十一年には「奉行衆定」を行っている（甲陽日記）。同五年末からは、信濃佐久郡への侵攻を開始し、同九年には、北佐久郡の諸城を攻略しており、翌十年五月の海野平合戦（長・東御市）では、娘婿の諏方頼重らと組んで、小県郡の海野一族らを敗走させている。しかしこの凱旋直後に嫡男の晴信によって、娘の嫁ぎ先である駿府に追われている。この追放劇に関しては、その要因をめぐって諸説が出されているが、どれも一理あるものであり、一つに限定する必要はない。晩年の信虎の施政が専制化していたことは確かであり、それに世相や家臣団の意向が新領主への交替を望んだとされている。駿府引退後には、義元の死後に上京して、幕府奉公衆や公家衆との交流を深めたり、高野山や西国を遍歴している。その間に信玄との交渉を示したものも確認されている。天正二年に、信濃高遠城（長・伊那市高遠）まで帰着したが、三月五日に病死している。孫の勝頼によって、甲府の大泉寺に葬られ、法名は大泉寺殿泰雲存康（公）庵主という。同寺には子息の逍遙軒信綱の描いた寿像が残されている。

（柴辻）

武田信虎室　たけだのぶとらしつ

明応六年（一四九七）十一月～天文二十一年（一五五二）、五五歳。実名未詳。甲斐国巨摩郡大井郷（山・南アルプス市甲西町）の領主で、武田家一族庶流の大井信達の長女。大井氏は信虎家督時より、信虎の反対勢力であり、永正十二年（一五一五）頃より、信達は駿河今川氏の支援を得て、信虎への敵対を強めていた。連年にわたる合戦の後、同十四年に、信虎が今川氏と和睦したため、降伏し臣従した。その際に長女を信虎の正室とした。同十六年生まれの長女（今川義元夫人）、大永元年（一五二一）生まれの、嫡男晴信ほかの生母であり、天文十年に、夫信虎が駿河へ追放後も甲府に留まり、大井夫人・御北様・長禅寺殿と尊称されている。年未詳であるが、三月に塩山向岳庵（山・甲州市塩山）に寺領を寄進したほか（向嶽寺文書・一八）、同十九年には、柏尾の大善寺（甲州市勝沼）にも、信玄とともに銭一貫文を寄進している（大善寺文書・三〇五）。同二十一年五月に病死。法名は瑞雲院殿心月珠泉大姉、墓所は長禅寺（山・甲府市愛宕町）。同寺には、子息逍遙軒信綱の描いた寿像が残されている。

（柴辻）

武田信虎側室　たけだのぶとらそくしつ

生年未詳～天正三年（一五七五）。実名未詳。一族の今井信仲の娘。側室となった時期と経緯は不明である。西殿と称した。武田勝頼は、天正三年三月、「御西菩提」のために、府中で西昌院を建立して牌所とし、若神子（山・北杜市須玉）で、寺領を寄進している（円光院文書・二四三）。次いで同年十一月、諏訪神社（長・辰野町）に、勝頼が同社の再建修復をした際の棟札銘にも、祖母今井氏と書き載せて供養している（諏訪神社棟札銘・二五五二）。西昌院はその後廃寺となり、本寺である円光院に合併されている。法名は西昌院殿。

（柴辻）

武田信虎娘　たけだのぶとらむすめ

永正十六年（一五一九）～天文十九年（一五五〇）六月二日、三二歳（武田源氏一統系図・山6下七三頁ほか）。武田信虎の娘。定恵院殿。天文五年の武田・今川同盟成立を受け、同六年二月十日に今川義元に嫁いだ（勝山）。同七年に今川氏真を生んでいる（武田源氏一統系図・山6下七三二頁）。また、成慶院「武田御日坏帳二番」などに記載があることからすれば、定恵院殿に先だって死去した隆福院殿も彼女の娘であろう。同十九年六月二日の午刻に死去した（甲陽日記）。閏五月二十七日に、駒井高白斎が駿府を訪ね、定恵院殿と面会しているのは、病気見舞いとみられる（同前）。同年七月二日、跡部菅太郎が高野山に派遣され、成慶院で供養が営まれた。法名定恵院殿南室妙康大禅定尼（武田御日坏帳二番・山6下九〇〇頁）。臨済寺では、台玄和尚が導師をつとめた。永禄期の某年十一月十四日、今川氏真が定恵院殿・隆福院殿供養のため黄金五両を送っている（成慶院武将文苑・戦今二六五九）。（丸島）

武田信虎娘 たけだのぶとらむすめ

生年未詳～永禄十一年（一五六八）三月十七日か（蓮華定院過去帳月牌信州小県分第一）。生母は信虎側室工藤氏。信濃浦野氏に嫁いだという（古浅羽本武田系図・群書系図部集3四三頁、武田源氏一流系図・山6下七三二頁、武田源氏一統系図・同七四二頁）。小県郡の浦野氏と思われる。菩提寺東昌寺（長・上田市）を開基した浦野友久に嫁いだとされることが多いが、「信」字偏諱がなされておらず、確定は難しい。幸次または信政に嫁いだ可能性もある。蓮華定院「過去帳月牌信州小県分第一」に、浦野老母の記載がある。系図類の記載は「浦野母」で一致しているから、この女性であろう。蓮華定院「過去帳月牌信州小県分第一」は永禄十一年三月十七日という日付けを載せる。これが命日であろう。法名は、蘭庭妙芳禅定尼。東昌寺の浦野氏墓所には、同日没の「花光院蘭庭妙芳大姉」と刻まれた墓が残されている（浦野文書と一族の系譜一〇三頁）。少なくとも、源一郎の母であることは間違いない。（丸島）

武田信虎娘 たけだのぶとらむすめ

生年未詳～天正十年（一五八二）三月十一日か。武田氏滅亡時、勝頼に従って郡内を目指した女性のなかに、「信虎京上臈の娘」がいる（信長公記）。信虎と京の女性の間に産まれた娘ということだろう。天正二年の信虎帰国に際し同道した可能性が高い。田野（山・甲州市）で自害したものと思われる。（丸島）

武田信虎娘 たけだのぶとらむすめ

生年未詳～天正十八年（一五九〇）三月十八日。晴信の姉（国志）または妹（寺記）。大沢山神竜寺（山・笛吹市）の開山という（国志）。ただし「一蓮寺過去帳」は、康正二年（一四五六）没の利健比丘尼に「神竜寺」と注記するから（山6上四六一頁、なお一蓮寺は神竜寺の本寺にあたる）、中興開山なのであろう。天正十八年に入寂した。法名は法城院殿生弌帝信大法尼（国志）。（丸島）

武田信虎娘 たけだのぶとらむすめ

天文十四年（一五四五）～没年未詳。信虎が甲斐を追われ、駿河滞在中に産まれた娘（武田源氏一流系図・山6下七四三頁）。信虎が京に上った後、永禄三年（一五六〇）正月九日に権大納言菊亭晴季に嫁いだ（言継卿記）。夫婦の間では、娘が二人産まれたという（武田源氏一統系図・山6下七三二頁ほか）。近世初期の狂歌に「むこいりを／まだせぬ先の／舅入り／きくていよりは／たけた入道」というものがある（醍醐笑・東洋文庫31一八頁）。これは「菊亭よりは武田入道」と「聞く体よりは猛けた入道」をかけたもので、縁談こそまとまったものの、婿入りもしないうちに、信虎は晴季の屋敷に押しかけたらしい。晴季は藤原氏清華家で左大臣公彦の子。天文十四年に元服。天正十三年

（一五八五）に従一位右大臣となるも、文禄四年（一五九五）の関白豊臣秀次の失脚事件に連座して越後に配流される。慶長元年（一五九六）に許されて上洛し、同三年に右大臣に還任する。元和三年（一六一七）に死没。夫人の動向は不明。（丸島・柴辻）

武田信昌　たけだのぶまさ

文安四年（一四四七）～永正二年（一五〇五）九月十六日、五九歳。武田信守の嫡男。甲斐国守護。幼名は伊豆千代丸か。五郎・刑部大輔・傑山・永昌院殿と称す。康正元年（一四五五）に父信守が病死し、九歳で家督を嗣ぐ。寛正三年（一四六二）の熊野神社棟札（山・甲州市熊野）に、「当国御守護武田伊豆千代殿」とみえるのが初見である。同時期の「蔭涼軒日録」にも、同名表記で細川持賢との交流が記録されている。ただし同書の同五年八月以降の部分には、「武田五郎」とみえている。この間に元服したとの見解もある。次いで同六年六月、幼主五郎は、専横を極めていた守護代の跡部一族の排除を開始し、翌文正元年（一四六六）閏二月には、小田野城（山・山梨市牧丘町）の攻略によって、跡部景家父子を滅亡させ、国内統一を開始する。さらにこの頃の記事として、幕府奉公衆の「蜷川親元日記」にも、「源信昌」との交流を示す内容のものがいくつかみえている。文明四年（一四七二）、信濃国佐久郡の大井氏の進攻を花取山（山・笛吹市八代町）合戦で退け、国内でも反乱を起こした栗原一族ほかを制圧している。長享元年（一四八七）十一月、八代郡中山（笛吹市一宮町）の広厳院に寺領を寄進しており（広厳院文書・二）、同年に聖護院門跡の道興准后が甲斐国内を巡遊した際に、花蔵坊（笛吹市一宮町）で面談している（廻国雑記）。明応元年（一四九二）に、家督を嫡男信縄に譲って隠居したが、それを契機に次男の信恵が、一族・国人・地侍らを糾合して反乱を起こした。信昌が信恵に与したために、国内は内乱状態となったが、同七年には、和睦して落合（山梨市落合）に隠棲したため、ようやく沈静化した。以後、落合御前と称し、守護の信縄を補佐する。文亀元年（一五〇一）十一月、塩山向岳庵（甲州市塩山）に、都留郡田原郷深田村（山・都留市田原）のうちで寺領を寄進し（向嶽寺文書・二）、同四年二月には、信縄との連署状によって、同庵の法度を定め（同前・三、一七）、さらに同年四月には、同庵の内紛について決裁しているから（古屋家文書・四三七）、晩年まで信縄とともに政務に関与していたと思われる。また年未詳であるが、八月には、信濃の諏訪大社の神長官守矢氏宛に神前祈念を謝している（守矢家文書・三）。自らが創建した矢坪（山梨市矢坪）の永昌院に葬られた。法名は永昌院殿傑山勝公大禅定門（墓塔銘・四三九）。（柴辻）

武田信昌室　たけだのぶまさしつ

実名・生没年とも未詳。穴山信懸の妹かとの説もあるが、伝来する諸系図では確認できない。（柴辻）

武田信昌側室　たけだのぶまさそくしつ

生没年未詳。小山田信長の姉妹で、武田信昌に嫁いだという（甲州郡内小山田氏家系図）。油川信恵・岩手縄美の生母といい（同前）、小山田弥太郎が油川氏に荷担した背景と考えられる。（丸島）

武田信之　たけだのぶゆき

生没年未詳。西保三郎。武田信玄の三男で、一〇歳で早逝した。母は三条公頼の娘。「円光院武田系図」にある西保三郎（山6上五一九頁）、「卜部本武田系図」「古浅羽本武田系図」にある次郎信之（群書系図部集3三、四三頁）が同一人物とみてよいだろう。兄龍芳と弟勝頼の間の子息だから、天文十一（一五三四）～十四年の間に生まれ、同二十年～二十三年に夭折したものと思われる。西保（山・山梨県牧丘町）にある城山は甲斐源氏安田義定の拠点要害城だから、武田（安田）三郎の急逝によって幼年で元服し、安田家の名跡を嗣ぐことが想定されたのではないか。同二十一年九月に甲府の新屋敷普請に参加し、十六日に帰郷を許された「西保衆」は信之の家臣団であろう（甲陽日記）。しかし結局一〇歳で夭折したため、安田家は再度断絶したものと思われる。（丸島）

武田信由 たけだのぶよし

生年未詳～天正十年（一五八二）三月七日。若狭武田信豊の子で、義統の弟（若州武田系図・群書系図部集3六四頁ほか）。三郎、上総介。若狭武田氏の書写とみられる「弓馬聞書条々」に「三郎殿（花押）」とあるのが信由であろう（尊経閣文庫所蔵）。弟義貞とともに父信豊の寵愛を受け、これにより信豊と嫡子義統の関係が悪化した。弘治二年（一五五六）、越前朝倉義景を巻き込んでの内訌に発展し、信豊が敗北した。このため、信由・義貞兄弟は甲斐に亡命することとなった（山県系図・群書系図部集3二〇六頁）。武田家は「国持ちの御牢人」として「御客人」待遇で迎えている（軍鑑末書・大成下三三頁）。弟義貞同様、永禄十一年（一五六八）に上洛した足利義昭に仕えたとみられる。ただし足利義昭・織田信長連合政権に敵対した浅井久政と交渉を有しており、元亀二年（一五七一）に敦賀（福井・敦賀市）で久政と面談し、翌三年八月に書状を受け取っている（尊経閣文庫所蔵文書・福井2七三五頁）。しかし義昭の使者として活動したことは間違いなく、再度甲斐に下向し、武田氏と毛利輝元の間を往来したという（軍鑑末書・大成下三五頁）。天正十年の武田氏滅亡に際し、織田信忠によって殺害された（信長公記）。（丸島）

武田晴信 たけだはるのぶ

大永元年（一五二一）～天正元年（一五七三）四月十二日、五三歳。武田信虎の嫡男。仮名太郎。官途は左京大夫・大膳大夫・信濃守を称し、出家して信玄・法性院・徳栄軒と号す。法名は機山玄公。母は武田一族の大井信達の娘。「甲陽軍鑑」ほかでは幼名を勝千代と記すものもあるが根拠はない。系図によっては、夭折した兄を載せるものもあるが、はっきりしない。天文五年（一五三六）に、元服して将軍足利義晴の偏諱を得て晴信と称す。同時に左京大夫を拝領する（為和卿記・山6下）。翌六年に駿河守護の今川義元の取次により、京都より公家の三条公頼の長女を正室に迎える。同十年六月、父信虎を駿河へ追放し、家督を嗣ぐ。その後に従四位下大膳大夫に任ぜられ、同十九年頃より信濃守を併称する。弘治三年（一五五七）に、信濃国守護職を拝任し、永禄元年（一五五八）十二月に出家して信玄と改める。同時に法性院・徳栄軒とも称す。元亀三年（一五七二）に、比叡山延暦寺より僧正位を拝領する。初陣は「軍鑑」によると、天文五年十一月に、信虎が信濃佐久郡海ノ口城（長・南佐久郡南牧村）の平賀源心を攻めた時であり、元服直後の動きとして妥当性が高い。同九年には、父とともに北佐久郡に出陣し、一日に敵城を三六も攻略している（勝山）。翌十年五月、信虎は諏方頼重・村上義清と連繫して、小県郡海野（長・東御市）の海野一族を、海野平合戦で打ち破っているが、それに晴信も出陣している。その戦勝帰陣直後に、晴信によって父信虎の追放劇が実行された。家督継承の翌年七月、晴信は同盟関係にあった諏方頼重を急襲して滅亡させた。頼重を自害させ、その娘を側室に迎えている。諏訪神社の大祝には、頼重の甥の伊勢宮丸（頼忠）を擁立して傀儡とした。これ以後は、信濃への進攻が連年におよび、同十四年四月には、諏方一族で高遠城主（長・伊那市高頭町）であった諏方頼継を追放し、伊那郡へも進出した。同十六年八月には、佐久郡志賀城（長・佐久市）の笠原清繁を攻落させて、佐久郡をほぼ掌握した。しかし翌十七年二月には、小県郡上田原（長・上田市）で村上義清に敗れ、いったん後退したが、七月には村上氏に同調して、諏訪郡に進攻してきた小笠原長時を、塩尻峠（長・塩尻市）の戦いで破り、一気に退勢を挽回している。以後、同十九年七月には、松本平から小笠原氏を追い、転じて翌年からは、小県郡へと進攻し、五月には砥石城（上田市）を攻略して、村上氏の葛尾城（長・坂城町）に迫っている。同二十一年八月には、安曇郡へ逃れていた小笠原氏を追い落とし、翌年四月には、同調していた村上義清の葛尾城を攻落している。義清は逃亡して越後の長尾景虎に、救援を要請したことから、同年八月には景虎の信濃川中島地域への出兵があり、初めて景虎との対戦が行われた。以後、弘治元年四月、同三年八月にも、この地域で両軍が対戦するが、大きな決戦のないまま、晴信（信玄）が北信濃地域に進出していく。この間にも、天文二十三年八月には下伊那郡を制圧し、翌弘治元年八月には、木曾氏を攻めて臣従させている。こうした成果は、この時期に成立した甲相駿の三国同盟の成立効果が大きい。永禄四年八月、景虎（上杉輝虎）は、北信での退勢を挽回するために川中島へ出陣し、迎え撃った信玄と、九月十日に大決戦となった。勝敗はつかなかったものの、両者ともに大きな犠牲を払うこととなった。これ以降、川中島地域は、信玄の支配するところとなり、同年十一月からは、西上野へと転戦していく。連年にわたる西上野出兵によって、同九年九月には、上杉方の拠点城であった箕輪城（群・高崎市）を攻略したことによって、西上野地域も信玄の支配下となった。この間に、同八年十月、嫡男義信とその側近による信玄謀殺事件が起こり、それを未然に防いで、義信を幽閉している。その時に家臣団の動揺を防ぐため、全家臣団から起請文を徴収している（生島足島神社文書・一〇九九〜一一八六）。義信との対立要因は、今川義元戦死後の駿河外交策の相違にあり、信玄はこの頃、四男勝頼に、織田信長の姪を正室として迎えており、奥三河や飛驒への進攻が始められている。同十一年十二月、信玄は一方的に同盟を破って、駿河へ侵攻した。今川氏真は掛川城（静・掛川市）へ逃れたが、氏真を支援した北条氏康・氏政父子が駿河へ出兵し、これ以後、両者は元亀二年十月の氏康の死による再同盟の成立まで、駿東郡や上武国境地域で、激しい攻防戦を繰り広げている。甲相同盟の復活によって、信玄は三河・遠江へ攻勢をかけることが可能となり、これによって同盟関係にあった織田信長・徳川家康と対決していくこととなる。翌三年十月には、ほぼ全軍の陣容をもって上洛作戦を開始し、十二月二十二日には、遠江の三方原（静・浜松市）で、家康軍を打ち破っている。天正元年二月には、三河の野田城

（愛・新城市）も攻略したが、信長との対決を直前にして発病し、療養のためにいったん長篠城（新城市）へと後退した。しかし快復しないために、甲府へ帰陣することとなり、三州街道を信濃へ向かったが、途中の宿場で四月十二日に病死している。死去した場所については、下伊那郡駒場のほか、浪合・根羽説などがある。葬儀は信玄の三年秘喪の遺言によって、同四年四月十六日に、自ら菩提所と定めておいた恵林寺（山・甲州市塩山）で執行された。法名は機山玄公大居士。墓は恵林寺のほか、京都妙心寺・高野山の奥の院にも分骨されている。晴信（信玄）の発給文書は、治政三三年間に一五〇〇点前後が知られている（戦国遺文・武田氏編）。その内訳は、花押を署した判物・書状が約五五〇点であり、竜朱印ほかの印判を使用したものが約八〇〇点、写のため署判不明のものが一五〇点である。花押に関しては一種のみであり、その形も若干の変化があるのみである。使用印判である家印としての竜印については、少なくとも三度の改刻があり、ほかに印文「晴信」方朱印にも、二度の改刻が認められる。このほかにも用途別印として、印文「伝馬」「精」印などが確認されている。晴信発給文書の初見は、天文十年八月十日付で甲斐府中の良林寺へ与えた寺領寄進状（判物証文写・三二）であって、花押署判である。竜朱印の初見は、同年十月に駿河富士郡柚野（静・芝川町）の佐野氏に与えた切符宛行状である（同前・三三）。竜朱印状に奉者のみえるものは、永禄九年（一五六六）六月二十二日付で、西上野の小暮氏に宛てた本領安堵状（小暮家文書・九九六）である。信玄の事蹟は多岐にわたっているが、まず法整備として、天文十六年に制定した分国法としての「甲州法度之次第」（二一七、二一八）がある。次いで弟の信繁が、永禄元年に息子の信豊に残した遺訓を家法として採用し、家臣団の倫理規定としている。家臣団は親族衆のほか、一族譜代・国衆譜代を中心に、主従制や寄親寄子制によって国内の地侍層を軍団編成しており、占領地の拡大によって、帰属した領主・地侍も他国衆として多く編成している。永禄末年頃からは、不足してきた軍役を補うために、郷村の有力農民を軍役衆に編成している。領国経営の面では、永禄六年の「恵林寺領検地帳」（甲州市・恵林寺所蔵）などにみられるように、知行主別の土地調査を行い、あわせて郷村別での棟別調査も断続的に実施しており、在地掌握を徹底させている。税制としては、本年貢以外の公事・夫役が、諸役として棟別役・普請役として多くみられ、治世の初期において、一定の税制改革が実現していたと思われる。農民支配に関しては、人返し令が多くみられ、その初見は、弘治二年であり（高橋家文書・五〇三）、徳政令もみられる（三浦家文書・九九〇）。城下町甲府へは、各種の商人・職人が招致され、特権商職人として領国の経済活動を担っており、占領地でも、支城地城下や寺社門前町・湊町の支配が進められている。在方でも在郷市場による、地域ごとの経済圏が形成されており、伝馬制度などの交通網の整備によって連結されていた。伝馬制に関しては、永禄六年の信濃塩尻宿（塩尻市）宛の伝馬定書が、具体的である（堀内家文書・八一七）。領国経済の振興に関連して、各種の開発事業も進められており、道路や橋の新設による交通路の整備や、治水事業による新田開発がみられる。同三年には、甲府盆地の釜無川に新堤防が完成し、それによって竜王河原宿（山・甲斐市）が取り立てられている（保坂家文書・七〇三）。金山などの鉱山開発も進められており、国内の黒川金山（甲州市）・湯之奥金山（山・身延町）をはじめ、占領地である信濃・駿河においても開発されており、それを甲府の金座で鋳造して、甲州金として流通させている。領国内の寺社に対しても、保護と統制が行われており、菩提所である恵林寺への手厚い援助や、占領した諏訪の諏訪大社の復興のほか、信濃善光寺（長・長野市）の甲府への勧請などを行っている。　（柴辻）

武田晴信室　たけだはるのぶしつ

生年未詳〜天文三年（一五三四）。上杉朝興の娘。天文二年に武田信虎は、北条氏綱に対抗するために、武蔵河越城主（埼・川越市）の上杉朝興と同盟し、その息女を一三歳となった太郎（晴信）の正室に迎えている（勝山）。しかしこの娘に関しては、「上杉氏系図」などでは確認できない。「勝山」によると、この娘は一年余在国したが、懐妊した後に、翌三年十一月に死去したとあり、詳細は不明である。　（柴辻）

武田晴信室　たけだはるのぶしつ

大永元年（一五二一）〜元亀元年（一五七〇）七月二十八日、五〇歳。京都の公家の三条公頼の娘。武田晴信正室。実名は不明であるが、三条殿・御方様・御前様・御上様・御寮人様・円光院と称した。「軍鑑」によると、天文五年（一五三六）五月、武田信虎は、元服した晴信の正室として、京都から公家の三条公頼の次女を迎えたという。同盟が成立していた、駿河守護の今川義元の斡旋によるとも述べられているが、ほかにこの経過を記したものはみられない。しかし同七年には、嫡男義信が生誕しているので、婚姻の成立は確かなものである。信玄正室として、嫡男義信のほか、次男龍芳・長女北条氏政室（黄梅院）・三男信之・次女穴山信君室（見性院）の生母である。三条夫人の生家は、転法輪家と称され、父公頼はこの時に権大納言正二位であった。姉は幕府管領の細川晴元室であり、妹は本願寺法主の顕如上人室である。夫人は年未詳であるが、信玄・信玄母大井夫人とともに、一〇〇疋を大善寺（山・甲州市勝沼）へ奉加したほか（大善寺文書・六三〇）、永禄九年（一五六六）には、具足一両を美和神社（山・笛吹市二宮）に奉納している（八代家文書・一〇三九）。生前には御料人様衆として、五味新左衛門ら一〇名の家臣が附属していた（軍鑑）。法名は円光院殿梅岑宗誾大禅定尼であり、武田館近在の円光院（山・甲府市古府中町）に埋葬された。同年十一月、信玄は円光院に茶湯料として、林部（笛吹市石和町）の所領と、「石和屋敷分」の一八貫文を寄進しているから（円光院文書・一六三二）、生前より石和の地に、独自の所領と屋敷地をもっていたことが明らかである。　（柴辻）

武田晴信側室　たけだはるのぶそくしつ

享禄元年（一五二八）〜元亀二年（一五七一）、四四歳。武田一族庶流の油川氏の娘というが、父の名については諸説があってはっきりしない。信玄の側室。五男盛信・六男信貞・三女木曾義昌室・五女於松・六女於菊の生母といわれる。側室となった時期ははっきりしていないが、盛信の生年が、弘治三年（一五五七）であるので、それ以前である。法名は香林院殿慈雲妙英大姉という。墓所は不明。　（柴辻）

武田晴信側室　たけだはるのぶそくしつ

生年未詳〜弘治元年（一五五五）十一月

六日。乾福寺殿。父は諏方頼重、母は麻績氏（太方様）。いわゆる諏方御寮人である。天文十一年（一五四二）、父頼重が信玄に殺害された後、信玄に嫁いだ。「軍鑑」にはその時一四歳とあるから（大成上三三頁）、これが正しければ享禄二年（一五二九）生まれか。ただし「軍鑑」は諏方頼重自害の年次を天文十四年と誤っており、確定できない。「軍鑑」は「かくれなきびじん（美人）」と容貌を讃えている。翌十五年、勝頼を生んだ（武田源氏一統系図・山6下七三頁、軍鑑・大成上三三頁）。弘治元年十一月六日死去、法名乾福寺殿梅岩妙香大禅定尼（鉄山集・山6下六四七頁）。勝頼は永禄十二年（一五六九）七月十三日に高野山成慶院に位牌を奉納し（武田御日坏帳三番・山6下九〇九頁）、元亀二年（一五七一）十一月一日に高遠に鉄山宗鈍を招き、十七回忌の法要を営んでいる（鉄山集・山6下七三頁、仏眼禅師語録）。墓は伊那郡高遠の建福寺にあり、勝頼によって手厚く保護された。

（丸島）

武田晴信側室　たけだはるのぶそくしつ

生没年未詳。信濃小県郡禰津（長・東御市）の滋野一族の禰津元直の娘である。信玄側室のひとり。信玄七男信清の生母である。側室となった時期は不明であるが、禰津氏が晴信に帰属したのは、天文十二年（一五四三）であり、信清の生年は永禄六年（一五六三）なので、この間のこととなる。法名・墓所ともに不明である。

（柴辻）

武田晴信娘　たけだはるのぶむすめ

生年未詳～永禄元年（一五五八）三月。武田晴信の四女。母は不明。永禄元年三月に早世している。法名を桃由童女といい、信玄は同年閏六月十日に、甲府の大泉寺に対して、その菩提を弔うため、浄古寺村（山・山梨市）のうちで三貫文を寄進している（大泉寺文書・五九七）。

（柴辻）

武田晴信娘　たけだはるのぶむすめ

生年未詳～正保四年（一六四七）六月十四日。母は三条氏（円光院殿）。誰にも嫁ぐことなく生涯を送り、「新館」と呼ばれたという。天正十年（一五八二）の武田氏滅亡後はわけあって京に移り住んだ。正保四年没。法名恵殊院殿玉泉日養（市立米沢図書館所蔵源姓武田氏系図）。生母円光院殿は元亀元年（一五七〇）に没していることから、生年はそれ以前となる。また円光院殿を母とする晴信子女の出生年は、天文十年（一五四一）前後に集中している。その後の子女は側室によるから、この娘も同十年代の生まれであろう。したがって、一〇〇歳前後の長命を保ったとみてよい。なお、「武田源氏一統系図」にみえる「新館比丘尼」（山6下七三頁）、「古浅羽本武田系図」にみえる「新館殿」（群書系図部集3四三頁）は、明らかに松姫（信松尼）を指しており、注意が必要である。松姫の没年は元和二年（一六一六）だから、同一人物と捉えることはできない。「新館」はあくまで松姫の呼称であり、ともに未婚であることから、米沢藩において、恵殊院殿の呼称と伝承されたのだろう。

（丸島）

武田晴信娘　たけだはるのぶむすめ

生年未詳～天正十年（一五八二）三月十一日か。武田氏滅亡時、勝頼に従って郡内を目指している。「信長公記」に「信玄末の娘」とある。田野（山・甲州市）で自害したものと思われる。

（丸島）

武田晴信娘　たけだはるのぶむすめ

生没年未詳。高家武田家の末裔である武田邦信氏所蔵「武田源氏一流系図」にのみ、晴信の末娘として記載があり、「赤松室」とある。具体的に誰に嫁いだかは

不明。（丸島）

武田晴信娘　たけだはるのぶむすめ

生没年未詳。春日氏に嫁いだというが、系図類には記載がない。天正十年（一五八二）の武田氏滅亡時、娘が姉松姫に保護され、武蔵に落ちのびたという（信松院百回会場記・新編武蔵風土記稿）。（丸島）

武田晴信娘　たけだはるのぶむすめ

天文十二年（一五四三）～永禄十二年（一五六九）六月十七日。武田晴信の長女。黄梅院殿。天文十二年に、正室三条夫人を母として生まれる。同二十二年一月、甲駿相の三国同盟の一環として、北条氏康の嫡男氏政に嫁すこととなり、翌年十二月に輿入れした。小山田弥三郎信有を蟇目役としたその模様は「勝山記」に詳しいほか、文書でも確認される（大日方家文書・四二四）。翌弘治元年（一五五五）十一月に、男子を出生したが早世した（勝山）。同三年十一月にも懐妊しており、その際に、父信玄が富士北麓の御室浅間神社（山・富士河口湖町勝山）に安産を祈願した願文が残っている（御室浅間神社文書・五七九）。次いで永禄五年には、嫡男氏直を出生し、同七年に源五郎、翌八年に氏房、同九年五月に直重を生んでいる。直重の際にも、信玄は安産祈願を同社に捧げている（同前・九九三）。しかし同十一年末に、信玄が駿河に侵攻して、今川氏真を攻めたことによって、氏真を支援した北条氏康・氏政父子と対戦することとなった。この三国同盟の破綻によって、夫人は氏政に離縁されて甲府に送還された。帰国後に、夫人は出家するが、その際に信玄より甲斐国内巨摩郡南湖（山・南アルプス市）のうちで一六貫文余の知行が与えられている（甲斐国志）。しかし病弱のうえに心労も重なって、病死している。信玄は甲府の大泉寺に対して、十二月に「局知行分」の南湖の地を寄進して（同前・一六二〇）、末寺として甲斐国巨摩郡竜地（山・甲斐市）に菩提所の黄梅院を造立させている。法名は黄梅院殿春林宗芳大禅定尼と称す。北条氏の菩提寺である箱根湯本（神・箱根町）の早雲寺塔頭の黄梅院にも墓があるが、これは元亀二年（一五七一）末に、甲相同盟が復活した後に、氏政が供養のために建立した寺と供養塔である。（柴辻）

武田彦五郎（初代）　たけだひこごろう

生年未詳～天文八年（一五四九）。信喬の子。尾張より海路で帰陣した際に、船が難破し、溺死した。これを聞いた冷泉為和が、天文八年十月に祖父道鑑・父信喬に追悼の和歌を送っている（為和集・山6下八六四頁）。奉公衆武田家の所領は尾張坂田村（愛・稲沢市）・大塚村（稲沢市）・高島村（未詳）であり（康正二年造内裏段銭并国役引付・愛9一九七六、醍醐寺文書8九六二）、戦国期に勢力を勃興させた織田弾正忠家（織田大和守家の家老）の本拠勝幡（愛・愛西市勝幡町と稲沢市平和町にまたがる）に近接する。同七年頃、織田信秀が那古屋今川氏を滅ぼしているから、この戦いに参加した後、海路で甲斐に赴こうとして、不運にも溺死したのではないだろうか。（丸島）

武田彦五郎（二代）　たけだひこごろう

生没年未詳。永禄九年（一五六六）八月二十三日、武藤常昭が「下之郷起請文」をほかよりも一年早く提出した相手である（生島足島神社文書・一〇〇二）。信喬の次男または孫で、その家督を嗣いだ人物であろうか。天正四年（一五七六）十月五日、万福寺教雅が、長篠合戦で生き残ったひとりとして名前をあげている（歴代古案・四二七二）。またそれによると、信玄は生前彦五郎に「迷障」しており、そのあおりを受けて教雅も狼藉を受けたという。美少年であり、信玄の寵愛を受けたものの、嫌がって教雅のもとに駆け込んだと覚しい。その結果教雅は信玄と義絶し、信玄を調伏することになったという(同前)。なお、若狭武田氏にも彦五郎を名乗る人物がいるが(武田信方)、別人である。(丸島)

武田松 たけだまつ

永禄四年(一五六一)～元和二年(一六一六)四月十六日、五六歳。武田晴信の五女。新館御料人。母は側室の油川氏娘。永禄八年五月、信玄は富士北口浅間神社(山・富士吉田市)に、息女の病気平癒を祈願し、平癒の後には、息女が富士参詣をすることを誓約している(富士北口浅間神社文書・九四三)。「軍鑑」によれば、この願文は五歳になった松の病気平癒を祈ったものという。同十年十一月、兄勝頼の正妻の遠山氏(織田信長養女)が、嫡男の信勝の生誕後に死去したため、十二月に信長か信玄に使者を送って、あらためて同盟の証として、嫡男信忠と松との婚約を要請し成立させた。しかしその後の織田氏との対立によって、元亀三年(一五七二)頃には、この婚約は自然解消されている。信玄の没後には、同母兄の仁科信盛のもとで過ごしたといい、天正十年(一五八二)二月、織田勢が武田氏を攻めた折には、信盛とともに信濃・高遠城(長・伊那市)に在城していた。信盛のはからいで落城前に、新府城(山・韮崎市)へ避難したが、三月初旬の勝頼の逃避行では別行動をとり、途中で武田家ゆかりの尼寺である海島寺(山・山梨市)に滞在した後、相武国境の案下峠(和田峠、東・八王子市)を越えて八王子に逃れている。後年、武田遺臣で徳川家康に帰属していた大久保長安の援助によって、八王子近郊に尼寺の信松院を創建し、一族の供養をして余生を送っている。法名は信松院殿月峰永琴大禅定尼。(柴辻)

武田義信 たけだよしのぶ

天文七年(一五三八)～永禄十年(一五六七)十月十九日、三〇歳。武田晴信の嫡男。太郎。官途は不明。母は正室三条夫人。天文十九年に一三歳で元服。翌年には甲府館内に「西ノ御座所」が建設された。同二十一年正月に具足始めを行い、十一月には、今川義元の長女を正室に迎えた。翌二十二年正月には、晴信父子が揃って信濃小県郡の砥石城(長・上田市)へ出張すると予告しており(陽雲寺文書・三五七)、同年七月には、将軍足利義輝の偏諱を受けて義信と称した(甲陽日記)。同二十三年八月には、一七歳で信濃下伊那郡の合戦で初陣する(勝山)。弘治三年(一五五七)四月には、長尾景虎に対抗するために、父子が揃って川中島へ出陣するといい(守矢家文書・五五八)、同年十二月からは、父晴信と連署での各所への発給文書がみられる(真如苑所蔵文書ほか・五八三、八四)。永禄元年三月、父晴信と連名宛で、足利義輝より長尾景虎との和与を促す御内書を受けており(大館記・四〇九)、翌二年正月には、同じく義輝より三管領に准ぜられている(大館文書・五八六)。この前後のものとして、年未詳ではあるが、幕府執事の大館晴光宛への青銅送り状(類聚文書抄・一三〇二)や、高野山引導院(持明院)宛の祈禱礼状(持明院文書・一三〇三)のほか、京都大寺院宛の署名書状が複数残されている。同六年には、板絵三十六歌仙図を二宮美和神社(山・笛吹市二宮)に奉納しており(美和神社所蔵・四一八八)、同八年にも社殿造営のために、一族・重臣の筆頭として同社に三〇〇〇疋を寄進している（美和神社文書・九四六）。同七年六月の信玄書状によると、木曾義昌の来甲の返礼として、父子が揃って木曽へ行く予定であったと断っており（千村家文書・八九八）、この頃までは父子間に齟齬はみられない。しかし同八年に入ると、信玄が織田信長との同盟策をとり、四男勝頼の正室に信長養女を迎えたため、駿河との外交策をめぐって、信玄との対立が生じ始める。同年八月には、傳役であった飯富虎昌らと謀って、信玄への謀叛を起こし、それが事前に発覚して虎昌は処断され（小幡文書・九五九）、義信も東光寺（山・甲府市）に幽閉された。同十年十月に自害を命ぜられた。信玄はその直前に家臣団の動揺を押さえるため、全家臣団より起請文を出させている（生島足島神社文書・一〇九九以下）。墓は東光寺にあり、東光寺殿壽山良公大禅定門。（柴辻）

武田義信室 たけだよしのぶしつ

生年未詳～慶長十七年（一六一二）。今川義元の長女。母は武田信虎の娘。実名不詳、法号を嶺松院殿と号す。天文十九年（一五五〇）六月、母が病死した後に、今川・武田同盟を維持するために、同二十一年に武田晴信の嫡男義信に嫁した。同年十一月十九日に甲府を出発した迎えの使者が、十二月二十七日に新婦をともなって帰着するまでの経過は「甲陽日記」に詳細に記されている。義信は新婦を迎えるために、甲府館内に西曲輪の新居を造立している。義信との間に女子一人（園光院）があったという。永禄八年（一五六五）五月、信玄は都留郡勝山（山・富士河口湖町）の富士御室浅間神社で、大規模な大般若経真読会を催しているが、その目的は「新造之祈禱」と記されている（比毛関家所蔵文書・九二一）。同年十月には、義信一派の謀叛事件が発覚し、義信は東光寺（山・甲府市）に幽閉された。同十年十月、義信は自害を命ぜられ、夫人は翌十一年四月に、駿府へ送還された。夫人は剃髪して貞春尼と称し、同年十二月の信玄による駿河侵攻によって、兄氏真とともに掛川城（静・掛川市）に逃れたと思われるが、その後の経過は不明である。法名は嶺松院殿栄乗貞春大師。（柴辻）

武田義信娘 たけだよしのぶむすめ

生没年未詳。母は今川氏真妹嶺松院殿。「卜部本武田系図」に円光院（群書系図部集3三三頁）、「武田源氏一流系図」に園光院と号したという記載がある（山6下七四三頁）。しかし「円光院殿」は義信生母三条氏の法名である。「武田源氏一統系図」には、「御母三条ノ内大臣御息女、号円光院殿」と注記があるが（山6下七三二頁、武田邦信氏所蔵武田源氏一流系図も同様）、これは本来義信につけるべきものである。義信生母についての注記が誤って義信娘に付され、その後義信娘そのものを指すと誤伝されたと思われる。「武田源氏一流系図」（山6下七四二頁）「卜部本武田系図」（群書系図部集3三三頁）には、駿河に帰府したという記載がある。生母嶺松院殿と行動をともにしたものか。なお、妹がいたという説もある（系図纂要）。（丸島）

武田竜芳 たけだりゅうほう

天文十年（一五四一）～天正十年（一五八二）。武田晴信の次男。母は正室三条夫人。生来の盲目であったといわれているが、弘治二年（一五五六）九月の父晴信の願文（歴代古案・五一〇）によれば、この年に疱瘡を患って失明したとあり、一六歳のこととなる。晴信はその後の養育を、信玄御伽衆であり使僧でもあった長延寺実了に託し、半俗半僧の修行者として養育し、「聖導様」と称した。龍芳（宝）は僧名。年次は不明であるが、信濃佐久郡の領主であった海野幸義の娘と婚姻を結び、海野次郎信親と称して、海野家を継承させたが（白鳥神社海野系図）、名目のみに終始したものらしい。甲府城下の聖導小路に屋敷地を構え、「御聖導様衆」として、秋山越前守虎康ほか五名を頭目として三〇騎が付置されている（軍鑑）。年未詳八月に、信玄は聖導宛の書状で、間もなく帰陣するので兄弟仲良くするようにと諭している（山下家文書・二〇九四）。天正元年十月、勝頼は下条讃岐守に対して、聖導様御料所の河原部（山・韮崎市）の年貢を甲府へ輸送するように指令している（同前・二二九七）。同十年三月、織田勢の甲斐侵攻に際して、入明寺（山・甲府市住吉本町）へ逃れたが自害する。同寺が菩提所であり、法名は淨古寺殿龍宝離潭大居士。（柴辻）

武田竜芳男 たけだりゅうほうおとこ

生没年未詳。武田氏滅亡後、信松院（東・八王子市）に隠棲した信玄の娘信松尼（松姫）を頼ってきた人物のひとり（信松院百回会場記・新編武蔵風土記稿）。武田氏滅亡時に、海野（長・東御市）において「自焚」した「了義公」の次男という。「了義公」は所見がないが、海野に関わりのある人物だから、海野氏に入嗣した武田竜芳の可能性が高い。現在知られている竜芳の法名は「了義」ではないが、妻は長延寺実了師慶の娘、嫡男は顕了道快であり、「了」の字が共通している。別の戒名を付した寺院があったのだろう。そのほかの動静ははっきりしない。（丸島）

武筑 たけちく

生没年未詳。武田氏の奉行人だが、姓は不明。通称は筑前守もしくは筑後守か。某年十一月二十一日、多門坊（静・富士市）が抱えている人夫が職務をつとめていないと連年訴訟があり、跡部勝忠の手形にもその旨は明らかであるので、調停するように森豊と連名で須津（同前）の御印判衆に命じている（多門坊文書・三九四二）。（丸島）

田沢神助 たざわしんすけ

生没年未詳。信濃国筑摩郡明科（長・安曇野市）の土豪。塔原海野氏の被官とみられる。天正九年（一五八一）の「伊勢内宮道者御祓くばり帳」において、「あかしな分」の人物として記載され、熨斗五〇本、帯、茶一〇袋を配られたと記されているのが唯一の所見（堀内健吉氏所蔵・三六四四）。（平山）

田沢若狭 たざわわかさ

生没年未詳。信濃国筑摩郡明科（長・安曇野市）の土豪。田沢神助の一族。塔原海野氏の被官とみられる。天正九年（一五八一）の「伊勢内宮道者御祓くばり帳」において、「あかしな分」の人物として記載され、茶五袋を配られたと記されているのが唯一の所見（堀内健吉氏所蔵・三六四四）。（平山）

多田久三 ただきゅうぞう

生年未詳～天正十年（一五八二）三月十一日。三八郎の次男か。天正十年三月十一日、勝頼に最後まで付き従って田野（山・甲州市）で戦死した（甲乱記）。ただし「軍鑑」は、ここで討ち死にしたのは「新蔵」としており（大成下一八〇頁）、系譜関係に混乱がみられる。より史料的価値の高い「甲乱記」に従っておく。「円応寒光」という法名が付された（景徳院位牌）。（丸島）

多田三八郎 ただざんぱちろう

生年未詳～永禄六年（一五六三）十二月。「国志」は実名を満頼、通称を淡路守とするが、一次史料からは確認できない。官途名淡路守は「軍鑑」にもみえる（大成下三〇頁）。「寛永伝」は実名を昌澄としており、こちらのほうが蓋然性が高いか。また「国志」は「多田家譜」を典拠に、初名昌澄、のち昌利に改名したという説も載せる。「軍鑑」によると、美濃出身の牢人衆であったという（大成下三〇頁）。天文十六年（一五四七）、武田軍が信濃佐久郡の志賀城（長・佐久市）を包囲した際、上野の山内上杉憲政が援軍を派遣した。八月六日、迎撃に出た武田軍は、小田井原（佐久市）で山内上杉勢を打ち破り、三八郎は板垣信方・甘利虎泰・横田高松とともに高名を上げた（勝山、ただし天文十五年条に誤記する）。同十七年七月十九日の塩尻峠（長・塩尻市）の戦いでは、自身が首一つを討ち取っただけでなく、同心・被官も多くの首を討ち取ったことを讃えられ、感状を与えられている（寛永諸家系図伝所収文書・二〇三）。永禄六年十二月に病死したという。法名は宗樊（国志）。子息については、「寛永伝」「寛政譜」「軍鑑」どれも異なっており、確定できない。甲信国境にある先達城（長・富士見町）が居城とされるが、不明。ただし同城跡にある常昌寺には、「近海常通居士」と刻まれた墓石が残る。一族の誰かのものか。

（丸島）

多田新蔵　ただしんぞう

生年未詳～天正三年（一五七五）五月二十一日。三八郎の長男か。仮名は「寛政譜」による。天正三年の長篠合戦で織田方に捕らえられ、信長・家康から惜しまれながら処刑されたという。ただし「軍鑑」はこの時討ち死にしたのは久蔵であるとしており（大成下二六頁）、系譜関係にかなりの混乱がみられる。「甲乱記」の記述との関係から、さしあたり新蔵としておく。武田氏滅亡後の天正十年九月二日、多田三八が徳川家康から本領一四三貫九〇〇文を安堵されている（記録御用所本古文書・家康文書上三四四頁）。通称から嫡流の人物とみられるが、諸系図一致せず、系譜関係が確定できない。

（丸島）

辰野織部　たつのおりべ

生没年未詳。信濃国伊那郡辰野（長・辰野町）の人物か。天正期の成立とみられる「両社御造営領幷御神領等帳」に諏訪大社上社の造宮役を負担している人物として登場するのが唯一の所見（大祝諏訪家文書・三〇九）。その後の事蹟は不明。

（平山）

辰野源右衛門　たつのげんえもん

生没年未詳。信濃国伊那郡小野（長・辰野町）の人物。永禄三年（一五六〇）三月十一日、武田氏が小野郷に発給した朱印状において、郷中の代表者のひとりとして登場する。この文書で源右衛門は、重科人や国法を犯した者を三日以上隠匿した人物が郷中にいた場合は、彼らも同罪に処すとされ、武田氏に不満を抱く者がいれば高島城（長・諏訪市）に報告するよう命じられている（小野家文書・六九〇）。その後の事蹟は不明。

（平山）

辰野甚衛門尉　たつのじんえもんのじょう

生没年未詳。信濃国伊那郡辰野（長・辰野町）の人物か。諏訪大社社家衆。神衛門尉。天正六年（一五七八）二月二日成立の「下諏方春秋両宮御造宮帳」において、諏訪大社下社春宮拝殿の造宮役を、千国、小谷郷（長・小谷村）より徴収し建立する小祝として登場するのが初見（大祝諏訪家文書・二九七）。同年二月七日成立の「下諏訪春宮造宮帳」にも同様の記述がみられる（同前・二九二）。その後の事蹟は不明。

（平山）

辰野新三　たつのしんぞう

生没年未詳。信濃国伊那郡辰野（長・辰野町）の人物か。諏訪大社社家衆。永禄八年（一五六五）十一月一日、武田信玄が諏訪大社下社に命じた「神事再興之次第」において、二月朔日の御祭田が、武田氏より辰野新三の恩地として給与されているため、神事が断絶していることが判明したことから、信玄より恩地を返却するよう指示され、知行は御料所より与えると通達されているのが唯一の所見（諏訪大社文書・九六〇）。その後の事蹟は不明。（平山）

辰野周防守 たつのすおうのかみ

生没年未詳。信濃国伊那郡辰野（長・辰野町）の人物か。諏訪大社社家衆。永禄八年（一五六五）十一月一日、武田信玄が諏訪大社下社に命じた「神事再興之次第」において、九月申日の御神事領、武田氏より辰野周防守の恩地として給与されているため退転していることが判明したことから、信玄より恩地を返却するよう指示され、知行は御料所より与えると通達されているのが唯一の所見（諏訪大社文書・九六〇）。その後の事蹟は不明。（平山）

辰野清四郎 たつのせいしろう

生没年未詳。信濃国伊那郡辰野（長・辰野町）の人物か。諏訪大社社家衆か。元亀二年（一五七一）五月二十三日、武田信豊が家来とみられる増沢源兵衛に対し、武辺の奉公に応えるべく、辰野清四郎が所持する神田を与えるよう調整すると約束した判物に登場するのが唯一の所見（若尾史料臆乗抄二・一七四）。その後の事蹟は不明。（平山）

辰野善九郎 たつのぜんくろう

生没年未詳。信濃国伊那郡辰野（長・辰野町）の人物か。諏訪大社社家衆。天正三年（一五七五）四月二十一日成立の、諏訪大社下社千手堂棟札に登場するのが唯一の所見（諏訪史料叢書29・二四八二）。その後の事蹟は不明。（平山）

辰野善次 たつのぜんじ

生没年未詳。信濃国伊那郡辰野（長・辰野町）の人物か。諏訪大社社家衆。善二。下社関係の史料にのみ登場する。天正六年（一五七八）二月二日成立の「下諏訪春秋両宮御造宮帳」（大祝諏訪家文書・二九一七）、同年二月五日成立の「春秋之宮造宮之次第」（同前・二九一九）、同年二月七日成立の「下諏訪春宮造宮帳」（同前・二九二二）、同七年一月二十日成立の「諏訪下宮春宮造宮帳」（同前・三〇六九）などに、諏訪大社下社春宮の外籬造宮役の取手（徴収役）として登場する。その後の事蹟は不明。（平山）

辰野善四郎 たつのぜんしろう

生没年未詳。信濃国伊那郡辰野（長・辰野町）の人物か。諏訪大社社家衆。永禄八年（一五六五）十一月一日、武田信玄が諏訪大社下社に命じた「神事再興之次第」において、武射之衆として登場するのが唯一の所見（諏訪大社文書・九六〇）。その後の事蹟は不明。（平山）

辰野善兵衛 たつのぜんひょうえ

生没年未詳。信濃国伊那郡辰野（長・辰野町）の人物か。諏訪大社社家衆。永禄八年（一五六五）十一月一日、武田信玄が諏訪大社下社に命じた「神事再興之次第」において、大祝諏方頼忠の介借人として登場するのが唯一の所見（諏訪大社文書・九六〇）。なおこの時、辰野善兵衛は武田氏に奉公しているため、介借人をつとめていないと記録されている。その後の事蹟は不明。（平山）

辰野伝兵衛 たつのでんひょうえ

生没年未詳。信濃国伊那郡辰野（長・辰野町）の人物か。諏訪大社社家衆。下社

関係の史料にのみ登場する。永禄八年（一五六五）十一月一日、武田信玄が諏訪大社下社に命じた「神事再興之次第」において、一月五日の祭礼について、武田氏の御料所から役銭と造宮銭を受け取り、神前の饌物を揃えて実施するよう命じられたのが初見（諏訪大社文書・九六〇）。なお伝兵衛は、この時宮奉行をつとめている。同九年九月晦日、武田信玄が下社に与えた諏訪下社造宮帳にも宛所として名を連ねている（同前・一〇三八）。天正六年（一五七八）二月二日成立の「下諏訪春秋両宮御造宮帳」（大祝諏訪家文書・二九一七）、同年二月五日成立の「春秋之宮造宮之次第」（同前・二九一九）、同年二月七日成立の「下諏訪春宮造宮帳」（同前・二九二二）、同七年一月二十日成立の「諏訪下宮春宮造宮帳」（同前・三〇六九）などに、諏訪大社下社春宮の瑞籬、外籬造宮役の取手（徴収役）、大祝狩衣造宮役の代官として登場する。その後の事蹟は不明。（平山）

辰野半兵衛 たつのはんひょうえ

生年未詳～元亀三年（一五七二）十二月二十二日。信濃国伊那郡辰野（長・辰野町）の人物か。諏訪大社社家衆。下社関係の史料にのみ登場する。天正六年（一五七八）二月二日成立の「下諏訪春秋両宮御造宮帳」（大祝諏訪家文書・二九一七）、同年二月五日成立の「春秋之宮造宮之次第」（同前・二九一九）、同年二月七日成立の「下諏訪春宮造宮帳」（同前・二九二二）、同七年一月二十日成立の「諏訪下宮春宮造宮帳」（同前・三〇六九）などに、諏訪大社下社春宮の瑞籬、同宮御門屋、舞台、鳥居、造宮役の取手（徴収役）として登場するが、実際には高木刑部右衛門尉が抱分として実務にあたっている。それは、半兵衛が元亀三年十二月二十二日の三方原合戦で戦死したためで、役銭の徴収が一時滞っている（諏訪下宮春宮造宮帳・三〇六九、下諏訪秋宮造宮帳・二九二三）。そのほかの事蹟は不明。（平山）

伊達宗綱 だてむねつな

生没年未詳。遠江国衆。与兵衛尉。伊達氏は、観応の擾乱時に足利尊氏に従い下向し、駿河国入江荘（静・静岡市清水区）内を所領とする奉公衆としてあったが、室町時代になると次第に駿河守護今川氏への被官化を強めていった。戦国時代には駿河今川氏へ従い、遠江高天神小笠原氏の同心衆にあった。天文十四年（一五四五）十月十日に、今川義元より宗綱の父藤三吉宗が遠江国山名荘諸井郷（静・袋井市）内の領家方当知行分を先例に従い、安堵されている（駿河伊達家文書・戦今七八〇）。これより、吉宗の時までには、すでに遠江国山名荘諸井郷内領家方を本領としていたことが確認できる。永禄五年（一五六二）三月二十四日、宗綱は今川氏真より先の義元安堵状に基づき、あらためて遠江国山名荘諸井郷内領家方を安堵され、また増分を今川氏への披露のうえで新給恩とすることを認められた（同前・一八〇六）。同十二年正月、三河徳川氏の遠江侵攻のなか小笠原信興とともに徳川家康へ従属し、元亀元年（一五七〇）六月の江北姉川合戦には小笠原勢の先手として活躍し、家康から遠江国山名荘諸井郷内の本領を安堵されたという（駿河伊達系図・京都大学文学部博物館の古文書第5輯駿河伊達家文書）。天正二年（一五七四）六月の遠江高天神城（静・掛川市）の開城、小笠原信興の武田勝頼への従属にともない、宗綱も武田氏へ従属する。そして七月九日には徳川家康に従属時の所領状況を言上した結果、武田家朱印状（奉者は跡部勝資）により、遠江国山名荘諸井郷内一〇〇貫文の所領を安堵された

（駿河伊達家文書・三〇八）。その後、小笠原信興の駿河国富士郡への移封により、宗綱もともに移封され、同郡にて所領を与えられたという（駿河伊達系図・同前）。同十年三月の武田氏滅亡後は相模北条氏のもとへ逃れ、ほかの高天神同心衆とともに北条氏規のもとで伊豆韮山城（静・伊豆の国市）に配置され、同十八年の小田原合戦時には伊豆韮山城の堅守につとめたとされる（同前）。北条氏滅亡後、結城秀康へ仕え、越前移封に従い、慶長六年（一六〇一）九月九日には秀康より今庄領四郎丸村（福井・越前市）内三〇〇石ほか二ヶ村内で計八〇〇石の知行を与えられた（同前）。後裔は美作津山藩の家臣として仕えた（同前）。（柴）

立岩（立原）勘解由左衛門尉　たていわかげゆざえもんのじょう

生没年未詳。葛山衆（長・長野市）立岩氏の一族で史料上は立原でみえる。本来は郷中乙名層で、弘治三年（一五五七）に葛山城主落合氏が没落した後、武田氏によって取り立てられたとみられる。永禄十一年（一五六八）十一月十八日、葛山衆に地下人の還住が命じられている（石井進氏所蔵諸家古案集・一四七三）。元亀元年（一五七〇）九月一日、入山（以下、長野市）・小鍋・上野・広瀬・たたらのうち屋敷において三八貫文に加え、入山・北郷で二六二貫文を加増されている（歴代古案・一五八六）。六倍もの加増であり、武田氏が葛山衆を取り立てようという強い意志がうかがえる。これらの所領には同日付で飯縄明神社千日次郎大夫にも寄進されているものがあり（仁科家文書・一五八四）、葛山衆には同社を中心とした結合が求められたのではないか。この点から、葛山衆は本来山伏であったという指摘もあり、同年の飯縄社甲斐勧請と結びつけて考えられている。武田氏滅亡後、上杉景勝に属した（上杉年譜所収御家中諸士略系譜）。その子立岩（立屋）喜兵衛は、天正十八年（一五九〇）の出羽庄内一揆鎮圧に成功した他（大日本地名辞書掲載文書・信17三二四頁）、朝鮮出兵の後方支援も含む海運業に携わっている（上杉家記・信17四六一頁ほか）。その後、出羽庄内の納所方を委ねられ（上杉家記・信18一一頁）、庄内金山の差配も任された（歴代古案・信18一〇六頁）。また、「岸和田流鉄砲術」とも関わりがあり（尾崎家文書所収岸和田流鉄砲伝書）、鉄砲の調達にも携わっている。葛山衆の膝下である守山神社（長野市）には戦国期以来の鉄砲秘伝書・火薬調合秘伝書が残されており（国立歴史民俗博物館研究報告三二）、葛山衆は早くから鉄砲との関わりを有していたとみてよいだろう。子孫は米沢藩士として続いた（御家中諸士略系譜）。（丸島）

立岩彦四郎　たていわひこしろう

生没年未詳。葛山衆（長・長野市）のひとり。一族は音通により、「立岩」「立屋」「立原」などと記される。本来は郷中乙名層で、弘治三年（一五五七）に葛山城主落合氏が没落した後、武田氏によって取り立てられたとみられる。永禄十一年（一五六八）十一月十八日、葛山衆に地下人の還住が命じられている（石井進氏所蔵諸家古案集・一四七三）。元亀元年（一五七〇）五月一日、本領桜郷（長野市）のうち七五貫文に加え、同所で一〇貫文を加増されている（歴代古案・一五四五）。なお、「遺文」は同文の文書を九月一日付、立岩彦四郎宛で立項しているが（歴代古案・一五八八）、実際には五月一日付の前者しか写されていない（史料纂集歴代古案一〇八二）。ただし、この年の葛山衆への知行宛行はいずれも五月一日付であるため、「歴代古案」編纂時に「五月」を「九月」と誤写した可能性が高い（つまり実際には五月一日付の宛行。「五」と「九」はくずしが似ている）。なお、年未詳だが桜郷三〇〇貫文の内訳を記した覚書が残されており、七五貫文が「立岩若狭守本領」と記載されている（石井進氏所蔵諸家古案衆・一五八九）。したがって、後年若狭守を称したのかもしれない。（丸島）

田中 たなか

生没年未詳。信濃国筑摩郡光郷（長・安曇野市）の土豪。官途、受領、諱などは不明。塔原海野氏もしくは光海野氏の被官か。天正九年（一五八一）の「伊勢内宮道者御祓くばり帳」において、「ひかるの分」の人物として記載され、茶三袋を配られたと記されているのが唯一の所見（堀内健吉氏所蔵・三六四四）。その際、伊勢御師はこの「田中殿」のもとを宿所としている。（平山）

田中善五郎 たなかぜんごろう

生没年未詳。武田遺臣。中郡藤巻郷（山・中央市）の人。天正三年（一五七五）五月二十一日の長篠合戦で、父が討ち死にしたため、同十六年五月二十一日に高野山に登山し、供養を営んでいる（成慶院甲州月牌帳二印・武田氏研究42五九頁）。法名は、道厳禅門と付している。（丸島）

田中大夫 たなかだゆう

生没年未詳。駿河府中浅間社（現静岡浅間神社、静・静岡市）の社人。同国宇渡郡丸子郷（静岡市）に居住し、同社の奉幣取次役である田中大夫を世襲した（駿河記）。元亀三年（一五七二）四月十八日の武田家朱印状（田中家文書・一八三六）で、神前の奉公を行うことを条件に、神田の上成一貫文を宛行われた。奉者は市川宮内助昌房。天正七年（一五七九）十月の武田家朱印状（浅間神社文書・三一八五）では、同年分の年貢として下方枡で二五俵余を受け取っている。（鈴木）

田中平八郎 たなかへいはちろう

生没年未詳。下河東（山・中央市）の人。天正三年（一五七五）五月二十一日の長篠合戦で、父が討ち死にしたため、同五年八月二十三日に高野山で供養を営んでいる（成慶院甲州月牌帳二印・武田氏研究42五三頁）。法名は、喜叟道悦禅定門と付している。渡辺囚獄助が取り次いでいることからすると、九一色衆か。（丸島）

田辺四郎兵衛尉 たなべしろうびょうえのじょう

生没年未詳。甲斐国山梨郡於曽郷（山・甲州市）の土豪。甲斐黒川金山（甲州市）で金の採掘に携わった「金山衆」の有力者で、ほかの田辺姓の者を含む多くの金掘衆を率いた。家譜によれば、永禄年間（一五五八〜七〇）に紀伊国熊野から移住したとされる（国志4二七二頁）。元亀二年（一五七一）二月十三日の武田家朱印状（田辺紀俊家文書・一六四五）で、駿河国深沢城（静・御殿場市）攻めの戦功により、分国中で一月に馬一疋分の商買役と棟別役・田地への検使派遣・人足普請役などを免許された。奉者は山県三郎兵衛尉昌景。本文書は田辺四郎左衛門尉宛であるが、「国志」では四郎兵衛尉宛とされている（国志4二七二頁）。天正二年（一五七四）十二月二十三日の武田家朱印状（田辺紀俊家文書・二四二二）でも武田氏の代替わりにともない、先年の印判状のとおり諸役を免許されている。奉者は長坂釣閑斎光堅・市川備後守家光。武田氏滅亡後は子の佐左衛門尉が徳川氏に仕えたが、のちに金山から手を引いて下於曽村に居住し、子孫は浪人になった（国志4二七二頁）。（鈴木）

田辺新兵衛尉 たなべしんべえのじょう

生年未詳～慶長十六年（一六一一）二月四日（寛政譜）。田辺清衛門尉の後継者で、重真（佐渡守）と同一人物か。天正九年（一五八一）二月の武田家官途状（山梨県立博物館所蔵文書・三五〇七）で「新兵衛尉」の官途を与えられた。重真は武田氏滅亡後に徳川氏から本領を安堵され、慶長五年の関ヶ原合戦後に甲斐国内の金山奉行をつとめた。法名は道空（寛政譜）。墓所は武蔵国多摩郡青梅（東・青梅市）の金剛寺。子孫は幕臣として存続している（同前）。（鈴木）

田辺清衛門尉　たなべせいえもんのじょう

生没年未詳。甲斐国山梨郡小田原（山・甲州市）の在郷商人。黒川金山衆の田辺四郎兵衛尉とは同族か。家譜によれば受領として越前守、実名を守真とするが（寛永伝、寛政譜）、いずれも同時代史料では確認できない。永禄三年（一五六〇）四月十八日の武田家朱印状（山梨県立博物館所蔵文書・四一八三）で、小田原の問屋をつとめるよう命じられ、道者やほかの商人と争っていた商業権を武田氏から認められた。没年は未詳だが、法名は道祐と伝わる（寛永伝）。（鈴木）

玉虫定茂　たまむしさだもち

生没年未詳。助大夫。城景茂の次男。「寛永伝」「寛政譜」は実名を重茂とするが誤り。永禄十年（一五六七）八月七日、武田氏に忠節を誓った「下之郷起請文」を、鉄砲衆の一員として吉田信生・浅利信種に提出した（生島足島神社文書・一二五二）。本文書は、原状では「庭谷」と書かれた封紙に収められているため上野庭谷衆と誤解されやすいが、「鉄砲衆」と書かれた封紙に収められていたのが本来の姿である。永禄後期の陣立書でも、鉄砲衆として記載がある（山梨県立博物館所蔵文書・三九七二）。天正元年（一五七三）十二月二日、作手城（愛・新城市）の番手として配属され、十二日までの着城を指示されている（君山合編・二三三〇）。慶長十年（一六〇五）に徳川秀忠に仕え、その後四〇〇石を与えられた（寛政譜）。同十二年十二月二十六日、一〇〇〇石の加増を受け、甲斐・上総で一四〇〇石となったという（同前）。このうち、甲斐の知行は駿河富士郡へ移された。明暦二年三月五日没。法名道一。妻は玉虫繁茂の娘というから、従姉妹同士の結婚となる（同前）。「寛政譜」は明暦二年三月五日没、享年七八とするが、これでは天正七年（一五七九）の生まれとなってしまい、別人となる。また兄である城昌茂は天文二十年（一五五一）生まれだから、この点でも齟齬が大きい。あるいは、「寛永伝」「寛政譜」に記された玉虫助大夫（重茂）の活動は、助大夫定茂の子息のものかもしれない。（丸島）

玉虫繁茂　たまむししげもち

天文十五年（一五四六）～寛永元年（一六二四）、七九歳（寛永伝）。二郎右衛門、対馬守。玉虫貞茂の子で、城景茂の弟。上杉氏の旧臣。会津に牢人していたところ、永禄三年（一五六〇）に兄景茂に従って、武田氏に仕えたという（軍鑑・大成上三三三頁）。この時、一五歳であった。これは「寛永伝」の没年齢から逆算した生年とも一致する。同七～九年頃の五月四日、山家薩摩守・浦野三河守と談合し、大戸城（群・東吾妻町）の普請を行うよう命じられている（尊経閣文庫所蔵小幡文書・二〇六五）。この時、対馬守。同十一年四月十七日、信玄が会津蘆名氏家臣山内舜通に返書を出した際には、取次をつとめた（大島順一氏所蔵文書・一二五九）。武田氏滅亡後は、兄景茂に従って徳川家康に従属。天正十二年（一五八四）の長久手合戦、慶長五年（一六〇〇）の関ヶ原合戦に従軍したという（以下、寛永伝による）。同年に徳川秀忠のもとに配属されたが、同十五年に松平忠輝に仕える。元和元年（一六一五）の大坂夏の陣には忠輝に従う。忠輝改易後の元和八年、徳川忠長に仕えた。寛永元年に江戸で死去。法名道無。なお、大坂の陣に際して松平忠輝に消極的な案を具申したことで秀忠の勘気を蒙り、改易されたという話が近世の軍記類に一致して載せられるが（難波戦記・大日本史料12―18七三三頁、落穂集・同前七五三頁ほか）、「寛永伝」の記載と齟齬する。（丸島）

玉屋 たまや

生没年未詳。上吉田（山・富士吉田市）の産土神諏訪明神（現在は北口本宮冨士浅間社の摂社）の神主で、富士山御師も兼ねていた。苗字は佐藤（山4解説二四三頁）。元亀三年（一五七二）の「吉田宿町割帳」に「玉屋周防守、同左京、同想左衛門」の項があり、「玉屋御幸路」の記載がみえる（刑部家文書・一七八四）。天正十二年（一五八四）八月一日、郡内の領主となった鳥居元忠から関東諸檀那への勧進を許可されている（諸州古文書・山4一五二七）。その後、男子がなく跡継ぎが絶えたらしく、玉屋弥九郎妹が名跡を嗣ぐ事を、鳥居元忠・羽柴秀勝が承認したという。同十九年四月二日、加藤光吉が玉屋周防守の娘にその旨を安堵している（甲州古文書・山8四六六）。慶長二年（一五九七）十二月三日、浅野氏重の代官が玉屋又三郎に上吉田諏訪神宮領として一〇石を宛行っている（甲州古文書・山8二九九）。慶長六年八月十六日、鳥居成次から同地を安堵された（田辺本甲斐国志草稿・山8五三〇）。宛所には「玉屋佐藤又三郎」とある。慶長七年五月二十四日、玉山太三郎が鳥居成次から跡職の諸役免許を安堵されている（田辺本甲斐国志草稿・山8五三三）。「申し様これありと雖も」と述べているから、相続に際し何か問題が起きていたのだろう。（丸島）

田村孫七 たむらまごしち

生没年未詳。甲府城下の紺屋職人頭。尾張から移住してきた紺屋職人で、府内紺屋町（山・甲府市）に住み、領内の紺屋職人を統轄していた。天文十八年（一五四九）十一月十八日に、武田家より紺屋番子の諸役を免除されており（坂田家文書・二九七）、永禄十一年（一五六八）六月二十七日には田村又右衛門尉の名で、ほぼ同様の内容が安堵されている（同前・三八四）。年未詳十月三日付で武田晴信が穴山信友に与えた書状では、尾張紺屋番子を田村氏に付属させることを披露しなかったことを譴責している（諸州古文書・六四六）。城下の紺屋座頭と思われ、特権職人のひとり。詳細は不明であるが、その後間もなく没落したようであり、所蔵文書は、八日市場（甲府市）に住み、町年寄をつとめていた坂田家が引き取り、「坂田家文書」と一緒に収蔵されている。（柴辻）

田村又右衛門尉 たむらまたえもんのじょう

生没年未詳。甲斐府中新紺屋町（山・甲府市）の紺屋。田村孫七の子か。永禄十一年（一五六八）六月二十七日の武田家朱印状写（坂田家旧蔵文書・一三八四）で、尾張紺屋の番子（職人）や召使を他所へ移動させないよう命じられるとともに、屋敷一間分の諸役を免許された。奉者は土屋平八郎昌続。近世も同町で紺屋を経営した（国志4三二四頁）。（鈴木）

多門坊 たもんぼう

生没年未詳。信濃・諏訪大社所属の坊官。

天正三年（一五七五）四月の「諏訪社千手堂武名札銘」に名を連ねている（諏訪史料叢書・二四八四）。同七年二月の諏訪大社の「両社御造営領並御神領帳」の末社分のなかにその名がみられる（大祝諏訪家文書・三〇七九）。（柴辻）

丹衛門 たんえもん

生没年未詳。信濃国筑摩郡会田（長・松本市）の土豪。会田岩下氏の被官とみられる。天正九年（一五八一）の「伊勢内宮道者御祓くばり帳」において、「あいた」の人物として記載され、茶二袋を配られたと記されているのが唯一の所見（堀内健吉氏所蔵・三六四四）。（平山）

丹後 たんご

生没年未詳。信濃国安曇郡の土豪。名字、諱などは不明。仁科氏の被官で中使を担当していたとみられる。天正九年（一五八一）の「伊勢内宮道者御祓くばり帳」において、「にしなの分」の人物として記載され、茶三袋を配られたと記されているのが唯一の所見（堀内健吉氏所蔵・三六四四）。（平山）

丹沢久助 たんざわきゅうすけ

生没年未詳。天正五年（一五七七）頃、駿河富士大宮（静・富士宮市）に神馬を奉納した（永昌院所蔵兜巌史略・補遺一二三）。丹沢氏は甲斐の住人で、武田氏滅亡後に田沢氏に改めたという（国志）。（丸島）

ち

近山四郎三郎 ちかやましろうさぶろう

生年未詳～永禄四年（一五六一）九月十日か。実名は久家と伝わる（寛永伝）。川中島合戦で討ち死にしたという。第四次合戦で戦死した可能性が高いだろう。（丸島）

知久遠包 ちくとおかね

生没年未詳。信濃国伊那郡神之峯城（長・飯田市）主知久氏の一族。二郎左衛門尉。永禄十年（一五六七）八月七日付「下之郷起請文」では、諏方豊保・頼運らとともに起請文に署名し、武田氏重臣水上菅兵衛尉に提出しているのが唯一の所見（生島足島神社文書、一一〇〇）。そのほかの事蹟は不明。（平山）

知久遠重 ちくとおしげ

生没年未詳。信濃国伊那郡神之峯城（長・飯田市）主知久氏の一族。讃岐守。知久二郎左衛門尉遠包の近親か、詳細不明。永禄十一年（一五六八）十一月一日、諏訪大明神に灯油田を寄進した証文を発給しているのが唯一の所見（奥村家文書・一三三五）。そのほかの事蹟は不明。（平山）

知久頼氏 ちくよりうじ

天文十年（一五四一）～天正十三年（一五八五）十一月、四三歳（寛政譜ほか）。信濃国伊那郡神之峯城（長・飯田市）主。七郎・大和守。頼元の子とされる（寛永伝、寛政譜）。知久氏は、天文二十三年八月、武田氏の下伊那侵攻の際に、知久頼元が神之峯城に籠城したが降伏し、与四郎らとともに甲斐国に護送され、河口湖の鵜の島に幽閉された。そして翌二十四年五月、船津で処刑されている（勝山、妙法）。その後の知久氏の動向や系譜については、史料と系譜類との齟齬が著しいため詳細は不明。頼氏は一時他国に逃れて牢人となったとされ、元亀年間（一五七〇～七三）に帰還が許されたと推定されている（下伊那郡史6）。ただし、天文二十三年九月二日の天野景泰（遠江国衆）宛長坂虎房書状によれば、武田氏は知久氏の懇望を受け入れ赦免したとあるので、武田氏に従属した一族がいたことは確かである（天野家文書・四二二）。知久氏は五五騎を保持し、秋山虎繁の相備衆だったという（軍鑑）。元亀三年（一五七二）八月、家臣香坂右近介に下村（長・飯田市）などで知行を給与し軍役勤仕を命じている（藤本蕃氏所蔵文書・一九四三）。天正三年八月十日、長篠敗戦後、織田・徳川領への反攻を目指した武田勝頼は、伊那郡の防衛に関する二八ヶ条におよぶ朱印状を発給し、知久衆は武田信豊と跡部勝忠の同心衆に分割して編制され、遠江国大洞城（若子城、静・浜松市天竜区佐久間町）の在番を命じられている（武田神社所蔵文書・二五二四）。同十年二月、織田軍の武田領国侵攻に際しては、松尾城に在城し、小笠原信嶺と行動をともにしており、一月二十九日には織田方に帰属し、三十日に鈴岡城に籠もる小笠原彦三郎らを討ち取ったという（矢島家文書・三六五五）。同年武田氏が滅亡すると、五月までには織田氏により本領を安堵されたらしい（矢島家文書・三八五三）。本能寺の変後の七月十日、徳川家康より諏訪に出馬するよう要請されている（知久文書・信15三九〇）。その後、徳川氏に属したことから、同月二十六日に家康より本領を安堵されている（同前・信15三四八）。徳川氏が北条氏と和睦すると、頼氏も領域支配を本格的に開始している。また同年三月二十一日、徳川軍が信濃国上田の真田昌幸を討つため出陣した際に、頼氏は叔父頼康を物主とした知久衆を派遣し、自身は新府城に参上するよう、家康より命じられている（同前・信16一八）。その後、同年六月一日に、従四位下に叙任されており（同前・信補遺上六一八）、これを契機に大和守の受領を称するようになったと推定される。なお、九月三十日付で大和守頼氏と自署した書状がみられるが、これは佐久郡出陣などの内容から同十一年のものと確定される（同前・信15四七〇）。同十三年十一月、家康より浜松城に召還され、突如切腹を命じられた。法名は梅叟紹英居士。遠江国龍潭寺（静・浜松市）に葬られたというが（同前）、墓所は現存せず、位牌のみが残る。理由は定かでないが、同じ時期に豊臣秀吉に内通を疑われた松岡頼利が改易されているので、同じ理由によるものであろうか。（平山）

知久頼純　ちくよりずみ

生没年未詳。信濃国伊那郡神之峯城（長・飯田市）主知久氏の一族。兵部丞。頼氏の近親とみられるが系譜関係は不明。天正十年（一五八二）二月十一日、諏訪大社上社権祝い矢島氏に書状を送り、織田軍の武田領国侵攻に際し、知久頼氏が松尾城に在城し、小笠原信嶺と行動をともにしており、一月二十九日には織田方に帰属し、三十日に鈴岡城に籠もる小笠原彦三郎らを討ち取ったと知らせるとともに、武運の祈願を引き続き依頼したのが唯一の所見（矢島家文書・三六五五）。そのほかの事蹟は不明。（平山）

筑前守　ちくぜんのかみ

生没年未詳。信濃国筑摩郡青柳（長・筑北村）の土豪。名字、諱は不明。麻績氏の被官とみられる。天正九年（一五八一）の「伊勢内宮道者御祓くばり帳」において、「あおや木分」の人物として記載され、熨斗五〇本、茶五袋を配られたと記されているのが唯一の所見（堀内健吉氏所蔵・三六四四）。（平山）

千国源三　ちくにげんぞう

生没年未詳。信濃国安曇郡千国（長・小谷村）の国衆。仁科氏の一族。天正九年（一五八一）の「伊勢内宮道者御祓くばり帳」において、「にしなの分」に「ちくに殿にしなめうし（苗字）源三殿」と記載され、熨斗五〇本、茶一〇袋を配られたと記されているのが唯一の所見（堀内健吉氏所

蔵・三六四）。　（平山）

千国新介　ちくにしんすけ

生没年未詳。信濃国安曇郡千国（長・小谷村）の国衆。千国源三の近親か。仁科氏の一族。天正九年（一五八一）の「伊勢内宮道者御祓くばり帳」において、「にしなの分」の人物として記載され、茶五袋を配られたと記されているのが唯一の所見（堀内健吉氏所蔵・三六四）。　（平山）

知見寺弥左衛門　ちけんじやざえもん

生年未詳～天文十七年（一五四八）二月十四日。信濃出身という（以下、寛永伝）。上田原合戦で、晴信の馬前で討ち死にしたという。子息越前（盛次）は、武田氏滅亡時、甲信国境の蔦木（長・富士見町）に身を隠し、のちに家康から同地を与えられた。元和元年（一六一五）の大坂夏の陣に際し、家康が寺の名前と紛らわしいと命じ、姓を蔦木と改めたという。　（丸島）

千野伊豆守　ちのいずのかみ

生没年未詳。信濃国諏訪郡の国衆。諏方氏旧臣。千野重清の父朝有か。天文十一年（一五四二）九月二十五日、高遠頼継と武田氏が対戦した安国寺前合戦において、息子靱負尉重清とともに高名をあげたのが初見（千野家文書・五四九）。同十三年九月、千野氏の惣領山城入道宗光が武田氏に謀叛を起こすと、その鎮圧に息子重清とともに戦功があり、信玄より宗光に代わって千野氏惣領と所領を進退することが認められた（同前・三三六）。この時「御老父」と記されているので、高齢であったとみられる。永禄十年（一五六七）八月七日、諏方頼豊らとともに「下諏訪五十騎」として連署で起請文を提出している（諏訪家旧蔵文書・一一七八）。その後、天正期の成立とみられる「両社御造営領幷御神領等帳」に諏訪大社上社七月七日祭礼役を負担している人物として登場する（大祝諏訪家文書・三〇七九）。その後の事蹟は不明。もし千野朝有と同一人物とすれば、法名は清珊（千野姓古系図・新編諏訪史料叢書5）。　（平山）

千野出雲守　ちのいずものかみ

生没年未詳。信濃国諏訪郡の国衆。諏方氏旧臣。千野宗光、千野伊豆守・重清父子らとの系譜関係は不明。天文十三年（一五四四）九月、諏訪頼継・藤沢頼親らに誘われて千野宗光が反乱を起こした。これに諏訪では同調する地下人が少なくなかったが、千野出雲守は武田重臣板垣信方とともにその鎮圧に活躍した。とくに、千野出雲守は、千野重清、千野半左衛門尉とともに宗光の被官で豪傑として知られた千野佐渡を討ち取ったという（千野家文書・五四九）。永禄八年（一五六五）十二月五日、武田信玄が諏訪大社上社に命じた「神事再興之次第」において、正月朔日蝦狩之神事役を（諏訪大社文書・九六五）、同年十二月十一日の「神事再興之次第」において、三月舟渡湛役を神主としてつとめている（同前・九七二）。また、同九年閏八月二十八日、武田氏より給恩として与えられていた知行地が船渡湛之神事の神領であるとのことから、これを返還するよう命じられ、その替地として辰野で知行を給与され、軍役勤仕を指示されている（諏訪家文書・一〇一九）。その後、同年九月三日、信玄が諏訪大社上社に命じた「神事再興之次第」において大宮の外垣造宮を（諏訪大社文書・一〇二三）、同日信玄が諏訪大社上宮末社に命じた「神事再興之次第」において、穂俣之宮宝殿・瑞籬・鳥居造宮役は大熊郷（長・諏訪市）の負担であることから、地頭としてその納入を指示されている（同前・一〇二三）。さらに、同十年八月七日、諏方頼豊らとと

もに「下諏訪五十騎」として連署で起請文を提出している（諏訪家旧蔵文書・一一七八）。その後の事蹟は不明。（平山）

千野右馬允 ちのうまのじょう

生没年未詳。信濃国諏訪郡の国衆。諏方氏旧臣。千野宗光、千野伊豆守・重清父子らとの系譜関係は不明。永禄九年（一五六六）九月三日、武田信玄が諏訪大社上宮末社に命じた「神事再興之次第」において、酒室の宝殿造宮役は千野・青柳・田沢郷（長・茅野市）などの負担であることから、地頭としてその納入を指示されているのが唯一の所見（諏訪大社文書・一〇三三）。千野郷の地頭であることから、千野重清の一族と推定されるが明らかでない。その後の事蹟は不明。（平山）

千野右馬助 ちのうまのすけ

生没年未詳。信濃国諏訪郡の国衆。諏方氏旧臣。千野宗光、千野伊豆守・重清父子らとの系譜関係は不明。永禄八年（一五六五）十二月七日、武田信玄が諏訪大社上宮末社に命じた「神事再興之次第」において、十一月一日大宮神事の祭礼役を大熊郷（長・諏訪市）の千野右馬助に指示しているのが唯一の所見（諏訪大社文書・九六六）。その後の事蹟は不明。（平山）

千野大炊允 ちのおおいのじょう

生没年未詳。信濃国諏訪郡の国衆。諏方氏旧臣。千野宗光、千野伊豆守・重清父子らとの系譜関係は不明。天正期の成立とみられる「両社御造営領幷御神領等帳」に諏訪大社上社正月一日祭礼役を負担している人物として登場するのが唯一の所見（大祝諏訪家文書・三〇七九）。その後の事蹟は不明。（平山）

千野加賀守 ちのかがのかみ

生没年未詳。信濃国諏訪郡の国衆。諏方氏旧臣。千野宗光、千野伊豆守・重清父子らとの系譜関係は不明。天正六年（一五七八）二月吉日成立の「上諏訪造宮帳」において、大宮御炊殿之役所造宮役の取手（徴収者）として登場するのが唯一の所見（諏訪大社上社所蔵文書・二九四二）。その後の事蹟は不明。（平山）

千野喜平次 ちのきへいじ

生没年未詳。信濃国諏訪郡の国衆。諏方氏旧臣。千野宗光、千野伊豆守・重清父子らとの系譜関係は不明。天正期の成立とみられる「両社御造営領幷御神領等帳」に諏訪大社末社神護寺若宮九月二十九日祭礼役を負担している人物として登場するのが唯一の所見（大祝諏訪家文書・三〇七九）。その後の事蹟は不明。（平山）

千野源五郎 ちのげんごろう

生没年未詳。信濃国諏訪郡の国衆。諏方氏旧臣。千野宗光、千野伊豆守・重清父子らとの系譜関係は不明。永禄八年（一五六五）十二月十一日、武田信玄が諏訪大社上宮に命じた「湛神事再興次第」において、三月亥日湛神事の神田を、武田氏より知行として与えられている人物として登場するのが唯一の所見（諏訪大社文書・九七二）。この時千野源五郎は、替地の給与を武田氏に約束され、祭礼役を納入している。その後の事蹟は不明。（平山）

千野源之丞 ちのげんのじょう

生没年未詳。信濃国諏訪郡の国衆。諏方氏旧臣。千野宗光、千野伊豆守・重清父子らとの系譜関係は不明。永禄九年（一五六六）三月四日成立の「諏訪大社玉垣日記」において五間建立の担当者として登場するのが初見（守矢家文書・九八〇）。その後、天正六年（一五七八）二月吉日成立の「上諏訪造宮帳」に、前宮之御門屋造宮役の取手（徴収役）として登場し（諏訪大社上社文書・二九四二）、同日成立の

「上諏訪大宮同前宮造宮帳」には瑞籬五間役の取手として登場する（大祝諏訪家文書・二九四六）。同様の記述は同七年二月六日成立の「上諏訪大宮同前宮造宮帳」にもみられる（同前・三〇七八）。さらに同年二月十六日、武田家朱印状において前宮の御門屋造宮役徴収の担当者として明記されている（諏訪史料叢書所収諏訪家文書・三〇八五）。その後の事蹟は不明。（平山）

千野左衛門尉　ちのさえもんのじょう

生没年未詳。信濃国諏訪郡の国衆。諏方氏旧臣。千野宗光、千野伊豆守・重清父子らとの系譜関係は不明。天正七年（一五七九）二月六日成立の「上諏訪大宮同前宮造宮帳」において、外垣七間の取手として登場するのが唯一の所見（大祝諏訪家文書・三〇七八）。その後の事蹟は不明。（平山）

千野佐渡守　ちのさどのかみ

生没年未詳。信濃国諏訪郡の国衆。諏方氏旧臣。千野宗光、千野伊豆守・重清父子らとの系譜関係は不明。永禄九年（一五六六）九月三日、武田信玄が諏訪大社上社に命じた「神事再興之次第」において、大宮不開門造宮役を難渋、拒否する郷村が存在することを小祝として武田氏に訴えているのが初見（諏訪大社文書・一〇三三）。その後、天正七年（一五七九）二月六日成立の「上諏訪造宮帳」において、大宮不開御門造宮役の余銭のうち小祝分を受け取っている（大祝諏訪家文書・三〇七七）。その後の事蹟は不明。（平山）

千野左馬允　ちのさまのじょう

生没年未詳。信濃国諏訪郡の国衆。諏方氏旧臣。千野宗光、千野伊豆守・重清父子らとの系譜関係は不明。永禄九年（一五六六）九月三日、信玄が諏訪大社上宮末社に命じた「神事再興之次第」において、穂俣之宮宝殿・瑞籬・鳥居造宮役は大熊郷（長・諏訪市）の負担であることから、地頭としてその納入を指示されているのが初見（諏訪大社文書・一〇三三）。また同年九月晦日、武田信玄が諏訪大社下社に命じた「諏訪下社造宮改帳」において、宮払之神事と七年に一度の狩衣拵役の徴収を指示されている（同前・一〇二八）。その後、同十年八月七日、諏方頼豊らとともに「下諏訪五十騎」として連署で起請文を提出している（諏訪家旧蔵文書・一一七八）。その後の事蹟は不明。（平山）

千野重清　ちのしげきよ

生没年未詳。信濃国諏訪郡の国衆。諏方氏旧臣。茅野城（駒形城、長・茅野市）主。昌房の父。靫負尉・靫負入道。伊豆入道の子。千野氏の庶流。天文十一年（一五四二）十二月一日、諏方頼重滅亡後、諏訪郡代板垣信方より尾口（長・岡谷市）を与えられているのが初見（千野家文書・一五二）。同十二年八月吉日、武田信玄より忠節により尾口郷の知行が安堵されている（同前・一七一）。その後、千野氏の惣領山城入道宗光が、同十三年に武田氏に謀叛を起こすと、その鎮圧に父伊豆入道とともに戦功があり、信玄より宗光に代わって千野氏惣領と所領を進退することが認められた（同前・二三六）。同年三月二十四日、真志野郷（長・諏訪市）を与えられた（同前・二四〇）。その後、尾口郷は諏方右衛門尉より本領だとの訴訟があったため、武田氏はこれを重清より返還させ、替地として有賀郷（諏訪市）を与えており（同前・二八七）、同二十年九月吉日には、諏訪高島城将長坂虎房より有賀郷の年貢について安堵が認定されている（同前・三三三）。弘治三年（一五五七）三月十日には、信濃国葛山城（長・長野市）の攻略で首級二つをあげている（同前・五四八）。その後重清は、自分の戦功をその証人の名前とともに、目安として詳細に書き上げているが、それによると天文十一年から同二十四年までに、一五もの戦功を残していることが知られる（同前・五四九）。その後、史料に所見がなくなり、代わって同十七年からは、その子左兵衛尉昌房が登場する。このほかに、重清には、孫九郎という子息の存在も確認できる（同前・二〇五二）。重清には忠清（円室）、忠隆（佐庵）、昌房（西岩）の子息がいたというが（千野姓古系図・新編諏訪史料叢書5）、その系譜関係には不明な点が多い。法名は功庵。（平山）

千野次郎左衛門尉 ちのじろうざえもんのじょう

生没年未詳。信濃国諏訪郡の国衆。諏方氏旧臣。千野宗光、千野伊豆守・重清父子らとの系譜関係は不明。天正期の成立とみられる「諏訪上宮工事在家諸役書上」に神役納入者のひとりとして登場するのが唯一の所見（大祝諏訪家文書・三〇八〇）。その後の事蹟は不明。（平山）

千野神六郎 ちのしんろくろう

生没年未詳。信濃国諏訪郡の国衆。諏方氏旧臣。千野宗光、千野伊豆守・重清父子らとの系譜関係は不明。永禄九年（一五六六）三月四日成立の「諏訪大社玉垣日記」において三間建立の担当者として登場するのが初見（守矢家文書・九八〇）。また、天正六年（一五七八）二月吉日成立の「上諏訪大宮同前宮造宮帳」に瑞籬造宮役の取手（徴収者）としてみえる（大祝諏訪家文書・二九四六）。同様の記述は、同七年二月六日成立の「上諏訪大宮同前宮造宮帳」にもある（同前・三〇七八）。その後の事蹟は不明。（平山）

千野宗光 ちのそうこう

生没年未詳。信濃国諏訪郡の国衆。諏方氏旧臣。山城守・山城入道。大熊郷（長・諏訪市）の地頭で、千野氏の惣領と思われる。天文十一年（一五四二）七月に、諏方頼重滅亡後武田氏に従属していたが、同十三年九月、諏方頼継・藤沢頼親らに誘われて反乱を起こした。これに諏訪では同調する地下人が少なくなかったが、信玄は重臣板垣信方を派遣して、ようやく鎮圧した。なおその際に、千野氏は、武田氏に味方した伊豆守・靫負尉父子と宗光とに分裂している。とくに千野靫負尉重清は、宗光と戦い、その被官で豪傑の千野佐渡を討ち取る戦功をあげた（千野家文書・五四九）。この反乱で宗光は敗れたが、許され助命されたらしい。しかし、同年九月二十三日に、板垣信方は千野重清と老父千野伊豆守の戦功と忠節を賞し、信玄から千野宗光の遺跡を与え、千野氏の惣領としての地位を保証するとの下知を伝えた（同前・二三六）。宗光は惣領職を取り上げられたのち、同十五年十一月晦日、上社御左口神の御頭を指示されているが、それを懈怠していたらしく後悔し、その減免を神長官守矢頼真に申請し許されている（守矢家文書・二〇八）。これは、神役を懈怠していたところ、同年五月に千野六郎に馬を殺され、八月二日夜に刀を盗まれるなど、いろいろ悪い出来事が重なったことから、宗光はこれを神罰と感じ、神長官に謝罪を申し入れたためだという（神使御頭之日記）。その後の事蹟は不明。（平山）

千野忠清 ちのただきよ

生没年未詳。信濃国諏訪郡の国衆。諏方氏旧臣。千野重清の子。神三郎。出家し僧侶となっていたが、元亀四年（一五七三）五月十日、兄宮内少輔忠隆の戦死により武田氏より還俗を命じられ、忠隆の跡を相続した（千野家文書・二二二四、二二六）。その後の事蹟は不明。法名円室（千野姓

古系図・新編諏訪史料叢書5）。（平山）

千野忠隆 ちのただたか

生年未詳～元亀四年（一五七三）か。信濃国諏訪郡の国衆。諏方氏旧臣。千野重清の子。宮内少輔。元亀四年に、彼が戦死したため、その跡目を実弟神三郎忠清が相続したことを示す武田信綱判物に登場するのが唯一の所見（千野家文書・二三四、二六）。時期的にみて、同三年十二月二十二日の三方原合戦もしくは同四年一～二月の野田城攻防戦で戦死したものと考えられるが詳細不明。法名は佐庵（千野姓古系図・新編諏訪史料叢書5）。（平山）

千野丹波守 ちのたんばのかみ

生没年未詳。信濃国諏訪郡の国衆。諏方氏旧臣。千野宗光、千野伊豆守・重清父子らとの系譜関係は不明。永禄十年（一五六七）八月七日、諏方頼豊らとともに「下諏訪五十騎」として連署で起請文を提出しているのが唯一の所見（諏訪家旧蔵文書・一一七八）。その後の事蹟は不明。（平山）

千野信氏 ちののぶうじ

生没年未詳。信濃国諏訪郡の国衆。諏方氏旧臣。諱の「信」は武田氏の偏諱とみられ、彼の地位の高さを窺わせるが系譜関係などは一切不明。千野昌房とは別系統か。永禄二年（一五五九）と推定される八月二日、所領における諏訪大社祭礼役についての覚書を作成し、役負担を神長官守矢頼真に誓約しているのが唯一の所見（守矢家文書・六六八）。その後の事蹟は不明。（平山）

千野半左衛門尉 ちのはんざえもんのじょう

生没年未詳。信濃国諏訪郡の国衆。諏方氏旧臣。千野宗光、千野伊豆守・重清父子らとの系譜関係は不明。天文十三年（一五四四）九月、諏方頼継・藤沢頼親らに誘われて千野宗光が反乱を起こした。これに諏訪では同調する地下人が少なくなかったが、千野半左衛門尉は武田重臣板垣信方とともにその鎮圧に活躍した。とくに、千野半左衛門尉は、千野重清、千野出雲守とともに宗光の被官で豪傑として知られた千野佐渡を討ち取ったという記録に登場するのが唯一の所見（千野家文書・五四九）。その後の事蹟は不明。（平山）

千野平左衛門 ちのへいざえもん

信濃国諏訪郡の国衆。諏方氏旧臣。千野宗光、千野伊豆守・重清父子らとの系譜関係は不明。諏訪大社社家衆。天正六年（一五七八）二月吉日成立の「上諏訪造宮帳」において、諏訪大社上社大宮の不開御門造宮役において小祝として登場するのが唯一の所見（諏訪大社上社文書・二九四二）。その後の事蹟は不明。（平山）

千野孫九郎 ちのまごくろう

生没年未詳。信濃国諏訪郡の国衆。諏方氏旧臣。千野重清の子。諏訪大社社家衆。永禄八年（一五六五）十二月七日、武田信玄が諏訪大社上宮末社に命じた「神事再興之次第」において、七月七日の大宮神事を、神長官守矢氏とともに交代でつとめることを指示されたのが初見（諏訪大社文書・九六六）。同九年二月十日、武田氏より諏訪大社上社前宮四之御柱造宮銭の催促を行い、難渋する場合は成敗してもよいと指示されている（千野家文書・九七七）。また、年未詳三月五日の武田信玄書状において、父靭負入道の知行をことごとく安堵すると認定され、相応の軍役などをつとめるよう命じられている（同前・二〇五二）。これは父重清の隠居にともなう措置とみられる。その後、天正期の成立とみられる「諏訪上宮工事在家諸役書上」に神役徴収者のひとりとして記録

されている（大祝諏訪家文書・三〇八〇）。その後の事蹟は不明。（平山）

千野昌房　ちのまさふさ

生没年未詳。信濃国諏訪郡の国衆。諏方氏旧臣。茅野城（駒形城、長・茅野市）主。左兵衛尉・兵衛尉。重清の子。天文十七年（一五四八）の諏訪西方衆の反乱鎮圧後、武田氏がその所領・被官などをすべて没収した際、信玄の弟信廉が西方衆の所領よりの未進分や、被官などの調査を昌房に命じているのが初見（千野家文書・三八二）。その後、永禄九年（一五六六）三月四日、諏訪大社が玉垣造営のための課役取手を決定した「諏訪大社玉垣日記」に見える（守矢家文書・九八〇）。また剣豪で知られる上泉信綱とも親交があり、元亀三年（一五七二）八月二日に、馬上の太刀、鑓、諸具足留の相伝を許されている（同前・一九三三）。同四年五月十日、武田逍遙軒信綱を通じて、勝頼から、早急に出陣するように命じられるとともに、僧侶となっていた弟を還俗させ、千野宮内少輔忠隆の跡目として出仕させるよう指示されている（同前・二一二四）。さらに年次不明ながら、某年一月十二日に、武田信綱より火急の出陣につき、家来の招集を行いつつも、自分だけは先に甲府に来るよう指示されている（同前・三七八一）。その後、有賀氏の被官二人が逐電したことを不審に思った武田信綱は、事実関係の糾明を昌房に指示しており、彼の諏訪郡における地位を窺わせる（同前・三八九六）。また天正六年（一五七八）二月吉日成立の「上諏訪造宮帳」（諏訪大社上社文書・二九四三）、「上諏訪大宮同前宮造宮帳」（同前・二九四六）、同七年二月六日成立の「上諏訪造宮帳」（大祝諏訪家文書・三〇七七）、「上諏訪大宮同前宮造宮帳」（同前・三〇七八）に上社前宮造宮役の取手（徴収役）としてみえている。同十年、武田氏滅亡後は、大祝諏方頼忠を擁立して諏方惣領家を再興させ、北条氏と結び、その後は徳川氏の従属下に入るよう頼忠を補佐し、諏方氏の中興に尽力した。（平山）

千野弥右衛門尉　ちのやえもんのじょう

生没年未詳。信濃国諏訪郡の国衆。諏方氏旧臣。千野宗光、千野伊豆守・重清父子らとの系譜関係は不明。永禄九年（一五六六）九月二日、信玄が諏訪大社上社に命じた「神事再興之次第」において、前宮御門屋の造宮領をめぐって佐野源三郎と争論しており、結局親以来の証文と神家としての実績を認められ勝訴している。これが初見（諏訪大社文書・一〇三三）。その後、天正期の成立とみられる「諏訪上宮工事在家諸役書上」に神役納入者のひとりで神主として登場する（大祝諏訪家文書・三〇八〇）。その後の事蹟は不明。（平山）

千野弥五右衛門　ちのやごえもん

生没年未詳。信濃国諏訪郡の国衆。諏方氏旧臣。千野宗光、千野伊豆守・重清父子らとの系譜関係は不明。永禄十年（一五六七）八月七日、諏方頼豊らとともに「下諏訪五十騎」として連署で起請文を提出しているのが唯一の所見（諏訪家旧蔵文書・一一七八）。その後の事蹟は不明。（平山）

千野也卜斎　ちのやぼくさい

生没年未詳。信濃国諏訪郡の国衆。諏方氏旧臣。千野宗光、千野伊豆守・重清父子らとの系譜関係は不明。天正六年（一五七八）二月吉日成立の「上諏訪造宮帳」において、穂役之宮鳥居建立の責任者として登場するのが唯一の所見（諏訪大社上社文書・二九四三）。その後の事蹟は不明。（平山）

千野頼房　ちのよりふさ

生没年未詳。信濃国諏訪郡の国衆。諏方氏旧臣。千野宗光、千野伊豆守・重清父子らとの系譜関係は不明。天文二十二年（一五五三）一月吉日、諏訪大社神主が連署で禁中御修理料を進上した経緯の記録「禁中修理料進献目録」に、一〇貫文を進上しているのが唯一の所見（矢島家文書・四三五二）。頼房という人物については、「千野姓古系図」に千野昌房の子として登場するが時期が合わず別人とみられる（新編諏訪史料叢書5）。ただし、千野重清らの近親であることは間違いない。その後の事蹟は不明。（平山）

千村淡路守 ちむらあわじのかみ

生没年未詳。木曾家臣。某年正月二十七日、木曾義昌から鹿島社の造営を、細田藤六とともに差配するよう命じられている（木曾旧記録・三七八八）。（丸島）

千村景頼 ちむらかげより

生没年未詳。新丞。木曾家臣。永禄八年（一五六五）十月一日、木曾義昌が黒沢若宮社（長・木曽町）に三十六歌仙板絵を奉納した際、平兼盛の板絵を奉納した（武居誠氏所蔵・九五六）。（丸島）

千村左京進 ちむらさきょうのしん

生没年未詳。木曾家臣。史料上は茅村と表記される。天正十年（一五八二）正月二十七日、木曾義昌の謀叛を武田勝頼に通報したという（甲乱記）。（丸島）

千村重政 ちむらしげまさ

生没年未詳。右衛門尉。山村良利とならぶ木曾氏の重臣。「軍鑑」は信玄の娘で、木曾義昌に嫁いだ真龍院殿の付家老として「千村備前」をあげるが（大成上三〇頁）、明確な誤りである。また系譜類は官途名右衛門尉について、重政の兄俊政のものとするが、「三十六歌仙板絵」より重政のものと判明する。天文二十三年（一五五四）五月十六日、晴信から書状を送られ、先使厚遇の礼を述べられている（山梨県立博物館所蔵文書・補遺一四）。永禄七年（一五六四）六月九日、信玄から書状を受け取り、木曾義昌参府の返礼を述べられた（千村家文書・八九八）。同八年八月二十九日、木曾義昌が如意庵に林地を寄進した際、取次をつとめている（定勝寺文書・九五四）。同年十月一日、木曾義昌が黒沢若宮社（長・木曽町）に三十六歌仙板絵を奉納した際、「源信明朝臣」の板絵を奉納した（武居誠氏所蔵・九五六）。武田氏滅亡後の天正十年（一五八二）九月、木曾義昌の徳川家康従属に奔走（木曾旧記録・信15四四八頁）。義昌はその功績を高く評価し、九月二十五日、家康から与えられた恩賞地伊那郡箕輪の大半を重政に与えた（同前・信15四六三頁）。娘は山村良候に嫁いだ（寛政譜）。（丸島）

千村俊次 ちむらとしつぐ

生没年未詳。藤助。木曾家臣。某年三月二十八日、奈良井家光と連名で、高野山上蔵院に返書を出している（金剛三昧院所蔵上蔵院文書・補遺六四）。発給時期は不明だが、花押は武田氏関係者のものに類似する。（丸島）

千村長次 ちむらながつぐ

生没年未詳。兵衛助。木曾家臣。永禄八年（一五六五）十月一日、木曾義昌が黒沢若宮社（長・木曽町）に三十六歌仙板絵を奉納した際、「藤原興風」の板絵を奉納した（武居誠氏所蔵・九五六）。（丸島）

千村政知 ちむらまさとも

生没年未詳。刑部丞。木曾家臣。永禄八年（一五六五）十月一日、木曾義昌が黒沢若宮社（長・木曽町）に三十六歌仙板絵を奉納した際、「大中臣能宣朝臣」の板絵を奉納した（武居誠氏所蔵・九五六）。（丸島）

千村元就 ちむらもとなり

生没年未詳。次助。木曾家臣。永禄八年（一五六五）十月一日、木曾義昌が黒沢若宮社（長・木曽町）に三十六歌仙板絵を奉納した際、「坂上是則」の板絵を奉納した（武居誠氏所蔵・九五六）。（丸島）

千村康政　ちむらやすまさ

生没年未詳。右□兵衛尉。木曾家臣。永禄八年（一五六五）十月一日、木曾義昌が黒沢若宮社（長・木曽町）に三十六歌仙板絵を奉納した際、「藤原兼輔」の板絵を奉納した（武居誠氏所蔵・九五六）。（丸島）

千村康当　ちむらやすまさ

生没年未詳。平左衛門尉。木曾家臣。永禄八年（一五六五）十月一日、木曾義昌が黒沢若宮社（長・木曽町）に三十六歌仙板絵を奉納した際、「平（藤原）仲文」の板絵を奉納した（武居誠氏所蔵・九五六）。（丸島）

忠衛門　ちゅうえもん

生没年未詳。信濃国筑摩郡小芹・大久保・花見（長・安曇野市）の土豪。塔原海野氏の被官とみられる。天正九年（一五八一）の「伊勢内宮道者御祓くばり帳」において、「こせり・大くほ・けみの分」の人物として「竹花の忠衛門」と記載され、茶二袋を配られたと記されているのが唯一の所見（堀内健吉氏所蔵・三六四）。（平山）

忠介　ちゅうすけ

生没年未詳。信濃小県郡の国衆小泉氏の被官。永禄十年（一五六七）八月七日、武田氏に忠誠を誓う下之郷起請文に血判を据え、被官衆連名で浅利信種に提出している（生島足島神社文書・一一三九）。名字がない上に花押も書いておらず、百姓層と思われる。軍役衆か。（丸島）

忠兵衛　ちゅうひょうえ

生没年未詳。信濃国筑摩郡刈谷原（長・松本市）の土豪。会田岩下氏の被官とみられる。天正九年（一五八一）の「伊勢内宮道者御祓くばり帳」において、「かりや原分」の人物として「つちみ道の忠兵衛」と記載され、茶二袋を配られたと記されているのが唯一の所見（堀内健吉氏所蔵・三六四）。（平山）

長延寺実了　ちょうえんじじつりょう

→実了師慶じつりょうしけい

長生寺　ちょうしょうじ

→渋田見政長　しぶたみまさなが

長哲匠山　ちょうてつしょうざん

生没年未詳。曹洞宗雲岫派僧。甲斐・広厳院（山・笛吹市一宮町）の七世住職。永禄三年（一五六〇）八月の雲岫三派宛の武田信玄書状によると、長哲は公帖を拝せず紫衣を着するなど、宗内の教戒を犯すことが多く、これを擯出することに同意するとある（永昌院文書・七〇八）。（柴辻）

長年寺受連　ちょうねんじじゅれん

生没年未詳。上野国室田郷（群・高崎市榛名町）の長年寺住職。永禄四年（一五六一）十一月の武田信玄の国峰城（群・甘楽町）攻略に際して、制札を受けており、その後も七ヶ年にわたって戦乱が続いたので門前百姓が離散したと述べ、次いで同六年十二月の武田氏による倉賀野城（高崎市）攻めの時には参陣して信玄判物を受けている。同九年九月の箕輪城（同前）落城の時には信玄と面談して、寺領の安堵を受けたと述懐している（長年寺文書・四二〇八）。次いで天正四年（一五七六）四月、武田勝頼より五ヶ条の寺中定書により、寺家普請役免許などの特権を容認されている（同前・二六三二）。（柴辻）

庁務法眼　ちょうむほうげん

生没年未詳。京都・曼殊院座主。曼殊院は明応四年（一四九五）に伏見貞

常親王の息二品慈運大僧正が入室して、以後門跡となる。元亀元年（一五七〇）七月、武田信玄は庁務法眼の天台座主就任を賀し、「猿」の画幅を贈っている（曼殊院文書・一五七三）。次いで同三年十月、信玄への僧正位付与についての礼状を受けている（同前・一九六九・七〇）。（柴辻）

庁守小太郎 ちょうもりこたろう

生没年未詳。駿河府中浅間社（現静岡浅間神社、静・静岡市）の社人。庁守大夫を世襲し、同社の神供米役・神事出仕役をつとめた。永禄三年（一五六〇）十二月十二日に、今川氏真から神役銭の徴収権を安堵されたのが初見（駿国雑志・戦今一六一三）。その後は武田氏に従い、元亀元年（一五七〇）二月二十二日の武田家朱印状写（同前・一五一三）で、下方（静・富士市）の社領における不作分の代替として、甲府（山・甲府市）から年に三回、三貫五〇〇文ずつを与えることを伝えられた。奉者は曾禰三河守虎長。同二年十一月二十五日の武田信玄判物（浅間神社文書・一七五六）で庁守大夫職を安堵された。同三年四月十八日の武田家朱印状写（旧庁守大夫文書・一八二九）では、富士大宮（静・富士宮市）の祭礼銭一〇貫五五〇文の所を、六月に実施する「駿州惣知行改」で在所を確認したうえで宛行うことを約束された。また、同日の武田家朱印状写（同前・一八三〇）では、これまでの神役奉公を賞せられ、被官六人分の普請役を免許されている。この普請役免許は、天正二年（一五七四）六月七日の武田家朱印状写（同前・二三九三）と、同年六月二十日の武田家朱印状写（駿国雑志・四二五五）で従前どおり安堵された。奉者はいずれも市川宮内助昌房。同日の武田勝頼判物（旧庁守大夫文書・三一九八）では、法性院（信玄）の直判に任せて庁守大夫職も安堵されている。同五年三月二十五日の武田家朱印状写（駿国雑志・二七九〇）では、高井次郎右衛門が徴収した段銭一〇貫文と、庁守大夫の屋敷銭五五〇文を、年三回に分けて受け取るよう命じられた。奉者は市川以清斎元松。同七年十月の武田家朱印状（浅間神社文書・三一八五）では、同年分の年貢として下方枡で九三俵余を受け取っている。同八年と推測される十一月十八日の武田家朱印状（同前・三四四八）では、浅間社の祭礼で庁守大夫が使用する道具と、その費用が書き上げられている。ほかの社家が戦国期に断絶したなかで、近世まで同職を保ち続けたが、貞享年間（一六八四〜八八）に庁守図書が社中から追放され、内藤大夫がその跡を継承した（駿河記）。（鈴木）

陳外郎源左衛門尉 ちんういろうげんざえもんのじょう

生没年未詳。上野国松井田（群・安中市）居住の薬商人で、陳外郎七兵衛尉の次男で、源七郎の弟。通称は初め仮名源十郎、のちに官途名源左衛門尉を称する。天正八年（一五八〇）正月四日以前に兄源七郎が死去したため、武田氏から家督の相続を認められている（陳外郎文書・三二三九）。源十郎でみえる。奉者は跡部勝資がつとめており、父の代から変わらず同人の取次を受けている。同月、武田氏から官途名源左衛門尉を与えられている（同前・三二四二）。武田氏滅亡後は北条氏に奉公し、同十六年十二月十二日に松井田城代大道寺政繁・同直昌父子から、松井田に手作分がないことから、松井田五ヶ村のうち金井佐渡守抱地から三貫文地を与えられている（同前・戦北三三九八）。北条氏滅亡後も同地に居住し、子孫は同宿町人として続いた。（黒田）

陳外郎源七郎 ちんういろうげんしちろう

生没年未詳。上野国松井田（群・安中市）居住の薬商人で、陳外郎七兵衛尉の長男。父七兵衛尉は天正五年（一五七七）六月を最後に所見がなくなり、その後に家督を嗣いだ。しかし同八年正月四日以前に死去し、家督は弟源十郎（のち源左衛門尉）に継承された（陳外郎文書・三三九）。（黒田）

陳外郎七兵衛尉　ちんういろうしちひょうえのじょう

生没年未詳。上野に居住する京都陳外郎氏の一族で薬商人。初め厩橋（群・前橋市）に居住していたが、のちに松井田（群・安中市）に移住する。通称は仮名源七郎、次いで官途名七郎衛、七兵衛尉を称する。上野陳外郎氏は山内上杉氏時代から存在し、その被官であったか。年未詳八月三日付で山内上杉憲政が外郎七兵衛門尉に参府してきたことを賞した書状がある（陳外郎文書・群二八五）。ただし憲政の署名とここでの花押形は時期が合わない。七兵衛尉はその子であろう。永禄十一年（一五六八）八月二十八日に武田氏から、厩橋から松井田に移住したことを受けて、群馬郡八幡郷（群・高崎市）蔵納内から堪忍分を与えられており、（同前・一三〇九）、武田氏と奉公関係を形成しており、仮名源七郎でみえる。奉者を跡部勝資がつとめているから、同人の取次を受けたとみられる。天正三年（一五七五）六月三日には武田氏から、吉田町における二間分の諸役免除、松井田屋敷二間の諸役免除を受けている（同前・二四九六）。吉田町は特定できないが、甲斐吉田宿（静・富士吉田市）か。官途名七郎衛でみえる。同四年五月に武田氏から官途名七兵衛尉を与えられる（同前・二六六四）。同五年五月二十七日に武田氏から、領国内における外郎商売について保障を与えられ、同年六月二十一日に信濃から松井田への通行にあたり、毎月一〇駄について諸役免除を認められている「外郎」は、いずれも七兵衛尉とみられる（同前・二八二一、二〇）。これが終見であり、子には源七郎・源十郎（のち源左衛門尉）があり、家督は嫡子源七郎が嗣いでいる。（黒田）

つ

通天存達　つうてんそんたつ

生年未詳～天正二十年（一五九〇）四月九日。曹洞宗の僧侶で、越後・塩沢郷（新潟県塩沢町）の雲洞院一三世住職。上田長尾政景の兄で、上杉景勝の伯父にあたる（雲洞庵歴世過去帖・信15三三頁）。元亀三年（一五七二）四月、武田信玄が信濃・竜雲寺（長・佐久市）住職の北高全祝に命じて、同寺で戦没者供養の千人法幢会を催しており、通天存達も参禅している（竜雲寺文書・一八五〇）。天正九年（一五八一）三月の雲洞庵主宛の北高書状によれば、竜雲寺は雲洞庵の末寺であるが、存達がそれを与奪したことを上杉景勝に披露して欲しいと依頼している（同前・三五二三）。天正二十年四月九日に入寂した（雲洞庵歴世過去帖・信15三三頁）。（柴辻・丸島）

塚越重定　つかこししげさだ

生没年未詳。新助。永禄十年（一五六七）八月七日、「下之郷起請文」を依田隆総・桃井頼光とともに浅利信種に提出した（生島足島神社文書・一一三三）。そのほかの事蹟は不明。（丸島）

津金意久　つがねおきひさ

大永元年（一五二一）～天正三年（一五七五）五月二十一日。五五歳。美濃守。甲斐国巨摩郡津金郷（山・北杜市）の土豪。後世の家譜では実名を胤時とするが、同時代史料から実名は意久であったことが判明する。常陸佐竹氏の一族で、武田信昌の代に薩摩守胤義・美濃守胤秀父子が甲斐国へ移住し、津金郷と信濃国佐久郡を領有して津金氏を称したとされ（国志4三三頁）、意久は胤秀の孫にあたる。元亀二年（一五七一）四月九日の津金意久証文写（小池家文書・一六九〇）で、東泉院（北杜市）に寺領を寄進した。同三年仲春（二月）の津金東泉碑銘写（国志三三・一七九八）にも「津金美濃守意久」の名がある。原隼人佑昌胤の配下に属し、「軍鑑」には「隼人下にておぼへの衆」として「つがね美濃」がみえる。天正三年五月二十一日の長篠合戦で討死。法名は天沢道蓮禅定門（武田御日坏帳・山6下九〇六頁）。家督は三男の胤久（修理亮）が相続し、次男の祐光（監物）は同じ津金衆の小尾（おび）氏を、四男の久次（又十郎）は跡部氏をそれぞれ嗣いでいる（士林泝洄、寛政譜、国志4三三、三四頁）。（鈴木）

津金胤久 つがねたねひさ

天文十五年（一五四六）～元和八年（一六二二）八月十八日。七七歳（寛永伝、寛政譜）。修理亮。津金意久の子。室は日向大和守（虎頭・玄徳斎）の女（国志4三三頁）。父と同じく原隼人佑昌胤の配下に属し、「軍鑑」には「隼人下にておぼへの衆」として「同（津金）修理　美濃が子也」とある。天正四年（一五七六）十月十八日に、前年の長篠合戦で討死した父意久の供養を高野山成慶院で行った（武田御日坏帳・山6下九〇六頁）。武田氏滅亡後は徳川氏に仕え、同十年八月二十一日に武田氏の旧臣が徳川氏へ提出した起請文（天正壬午起請文・山6下九五〇頁）では「津金衆」として、兄弟の小尾（おび）監物・跡部又十郎らとともに名がみえる。甲斐を領有した徳川氏の下で甲信国境の守備を担い、各地の合戦に従軍した。慶長八年（一六〇三）に徳川家康の九男義直に附属され、同十二年には義直に従って甲斐国から尾張国へ移住している。法名は信翁全忠（士林泝洄）。子孫は幕臣になった長男胤卜（たねうら）の系統と、尾張藩士になった三男信久の系統に分かれた。墓所は前者が武蔵国榛沢郡田中村（埼・本庄市）の天沢寺（寛政譜）、後者が尾張国含笑寺（愛知・名古屋市、士林泝洄）。（鈴木）

塚本喜右兵衛尉 つかもときうひょうえのじょう

生没年未詳。三枝氏の家臣。「天正壬午起請文」に三枝昌吉の同心衆として名がみえる（山6下九六〇頁）。天正十年（一五八二）八月十一日、徳川家康から本領甲斐手塚のうち五六貫文などを安堵された（譜牒余録後編・家康文書上三四二頁）。慶長十三年（一六〇八）には、三枝昌吉の本領である甲斐東向（山・北杜市）に居住。二月二十一日、高野山成慶院において妻とともに自身の逆修供養を行った。喜兵衛尉は法名浄円禅定門、妻室は妙円禅定尼である（甲州月牌記五・武田氏研究47三八頁）。三枝昌吉の甥守吉の家伝文書に、喜兵衛尉宛の封紙が残るから、その後守吉子息の系統に仕えたものか（東近江市能登川博物館寄託三枝家文書・補遺六〇）。（丸島）

続家 つぐいえ

生没年未詳。姓も不明である。某年七月五日、進退が望みどおり落着したなら、甲一刎と神馬一疋を奉納すると富士山御師申屋（猿屋）坊に書き送っている（諸州古文書・三八七五）。そのほかの事蹟は不明だが、内容からすると郡内の人物か。（丸島）

継吉 つぐよし

生没年未詳。姓も未詳だが、あるいは藤原姓小林氏か。永正十七年（一五二〇）に、勝沼武田信友と小山田信有（涼苑）、が岩殿山円通寺（山・大月市）に奉納した棟札にその名が見える（甲斐国志資料・四八）。駒一疋と太刀一腰を奉納しているから、小山田氏の重臣と思われる。

（丸島）

辻次郎兵衛尉　つじじろうびょうえのじょう

生没年未詳。甲斐国山梨郡国府郷（山・笛吹市）の土豪。甘利氏の同心衆。天文二十二年（一五五三）六月七日の武田晴信感状（辻家文書・三七二）で、同年五月七日の信濃国桔梗原（長・塩尻市）での合戦において首三つをあげたことを賞された。永禄十一年（一五六八）二月七日の武田家朱印状（同前・三四〇）では、国府郷から棟別銭を徴収する際に、郷内で一人だけ納入を免許されている。天正四年（一五七六）十一月二日の武田家朱印状（同前・二七三八）でも、郷次の普請役以下の諸役を免許されている。奉者は内藤源三昌月。武田氏滅亡後は徳川氏に仕え、同十年八月二十一日に武田氏の旧臣が徳川氏へ提出した起請文（天正壬午起請文・山6下九九九頁）では「甘利同心衆」として名がみえる。その後、徳川氏から本領を安堵されたが、同十八年の関東転封には従わず、在所の国府郷に残留した。近世も同地で浪人として存続し、子孫は医者を家業とした（国志4二五七頁）。ただし「山梨県史」では、辻次郎兵衛尉宛の文書をすべて疑文書としている。これは、「武田浪人」という近世社会における特権身分獲得のためと考えられている。

（鈴木・丸島）

土橋五郎兵衛　つちばしごろうひょうえ

生年未詳～天正九年（一五八一）三月二十二日。高天神籠城衆。天正九年の高天神落城に際して討ち死にした（乾徳山恵林寺雑本・信15一七頁）。

（丸島）

土屋出雲守　つちやいずものかみ

生没年・実名未詳。甲斐・熊野村（山・甲州市塩山）の熊野神社の神主。永禄二年（一五五九）三月、武田信玄は同社神主が勝手に社領を売却したことを咎め、買い戻しのうえ、祭礼・祭祀を従来のとおりにつとめることを厳命している（熊野神社文書・六五六）。天正四年（一五七六）七月、武田勝頼は同社に十ヶ条にわたる禁制を与え、特別な保護を加えている（同前・二六九六）。

（柴辻）

土屋貞綱　つちやさだつな

生年未詳～天正三年（一五七五）五月二十一日。今川家臣、のち武田氏へ属し「惣人数」（軍鑑）では船一二艘と寄子五〇騎を率いる海賊衆。駿河岡部一族で、通称は忠兵衛とされる（同前）。今川氏滅亡後に武田氏へ仕え、海賊衆として編制された。「軍鑑」によると、本姓は岡部であったが、永禄十二年（一五六九）十二月に武田信玄より土屋名字と受領名備前守を名乗らせられたとされ、以降は文書でも確認できる。また武田氏への仕官に際し、駿河国草薙（静・静岡市清水区）内で三貫文の所領を宛行われていたが、同地が今川氏の時代より平沢寺（静岡市清水区）の寺領であったことより、元亀元年（一五七〇）二月二十二日に信玄より同寺へ安堵がなされている（平沢寺文書・一五二三）。また同日付高山遠江守宛信玄書状（高山吉重氏所蔵文書・一五一五）によると、同月十五日に清水湊（静岡市清水区）に拠点が築かれ配置されたことが確認できる。翌二年十一月二十日、信玄へ小浜景隆の仕官を取り次ぎ、招致を進めるよう指示される（小浜家文書・一七四八）。同三年三月五日、楞厳院（静岡市清水区）

へ三ヶ所、計一石六斗の地を自身および妻女の菩提のために寄進した（楞厳院文書・一八〇一）。同年十月に始まる武田信玄による徳川領国への侵攻にも従軍し、十四日には武田家朱印状（奉者は市川昌房）により遠江白羽社（静・御前崎市）の神主と二之禰宜を還住させ、前々のとおりに神役勤仕を取り計らうよう命じられる（白羽神社文書・一九七四）。天正三年五月の武田勝頼による三河侵攻に従軍するが、二十一日の長篠合戦で戦死した（長篠合戦討死注文・愛11一一五四）。（柴）

土屋次左衛門尉　つちやじざえもんのじょう

天文五年（一五三六）〜天正三年（一五七五）五月二十一日、四〇歳。実名は正家と伝わる（以下、寛永伝、寛政譜による）。天正三年の長篠合戦で討ち死にした。嫡男源三（正久）が跡を嗣ぎ、武田氏滅亡後は徳川氏に仕えた。（丸島）

土屋新之丞　つちやしんのじょう

生年未詳〜天正三年（一五七五）五月二十一日。「惣人数」に小姓衆とある。能楽師大蔵大夫の子、新蔵。信玄の命で、土屋昌続から姓を与えられ、土屋新之丞と名乗った（軍鑑末書・大成下三三頁）。長篠合戦で土屋昌続とともに討ち死にした（同前、乾徳山恵林寺雑本・信14九九頁）。大久保長安の実兄にあたる人物である（国志所引武徳編年集成）。（丸島）

土屋助丞　つちやすけのじょう

生年未詳〜天正三年（一五七五）五月二十一日。禰津月直の被官。天正三年の長篠合戦で討ち死にしたものと思われる。法名は、才用宗佐禅定門（蓮華定院過去帳月坏信州小県分第一）。（丸島）

土屋藤左衛門尉　つちやとうざえもんのじょう

生没年未詳。天正六年（一五七八）に結ばれた甲越同盟に際し、勝頼妹菊姫が上杉景勝に嫁ぐことが誓約された。この約束は翌年九月に実施され、菊姫が越後に輿入れしている。九月二十六日、勘定奉行跡部勝忠と市川元松は、長井昌秀に対し「越国居住衆」つまり菊姫の付家臣の名簿を書き送った。そのなかに名がみえる（上杉家文書・三七三）。（丸島）

土屋等綱　つちやともつな

生没年未詳。上野国衆国峰小幡氏の家臣で、甘楽郡南部山中（群・神流町）の地縁集団山中衆のひとり。通称は上総守。永禄十年（一五六七）八月七日付「下之郷起請文」において、国峰小幡氏の同心となっていた山中衆の連署起請文で筆頭に署判しているのが唯一の所見（生島足島神社文書・一一五〇）。（黒田）

土屋兵部　つちやひょうぶ

生年未詳〜天正十年二月五日。没年からみて、織田軍の南信濃侵攻時に伊那郡で討ち死にした可能性が高い。法名は忠宗道節禅定門（金剛三昧院所蔵松平山城守同家中供養帳）。ただしこの法名は、土屋昌恒および小宮山内膳のものと同じである。（丸島）

土屋昌続　つちやまさつぐ

天文十四年（一五四五）か〜天正三年（一五七五）五月二十一日、三一歳（軍鑑・大成下二五頁）。武田信玄・勝頼の側近。金丸筑前守の次男（軍鑑・大成下二四頁）。平八郎、右衛門尉。「国志」は実名を昌次とするが誤り。「惣人数」は御譜代家老衆とし、旗指物は黒地に白い鳥居、騎馬一〇〇騎を率い、二の御先衆の資格を有したというから、側近といっても軍事にも通じた存在であった。永禄九年（一五六六）閏八月二十三日、長坂昌国から「下之郷起請文」を受け取っているのが史料上の初見（生島足島神社文書・一〇〇七）。この時、金丸平八郎でみえる。長坂昌国の奏者であったのであろう。翌十年八月七日、「下之郷起請文」の担当奉行である浅利信種の起請文を受け取っている（同前・一一〇三）。これにより、昌続が信玄側近の地位にあったことがよくわかる。「下之郷起請文」は、ほかに市川等長（同前・一一一〇）、信濃国衆望月信雅（同前・一一一二）、望月衆（同前・一一三四）、麻績清長（同前・一一五八）、上野国衆和田業繁（同前・一一八〇）、馬場信春（宮入八樹氏所蔵御願書并誓詞写・四二一〇）のものを受け取っている。竜朱印状奉者としては、九七通（うち信玄期七九通）を奉じる。信玄期においてこの数字は家臣団中最大の数字であり、信玄から厚い信頼を寄せられていたことがわかる。信頼の厚さは、信玄がとくに可愛がっていた息女の病気に際し、伊勢の名医に甲斐に来るよう依頼する書状を出していることからもわかる（神宮文庫所蔵久志本常辰反古集記・二四九〇）。しかし勝頼家督後は急速に跡部勝資が台頭し、昌続が奉じた朱印状の数は減っていく。家督の交代により、側近層内部での力関係に変化が生じたと考えてよいだろう。同年十一月十九日が金丸姓の終見（大須賀家文書・一三二二）。翌十一年正月二十四日より土屋平八郎でみえる（本誓寺旧蔵文書・一三三八）。同年三月五日には、朱印状奉者として、信濃深志城代（長・松本市）工藤（内藤）昌秀に同城の普請を進めよとの命令を伝達している（入明寺旧蔵文書・一三四七）。同年十二月より行われた信玄の駿河出兵に参陣。駿河宛の禁制は昌続が独占して奉じている（光徳寺文書・一三三五ほか）。これは信玄の意向とみられ、昌続は、駿河の国衆・寺社からの要望を受け付ける領域担当取次になったと考えられる。このため、駿河において独自の交渉ルートをもたない国衆・寺社はこぞって昌続を頼むこととなった。取次としては、上野浦野大戸氏の小指南を当初からつとめたほか（新編会津風土記・一〇六八、一九一四）、和田氏（永山祐三氏所蔵文書・一四〇）、梶山家文書・一五八二）、信濃海野氏（長泉寺所蔵文書・一四六二）、海賊衆小浜氏（小浜家文書・一八九九、同・二〇〇四）についても担当したようである。また信濃高井郡（本間美術館所蔵市川家文書・一四六一ほか）・更級郡（康楽寺文書・一三〇二ほか）担当の取次であった可能性が指摘されている。穴山信君についても奏者をつとめた可能性がある（甲斐国志所収文書・三九三六）。なお同十二年八月四日の和田昌繁宛信玄書状に取次としてみえることが仮名平八郎の終見（永山祐三氏所蔵文書・一四〇〇）、同年十月十二日に海野幸貞他宛の朱印状を奉じたことが官途名右衛門尉の初見となる（長泉寺所蔵文書・一四六二）。外交面では常陸佐竹氏のもとに亡命していた太田資正父子（太田家文書・一七九一）、上総長南武田氏（妙本寺文書・一七九一）、安房里見氏（同前・一八七七、明治百年大古書展即売展観出品目録掲載文書・四〇五五）、下野宇都宮氏（諸州古文書・四〇六五）、本願寺末寺の美濃安養寺（岐・郡上市、安養寺文書・一八九七）、伊勢神宮御師幸福大夫（神宮文庫所蔵古文書集・四一〇七）の取次を担当した。奉行人としては、身延山久遠寺と富士久遠寺の寺号相論の対応をしている（妙本寺文書・四〇四八）。自身の被官に対しては、同年五月二十三日および同年八月二十八日に、渡辺式部丞に知行を宛行っている（彦根城博物館所蔵文書・一四二二、五三）。また萩原郷（山・甲州市）の地頭であり、元亀二年（一五七一）五月、同地の湯山明神再興の棟札にその名がみえる（神部神社所蔵・一七〇七）。被官に対しては、方形の朱印を用いて文書を発給することもあった（野沢家文書・三八四四）。同三年正月二十七日には、上杉領厩橋（群・前橋市）と沼田（群・沼田市）を往来する者を討ち取りまたは生け捕るよう指示をした竜朱印状を奉じる（漆原昌徳氏所蔵文書・一七三ほか）。同年八月二十一日、高田能登守に対する朱印状発給が遅れていることを謝罪している（駿河志料・一九四二）。同年には、信玄の権僧正任官に関わって奔走したらしい（曼殊院文書・一九六九）。同年十月に始まる信玄の「西上作戦」にも参陣。遠江国衆奥山氏（奥山家文書・一九七八、二三八〇ほか）・天野氏（遠江国風土記伝・二〇〇〇、天野家文書・三二二四）宛の朱印状を奉じており、両氏およびその一門の小指南をつとめたようである。しかし「西上作戦」の最中、信玄の病状は悪化し、進軍は不可能となった。このためか、山城大山崎惣中（山城・大山崎町）からの禁制申請に対し、京都進軍は中止したと述べて、発給を保留している（離宮八幡宮文書・二〇三〇）。先述したように、信玄の死後、活動は目立って減少した。天正二年閏十一月二十七日に、先判を安堵する竜朱印状を奉じたのが（妙遠寺文書・二四〇二）、古文書上の活動の終見となる。同三年五月二十一日の長篠合戦では、みずから織田家臣佐久間信盛が陣を布いた馬防柵を打ち破るが、鉄砲に当たって討ち死にした（軍鑑・大成下二三五頁、信長公記）。享年三二（軍鑑・大成下二三五頁）。大泉寺（山・甲府市）に位牌があったといい、法名は昌次院忠屋知真居士（国志）、道官（寛永伝）と伝わる。家督は、弟の昌恒が継承した。（丸島）

土屋昌恒　つちやまさつね

弘治二年（一五五六）か～天正十年（一五八二）三月十一日、二七歳（国志）。武田勝頼の側近。金丸筑前守の五男で、土屋昌続の弟。惣三、右衛門尉。妻は駿河先方衆岡部元信の娘（国志、寛政譜）。初め海賊衆土屋備前（岡部忠兵衛）の養子となり、土屋姓を称した（軍鑑・大成下二五五頁）。兄昌続が天正三年五月の長篠合戦で討ち死にしたため、土屋本家の家督を嗣いだ。この時、二〇歳。家督相続に際しては、萩原郷（山・甲州市）をはじめとする兄昌続の所領および同心・被官衆と、養父土屋備前の同心・被官衆をあわせて引き継いでいる（保坂家文書・山4四五七、軍鑑・大成下二三五頁）。家督相続後の同年七月九日、竜朱印状の奉者をつとめているのが初見（和田家文書・二五〇五）。この時は、惣三でみえる。以後勝頼の側近家臣として、合計五七通の竜朱印状・獅子朱印状奉者としてみえる。しかし勝頼家督後の兄昌続同様、朱印状奉者としての活動は跡部勝資に圧倒されており、兄の早逝と昌恒の若さも手伝ってか、勝資への対抗馬たり得なかった。ただし同九年に限っていえば、昌恒が奉じた朱印状は勝資よりもかなり多く、次第に勝頼の信任は増していったと考えられる。また同八年に真田昌幸が沼田（群・沼田市）の用土新左衛門尉を寝返らせる工作を行った際、この話は隠密とするが、跡部勝資と土屋昌恒だけには話したと述べているから（松代古文書写・三四〇七）、勝頼の二大側近と認識されていたことは間違いない。同四年五月に跡部勝忠と連名で知行安堵の朱印状を奉じた例があり（佐野氏古文書集・二六四三、四四）、また翌年閏五月にも勝忠と連名で細工給の宛行を命じた朱印状を奉じている（鈴木家文書・二八五三）。このことからすると、一時勘定奉行をつとめたのかもしれない。同様に同四年六月には、借銭負物催促を許可する朱印状を奉じている（諸州古文書・二六六六）。かつて海賊衆土屋氏に養子入りした経緯から、岡部正綱の船役銭免許を通達する朱印状の奉者としてもみえる（岸和田藩志・二七二〇）。また海賊衆小浜景隆への軍役定書も奉じている（小浜家文書・二八〇六）。岡部正綱・小浜景隆に対する朱印状は一貫して昌恒が奉じており（岸和田藩志・二八一〇、小浜家文書・三四五四）、両氏の奏者（小指南）であったとみてよい。信濃更級郡・高井郡や駿河における領域担当取次であった兄昌続の立場も継承したものとみられ、この地域に対する朱印状を多く奉じている（色部家市川家古案集・三〇九五、世間瀬家文書・三三〇九ほか）。江尻城代穴山信君も同様で、御一門衆武田信豊・信廉と同様の特権を得ようとした際、土屋昌恒を介して話を通そうとしており（楓軒文書纂・二八六二）、また勝頼への披露も依頼されていることから（同前・三五五七）、穴山信君の奏者もつとめていたのであろう。取次としては、先述した駿河衆のほか、同五年より信濃大滝氏（大滝家文書・二七七一、三〇八七）、同六年より上野大戸浦野氏に対する奏者もつとめた（浦野家文書・三〇五三ほか）。同九年には浦野氏に対して、新府城（山・韮崎市）移転の混乱で、訴訟がうまく進まないことを謝罪している（新編会津風土記・三六二〇）。同五年二月十七日より、兄と同じ右衛門尉でみえる（大滝家文書・二七七二）。この頃、駿河富士大宮に神馬を奉納している（永昌院所蔵兜巌史略・補遺一二三）。その際には、昌恒自身だけでなく、同心も奉納しており、昌恒と駿河の繋がりの深さを窺わせる。また勝頼の側近として、同年には高野山引導院と成慶院の檀那場争いに際し、引導院の意向を尊重する立場を表明している（持明院文書・二八七九、二九四八）。外交面では、兄昌続の後を引き継ぎ、安房里見氏への取次をつとめている（岡本家文書・三五七四）。なお、昌恒自身の奏者は跡部勝忠であったようである。廃絶していた向嶽寺（山・甲州市）への寄進再興を勝頼外祖母が望んだ際、勝忠に勝頼への披露を依頼している（向嶽寺文書・三四三二）。自身の被官に対しては、判物形式で田地を渡しおくよう指示している（井伊家文書・三八五六）。同十年の武田氏滅亡に際しては、最後まで勝頼に付き従った。三月一日、確実なものとしては最後の竜朱印状を奉じている（新編会津風土記・三六六八）。武田氏滅亡の十日前のことである。郡内を目指した逃避行中、小山田信茂謀叛を知って動揺する跡部勝資に対し、「若輩ではあるが今更老若もない」と言いおき、覚悟を決めるべきだと主張して勝資の未練を非難したという（甲乱記）。その後、織田勢を前に奮戦して戦死した（信長公記、甲乱記、軍鑑・大成下一七九頁）。その活躍は、徳川家臣大久保忠教も絶賛しているから（三河物語）、よほど知られたものであったのであろう。同年十月九日、土屋民部少輔が高野山成慶院に供養を依頼し、「忠叟道節大禅定門」という戒名が付された（過去帳・武田氏研究34五二頁）。「寛永伝」には道節、徳川家康が後に建立させた景徳院の位牌には、「忠庵存孝居士」とある（国志）。わずか五歳の遺児忠直は、母に抱かれて脱出したという（寛政譜）。同心七〇名は井伊直政に付属され、「天正壬午起請文」を提出した（山6下九五五頁）。忠直は同十六年に徳川家康に拝謁し、その後は阿茶の局に養育された。従五位下民部少輔に任官し、慶長七年（一六〇二）に上総久留里藩二万一〇〇〇石の大名となっている（寛永伝、寛政譜）。

（丸島）

土屋又七郎　つちやまたしちろう

生没年未詳。元は武河衆教来石氏。天文二十一年（一五五二）六月一日、晴信の命で土屋の名跡を嗣ぐこととなった（甲陽日記）。同月九日に出仕し、名跡を与える判物を与えられている（同前）。（丸島）

土屋木工左衛門尉　つちやもくさえもんのじょう

生没年未詳。海賊衆。土屋姓より土屋貞綱の一族と推察されるが、系譜関係は不明。今川氏より武田氏に仕え、元亀元年（一五七〇）正月二十七日、武田信玄より駿河久能城（静・静岡市）に籠城し、海賊奉公につとめたことを賞され、江尻（静岡市清水区）平尾半三分四四貫八七五文ほか江尻・清水両地での屋敷地を含む知行を宛行われる（早稲田大学所蔵文書・一四九六）。天正四年（一五七六）八月十四日には、武田勝頼による代替わり政策として、前述の信玄に宛行われた知行が安堵された（同前・二七〇五）。（柴）

綱島豊後守　つなしまぶんごのかみ

生年未詳～元和元年（一六一五）十月二十四日。信濃国更級郡綱島郷（長・長野市）の土豪。源頼政の弟頼行の庶流とされる（上杉年譜23四五〇頁）。縄島とも。天正七年（一五七九）八月二十九日の武田勝頼書状（綱島家文書・三一八）で、勝頼の上野出陣に際して岩村田（長・佐久市）への参陣を命じられた、綱島兵部助と同一人物か。天正年間（一五七三～九二）に作成された神長官知行書上（守矢家文書・三三二）では、更科郡で二貫文の役銭を負担している。また年未詳十一月四日の武田勝頼書状（綱島家文書・三七三四）で、帰陣直後に再度の出陣を命じられた。天正十年三月に武田氏が滅亡した後尾崎重元を通じて上杉景勝に仕え（己亥採訪文書・三六二二、なお本文書は上杉景勝書状の誤写）、綱島城（長・長野市）を安堵されたらしい（管窺武鑑・信15三七三頁）。八月七日、屋代氏の本拠新砥城（長・千曲市）在番を命じられた（景勝公御書・上越二五三二）。同十二年四月一日、屋代秀正の出奔に対処するよう命じられている（西条家文書・信16二八頁）。同十三年八月の徳川勢小県出兵に際しては、通常では動員対象外の一五歳以下の若年、六〇歳以上の老人までをかき集めて出陣するよう命じられている（佐藤亀之助氏所蔵文書・信16三五一頁）。天正十四年の「上杉家軍役帳」には自身も含めて二一人を引き連れて出陣するよう定められた（信16四八一頁）。上杉景勝には時候の挨拶や陣中見舞いを送り、その礼状の写が数点残されているが、年次は明らかにしえない（別本歴代古案・信15三四三頁、同前・信16七九、八〇頁）。その後、上杉氏の会津（福島・会津若松市）・米沢（山形・米沢市）への転封に従い、元和元年十月二十四日に米沢で死去した（上杉年譜23四五〇頁）。子孫は米沢藩士として存続している（同前）。（鈴木・丸島）

壺井惣左衛門尉　つぼいそうざえもんのじょう

生没年未詳。武田領内の駿河国における惣大工職。天正二年（一五七四）九月十一日の跡部勝資の奉者による武田家朱印状によれば、先判で宛行われた惣大工職を安堵されている（鈴木家文書・二三六六）。ただしその先判に相当するものは確認できない。（柴辻）

鶴田正恭　つるたまさやす

生没年未詳。甲斐山梨郡八幡北村（山・山梨市）の窪八幡神社の大宮司。本姓は鶴田氏、内匠助・若狭守と称す。天文二十年（一五五一）四月、武田晴信は八幡郷（山梨市）の荒間内五貫文を給分として与え、諸役を免除している（山梨県誌本古文書・三三)。天正二年(一五七四)十二月、武田勝頼は先判どおりに、上野郷(山梨市)内四貫文・棟別三間免許分を安堵している(甲斐国志草稿・二四三二)。年未詳六月二十六日付の大宮司宛の勝頼書状では、同社の遷宮が成就したことを祝している(吉田家文書・三七二三)。 (柴辻)

て

鉄山宗鈍 てつざんそうどん

生年未詳～元和三年(一六一七)。駿府・臨済寺住職。懶斎と号す。甲府上条町(山・甲府市)の石坂氏の出身で、恵林寺(山・甲州市塩山)の快川紹喜に師事する。駿府(静・静岡市)の今川家菩提所である臨済寺住職の太原宗孚(雪斎)の孫弟子にあたり、のちに臨済寺に住職した。永禄十二年(一五六九)十二月、武田信玄の駿府経略の際、今川方の諸将を説得して帰順させた。当時は臨済寺末の江尻(静岡市清水)の隆福院住職であった(臨済寺文書・一三五七、九四)。天正四年(一五七六)四月の恵林寺での信玄本葬に際しては、執骨役をつとめている(武家事紀・二六三八)。同七年三月には、武田勝頼のために伊勢・熊野二社に納める戦勝祈願文を起草した(仏眼禅師語録・三二〇、二一)。さらに同年十一月には、穴山信君が江尻城内に梵鐘を設置した際に、その鐘銘を撰文している(同前・三一八七)。年未詳であるが、都留郡谷村(山・都留市)城主の小山田信茂へ宛てた漢詩入り書状がある(同前・四二四)。霊光仏眼禅師と諡号され、語録・詩文集として「仏眼禅師語録」「鉄山集」「葛藤集」ほかがある(山5下)。また、江尻城主穴山信君夫人見性院とも親交深く、その関係で、晩年は武蔵新座郡平林寺に住職している。 (柴辻)

寺尾刑部少輔 てらおぎょうぶのしょう

生没年未詳。刑部助。信濃国埴科郡寺尾郷(長・長野市)の土豪。諏方氏の一族関屋氏の支族とされる(松代町史)。天文年間(一五三二～五五)末頃に武田氏に従属したとみられる。年未詳二月二十二日の武田晴信感状(京都大学博物館所蔵文書・六三三)では、去年以来の戦功を賞され、香坂弾正左衛門尉虎綱と談合して軍事行動を行うよう指示されている。同じく年未詳四月二十五日の武田晴信書状(前山久吉氏所蔵文書・四一七九)でも、山田城(長・千曲市)攻略の戦功を賞され、三日以内に感状を渡すことを約束された。天正七年(一五七九)二月六日の上諏訪造宮帳(大祝諏訪家文書・三〇七七)では、同年の諏訪大社造宮事業の費用を寺尾から徴収する澄手として寺尾刑部助の名がみえる。同十年三月に武田氏が滅亡した後は上杉氏に仕え、八月七日、屋代氏の本拠新砥城在番を命じられた(景勝公御書・上越三五三二)。同十四年の「上杉家軍役帳」には自身も含めて三七人の軍役が定められている(信16四八一頁)。ただし、これが刑部少輔のものか、その子息のものかは判断がつかない。文禄三年(一五九四)には寺尾百龍丸(源蔵)が海津城(長野市)の留守役として八二八石余、慶長三年(一五九八)の会津(福島・会津若松市)転封後は一六五〇石を知行している(会津御在城分限帳・上杉氏分限帳一九五頁)。 (鈴木・丸島)

寺尾彦左衛門 てらおひこざえもん

生没年未詳。駿河国庵原郡江尻宿の宿問屋商人。江尻宿で商人宿ほかを営業しており、享禄五年(一五三二)八月の今川氏輝判物を初見として、今川・穴山・徳川氏など歴代領主の営業許状・諸役免許状などを伝える(寺尾家文書)。清水湊で船便の免許も受けており、遠隔地商業も営んでいる。永禄十二年（一五六九）の今川氏没落後は穴山信君の支配下となり、年未詳であるが、小柳津六兵衛尉宛で三月二十一日に、信君から興津・吉原の地を宛行われている（同前・三八一四）。武田氏滅亡後には、徳川家康の支配下となり、慶長六年（一六〇一）正月の伝馬定書・手形なども所蔵しており（寺尾家文書）、江戸期にも存続して営業している。（柴辻）

寺島甫庵　てらしまほあん

生没年未詳。「軍鑑」に信玄御伽衆一二人のうちで、永禄九年（一五六六）の甲府・一連寺での歌会に列席している。年未詳であるが「武田信玄陣立書」に、薬師本道としてその名がみえているから、近習の薬師と思われる（狩野文書・三九七二）。（柴辻）

出羽　でわ

生没年未詳。信濃国安曇郡しほ河原の人物として登場するが、一本木（長・大町市）の土豪と推定される。仁科氏の被官とみられる。天正九年（一五八一）の「伊勢内宮道者御祓くばり帳」において、「にしなの分」の人物として記載され、熨斗二〇本、茶五袋を配られたと記されているのが唯一の所見（堀内健吉氏所蔵・三六四四）。（平山）

天桂玄長　てんけいげんちょう

生没年未詳。臨済宗吾渓派の信叔紹允の法嗣で、京都・妙心寺住職をつとめた後、信濃府中（長・松本市）の慈雲寺、木曽（長・木曽町）の竜源寺の住持をつとめる。月航元津の跡を受けて天文末年に恵林寺（山・甲州市塩山）の三一世住職となる。次いで恵林寺住職として美濃・崇福寺（岐・岐阜市）の快川を推薦した（明叔慶浚等諸僧法語雑録・三七九三）。同二十一年（一五五二）九月、武田晴信より信濃・慈雲寺領を弟子に譲渡することを安堵されている（山田家文書・三五四）。次いで同年の信玄の母大井夫人の葬儀、同二十三年五月七日の三回忌に恵林寺住職として香語を読んでいる。永禄九年（一五六六）、穴山信君母の南松院の画像に賛を求められたが、固辞したとあり、代わりに策彦和尚が書いている（南松院殿葵庵画像賛・一〇四三）。（柴辻）

天桂禅長　てんけいぜんちょう

嘉吉元年（一四四一）～大永四年（一五二四）。曹洞宗雲岫派僧。甲府・大泉寺開山。慈照寺（山・甲斐市竜王町）の真翁宗見の弟子。加賀国能美郡の人。永正十四年（一五一七）に甲斐に入り宗見に師事する。武田信縄が帰依した。大永元年、武田信虎が甲府を開府した際、府中（山・甲府市）に大泉寺を開基するにおよんで、天桂を招聘して開山とした。弟子の吸江英心を二世とする。天桂は信玄出生の折の伝承である曽我五郎再生伝説にも登場する。同四年九月に没す（日本洞上聯灯録）。（柴辻）

天心宗球　てんしんそうきゅう

生没年未詳。千村重政の弟（寛政譜、仁如集堯筆樵月斎銘・信12三三頁）。木曾家の菩提寺定勝寺住持。当初は上洛して海蔵院に入室していた（仁如集堯筆樵月斎銘・信12三三頁）。永禄四年（一五六一）八月二十六日、前住玉林聖贇（木曾義康叔父）より定勝寺の重宝を引き渡され、四世住持となる（定勝寺文書・信12三六四頁）。年未詳十二月二十六日、まだ若年で、仮名宗太郎を称していた木曾義昌から徹蔵主の身上および隠居所などを安堵された（定勝寺文書・三〇六二）。永禄七年八月、描き上がった前住玉林聖贇の頂相に対し、玉林に自賛を求めた（定勝寺所蔵・信12五三五頁）。同八年八月二十九日、木曾義昌から林地を寄進された（定勝寺文書・九五四）。同年十月一日、木曾義昌が黒沢若宮社（長・木曽町）に三十六歌仙板絵を奉納した際、「藤原元真」「僧正遍照」の板絵を奉納した（武居誠氏所蔵・九五六）。元亀三年（一五七二）三月十日より作り始めた同寺の風呂は、二十六日に完成をみている（定勝寺文書・信13四九六頁）。天正四年（一五七六）三月、定勝寺の観音懺法本尊を修補した（定勝寺所蔵補陀洛迦山観音現神聖境図・二六二二）。天正六年十月二十八日、木曾義昌から小川山を安堵された（定勝寺文書・三〇五〇）。天正十年八月十五日、木曾義昌側近愛若より寄進された涅槃書像を表装し、識語を加えた（定勝寺所蔵・信15四〇三頁）。同年九月、大般若経を定勝寺に納めた（定勝寺所蔵・信15四三三頁）。某年、大般若経を修補している（定勝寺所蔵紙本墨書大般若経・信補遺上四八八頁）。天正十七年の賛がある寿像が定勝寺に残る。（丸島）

天徳祖瑞　てんとくそずい

生没年未詳。竜岩山海島寺（開桃寺とも、大泉寺末寺。山・山梨市）二世。武田晴信の伯母という（国志）。大永二年（一五二二）四月に菊隠瑞潭が与えた法語には、「栗原奕葉」とみえる（菊隠録・山6上三五頁）。また、菊隠から預求下火法語も与えられている（同前三四四頁）。なお、同寺開基は武田信虎の伯母とされる。（丸島）

天王左衛門大夫　てんのうさえもんのだいぶ

生没年未詳。上野国群馬郡柴崎（群・高崎市）天王社の神主。名字は高井氏（高井文書・群一九五六）。上野一国の天王社を司る権利を有した「上州天王大夫司職」を有した。天正八年（一五八〇）閏三月二十五日に、赤坂（高崎市）城主和田信業から、以前のとおりに大夫司職を安堵されている（同前・三三二）。同年四月十二日には武田氏から、同職については、武田氏に従った功績によって伊藤大夫に与えていたが、在所から退去してしまったので、先例に基づいて同職に還補することを認められている（同前・三三五、二六）。このことからすると、左衛門大夫は武田氏に従わなかった時期があり、そのため伊藤大夫に同職が与えられていたが、同人が何らかの事情によって没落したため、左衛門大夫は同職を安堵されたことがわかる。これより以前に同職にあったのは永禄元年（一五五八）正月までしか確認されないから（同前・戦北五七二、七三）、同三年の上杉謙信侵攻後は、同氏に従い、和田氏が武田氏に従う際にも同調しなかったのであろうか。天正十年三月の武田氏滅亡後は北条氏に従い、同年十二月に北条氏から同職を安堵されている（同前・戦北二四五五）。（黒田）

と

桃隠正寿　とういんせいじゅ

生没年未詳。甲斐国下山（山・身延町）の南松院の開山。隠西堂と号す。甲府・円光院の説三の弟子。永禄初年（一五五八）に穴山信君の要請により、南部（山・南部町）の天輪寺を創建する。永禄十二年七月、穴山信君は、南部の松岳院を末寺として寄進し寺役などを免除したうえ、さらに駿河でも一ヶ寺を寄進している（南松院文書・一四三八）。次いで同年八月には、明院祖芳への書状によって子弟の契約をし、南松院後住の約束をしている（同前・四三二）。元亀元年（一五七〇）十一月、「南松院桃隠画像」が作製され、それに甲府・長禅寺住職の春国光新が賛を添えている（同前・一六二九）。年未詳三月二十八日付の近江蒲生郡の蒲生定秀宛の穴山信君書状によれば、桃隠の遺言によって南松院の後住を迎えることにつき連絡している（塚本誠氏所蔵文書・三八二〇）。（柴辻）

藤右衛門　とうえもん

生没年未詳。信濃国安曇郡の土豪。名字、諱なども不明。仁科氏の被官とみられる。天正九年（一五八一）の「伊勢内宮道者御祓くばり帳」において、「にしなの分」の人物として記載され、茶二袋を配られたと記されているのが唯一の所見（堀内健吉氏所蔵・三六四四）。（平山）

藤右衛門尉　とうえもんのじょう

生没年未詳。信濃小県郡の国衆小泉氏の被官。永禄十年（一五六七）八月七日、武田氏に忠誠を誓う下之郷起請文に血判を据え、被官衆連名で浅利信種に提出している（生島足島神社文書・一二三九）。名字がない上に花押も書いておらず、地侍層と思われる。（丸島）

東谷宗杲　とうこくそうごう

生没年未詳。駿府（静・静岡市）・臨済寺の二世住職。信濃・高遠（長・伊那市）の建福寺住職を一六年つとめた後、駿河に帰り臨済寺・清見寺（静岡市興津）の再興を進める。天正四年（一五七六）四月の武田信玄の本葬後の七仏事では掛真をつとめる（武家事紀・二六三八）。同九年七月、武田勝頼より建福寺の後住について一任され、寺産以下五ヶ条の保証を受けている（建福寺文書・三五八一）。（柴辻）

藤三　とうぞう

生没年未詳。信濃小県郡の国衆小泉氏の被官。永禄十年（一五六七）八月七日、武田氏に忠誠を誓う下之郷起請文に血判を据え、被官衆連名で浅利信種に提出している（生島足島神社文書・一二三九）。名字がない上に花押も書いておらず、地侍層と思われる。（丸島）

藤内三　とうないぞう

生没年未詳。信濃国筑摩郡井堀・高（長・麻績村）の土豪。名字、諱は不明。麻績氏の被官とみられる。天正九年（一五八一）の「伊勢内宮道者御祓くばり帳」において、「いほり・たかの分」の人物として記載され、茶二袋を配られたと記されているのが唯一の所見（堀内健吉氏所蔵・三六四四）。（平山）

塔原宗定　とうのはらむねさだ

生没年未詳。信濃国筑摩郡塔原城主（長・安曇野市）塔原海野三河守幸貞の一族とみられるが、系譜関係は不明。藤左衛門尉。塔原衆の一員。塔原氏は「惣人数」によると、二〇騎を率いたという（軍鑑8）。永禄十年（一五六七）八月七日、武田氏重臣跡部勝資に「下之郷起請文」を提出し、桑原康盛、堀内貞維らとともに海野三河守が信玄に逆心を抱いた場合は諌め、諌言に従わないようであれば三河守を見捨てる旨を誓っているのが唯一の所見（生島足島神社文書・一二七二）。その後の事蹟は不明。天正十一年（一五八三）二月の会田岩下、塔原氏滅亡とともに滅びたか。（平山）

塔原宗守　とうのはらむねもり

生年未詳～天正十一年（一五八三）二月十三日か　信濃国筑摩郡塔原城主（長・安曇野市）。塔原海野三河守幸貞の子か。永禄十年（一五六七）八月七日、「下之郷起請文」を跡部勝資に提出し、海野下野守が信玄に逆心を抱いた場合は諌め、諌言に従わないようであれば下野守を見捨てる旨を、堀内仁助らとともに誓ったのが初見（生島足島神社文書・一二七三）。その後、天正九年の「伊勢内宮道者御祓くばり帳」において、「ひかるの分」に海野三河守に続いて「同名塔原殿」として記載されているのは、宗守と推定される。この時、熨斗五〇本、茶五袋を配られたと記されている（堀内健吉氏所蔵・三六四）。武田氏滅亡後は、小笠原貞慶に属し、塔原衆は同十年八月には、日岐城攻撃で戦功をあげた（御書集・信15三九三）。しかし、同十一年二月十三日、海野（塔原）三河守が小笠原氏への謀叛を画策し、それが発覚したため、貞慶により古厩盛勝とともに松本城内で成敗された。塔原城は小笠原軍に攻略され、塔原氏は滅亡した（同前・信15五六八～七二、豊前豊津小笠原家譜・信15五七五）。　（平山）

塔原幸知　とうのはらゆきとも

生没年未詳。信濃国筑摩郡塔原城主（長・安曇野市）塔原海野三河守幸貞の一族とみられるが、系譜関係は不明。織部。会田海野下野守の被官。会田岩下衆の一員。塔原氏は「甲州武田法性院信玄公御代物人数事」によると、二〇騎を率いたという（軍鑑8）。永禄十年（一五六七）八月七日、岩下衆の一員として「下之郷起請文」を提出し、海野下野守親子が信玄に逆心を抱いた場合は諫め、諫言に従わないようであれば下野守親子を見捨てる旨を誓っているのが唯一の所見（生島足島神社文書・一一七三）。その後の事蹟は不明。天正十一年（一五八三）二月の会田岩下、塔原氏滅亡とともに滅びたか。　（平山）

藤兵衛　とうべえ

生没年未詳。飛脚問屋。甲斐国八代郡成田郷（山・笛吹市御坂町）に住み、武田家の飛脚役をつとめる。元亀二年（一五七一）四月二十六日、越中への飛脚役の賞として甲斐国八代郡平井郷（笛吹市石和町平井）で六貫文を与えられている（諸州古文書・一七〇〇）。　（柴辻）

東流大夫　とうりゅうだゆう

生没年未詳。駿河府中浅間社（現静岡浅間神社、静・静岡市）の社人。一宮氏を称す（駿河記）。東流大夫を世襲し、同社の奉幣使をつとめた。元亀元年（一五七〇）正月二十日の武田家朱印状（旧惣社神主文書・一四九三）で、東流大夫の遺跡が惣社神主に申し付けられており、この段階で同職が断絶していたことがわかる。のちに再興し、天正二年（一五七四）八月二十四日の武田家朱印状（志貴家文書・二三四七）で、先の判形に任せて社領を安堵された。奉者は市川宮内助昌房。同五年十一月五日の武田家朱印状（旧東流大夫文書・二八三三）では、浅間社領から納入された御小屋銭五貫五〇〇文を安堵された。奉者は跡部大炊助勝資。同七年十月の武田家朱印状（浅間神社文書・三一八五）では、同年分の年貢として下方枡で一六七俵余を受け取っている。同八年に比定される十一月十八日の武田家朱印状（同前・三四八）で、浅間社の祭礼で東流大夫が使用する道具と、その費用が書き上げられている。　（鈴木）

遠山右京亮　とおやまうきょうのすけ

生没年未詳。美濃遠山氏、おそらくは岩村遠山氏の一門と思われる。あるいは、延友信光の子息かもしれない。神篦（岐・瑞浪市）において武田・織田勢が衝突するという不測の事態が生じたところ（信長公記元亀元年九月十六日条）、右京亮の働きによって防衛に成功した。四月十一日、信玄からその働きを賞され、使者として秋山万可斎が派遣されている（反町文書・二〇六二）。　（丸島）

遠山景前　とおやまかげさき

生年未詳～弘治二年（一五五六）七月十三日。東美濃恵那郡岩村（岐・恵那市）の国衆。所領は一〇〇〇貫文前後という

（蔭涼軒日録長享二年八月二十二日条）。左衛門尉。妻は織田信秀の姉妹（濃尾両国通史）。大永四年（一五二四）、父景友の死去により家督を嗣ぐ。天文五年（一五三六）七月二十五日、亡父景友の三十三回忌法要を、大円寺（岐・恵那市）明叔慶浚の手で営んでいる（内閣文庫本明叔録）。そもそも大円寺に明叔慶浚を招いたのが景前であった（延宝伝灯録・岩村町史二〇九頁）。同十一年十一月二十日、中野方の笠置山大権現（恵那市）に梵鐘を奉納。ここに「遠山左衛門尉藤原景前」とみえる（浄満寺旧蔵鐘銘・名森村史三三頁）。同十六年七月四日、「宝寿」という人物（亡母か）の菩提のために三河岡崎の大樹寺（愛・岡崎市）に三河阿知和宮崎（岡崎市）・大門黒崎（岡崎市）および梵鐘を寄進した（大樹寺文書・愛10一六九）。岡崎近辺にも所領を有していたことがわかる。同年閏七月、信濃伊那郡の国衆知久氏・坂西氏と和睦した（明叔録・岐2三三六頁）。十一月、城内八幡宮造立の棟札に「大檀主遠山左衛門尉景前」とみえる（城内八幡神社棟札・岩村町史二〇八頁）。同二十二年、希庵玄密を大円寺に招いた（葛藤集）。この年初頭までには隠居していたようである。弘治元年中には、南信濃を制圧した武田氏に従属した。法名は景前院殿前左金吾宗護大禅定門（岩村町史二〇八頁）。永禄元年（一五五八）三月四日、妻の手で三回忌の法要が営まれた（明叔録・岐2三四〇頁）。

（丸島）

遠山景任 とおやまかげとう

生年未詳～元亀三年（一五七二）八月十四日。東美濃恵那郡岩村（岐・恵那市）の国衆で、景前の嫡男。左衛門尉。初名景孫。妻は織田信秀の妹（三河物語、軍鑑・大成下一〇三頁）。天文二十二年（一五五三）頃に希庵玄密を大円寺（恵那市）へ父とともに招いた。この時、景孫を名乗る（葛藤集・武田信玄と快川和尚三三頁）。同年三月十三日、武並神社の棟札には、「岩村城主遠山左衛門尉景任」とあり（同前）、景任に改名し、かつ家督を相続していたことがわかる。弘治元年（一五五五）中には、南信濃を制圧した武田氏に従属。同二年正月、大円寺に武田氏の禁制が掲げられている（明叔録・岐2三三六頁）。そのため、同年八月に斎藤道三の攻撃を受け、武田家臣秋山虎繁・両角虎光が信玄に状況を報告している（吉田家文書・六四三）。信玄は「大井の徒」（恵那市）が敵方に付くようであれば、いったん撤退せよと指示しているから、両名は岩村に入城していたのかもしれない。そのうえで、信玄は斎藤道三との和睦の道を探っていたが、うまくいかなかった。この事態を受けたものか、遠山景任は一時斎藤・織田同盟寄りの動きをとり、同年九月、武田氏の同盟国今川義元が攻める足助城（愛・豊田市）に援軍を送っている（和徳寺文書・戦今一三九）。いわば武田氏と斎藤・織田氏に両属していたといえる。その後も岩村遠山氏の動静は不明確な状況が続き、永禄元年（一五五八）にも三河に介入し、五月十七日に名倉（愛・設楽町）で奥平勢と衝突している（国立公文書館所蔵古文書写・戦今一四〇〇、松平奥平家古文書写・戦今一四〇一）。同三年の桶狭間合戦後、今川氏真が独立した徳川家康を攻撃しようとしていた際には、久々利（岐・可児市）へ兵糧を入れるよう指示されており（東洋文庫所蔵水月古鑑・八五六）、反今川方としての動静は終息を迎えたようである。同七年の第五次川中島合戦を前にして、弟直廉とともに鉄砲衆五〇人を派遣するよう求められた（尊経閣文庫所蔵武家手鑑・八九九）。その際、織田信長および斎藤氏を離反した長井不甘と良好な関係を結んでいることを、信玄から喜ばれている。したがって、武田・織田氏に両属するという遠山氏の方針そのものは、信玄からも承認されていたといってよい。同九年に斎藤龍興が信玄に書状を送った際には、「遠山かた」へ届けられている（平井家文書・四三四三）。某年八月七日、小里氏（岐・瑞浪市）の謀叛に対処するよう、弟直廉とともに求められた（古典籍展観大入札目録平成二十年掲載文書・二〇九〇）。永禄十一年十二月の信玄の駿河侵攻には援軍を派遣している（上杉家文書・上越六六六、村上冴子氏所蔵文書・上越六六八）。元亀三年八月十四日没（濃尾両国通史）。男子がなく、没後家中が混乱し、紛争が勃発した。信長はこれを機に子息御坊丸（信房）を強引に入部させようと軍勢を動かしたが（歴代古案・上越一一三〇ほか）、これに反発した武田派の重臣が、十一月に武田氏への従属を表明した（徳川黎明会所蔵文書・一九八九）。武田勢は、十一月十四日に岩村に入城している（鷲見栄造氏所蔵文書・一九九二）。これにより、遠山氏は武田氏単独の従属国衆になったことになる。景任の後室は、岩村城代秋山虎繁が妻とした（三河物語、軍鑑・大成下一〇三頁）。しかし天正三年（一五七五）十一月二十六日（古美術品展観目録・愛11二一四〇）、岩村落城後に虎繁とともに処刑されたという（三河物語、軍鑑・大成下三一頁）。　（丸島）

遠山丹波守　とおやまたんばのかみ

生没年未詳。右馬助（浅羽本遠山系図）。「惣人数」には御旗本足軽大将衆、騎馬一〇騎・足軽三〇人持ちでみえる。元は小幡源次郎を称したという。武蔵江戸城の構えを報告したというから、武蔵出身か（軍鑑末書・大成下三七六頁）。妻は真田幸綱の娘（一徳斎殿御事蹟稿所引滋野世紀・信叢15三四頁、浅羽本遠山系図）、または加津野昌春（幸綱の子）の娘（信綱寺殿御事蹟稿所引真田軍功家伝記・信叢15一三〇頁）。世代からいうと、前者の方が正しかろう。某年九月十三日、越中からの急報を得た信玄が、牧之島（長・長野市）城代馬場信春と海津（同前）城代春日虎綱に対し、使者として派遣した大井将監・遠山右馬助と談合するよう指示しているのが初見（歴代古案・二一〇三）。天正八（一五八〇）～九年、北条高政のもとに使者として派遣された（北条家文書・三七二一）。この時、丹波守。武田氏滅亡後の同十年六月二十九日、上杉景勝から沼田在城を賞され、信濃において知行地を宛行われている（米沢市上杉博物館所蔵文書・上越二三一三）。沼田に在城し、上杉氏に味方しようとしたものと思われる。六月十六日には、同城在城の有力者渡辺左近丞に沼田乗っ取りが要請されているから（萬葉荘文庫所蔵文書・日本史史料研究会研究叢書12一三）、こうした動きは繰り返しみられたのだろう。しかし沼田城は、最終的に真田昌幸が確保することになる。なお同年七月二十六日、上杉景勝が信濃八幡の丹波守所領を屋代秀正に宛行っている（屋代家文書・上越二四八五）。　（丸島）

遠山直廉　とおやまなおかど

生年未詳～元亀三年（一五七二）五月十八日。東美濃恵那郡苗木（岐・中津川市）の国衆で、遠山景前の次男。左近助、駿河守。妻は織田信秀の娘で、信長の妹（軍鑑・大成上三八〇頁）。一般に苗木勘太郎で知られる。苗木遠山氏の所領は、岩村遠山氏同様一〇〇〇貫文前後という（蔭涼軒日録長享二年八月二十二日条）。天文二十一年（一五五二）に遠山武景が伊勢湾で海賊にあって横死したことで家督を嗣いだか（明叔録・岐2三九一頁）。兄遠山景任と同じく、弘治元年（一五五五）中に武田氏に従属したものとみられる。同年八月、これに怒った斎藤道三の攻撃を受け、武田家臣秋山虎繁・両角虎光が信玄に状況を報告している（吉田家文書・六四二）。晴信は「大井の徒」（岐・恵那市）が味方につけば、撤退するだろうという見通しを示しているから、両名は苗木に入城していたのかもしれない。翌九月には、信濃国衆木曾義康からも斎藤氏の苗木攻めの報告があり、晴信は義康に出兵を要請している（早稲田大学図書館所蔵諸家文書写・六四五）。永禄四年（一五六一）秋に一門延友信光（遠山三郎兵衛入道）を武田氏の伊那郡支配の拠点、大島城に派遣している（塩原家文書・八〇五）。永禄三年の桶狭間合戦後、今川氏真が独立した徳川家康を攻撃しようとしていた際に、久々利（岐・可児市）へ兵糧を入れるよう指示された（東洋文庫所蔵水月古鑑・八五六）。同七年の第五次川中島合戦を前にした六月十三日、兄景任とともに鉄砲衆五〇人を派遣するよう求められた（尊経閣文庫所蔵武家手鑑・八九九）。その際、織田信長および斎藤氏を離反した長井不甘と良好な関係を結んでいることを、信玄から喜ばれている。また、信玄の使者秋山万可斎に、自身が出馬したいと申し出たが、斎藤龍興が長井不甘を攻撃する動きがあるとして、押しとどめられている。しかし同年七月十五日には、飛騨へ出兵するよう求められた（苗木遠山史料館所蔵文書・補遺三）。その際、自身は跡部祖慶と半途で談合し、兵だけを飛騨に差し向けるよう指示を受けている。某年八月七日、小里氏（岐・瑞浪市）の謀叛に対処するよう、兄景任とともに指示を受けている（古典籍展観大入札目録平成二十年掲載文書・二〇九〇）。永禄十一年十一月の信玄の駿河侵攻には援軍を派遣したようである（上杉家文書・上越六六六）。同十二年六月、広恵寺に禁制を下しているのが唯一の発給文書である（遠山健彦氏所蔵文書・補遺二七）。同年十月十五日、小田原城を包囲し、三増峠合戦に勝利して帰国したという戦況を、信玄から伝えられている（古裂会目録平成十一年・一四六四）。この時、駿河守。元亀三年五月十八日死去。法名は雲岳院殿前駿州太守雲岳宗興大禅定門（開善寺過去帳）。同寺に墓が残る。娘の龍勝寺殿は信長の養女の扱いで、永禄八年に諏方（武田）勝頼に嫁いだ（軍鑑・大成上六九、三六〇頁）。（丸島）

遠山孫次郎　とおやままごじろう

生没年未詳。信濃国伊那郡和田城（長・飯田市）主。伊那遠山氏の当主。伊那遠山氏については、「遠山家由緒」（蕗原拾葉中）、「伊那温知集」（新編伊那史料叢書2）など後世の記録しかなく、詳細は不明。同書に登場する遠山遠江守景広と同一人物か。天文二十三年（一五五四）八月、武田氏の下伊那侵攻により、知久・下条氏らが降伏すると、信玄は遠山氏に攻撃を矛先を向けた。すると、遠山孫次郎は、遠江国衆天野景泰を仲介役として武田氏に従属を申し出た。武田信玄は、同年九月二日、天野景泰に対し、遠山孫次郎降伏の仲介をしてくれたことに謝意を表し、孫次郎が人質を提出することを条件にこれを認めると回答している（天野家文書・四二一）。実は信玄は、前日の九月一日に、天野景泰に近隣への調略を依頼しており（同前・四二〇）、伊那遠山氏従属はその成果によるものとみられる。孫次郎は人質提出を受諾したとみられ、九月六日、信玄は天野景泰に対し遠山孫次郎を赦免したことを伝達し、もし今後孫次郎が逆心を企てたら、武田・今川両氏間での調整の結果であるので、天野氏と連携して対処するとしている（同前・四一二）。年未詳であるが、同年と推定される十一月二十六日、信玄は天野景泰に書状を送り、遠山氏が出仕したことを伝え、安心するよう記している（天野良吉氏所蔵文書・六五〇）。これを最後に確実な記録では所見されなくなる。なお、「箕輪記」「遠山氏史蹟」「遠山先祖申伝覚」などによると、和田城主遠山遠江守景広は、天正十年（一五八二）二月、織田軍の武田領国侵攻が開始されると、遠山景俊（景広の弟）・同刑部・弥蔵をはじめとする一族衆八人、被官衆一三〇余人とともには高遠城に籠城し、三月二日に戦死したという（遠山家由緒には、景広だけは辛くも城を脱出して相模国鎌倉に逃れ、その地で死去したともいう）。これにより、伊那遠山氏は事実上滅亡した。その後、景広の長男石見守（土佐守）景直が徳川氏に仕え、旧領を回復したと伝えられる（南信濃村史遠山ほか）。　（平山）

遠山民部入道　とおやまみんぶにゅうどう

生没年未詳。美濃遠山氏の一門と思われる。年未詳二月七日、信玄から使者として秋山万可斎を派遣された。万可斎が届けた条目に目を通し、遠山同名中を結束させるとともに、美濃国境の防備を固めるよう求められている（春日家文書・四二四〇）。一門の有力者であったのだろう。　（丸島）

常田新六郎　ときたしんろくろう

生没年未詳。信濃小県郡の国衆、海野氏の被官とみられる。永禄五年（一五六二）五月十七日、上野鎌原城（群・嬬恋村）の在番として、小草野孫左衛門尉・海野幸光と共に派遣された（伏島家文書・七六五）。　（丸島）

常田隆永　ときたたかなが

生年未詳～元亀三年（一五七二）七月八日。出羽守。また伊予守ともいったというが、疑問。真田頼昌の子で、幸綱の弟。「系図纂要」は実名を隆家とする。「惣人数」には信州先方衆騎馬一〇騎持ちでみえる。元亀三年七月八日没、法名月窓寺殿伝叟一元大居士。牌所は菩提寺月窓寺（長・上田市）である（真田系譜考・大日本史料10-22一五五、一五六頁）。月窓寺の過去帳にも同様の記載があるという（真田一族と家臣団二三頁）。「加沢記」は永禄五年（一五六二）に所見のある常田新六郎（伏島家文書・七六五）と同一人物とするが、事実とはみなしがたい。　（丸島）

常田綱富　ときたつなとみ

生没年未詳。信濃小県郡の国衆、海野氏の被官。七右衛門尉。永禄十年（一五六七）八月七日、信玄に忠節を誓う「下之郷起請文」を、海野衆の一員として提出した（生島足島神社文書・一三二）。真田幸綱の弟常田隆永の子であるという（系図纂要）。　（丸島）

常田道堯　ときたどうぎょう

生没年未詳。真田幸綱の弟常田隆永の嫡男（系図纂要、真田氏所蔵御家中系図）。図書助。実名は不明。子がなく、河原隆正の三男を養子に迎えた（信綱寺殿御事蹟稿・信叢15一〇七頁、御家中系図）。武田氏滅亡後の天正十年（一五八二）十一月十日、真田昌幸が諏訪大社上社神長官守矢信真に出した書状を「常出」つまり常田出羽守が伝達している（守矢家文書・信15五二七頁）。出羽守は常田隆永が称したとされる受領名だから、常田氏直系の人物であろう。しかし養子永則は長篠で討ち死にしており、その子息は作右衛門・作兵衛を称したという（御家中系図）。したがって同年段階で出羽守を名乗ることができるのは道堯しかいない。さしあたり、道堯が出羽守を称したと考えておきたい。天正末年と思われる三月二十一日、常田出羽守が高野山蓮華定院で自身の家中（妻女か）の供養を行っている。法名は恵慶禅定尼（過去帳月坏信州小県分第二）。常田氏の動向はよくわからず、確定が難しい。法名は、功山賢清（御家中系図）。（丸島）

常田永則 ときたながのり

生年未詳～天正三年（一五七五）五月二十一日。河原隆正の三男で、常田道堯の養子となった。権司、図書助。天正三年の長篠合戦で討ち死にした（信綱寺殿御事蹟稿・信叢15一〇七頁、真田氏所蔵御家中系図）。法名は、伝叟正心（御家中系図）。実名の「永」は、養祖父常田隆永からの偏諱か、または常田家の通字と思われる。妻の法名は、花屋陽春（同前）。子息永之（作右衛門・作兵衛）は、元和元年（一六一五）の大坂夏の陣で討ち死にした（同前）。（丸島）

常葉安芸守 ときわあきのかみ

生年未詳～天正三年（一五七五）十一月二十八日か。信濃国伊那郡の武士。常葉氏は伊那郡山村（長・飯田市）の武士であるという（開善寺過去帳、赤須・上穂旧記録抄）。松尾城主小笠原信貴・信嶺の家臣。常葉常陸守の近親であろう。元亀四年（一五七三）七月六日、松尾城主小笠原信嶺は武田勝頼より三河国長篠城在城を命じられたが、その際に在城領を遠江国井伊谷で支給されており、それらを信嶺家臣四人にも配当するよう指示されている判物に登場するのが唯一の所見（小笠原家文書・二三八）。そのほかの事蹟は不明。なお、常葉安芸守の妻「要川瑞津禅定尼」は、天正三年十一月二十八日に東美濃岩村城代秋山虎繁と同日に死去しており（開善寺過去帳）、岩村城に籠城していた可能性が高い。このことから、夫常葉安芸守もともに籠城していたと思われるが、確証がない。（平山）

常葉壱岐守 ときわいきのかみ

生没年未詳。天文二十三年（一五五四）、木曾義康が武田家に従属する際に、晴信から使者として派遣された人物（山梨県立博物館所蔵文書・補遺一四）。常葉氏が信濃伊那郡の武士で、松尾小笠原氏の家臣として所見がある。したがって木曾氏の従属は、松尾小笠原氏が仲介した可能性が高い。（丸島）

常葉定満 ときわさだみつ

生没年未詳。信濃国伊那郡の武士。常葉氏は伊那郡山村（長・飯田市）の武士であるという（開善寺過去帳、赤須・上穂旧記録抄）。松尾城主小笠原信貴の家臣。平左衛門尉。永禄十年（一五六七）八月七日、武田氏重臣山県昌景に宛て武田氏に忠節を誓った下之郷起請文に「小笠原下総守被官」の一員として登場するのが唯一の所見（生島足島神社文書・一二三）。そのほかの事蹟は不明。（平山）

常葉常陸守 ときわひたちのかみ

生没年未詳。信濃国伊那郡の武士。常葉氏は伊那郡山村（長・飯田市）の武士であるという（開善寺過去帳、赤須・上穂旧記録抄）。松尾城主小笠原信貴・信嶺の家臣。常葉安芸守の近親であろう。元亀四年（一五七三）七月六日、松尾城主小笠原信嶺は武田勝頼より三河国長篠城在城を命じられたが、その際に在城領を遠江国井伊谷で支給されており、それらを信嶺家臣四人にも配当するよう指示されている判物に登場するのが唯一の所見（小笠原家文書・二三八）。そのほかの事蹟は不明。（平山）

常葉飛驒守 ときわひだのかみ

生年未詳～天正三年（一五七五）五月二十一日。信濃国伊那郡の武士。常葉氏は伊那郡山村（長・飯田市）の武士であるという（開善寺過去帳、赤須・上穂旧記録抄）。松尾城主小笠原信貴・信嶺の家臣。常葉安芸守、常葉常陸守の近親であろう。天正三年五月の長篠合戦で戦死したと「開善寺過去帳」に登場するのが唯一の所見（開善寺過去帳）。そのほかの事蹟は不明。（平山）

戸田藤左衛門尉　とだとうざえもんのじょう

生没年未詳。甲斐西郡宮地（山・南アルプス市）の出で、甲府八日市場に移住した。慶長十六年（一六一一）四月五日、老母妙盛が高野山に登山した際、天正三年（一五七五）五月二十一日の長篠合戦で討ち死にした藤左衛門尉の父の供養を依頼している。父の法名は、泰岸浄円禅定門と付された（成慶院甲州月牌記五）。母方の祖父は同十五年十一月二十五日没、法名清巌長雲禅定門。妙盛は、夫と父だけでなく、母と娘の供養、娘と婿の逆修（生前）供養も同時に営んでいる（同前）。藤左衛門尉は、若くして父が討ち死にしたと推測されよう。その後紀伊徳川家に仕えたようで、寛永二年（一六二五）四月二十五日に、父の供養を再度依頼している。この時は泰岸常栄と、ほぼ音通するものの、やや異なる法名が付されている（成慶院甲州月牌帳六）。（丸島）

戸田孫太郎　とだまごたろう

生没年未詳。駿河国入山瀬（静・富士市）の土豪で、永禄十一年（一五六八）十二月の武田信玄による駿河侵攻に際し、武田氏へ属した駿河衆。元亀三年（一五七二）五月二日、信玄より武田氏へ属した以来の働きを賞され、駿河国上石田（静・沼津市）の内ほか二六貫文の知行地を宛行われた（戸田家文書・一八五七）。同日には葛山三郎や三輪与兵衛尉たち駿河国衆葛山氏一門・家臣に対し知行宛行が実施されていることより、その立場は葛山氏の軍事指揮下にある与力・同心かと推察される。後裔は、入山瀬に在住し続けた。（柴）

戸塚重吉　とつかしげよし

生没年未詳。大蔵。上野の武士と思われるが、詳細は不明。永禄十年（一五六七）八月七日、武田氏に忠誠を誓う下之郷起請文を、連名で跡部勝資に宛てて提出した（生島足島神社文書・一一七六）。この際、「上州鎮守一二両社明神」が神文に含まれている。（丸島）

等々力定厚　とどろきさだあつ

生没年未詳。信濃国安曇郡等々力郷（長・安曇野市）の国衆。仁科氏家臣。豊前守。永禄十年（一五六七）八月七日、仁科親類・被官衆が武田氏に忠節を誓った下之郷起請文に登場するのが唯一の所見（生島足島神社文書・一二三〇）。等々力氏は、応永七年（一四〇〇）の大塔合戦において仁科一党として登場し（大塔物語）、古くからの仁科家臣であったとみられるが、その出自や系譜関係は不明確な部分が多い。（平山）

等々力次右衛門尉　とどろきじうえもんのじょう

生没年未詳。信濃国安曇郡等々力郷（長・安曇野市）の国衆。等々力氏館主、等々力城主。仁科氏家臣。等々力豊前守定厚の子か。天正五年（一五七七）九月五日、仁科盛信より信越国境の敵城（根知城か）と城主の動向を、細野甚四郎とともに詳細に調査し報告してきたことを報償されたのが初見（細野文書・二八六三）。同六年二月十二日、仁科盛信より信越国境から小谷筋の荷物二疋分の過書を与えられている（太田家文書・二九二八）。その後、同八年八月一日、盛信より仁科衆の統括などを任されている（等々力文書・三三九二）。同文書によれば、同年の御館の乱に際し武田氏が奪取した、越後国頸城郡不動山城への在城衆の入れ替えや城普請の厳命の履行を指示されたほか、馬町の町衆の統括、仁科領の馬・市の管理などを盛信に委任されている。そのほかに、同年八月十一日には、仁科領と仁科家臣の管理について、盛信から詳細に命じられている（同前・三四〇〇）。また、天正期とみられる十一月二十六日、当時勘当していた息子三枝吉親が、仁科盛信の麾下に配属されていることを知った武田家臣三枝栄富斎栄久より書状を受け取り、引き回しを依頼されている（同前・三九四五）。武田氏滅亡後は、小笠原氏に仕えたが、ほとんど史料に登場しなくなり、同氏の関東転封には従わず、そのまま土着し、大庄屋となっている。　（平山）

鳥羽勘丞　とばかんのじょう

生没年未詳。信濃国筑摩郡会田（長・松本市）の土豪。会田岩下氏の被官とみられる。天正九年（一五八一）の「伊勢内宮道者御祓くばり帳」において、「あいた」の人物として記載され、熨斗二〇本、茶五袋を配られたと記されているのが唯一の所見（堀内健吉氏所蔵・三六四四）。（平山）

鳥羽与三衛門　とばよさえもん

生没年未詳。信濃国筑摩郡会田（長・松本市）の土豪。鳥羽勘丞の一族。会田岩下氏の被官とみられる。天正九年（一五八一）の「伊勢内宮道者御祓くばり帳」において、「あいた」の人物として記載され、熨斗二〇本、茶五袋を配られたと記されているのが唯一の所見（堀内健吉氏所蔵・三六四四）。　（平山）

土橋惣右衛門尉　どばしそうえもんのじょう

生没年未詳。対馬守。甲斐国山梨郡遠光寺村（山・甲府市）の土豪。天文十七年（一五四八）七月十九日の武田晴信感状（諸州古文書・二五六）で、同日の塩尻峠合戦における戦功を賞されたのが初見。同年九月十一日の武田晴信感状（同前・二七〇）でも、信州佐久郡での戦功を賞されている。年未詳八月二十五日の曾禰昌世証文写（古文書雑集・三八九七）では、恩地の不足を武田氏に申請し、上新居（甲府市か）などで知行地を宛行われた。弘治元年（一五五五）七月以前に対馬守の受領を与えられ、同月十九日の武田晴信感状（諸州古文書・四二八）で同日の川中島（長・長野市）合戦における戦功を、同三年三月十日の武田晴信感状（同前・五三七）で二月十五日の水内郡葛山（長野市）における合戦の戦功をそれぞれ賞されている。天正七年（一五七九）の諏訪大社造営事業に際して作成されたと考えられている両社御造営領幷御神領等帳（大祝諏訪家文書・三〇七九）では、同社の祭礼を負担する地頭のひとりとして土橋対馬の名がみえ、信濃国内に知行地を有していたことが窺える。武田氏滅亡後は、在所に居住した（国志4三〇七頁）。　（鈴木）

土橋八郎左衛門尉　どばしはちろうざえもんのじょう

生没年未詳。甲斐国河内西古関（山・身延町）の土豪。穴山家臣か。永禄四年（一五六一）三月二十一日に自身の逆修供養を高野山に依頼しているのが唯一の所見。法名は恵授常秀（成慶院過去帳・武田氏研究34）。　（平山）

富田主計助　とみたかずえのすけ

生没年未詳。上野国衆国峰小幡氏の家臣で、多胡郡石上郷（群・高崎市）の土豪。富田対馬守の子とみられる。天正八年

（一五八〇）六月十一日付で小幡信定から、多胡郡黒熊・馬庭（高崎市）において二二貫文余と嶺分を所領として宛行われている（富田文書・三三五六）。　（黒田）

富田対馬守　とみたつしまのかみ

生没年未詳。上野国衆国峰小幡氏の家臣で、多胡郡石上郷（群・高崎市）の土豪。小幡氏との関係は直接にはみられないが、子の主計助が小幡氏家臣として確認されること、のちに触れる倉賀野城攻略の際の戦功について、同時に武田氏から感状を与えられている黒沢源三が小幡氏の家臣であったから、富田氏も当初から小幡氏家臣であったと捉えられる。通称は初め主計助、のちに対馬守に改称したとみられる。永禄六年（一五六三）十二月九日付の石上郷宛の武田家禁制を所蔵しているから（富田文書・八四七）、同郷の政治的代表者であったとみられる。同七年六月二日付で、主計助の名でみえ、上野倉賀野城（高崎市）攻略の際の戦功について武田信玄から賞されている（同前・八九五）。同八年三月十五日付で、武田氏から領国内において一ヶ月につき三駄分の荷物について、通行諸役を免除されている（同前・九三三）。このことから主計助は商売に携わる存在であったことがわかる。天正三年（一五七五）十二月二十七日付で、対馬守の名でみえ、武田氏から盗賊の探索を申し出たことについて、所領の宛行の代わりに郷次の普請役を免除されている（同前・二五七〇）。同八年には子とみられる主計助が所見されるから、その間に死去ないし隠居したとみられる。　（黒田）

富所業久　とみどころなりひさ

生没年未詳。上野国衆和田氏の家臣か。通称は宇左衛門尉。永禄十年（一五六七）八月七日付「下之郷起請文」において、和田業政・猿渡満繁とともに連署起請文を出し、二番目に署判しているのが唯一の所見（生島足島神社文書・一一五九）。（黒田）

富中藤次郎　とみなかとうじろう

生没年未詳。永禄十年（一五六七）八月、武田家臣が信玄への忠節を誓った「下之郷起請文」提出に際し、吉田信生・浅利信種に宛てて起請文を提出している（宮入八樹氏所蔵御願書幷誓詞写・四二〇）。そのほかの事蹟は未詳。　（丸島）

友野宗善　とものそうぜん

生没年未詳。二郎兵衛尉。駿府の町年寄で、商人頭。今川氏時代からの友野座を運営し、天文二十二年（一五五三）二月十四日には、今川義元より友野座に関しての特権確認の判物を受けている（駿河志料・戦今一一三九）。武田氏の駿河侵攻後は同氏に仕え、天正元年（一五七三）八月二十七日の武田家朱印状（友野家旧蔵文書・二一五九）で、旧規の如く自国・他国の商人から連雀役・木綿役などを徴収する代官に任じられた。同年九月十二日の武田家朱印状（同前・二一七五）では、連雀役の代官を務めたことにより、今宿の屋敷一間分の地子銭を与えられている。奉者はいずれも跡部美作守勝忠。

（鈴木・柴辻）

友野昌清　とものまさきよ

生没年未詳。与一郎・次郎兵衛尉。友野宗善の子。室は駿府今宿（静・静岡市）の豪商松木宗清の女（静岡市史）。天正三年（一五七五）十月一日の武田家朱印状（友野家文書・二五三六）で、駿府の商人衆が駿河国に帰参した際に諸役を免許する旨を伝えられ、同月十一日の松木宗清等連署起請文写（同前・二五三七）で、松木宗清ら一一名とともに、駿府での商売に関する起請文を武田氏へ提出した。ここでは「伴野与一郎昌清」と署名しているが、その後は父と同じ次郎兵衛尉を称したとみられる。年未詳九月晦日の穴山信君条書写（判物証文写・三九二七）で、大井川河畔の水川郷（静・川根本町）で商売を行うこと、敵方（徳川方）から鉄炮・鉄を仕入れた際には夫馬を与えること、条書を与えられた一〇名以外の商人が商売を行うことを禁止し、違反した場合は見つけ次第荷物を奪い取ることなどを、松木宗清ら九名とともに命じられており、彼らが半手（勢力範囲の境目）で敵方（徳川方）から武田氏の軍需物資を調達する「死の商人」として活躍していたことが窺える。天正十年三月に武田氏が滅亡した後は徳川氏に仕えて父と同じ宗善を称し、慶長十四年（一六〇九）に行われた駿府の町割に尽力した（駿河国新風土記）。子孫は代々駿府の町年寄をつとめたが、享保三年（一七一八）に友野与左衛門が遠藤新田（静岡市）の開発を行うため同地へ移住し、のちに没落したとされる（静岡市史）。（鈴木）

伴野君家　とものきみいえ

生没年未詳。善七郎。伴野信是の被官。同名衆か。永禄十年（一五六七）八月八日、野沢衆の一員として、武田氏に忠節を誓った「下之郷起請文」を吉田信生に提出し、血判を据えている（生島足島神社文書・一一八六）。某年三月、主君伴野信是によって、高野山蓮華定院において供養がなされている（蓮華定院文書・三八二三）。（丸島）

伴野玄林斎　とものげんりんさい

生没年未詳。信濃佐久郡の国衆前山伴野氏の一門。山城守。天正八年（一五八〇）十一月十五日、高野山成慶院で自身の逆修（生前）供養を行った（信州月牌帳三・信濃64-1六七頁）。同日付で逆修供養をされている妙章禅尼は妻室であろう（同前六八頁）。具体的な事蹟は不明。（丸島）

伴野貞金　とものさだかね

生没年未詳。前山伴野氏の一門。善右衛門尉。某年四月晦日、高野山成慶院に返書を出すとともに、佐久郡において活動していた龍覚寺死去の弔問に謝意を表している（成慶院文書・四三二四）。なお、花押型は伴野貞胤のものと酷似しており、同一人物あるいは親子関係にある可能性が高い。（丸島）

伴野貞胤　とものさだたね

生没年未詳。前山伴野氏の一門。常陸守。某年三月十九日、先年成慶院住職に会えなかったことを残念がるとともに、以前から依頼していた奥の院に石塔四九基が完成したことを喜び、黄金一〇両の支払いを約束している。すでに五両は支払い済みであったが、残りの五両は未払いで、秋に使僧大夫卿へ渡す手筈となっていた（成慶院文書・四三〇四）。天正四年（一五七六）十月十八日、五月二十九日に没した甥道清のために成慶院で供養を営んでいる（信州月牌帳三・信濃64-1六五頁）。なお、花押型は伴野貞金のものと酷似しており、同一人物あるいは親子関係にある可能性が高い。（丸島）

伴野貞長　とものさだなが

生年未詳～天正四年（一五七六）か五月二十八日。前山伴野氏の一門。摂津守、一楽斎全永。「貞祥寺開山歴代伝文」（信叢1）は信守の子で、最後の当主とするが、明確な間違いである。永禄七年（一五六四）に伴野信直と依田信蕃が横沢の知行をめぐって争った時、代官として相論の場に出廷し、伴野氏を勝訴に導いた（市川五郎家文書・信24二四七頁）。某年三月十五日、高野山成慶院に礼状を出し、使僧成福院の世話ができなかったことを謝している（成慶院文書・四三〇一）。この時、摂津守。某年二月二十日にも、成慶院に返書を出した（同前・四二九六）。某年七月二十八日、成慶院に礼状を出すとともに、最花を送っている（同前・四三二七）。某年四月四日、高野山成慶院に礼状を出すとともに、子息藤左衛門にも書状をくれたことに謝意を表している（同前・四三〇八）。この時、壱楽斎全永でみえる。天正四年か五月二十八日没。同年十月十八日、子息藤左衛門尉によって成慶院で供養が営まれた。法名却中全永禅門（信州月牌帳三・信濃64-1六五頁）。（丸島）

伴野貞慶 とものさだよし

生没年未詳。佐久郡の国衆野沢伴野氏、ないしは伴野氏全体の惣領家か。刑部大輔。享禄三（一五三〇）年八月、高野山蓮華定院と師檀契約を結び、領民の宿坊を蓮華定院に定めている（蓮華定院文書・信10五六八頁）。伴野氏は次いで、天文四年（一五三五）八月に兵庫助貞秀が蓮華定院と師檀契約を結んでいる（同前・信11八九頁）。さかのぼって永正六年（一五〇九）には、近隣の大井氏との抗争が激化し、将軍足利義尹（義稙）が紛争調停に乗り出している（御内書案・信10三七三）。この時は六郎と記される。通称が正式な叙任を経たものでなかったためであろう。こうした衝突の結果、大永七年（一五二七）には佐久郡全体を敵に回す情勢になり、武田信虎へ軍事支援を求めた。六月に信虎が出陣したところ、たちまち和睦が成立した。伴野氏は所領を進呈する意向であったが、信虎は謝絶したという（勝山）。この伴野殿は、時期的にみて貞慶が該当するか。あるいはこの結果、貞慶が隠居し、貞秀が家督を嗣いだとも考えられよう。（丸島）

伴野貞能 とものさだよし

生没年未詳。前山伴野氏の一門か。年未詳八月六日、鷹（高）見沢庄左衛門が鷹野町（長・佐久穂町）において軍役をつとめたことを賞し、三五貫文の知行地を宛行っている（高見沢家文書・三六八五）。伴野一門で、唯一領内に対する発給文書が残っている人物である。高見沢庄左衛門尉の活動時期からみて、天正十年（一五八二）の文書の可能性が高い。（丸島）

伴野貞頼 とものさだより

生没年未詳。刑部介。某年七月二十七日、高野山成慶院に返書を出すとともに、伴野領で用事がある場合は、承ると述べている（成慶院文書・四三二七）。天正十八年（一五九〇）に阿江木常林とともに上野から相木谷に出兵し、松平（依田）康国に撃退されたという「伴野刑部」は（依田記・信17一〇八頁）、あるいはこの人物か。（丸島）

伴野重実 とものしげざね

生没年未詳。上野国衆国峰小幡氏の家臣。通称は大膳助。実名は小幡憲重からの偏諱とみられる。永禄十年（一五六七）八月七日付「下之郷起請文」において、国峰小幡氏の家臣で尾崎郷（群・富岡市西部）における地縁集団尾崎衆の連署起請文で七番目に署判しているのが唯一の所見（生島足島神社文書・一一七二）。（黒田）

伴野如心 とものじょしん

生没年未詳。東青軒如心。伴野信是の被官。同名衆か。永禄十年（一五六七）八月八日、野沢衆の一員として、武田氏に忠節を誓った「下之郷起請文」を吉田信生に提出し、血判を据えている（生島足島神社文書・一一八六）。（丸島）

伴野藤左衛門尉 とものとうざえもんのじょう

生没年未詳。貞長の子。某年四月四日、父貞長が高野山成慶院に礼状を出した際に、藤左衛門にも書状を送ってくれたことに謝意を表している（成慶院文書・四三〇八）。天正四年（一五七六）十月十八日、五月二十八日に没した父貞長と、九月二十日に没した姉妙貞禅尼の供養を成慶院で営んでいる（信州月牌帳三・信濃64－1六五頁）。（丸島）

伴野信是 ともののぶこれ

生年未詳～天正六年（一五七八）十一月二十四日か。信濃佐久郡の国衆野沢伴野氏当主。左衛門佐。信番の父。信豊の子とされるが、これは信是のくずし字を信豊と読み誤ったことからする誤伝で、そもそも信豊という人物は存在しない。武田氏の佐久郡出兵に対し、抵抗を行い、天文十五年（一五四六）五月二十一日には大井貞清を本拠地野沢郷（長・佐久市）に匿っている（甲陽日記）。しかし、同十八年六月一日に武田氏に出仕（同前）。この時、左衛門。「甲陽日記」には、同年十二月十六日条にも「伴野左衛太夫」が初めて出仕したという記事があり、一族であろうか。永禄六年（一五六三）十月、野沢郷医王山薬師寺に鰐口を寄進した。この時、「大檀那源信是」と刻まれる（根岸章作氏所蔵・四九二）。同八年十月十八日、前山伴野信直をはじめとする佐久郡衆とともに、竜雲寺北高全祝に懇切にするよう命じられている（永昌院文書・九五八）。同月中に上野倉賀野城（群・高崎市）に派遣されたようで、十月二十九日、室賀信俊・小宮山虎高と談合して城内の備えを固めるよう命じられた（室賀家文書・一〇四）。同十年八月八日、武田氏に忠節を誓った「下之郷起請文」を吉田信生に提出した（生島足島神社文書・一一八五）。同時に、被官衆（野沢衆）も起請文を提出している（同前・一一八六）。同十二年七月、以前に薬師寺に寄進した鰐口を、野沢郷八幡宮に寄進し直した（根岸章作氏所蔵・補遺三）。某年三月、高野山蓮華定院に、伴野君家らのために、日牌供養料三貫文を寄進した（蓮華定院文書・三八三）。この時、花押と黒印を重捺している。印文は不明。天正六年十一月二十四日没か。子息信番によって、高野山蓮華定院で供養がなされている（過去帳日坏信州佐久分第一）。高野山の供養帳（過去帳）は、生前供養と追善供養が混在しており、日付が命日か供養依頼日か判別が難しいが、信是の場合は命日とみてよいだろう。法名大翁存智禅定門。（丸島）

伴野信番 ともののぶつぐ

生没年未詳。信濃佐久郡の国衆野沢伴野氏当主。信是の子。善九郎。名前の読みは難読で、確証を欠く。天正六年（一五七八）と思われる父信是の死去により、家督を相続。同七年十月二十一日、母（正林宗慶禅定尼）の逆修供養と、父信是（大翁存智禅定門）の追善供養を高野山蓮華定院に依頼した（過去帳日坏信州佐久分第一）。この時、善九郎。同八年三月十九日、高野山蓮華定院と宿坊契約を結び直している（蓮華定院文書・三八九）。武田氏滅亡後、本能寺の変を経て北条氏に従属し、本領を安堵された。同十年六月二十二日、北条氏照・氏邦から新恩として内山郷（長・佐久市）・平賀郷（佐久市）・中込郷（佐久市）・広瀬檜沢（長・南牧村）・北沢（佐久市）・清河（佐久市）を与えられている（武州文書・戦北三三六八）。その際、中込郷のうち二〇〇貫文は替地で宛行うと伝えられるとともに、北条勢が碓氷峠を越えて信濃に攻め込んだら、呼応するよう命じられている。しかし徳川方の依田信蕃の攻勢の前に、野沢城を明け渡して（三河物語）、没落した。もっとも信番自身は、某年十一月十日付の蓮華定院宛の書状において、同年十月の北条・徳川同盟の成立とそれにともなう国分により、やむを得ず佐久郡を退去したと述べている（丸山史料蓮華定院古文書・信15五〇二頁）。強がりの可能性もあり、どちらが正しいかは判然としない。その後の動静は不明。（丸島）

伴野信直 ともののぶなお

生没年未詳。信濃佐久郡の国衆前山伴野氏の当主。兵衛尉、讃月斎全真。伴野氏の系譜を記した「貞祥寺開山歴代伝文」（信叢1）は開山の讃月斎全真を実名貞祥、永禄二年（一五五九）四月十二日没とするが、同系図の記載はすべて誤っており、一次史料から復元する必要がある。前山伴野氏は、一族揃って高野山成慶院と師檀関係を結んでおり、成慶院宛の文書が多く残る。「惣人数」には「桜井　五騎」とあり、「是ハ前山居城也、付リ、地戦ニハ八拾騎」とある。このように、「軍鑑」は前山伴野氏を桜井伴野氏と認識していた。つまり庶流家の桜井伴野氏が、嫡流家の前山伴野氏の名跡を嗣いだという理解である。「貞祥寺開山歴代伝文」の混乱も、こうした前山伴野氏の系譜操作が一員であろう。また、本来八〇騎の軍役を、地戦、つまり佐久郡が戦場となる戦争でなければ、五騎に削減するという特例を受けている。これは、前山伴野氏が早くから武田氏に従属したための待遇とみてよいだろう。同時に、伴野家の惣領職も与えられたものとみられる。また戦争に際しては、土屋昌続の相備えとされている（惣人数）。某年三月十五日、成慶院に対して書状の御礼を述べるとともに、今まで老父が世話になったうえは、今後はきちんと自分がお話を承ると述べている（成慶院文書・四三〇〇）。この時、兵衛尉信直。老父にわざわざ言及していることからすれば、これが信直が活動した初期のものであろう。老父の名前は不明だが、あるいはこの人物が貞祥寺の開山である貞祥にあたるか。続いて某年七月二十七日に、成慶院の使僧派遣に謝意を表するとともに、佐久郡での御用があれば承りたいと述べている（同前・四三二五）。永禄五年と思われる四月二十八日、成慶院が使僧成福院を派遣してくれたのに、上野高田城を攻めていたため、会うこともできなかったと述べている（同前・四三二三）。高田攻めは永禄四年十一月だから（松原神社文書・七六〇ほか）、この翌年のものであろう。同七年、依田信蕃と横沢の知行をめぐって相論となり、奉行原昌胤の裁定により勝訴した（市川五郎家文書・信24二四七頁）。この時、前山伴野氏の所領高は三五〇〇貫文と把握されていた。某年二月二十五日に、成慶院に毎年最花を寄進すると約束したのが、無年号文書における俗体での終見である（成慶院文書・四二九九）。永禄八年十月十八日、竜雲寺（長・佐久市）に北高全祝が入寺するに際し、懇切にするよう命じられている（永昌院文書・九五八）。この時、佐久郡国衆の筆頭として記載されており、武田家における待遇が窺える。某年三月二十九日、伴野讃月斎全真が成慶院に道号「帰山全真」を伝えるとともに、月牌供養依頼料として一貫三〇〇文を納めた（成慶院文書・四三〇六）。この全真と信直の花押が一致し、同一人物とわかる。天正元年（一五七三）十一月十六日、成慶院で「伴野全真」の逆修（生前）供養が執り行われた（信州月牌帳三・信濃64-1六四頁）。したがって全真の書状は、同年十一月以前のものであり、同年三月のものである可能性が最も高い。入道した契機は、隠居とみられる。某年四月十二日の書状で、三年前より隠居したと述べており（成慶院文書・四三〇九）、同日付で嫡子信守も書状を出しているから（同前・四三一〇）、全真の入道後、信守が当主として活動を開始していることがわかる。天正五年七月二十七日には、子息信守とともに、帰山全真および「呼山道也」の逆修供養、ならびに「栢莫貞松禅定尼」の菩提をともなうため、日牌供養料を成慶院に納めている（同前・四二七五）。このうち帰山全真は信直の法名で、呼山道也は信守、栢莫貞松禅定尼は信直の妻室にあたる（成慶院信州日牌帳・信濃61-12六六頁）。自身の供養をより丁重な日牌供養に改めたわけである。なお、妻室は同年四月十九日に死去しており（同前）、それがこの時の供養の動機であったと考えてよいだろう。ただし供養自体が行われたのは、同六年六月二十一日であった。また同五年前後の某年、駿河富士大宮（静・富士宮市）に神馬一疋を奉納している（永昌院所蔵兜巌史略・補遺二三）。同六年六月三日には、嫡子信守と連名で、伴野一門および伴野領住人が高野山に登山する時の宿坊は、成慶院であると確認している（蓮華定院文書・二九八三）。この文書が蓮華定院に伝来した理由は、武田氏滅亡後、佐久郡の檀那場をめぐって成慶院と蓮華定院の間に対立が生じたためとみられる。某年三月十七日、成慶院主が甲府を訪ねたのに、挨拶もできなかったことを詫びている（成慶院文書・四三〇二）。某年七月二十七日にも、同様に面会ができなかったことを謝罪した（同前・四三二六）。天正九年十二月三日、小諸城代（長・小諸市）下曾禰浄喜が主導した追分大明神大般若経奉納に際し、巻五九の奥書に全真の母妙永の名がみえる（追分神社旧蔵・三六二九）。全真は相当長命であったようで、武田氏滅亡後、「我等此方二十ヶ年致牢々」と成慶院に返書を出している（成慶院文書・四三三二）。慶長年間（一五九六～一六一五）まで存命であったと思われると同時に、北条氏・徳川氏には仕官しなかったものか。（丸島）

伴野信宗 とものののぶむね

生没年未詳。信濃佐久郡の国衆前山伴野氏の当主か。某年二月二十三日、伴野領を高野山成慶院の檀那場とする旨を、安堵している（成慶院文書・四二九七）。あわせて蓮華定院からの師檀関係構築要請は断る旨を伝えた。成慶院と師檀関係を結ぶ権限と、実名の上に武田氏の通字「信」字を冠することから、伴野氏の当主または嫡子とみられるが、系譜関係は確定しがたい。ただし花押型は伴野貞長（一楽斎全永）のものに酷似する。したがって伴野貞長の子で、信守の養子となった可能性を指摘できる。伴野氏の菩提寺貞祥寺に伝わる「貞祥寺開山歴代伝文」は、伴野氏最後の当主を伴野貞長とするが（信叢1）、親子関係を取り違えたとすれば理解しやすい。（丸島）

伴野信守 とものののぶもり

生年未詳～天正十年（一五八二）十一月三日か。信濃佐久郡の国衆前山伴野氏の当主。信直の子。宮内少輔。伴野氏の系譜を記した「貞祥寺開山歴代伝文」（信叢1）に記載があるが、内容は信頼できない。某年四月十二日、高野山成慶院に返書を出し、老父信直の代と同様に、三俵を寄進している。この時、信直も同時に書状を出し、三年前に隠居したと述べているから、信直が家督を嗣いで最初の挨拶であったと思われる（成慶院文書・四三〇九、一〇）。時期は特定できないが、信直の出家時期を考えると、元亀年間（一五七〇～七三）のことであろう。天正元年九月に、後閑信純らと三河作手城（愛・新城市）に派遣された。九月八日、城内の用心を固め、作手三六人衆内の謀叛を防ぐよう指示されている（竹重家文書・二一七三、森村敏夫氏所蔵文書・三七二八）。同五年七月二十七日、父信直とともに、帰山全真（信直）・呼山道也（信守）の逆修供養、および柏莫貞松禅定尼（信直室）の菩提をともなうため、日牌供養を成慶院に納めている（成慶院文書・四二七五）。この供養自体は同六年六月二十一日に執り行われているから（成慶院信州日牌帳・信濃61-12六六頁）、何らかの理由で使者が到着するのに時間がかかったのかもしれない。また信守は、亡母のために高野山に石塔を建立している（同前）。同年六月三日には、父信直と連名で、伴野一門および伴野領住人が高野山に登山する時の宿坊は、成慶院であると確認した（蓮華定院文書・二九八三）。某年六月二十五日、成慶院に返書を出し、何としても高野山に登山したいという意欲を伝えている（武将文苑・四三二七）。この書状には、官途名「刑部少輔」が付されているが、これは武田信守（信昌の父）のもので、誤写である。武田氏滅亡後の動静は不明だが、依田信蕃に佐久郡を追われ、北条氏のもとに逃れたと考えるのが無難であろう。あるいは「貞祥寺開山歴代伝文」の記す天正十年十一月三日没というのが、案外当たっているのかもしれない。依田信蕃の攻撃で、滅亡したという考えである。実際同年七月十九日には、依田信蕃が「伴野之地」を宿城（本丸）まで攻撃し、疵を負った功績を家康から賞されているから（寛永諸家系図伝所収文書・信15三二二頁）、依田勢の攻撃を受けて守勢に回っていたことは間違いない。また依田信蕃は、同年十月の北条・徳川同盟成立後も、佐久郡攻略の動きを止めなかったから、その過程で落城したと考えることは可能であろう。しかし、法名天正院殿固岳忠心居士というのは明らかに間違いである。前述のように、生前に呼山道也と名づけていた。（丸島）

友松行実 ともまつゆきざね

生没年未詳。上野国衆国峰小幡氏の家臣。通称は丹後守。多胡郡馬庭（群・高崎市）の土豪とみられる。永禄十年（一五六七）八月七日付「下之郷起請文」において、国峰小幡氏の家臣として熊井土重満に宛てた松本吉久・同定吉との連署起請文で筆頭に署判しているのが唯一の所見（生島足島神社文書・二六九）。（黒田）

友光 ともみつ

生没年未詳。姓は不明。永禄八年（一五六五）六月、武田義信とともに甲斐二宮美和神社（山・笛吹市）に太刀一腰を奉納した（美和神社文書・九四六）。ただし、花押は据えていない。義信の側近であったとみられる。（丸島）

な

内記勝長 ないきかつなが

生没年未詳。実名は、当初勝長、後に昌継を名乗る。内記助、豊前守。駿河において活動した奉行人である。天正四年（一五七六）五月二十一日、鉄砲玉調法の奉公として、七人の諸役を免許する旨を通達されたのが初見（諏訪史料叢書所収諏訪家文書・二六五五）。同四年九月十八日、宝泉坊に安東長谷屋敷（静・静岡市）の寄進について、まだ対象外であった地子銭についても安堵された旨を伝えた（長谷寺旧蔵文書・二七二四）。この時、「内記々助勝長」と署判。同五年の富士大宮浅間神社遷宮に際し、武田勝頼の命で琴をふたつ奉納した（浅間本宮神社所蔵・二七九五）。同八年二月十九日、駿河府中浅間神社の三月会神事について、武田勝頼が頭役となったという話がでたらしい（大井博氏所蔵文書・三三五二）。ちょうど勝長が甲府に在府していたため、勝頼が尋ねたところ、まったく知らないという返事であった。勝長は一両日中に駿河に戻る予定であり、浅間社のほうで先例があるか事実関係を調べるよう下知がくだった。信玄の代に先例があるようならば、勝長が三月会を差配するよう命じられている。あわせて、去年の「大段銭」についての印判状も預けられている。年未詳六月十八日、流鏑馬神事の廻状を出しているのは、駿河府中浅間社との関わりの深さを示すものであろう（静岡浅間神社文書・静史3四〇八頁）。天正九年六月五日、駿河江尻城代穴山信君に対し、天神瓦の門は沼津興国寺（静・沼津市）へ送ったと報告をしている（楓軒文書纂・三三五七）。この時、「内記豊前」でみえる。問題は年未詳十二月十三日付で、「内記内記助」に送られている勝頼書状である（諏訪家文書・三六三五）。従来天正九年に比定されているが、勝長の通称変遷と矛盾する。この書状は「勝頼」朱印が押捺されているから、八年か九年のものである。勝長の子息宛とも考えられるが、年次を一年遡らせるのが妥当であろうか。なお、書状の内容は、陣中見舞いへの謝辞と、在城地の「用心普請」を命じたものである。穴山信君書状と考え合わせれば、駿河に在城し、信君の管轄下にいたのであろうか。同十年の武田氏滅亡後は徳川氏に仕える。同年十二月二十三日、家康の命を受け、古槇真玖とともに臨済寺に寺領を寄進した（臨済寺文書・静8一六二一）。この時、「内記豊前守昌継」と署判しており、実名を改めたことがわかる。同十五年四月五日、朝比奈宗白とともに石切奉行青木市右衛門に駿河庵原郡西方内の知行を安堵した（青木家文書・静8一八九八）。この時、「内々」と署判しており、通称を内記助に復している。同十六年八月二十七日、やはり宗白と連名で、長谷寺の順泉坊に駿府屋敷の替地として聖一色（静・静岡市）で知行を引き渡した（長谷寺文書・静8一九六六）。同年十二月十日、府中屋敷の替地を大岩興郷（静岡市）を府中浅間社社人奈吾屋大夫に引き渡した（玖駿府浅間神社社家大井家文書・静8一九六五）。二十六日にも、同社人村岡大夫に屋敷の替地を引き渡している（村岡大夫文書・静8一九九七）。これらは駿府城下整備の一環とみられ、内記昌継（勝長）がそれに携わったことがうかがえる。天正十七年十一月三日、伊奈熊蔵らとともに駿河府中浅間神社の神領帳に署判した（志貴文書・江戸幕府代官頭文書集成六二）。同月音知行書立への署判が散見される（南紀徳川史・江戸幕府代官頭文書集成六九、七〇、記録御用所本古文書・江戸幕府代官頭文書集成二七）。文禄三年（一五九四）十二月十一日の年貢請取状に署判したのが終見となる（伊藤文書・江戸幕府代官頭文書集成二五四、二五五）。

（丸島）

内貴少弐　ないきしょうに

生没年未詳。佐久郡内山衆。姓は内記とも。永禄十一年（一五六八）十一月二十一日、通三居士の逆修（生前）供養を高野山で行った（蓮華定院過去帳日坏信州佐久分第一）。少弐自身のものの可能性が高い。同日、妻室（花屋照蓮禅定尼）も供養を営んでいる（同前）。同日付でこのふたつの月牌供養が営まれており（蓮華定院過去帳月坏信州佐久分第一）、当初月牌供養を依頼し、その後日牌供養に改めたものが、供養帳の整理に際して同日付で記されたのだろう。天正元年（一五七三）十二月十四日、遺跡を九左衛門尉に譲ることを安堵された。ただし、悔返権は保持している（土屋家文書・三三四）。（丸島）

内藤久蔵　ないとうきゅうぞう

生年未詳～天正十年（一五八二）三月十一日。天正十年三月の武田氏滅亡に際し、勝頼に従って討ち死にしたという。景徳院での法名は、即応浄心（景徳院位牌）。（丸島）

内藤大夫　ないとうだゆう

生没年未詳。駿河府中浅間社（現静岡浅間神社、静・静岡市）の社人。内藤大夫を世襲し、同社の奉幣取次役をつとめた。天正七年（一五七九）十月の武田家朱印状（浅間神社文書・三八五）で、同年分の年貢として下方枡で三五俵余を受け取っている。同八年に比定される十一月十八日の武田家朱印状（同前・三四八）では、浅間社の祭礼で内藤大夫が使用する道具と、その費用が書き上げられている。（鈴木）

内藤縄基　ないとうつなもと

生没年未詳。増利郷（山・笛吹市）の地頭。「縄」は武田信縄の偏諱であろう。永正七年（一五一〇）十二月五日、亡父内藤修理亮（巨山海公禅定門）の三回忌供養を営んでいる（菊隠録・山6上三四二頁）。縄基も官途名修理亮を継承したものとみられる。縄基の父修理亮は、文亀元年（一五〇一）年三月二十一日に、その父（縄基の祖父、法名木堂善勝禅門）の供養を高野山引導院で行っている（引導院日坏帳・山6下九二九頁）。同年八月一日、内藤彦三郎が自身の逆修供養を引導院で行い、道金禅門という法名を付している（同前）。これが縄基にあたるか。大永三年（一五二三）三月の山八幡神社本殿再興棟札に「内藤修理亮」の記載があり（八幡神社所蔵郷社八幡神社由緒書・五四）、縄基とみてよい。この修理亮―縄基の系統が断絶し、工藤昌秀が名跡を継ぎ、内藤修理亮昌秀を称したのであろう。なお武田氏滅亡後、増利郷のうち一五〇貫文を、徳川家康が内藤源助に安堵している（記録御用所本古文書・家康文書上三九七頁）。（丸島）

内藤昌月　ないとうまさあき

天文十九年（一五五〇）～天正十六年（一五八八）五月二十五日。保科正俊の三男で、正直の弟。母は小河内美作守の娘という（保科御事歴・信叢2三四三頁）。内藤昌秀の養子となり、天正三年の長篠合戦で昌秀が討ち死にしたために家督を嗣いだ。初名を千次郎といったというが（同前）、確認できない。源三、修理亮、大和守。同四年五月二十八日、白山禰宜長堅坊に三河攻略のうえは、白山先達職を与えるという朱印状を奉じているのが初見（楓軒文書纂・二六六二）。この時、内藤源三。同年六月二十八日、甲府における綿および麻布の商売は、内藤昌月と日貝惣左衛門尉の手形がなければ、してはならないという通達がなされている（坂田家文書・二六八一）。これらからすると、当初は甲府における奉行人であったとみてよい。同年十一月二日、辻次郎兵衛に対する普請役を免許した朱印状を奉じる（辻家文書・二七三八）。翌三日にも志村右近允に末木郷内（山・笛吹市）の屋敷に対する諸役を免許した朱印状を奉じた（志村家旧蔵文書・二七三九）。同五年頃、駿河富士大宮に対して神馬二疋を奉納（賜蘆文庫文書・三九六三）。この時、「内藤修理亮昌月」と署判している。同六年七月十八日、高遠の乾福寺（長・伊那市）に対する寺中定書を奉じた（建福寺文書・三〇〇〇）。同年の上杉景勝との和睦に際しては、上杉氏から進物を贈られ、八月二十一日に新発田長敦に礼状を出している（歴代古案・三〇一三）。進物を贈られていることからすると、勝頼に従って越後に進軍したとみてよいだろう。同年九月十四日にも乾福寺客殿造立のため、門前の新夫役を免除した朱印状を奉じた（建福寺文書・三〇二六）。実家保科氏の本拠である、上伊那郡に対する取次をつとめていた可能性がある。同七年二月二日、実父保科正俊を後見人とする形で、上野箕輪城代に任じられ、在城定書を与えられた（小山田多門書伝平姓小山田氏系図写・補遺一〇五）。これは北条氏政との関係悪化に対処したもので、上野の防備を固めるためであった。勝頼の指示は詳細で、浅利信種・内藤昌秀のやり方を引き継げと命じる一方、北条氏政の家老をはじめとする諸氏から書状を送られても、勝頼の許可を受けたうえでないと返事をしてはならないと定められた。城代としては異例の措置で、勝頼が前線諸将と北条氏が内々に連絡をとることに神経をとがらせていたことがよくわかる。また同時に、人質の扱いや、昌月の被官・同心が他人と喧嘩した場合は、まず内藤の被官・同心を誡めるようになど、様々な指示がなされている。昌月は「若輩」として固辞したが、勝頼の決定は覆らなかった。二月九日、箕輪城代着任を祝う書状を送ってきた甘楽郡の国衆瀬下隼人に対し、十一日に甲府を出立し、吉日である十四日に箕輪に入城する旨を伝えた（手塚良一氏所蔵文書・三〇八四）。これにより養父の跡を嗣ぐ形で、箕輪城代・西上野郡司となる。指南下においたのは、小幡・安中・和田・後閑・高田・神保（または小河原）・大戸浦野・跡部家吉および庭谷の上原淡路守であった。従来独立して一手を構成した西上野最大の国衆小幡氏を指南下においていることで、昌月に大きな軍事統率権が任されたことがわかる。ただし吾妻郡の国衆である大戸浦野氏は、しばらくして岩櫃城代真田昌幸の指南下に配置替えになっている。同年四月五日、岡谷因幡をはじめとする箕輪近辺の直参衆・同心を引き連れ、十二日に甲府に着府するよう命じられた（工藤家文書・二四七九）。勝頼の遠江出陣に従うためである。その際、留守の用心は実父保科正俊に任せるよう指示がなされている。同年八月、上野厩橋（群・前橋市）の毛利北条芳林（高広）が北条氏政を離反し、武田家に寝返った。二十八日、芳林を説得した毛利北条高政・親富に対し、勝頼は恩賞については内藤昌月を通じて連絡する旨を書き送っている（北条家文書・三一五七、歴代古案・三一五八）。これにより、厩橋北条氏も指南下においたものとみられる（北条家文書・三一七二ほか）。同年十月には、北条勢がすぐに撤退したことを勝頼に報告した（竹内文平氏所蔵文書・三一八四）。同年十一月十六日、勝頼は北条高政に対し、北条芳林を説得し味方につけたことへの謝意をあらためて伝えた。この副状は、昌月が出したようである（北条家文書・三一九三）。十一月二日には、悉松斎に対し、居城の用心普請を固めるよう指示した勝頼書状を伝達した（久保家文書・四一八三）。同八年正月十二日、大井満安の私領である白原（群・高崎市）・松原（高崎市）について、他人の竹木伐採を禁じる朱印状を奉じた（武州文書・三二三三）。これ以降、大和守でみえる。同年三月九日、毛利北条高政に替地を宛行う朱印状を奉じた（北条家文書・三二七六）。閏三月二十三日、小菅摂津守に逐電した被官の人返しを指示する朱印状の奉者（武将文苑・四一八七）。同年五月十二日、三枚橋城（静・沼津市）築城普請が遅延しているとして、督促を受けている（国文学研究資料館所蔵真田家文書・補遺五六）。同年六月十二日、北条勢はすぐに退散したとして、出陣無用との連絡を勝頼から受ける（内藤家文書・三三五七）。同年十月には、北条方から寝返ってきた上野国衆宇津木下総守に知行地宛行を約束した朱印状を奉じた（宇津木家文書・三四三五）。宇津木氏も、昌月の指南下に入ったのであろう。同九年二月には、上野国衆那波氏と高山氏の知行替えを指示する朱印状を奉じている（高山家文書・三四九〇）。これにより、那波氏も昌月の指南下であったとわかる。同年三月には、実兄保科正直に対して逃散百姓の人返しを指示した獅子朱印状を、工藤長門守と奉じている（一ノ瀬芳政氏所蔵御判物古書写・三五三四）。なお、長門守は昌月の養父昌秀の実兄とされる。同年六月十九日、佐野で身動きがとれなくなった佐竹義重の使僧について、跡部家吉と談合のうえ、北条領を通過できるよう手配するよう指示を受けた（竜雲寺文書・三五六九）。同十年正月二十日、小鼻輪郷（高崎市）の神領を寄進する朱印状を奉じた（山田家文書・三六四八）。このように、箕輪着城後は西上野郡司としての活動が中心だが、駿河丸子（静・静岡市）にも番勢を派遣していたようである（武田家文書・三三〇七）。与えられた権限の大きさからして、三月二十日付で高山定重に知行地を宛行った文書は、武田家臣時代の可能性を残す（高山吉重氏所蔵高山系図・三八二三）。武田氏滅亡に際しては、早くに北条氏邦に連絡をとり、北条氏に従う動きをみせている（上田市立博物館所蔵文書・戦北二三二五）。しかしいったんは織田氏に従ったようである。本能寺の変後、北条氏直に従属。居城箕輪には北条氏邦が入城し、昌月は付近の保渡田城（高崎市）に入ったという伝承がある（上毛伝説雑記拾遺。箕輪軍記にも関係を窺わせる記述あり）。しかしその立場は他国衆であり、北条家の家臣ではない。昌月は、黒印（印文は「慈政」か）を使用して領域支配を行った（戸榛名神社文書・戦北四七五三）。同十六年五月没。法名は陽光院南華宗英（保科御事歴・信叢2三四二頁）。嫡男の直矩が跡を嗣ぎ、後に井伊家に仕えた（井伊家家士由緒書）。

（丸島）

内藤昌秀 ないとうまさひで

大永三年（一五二三）か～天正三年（一五七五）五月二十一日。初名は工藤源左衛門尉。内藤修理亮、大和守。一般に知られる実名昌豊や信量は誤伝。信玄に抜擢され、武田家を支えた宿老のひとり。「武田三代軍記」は工藤下総守虎豊の子で、工藤長門守の弟とする。永禄二年（一五五九）六月十二日、早川定千代に対し、後家免安堵を通達する証文を、野村兵部助と連名で発給しているのが初見（内藤家本甲斐国志草稿・六六五）。同四年の第四次川中島合戦では本隊に所属（軍鑑・大成上三三五頁）。同六年の恵林寺検地帳に同心宮脇藤三郎の名がみえる（恵林寺文書・山4二九五）。同九年までに信濃深志（長・松本市）城代として着任（草間家文書・信補遺下四三二頁）。同年閏八月二十七日、深志の在城衆に替地を宛行う朱印状を奉じている（中牧家文書・一〇二五）。同年九月廿九日、後閑信純に南栗林（松本市）で知行を宛行ったので、同郷内での宛行をうまく取り計らうよう指示を受けた（守屋正造氏所蔵文書・一〇二七）。同十年八月十二日、鮎沢郷（山・南アルプス市）の軍役衆に対する証文を、跡部祖慶・跡部勝忠・甘利信忠とともに発給した（西郡筋鮎沢村藤巻家伝写・一一八七）。この時、「工藤源左衛門尉昌秀」と署名。また朱印を用いたようだが、写のため印影を確認できない。同年十一月二十五日、新たに奉公した後屋郷（山・甲府市）の軍役衆竹内十郎右衛門尉に対し、棟別役免許を通達する朱印状を原昌胤とともに奉じる（臆乗鈔・一三二四）。同十一年三月五日、居城深志城の普請を命じられた（入明寺旧蔵文書・一三四七）。同十二年八月二十六日、「内藤修理亮組」の井尻源四郎に下井尻（山・山梨市）における検地結果が通達されている（井尻家文書・一四五二）。これが内藤修理亮の初見となる。同年十二月十月六日の三増峠合戦（神・愛川町）で、上野箕輪（群・高崎市）城代浅利信種が討ち死にしたことで、箕輪城代に転任。元亀元年（一五七〇）四月三日、上野国衆和田業繁は上杉氏の動静に対する協議を、内藤昌秀と詳しく相談するように命じられている（長野家文書・一五三一）。同年四月十日、箕輪城代・西上野郡司としての権限と心得を記した在城定書を与えられ、浅利信種の時と同様に公平に判物を出すよう命じられる（大沢二朗氏所蔵文書・一五三六）。同年九月十日、箕輪在番衆・番手衆に対し、極楽院における竹木の伐採を禁じた（極楽院文書・一五九三）。この時、「内藤昌秀」と署判しており、工藤昌秀と同一人物とわかる。同年十二月、上野国衆高山行重に対し、本領を借用する代わりに、与える替地の通達を原昌胤とともに行っている（高山家文書・一六二七）。原昌胤は高山氏の小指南であり、内藤昌秀は箕輪城代として関与しているとみられる。同二年二月十九日、湯浅新七郎の屋敷における竹木伐採を禁止し、違反者は箕輪城へ連れてくるよう命じた（湯浅家文書・一六五六）。同年四月二日、小林松林斎に対し、山名（高崎市）の替地を宛行う朱印状を市川家光と連名で奉じている（小林家文書・一六八九）。同年十月一日、阿熊（埼・秩父市）に対する戦時禁制を奉じた（武州文書・一七四二）。信玄の武蔵侵攻に従軍したものとみられる。同年十二月、上杉方からあった同盟の申し出について、跡部勝資と協議し、以前の条件と変化がないので信玄・勝頼に報告する必要すらないという見解を述べる（高橋大吉氏所蔵文書・一七六二）。これにより上杉氏との同盟交渉は破談となった。同三年正月二十三日、戸榛名神社の神木伐採を禁じる朱印状を奉じた（戸榛名神社文書・一七七二）。同年六月九日、上野国衆高山定重に代官を申し付けた朱印状を原昌胤と奉じた（群馬県庁採訪文書・一九〇八）。同年七月晦日、分国追放者の扱いに関する朱印状を春日虎綱と連名で奉じ、小県郡の国衆に通達している（小泉家文書・一九三〇）。これらは、いずれも箕輪城代・西上野郡司としての権限に基づいて行った活動と評価できる。武田信玄死後、引き続き箕輪城代として勝頼に仕える。信玄死去翌月の天正元年四月二十三日、勝頼から起請文を与えられ、佞人の讒言を聞かないことを制約される代わりに、今後の訴訟は奏者を通じる手続きに則って行うよう釘をさされている（京都大学総合博物館所蔵文書・二一三三）。同年十一月二十五日、信濃・上野の間の伝馬役をつとめた功績を賞し、上野坂本郷（群・安中市）の地下人に普請役を免許する朱印状を奉じた（雑録追加・二二三二）。同二年四月十三日、二十日に出陣するので、談合のため二十二日に岩村田（長・佐久市）に着陣するよう、勝頼から命じられた（諸州古文書・二三八三）。ただし箕輪城の防備を固めるため、身ひとつで参陣し、かつ利根川の浅瀬の状態を調べて報告するよう求められている。西上野支配における箕輪城の重要性が窺える。また某年十月十九日、信玄から勘気を蒙った原昌胤を取り成してくれたとして、下総の宍倉兵庫介に謝辞を述べている（宍倉家文書・三九二八）。この後、大和守に改称（小山田多門書伝平姓小山田氏系図写・補遺一〇五、甲乱記）。同三年五月二十一日、長篠合戦で討ち死にした（歴代古案・四三七二、甲乱記）。法名は善龍院泰山常安居士（国志）。また菅野恒雄氏所蔵「内藤家系譜写」は法名胆叟玄察、享年五三とする（武田氏家臣団の系譜三八〜三〇頁）。年齢を示す史料がほかにないため、今はこれに従っておく。養子の昌月が跡を嗣いだ。姉妹に武藤三河守養女、両角虎光室、駒井肥前守室がいる（同前・三九頁）。（丸島）

名江源太　なえげんた

生年未詳〜天正九年（一五八一）三月二十二日。高天神籠城衆。天正九年の高天神落城に際して討ち死にした（乾徳山恵林寺雑本・信15一七頁）。姓の読みは確証がない。（丸島）

直居太郎左衛門　なおいたろうざえもん

生没年未詳。望月氏の被官。弘治四年（一五五八）三月七日、望月信雅が釈尊寺（長・小諸市）を再興した棟札に名がみえる（釈尊寺所蔵・四一七三）。（丸島）

直高　なおたか

生没年未詳。信濃佐久郡の国衆前山伴野氏の家臣。「直」は伴野信直の偏諱であろう。年未詳六月二十五日、高野山成慶院からの書状に礼を述べるとともに、登山したい旨を書き送っている（成慶院文書・四三二九）。伴野氏一門の可能性があるが、確定はできない。（丸島）

長井不甘　ながいふかん

生年未詳〜元亀二年（一五七一）八月二十八日。隼人佑（佐）。実名は道利と伝わるが、同時代史料では確認できない。某年二月十七日に汾陽寺（岐・関市）に下した禁制の署判には、出家号「不甘」とある（汾陽寺文書・岐1六九六頁、読みは斎藤道三三〇〇頁および新修関市史通史編自然原始古代中世七九三頁掲載写真による）。「寛永伝」井上氏譜は斎藤道三の弟、「寛政譜」井上氏譜は道三の若年時の子息とする。道三期には活動の所見がないため、道三の庶長子とする説が現在は有力だが、「信長公記」首巻には義竜の「伯父」とあるから、道三の弟という可能性は否定できない。また管轄領域は斎藤氏の動向を左右するほどのもので、義竜の庶兄とするには大きすぎる。あわせて、「信長公記」などから関（関市）城主とされることが多いが、同城はあくまで支城で、本拠は兼山（金山、岐・可児市）であったとみられる。東美濃恵那郡は岩村・苗木両遠山氏の勢力圏だから、事実上それと境を接する斎藤領国の東部を掌握していたことになる。また、永禄五年（一五六二）に郡上遠藤盛数が死去した後、その後室（盛数の義父東常慶の娘）を妻に迎えており（系図纂要ほか）、郡上遠藤氏を庇護する立場にもあったとされている（東家遠藤家記）。したがって、斎藤領国の東部を掌握し、北部にも影響力を有していたといえるだろう。弘治二年（一五五六）の斎藤義竜のクーデターに際しては、仮病で寝込んだ義龍の使いとして、その弟孫四郎・喜平次兄弟をおびき出す役割を演じた（信長公記、兄弟は義竜に殺害される）。続く長良川の戦いでも義竜に与したとみられ、四月二十日に道三を滅ぼしている。この間の弘治元年十二月十一日、義竜（范可）が桑原右近衛門尉に与えた感状を伝達した（斎藤文書・岐4一〇七二頁）。しかし義竜と不和になり、対立関係になったらしい。永禄四年

（一五六二）六月、義竜死去の翌月になって、ようやくその子竜興と和解した（永禄沙汰・岐2一四三頁）。ところが同七年には再度竜興と敵対関係に陥っており、武田信玄を頼った。同年六月、信玄は遠山景任・直廉兄弟が長井不甘（兼山）と友好関係にあると聞いて安堵したと述べるとともに、竜興の兼山攻めを聞いたとして、援軍派遣を指示している（尊経閣文庫所蔵武家手鑑・八九九）。この時は、不甘自身も直接信玄に援軍を要請している。信玄は一〇日を超えた長陣になれば、信濃衆派遣にとどまらず、斎藤氏と一戦を交える意向であったが、竜興があっさり兵を引いたため沙汰止みになったと述べている（長井家文書・九〇二）。「其身上無二ニ見続心底候」と記しており（見次・見続は援軍を出すという意味）、信玄は不甘を従属国衆と認識していたとみてよい。これに先立つ同六年、信玄が久々利（可児市）に倅子を送っているのは、不甘への支援と考えられるのではないか（水月古鑑・八五六）。同七年十月四日、甲斐恵林寺の住持となる崇福寺快川紹僖に対し、伝馬など道中の世話をするよう、信玄から依頼されている（崇福寺文書・九一三）。同八年四月十三日、顔戸（岐・御嵩町）の八幡社社殿葺替棟札に「代官長井隼人佐」とみえる（顔戸八幡神社旧蔵・岐2七〇三頁、焼失）。ここでは「代官」とあるから、斎藤竜興に帰順していたのだろう。信長が占領した加治田城（岐・富加町）に対する付城として、堂洞城（同前）を築城した。しかし同年八月（九月は誤りという）二十八日に信長が堂洞城を包囲した際には、関から出陣したものの救援せず、落城を傍観している（信長公記）。軍記類は、勢いに乗る織田勢によって関城を攻め落とされたと記すが（永禄美濃軍記・富加町史史料編六七八頁ほか）、これらの諸書は斎藤氏の本拠稲葉山（岐・岐阜市）落城をこの戦い以前のこととしており、明確な誤りである。不甘は翌日の斎藤竜興の出陣を待って数の優勢を確保した上で、帰陣する信長を追撃し、それなりの損害を与えている（信長公記）。冒頭で触れた汾陽寺宛禁制は、信長の美濃侵攻時のものであろう。同十年の稲葉山落城後も、引き続き竜興に従ったとみられる。同十二年正月の本圀寺合戦では三好方として足利義昭を攻撃し（同前）、元亀元年八月にも三好方として野田・福島（大・大阪市）で挙兵した（同前）。しかしその後は、斎藤竜興とは袂を分かち、足利義昭に従ったらしい（寛永伝、寛政譜）。同二年、義昭直臣和田惟政に従って摂津に出陣。白井河原（大・茨木市）で荒木村重と戦って敗死した。法名徳翁（寛永伝、寛政譜）。なお、「岐阜軍記」は天正元年（一五七三）の朝倉氏滅亡に際し、竜興とともに討死したとするが、誤りとみてよい。子孫は井上を称し、秀吉に仕えた（寛永伝、寛政譜）。なお、妻室東氏は斎藤氏没落に際して不甘と別れ、郡上八幡城に帰って乗性寺（岐・郡上市、実子遠藤慶隆の菩提所）に隠棲したという。本願寺教如に帰依し、友順尼と称した。同十年に示寂したと伝わる（郡上町史一七八頁）。ただし乗性寺「廻向帳」には、永禄十年七月八日没、法名照用院伝釈友順という記載があるという（斎藤道三三〇一頁）。後者の場合は、稲葉山城落城直前の死去となるが、「友順」と号したことは一致している。天正を永禄と書き誤ったものか。（丸島）

長井政実 ながいまささざね

生年未詳～天正十八年（一五九〇）二月二十八日か（天陽寺所伝）。初め山内上杉

氏宿老足利長尾氏の家臣で、北条氏に従って武蔵御嶽（埼・神川町）城主となり、武田氏に従って上野三ッ山（群・藤岡市）城主となる。武田氏には元亀元年（一五七〇）に従属した。初め平沢氏を称する。通称は左衛門三郎、左衛門尉、豊前守。永禄四年（一五六一）初め頃の上杉謙信に従った関東武将を列記した「関東幕注文」に、足利長尾氏の家臣として平沢左衛門三郎の名でみえるのが初見（群三三三）。同八年八月十六日に、上野多胡郡日野（藤岡市）の土豪とみられる黒沢源三に、「中務少輔」から与えられていた武蔵賀美郡五明（埼・上里町）以下三〇貫五〇〇文の所領と、その父玄蕃允の所領五貫五〇〇文を宛行っている（黒沢文書・群三九三）。「中務少輔」はそれまで北条氏に従っていた安保氏と考えられるから、政実は同じく北条氏に従っており、安保氏に代わって御嶽城主となり、その家臣を継承したと考えられる。なお年未詳四月一日付で、源三の父とみられる黒沢玄蕃允に、児玉郡渡瀬（神川町）高山分・児玉郡（金谷か、埼・本庄市）倉林源右衛門抱計五貫五〇〇文を所領として与えている（同前・三九四）。これは源三宛のものより以前とみられるから、永禄八年四月には御嶽城主になっていたと捉えられる。この時には左衛門尉を称していたとみられる。同十二年六月、北条方として多胡郡に侵攻し、十日付で多胡郡仁叟寺（群・高崎市）に禁制を出している（仁叟寺文書）。この時、武田方の小幡信尚・長根小幡縫殿助（当時は孫十郎）を離叛させている（安保文書・戦北一三七二）。しかしその功をめぐって浄法寺氏と争いとなり、政実について離叛の噂が立ったらしい。政実は北条氏に母を人質として出し、鉢形城主北条氏邦の軍勢を御嶽城に在城させて、忠節を示している。翌元亀元年（一五七〇）六月五日、武田氏から攻撃を受け、武田氏に従属した（太田文書・一五六二）。同月二十八日までに武田氏から長井名字と豊前守の官途を与えられ、御嶽城主として存続を認められた。それを受けて同日に金鑽薬師に寺領を寄進している（大光普照寺文書・一五六三）。同二年末に武田氏と北条氏の同盟にともない、御嶽領は北条方に割譲されることとになり、同三年十一月七日に割譲が行われた（中院家古文書類・群二六七二）。そのため政実は御嶽城から退去し、上野三ッ山城に移ったとみられ、天正元年十一月二十日には武田勝頼から、替え地として五〇〇〇貫文の宛行を約されている（保坂潤治氏所蔵文書・二三一五）。具体的な場所は不明だが、同七年に玉村御厨（群・玉村町）内に長井分が存在しているから（宇津木文書・三三四）、それにあたるともみられる。同三年以降においては、緑埜郡北谷（藤岡市）・多胡郡日野（藤岡市）における支配が確認され（黒沢文書・二五五〇、飯塚文書・二九二九）、同七年からの北条氏との抗争にともなって、武蔵の旧領に進出をみせ、金谷倉林氏を家臣化している（武州文書・三五〇）。同十年二月、北条氏から侵攻を受けた北谷飯塚氏に、撃退の戦功を賞している（飯塚文書・三六六二）。同年三月の武田氏滅亡にともない、政実も没落したと考えられる。その後は上杉氏家臣となった藤田信吉を頼ったと伝えられている。同十八年の小田原合戦の際、子の昌繁は藤田信吉に従って上野に侵攻し、旧領の占領を果たしたらしい。そして七月三日に、塩土伊勢守から松井田城（群・安中市）攻略の戦功により三ッ山城の領有を認められている（吉江文書・埼一六〇三）。その二日前の七月一日付で、北谷飯塚氏に本領を安堵する政実の判物があるが（飯塚文書・群二三一七）、花押は子とみられる昌繁のものであるから（同前・三一八）、昌繁が父の名で出した可能性が高い。政実の忌日は明確ではないが、同年二月二十八日とする所伝に従えば、小田原合戦に参加したのは子の昌繁のみであったことになる。法名は菩提寺天陽寺によれば政実院殿天陽光春大居士。妻は上野国衆高山満重の娘とする所伝がある（高山氏系譜・藤岡地方の中世史料）。慶長五年（一六〇〇）一月八日死去、法名長成院殿賀雲寿慶大姉。子の昌繁（系図では実久）は弘治二年（一五五六）生まれとされるから（寛政譜）、婚姻は天文二十一年（一五五二）までの山内上杉氏の領国期か、その後の北条氏に従った時期にあたるとみられる。昌繁の実名は、武田氏からの偏諱によるものと推測され、政実が武田氏に従属した後の元服であったと推測される。なお昌繁の妻は、初め北条氏家臣岡部石見守娘、のちに上総国衆東金酒井政辰娘とされる。前妻の父岡部石見守は、もと今川氏家臣で永禄十二年に北条氏に従ったとみられる。その間には、天正四年に嫡子盛実が生まれているから、婚姻は岡部氏が北条氏に従い、長井氏が武田氏に従う元亀元年までの間のことであったか。なお昌繁と酒井政辰娘との婚姻は、その間に生まれた貞実は元和・寛永頃の生まれと推定されるから、小田原合戦後に昌繁が徳川氏に仕え、上総で所領を与えられてから後のこととみられる。

（黒田）

長井昌秀 ながいまさひで

生没年未詳。勝頼妹菊姫が越後に嫁いだ際の付家臣の筆頭とみられる。又左衛門尉、丹波守。天正七年（一五七九）九月七日、菊姫祝言の準備のため、在陣中の勝頼と甲府留守居の跡部勝忠の間を、武藤三河守とともに往来しているのが初見（富永家文書・三一六〇）。この時、又左衛門尉。同年九月二十六日、跡部勝忠・市川家光から菊姫付家臣（越国居住衆）の交名を送られている（上杉家文書・三一七三）。以後、丹波守でみえるから、越後行きにともない受領名を与えられたか。同八年四月二十六日、長坂光堅・跡部勝忠から甲越同盟締結時の約束であった黄金五〇枚の引き渡しを速やかに行うよう要請を受けている（同前・三三二五）。引き渡しが遅延した理由は「御前様御意」とあるから、菊姫の意向であるらしい。そのため、昌秀が説得にあたることになったと思われる。同年末に甲府に参府し、上杉景勝の条目を持参した（米沢市上杉博物館所蔵新集古案・三四九八）。この条目は、十二月十四日付のものと思われる（上杉家文書・四〇八八）。同九年八月九日に、再度甲府に着府。上杉氏側の要望を伝えるとともに、十二日に上杉氏重臣山崎秀仙に書状を送り、勝頼の意向を申し伝えた（庄司氏所蔵伊佐早文書・三五九七）。同十年の「甲州崩れ」に際しては、三月二日、河野家昌以下国境の諸将から、勝頼の命として一刻も早い加勢を求められている（上杉家文書・三六七二）。また八重森家昌も、越後根知城（新・糸魚川市）を上杉氏に返還したと昌秀に報告し、援軍派遣の取り成しを依頼している（同前・三六七〇）。景勝はそれに応え、三月六日に加勢の軍勢に長井昌秀を差し副えて派遣すると申し送った（景勝公御書・四一〇一、新編会津風土記・四一〇二）。しかし援軍派遣は遅々として進まず、武田氏は滅亡することとなる。

（丸島）

長尾憲景 ながおのりかげ

永正八年（一五一一）（双林寺伝記）～天正十二年（一五八四）か四月二日（同前）、

七四歳か。上野国衆で八崎城主（群・渋川市）。天正八年に武田氏に従属する。上野国衆で物社城主（群・前橋市）長尾顕景の三男、母は古河公方足利氏宿老簗田高助の姉（政助の娘か）、初名は景房といい、享禄二年（一五二九）、白井城主（渋川市）長尾景誠が死去したため、養子となって家督を嗣ぎ、山内上杉憲政から偏諱を得て憲景に改名したという（双林寺伝記）。仮名孫四郎、官途名左衛門尉を称した。妻は下野足利城主（栃・足利市）長尾憲長の娘（（佐竹）当家系図所収長尾系図）。山内上杉氏の宿老筋にあたる白井長尾氏の家督を嗣ぎ、白井領を支配する国衆として存在した。天文二十一年（一五五二）の山内上杉氏没落後は北条氏に従ったとみられるが、永禄三年（一五六〇）の上杉謙信の関東侵攻後は謙信に従った。「関東幕注文」（群二三）に仮名孫四郎の名でみえるのが初見。同六年には左衛門尉でみえる（森山八郎氏所蔵文書・群三二）。同七年頃には入道しており（伊佐早謙採集文書・上越三九九）、天正十一年から一井斎を称した（同前・戦北二四七六）。ただし入道後においてもたんに左衛門尉で所見される場合もあり、また永禄六年までの所見は、長男憲春にあたる可能性も残される。同十年三月、武田方真田幸綱の経略によって本拠白井城を攻略され（諸州古文書・一〇五四）、利根川西岸域の領国を喪失し、東岸域に後退したとみられる。さらに北条方厩橋北条高広の侵攻を受け、上野から没落したと推測される。同年十月には常陸佐竹義重のもとに身を寄せたらしい（歴代古案・群二七一七）。同十二年三月には、謙信に佐竹氏の常陸小田氏攻めの状況を伝えるとともに、越山を要請している。その後は謙信に従い、越後に移ったとみられる。元亀元年（一五七〇）秋に謙信から東上野田留城（渋川市）を与えられ、上野国衆として復活した。同地は厩橋北条氏に経略されていた地とみられるから、同氏が謙信に帰参したことにともない、謙信を通じて憲景への返還が実現したものと推定される。その一、二年後に、白井城奪還のため八崎城を構築して本拠とした（石川忠総留書）。天正六年五月、越後御館の乱の展開にともない、景虎方の厩橋北条氏から八崎城への攻撃を受け（小野寺文書・群二九〇六）、六月二日には武田方真田昌幸によって東上野不動山城（渋川市）を攻略され、また上野国衆由良氏を通じて北条氏に従属した（歴代古案・戦北四八三）。同八年三月、北条氏から田留城を攻撃されているから、それ以前に北条氏から離叛して武田氏に従属したことが知られる（猪俣文書・戦北三五二）。従属は、すでに武田氏に従属していた厩橋北条氏を頼ってのものであった（石川忠総留書）。しかし同九年五月には、武田氏から離叛して再び北条氏に従属している（寿命院所蔵文書・戦北三三五）。その後は北条氏への従属を続け、同十年二月には次男輝景に家督を譲って隠居したとみられる。同十一年八月が終見でその後の所見はみられないから、翌年頃の死去と推測される。「双林寺伝記」などは忌日を同十一年四月二日としているが、それ以後であることは確実であり、同十二年の可能性が高い。法名は雲林院殿梁雄玄棟庵主（双林寺伝記）。なお「加沢記」は天正十一年没。五二歳としており、それによる生年は天文元年となる。（黒田）

中河原弥右衛門 なかがわらやえもん

生没年未詳。信濃国伊那郡の細工職人頭か。永禄十一年（一五六八）五月十七日付の武田家朱印状によれば、長期にわたって甲府に在府して、細工の奉公につとめたので、番子共五人の普請役を免除されている（信府感状記・三七五）。同日付で、甲府の鞘師職人頭の祢津宮内丞らにも細工奉公の褒賞が行われているので、この時期に武具の調製が進められていたと思われる。（柴辻）

長越宮内左衛門 ながこしくないざえもん
生没年未詳。信濃国筑摩郡会田（長・松本市）の土豪。会田岩下氏の被官とみられる。天正九年（一五八一）の「伊勢内宮道者御祓くばり帳」において、「あいたいりの分」の人物として記載され、茶二袋を配られたと記されているのが唯一の所見（堀内健吉氏所蔵・三六四四）。（平山）

長越木工助 ながこしもくのすけ
生没年未詳。信濃国筑摩郡会田（長・松本市）の土豪。会田岩下氏の被官とみられる。天正九年（一五八一）の「伊勢内宮道者御祓くばり帳」において、「あいたいりの分」の人物として記載され、茶二袋を配られたと記されているのが唯一の所見（堀内健吉氏所蔵・三六四四）。（平山）

長坂勝繁 ながさかかつしげ
生年未詳〜永禄八年（一五六五）十月か。清四郎。虎房の子とみられる。永禄八年六月、武田義信とともに甲斐二宮美和神社（山・笛吹市）に太刀一腰を奉納した（美和神社文書・九四六）。一次史料上は、そのほかの動静はみられない。同年に武田義信の謀叛未遂事件（義信事件）が発覚した際、責任をとって「御成敗」された人物に「長坂源五郎」がおり（軍鑑・大成上二九頁ほか）、長坂虎房の息子だというが（同前・九四頁）、源五郎昌国は事件後も健在である。義信の側近で、長坂姓の人物は勝繁しか所見がない。したがって、「軍鑑」のいう長坂源五郎は長坂勝繁の誤りの可能性が高い。（丸島）

長坂十左衛門尉 ながさかじゅうざえもんのじょう
生没年未詳。甲府（山・甲府市）在住の秤職人。長坂善七郎の後継者、あるいは後身か。天正八年（一五八〇）八月十六日の武田家朱印状（守随家文書・三四〇三）で、吉川彦太郎・鈴木清三郎・同与治郎とともに武田氏への細工奉公をつとめたことに対して、町棚一間分の商買役、利倍役、宿次の諸役・人足役を免許された。奉者は長坂釣閑斎光堅。武田氏滅亡後、吉川（守随）彦太郎が徳川氏に召し出された際には、甲斐国に留まって坂本に改姓し、守随氏の名代をつとめた（国志4三〇頁）。（鈴木）

長坂善七郎 ながさかぜんしちろう
生没年未詳。武田家の御用商人。勝頼に仕えて秤座商人となる。天正二年（一五七四）閏十一月二十四日の武田家朱印状によれば、吉河彦太郎ほか四人宛に秤座奉公の代償として「町棚一間宛商売之諸役」を免除されている（守随文書・二四〇〇）。同四年二月二十二日には、この四名宛に同内容の武田家朱印状が出されている（同前・二五九〇）。その後、秤座頭の守随家は家康に招かれて江戸に移り、幕府の秤座を差配する。甲府には長坂善七郎が、その代官として残り、その子孫が坂本と姓を改めて秤製造を担当した（林英夫『秤座』）。（柴辻）

長坂虎房 ながさかとらふさ
生年未詳〜天正十年（一五八二）三月。筑後守、釣閑斎光堅。「軍鑑」は官途名を左衛門尉とするが、大炊助の可能性が高い（甲陽日記）。またしばしば長閑斎と記されるが、一次史料上は釣閑斎で一貫している（長閑斎は今福長閑斎を指す）。信玄が幼少の時につけられた局の弟という（軍鑑・大成下六七頁）。武田勝頼の代表的側近として「軍鑑」が苦言を呈する対象となっているが、朱印状奉者としては、五三通と多くはない。妻は跡部氏か（成慶院武田日坏帳二番・山6下九〇五頁）。天文十七年（一五四八）八月十一日、「長坂大炊助」が諏訪在城を命じられている（甲陽日記）。板垣信方戦死を受け、第二代諏訪郡司に任じられたものとみてよいだろう。同月十六日、目付をつとめた功績を賞され、加増の印判を「長坂大炊助」が与えられた（同前）。十八日、諏訪大社上社神長官守矢頼真に祈禱を命じている（守矢家文書・三〇〇）。二十三日、諏訪衆浜右近助に知行の加増場所を伝達した（浜家文書・二九四）。十月二日に、晴信が諏方清三に本領安堵をした際、虎房と談合のうえでの所務が命じられている（三沢家文書・二九五）。十一月、守矢頼真から、御納物を賜るよう、晴信への披露を依頼される（守矢家文書・三〇〇）。同十九年八月五日に信濃に出陣（甲陽日記）。同年十月の砥石崩れに際し、千野重清の戦功の証人となっている（千野家文書・五四九）。同二十年九月、千野重清に有賀郷（長・諏訪市）を宛行った（同前・三三三）。以後、筑後守でみえる。同二十一年九月二十六日、来迎寺（長・下諏訪町）に寺領を寄進し、諏方頼重の菩提を弔うよう命じた（宮坂家古写文書・三五五）。諏訪郡司在任時に、自身の菩提寺長泉寺を建立し、大祝領上桑原郷（諏訪市）を勝手に寄進してしまい、残りも如法院に寄進した。この結果、養本坊・安楽坊が退転するに至った。これが永禄八年（一五六五）に露顕、問題化している（諏訪大社文書・九六五）。ただし十一月二十五日に行われる神事用田がどこかわからなくなっていたため、新たに別の地を寄進しており（諏訪大社文書・九七〇）、諏訪大社を蔑ろにしていたというわけではない。同二十二年八月二十八日、跡部祖慶・等々力河内とともに出仕した香坂氏を訪ねている（甲陽日記）。十月五日、子息昌国に真田幸綱の息女が嫁いだ。さらに子息彦十郎と高木入道の娘との婚姻も許可されたようである（同前）。同年八月に諏訪大社上社神長官守矢頼真が正二位の位階を求めた際、十一月十五日に般舟院友空が出した返書には、長橋局の文を虎房へ見せるよう指示があり、虎房の立場は京にまで伝わっていたことがわかる（守矢家文書・信11五九四頁）。同二十三年九月二日、遠江国衆天野景泰への晴信書状に副状を付した（天野家文書・四一ほか）。これは信濃和田遠山氏の進退保証を求めたもので、以前駿府で会ったことがあるというツテを頼ったものらしい。虎房は「信国就在郡」無音を謝すとともに、景泰の要望が受け入れられたことを伝えた。このことから、今川氏のもとへ使者として派遣されたことがあること、これ以前に諏訪郡司を退任し、甲府に帰還していたことがわかる。しかし九月二十二日までに、また信濃へ着城している（大日方家文書・四三）。弘治三年（一五五七）四月十三日、島津月下斎が軍勢を動かしているとの情報があるので、事実関係を調べたうえで帰国するよう命じられている（長野市立博物館所蔵文書・五五七）。十一月六日、三枝虎吉・両角虎光とともに、京に送る進物のための課税を行った（早稲田大学図書館所蔵安藤家文書・五七八）。永禄八年十月に起きた「義信事件」に子息が関与して処断されたといい（軍鑑・大成上二九頁ほか）、以後しばらく史料上から姿を消す。次に姿を現すのは元亀元年（一五七〇）九月六日、信濃国衆栗田鶴寿への知行宛行を、春日虎綱とともに伝えたことである（善光寺大本願所蔵文書・一五九〇）。この時すでに出家しており、釣閑斎光堅を名乗る。子息処断後、剃髪したものか。また永禄末期の陣立書には、御伽衆小笠原慶庵とならんで、長坂釣閑斎の名で所見がある（山梨県立博物館所蔵文書・三九七三）。以後、信玄期には四通の朱印状を奉じているが（判物証文写・一六三五ほか）、すべて連名である点に特徴があり、数も決して多くはない。側近としての活動が本格化するのは勝頼家督継承後であり、朱印状奉者としてみえるのもほとんど勝頼期である。また勝頼期に入ると、単独で朱印状を奉じることも多くなる。天正元年七月七日、三河国衆奥平定勝に、武田信玄死去は秘匿し、あくまで病気という扱いであると念をおした書状を出している（松平奥平家古文書写・二一三九）。同二年二月六日、丹波の荻野直正に対する副状を跡部勝資とともに付した（赤井家文書・二二六五）。朱印状奉者としては、伝馬定書を奉じる例が目につく（坂田家文書・二二八一、草ヶ谷家文書・二五三九、芹沢家文書・二五八二ほか）。同三年の長篠合戦では、跡部勝資とともに主戦論を唱えたといい（軍鑑・大成下一三頁）、これが大敗を招いたとして、「軍鑑」の非難の対象となっている。大泉寺塔頭福寿院（山・甲府市）を夫婦の菩提所として建立し、同四年三月六日に勝頼から徳役免除の特権を与えられている（大泉寺文書・二六〇五）。三月七日、加賀一向一揆のもとに派遣されている長延寺実了師慶への勝頼書状に、森本永派とともに副状を付した（京都大学所蔵古文書纂・二六〇七）。六月二十一日には、本願寺坊官下間頼充への勝頼返書に森本永派とともに副状を付している（岡家文書・二六七九）。十月二十四日、本願寺東老軒にやはり森本永派と副状を出している（山口市歴史民俗資料館所蔵万代家手鑑・二七二九）。森本永派とともに、本願寺への取次をつとめたものと思われる。そのほかには、富士大宮に対する朱印状を奉じることが多い（浅間神社旧公文富士家文書・二七五七、富士家文書・二七八五、二九八〇ほか）。同年前後の某年、駿河富士大宮（静・富士宮市）に神馬一疋を奉納した（永昌院所蔵兜巌史略・補遺一三）。富士大宮担当取次または富士郡担当取次であったと思われる。また、同六年二月の諏訪大社下社春宮造宮帳には、紙綴じ目印として「釣閑」を押捺している（大祝諏訪家文書・二九三一）。同年八月二十一日、北信濃の真宗寺院に妻帯役を課した朱印状を奉じた（康楽寺文書・三〇一〇、真宗寺文書・三〇一一）。甲越同盟に際しては、同年九月二十三日（歴代古案・三〇三三）、同七年二月二十一日（覚上公御代御書集・三〇九三）、同九月十七日（歴代古案・三一六八）に勝頼書状に副状を付しており、取次をつとめた。御館の乱で勝頼に従属した吉江景淳への取次もつとめている（吉江家文書・三三六八）。また同年四月六日には、毛利輝元の叔父吉川元春宛書状に跡部勝資とともに副状を付している（吉川家文書・三一一七）。同年七月には、勝頼弟仁科盛信からの条目を披露している（一ノ瀬芳政氏所蔵御判物古書写・三一四二）。九月には勝頼妹菊姫と上杉景勝の婚姻の支度を補助するよう命じられた（富永家文書・三一六〇）。十月十七日、遠江高天神城（静・掛川市）在城衆への副状を出した（石井進氏所蔵諸家古案集・三一七九）。同八年四月二十六日、勘定奉行跡部勝忠とともに、上杉氏に同盟時に約束した黄金五〇枚支払いの催促をしている（上杉家文書・三三三五）。穴山信君の意向を勝頼に披露したこともあり（富永家文書・三六六七）、信濃安曇郡担当の奉者をつとめた可能性も指摘されている（倉科家文書・三三二九）。同十年の武田氏滅亡時には勝頼には同行せず、甲府に残留。子息昌国とともに織田信忠に殺害された（甲乱記）。場所は一条信竜の屋敷であったという（軍鑑・大成下一八二頁）。ただし「信長公記」は最期まで勝頼に付き従ったとする。娘は駿河国衆御宿友綱に嫁いだ（葛山家譜・裾野市史2別冊付録三六頁）。（丸島）

長坂昌国　ながさかまさくに

生年未詳～天正十年（一五八二）三月。長坂虎房の子。源五郎、五郎左衛門尉、筑後守。「軍鑑」は永禄八年（一五六五）の「義信事件」に際して処刑されたと記すが（大成上二九頁）、その後も所見があり、清四郎勝繁の誤伝と考えられる。同九年七月十八日、苗敷山宝生寺（山・韮崎市）の棟別銭と普請役を免除した朱印状を奉じているのが初見（寺記・一〇〇〇）。この時、源五郎。同年閏八月二十三日、「下之郷起請文」を金丸（土屋）昌続に提出している（生島足島神社文書・一〇〇七）。そこでは、知行や賄賂をもらっても御屋形様（信玄）に逆心を抱かない、信玄の勘気を蒙っている人物や、家中の大身と私的な関係を結ばないなどを誓約しており、とくに動静に注意が払われた様子が窺える。またこの起請文はほかの諸氏よりも一年早い。兄弟の勝繁が前年に処刑されていたと考えれば、納得がいく。なお同十年八月七日にも起請文を再提出をしたとされるが（東京大学史料編纂所所蔵文書・一一〇八）、これはあくまで起請文前書の文言を検討した注記であり、事実ではない。某年四月二十四日、信玄の祈禱礼状に副状を付した（吉井良尚氏所蔵文書・二〇六三）。元亀二年（一五七一）十一月十八日、慈眼寺（山・笛吹市）祈禱奉行の三番に任じられた「長坂五郎左衛門尉」は同一人物と考えられる（慈眼寺文書・一七五七）。天正四年八月十四日、波木井与三右衛門尉の普請役と御印判衆役を免除した竜朱印状を奉ずる（身延文庫所蔵武田家御朱印写・二七〇六）。同年、勝頼の遠江出兵に参陣したようで、九月十一日、平田寺（静・牧之原市）に出した戦時禁制の奉者をつとめた（平田寺文書・二七三〇）。また同五年頃、駿河富士大宮（静・富士宮市）に神馬を奉納した「長坂」は、父である釣閑斎光堅が別に書き上げられていることからして、昌国であろう（永昌院所蔵兜巌史略・補遺一一三）。同六年十月二十六日、富士信通から依頼を受け、富士大宮住人に社中の掃除を命じた朱印状の奉者（富士家文書・三〇四九）。同七年八月九日、渡辺兵部丞に大工職を安堵する朱印状を奉じる（内閣文庫所蔵甲州古文書・三一四八）。同年十月二十七日、法雲院に長井村薬師堂御堂上葺再興のための勧進を許可した朱印状を奉じた（瑜加寺旧蔵文書・三一八三）。同八年八月九日、親類衆岩手右衛門尉に、菩提寺信盛院の諸役を免許した朱印状を奉じる（信盛院文書・三三九七）。この時、筑後守。父である長坂虎房は筑後守を称しており、また「甲乱記」も筑後守は虎房の子としているから、これは昌国とみてよいだろう。同七年末から、八年初頭にかけて、武田家臣の多くが官途受領名を改めているから、その時に受領名筑後守を与えられたものと思われる。同九年七月二十三日、小長井宗兵衛尉と勝村清兵衛尉を桶大工職に任じた竜朱印状の奉者をつとめているのが終見である（諸州古文書・三五八七）。同十年三月の武田氏滅亡に際し、甲府において、父釣閑斎光堅（虎房）とともに、織田信忠によって処刑された（甲乱記）。場所は一条信竜の屋敷であったという（軍鑑・

大成下一八二頁)。(丸島)

長坂昌春 ながさかまさはる

生没年未詳。弥三郎。天正三年(一五七五)四月、諏訪大社下社(長・下諏訪町)の千手堂再建に際する棟札に実名の記載があるのが初見(諏訪史料叢書掲載文書・二四八四)。同年十一月、諏訪社南宮(長・辰野町)に懸けられた棟札に「長坂弥三郎昌春」と記載される(諏訪神社文書・二五五二)。また同五年前後の某年、駿河富士大宮に神馬一疋を奉納している(永昌院所蔵兜巌史略・補遺二三)。これらの事蹟からすると、跡部昌光同様、諏方春芳軒宗富の縁者で、長坂姓を与えられた可能性が高い。(丸島)

中沢四郎右衛門尉 なかざわしろうえもんのじょう

生没年未詳。甲府近郷の大工職人。城下に隣接する千塚郷(山・甲府市千塚町)に住み大工頭をつとめる。天正八年(一五八〇)十一月、武田家より細工奉公の賞として新徳役・測酒役ほかを免除されている(中沢家文書・三四五〇)。(柴辻)

中沢清二郎 なかざわせいじろう

生没年未詳。信濃国筑摩郡麻績北条(長・麻績村)の土豪。天正九年(一五八一)の「伊勢内宮道者御祓くばり帳」において、「おミ北条分」の人物として記載され、熨斗五〇本、茶一〇袋を配られたと記されているのが唯一の所見(堀内健吉氏所蔵・三六四四)。(平山)

中沢半右衛門尉 なかざわはんえもんのじょう

生年未詳～慶長十七年(一六一二)九月三日(中沢家系譜)。「中沢家系譜」では、信濃国の出身で、武田氏に被官化した存在というが、むしろ上野沼田領猿ヶ京(群・みなかみ町)近辺の土豪の可能性が高い。実名は通重と伝えられる(中沢家系譜)。天正八年(一五八〇)五月、上野沼田領攻略をすすめる真田昌幸に従い、北条方の猿ヶ京城三之曲輪を焼き払う功績に対し、昌幸から荒牧(みなかみ町)内一〇貫文を宛行われ(中沢文書・三三三八)、続いて同城攻略の功績によって、沼田衆恩田伊賀守跡五〇貫文を宛行われている(同前・三三三九)。以後は武田氏に被官化し、昌幸の同心に編成され、沼田領に在所したとみられ、同年六月には武田氏から、境目に在所している忠節への功賞として、沼田城攻略後に沼田衆高橋右近分など四〇貫文の宛行を約束されている(同前・三三六九)。同十年三月の武田氏滅亡後しばらくの動向は不明だが、同十四年四月までに越後守に改称し、北条氏邦に仕えており、氏邦の家臣で大戸(群・東吾妻町)城主斎藤定盛が真田領の吾妻領石須郷(群・嬬恋村)に侵攻した際、すぐに参陣し戦功をあげたことを、氏邦から賞されている(同前・戦北二九四八)。同十九年七月には、再び沼田領において真田氏に仕えている(同前・群三六七八)。法名は大竜院功厳宗俊居士(中沢家系譜)。(黒田)

中野将監 なかのしょうげん

生没年未詳。武蔵国衆長井政実の家臣。多胡郡日野栩山(群・藤岡市)の土豪か。年未詳四月二十日付で長井政実から送られた書状が唯一の所見(黒沢文書・三八三五)。そこでは、栩山の百姓が黒沢出雲守の所領に退去した件について、その返還を要求していたらしく、政実から黒沢氏から返還の了承を取り付けたことを伝えられている。このことから将監は、栩山を所領としていたことが窺われる。(黒田)

中牧越中守 なかまきえっちゅうのかみ

生没年未詳。中牧宗貞の子。永禄九年(一五六六)閏八月二十七日の武田家朱印状(中牧家文書・一〇二五)で、牧山中で

一六〇貫文の替地を宛行われた三〇名の中に名がみえる。同年九月二十二日の跡部勝忠証文（同前・一〇二四）で、武田氏の代官に任じられ、中牧（長・信州新町）にある荒地の開発を命じられた。天正十年（一五八二）三月に武田氏が滅亡した後、七月十日に子息平十郎が他の土豪とともに上杉景勝に従属し、本領を安堵された（同前・信15三二六頁）。同十五年十月二十三日、平十郎は在府奉公を賞され、知行地の人脚を免除されている（同前・信15五四四頁）。また、文禄三年（一五九四）には中牧平十郎が一二二石、越中守の弟の中牧伊勢が七五石を知行している（文禄三年定納員数目録・上杉氏分限帳五〇頁）。子孫は慶長三年（一五九八）に上杉氏が会津（福島・会津若松市）へ転封された際に従い、のちに米沢藩士になった家（上杉年譜23四七〇頁）と、信濃に残留し鬼無里（きなさ）村（長・長野市）に移住した家に分かれた（更級埴科地方誌）。（鈴木）

中牧宗貞 なかまきむねさだ

生没年未詳。伊勢守。信濃更級郡中牧（長・長野市）の土豪。年未詳八月九日、「中牧伊勢守宗貞」が作成した所領注文により、実名が判明する。知行地は川中島のうち氷鉋野郷（以下、長野市）および山中のうち本領中牧・北牧・武富・南牧・太爪郷、合計一四九貫文であった（中牧家文書・信16五〇四頁）。小笠原常陸介長宗を祖とし、子の式部少輔長弘が戦国期に武田氏に従属した後、中牧村へ移されて中牧氏を称したとされる（上杉年譜23四七〇頁）。同家の家譜でも伊勢守の実名を宗貞とし、また長弘の子とする説もある（更級埴科地方誌）。永禄二年（一五五九）九月二十九日の武田信玄判物（中牧家文書・六七二）で、馬場美濃守信春の取次により、先約に任せて中山屋地（長・千曲市）・芦沼（千曲市）で計一五貫文を宛行われた。（鈴木・丸島）

中村 なかむら

生没年未詳。信濃国筑摩郡生野（長・安曇野市）の土豪。諱、受領、官途などは不明。塔原海野氏の被官とみられる。天正九年（一五八一）の「伊勢内宮道者御祓くばり帳」において、「いくの、分」の人物として記載され、茶二袋を配られたと記されているのが唯一の所見（堀内健吉氏所蔵・三六四四）。（平山）

中村勘左衛門 なかむらかんざえもん

生没年未詳。永禄末期のものとみられる信玄旗本の陣立書に、「各鉄砲」を率いる人物として記載がある（山梨県立博物館所蔵文書・三九七二）。そのほかの事蹟は不明。（丸島）

中村小兵衛 なかむらこへえ

生没年未詳。甲斐国巨摩郡岩間庄堂村（道）之郷（山・身延町）の土豪。慶長十一年（一六〇六）七月一日、自ら高野山に登り、自身と妻理参禅定尼の逆修供養を依頼しているのが唯一の所見。法名は周信禅定門（成慶院過去帳・武田氏研究47）。（平山）

中村千代松 なかむらちよまつ

生没年未詳。遠江国周智郡天宮郷（静・森町）にある天宮明神社の神主。中村大膳助（助太郎）の子。天正元年（一五七三）二月十三日の武田信玄判物（天宮神社文書・二〇九）で、永禄四年（一五六一）十二月二十日の今川氏真判物（同前・戦今一七八三）の如く社領を安堵された。同日の原昌胤副状（同前・二一〇）でも、氏真の代に寄進された一四貫文の社領を新寄進として安堵され、祭礼を厳重に行うよう指示されている。その後、徳川氏の勢力が同地に及ぶと、甲斐国へ逃れたようであるが、某年卯月十一日の本多重次書状写（同前・静8五九六）や年月日未詳の名倉若狭書状写（同前・静8五九七）によると、甲斐国からの帰国に際し、徳川家重臣の本多重次と奉行人の名倉若狭が神主屋敷へ戻れるよう尽力していることがみられる。子孫は近世まで同社の神主を世襲した（静岡県周智郡誌）。（鈴木・柴）

中村肥後守 なかむらひごのかみ

生没年未詳。遠江国八幡島（静・浜松市浜北区か）を拠点とする土豪。天正二年（一五七四）十一月晦日、武田氏が遠江国内での知行宛行を実施した際に、案内者をつとめたことを賞され、武田家朱印状（奉者は原昌胤・市川昌房）により八幡島内で二〇貫文と屋敷三ヶ所を宛行われた（中村家文書・二三八九）。後継と推察される与太夫は徳川氏へ仕え、遠江国気賀郷吉村新宿（浜松市）の代官をつとめ、吉村郷の荒地開発や吉村湊の舟役徴収などに携わった（同前・静8一八九〇、一九〇六、〇七）。後裔は気賀町の問屋として活動した（中村文書・静史5）。（柴）

中村与兵衛 なかむらよへえ

生没年未詳。駿府の魚座代官。駿府商人のひとりで、魚の売買を業としており、武田氏の駿河支配以後の天正元年（一五七三）八月二十七日付で、武田勝頼より駿府魚座の代官を命ぜられている（中村家文書・二一五八）。自他国の商人から営業税として役銭を取ることが書かれており、今川氏時代から魚座頭をつとめていたと思われる。（柴辻）

長村以秀 ながむらもちひで

生没年未詳。永正十七年（一五二〇）に、勝沼武田信友と小山田信有（涼苑）が岩殿山円通寺（山・大月市）に奉納した棟札に、「当郷代官」としてその名が見え、五〇〇文を奉納している（甲斐国志資料・四八）。岩殿郷の代官であったと思われる。小山田氏の被官であろう。（丸島）

中山又六 なかやままたろく

生没年未詳。駿河衆。永禄十一年（一五六八）十二月の武田氏による駿河侵攻に際し、父五郎左衛門尉が武田氏へ属したが、その直後に戦死。翌十二年正月二十日に父五郎左衛門尉の「忠死」を賞され、武田信玄より朝比奈藤一郎分吉田・戈小瀬や下之村（静・静岡市清水区）ほか一一五貫九八〇文の知行を宛行われた（尊経閣文庫所蔵諸家古文書写・一三五九）。（柴）

長吉 ながよし

生没年未詳。内匠助。永正十七年（一五二〇）に、勝沼武田信友と小山田信有（涼苑）が岩殿山円通寺（山・大月市）に奉納した棟札にその名が見え、銭二〇〇文を奉納している（甲斐国志資料・四八）。小山田氏の被官であろう。なお、同棟札には藤原長吉・奥秋長吉の名が見えるが、別人である。（丸島）

奈吾屋清秋 なごやきよあき

生没年未詳。駿河府中浅間社（現静岡浅間神社、静・静岡市）の社人。奈吾屋社（現大歳御祖神社）の鎰取（かぎとり）である奈吾屋大夫を世襲し（駿河記）。利倉宮（静岡市）・御霊社（静岡市）の神主も兼務した。また富士参詣道者の先達をつとめ、道者に対する袈裟・円座・木綿などの専売権を有していた。武田氏が駿河に侵攻した後、元亀元年（一五七〇）十二月九日の瀬名信輝証文（旧奈吾屋大夫文書・一六三二）で、駿河国内の「錯乱」で神主が逐電した瀬名郷（静岡市）の利倉宮・御霊社の社領支配を認められた。天正二年（一五七四）八月二十四日の武田家朱印状（同前・二三四四）では、富士参詣の道者に対する商売の権利を安堵された。奉者は市川宮内助昌房。同四年二月十六日の武田家朱印状（同前・二三四）でも、瀬名郷内利倉宮の支配権を従前どおり安堵されている。奉者は跡部大炊助勝資。同七年に比定される三月十四日の新宮清通等連署書状（駿府浅間神社社家大井文書・三〇五）では、新宮清通（新宮大夫）と連署で、江尻（静岡市）から普請役を命じられた郷中の禰宜衆に状況を聞くため、八草（静岡市）の藤左衛門に駿河府中浅間社へ来るよう命じている。この時「清秋」と署名。同年十月の武田家朱印状（浅間神社文書・三二八五）では、同年分の年貢として下方枡で三俵余を受け取っている。年未詳正月二十日の新宮昌忠書状（駿府浅間神社社家大井文書・三七八五）で、富士新宮（現浅間神社、静岡市）神主の新宮昌忠が八草の藤左衛門に対して江尻からの普請役動員に関する指示を下した際には、昌忠の使者をつとめた。（鈴木）

名護屋将玉　なごやしょうぎょく

生年未詳～天正三年（一五七五）五月二十一日。長篠合戦で討ち死にした（乾徳山恵林寺雑本・信14九九頁）。そのほかの事蹟は不明。（丸島）

名取常陸守　なとりひたちのかみ

生没年未詳。甲斐国南部（山・南部町）の人物。穴山家臣か。永禄四年（一五六一）閏三月四日に妻「妙祐禅尼」の供養を高野山に依頼して実施しているのが唯一の所見（成慶院過去帳・武田氏研究34）。（平山）

浪合備前守　なみあいびぜんのかみ

生年未詳～天正三年（一五七五）五月二十一日か。信濃国伊那郡浪合（長・阿智村）の土豪。諱は胤成と伝わるが確認できない（千葉家過去帳、千葉一悳家文書）。天正三年五月二十一日の長篠合戦において、鳶ケ巣山砦で戦死したという（乾徳山恵林寺雑本・信14九七）。ところで同七年十一月二十二日、武田信豊が浪合備前守に対し、武田軍の戦況を憂慮し、しばしば使者を送っている（千葉守人氏所蔵文書・三〇四）。なお同文書によれば、武田氏は徳川家康、北条氏政の撤退と、北条高広が従属したことを報じているので、同年のもので間違いなく、さすれば浪合備前守が長篠合戦で戦死したというのは誤伝か、もしくは戦死した備前守の子に相当するかのどちらかであろう。詳細は不明。（平山）

奈良田商人　ならだしょうにん

甲斐国の西端の南アルプスの麓の山間集落である奈良田郷（山・南巨摩郡早川町）の在郷商人集団であり、山稼ぎの副産物である曲げ物の行商を行っていた。天文十九年（一五五〇）六月二日付の武田家朱印状で「商売諸役」を免除するとあり（深沢家文書・三〇）、ここは木地師の村であり、無田地の地域ゆえに行商によらざるを得ない状況であった。その後も穴山氏、徳川氏より同様の保護を受けており、同二十二年閏正月には、穴山信友より、奈良田の名主宛に湯治についての規制も命じられている（同前・三五八）。天正九年（一五八一）六月十九日には、奈良田郷宛に武田家より、あらためて商売人への諸役が免除されている（同前・三五六）。同日付で隣接する湯島郷（山・早川町）へも同文の諸役免許状が出されており（真如苑所蔵文書・三五六七）、ともに甲府盆地や駿河方面で行商活動を展開させている。（柴辻）

奈良井家光　ならのいいえみつ

生没年未詳。木曾家臣。治部少輔。天正元年（一五七三）十月五日、木曾谷中で欠落した男女の人返しを命じられている（木曾考・二八七）。某年三月二十八日、高野山上蔵院に、千村俊次と連名で返書を出している（金剛三昧院所蔵上蔵院文書・補遺六四）。時期は不明だが、花押は武田氏関係者のものに近い。なお、「筑摩郡村誌」は「奈良井治部少輔」について、木曾義在の子（つまり義康の弟）で実名義高、弘治元年（一五五五）に武田氏に敗死したとする（法名は広伝寺殿闇翁宗闇大禅定門）。子息義尚は幼少のため、小笠原氏に庇護を受け、ともに没落して阿波蜂須賀藩士となったというが、一次史料上の所見と齟齬する。木曾氏が奈良井（長・塩尻市）に勢力を拡大するなかで、生じた伝承だろう。ただし、「家」字は戦国期に入る前に木曾氏が用いた通字とみられ、庶流が奈良井氏を継承した可能性はある。（丸島）

奈良井貞直 ならのいさだなお

生没年未詳。木曾家臣。左馬助。永禄八年（一五六五）十月一日、木曾義昌が黒沢若宮社（長・木曽町）に三十六歌仙板絵を奉納した際、源重之の板絵を奉納した（武居誠氏所蔵・九五六）。（丸島）

奈良本棟広 ならもとむねひろ

生没年未詳。信濃小県郡の国衆、海野氏の被官。新八郎。永禄十年（一五六七）八月七日、信玄に忠節を誓う「下之郷起請文」を、海野衆の一員として提出した（生島足島神社文書・二三二）。「棟」は海野棟綱の偏諱であろう。（丸島）

那波顕宗 なわあきむね

天文十七年（一五四八）（上杉家御年譜）～天正十九年（一五九一）八月二日（那波系図）、四四歳。上野国衆で那波郡今村城主（群・伊勢崎市）。天正七年に武田氏に従属する。仮名は次郎、受領名は駿河守を称する。父は西庄赤石城主（伊勢崎市）那波宗俊で、母は白井長尾景英の娘と推定される。「長尾正統系図」などでは景英の妹とされているが、世代が合わないため、右のように推測される。さらに足利長尾景長の養女となっていた可能性も想定される（長林寺本長尾系図）。永禄三年（一五六〇）十二月、赤石城は上杉謙信の攻撃によって落城、宗俊は顕宗を人質に出して降伏、領国を没収され没落した。顕宗はこの時一三歳と伝えられ、それによって生年が判明する。顕宗は越後に送られ、謙信のもとで元服し、山内上杉氏縁の「顕」字を授けられ、顕宗を名乗ったと推定される。妻は厩橋北条高広の娘と推定される。天正二年、謙信は北条方由良氏から那波郡を経略、今村城を取り立て、顕宗はこれを与えられ、国衆として復活する。同五年一月、家臣高橋豊後守に越後に供をした功を賞した感状を発給しているのが、明確な初見（毛利文書）。同六年の越後御館の乱にともない、丘父厩橋北条高広に従って北条氏に従属し、同七年十月には同じく北条高広に従って、武田氏に従属した（宇津木文書・群三三〇）。同八年四月、武田氏の上野侵攻に備え、領国内の今井郷・堀口郷・山王堂郷（伊勢崎市）に軍勢の濫妨狼藉の禁止を保障する禁制が出されている（石倉文書・三三二、三三三）。同九年二月、那波郡沼之上郷（群・玉村町）の高山分五〇貫文が、高山右馬助から顕宗に知行替されている（高山文書・三四九〇）。同十年三月の武田氏滅亡後は、織田氏宿老滝川一益に属したが（藩中古文書・戦北四九二）、同年六月の神流川合戦後は北条氏に従属した。以後は北条氏への従属を継続し、同十八年の小田原合戦によって滅亡する。その後、越後上杉景勝に仕え、同十九年の陸奥九戸合戦に従軍、八月二日に同地で、嫡子蔵人元俊とともに戦死した。法名は後泉竜寺殿長嶽宗源大禅定門（那波系図）。次男に俊広があり、妻の従兄弟にあたる上杉氏家臣安田能元（母は北条高広の姉妹）の婿養子となり、その家督を嗣いでいる（安田系図）。そのため那波氏は、顕宗・元俊父子の戦死により断絶した。なお子女について、「那波系図」などには元賢・宗昌・宗繁らの名が載せられているが、注記内容をみると誤りがあるように感じられる。顕宗の注記に嫡子として載る元俊は、そこでは兄元信の子として載せられており、それらの系譜関係には錯誤があると推測される。（黒田）

縄無理助 なわむりのすけ

生年未詳～天正三年（一五七五）五月二十一日。関東の牢人衆頭で、武田信実に従った（惣人数）。姓は「縄」「那和」が併用されている（軍鑑）。山県昌景は「いそうもの（異相者）」つまり変わり者と評価し、刀や脇差しのような人物で、戦の役に立つと述べたという（軍鑑・大成上四七八頁）。「縄のはおり」を着しており、戦陣で遅れを取った際に今後は無理助と名乗るな、といわれたことがあるという（同前三九九頁）、姓・通称ともに一種の変名であったのだろう。ただし上申した武功こそ立派なものの、武篇者とはとてもよべず、名声だけが先行していたようである（軍鑑末書・大成下二七七頁）。天正三年の長篠合戦では武田信実に従い、鳶ノ巣山要害に布陣（軍鑑・大成下一一七頁）。織田・徳川勢の奇襲により討ち死にした（同前、宣教卿記、信長公記）。織田方の首帳に名が記されていることから、広く知られた人物であったと思われる。（丸島）

南化玄興 なんかげんこう

岐阜・崇福寺住職を経て妙心寺歴代となる。天正十年（一五八二）二月の織田信長による甲州攻めの際には、勝頼に降伏を説いたが受け入れられなかった。勝頼没後の法語がある（妙心寺史）。京都に送られた勝頼・信勝父子の首をもらい受け、妙心寺内に埋葬して墓所とした。（柴辻）

南蛇井重秀 なんじゃいしげひで

生没年未詳。上野国衆国峰小幡氏の家臣。通称は五郎太郎。実名は小幡憲重から偏諱によるとみられる。名字の地は甘楽郡尾崎郷南蛇井（群・富岡市）とみられる。永禄十年（一五六七）八月七日付「下之郷起請文」において、国峰小幡氏の家臣で尾崎郷（富岡市西部）における地縁集団尾崎衆の連署起請文で六番目に署判しているのが唯一の所見（生島足島神社文書・一一七二）。（黒田）

南部信登 なんぶのぶなり

生没年未詳。武田一門。某年十月十八日、「武田下野守信登」と署判した断簡が残されており（蓮華定院文書坤・四三四）。武田姓の使用を認められた人物とわかる。「軍鑑」に南部殿・南部下野守殿として記載のある人物が該当すると思われる。天文十七年（一五四八）に、山本菅助の誹謗中傷を言って改易され、会津で餓死したという（大成上・四七三頁）。年代はともかくとして、改易されたのは事実を反映しているのであろう。ただし元亀元年（一五七〇）三月二十四日に、織田信長のもとに参礼した「武田下野守」がおり（言継卿記）、あるいは上洛して足利義昭に仕えたのかもしれない。（丸島）

に

新津三左衛門 にいつさんざえもん

生没年未詳。甲斐国山梨郡小原郷（山・山梨市）の細工職人。永禄十一年（一五六八）六月二十四日付の武田家朱印状によれば、累年にわたって父早川肥後守が担当してきた御器役を返還するので、相当の武具製造の奉公をせよと厳命されているから、この地の地侍で職人頭でもあつた早川氏の分家であり（早川家文書・一三六三）、武田家滅亡後の、天正十年（一五八二）八月の新津直太郎宛の徳川家奉行人連署状では、本領の替地として矢作郷（山・笛吹市一宮町）で七〇貫文を宛行われており（早川家文書）、同十一年閏正月の新津弥三左衛門尉宛の徳川家康朱印状では、本領の前間田郷（山・甲府市境川町）三五貫文と一宮郷（笛吹市）四貫文を安堵されているから（同前）、子孫は職人としてよりも地侍として存続していたと思われる。　（柴辻）

西尾仁左衛門　にしおじんざえもん

生没年未詳。宮地久作、西尾久作、図書。実名は宗次と伝わる。宮地久右衛門の子で、遠江牢人西尾是尊の養子となったという。遠江高天神城に、横田尹松の家臣として籠城した（松平文庫諸士先祖之記惣目録・福井市史4四四一頁）。天正九年（一五八一）の高天神落城時に、尹松に従って脱出に成功したのであろう。武田氏滅亡後の文禄二年（一五九三）、結城秀康に仕える。その子松平忠昌の家臣として、大坂の陣に参陣（同前）。元和元年（一六一五）の大坂夏の陣に際し、真田信繁を討ち取ったが、信繁とは気がつかなかった。一時真田氏に仕えていた傍輩に指摘されて家老に報告し、徳川家康・秀忠から恩賞を賜ったという（同前、松平文庫忠昌様大坂ニ而御戦功有増・福井市立郷土歴史博物館展示図録大坂の陣と越前勢四五頁）。秀康時代の知行高は七〇〇石（松平文庫結城秀康給帳・福井市史4一九〇頁）。忠昌の代には一八〇〇石となっているから（松平文庫松平忠昌光通綱昌給帳・福井市史4二〇三頁）、大坂の陣での働きで加増されたものか。　（丸島）

西岡才兵衛　にしおかさいひょうえ

生没年未詳。武田氏に仕えた仏師。摂津国多田大下村（兵・川西市）出身の職人であり、大下作左衛門康清の孫の浄慶が、武田氏に仏師として仕えた。西岡と浄慶との関連は不明であるが、大下家では先祖としている。年未詳九月十二日付の武田信玄判物写によれば、西岡が比類ない軍忠により神妙との感状を得ている（諸州古文書・三〇三）。江戸期に甲府で仏師として柳沢吉保夫妻の肖像を作った大下次郎右衛門の祖先という（国志）。　（柴辻）

西条昌直　にしじょうまさなお

生年未詳～文禄元年（一五九二）。弥三郎・治部少輔。北信濃の国衆。西条祐意の子。系譜では西条治部少輔信清の養子になったとされ、実名は尚胤・政春など諸説ある（埴科郡誌）。永禄十二年（一五六九）十月の西条大国明神社棟札銘（中村神社所蔵・四三四）で、西条大国明神社（長・長野市）造営の大檀那として「弥三郎昌直」とあるのが初見。その後、父と同じ官途の治部少輔を称したとみられる。天正六年（一五七八）八月二十三日の武田家奉行人連署証文写（甲州古文書・三〇四）で、今井信衡・武藤三河守から同五年分の定納四五一貫三〇〇文（上司一四五〇貫文）に対応した軍役として、自身を含む騎馬武者四騎と持小旗・鉄炮・弓・持鑓・三間の長柄鑓を持った歩兵の計三二人が参陣するよう定められている。同七年二月六日の上諏訪造宮帳（大祝諏訪家文書・三〇七）では、同年の諏訪大社造宮事業の費用を本拠地の西条（長野市）から徴収する澄手として西条治部少輔の名がみえる。同九年六月二十一日の武田家朱印状（西条家文書・三五七〇）では、上野国沼田城（群・沼田市）の在番を命じられたが、すでに「先忠之人」に知行が宛行われていたため、代償として領内における今後の普請役を免許すること、今後領内で検地を行った場合は二万疋（二〇〇貫文）を在城料として与え、残りは鉄炮の軍役分として加増すること、武蔵制圧後は一所を宛行うことなどを約されたうえで、真田昌幸の指図に従って同城の在番・普請などを行うよう命じられた。奉者は土屋右衛門尉昌恒。同十年三月に武田氏が滅亡した後、織田氏の下で北信濃の川中島四郡に入部した森長可から四月十日に当知行を安堵された（西条家文書・信15三〇三頁）。同年六月の本能寺の変後、七月二十五日に上杉景勝から本領を安堵され、さらに真田領洗馬（長・上田市）・曲尾（上田市）の宛行を約束されている（西条家文書・信15三四四頁）。翌十一年十二月七日、甥源太の本領新府（山・韮崎市）のうち中郷七〇貫文の安堵を約束された。「御静謐之上」と述べていることからも明らかなように、空手形である（西条家文書・信16二一六頁）。天正十二年四月の屋代秀正出奔に際しては、忠節を励むよう命じられている（西条家文書・信16二八頁）。同十三年に徳川方が小県郡に攻勢をかけた際には、他の信濃衆とともに、一五歳以下の若年、六〇歳以上の老年まで動員して軍功に励むよう指示された（佐藤亀之助氏所蔵文書・信16三五二頁）。天正十四年に軍役三二人を定められている（上杉家軍役帳・信16四六二頁）。文禄元年に嗣子なく死去したため（更級郡埴科郡人名辞書）、関右京亮の次男喝食丸（のちの弥三郎綱春）が西条氏を嗣いだとされる（同前）。綱春は同三年に海津城（長野市）の在番衆として八七八石余、慶長三年（一五九八）の会津（福島・会津若松市）転封後には一七〇〇石を知行している（文禄三年定納員数目録・上杉氏分限帳三〇頁、会津御在城分限帳・同前一九五頁）。子孫は米沢藩士として存続した（上杉年譜23三二四頁）。

（鈴木）

西条祐意 にしじょうゆうい

生没年未詳。治部少輔・美作守。信濃国埴科郡西条（長・長野市）の国衆。村上氏の支族清野氏の一族で、室町期に同地に土着したとされる（埴科郡誌）。系譜では清野山城守勝照の弟で実名は信清。西条一族が武田氏に敗れて越後国へ逃れた後、武田氏に降って西条の故地を領し、西条治部を称す（同前）。室は小畠山城守虎盛の女で、信州先方衆として四〇騎を率いた（惣人数）。弘治二年（一五五六）八月二十五日の武田晴信書状（西条家文書・五〇八）で、去年の還付以来領内が安定していないにもかかわらず、武田氏からの東条城（長野市）普請の命に応じて治部少輔自身が着城したことの謝意を伝えられたのが初見。同年十二月二十四日の武田家朱印状（同前・五三〇）では、香坂入道が原（長・千曲市）・今里（千曲市）の知行を望んでいると治部少輔が疑心を抱いたことに対して、西条氏の「小田切方川北之私領」は先判のとおり安堵する旨を伝えられた。その後、永禄七年（一五六四）以前に美作守を称したとみられ、同年十二月十九日の武田信玄判物写（別本歴代古案・九三二）で、原（千曲市）・今里（千曲市）の替地として、高梨領内の新保（長・中野市）・小田中（中野市）で三〇〇貫文を宛行われた。同十二年十月の西条大国明神社棟札銘（中村神社所蔵・四三四）では、西条大国明神社（長野市）造営の大檀那として、美作守祐意と子息の弥三郎昌直、隠居の月讃、息女の御千の名がみえる。

（鈴木）

仁科源三　にしなげんぞう
→千国源三　ちくにげんぞう

仁科三郎右衛門尉　にしなさぶろうえもんのじょう
生没年未詳。信濃国安曇郡の土豪。仁科氏の一族とみられるが系譜関係などは不明。天正九年（一五八一）の「伊勢内宮道者御祓くばり帳」において、「にしなの分」の人物として記載され、熨斗五〇本、茶一〇袋を配られたと記されているのが唯一の所見（堀内健吉氏所蔵・三四四）。（平山）

仁科四郎三郎　にしなしろうさぶろう
生没年未詳。信濃国安曇郡渋田見（長・池田町）の国衆渋田見氏の一族か。仁科氏家臣。弘治二年（一五五六）二月九日の仁科神明宮棟札に、仁科盛康、渋田見長盛（長生寺）らとともに奉行人として登場するのが唯一の所見（仁科神明宮所蔵、信一〇七）。そのほかの事蹟は不明。（平山）

仁科新介　にしなしんすけ
→千国新介　ちくにしんすけ

仁科すわ千世　にしなすわちよ
生没年未詳。信濃国安曇郡中之郷（長・池田町）の国衆。仁科一族とみられるが詳細は不明。天正九年（一五八一）の「伊勢内宮道者御祓くばり帳」において、「にしなの分」の人物として記載され、熨斗五〇本、茶一〇袋を配られたと記されているのが唯一の所見（堀内健吉氏所蔵・三四四）。（平山）

仁科清八　にしなせいはち
生没年未詳。小山田氏の被官。天文十六年閏七月、武田晴信による佐久郡志賀城（長・佐久市）攻めに参陣。八月十一日に攻略した際、首ひとつを討ち取った。その感状が、主君である小山田信有（契山）宛てに出されている（諸州古文書・三九）。年未詳四月二十九日、信有（契山）から棟別銭七〇〇文を免許されている（諸州古文書・三三）。なおこの文書は小沢家に写が伝えられており、あるいは清八と豊前守は同一人物かもしれない。（丸島）

仁科信基　にしなのぶもと
生没年未詳。仁科信盛の嫡男。母は武田信廉の娘。勝五郎。天正十年（一五八二）三月の武田氏滅亡後、信松院（東・八王子市）に隠棲した伯母松姫（信松院殿）を頼って身を隠した（信松院百回会場記・新編武蔵風土記稿）。そこで養われたものと思われる。元和元年（一六一五）、大久保長安事件に連座する形で、武田龍芳の子顕了道快が伊豆大島に流罪となったことを受け、元和年間に讃岐に引きこもった。その際、蟠竜軒を称している。万治年間（一六五八〜一六六一）に病死したという（八王子信松院江納候由緒書之控・史録仁科五郎盛信一三九、一四〇頁）。仁科信盛が討ち死にした天正十年以前の生まれだから、八〇歳くらいにはなっていたと思われる。妻は松尾（河窪）信俊の娘（同前）。武田信玄の娘松姫（信松尼）が開基した信松院に、「蟠竜軒母衣」一領が伝わっていたといい（新編武蔵風土記稿）、これは信基の使用したものであろう。（丸島）

仁科信盛　にしなのぶもり
弘治三年（一五五七）〜天正十年（一五八二）三月二日。武田晴信の五男。母は側室の油川氏娘。実名は初め盛信、のちに信盛。仮名は五郎、官途は薩摩守という。永禄十二年（一五六九）年頃に、信濃国仁科領主の盛政の養子となり、仁科家を継承する。仁科領主となるも、入部の年代は明らかでない。天正四年四月十六日の恵林寺における父信玄の本葬に際して御影を持って参列しているのが初見史料（武家事紀・二六三八）。次いで同四年六月十四日、信濃国安曇郡社宮本（長・大町市）の仁科神明宮宝殿の遷宮造営の棟札に、造主として名がみえる（仁科神明宮所蔵・二六六八）。翌五年四月二十六日には、高野山遍照光院を宿坊とすることを定め、池田（長・池田町）の林泉寺屋敷に一〇〇〇文を添えて寄進している（伊藤家文書・二八〇二）。この頃には仁科領内の森城（大町市）に入っていたと思われる。翌六年二月十二日、安曇郡穂高（長・安曇野市）の地侍の等々力次右衛門尉に越後国境の小谷（長・小谷村）まで、伝馬荷物二疋分の過書を与えている（太田家文書・二九二八）。同年六月二十四日には、大町の商人の井口正林に、朱印状で過所役の納入を命じており（井口家文書・二九五四）、同年九月九日付の赤見小六郎宛の勝頼判物では、盛信に従軍して北信濃に出陣した忠節を賞して知行を宛行っている（武田古案・四二八二）。これは越後御館の乱への勝頼の介入に関してのものである。同年九月十七日には、同心衆の山田若狭守に、朱印状で穴平（長・小谷村）の知行を宛行っており（山田家文書・三〇二七）、さらに同日付で、大網郷中（小谷村）への移入者に三ヶ年間の諸役免許を認めている（武田家文書・三〇二八）。翌七年四月二十八日には、家臣の倉科七郎左衛門尉に対して、越後国境の西浜（新・糸魚川市）での働きの賞として、小谷周辺地で知行を宛行っている（丸山氏所蔵文書・三一三一）。次いで同年七月十八日には、武田勝頼より越中の河上富信の調略を命じられており（御判物古書写・三一四二）、同年十一月十八日にも、勝頼より飛驒口の調略を指示されている（本誓寺文書・三一九九）。同八年八月朔日には、等々力次右衛門尉に対して越後国境の不動山城（糸魚川市）への在番と普請を命じ、あわせて大町（大町市）・真々部（安曇野市豊科町）の馬市を穂高へ移すよう指令している（等々力家文書・三三九一）。さらに同年八月十一日にも、同人に対して新軍法として、乗馬・鉄砲を調えさせ、配下の同心衆への参陣を催促している（同前・三四〇〇）。同九年二月二十一日、家臣の渋田見盛種の知行地の狐島・鮭川を安堵し、相応の奉公を申し付けており（丸山家文書・三五〇五）、同年五月七日、大町の霊松寺に寺中禁制を与えており、ここに「信盛」と見える（本間美術館所蔵・三五四三）。同年初めには信濃国伊那郡高遠城主も兼任していたと思われるが、高遠領内に宛てた文書は皆無である。同十年二月、織田信長の武田領への進攻が開始され、信盛は高遠城へ入り、小山田昌成・同大学助兄弟とともに籠城した。同年二月二十九日付の仁科五郎宛の織田信忠書状によれば、開城降伏が勧告されており（武家事紀・四〇九八）、それに対する籠城衆の返書というものも伝わっている（加沢記・三六六四）。三月二日、高遠城は織田軍の総攻撃を受け、激戦の末に信盛ほかは戦死した。信盛の首は三月六日に岐阜の呂久で信長が検分した後、岐阜城下の長良川河畔に晒された。信盛の妻は叔父の武田信繁の娘といい、後妻として逍遙軒信綱の娘もいたという。その子に信基・信貞・小督の三人がある。

（柴辻）

仁科信盛娘　にしなのぶもりむすめ

天正十年（一五八〇）～慶長十三年七月二十九日、二九歳（新編武蔵風土記稿）。母は武田信廉の娘（八王子信松院江納候由緒書之控・史録仁科五郎盛信一四〇頁）。天正十年（一五八二）三月の武田氏滅亡に際し、伯母松姫（信松院殿）に連れられて甲斐を離れ、横山（東・八王子市）で養われた（信松院百回会場記・新編武蔵風土記稿）。名前は小督、あだなを小栗といったとされるが、現在のところ史料的裏づけをとることはできない。松姫とともに出家したという（八王子信松院江納候由緒書之控・史録仁科五郎盛信一四〇頁）。横山に玉田寺を開いた他、川口村法蓮寺（同前）の住持も兼ねたという（新編武蔵風土記稿）。慶長十三年（一六〇八）七月二十九日、玉田寺において死去。享年二九。法名は玉田寺長老生一房（一蓮寺過去帳・山6上四八頁、新編武蔵風土記稿）。なお、「一蓮寺過去帳」には「足下袈裟」を給わった人という注記がある。（丸島）

仁科豊前守 にしなぶぜんのかみ

生没年未詳。吉田（山・富士吉田市）の富士山御師で、近世には小沢河内を称した。屋号は注連屋である（山4解説編二四二頁）。永禄七年五月に、武田晴信から小山田信有に出された人返令は、本来同家に伝わっており、あるいは豊前守が求めた結果、出されたものか（諸州古文書・八九三）。年未詳四月、小山田信茂から富士参詣道者が途絶しているとして、関銭を半分とするように通達された（諸州古文書・三八四二）。「小山田の半関」と呼ばれる政策の先駆けをなすものである。この時、宛所に「注連屋仁科豊前守」と記されている。したがって、小沢改姓はこれ以降のこととなる。なお、天正十三年七月四日付の駿河下方宿中への某伝馬手形は（小沢家文書・山4一五三三）、「諸州古文書」編纂時には小沢河内家に伝来しており、その後小沢志摩（数珠屋）家に所蔵が移ったという。（丸島）

仁科孫三郎 にしなまごさぶろう

生没年・実名未詳。仁科領主の盛康の嫡男か。天文二十三年（一五五四）十二月十四日付の渋田見長盛宛仁科孫三郎判物では、父盛康が宛行った知行地からの役所務代を受け取っている（栗原家文書・四一三）。次いで弘治二年（一五五六）八月の安曇郡社宮本（長・大町市）の仁科神明宮宝殿の遷宮造営の棟札では、造主として盛康とともに嫡子孫三郎の名がみえる（仁科神明宮所蔵・四一六〇）。これらによれば、孫三郎は天文末年の幼少期に家督を嗣ぎ、一族の盛政の後見により当主となったが、永禄四年（一五六一）頃には失脚して、盛政が家督を嗣いだと推定される。（柴辻）

仁科民部入道 にしなみんぶにゅうどう

生没年・実名未詳。弘治二年（一五五六）六月二十五日、今井越前守を奏者として、武田家朱印状によって、越後国筋の往還につき、一月に馬五疋の分国内通交の諸役免許を受けていることから、信濃・仁科領主の一族と思われる（諸州古文書五・六五五）。（柴辻）

仁科盛員 にしなもりかず

生没年未詳。孫四郎。信濃・仁科領主の一族。永禄十年（一五六七）八月七日、武田家奉行の跡部勝資宛に、仁科氏一族・重臣と連署して七ヶ条の起請文を提出しており、信玄への忠誠を制約している（生島足島神社文書・一一三〇）。次いで天正七年（一五七九）二月二日の信濃・穂高神社（長・安曇野市穂高町）の造営定日記には、造営主として一族の穂高忠兵衛知親とともに署名している（穂高神社文書・三〇七三）。（柴辻）

仁科盛政 にしなもりまさ

生没年未詳。官途は上野介。仁科盛康の子というが疑問。盛康の子孫三郎の跡を嗣いで仁科領主となり、武田氏の外様国衆となる。天文十九年（一五五〇）七月、仁科盛康は武田晴信への帰属交渉をするが、その取次を上野介が行っている（甲陽日記)。翌二十年二月には、盛康が大厩兵五に堀之内家中の荷物の通交を許可しているが、その取次を盛政が行っている(栗林家文書・三九)。次いで同二十三年十二月十四日、仁科孫三郎が一族の渋田見長盛に、盛康が宛行った知行地からの役所務代を受け取っているが、その取次も盛政が行っている(同前・四三)。この二点よりみれば、盛政は盛康・孫三郎の二代の補佐役をつとめており、盛康の弟である可能性が高い。次いで永禄四年(一五六一)十月二十四日、富士河口浅間神社(山・富士河口湖町)の御師猿屋に仁科領での勧進を許可しており(甲斐国志草稿・七五六)。さらに同五年九月二十三日には、同人に対して五貫文を寄進しているから(同前・七九九)、「軍鑑」のいう仁科氏の謀叛が、同四年九月の第四次川中島の戦いに関連して起こったものと思われ、それを契機として盛政に代替わりしたと推定される。次いで同十年八月七日、盛政は跡部勝資宛に七ヶ条の起請文を提出し、信玄への忠誠を制約しており(生島足島神社文書・一二九)、同時に仁科親類被官一〇名の連署の同内容の起請文も出されている(同前・一三〇)。同十二年頃には、盛政の養子として、武田信玄の五男が入嗣し、家督を継承した。　(柴辻)

仁科盛棟　にしなもりむね

生没年未詳。左京亮・筑前守。信濃仁科領主の一族で穂高姓を称す。元亀四年(一五七三)二月三日には、穂高宮奉行の穂高伊賀守に対して、穂高神社(長・安曇野市穂高町)の造営について、先例に任せて二十四郷ほかの所役をもってつとめるよう指令しており(穂高神社文書・二〇六)、同日付で詳細な造営日記を作製し、穂高忠兵衛知親・権大僧都玄雄とともに署名している(同前・二〇七)。　(柴辻)

仁科盛康　にしなもりやす

生没年未詳。修理亮、匠作と称す。仁科盛能の子で、信濃国安曇郡領主。父道外は天文十九年(一五五〇)七月に武田氏へ臣従しているが、盛康は翌二十年二月十四日付で、一族の大厩氏に袖判で堀之内家中の荷物の通交を許可しており(栗林家文書・三九)、それを盛政が取り次いでいるので、この時期に仁科家家中で家督をめぐっての内紛があったと思われる。盛政は盛康の子とされているが検討の余地がある。同二十二年閏正月二十四日、匠作は初めて武田氏に出仕している(甲陽日記)。次いで同年八月九日付の大日方父子宛の晴信判物条目では、安曇郡内の飯田と雨降の間(長・大町市)を、意見を加えて盛康へ渡したので、後日替地を与えるとしている(大日方文書・三八二)。この時期に越後勢の仁科領への攻勢があり、その対処を示したものである(同前・三九二)。さらに同年十二月二十八日付盛康判物では、大町年寄一〇人に対して関銭・津料役の免除をしている(栗原家文書・三九一)。翌二十三年十二月十四日付の渋田見長盛宛仁科孫三郎判物では、父盛康が宛行った知行地からの役所務代を受け取っている(同前・四三)。次いで弘治二年(一五五六)八月の安曇郡社宮本(大町市)の仁科神明宮宝殿の遷宮造営の棟札には、造主として嫡子孫三郎とともに名がみられる(仁科神明宮所蔵・四六〇)。以下の所見はなく、その後の動向は不明である。　(柴辻)

仁科盛能　にしなもりよし

生没年未詳。孫三郎、出家して道外と称す。信濃国安曇郡仁科領(長・大町市)の領主で、信濃守護の小笠原長時の同心国衆。天文五年(一五三六)二月、安曇郡社宮本(大町市)の仁科神明宮宝殿の遷宮造営の棟札に造率主とあるのが初見（仁科神明宮所蔵）。翌六年十一月、穂高（長・安曇野市）の問屋商人の井口四郎に給分と問屋役を安堵している（井口家文書）。同十七年六月には、村上義清らとともに下諏訪に乱入しており、諏訪領の支配をめぐって小笠原氏と対立した（諏訪神使御頭之日記）。次いで同十九年二月には、井口帯刀に対して、小岩嶽城（安曇野市）からの撤退を認め、等々力郷（安曇野市穂高町）の一族跡地を宛行っている（同前）。しかし同年七月十五日に、武田晴信が小笠原氏の村井城（長・松本市）を攻略すると、小笠原方の大城・深志・岡田・桐原・山家の五城は自落し、この時に仁科道外は武田晴信に出仕している（甲陽日記）。この後、翌二十年二月には、盛康の判物がみられるので、この間に代替わりがあったと思われる。（柴辻）

西坊中納言 にしのぼうちゅうなごん
生没年・経歴未詳。武蔵・浅草（東・台東区）の三社権現社の坊官。永禄九年（一五六六）十二月、武田信玄は心中の祈願をし、成就のうえは信濃・伊那郡で万疋の地を寄進すると伝達する（武州文書・一〇四七）。（柴辻）

西宮佐渡 にしみやさど
生没年未詳。信濃国筑摩郡会田（長・松本市）の土豪。会田岩下氏の被官とみられる。天正九年（一五八一）の「伊勢内宮道者御祓くばり帳」において、「あいた」の人物として記載され、茶二袋を配られたと記されているのが唯一の所見（堀内健吉氏所蔵・三六四）。（平山）

西宮六郎左衛門 にしみやろくろうざえもん
生没年未詳。信濃国筑摩郡会田（長・松本市）の土豪。西宮佐渡の一族。会田岩下氏の被官とみられる。天正九年（一五八一）の「伊勢内宮道者御祓くばり帳」において、「あいた」の人物として記載され、茶二袋を配られたと記されているのが唯一の所見（堀内健吉氏所蔵・三六四）。（平山）

西村 にしむら
生没年未詳。信濃国安曇郡草深（長・安曇野市）の土豪。官途、受領、諱などは不明。仁科氏の被官とみられる。天正九年（一五八一）の「伊勢内宮道者御祓くばり帳」において、「にしなの分」の人物として記載され、茶三袋を配られたと記されているのが唯一の所見（堀内健吉氏所蔵・三六四）。（平山）

西村宮内衛門尉 にしむらくないえもんのじょう
生没年未詳。永禄十一年（一五六八）十二月の武田信玄による駿河侵攻に際し、武田氏へ属した駿河国駿東郡を拠点とする駿河衆。元亀三年（一五七二）五月二日、信玄より武田氏へ属した以来の働きを賞され、駿河国深沢（静・御殿場市）内において三〇貫文の知行を宛行われた（芹沢家文書・一八五四）。同日には葛山三郎や三輪与兵衛尉たち駿河国衆葛山氏一門・家臣に対し知行宛行が実施されていることより、その立場は葛山氏の軍事指揮下にある与力・同心かと推察される。（柴）

西山十右衛門尉 にしやまじゅうえもんのじょう
天文七年（一五三八）～慶長十九年（一六一四）九月三日、七七歳。「寛永伝」「寛政譜」は実名を昌俊とする。武田勝頼のもとで、使者をつとめた。たんに「西山」とある場合、土佐守と区別がつかないため、便宜上十右衛門尉の事蹟として叙述する。天正六年（一五七八）十二月二十三日、駿河富士大宮（静・富士宮市）の祭礼を厳密に行うよう、鷹野徳繁とともに命じられたのが初見（浅間社旧公文富士家文書・三〇五九）。その後上杉氏との外交に関与。同八年三月二十八日、成福院とともに上杉景勝のもとに派遣された（上杉家文書・三二九五）。同年四月八日、成福院と西山が越後から帰国した際の話では、越後奥郡に出兵したと聞き、勝頼が上杉景勝に情勢を問い質している（同前・三三一七）。同年八月六日、西山に成福院を添えて伝える内容を景勝に納得させてほしいと、勝頼が上杉家臣山崎秀仙に書き送っている（本誓寺文書・三三九六）。「天正壬午起請文」に信玄直参衆として名がみえるから（山6下九六三頁）、武田氏滅亡後は徳川氏に仕えたとわかる。徳川氏のもとでも使者をつとめた。法名は永珍（寛永伝、寛政譜）。母は馬場信春の姉、妻は楠浦虎常の娘である（寛政譜）。（丸島）

西山土佐守 にしやまとさのかみ

生没年未詳。武田勝頼のもとで、使者をつとめた。天正六（一五七八）～九年頃の九月十二日、長延寺実了師慶とともに越後へ派遣された（細野家文書・三〇二三）。同八年十二月十六日、興津藤六に阿野荘（静・沼津市）の神領を安堵した際、従来どおりに一年に米一五俵を「西土」と「朝左」に納めるようにと、跡部勝忠が伝えている（桃沢神社文書・三四六四）。この「西土」は西山土佐守であろう。同九年、小山田信茂が西山土佐守を上杉景勝のもとに派遣したところ、回答があり、五月十七日に信茂が礼状を出している（上杉家文書・三五四八）。そのほかの動静は不明。（丸島）

二助 にすけ

生年未詳～天正三年（一五七五）五月二十一日。禰津月直の被官。天正三年の長篠合戦で討ち死にしたものと思われる。法名は、道佐禅定門（蓮華定院過去帳月坏信州小県分第一）。（丸島）

日鏡上人 にちきょうしょうにん

永正三年（一五〇六）～永禄二年（一五五九）。日蓮宗身延山久遠寺一四世主座。善学院と号す。幼児期より日意上人の門に入り、次いで日伝に師事する。武田家家臣の原美濃守・小幡山城守が、信濃国海津城下（長・長野市松代）に久竜山蓮乗寺を創建し、日鏡を招いて開山とする。次いで甲斐国篠原村（山・甲斐市竜王町）に八幡山法久寺を創建する（鷲尾順敬『日本仏家人名辞典』）。（柴辻）

日国上人 にちこくしょうにん

生没年未詳。法華宗寺僧。甲斐・妙法寺住職。戒善律師と称す。明応九年（一五〇〇）八月の妙法寺（山・富士河口湖町）住職の日建上人渡状により、同寺住職となる（常在寺文書・四二三五）。永正十四年（一五一七）六月、日建と連署して同宗派本山の光長寺（静・沼津市）の「衆分列座壁書」を定める（同前・四二三三）。「勝山記」の延徳三年（一四九一）分の原型となった記録である「日国記」を残している（日国記、山6上）。（柴辻）

日叙上人 にちじょしょうにん

大永二年（一五二二）～天正五年（一五七七）。宝蔵院と号す。日蓮宗身延山久遠寺一五世主座。弘治二年（一五五六）に日鏡の跡を嗣ぎ、一九年間寺務を司る。永禄年間に信玄、穴山信君の援助を受けて、久遠寺の拡張に努める。元亀三年（一五七二）に、甲府の信立寺第八世日讃上人に祈禱曼荼羅を下し、武田家の武運長久を祈願させている。（柴辻）

日伝上人 にちでんしょうにん

文明十四年（一四八二）～天文十七年（一五四八）。日蓮宗身延山久遠寺一三世主

座。宝聚院と号す。幼児より日朝上人のもとに入室し、のちに日意上人に師事する。初めは相模小田原の北条氏の家臣である宇野定治に乞われて玉伝寺の開山となる。次いで名古屋の大光寺の開山となる。次いで武田信虎の帰依を受け、甲府に信立寺を創建して開山となる（鷲尾順敬『日本仏家人名辞典』）。（柴辻）

日新純慧 にっしんじゅんけい
天文三年（一五三四）～文禄元年（一五九二）。日蓮宗身延山久遠寺一七世。甲斐国今諏訪村（山・南アルプス市）の生まれ。久遠寺一三世主座日伝上人に仕え、日伝の死後に日鏡により得度。初め茂原（千・茂原市）の妙光寺に出世する。天正初年（一五七三）に日整上人の嘱により身延山に入る。天正六年に日整の跡を嗣いで久遠寺一七世主座となる。武田氏滅亡後には、徳川家康の外護を得て、江戸に瑞林寺を開く（鷲尾順敬『日本仏家人名辞典』）。（柴辻）

日整琳光 にっせいりんこう
文亀二年（一五〇二）～天正六年（一五七八）。日蓮宗身延山久遠寺一六世主座。下総の生まれ、身延山に入り日伝上人に師事し受戒する。日鏡・日叙上人に仕えた後、元亀二年（一五七一）に、日叙の跡を嗣ぎ一九世主座となる（鷲尾順敬『日本仏家人名辞典』）。翌年九月、武田信玄より代替わりにともなう霊場擁護の書状を受けている（雑々留記・一九六）。天正三年十一月、穴山信君は松野（静・富士川町）の妙性寺を末寺として寄進し、息女の延命を懇祈している（久遠寺文書・二四七）。（柴辻）

庭谷左衛門大夫 にわやさえもんたいふ
生没年未詳。上野国衆で甘楽郡庭谷郷（群・甘楽町）の領主。天正七年（一五七九）二月、武田氏が箕輪城代内藤昌月・保科正俊に宛てた条目のなかに、西上野の主要な国衆として、小幡・安中・和田・後閑各氏に続いて庭谷氏があげられ、続けて高田・長根（小幡）・大戸（浦野）各氏・跡部家吉があげられていることから（平姓小山田氏系図写・補遺一〇五）、当時、有力な国衆のひとりとして存在していたことがわかる。年未詳二月六日付で、某から庭谷左衛門大夫に宛てられた覚書があり、従来の居住地の安堵と、番手衆を入城させることを通達されている（佐藤文書・三〇九二）。発給者は不明だが、武田氏の可能性が高い。本拠とみられる庭屋城は、永禄九年（一五六六）二月には西上野における拠点として機能し（家蔵文書・九七六）、天正三年四月には武田氏譜代家臣上原淡路守が同城に在城しており（古文書・二四七五）、番手衆の入城はそのような状況を示しているとみられる。その後の所見はみられないので、武田氏滅亡にともない、没落した可能性が高い。（黒田）

ぬ

縫衛門 ぬいえもん
生没年未詳。信濃国筑摩郡高（長・麻績村）の土豪。名字、諱は不明。麻績氏の被官とみられる。天正九年（一五八一）の「伊勢内宮道者御祓くばり帳」において、「いほり・たかの分」の人物として「高の縫衛門」と記載され、茶三袋を配られたと記されているのが唯一の所見（堀内健吉氏所蔵・三六四四）。（平山）

縫衛門 ぬいえもん
生没年未詳。信濃国筑摩郡大久保（長・安曇野市）の土豪。塔原海野氏の被官とみられる。天正九年（一五八一）の「伊勢内宮道者御祓くばり帳」において、「こせり・大くほ・けみの分」の人物として

記載され、茶二袋を配られたと記されているのが唯一の所見（堀内健吉氏所蔵・三六四）。（平山）

縫左衛門 ぬいざえもん
生没年未詳。信濃国筑摩郡会田（長・松本市）の土豪。会田岩下氏の被官とみられる。天正九年（一五八一）の「伊勢内宮道者御祓くばり帳」において、「あいたいりの分」の人物として「わ田原の縫左衛門」と記載され、茶二袋を配られたと記されているのが唯一の所見（堀内健吉氏所蔵・三六四）。（平山）

縫左衛門 ぬいざえもん
生没年未詳。信濃国筑摩郡生野（長・安曇野市）の土豪。塔原海野氏の被官とみられる。天正九年（一五八一）の「伊勢内宮道者御祓くばり帳」において、「いくの、分」の人物として「竹惣の縫左衛門」と記載され、茶二袋を配られたと記されているのが唯一の所見（堀内健吉氏所蔵・三六四）。（平山）

縫助 ぬいのすけ
生没年未詳。信濃国筑摩郡安坂（長・筑北村）の土豪。天正九年（一五八一）の「伊勢内宮道者御祓くばり帳」において、「あさかの分」の人物として「さいくわんいの縫助」と記載され、茶二袋を配られたと記されているのが唯一の所見（堀内健吉氏所蔵・三六四）。（平山）

縫之助 ぬいのすけ
生没年未詳。信濃国筑摩郡会田（長・松本市）の土豪。会田岩下氏の被官とみられる。天正九年（一五八一）の「伊勢内宮道者御祓くばり帳」において、「あいたいりの分」の人物として「うへのたいらの縫之助」と記載され、茶三袋を配られたと記されているのが唯一の所見（堀内健吉氏所蔵・三六四）。（平山）

貫名新蔵 ぬきなしんぞう
生年未詳～天正十年（一五八二）三月十一日。御徒歩衆。武田家滅亡に際し、勝頼とともに討ち死にした（軍鑑・大成下一八〇頁）。法名は、松峯道鶴（景徳院位牌）。（丸島）

温井丹波守 ぬくいたんばのかみ
生没年未詳。天文十年（一五四一）六月二十八日、父信虎を追放した武田晴信の家督継承祝いの場で御酌をつとめた（甲陽日記）。翌十一年四月十五日、諏訪に向けて出陣した際には駒井高白斎の同心として参陣した（甲陽日記）。同十四年八月五日から七日にかけ、駒井高白斎に同行して本栖（山・富士河口湖町）へ赴いた（同前）。これは今川氏との交渉が目的であったが、高白斎とは異なり、丹波守はあまり関わらなかったようである。永禄二年（一五五九）四月四日、跡部長与とともに番所における目付役をつとめるよう命じられているのが終見である（諸州古文書・六五八）。（丸島）

温井常陸介 ぬくいひたちのすけ
生年未詳～天正十年（一五八二）三月十一日。初め使番として陣中を往来した。「軍鑑」によると、気立てが大人しい人物であったため、勝頼嫡男信勝の傅役に抜擢され、御曹司様衆になったという（大成上三九二頁、惣人数）。元亀二年（一五七一）四月一日に、岩手郷（山・山梨市）で棟別銭を免許されている「温井同心上野清二郎」の温井は常陸介であろう（上野家文書・一六八七）。天正四年、跡部勝忠とともに岡部次郎兵衛に重恩を宛行った獅子朱印状を奉じた（彰考館所蔵能勢文書・二六〇八）。また同五年前後の某年、駿河富士大宮（静・富士宮市）に神馬一疋を奉納した（永昌院所蔵兜巌史略・補遺二三）。某年五月十三日、「其城」普請に励んでいる原昌栄・岡部元信を慰労している（諸州古文書・三四二、土佐国蠹簡集残編・三四三）。この文書は、天正八年、三枚橋城（静・沼津市）築城の際のものとされているが、おそらく別のものだろう。同十年三月の武田氏滅亡に際しては勝頼父子に同行、田野（山・甲州市）で戦死した（軍鑑・大成下一八〇頁）。景徳院の位牌には、法名常叟道温とある。（丸島）

布下雅朝 ぬのしたまさとも

生没年未詳。仁兵衛。実名からみて、望月氏の被官か。「軍鑑」は「ぬの、した」「ぬのした」と両様に記しているが、現行地名の読みは「ぬのした」である。当初は村上義清に属す（軍鑑・大成上三六七頁）。永禄十年（一五六七）八月七日、武田氏に忠節を誓う「下之郷起請文」を、連名で金丸（土屋）昌続に提出した（生島足島神社文書・一二三四）。同元年三月七日、望月信雅が釈尊寺（長・小諸市）を再興した棟札にみえる「布下民部少輔」は同族であろう（釈尊寺所蔵・四一七三）。「軍鑑」は、天文二十三年（一五五四）に長尾方内通の嫌疑により、春日虎綱によって成敗されたと記すが（大成上三八頁）、誤りと思われる。（丸島）

奴留手善丞 ぬるでぜんのじょう

生没年未詳。甲斐国八代郡岩間村（山・市川三郷町）の人物。穴山家臣か。慶長十三年（一六〇八）七月二十一日、高野山に自身と妻妙円禅定尼の逆修供養を依頼しているのが唯一の所見。法名は宗円禅定門（成慶院過去帳・武田氏研究47）。（平山）

ね

禰津勝直 ねつかつなお

生没年未詳。元直の嫡男。仮名は神平次（米山一政氏旧蔵系図写）または二郎（真田氏所蔵御家中系図）とあるが、禰津氏嫡男が名乗る神平が正しかろう。父に先立って早逝したというから（米山一政氏旧蔵系図写、御家中系図）、武田氏従属前に死去したものと思われる。法名は齢庵（米山一政氏旧蔵系図写）。このため、家督は弟常安が嗣いだ。なお真田家「御家中系図」は勝直を昌綱・幸直の父としており、「米山一政氏旧蔵系図写」の記載と相違する。「御家中系図」は昌綱の母について「室賀入道女」としているが、これを勝直の妻と考えるのは難しい。いずれも誤伝であろう。（丸島）

禰津宮内丞 ねつくないじょう

生没年・実名未詳。甲府城下の鞘師職人頭。一族が府中細工町（山・甲府市）に住み、鞘師や研師職人であり、刀細工職人集団を構成していた。永禄十一年（一五六八）五月十七日、一族の善右衛門尉・与三左衛門尉とともに、各自宛に武田家より細工奉公の賞として町並普請役の免除を受けている（諸州古文書・一三七二～七四）。ほかに一族と思われる職人として、禰津清次郎宛に、天正四年（一五七六）四月七日付で武田家より、細工奉公の賞として宿次の普請役と夜回り番が免除されており（同前・二六三三）、禰津惣右衛門尉宛にも、同二年十二月二十三日付で、先判安堵がなされている（森島家文書・四二五七）。（柴辻）

禰津監物 ねつけんもつ

生没年未詳。中牧（長・長野市鬼無里地区）の土豪。永禄九年（一五六六）閏八月二十七日、「おとも」の替地として中牧衆に一括して一六二貫文の知行が与えられている（中牧家文書・一〇二五）。なお、深志城（長・松本市）に人質として子息を差し出していた。今後は軍役をつとめるので、人質を帰して欲しいと願い出て、元

亀元年（一五七〇）三月四日に許されている（国立国会図書館所蔵集古文書・一五二八）。（丸島）

禰津寿量軒 ねつじゅりょうけん

生没年未詳。信濃小県郡の国衆禰津氏の一門とみられる。天文二十二年（一五五三）八月十六日、福井（長・千曲市）四〇〇貫文を与えられた（甲陽日記）。（丸島）

禰津常安 ねつじょうあん

生年未詳～慶長二年（一五九七）十一月二十日。信濃小県郡の国衆禰津氏の当主。禰津（長・東御市）を本拠とする。宮内大輔、出家して松鶴軒常安。実名については、「信州滋野氏三系図」（群書系図部集6）および「断家譜」は信直とし、米山一政氏旧蔵「系図写」・常安寺所蔵「禰津氏略系」は政直とするが、確実な史料では確認できない。むしろ、天文年間（一五三二～五五、年が書かれていない）の九月に、定津院の玄垈海秀の跡職を、雪田宗岳に任じた証文を発給している「禰津宮内太輔政秀」（恵雲院文書・四八二）と同一人物である可能性が高い。あるいは、このあと武田氏から偏諱を受け、信直と称したか（「直」は禰津氏の通字である）。「惣人数」には信州先方衆として騎馬三〇騎持ちとの記載があり、「組頭ニ而も組子ニ而もなき衆」、つまり旗本として記されている。天文十一年（一五四二）に武田氏に従属したものと思われる。この年十二月十五日、姉妹である禰津御料人が武田晴信に嫁いでいる（甲陽日記）。同二十二年八月十六日、上条（長・上田市）を与えられた（同前）。年未詳の三月八日、武田晴信より在城地の留守居には川中島衆を派遣するので、代わりに十九日までに諏訪上原に着陣するよう求められている（丸山史料信濃雑録・四一七）。その際、湯本氏・鎌原氏へも参陣を催促するよう伝達を命じられている。永禄五年（一五六二）五月頃、海野氏・真田氏らとともに上野鎌原城（群・嬬恋村）に在番衆を派遣した（伏島家文書・七八五）。同七～九年頃の五月四日、大戸城（群・東吾妻町）の普請を行っている山家薩摩守・城対馬守・浦野幸貞に、近日中に禰津も着城する旨が通達されている（尊経閣文庫所蔵小幡文書・二〇六五）。同九年閏八月には、望月信雅とともに長野原（長・長野原町）に派遣され、西上野における変事への警戒にあたった（武家事紀・一〇〇五）。この時、岩櫃（東吾妻町）・大戸（東吾妻町）両城の間のどこに上杉勢が攻めかかってきても、援軍にかけつけるよう命じられている。同十年八月七日、武田氏に忠節を誓う「下之郷起請文」を甘利信忠に提出、血判を添えた（生島足島神社文書・一一三五）。被官衆も、甘利信忠に起請文を提出している（宮入八樹氏所蔵御願書幷誓詞写・四三〇）。この時、「松鶴軒常安」と署判しており、すでに入道していたことがわかる。同年十一月二十三日、箕輪（群・高崎市）在城料として、小鼻輪郷（高崎市）三〇〇貫文・大窪郷（群・吉岡町）一〇〇貫文を与えられている（甲斐国志所収文書・一二二二）。元亀三年（一五七二）七月晦日、武田氏の分国を追放された一四名の者が、近辺を徘徊していたら、ただちに召し捕り注進するよう命じられた（小泉家文書・一九三〇）。天正二年（一五七四）一月六日、春日虎綱の在番地の番替えとして小幡信真とともに派遣され、二十七日までの着城が予定されている（宝月圭吾氏所蔵文書・二二三三）。同年十一月十九日、石雲斎・小山田昌成とともに在城している上野の情勢を報告するよう、勝頼から命じられた（思文閣墨跡史料目録三二号・掲載文書三三七）。同三年五月の長篠合戦で嫡子月直を失ったため、翌四年十月晦日、甥の昌綱に本領を相続させた（禰津家文書・二七三二）。しかし活動を行わなくなったわけではなく、同七年七月十三日には、飯山（長・飯山市）在城を命じられ、飯山郷（飯山市）ほかを在城料として宛行われている（東洋文庫所蔵水月古鑑・三三九）。その際、厚原（静・富士市）は元のとおり知行せよと注記されていることから、本領を甥昌綱に譲った後は、厚原を隠居料としていたものとみられる。また、大井角助が同心として飯山城に在城すると言上したため、禰津摂津守と君斎が返上した上野の所領が同人に宛行われている（思文閣墨跡資料目録三二号・三四〇）。翌八年八月十七日、飯山城周辺の三三ヶ郷の人夫を用いて、同城の普請を行うよう命じられた（東洋文庫所蔵水月古鑑・三四〇六）。飯山在城は、同十年三月の武田氏滅亡まで継続した。同年三月六日、上杉景勝は常安に援軍派遣を伝えるとともに、状況の報告を求めている（米沢市上杉博物館所蔵景勝公御書・四〇二）。武田氏滅亡後、上杉氏に従属。飯山城に入城した上杉家臣岩井昌能・信能は、上杉景勝から城普請については禰津常安に対する武田勝頼の指示を引き継ぐよう命じられている（上杉定勝古案・上越三五三）。天正壬午の乱における動向は不明だが、昌綱とは別行動をとり、最終的に徳川家康に服属した。同十一年九月二十八日、養育していた鶴千世丸に甲斐黒沢（比定地未詳）三〇〇貫文・駿河厚原五〇貫文が安堵されている（譜牒余録後編・信16一〇二頁）。このうち駿河厚原は、先述した常安の隠居料とみられる。なお鶴千世丸については、前述米山一政氏旧蔵「系図写」・常安寺所蔵「禰津氏略系」は常安の隠居後に生まれた子とし、実名信政とする。しかし常安の実子とするには年代差が大きい。あるいは月直の子を養子としたのかもしれない。同十八年の小田原合戦後、徳川氏の関東移封にともなって、上野豊岡（高崎市）に入部（常安寺所蔵禰津氏略系）。慶長二年十一月二十日に死去した。法名月光院殿心源常安居士（同前）。高野山蓮華定院の「過去帳日坏信州小県分第一」にも、「心源常安禅定門」と自身の逆修供養を行った記載がある。また、あわせて永禄三年正月二十五日没の「忍宗妙運大姉」と、長篠合戦で戦死した子息月直の供養が記されている。前者は、常安の妻であろうか。この妻は武田信虎の娘か（武田源氏一統系図・山6下七三頁、古浅羽本武田氏系図・群書系図部集3四三頁）。「系図纂要」などの記載からすると、信虎の娘は子息月直の妻とも読めるが、世代からみて常安の妻であろう。天正二年に武田信虎が甲斐に帰国しようとして信濃で留められた際、婿である禰津神平の屋敷で死去したという（古浅羽本武田系図・群書系図部集3四一頁）。これが常安の屋敷と思われる。鷹狩りの名手で、「禰津松鷗（鷗）軒記」を著している（信20三頁）。常安の死後、信政が慶長七年に五〇〇〇石の加増を受け、石高一万石の大名となった（恩栄録）。これにより江戸幕府の譜代大名化を遂げるが、信政は同年に死去した（朝野旧聞褒藁・信補遺下一三六頁）。その後、その子政次・信直と続くが、相次いで早逝し、寛永三年（一六二六）に改易となった（断家譜）。（丸島）

禰津常安室 ねつじょうあんしつ

生没年未詳。武田信虎の娘。信虎が甲斐を追われた天文十年（一五四一）以前に産まれた女子と思われる。「武田源氏一統系図」(山6下七二頁)「古浅羽本武田氏系図」(群書系図部集3四三頁)に「禰津神平母」とあり、「系図纂要」「卜部本武田氏系図(群書系図部集3二二頁)に「禰津神平妻」とある。神平は信濃国衆禰津氏当主が若年の頃に名乗る仮名であり、晴信が禰津氏を服属させた後に称した人物としては、禰津月直が該当する。しかし信虎の娘との婚姻とするには、月直は若すぎると思われる。禰津常安に嫁ぎ、月直(神平)を産んだのではないだろうか。晴信は禰津常安の姉妹を側室としており、武田家と禰津家は重縁関係で結ばれていたことになる。　(丸島)

禰津常安側室　ねつじょうあんそくしつ

生年未詳～永禄十二年(一五六九)六月一日。蓮華定院「過去帳日坏信州小県分第一」に「禰津御西」とあり、常安の側室と思われる。法名は、花窓妙蓮禅定尼。当初は月牌供養であったと思われ、永禄七年六月一日付で妙蓮禅定尼とある(過去帳月坏信州小県分第一)。常安は正室に武田信虎の娘を迎えていると思われ、それ以前の妻室が側室になったのではないか。なお、永禄十二年七月十日に、「禰津御西ノ御上」の逆修(生前)供養が蓮華定院でなされており(同前)、これが父親と思われる。法名は、道高禅定門。　(丸島)

禰津月直　ねつつきなお

生年未詳～天正三年(一五七五)五月二十一日。神平(甚平)。常安の嫡男。実名・通称は系図類による(米山一政氏旧蔵系図写、常安寺所蔵禰津氏略系)。妻については、武田信虎の娘とする所伝がある(系図纂要、卜部本武田氏系図・群書系図部集3二二頁)。しかし「武田源氏一統系図」が記すように信虎娘は生母とみるのが自然だろう(山6下七二頁)。天正三年五月二十一日の長篠合戦で戦死した(信長公記、乾徳山恵林寺雑本・信14九八頁)。このため、被官に多くの戦死者を出した。法名桂林院殿月峰常円(米山一政氏旧蔵系図写)。高野山蓮華定院の「過去帳日坏信州小県分第一」にも、「月岑常円禅定門」との記載がある。施主は父常安。月直の戦没により、家督は従兄弟の昌綱が継承した(禰津家文書・二七三)。なお、武田氏滅亡後に父常安が養育していた鶴千代丸は(譜牒余録後編・信16一〇一頁)、系図上では弟となっているが、常安との世代差が大きい。月直の子である可能性がある。　(丸島)

禰津直吉　ねつなおよし

生没年未詳。右衛門尉。禰津常安の被官で、同名衆とみられる。永禄十年(一五六七)八月、武田家臣が信玄への忠節を誓った「下之郷起請文」を、甘利信忠に宛てて提出している(宮入八樹氏所蔵御願書幷誓詞写・四三〇)。「直」は禰津氏からの偏諱であろう。　(丸島)

禰津信忠　ねつのぶただ

生没年未詳。元直の三男。妻は真田幸綱の妹で、幸綱養女として嫁いだという(米山一政氏旧蔵系図写)。実名は信直ともいうが(真田氏所蔵御家中系図)、疑問。「米山一政氏旧蔵系図写」「常安寺所蔵禰津氏略系」ともに信忠とする。病気がちのため出家し、潜竜斎と号して小県郡国分寺に隠棲したという。天正十年(一五八二)の武田氏滅亡後、真田昌幸に招かれ、岩櫃城下の屋敷に入ったとされる(御家中系図)。また宮ノ入殿と号したともいい、法名は家山全高大禅定門と伝わる(米山一政氏旧蔵系図)。甥の月直が長篠合戦で討ち死にしたため、嫡男昌綱が禰津家の家督を嗣いだ(同前)。なお子孫は修験となったというが(御家中系図）、昌綱およびその弟の幸直を禰津氏直系に位置づけるための系譜操作か、誤伝によるものであろう。実際には、昌綱・幸直はともに信忠の子息であり、いずれも真田氏に仕えている。「御家中系図」に記載された系譜関係には、かなりの混乱がみられる。（丸島）

禰津昌綱　ねつまさつな

生年未詳～元和四年（一六一八）正月二十九日。宮内大輔。晩年は一味斎と号したという（米山一政氏旧蔵系図写）。小県郡の国衆・禰津氏の当主。禰津常安の甥。母は真田幸綱の妹という（同前）。系図類に初名信光と伝えるが、確認できない。武田氏の通字と同じ「信」を捨て、格の低い「昌」に改めるとは考えにくいから、事実ではなかろう。元服時に、武田氏から「昌」字偏諱を受けたと考えるのが自然である。天正三年（一五七五）五月の長篠合戦で、従兄弟月直が戦死したことを受け、翌四年十月晦日に常安の所領を与えられ、家督を相続した（禰津家文書・二七三二）。この時、宮内太輔。同年中の諏訪大社上社神長官の知行書上では、小県郡で五貫文、更級郡で五貫文が、禰津昌綱の知行地で、神役負担地として書き上げられている（守矢家文書・三三二）。うち更級郡の五貫文は、「庄内（長・坂城町）近年相違」と記されており、天文二十二年（一五五三）に禰津勝直に宛行われた所領がそのまま存続していること、神役勤仕が途絶えていることが窺える。なお、昌綱自身か子息郷左衛門（未詳）が、原昌胤の与力となっていたようである（軍鑑・大成下二六頁、天正壬午起請文・山6下九六頁）。天正十年三月の武田氏滅亡後は、上杉氏を経て織田氏に従属したものとみられる。同年四月十三日、定津院の住持大休玄忠が死去し、門弟の欣隆が跡を嗣ぐが、昌綱の意向で排された（信州臨川定津禅院年表・信15三〇頁）。この時、「祢津宮内大輔昌綱」と記される。同年六月の本能寺の変後、天正壬午の乱においては、めまぐるしく帰属を変化させる。同年七月十四日、大須賀康高を介して徳川家康に服属し、身上を安堵される（禰津家文書・信15三一六頁）。しかしそののち北条氏直に服属し、同年十月三日、北条氏政から甲斐手塚（比定地未詳）一〇〇〇貫文と清野一跡二七〇〇貫文を宛行う約束を受けた（同前・戦北二四三四）。このため、十月十九日に徳川方の真田昌幸の攻撃を受けるが、留守衆がこれを退ける。同月二十二日、北条氏直からさらに守りを固めるよう命じられた（同前・戦北二四三四）。したがってこの時期は本拠を離れていたようである。同月二十五日、この軍功により、北条氏政から海野領より四〇〇〇貫文を与えるという約束を受ける（同前・戦北二四三六）。あわせて、人質として女中（妻室）を松井田（群・安中市）に差し出したことを賞されている（同前・戦北二四三七）。しかし同月、北条・徳川の同盟成立によって信濃が徳川領と確定したことを受け、北条氏を離反したらしい。同年閏十二月、意卜斎に大平寺領（長・東御市）七〇貫文を寄進した（諸州古文書・信12四七三頁）。この時、昌綱と署判。翌十一年二月、北条氏直が小諸城から兵を退いたことを受け、望月信雅とともに同城に入城し、上杉景勝に服属する旨を海津城まで伝えた（覚上公御代御書集・信補遺上六〇五頁）。しかしそののち再度徳川家康に服属。同年九月二十八日、家康から信濃における本領を安堵された（禰津家文書・信16一〇〇頁）。同十二年四月十日、かつて対立していた欣隆を定津院の住持に補任する（定津院文書・信

16一五四頁）。これは前住大休玄忠の三回忌にあわせてのものであった（信州臨川定津禅院年表・信16一五五頁）。その後、真田昌幸に服属。同十三年七月十五日、真田昌幸は、上杉景勝から禰津氏の身上をよろしく取り計らうよう許可を受けている（上杉家文書・信16三三五頁）。同年八月十三日、土屋猪助に知行四五貫文を宛行った（諸州古文書・信16三四一頁）。同年九月五日、真田昌幸に同心して従属したことを、上杉景勝から賞されている（禰津家文書・信16三三七頁）。以後、真田氏に臣従し、その家臣となった。妻は下曾禰常喜の娘（米山一政氏旧蔵系図写）。子息信秀の妻は、真田氏次席家老小山田茂誠の娘であるという（同前）。元和四年正月二十九日没。法名通光院殿照山常徹（同前）。（丸島）

禰津元直 ねつもとなお

生没年未詳。信濃小県郡の国衆禰津氏の当主。宮内大輔、法名元山（米山一政氏旧蔵系図写）。天文十一年（一五四二）に武田氏に従属したものと思われる。この年十二月十五日、娘である禰津御料人が武田晴信に嫁いでいる（甲陽日記）。同二十二年八月十六日、庄内（長・坂城町）の内一〇〇〇貫文を与えられている「禰津」が、寿量軒・根津（禰津）宮内に先立って記されており、かつ通称を欠いているため、この時点での禰津氏の当主であろう（同前）。長男勝直が早逝したため（米山一政氏旧蔵系図写）、次男常安が家督を嗣いだ。常安の実名が「政秀」と想定され、通字「直」が入っていないのは、常安が庶流に位置づけられていたためではないか。（丸島）

根々井右馬允 ねねいうまのじょう

生没年未詳。弘治元年（一五五五）七月十九日、第二次川中島合戦で首ひとつを討ち取る戦功をたて、感状を与えられた（京都大学博物館所蔵文書・四三六）。永禄十年（一五六七）七月三日、依田源次郎に与えていた佐久郡の知行地二〇貫文を与えられ、上原与三兵衛から受け取るよう指示をされている（同前・一〇九二）。（丸島）

拈橋倀因 ねんきょうちょういん

永正三年（一五〇六）～天正十九年（一五九一）十月十五日、八六歳（広厳大通禅師譫語集・昭和再版妙亀譫語集五三頁）。曹洞宗中山広厳院七世住持。小宮山虎高の次男とされるが（国志）、活動年代が重なっているうえ、一五歳で父母を亡くしたというから（広厳大通禅師譫語集・昭和再版妙亀譫語集五三頁）、虎高の兄弟の可能性が高い。永禄二年（一五五九）、広厳院住持として、ほかの曹洞宗住持とともに、快叟良慶を擯出（追放）する文書に署判した（広厳院文書・補遺八九）。天正五年七月二十七日に、勝頼から寺領を安堵された（同前・二八三三）。同年十二月十一日には、寺に仕える大工への支配権の安堵を受けている（同前・二九〇三）。同八年三月、前年に命じられた宗門法度二ヶ条の取り下げを願う嘆願書を跡部勝資に宛てて出している（同前・三三六二）。同十年三月十二日、勝頼自害の翌日に田野（山・甲州市）を訪れ、遺骸を弔い、戒名を付して回った（国志）。同年七月、甲斐に入部した徳川家康が勝頼の菩提を弔うために景徳院を建立させ、拈橋を初代住持とした。このため、拈橋が付した戒名は、そのまま景徳院に祀られることとなった（同前）。景徳院は、同十六年に落成したが、拈橋死後は無住となり、広厳院と兼帯になったという（同前）。（丸島）

拈笑宗英 ねんしょうそうえい

生没年未詳。曹洞宗拈笑派の開祖。積翠寺村（山・甲府市）の興因寺の開山。本

寺である小田原の最乗寺一二世住職となり、同宗拈笑派の開祖となる。後世のものになるが、天正六年（一五七八）九月の竜隠寺ほか宛の北高全祝書状（竜雲寺文書・三五）によれば、中本山である小田原の最乗寺住院について、拈笑派内で争論があり、武田勝頼の判断を仰いだとある。（柴辻）

の

野口一之丞　のぐちいちのじょう

生没年未詳。信濃国筑摩郡野口（長・麻績村）の土豪。麻績氏の被官とみられる。天正九年（一五八一）の「伊勢内宮道者御祓くばり帳」において、「の口分」の人物として記載され、熨斗五〇本、帯、茶一〇袋を配られたと記されているのが唯一の所見（堀内健吉氏所蔵・三六四）。（平山）

野口成吉　のぐちしげよし

生没年未詳。佐渡守。上野の武士と思われるが、詳細は不明。永禄十年（一五六七）八月七日、武田氏に忠誠を誓う下之郷起請文を、連名で跡部勝資に宛てて提出した（生島足島神社文書・一一七六）。この際、「上州鎮守一二両社明神」が神文に含まれている。（丸島）

野口政親　のぐちまさちか

生没年未詳。信濃国安曇郡の人物。仁科氏家臣。尾張守。野口氏は仁科氏の譜代で四天王と呼称され、伊勢国より従ってきたと伝える（二木家記）。永禄十年（一五六七）八月七日、仁科親類・被官衆が武田氏に忠節を誓った下之郷起請文として登場するのが唯一の所見（生島足島神社文書・一二三〇）。（平山）

野沢二右衛門尉　のざわじえもんのじょう

生没年未詳。川口（山・富士河口湖町）の富士山御師（山4解説編三六二頁）。年未詳五月二日、土屋昌続から、棟別銭の納入方法に関する規定を通達されている（野沢家文書・三六四）。郡内領には武田氏も棟別銭を賦課しており、その納法を規定したものだが、宛所が裁断されているため、二右衛門尉宛かは確定できない。武田氏滅亡後の天正十年（一五八二）八月二十一日、徳川家康から甲斐岩崎（山・甲州市）のうち四貫九〇〇文、扶持三貫六〇〇文、蔵出三貫文、人夫一人半分を本領として安堵された（野沢家文書・山4一五五四）。郡内の御師でありながら、武田氏から知行を与えられていたことがこれでわかる。同年十二月七日、改めて安堵状が出され、岩崎において三貫文、夫丸六分の一および陣扶持二人が本給として認められた（野沢家文書・山4一五五五）。（丸島）

野沢康光　のざわやすみつ

生没年未詳。四郎兵衛。伴野信是の被官。永禄十年（一五六七）八月八日、野沢衆の一員として、武田氏に忠節を誓った「下之郷起請文」を吉田信生に提出し、血判を据えている（生島足島神社文書・一一六六）。（丸島）

野沢康棟　のざわやすむね

生没年未詳。治部左衛門尉。野沢伴野氏の被官か。某年三月二十三日、高野山蓮華定院へ礼状を送るとともに、一両年のうちに伊勢神宮に参拝し、その折りに高野山を訪ねて挨拶したいと述べている（蓮華定院文書・四七二）。（丸島）

信田　のぶた

生没年未詳。姓および名前の読みは未詳である。某年正月十六日、伊勢御師幸福大夫にお祓いの御礼を述べるとともに、今春下向と聞いたので、その際にお話を聞きたいと書き送っている（幸福大夫文書・一二三)。なお、「山梨県史」は「信用」と読んでいるが(山5下二四七三)、写真を見る限り「信田」としか読めない。(丸島)

延友信光 のぶとものぶみつ

生没年未詳。美濃国衆岩村遠山氏の一門。後に神篦(岐・瑞浪市)城主となった。三郎兵衛尉。永禄五年(一五六二)秋、大島城(長・松川町)に赴いて、武田信玄と対面する予定であったが、信玄の体調が優れず果たせなかった。十月二十九日、信玄はその旨を謝するとともに、関東へ出陣するので、岩村家中を取りまとめてほしいと依頼している(塩原家文書・八〇五)。この時、入道しているため、上記の事蹟は信光の父親にあたるかもしれない。同八年正月、諏訪神社(瑞浪市)社殿造営の棟札を奉納(諏訪神社所蔵・岐2七三三頁)。この時「大檀那延友三良兵衛尉信光」と記される。この後、神篦に進出したらしい。同年頃、神篦において武田・織田勢が衝突するという不測の事態が生じ(信長公記)、信玄からその働きを賞されている遠山右京亮は子息であろうか(反町文書・二〇六一)。なお、延友氏は元亀三年(一五七二)十一月の遠山氏内紛に際し、織田方に留まっている(上原準一郎氏所蔵文書・信長文書三四八)。以後、延友佐渡守の活動が散見される。(丸島)

信秀 のぶひで

生没年未詳。姓は不明。永禄八年(一五六五)六月、武田義信とともに甲斐二宮美和神社(山・笛吹市)に太刀一腰を奉納した(美和神社文書・九四六)。義信の側近であったとみられる。(丸島)

信盛 のぶもり

生没年未詳。姓は不明。永禄八年(一五六五)六月、武田義信とともに甲斐二宮美和神社(山・笛吹市)に太刀一腰を奉納した(美和神社文書・九四六)。義信の側近であったとみられる。(丸島)

信康 のぶやす

生没年未詳。姓は不明。永禄八年(一五六五)六月、武田義信とともに甲斐二宮美和神社(山・笛吹市)に太刀一腰を奉納した(美和神社文書・九四六)。義信の側近であったとみられる。(丸島)

野村勝英 のむらかつひで

生没年未詳。主水佑。永禄十年(一五六七)八月七日、「下之郷起請文」を奉行である吉田信生に提出した(生島足島神社文書・一二一六)。この時、「野村主水佑勝英」と署名。元亀二年(一五七一)十一月二十八日、慈眼寺(山・笛吹市)の祈禱奉行を輪番でつとめるよう命じられた(慈眼寺文書・一七五七)。(丸島)

野村勝政 のむらかつまさ

生没年未詳。兵部助。活動年代が大きく離れているため、父子二代の可能性がある。永禄二年(一五五九)二月三日、葉山左京進の要請を受け、一ヶ月に馬三疋の諸役を免許する朱印状発給を取り次いだ(諸州古文書・六五三)。同年六月十二日、早川定千代に後家免安堵を工藤(内藤)昌秀と連名で通達した(内藤本甲斐国志草稿・六六五)。天正九年(一五八一)五月二十日、甲斐御嶽神社の普請役を免除する竜朱印状を奉じた(諸州古文書・三五四九)。ただしこれは君松かもしれない。某年五月二十一日、冨士御室浅間神社に対し、船津(山・富士河口湖町)に役所(関所)を造営するよう命じている(渡辺家旧蔵文書・三八五二)。この時、「野村兵部助勝政」と署判している。(丸島)

野村君松 のむらただとし

生没年未詳。兵部助。勝政の子か。天正十七年(一五八九)三月二十七日、高野山に登山し、成慶院で武田勝頼の菩提を弔った(武田御日坏帳三番・山6下九〇九頁)。

兵部助を称しているため、勝政と同一人物とされてきたが、成慶院「檀那御寄進状并消息」に「君松　勝頼公御位盃建立之人也」と記されているため（戦国大名武田氏の権力と支配三八二頁）、実名が判明し、別人であることが明らかになった。同九年に竜朱印状を奉じている兵部助は、勝政ではなく君松であろうか。（諸州古文書・三五四九）。なお、「君」字は穴山信君または勝千代の偏諱の可能性が高い。したがって、読みは「ただとし」であろう。（丸島）

野呂猪助　のろいすけ

生没年未詳。天正九年（一五八一）十月十九日、信濃国衆夜交左近丞に、知行地の増分を今井能登守と連名で預けおいている（世間瀬家文書・三六一五）。なお、その際には円形の黒印を用いている。（丸島）

野呂瀬秀次　のろせひでつぐ

生没年未詳。十郎兵衛尉。武田氏の検地奉行。甲斐国巨摩郡寺部村（山・南アルプス市）に野呂瀬という地名があり、武田氏滅亡後に徳川氏に仕えた野呂瀬荘之介・右近大夫・平作は同地の出身とされる（国志4三六三頁）。天正四年（一五七六）十一月十一日の武田家代官衆連署証文写（判物証文写・二七四二）で、小笠原信興の転封に際して篠原尾張守に青柳（静・富士宮市）で替地を宛行い、太田守重・鷹野昌郷と連署しているのが初見。同九年八月二十八日の野呂瀬秀次等連署証文（世間瀬秀一氏所蔵文書・三六〇五）では、夜交（よませ）左近丞昌国の本拠地である信濃国高井郡夜交郷（長・山ノ内町）で平林宗忠とともに検地を実施した。同年十月二十九日の今井能登守等連署証文（同前・三六一五）で夜交氏の知行地を安堵した際には引分の算定に携わっており、同文書に署名・捺印を行っている。（鈴木）

は

はくらく藤兵衛　はくらくとうべえ

生没年未詳。信濃国筑摩郡安坂（長・筑北村）の土豪。天正九年（一五八一）の「伊勢内宮道者御祓くばり帳」において、「あさかの分」の人物として記載され、茶五袋を配られたと記されているのが唯一の所見（堀内健吉氏所蔵・三六四四）。（平山）

初鹿野源五郎　はじかのげんごろう

天文三年（一五三四）～永禄四年（一五六一）九月十日か。天文十四年八月十二日の、若宮八幡宮（山・笛吹市）御殿拝殿造営の棟札に名前がみえるが（若宮八幡社所蔵棟札写帳・一九三）、本史料には検討の余地があり、これを史料上の初見とすることは難しい。永禄四年九月十日、第四次川中島合戦で討死した（軍鑑・大成上二三八頁）。享年二八。身延祖師堂の過去帳に法名乗観、十三日没とあったという（国志）。「国志」は死去の報が届いた日としているが、あるいは戦傷がもとで数日後に死去したのかもしれない。（丸島）

初鹿野伝右衛門尉　はじかのでんえもんのじょう

生年未詳～天文十七年（一五四八）二月十四日。実名未詳。村上義清との上田原合戦（長・上田市）で戦死した（勝山）。（丸島）

初鹿野昌久　はじかのまさひさ

天文十年（一五四一）～寛永元年（一六二四）十一月十五日、八四歳（寛永伝）。実名は寛永伝による。加藤虎景の末子で、初鹿野源五郎の跡を嗣いだ（軍鑑・大成上一六八頁、寛永伝）。弥五郎、伝右衛門尉（軍鑑・大成上一六八頁）。「惣人数」にはむかでの指物衆「初鹿野弥五郎」と記される。永禄六年（一五六三）十一月の恵林寺検地帳に「加藤弥五郎同心町田新左衛門尉」とみえるのは、あるいは昌久か（恵林寺文書・山4二九五）。元亀三年（一五七二）四月二十一日、甲斐国玉郷（山・甲府市）ほか九二貫文に夫丸一人を宛行われたのが初見（飯島家文書・一八四三）。この時、伝右衛門尉。天正三年（一五七五）二月十四日、国玉郷において小山田囚獄助・平岡帯刀左衛門尉分三八貫文を加増された（同前・二四五九）。同年五月の長篠合戦の敗走に際し、土屋昌恒とともに勝頼を護って退却した。しかし預けられていた勝頼の「諏訪法性の兜」を「いそがわしき」と捨ててしまい、それに気がついた小山田弥助が拾って事なきを得た、という逸話が残される（軍鑑・大成下二二五、二六頁）。同四年五月十二日、鉄砲衆一・弓衆一、持鑓衆五・小旗持ち一の合計八人を引き連れて参陣するよう定められた（飯島家文書・二六四六）。武田氏滅亡に際しては、勝頼と合流しようとしたが、郷人に阻まれて果たせなかったという（軍鑑・大成下一七七頁）。本能寺の変後の混乱に際し、いち早く妻子を徳川家康のもとに人質として送る。八月七日、この功が認められ、堪忍分五〇貫文を宛行われた（飯島家文書・山4四六八）。同年八月二十七日、本領国玉郷を含む二七四貫文を家康から安堵されている（記録御用所本古文書・家康文書上三五八頁）。いずれも朱印状ではなく判物形式をとっているから、それなりに厚遇されていた様子が窺える。家康の関東転封後は、武蔵足立・下総葛飾・同相馬・同香取において七〇〇〇石を与えられた（寛政譜）。慶長十年（一六〇五）から十一年にかけ、伏見城の留守居をつとめたひとり（記録御用所本古文書八三、八四号）。大坂の陣では陣中目付に任ぜられ（当代記慶長十九年十一月三日条）、諸将に軍令を伝えた（譜牒余録・信21五〇六頁）。寛永元年十一月十五日没。享年八四、法名性蓮（寛永伝）。　（丸島）

長谷川吉広　はせがわよしひろ

生没年未詳。惣兵衛尉。天正六年（一五七八）十月十日、横山友次と連名で佐野弥左衛門尉に内房郷（静・富士宮市）の検地割付を引き渡した（彰考館所蔵佐野六蔵家文書・三〇四二）。　（丸島）

畑昌方　はたまさかた

生没年未詳。淡路守。某年、越中に赴き、その翌年の二月一日に渡辺囚獄助に塩を送ってもらえないかと依頼している（西湖区有文書・三七九〇）。文禄二年（一五九三）八月二十一日、高野山に登り、夫妻の逆修供養を成慶院に依頼した（甲州月牌帳二印・武田氏研究42六五頁）。屋敷は甲府古籠屋小路にあったという。なお、妻は信濃の生まれであった（同前）。　（丸島）

幡鎌右近丞　はたかまうこんのじょう

生年未詳～元亀三年（一五七二）十二月二十二日か。遠江国幡鎌（静・掛川市）を拠点とする遠江衆。天文十八年（一五四九）十月十五日に、今川義元より三河国安城（愛・安城市）での織田方との戦闘に対し、軍功に努め感状を得た幡鎌平四郎（徳川黎明会所蔵文書・戦今九二三）は、右近丞の親族と推察される（幡鎌芳三郎・塚本五郎『遠州幡鎌氏とその一族』では、父親と伝わる）。元亀三年十月の武田信玄による遠江侵攻に際して出仕し、同年十一月二日、武田家朱印状（奉者は土屋昌続）により新地旧領を保証され、あらためて信玄が新地旧領の保証に関する判物を授けるであろうこと、詳細に関しては穴山信君が伝達する旨を受ける（木下家文書・一九八二）。十二月二十二日、三方原合戦で戦死したと伝わる（幡鎌芳三郎・

塚本五郎『遠州幡鎌氏とその一族』）後裔は木下家を継承し、遠江国宮川村（静・浜松市天竜区）に在村した（同前）。（柴）

羽田吉次 はたよしつぐ

生没年未詳。惣衛門。永禄三年（一五六〇）正月二十三日、保持する田地を珍書記に売り渡した（西方寺文書・六六三）。全文かな書きであり、証人もみな筆軸印を推している。土豪層と思われる。（丸島）

畠川次久 はたかわつぐひさ

生没年未詳。次郎右衛門尉。駿府（静・静岡市）の商人。天正三年（一五七五）十月一日の武田家朱印状（奉者は跡部九郎右衛門尉昌忠。友野家文書・二五三六）で、駿府の商人衆が駿河国に帰参した際に諸役を免許する旨を伝えられ、同月十一日の松木宗清等連署起請文写（同前・二五三七）で、駿府での商売に関する起請文を武田氏に提出した一二名のなかに名がみえる。年未詳九月晦日の穴山信君条書写（判物証文写・三九七）で、大井川河畔の水川郷（静・川根本町）で商売を行うこと、敵方（徳川方）から鉄炮・鉄を仕入れた際には夫馬を与えること、条書を与えられた一〇名以外の商人が商売を行うことを禁止し、違反した場合は見つけ次第荷物を奪い取ることなどを、松木宗清ら九名とともに命じられた。（鈴木）

畑野源左衛門 はたのげんざえもん

生年未詳～天正十年（一五八二）三月二日。その出身や系譜関係などは不明。波多野と記す史料もあり、織田氏に滅亡に追いやられた波多野氏の一族か。天正十年三月、仁科信盛とともに信濃国伊那郡高遠城に籠城し、織田信忠軍と戦い戦死した（信長公記、高遠記集成ほか）。（平山）

八郎左衛門 はちろうざえもん

生没年未詳。信濃国安曇郡曽根原（長・大町市）の土豪。仁科氏の被官とみられる。天正九年（一五八一）の「伊勢内宮道者御祓くばり帳」において、「にしなの分」の人物として「曽根原の八郎左衛門」と記載され、茶五袋を配られたと記されているのが唯一の所見（堀内健吉氏所蔵・三六四四）。（平山）

羽中田虎具 はなかだとらとも

生没年未詳。民部右衛門。永禄十年（一五六七）八月七日、「下之郷起請文」を鮎川昌尚・鮎沢虎守と連名で浅利信種に対して提出している（生島足島神社文書・二一八）。天正八年（一五八〇）八月二十七日に、一時的に上野に在番した秋山下野守に対し、鉄砲の玉集めを跡部家吉・鮎沢虎守・羽中田虎具と談合して行えと命じられているから（山梨県誌本巨摩郡古文書・三四一四）、上野に在城していたものと思われる。（丸島）

はなれやま勘左衛門 はなれやまかんざえもん

生没年未詳。信濃国筑摩郡小芹・大久保・花見（長・安曇野市）の土豪。塔原海野氏の被官とみられる。天正九年（一五八一）の「伊勢内宮道者御祓くばり帳」において、「こせり・大くほ・けみの分」の人物として記載され、茶二袋を配られたと記されているのが唯一の所見（堀内健吉氏所蔵・三六四四）。（平山）

羽尾業幸 はねおなりゆき

生没年未詳。上野国吾妻郡羽尾（群・長野原町）の領主。通称は修理亮。永禄四年（一五六一）の「関東幕注文」で、箕輪長野氏の同心としてみえるのが初見（群二二三）。妻は長野業正の娘（石井本長野系図・箕郷町誌）。実名のうち「業」字は業正からの偏諱と推定される。「加沢記」では、この頃の当主を治部入道道雲とし、岩下斎藤越前守の娘婿で、嫡子として源太郎があげられている。世代的には道雲が業幸にあたるか。某年二月十八日付で吾妻郡大戸浦野氏の一族新八郎に宛てた書状が唯一の発給文書（新編会津風土記・三七九九）。宛名人の新八郎の呼称から、初代民部右衛門尉であれば永禄十年までのもの、二代民部右衛門尉であれば元亀元年（一五七〇）から天正五年（一五七七）の間のものとなる。内容は新八郎が、同名孫九郎に知行を与えられるよう業幸に要請し、業幸はそれを承認しており、また新八郎に在所への復帰のための働きを求め、それが遂げられたならば孫九郎は業幸の被官としたうえで、新八郎の同心とすることを伝えている。業幸が浦野氏に対して上位者として位置しているから、あるいは箕輪長野氏に従っている時期のこととともみられる。羽尾領については、永禄七年二月、岩下斎藤氏の没落にともなって武田氏に収公されたとみられ、吾妻郡鎌原氏・湯本氏らに与えられているから（加沢記・鎌原系図・八七二、七三）、羽尾氏は、斎藤氏没落にともなって没落した可能性が高い。「加沢記」では鎌原氏との間に所領紛争があり、鎌原氏を支援する武田氏によって没落したとみえている。同十二年、西上野における武田方の拠点として、大戸・岩櫃（群・東吾妻町）とならんで羽尾があげられているが（謙信公御書・戦北一二七二）、誰が在城していたのかは不明。羽尾氏についてはしばらく動向がみえないが、武田氏滅亡後の天正十年十月、上杉方であった羽尾源六郎が在所への復帰を図って、浦野民部右衛門尉にそれへの支援が求められている（覚上公御書集・上越二五五九）。同十二年二月、源六郎は上杉方の支援を受けて三原・丸岩（長野原町）を経略し、本拠への復帰を遂げている（歴代古案・上越二九〇六、群三三九二）。同年以降の十二月、大戸城に在城した北条氏邦家臣斎藤定盛が白井長尾氏家臣矢部大膳亮に宛てた書状に、矢部が羽尾修理亮のもとに書状を送ったこと、修理亮がその内容を承諾し差し出す証人の書立を出してきたこと、修理亮が定盛に対し、家臣を大戸城に在城させることを申し出ている（武州文書・戦北四二二七）。修理亮は源六郎の後身とみられ、その間に改称したのであろう。また同名は業幸と同じ官途名であるから、彼は業幸の子と推定される。その後の動向は不明である。（黒田）

馬場宮内助　ばばくないのすけ

生没年未詳。実名彦八か。駿府近郷の河辺郷（静・静岡市河辺）を拠点とする皮革職人。天正二年（一五七四）十二月、印文未詳の某朱印状によって、彦八宛に細工免として七五〇文が宛行われており（七条家文書・二四〇五）、次いで同七年十一月十三日には、穴山信君より革作り奉公の賞として、河辺郷での田役と普請役が免除されている（同前・三一九二）。（柴辻）

馬場玄蕃　ばばげんば

生年未詳～天正三年（一五七五）五月二十一日。信春の子、小田切昌松の兄。天正三年の長篠合戦で、父とともに戦死した。法名乾公道坤禅門。同四年十月十八日、実弟小田切昌松の依頼により、高野山成慶院で供養が営まれた（過去帳・武田氏研究34八九頁）。武田氏に関する供養帳を整理して書写した成慶院「武府過去帳書抜上」の該当部分に「為馬場玄蕃菩提」と記されていることから、この人物が馬場玄蕃であることが明らかとなる。「寛政譜」は信春死後家督を嗣いだ民部少輔と同一人物とするが、誤り。甲府における屋敷は、「古籠屋小路」に所在した（同前）。鳥居元忠に嫁いだ姉妹も同地に所在していたというから、信春の屋敷であ

ったと思われる。（丸島）

馬場忠時 ばばただとき

生没年未詳。甲斐武田一族穴山信君・勝千代・武田万千代の家臣。八左衛門尉。馬場彦尉の子か。穴山時代の史料には所見がないが、『甲陽軍鑑』に穴山衆の有力者としてみえる。確実な史料では、天正十七年（一五八九）と推定される丑九月九日、万沢・穂坂氏らとともに穴山衆の某に対して駿府城の警固を二〇日つとめるよう指示した連署状に登場するのが初見（甲州古文書別2・新編甲州古文書二七七）。武田（穴山）氏は、勝千代が同十五年六月に夭折すると、徳川家康が五男万千代（信吉）をして武田氏を継承させ、忠時らに補佐をさせた。同十八年には徳川氏の関東移封により、信吉と下総国小金に移り、禁制などの内政文書には、万沢らと連署で登場する（新編相州古文書5一四頁）。慶長七年（一六〇二）十一月、家康の命により信吉を奉じて常陸国水戸に入り、家康より筆頭家臣として、万沢・帯金・河方・佐野氏とともに二〇〇〇石を与えられた（深旧考証所収武田信吉公万千代御附諸臣、万千代君古帳、万千代様御領中之時水戸御知行割）。ところが同八年九月に万千代が病没すると、万沢・帯金らとともに家中を専断して、芦沢氏らの奉行衆と対立し、同九年一月に家康の裁定によって改易処分となり、小田原藩大久保忠隣に預けられた（慶長年録、徳川実紀）。その後、同十八年十二月十二日、家康に大久保忠隣謀叛を訴え、大久保家改易と大久保長安事件の端緒を開いたとされる（同前）。その後の事蹟は現在不明。なお、その息女は甲斐在国時代に死去したらしい。常陸国水戸に移った父忠時が、慶長九年（一六〇四）三月十一日に高野山に供養を依頼している。法名は梅心妙意禅定尼（成慶院過去帳・武田氏研究44）。（平山）

馬場信春 ばばのぶはる

永正十一年（一五一四）か～天正三年（一五七五）五月二十一日。信玄・勝頼の重臣で、信濃深志城代・同牧之島城代を歴任した。通称は教来石民部、馬場民部少輔、美濃守。実名は、信春（国志）・信忞・信房（寛政譜）・氏勝（寛永伝、寛政譜）など多数伝わるが、高野山成慶院に伝わる武将文苑所収文書写などにより、信春と確定される（遺文六巻口絵写真参照）ただし、高野山成慶院「檀那御寄進状并消息」には、「氏勝」なる人物が出した書状の記載があるから（戦国大名武田氏の権力と支配三八一頁）、これが教来石時代の実名かもしれない。武河衆の一員教来石氏の出自であったが、信玄の命で断絶していた重臣馬場氏を嗣ぎ、譜代家老衆・騎馬五〇騎持ちとなったという。「軍鑑」はこれを砥石崩れで甘利虎泰・横田高松が戦死した直後、天文十五年（一五四六）三月頃とするが（大成上三四九頁）、前提となる合戦の年代・戦死者に誤りがある。同十三年九月十三日、過所に関する掟書きを通達されたのが初見（石井進氏所蔵諸家古案集・四一四三）。この時、馬場民部少輔。しかし同十六年八月に、甲斐下向中の三条西実條（実澄）に和歌を進上した重臣のなかに「教来師」の名がみえる（甲信紀行の歌・山6下八〇頁）。ほかに重臣として活躍する教来石氏はみられないから、信春に比定してよかろう。馬場氏継承後も、教来石姓でよばれることがあったものか、あるいは初見文書に問題があるのかもしれない。同十八年十二月二十三日、駒井高白斎が自身の奏者に任ぜられたことを受け、「馬場民部少輔」が高白斎に礼物として銭五〇疋を進上している（甲陽日記）。もし初見文書に問題があれば、馬場氏継承はこの直前であろう。前年の同十七年に板垣信方・甘利虎泰が戦死しており（上田原合戦）、これが信春抜擢の一因とみなすことができるかもしれない。なお「軍鑑」も、馬場氏継承を甘利戦死後の軍勢再編の一環としており、合戦時期を取り違えたことによる混乱の可能性がある。その後は武田氏の信濃出兵に従軍。同十九年に小笠原長時が没落した後、筑摩郡深志城（長・松本市）に入ったとされる（草間家文書・信補遺下四三頁）。当初は同城を原虎胤とともに守備したとみられ、両名が甲府に参府した際には今福石見守・横田康景が留守を預かった（多和文庫所蔵甲州古文集・六三五）。同二十二年の砥石城（長・上田市）攻略後、石川らの逆心を平定するために出陣。八幡峠（長・千曲市）合戦における諏訪衆千野重清の軍功を信玄に披露した（千野家文書・戦武五四九）。某年八月十一日には、高野山成慶院に祈禱巻数の礼状を出している（武将文苑・四三九）。永禄二年（一五五九）九月二十九日、信玄が更級郡の中牧伊勢守に知行を宛行った時には、取次をつとめた（中牧家文書・六七三）。以後、受領名美濃守でみえる。「軍鑑」は原美濃守虎胤の病死後、永禄八年三月三日に美濃守を与えられたとするが（大成上三五八頁）、信春の通称変遷と一致しない。あるいは虎胤の没年が誤っているのかもしれない。同九年に更級郡牧之島城（長・長野市信州新町）が拠点城郭として修築されると、同城に移り（惣人数）、海津城代春日虎綱と共同で越中・飛驒方面の外交を担当した（歴代古案・二一〇三）。牧之島城代としては、御譜代家老衆・御先衆格で騎馬一二〇騎持ち。平林藤右衛門・中牧伊勢守ら、更級郡・安曇郡衆を寄子としたほか、飛驒国衆江馬氏・越中国衆椎名氏、駿河侵攻後は駿河国衆岡部正綱を相備えとしたという（惣人数）。このうち江馬・椎名両氏はどこにも出陣しなかったというから、越中・飛驒方面の軍事・外交担当者として、取次役（指南）をつとめたという意味であろう。一方で武田家朱印状の奉者としては一切確認できず、行政に携わったかどうかは不明である。牧之島城取立時のものとされる信春同心衆への替地宛行も、深志城代工藤（内藤）昌秀が朱印状奉者をつとめている（中牧家文書・一〇二五）。これらからすれば、信春の権限は軍事・外交面に限定されていたのかもしれない。某年七月二十七日には、信玄は服属したばかりの牧伊勢守に書状を送り、信春と談合のうえで防備を固めるよう指示している（牧歓太郎氏所蔵文書・二〇八五）。永禄十年八月の下之郷起請文は、金丸（土屋）昌続に提出した（宮入八樹氏所蔵御願書幷誓詞写・四二〇）。駒井高白斎の死後、信春の奏者は金丸昌続に引き継がれたものと考えられる。同十一年十二月、上野小幡氏のもとへ証人（目付）として、春日虎綱とともに派遣される（高橋弘二氏所蔵文書・一三四五）。信春が担当した越中方面には脅威となるような勢力がいなかったため、出陣には「いつも御供」していたとされるが（惣人数）、詳細は判然としない。勝頼期には、天正三年の三河出兵に参陣。同年五月二十一日の長篠合戦では、退却時の殿軍をつとめて戦死した（軍鑑・大成下二五頁、宣教卿記）。「信長公記」は、「馬場美濃守手前の働き比類なし」とその活躍を特記されており、信春の奮戦が敵方にも伝わっていた様子が窺える。法名信翁乾忠居士。翌四年十月十八日に、子息小田切昌松の依頼により、高野山成慶院で追善供養が営まれた（武田御日坏帳一番・山6下九〇五頁）。現在も奥の院に供養塔が残る。「軍鑑」は享年六二とする（大成下一二五頁）。これを信じれば、永正十一年（一五一四）生まれとなる。本領は、逸見荘台ヶ原（山・北杜市白洲町、成慶院過去帳・武田氏研究34八八頁）。屋敷は古鷲屋小路に所在した（甲州月牌帳二印・武田氏研究42六五頁）。母は法名性栄禅尼（成慶院過去帳・武田氏研究34八八頁）。信春が天正元年十一月十六日に供養している。妻は法名明窓理円大姉（成慶院甲州月牌帳二印・武田氏研究42六五頁）。この妻は小田切下野守の娘と伝わり（寛政譜）、信春の子息昌松が小田切氏を嗣いでいる。息女も多く伝えられ、丸子三右衛門尉（軍鑑・大成上三五九頁、御家中系図、武田三代軍記）、加津野昌春（信綱寺殿御事蹟稿・信叢15三〇頁）、小山田信茂（甲州郡内小山田家系図）らに嫁いだという。また武田氏滅亡後、娘のひとりが徳川家臣鳥居元忠の妻となった（成慶院甲州月牌帳二印・武田氏研究43一六頁）。文禄二年（一五九三）十月二十一日に行われた信春後室の逆修（生前）供養は、下総国香取地蔵院が取り次いでいるから、後室は娘婿鳥居元忠に従って、下総に移住したとみられる（同前）。なお、信春の姉は西山十右衛門尉の母である（寛政譜）。 （丸島）

馬場信盈 ばばのぶみつ

生没年未詳。武田家臣。小太郎。武河衆の一員として、永禄十年（一五六七）八月七日に「下之郷起請文」を武田信豊に提出している（生島足島神社文書・二二七）。武田信豊の同心であったと思われる。 （丸島）

馬場彦尉 ばばひこのじょう

生没年未詳。甲斐武田一族穴山信君の家臣。甲斐国八代郡常葉（山・身延町）の土豪（国志）。馬場忠時の一族か。天正七年（一五七九）三月三日、下部の佐野次郎衛門に対し、欠落した被官が帰ってきたことへの対応を指示した穴山信君朱印状の奉者として登場するのが初見（恩地文書・三二〇三）。また同八年九月二十四日、穴山信君が駿河国浅間神社宝殿を建立するため、納入すべき材木数と寸法を記した朱印状にも奉者としてみえ（佐野家文書・三四三七）、穴山氏の奉行をつとめていたものと考えられる。その後、所見がなくなるので死去したものか。あるいは馬場忠時と同一人物か、詳細不明。（平山）

馬場民部少輔 ばばみんぶのしょう

生年未詳～天正十年（一五八二）。信春の子。民部少輔、美濃守。実名は昌房・信忠など多数伝わるが、確定できない。天文七年（一五三八）または同十二年生まれという（八木沢馬場氏系図・武田氏家臣団の系譜二四六頁）。天正三年の長篠合戦で、父信春が戦死した後、家督を嗣いで牧之島城代をつとめた。同四年九月六日、馬場民部少輔の同心に対し、軍法定書が出されているのが初見（中牧家文書・二七一九）。本人ではなく同心宛に出されているのは、牧之島にいまだ着任していなかったためであろうか。同五年前後の某年、駿河富士大宮（静・富士宮市）に神馬を奉納した際にも、「馬場民部少輔同心共」と記される（永昌院所蔵兜巌史略・補遺二三）。つまり民部少輔自身の活動は確認できないのであり、ひとつの可能性として、病身であったのかもしれない。同十年二月の織田勢の信濃侵攻に際し深志城を守るが、織田長益に城を明け渡して退去した（信長公記）。この時「美濃守」とあるから、同七年末～八年初頭の武田家臣の通称変更に際して受領名を与えられたものか。深志城退去後の動向は確証を欠くが、その後の足跡が辿れなくなることから、戦死（または刑死）したとみてよかろう。「寛政譜」「士林泝洄」は深志城で戦死とするが、自落という経緯からみて疑問が大きい。一方「八木沢馬場氏系図」は、四月に牧之島落城時に戦死とする。落城が四月までずれこんだかはともかく、城代をつとめた牧之島で戦死したとみたほうが、蓋然性は高い。享年は四〇または四五と伝わるが（八木沢馬場氏系図）、確認できない。法名は慈源（寛政譜）。なお死亡時の通称は、民部少輔のままであったかもしれない。美濃守とする典拠は「信長公記」であり、信春の印象が強かったために、父の通称を誤記した可能性が残るからである。武田氏滅亡後の同十年八月五日、北信濃を制圧した上杉景勝は海津城代に任じた村上景国（国清）に対し、牧之島城については「馬場美濃守在城の時の如く」処置するよう命じている（満泉寺文書・上越二三六）。併記されている海津城代は、春日信達や安倍宗貞ではなく「春日古弾正」（虎綱）であり、美濃守についても信春を指すとみたほうが自然であろう。「古美濃守」ではなくたんに「美濃守」とあることからすれば、信春の後継者は美濃守を称さなかった可能性が高い。娘は青木信時の子信安に嫁いだようである（寛政譜）。（丸島）

早川定千代 はやかわさだちよ

生没年未詳。甲斐国山梨郡米倉（山・笛吹市）の土豪・早川肥後入道の子。同家の系図では新九郎・国の兄弟とされている。永禄二年（一五五九）六月十二日の武田家奉行連署証文写（甲斐国志草稿・六六五）で、本領内の屋敷と田一反を後家免として渡されるよう武田氏に訴え、信玄への披露を経て許可されたことを、工藤昌秀・野村勝政から伝えられた。同十一年に比定される六月十日の武田家朱印状（早川家文書・三七九）では、早川国とともに、父肥後入道の譲状に任せて名田以下の遺領を安堵された。（鈴木）

早川新九郎 はやかわしんくろう

生没年未詳。甲斐国山梨郡小原郷（山・山梨市）の細工職人。永禄十一年（一五六八）六月二十四日付の武田家朱印状によれば、累年父早川肥後守が担当してきた御器役を返還するので、相当の武具製造の奉公をせよと厳命されている（早川家文書・三六二）。次いで年未詳六月十日の武田家朱印状では、早川定千代に対して、父肥後入道の譲状にまかせて、名田以下を安堵されているから（同前・二七九）、当主歴代は肥後守を称したと思われる。天正八年（一五八〇）十一月二十八日付の武田家奉行人連署状では、早川兵部助に対して、以前より御器師役を申し付けていたが、百姓らの退転により救済の訴訟があったので、来春から中尾郷（山・笛吹市）での両棟別役のうち六貫文を渡すので、従来どおりの定器を納めるよう指令されている（同前・三四五二）。武田家滅亡後の同十一年閏正月の徳川家康朱印状では、弥三左衛門尉に対して、本領の前間田郷（山・甲府市境川町）三五貫文と一宮郷（笛吹市）四貫文を安堵されている（早川家文書）。（柴辻）

早川肥後入道 はやかわひごにゅうどう

生年未詳～永禄元年（一五五八）二月十七日。甲斐国山梨郡米倉（山・笛吹市）の土豪。同家の系図では受領を肥後守、実名を貞家とする。永禄十一年六月二十四日に子の新九郎に宛てられた武田家朱印状写（早川家文書・三六二）から、生前に武田氏の下で御器役をつとめていたこ

とがわかる。系図では同元年二月十七日に没したとされる（国志4二七四頁）。（鈴木）

早川弥三衛門尉 はやかわやそうざえもんのじょう

生没年未詳。馬場信春同心早川豊後守の子。「国志」は実名を幸豊とする。通称は、弥宗左衛門尉・弥惣左衛門尉とも記される。山県昌景の同心として軍功を立てたという（惣人数）。武田氏滅亡後、武田信玄の娘松姫が開基した信松院（東・八王子市）に、軍船の舟形大小二艘と母衣を贈ったという（国志）。ただし「新編武蔵風土記稿」は、仁科信盛の子息が贈ったものとしており、相違する。少なくとも、母衣については「蟠竜軒母衣」とあり、仁科信基（蟠竜軒）が贈ったものであろう。なぜこのような所伝の混乱がみられるのかは、判然としない。（丸島）

はやしせい衛門 はやしせいえもん

生没年未詳。信濃国筑摩郡麻績北条の土豪。天正九年（一五八一）の「伊勢内宮道者御祓くばり帳」において、「おミ北条分」の人物として記載され、熨斗三〇本、茶五袋を配られたと記されているのが唯一の所見（堀内健吉氏所蔵・三六四）。（平山）

林与兵衛 はやしよひょうえ

生没年未詳。天正六年（一五七八）に結ばれた甲越同盟に際し、勝頼妹菊姫が上杉景勝に嫁ぐことが誓約された。この約束は翌年九月に実施され、菊姫が越後に輿入れしている。九月二十六日、勘定奉行跡部勝忠と市川元松は、長井昌秀に対し「越国居住衆」つまり菊姫の付家臣の名簿を書き送った。そのなかに名がみえる（上杉家文書・三一七三）。（丸島）

林部豊前守 はやしべぶぜんのかみ

生没年未詳。天文十六年（一五四七）五月十六日、六〇〇文の知行地を与えられている（甲陽日記）。そのほかの事蹟は不明。（丸島）

早野内匠助 はやのたくみのすけ

生没年未詳。北条氏政の妹桂林院殿が勝頼に嫁いだ際の付家臣のひとり。武田氏滅亡に際し、桂林院殿から小田原に戻って自分の最後の様子を伝えてほしいと頼まれ、文と和歌、髪を受け取った（甲乱記）。（丸島）

原加賀守 はらかがのかみ

生年未詳～天文十八年（一五四九）五月一日。昌胤の父という。一次史料上の所見はなく、「軍鑑」に初めてみる他国の地形でも見事に対応できる人物と記される（大成上三四四頁）。没年は「国志」による。蓮朝寺の開基という。法名は、蓮朝（国志）。（丸島）

原左京亮 はらさきょうのすけ

生没年未詳。信濃国高井郡山田郷（長・高山村）の国衆。高梨氏の一族で、同領の拠点である山田城（高山村）の城主をつとめた。弘治三年（一五五七）二月十二日の武田家朱印状写（諸家古案集・五二八）で、北信へ侵攻した武田氏から山田領内の貴賤の安全保障を条件に降伏を勧告され、これを受諾したことで、同月十七日の武田晴信判物写（同前・五三〇）で本領五〇〇貫文と、新恩として大熊郷（長・中野市）で七〇〇貫文を宛行われた。この後は飯富虎昌の指揮下に入り、木島出雲守と共同で山田城を守備し、越後長尾（上杉）氏の動向を注視する役割を担った。同月二十五日の武田晴信判物写（同前・五三一）では、飯富虎昌から敵（長尾氏）が中野（中野市）へ移動したとのしらせを受けたので、城内の備えを堅固にするよう、木島出雲守とともに命じられた。同年三月十一日には越後衆の出兵を知らせる注進状を木島出雲守と連名で送り、十四日の武田晴信書状（志賀槙太郎氏所蔵文書・五五〇）では、この注進状の返書として、予定どおり晴信が出陣するので、詳細は陣中で直接会って話をすること、それまでは飯富虎昌の所へ報告するよう命じられている。永禄六年（一五六三）十一月三日の武田家朱印状写（諸家古案集・八四〇）では、荒廃した山田領の復興のため、現在の主人に断ったうえで領内の被官・地下人・僧俗・男女を集め、耕作を行わせるよう命じられた。同八年に飯富虎昌が処断された後は海津（長・長野市）城代の春日虎綱の指揮下に属し、同九年十月二十八日の春日虎綱書状写（同前・一〇三三）で、原左京亮の知行内での材木伐採について、今後は当人の許可なく伐採することを禁じる命令を伝えられている。また、年未詳四月二十二日の春日虎綱書状写（同前・二九八八）では、須田氏と知行をめぐって相論になっている件について調査したところ、原左京亮の本領であることは紛れもないため同人の勝訴とし、山田へ帰郷させるよう、原昌胤に披露を依頼している。（鈴木）

原貞胤 はらさだたね

生没年未詳。惣十郎、隼人佑。実名は「国志」による。隼人佑昌胤の子。天正元年（一五七三）九月七日に、兄昌弘の位牌を持って高野山に登山した惣十郎は彼のことであろう（南行雑録・二二七一、二六九〇）。同八年、兄昌栄の死去により家督を嗣ぐ。同年四月二十九日に起こった信濃内田（長・松本市）・小池（松本市）の入会相論が決裂し、翌九年正月十一日に持ち越した際、工藤喜盛とともに奉行を引継いだ原隼人佑は貞胤となる（草間家文書・信補遺下四三頁）。これが武田家臣時代の唯一の活動となる。「天正壬午起請文」には貞胤の同心四七名の記載がある（山6下九五八頁）。この筆頭に、根津（禰津）宮内丞（昌綱あるいは子息郷左衛門）、小田切次大夫（茂富の子）が記される。「信長公記」は武田氏滅亡に際し、同十年三月二日に高遠城（長・伊那市）で討ち死にしたとするが、確定できない。その後も生き延びた徴証があるからである。「国志」は「難波戦記」の記述から、武田氏滅亡後越前松平家に仕え、大坂の陣の合間に真田信繁と思い出話をしたという説を載せつつも、疑問を呈している。たしかに信繁元服は、武田氏滅亡後であり、無理が大きい。しかしながら、「結城秀康給帳」には知行七〇〇石の家臣として、「甲斐国原隼人」の記載がある（福井市史4一八九頁）。また真田家臣原家は、貞胤に相当する人物を越前松平家臣とし、大坂の陣で武功を立てたと記す。真田家に仕えた原氏は、貞胤の弟の系統だという（御家中系図）。これが事実だとすれば、「難波戦記」の記す逸話と符合する。福井藩と松代藩の記録、および軍記物の逸話が一致する点は無視できないが、貞胤の近親の可能性もあり、現時点での確定は難しい。（丸島）

原虎胤 はらとらたね

明応六年（一四九七）～永禄七年（一五六四）正月二十八日、六八歳（国志）。美濃守。能登守友胤の子という。下総国衆臼井原氏の一門で、小弓公方足利義明が小弓城（千・千葉市）を攻略したことで、永正十年（一五一三）に父とともに甲斐に来たという（国志）。ただし、小弓落城は同十四年で、時期が合わない。臼井原氏の一門であることは事実としても、さほどの有力者ではなかったのであろう。「軍鑑」は牢人衆の一人、騎馬三五、足軽一〇〇人を預かったとする（大成下三三頁）。熱心な日蓮宗信者として知られる。日蓮宗と浄土宗の宗論が起きた際、法度を無視して宗論に参加したため、一時小田原へ牢人したという（軍鑑・大成下三〇頁）。その後帰参したというが、時期ははっきりしない。天文十二年（一五四三）三月二十三日に軍勢を調えた際、虎胤の同心衆を駒井高白斎が引き連れたという記事が初見（甲陽日記）。同十九年八月二十五日、村上方の城郭砥石城（長・上田市）の検分に、大井信常・横田高松とともに派遣されている（同前）。この時、美濃守。おそらく同二十年十月二十四日の平瀬城（長・松本市）攻略（同前）に参陣したものと思われる。攻略した平瀬城は二十八日に修復され、十一月十日、虎胤は平瀬在番を命じられた（同前）。筑摩郡における最前線の城郭を任されたことになり、晴信の信任の程が窺えよう。その後も前線の城郭に配置されたらしい。寛永三年（一六二六）に村落で作成された相論覚書によれば、初代深志城代（松本市）は虎胤であるという（草間家文書・信補遺下四三頁）。また馬場信春とともに参府する際には、在城地の用心と仁科衆を本城（本丸）に入れないようにという指示が、今福長閑斎と横田康景に出されている（多和文庫所蔵甲州古文集・六三五）。永禄二年二月吉日の日付がある刀に、「平朝臣原美濃入道所持之」という記載がある（個人蔵・補遺三〇）。出家号は清岩とされる（軍鑑・大成上三〇二頁）。同二十二年四月五日、高野山十輪院に原清岩老が「ヲヱンドノ」の供養を依頼しており（持明院所蔵十輪院三好家過去帳）、「軍鑑」のいう法名が事実とわかる。永禄七年死去。享年六八。忌日は、身延山の過去帳に「正月廿八日」とあったという（国志）。「軍鑑」は「大剛のもの」と評価する。病死であることを悔い、遺言で「かならず身を捨て、武道をかせぎ候へ」と言い残したという（大成下三頁）。虎胤の死後、信玄は馬場信春に「美濃守」の受領名を与えたとされる（軍鑑・大成上三六頁）。しかし信春が美濃守を称した初見は永禄二年九月であり、時期が合わない。たしかに同時期に重臣が同じ通称を名乗ることには違和感があり、あるいは「国志」が伝える虎胤の没年に問題があるのかもしれない。なお、真田家臣原氏は原虎胤の子孫を称している（御家中系図）。　（丸島）

原虎常　はらとらつね

生年未詳～某年某月八日。丹後守。永禄十年（一五六七）八月七日、「下之郷起請文」を浅利信種に提出している（原文書・二二四）。甲府清雲寺の過去帳に、実性院浄蓮とあり、これが法名とみられる。ただし、寛永期の追善供養である。妻は同十二年十一月二十五日死去、法名法鏡。子息与介は某年二月六日死去、法名法誉と親族については過去帳類に記載があるが、虎常自身の記録は少ない。原与左衛門尉の兄にあたる（国志）。　（丸島）

原虎吉　はらとらよし

生没年未詳。半右衛門尉、大隅守。「惣人数」によれば、横目衆（御中間頭）で最も多くの感状一八通を与えられたという。天文十二年（一五四三）八月八日、広厳院（山・笛吹市）に寺領を寄進しているのが初見（広厳院文書・一七〇）。この時、半右衛門尉。同十四年八月十二日若宮八幡宮（笛吹市）拝殿を再建した際の棟札に「原大隅守」とみえる（若宮八幡社所蔵棟札写帳・一九三）。ただし、この棟札の記載は事実とは認めがたい。天正八年（一五八〇）の井口郷（山・中央市）棟別銭徴集簿に「原大同心　惣兵衛」がみえる（甲斐国志所収文書・三四五二）。某年五月七日、馬を求めていた穴山信君が、原虎吉から馬を入手できたとして謝意を述べている（彰考館所蔵浅羽本系図・三八四五）。この時は大隅守でみえる。現存はしていないが、高野山成慶院に書状二通を送っている（檀那御寄進状并消息・戦国大名武田氏の権力と支配三七五頁）。身延山の過去帳に「十四日　妙太　原大隅守虎吉ノ逆修」などとあったというから（国志）、法名は妙太だったのであろう。子孫は八王子（東・八王子市）に居住したというが（同前）、はっきりしない。父の法名は妙光、妻は妙見であった（同前）。妙太寺（山・南アルプス市）が菩提寺であったといい（同前）、近年墓誌が建てられている。（丸島）

原豊前守　はらぶぜんのかみ

生没年未詳。上野国群馬郡漆原郷（群・吉岡町）の領主。通称は初め仮名孫次郎、次いで官途名左京亮、受領名豊前守を称する。永禄十年（一五六七）三月二十八日以前に武田氏に被官化し、信玄から漆原郷を所領として宛行われている（漆原文書・一〇六二）。仮名孫次郎でみえる。同十一年正月十九日付で箕輪城代浅利信種が箕輪在番衆・同番手衆に宛てた判物が伝来されているから、箕輪城代の指揮下におかれ、同城在番をつとめたとみられる（同前・一三三〇）。元亀元年（一五七〇）三月に信玄から、越後上杉氏が厩橋から西上野に向けて要害を構築したため、攻撃のための出陣を命じられている（同前・一五三五）。同三年正月には武田氏から、厩橋（群・前橋市）と沼田（群・沼田市）を往復する者の捕縛を命じられている（同前・一七七三）。奉者を土屋昌続がつとめており、同人の取次を受けたことが知られる。天正三年（一五七五）九月、武田氏から官途左京亮を与えられている（同前・二五三五）。同四年九月には新田領への物見として派遣され、那波領茂呂（群・伊勢崎市）で敵討ち取りの戦功をあげ、勝頼から賞されている（同前・二七二六）。年未詳だが左京亮の段階の所務書立が残され、長塩甚六郎屋敷分以下、三一貫文余が列記されている。おそらく所領の一部に関するものであろう（同前・三九七〇）。また勝頼段階のものとみられるが、惣社衆瀬下飛驒守が離叛したことを受けて、武田氏への忠信を誓約する起請文の案文の一部が伝来文書のなかにみえている（同前・四三四〇）。そうすると原氏は元は惣社衆か、漆原郷は惣社領であった可能性もある。同十年正月に武田氏から、受領豊前守を与えられている（同前・三六五〇）。豊前守に関してはこれが終見となり、武田氏滅亡後の同年八月、子と推定される主水佑・弥一郎兄弟が所見され、北条氏に従っているから（同前・戦北三九二）、その間に豊前守は死去するなどし、彼ら兄弟が家督を嗣ぎ、武田氏滅亡後は北条氏に従ったことが知られる。ただしこの原氏に関する所見も、これが終見となっており、その後の動向は明確ではない。（黒田）

原豊前守　はらぶぜんのかみ

生没年未詳。北信濃の国衆。原左京亮の子か。天正八年（一五八〇）三月の武田家官途状写（諸家古案集・三三九）で、豊前守の受領を与えられた。同十年三月に武田氏が滅亡した後は、越後上杉氏に仕えて本領を安堵され、井上衆として須田信政（正）の指揮下に入った。文禄三年（一五九四）には牧之島（長・信州新町）衆および芋川親正の同心として六七〇石を知行したことが確認できる（文禄三年定納員数目録・上杉氏分限帳五一頁）。（鈴木）

原平左衛門尉　はらへいざえもんのじょう

生没年未詳。木曾家臣。永禄六年（一五六三）八月十八日、洗馬（長・松本市）で二〇〇疋の知行を与えられた（原家文書・八三四）。木曾義昌が筑摩郡の所領を宛行うのは奇妙だが、同年に木曾義昌が参府した返礼として、信玄は洗馬まで赴くと述べており（千村家文書・八九八）、洗馬は木曾氏の知行地であったと思われる。天正元年（一五七三）八月二十四日、美濃における調略を木曾義昌から讃えられ、坂下（岐・中津川市）において五貫文を与えられているとともに、苗木（中津川市）攻略のうえは、さらに加増すると述べられている（原家文書・二二五四）。同十年二月二日、武田氏離反に際する軍功を賞されて、一〇貫文を加増された（同前・三六五二）。同十一年二月二十四日、牧野西光寺において一貫文を与えられている（徳川林政史研究所由緒書・旭市史3木曾義昌関係文書六八）。七月二十三日、定納二〇貫文を加増された（原家文書・旭市史3木曾義昌関係文書七二）。（丸島）

原昌胤 はらまさたね

生年未詳～天正三年（一五七五）五月二十一日。虎胤の次男。長男康景は横田高松の養子となったため、昌胤が家督を嗣いだ。信玄の側近に同名の人物がいるが、別人である。甚四郎。永禄十年（一五六七）八月七日、「下之郷起請文」を吉田信生に提出している（生島足島神社文書・一一一三）。「惣人数」はむかでの指物衆とする。元亀元年（一五七〇）十一月、両角昌守と躑躅ヶ崎館内で喧嘩となり、双方が手疵を負ったという。激怒した信玄は、父虎胤の活躍に免じて助命したものの、見せしめとして知行・同心を没収した（軍鑑・大成上四四頁）。その後、天正三年五月二十一日、長篠の戦いで戦死した。身延山の過去帳に法名浄岸とあったという（国志）。なお、真田家重臣原昌貞（法名浄貞斎）の父という（真田氏所蔵家系補録原氏家譜十人町）。同系図は甚四郎昌胤について、伊予守勝胤に名を改めたというが、少なくともこの点は信用できない。（丸島）

原昌胤 はらまさたね

生年未詳～天正三年（一五七五）五月二十一日。隼人佑。加賀守の子（国志）。信玄の側近家臣。「惣人数」は御譜代家老衆、騎馬一二〇騎持ちで旗本とする。また旗本の陣取りを信玄と相談して行ったという（軍鑑・大成下一九頁）。「軍鑑」には与力（おぼえの衆）として、津金美濃・修理父子、禰津宮内尉子息郷左衛門、小田切茂富・次大夫父子などの記載がある（大成下一六頁）。弘治元年（一五五五）十一月に東光寺（山・甲府市）に禁制を下したのが初見（東光寺旧蔵文書・四四〇）。翌年十一月二十六日、晴信が出陣する予定なので、質物訴訟は帰陣後に裁許すると小池四郎右衛門尉に伝えた（山梨県誌本臆乗鈔・五一五）。信玄の側近として幅広く活動。朱印状奉者としては、八三通を奉じている。このうち、信玄期が六三通、勝頼期が二〇通で、信玄期に偏りをみせる。上野においては、貫前神社神主一宮氏（貫前神社文書・八三七、一二九七ほか）・高山氏（高山家文書・一二四八、高山系図所収文書・一四〇八ほか）・小幡氏（信濃神社文書所収大日方文書・一三六三）などの小指南をつとめた。また和田業繁・金丸忠経からの注進を信玄に披露する役割を担っている（丸山史料古文書集・八六八）。永禄四年の第四次川中島合戦では本隊に所属（軍鑑・大成上三五頁）。同九年（一五六六）十一月四日、曾禰虎長とともに、下伊那川野郷田地相論に裁許を下している（河野家文書・一〇三八）。同十年の「下之郷起請文」は、小指南をつとめる高田憲頼・小幡憲実・一宮氏忠の起請文を受け取っている（生島足島神社文書・一一五二、六一、六六）。自身の起請文は、担当奉行である吉田信生・浅利信種に提出している（宮入八樹氏所蔵御願書幷誓詞写・四二〇）。元亀元年（一五七〇）四月二十日、御左口神社神銭の裁許朱印状を駒井昌直とともに奉じた（田中家文書・一五四三）。同年より富士大宮（静・富士宮市）城代・駿河富士郡司をつとめる。五月二十六日、富士大宮一和尚清長の屋敷を大宮城城下の路次とするため、別の屋敷を与える旨を通達した（宮崎家文書・一五四九）。同年六月十六日、市川家光とともに静岡浅間神社（静・静岡市）の社領安堵や諸役免許を担当し、竜朱印状を奉じる（浅間神社文書・一五五三ほか三通）。駿河出兵の戦後処理にも広く関与した。同年六月晦日、朝比奈孫左衛門尉に重恩宛行を約束する朱印状の奉者（朝比奈家文書・一五六四）。富士大宮城代としては、同日、富士郡内上井弖（富士宮市）への新宿建立を許可した（中村不能斎採集文書・一五六五）。七月十日、佐野孫兵衛尉に富士氏旧領などを宛行う朱印状を奉じている（彰考館所蔵佐野家蔵文書・一五六八）。同二年三月六日、朝比奈信置に人返しを許可する朱印状を奉じた（甲州文庫文書・一六六六）。このことから、朝比奈氏に対する小指南であった可能性がある。同年三月二十六日、山県昌景と連名の朱印状で、棟別銭・普請役免許など、軍役衆と同等の特権を与えて参陣を促し、軍勢を確保する処理にあたった（岡部家文書・一六八〇ほか五通）。四月十九日も同様の朱印状を奉じている（柳本家旧蔵文書・一六九五、村田家文書・一六九六、山梨県誌本古文書・一六九七）。同三年正月十日にも軍役をつとめると申し出た海野弥兵衛尉に、駿河で知行を宛行う朱印状を、市川昌房と連名で奉じた（朝倉家文書・一七七〇）。同年三月五日、富士郡押出村内の知行地を甲斐二宮美和神社に寄進する朱印状を奉じた（八代家所蔵文書・一八〇〇）。同年三月十八日、鑓の持参数を減らし、弓の持参数を増やす軍役改訂を山県昌景に通達する朱印状の奉者（神宮文庫所蔵文書・一八〇二）。同三年三月二十四日、富士大宮社人の山宮大夫に坊領を安堵する朱印状を奉じた（判物証文写・一八一六）。四月二日、降伏した富士信忠の甲府参府の世話をするよう命じられた（旧大宮司富士家文書・一八二三）。四月晦日、富士北山の山作・樵夫衆に対し、大宮城の材木奉公を以前どおり行うよう命じる朱印状を奉じている（判物証文写・一八四六）。同年五月十五日より富士大宮社人の再編に本格的に着手。市川昌房と共同で朱印状を奉じ、その任にあたった（富士信造氏所蔵文書・一八七九、旧富士別当宝幢院文書・一八八二、ほか一一通）。また山宮大夫には富士北山の屋敷地を安堵する朱印状を奉じている（旧山宮大夫山田家文書・一八九四）。九月十一日には、富士大宮祭礼用の神銭を以前どおり徴集する許可を社人衆に与える朱印状を奉じた（浅間社旧鎰取鎖是氏文書・一九四七）。同月十八日・十九日には大宮在城給を与える朱印状を奉じている（伊藤家文書・一九五一、山梨県誌本巨摩郡古文書・一九五二、弥五兵衛旧蔵文書・一九五三）。天正元年二月十三日、信玄の下知を受け、天宮神社（静・森町）に神領を寄進した（天宮神社文書・二〇二〇）。八月十三日、遠江国衆松井宗恒に知行安堵を約束する朱印状を奉じた（土佐国蠹簡集残編・二一四八）。以後、松井氏に対する小指南もつとめた（同前・二三六四、六五）九月七日、三方原合戦で討ち死にした次男昌弘の供養を高野山成慶院に依頼した（南行雑録・二七二）。十二月十七日、富士大宮祭礼の再興を市川昌房とともに着手し、朱印状を奉じている（文永寺所蔵文書・二三七ほか四通）。十二月二十四日、岡宮（静・沼津市）の旧神領を甲斐の冨士御室浅間神社（山・富士河口湖町）に寄進する朱印状を市川昌房と奉じた（富士御室浅間神社文書・二三四八）。同二年四月十日、長坂光堅・市川昌房と連名で伝馬役をつとめた八日市場（甲府市）町人に諸役を免許する朱印状の奉者（坂田家文書・二三八二）。八月十日、板山孫左衛門尉および玉泉坊と保科八郎左衛門尉の相論裁許を栗原信盛と連名で通達した（藤沢家文書・二三三七）。八月十四日、上野一宮の造替普請のため、吾妻谷を除く西上野における勧進を免許する朱印状を奉じた（大坪家文書・二三三三）。十一月晦日、市川昌房と連名で、富士大宮春長に灯明料を寄進している（宮崎家文書・二三九二）。一時信玄の不興を買ったことがあるらしく、下総臼井原氏の家臣宍倉兵庫介の取り成しで赦免されている（宍倉家文書・三九二八）。永禄末期の信玄旗本の陣立書には、弓衆の指揮官として記される（山梨県立博物館所蔵文書・三九七二）。大宮城代をつとめながら、様々な朱印状を奉じる一方、朱印状奉者としては単独ではなく、連名で奉じることが多い点に特徴がある。また海津城代春日虎綱からの相論径緯報告を、信玄に取り次いだこともある（石井進氏所蔵諸家古案集・二九八八）。同三年五月二十一日、長篠合戦で討ち死にした（南行雑録・二六九〇）。天正四年七月七日、子息昌栄によって高野山成慶院に日牌供養依頼がなされたが（同前）、成慶院の供養帳には記載がない。法名朝原（国志）。（丸島）

原昌栄　はらまさひで

生年未詳～天正八年（一五八〇）九月か。隼人佑昌胤の嫡男。隼人佑。天正三年の昌胤の死後、家督を嗣ぐ。同四年四月十六日の武田信玄本葬において、御腰物を持って参列したという（武家事紀・二六三八）。七月七日、高野山成慶院に長篠で戦死した亡父昌胤の日牌供養を依頼した（南行雑録・二六九〇）。八月六日、新海大明神（長・佐久市）の造営を命じたところ、まだ都合がつかない部分があるという依田立慶の報告を受け取り、披露を依頼されている（伴野家文書・二七〇二）。同五年八月二十八日、陣屋の番を九一色衆に命じた朱印状を奉じた（社記・二八六二）。同年十月二十三日、天正四、五年に富士大宮（静・富士宮市）に納める武具代を、大宮付近の年貢で代納することが昌栄を通じて命じられている（宮崎家文書・二八七六）。したがって、大宮城代の地位を父昌胤から継承した可能性がある。同六年二月二十八日、諏訪大社下社大鳥居造宮銭催促を許可する朱印状を奉じた（諏訪大社文書・二九四）。三月七日、小見九郎右兵衛尉に大宮城下とみられる地で屋敷を宛行う朱印状を奉じている（浅間神社権鎰取鎖是氏文書・二九五〇）。十二月二十三日、勘定奉行市川家光と連名で、富士大宮祭礼再興を命じた獅子朱印状の奉者をつとめた（浅間社旧公文冨士家文書・三〇五九）。同七年三月十六日、番匠窪田長右衛門に対し、恩地宛行の代わりに大島城（長・松川町）での奉公をつとめるよう命じた朱印状を奉じている（中曾根資料・三一〇六）。五月二十三日、富士北山（富士宮市）の山作・樵夫衆に対し、杣取り四九人につき一ヶ月に馬六〇疋の諸役を免許する朱印状の奉者（判物証文写・三一二四）。某年三月六日、秋山惣九郎を派遣され、築城普請の苦労をねぎらわれている（禰津晴雄家文書・三二七二）。某年五月十三日にも、築城普請の苦労をねぎらわれた（諸州古文書・三四二）。これらの城は三枚橋城（静・沼津市）と考えられているが、築城時期を含めて検討の余地を残す。天正八年九月の上野膳城（群・前橋市）攻めで深手を負い、甲府で死去したという（軍鑑・大成下一六六頁）。法名宗徹（国志）。（丸島）

原昌弘 はらまさひろ

天文二十三年（一五五四）〜元亀三年（一五七二）十二月二十三日、一九歳（南行雑録・二七二）。隼人佑昌胤の次男。宗一郎。三方原合戦（静・浜松市）で討ち死にした。天正元年（一五七三）九月七日、実父昌胤が高野山成慶院に日牌供養を依頼している（南行雑録・二七二）。法名春院宗華禅定門（武田御日坏帳二番・山6下九〇五頁）。（丸島）

原弥七郎 はらやしちろう

生没年未詳。弘治元年（一五五五）六月、跡部祖慶を通して山内に在城している九一色衆の関銭を免除してもらった（諸州古文書・六五）。同三年八月三日、依田新左衛門尉の要望を武田晴信に取り次ぎ、信濃の馬一ヶ月に一疋ずつ、通過の許可を得る（同前）。同年十二月十九日、駿河から甲斐に運ぶ荷物一ヶ月に二疋分の諸役を免除してほしいという覚阿弥の要望を取り次ぎ、許可を得た。永禄七年（一五六四）三月九日、新井刑部少輔の和田（群・高崎市）籠城の戦功を讃える感状に副状を付したのが終見である（上毛史料所収上毛諸家所蔵文書・八〇三）。（丸島）

原与左衛門尉 はらよざえもんのじょう

生年未詳〜天正九年（一五八一）十月二十四日。虎常の弟（国志）。妻は海津城（長・長野市）二の曲輪を守る小畠虎盛の娘（軍鑑・大成上三六二頁）。「惣人数」には、御旗本足軽大将衆、騎馬一〇騎・足軽五〇人持ちとある。弘治三年六月当時、飯富虎昌の指揮のもと塩田城（長・上田市）に在城。長尾勢の圧迫を受けた信濃国衆市川信房の援軍として出陣したが、すでに敵は撤退していた（市川家文書・五六三）。同年十月二十七日、長尾景虎が飯山（長・飯山市）に入城したと聞いた晴信は、真田幸綱に在城衆で談合を行い、城の備えを堅固にするよう命じるとともに、この内容を原与左衛門尉にも伝えるよう指示している（真田宝物館所蔵文書・五七七）。その後、市川等長らとともに長沼（長野市）に在城して、海津城代春日虎綱を補佐したらしい（惣人数）。永禄五年（一五六二）、従属を表明した浦野真楽斎に対し、番勢を派遣したいという意向を示した信玄は、大井高政および原与左衛門尉に申し述べさせるので、決断してほしいと書き送っている（新編会津風土記・七八六）。「軍鑑」によると、所々で軍事活動を展開したようだが、一次史料上は、北信濃川中島一帯での活躍が顕著な人物といえる。天正五年頃、駿河富士大宮に神馬一疋を奉納した（永昌院所蔵兜巌史略・補遺二三）。身延山過去帳によると、天正九年十月二十四日死去。法名源朝（国志）。なお、同過去帳には、某年某月四日没の弟蓮光、某年四月二十八日没の生母妙日の記載もあったという（同前）。（丸島）

原川新三郎 はらかわしんざぶろう

生没年未詳。駿河国益津郡石脇村（静・焼津市）の土豪。原川大和守の一族ともいわれる。武田氏の駿河侵攻後、朝比奈信置に仕えた。天正四年（一五七六）に比定される八月二十八日の朝比奈信置判物（原川家文書・二七二六）で九五〇文分の屋敷地を宛行われ、軍役奉公を命じられた。同七年五月二十八日の西郷久尚証文（同前・三一三六）で、橋本四方助に与えられた新三郎の屋敷地を、検地後に返却されている。同十年三月に武田氏が滅亡した後も石脇村に在村して活動し、同十二年の小牧・長久手合戦では駿河国方上惣郷(静・焼津市)などの村落から動員された「一揆」の指揮者をつとめた(同前・静8一七四五)。子孫は、石脇村の有力百姓として存続した(駿河志料)。　(鈴木・柴)

原川大和守　はらかわやまとのかみ

生年未詳～文禄四年(一五九五)三月二十一日。遠江国城東郡内田(静・菊川町)の土豪、遠江衆。天文三年(一五三四)十二月十六日には今川氏輝より内田三ヶ村を安堵された原川又太郎、永禄元年(一五五八)二月三日には今川義元より同じ所領を安堵された原河(川)左馬助がみられ(浅羽本系図・戦今五二八、一三八二)、両者は同人かと推察される。大和守は、その後身にあたるのであろう。永禄十一年(一五六八)十二月の武田信玄による駿河侵攻により今川氏真が遠江懸川城(静・掛川市)に逃れると、弟讃岐入道とともに馳せ参じ、翌十二年四月十四日に氏真より讃岐入道は駿河国中村で五〇貫文、大和守は遠江国本地の替地として駿河国小田村(静・静岡市)松島分を与えられた(浅羽本系図、諸州古文書・戦今三四六、四七)。元亀三年(一五七二)十月からの武田信玄の遠江・三河侵攻のなかで従い案内者をつとめ、天正元年(一五七三)二月七日に信玄より本領を安堵された(浅羽本系図・二〇一八)。だが本地内田郷を知行できず、同二年十一月晦日には武田家朱印状(奉者は長坂光堅)により替地を、遠江国岡本郷・慶賀(静・浜松市)内で与えられている(同前・二三八八)。しかし、その後も不知行での奉公が続き、この状況に対し翌三年八月七日には武田家朱印状(奉者は長坂光堅)により、葛山三郎が返上した駿河国長窪(静・長泉町)六〇貫文を宛行われた(同前・二五一〇)。八月、徳川氏による遠江小山城(静・吉田町)攻囲のなか籠城に参加、撃退後の九月二十一日に武田勝頼より籠城の戦功を賞され、感状を与えられている(同前・二五三〇)。同六年三月八日、勝頼より改めて信玄の判物に従い本領安堵がなされ、同月二十一日には、駿河国富士河々原(静・富士市)畔田分五貫文を与えられた(同前・二九五一・二九五五)。二十八日、葛山右近助との駿河国長窪郷内二貫文の地をめぐり係争に対し、武田家朱印状(奉者は武田信豊)により葛山右近助の知行が認められている(武山家文書・四一八〇)。その後の事蹟は不明。八相寺(掛川市)の過去帳より、文禄四年三月二十一日に死去したとされる(袋井市史 通史編四三九頁)。　(柴)

孕石元成　はらみいしもとなり

永禄六年(一五六三)～寛永九年(一六三二)八月三日、七〇歳。父は孕石元泰で、遠江一騎合衆。官途は主水佑。天正九年(一五八一)三月の遠江高天神落城時における父元泰の「戦死」後に家督を継承し、八月五日に勝頼より知行・被官ほか遺跡を安堵される(土佐国蠹簡集残編・三五九二)。また同日に武田家朱印状(奉者は山県昌満)により、知行地における増分を重恩として認められた(孕石家文書・三五九三)。翌十年三月の武田氏滅亡後は浪人となり、通称小右衛門を称す。同十八年の小田原合戦では、徳川家臣の井伊直政の軍勢に加わるが負傷、戦後に山内一豊が遠江国掛川(静・掛川市)に入部すると家臣として仕え、慶長六年(一六〇一)山内氏が土佐国へ移封されると、それに従い四五〇石を与えられる。元和五年(一六一九)に、当主忠義より嫡男忠豊の家臣として付され、以後は江戸に滞在し活動、二〇〇〇石を加増された。寛永九年八月三日に江戸で死去した（先祖覚書、御家中名誉・山内家史料第二代忠義公記）。同三年より養子であった木部茂兵衛の次男正元が家督を嗣ぎ、後裔は土佐藩家老をつとめた（同前）。（柴）

孕石元泰　はらみいしもとやす

生年不詳～天正九年（一五八一）三月二十三日。今川氏に仕えた後、武田氏へ属し、「惣人数」（軍鑑）では遠江国の一騎合衆としてみえる。通称は又六郎、のちに官途名主水佑、受領名和泉守を称す。また実名「元泰」は、孕石元章氏所蔵「孕石系図」の記載より、今川義元からの偏諱により名乗ったことが確認できる。孕石氏は遠江国原田荘（静・掛川市）を拠点とする原氏の庶流で、孕石村（掛川市）を本拠とし、祖父行重の頃より今川氏と主従関係をもち、父光尚の時には武田氏や北条氏との戦争に従軍し、恩賞として駿河国足洗郷（静・静岡市）での知行などを獲得した。元泰は、天文二十一年（一五五二）九月七日に、父光尚の遺領相続につき今川義元より指示を受けたのが（孕石家文書・戦今一一〇九）、初見である。永禄八年（一五六五）七月二十六日には、今川氏真より借銭で失った遠江国深谷郷（静・島田市）の知行地を返付されている（同前・二〇四三）。同十一年十二月に武田信玄が今川領国への侵攻を開始すると、武田氏へ従い、同月十七日には武田家朱印状（奉者は左京亮、武田信友か）により所持または売却した居屋敷を安堵され（同前・一三四二）、また同十二年四月十五日には信玄より駿河国足洗郷内や遠江国内諸所における知行地を安堵された（土佐国蠹簡集残編・一三九二）。同年十二月の武田氏による駿河蒲原城（静・静岡市清水区）攻めに参戦して戦功をあげ、同月六日付で信玄より感状を得た（孕石家文書・一四七九）。元亀二年（一五七一）三月四日、信玄よりたびたびにわたる駿河国内などでの戦功を賞され、駿河国池田郷（静岡市）のうちほか駿河・遠江両国における三五〇貫七四五文・四二八俵一斗五升余（計約四八〇貫文余）の知行地を宛行われた（同前・一六六四）。この武田氏による駿河平定戦を経て、元泰は武田重臣で駿河江尻城代の山県昌景の指揮下にある「相備」に編制され（軍鑑）、同三年二月二十三日には、昌景を通じて、駿河国藤枝郷（静・藤枝市）内の知行地の鬼岩寺門前における市立てや藤枝堤の再興につとめたため御普請役の免許を認める武田家朱印状（奉者は山県昌景）の獲得に尽力した（孕石家文書・一七九四、平野家文書・一七九五）。天正三年四月の武田勝頼による三河侵攻中には駿河江尻城（静岡市清水区）の在番をつとめ、同月晦日には三河出陣中の山県昌景より戦況を伝えられるとともに、江尻城の普請・警固に関しての指示を受けている（孕石家文書・一七〇四）。同五年閏七月十二日、勝頼より元亀二年三月四日付信玄判物に基づき、駿河・遠江両国における約四八〇貫文の知行地をあらためて安堵された（土佐国蠹簡集残編・二八四三）。同七年五月十一日、再び藤枝堤の再興につとめたことにより、藤枝郷中に対し田地耕作への専念のため御普請役の免許を認める武田家朱印状（奉者は土屋昌恒）の獲得に尽力した（平野家文書・三一三三）。また十月二十一日には武田家朱印状（獅子朱印、奉者は山県昌満）により、藤枝郷内知行地の鬼岩寺分の田畠に関し、新百姓による開発奨励を認められている（孕石家文書・三一八〇）。その一方、同月二十七日付駿河田中城代依田信蕃宛武田家朱印状（奉者は曽禰河内守）では、元泰所領の藤枝郷鬼岩寺分に藤枝堤破損の際には再興の普請を申し付けている（平野家文書・三八二）。同年より遠江高天神城（掛川市）に在番をつとめ、そのなか江尻城代穴山信君への朝比奈真重の出仕・奉公に尽力する一方（楓軒文書纂・三五七）、同八年からの徳川氏による攻囲のなか、城将岡部元信のもとで籠城につとめるが、同九年三月二十二日に同城は落城、元泰はその際に徳川氏の軍勢に捕らえられ、翌二十三日に切腹した（先祖覚書、御家中名誉・山内家史料第二代忠義公記）。（柴）

孕石泰時　はらみいしやすとき

生年未詳～元和元年（一六一五）五月七日。武田氏へ仕える遠江一騎合衆孕石元泰の弟。源右衛門尉。永禄十一年（一五六八）十二月に、武田信玄が今川領国への侵攻を開始すると、兄元泰とともに武田氏へ属し、その後、某年十二月十三日に、武田重臣・駿河江尻城代の山県昌景より江尻城（静・静岡市清水区）の在番と普請を命じられたのが初見（多和文庫所蔵甲州古文書・二四九二）。天正三年（一五七五）四月の武田勝頼による三河侵攻中には山県昌景のもとで行動し、野田城（愛・新城市）の攻略に戦功をあげる（孕石家文書・一七〇四）。同十年三月の武田氏滅亡を経た後、徳川家臣の井伊直政へ仕え、慶長七年（一六〇二）十一月の「御家中分限帳」によると、一〇〇〇石を与えられていることが確認できる（井伊年譜・彦根市史6史料編近世1三三）。その後、家督を譲り隠居領として五〇〇石を与えられ、この時より受領名備前を名乗るか。大坂夏の陣に旗奉行として参戦し、元和元年五月七日に討死にした（彦根藩史料叢書、侍衆由緒書10）。（柴）

半右衛門尉　はんえもんのじょう

生没年未詳。信濃小県郡の国衆小泉氏の被官。永禄十年（一五六七）八月七日、武田氏に忠誠を誓う下之郷起請文に血判を据え、被官衆連名で浅利信種に提出している（生島足島神社文書・一二三九）。名字がない上に花押も書いておらず、地侍層と思われる。（丸島）

蟠翁文龍　ばんおうぶんりゅう

生年未詳～慶長十九年（一六一四）六月八日。武田信廉の子。「下部本武田系図」に「蟠翁和尚、江戸大円寺開基」とある（群書系図部集3一九、二〇頁）。大円寺は慶長初年に赤坂溜池（東・港区）に大淵寺という名称で創建された。寛永十八年（一六四一）に芝（同前）に移転し、寺号を大円寺に改めた。明治四十一年（一九〇八）に、現在地である杉並区に再度移転した曹洞宗寺院である。寺伝によれば、開山諦巌桂察は武田信玄の弟とされ、「下部本武田系図」の記載と相違する。しかし明治十年作成の「寺院明細帳」（東京都公文書館所蔵）では諦巌桂察は保善寺開山文龍和尚の弟子とある。また文政十一年（一八二八）の「寺社書上」（国立国会図書館所蔵）によると、諦巌桂察は保善寺開山蟠翁門龍の弟子で、武田家臣土屋氏の孫と明記されている。したがって、蟠翁文龍（信玄の甥）の弟子諦巌桂察が大円寺を開いたことが混同され、蟠翁文龍自身が大円寺の開山という系図と、諦巌桂察は武田信玄の弟という寺伝が生まれたと考えられる。保善寺においても、開山蟠翁文龍は信玄の従兄弟という誤った寺伝が生じている。「寺社書上」のうち保善寺の箇所をみると、同寺は牛込通寺町（東・新宿区）で創建されたという。現在は中野区に移転している。本寺は甲斐小佐手村（山・甲州市）にある東林院で、武田一門小佐手信俊が文安四年（一四四七）に開基した（国志）。信俊は、小佐手氏初代永信（武田信守弟）の子である（系図纂要）。蟠翁文龍は東林院二世とされるが（寺社書上）、当然ながら不可能である。あるいは中興後の二世か。保善寺を開いた後、慶長十九年六月八日に示寂した（同前）。（丸島）

坂西阿波入道　ばんざいあわにゅうどう

生年未詳～天正三年（一五七五）六月二十九日。信濃国伊那郡飯沼城（坂西城、長・飯田市）主坂西一族。坂西長忠、織部亮らとの系譜関係は不明。天正三年五月の長篠敗戦後、織田氏の調略に応じて謀叛を企てたが察知され、松尾城主小笠原信嶺によって討たれたと推定される（勝山小笠原文書・三五〇七、開善寺過去帳・新編伊那史料叢書4）。法名は玉庭忠温居士。そのほかの事績は不明。（平山）

坂西織部亮　ばんざいおりべのすけ

生年未詳～天正十年（一五八二）二月か。信濃国伊那郡飯沼城（坂西城、長・飯田市）主。坂西長忠の弟ともいわれるが（国志98）、確認できない。坂西氏は「惣人数」に「ばんざい岩村組」とあり、六〇騎を擁していたとある。坂西一族は、天正三年五月の長篠敗戦後、織田氏の調略に応じて謀叛を企てたが察知され、松尾城主小笠原信嶺によって多くが討たれ（勝山小笠原文書・三五〇七）、残った人々も捕縛され甲府で成敗された（開善寺過去帳・新編伊那史料叢書4）。織部亮はその後登場するので、この謀叛に荷担しなかった一族だった可能性が高い。坂西織部亮は、同十年二月には保科正直とともに飯田城を守備していたが、織田軍の侵攻により逃亡した（信長公記15、甲乱記）。その後記録に所見がなく、没落したものと思われる。（平山）

坂西主計　ばんざいかずえ

生年未詳～天正三年（一五七五）五月二十一日。信濃国伊那郡飯沼城（坂西城、長・飯田市）主坂西一族。坂西長忠、織部亮らとの系譜関係は不明。天正三年五月二十一日の長篠合戦で戦死した。法名は芳岩瑞薫禅定門（開善寺過去帳・新編伊那史料叢書4）。そのほかの事績は不明。（平山）

坂西賢竹　ばんざいけんちく

生年未詳～天正三年（一五七五）六月二十九日。信濃国伊那郡飯沼城（坂西城、長・飯田市）主坂西一族。坂西兵部助の弟。坂西長忠、織部亮らとの系譜関係は不明。天正三年五月の長篠敗戦後、織田氏の調略に応じて謀叛を企てたが察知され、松尾城主小笠原信嶺によって討たれたと推定される（勝山小笠原文書・三五〇七、開善寺過去帳・新編伊那史料叢書4）。法名は清江賢淳居士。そのほかの事績は不明。（平山）

坂西式部少輔　ばんざいしきぶのしょう

生年未詳～天正三年（一五七五）六月二十九日。信濃国伊那郡飯沼城（坂西城、長・飯田市）主坂西一族。坂西但馬守の弟。坂西長忠、織部亮らとの系譜関係は不明。天正三年五月の長篠敗戦後、織田氏の調略に応じて謀叛を企てたが察知され、松尾城主小笠原信嶺によって討たれたと推定される（勝山小笠原文書・三五〇七、開善寺過去帳・新編伊那史料叢書4）。法名は増泉尚瑞禅定門。そのほかの事績は不明。（平山）

坂西十左衛門　ばんざいじゅうざえもん

生年未詳～天正三年（一五七五）八月十八日。信濃国伊那郡飯沼城（坂西城、長・飯田市）主坂西一族。坂西長忠、織部亮らとの系譜関係は不明。天正三年五月の長篠敗戦後、織田氏の調略に応じて謀叛を企てたが察知され、松尾城主小笠原信嶺によって捕縛され、甲府に送られたと推定される。その後甲府で切腹を命じられた。法名は康運紹泰禅定門（開善寺過去帳・新編伊那史料叢書4）。そのほかの事蹟は不明。（平山）

坂西十兵衛 ばんざいじゅうひょうえ

生年未詳～天正三年（一五七五）八月十八日。信濃国伊那郡飯沼城（坂西城、長・飯田市）主坂西一族。坂西長忠、織部亮らとの系譜関係は不明。天正三年五月の長篠敗戦後、織田氏の調略に応じて謀叛を企てたが察知され、松尾城主小笠原信嶺によって捕縛され、甲府に送られたと推定される。その後甲府で切腹を命じられた。法名は秀岳因松禅定門（開善寺過去帳・新編伊那史料叢書4）。そのほかの事蹟は不明。（平山）

坂西太右衛門 ばんざいたえもん

生年未詳～天正三年（一五七五）八月十八日。信濃国伊那郡飯沼城（坂西城、長・飯田市）主坂西一族。坂西長忠、織部亮らとの系譜関係は不明。天正三年五月の長篠敗戦後、織田氏の調略に応じて謀叛を企てたが察知され、松尾城主小笠原信嶺によって捕縛され、甲府に送られたと推定される。その後甲府で切腹を命じられた。法名は可際精忍禅定門（開善寺過去帳・新編伊那史料叢書4）。そのほかの事蹟は不明。（平山）

坂西但馬守 ばんざいたじまのかみ

生年未詳～天正三年（一五七五）六月二十九日。信濃国伊那郡飯沼城（坂西城、長・飯田市）主坂西一族。坂西阿波入道の弟。坂西長忠、織部亮らとの系譜関係は不明。天正三年五月の長篠敗戦後、織田氏の調略に応じて謀叛を企てたが察知され、松尾城主小笠原信嶺によって討たれたと推定される（勝山小笠原文書・二五〇七、開善寺過去帳・新編伊那史料叢書4）。法名は金圃宗満禅定門。そのほかの事蹟は不明。（平山）

坂西長忠 ばんざいながただ

生年未詳～永禄五年（一五六二）か。信濃国伊那郡飯沼城（坂西城、長・飯田市）主。諱は永忠とも書く。坂西氏は「惣人数」に「ばんざい岩村組」とあり、六〇騎を擁していたとある。永禄五年九月、松尾小笠原信嶺と所領をめぐる紛争を起こし、松尾領に侵入したため、信嶺に城を包囲され、木曽に追放されたというのが唯一の所見（清水家文書・七九五）。ただしこの史料は検討が必要である。坂西氏は、天文二年（一五三三）に坂西伊予守・民部少輔兄弟の実在が確認され、同二十三年の武田氏侵攻の際にはこの坂西兄弟が当主であったとみられる（信州下向記・新編信濃史料叢書10）。この時の当主を坂西左衛門佐周次とし、彼が永禄五年に死去し、嗣子がいなかったため実弟の織部亮が後継者になったとする記録もあるが（国志98）、確認できない。坂西氏は、弘治四年（永禄元年・一五五八）四月吉日、武田氏が越後上杉謙信に備えるべく、川中島の縁辺部の諸城に重臣と信濃国衆の配備を指示した武田家朱印状において、室住虎光（武田氏重臣）、箕輪衆（信濃伊那郡）、水上六郎兵衛（甲斐衆）とともに、柏鉢城（長・長野市）に坂西が籠城している（神宮文庫所蔵武田信玄古案・五九二）。これが長忠と推定される。天正三年（一五七五）五月の長篠敗戦後、坂西一族は織田氏の調略に応じて謀叛を企てたが察知され、松尾城主小笠原信嶺によって多くが討たれたり（勝山小笠原文書・二五〇七）、捕縛され、甲府で成敗された（開善寺過去帳・新編伊那史料叢書4）。また生き残った者も、多くが織田・徳川領国へ逃亡している（武田神社所蔵文書・二五一四）。

坂西長門守　ばんざいながとのかみ

生年未詳～天正三年（一五七五）五月二十一日。信濃国伊那郡飯沼城（坂西城、長・飯田市）主坂西一族。坂西長忠、織部亮らとの系譜関係は不明。天正三年五月二十一日の長篠合戦で戦死した。法名は全処長盛禅定門（開善寺過去帳・新編伊那史料叢書4）。そのほかの事跡は不明。（平山）

坂西八郎九郎　ばんざいはちろうくろう

生年未詳～天正三年（一五七五）八月十八日。信濃国伊那郡飯沼城（坂西城、長・飯田市）主坂西一族。坂西長忠、織部亮らとの系譜関係は不明。天正三年五月の長篠敗戦後、織田氏の調略に応じて謀叛を企てたが察知され、松尾城主小笠原信嶺によって捕縛され、甲府に送られたと推定される。その後甲府で切腹を命じられた。法名は八雲用九禅定門（開善寺過去帳・新編伊那史料叢書4）。そのほかの事蹟は不明。（平山）

坂西兵部介　ばんざいひょうぶのすけ

生年未詳～天正三年（一五七五）六月二十九日。信濃国伊那郡飯沼城（坂西城、長・飯田市）主坂西一族。坂西阿波入道の子。坂西長忠、織部亮らとの系譜関係は不明。天正三年五月の長篠敗戦後、織田氏の調略に応じて謀叛を企てたが察知され、松尾城主小笠原信嶺によって討たれたと推定される（勝山小笠原文書・二五〇七、開善寺過去帳・新編伊那史料叢書4）。法名は千将宗倍禅定門。そのほかの事蹟は不明。（平山）

坂西三河守　ばんざいみかわのかみ

生年未詳～天正三年（一五七五）八月十八日。信濃国伊那郡飯沼城（坂西城、長・飯田市）主坂西一族。坂西長忠、織部亮らとの系譜関係は不明。天正三年五月の長篠敗戦後、織田氏の調略に応じて謀叛を企てたが察知され、松尾城主小笠原信嶺によって捕縛され、甲府に送られたと推定される。その後甲府で切腹を命じられた。法名は久安福昌禅定門（開善寺過去帳・新編伊那史料叢書4）。そのほかの事蹟は不明。（平山）

坂西美作守　ばんざいみまさかのかみ

生年未詳～天正三年（一五七五）八月十八日。信濃国伊那郡飯沼城（坂西城、長・飯田市）主坂西一族。坂西長忠、織部亮らとの系譜関係は不明。天正三年五月の長篠敗戦後、織田氏の調略に応じて謀叛を企てたが察知され、松尾城主小笠原信嶺によって捕縛され、甲府に送られたと推定される。その後甲府で切腹を命じられた。法名は機関元作禅定門（開善寺過去帳・新編伊那史料叢書4）。そのほかの事蹟は不明。（平山）

ひ

比貝惣右衛門尉　ひがいそうえもんのじょう

生没年未詳。姓は日貝とも。天正四年（一五七六）六月二十八日、甲府八日市場に伝馬定書が出された際、綿および麻布は内藤昌月と比貝惣右衛門尉の手形がなければ八日市場で商売をしてはならないと定められた（坂田家文書・二六八二）。翌同五年七月十六日、高野山成慶院が運び込む麻布五〇端の役を免許するので、通過を許可するよう命じられている（柳沢文庫所蔵文書・二八三〇）。甲府の奉行人のひとりと思われるが、そのほかの事蹟は不明。（丸島）

光大和守　ひかるやまとのかみ

生没年未詳。信濃国筑摩郡光城主（長・安曇野市）。会田岩下氏の一族。海野下

野守との系譜関係は不明。居住地にちなんで光氏とも称した（いわゆる光海野氏）。光海野氏は、滋野一族のうち海野長氏の子幸元が光に居住し、光六郎を称したことに始まるといい（信州滋野三家系図・続群書類従七輯上）、応永七年（一四〇〇）に発生した大塔合戦に際して、海野氏惣領や会田岩下氏とともに「飛賀留」とあり（大塔物語）、光海野氏の存在が確認できる。天文二十二年（一五五三）五月八日、武田信玄が、甲郷（光郷）を海野三河守に分配しており（甲陽日記）、小笠原氏に帰属していた光海野氏は没落していたとみられ、武田時代以後の同氏は海野三河守の系統と推定される。その後、天正九年（一五八一）の「伊勢内宮道者御祓くばり帳」において、「ひかるの分」の筆頭として記載され、熨斗五〇本、上の茶一〇袋を配られたと記されている（堀内健吉氏所蔵・三六四）。その後の事蹟は不明。同十一年二月、会田岩下、塔原氏が小笠原貞慶に謀叛の疑いで滅ぼされた時、共に滅びたか。（平山）

日岐盛次 ひきもりつぐ

生没年未詳。信濃国安曇郡日岐（長・生坂村）の国衆。日岐城、日岐大城に拠る。仁科氏家臣。仮名、官途、受領は不明。日岐氏は仁科一族といわれ、丸山氏とも称した。永禄十年（一五六七）八月七日、仁科親類・被官衆が武田氏に忠節を誓った下之郷起請文に登場するのが唯一の所見（生島足島神社文書・一二〇）。（平山）

彦左衛門 ひこざえもん

生没年未詳。信濃国筑摩郡会田（長・松本市）の土豪。会田岩下氏の被官とみられる。天正九年（一五八一）の「伊勢内宮道者御祓くばり帳」において、「あいた分」の人物として記載され、茶二袋を配られたと記されているのが唯一の所見（堀内健吉氏所蔵・三六四）。（平山）

彦三郎 ひこさぶろう

生没年未詳。信濃国筑摩郡会田（長・松本市）の土豪。会田岩下氏の被官とみられる。天正九年（一五八一）の「伊勢内宮道者御祓くばり帳」において、「あいた分」の人物として記載され、茶二袋を配られたと記されているのが唯一の所見（堀内健吉氏所蔵・三六四）。（平山）

彦三郎 ひこさぶろう

生没年未詳。天正五年（一五七七）頃、駿河富士大宮（静・富士宮市）に神馬を奉納した（永昌院所蔵兜巌史略・補遺一三）。今井彦十郎信忠の次に署判していることから、信忠の子息の可能性が指摘されている。（丸島）

彦四郎 ひこしろう

生没年未詳。信濃国筑摩郡会田（長・松本市）の土豪。会田岩下氏の被官とみられる。天正九年（一五八一）の「伊勢内宮道者御祓くばり帳」において、「あいたいりの分」の人物として「かな井の彦四郎」と記載され、茶二袋を配られたと記されているのが唯一の所見（堀内健吉氏所蔵・三六四）。（平山）

彦二郎 ひこじろう

生没年未詳。信濃国筑摩郡小芹・大久保・花見（長・安曇野市）の土豪。塔原海野氏の被官とみられる。天正九年（一五八一）の「伊勢内宮道者御祓くばり帳」において、「こせり・大くほ・けみの分」の人物として「中山の竹物の彦二郎」と記載され、茶二袋を配られたと記されているのが唯一の所見（堀内健吉氏所蔵・三六四）。（平山）

彦八 ひこはち

生没年未詳。在郷の漆職人頭。八代郡寺尾郷（山・笛吹市境川町）在住の漆職人。弘治四年（一五五八）三月二日付の武田

家朱印状では、漆奉公をしたので家一間の棟別役を免除されている（桑原家文書・五八九）。永禄三年（一五六〇）二月十日同年十二月十七日の同朱印状では、領内から漆を五日のうちに納めるよう指令されており、その触口四人のひとりとなっている（同前・七一八）。次いで同五年五月二十三日には、武田家より相州口への通行過書を交付されており（同前・七六七）、他国への漆流通にも関与していたと思われる。天正三年（一五七五）十二月二十三日には、武田勝頼より獅子朱印状をもって竹木藁縄を徴発されており（同前・二五六〇）、その宛名が寺尾郷となっていることから、郷を仕切る役務も兼ねていたと思われる。（柴辻）

ひこん ひこん

生没年未詳。信濃国筑摩郡安坂（長・筑北村）の土豪。天正九年（一五八一）の「伊勢内宮道者御祓くばり帳」において、「あさかの分」の人物として記載され、茶三袋を配られたと記されているのが唯一の所見（堀内健吉氏所蔵・三六四）。あるいは宮の大夫、平左衛門、清三らの一族か。（平山）

非持越後守 ひじえちごのかみ

生年未詳～天正十年（一五八二）三月二日。信濃国伊那郡非持（長・伊那市）の土豪。高遠衆。「飛志越後守」と記する史料もあるが非持が正しい（信長公記）。天正十年三月、仁科信盛とともに信濃国伊那郡高遠城に籠城し、織田信忠軍と戦い戦死した（信長公記、高遠記集成ほか）。（平山）

日向是吉 ひなたこれよし

生没年未詳。大和守。享禄元年（一五二八）の比志神社（山・北杜市）本殿再興の棟札に、母牛御・妻・子息虎忠および被官らとともに名がみえる（比志神社所蔵・六六）。武田氏滅亡時に大島城（長・松川町）を守備していた日向大和入道と同一人物視されることがあるが（国志）、これは子息の虎頭である。なお、「軍鑑」では天文十九年（一五五〇）十月一日の砥石崩れ頃を境に、同じ大和守でも子息虎頭に記述が代わっているため、同合戦で討ち死にしたという説がある。（丸島）

日向宗立 ひなたそうりゅう

大永二年（一五二二）～慶長十三年（一六〇八）五月十四日、八七歳（寛永伝）。玄東斎宗立。佐久郡の新津右京亮の孫で、祖父・父が同時に岩村田（長・佐久市）で討ち死にしたため、祖母の実家日向で養われ、日向姓を称した（寛永伝）。祖母は日向大和守の母というから（同前）、是吉の母牛御であろうか。「国志」は日向大和守の妹婿としており、これが正しければ虎頭の妹婿、つまり是吉の娘婿であろう。是吉系日向氏とは重縁関係で結ばれていたといえる。「諸国へ御使衆」のひとり（惣人数）。永禄十一年（一五六八）七月、大坂の本願寺へ派遣されているのが初見（勝興寺文書・一二九九）。同十二年六月には、北条氏挟撃の談合のために里見義弘のもとに派遣され、道中の世話を信玄が梶原政景に依頼している（専宗寺所蔵文書・四二一九）。元亀三年（一五七二）五月には里見義堯のもとに滞在。妙本寺の末寺・小泉久遠寺（静・富士宮市）の権益安堵と身延山久遠寺との寺号問題について、義堯の要望を土屋昌続に書き送り、十四日に返書を送られている（妙本寺文書・一八七七）。この件は五月十三日に、信玄から諸役免許の判物が出されており、それが宗立に伝えられたのである（久遠寺文書・一八七三）。寺号問題については、同年七月、妙本寺日侃が、里見義堯を通じて訴え、日向宗立が善処を求められている。なおこの時期は、安房・上総久留里（千・君津市）の里見領に滞在していた（妙本寺文書・四五二）。同年十一月十九日、近江出陣中の越前朝倉義景のもとに派遣されることとなった（徳川黎明会所蔵文書・一九八九）。出発に先立ち、敵国を通過して危険な使者の任務を果たす見返りとして、駿河厚原郷（富士宮市）で七〇貫文の知行を与えられた（記録御用所本古文書・一九九三）。天正二年（一五七四）閏十一月九日、上野の浦野真楽斎のもとに派遣され出陣を要請した（尊経閣文庫所蔵小幡文書・二三九五）。同四年三月六日、知行地の面付手形を今井信衡・小原継忠とともに発給している（一蓮寺旧蔵文書・二六〇四、早川家文書・二六〇六）。このとき、円形の朱印を使用。信玄期までは使者をつとめていたが、その後は本城の吏僚になったようである。同五年前後、駿河富士大宮（富士宮市）に神馬一疋を奉納（永昌院所蔵兜巌史略・補遺二三）。同十七年九月に、自身の寿像を鉄山宗純のもとに持ち込み、賛を書いてもらっている（鉄山集・山6下六二八頁）。慶長十三年五月十四日没（寛永伝）。ただし「国志」は身延祖師堂の過去帳より同年八月十四日没とする。法名は、宗立日明（国志）。正室とみられる女性（嫡子半兵衛政之の母）は、同年五月二十八日に没した。法名は南清院妙立日陽（同前）。（丸島）

日向藤九郎　ひなたとうくろう

生年未詳～永禄五年（一五六二）。虎頭の子（軍鑑・大成下六二頁）。一次史料上の所見はない。永禄五年に北条氏康の要請を受け、松山城（埼・吉見町）攻めの援軍として出陣した際に鉄砲に当たり、討ち死にした（同前・上三四〇頁）。なお、自身も鉄砲上手であったという（同前・下三頁）。法名は、覚等勇閑禅定門（国志）。（丸島）

日向虎頭　ひなたとらあき

生年未詳～天正十年（一五八二）三月。是吉の子。大和守、玄徳斎宗栄。仮名藤九郎は「軍鑑」でしか確認できない。天文二十年（一五五一）十二月、松原神社（長・小海町）に伊那郡制圧を祈願しているのが初見（諸州古文書・三三九）。この文書は花押と黒印を重捺している点に特徴がある。この時、大和守だから、父是吉はすでに死去していたのであろう。その後は長坂虎房とともに北信濃の城郭に配備されたらしい。弘治三年（一五五七）四月十三日、島津月下斎が軍勢を動かしているとの情報があるので、事実関係を調べたうえで帰国するよう命じられている（長野市立博物館所蔵文書・五五七）。永禄八年（一五六五）には上野に在城。上杉謙信が上野に出陣するとの情報があるので、急ぎ岩櫃（群・東吾妻町）を訪ね、真田一徳斎と談合するよう指示された（富野俊一郎氏所蔵文書・九六三）。この時、すでに大和入道でみえる。駿河支配にも関与したようで、元亀三年（一五七二）二月に富士大宮（静・富士宮市）社人山宮大夫に神役勤仕と引き替えに、道者を安堵することを伝えている（山田家文書・一七九七）その後、秋山虎繁が美濃岩村城（岐・恵那市）に移ったことで、城主不在となった信濃伊那郡大島（長・松川町）城代に着任。天正二年閏十一月三日には、同郡阿島郷安養寺（長・喬木村）の社殿再興の棟札に「日向大和守源虎頭」とみえる（安養寺所蔵・二三九四）。入道後だが、事情を知らない在地の人びとが実名を記したのであろう。同三年八月の勝頼による伊那郡防衛強化策では、武田信豊を大将とし、日向玄徳斎（虎頭）と保科正俊・正直父子が補佐する体制が作られた（武田神社所蔵文書・二五二四）。日向玄徳斎は、引き続き大島城に在城し、栗原伊豆守（信重か）・小山田昌盛を指揮することとなった。ただし秋山虎繁の同心衆は、小山田昌盛・保科正直の指揮下におかれている。同五年頃、駿河富士大宮に神馬を奉納している（永昌院所蔵兜巌史略・補遺二三）。同六年三月八日、妻室に先立たれ、翌年五月二十一日に高野山で供養を営んでいる（成慶院甲州月牌帳二印・武田氏研究42五四頁）。法名は栄室理繁大姉。同十年の甲州崩れに際しても大島城の「物主」として、援軍小原継忠・武田信廉・安中七郎三郎・阿江木常林を指揮した（信長公記、甲乱記）。しかし地下人が謀叛して外曲輪に火を放ったため、武田信廉は逃亡、城内の士気は乱れた。玄徳斎は子息二郎三郎を召して、自分は城を枕に討ち死にするが、お前は城を出て勝頼の眼前で討死せよと命じた。しかし同名被官衆によって馬に乗せられ、結局城を放棄して甲斐に落ち延びることとなる（甲乱記）。その後、本領村山（山・北杜市）において、二郎三郎とともに自害した（同前）。「寺記」は忌日を三月二十一日とする。法名は景照院光岳村公居士と伝わるが（国志）、父是吉のものである可能性も残る。二郎三郎の法名は、音宗空観禅定門（同前）。なお、高野山成慶院では慶長十三年（一六〇八）に塩之入宮左衛門尉の手で供養が営まれ、忌日を四月九日、法名源徳禅定門とする（甲州月牌記五）。（丸島）

日向虎忠　ひなたとらただ

生没年未詳。新助。享禄元年（一五二八）の比志神社（山・北杜市）本殿再興の棟札に、父是吉らとともに名がみえる（比志神社所蔵・六六）。そのほかの事蹟は不明だが、虎頭の初名の可能性が指摘されている。（丸島）

日向政之　ひなたまさゆき

永禄八年（一五六五）～寛永二十年（一六四三）五月二日、七九歳（寛政譜）。伝次郎、半兵衛。玄東斎宗立の子。「寛永伝」をはじめ系図類は実名政成とするが、古文書上で確認できるのは政之である。もっとも初期の文書は実名の判読が難しく、また「寛永伝」編纂時には存命なので、のちに政成に改めたのかもしれない。武田氏滅亡後の天正十一年（一五八三）閏正月十四日、一一三貫一〇〇文を安堵された（古文書・家康文書上四七四頁）。この時、伝次。慶長十九年（一六一四）より甲斐支配に携わり（一宮浅間神社文書・山8四五四ほか）、その後は寛永八年まで徳川忠長のもとで甲斐支配を担った（坂名井家文書・山8四六四ほか）。この間は半兵衛を名乗っている。同年の徳川忠長改易後、寛永十三年に赦免され、武蔵・上野で三〇八〇石を与えられた（寛政譜）。寛永二十年五月二日死去。法名は慈恩院道慧日景（国志）。享年七九。妻は内藤清成娘、後妻は横田康景娘、永井尚政娘（寛政譜）。この後妻が永井尚政の娘という点が注目され、同十年に山本菅助（道鬼）の外孫三郎右衛門（三代目菅助）を永井尚政に紹介し、仕官への道を開いた日向盛庵は（沼津山本家文書・山本菅助の実像を探る一七三、七七頁）、政之のことではないか、という仮説が提示されている。（丸島）

平尾三右衛門尉　ひらおさんえもんのじょう

生年未詳～天正八年（一五八〇）五月十六日。信濃佐久郡の国衆。平尾依田氏の当主。依田平三昌朝との関係は不明。元亀三年（一五七二）十月二十一日、在国しての奉公を賞され、平尾源清知行分を与えられる（早稲田大学図書館所蔵文書・一九七七）。天正五年（一五七七）前後の某年、駿河富士大宮（静・富士宮市）に神馬を奉納した「平尾」は三右衛門尉だろう（永昌院所蔵兜巌史略・補遺二三）。法名は宗了禅定門（蓮華定院過去帳月坏信州佐久分第一）。武田氏滅亡後の「天正壬午の乱」で徳川家康に従属した三右衛門尉は子息だろう。同十年十二月十二日、本領の替地として甲斐岩崎（山・甲州市）で七貫八〇〇文、一宮で（山・笛吹市）二三貫文を与えられた（早稲田大学図書館所蔵文書・家康文書上八三頁）。（丸島）

平尾昌朝 ひらおまさとも

生没年未詳。平三。平尾依田氏。信濃佐久郡の国衆。平尾のうち白屋（長・佐久市）を居城とした（譜牒余録・信15五三三頁）。花押型は武田氏のものに類似する。平尾三右衛門尉との関係は不明。某年四月五日、高野山蓮華定院に岩村田（佐久市）から返書を出している（蓮華定院文書・三三八）。この書状で昌朝は、敵が「当郡乱入」した際に、自身の進退を気遣ってくれたことへの謝辞を述べている。その活動時期から、武田氏滅亡と「天正壬午の乱」の後、天正十一年（一五八三）のものの可能性が高い。「天正壬午の乱」で家康に従属した。同十年十一月二十二日、家康から忠節を促されている（譜牒余録・信15五三三頁）。同十二年二月十五日、佐久郡法花堂（佐久市）に寺領二五〇文を寄進した（大井家文書・信16三九頁）。同十八年四月五日、高野山蓮華定院へ佐久郡岩村田から寺領一貫文を寄進している（蓮華定院文書・信17一〇八頁）。したがって、武田氏滅亡後は徳川家康に仕えたものとみられる。（丸島）

平沢勘四郎 ひらさわかんしろう

生没年未詳。信濃国伊那郡虎岩郷（長・飯田市）の土豪。平沢道正の息子。天正九年（一五八一）十一月二十八日、吉岡城主下条信氏より知久平の代官職を預けられ、兵粮一〇〇俵を台所に納めるよう命じられ、その対価として代官免を与えられているのが初見（平沢家文書・三六一八）。同十年、武田氏滅亡と本能寺の変後は、父道正とともに神之峯城主知久頼氏に仕えた。同十一年一月五日、頼氏より富岡（飯田市）で一六貫文の知行と、父道正屋敷を与えられ、軍役勤仕を命じられている（同前・信15五四三）。その後の事蹟は明らかでないが、寛永十一年（一六三四）四月六日、一族とみられる平沢喜蔵と屋敷の境界争論の当事者となり、郷中長衆の仲裁により和解した平沢勘四郎は同一人物か（平澤進氏所蔵文書・信30六三五）。そのほかの事蹟は不明。（平山）

平沢藤左衛門尉 ひらさわとうざえもんのじょう

生年未詳～天正十年（一五八二）十月。信濃国伊那郡虎岩郷（長・飯田市）の土豪。平沢道正の息子。永禄九年（一五六六）六月九日、武田氏より虎岩郷のうち、藤左衛門尉抱え分の検地結果に基づき、一三貫九二〇文、米俵五五俵一斗三升六合を毎年未進なく納入するよう指示されたのが初見（平沢家文書・九九四）。天正二年九月七日、富田郷（長・喬木村）の百姓が欠落したことを受けて、武田氏より彼らが保持していた夫田を没収し、夫丸をつとめる者に渡すことや、今年よりその夫田については田地役ほかすべての諸役を免除するよう指示されている（同前・二三五七）。また、同四年九月三日、竹谷（竹善か）なる人物より、虎岩郷の山河境界について以前の慣例を遵守するとの手形を、父平沢豊前守（道正）とともに受領している（同前・二七一八）。同十年、武田氏滅亡と本能寺の変後は、父道正とともに神之峯城主知久頼氏に仕えた。天正壬午の乱が勃発すると、父平沢道正、兄弟である勘四郎とともに知久頼氏（徳川方）に属した。勘四郎は頼氏に従軍して徳川家康本隊に合流したが、藤左衛門尉は父道正とともに虎岩に残留し、伊那防衛にあたった。同年十月、北条氏の軍勢が高遠城を攻略し、伊那に迫ったことから、伴野城主伴野半右衛門が知久氏に叛乱を起こした。平沢藤左衛門尉は伴野氏と戦って戦死した。父道正は落胆し、知久頼氏も弔意を表している（同前・信15四八六）。（平山）

平沢豊前守 ひらさわぶぜんのかみ

生没年未詳。信濃国伊那郡虎岩郷（長・飯田市）の土豪。虎岩郷の代官。豊前守・道正・道性・道正入道・道正軒。永禄九年（一五六六）十一月二十八日、武田氏より公事受取状を発給されたのが初見（平沢家文書・一〇四〇、四一）。同十一年二月、虎岩郷より逐電した百姓の田畠の差配と未進年貢の納入を武田氏より命じられている（同前・一二四）。その後、天正四年（一五七六）九月三日、竹谷（竹善か）なる人物より、虎岩郷の山河境界について以前の慣例を遵守するとの手形を、息子平沢藤左衛門尉とともに受領している（同前・二七一八）。同九年十一月十九日、吉岡城主下条信氏より知久平の代官に任命された（同前・三六二五）。同十年武田氏・下条氏滅亡後は、知久に帰還した知久頼氏に仕え、それまでの地位を安堵された。同年六月、天正壬午の乱が勃発すると、平沢豊前守は、息子勘四郎、藤左衛門尉とともに知久頼氏（徳川方）に属した。この時、彼は出家して道正と称している。勘四郎は頼氏に従軍して徳川家康本隊に合流したが、道正は息子藤左衛門尉らとともに虎岩に残留し、伊那防衛にあたった。ところが同年十月、北条氏の軍勢が高遠城を攻略し、伊那に迫ったため、伴野城主伴野半右衛門が知久氏に叛乱を起こした。伴野方と知久方の合戦で、道正は息子藤左衛門尉を失った。道正は大いに落胆し、知久頼氏も弔意を表している（同前・信15四八六）。同十一年一月五日、道正は知久頼氏より本領を安堵され、軍役勤仕は息子勘四郎に命じられているので、隠居したのであろう（同前・信15五三）。同十八年九月十六日、飯田城主毛利秀頼より虎岩郷の代官に任じられ、十月に虎岩郷の名寄帳を作成し差し出している（同前・信17一七～一四、二〇三）。同年十二月二十一日には、毛利氏より金一両三分の融通を指示された（同前・三三三）。道正は代官として、虎岩郷の百姓より年貢・公事の徴収を実施し、夫役をつとめることができない老人や障害者などには、畳役・縄役などを割り付けるなど、領主が要求する様々な役を取りまとめていた（同前・三三三、三四）。同十九年十二月二十四日、毛利氏より馬の徴発を命じられたことを最後に史料に管見されなくなる（同前・四四六）。そのほかの事蹟は不明。（平山）

平林 ひらばやし

生没年未詳。信濃国筑摩郡明科（長・安曇野市）の土豪。田沢に居住していた。官途・受領・諱などは不明。塔原海野氏の被官とみられる。天正九年（一五八一）の「伊勢内宮道者御祓くばり帳」において、「あかしな分」の人物として記載され、熨斗二〇本、茶三袋を配られたと記されているのが唯一の所見（堀内健吉氏所蔵・三六四四）。（平山）

平林正恒 ひらばやしまさつね

天文十九年（一五五〇）～元和八年（一六二二）二月十八日。七三歳（上杉年譜

24三九六）。藤右衛門尉・蔵人佑。信濃国水内郡平林郷（長・長野市）の国衆で、布施氏の一族とされる。武田氏に仕え、永禄十二年（一五六九）六月に駿河国古沢（静・御殿場市）で戦死した平林藤右衛門尉正家の子。父と同じく馬場信春に附属された（更級埴科地方誌）。元亀二年（一五七一）正月十一日の武田信玄官途書出写（平林蔵人正恒氏旧蔵文書・一六四二）で蔵人佑の官途を与えられたが、書式などについて検討の余地があるとされている。天正三年（一五七五）五月の長篠合戦で馬場信春が戦死した後、牧之島城（長・信州新町）の城代に任じられ、同年八月十六日の武田勝頼朱印状写（平林蔵人正恒伝・二五二五）では、更科郡内の本領を安堵され、さらに牧之島在城料として水内郡内で一郷を宛行われたうえで、北信の諸士を率いて信越国境の仕置を厳重に行うよう指示された。同四年六月二十日の武田勝頼朱印状写（平林家文書・二六七五）では、村越・金丸・氷隈氏らとともに、牧之島城周辺の境目の警備について、香坂左近助の意見に従って下知するよう指示された。同十年三月に武田氏が滅亡した後は上杉氏に従属して本領を安堵され、上杉家中の要職を歴任した。子孫は米沢藩の重臣として侍頭・江戸家老などをつとめた（同前）。（鈴木）

平林宗忠　ひらばやしむねただ

生没年未詳。惣左衛門尉。天正九年（一五八一）八月二十八日、信濃国衆夜交氏に対し、野呂瀬秀次とともに検地結果を交付している。（世間瀬家文書・三六〇五）。（丸島）

平原全真　ひらはらぜんしん

生没年未詳、九七歳没（寛政譜）。信濃佐久郡の国衆。下総（寛永伝）。村上義清の旧臣で、その後は誰にも仕えなかったというが（同前）、「軍鑑」には武田氏に従っている様子が記される（大成上三七頁）。元亀三年（一五七二）四月三日、高野山蓮華定院で老母と互いに供養を行いあった。全真の法名は全真禅定門、老母の法名は妙法禅定尼である（過去帳月坏信州佐久分第一）。ここでは依田又左衛門尉を称している。武田氏滅亡後の「天正壬午の乱」においては、依田信蕃に従っている（依田記・信15五〇四頁）。天正十四年（一五八六）三月十二日、高野山蓮華定院に岩村田（長・佐久市）において寺領を寄進した（丸山史料蓮華定院古文書・信16四二二頁）。九七歳で没した。法名全棟。佐久郡長源寺に葬られたという（寛政譜）。（丸島）

平原虎吉　ひらはらとらよし

生没年未詳。下野守。武田氏が任じた信濃国諏訪大社の奉行人。某年六月晦日、諏訪上社造営および高島城普請に関する定書を、他の高島在城衆とともに通達された（如法院文書・三七五九）。天正三年（一五七五）四月二十一日、諏訪社千手堂造営棟札銘に「平原下野守虎吉」と記載があり、実名が判明する（諏訪史料叢書掲載文書・二四八二）。同八年、武田家に人質として出されていた大所の豊後守の娘を妻としている（田原家文書・三三九二）。その他の事蹟は不明。（丸島）

広瀬郷左衛門尉　ひろせごうざえもんのじよう

生没年未詳。郷左衛門尉、美濃守。山県昌景の同心で、「采配御免之衆」、つまり采配の所持を許された人物のひとり（惣人数）。「軍鑑」には傍輩の三科肥前らと戦陣で活躍する姿が描かれている。天正十年（一五八二）の武田氏滅亡後、徳川家康が甲斐を平定した後に井伊直政の同心に付された。井伊直政勢の軍装は「赤備え」を用いることとなったが、「敵のときより見しりたるおぼへのさし物」であるとして、従来の「白ほろはり」の旗指物を用いることが許されたという（軍鑑・大成下一九〇頁）。これにより、山県昌景は「赤備え」ではなかったことが確認できる。その際、家康の命で通称を美濃守に改めた（彦根藩史料叢書侍中由緒書3八三頁）。知行は一五〇〇石。実子がなく、中野助大夫の次男左馬を養子に迎えた（同前）。妻は小幡昌盛の娘（国志）。子孫は彦根藩士として続いた。なお、「天正壬午起請文」にはすでに美濃守で記載がある（山6下九五三頁）。（丸島）

広瀬又次郎 ひろせまたじろう

生没年未詳。甲斐国山梨郡下於曽（山・甲州市塩山）の向岳寺抱えの鍛冶職人。天文十三年（一五四四）正月の武田家朱印状によれば、新御恩を与えたが、その地の地頭が無理を通したので、鍛冶役を免除している（向嶽寺文書・一七五）。（柴辻）

広綱 ひろつな

生没年未詳。上野国衆厩橋北条氏の家臣とみられる。天正八年（一五八〇）十一月三日に、上野白井領上白井内伊久間郷（群・渋川市）の土豪荒木主水佑と同郷百姓衆に対して、不作田畑の再開発にあたり三年の年貢・諸役免除の判物を与えているのが、唯一の所見（荒木文書・三四四）。実名の「広」は、厩橋北条高広からの偏諱と推定されるから、同氏家臣とみられる。当時、白井領は武田氏の領国下にあり、白井領の旧国衆で八崎（渋川市）城主の白井長尾憲景、それと領域抗争を展開していた厩橋北条高広もともに、武田氏の従属下にあった。両者が領域抗争を展開していくなかで、厩橋北条氏が上白井に進出したと推測され、広綱は伊久間郷を所領として与えられていたとみられる。（黒田）

ふ

福光園寺実恵 ふくこうおんじじっけい

生没年未詳。甲斐・福光園寺の住職。同寺は大野山と称し、大野寺村（山・笛吹市御坂町）にある新義真言談林七ヶ寺の一つである。天正六年（一五七八）三月、高野山引導院（持明院）宛の実恵書状によれば、山内での甲斐国信者の宿坊につき、成慶院と引導院の争いがあった状況のなかで、引導院の旦那となることを通告している（持明院文書・二九六二）。年未詳三月の引導院宛書状では、先年登山した礼と、堯玄の根来寺（和歌山県）住山の支援を依頼している（同前・三八二三）。同じく十一月の書状では、武田勝頼への使僧への礼と日牌証文の取次などを伝えている（同前・三九三七）。（柴辻）

福島本目斎 ふくしまほんめさい

生年未詳～天正九年（一五八一）三月二十二日。高天神籠城衆。天正九年の高天神落城に際して討ち死にした（乾徳山恵林寺雑本・信15一七頁）。（丸島）

福田加賀守 ふくだかがのかみ

生没年未詳。上野国碓氷郡板鼻宿（群・安中市）の土豪。天正六年（一五七八）四月三日付で武田氏から加賀守に任じられているから（福田文書・二九六三）、武田氏に家臣化していたことがわかる。同十年三月の武田氏滅亡後は、武士としての活動は確認されないが、同十一年六月四日付で北条氏から板鼻上宿町人衆に宛てた掟書をが伝来されているから（同前・三五四三）、同宿の政治的代表者として存続していたことがわかる。年未詳二月十四日付で福田次郎右衛門が、某忠方から同官途に任じられている（同前・群二八九八）。次

郎右衛門は加賀守の後継者であろうか。忠方という人物は不明だが、同人に家臣化していたとみられる。 （黒田）

普賢院宗然 ふげんいんそうねん

生没年未詳。信濃・文永寺（長・飯田市）・安養寺（長・喬木村）の住職。文永寺は真言宗醍醐寺理性院末の寺院。永禄元年（一五五八）閏六月、武田晴信は来秋の越後出陣の戦勝祈願をしており（文永寺文書・五九九）、元亀三年（一五七二）九月には、信玄が南原郷（飯田市）で七八貫文余の寺領を寄進し、甲府に文永寺を建立したいと伝えている（同前・一九六二）。天正二年（一五七四）十一月の信濃・安養寺の棟札銘によると、同寺の毘沙門堂の上葺の願主が日向虎頭で、別当が宗然であった（安養寺所蔵・二三五四）。同五年三月の武田家朱印状では、安養寺に寺領を寄進している（同前・二七八三）。同六年六月、穴山信君は遷宮の成就を祝し、護摩修行のお礼を述べている（文永寺文書・二九八九）。同年十月、武田家朱印状では、精進川（飯田市）在家ほかの普請役を免除し、寺用に使役することを認めている（同前・三〇四二）。 （柴辻）

富士信忠 ふじのぶただ

生年未詳～天正十一年（一五八三）八月八日。宮若・又八郎・兵部少輔。駿河国大宮浅間神社（現富士山本宮浅間神社、静・富士宮市）の大宮司、富士大宮城代。富士氏は代々大宮浅間神社の大宮司をつとめてきたが、室町時代には富士大宮城を本拠に国人化し、やがて今川氏へ従い活動した。天文元年（一五三二）十一月二十七日、今川氏輝より馬廻としての奉公を賞され、駿河国星山（富士宮市）の代官職を安堵された幼名「宮若」を称する人物がみられるが（富士家文書・戦今四九三）、活動時期・文書の伝来より考え、信忠と同人と推察される。宮若は、天文五年に今川家の内乱である花蔵の乱が勃発すると、梅岳承芳（のちの今川義元）方に属し、六月五日には承芳より長期にわたる在陣を賞した感状を与えられる（駿府古文書・戦今五四六）。翌六年、相模北条氏との河東一乱が起きると宮若は、駿河国小泉上坊（富士宮市）にて北条方と対峙し、三月八日には前日の戦功を賞され、今川義元より感状を与えられた（富士家文書・戦今五九二）。また同年五月十五日には、知行地内で北条方に属し在地を退いた渡辺三郎左衛門の田中（静・富士宮市）における所有地と清善次郎の羽鮒（富士宮市）における名職を新給恩として宛行われた（同前・戦今五九八）。その後、仮名「又八郎」を称する人物がみられるが、これも活動時期・文書の伝来より考え、信忠と同人であろう。同二十二年三月二十四日、義元より富士上方（富士宮市）当知行地の百姓内徳に関し、又八郎による差配を認められている（同前・戦今一二四三）。その後、官途名兵部少輔を称し、永禄四年（一五六一）七月二十日には、今川氏真より富士大宮城代に任じられ、人夫諸公事を取り計らうよう命じられた（同前・戦今一七三四）。同九年三月十三日、氏真より大宮浅間社内の花木の不截取や洗浄、掃除、昼夜の番勤務に関する定書を与えられた（同前・戦今二〇七九）。永禄十一年十二月に武田氏が駿河侵攻を開始すると、今川方として富士大宮城に籠城し、武田勢と戦う。この信忠の活動を受け、十二月十九日に今川氏救援のため駿河国へ派兵した北条氏政より、信忠に従い籠城した給人の領地を氏真の判物のとおり保護し、忠節においては伊豆国で知行を宛行い（同前・戦北一一三五、戦今二三〇六）、また無足人に対しても信忠の申請により恩賞を与えるとした（同前・戦北一一三六、戦今二三〇七）。翌十二年二月一日、武田方の穴山信君や葛山氏元をはじめとする軍勢が富士大宮城を攻撃するが撃退（同前・戦今二四九三）。その一方で、同月二十四日には、武田方に属した佐野惣左衛門尉へ、武田信玄より信忠の富士郡における知行一三貫四〇〇文が与えられている（佐野氏古文書集・一三七二）。同月二十五日、北条氏康は信忠へ辛労を察する旨を伝え、敵地の状況報告を求めている（富士家文書・戦北一一五九、戦今二三八五）。五月、氏真が籠もる遠江懸川城（静・掛川市）が開城し、二十八日に北条氏政が氏真より駿河国の処置を任されたことと、最前より忠節を果たす信忠を引き立てる意向を伝えられた（同前・戦北一二三〇、戦今二三七七）。この氏政の意向は、翌閏五月三日にも信忠へ伝えられている（同前・戦北一二三五、戦今二三八四）。その後も富士大宮籠城は続き、六月二十三日より武田軍の総攻撃を受けるなか、今川氏真が籠城衆へ示し合わせのうえで防備に励むよう指示するが（思文閣古書資料目録四三・戦今二四〇五）、信忠は穴山信君を通じ武田氏へ降伏を願い出る事態に追い込まれ（萱田天神社文書・一四三）、七月三日に富士大宮城は開城した（大井家文書・一四二八）。富士大宮開城後、信忠は北条方の駿河蒲原城（静・静岡市）にて抗戦を続けたが、十二月六日に武田氏の総攻撃を受け落城、信忠は落命を免れ、十七日に北条氏政より富士大宮城の奪還を求められ、富士郡内の十四ヶ所の知行地を宛行うことを約束されるとともに（富士家文書・戦北一三五五）、それまでの間の給地として、伊豆国河津（静・河津町）内の符河名を与えられた（古今消息集・戦北一三五七）。しかし信忠の富士郡の知行地は、元亀元年（一五七〇）七月十日に武田氏より佐野孫兵衛尉・佐野善次郎・渡辺豊後へ与えられてしまう（佐野家蔵文書、佐野氏古文書集、渡辺家文書・一五六八～七〇）。この結果、「進退困窮」となった状況を受け、同二年十月二十六日に信忠の嫡子信通は今川氏真より暇を許されている（富士家文書・戦今二四九三）。その後、信忠・信通父子は武田氏へ従属、同三年四月二日には信忠が武田氏の元へ参上するに伴い、路次安全が武田家朱印状（奉者は土屋昌続）により、原昌胤に命じられている（同前・一八二三）。同年五月三日、武田信玄より信忠・信通父子へ、信忠末子を大宮司職に任じること、信通兄弟に対し駿河国駿府（静岡市）近辺で所領を与えられ軍役をつとめること、信忠は祭例披露につとめるよう命じられる（浅羽本系図・一九〇〇）。また同日には、武田家朱印状により穴山信君へ、信忠は駿河国興津・獅子原（いずれも静岡市）間に居住、信通は甲府（山・甲府市）へ在府、駿河久能城（静岡市）より城米五〇俵を給付するよう指示された（河内領古文書・一九〇二）。その後前線から退き出家し、相模入道を称す。同四年十一月十九日に信通と連名で鷹野徳繁へ大宮浅間社の造営を謝すとともに、武田氏の意向（「御上意」）に従い、徳繁の次男で信忠の養子となっていた富士千代を公文職とすることを契約した（旧公文富士家文書・二七四四）。同五年五月二十一日付富士大宮神事帳（本宮浅間大社文書・二八〇九）では、「富士兵部少輔」と記載され、料足を供出していることがみえる。同十一年八月八日に死去、法名は正覚院殿空性全心大居士（大宮司富士氏系図・浅間文書纂三〇九頁）。（柴）

富士信通　ふじのぶみち

生年未詳～元和五年（一六一九）十月二十七日。又八郎・蔵人・能登守。大宮浅

間神社（現富士山本宮浅間神社、静・富士宮市）大宮司。富士信忠の嫡男。父信忠と同じく今川氏真へ従う。永禄六年（一五六三）十二月二十日の今川氏真感状（富士家文書・戦今一九四七）によると、遠江国飯田口（静・浜松市）の合戦で戦功をあげ、氏真より賞されている通称の又八郎を称する人物がみられるが、時期や文書の伝来などから、信通のことと推察される。武田氏の駿河侵攻の際には大宮城（富士宮市）に籠城して、武田勢と戦う。開城後は北条方として戦ったが、甲相同盟復活後の元亀二年（一五七一）十月二十六日の今川氏真判物（同前・戦今二四九三）で、氏真より暇乞いを認められ、その後に父とともに武田氏へ降った。翌年五月二十三日の武田信玄判物写（浅羽本系図・一九〇〇）で、駿府近辺で所領を与えられ、武田氏への軍役奉公を命じられるとともに、同日の武田家朱印状写（河内領古文書・一九〇一）で甲府（山・甲府市）に在府するよう定められた。天正元年（一五七三）七月二十五日の武田勝頼判物（富士家文書・二一四二）で、駿河国内で定納二〇〇貫文の地を宛行われ、遠江国でも相当の一所を宛行うことを約束された。これを受けて、同年十月十四日の武田勝頼判物（同前・二一九二）で加島（静・富士市）・北脇（静・静岡市）などで二〇〇貫文を宛行われている。また、この頃に家督を相続したとみられるが、大宮司への復帰はいまだ実現しておらず、軍役奉公を行うだけの存在であった。同四年十一月十九日の富士信忠等連署証文写（旧公文富士家文書・二七四四）で武田氏の「御上意」に従い、鷹野徳繁二男で信忠の養子となっていた富士千代（のちの能通）の公文家相続に関する契約状を父信忠と連名で鷹野徳繁へ提出している。同五年三月十六日の武田勝頼判物（富士家文書・二七八四）で大宮司に補任され、大宮司領の支配と神役をつとめるよう命じられる。また同日の武田家朱印状（同前・二七八五）では、神前への献納物を旧例の如く支配することを認められた。奉者は長坂釣閑斎光堅。以後は軍役奉公から離れて神事に専念し、同年五月二十一日の富士大宮神事帳（本宮浅間大社文書・二八〇九）や、同年九月二十三日の鷹野昌郷等連署証文（前島家文書・二八七〇）での田中名（富士市）の年貢算用において「大宮司」に関する記載がみえる。同年十二月一日の富士信通起請文写（旧公文富士家文書・二八九六）で、富士千代の公文職相続と大宮浅間神社の遷宮を前にして、普請奉行であり富士千代の実父でもある鷹野徳繁へ誓紙を提出し、大宮司家復興に対する徳繁の「御取持」を謝し徳繁と今後いっそう懇意にすること、富士千代に対して実子同様に懇切を加えること、かりに国家の存亡に関わる危機に瀕しても徳繁に相談することなどを約束している。また、同六年五月晦日の武田家朱印状（富士家文書・二九七八）で、遷宮中の大宮町中での押買狼藉・喧嘩口論などを禁じられるとともに、同日の武田家朱印状（同前・二九七九）で、旧例を改めたうえで神事を厳重につとめるよう命じられ、あわせて同日の武田家朱印状（同前・二九八〇）で、大宮の社中・町中の諸役を免許された。奉者は長坂釣閑斎光堅・跡部美作守勝忠。同年十月二十六日の武田家朱印状（同前・三〇四九）では、諸役を免許された大宮宿中の人々へ怠慢する社中の掃除をつとめさせるよう命じられている。奉者は長坂五郎左衛門尉。同七年十二月二十八日の市川元松証文（宮崎喜旦氏所蔵文書・三二三三）で、正月祭礼で使用する諸物の明細記載に「大宮司分」がみえる。そのほか、年未詳文書としては、二月一日の武田勝頼書状（富士家文書・三六八九）で、勝頼へ新年の祈念として巻物や酒を贈り、返礼として太刀一腰を贈られている。七月二十三日の武田勝頼書状写（駿国雑志・三七八）では、敵方の動向を収集し報告するよう指示されている。九月二十八日の武田勝頼書状（富士家文書・三七三〇）では、戦勝祈願の巻物を勝頼へ贈ったことを賞され、委細は長坂釣閑斎光堅が伝えるので、今後も祈願に専念するよう命じられた。武田氏滅亡後も羽柴秀吉や徳川将軍家から大宮司職と本領を安堵された。法名は等持院殿月山玄西大居士（大宮司富士氏系図・浅間文書纂三〇九頁）。子孫は明治維新まで代々大宮司の職にあった。また、弟の又一郎信重は天正十二年に徳川氏へ仕え、子孫は幕臣になっている（同前三〇頁、寛政譜）。
（鈴木・柴）

富士又十郎 ふじまたじゅうろう

生没年未詳。大宮浅間神社（現富士山本宮浅間神社、静・富士宮市）の神職で、大宮司の次官である案主職。鎰取（かぎとり）役をつとめる鎖是（さぜ）氏から出て案主職を相続した。元亀三年（一五七二）五月十五日の武田家朱印状（富士信造氏所蔵文書・一八七九）で武田氏へ従属し、今川領国期より所持してきた案主分の認可を申請し、安堵されている。奉者は原隼人佑昌胤。武田氏滅亡後に再び断絶したが、大宮司家の富士信成（信通の孫）が再興し、その子孫が明治維新まで案主職を継承した（浅間神社の歴史）。
（鈴木）

富士能通 ふじよしみち

元亀三年（一五七二）～承応元年（一六五二）九月二十二日。八一歳。富士千代・宮次郎・宮内少輔。大宮浅間神社（現富士山本宮浅間神社、静・富士宮市）の神職で、大宮司に次ぐ地位の公文職。鷹野徳繁の次男で、富士信忠の養子になり、大宮浅間神社公文職を相続した。天正四年（一五七六）十一月十九日の富士信忠等連署証文写（旧公文富士家文書・二七四四）で、富士信忠・信通父子が鷹野徳繁へ、武田氏の「御上意」に従って富士千代の公文家相続に関する契約状を提出している。同年十二月二十八日の武田家朱印状（同前・二七五七）で、徳繁が大宮浅間神社の復興と遷宮に尽力したことを賞され、富士千代が公文職を相続するよう命じられた。奉者は長坂釣閑斎光堅・跡部美作守勝忠。同五年十二月一日の富士信通起請文写（同前・二八九六）で、大宮司の富士信通が鷹野徳繁へ誓紙を提出し、富士千代に対して実子同様に懇切を加えることなどを約束している。同六年五月二十九日の武田家朱印状（同前・二九七七）で公文職に補任され、仮名「宮次郎」を称した。武田氏滅亡後も公文職と本領を安堵され、承応元年に大宮（富士宮市）で死去。法名は法明院覚山文圓大居士（鷹野富士家譜系図・浅間文書纂三〇頁）。子孫は明治維新まで代々同職にあった（同前）。
（鈴木）

藤池清八 ふじいけせいはち

生没年未詳。信濃国筑摩郡会田（長・松本市）の土豪。会田岩下氏の被官とみられる。天正九年（一五八一）の「伊勢内宮道者御祓くばり帳」において、「あいたいりの分」の人物として記載され、茶三袋を配られたと記されているのが唯一の所見（堀内健吉氏所蔵・三六四四）。
（平山）

藤岡忠永 ふじおかただなが

生没年未詳。右京。禰津常安の被官。永禄十年（一五六七）八月、武田家臣が信玄への忠節を誓った「下之郷起請文」を、甘利信忠に宛てて提出している（宮入八樹氏所蔵御願書幷誓詞写・四二〇）。武田氏滅亡後は、禰津信忠とともに真田昌幸に従う。慶長五年（一六〇〇）の第二次上田合戦で戦功をあげた。その後、禰津常安系の豊岡藩士になったようで、上野豊岡村（群・高崎市）の禰津家菩提寺常安寺に位牌があったという。子孫は再度真田家に仕えている（真田氏所蔵家中家譜）。（丸島）

富士山中宮神主 ふじさんちゅうぐうかんぬし

生没年・実名未詳。富士御室浅間神社（山・富士河口湖町）の摂社である富士山五合目にある中宮神社の神主。同社は当初は御室浅間神社神主の小佐野氏の兼帯であったが、いつの頃か槙田氏に代わったようであり、関連文書は槙田家が継承している。永禄四年（一五六一）五月、武田信玄は中宮造営のために吉田（山・富士吉田市）の関銭を三ヶ年分寄進している（槙田家文書・七三九）。次いで同八年正月、武田家は中宮造営のために、黒駒関所（山・笛吹市御坂町）の関銭のうちから一〇貫文を寄進している（槙田家文書・九三五）。同十二年十二月、武田家は浅間神社御供として、籾子を毎月一駄ずつ都留郡口の諸関所において免許する過書を与えている（富士北口浅間神社文書・一〇四八）。（柴辻）

藤田信吉 ふじたのぶよし

永禄元年（一五五八）～元和二年（一六一六）七月十四日没、五九歳（管窺武鑑）。元北条氏邦の重臣で、用土新六郎。用土氏は、武蔵国衆で花園（埼・寄居町）城主の藤田氏の一族で重臣。新六郎は用土業国の子新六郎の子と推定される。「管窺武鑑」では、氏邦の養父藤田泰邦の後身という用土重利の次男、仮名弥六郎としているが、誤り。父とみられる新六郎は、氏邦の重臣のひとりとして永禄年間（一五五八～七〇）に所見があるが（正竜寺文書・戦北三九八）、その後はみられない。その後、父の家督を嗣いで氏邦の重臣として存在したとみられ、天正六年（一五七八）以降のある時期に、氏邦重臣の猪俣邦憲に代わって上野国沼田（群・沼田市）城代をつとめた。同八年八月十七日に、上野国名胡桃城（群・みなかみ町）に在城していた真田昌幸から、武田氏への帰属を働きかけられている「用新」＝用土新六郎が、その史料上の初見となる（松代古文書写・三四〇七）。この時すでに、武田氏に従属し、沼田城を引き渡す旨を記した起請文を提出していること、昌幸から身上維持につとめる旨の起請文を送られている。武田氏への従属は秋中のことというから、その直後に行われたと考えられ、十二月九日には勝頼から、従属と沼田城引き渡しの忠節に対し、一〇〇〇貫文と利根南雲（群・渋川市）・利根河東・沼田地域を安堵・宛行われている（集古文書・三四五六）。この時、藤田能登守を称しているから、武田氏従属後に、旧主氏邦が嗣ぎ、用土氏の本家にあたる藤田名字と、氏邦重臣の猪俣邦憲の通称の能登守を与えられ、改称したことがわかる。また実名についても、武田氏から通字「信」を与えられ信吉と改名したと推測される。なおこれより以前となる同年六月晦日付で、勝頼から従属への功賞として利根川東郡三〇〇貫文を与えられている判物があるが（加沢記・三三七三）、宛名が改称後の藤田能登守とあるので、同文書の内容は疑問がある。信吉は沼田城から退去したが、沼田領では多くの所領を認められ、同領の大半はその所領とされたとみられる。同九年六月に家臣塚本舎人助に古語父（沼田市）内二〇貫文を（同前・三五六三)、木内甚五左衛門に発知(沼田市)内一二貫文を(同前・三五六四)、同年八月に家臣七五三木佐渡守に原地(沼田市)内二貫文を(同前・三五九四)、それぞれ宛行っている。妻は西上野の領主小林小林斎の娘の可能性があるが(小林家家譜)、その場合には武田氏への帰属後の婚姻とみられる。なお「管窺武鑑」には、北条氏時代に氏邦家臣紅林紀伊守の娘を妻に迎えていたが、同六年に死去したこと、勝頼から与えられた知行高は五七〇〇貫文、沼田城南方の上沼津(沼田市)金剛院の跡地を居館にしたこと、同八年末に勝頼から、その兄竜宝の娘を妻に与える約束がなされたこと、などが記されているが、いずれについても事実であるか確認できない。同十年三月の武田氏滅亡後は、織田氏宿老滝川一益に属し、同年六月の本能寺の変後、沼田城奪還を図るが滝川軍の侵攻により断念し、越後上杉氏を頼って没落したという。その後は上杉氏に仕え、重臣となるが、慶長五年(一六〇〇)の関ヶ原合戦の直前、上杉氏から出奔した。合戦後に徳川家康から取り立てられて下野国西方領一万五〇〇〇石を与えられたが、元和元年に改易となり牢人し、信濃奈良井(長・塩尻市)で死去したという。法名は休昌院一叟源心居士(管窺武鑑)。 (黒田)

藤曲藤右衛門 ふじまがりとうえもん

生没年未詳。塗師職人頭。甲斐国八代郷(山・笛吹市八代町)の塗師職人。永禄四年(一五六一)三月十日の武田家朱印状では、細工奉公につき棟別役と塗役を免除されており(巨摩郡古文書・七二九)、翌同五年正月二十三日の同朱印状では、東郡筋の塗師衆五人の棟別役を免除したので、催促は無用と指令しており、この地域の塗師職人を統轄する職人頭であった(同前・七六七)。天正六年(一五七八)二月二十一日付の同朱印状では、公用の郷中善悪改め役を申し付けられているが(同前・二九三八)、この文書は同日付で同文のものが富士郡のみに数通みられることから、家伝のものとは思われない。同八年四月吉日には、武田家朱印状で、藤曲宮内丞の官途書出を交付されている(同前・三三三七)。 (柴辻)

藤松加賀 ふじまつかが

生没年未詳。信濃国筑摩郡会田(長・松本市)の土豪。藤松豊前守の一族。会田岩下氏の被官とみられる。天正九年(一五八二)の「伊勢内宮道者御祓くばり帳」において、「あいた」の人物として記載され、熨斗二〇本、茶三袋を配られたと記されているのが唯一の所見(堀内健吉氏所蔵・三六四四)。 (平山)

藤松左近 ふじまつさこん

生没年未詳。信濃国筑摩郡刈谷原(長・松本市)の土豪。会田岩下氏の被官とみられる。天正九年(一五八二)の「伊勢内宮道者御祓くばり帳」において、「かりや原分」の人物として記載され、茶二袋を配られたと記されているのが唯一の所見(堀内健吉氏所蔵・三六四四)。なお同史料には「藤松左進」とあるが、左近の誤記であろう。 (平山)

藤松豊前守 ふじまつぶぜんのかみ

生没年未詳。信濃国筑摩郡会田(長・松本市)の土豪。会田岩下氏の被官とみられる。天正九年(一五八二)の「伊勢内宮道者御祓くばり帳」において、「あいた」の人物として記載され、茶三袋を配られたと記されているのが唯一の所見(堀内健吉氏所蔵・三六四四)。 (平山)

藤原実吉 ふじわらのさねよし

生没年未詳。永正十七年(一五二〇)に、勝沼武田信友と小山田信有(涼苑)が岩

殿山円通寺（山・大月市）に奉納した棟札にその名が見える（甲斐国志資料・四八）。小山田氏の被官であろう。なおこの他に同棟札には、藤原姓の人物として、藤原長吉の名がみえる。姓未詳継吉も、あるいは藤原姓か。小山田氏の被官で藤原姓であれば、小林氏の可能性がある。小林道光（尾張入道）も、この棟札では「藤原道光」と記されている。いずれにせよ、これらの人物は銭ではなく駒一匹に太刀一腰を奉納しているから、小山田氏の重臣と思われる。（丸島）

藤原長吉 ふじわらのながよし

生没年未詳。永正十七年（一五二〇）に、勝沼武田信友と小山田信有（涼苑）が岩殿山円通寺（山・大月市）に奉納した棟札にその名が見える（甲斐国志資料・四八）。小山田氏の被官であろう。銭ではなく駒一匹に太刀一腰を奉納しているから、小山田氏の重臣と思われる。（丸島）

普天玄佐 ふてんげんさ

生没年未詳。臨済宗妙心寺派僧。駿河・清見寺（静・静岡市興津）住職か。天正七年（一五七九）九月の恵林寺・快川紹喜宛の穴山信君書状によると、普天和尚の光臨を得て、恵林寺の大釜が破損したと聞き、ちょうど、江尻城（静岡市清水区）内に銅鐘を掛けるための職人がいるので造らせて寄進すると伝えている。（仏眼禅師語録・三七〇）（柴辻）

船渡佐右衛門尉 ふなとすけえもんのじょう

生没年未詳。甲斐国巨摩郡河内小丹原村（小田舟原の誤記か、山・身延町）の土豪。穴山家臣か。船渡藤右衛門尉の息子。慶長十三年（一六〇八）三月二十一日、高野山に自身と姉松（玉花明庭禅定尼）、妻花桂妙春禅定尼の逆修供養を依頼しており、また同村若林源兵衛の逆修供養を取り次いでいるのが唯一の所見。法名は直永見正禅定門（成慶院過去帳・武田氏研究47）。（平山）

船渡藤右衛門尉 ふなととうえもんのじょう

生没年未詳。甲斐国巨摩郡河内小丹原村（小田舟原の誤記か、山・身延町）の土豪。穴山家臣か。慶長十三年（一六〇八）三月二十一日、高野山に自身と妻梅寒理窓禅定尼の逆修供養を依頼しているのが唯一の所見。法名は荘牧等厳禅定門（成慶院過去帳・武田氏研究47）。（平山）

富白斎 ふはくさい

生没年未詳。天文十八年（一五四九）九月九日、坂木（長・坂城町）へ赴いている（甲陽日記）。十七日、駒井高白斎と終日談合し、一書を拝見した（同前）。そのほかの動静は不明。（丸島）

古幡幸俊 ふるはたゆきとし

生没年未詳。信濃国筑摩郡の会田岩下（海野）下野守の被官・岩下（長・松本市）衆の一員。源三。永禄十年（一五六七）八月七日、岩下衆の一員として「下之郷起請文」を提出し、海野下野守親子が信玄に逆心を抱いた場合は諫め、諫言に従わないようであれば下野守親子を見捨てる旨を誓っている（生島足島神社文書・一一七三）。そのほかの事蹟は不明。（平山）

古厩盛隆 ふるまやもりたか

生年未詳～天正十一年（一五八三）二月十六日。信濃国安曇郡古厩（長・安曇野市）の国衆。古厩館主、古厩館のほか小岩嶽城にも拠った。平三。古厩盛勝の子。諱を盛時ともいうとされるが確認できない。古厩氏は、仁科盛国（永正期の人物）の三男平兵衛盛兼が古厩氏を称したことに始まるという（小倉藩渋田見氏系図）。古厩盛兼は、武田信玄に抵抗して小岩嶽城に籠城し、天文二十一年（一五五二）

八月十二日に城を攻略されて自刃したが（甲陽日記）、その子因幡守盛勝が武田氏に仕えたという（小倉藩渋田見氏系図）。盛隆はその子で、永禄十年八月七日、仁科親類・被官衆が武田氏に忠節を誓った下之郷起請文に登場する（生島足島神社文書・二三〇）。武田氏滅亡後、小笠原貞慶の家臣となって活躍したが、天正十一年、父盛勝や海野三河守、赤沢経康らとともに徳川方に内通し、謀叛を画策したが発覚し、二月十六日に隠れていた細野郷（安曇野市）で成敗された（豊前豊津小笠原家譜・信15五七五）。（平山）

古屋宮内少輔 ふるやくないしょうすけ

生没年未詳。甲斐一宮村（山・笛吹市）の一宮浅間明神社の神主。宮内少輔。弘治三年（一五五七）十二月、武田晴信より三ケ条の社中条目を受け、社壇造営・祭祀・祭礼の励行を厳命されている（浅間神社文書・五八〇）。元亀三年（一五七二）三月の一宮・古屋宮内少輔宛の武田家朱印状によれば、駿河国富士郡押出村（静・富士宮市）で社領の新寄進を受けている（同前・一七九九）。天正四年（一五七六）七月、同人宛の武田家朱印状により、社中造営のために境内の森林の保護を受けている（諸州古文書・二六九二）。同九年六月、武田家朱印状によって、同社領内の神官・在家五二人の郷並普請役が免除され、宮中造営と修補が命じられている（同前・三五六二）。（柴辻）

古屋重盛 ふるやしげもり

生没年未詳。与七郎。甲斐国一宮浅間神社（山・笛吹市）の神主。貞観七年（八六五）、同社の創建時に祝になった伴真貞を祖とする。中世には降矢（降屋）氏を称し、天正年間（一五七三～九二）に古屋に改めたとされる（国志3三元頁）。永禄元年（一五五八）中冬（十一月）、一宮浅間神社山宮本殿棟札銘（浅間神社所蔵・六二一）で「当神主重盛　無官与七郎」として名がみえる。（鈴木）

古屋清左衛門尉 ふるやせいざえもんのじょう

生没年未詳。甲斐黒川金山（山・甲州市）で金の採掘に携わっていた「金山衆」のひとり。元亀二年（一五七一）二月十三日の武田家朱印状（古屋家文書・一六五三）で、駿河国深沢城（静・御殿場市）攻めの戦功により、分国中で一月に馬一疋分の商買役と棟別役・田地への検使派遣・人足普請役などを免許された。奉者は山県三郎兵衛尉昌景。天正二年（一五七四）十二月二十三日の武田家朱印状（同前・二四三五）でも、武田氏の代替わりにともない、先年の印判状のとおり諸役を免許されている。奉者は長坂釣閑斎光堅・市川備後守家光。子孫は千野村（甲州市）に居住した（国志4二七〇頁）。（鈴木）

文衛門 ぶんえもん

生没年未詳。信濃国筑摩郡会田（長・松本市）の土豪。会田岩下氏の被官とみられる。天正九年（一五八一）の「伊勢内宮道者御祓くばり帳」において、「あいたいりの分」の人物として「なか原の文衛門」と記載され、茶二袋を配られたと記されているのが唯一の所見（堀内健吉氏所蔵・三六四四）。（平山）

文六 ぶんろく

生没年未詳。甲斐国巨摩郡青柳村（山・増穂町）在郷の番匠。天文十二年（一五四三）七月二十二日、武田晴信より「家壱棟別免許」朱印状を受けている。代償としての奉公内容は書かれていないが、武田館の増築に関するものであろう（甲斐国古文書・一六八）。天正元年（一五七三）八月二十七日付の武田家朱印状では、「青柳之番匠、善七郎」宛に、公用の細工奉公をつとめたので、家一間分の普請役を免除している（信玄公宝物館所蔵文書・三六〇）。両者は関係があると思われるが、詳細は未詳。（柴辻）

文六　ぶんろく

生没年未詳。信濃国筑摩郡会田（長・松本市）の土豪。会田岩下氏の被官とみられる。天正九年（一五八一）の「伊勢内宮道者御祓くばり帳」において、「あいた分」の人物として「はけの文六」と記載され、茶三袋を配られたと記されているのが唯一の所見（堀内健吉氏所蔵・三六四四）。（平山）

へ

平右衛門　へいえもん

生没年未詳。信濃国筑摩郡刈谷原（長・松本市）の土豪。会田岩下氏の被官とみられる。天正九年（一五八一）の「伊勢内宮道者御祓くばり帳」において、「かりや原分」の人物として「小瀬の平右衛門」と記載され、茶三袋を配られたと記されているのが唯一の所見（堀内健吉氏所蔵・三六四四）。（平山）

平介　へいすけ

生没年未詳。信濃小県郡の国衆小泉氏の被官。永禄十年（一五六七）八月七日、武田氏に忠誠を誓う下之郷起請文に血判を据え、被官衆連名で浅利信種に提出している（生島足島神社文書・一一三九）。名字がない上に花押も書いておらず、地侍層と思われる。（丸島）

日置五右衛門尉　へきごえもんのじょう

生年未詳～寛永十七年（一六四〇）九月六日。真田家臣。姓の読みは「三河物語」による。豊後守。豊後守則経の子で、実名を俊経とするというが（本藩名士小伝）、検討を要する。天正六～七年の「真田氏給人知行地検地帳」に本高八貫二七〇文・役高一二〇文・見出一貫四〇文の合計九貫四三〇文と記載される（真田町誌調査報告書2）。武田氏滅亡後の天正壬午の乱において、北条・徳川氏に対する昌幸の使者として活動している（長国寺殿御事蹟稿・戦北三六七、信15四六五頁）。第一次上田合戦では、誤って敵陣の前を横切ってしまい、大久保忠教の襲撃を受けるが、誰の鑓が当たったかをめぐり、忠教だと主張する五右衛門尉に対し、忠教が自分ではないと言い張り、その場で口論となるという一幕があった（三河物語）。慶長五年（一六〇〇）の関ヶ原合戦では、真田昌幸に従って上田城（長・上田市）に籠城した（改選仙石家譜・信補遺下六七頁）。戦後は、真田信之に仕えた。「本藩名士小伝」は寛永十七年九月六日没、法名迎接院とし、嫡子一郎兵衛が跡を嗣いだという。これが事実なら、相当な長寿を保ったことになる。（丸島）

別府十左衛門　べっぷじゅうざえもん

生年未詳～天正三年（一五七五）五月二十一日。禰津月直の被官。天正三年の長篠合戦で討ち死にしたものと思われる。法名は、惟同宗普禅定門（蓮華定院過去帳月坏信州小県分第一）。（丸島）

別府直満　べっぷなおみつ

生年未詳～天正三年（一五七五）五月二十一日。六右衛門。禰津常安の被官。永禄十年（一五六七）八月、武田家臣が信玄への忠節を誓った「下之郷起請文」を、甘利信忠に宛てて提出している（宮入八樹氏所蔵御願書并誓詞写・四三〇）。「直」は禰津氏からの偏諱とみられる。天正三年の長篠合戦で討ち死にしたものと思われる。法名は、竹庵宗節大禅定門（蓮華定院過去帳日坏信州小県分第一）。（丸島）

別府美作守　べっぷみまさかのかみ

生年未詳～天正三年（一五七五）七月八日。禰津家臣。某年三月八日、上野に在城していた禰津常安とともに、地衆・在城衆を集めて諏訪上原（長・諏訪市）に着到するよう命じられている（丸山史料信濃雑録・四一七）。天正三年七月八日に高野山蓮華定院で供養がなされている（過去帳月坏信州小県分第一）。この日が命日であろう。（丸島）

弁誉霊印 べんよれいいん

生年未詳～天文二十年（一五五一）。浄土宗僧。忠蓮社と称す。三河国の吉良持広の弟で、三河・大樹寺（愛・岡崎市）勢誉愚底上人の弟子。永正末年（一五二一）に甲府に創建された教安寺の二世。松本（山・笛吹市石和町）の尊躰寺の開山。（柴辻）

ほ

鳳庵存竜 ほうあんぞんりゅう

生没年未詳。信濃国佐久郡岩村田（長・佐久市）の曹洞宗寺院・竜雲寺の住職。天正十年（一五八二）八月に、前住の北高全祝が隠居した跡を嗣ぐ。その折の全祝の寺領書上によれば、竜雲寺領のほか、末寺の慈寿寺・長純寺領もあわせて、一一九貫余となっている（竜雲寺文書）。（柴辻）

宝屋玉長老 ほうおくぎょくちょうろう

生没年未詳。字の上の字は不明。竜岩山海島寺（開桃寺とも、大泉寺末寺。山・山梨市）の開山。武田信虎の伯母という（国志）。なお、同寺二世天徳祖瑞は晴信の伯母というから、信虎の姉である。（丸島）

法光坊日栄 ほうこうぼうにちえい

生没年未詳。法華宗僧。甲斐・常在寺（山・富士河口湖町）住職。天正二年（一五七四）五月の「法華門派衆僧連署起請文」によると、日栄を筆頭として一四名の僧が、本行院日尚を本立寺へ引き取る件について、法華本末衆中は一人も富士門派に移らないと誓約している（常在寺文書・二三八七）。（柴辻）

鳳山等膳 ほうざんとうぜん

生年未詳～天正十八年（一五九〇）。遠江・可睡斎住職。鳳山仙麟禅師。伊勢国篠島生まれで本姓は石橋氏。可睡斎（静・袋井市久能）の天叟善長に師事し、元亀三年（一五七二）に同寺住職となり、同三年十月、武田信玄より禁制高札を受ける（可睡斎文書・一九七九）。天正十一年十一月、徳川家康より、駿河・伊豆・遠江・三河四ヶ国の同宗僧録司に任ぜられる（可睡斎文書）。（柴辻）

鳳栖玄梁 ほうせいげんりょう

生没年未詳。臨済宗妙心寺派僧で、岐秀・希庵の法兄。天文十三年（一五四四）に第二九世として、恵林寺（山・甲州市塩山）に入寺。関山派最初の同寺住職。同十五年の武田信玄主催の積翠寺連句会にも列席している。（柴辻）

宝幢院増円 ほうどういんぞうえん

生没年未詳。古義真言宗高野山実性院の末寺で、大宮浅間神社（現富士山本宮浅間神社、静・富士宮市）の別当宝幢院の住持。供僧七坊（清泰院・閼伽井坊・蓮蔵坊・法泉坊・乗蓮坊・金蔵坊・大圓坊）と一寺（大蓮寺）を支配した。戦国期に衰退していた宝幢院を再興し、中興第一代とされる（浅間神社の歴史）。今川氏から所領を安堵され、武田氏が駿河国へ侵攻した後、元亀三年（一五七二）五月十五日の武田信玄判物（宝幢院文書・一八七八）で、今川義元の判形の如く大宮浅間神社の別当に補任された。翌日の武田家朱印状（同前・一八八二）では、大宮司領内の七貫五〇〇文分を来秋に検地を行ったうえで与えることを約され、五人の供僧が旧規の如く神前の勤行を懈怠しないよう命じられた。奉者は原隼人佑昌胤・市川宮内助昌房。天正元年（一五七三）十二月十七日の武田勝頼判物（同前・二二三六）で、法性院（信玄）の判形のとおり寺領を安堵された。また、同日の武田家朱印状（文永寺所蔵文書・二二三七）では、大宮司領から二人分の供僧領として五貫文を宛行われ、遠江領有が達せられたら五人分の供僧領を与えることを約束された。奉者は市川宮内助昌房・原隼人佑昌胤。同六年五月十七日の武田勝頼判物写（判物証文写・二九六九）で、勤行や供僧の規範に関する法度を定められ、あわせて寺中での陣取や竹木伐採・殺生を禁じられた。武田氏滅亡後も羽柴秀吉・徳川将軍家から所領を安堵された（浅間神社の歴史）。

（鈴木）

穂坂君吉　ほさかただよし

生没年未詳。穴山家臣。与一・織部助（織部介・佐）・常陸介。永禄十二年（一五六九）閏五月十九日、穴山信君が駿河国興津城（静・静岡市）に在番した際、それに従った穴山衆佐野二郎右衛門尉、青柳二右衛門尉、諏訪部助右衛門尉に在城料を与えた三通の朱印状に奉者として登場するのが初見（恩地家文書ほか・一四一四～一六）。この時は穂坂与一と称していた。その後、元亀元年（一五七〇）七月二十三日、駿河衆望月与兵衛が穴山氏に奉公する旨を言上した際に、取次役となり、信君より知行宛行状を交付されているが、ここで織部助の官途が確認できる（望月家文書・一五七四）。同年八月二十一日、下山の天輪寺（山・身延町）御用の材木徴発を佐野七郎兵衛に命じた穴山氏朱印状において、以春軒とともに奉者をつとめている（佐野家文書・一五八二）。同四年七月二十四日、穴山氏より駿河衆佐野弥右衛門を同心として預けられている（楓軒文書纂四一・二二四二）。天正五年（一五七七）二月十九日、穴山信君は、興津の吉原山において江尻在城衆が山林をみだりに伐採することを禁じ、もし用事があれば穂坂織部佐の手形で指示すると望月三郎左衛門に指示している（判物証文写附一・二二七五）。また年未詳九月晦日、穴山衆芦沢君次に対し、興津で知行を与えるとの穴山氏朱印状において奉者をつとめているが（芦沢元弘氏所蔵文書・三九一八）、時期はほぼ同じ頃のものであろう。天正八年二月十二日、穴山氏が駿河衆とみられる小沼雅楽に対し諸役免許を認めた朱印状で奉者をつとめている（北条家文書・三二四六）。同年閏三月二十四日、君吉は自分の所領である八日市場のうちの樽坪分九貫三〇〇文を、自分が死去したら身延山久遠寺に寄進することを穴山氏に申請し、認められている（久遠寺文書・三三一二）。なお、これが常陸介の官途の初見である。同九年五月二十三日、下山の番匠与十郎に対し、下山の増分を知行として与えるとした穴山氏朱印状の奉者をつとめた（石川家文書・三五五三）。そして同九～同十年六月までのものとみられる南松院明院瑞世奉加帳では、御家中衆としてその名がみられる（南松院文書・三五八九）。同十年二月、徳川軍の武田領国侵攻が始まると、穂坂君吉は穴山梅雪の指示を受けて、徳川家康に接触する工作を始め、佐野泰光の甥佐野弥左衛門に密書を託し、駿府に布陣する家康のもとへ派遣した。これにより、梅雪が家康に江尻城を明け渡す意向であることが伝えられ、穴山氏の織田・徳川方従属を円滑化することに成功している（佐野六蔵家文書・四〇〇五）。武田氏滅亡後、穴山梅雪が織田信長に見参すべく安土城に登城した際には随行せず、甲斐に残留した。そのため本能寺の変には巻き込まれなかった。梅雪死後は有泉昌輔とともに勝千代を補佐し、穴山衆を統括して北条氏と対決し、徳川氏に従った（記録御用所本古文書・家康文書上三〇頁、寛永伝・同前四七〇頁）。同十一年九月十七日、有泉昌輔・芦沢君次とともに、早川筋の代官佐野七郎兵衛尉にその地位を安堵する穴山勝千代朱印状の奉者をつとめている（甲州古文書・三八八八）。同十二年三月五日、芦沢君次・佐野君弘らと連署で十谷、柳川（山・富士川町）、大塩（身延町）の又右衛門らに覚書を与え、穴山梅雪が生前に福昌院に寄進した年貢を納めるよう命じている（古案・三九六六）。同日、同様の連署で八日市場（身延町）の百姓中にも覚書を与え、八日市場の増分を高野山へ寄進するよう指示している（同前・三九九七）。同年三月十日には、芦沢君次と連署で駿河国清見寺の寺領安堵手形を発給している（清見寺文書・三九九八）。これを最後に史料に現れなくなり、代わって同十七年と推定される丑九月九日にはその弟穂坂掃部助がみられるので、このころ死去したものか（甲州古文書別二・新編甲州古文書二一七）。（平山）

保科因幡守　ほしないなばのかみ

生没年未詳。信濃国伊那郡の武士。高遠諏方頼継の家臣。保科正俊の一族か、詳細不明。天文十七年（一五四八）五月十一日、高遠諏方頼継より原在家で二〇〇疋の地を安堵されているのが唯一の所見（石川今朝治氏所蔵諸事記・二四七）。そのほかの事蹟は不明。（平山）

保科右衛門佐　ほしなえもんのすけ

生没年未詳。信濃国伊那郡の武士。高遠衆。保科正俊の一族か、詳細不明。天正五年（一五七七）十月、武田氏より官途状を与えられ、右衛門佐に任官されたのが唯一の所見（新編会津風土記2・二八八二）。そのほかの事蹟は不明。（平山）

保科掃部丞　ほしなかもんのじょう

生没年未詳。信濃国伊那郡の武士。高遠衆。保科正俊・正直の一族か、詳細不明。天文十五年（一五四六）八月九日、武田氏より過書を与えられたのが唯一の所見（御判物古書写・二〇五）。ただしこの文書は検討の余地がある。そのほかの事蹟は不明。（平山）

保科熊寿　ほしなくまじゅ

生没年未詳。信濃国伊那郡の武士。高遠衆。保科正俊・正直の一族か、詳細不明。天正六年（一五七八）二月吉日成立の「上諏訪造宮帳」において、諏訪大社上社前宮三之御柱の造宮役の取手として登場するのが唯一の所見（諏訪大社上社所蔵文書・二九四二）。そのほかの事蹟は不明。（平山）

保科源六郎　ほしなげんろくろう

生没年未詳。保科正俊・正直の一族か、詳細不明。高遠衆。永禄五年（一五六二）九月二十三日、諏方（武田）勝頼より埋橋弥次郎に対し、一六貫文を保科源六郎恩地として納入するよう指示している判物に登場するのが唯一の所見（埋橋家文書・七九八）。そのほかの事蹟は不明。（平山）

保科善左衛門尉　ほしなぜんざえもんのじょう

生没年未詳。甲斐国山梨郡黒川（山・甲州市塩山）の金山衆。元亀二年（一五七一）二月十三日付の武田家朱印状によると、金山衆としての技術をもって、この時の駿東郡の深沢城（静・御殿場市）攻略に手柄を立てた代償として、分国内で諸商売のための、一月に馬一疋分の役免除のほか、本棟別役一間分、田地への検使停止、郷次の人足普請役免除の優遇を受けている（芦沢家文書・一六四九）。同日付で同内容のものが、ほかの黒川金山衆にも多数だされている。（柴辻）

保科八郎左衛門尉 ほしなはちろうざえもんのじょう

生没年未詳。信濃国伊那郡藤沢郷（長・伊那市）の武士。高遠衆。保科正俊・正直の一族か、詳細不明。天正二年（一五七四）八月十日、板山孫左衛門尉、玉泉坊と田地をめぐって争論を起こしたことから、これを審議した武田氏重臣栗原信盛・原昌胤連署証文により八郎左衛門尉に裁許が下されている（藤沢家文書・二三三七）。その後、同年十二月二十日、武田氏より伊那郡殿島、藤沢（伊那市）で合計一四貫二六二文を与えられ、軍役勤仕を命じられている。これは八郎左衛門尉の次男が新たに奉公すると申請したことに対する給恩であった（藤沢氏御堂垣外系図・八四四、二四六、なおこの文書を永禄五年（一五六二）に比定する説があるが、活動時期からみて天正二年が妥当であろう）。そのほかの事蹟は不明。（平山）

保科正俊 ほしなまさとし

永正八年（一五一一）～文禄二年（一五九三）八月六日、八三歳。信濃国伊那郡高遠の国衆。高遠諏方頼継の家臣。甚四郎・弾正忠（?）・筑前守。保科氏は高遠諏方氏の家臣で、歴代その所領支配においては代官をつとめるなど重用された一族であったが、天文二十一年（一五五二）一月二十七日（一説に八月十六日）に、頼継が武田氏により滅ぼされるとその直臣となったとされる。同年三月七日、武田氏は旧頼継家臣のうち、近習たちの知行安堵申請を受け、これを保証することを伝え、今後別心することなく奉公するよう命じているが（新編会津風土記2・三四六）、この受給者は保科正俊と推定されている。武勇にすぐれ、武田氏の家中では鑓弾正と呼称されたという（軍鑑）。ただし、これらに先立つ同十六年九月二十八日、武田氏より諏訪郡栗林（長・諏訪市、茅野市）で知行を与えられているので、諏方高遠氏の家臣からこの段階ですでに外れ、武田氏の直臣になっていた可能性もある（新編会津風土記2・二三三）。同二十年六月二十八日には下伊那を制圧したら同地域で知行を与えるとの証文を受け（同前・三三四）、弘治三年（一五五七）一月二十一日には高遠衆神林氏と協力して高遠領の諸郷村より夫丸を徴発するよう指示されている（同前・五三七）。永禄九年（一五六六）三月四日成立の「諏訪大社玉垣日記」に、花岡分三間の担当者として登場する（守矢家文書・九八〇）。この時に筑前守の受領が確認できる。その後、天正元年（一五七三）十一月十四日、三河国衆名倉奥平信光のもとへの使者として派遣され、武田氏と奥平氏との連携を確認している（武家事紀33・二二〇五）。なお『保科御事歴』によると、同三年五月の長篠合戦に際して、正俊は伊那郡飯田城に在城しており、退却してきた勝頼の指示で、軍勢を率いて信濃・三河・美濃国境の平谷・浪合口を警固したという。また同年とみられる八月十日、武田勝頼は長篠敗戦後の伊那郡防衛と織田・徳川領国への反攻に向けた二八ヶ条におよぶ朱印状を保科正俊に与え、敵の動きに応じて対応すべき作戦を指示されている。なお正俊自身は、息子正直とともに大島城に在城するよう命じられた。（武田神社所蔵文書・二五二四）。同六年二月吉日成立の「上諏訪造宮帳」に、前宮大鳥居造宮役を宮田郷の代官として納入しており

(諏訪大社上社文書・二九四三)、同年二月吉日成立の「上諏訪大宮同前宮造宮帳」と同七年二月六日成立の「上諏訪大宮同前宮造宮帳」に、古井弓郷負担の瑞籬三間の取手として登場する(同前・二九四六、三〇七八)。さらに、同年二月二日、武田勝頼は上野国箕輪城代に内藤昌月を任命したが、一七ヶ条にもおよぶ「在城定書」を与え、箕輪城代としての権限や管轄範囲などについて詳細な取り決めを行っている。この時、勝頼は「在城定書」を内藤昌月・保科正俊両名宛にしている(平姓小山田氏系図写・補遺一〇五)。正俊が宛所に加えられているのは、彼が昌月の実父であり、その後見を委ねられたからであろう。これを最後に、武田氏のもとでの公的な活動がみられなくなるので隠居したとみられる。なお正俊が最後に史料に登場するのは、同十三年十二月、第一次上田合戦直後、松本城主小笠原貞慶が豊臣秀吉方につき、保科氏の居城伊那郡高遠城に攻め寄せた際、隠居ながら指揮をとり、これを撃破した時である(保科御事歴ほか)。上野国箕輪で死去。法名は月眞(寛政譜ほか)、一説に大応普徹居士(保科御事歴)。 (平山)

保科正直 ほしなまさなお

天文十一年(一五四二)~慶長六年(一六〇一)九月二十九日、六〇歳。信濃国伊那郡高遠の国衆。保科正俊の子。甚四郎・弾正左衛門尉・越前守。正俊の嫡男。天正三年(一五七五)とみられる八月十日、父保科正俊宛の武田氏軍役定書に、父とともに大島城に在城し、足軽衆を率いて防衛にあたるよう指示されているのが初見(武田神社所蔵文書・二五一四)。その際に「保弾」と略記されており、当時弾正左衛門尉の官途を称していたことが知られる。時期は不明ながら、四月二十四日、甲斐国冨士御室浅間神社別当に一昨年以来体調がすぐれないので祈禱を依頼しているが、ここでは「保科弾正左衛門尉正直」と自署している(冨士御室浅間神社文書・三〇三八)。その後、同年十一月一日、武田勝頼・信勝父子が伊那郡諏訪神社宝殿を造営した際に、「保科越前守一類」もこれに参加している(諏訪神社所蔵・二五五三)。なおこの記録が、越前守を称したことが確認される初見。同九年三月二十一日、正直の所領片蔵郷(長・伊那市)の百姓が検地による年貢賦課強化に反対して逐電した際には、武田氏より人返しを命じられた(御判物古書写・三五三四)。そのため正直は、同年五月二十二日には家臣宮内左衛門、同二十三日には藤沢(伊那市)の八郎左衛門にその処理を命じている(保科御事歴・三五五一、三五五二)。同十年二月、織田軍の武田氏攻めの際には飯田城を守備していたが、同十四日戦わずに高遠城に逃れた。その後、高遠城に仁科信盛とともに籠城したが、織田方に付いた小笠原信嶺を通じて、秘かに降伏を申し入れたが間に合わず、戦闘が開始されたため城を脱出した(信長公記15、甲乱記ほか)。だがともに籠城していた正室跡部氏は自刃したという(保科御事歴ほか、なお異説もある)。武田氏滅亡後は織田氏に、その後は北条氏を経て徳川氏に属し、藤沢頼親を滅亡させ高遠城主としての地位を確立した。同十二年七月、家康の異父妹多劫姫(久松俊勝女)を娶り、徳川氏との関係を強化し、八月には小牧・長久手で豊臣秀吉と対峙する家康を支援するため、豊臣方に通じた木曽義昌を攻撃し、同十三年十二月には家康に背いた小笠原貞慶軍を高遠で撃破している。その後、同十七年に家康とともに関東に移り、下総国多胡一万石を与え

られ、慶長五年ごろには嫡子正光に家督を譲っている。法名は建福寺殿天関玄透居士（成慶）。（平山）

保科美濃守　ほしなみののかみ

生没年未詳。信濃国伊那郡の武士。高遠衆。保科正俊・正直の一族か、詳細不明。永禄九年（一五六六）三月四日成立の「諏訪大社玉垣日記」に、花岡分五間、外垣分五間の担当者として登場するのが初見（守矢家文書・五八〇）。その後、天正六年（一五七八）二月十二日、諏方頼豊らが連署して発給した造宮手形において、山田郷（長・伊那市）など八ヶ郷の造宮役取手として登場する（矢島家文書・二九二四）。また同年二月吉日成立の「上諏訪大宮同前瑞籬・外垣造宮帳」において、赤須郷の瑞籬五間分、松島郷の外垣五間分の取手として記録されている（諏訪大社上社文書・二九四六）。さらに、同七年二月六日成立の「上諏訪造宮帳」において、諏訪大社上社前宮三之御柱造宮役の使衆として登場する（大祝諏訪家文書・三〇七七）。そのほかの事蹟は不明。（平山）

星野久次　ほしのひさつぐ

生没年未詳。七郎左衛門尉。駿府（静・静岡市）の商人。天正三年（一五七五）十月一日の武田家朱印状（奉者は跡部九郎右衛門尉昌忠、友野家文書・二五三六）で、駿府の商人衆が駿河国に帰参した際に諸役を免許する旨を伝えられ、同月十一日の松木宗清等連署起請文写（同前・二五三七）で、駿府での商売に関する起請文を武田氏に提出した一二名のなかに名がみえる。年未詳九月晦日の穴山信君条書写（判物証文写・三九一七）で、大井川河畔の水川郷（静・川根本町）で商売を行うこと、敵方（徳川方）から鉄炮・鉄を仕入れた際には夫馬を与えること、条書を与えられた一〇名以外の商人が商売を行うことを禁止し、違反した場合は見つけ次第荷物を奪い取ることなどを、松木宗清ら九名とともに命じられた。（鈴木）

星野日向守　ほしのひゅうがのかみ

生年未詳～天正三年（一五七五）五月二十一日。信濃佐久郡碓氷峠付近の領主という。実名は則光と伝わる。長篠合戦で討ち死にした（士林泝洄・名古屋叢書続編17二三〇頁）。子孫は尾張徳川氏に仕えている。（丸島）

細萱清知　ほそかやきよとも

生没年未詳。信濃国安曇郡細萱（長・安曇野市）の国衆。細萱氏館主。仁科氏家臣。三河守。細萱高知の子か。細萱氏は、穂高神社の社家衆で大伴姓を称し「知」を通字としている。天文十八年（一五四九）二月一日、穂高社造宮の大旦那として「三河守大伴清知」と署名しているのが唯一の所見（南安曇郡志2上三六六頁）。（平山）

細萱源助　ほそかやげんすけ

生没年未詳。信濃国安曇郡細萱（長・安曇野市）の人物。天正七年（一五七九）の諏訪大社下社造宮に際して造宮料徴収の代官としてみえるのが唯一の初見（大祝諏訪家文書・三〇七二）。細萱長知の一族と思われるが詳細不明。（平山）

細萱知光　ほそかやともみつ

生没年未詳。信濃国安曇郡細萱（長・安曇野市）の国衆。細萱氏館主。仁科氏家臣。兵部大輔。細萱清知の子もしくは兄弟か。細萱氏は、穂高神社の社家衆で大伴姓を称し「知」を通字としている。天文十八年（一五四九）二月一日、穂高社造宮の大旦那として細萱清知とともに「兵部大輔大伴知光」と署名し、さらに永禄十年（一五六七）二月四日、穂高社造宮の宮奉行として登場するが（南安曇郡志2三六六頁）、その後の動向は未詳。武田時代に細萱氏が穂高社の造宮において中心的地位を占めるのは永禄期までであり、同年二月を最後に以後は仁科穂高氏が担っている。その背景には、武田氏の権力を背景に勢力の交代があったと推定されている（宮地直一『穂高神社史』）。（平山）

細萱長知 ほそかやながとも

生没年未詳。信濃国安曇郡細萱（長・安曇野市）の国衆。細萱氏館主。仁科氏家臣。河内守。細萱清光の子か。細萱氏は、穂高神社の社家衆で大伴姓を称し「知」を通字としている。天正六年（一五七八）の御館の乱に際し武田氏が奪取した、越後国頸城郡根知城への在城を仁科盛信に命じられており、同八年八月十一日には盛信より同心、被官を率いて甲府に参府を指示されているのが、武田時代における唯一の所見（等々力文書・三四〇〇）。武田氏滅亡後、細萱長知は小笠原貞慶に仕え、重臣として支えた。しかし小笠原氏の関東転封には従わず安曇郡に残り、石川三長に仕えた。文禄五年（一五九六）成立の宮本神明宮造営棟札に本願「河内守大友朝臣長知」として登場するのが終見（仁科神明宮所蔵・信18一七五）。（平山）

細田藤六 ほそだとうろく

生没年未詳。木曾家臣。某年正月二十七日、木曾義昌から鹿島社の造営を、千村淡路守とともに差配するよう命じられている（木曾旧記録・三七八八）。（丸島）

細野甚四郎 ほそのじんしろう

生没年未詳。信濃国安曇郡細野郷（長・松川村）の人物。仁科氏家臣。天正五年（一五七七）九月五日、仁科盛信より信越国境の敵城（根知城か）と城主の動向を、等々力次右衛門尉とともに詳細に調査し報告してきたことを報償されたのが唯一の所見（細野文書・二八六三）。（平山）

細野惣左衛門 ほそのそうざえもん

生没年未詳。信濃国安曇郡細野郷（長・松川村）の人物。仁科氏家臣。細野甚四郎の一族か。天正七年（一五七九）一月二十七日に作成された下諏訪春宮造宮帳において、古厩・細野・池田郷の代官として登場するのが唯一の所見（大祝諏訪家文書・三〇七二）。（平山）

穂高 ほだか

生没年未詳。信濃国安曇郡穂高（長・安曇野市）の国衆。仁科一族。穂高知親と同一人物の可能性があるが確認できない。天正九年（一五八一）の「伊勢内宮道者御祓くばり帳」において、「にしなの分」の人物として記載され、熨斗五〇本、茶五袋を配られたと記されている（堀内健吉氏所蔵・三六四四）。そのほかの事蹟は不明。（平山）

穂高伊賀守 ほだかいがのかみ

生没年未詳。信濃国安曇郡穂高（長・安曇野市）の国衆。仁科一族。穂高氏は仁科姓を称していた。穂高竹友の近親か。元亀四年（一五七三）一月三日、穂高社造宮のために安曇郡内の諸郷に所役（造宮役）を賦課するよう、仁科盛棟に命じられているのが唯一の所見。伊賀守はこの時穂高宮奉行をつとめていた（穂高神社文書・二〇一六）。なお、盛棟や穂高竹友との系譜関係は不明。（平山）

穂高竹友 ほだかたけとも

生年未詳～弘治三年（一五五七）七月か。信濃国安曇郡穂高の人物。仁科穂高氏の祖とみられる。仮名は大進。仁科盛国の次男。古厩平兵衛盛兼の弟（小倉藩渋田見氏系図）。天文二十四年（一五五五）二月十二日、穂高社造宮の旦那として登場するのが初見（南安曇郡志2上三六六頁）。その後、弘治四年七月、武田氏が信越国境の小谷城を攻めた際に、息子穂高貞盛とともに戦死したという。そのため家督は竹友次男穂高内膳盛章が嗣ぎ、盛章の子新左衛門盛数は小笠原氏に仕えたという（小倉藩渋田見氏系図）。内膳盛章とは、小笠原氏家臣としてみえる穂高盛員のことであろう。　（平山）

穂高知親　ほだかともちか

生没年未詳。信濃国安曇郡穂高（長・安曇野市）の国衆。穂高神社の社家衆。忠兵衛。諱の通字から細萱穂高氏と推察される。元亀四年（一五七三）二月三日に作成された穂高神社造宮日記に宮奉行として署名している（穂高神社文書・三〇一七）。その後も、天正七年（一五七九）二月二日、同十三年二月十二日の造宮日記にも、同様に宮奉行として連署している（南安曇郡志2上三六頁）。　（平山）

法華堂祐源　ほっけどうゆうげん

生没年未詳。信濃国佐久郡岩村田（長・佐久市）の大井法華堂の住職。佐久郡の熊野修験の触頭。依田氏一族であり、鎌倉末から熊野二所権現の先達職をつとめ、その関連の歴代宛の本山よりの文書を多く襲蔵している（佐久市、大井家文書）。永禄十一年（一五六八）十一月、本山より貝両緒の免許を得る（同前）。同年八月四日、山県昌景は法華堂祐源を筆頭とする信濃国佐久郡の山伏修験二二人に対し、信玄よりの祈願祈念を申し付け、その代償として普請役を免除している（大井家文書、一三〇三）。（「信濃の修験大井法華堂」法華堂、一九七九年）。（柴辻）

北高全祝　ほっこうぜんしゅく

永正四年（一五〇七）～天正十四年（一五八六）十二月、八〇歳（信濃国岩村田竜雲寺史）。出羽の人で、奥州国司北畠顕家の末裔という。一二歳で剃髪し、越後塩沢（新・南魚沼市塩沢町）の雲洞庵で修行を積み、次いでその一〇代住職になった（太田山実録）。永禄八年（一五六五）頃、武田信玄の招きにより信濃国佐久郡岩村田（長・佐久市）の竜雲寺に住持する。それに関するものとして、十月十八日付で、信玄が北高を竜雲寺に迎えるにあたって、甲斐国内曹洞宗の触頭であった竜華院と永昌院宛に、北高の入院を補助させる条目を与えている（竜雲寺文書・九六八）。同十年頃には、正親町天皇宸筆の「東山法窟」の扁額を下賜されている。元亀元年（一五七〇）十月、武田領国内の曹洞宗寺院の代表が連判して「曹洞宗法度」を定めているが、その傘連判のなかに北高も署名している（永昌院文書・一四〇四）。次いで同三年二月に、信玄は同寺を信濃国における曹洞門派の僧録司とし（竜雲寺文書・一七九六）、五月には、それまでに戦死した家臣の供養のために、領国内の同宗寺僧一〇〇〇人を同寺に集めて、「千人江湖会」を催し、北高に師宗をつとめさせた（同前・一八二七、五〇）。信玄の死去後の勝頼との関係も緊密であり、天正二年三月、祖父の信虎が伊那郡まで帰ってきて病死した際、勝頼は甲府の大泉寺での葬儀への参列を要請している（同前・三七〇）。同四年二月には、信玄代の寺領を安堵し（同前・二五九四、九五）、同六年六月には、同じ宗派の信濃小県郡祢津（長・東御市）の定津院と、甲府の興因寺が本院である相模国関本の最乗寺の座主を争った際に、勝頼は北高にその対処を相談している（同前・二九八六）。翌七年二月には、信玄の定めた分国中曹洞宗法度の「追加」も定めている（同前・三〇九一）。同十年三月に武田氏は滅亡するが、それによって竜雲寺も急速に衰微に向かっていったようであり、北高は同十四年十二月、竜雲寺で没した。　（柴辻）

堀田之吉　ほったゆきよし

生没年未詳。信濃小県郡の国衆室賀氏の被官。豊後守。永禄十年（一五六七）八月七日、「下之郷起請文」を室賀一族と連名で山県昌景に提出している（生島足島神社文書・一三七）。室賀氏の親族であったという（東塩田室賀家所蔵系図・上田小県誌1六三七頁）。「下之郷起請文」提出に際し、当主である室賀信俊が敵に内通することがあれば、ただちに武田氏に言上し、信俊を見放すことを誓っている。そのほかの動静は不明。（丸島）

堀内源二郎　ほりうちげんじろう
生年未詳～明応三年（一四九四）三月二十六日か。武田氏の内向では油川信恵に味方したようである。しかし明応三年の合戦で信恵方は大敗し（勝山）、源二郎も討ち死にしたらしい。法名は、光阿弥陀仏（一蓮寺過去帳・山6上四一八頁）。（丸島）

堀金　ほりがね
生没年未詳。信濃国安曇郡堀金（長・安曇野市）の国衆。仁科一族。天正九年（一五八一）の「伊勢内宮道者御祓くばり帳」において、「にしなの分」の人物として記載され、熨斗五〇本、茶一〇袋を配られたと記されている（堀内健吉氏所蔵・三六四）。堀金盛広と同一人物の可能性があるが確認できない。そのほかの事蹟は不明。（平山）

堀金盛広　ほりかねもりひろ
生没年未詳。信濃国安曇郡堀金（長・安曇野市）の国衆。仁科一族。仁科姓を称す。平大夫。仁科堀金氏は、天文二十年（一五五一）十月、村上義清が安曇郡丹生子に侵攻してきたことに対処すべく、武田信玄が深志城に到着すると、二十二日に武田氏に出仕したことが初見（甲陽日記）。ただし当時の当主が誰なのかは不明。永禄十年（一五六七）八月七日、仁科親類・被官衆が武田氏に忠節を誓った下之郷起請文に堀金盛広が登場する（生島足島神社文書・一三〇）。（平山）

堀内貞維　ほりのうちさだつな
生年未詳～天正十年（一五八二）十一月。二助（仁助）、越前守。信濃国筑摩郡会田（長・松本市）の土豪。会田岩下（海野）氏の重臣といわれる。当初は塔原海野氏に仕えたか。永禄十年（一五六七）八月七日、「下之郷起請文」を跡部勝資に提出し、塔原海野幸貞が信玄に逆心を抱いた場合は諌め、諌言に従わないようであれば幸貞を見捨てる旨を誓った「城内仁助」は堀内の誤読であろう（生島足島神社文書・一二七）。この写本である「御願書幷誓詞写　全」によると、「城内」ではなく「堀内」と解読されている（宮入文書・信玄武将の起請文一六二頁）。この堀内仁助貞維と、堀内越前守は同一人物の可能性がある。堀内越前守は、天正九年の「伊勢内宮道者御祓くばり帳」において、「あいた」の人物として記載され、熨斗五〇本、帯、茶一〇袋を配られたと記されている（堀内健吉氏所蔵・三六四）。武田氏滅亡後は、会田岩下氏は上杉景勝に内通したため、小笠原貞慶に攻められた。当時会田岩下氏の当主は幼少だったといわれ、岩下衆の指揮は堀内越前守がとったが遂に戦死したという（岩岡家記、二木壽斎記）。そのほかの事蹟は不明。（平山・丸島）

堀内藤兵衛　ほりのうちとうひょうえ
生没年未詳。信濃国筑摩郡会田（長・松本市）の土豪。会田岩下氏の被官。堀内越前守の一族。天正九年（一五八一）の「伊勢内宮道者御祓くばり帳」において、「あいた」の人物として記載され、茶三袋を配られたと記されているのが唯一の所見（堀内健吉氏所蔵・三六四）。（平山）

堀内六郎左衛門　ほりのうちろくろうざえもん

生没年未詳。信濃国筑摩郡会田（長・松本市）の土豪。会田岩下氏の被官。堀内越前守の一族。天正九年（一五八一）の「伊勢内宮道者御祓くばり帳」において、「あいた」の人物として記載され、熨斗二〇本、茶五袋を配られたと記されているのが唯一の所見（堀内健吉氏所蔵・三六四四）。（平山）

堀内若狭　ほりのうちわかさ

生没年未詳。信濃国筑摩郡会田（長・松本市）の土豪。会田岩下氏の被官。堀内越前守の一族。天正九年（一五八一）の「伊勢内宮道者御祓くばり帳」において、「あいた」の人物として記載され、熨斗二〇本、茶五袋を配られたと記されているのが唯一の所見（堀内健吉氏所蔵・三六四四）。（平山）

本郷八郎左衛門尉　ほんごうはちろうさえもんのじょう

生年未詳～永禄十二年（一五六九）二月二十八日。武田家の足軽大将で、長延寺実了師慶の弟（歴代古案・戦北一一六五、謙信公御書・戦北四六二）。永禄末年のものとみられる武田信玄陣立書には、鉄砲衆としてみえる（山梨県立博物館所蔵文書・三九七二）。武田信玄の駿河出兵に従軍。永禄十二年二月二十八日、薩埵山合戦で討死した（歴代古案・戦北一一六五）。戦死後、上野において与えられていた知行は、信濃国衆大井満安に与えられている（大井家文書・一四四四）。麾下の足軽は、小幡昌盛・関甚五兵衛・城景茂に分け与えられたという（惣人数）。なお「軍鑑」は、八幡原（川中島）で討ち死にしたと記すが（同前）、誤り。（丸島）

本田石見守　ほんだいわみのかみ

生没年未詳。北信濃の土豪。後世の家譜では実名を重政とする（上杉年譜23三四一頁）。信濃国水内郡飯山（長・飯山市）に所領を持ち、戦国期には越後上杉氏に属したが、天正六年（一五七八）に武田・上杉両氏の和睦で北信濃が武田氏に割譲されたことに伴い、武田氏に従属したとみられる。このため越後における本領は収公され、同九年二月十九日に本領の半分が諏方左近に与えられている（上杉年譜・信補遺上五二七頁）。天正十年の武田氏滅亡と本能寺の変後に上杉氏に帰参。ただし同年六月六日、上杉景勝は小幡光盛を味方につけようとした際に、本田石見守の飯山城領および越後知行分、同心上倉三河守の所領宛行を条件として出している（小幡家文書・信15三三四頁）。景勝は飯山城実城（本城、本丸）まで小幡に任せると述べているから、この段階では本田の去就は読めなかったのであろう。空手形の乱発であったともいえる。同年十一月八日、尾崎重元の使者として岩井昌能の元に派遣されている（己亥採訪文書・三六三二、なお本文書は武田勝頼書状として書写されているが、上杉景勝書状の誤写である）。文禄三年（一五九四）には子の重方（孫七郎・源右衛門）が上堺平九郎の同心として五一石余を知行している（文禄三年定納員数目録・上杉氏分限帳一四頁）。その後、上杉氏の転封に従って会津（福島・会津若松市）・米沢（山形・米沢市）へ移住し、子孫は米沢藩士として存続した（上杉年譜23三四一頁）。（鈴木・丸島）

本間氏重　ほんまうじしげ

生年不詳～天正二年（一五七四）。遠江国衆。通称は八郎三郎、官途名源右衛門尉。本間氏と同じく遠江国高部郷（静・袋井市）を本拠にする丸尾氏より本間氏を嗣いだとされる（袋井市史通史編）。本間氏は鎌倉時代以来高部郷を本拠に活動する御家人としてあったが、戦国時代には源次郎宗季が今川氏親による遠江侵攻のなかで従属し、福島助春のもとで軍事行動につとめたことが、永正七年（一五一〇）三月二十日付軍忠状写（本間文書・戦今二三二）より確認できる。また福島氏との関係より、遠江高天神城主に帰属する同心衆にあったか。その後、永禄三年（一五六〇）八月三日に、宗季の後継兵衛五郎長季が福島彦次郎が逆心のなか、今川氏へ属して活動し、今川氏真より遠江国石野小野田村（袋井市）を安堵された（本間文書・戦今一五六四）。同十一年十二月の徳川氏による遠江侵攻にともない属し、元亀二年（一五七一）三月十三日には、氏重が徳川家康より妻五郎兵衛娘の死去にともない、五郎兵衛（活動時期より兵衛五郎長季と同人か）より過分の米銭の支払いにより譲られた小野田村を安堵された（本間文書・静4三二六）。この経緯より長季の進退困窮に際し、氏重が過分の債権を通じ入り婿となり、本間家の名跡を継承したことが推察される。天正二年六月の遠江高天神城（静・掛川市）の開城、小笠原信興の武田勝頼への従属にともない、氏重も武田氏へ従属し、七月九日には武田家朱印状（奉者は跡部勝資）にて徳川氏へ従属時の小野田村ほか所領計二三五貫文および高部郷内の屋敷一間を安堵される（同前・二三〇六）。その一方で、同月十日に徳川家康より長季の嫡男十右衛門尉政季が本間家の本領小野田村を安堵されており（同前・静8七六八）、本間家は氏重が武田方、政季が徳川方に分かれてあった。十月晦日、武田勝頼が直判により本間源左衛門尉氏重へ、七月九日に武田家朱印状により八郎三郎に安堵した小野田村ほか所領計二三五貫文および高部郷内の屋敷一間を安堵する（同前・三七二）。これにより八郎三郎と源右衛門尉氏重は同人と判断でき、七月九日から十月晦日の間に官途名源右衛門尉を称したことがわかる。しかし氏重はその直後に急死し、一族の和泉守が小笠原信興を通じ家督継承を願い出た結果、十一月二十八日に武田家朱印状（奉者は跡部勝資）により認められ、武田家直属の御家人としての奉公を求められる（同前・二三八五）。後裔は、遠江国新野村・池田村（静・浜岡町）に土着し大庄屋をつとめた（袋井市史通史編）。一方、徳川方にあった政季の後裔は旗本として仕えた（寛政譜）。

（柴）

ま

舞太夫 まいだゆう

生没年未詳。武田家の舞師。同業の千代牆太夫・同脇太夫の名が、天文十九年（一五五〇）十二月七日の武田家印判状での称号許状にみえる（巨摩郡古文書・三一七）。年未詳であるが、九月二十九日付の穴山信君宛の信玄書状では、身延山久遠寺がお会式に際して、舞師らの通行を制限していることをやめさせよと指令している（諸州古文書・二一〇七）。彼らは例年正月に、武田館で舞を奉納する。その子孫は、江戸期には石和の広瀬村（山・笛吹市石沢町広瀬）に住み、今田瀧蔵といい、巫女とともに諸社の祭礼の舞を司っている。

（柴辻）

前島市右衛門尉 まえじまいちえもんのじょう

生没年未詳。永禄十一年（一五六八）十二月の武田信玄による駿河侵攻に際し、武田氏へ属した駿河国天間（静・富士市）の土豪で、駿河衆。元亀三年（一五七二）五月二日、信玄より武田氏へ属した以来の働きを賞され、駿河国石田（静・沼津市）内で一五貫文の知行地を宛行われた（前島家文書・一八五六）。同日には葛山三郎や三輪与兵衛尉たち駿河国衆葛山氏一門・家臣に対し、知行宛行が実施されていることより、その立場は葛山氏の軍事指揮下にある与力・同心かと推察される。天正五年（一五七七）九月二十三日には、鷹野昌卿・窪島石見守の両人より駿河国富士郡田中名（富士市）における年貢米の算用状を宛てられていることより（同前・二七八〇）、同名の名職所持者であったと推察される。後裔は、その後も天間に在住し続けた。（柴）

前島彦三郎　まえじまひこさぶろう

生没年未詳。大宮浅間神社（現富士山本宮浅間神社、静・富士宮市）の社人。元亀三年（一五七二）五月十六日の武田家朱印状写（判物証文写・一八八三）で行事大夫職に補任された。奉者は原隼人佑昌胤・市川宮内助昌房。天正五年（一五七七）五月二十一日に作成された富士大宮神事帳（本宮浅間大社文書・二八〇九）では、正月から十二月までの祭礼費用を行事大夫職として受け取っている。もともとは大宮司富士氏の被官であり、近世には行事大夫職が大宮司・案主の両富士家の抱になっている（浅間神社の歴史）。（鈴木）

曲淵庄左衛門尉　まがりぶちしょうざえもんのじょう

永正十五年（一五一八）～文禄二年（一五九三）十一月二十三日、七六歳。実名は「吉景」と伝わる（寛永伝、寛政譜）。元は板垣信方の草履取りで、名を「とりわか」といったという（軍鑑・大成下五七頁）。信方の死後は、その子信憲に寄子として仕えた。信憲が不行跡を理由に長禅寺に幽閉された際、飯富（山県）昌景の寄子に配置替えを指示されたが、自分は板垣信方より恩を受けた、信憲が馬鹿者であっても、その側を離れるわけにはいかないと言って、信憲に付き添ったという（同前上三二頁）。信憲の処断後、山県昌景の寄子となり「采配御免の衆」に抜擢される（惣人数）。「軍鑑」には、頻繁に訴訟を起こしている様子が描かれる（大成下五七七頁ほか）。天文十四年（一五四五）八月十二日の若宮八幡宮（山・笛吹市）拝殿再興の棟札に「曲渕庄左衛門」と名がみえるが、明らかに偽作である。この棟札自体に問題が多い（若宮八幡社所蔵棟札写帳・一九二）。武田氏滅亡後は徳川家康に仕え、天正十年（一五八二）八月七日、親子でさらに忠勤に励むよう命じられている（譜牒余録後編・家康文書三二頁）。本多正信と山本成氏が副状を出している（同前・家康文書三二頁）。同年十二月七日、子息彦助が本領に重恩を加え、五五貫文を安堵されている（記録御用所本古文書・家康文書四三二頁）。同十一年八月八日、折井・米倉と談合を重ねるよう、成瀬正一より命じられた（譜牒余録後編・家康文書三二頁）。同十八年正月二十七日、扶持米二〇〇俵を加増された（記録御用所本古文書・新甲一九三七）。この時すでに出家号玄長でみえる。家康の関東転封後は、相模西郡で五〇〇石を与えられた（寛永伝、寛政譜）。文禄二年十一月二十二日死去。享年七六、法名は玄長（同前）。墓は清泰寺（山・北杜市）に残る。同寺の位牌には、法名広略院良屋玄張居士とあったという（国志）。（丸島）

牧野金七郎　まきのきんしちろう

生没年未詳。遠江衆。大沢民部丞に付き従った際の忠信を賞され、天正二年（一五七四）十一月十五日に、武田家朱印状（奉者は長坂光堅）により遠江国一見郷（静・浜松市）一〇〇貫文を宛行われた。

またその際に同地への入部に関しては、遠江国が静謐になったうえで行うよう指示されている（奥山家文書・三三七五）。（柴）

孫右衛門 まごえもん

生没年未詳。甲斐国巨摩郡駒沢郷（山・甲斐市）の在郷番匠大工。天文十年（一五四一）十二月の武田家氏神社である武田八幡宮（山・韮崎市）宝殿の造営棟札銘によれば、その造営大工頭をつとめている（甲斐国志資料・四三七）。次いで永禄十一年（一五六八）六月二十八日付の駒沢番匠縫左衛門宛の武田家朱印状では、上様へのご奉公をつとめたので、家一間分の普請役を免除されており（諸州古文書・一二八七）、その関係者かと思われる。同日付で、国内の番匠が多数動員されているから、武田館内で大普請があった。（柴辻）

孫右衛門 まごえもん

生没年未詳。番匠頭。山梨郡和田平（山・甲府市和田町）に居住の細工番匠頭。元亀四年（一五七三）九月五日の武田家朱印状によれば、公用の細工役をつとめたので、家一間分の普請役を免除されている（諸州古文書・二一七〇）。同内容のものが、同年八月二十七日付で、青柳郷（山・増穂町青柳）の番匠の善七郎にも与えられている（信玄公宝物館所蔵・二一六〇）。（柴辻）

孫衛門 まごえもん

生没年未詳。信濃国筑摩郡刈谷原（長・松本市）の土豪。会田岩下氏の被官とみられる。天正九年（一五八一）の「伊勢内宮道者御祓くばり帳」において、「かりや原分」の人物として記載され、茶三袋を配られたと記されているのが唯一の所見（堀内健吉氏所蔵・三六四四）。（平山）

孫三郎 まごさぶろう

生没年未詳。甲斐府中六方小路（山・甲府市）在住の番匠大工職人で、永禄十一年（一五六八）六月二十八日、武田家上様の御用普請をつとめ、その賞として普請役を免除されている（諸州古文書・一二八七）。この時、武田館内で大規模な普請が行われており、同日付で同内容の文書が、府中および近郷の大工職人宛にも多数出されている。（柴辻）

孫七郎 まごしちろう

生没年未詳。信濃国筑摩郡小立野（長・生坂村）の土豪。日岐氏の被官とみられる。天正九年（一五八一）の「伊勢内宮道者御祓くばり帳」において、「をたつの分」の人物として記載され、茶二袋を配られたと記されているのが唯一の所見（堀内健吉氏所蔵・三六四四）。（平山）

政家 まさいえ

生没年未詳。木曽家臣とみられるが、確定できない。年未詳七月八日、某に書状を送り道者が関銭を取られたことなどへの苦情を述べるとともに、返書を頂戴できれば「おく（奥）」へ披露すると伝えている（興禅寺文書・四三三〇）。断簡であるため、内容はよくわからない。（丸島）

昌田 まさだ

生没年未詳。姓および実名の読みも未詳。某年五月二日、熊野速玉神社の鵜殿神次郎が下向させた使僧の書状を武田氏当主に披露し、返書を調えている（吉井良尚氏所蔵文書・三八四三）。あわせて自身に対する祈禱の礼を述べるとともに、銭を送って武運長久の祈禱を願っている。武田氏当主の側近とみられるが、詳細は不明である。（丸島）

昌□ まさ

生没年未詳。小県郡の国衆とみられる。某年四月七日、宮沢七郎兵衛に五賀（五加、長・上田市）のうち五貫文を宛行っている（西尾市立図書館所蔵松代古文書写・三八二九）。（丸島）

真下但馬守 ましもたじまのかみ

生没年未詳。上野国衆藤田信吉の家臣。天正八年（一五八〇）六月晦日付で勝頼が藤田信吉に宛てた判物写のなかで、真田昌幸から信吉への連絡を真下氏に行っていることがみえているのが初見となるが（加沢記・三三七三）、同文書は信吉が藤田名字に改称する以前のものであるため、時期が合わない。しかし昌幸に対する取次をつとめたのは事実であり、同年八月、信吉が昌幸に対し、武田氏への従属を表明した際、信吉の身上維持につとめることなどを誓約した起請文を作成した際、昌幸のもとに使者として派遣されており、その眼前で起請文が作成されている（松代古文書写・三四〇七）。同年十二月二十九日には武田氏から、信吉の従属にいたる間の連絡をつとめた功賞として、信濃国河北内反町分五〇貫文の知行を与えられている（加沢記・三四七六）。同九年二月二十日には武田氏から、それ以前に与えられていたと推測される所領信濃国奥郡曾利町（長・松本市）の普請役の免除を認められている（同前・三五〇三）。（黒田）

又左衛門尉 またざえもんのじょう

生没年未詳。甲斐国巨摩郡河内清沢郷（山・身延町）の人物。穴山家臣か。名字、諱などは不明。慶長八年（一六〇三）七月五日、自ら高野山に登り、亡父道春禅定門の供養を依頼しているのが唯一の所見（成慶院過去帳・武田氏研究44）。（平山）

又三郎 またさぶろう

生没年未詳。甲斐国山梨郡湯之平郷（山・山梨市）の有力百姓。元亀二年（一五七一）三月二十六日の武田家朱印状（岡部家文書・一六八〇）で、陣参の代償として軍役衆と同様に諸役を免許された。奉者は山県三郎兵衛尉昌景・原隼人佑昌胤。武田氏滅亡後の天正十一年（一五八三）三月十日に、徳川氏から知行を宛行われた岡部孫右衛門尉は又三郎の子とされている（国志4二七六頁）。子孫は下柚木村（山・甲州市）に居住し浪人になった（同前）。（鈴木）

まちのすまや豊後 まちのすまやぶんご

生没年未詳。信濃国筑摩郡会田（長・松本市）の土豪。会田岩下氏の被官とみられる。天正九年（一五八一）の「伊勢内宮道者御祓くばり帳」において、「あいた」の人物として記載され、熨斗五〇本、茶一〇袋を配られたと記されているのが唯一の所見（堀内健吉氏所蔵・三六四四）。（平山）

まちのすまや与左衛門 まちのすまやよざえもん

生没年未詳。信濃国筑摩郡会田（長・松本市）の土豪。まちのすまや豊後の子。会田岩下氏の被官とみられる。天正九年（一五八一）の「伊勢内宮道者御祓くばり帳」において、「あいた」の人物として記載され、茶二袋を配られたと記されているのが唯一の所見（堀内健吉氏所蔵・三六四四）。（平山）

まちの与助 まちのよすけ

生没年未詳。信濃国筑摩郡刈谷原（長・松本市）の土豪。会田岩下氏の被官とみられる。天正九年（一五八一）の「伊勢内宮道者御祓くばり帳」において、「かりや原分」の人物として記載され、茶二袋を配られたと記されているのが唯一の所見（堀内健吉氏所蔵・三六四四）。（平山）

松井清八郎 まついせいはちろう

生没年未詳。遠江国衆松井氏の同心衆。系譜関係は不明。天正二年（一五七四）九月十一日、松井宗恒の訴願を受け、武田家朱印状（奉者は原昌胤）により本領の替地として遠江国合瀬（大瀬か、静・浜松市）内で五〇貫文の知行を与えられ

た（土佐国蠹簡集残編・二三六四）。（柴）

松井善十郎　まついぜんじゅうろう

生没年未詳。遠江国衆松井氏の同心衆。系譜関係は不明。天正元年（一五七三）八月十三日に松井宗恒に宛てられた武田家朱印状（奉者は原昌胤）で、本領安堵と宗恒に付き従い軍役をつとめれば所領宛行の意向が示される（土佐国蠹簡集残編・二四九）。翌二年九月十一日には、宗恒の訴願を受け、武田家朱印状（奉者は原昌胤）により本領の替地として、遠江国合瀬（大瀬か、静・浜松市）内で一〇〇貫文の知行を与えられた（同前・二三六五）。同十七年八月七日、徳川氏による駿河国由比郷（静・静岡市清水区）の検地に携わった奉行人のひとりに松井善十郎の名前がみえるが、関係は不明。（柴）

松井宗恒　まついむねつね

生没年未詳。遠江国衆。通称は八郎、受領名山城守を称す。松井氏は元は山城国御家人であったが、南北朝期に今川範国に従い下向し、遠江国鎌田御厨（静・磐田市）に所領を得て拠点としていった。その後、戦国時代になると遠江国をめぐる今川・斯波両氏間の戦争のなかで、松井宗能は今川氏へ属し、永正十年（一五一三）八月二十八日には、今川氏親から父山城守以来の忠節に基づき遠江国下平河（静・菊川市）、鎌田御厨領家分（土佐国蠹簡集残編・戦今二六八、二六九）、また同十七年十二月二十七日には、新給恩として羽淵（飯淵、静・焼津市）内の領家分を宛行われている（同前・三五二）。この後、宗能の子貞宗の代には、遠江二俣城（静・浜松市天竜区）の城主となり、知行・代官職を獲得して勢威を拡大し、永禄二年（一五五九）二月二十二日には、父貞宗より家督を継承した宗信が今川義元より遠江国内の知行・代官職を安堵されている（同前・一四五〇）。だが宗信は、同三年五月の桶狭間合戦で戦死し、宗恒が家督を継承する。そして十二月二日には、今川氏真より父宗信のこれまでの軍忠により、遠江国蒲東方（浜松市）内で三〇貫文などを与えられ（同前・一六二五）、また九日にも氏真より代々および義元の判形に基づき、鎌田御厨領家ほか八ヶ所の所領と上平河および鶴見・長田の代官職、五七人にもおよぶ同心を安堵された（同前・一六二六、一六二七）。同六年十二月に始まった遠州忩劇では、遠江引間城（浜松市）の飯尾乗連とともに今川氏へ「逆心」し（集古文書・戦今二一五七）、翌七年二月二十五日には二俣領内八幡神主へ氏真の禁制が発給されていることより今川勢の攻撃を受けていたことが推察される（河島文書・戦今一九六四）。この後宗恒の活動は確認できず、一族の和泉守・八郎三郎が、同十一年十二月における徳川家康の遠江侵攻に際し従属、二十六日には鵜殿氏長とともに二俣城の所有を認められ、新知を宛行われている（譜牒余録後編・戦今二二二九、二二三〇）。元亀三年（一五七二）十月に始まる武田信玄による徳川領国への侵攻のなかで武田氏へ従属、十二月十六日には御厨五ヶ村ほか六ヶ所と同心給を合わせて二〇〇〇貫文を宛行われた（土佐国蠹簡集残編・二〇〇二）。天正元年（一五七三）八月十三日には、武田勝頼より代替りに基づき信玄より宛行われた前述の本領当知行を安堵されるとともに、遠江光明城（浜松市天竜区）での在番を疎かにしないよう指示されており（同前・二一四八）、この時同城の在番にあったことが確認できる。また同日には、宗恒宛の武田家朱印状（奉者は原昌胤）により、同心衆の武藤采女・松井善十郎両人への本領安堵と両人が宗恒に付き従い軍役をつとめれば所領宛行の意向が示される（同前・二一四九）。翌二年九月十日には、信玄より宛行われたが、知行できずにいた本領の替地として、勝頼より遠江国下堀天王（浜松市）ほか三ヶ所あわせて八七〇貫文を宛行われる（同前・二三六二）。また十一日には、宗恒の訴願により松井清八郎と同善十郎へ武田家朱印状（奉者は原昌胤）により、本領の替地としてそれぞれ遠江国合瀬（大瀬か、浜松市）内で知行を与えられている（同前・二三六四、六五）。同三年七月の徳川氏による光明城攻略により没落したと推察され、その後の事蹟は不明。（柴）

松尾阿久利 まつおあぐり

生没年未詳。武田逍遙軒信綱（信玄の弟）の息女で長女とされる。松尾信是の妻（武田源氏一流系図・山県史資6下一八三）。天正九年（一五八一）十月二十四日、父信綱は息女阿久利に書状を認め、近年病気がちのため気鬱であることを訴え、阿弥陀経一巻を形見として贈ることを思いついたので受け取って欲しいとあるのが唯一の所見（青木氏蒐集文書・三六一七）。その後記録に登場しなくなるので、まもなく死去したものか。信是との間に女子（右衛門佐局、東福門院女房）がいたという（武田源氏一流系図・山県史資6下一八三）。そのほかの事蹟は不明。（平山）

松尾信賢 まつおのぶかた

生没年未詳。武田信昌の庶子。甲斐国山梨郡松尾郷（山・甲州市塩山）の旧族であった松尾家を嗣ぐ。次郎。関係文書は皆無である。信賢の娘が武田信虎の側室となり、信是を産み、松尾氏を継承する。（柴辻）

松尾信是 まつおのぶこれ

生年未詳〜元亀二年（一五七一）三月十日。武田信虎の五男。生母は松尾信賢の娘。源十郎・民部少輔。天文十九年（一五五〇）と推定される甲斐国勝沼（山・甲州市）の大善寺の本殿修復に際して、晴信以下の武田一門が太刀ほかを寄進した奉加状にその名が初見する（大善寺文書・三〇五）。次いで年月日未詳であるが、紀伊国・高野山の引導院（持明院、和・高野山町）への奉加勧進状でも晴信以下の一門とともに黄金一両を寄進している（持明院文書・六五二）。その後、年代は不明であるが、甲斐国山梨郡松尾郷（甲州市塩山）の領主松尾信賢の没後に、嗣子がなかったため生母の松尾家を相続する。永禄七年（一五六四）三月九日、武田家家臣の跡部九郎右衛門尉に、長慶寺（山・甲府市）の北沢山を売却した証文では、松尾姓で出している（長禅寺文書・八八三）。同八年六月には、甲斐国二宮（美和神社、山・笛吹市御坂町）の修造に際しての奉加帳に、武田義信以下の一門・重臣とともに太刀一腰を寄進している（美和神社文書・九四六）。次いで年未詳であるが、八月十一日付の芦川藤参宛書状によれば、長沼城（長・長野市）普請の折に宿泊を依頼したことについて弁明しており、碁石を借りたいとも言っている（志賀槙太郎氏所蔵文書・一六六九）。元亀二年三月十日に病死するが、その翌日、河西民部左衛門宛の武田家朱印状では、葬儀に必要となった一五貫文を蔵方より借用して土貢で調えるよう指令している（新編会津風土記・一六七〇）。同年三月十三日には、武田信玄が弟の信実に対して、信実嫡男と信是の息女との婚姻によって、松尾氏の遺跡を嗣がさせ、相当の軍役を負担させている（陽雲寺文書・一六七一、七二）。その翌日には、信是の老母に対して、塚原郷（甲府市）で堪忍分として一〇貫文を与えている（宇留島氏所蔵文書・一六七三）。天正元年（一五七三）十二月二十三日、武

田勝頼は信是老母の塚原郷の堪忍分領を安堵している（同前・三四二）。（柴辻）

松尾信俊 まつおのぶとし

永禄七年（一五六四）～寛永十六年（一六三九）二月十四日、七六歳。武田信実の嫡男。信玄の甥で親族衆。新十郎・与左衛門尉。生母は漆戸河内守の娘。元亀二年（一五七一）三月十日に叔父の松尾信是が病死すると、信玄よりその息女を正室として迎えさせられ、その遺領を継ぎ松尾氏を称した。天正三年（一五七五）五月、長篠の戦いで父信実が戦死したため家督を継承した。同六年の駿河国大宮（静・富士宮市）の富士浅間神社の神馬奉納帳では、松尾信俊と署名している。正室松尾氏娘の死後に、叔父武田逍遥軒信綱の娘を後室として迎える。同十年三月の武田家滅亡後は、新国主となった徳川家康に仕え、旧領の河窪郷（山・甲府市）を安堵され、河窪姓を名乗る。子孫は江戸幕府の旗本として存続した。（柴辻）

松尾若狭 まつおわかさ

生年未詳～天正九年（一五八一）三月二十二日。高天神籠城衆。天正九年の高天神落城に際して討ち死にした（乾徳山恵林寺雑本・信15一七頁）。（丸島）

松岡貞利 まつおかさだとし

生年未詳～天正十三年（一五八五）。信濃国伊那郡松岡城（長・高森町）主。右衛門佐・右衛門大夫。頼貞の子。天正十一年二月吉日、家臣今牧八郎左衛門尉に座光寺において所領を与えるとした判物を発給したのが初見（今牧文書・信15五九七）。父頼貞は同十年十一月を最後に管見されなくなるので、その間に頼貞が死去し家督を相続したのであろう。武田氏滅亡後は、織田氏を経て徳川氏に従属し、同十三年八月二十日、家康から小笠原信嶺・下条牛千世丸（康長）・飯島辰千代らとともに、鳥居元忠・大久保忠世らに従って小県郡上田城の真田昌幸を攻めるように命じられている（宮下文書・信16三五〇）。だが、同年に家康家臣石川数正が豊臣秀吉のもとへ出奔し、府中小笠原貞慶が秀吉方に属して十二月に高遠城の保科正直を攻めると、松岡貞利も秀吉方に内通して、貞慶に呼応しようと企てた。しかし謀叛の動きを座光寺為時に察知され、菅沼定利、座光寺為時らに松岡城を攻撃された。貞利は山小屋に籠もろうと仕度をしていたが間に合わず、菅沼・座光寺氏に捕らえられ、駿府に送られて、井伊直孝の屋敷で詮議を受けた後に改易処分にされたという（座光寺文書・信28五八二、寛政譜ほか）。その後は明らかでないが、処刑されたのであろう。この結果、松岡氏は滅亡した。（平山）

松岡頼貞 まつおかよりさだ

生没年未詳。信濃国伊那郡松岡城（長・高森町）主。兵部大輔。松岡氏は松岡城が所在する本拠地市田にちなんで「市田」と呼称されていた。父は長享二年（一四八八）成立の「諏訪御符礼之古書」に松岡氏の家督を相続したばかりとある右衛門尉頼貞か（守矢家文書・信9四三七）。だが時期的にみて、この右衛門尉頼貞と兵部大輔頼貞は、祖父と孫の関係にあたる可能性もある。天文二十三年（一五五四）に実施された武田信玄の伊那侵攻を受けて降伏し、武田氏に従属した（天野家文書・四二）。その後山県昌景の相備衆となり、五〇騎を率いる軍事力を保持していたという（軍鑑）。だが武田時代での活動については、管見の限り史料が見あたらず、不明確である。天正十年（一五八二）二月、織田軍の武田領国侵攻に際して、松岡氏は織田氏に降伏したと考えられるが、二月十五日に松岡領の市田で飯田城から逃げ遅れた武田方の軍勢と、織田方森長可の軍勢が交戦し、武田方の一〇騎ほどが討たれたという（信長公記）。武田氏滅亡後は織田氏に属し、同年七月十二日、家臣関川総左衛門に、市田郷で所領を与えている（関川家文書・信15三〇〇）。また同十一月三日には、同じく家臣竹松又助にも市田郷で所領を与える判物を発給している（福沢文書・信15五〇三）。そしてこの証文に、兵部大輔の官途がみられる。この文書を最後に史料に所見がなくなり、翌年二月には代わって嫡男貞利が登場するので、このころ死去したのであろう。このほかの事蹟は現在不明。（平山）

松川軍兵衛 まつかわぐんひょうえ

生没年未詳。信濃国安曇郡松川（長・松川村）の土豪。仁科氏の被官。松川道文の一族か。天正八年（一五八〇）八月十一日、仁科信盛が家臣等々力次右衛門尉に与えた書状において、越後国頸城郡根知城の在番を解かれ、甲府に八月十九日までに来るよう命じられているのが唯一の所見（等々力文書・三四〇〇）。そのほかの事蹟は不明。（平山）

松川正右衛門尉 まつかわしょうえもんのじょう

生没年未詳。信濃国安曇郡松川（長・松川村）の土豪。仁科氏の被官。松川道文の一族。天正九年（一五八一）の「伊勢内宮道者御祓くばり帳」において、「にしなの分」の人物として記載され、熨斗五〇本、帯、茶一〇袋を配られたと記されているのが唯一の所見（堀内健吉氏所蔵・三六四四）。（平山）

松川道文 まつかわどうぶん

生没年未詳。信濃国安曇郡松川（長・松川村）の土豪。仁科氏の被官。天正八年（一五八〇）六月吉日、大和田郷松川の大宮（大和田）大明神に願文を奉納したのが初見（大和田家文書・三三七七）。ここで道文は、殿様、御前、正衛門尉の息災と武運長久、地域の豊作と年貢収納の円滑化、債務の速やかな償却、盗まれた刀の取り戻しと盗人の成敗などを祈願している。同九年の「伊勢内宮道者御祓くばり帳」において、「にしなの分」の人物として記載され、熨斗五〇本、帯、茶一〇袋を配られたと記されている（堀内健吉氏所蔵・三六四四）。また同十三年一月十五日に、再び大宮大明神に願文を捧げ、社殿造営を来たる丑年までに実施すること、長寿祈願のため観音経を来年より毎年三六〇巻読むこと、家内安全、武運長久、富貴などを祈念している（大和田家文書・信16三二四）。そのほかの事蹟は不明。（平山）

松木吉三 まつききちぞう

生没年未詳。下山郷の細工職人頭。系譜など詳細は不明であるが、甲斐国巨摩郡下山郷（山・身延町）に住み、穴山氏に仕えた甲冑職人である。天正初期と思われる年未詳十月二十六日付の穴山信君の判物によれば、具足・腹巻ほかの武具一式を信君より注文されている（石川家文書・三九三二）。本文書は「石川家文書」のなかに含まれているが、「国志」は宛名の吉三を松木氏とする。（柴辻）

松木珪琳 まつきけいりん

生没年未詳。武田家の蔵前衆。甲府城下の商人で、「京の松木珪林」といわれるところから、出自は京都商人であろう。武田氏滅亡後の慶長年間（一五九六～一六一五）には、甲府の町検断を坂田善空・辻円喜・松木了存の三名がつとめており、「国志」は、この了存を蔵前衆の松木珪林の子孫としている。遠隔地商人として来甲していたものが、その算用能力を買われて蔵前衆に取り立てられたもの

であろう。（柴辻）

松木源十郎 まつきげんじゅうろう

生没年未詳。甲州金座の筆頭。金座は志村・山下・野中・松木の四家が担当し、甲州金の極印を押した。松木は天文年間（一五三二～五五）から領国内の金山の経営に関与して蓄財した。武田家の御用商人となり、金座頭をつとめた。松木氏のみ武田家滅亡後も残り、徳川家康に仕えて甲州金の極印をつとめた。城下の移転拡大にともない柳町に抱屋敷を拝領し、松木了存は町年寄役をつとめた。その子孫は姓を山本と改め、代々が甲府の町年寄をつとめた。（柴辻）

松木次郎三郎 まつきじろうさぶろう

生没年未詳。甲斐国巨摩郡中条村（山・韮崎市）の在郷商人。松木善明の子か。永禄十二年（一五六九）十月二十六日の武田家朱印状（松木家文書・一四六六）で、善明後家から譲られた田地の年貢分四貫三〇〇文を支払うことを条件に、今後の隠田改めを免除されている。奉者は曾禰右近助。天正五年（一五七七）二月三十日の武田家朱印状（同前・二七七九）では、先の御印判に任せて、西郡中条における家一間半分の棟別銭と郷次の普請役を免許された。奉者は曾禰内匠助昌世。没年は未詳だが、法名は梅安と伝わる（国志4二四九頁）。その後、子の七左衛門が甲府へ移住し、山本に改姓して府中（甲府）の検断職や甲州金の極印奉行などをつとめた（同前）。（鈴木）

松木善三郎 まつきぜんざぶろう

生没年未詳。松木善明の子、次郎三郎の前身か。永禄二年（一五五九）三月二十日に過去の諸役免許者を書き上げた武田家朱印状（諸州古文書・六五五）によれば、年未詳十月十日に、善明とともに甲信両国において一月に馬一〇駄分の関所通行を安堵され、富士参詣の際も同様であることを認められている。ただし、善三郎については甲斐在国を条件に善明以後の諸役免許を保証されており、武田領国外まで広く商業活動を行っていたこと、武田氏から善明の後継者として位置づけられていたことがわかる。（鈴木）

松木善明 まつきぜんめい

生没年未詳。甲府城下の御用商人。武田氏の「永禄二年諸役免許状書上」（諸州古文書・六五三）によれば、甲斐国八代郡古関（山・甲府市）関所での通行記録として、弘治元年（一五五五）十月十日付で、子息善三郎とともに、宗春（姓未詳）を奏者として、甲信両国内の諸役所での荷物一〇駄分の諸役免許の過書を受けている。これには富士参詣の時節も同様の扱いとあり、子息善三郎も在国している限りで同様の扱いにするとの追って書きが付されている。ついで永禄十二年（一五六九）十月二十六日付の武田氏朱印状では、「善明後家」より譲られた田地を、松木次郎三郎に安堵し、土貢四貫文余の納入を命じており、善明の遺跡が継承されている（松木文書・一四六六）。（柴辻）

松木宗清 まつきむねきよ

生没年未詳。与左衛門尉。駿府今宿（静・静岡市）の豪商。松木与三左衛門尉宗義の子。室は今川氏重臣の朝比奈金遊斎芳線の女。父宗義が永禄四年（一五六一）以前に甲斐から移住し、今川氏の御用商人として諸役を免許され、「京都上下の御用」や高利貸を行った。元亀元年（一五七〇）十二月三日の武田家朱印状（矢入家文書・一六三三）で、武田氏への奉公を申し出たことにより、分国中で一月に馬二疋分の「商買の諸役」を免許された。同日の武田家朱印状（同前・一六三三）では、船一艘役を免許され、勝路領のうちで中間新右衛門尉屋敷一間と屋敷の地子一〇〇疋を与えられた。いずれも奉者は土屋右衛門尉昌続。天正二年（一五七四）十一月晦日の武田家朱印状（同前・二三九〇）でも、勝頼への代替わりにともない、先の権益を前代同様に安堵されている。奉者は跡部大炊助勝資。同三年十月一日の武田家朱印状（友野家文書・二五三六）で、駿府の商人衆が駿河国に帰参した際に諸役を免許する旨を伝えられ、同月十一日の松木宗清等連署起請文写（同前・二五三七）で、伴野（友野）氏ら一一名とともに、駿府での商売に関する起請文を武田氏に提出した。この時「松木与左衛門尉宗清」と署名。宗清は江尻（静岡市）城代の穴山信君（梅雪斎不白）とも深い関わりをもっており、天正十年三月三日の本多忠政書状（矢入家文書・四二〇〇）では、徳川軍の駿河侵攻に際し、梅雪斎の依頼どおりに宗清の身上を保護することを申し伝えている。また、年未詳五月二十一日の穴山信君書状（同前・三八五〇）では、長坂長閑斎光堅に宛てて、宗清が甲州御前（勝頼か）にとって無二の者であり自身の浮沈にも関わるので人質を出す必要はないこと、宗清から差し出された人質が早々に返されたことを祝している。年未詳七月二十六日の穴山信君証文（同前・三八七九）では、甲州分国中の諸役奉行に対して、宗清が分国中で馬二疋分の商諸役を免許されたことを受けて、道中で毎回証文を携帯させるので、不審があれば改めることを指示している。年未詳九月二十三日の穴山信君書状（同前・三九二三）では、観音院の一行四人分の一宿両飯を馳走するよう依頼されている。年未詳九月晦日の穴山信君条書写（判物証文写・三九一七）では、大井川河畔の水川郷（静・川根本町）で商売を行うこと、敵方（徳川方）から鉄炮・鉄を仕入れた際には夫馬を与えること、条書を与えられた一〇名以外の商人が商売を行うことを禁止し、違反した場合は見つけ次第荷物を奪い取ることなどを、伴野（友野）氏ら九名とともに命じられており、彼らが半手（勢力範囲の境目）で敵方（徳川方）から武田氏の軍需物資を調達する「死の商人」として活躍していたことが窺える。子孫は駿府両替町（静岡市）の豪商として栄えたが、近世中期に断絶し、系図や文書は分家の矢入家に伝来した（静岡市史）。

（鈴木）

松島　まつしま

生没年未詳。信濃国伊那郡松島城（長・伊那市）主。松島満清の子か孫の世代に相当する天正三年（一五七五）八月十日、武田氏は長篠敗戦後、織田・徳川領への反攻を宣言し、信濃伊那郡と北遠江の防備を固めた。その際に、松島氏は武田氏重臣小原継忠の同心大草衆（伊那郡）とともに、奥山（静・浜松市天竜区）に在番を命じられた。その際に留守になる松島城には、伊那衆黒河内氏が在城していた（武田神社所蔵文書・二五二四）。また天正期（一五七三〜九二）の諏訪大社上社神長官守矢氏の知行目録に、「松島殿」より納入される年貢銭が記載されている（守矢家文書・三二二）。しかし残念ながら受領、官途、諱など一切不明。

（平山）

松島備後守　まつしまびんごのかみ

生没年未詳。信濃国伊那郡松島城（長・伊那市）主松島一族か。天文十九年（一五五〇）十一月十三日、武田氏より忠節を賞され、奏者今井越前守貞恵を通じて、一月に馬三疋分の過書を与えられたのが唯一の所見（諸州古文書5・六五五）。そのほかの事蹟は不明。

（平山）

松島豊前守　まつしまぶぜんのかみ

生没年未詳。信濃国伊那郡松島城（長・伊那市）主松島一族か。元亀四年（一五七三）三月の諏訪大社上社御頭に際し、同十九日に松島郷が勤仕することとなったが、それを伝達する使者として登場するのが唯一の所見（土橋満麿氏所蔵文書・三二四五）。そのほかの事蹟は不明。（平山）

松島満清　まつしまみつきよ

生没年未詳。信濃国伊那郡松島城（長・伊那市）主松島一族か。天文十六年（一五四七）三月九日、武田氏の諏訪侵攻や伊那攻略戦などの混乱により、諏訪大社上社御頭役勤仕が困難になったため、頭役の一部免除を神長官守矢頼真に申請し認められたため、その内容を証文に認めて提出しているのが唯一の所見（守矢家文書・三三）。このほかに、同二十四年十月九日作成の伊那郡大手大明神宝殿棟札に、勧進に応じた人名のなかに、小井弖・黒河内氏とともに「松嶋殿」がみえ、時期的にみて松島満清の可能性が高い（大槻幹氏所蔵・信12八二頁）。そのほかの事蹟は不明。なお、松島氏は武田氏の伊那侵攻に抵抗したため、惣領は成敗されたというが（軍鑑10）、事実関係は確認できない。（平山）

松田上総介　まつだかずさのすけ

生没年未詳。天正九年（一五八一）十月二十八日に、北条氏から離叛して武田氏に従属し、忠節を示す最初の行動として伊豆韮山城（静・伊豆の国市）を攻撃している（加古文書・三六三二）。そのほかの所見はないが、松田名字は同時期に武田氏に従属した駿河徳倉城将（静・清水町）の笠原政晴の実家にあたること、松田氏一族に同受領名を称する人物は確認されないことから、笠原政晴にあたる可能性が高い。その場合は、政晴は武田氏従属後に松田名字に復し、上総介を与えられたことになる。（黒田）

まつ村宮内左衛門　まつむらくないざえもん

生没年未詳。信濃国筑摩郡麻績北条（長・麻績村）の土豪。天正九年（一五八一）の「伊勢内宮道者御祓くばり帳」において、「おミ北条分」の人物として記載され、茶五袋を配られたと記されているのが唯一の所見（堀内健吉氏所蔵・三六四）。（平山）

松本一右衛門尉　まつもといちえもんのじょう

生没年未詳。上野国衆和田氏の家臣。天正三年（一五七五）十一月十日に和田昌業（のち信業）から、重恩として、岩崎長助下地五貫文を宛行われている（南部晋氏所蔵文書・二五四六）。（黒田）

松本加賀守　まつもとかがのかみ

生没年未詳。上野国衆安中景繁の家臣。年未詳八月八日付で武田信玄が安中景繁に送った書状に、景繁が信玄に対して松本加賀守を使者として派遣し、条目を提示していることがみえているから、景繁の外交を担う重臣であったとみられる（慈雲寺文書・二〇九二）。しかしそのほかの動向は不明。（黒田）

松本定吉　まつもとさだよし

生没年未詳。上野国衆国峰小幡氏の家臣。通称は縫殿助。多胡郡馬庭（群・高崎市）の土豪とみられる。実名は小幡憲重の別名「重定」からの偏諱であろうか。永禄十年（一五六七）八月七日付「下之郷起請文」において、国峰小幡氏の家臣として熊井土重満に宛てた松本吉久・友松行実との連署起請文で二番目に署判しているのが唯一の所見（生島足島神社文書・一一六九）。（黒田）

松本重友　まつもとしげとも

生没年未詳。上野国衆。通称は総右衛門

尉。多胡郡馬庭（群・高崎市）の土豪松本氏の同族か。永禄十年（一五六七）八月七日付「下之郷起請文」において、松本行定・須藤久守との連署起請文において筆頭で署判しているのが唯一の所見（生島足島神社文書・一二七〇）。実名のうち「重」は、小幡憲重からの偏諱の可能性があり、その場合は小幡氏の家臣もしくは同心であったことになる。ただし奉公対象は武田信玄となっているから、武田氏の直臣であったことは間違いない。（黒田）

松本行定 まつもとゆきさだ

生没年未詳。上野国衆。通称は膳右衛門尉。多胡郡馬庭（群・高崎市）の土豪松本氏の同族か。永禄十年（一五六七）八月七日付「下之郷起請文」において、松本重友・須藤久守との連署起請文において二番目に署判しているのが唯一の所見（生島足島神社文書・一二七〇）。実名のうち「行」は小幡氏の通字であるから、それからの偏諱の可能性があり、その場合は小幡氏の家臣もしくは同心であったことになる。ただし奉公対象は武田信玄となっているから、武田氏の直臣であったことは間違いない。（黒田）

松本吉久 まつもとゆきひさ

生没年未詳。上野国衆国峰小幡氏の家臣。通称は丹後守。多胡郡馬庭（群・高崎市）の土豪とみられる。永禄十年（一五六七）八月七日付「下之郷起請文」において、国峰小幡氏の家臣として熊井土重満に宛てた松本定吉・友松行実との連署起請文で筆頭に署判しているのが唯一の所見（生島足島神社文書・一二六九）。（黒田）

松本与惣兵衛尉 まつもとよそうひょうえのじょう

生没年未詳。上野国衆国峰小幡氏の家臣。多胡郡馬庭（群・高崎市）の土豪とみられる。元亀三年（一五七二）五月二日に小幡弁丸（信定）から、馬庭における榎原一跡二八貫文余を所領として宛行われている（松本文書・一八六二）。（黒田）

馬庭家重 まにわいえしげ

生没年未詳。上野国緑埜郡高山庄（群・藤岡市）の領主高山氏の被官。通称は中務少輔。永禄十年（一五六七）八月七日付「下之郷起請文」（生島足島神社文書・一二五五）において、高山衆の二番目に署判しているのが唯一の所見。高山衆が、山城守行重と遠江守定重のいずれの被官衆であるのかは不明である。馬庭氏は多胡郡馬庭（群・高崎市）を本領としていた武士で、永禄四年初頭の「関東幕注文」（群二三三）では、惣社長尾氏の同心衆としてみえている。その後に高山氏の被官になったか。ただしその本領馬庭は、国峰小幡氏の所領になっているから、その間に没落し、そのため高山氏の被官になった可能性もある。（黒田）

馬淵虎安 まぶちとらやす

生没年未詳。駿河府中浅間社（現静岡浅間神社、静・静岡市）の社人。馬淵大夫を世襲し、同社の奉幣使をつとめた。今川領国下では馬淵親定が馬淵大夫職にあり、井出惣右衛門成重の子息又兵衛（金千代）を婿養子にしていたが、武田氏の駿河侵攻にともなう戦乱で絶家し、又兵衛が親定の女と離別したため、元亀三年（一五七二）四月十八日の武田家朱印状（旧惣社神主文書・一八三三）で、馬淵大夫の跡職を継承し、天正二年（一五七四）八月二十四日の武田家朱印状（志貴家文書・二三四七）で、先の判形に任せて社領を安堵された。奉者はいずれも市川宮内助昌房。同七年十月の武田家朱印状（浅間神社文書・三一八五）では、同年分の年貢として下方枡で八七俵余を受け取っている。

同八年と推定される十一月十八日の武田家朱印状（同前・三四八）では、浅間社の祭礼で使用する道具と費用が、新宮神主に次いで書き上げられている。近世に再度絶家し、領地は収公されたという（駿河記）。（鈴木）

真々部尾張守 ままべおわりのかみ

生没年未詳。信濃国安曇郡真々部（長・安曇野市）の国衆。真々部館主。仁科氏家臣。天正元年（一五七三）十一月二十八日に、武田氏より奉公への重恩として遠江国において相当の地を与えるとの朱印状を与えられているのが初見（東大史料編纂所所蔵文書・二二三六）。また同年二月吉日の年紀が記されている穂高神社所蔵鷺足膳の銘文にみえる「真々部内方」は、尾張守の妻女と推定される（宮地直一『穂高神社史』）。その後真々部氏は、同六年の御館の乱に際し武田氏が奪取した、越後国頸城郡根知城への在城を仁科信盛に命じられており、同八年八月十一日には信盛より同心、被官を率いて甲府に参府を指示されている（等々力文書・三四〇〇）。武田氏滅亡後、真々部氏は小笠原貞慶に仕えた。同十一年五月六日の徳川家康朱印状にみえる真々部主膳（記録御用所本古文書上五三六頁）、同十七年十二月二十四日、小笠原貞政に書状を送った真々部権六は、尾張守の子か近親者であろう（笠系大成附録・信17七七）。（平山）

丸子信貞 まりこのぶさだ

生没年未詳。小県郡の国衆。依田一門丸子氏。善次。春賢の子か。永禄十一年（一五六八）七月十七日、在番地の防衛について指示を受けている（諸州古文書・一三〇〇）。担当は、口あき所田（未詳）であった。天正八年（一五八〇）三月一日、丸子郷（長・上田市）を高野山蓮華定院の檀那場とする宿坊契約を結び直している（蓮華定院文書・三二六四）。丸子氏は同十一年正月（三島暦による、京暦では閏正月）に徳川・真田氏の支配に抵抗して蜂起した「河南之者」の中心人物である（内閣文庫所蔵御感書・補遺上六〇三頁）。真田昌幸は家康に援軍を求めるが、丸子に攻勢をかけて同氏を打ち破り、自力で丸子を領国に組み込むことに成功した（飯島家文書・信15五三三頁ほか）。以後、丸子氏は真田氏に仕えたものとみられる。なお、丸子三右衛門尉は馬場信春の娘を妻とし、加津野昌春と相婿の関係にあった。このため、子孫は真田家臣として続いた（真武内伝附録・信濃史料叢書中九六頁ほか）。ただしこの丸子氏は、依田氏から海野氏に改めている（真田氏所蔵御家中系図）。（丸島）

丸子春賢 まりこはるかた

生没年未詳。小県郡の国衆。依田一門丸子氏。大和守。武田氏の佐久郡出兵に対し、関東管領上杉憲政の支援を得て抵抗。しかし天文十六年（一五四七）に敗退し、本領を追われて「徘徊」の身となった。同十七年八月十七日、師檀関係にあった高野山蓮華定院に礼状を出すとともに、近況を報じている（蓮華定院文書・二六六）。この時、「依田大和守春賢」と署判。同二十二年二月十三日、武田氏に降伏した。これにより武田氏から、本領中丸子・下丸子（長・上田市）を安堵し、藤沢（長・立科町）・羽毛山（長・東御市）・塩川（上田市）合計二一〇〇貫文については替地を与える旨の判物を与えられている（甲陽日記）。「惣人数」には、信州先方衆として「まりこ　三拾騎」の記載がある。（丸島）

丸子良存 まりこりょうぞん

生没年未詳。小県郡の国衆。依田一門丸子氏。某年三月二十六日、師檀関係にあった高野山蓮華定院に返書を出している

（蓮華定院文書・四七三）。その際、信濃は「甲越の取り合いに尽きる」と述べるとともに、子息の息災を祈願した。川中島合戦期のものであろう。某年七月三日、生島足島神社（長・上田市）に対し、民部少輔の祈念のために作毛五〇〇文分を寄進している（生島足島神社文書・三八七二）。天正十三年（一五八五）閏八月十三日、信濃諏訪大社上社権祝矢島氏に書状を送り、そちらの方面が本意のままになっていることを祝うとともに、必要ならば印判状を調えて送ると述べた（矢島家文書・三八九九）。蓮華定院の「過去帳月坏信州小県分第一（下書本）」には、「宝山道玉」と戒名が記され、「四月二十一日、腰越丸子良存殿」とある。また妻室についても、「花林理永」と戒名が記され、「十月五日、丸子腰越丸子良存内方殿」と記される（同前）。腰越（上田市）には居館跡が確認されており、良存の居館であった可能性が高い。（丸島）

丸山和泉　まるやまいずみ

生没年未詳。信濃国筑摩郡会田（長・松本市）の土豪。会田岩下氏の被官とみられる。天正九年（一五八一）の「伊勢内宮道者御祓くばり帳」において、「あいた分」の人物として記載され、熨斗二〇本、茶五袋を配られたと記されているのが唯一の所見（堀内健吉氏所蔵・三六四四）。（平山）

丸山孫左衛門　まるやままござえもん

生没年未詳。信濃国安曇郡中之郷（長・池田町）の土豪。仁科氏の被官とみられる。天正九年（一五八一）の「伊勢内宮道者御祓くばり帳」において、「にしなの分」の人物として記載され、熨斗三〇本、茶五袋を配られたと記されているのが唯一の所見（堀内健吉氏所蔵・三六四四）。（平山）

万沢君元　まんざわただもと

生没年未詳。甲斐武田一族穴山信君・勝千代の重臣。甲斐国河内万沢郷（山・南部町）の土豪。万沢君泰の子。助六郎・主税助。諱は君基とも書く。従来は万沢君泰と君元は同一人物とされてきたが、別人であり父子の関係にあたる。父君泰が天正十年（一五八二）三月八日に急死すると、家督を相続した。同年四月十九日、穴山梅雪より父君泰以来の旧領を安堵されたのが初見（諸家文書纂9・三九七四）。同年十二月十二日に一字書出状を発給している（河内領古文書・三九七八）。ここでは君元と署名している。武田氏滅亡と本能寺の変後は、穴山勝千代を補佐した。同十一年二月八日、駿河国臨済寺鉄山宗鈍に依頼して、亡父君泰の一周忌仏事を執行している（仏眼禅師語録・静資8一六二二）。また、同十二年三月八日には同じく鉄山宗鈍に依頼して、亡父君泰の三周忌仏事を（鉄山法語集・静資8一七三三）、同十三年十一月二十七口には、亡祖父万沢遠江守の十七周忌仏事を執行している（仏眼禅師語録・静資8一八三三）。同十四年までには主税助と称したとみられ、某年五月十一日には穴山勝千代より病気見舞いの書状を与えられ（諸家文書纂9・四〇〇七）、また某年八月十六日には穴山梅雪正室で勝千代生母見性院の湯治に際し奔走したことを褒賞する書状を受けているが（同前・四〇〇八）、いずれも「万主」と明記されている。天正十七年と推定される丑九月九日の穴山衆連署証文では、馬場、穂坂氏らとともに穴山衆の某に対して駿府城の警固を二〇日つとめるよう指示した文書に「万主」として登場する（甲州古文書別2・新編甲州古文書一一七七）。その後、穴山衆の重鎮として武田万千代を補佐した。文禄三年（一五九四）までに死去したとみられ、その跡は助六郎が相続している（松濤棹筆・新家康文書三七頁）。
（平山）

万沢君泰　まんざわただやす

生年未詳〜天正十年（一五八二）三月八日。甲斐武田一族穴山信君・勝千代の重臣。甲斐国河内万沢郷（山・南部町）の土豪。万沢遠江守の子。主膳亮・主税助・遠江守。従来は万沢君泰と君元は同一人物とされてきたが、別人である。父遠江守が、永禄十三年（一五七〇）一月に戦死したため、信君より同二月七日に父の遺跡である所領・被官・家財などのすべてを安堵されている（諸家文書纂9・一五〇三）。元亀元年（一五七〇）九月十一日には、信君から駿河国南松野郷（静・富士市）で一〇〇貫文を与えられ（同前・一五九四）、同十二月晦日には、父遠江守が代官をつとめた内房郷（富士市）を、佐野泰光に代わって任命されている（同前・一六三六）。なおこの時に、主税助を称している。天正四年十月二十日から、穴山氏朱印状の奉者を担当しており、管見の限り一点が認められる（河内領古文書・二七二八）。同七年十一月二十一日、亡父遠江守が武田信玄より与えられた由井今宿などで九五貫文の所領を勝頼から安堵された（諸家文書纂9・三〇二二）。同八年から遠江守を称し、同年二月十五日、臨済寺鉄山和尚より宗英の法諱と、雄林の道号を授けられている（甲斐国志資料・三二四九）。同九〜十年六月までのものとみられる南松院明院瑞世奉加帳では、梅雪夫妻をはじめ穴山家臣団とともに金一両を奉納している（南松院文書・三六八九）。また同九年十一月二十一日、駿河国臨済寺鉄山宗鈍に依頼して、亡父遠江守の十三年忌仏事を執行している（仏眼禅師語録・静資8一四五八）。なおこの時は「孝子遠江守君泰」と記されている。家督は実子助六郎君基（元）が相続した。法名は前遠州惟林宗英禅定門（成慶院過去帳・武田氏研究38）。
（平山）

万沢遠江守　まんざわとおとうみのかみ

生年未詳〜永禄十三年（一五七〇）一月十三日。甲斐武田一族穴山信君の重臣。万沢氏は、南部氏の庶流といわれ、甲駿国境の万沢（山・南部町）に本拠地があった。永禄十二年四月一日、穴山信君より駿河侵攻の戦功として荻野郷（山・富士川町）で一〇〇貫文を与えられたのが初見。この戦功とは、境目の国衆として駿河の諸士の調略に著しい成果をあげたことを指す（諸家文書纂9・一三八五）。また信玄からも、同年四月十八日に甲駿国境での奉公により、由井今宿（静・静岡市）などで九五貫文を与えられており、穴山氏の重臣でありながら、武田氏にも奉公を命じられている（同前・一三九五）。またその頃、信君より内房郷（静・富士宮市）の代官にも任命されたらしい（同前・一六三六）。しかし、同十三年一月十三日、武田氏が今川家臣大原資良を駿河国花沢城に攻めた際に戦死した。家督は嫡子主税助君泰が継承した。なお、元亀二年（一五七一）十一月に、遠江守の息女が高野山成慶院に供養を依頼し（武田御日坏帳・山県史資6下三三六）、息子君泰が天正九年（一五八一）十一月二十一日、駿河国臨済寺鉄山宗鈍に依頼して、亡父遠江守の十三年忌仏事を（仏眼禅師語録・静資8一四五八）、また孫の君元（君基）も同十三年十一月二十七日には、亡祖父万沢遠江守の十七周忌仏事を執行している（仏眼禅師語録・静資8一八三三）。法名永林常喜禅定門。なお、永禄十一年春、月航玄津に依頼して宗機繍谷の法号を授けられた「万沢氏室女」は、遠江守の妻女である可能性が高い（甲斐国志資料・四三三）。そのほ

かの事蹟は不明。（平山）

万福寺教雅 まんぷくじきょうが

生没年不詳。甲斐国山梨郡等々力村（山・甲州市勝沼町）にある浄土真宗の等々力山万福寺の住職。同寺は同宗の甲斐国触頭であり、安貞二年（一二二八）に親鸞上人の教化により改宗した。戦国期には甲府の長延寺とともに本山の本願寺と武田家との連絡役を担った。天正四年（一五七六）十月十五日付の越後の三条談義所（長福寺）宛の教雅書状によると（歴代古案）、上杉謙信に見参したいといい、武田家は長篠の戦いで主だった家臣が討死したともいい、寺勢再興のために出羽・奥州に勧進に出たいので支援を依頼している。（柴辻）

み

三浦右近助 みうらうこんのすけ

生年未詳～天正九年（一五八一）三月二十二日。今川家臣、のち武田氏へ属し「惣人数」（軍鑑）では一〇騎を率いる駿河先方衆。三浦氏は朝比奈氏にならぶ今川重臣であり、今川仮名目録（戦今三九七）にもみえる次郎左衛門尉家が本宗家であったようである。右近の系譜関係および今川時代の活動に関しては不明。天正二年八月二十四日に武田家朱印状（奉者は市川昌房）により駿府浅間社（静・静岡市）の三月会が断絶している状況に対し、三浦真俊とともに前々のとおりにつとめるよう指示されている（浅間神社文書・二四〇）。その後、遠江高天神城（静・掛川市）の在番をつとめ、同九年三月二十二日の落城の際に戦死した（乾徳山恵林寺雑本・静8一三五八）。同年六月六日付土屋昌恒宛穴山梅雪斎不白（信君）書状によると、右近の陣代の参府に際し陣代と右近の後室・一族の対馬入道とで対立が起きていることがみられる（楓軒文書纂・三五五七）。（柴）

三浦雅楽助 みうらうたのすけ

生年未詳～天正九年（一五八一）三月二十二日。高天神籠城衆。天正九年の高天神落城に際して討ち死にした（乾徳山恵林寺雑本・信一七頁）。駿河衆三浦氏の一門か。（丸島）

三浦員久 みうらかずひさ

生没年未詳。今川家臣、のち武田氏へ属し「惣人数」（軍鑑）では四〇騎を率い、山県昌景の相備としてみえる駿河先方衆。官途名は右馬助。員久の系譜関係、また今川時代の活動に関しては不明である。永禄十一年（一五六八）十二月に始まる武田信玄による駿河侵攻のなかで従属し、以後三浦一族のなかで、前出の「惣人数」をはじめ族長（惣領）的立場としてみられることより、その前身は同十二年四月十九日に、信玄より三浦名跡と知行を安堵された、三浦与一が該当しようか（三浦金吾氏所蔵文書・四二八）。元亀三年（一五七二）五月二十日に信玄より同心・被官に対する武具の嗜みの申し付けと、指示に従わない者に対し披露せず成敗を認められたことが、初見である（多久竜三郎氏所蔵文書・一八九六）。天正三年（一五七五）五月二十日には、駿河田中城（静・藤枝市）にて在番のなか、三河国長篠（愛・新城市）に在陣中の武田勝頼より戦況伺いへの返札を送られ、織田・徳川両勢との対陣状況と両勢を打ち破り本意を遂げる意向を知らされている（桜井家旧蔵文書・二四八九）。また長篠敗戦直後の六月一日にも、勝頼より戦況伺いに対し武田信友・小原宮内丞との連名宛で返札を送られ、敗戦ながらも穴山信君・武田信豊たちの生存や尾張・美濃・

三河境目領域の備えを固めた後に帰陣したことを知らされている（関保之助氏旧蔵文書・二四九四）。七月五日には、勝頼より山県昌満へ宛てられた書状のなかで、遠江国犬居（静・浜松市天竜区）の天野藤秀への加勢に、朝比奈信置・小原宮内丞とともにつとめるよう指示されているのがみえる（孕石家文書・二五〇三）。その後も小山田昌盛・小原宮内丞とともに田中城（藤枝市）にて在番をつとめ、十二月二十七日には、武田家朱印状により同城の用心および普請に昼夜を問わずあたり、また遠江国諏訪原（静・島田市）方面への働きに従事するよう命じられた（友野氏旧蔵文書・二五六九）。同四年六月九日には、北山本門寺（静・富士宮市）へ駿河国重須（富士宮市）の年貢九〇〇文を寄進しており（北山本門寺文書・二六六七）、員久が同地にて所領を所持していたことがわかる。同五年閏七月五日には、徳川勢との当家興亡をかけた対陣に対し、武田家朱印状により一五～六〇歳の民衆を二〇日間動員し、武具を美麗に備え出陣に望むよう命じられる（諸家文書纂・二八三九）。同七年十一月十七日には、穴山信君より遠江国横須賀（静・掛川市）への徳川家康の在陣に関し、早飛脚による伝達を求められた（多和文庫所蔵甲州古文書集・三一九六）。同九年八月十六日、同心衆の諏訪部政義の討死・後継百代の幼少にともない、黒印状により諏訪部善三へ陣代を命じている（諏訪部家文書・三五九八）。また年次は不明ながら、三月十九日付武田勝頼条目写（石井進氏所蔵諸家古案・四三〇三）では、清水城（静・静岡市清水区）にあった員久が諸勢を率い山中に在住し、徳川方の領域に通じる土岐谷への路地の絵図を作成すること、家中の人質と誓詞の提出を求められている。（柴）

三浦真俊　みうらさねとし

生没年未詳。今川家臣、のち武田氏へ属す。通称は与次。今川氏真より偏諱を与えられ、「真俊」を名乗るが、初名は不明。今川氏真の重臣三浦正俊の子。正俊は某年正月一日に今川義元より嫡男龍王丸（氏真）の守衆頭人とされ（菊池立元氏所蔵文書・戦今六三〇）、永禄三年（一五六〇）になると、この時には家督を継承していた氏真の添状発給に携わり（土佐国蠹簡集残編・戦今一五三七など）、同六年七月二十七日には、三河国御油（愛・豊川市）での合戦に際し勝利し、氏真より三河国境目領域において三〇貫文の知行を与えられている（富士正治氏所蔵文書・戦今一九三七）。そして遠州忩劇が静まりかけた同八年十二月二十日、駿府（静・静岡市）での飯尾連龍の殺害に身命を捨て果たした。氏真はこの正俊の忠節をこれまでの奉公とあわせて賞し、翌九年四月二十七日に正俊の跡を継承した真俊へ、遠江国引間領内にて知行宛行を約束している（小栗文書・戦今二〇八七）。だが同十年十二月十三日、氏真は引間領内での知行宛行を実現できず、代わりに遠江国見付国府（静・磐田市）の門奈三郎右衛門尉の増分四三貫九〇〇文余と役銭二〇貫一〇〇文余の計六四貫五〇〇文余を与えた（富士正治氏所蔵文書・戦今二一五六）。また同月二十二日には氏真より一字状を賜り、以後真俊と名乗った（富士正治氏所蔵文書・戦今二一五九）。今川氏滅亡後はしばらく動向が確認できないが、その後武田氏へ仕え、天正二年（一五七四）八月二十四日には、武田家朱印状（奉者は市川昌房）により駿府浅間社（静岡市）の三月会が断絶している状況に対し三浦右近助とともに前々のとおりに執り行うよう指示された（浅間神社文書・二三四〇）。（柴）

三浦兵部助 みうらひょうぶすけ

生年未詳～天正七年（一五七九）九月十九日。武田氏へ属し「惣人数」（軍鑑）では二〇騎を率い、山県昌景の相備としてみえる駿河先方衆。実名は、「義鏡」と伝わる。今川重臣三浦一族内での系譜関係は不明。天正三年と年次比定される六月二日、武田勝頼より長篠合戦での勝利に勢いづく徳川氏の攻勢に対し、駿河江尻城（静・静岡市清水区）に配置した穴山信君のもと行動するよう指示される（浅羽本系図・三七〇四）。向井正重たちとともに駿河用宗城（静岡市）の在番につとめていたが、同七年九月十九日、徳川勢の攻撃のなか松井松平家臣の岡田元次により討ち取られた（松平記、寛永伝）。兵部助の戦死にともない勝頼は兵部助母の願望を受け、同年十一月五日に兵部助妹に惣九郎を娶らせ遺跡を保証するとともに、母の隠居分三〇貫文や兵部助妹（惣九郎妻女）の衣装免、次女の扶持給一〇貫文と兵部助牌所への寄進五貫文を安堵した（須山渡辺家文書・三一八九）。（柴）

三浦元政 みうらもとまさ

生没年未詳。今川家臣、のち武田氏へ属す。通称は平三、官途は左京亮。実名「元政」は、今川義元の偏諱によると推察される。天文二十年（一五五一）十二月十七日に、父縫殿右衛門の借銭・借米による困窮に際し知行地の駿河国北村（静・静岡市）を今川氏へ返還したことを受け、今川義元より毎年蔵入五〇貫文の扶助を受けたのが初見（三浦文書・戦今一〇五六）。この後、官途名左京亮を称す。弘治元年（一五五五）七月二十六日、数年にわたる旱害による困窮と債務超過により、遠江国仁田村（静・牧之原市）の知行地を義元の認可を得て村松正久・同綱吉・遠藤楠鍋親子へ五二〇貫文で売却している（同前・一二三三、二三）。なお、このほかに永禄十二年（一五六九）正月十八日付駿河臨済寺（静岡市）の寺領などを書き立てた吉田信生証文（臨済寺文書・一三五七）によると、駿河国河東郡泉郷（静・清水町）内にも知行地があったが、永代売却により天沢寺領となっていた。その後、三河西尾城（愛・西尾市）で在番をつとめ、弘治三年十月九日には義元より三〇〇貫文を宛行われた（三浦文書・戦今一三六一）。また永禄六年に始まった遠州忩劇後の頃か、年未詳四月二日付で伊東元慶との連署によって、遠江国宇布見郷（静・浜松市）の土豪中村源左衛門へ吉美・宇津山（静・湖西市）への渡海船の奉公に関する訴願を氏真に披露し、そのうえで奉公に対し兵粮米一〇人分を引間奉行より支給する旨を伝えている（中村文書・戦今一九二三）。同十年十一月九日、朝比奈金遊斎芳線・伊東元慶・由比光綱と連署で、今川氏へ訴訟し尾崎妙忍と争っていた友野次郎兵衛・松木与三左衛門たちへ茜商売を許すことを伝える（駿河志料所収友野文書・戦今二一五五）。同十一年九月二十七日付で、氏真が由比光資へ父光澄より譲渡された知行を安堵した判物のなかで、元政が朝比奈金遊斎芳線とともに、光資への譲渡を諒承していることが確認できる（御感状之写幷書翰・戦今二一九一）。同年十二月に武田信玄による駿河侵攻が始まると、氏真と駿河退国・遠江懸河（静・掛川市）籠城に行動をともにする。翌十二年五月六日、攻囲する徳川勢との和睦により懸河開城、十一日に北条綱成より信玄の動向とともに、氏真引き取りの迎えの使者が送られることが書状で伝えられ（三浦文書・戦北一二三〇）、その後氏真とともに相模北条氏のもとへ退避した。その一方、元亀二年（一五七一）二月二十五日には、信玄より岡部次郎兵衛へ元政の旧領駿河国島田郷（静・島田市）内一五〇貫文が宛行われている（能勢文書・一六〇九）。しかし同年末の甲相同盟の締結により、今川氏による駿河奪還は絶たれ、同三年正月十九日に氏真より暇を許された（三浦文書・静4三六二）。同年十月に始まる信玄による徳川領国への侵攻のなか、十一月七日に穴山信君より武田方へ属し参陣を求められる（同前・一九〇四）。その後、武田氏へ属したか。以後の活動は不明。（柴）

三浦弥七郎　みうらやしちろう

生没年未詳。大嵐（山・富士河口湖町）の土豪。三浦姓を称した。なお三浦苗字は、河口湖西岸に広く分布しており（山4解説編三六八頁）、地域の有力者（土豪）が名乗ったものである。これは、三浦義澄の子孫という伝承に基づく。したがって同姓だからといって一族というわけではない点は、注意を要する。永禄七年（一五六四）三月五日、小田和（山・富士河口湖町）を大田和の善左衛門尉から買い取っている（三浦小一郎家文書・八七九）。同九年二月十一日、借銭の代として、彦三郎の子供ふたりを一貫二〇〇文で買い取った（三浦小一郎家文書・九八七）。中世社会の厳しい現実を示すものであるだろう。同年五月一日、買い取った小田和の年貢を今後一三年分前納させた件について、売却先より証文をとっている（三浦小一郎家文書・九九〇）。これらの文書はいずれも仮名書きであり、土豪層の文書のやりとりの実態を示すものといえる。天正元年（一五七三）七月一日に小山田信茂が与えた判物の宛所は、竹寿になっているから（三浦小一郎家文書・二一三四）、これ以前に死去したものか。なお、竹寿は大原（山・富士河口湖町）の孫右衛門尉跡地をあたえられている。（丸島）

三浦与一　みうらよいち

生没年未詳。今川家臣、のち武田氏へ属した駿河先方衆。三浦一族内の系譜関係に関しては不明。永禄八年（一五六五）三月、三河吉田城（愛・豊橋市）の開城に際し、松平（徳川）氏より提出された人質の久松勝俊（徳川家康の異父弟）と重臣酒井忠次の娘お風を管理した（松平記）。同十一年十二月の武田信玄による駿河侵攻に朝比奈信置・葛山氏元・瀬名信輝たちとともに内通し従属、その際に徳川氏の人質久松勝俊と酒井忠次の娘お風は武田氏へ渡された（同前）。同十二年四月十九日には信玄より三浦名跡と知行を安堵され、武田氏への忠信を求められる（三浦金吾氏所蔵文書・四三八）。この武田氏従属時における扱いより、三浦員久の前身にあたるかと考えられている。（柴）

三かわ　みかわ

生没年未詳。信濃小県郡の国衆、室賀信俊の弟経秀の妻（室賀家所蔵系図・上田小県誌一巻六三頁）。「遺文」は「三かり」と誤読している。天正元年（一五七三）八月十七日、長篠（愛・新城市）出陣中の夫の無事を案じて、義姉壱叶（室賀信俊妻）とともに生島足島神社（長・上田市）に願文を納めている（生島足島神社文書・二一五一）。（丸島）

三沢和泉　みさわいずみ

生没年未詳。甲斐国八代郡の土豪。穴山家臣帯金氏の家来か。天文十三年（一五四四）三月二十九日、某氏（湯之奥佐野氏か）が大垈山の争論を解決するにあたって、帯金虎達、同美作守らに金銭を贈った記録のなかに登場するのが初見（門西家文書・一七六）。年未詳十月八日、帯金虎達が湯之奥郷佐野縫殿右衛門に大垈山

を安堵する判物を発給した際に、虎達の意向を伝達している「いつミ」は三沢和泉のことであろう（同前・一三三）。（平山）

三沢対馬守　みさわつしまのかみ

生没年未詳。信濃国諏訪郡大島（長・岡谷市）の土豪。大島に三沢氏居館を構えたという。三沢氏は系譜は不明。諏訪大社下社社家衆。永禄八年（一五六五）十一月一三日、武田信玄が諏訪大社に指示した「諏訪大社上社祭礼再興之次第」に、御射山（三済山）の山奉行として登場するのが初見（諏訪大社文書・九六〇）。また、同十年八月七日、三沢対馬守は、諏方頼豊らとともに「下諏訪五十騎」として連署で起請文を提出している（諏訪家旧蔵文書・一一七八）。その後の事蹟は不明。（平山）

三科肥前守　みしなひぜんのかみ

大永五年（一五二五）～没年未詳。「国志」は出家号を道幸とする。山県昌景の同心で、「采配御免之衆」、つまり采配の所持を許された人物のひとり（惣人数）。「軍鑑」には傍輩の広瀬郷左衛門尉らと戦陣で活躍する姿が描かれている。天正十年（一五八二）の武田氏滅亡後、徳川家康が甲斐を平定した後に井伊直政の同心に付された。井伊直政勢の軍装は「赤備え」を用いることとなったが、「敵のときより見しりたるおぼへのさし物」であるとして、従来の「きんのわぬけ」の旗指物を用いることが許されたという（軍鑑・大成下一九〇頁）。生年は武田氏滅亡時の年齢による（国志）。「天正壬午起請文」の一本に「三村肥前　伝十郎」とある他、内閣文庫本には三科肥前の記載自体がなく、三科伝蔵とだけ記される。このため、「国志」は早くに肥前守が死去し、代替わりをしたと捉えている。（丸島）

御宿左衛門尉　みしゅくさえもんのじょう

生没年未詳。駿河御宿一族で、御宿友綱との系譜関係は不明。永禄四年（一五六一）九月二十八日に、今川氏真より三河国富永口（愛・新城市）での戦功を賞され、感状を与えられているのが初見である（古今消息集・戦今一七五三）。同十二年二月十四日、武田信玄より忠節を賞され、三輪彦右衛門知行地を宛行われている（同前・一三六四）。また十二月二十七日にも戦功を賞され、信玄より感状を得た（同前・一四八八）。その後、年未詳正月二十四日付で武田勝頼より改年の祝儀として酒三樽を贈ったことへの返状を送られる（同前・三六八五）。天正十年（一五八二）三月の武田氏滅亡後は相模北条氏へ仕え、同十八年の羽柴秀吉による小田原（神・小田原市）攻めでは、小田原城に籠城し、開城後に七月十九日付で北条氏直よりその働きを賞された（同前・戦北三九二四）。（柴）

御宿友綱　みしゅくともつな

天文十五年（一五四六）～慶長十一年（一六〇六）三月二十一日。六一歳。武田信玄の六男で駿河葛山家を継承した信貞の後見役。「軍鑑」によると、医術にもたけていたとされる。幼名は若丸、通称は左衛門次郎と伝えられ（葛山御宿系図・裾野市史2資料編）、のちに官途名監物丞を称す。姉妹には、小山田信茂室と武田信堯室がいる（武田源氏一流系図・山6下一八二）。御宿氏は「葛山御宿系図」などによると葛山一族で、駿河国御宿（静・裾野市）を本拠に活動したが、今川氏と対立し没落した。友綱には「御宿左衛門次郎」宛で、武田信玄より永禄二年（一五五九）八月二日に信濃国海野平（長・上田市）での村上氏との合戦や同四年九月十五日に信濃国川中島合戦での戦功の感状（白根桃源美術館所蔵御宿文書・戦今一四六

九、一七四八）や、年未詳卯月三日付の信濃出陣を労る北条氏政書状（白根桃源美術館所蔵御宿文書・山4一三四四、戦北三五一八では「天正十一年か」とする）が伝えられているが、いずれも検討を要する。だが、この頃には武田信玄に仕え活動したのは間違いなく、永禄四年の川中島合戦では、十六歳で参戦し戦功を挙げたとされる（葛山御宿系図）。このことより、生年は天文十五年であることがわかる。また永禄十年三月七日には、信玄より葛山氏元の不忠につき氏元を斥け、信玄の六男信貞への名跡継承、友綱を信貞幼少期間の「軍代」とする判物が伝わるが（白根桃源美術館所蔵御宿文書・一〇五五）、これも検討を要する。これはのちに葛山氏元の武田氏への叛意が露見し、元亀三年（一五七二）五月からは、信貞が葛山家当主として活動を始め、友綱が後見につとめた事実を受けたものであろう（武田源氏一流系図）。現在のところ明確な初見は、同元年十二月四日付武田家朱印状（奉者は長坂光堅・市川昌房）であり、「御宿監物」宛で津渡野但馬守父子知行分六九貫文の替地として、葛山氏元領の駿河国由（油）野（静・富士宮市）において七〇貫文を宛行われている（白根桃源美術館所蔵御宿文書・一六二七）。なお官途名監物を認めた年未詳二月三日付足利義氏官途状が伝来するが（同前・山4一三四〇）、これも検討を要する。同三年五月十一日、信玄は見性寺（裾野市）へ葛山氏の名跡を継承した信貞との相談のうえで葛山氏直轄地から寺領を寄進することを約束した判物を与える（普明寺文書・一八七二）。このなかで、この時に見性寺の寺領が友綱の当知行分にあったことが確認できる。天正元年（一五七三）十一月二日、武田家朱印状（奉者は市川昌房）により、一部所領と引き替えに駿河国沢田郷（静・沼津市）内において八三貫文の知行を獲得する（市原正俊氏所蔵文書・二三〇四）。同三年六月頃、小山田信茂へ長篠敗戦を慰む書状を送り、信茂よりの返書を得るが（武家事紀所収文書・二五〇〇）、これも後世の創作との説がある。同四年二月二十三日、長篠敗戦後の武田領国再建のなか、武田勝頼より甲府（山・甲府市）滞在のうえで、在府領として飯田兵部丞給地の甲斐国久足（山・甲州市）を宛行われた一方、駿河国の所領を引き渡すよう命じられる（白根桃源美術館所蔵御宿文書・二五九二）。三月六日には、棠沢（茱萸沢）宿（静・御殿場市）の芹沢玄蕃・同将監の二人へ、武田氏よりの二月十四日付伝馬定書（芹沢家文書・二五八二）の徹底の指示を受け、伝馬・駄賃を葛山氏元の一札のとおりに行うよう書状を遣わす（同前・二六一〇）。この後、小山田信茂へ武田信玄の業績を顕彰し、あわせて四月十五日に行われた葬儀の模様を伝達した（武家事紀所収文書・二六三八）。同五年閏七月十四日には、勝頼より獅子印を用いた奉書式朱印状（奉者は今福昌常）で、知行地油野郷の百姓に富士大宮浅間社での流鏑馬神事の勤仕を疎かにせずつとめるよう命じられる（判物証文写・二八四八）。また年次は不明だが、武田信堯たち武田一族・家臣とともに、富士本宮浅間社（静・富士宮市）へ神馬三疋を奉納していることが確認できる（賜盧文庫文書・三九六三）。同八年十二月十九日、友綱の嫡男若丸（のちの綱貞）への五八一貫九六四文の知行譲与を受け、勝頼が若丸へ保証を行っている（村松孝氏所蔵文書・三四六五）。同十年三月の武田氏滅亡後は、相模北条氏のもとへ嫡男綱貞や次子政綱とともに逃れ、小田原（神・小田原市）に「御客人」として滞在し（葛山御宿系図）、合力米一〇〇〇石を給与されていることが、同十一年に年次比定できる十一月一日付北条家朱印状より確認できる（白根桃源美術館所蔵御宿文書・戦北三五八六）。同十八年七月の北条氏滅亡後は、上野国藤岡（郡・藤岡市）で居住し、同地で死去した（仙念寺過去帳・裾野市史2資料編）。法名は慈光院明智大居士。嫡男綱貞は北条氏滅亡後、結城秀康へ仕官した後、元和元年（一六一五）の大坂夏の陣に際し、羽柴（豊臣）方として活動し、五月七日に自害した（葛山家譜・裾野市史2資料編）。また次子政綱は、天正十七年十一月七日に北条氏政より二二貫三〇〇文の給分と四人扶持を与えられたが（白根桃源美術館所蔵御宿文書・戦北三五三八）、北条氏滅亡後は相模国を離れ、のちに松平忠輝へ仕官した後、元和九年八月六日に信濃国で五六歳にて死去したという（葛山御宿系図）。（柴）

水上菅右衛門 みずかみかんえもん

生没年未詳。武河衆の一員か。天文二十年（一五五一）十月二十四日、平瀬城（長・松本市）の合戦で首一つを討ち取ったことを賞されたのが初見（彰考館所蔵感状写・三三八）。弘治元年（一五五五）七月十九日の第二次川中島合戦でも、首一つを討ち取ったことへの感状を与えられている（同前・四四五）。（丸島）

水上菅七 みずかみかんしち

生没年未詳。武河衆の一員か。天文十三年（一五四四）十一月二日、信濃伊那郡箕輪松島前（長・箕輪町）の合戦で首一つを討ち取ったことへの感状を与えられているのが初見（彰考館所蔵感状写・一八三）。翌十四年六月十七日にも首五つを討ち取ったことへの感状を与えられているが（同前・一九二）、伊那郡高遠（長・伊那市）・箕輪・龍ヶ崎（長・辰野町）・府中（長・松本市）での戦功を一括して記すという武田氏としては異例の書式であり、検討の余地が大きい。同十六年八月六日、佐久郡小田井原合戦（長・御代田町）で首一つを討ち取ったことへの感状（同前・三三五）。同月十一日の志賀城（長・佐久市）攻略において首二つを討ち取ったことへの感状（同前・二三二）。同十七年七月十九日、塩尻峠の戦い（長・塩尻市）で首一つ討ち取ったことへの感状を与えられたこと（同前・二五七）が終見である。（丸島）

水上菅兵衛尉 みずかみかんびょうえのじょう

生没年未詳。武河衆の一員で、武田信豊の同心とみられる。永禄十年（一五六七）八月七日の「下之郷起請文」で、信豊同心衆の起請文の宛所となっているのが初見（生島足島神社文書・一二〇〇）。同日、守屋幸実起請文（守矢家文書・一二三四）、小坂親知起請文（小坂家文書・一二四七）の宛所にもなっている。これらの多くは下諏訪衆である。そのほかの事蹟は不明。なお「天正壬午起請文」には、典厩衆（武田信豊同心衆）として、水上管六郎の名がみえる（山6下九三三頁）。（丸島）

水上左近佐 みずかみさこんすけ

生没年未詳。在郷未詳の大工職人。天正元年（一五七三）十二月二十三日付の武田家朱印状によれば、甲斐国巨摩郡河東郷（山・昭和町）ほかの麹座役などから一〇〇貫文の扶持を与えられている（甲州古文書・三二四三）。同六年十二月二十三日付の武田家朱印状では、水上豊後守宛で、山下佐渡守の跡職を与えられ、石和八幡社の社領の大工免を支配し、相当の番匠職人に申し付けて、夫役をつとめよと命ぜられている（同前・三〇五八）。（柴辻）

水上宗富 みずかみそうふ

生没年未詳。伊那宗富・宗浮などといわ

れる。「惣人数」によると御蔵前頭、足軽七〇人持ちで、深志城（長・松本市）の留守居をつとめた。ただし、武士身分ではなく、地下人出身だったらしい。名字の水上は武河衆の一員という扱いで付けられたものか。なお水上村（山・韮崎市）には宗富の屋敷があったという（国志）。地下人出身であるため、傍輩から蔑まれることもあったとされる。信玄の没後、勝頼が甲府躑躅ヶ崎館のおくつろげ所まで出入りを許可しているとして、三枝昌貞が批判をしたという逸話が残る（軍鑑・大成上三〇頁）。しかし実際には、信玄期から重用されていた。信玄は春日虎綱や馬場信春のように身分の低い者を取り立てる政策志向を有しており、実際にこのような批判がなされたかは疑問である。また深志城番をつとめたことも間違いない（草間家文書・信補遺下四三頁）。永禄十年（一五六七）九月五日、楡村（長・安曇野市）の神主に住吉社造営のために、領中の住人に棟別銭を供出させることを認めている（住吉神社文書・一一九一）。この時は黒印を用い、しかも袖に捺しているという尊大な様式である。天正五年（一五七七）前後に、駿河富士大宮（静・富士宮市）に神馬一疋を奉納した「宗富斎」は彼であろう（永昌院所蔵兜巌史略・補遺二三）。同年九月四日、穴山信君が家老佐野泰光に対し、信濃の所領埴原郷（松本市）における被官が一年に何度も籾子の運送を命じられ、さらに普請役まで賦課されているとして、武田信豊・信廉同様に、免除特権を与えてくれるよう、土屋昌恒から水上宗富に話を通してもらえと命じている（楓軒文書纂・二八六三）。このように深志城番として、筑摩・安曇郡支配の一端を担ったようである。（丸島）

水上美濃守 みずかみみののかみ

生没年未詳。武河衆の一員。天文十一年（一五四二）九月二十五日、諏訪郡安国寺合戦（長・茅野市）で首一つを討ち取り、感状を与えられたのが初見（内閣文庫所蔵甲州古文書・一四六）。同十四年四月七日、遺跡は六郎兵衛尉に安堵された（同前・一八六）。（丸島）

水上六郎兵衛尉 みずかみろくろうひょうえのじょう

生没年未詳。武河衆の一員で、美濃守の子。天文十四年（一五四五）四月七日、父美濃守の遺跡を安堵される（内閣文庫所蔵甲州古文書・一八六）。五月十一日、伊那郡古田合戦（長・箕輪町）において、被官が首七つを討ち取ったことを讃えられる（内閣文庫所蔵甲州古文書・一八八）。同十九年二月十三日、奏者が駒井高白斎と定められた（甲陽日記）。永禄元年（一五五八）四月には、第三次川中島合戦後の備えとして、柏鉢城（長・小川村）に配備された（神宮文庫所蔵武田信玄古案・五九三）。「天正壬午起請文」に信玄近習衆として記載があるが、世代からして子息であろうか（山6下九四九頁）。（丸島）

水島備中 みずしまびっちゅう

生年未詳～天正九年（一五八一）三月二十二日。高天神籠城衆。天正九年の高天神落城に際して討ち死にした（乾徳山恵林寺雑本・信15一七頁）。（丸島）

水野治部少輔 みずのじぶのしょう

生年未詳～天正三年（一五七五）五月二十三日。禰津月直の被官。命日が長篠合戦の翌々日であるため、同合戦の戦傷がもとで死去した可能性がある。法名は、要叔宗津禅定門（蓮華定院過去帳日坏信州小県分第一）。（丸島）

水野直貞 みずのなおさだ

生没年未詳。又五郎。禰津常安の被官。永禄十年（一五六七）八月、武田家臣が

信玄への忠節を誓った「下之郷起請文」を、甘利信忠に提出している（宮入八樹氏所蔵御願書幷誓詞写・四二〇）。「直」は禰津氏からの偏諱とみられる。（丸島）

御薗満定 みそのみつさだ

生没年未詳。信濃国伊那郡の武士。通称は玖七郎。伊那部衆。武田氏滅亡と本能寺の変直後、提出された「天正壬午起請文」に、伊那部衆として春日治部少輔、上坂為昌らとともに連署しているのが唯一の所見（内閣文庫所蔵・山6下二四八）。その後の事蹟は不明。（平山）

御手洗五郎兵衛尉 みたらいごろうひょうえのじょう

永禄元年（一五五八）～慶長四年（一五九九）十月二十日、四二歳。御手洗新七郎の孫で、越前の子（以下、寛永伝、寛政譜）。実名は直重と伝わる。長篠合戦で寡婦となった加藤弥平次後室（武田信廉娘）と遺児（左平次）を引き取り、妻に迎えた。武田氏滅亡後、徳川家康に仕える。慶長四年死去。享年四二。法名は松宗清。なお、「寛政譜」は最初の妻を松平右京の娘とし、武田信廉娘を後妻とする。御手洗氏が武田信廉の娘を妻に迎えた時期は、武田氏滅亡後と考えたほうが理解しやすい。（丸島）

御手洗新七郎 みたらいしんしちろう

生没年未詳。実名は正重と伝わる（以下、寛永伝、寛政譜）。天文十五年（一五四六）に砥石（長・上田市）合戦で討ち死にしたという。あるいは、同十九年の砥石崩れの誤りであろうか。法名は、了心。子息越前（正吉、法名紹心）も、砥石合戦や駿河出兵に参陣したとされる。長篠合戦では物見をつとめ、疵を負ったという。武田氏滅亡後は、徳川氏に仕えた（同前）。（丸島）

三井右近尉 みついうこんのじょう

生没年未詳。甲斐国巨摩郡八幡郷（山・甲斐市）の土豪。三井憲吉の子か。右近丞とも。武田氏に仕えて竜王村（甲斐市）、次いで山之神村（山・中央市）へ移住し、甥の次郎三郎が成人するまで陣代をつとめた。永禄八年（一五六五）四月晦日の武田家朱印状写（某旧蔵文書・九四〇）で、武田氏の命で八幡郷から竜王村へ移住し、毎年春の棟別役納入を免許された。天正八年（一五八〇）三月九日の穴山信君判物（三井家文書・三二七七）では、河西五郎右衛門尉・窪田兵部右衛門尉とともに、山之神村の水害復旧のため、人足を動員して川除普請を行うよう命じられた。同年十二月二十一日の武田氏朱印状（同前・三四六七）では、右近尉の所持地が名田であることにより、検地増分の年貢納入を国法に基づいて免許された。奉者は曾禰河内守。ただし、年貢・諸役・夫役などは地頭に納めるよう命じられており、武田氏へ軍役奉公する一方で、百姓として年貢納入も行っていたことがわかる。年未詳六月三日の武田信堯証文（同前・三八五五）では、甥の次郎三郎が成人したため、新左衛門（次郎三郎の父、右近尉の兄か）の名跡の分を譲り、軍役奉公をつとめさせるよう命じられた。（鈴木）

三井次郎三郎 みついじろうさぶろう

生没年未詳。三井右近尉の甥。武田氏に仕え、曾禰氏の同心衆として編成された。年未詳六月三日の武田信堯証文（三井家文書・三八五五）で、次郎三郎が成人したことにより、父と推定される新左衛門の名跡を叔父の右近尉から譲られ、軍役奉公をつとめるよう命じられた。武田氏滅亡後は徳川氏に仕え、天正十年（一五八二）八月二一日に武田氏の旧臣が徳川氏に提出した起請文（天正壬午起請文・

山6下九五八頁）では「曾根下総守同心衆」として名がみえる。同十八年の関東転封には従わず、在所に残ったとみられる。子孫は山之神村（山・中央市）の村役人になった（国志4三一五頁）。　（鈴木）

三井宗三　みついそうぞう

生没年未詳。飯富虎昌の家臣。西八幡（山・甲斐市）の人物。永禄十年（一五六七）六月二十八日、高野山に登山し、主君飯富虎昌の菩提を弔った（成慶院過去帳・武田氏研究34八三頁）。あわせて、父（月叟道円禅門）、母（昌厳理光大姉）、子息（休庵道昌禅門）の追善供養を行っている。天正五年（一五七七）、成慶院で自身の逆修（生前）供養を営んだ。法名は、活功徳主康雲宗三上座（武田御日坏帳一番・山6下九〇七頁）。　（丸島）

三井憲吉　みついのりよし

生没年未詳。助七郎。弘治三年（一五五七）三月十日、二月十五日の葛山（長・長野市）合戦において首一つを討ち取った戦功を賞され、感状を与えられた（三井家文書・五三四）。同年七月十一日、同月五日の小谷（長・小谷村）合戦で藤巻藤七郎と組み合って首を討ち取った功績を賞されている（同前・五六四）。ここまでは武田氏の直参としてみえる。弘治三年九月、おそらくは板垣信憲より、「憲」字を与えられ、憲吉と名乗った（同前・五七五）。武田家直参から板垣氏の寄子となったものだろうか。　（丸島）

水原長門守　みつはらながとのかみ

天文二年（一五三三）～天正三年（一五七五）五月二十一日、四三歳。実名は茂忠と伝わる（以下、寛永伝、寛政譜による）。近江六角氏の旧臣。永禄十一年（一五六八）に、六角氏が事実上滅ぼされた後、甲斐に亡命したという。天正三年の長篠合戦で討ち死にした。法名大念。嫡男又七郎（茂親）が跡を嗣ぎ、武田氏滅亡に際しては、親族の縁を頼って信長に仕えたという。本能寺の変後、家康に仕えた。なお、「寛政譜」は姓の読みを「みはら」とし、旧姓三原、長門守茂忠が近江水原郷を領したために改名したというが、裏づけをとることはできない。　（丸島）

薬袋小助　みないこすけ

生年未詳～天正十年（一五八二）三月十一日。武田家の御徒歩衆。武田氏滅亡に際し、勝頼とともに討ち死にした（軍鑑・大成下一八〇頁）。「武田三代軍記」には「信勝睦衆」とある。法名は、本光道如（景徳院位牌）。　（丸島）

源信章　みなもとののぶあきら

生没年未詳。「源信章」と署判しており、苗字は不明である。永正七年（一五一〇）七月十日、明王院に寺領一〇貫文を寄進している（山梨県誌本八幡上之坊文書・三四）。　（丸島）

源実次　みなもとのさねつぐ

生没年未詳。永正十七年（一五二〇）に、勝沼武田信友と小山田信有（涼苑）が岩殿山円通寺（山・大月市）に奉納した棟札にその名が見える（甲斐国志資料・四八）。銭ではなく太刀を奉納しているから、小山田氏の重臣と思われる。　（丸島）

源重胤　みなもとのしげたね

生没年未詳。永正十七年（一五二〇）に、勝沼武田信友と小山田信有（涼苑）が岩殿山円通寺（山・大月市）に奉納した棟札にその名が見える（甲斐国志資料・四八）。銭ではなく駒一匹を奉納しているから、小山田氏の重臣と思われる。　（丸島）

源棟満　みなもとのむねみつ

生没年未詳。伊那郡の国衆とみられる。「棟」は小笠原長棟の偏諱であろう。弘治三年（一五五七）十月十五日、二善寺

（長・阿南町）に棟札を奉納している（伊藤義一氏所蔵文書・四二六九）。（丸島）

源義照 みなもとのよしてる

生没年未詳。苗字は不明。天文二十二年（一五五三）六月一日、富士浅間神社（山・富士河口湖町）に立願のためとして、藤栖（未詳）において一五貫文五〇〇文を寄進した（藤御室浅間神社文書・三七二）。そのほかの事蹟は不明。（丸島）

源恵長 みなもとのよしなが

生没年未詳。永正十七年（一五二〇）に、勝沼武田信友と小山田信有（涼苑）が岩殿山円通寺（山・大月市）に奉納した棟札にその名が見える（甲斐国志資料・四八）。銭ではなく駒一匹に太刀を奉納していることから、小山田氏の重臣と思われる。（丸島）

三村右兵衛尉 みむらひょうえのじょう

生没年未詳。元亀三年（一五七二）九月二十六日、「西上作戦」を前に美濃遠藤氏の調略に成功した信玄が、遠藤胤勝への恩賞として、信濃において一〇〇貫文を与える際に使者として派遣された（古今消息集・一九六八、経聞坊文書・四三四）。元亀三年十一月十二日、美濃へ向け出馬するという信玄の意向を遠藤胤勝に伝える使者をつとめた（鷲見栄造氏所蔵文書・一九八七）。同年十一月には飛騨および美濃郡上（岐・郡上市）に派遣され、藤瀬弥平左衛門尉が道中の世話をしてくれたこともあって無事に帰還している（金森定文書・一九九七）。十一月十二日、藤瀬氏および遠藤胤勝のもとへ派遣された（東家遠藤家記録・一九九八）。同年十一月、某兵衛尉（前欠）から三村を通して、味方したいという申し出があり、十一月十三日に土屋昌続が返書を出している（小島家文書・四三七）。天正元年（一五七三）二月には越前朝倉氏のもとへ派遣。三月十四日、本願寺顕如が信玄に書状を送り、三村右兵衛尉が越前の様子を知らせてきたと伝えた（龍谷大学所蔵顕如上人御書札案留・四〇六七）。同年九月、飛騨の豊後守から書状を送られ、二十九日に返書の副状を出している（武家事紀・一九六二）。（丸島）

宮川将監 みやがわしょうげん

生没年未詳。北条氏に対する取次をつとめていたようである。天文二十二年（一五五三）正月十七日、北条氏康の使者が甲府を訪ねた時、小山田信有と並んで二人だけ烏帽子を付けて着座した。自身で進物の樽・銭二〇〇疋・太刀一腰を用意していたという（甲陽日記）。そのほかの動静は不明。（丸島）

宮腰昌弘 みやこしまさひろ

生没年未詳。木曾家臣か。丹波守。某年十一月二十四日、興禅寺（長・木曽町）に対し帰陣のうえ、挨拶したいと書き送っている。書状が断簡であるため、詳細は不明である（興禅寺文書・三九四）。（丸島）

宮坂 みやさか

生没年未詳。信濃国筑摩郡会田（長・松本市）の土豪。会田岩下氏の被官とみられる。天正九年（一五八一）の「伊勢内宮道者御祓くばり帳」において、「あいた」の人物として記載され、茶三袋を配られたと記されているのが唯一の所見（堀内健吉氏所蔵・三六四）。なお同史料に「宮本之ミやさか殿」とあるので宮本に居住していたのであろう。（平山）

宮崎春長 みやざきしゅんちょう

生没年未詳。大宮浅間神社（現富士山本宮浅間神社、静・富士宮市）の供僧で、四宮仕家の一つ、代々春長坊を称した。天文二十一年（一五五二）正月二十三日に今川義元判物写（宮崎文書・戦今一〇六六）で、富士大宮四和尚の地位と風祭神事の所務を認められ、宮崎清長とともに門屋屋敷一〇間への四分一人足を免許されている。また、同年八月十六日の今川義元朱印状（同前・戦今二〇五）では、駿河国富士郡の潤井川東部より伊豆国境に至る不入地や寺庵・門前在家より風祭神事料の徴収にあたり、神事につとめるよう指示される。弘治三年（一五五七）十一月十一日の今川義元朱印状（同前・戦今一三六四）でも、改めて潤井川東部より伊豆国境に至る地域や寺社とその門前の給人、鍛冶番匠、山造たちより風祭神事米の徴収を認められている。これらの春長の富士大宮四和尚の地位と潤井川東部より伊豆国境に至る地域よりの風祭神事米の徴収は、永禄三年（一五六〇）五月の尾張桶狭間敗戦後も、同年八月九日の今川氏真判物（同前・戦今一五六七）により認められ、また下人家五間への棟別諸役が免除されている。この春長の地位と所務に対し、翌四年九月十二日の今川氏真朱印状（同前・戦今一七六四）によると、天野藤七郎が大宮司富士氏のもとでの陣番奉公などを根拠に、大宮司富士氏を通じ風祭神事米の負担免除を求めてきたが、氏真はその訴えを斥け、改めて前年八月九日の朱印状に基づき春長の風祭神事米の徴収を認めた。同十一年十二月以後、武田氏が駿河領有を進めていくと従う。元亀三年（一五七二）五月七日の武田家朱印状写（同前・一八六七）で、散銭と社中の参銭を燈明銭として与えられ、神前の掃除などを懈怠なくつとめるよう命じられた。奉者は市川宮内助昌房。天正元年（一五七三）十二月二十日の武田家朱印状（同前・三四二）では、神前での奉公を賞され、子の与十郎を田所職に任じられるとともに、知行については遠江領有が達せられた後に、当領主へ替地を与えたうえで宛行うことを約束された。奉者は原隼人佑昌胤・市川宮内助昌房。同二年十一月晦日の原昌胤等連署証文（同前・一三九二）では、曲金（静・静岡市）内にある朝比奈市兵衛尉の知行地一〇貫文を宛行われ、大宮の灯明などを旧規のとおりつとめるよう命じられた。その後、武田氏による本宮の造営事業を担い、同四年五月二十八日の武田家朱印状（同前・二六六〇）で、造営奉行の鷹野徳繁と相談のうえ、段所・案主（富士又十郎か）・鎖是時成・一和尚清長と鬮取りで社殿などの造営を分担するよう命じられた。奉者は跡部美作守勝忠。同年十二月二十六日の武田勝頼判物（同前・二七五六）では、四和尚職と河東・河西地域への風祭神事の所務、下人家五間分の諸役免許、曲金からの灯明銭二〇貫文分を先規のとおりに安堵されている。同五年五月二十一日に作成された富士大宮神事帳（本宮浅間大社文書・二八〇九）では、末尾に鎖是時成・清長と連署。同年十月二十三日の跡部勝忠証文（宮崎家文書・二八七八）では、本宮の神宝となっている武具を武田氏が申し受けた際の代価一〇〇貫文のうち三分の二について、大宮近辺からの同四、五年分の年貢三三貫文宛で賄い春長へ渡す旨を、勝頼から原昌栄を通じて命じられたことを鷹野徳繁へ伝えている。同六年十二月二十八日の浅間社家連署証文（旧公文富士家文書・三〇六二）では、同四年から六年まで三年間の本宮造営費用を記載し、鎖是時成・清長・河東勝泰・小島家盛と連名で鷹野徳繁へ提出。同九年十二月十日の武田家朱印状写（判物証文写・三三六三）では、神前での奉公を賞され、子の与八郎を田所職に任じられるとともに、知行については遠江領有が達せられた後に、当領主へ替地を与えたうえで宛行うことを約束された。奉者

は秋山摂津守昌成。（鈴木・柴）

宮崎清長　みやざきせいちょう

生没年未詳。大宮浅間神社（現富士山本宮浅間神社、静・富士宮市）の供僧で、四宮仕家の一つ、代々清長坊を称した。天文二十年二月十日の今川義元判物（宮崎文書・戦今九九七）で、今川義元より富士大宮一和尚と御炊職を先判のとおり認められ、下人家五間への棟別諸役を免許されている。また、同二十一年正月二十三日には今川義元判物写（同前・戦今一〇六六）で、清長は改めて富士大宮一和尚と御炊職を認められるとともに、宮崎春長とともに門屋屋敷一〇間への四分一人足を免許された。この清長の富士大宮一和尚と御炊職は、永禄三年（一五六〇）五月の尾張桶狭間敗戦後も、同年八月九日の今川氏真判物（同前・戦今一五六七）により天文二十年二月十日付今川義元判物（「先判」）に基づき認められ、また家五間への棟別諸役が免許されている。同十一年十二月以後、武田氏が駿河領有を進めていくと従う。元亀元年（一五七〇）五月二十六日の原昌胤証文（同前・一五四九）で、武田氏による大宮城（富士宮市）の拡張工事にともなって本屋敷を接収され、替地として大宮宿の伴野惣兵衛屋敷を与えられた。その後、武田氏による本宮の造営事業を担い、天正四年（一五七六）五月二十八日の武田家朱印状（同前・二六六〇）で、造営奉行の鷹野徳繁と相談のうえ、段所・案主（富士又十郎か）・鎖是時成・四和尚春長と鬮取りで社殿などの造営を分担するよう命じられた。奉者は跡部美作守勝忠。同五年五月二十一日に作成された富士大宮神事帳（本宮浅間大社文書・二八〇九）では、正月から十二月までの祭礼費用を一和尚として受け取り、末尾に鎖是時成・春長と連署。同六年十二月二十八日の浅間社家連署証文（旧公文富士家文書・三〇六二）では、同四年から六年まで三年間の本宮造営費用を記載し、鎖是時成・春長・河東勝泰・小島家盛と連名で鷹野徳繁へ提出している。（鈴木・柴）

宮崎辰千代　みやざきたつちよ

生没年未詳。大宮浅間神社（現富士山本宮浅間神社、静・富士宮市）の社人。宮崎春長の子か。元亀三年（一五七二）五月十六日の武田家朱印状（旧四和尚宮崎家文書・一八六六）で、常林職に補任され、父とは別に神前の奉公を行うよう命じられた。奉者は原隼人佑昌胤・市川宮内助昌房。（鈴木）

宮崎丹千代　みやざきたんちよ

生没年未詳。大宮浅間神社（現富士山本宮浅間神社、静・富士宮市）の社人。宮崎清長の子か。元亀三年（一五七二）五月十六日の武田家朱印状（旧一和尚宮崎家文書・一八六八）で、慶泉職に補任され、父とは別に神前の奉公を行うよう命じられた。奉者は市川宮内助昌房・原隼人佑昌胤。また、同日の武田家朱印状（同前・一八九二）では泉徳（仙徳）職にも補任され、平馬坊と長野藤右衛門坊分の年貢収取を当年に限り認められた。奉者は原隼人佑昌胤・市川宮内助昌房。天正五年（一五七七）五月二十一日に作成された富士大宮神事帳（本宮浅間大社文書・二八〇九）では、正月から十二月までの祭礼費用を仙徳職として受け取っている。（鈴木）

宮崎虎千代　みやざきとらちよ

生没年未詳。大宮浅間神社（現富士山本宮浅間神社、静・富士宮市）の社人。所司大夫をつとめ、摂社・末社の神主も兼務した。元亀三年（一五七二）五月十六日の武田家朱印状（宮崎家文書・一八六七）で所司大夫に補任された。天正五年（一五七七）五月二十一日に作成された富士大宮神事帳（本宮浅間大社文書・二六〇九）では、正月から十二月までの祭礼費用を所司大夫として受け取っている。近世には大宮司富士氏から一八石九斗余を宛行われた（浅間神社の歴史）。（鈴木）

宮崎与十郎 みやざきよじゅうろう

生没年未詳。宮崎春長の子。天正元年（一五七三）十二月二十日の武田家朱印状（宮崎家文書・三四二）で田所職に補任され、遠江領有が達せられた後に、当領主に替地を与えたうえで知行を宛行うことを約束された。奉者は原隼人佑昌胤・市川宮内助昌房。その後の事蹟は不明。同九年十二月十日の武田家朱印状写（判物証文写・三六三三）によると、春長の神前での奉公が賞され、田所職は春長の子与八郎へ与えられている。このことから、田所は与十郎から兄弟の与八郎へ継承されたことがわかる。なお同朱印状の奉者は、秋山摂津守昌成。（鈴木・柴）

宮沢弥助 みやざわやすけ

生没年未詳。甲斐国八代郡河内岩間庄ツムキ村（鴨狩津向か、山・身延町）の土豪。宮沢弥兵衛の息子。穴山家臣か。慶長十三年（一六〇八）六月二十一日、高野山に老母妙栄禅定尼の供養を依頼した記録に登場するのが唯一の所見（成慶院過去帳・武田氏研究47）。（平山）

宮沢泰忠 みやざわやすただ

生没年未詳。信濃国筑摩郡の会田岩下（海野）下野守の被官・岩下（長・松本市）衆の一員。七右衛門。永禄十年（一五六七）八月七日、岩下衆の一員として「下之郷起請文」を提出し、海野下野守親子が信玄に逆心を抱いた場合は諫め、諫言に従わないようであれば下野守親子を見捨てる旨を誓っている（生島足島神社文書・一一七三）。そのほかの事蹟は不明。（平山）

宮沢吉次 みやさわよしつぐ

生没年未詳。和泉守。某年九月、夏に参宮するつもりができなかったので、代わりにお祓いをしてもらいたいと伊勢神宮御師幸福大夫に依頼している（幸福大夫文書・一三一）。（丸島）

宮沢与兵衛 みやざわよひょうえ

生没年未詳。甲斐国八代郡河内岩間庄ツムキ村（鴨狩津向か、山・身延町）の土豪。穴山家臣か。慶長十三年六月二十一日、高野山に子息弥助が老母（宮沢与兵衛妻、妙栄禅定尼）の供養を依頼した記録に登場するのが唯一の所見（成慶院過去帳・武田氏研究47）。（平山）

宮島肥前 みやじまひぜん

生没年未詳。信濃国筑摩郡青柳（長・筑北村）の土豪。麻績氏の被官とみられる。天正九年（一五八一）の「伊勢内宮道者御祓くばり帳」において、「あおや木分」の人物として記載され、熨斗三〇本、帯、櫛、上の茶五袋を配られ、麻績地域における伊勢御師の奏者と記されていることから、麻績氏の重臣だったと考えられる（堀内健吉氏所蔵・三六四四）。（平山）

宮島酒造丞 みやじまみきのじょう

生没年未詳。信濃国筑摩郡青柳（長・筑北村）の土豪。宮島肥前の一族か。麻績氏の被官とみられる。天正九年（一五八一）の「伊勢内宮道者御祓くばり帳」において、「あおや木分」の人物として記載され、熨斗三〇本、茶五袋を配られたと記されているのが唯一の所見（堀内健吉氏所蔵・三六四四）。（平山）

宮のこし源三 みやのこしげんぞう

生没年未詳。信濃国筑摩郡会田（長・松本市）の土豪。会田岩下氏の被官とみられる。天正九年（一五八一）の「伊勢内宮道者御祓くばり帳」において、「あいたいりの分」の人物として記載され、茶

二袋を配られたと記されているのが唯一の所見（堀内健吉氏所蔵・三六四）。（平山）

宮の下織部　みやのしたおりべ
生没年未詳。信濃国筑摩郡安坂（長・筑北村）の土豪。宮の下新右衛門の近親か。天正九年（一五八一）の「伊勢内宮道者御祓くばり帳」において、「あさかの分」の人物として記載され、茶二袋を配られたと記されているのが唯一の所見（堀内健吉氏所蔵・三六四）。（平山）

宮の下新右衛門　みやのしたしんえもん
生没年未詳。信濃国筑摩郡安坂（長・筑北村）の土豪。天正九年（一五八一）の「伊勢内宮道者御祓くばり帳」において、「あさかの分」の人物として記載され、熨斗三三〇本、帯、茶一〇袋を配られたと記されているのが唯一の所見（堀内健吉氏所蔵・三六四）。（平山）

宮の下新六　みやのしたしんろく
生没年未詳。信濃国筑摩郡安坂（長・筑北村）の土豪。宮の下新右衛門の近親か。天正九年（一五八一）の「伊勢内宮道者御祓くばり帳」において、「あさかの分」の人物として記載され、茶二袋を配られたと記されているのが唯一の所見（堀内健吉氏所蔵・三六四）。（平山）

宮の下彦七郎　みやのしたひこしちろう
生没年未詳。信濃国筑摩郡安坂（長・筑北村）の土豪。宮の下新右衛門の近親か。天正九年（一五八一）の「伊勢内宮道者御祓くばり帳」において、「あさかの分」の人物として記載され、茶二袋を配られたと記されているのが唯一の所見（堀内健吉氏所蔵・三六四）。（平山）

宮の下孫左衛門　みやのしたまござえもん
生没年未詳。信濃国筑摩郡安坂（長・筑北村）の土豪。宮の下新右衛門の近親か。天正九年（一五八一）の「伊勢内宮道者御祓くばり帳」において、「あさかの分」の人物として記載され、茶二袋を配られたと記されているのが唯一の所見（堀内健吉氏所蔵・三六四）。（平山）

宮の大夫　みやのだいぶ
生没年未詳。信濃国筑摩郡安坂（長・筑北村）の土豪。天正九年（一五八一）の「伊勢内宮道者御祓くばり帳」において、「あさかの分」の人物として記載され、茶五袋を配られたと記されているのが唯一の所見（堀内健吉氏所蔵・三六四）。（平山）

宮の平左衛門　みやのへいざえもん
生没年未詳。信濃国筑摩郡安坂（長・筑北村）の土豪。天正九年（一五八一）の「伊勢内宮道者御祓くばり帳」において、「あさかの分」の人物として記載され、茶三袋を配られたと記されているのが唯一の所見（堀内健吉氏所蔵・三六四）。（平山）

宮原内匠助　みやはらたくみのすけ
生没年未詳。天文十九年（一五五〇）九月、金に困って風間佐渡守から八〇〇文を借りている（風間家文書・三〇七）。借金は合計で七貫文と述べているから、相当苦心していたらしい。なお、本文書の花押が書かれる部分が切り取られているため、借金は完済されたものとみてよいだろう。（丸島）

宮本神主　みやもとかんぬし
生没年未詳。信濃国筑摩郡青柳（長・筑北村）の神官。刈谷沢神明宮の神主か。天正九年（一五八一）の「伊勢内宮道者御祓くばり帳」において、「あおや木分」の人物として記載され、茶五袋を配られたと記されているのが唯一の所見（堀内健吉氏所蔵・三六四）。（平山）

宮本蔵助　みやもとくらのすけ
生没年未詳。信濃国筑摩郡青柳（長・筑北村）の神官か。刈谷沢神明宮の神主か。天正九年（一五八一）の「伊勢内宮道者御祓くばり帳」において、「あおや木分」

の人物として記載され、茶三袋を配られたと記されているのが唯一の所見（堀内健吉氏所蔵・三六四四）。（平山）

宮本検校 みやもとけんぎょう

生没年未詳。信濃国筑摩郡青柳（長・筑北村）の神官。刈谷沢神明宮の神主か。天正九年（一五八一）の「伊勢内宮道者御祓くばり帳」において、「あおや木分」の人物として記載され、茶五袋を配られたと記されているのが唯一の所見（堀内健吉氏所蔵・三六四四）。（平山）

宮本治部 みやもとじぶ

生没年未詳。信濃国筑摩郡青柳（長・筑北村）の神官か。刈谷沢神明宮の神主か。天正九年（一五八一）の「伊勢内宮道者御祓くばり帳」において、「あおや木分」の人物として記載され、茶三袋を配られたと記されているのが唯一の所見（堀内健吉氏所蔵・三六四四）。（平山）

宮本別当 みやもとべっとう

生没年未詳。信濃国安曇郡宮本（長・大町市）の人物。仁科神明宮の別当寺金峯山神宮寺の人物。名字、諱などは不明。天正九年（一五八一）の「伊勢内宮道者御祓くばり帳」において、「にしなの分」の人物として記載され、熨斗五〇本、茶一〇袋、帯を配られたと記されているのが唯一の所見（堀内健吉氏所蔵・三六四四）。ただし伊勢御師宇治（荒木田）氏の旦那ではなかったらしい。（平山）

宮脇種友 みやわきたねとも

生没年未詳。清三。武河衆の一員として、永禄十年（一五六七）八月七日に「下之郷起請文」を武田信豊に提出している（生島足島神社文書・一一七）。武田信豊の同心であったと思われる。（丸島）

明庵宗鑑 みょうあんそうかん

生年未詳～天正十三年（一五八五）。曹洞宗僧。甲斐・長生寺五世住職。上野国新田郡の生まれ。長生寺（山・都留市）の以照宗珠の法嗣でその跡を嗣ぐ。都留郡主の小山田氏の菩提所として歴代の寺領寄進を受ける（広厳大通禅師譫語集）。天正元年七月、小山田信茂より歴代寄進寺領書立の安堵を受ける（長生寺文書・二三三五）。（柴辻）

明院祖芳 みょういんそほう

生没年未詳。南松院（山・身延町）の二世住職。芳蔵主とも称す。永禄十二年（一五六九）八月、南松院開山の桃隠正寿の跡を嗣ぎ住職となる（南松院文書・一四三・四三二）。年未詳であるがこの前後と推定される十一月四日付の南松院（桃隠）宛の穴山信君書状によれば、末寺の建忠寺（山・南部町）のことについても、桃隠との調談を求められている（同前・三九三四）。天正九年（一五八一）七月の穴山不白（信君）判物によれば、明院の本山瑞世就任について、末寺の円蔵院（南部町）宛に自身と家中の奉加目録を示し、末寺の僧侶への奉加金を定めている（同前・三五八八～九〇）。（柴辻）

明清寺 みょうせいじ

生没年未詳。蘆田依田氏の家臣。妙清寺とも。永禄七年（一五六四）の蘆田信守と伴野信直の境目相論に際し、信守の代官として出廷した（小林家文書・信24二四七頁）。なお、この相論は、蘆田氏側の敗訴となっている。天正六年（一五七八）二月の「上諏訪大宮・前宮瑞籬外垣造宮帳」に、蘆田氏の本領春日郷（長・佐久市）の代官として記載がある（諏訪大社文書・二九四六）。（丸島）

三輪元致 みわもとむね

生没年未詳。今川家臣、元亀三年（一五七二）十月以降に武田氏へ従った遠江衆。次郎右衛門尉。遠江国於保郷（静・磐田市）を本拠とする。天文二十二年（一五五三）三月九日に今川義元より、年来の陣番ほか奉公を賞され、前年の於保郷内の四分の一給与分に引き続き、新たに田畠余慶分ほか計三五貫文を給与された九郎左衛門は父にあたる人物か（集古文書・戦今二三六）。元致は、永禄十年（一五六七）十二月十三日に今川氏真より遠州忩劇時に今川方として忠節を尽くしたことを賞され、於保郷のうちで七一貫文ほかを宛行われたのが、初見である（同前・二五七）。元亀三年（一五七二）十月に武田信玄の遠江侵攻が開始されると武田氏へ属し、同月十日に信玄より本領を安堵され、二俣城（静・浜松市天竜区）の調略に尽力を求められる（個人所蔵文書・一九七三）。天正元年（一五七三）四月に信玄が死去し勝頼が家督を継承すると、六月二十七日に、勝頼より前年の信玄判物に基づき、あらためて本領・当知行を安堵された（集古文書・二三〇）。その後、某年に徳川氏の攻撃を退けた戦功を四月二十三日に穴山信君より賞され、勝頼より褒美を与えられるよう取り計らうことを記した書状が与えられている（同前・三八三七）。（柴）

三輪与兵衛尉 みわよひょうえのじょう

生没年未詳。駿河葛山氏の家臣。永禄十二年（一五六九）三月二十八日に葛山氏元より子息竹千代への奉公を賞され、駿河国古沢（静・御殿場市）など五〇貫文の知行地を宛行われたのが、初見である（判物証文写・一三八〇）。元亀元年（一五七〇）十二月四日、武田家朱印状（奉者は長坂光堅と市川昌房）により、駿河国八楠郷（静・焼津市）内で二〇貫文、また与兵衛尉の同心衆と推察される「海賊衆」にも六〇貫文が与えられており（同前・一六三五）、与兵衛尉が海賊衆を率いる水軍の将であったことがわかる。翌三年五月二日には武田家朱印状（奉者は土屋昌続）により、永禄十一年十二月以降の働きを賞され、駿河国深沢郷（御殿場市）内など二五貫文を宛行われた（同前・一八六〇）。（柴）

明江徳舜 みんこうとくしゅん

生年未詳～永正二年（一五〇五）。曹洞宗僧。甲斐・天沢寺二世。俗姓河村氏で甲斐国山梨郡の生まれ。広厳院雲岫の弟子となり、亀沢村（山・甲斐市敷島町）の巨鼇山天沢寺の鷹嶽宗俊に師事した後、同寺住職となる。飯富氏の外護を受ける。開基飯富・山県兄弟の位牌を置く。晩年に萬福寺・定林寺を開く。（鷲尾順慶『日本仏家人名辞書』）（柴辻）

明叔慶浚 みんしゅくけいしゅん

生年未詳～天文二十一年（一五五二）。明叔は飛騨国司姉小路氏の被官三木直頼の弟で、美濃大円寺（岐・恵那市岩村町）住職。景堂玄訥の法嗣。のちに今川義元により駿府の臨済寺住職に招かれる。次いで信玄に迎えられ恵林寺（山・甲州市塩山）の二八世との説もあるが、天文十六年に、信玄より伊那郡の那恵寺に招かれる。のちに飛騨に戻り禅昌寺（岐・下呂市）を再興した。円応大通禅師と号す。（柴辻）

む

向井正重 むかいまさしげ

永正十六年（一五一九）～天正七年（一五七九）九月十九日、六一歳。「惣人数」（軍鑑）では、船五艘を率いる海賊衆。官途は助兵衛尉、のち受領名伊賀守を称す。向井氏は、伊賀国向庄（三・亀山市）を本願地としたが（清和源氏向系図）、その後伊勢国を拠点に活動したとされる（寛永伝ほか）。元亀三年（一五七二）二月六日、武田家朱印状（奉者は山県昌景により朝比奈五郎兵衛を通じて、早々の出仕を求め、知行宛行のうえで「海賊之儀」に命じる意向を伝えられたのが（清和源氏向系図・一七八九）、初見である。この後夏には、正重は武田氏へ仕え（軍鑑）、以後は受領名伊賀守を称して海賊衆に編制された。そして九月二日には、武田家朱印状（奉者は山県昌景）により、駿河国朝比奈谷（静・藤枝市）ほか七ヶ所において船の建造などのためであろう竹木伐採を認められている（多和文庫所蔵甲州古文書・一九四四）。天正三年かと年次比定される六月七日、徳川方による攻撃のなかであろうか、勝頼の指示に従い撤所せず在城し続けたことを賞され、同心衆ともども感状を与えられた（清和源氏向系図・二八一四）。その後、徳川勢の攻勢のなか駿河用宗城（静・静岡市）にて在番したが、同七年九月十九日に徳川勢との交戦のなか、嫡男正勝とともに戦死した（同前、寛永伝）。十月十六日に勝頼から嫡子正綱へ正重の忠信を賞し知行安堵が行われたが、その際の判物より正重の遺領が駿河国島一色郷（静・焼津市）ほか一五ヶ所、遠江国西島郷（焼津市）新田兵の長谷川右近分・同大原内、計一七ヶ所一〇〇〇貫文におよぶものであったことが確認できる（清和源氏向系図・三一七八）。（柴）

向井政綱　むかいまさつな

弘治二年（一五五六）～寛永元年（一六二四）三月二十六日、六九歳（清和源氏向系図）。正重の子。海賊衆。兵庫助。実名に関して、系譜類は「正綱」とするが、発給文書の署名より「政綱」と確認できる。天正七年（一五七九）九月十九日の徳川勢との駿河用宗城（静・静岡市）での攻防による父正重と兄正勝の戦死を受け、家督を嗣ぐ。そして十月十六日には、勝頼から正重の戦死を忠信として賞され、遺領を安堵された（清和源氏向系図・三一七八）。同八年四月二十五日には、伊豆浦への攻撃の際、北条方の梶原備前守が率いる水軍を小浜景隆とともに破り、船を奪捕した戦功を賞され、勝頼より感状を得る（伊勢国度会郡古文書・三三三二）。また同九年三月二十九日に伊丹虎康とともに、小浜景隆のもとで動き伊豆国久料津（静・沼津市）での北条方の梶原備前守が率いる水軍を破った戦功を賞され、勝頼より四月八日付で感状を与えられた（多和文庫所蔵甲州古文書・三五三六）。同十年三月の武田氏滅亡直後は逼塞していたが、その後徳川家康へ仕え、相模北条氏との天正壬午の乱では本多重次のもとで海賊衆を率い、伊豆網代城（静・熱海市）の攻略で活躍して賞されている（譜牒余録・静8一五六〇）。同十二年の小牧・長久手合戦時には、伊勢（志摩）国小浜浦（三・鳥羽市）にて戦功をあげ、駿河国で知行を与えられたという（寛永伝、清和源氏向系図）。同十八年の徳川氏の関東移封後は、相模・上総両国において二〇〇〇石の知行を与えられ、以後は船奉行として相模国三崎（神・横須賀市）を拠点に活躍した（同前）。その後、徳川秀忠よりいずれも年未詳ながら、六月二十三日付と、初鯨一折を献上したことに対する正月十八日付の御内書を得ている（記録御用所本古文書・一八二、八三）。元和元年（一六一五）四月十日、中村吉繁とともに、安房国館山（千・館山市）内の新井・楠見へ大坂（大・大阪市）に兵糧を運搬する船（坂東丸）のための水夫三〇人の提出を求める（坂本武雄氏旧蔵文書・千葉県の歴史資料編中世3県内文書2六九九頁二号文書）。同六年閏十二月三日には、相模国三崎宝満寺・二町谷真福寺・同最福寺

（いずれも神・横須賀市）にそれぞれ屋敷地を寄進する（圓照寺文書、真福寺文書、最福寺文書・新横須賀市史資料編 古代・中世補遺三四九～五二）。法名は天慶玄龍（同前、寛永伝は「天渓玄谷」と表記）、三崎見桃寺（横須賀市）に葬られた（清和源氏向系図、寛政譜）。後裔は旗本に属し、船手頭をつとめた（同前）。（柴）

向山出雲守 むかいやまいずものかみ

生没年未詳。天文十三年（一五四四）正月廿八日、先祖国造および向山治足尼のために松本（山・笛吹市）において一二貫文を国立大明神に寄進している（網野善彦氏所蔵文書・四二三九）。向山氏の中心人物であろうか。（丸島）

向山源五左衛門尉 むかいやまげんござえもんのじょう

生没年未詳。弘治元年（一五五五）三月二日、「小田原南殿」奉公のため、一ヶ月に馬三疋分の諸役を免許されている（諸州古文書・六五五）。「小田原南殿」は武田信玄の娘で、北条氏政正室黄梅院殿と考えられ、黄梅院殿の付家臣として小田原と甲府を往復していたと思われる。同姓の向山又七郎が対北条氏外交の取次をつとめており、又七郎死後にその近親を付家臣として起用したのであろう。（丸島）

向山監物 むかいやまけんもつ

天文二十年（一五五一）か～天正三年（一五七五）五月二十一日、二五歳。実名は盛重と伝わる（以下、寛永伝、寛政譜による）。もと渡辺党で、父の代に向山氏を嗣いだという。したがって、向山虎継らとは別系となる。天正三年の長篠合戦で討ち死にした。享年二五。なお、「寛政譜」は、「今の呈譜二十八」と異説を併記する。嫡男三右衛門（正盛）が跡を嗣ぎ、武田氏滅亡後は徳川氏に仕えた。（丸島）

向山新三 むかいやましんぞう

生没年未詳。天正六年（一五七八）に結ばれた甲越同盟に際し、勝頼妹菊姫が上杉景勝に嫁ぐことが誓約された。この約束は翌年九月に実施され、菊姫が越後に輿入れしている。九月二十六日、勘定奉行跡部勝忠と市川元松は、長井昌秀に対し「越国居住衆」つまり菊姫の付家臣の名簿を書き送った。そのなかに、向山新三の名がみえる（上杉家文書・三一七三）。同八年五月、甲府に参府した際に、上杉景勝の書状を預かって勝頼に披露している（同前・三三四六）。付家臣として、甲斐と越後を往復していたものと思われる。（丸島）

向山主税助 むかいやまちからのすけ

生没年未詳。天文十六年（一五四七）八月六日、小田井原（長・佐久市）合戦で戦功を立て、首一つを討ち取ったことへの感状を与えられたのが初見（彦根城博物館所蔵文書・二二三）。翌十七年七月十九日には、塩尻峠（長・塩尻市）の戦いで首三つを討ち取り、感状を与えられた（同前・二六二）。同年九月十一日に佐久郡で行われた合戦でも、首一つを討ち取り、感状を与えられている（同前・二七五）。弘治元年（一五五五）七月十九日の第二次川中島合戦でも、首一つを討ち取る軍功をあげ、感状を与えられた（同前・四四三）。このように、感状の写だけが残されている点に特徴がある。それだけ当時の武士にとって、感状が重視されていたことを示すものであろう。（丸島）

向山縄満 むかいやまつなみつ

生没年未詳。尾張守。大永四年（一五二四）九月五日、今福道佑禅門・一瀬豊前守家次とともに大草寺（山・市川三郷町）の本尊十一面観音像の修補を行った（寺記）。なお、某年十一月十四日付、「縄満」発給の過所が残されている（三浦家文書・三八）。実名が一致している点は興味深いが、方形朱印の使用が許されているということは、相応の家格の人物であったことを示唆する。この時期の向山氏の地位を含めて、慎重な比定を要しよう。（丸島）

向山虎継 むかいやまとらつぐ

生没年未詳。三河守。天文十三年（一五四四）三月二日の大蔵経寺（山・笛吹市）棟札に、板垣信方・甘利虎泰とならんで「向山参河守虎継」の名がみえる（大蔵経寺所蔵・四一四〇）。この頃甲斐に下向してきた冷泉為和と交流をもち、七月の頭役を張行している（為和集）。某年十一月四日、老母芳室理永禅尼のために高野山成慶院で追善供養を行っている（過去帳・武田氏研究34五七頁）。某年四月二十九日、成慶院で追善供養が営まれ、この時は花嶽善栄庵主という戒名が付されている（同前）。天文二十一年七月二十一日、薬王寺によって成慶院で逆修（生前）供養が営まれ、浄高禅門という法名が付された（同前・武田氏研究34七〇頁）。この時、「ムカイ山三河入道」とあることから、姓の「向山」は「むかいやま」と読み、すでに入道していたことがわかる。成慶院の重書目録「檀那御寄進状幷消息」には、「三河入道浄高」の記載があり、出家後に成慶院に書状を送ったことがあるとわかる（戦国大名武田氏の権力と支配三七八頁）。なお同目録には「向山三河守虎綱」という記載もあるが、誤記であろう（同前三七六頁）。なお、妻室が金丸忠経の女房栄春理秀禅定尼の供養を営んでおり（成慶院過去帳・武田氏研究34五七頁）、金丸忠経と相婿の関係にあったのかもしれない。同二十三年四月二十一日、妻室が自身の逆修供養を成慶院で営み、芳窓伊薫という法名を付している（同前・武田氏研究34七二頁）。この時在所として「藤ノ田」（山・北杜市か）と記されており、同地に所領を有したものか。（丸島）

向山中務丞 むかいやまなかつかさのじょう

生年未詳～天正八年（一五八〇）六月二十七日。天正五年頃、駿河富士大宮（静・富士宮市）に神馬一疋を奉納している（永昌院所蔵兜巌史略・補遺一二三）。同八年六月没。同年八月七日、子息源大郎が使者として落合角丞・雨宮加兵衛丞を高野山成慶院に派遣し、菩提を弔っている。法名は、久山源長禅定門（甲州月牌帳二印・武田氏研究42五五頁）。（丸島）

向山又七郎 むかいやままたしちろう

生没年未詳。武田晴信初期の側近。天文十三年（一五四四）正月二日、駒井高白斎とともに小山田氏の本拠谷村（山・都留市）を訪ね、北条家臣桑原盛正と対談し、和睦交渉を行ったことが初見（甲陽日記）。同十四年の第二次河東一乱に際しては、今川・北条間の和睦を仲介するために奔走。十月十五日、板垣信方・駒井高白斎と連名で書状を作成し、高白斎が桑原盛正の陣所を訪ねている（同前）。同十八年三月、北条氏の他国衆大石道俊から書状を送られ、七日に晴信が返書を出す際には副状を付した（玉英堂稀覯本書目二二号掲載文書・二八六）。このように、北条氏に対する外交の取次をつとめている。同年と思われる十月二十日、対馬守に対し、一ヶ月に馬三疋まで往還の諸役を免許する朱印状の奏者をつとめた（諸州古文書・六五五）。同十九年四月三日には、小山田信有が申請してきた美濃の商人佐藤五郎左衛門尉への過所発給を取り次いでいる（同前）。小山田氏が北条氏担当取次であったことをあわせて考えると、郡内小山田氏に対する奏者（小指南）をつとめていた可能性が高い。同年閏五月一日、幕を仕立てた（甲陽日記）。九日に「上様御呼兵」つまり閲兵が行われているから（同前）、陣幕であろうか。和歌の素養もあり、同十六年七月に、三条西実枝・相玉長伝が甲斐に下向した際には、御宿亭において「年ふとも思ひ忘れしあきかせに露しほれぬる別ちのそて」と詠み、返歌を受けている（甲信紀行の歌・山6下八〇頁）。また向山の宿において、「信臨」なる人物が歌を詠んでおり（同前・山6下八二頁）、あるいはこれが実名かもしれない。向山虎継との関係を考えると、「信継」の誤写の可能性を残す。そうであれば、武田氏の通字「信」の偏諱を受けたと想定され、武田家中で相当高い地位にいたことが窺える。同二十一年七月二十一日、薬王寺によって高野山成慶院で追善供養が営まれており、これ以前に死去していたことがわかる。法名は、道頓禅門（過去帳・武田氏研究34一七〇頁）。施主である薬王寺は、向山虎継の逆修供養も営んでおり、又七郎は虎継の近親とみてよいだろう。（丸島）

六笠彦三郎　むかさひこさぶろう

生年未詳～天正九年（一五八一）三月二十二日。高天神籠城衆。天正九年の高天神落城に際して討ち死にした（乾徳山恵林寺雑本・信15一七頁）。遠江磐田郡向笠郷（静・磐田市）の領主か。ただし向笠城はすでに徳川方の手に落ちている。（丸島）

武河実吉　むかわさねよし

生没年未詳。上野国衆国峰小幡氏の家臣。通称は左近助。実名は小幡信実（信真）からの偏諱であろうか。永禄十年（一五六七）八月七日付「下之郷起請文」において、国峰小幡氏の家臣で尾崎郷（群・富岡市西部）における地縁集団尾崎衆の連署起請文で四番目に署判しているのが唯一の所見（生島足島神社文書・一七二）。（黒田）

武河高行　むかわたかゆき

生没年未詳。上野国衆国峰小幡氏の家臣。通称は又右衛門尉。実名のうち「高」は小幡氏の通字であるから、それからの偏諱とみられる。永禄十年（一五六七）八月七日付「下之郷起請文」において、国峰小幡氏の家臣で尾崎郷（群・富岡市西部）における地縁集団尾崎衆の連署起請文で五番目に署判しているのが唯一の所見（生島足島神社文書・一七二）。（黒田）

武蔵　むさし

生没年未詳。信濃国筑摩郡青柳（長・筑北村）の土豪。名字、諱は不明。麻績氏の被官とみられる。天正九年（一五八一）の「伊勢内宮道者御祓くばり帳」において、「あおや木分」の人物として記載され、熨斗三〇本、茶五袋、帯を配られたと記されているのが唯一の所見（堀内健吉氏所蔵・三六四）。（平山）

武藤刑部　むとうぎょうぶ

生年未詳～天正九年（一五八一）三月二十二日。高天神籠城衆。天正九年の高天神落城に際して討ち死にした（乾徳山恵林寺雑本・信15一七頁）。（丸島）

武藤三郎左衛門尉　むとうさぶろうさえもんのじょう

生没年未詳。「国志」は武藤信堯と同一人物とするが、活動年代が合わない。むしろ信堯と仮名が一致することからみて、系図上は幼名で記される信堯の子・武藤竹千世丸が該当しよう（武田源氏一統系図・山6下七七頁）。武田庶流家。永禄十年（一五六七）十二月三日、渡辺兵部丞の所領を安堵した竜朱印状の奉者（甲州古文書・三二八）。同月四日、小林美濃守の屋敷の竹木を、城郭の用材以外で切り取ることを禁じた竜朱印状を奉じる(小林家文書・三二九)。同十七日、渡辺越前守に白鳥を進上するよう命じた竜朱印状を奉じた(渡辺家文書・二三三)。このほかの活動は不明であり、同年十二月にのみ所見がある点が特徴的である。成人した後に家督を叔父常昭から譲られたものの、間もなく夭折したと考えれば、系図の記載とさほど乖離しない。なお、真田昌幸の武藤姓初見は同三年(一五七二)二月四日であり(竜雲寺文書・一七六六)、三郎左衛門尉の早逝を受けて、昌幸が家督を嗣いだのであろう。(丸島)

武藤常昭　むとうつねあき

生没年未詳。神右衛門尉。大井信達の六男で、武藤氏に入嗣した(武田源氏一統系図・山6下七二七頁)。武田庶流家。兄信堯の跡を嗣いだものか。実名の「常」は実兄大井信常の偏諱と思われ、信常が大井氏家督であった天文十八年(一五四九)から同二十年の間に元服したと考えられる。永禄九年(一五六六)八月二十三日、「下之郷起請文」を武田彦五郎に宛てて提出した(生島足島神社文書・一〇〇二)。「下之郷起請文」の先行提出組みのひとりである。提出に際し、天文二十二年に出奔した今井次郎左衛門尉とは付き合わないと誓っている。大井氏と今井氏は姻戚関係にあったから、何かと便宜を図っていたのであろう。「国志」は三河守と同一人物で、天正三年(一五七五)に真田昌幸の跡を受けて家督を嗣いだ人物とする。しかし実名が異なるため、疑問が残る。(丸島)

武藤信堯　むとうのぶたか

生年未詳～天文十九年(一五五〇)十月一日か。大井信達の子で、信業・信常の弟。武田親類衆武藤家を嗣いだ。「武田源氏一統系図」に五郎右衛門とあるが、三郎左衛門尉の誤りであろう(「三」と「五」は誤読しやすい)。優れた歌人であったという(武田源氏一統系図・山6下七二七頁)。天文十五ないし十六年に、三条西実枝が甲斐を訪れた時の歌を、相玉長伝が書き記した「甲信紀行の歌」に、和歌五首が収められている。信濃砥石原で村上義清と戦って討ち死にしたというから(同前)、砥石崩れで討ち死にしたものとみてよいだろう。嫡男竹千世丸が跡を嗣いだ。(丸島)

武藤三河守　むとうみかわのかみ

生没年未詳。武田親類衆。神右衛門尉常昭と同一人物とする説があるが(国志)、天正五年(一五七七)閏七月二十一日付発給文書の実名は「信□」(下の字は花押と重なって読めないが、「子」にみえる)であり(古文書花押写・四二七七)、別人であろう。大井信達の子という所伝があるため(国志)、天文十六年(一五四七)にみえる大井三河守と同一人物とする見解もあるが、これも活躍年代が離れすぎている。また、「天正壬午起請文」にある松月斎延子と同一人物とする説もあるが(同前)、やはり判断が難しい。その場合、天正十五年三月十八日没、享年八〇、法名は宝国院松月浄誉居士という(同前)。「国志」は阿弥陀寺(山・富士河口湖町)の開基を武藤三河守としたうえで、この戒名を記しており、「松月」の共通を踏まえれば、事実とみてもよいかもしれない。永禄末年とみられる信玄旗本の陣立書に、その名がみえるのが初見(山梨県立博物館所蔵文書・三九七二)。この時、すでに武藤三河守とある。したがって、武藤昌幸が真田姓に復姓したため、家督を嗣いだという所伝には再考の余地がある。ただし、分家の家督を嗣いでおり、その後武藤本家の家督を嗣いだ可能性は残る。天正三年八月二十五日、小山田昌成と連名で、竜朱印状を奉じている（内田家文書・二五一九）。つまり古文書発給上は、武藤昌幸とは時期が重ならない。同年十月十六日、長坂光堅と蒲原町（静・静岡市）に対する伝馬定書を奉じる（草ヶ谷家文書・二五三九）。同四年三月二十一日には、厚原郷（静・富士市）への伝馬定書を奉じた（植松家文書・二六二三）。同年六月二十八日、安西有味と連名で、八日市場（山・甲府市）への伝馬定書の奉者をつとめた（坂田家文書・二六八二）。このように、伝馬定書を多く奉じている点に特徴がある。同五年二月二十七日、真田昌幸と連名で、江尻（静岡市）・清水（静岡市）両浦の船役銭減免を定めた竜朱印状を奉じた（京都大学博物館所蔵文書・二七七八）。天正六年、越後進軍にともなって行われた北信濃の知行改めを今井信衡と担当。同年七月十三日、勝善寺順西が出した起請文の宛所となる（勝善寺文書・二九九八）。これは知行の申告に際して、偽らないと誓ったものである。同月十九日、勝善寺順西から知行地の申告を受けた（同前・三〇〇一）。七月二十七日には、島津泰忠から知行地の申告を受けている（島津家文書・三〇〇四）。八月二十三日、西条治部少輔に対する軍役定書を今井信衡と連名で発給（多和文庫所蔵甲州古文集・三〇一四）。同日、島津泰忠（島津家文書・三〇一五）、原伝兵衛（新編会津風土記・三〇一六）、玉井源右衛門尉（玉井家文書・三〇一七）、勝善寺順西（勝善寺文書・三〇一八）、伊藤右京亮（石井進氏所蔵諸家古案集・三〇一九）に対する軍役定書を発給した。なお、この際には方形朱印を用いている。同七年、勝頼妹菊姫の上杉景勝輿入れにともない、越後へ派遣される（富永家文書・三一六〇）。同八年六月十九日、小山田昌成と連名で、金山が枯渇して苦しんでいる金山衆に諸役を免許する朱印状を奉じた（田辺源吾家文書・三三六〇、文殊川家文書、三三六一・依田家所蔵感状写、三三六二、風間家文書・三三六三）。同九年二月七日、大門郷（長・長野市）に対する伝馬定書を桜井信忠と連名で奉じたのが終見である（大草家文書・三四九一、諸州古文書・三四九二）。なお、内藤昌秀の姉を養女に迎えたという（内藤家系譜写・武田氏家臣団の系譜三九頁）。（丸島）

村岡左衛門尉　むらおかさえもんのじょう

生没年未詳。村岡大夫。宮千代丸・彦九郎。駿河府中浅間社（現静岡浅間神社、静・静岡市）の社人。文和年間（一三五二～五六）、奉幣使下向の際に流鏑馬祭礼奉行として随行し、村岡（静岡市）に居住したのが始まりとされる（駿河記）。代々村岡大夫を世襲し、今川氏に仕えて同社の流鏑馬奉行をつとめ、役銭の徴収を担った。天文五年（一五三六）の花蔵の乱での混乱を機に関係を絶たれていた駿河国足洗大明神（静岡市）領一町三段を、同八年十二月十二日の今川義元判物写（駿河志料・戦今六四二）で安堵された。また同月十四日の今川義元朱印状（村岡文書・戦今六四三）では、神役料の納入を怠ってきた駿河国長沼（静岡市）ほかへ対し、催促するよう認められている。これらの文書が左衛門尉の初見で、いずれも幼名「宮千代丸」でみえる。これ以後、仮名「彦九郎」を称し、同十八年八月七日には浅服沼上郷（静岡市）との相論に対し、今川義元朱印状（同前・戦今九〇二）により、前々のとおりの六月二十日の流鏑馬役銭の徴収を許可され、同月二十三日の今川義元判物（同前・戦今九〇四）では同月十一日に「如律令」印を押捺した駿府浅間社社役目録（同前・戦今九〇三）に従い、神役の収務を認められた。同二十年六月十八日には、今川義元朱印状（同前・戦今一〇二五）により駿府浅間社と青山八幡宮（静・藤枝市）の流鏑馬執行に際しての処務を指示されている。弘治三年（一五五七）九月一日には、四宮輝明に横領されていた中河内内の駿府浅間社領屋敷の所有を、今川義元朱印状（同前・戦今一三五三）により認められた。この後、永禄元年（一五五八）八月までには、官途名左衛門尉を称すが、これは今川氏真の家督継承に伴うものであろう。同月十三日の今川氏真判物（静岡浅間神社文書・戦今一四一五）では、氏真より家督継承に際し、改めて駿府浅間社と青山八幡宮流鏑馬銭および役銭の収務を認められ、また同日の今川氏真朱印状（同前・戦今一四一六）では改作された駿府浅間社流鏑馬神事に際する郷役の帳面を許可され、神事の役務を怠ることのないよう命じられた。同五年十月十一日には、今川氏真朱印状（村岡大夫文書・戦今一八七〇）により、駿府浅間社領関口宮内少輔屋敷地子の昨年・当年分滞納につき、四宮与一郎より堪忍分を請け取るよう指示される。同六年七月六日には、今川氏真朱印状（大和文華館所蔵文書・戦今一九二五）により、沓谷郷（静岡市）内の宝持院買得地からの駿府浅間社の三月役銭と流鏑馬役銭の徴収を認められる。同十一年十二月、武田氏が駿河国へ侵攻すると従い、同十二年二月十六日の武田家朱印状（広島大学文学部所蔵文書・一三七三）では、これまでどおりの神事銭の徴収を認められ、神事を怠ることないよう指示された。その後、駿府を一時撤退した武田氏へ他の社人とともに抵抗したらしく、武田氏の駿府奪還後に失脚したと推察される。元亀元年（一五七〇）正月二十日の武田家朱印状（旧惣社神主文書・一四九三）では、左衛門尉は失脚に伴う、その遺跡の取り計らいが惣社神主に命じられた。なお、いずれも武田家朱印状の奉者は、土屋右衛門尉昌続である。

（鈴木・柴）

村岡大夫 むらおかだゆう

生没年未詳。駿河府中浅間社（現静岡浅間神社、静・静岡市）の社人。村岡左衛門尉の失脚後に、村岡大夫職を相続。天正二年（一五七四）八月二十四日の武田家朱印状（村岡文書・二三四三）で、流鏑馬の役者など計一二名分に懸かる郷次の普請役を免許された。また、同日の武田家朱印状（同前・二三四九）では、先判のとおり社領を安堵されている。奉者はいずれも市川宮内助昌房。同五年九月十八日の武田家朱印状（真如苑所蔵文書・二八六六）では、係争地を駿府浅間社領として安堵された。奉者は跡部大炊助勝資。同七年十月の武田家朱印状（浅間神社文書・三一八五）では、同年分の年貢として下方枡で一〇五俵余を受け取っている。同八年二月十九日の跡部勝資書状（大井博氏所蔵文書・三二五二）では、関東の陣中へ富士新宮（現浅間神社、静岡市）神主の新宮昌忠とともに書状を送り、神事勤行の遅滞について訴えたところ、その返書として、神事の道具が近日中に整うことを伝えられるとともに、あわせて三月会神事頭役に「御屋形様」（武田信勝）があたっているので、「御隠居様御代」（武田勝頼時）の先例を調査すること、去年の大段銭は穴山信君の了承を得たうえで催促することを指示された。武田氏滅亡後の天正十一年十一月十日、徳川家朱印状（奉者は大久保忠泰、村岡大夫文書・静4一六八九）により、駿府浅間社領の得分を安堵され、子孫が明治維新まで同職を継承している（駿河記）。

（鈴木・柴）

村田雅久 むらたまさひさ

生没年未詳。新九郎。信濃佐久郡の国衆・望月氏の家臣。雅房の子か。天正八年（一五八〇、月日記載を欠く）、望月信雅から偏諱を与えられ、雅久と名乗った（村田家文書・三四八〇）。（丸島）

村田雅房 むらたまさふさ

生没年未詳。新九郎、但馬守か。信濃佐久郡の国衆・望月氏の家臣。天文二十一年（一五五二）正月十八日、望月信雅から偏諱を与えられ、雅房と名乗った（村田家文書・三四二）。世代的にみて、天正十年（一五八二）より所見がある村田但馬守に該当するか。同年三月十七日、望月一峯（信雅）から大日向（長・東御市）を宛行われた（同前・信15一六四頁）。同年十月二十四日にも、望月一峯より有坂（長・長和町）のうち一〇貫文、塩田（長・上田市）のうち一五貫文、蘆田（長・立科町）のうち一五貫文を宛行われている（同前・信15四九二頁）。次いで同十二年五月十八日、望月一峯から大日向のうち三〇貫文を宛行われた（同前・信16一八二頁）。（丸島）

村松新左衛門 むらまつしんざえもん

生没年未詳。甲斐国八代郡市川郷（山・市川三郷町）の紙漉衆頭。起源は明瞭でないが、市川の肌吉紙として特産の和紙がこの地域で漉かれている。武田氏時代の文書は皆無であるが、武田氏滅亡直後の天正十一年（一五八三）四月の徳川家奉行人連署状によれば、市川の肌吉新左衛門尉らに、先例どおりに諸役免除し、質物も返済すると伝え、奉公を促し（山資料編四）、翌年十月には、村松新左衛門らの紙漉衆に、肌吉紙をこれまでよりも厚く漉いて、一〇束を三日以内に納めさせている（同前）。これらにより肌吉紙の起源が武田氏時代からのものと判明し、この時期の小奉書紙の見本をはじめ、関連文書も多く残っている。（齋藤左文吾「近世市川大門および河内地方の製紙業について」・甲斐史学九）。（柴辻）

村松弾正 むらまつだんじょう

生没年未詳。山梨郡上小河原村（山・甲府市上小河原町）の熊野神社神主。天正四年（一五七六）造営の本殿棟札に名を記す（国志・六二）。（柴辻）

村松藤兵衛 むらまつとうひょうえ

生没年未詳。医師。富永家の伝来文書に付された記載によると（富永家文書・山5三三四）、遠江国周智郡一色（静・袋井市）の土豪富永半右衛門の養子となり、武田氏へ仕え医術を通じ活動したとある。また、その出身に関しては甲斐国（掛川誌稿）、「富永家由緒書」によれば富永氏と同じ一色とされる（海老沼真治「資料紹介 富永家文書―武田氏・穴山氏関係文書四通―」『山梨県史だより』三一、二〇〇六年）。年未詳五月二日付の穴山信君朱印状（富永家文書・三八五三）では、信君が痔病再発につき、藤兵衛へ一昨年の再発時と同様に薬を求め、処方を訪ねていることがみられる。なお同状には、信君の嫡子勝千代も使用した「栄」印が押捺されている（海老沼 前掲文）。富永家には、このほかに天正十七年（一五八九）七月七日付で一色村へ宛てた徳川家七か条定書（奉者は彦坂元正）が伝わるが（同前・静4二〇八七）、藤兵衛との関係は不明。後裔は一色に在住し続け、庄屋をつとめた（掛川誌稿）。（柴）

村山勝久 むらやまかつひさ

生没年未詳。下野守。大永七年（一五二七）三月、竹森岩下ひかしまた（山・甲州市）を向嶽寺明白軒に寄進している（向嶽寺文書・六五）。そのほかの事蹟は不明。（丸島）

室賀経秀 むろがつねひで

生年未詳～天正十一年（一五八三）九月七日。信濃小県郡の国衆室賀盛清の次男で、信俊の弟（東塩田室賀家所蔵系図・上田小県誌1六三七頁）。治部少輔。妻は「みかわ」（同前。遺文は「三かり」と誤読）。穂屋（保屋、長・上田市）において一七五貫文を与えられていたという（同前）。永禄十年（一五六七）八月七日、「下之郷起請文」を室賀一族と連名で山県昌景に提出した（生島足島神社文書・一二三七）。この時、当主である室賀信俊が敵に内通することがあれば、ただちに武田氏に言上し、信俊を見放すことを誓っている。天正元年には三河長篠城（愛・新城市）に在城。八月十七日、妻であるみかわが、義姉壱叶とともに夫の無事を祈願する願文を生島足島神社文書に奉納している（同前・二二五二）。武田氏滅亡後の同十一年、真田昌幸によって謀殺されたという（東塩田室賀家所蔵系図・上田小県誌1六三七頁）。
（丸島）

室賀信俊　むろがのぶとし

生年未詳～天正三年（一五七五）六月十二日か。盛清の子。信濃小県郡の国衆。当初は村上義清に属した。天文九年（一五四〇）二月八日、父盛清が没したことで家督を嗣いだとみられる。妻は池田長門守の娘壱叶（東塩田室賀家所蔵系図・上田小県誌1六三七頁）。実名は最初経俊といったが、武田晴信の偏諱を受け、信俊に改めたという（幕府百人頭室賀兵庫提出系譜・上田小県誌1六三七頁）。兵部大輔、山城守。「惣人数」には信州先方衆、騎馬二〇騎とみえ、「組頭ニ而も組子ニ而もなき衆」つまり旗本であったという。ここでは「もろが」と書かれており、そのように読んだのかも知れない。同二十二年四月九日、主家である村上義清が本拠葛尾城（長・坂城町）を放棄して逃亡したため、四月十八日、武田氏のもとに出仕した（甲陽日記）。この年とみられる五月十六日、飯富虎昌に信俊の出府を促すよう指示が出されている。その際、武田晴信は自分の命令であることを信俊に悟られないようにせよと命じている（昭和五十九年東京古典会入札目録掲載文書・六三〇）。あくまで自発的な出府であり、晴信が大いに喜んだという形でことを運ばせようとしたのであろう。そのうえで、あらためて服属の起請文を交わすと伝えている。同年八月十一日、晴信から本領安堵の判物を与えられた（甲陽日記）。同月晦日には、武田家宿老飯富虎昌を室賀城本城（本丸）に迎えている（同前）。同年九月に始まる第一次川中島合戦に参陣。九月十三日夜、麻績城（長・麻績村）・新砥城（長・千曲市）を忍によって焼き討ちした際には、敵の首七つを討ち取る高名を立てた（同前）。弘治三年三月二十日、前月十五日の葛山城（長・長野市）攻撃に際し、被官清兵衛が小田切駿河守を討ち取った軍功を賞せられている（山岸家文書・五五二）。この時、兵部大輔。永禄六年（一五六三）の上野岩下城（群・東吾妻町）攻略に参加。謀叛して同城を武田方に引き渡した「今度之忠節衆」に対する連絡役をつとめている（加沢記・八四九）。同九年、上杉勢の上野出陣を受け、伴野信是・小宮山虎高とともに倉賀野在城を命じられている（室賀家文書・一〇五四）。これ以降、山城守でみえる。同十年八月七日、「下之郷起請文」を山県昌景に提出している（生島足島神社文書・一二三六）。この時、室賀一門はもし信俊が敵に内通するようであれば、その旨をただちに言上し、武田氏に忠節を尽くすと誓っている（同前・一二三七）。また、麻績清長は、屋代・室賀・大日方と私的なやりとりはしないと誓約しており、川中島に近い国衆の結束を、いまだに武田氏が警戒している様子が窺える（同前・二八〇）。天正元年には三河長篠城（愛・新城市）に在城。八月十七日、妻である壱叶と義妹みかわが、夫の無事を祈願する願文を生島足島神社文書に奉納している（同前・三五一）。同三年六月十二日没。法名は其建永長居士（百人頭室賀兵庫提出系譜・上田小県誌1六三七頁）。ただし「東塩田室賀家所蔵系図」（上田小県誌1六三七頁）や、高野山蓮華定院が明治四年（一八七一）に作成した「信州小県郡仮霊簿」には同年五月二十一日、長篠で戦死とある。したがって、長篠で戦死したという話が後になって付されたか、長篠で受けた傷がもとで死去したものが、長篠戦死と誤解されたのであろう。法名は前正院殿其建永長居士。甲斐恵林寺に葬られた（東塩田室賀家所蔵系図・上田小県誌1六三七頁、幕府百人頭室賀兵庫提出系譜・同前ほか）。屋代正重の次男満正が跡を嗣いだ（幕府百人頭室賀兵庫提出系譜・上田小県誌1六三七頁）。なお、「信州小県郡仮霊簿」は正室の池田長門守娘と壱叶を別人としており、前者は元和七年（一六二一）七月十四日没、法名松光院室道妙岳大姉。壱叶は慶長八年（一六〇三）十二月五日没、法名籬算宗帝であったとする。また壱叶について、該当する戒名は蓮華定院「過去帳月坏信州佐久分第一」では慶長六年の同日没としており、誤写があることは間違いない。成立の早い供養帳には池田長門守娘の記載はないから、後代になって何か混同したのであろう。（丸島）

室賀正武　むろがまさたけ

生年未詳～天正十二年（一五八四）七月七日か。兵部太夫。信濃小県郡の国衆。室賀満正の三男。武田氏滅亡後、天正十年四月に父満正が死去したことで家督を嗣いだ。しかしこの家督交代により勢力減退が懸念されたのか、満正に従属を申し出ていた滝沢八兵衛が小泉氏に鞍替えをしている（滝沢家文書・信15一七二頁）。織田領国下の室賀・屋代氏は川中島四郡を与えられた森長可に従ったとみるのが自然であろう。四月、上杉景勝に属した芋川秀正による「芋川一揆」を、森長可とともに打ち破ったようである（屋代秀正覚書・長野117表紙裏）。本能寺の変後、真田昌幸らは北条氏直に出仕しているが、主立った国衆として室賀氏はあげられておらず（甲斐国志所収文書・戦北三七）、昌幸とは別行動をとった可能性が高い。なお「加沢記」によると、同年四月、真田昌幸の命令で禰津昌綱家臣が室賀氏家臣団に寝返り工作をしかけ、「室賀家中過半納得」という情勢になった（信15一九八頁）。この結果室賀正武は昌幸の攻撃を受けるが、撃退したという。しかし信長在世中にこのような事態が起こるとは考えにくく、またこの時点では禰津氏は真田氏に従属していない。少なくとも時系列に混乱があり、偽文書の可能性も高い。しかしながら、本能寺の変後、動静を分けた両氏が衝突した可能性は指摘できるだろう。同年八月、弟満俊が屋代秀正に従って正武のもとを離れ、上杉氏に従属。正武の所領は、上杉景勝によって満俊に与えるという約束がされてしまった（室賀家文書・屋代城跡範囲確認調査報告書六九頁）。この間の事情は判然としないが、正武が最終的に北条氏直に従うことを選択した可能性が指摘されている。同年十月十二日、北条氏直は禰津昌綱に書状を送り、真田昌幸が離反したものの、室賀正武からの報告によれば、同調者はいないと述べている（禰津家文書・

戦北二四三。これ以前に、北条氏に従属していたことを確認できる。しかし同月中に、北条・徳川間で和睦が成立し、信濃は徳川領という国分けがなされた。これにより、正武も家康に従ったとみてよい。同十一年五月十九日、屋代秀正とともに、大久保忠世の指揮下におかれることとなった（諸家感状宝物記・信16五九頁）。その後、真田氏の所領宛行を条件に、徳川家康から真田昌幸謀殺を命じられる。しかし同十二年七月七日、逆に昌幸におびき出され、殺害されてしまったという（加沢記、士林泝洄）。（丸島）

室賀正吉　むろがまさよし

生年未詳～永禄十一年（一五六八）三月二十三日。信濃小県郡の国衆室賀盛清の三男で、信俊の弟（東塩田室賀家所蔵系図・上田小県誌1六三七頁）。常陸守。小島（長・上田市）において一〇〇貫文を与えられていたという（同前）。永禄十年八月七日、「下之郷起請文」を室賀一族と連名で山県昌景に提出した（生島足島神社文書・一三七）。この時、当主である室賀信俊が敵に内通することがあれば、ただちに武田氏に言上し、信俊を見放すことを誓っている。同十一年三月二十三日没。法名は花巌禅春禅定門（東塩田室賀家所蔵系図・上田小県誌1六三七頁、蓮華定院過去帳月坏信州小県分第一）。（丸島）

室賀満俊　むろがみつとし

永禄三年（一五六〇）～寛永三年（一六二六）三月二十四日、六七歳（寛政譜）。信濃小県郡の国衆。室賀満正の五男。源七郎。妻は桜井信忠の娘（寛政譜）。天正七年（一五七九）十二月二十四日、甲府に在府したうえで、軍役をつとめると言上したことを受け、勝頼から信濃高梨のうち吉田分（長・中野市）を宛行われている（室賀家文書・三一三）。同八年九月、勝頼に従って東上野に出陣。新田（群・太田市）を攻撃し、膳城（群・前橋市）を攻略した（室賀源七郎覚書・長野117表紙裏）。武田氏滅亡後は織田信長に従属したとみられる。同十年四月に父満正が死去。六月二日に本能寺の変が勃発すると、小県郡の情勢も混沌としてくる。信長は、北信濃川中島四郡を森長可に与えていたが、本能寺の変を受けて、芋川親正が謀叛し、上杉景勝に寝返った。室賀満俊は兄屋代秀正とともに、森長可に従って、上杉景勝と戦った（屋代秀正覚書・長野117表紙裏）。森長可帰国後の同年八月、兄秀正とともに上杉景勝に従属し、兄室賀正武の知行を与えることを約束される（室賀家文書・屋代城跡範囲確認調査報告書六九頁）。その後は北信濃で徳川・真田方と攻防を繰り返している。秋和（長・上田市）での合戦では真田信尹（加津野昌春）と戦い、同十一年四月、麻績（長・麻績村）に攻め寄せた小笠原貞慶勢を撃退（麻績合戦）、高名をあげた（室賀源七郎覚書）。同十二年四月一日に、兄とともに海津城（長・長野市）を抜け出して上杉氏を離反、徳川家康に従属したようである。同十三年閏八月の第一次上田合戦には徳川勢として参陣し、岡部長盛隊を援護し、真田勢を側面から攻撃するなど活躍をしている（同前）。同十二年ないし十三年の四月七日、兄屋代秀正より庄内力石（長・千曲市）において一〇〇〇貫文を宛行われた（室賀家文書・屋代城跡範囲確認調査報告書七〇頁）。寝返りに怒った上杉景勝が虚空蔵山に攻め寄せた際には、兄たちとともにこれに抵抗。弾薬が尽きるまで鉄砲を撃ち、その後は弓矢で反撃したという（室賀源七郎覚書）。寅年（天正十八年か）二月二十六日に、同八年から十三年までの一八回におよぶ「足軽合戦」の覚書を記している（同前）。その後は大坂の陣に参加（寛政譜）。家光の鑓奉行となった（同前）。知行は一〇〇〇石。寛永三年死去、享年六七。法名は叟天。高輪の泉岳寺に葬られた（同前）。男子がなく、屋代秀正の子息正俊を養子に迎えた。その後は七二〇〇石の旗本として続いた。（丸島）

室賀満正　むろがみつまさ

生年未詳～天正十年（一五八二）四月二十八日。信濃小県郡の国衆。大和入道、一葉斎禅松。屋代正重の次男で、室賀信俊の養子となった。実名は勝永とも伝わるが（寛永伝）、これは子息屋代秀正（勝永）との混同である。養父の生前に法体となっていたようである。元亀三年（一五七二）七月晦日、禰津常安・真田信綱をはじめとする小県郡国衆に対し、分国追放者の交名が回覧された際には、「室賀大和入道」が宛所にあげられている（小泉家文書・一九三〇）。同年十二月の三方原合戦においては、合戦前の物見をつとめたという（軍鑑・大成上四三三頁）。天正三年、養父信俊が死去。これにより室賀家の家督は名実ともに満正のものとなった。同五年前後、駿河富士大宮に神馬一疋を奉納している「室賀」は満正であろう（永昌院所蔵兜巌史略・補遺一三）。同六年には高天神城付近の城郭に配置されたらしく、高天神城将岡部元信が、満正とよく談合するようにと指示を受けている（土佐国蠧簡集残編・二九八七）。同六～九年頃の諏訪大社上社神長官の神領書上に小県郡（あるいは更級郡）三貫文と記載される「室賀殿」は満正であろう（守矢家文書・三三二）。武田氏滅亡直後の同十年三月二十二日、滝沢八兵衛に出仕を進め、本領安堵と重恩一〇〇貫文の加増を約束している（滝沢家文書・信15一七三頁）。この時、一葉斎禅松と署判。しかし翌四月に死去。法名禅松。恵林寺に葬られた（寛政譜）。家督は三男正武が継承したとみられるが、同十二年七月に真田昌幸に謀殺され（士林泝洄、加沢記）、五男満俊の系統が続いた。（丸島）

室賀吉久　むろがよしひさ

生年未詳～天正十年（一五八二）三月十一日。信濃小県郡の国衆室賀盛清の四男で、信俊の弟（東塩田室賀家所蔵系図・上田小県誌1六三七頁）。甚七郎。舞田（長・上田市）において七三貫文を与えられていたという（同前）。永禄三年（一五六〇）に大破した金王寺（上田市）の再興を兄信俊の命で行っている（法樹院開創伝記・上田小県誌1六三六頁）。これにより同寺は、飯縄山法樹院報応寺と改称したという。同十年八月七日、「下之郷起請文」を室賀一族と連名で山県昌景に提出した（生島足島神社文書・一一三七）。この時、当主である室賀信俊が敵に内通することがあれば、ただちに武田氏に言上し、信俊を見放すことを誓っている。命日が武田勝頼自害の日と同じであり（前松寺位牌・上田小県誌1六三七頁）、勝頼に従って討ち死にしたのかもしれない。法名は、清章院雪山雪峯義白禅定門（同前、東塩田室賀家系図）。（丸島）

め

召田下総　めしだしもふさ

生没年未詳。信濃国筑摩郡会田（長・松本市）の土豪。会田岩下氏の被官とみられる。天正九年（一五八一）の「伊勢内宮道者御祓くばり帳」において、「あいたいりの分」の人物として記載され、茶三袋を配られたと記されているのが唯一の所見（堀内健吉氏所蔵・三六四四）。（平山）

召田新右衛門 めしだしんうえもん

生没年未詳。信濃国筑摩郡会田（長・松本市）の土豪。会田岩下氏の被官とみられる。天正九年（一五八一）の「伊勢内宮道者御祓くばり帳」において、「あいた分」の人物として記載され、茶三袋を配られたと記されているのが唯一の所見（堀内健吉氏所蔵・三六四）。（平山）

も

木工助 もくのすけ

生没年未詳。信濃国筑摩郡刈谷原（長・松本市）の土豪。会田岩下氏の被官とみられる。天正九年（一五八一）の「伊勢内宮道者御祓くばり帳」において、「かりや原分」の人物として記載され、茶三袋を配られたと記されているのが唯一の所見（堀内健吉氏所蔵・三六四）。（平山）

望月右近允 もちづきうこんのじょう

生没年未詳。甲斐国八代郡河内楠甫村（山・市川三郷町）の土豪。穴山家臣か。慶長十三年（一六〇八）五月二十一日、高野山に息子清介が彼と母妙順禅定尼の逆修供養を依頼しているのが唯一の所見。法名は常心禅定門（成慶院過去帳・武田氏研究47）。（平山）

望月源左衛門尉 もちづきげんざえもんのじょう

生没年未詳。甲斐国八代郡河内楠甫村（山・市川三郷町）の土豪。穴山家臣か。慶長十三年（一六〇八）五月二十一日、高野山に自身と妻柏養昌庭禅定尼の逆修供養を依頼しているのが唯一の所見。法名は春雪東陽禅定門（成慶院過去帳・武田氏研究47）。（平山）

望月甚八郎 もちづきじんぱちろう

生年未詳～天正三年（一五七五）五月二十一日。佐久郡の国衆望月氏の庶流家だろう。実名は重氏と伝わる（乾徳山恵林寺雑本・信14九六頁）。長篠合戦で討ち死にした（同前、信綱寺殿御事蹟稿・信叢15一〇六頁）。（丸島）

望月新六 もちづきしんろく

生没年未詳。佐久郡の国衆望月氏の一族。天文十七年（一五四八）、布引山（長・小諸市）に籠もり武田氏に抵抗を続ける。同年七月二十六日、武田方に転じた望月信雅が被官を物見として派遣したが、これを殺害した（甲陽日記）。翌十八年五月二十七日、駒井高白斎の説得により、武田氏への服属を決めて布引山を出る（同前）。同二十九日に武田氏に出仕（同前）。以後の動静は不明。（丸島）

望月清介 もちづきせいすけ

生没年未詳。甲斐国八代郡河内楠甫村（山・市川三郷町）の土豪。穴山家臣か。慶長十三年（一六〇八）五月二十一日、高野山に父右近允と母妙順禅定尼の逆修供養を依頼しているのが唯一の所見（成慶院過去帳・武田氏研究47）。（平山）

望月清兵衛 もちづきせいひょうえ

生没年未詳。甲斐国巨摩郡河内西島（山・身延町）の土豪。穴山家臣か。慶長十三年（一六〇八）三月二十一日、高野山に自身と妻花屋祖栄禅定尼の逆修供養を依頼しているのが唯一の所見。法名は宝玉貞珍禅定門（成慶院過去帳・武田氏研究47）。（平山）

望月藤左衛門尉 もちづきとうざえもんのじょう

生没年未詳。甲斐国河内新倉（山・早川町）の土豪。穴山家臣。永禄五年（一五六二）四月十五日、穴山信君より川除のための材木、籠藤などを出すよう指示されたのが初見（甲州古文書・七七八）。同七年七月十六日に塩嶋采女助が彼の逆修供養を高野山に依頼している（成慶院過去帳・武田氏研究34）。塩島采女助は、望月藤左衛門尉の近親か。詳細不明。その後、時期は不明ながら、穴山信君判物により望月藤左衛門尉は戦死し、その子が幼少であったため、信君は一族とみられる平五、平太の両人に陣代を命じている（同前・三九六四）。そのほかの事蹟は不明。

（平山）

望月信永 もちづきのぶなが

天文二十一年（一五五二）か～天正三年（一五七五）五月二十一日。左衛門尉武田信繁の三男。佐久郡の国衆望月氏の当主。実名は信永の可能性が高い。佐久市望月に現存する曹洞宗寺院・金峰山信永院は、天文元年開創、開基は「望月左衛門尉信永」で、当初「信養院」であったのを改称したと伝える。同年開創という部分を除いて、信頼してよかろう。あるいは、天文元年に開創された寺院を再興したとも考えられる。なお、実名は義勝とも伝わるが（乾徳山恵林寺雑本・信14九八頁）、「義」の字を上に用いるとは考えにくく、明らかな誤伝である。仮名は三郎か（宣教卿記天正三年五月二十一日条）。長兄信頼が永禄七年（一五六四）に早逝したため、同八年に望月信雅の娘を娶って望月家の家督を嗣いだ（軍鑑・大成上三五九頁）。その時一四歳であったという。これは後述する没年齢と整合性がとれ、事実とみてよいだろう。「惣人数」には御親類衆として騎馬六〇騎持ち、また「組頭ニ而も組子ニ而もなき衆」つまり旗本として記される。実際は「御一門衆」の家格にあったとみてよい。同三年五月二十一日、長篠合戦で戦死した（古今消息集・二五四九、宣教卿記、乾徳山恵林寺雑本・信14九八頁）。享年二四という（乾徳山恵林寺雑本・信14九八頁）。なお当初は望月信雅の娘を妻としたものの、のちに武田勝頼の娘を妻に迎え直したという所伝がある。この勝頼娘は早逝したという（卜部本武田氏系図・群書系図部集3一九、三三頁）。信雅の娘も早逝したものか。

（丸島）

望月信雅 もちづきのぶまさ

生年未詳～文禄三年（一五九四）十月十四日か。源三郎、左衛門佐、遠江守、印月斎一峯。佐久郡の国衆望月氏の当主。天文十二年（一五四三）九月十九日、武田晴信が佐久郡に出兵し、長窪城（長・長門町）の大井貞隆を攻めた戦いで敗北。翌二十日、一族の多くは殺害されたが（甲陽日記）、佐久郡を離れて難を逃れたようである。この過程で、惣領の昌頼（宗齢）が没落したことで（蓮華定院文書・四七三、八三）、一族をまとめる立場にたったようである。成慶院の重書目録に「望月源三郎昌貞」とあることから（檀那御寄進状幷消息・戦国大名武田氏の権力と支配三六六頁）、初名は昌貞であったらしい。同十七年には武田氏に従属。同年七月二十六日、駒井高白斎の指示を受け、被官衆を同名望月新六の籠もる布引山（長・小諸市）に派遣したが、忍び損ない、二人討たれた（甲陽日記）。この時、源三郎。翌二十七日には、晴信が信雅の陣所を訪ねている（同前）同十八年正月十四日、七〇〇貫文の知行を安堵する朱印状を、真田幸綱らを通じて与えられた（同前）。五月二十九日に同名の望月新六が出仕したことを受けてであろうか、六月五日に忠信を讃えられ、望月惣領職を与えられた（同前）。この時、左衛門佐。惣領職を認められたことにともない、武田氏から偏諱と官途を与えられ、左衛門佐信雅に改名したのだろう。ただし、望月一門の抵抗は続き、同年八月五日にも、武田方の忍が布引に侵入している（同前）。同二十年十月十四日、蓬田（長・佐久市）

のうち三貫文を高野山蓮華定院に寄進した（蓮華定院文書・三三五）。この時、信雅と署判。同二十一年一月十八日、家臣村田新九郎に、「雅房」の実名を与える（村田家文書・三四二）。この時期の四月六日、蓮華定院に巻数の礼状を出すとともに、信濃での戦乱は際限がないこと、上洛を望んでいるのに果たせないでいること、武田氏は信濃奥郡までおおかた制圧しているという状況を伝えている（蓮華定院文書・四七四）。永禄元年（一五五八）三月七日、釈尊寺（小諸市）再興の大檀那をつとめ、棟札に「大檀那滋野左衛門佐信雅」と記される（釈尊寺所蔵・四一七三）。同七年五月一日、武田信玄が大熊伊賀守に対し、三日以内に信雅らを上野倉賀野城（群・高崎市）に着城させる旨を伝えている（記録御用所本古文書・八九一）。同九年閏八月には、禰津常安とともに長野原（長・長野原町）に派遣され、西上野における変事への警戒にあたった（武家事紀・一〇〇五）。この時、岩櫃（群・東吾妻町）・大戸（東吾妻町）両城の間のどこに上杉勢が攻めかかってきても、援軍にかけつけるよう命じられている。同十年八月七日、武田氏に忠節を誓う「下之郷起請文」を金丸（土屋）昌続に提出（生島足島神社文書・二三）。この時、遠江守。永禄十一年四月二十七日、十二社（小諸市）を造営し、棟札に「大且那信雅」と記される（十二社所蔵・四二四）。子息がおらず、武田信繁の子信頼を養子に迎えていた。しかし信頼は同七年九月に病死したため、あらためてその弟信永を養子に迎えるが、信永も天正三年（一五七五）五月の長篠合戦で戦死した。このため、信永の娘に相応の人物を嫁がせ、将来家督を嗣がせることを願い出て、許可される。同年十一月十九日、勝頼はその点の確認を信永の実兄である武田信豊に行うとともに、その人物が成人するまでの間、信豊が望月氏の「名代」となることを命じた（古今消息集・二五四九）。この時、印月斎とみえており、すでに隠居していたことがわかる。同四年二月十九日、「名代」となった武田信豊に対し、洞雲寺を自身の没後の牌所とするため、寺領として三〇貫文を寄進したいと申し出て、信豊の承諾を得た（洞雲寺文書・二五八九）。同五年九月、浅科村八幡宮（佐久市）の造営棟札に「造立本旦那滋野印月斎」とみえる（八幡宮所蔵・二八七四）。大檀那は武田信豊であった。同八年三月十一日、武田信豊が望月領住人と高野山蓮華定院の間の宿坊契約を確認するにあたり、不案内であるとして、証文の発給を求められた（蓮華定院文書・三二八二）。これを受け、閏三月二十六日、蓮華定院に宿坊契状を出している（同前・三二三）。この時、「望月入道一峯」と署判。花押型も鳥のような形に変化しており、出家に際して花押型を改めたものと思われる。この同年三月二十一日、自身の逆修供養を蓮華定院で行った。法名印月斎宗伝大禅定門（過去帳日坏信州佐久分第二）。天正八年（月日記載を欠く）、村田新九郎に「雅久」という実名を与える。この時は「信雅」と実名で署判し、円形黒印を用いている（村田家文書・三四八〇）。同十年三月の武田氏滅亡時には織田信長に従属したものとみられる。同年三月十七日、村田雅房に大日向（長・東御市）を宛行う（同前・信15一六四頁）。天正壬午の乱の動静は不明確。同年十月二十四日、村田雅房に有坂（長・長和町）のうち一〇貫文、塩田（長・上田市）のうち一五貫文、蘆田（長・立科町）のうち一五貫文を宛行っている（同前・信15四九一頁）。同十一年正月、徳川方の依田信蕃に従ったという（依田記・信15五〇四頁）。同以後、徳川氏の従属国衆として所見。同年八月十日、蓮華定院に家康に出仕していることを伝えた（蓮華定院文書・信16八三頁）。同十二年五月十八日、村田雅房に大日向のうち三〇貫文を宛行った（村田家文書・信16一八二頁）。同年七月晦日、佐久郡原宮（東御市）の社領として大宮神主立神氏に一貫五〇〇文を寄進した（大宮文書・信16一九八頁）。同十四年三月十三日、断絶した大玉郷（東御市）大宮神主・立神甚六郎の名跡を新九郎に相続させる（同前・信16四二三頁）。同年四月十七日、蓮華定院に寄進地矢島（佐久市）三貫文の地を安堵する（蓮華定院文書・信16四一九頁）。同十七年六月十七日、蓮華定院に蓬田（佐久市）の寺屋敷を以前と同様に寄進した（同前・信16五七六頁）。徳川氏の関東移封後の動静は不明。文禄三年十月十四日没か。法名意（印）月宗伝禅定門（蓮華定院過去帳月坏信州佐久分第一）。その後の動静ははっきりしないが、佐久郡を制圧した蘆田依田氏の家中交名にその名が見える（芦田家旧臣列簿・もうひとりの真田一五六頁）。（丸島）

望月信頼 もちづきのぶより

天文十六年（一五四七）～永禄七年（一五六四）九月二十一日。武田信繁の長子。三郎。佐久郡の国衆望月信雅の養子として同氏を嗣いだ。永禄四年九月十日の川中島合戦では本隊に所属して参陣（軍鑑・大成上三五頁）。同七年九月二十一日没。法名捐館喜翁正悦大禅定門。高野山十輪院で供養が営まれた（十輪院武田家過去帳・山6下九二〇頁）。「武田源氏一統系図」は「十八歳ニシテ病死」と注記する（山6下七二頁）。死後、家督は末弟の信永が相続した。なお、娘婿に桃井将監がいたと思われる。（丸島）

望月半二郎 もちづきはんじろう

生没年未詳。甲斐国巨摩郡河内西島村（山・身延町）の土豪。穴山家臣か。慶長十三年（一六〇八）八月十日、高野山に自身の逆修供養を依頼しているのが唯一の所見。法名は宗慶禅定門（成慶院過去帳・武田氏研究47）。（平山）

望月与三兵衛尉 もちづきよぞうひょうえのじょう

生没年未詳。甲斐武田一族穴山信君の家臣。駿河国内房郷（静・富士市）の土豪。永禄十年（一五六七）七月十三日、武田領から今川領を往復する荷物について、二疋分の諸役を異義なく通過させると甲斐穴山信君に認定されているのが初見（望月家文書・一〇九四）。武田氏の駿河侵攻直後の、同十二年四月一日、穴山信君に従属を申請して認められ、内房、松野郷（静・富士市）で知行を宛行われている（同前・一三八二）。元亀三年（一五七二）三月十日には、信君より松野・内房郷で五〇貫文を加増されている（同前・一八〇三）。その後天正四年（一五七六）八月十九日には、新屋一〇間分の諸役免許の特権を与えられた（同前・二七〇七）。さらに、時期は不明であるが、松野郷に隠れもの（隠物か、あるいは逃散者の潜伏か）があるとの情報に接した信君から、与三兵衛尉に対し、重臣穂坂君吉とともに厳重に調査するよう命じられている（同前・三九二九）。そのほかの事蹟は不明。（平山）

望月与太郎 もちづきよたろう

生没年未詳。駿河国安倍郡の土豪、駿河衆。俵峰（静・静岡市）の土豪杉山氏とともに今川氏の被官として活動し、永禄六年（一五六三）四月十日には、今川氏真より朱印状で、四郎右衛門が杉山小太郎とともに、「三州急用」の事態にも拘わらず、被官としての立場を重視して棟別役を免除されている（杉山家文書・戦今一九〇八）。与太郎は、四郎右衛門の一族と推察され、武田氏が駿河国へ侵攻すると同氏へ仕官し、元亀元年二月二十日に武田家朱印状（奉者は土屋昌続）により、遊（油）島（静岡市）内ほか計四貫八〇〇文の知行地を得た（大草家文書・一五〇九）。（柴）

元近 もとちか

生没年・姓未詳。甲斐国都留郡駒橋郷（山・大月市）在郷の鍛冶職人。刀匠。天文十七年（一五四八）八月、元近は都留郡葛野郷（大月市）の御嶽神社ほかに、自作の太刀を奉納しており、御嶽神社のほか、同地の下和田郷の春日神社には、その由来を銘文に刻んだ太刀が現存している（国志）。（柴辻）

桃井将監 もものいしょうげん

生年未詳～天正十年（一五八二）三月。六郎次郎の子と思われる。武田信豊の姪婿（草間家文書・信補遺下四三頁、以下同文書による）。信豊の姪ということは、兄望月信頼または弟望月信永の娘ということになる。両者の年齢を考えれば、信頼の娘婿であろう。寛永三年（一六二六）に池田郷（長・松本市）の草間三右衛門尉がまとめた覚書によると、信濃筑摩郡内田郷（松本市）の地頭である。このため、六郎次郎の子息と思われる。内田の百姓が草木刈りに利用していた山について、小池郷（松本市）の住人も利用が許可されていた。ところが天正七年に加増を受けられなかった地頭桃井将監が、同八年四月になってこの慣例を拒絶したため、相論となったという。この時は、越後御館の乱に勝頼が出陣していたため、訴訟が受理されなかったとあるが、これは同年の出来事であり、年次が錯綜している。以上の話は、同六年の出来事かもしれない。小池郷住人は同八年十月に甲府に上り、相論を行うが、桃井将監が信豊の姪婿という姻戚関係を利用して奉行衆に圧力をかけたため、その時は結論が出なかったという。なおこの相論は、翌年三月に小池郷住人が湯治中の勝頼のもとに押しかけて直訴し、入会が認められている。同十年の甲州崩れに際し、信豊とともに小諸（長・小諸市）で自害した「典厩の姪女婿百井」（信長公記）は、将監とみてよいだろう。（丸島）

桃井綱千代 もものいつなちよ

生没年未詳。天正六年（一五七八）六月二十一日、亡父の旧領を安堵されるとともに、越後西浜（新・新潟市）本意のうえは、知行を与えると約束されている（新編会津風土記・二九九〇）。ただし、根知城主（新・糸魚川市）赤見六郎・吉江景淳が忠節に励んでいるので、替地を宛行うと定められた。「亡父先忠」とあるから越後国衆で、父の代に一度武田氏に属したことがあり、御館の乱時の混乱の中、武田氏に従属を申し出た人物とみるべきであろう。（丸島）

桃井頼光 もものいよりみつ

生没年未詳。蔵人佐。永禄十年（一五六七）八月七日、「下之郷起請文」を、依田隆総・塚越重定とともに、奉行浅利信種に宛てて提出している（生島足島神社文書・一一三三）。そのほかの事蹟は不明。（丸島）

桃井六郎次郎 もものいろくろうじろう

生年未詳～永禄七年（一五六四）三月十九日。永禄四年五月十日、塩田城（長・上田市）在城給を内田（長・松本市）・二子（松本市）で宛行われている（続錦雑誌・七四二）。法名は、直阿弥陀仏（一蓮寺過去帳・山6上四三四頁）。（丸島）

森三 もりさん

生没年未詳。武田氏の奉行人だが、確実な姓は不明。通称は三郎または三河守か。某年十一月十四日、多門坊（静・富士市）が抱えている郷夫について、須津（富士市）の御印判衆が一味して触れ回っていると訴訟があり、上意により跡部勝忠の手形が出されたので、今後はこのようなことがないようにせよと命じている（多門坊文書・三九三八）。内容・宛所からして森豊の近親とみられる。なお、朱印を使用している。（丸島）

森豊　もりほう

生没年未詳。武田氏の奉行人だが、確実な姓は不明。通称は豊前守もしくは豊後守。某年十一月二十一日、多門坊（静・富士市）が抱えている人夫が職務をつとめていないと連年訴訟があり、跡部勝忠の手形にもその旨は明らかであるので、調停するように、武筑と連名で須津（同前）の御印判衆に命じている（多門坊文書・三九四二）。内容・宛所からして森三の近親とみられる。（丸島）

森彦左衛門尉　もりひこざえもんのじょう

生没年未詳。船問屋。富士川下流の渡場である橋上郷（静・芝川町内房）に在住して船場問屋をつとめるほか、筏稼ぎに従事していた。今川氏時代からの諸役免許状を数通残しており、武田氏時代になってからも、元亀元年（一五七〇）三月二十日付の葛山氏元朱印状では、富士川の渡しについて手形なしでの通行依頼が通達が指令されており（森家文書・一五三六）、次いで天正四年（一五七六）十一月十日の穴山信君判物では、彦左衛門と橋上の船方衆宛に、筏奉公をつとめているので百姓役を免除している（同前・二七四〇）。さらに同八年八月二十五日には、同人より富士川でのもじり漁の奉公を命ぜられている（同前・三四一二）。（柴辻）

森川備中　もりかわびっちゅう

生年未詳～天正九年（一五八一）三月二十二日。高天神籠城衆。天正九年の高天神落城に際して討ち死にした（乾徳山恵林寺雑本・信15一七頁）。（丸島）

森下又左衛門尉　もりしたまたざえもんのじょう

生没年未詳。出自は明確でないが、上野沼田領猿ヶ京城（群・みなかみ町）近辺の須河の土豪の可能性が高い。天正八年（一五八〇）五月、上野沼田領攻略をすすめる真田昌幸に従い、北条方の猿ヶ京城攻略の功績によって、昌幸から須河において本領など二一貫五〇〇文を宛行われている（森下文書・三三四〇）。以後は武田氏に被官化し、昌幸の同心に編成され、沼田領に在所したとみられ、同年六月には武田氏から、境目に在所している忠節への功賞として、沼田城（群・沼田市）攻略後に沼田衆大橋分など二〇貫文の宛行を約束されている（同前・三三七〇）。同十年三月の武田氏滅亡後については、同年閏十二月、昌幸が家臣丸山土左守に宛てた朱印状の宛名部分に、後筆でその名が記されている（同前・群三〇七）。しかし後筆であることからすると、直接には関係しない文書の可能性が高く、そうすると武田氏滅亡後における明確な所見はない。（黒田）

森民部大夫　もりみんぶだゆう

生没年未詳。駿河国有渡郡草薙（静・静岡市）にある草薙神社の神主。戦国期に大森泰守が今川氏親に仕え、永正年間（一五〇四～二一）に遠江国森城（静・森町）に入り、今川氏親の命で森に改姓したとされる（駿河志料）。天正八年（一五八〇）七月二十八日の草薙神社釣灯籠銘（草薙神社所蔵・三三八九）で、願主として同社の釣灯籠を奉納している。また、同日の草薙神社鰐口銘（同前・三三九〇）でも、鰐口奉納の願主として名がみえる。九月二十七日の穴山信君朱印状写（駿河志料・三八三八）では、社領内の山林竹木の伐採を禁じ保護されている。子孫は同社の神主を世襲した（駿河志料）。（鈴木・柴）

森本永派 もりもとえいは

生没年未詳。蒲庵永派。武田氏の使僧。元は穴山氏の使僧か。また、御伽衆寺島甫庵と事蹟が混同している可能性がある。永禄九年（一五六六）閏八月二十四日、穴山信君が天輪寺に書状を出した際、詳細は蒲庵に聞いてほしいと記したのが初見（南松院文書・一〇三）。某年八月二十七日、信玄が身延山久遠寺に書状を出した際、副状を付している（内閣文庫所蔵久遠寺文書・二〇九六）。天正元年（一五七三）九月十八日、蒲庵から穴山信君が病気になっていると聞いた勝頼が、薬を送っている（本成寺文書・二一七七）。勝頼期には本願寺との交渉で活躍。同四年三月七日、加賀一向一揆のもとに派遣中の長延寺実了師慶に勝頼が書状を出した際、長坂光堅とともに副状を付した（京都大学所蔵古文書纂・二六〇七）。同年六月二十二日、勝頼が本願寺坊官下間頼充に書状を出した際、やはり長坂光堅と副状を付した（岡家文書・二六七九）。同年十月二十四日、本願寺東老軒常存に勝頼が書状を出した際、長坂と副状を付している（山口市歴史民俗資料館所蔵万代家手鑑・二七三九）。その後、上杉氏への使者をつとめる。同七年七月十九日、三日前に成福院・森本蒲庵を派遣したと、勝頼が上杉景勝に伝えている（高梨家文書・三一四二）。同年八月二十日、成福院と森本蒲庵を派遣したところ、懇切にしてもらったと、勝頼が上杉景勝に謝辞を述べている（上杉家文書・三一五四）。同年九月十七日、上杉家臣竹俣慶綱に対し、勝頼が要望に応じて起請文を書いたとする書状を送った（謙信公御書・三一六九）。この時は永派と署判。同七年から九年の二月九日、上杉氏の重臣山崎秀仙に返書を送り、正月の挨拶に答礼をしている（歴代古案・三七九五）。この書状で、「蒲庵永派」という法諱が確認できる。某年、木曾義昌に人質として老母を差し出すよう求める使者を松看斎とともにつとめた（辻守正氏所蔵文書・補遺六五）。同十二年十一月七日、向嶽寺明白庵に寺領として小原郷（山・山梨市）を寄進した（向嶽寺文書・山4三五二）。ここでは蒲庵惟伝永派と署判。これは入牌領であったといい、同十四年十月に子息藤三昌澄によって安堵を受けているから（同前・山4三五三）、この間に死去したものか。（丸島）

守矢信実 もりやのぶざね

生没年未詳。諏訪大社上社の神長官職。守矢頼真の子で、信玄と同時代を生きる。天文十四年（一五四五）十二月、武田晴信より「信実」の名字状を与えられる。父頼真が武田氏の諏訪侵攻を機に武田氏に従い、諏訪支配の先導役をつとめる。信実（真）もその路線を踏襲して戦国期の諏訪大社の復興に努める。信玄や重臣との親交が深く、関係文書が多く残っている（守矢家文書）。勝頼に仕えた後、家康の援助によって諏方頼忠の諏訪復帰に尽力している。（柴辻）

守矢彦七郎 もりやひこしちろう

生没年未詳。信濃国諏訪郡の武士。諏訪大社上社神長官守矢氏の一族か。永禄十年（一五六七）八月七日、守屋彦七郎は、諏方頼豊らとともに「下諏訪五十騎」として連署で起請文を提出しているのが唯一の所見（諏訪家旧蔵文書、一一七八）。そのほかの事蹟は不明。（平山）

守矢房実 もりやふさざね

生没年未詳。信濃国諏訪郡の神官。諏訪大社上社神長官守矢氏の一族。天文二十二年（一五五三）一月吉日成立の禁中修理料進献目録に禰宜房実と署名し、一五貫文を納めているのが唯一の所見（矢島家文書・四五二）。上社禰宜職は、同十一年十月七日、禰宜矢島満清が武田氏に反抗して没落すると、神長官守矢頼真にその跡が与えられており、頼実は禰宜職に息子信実を擁立しているので（神使御頭之日記・信11一九〇頁）、房実は信実と同一人物か、その後継者と考えられる。そのほかの事績は不明。（平山）

守矢幸実　もりやゆきざね

生没年未詳。信濃国諏訪郡の武士。諏訪大社上社神長官守矢頼真の従兄弟。父は守矢継実の子義実（貞書記と称す）。彦九郎。神長官守矢頼実が武田氏の求めにより祈願のため戦場に赴いた際には、諏訪大社上社の留守居をつとめたという（神長守矢氏系譜・新編諏訪史料叢書5）。永禄八年（一五六五）十二月五日、武田信玄が諏訪大社上社に命じた「神事再興之次第」において、二月晦日の荒玉の神事が退転したのは、そのための竹居庄にある領田が守屋彦九郎の知行地になってしまっていることが要因とあるのが初見（諏訪大社文書、九六五）。また同文書によると、大政所領も彼の知行となってしまっていたため、大政所職が退転していることを知った武田信玄は、彦九郎に替地を与え、器量の親類を選んで同職を再興するよう指示した。さらに同年九月二日、信玄が諏訪大社上社に命じた祭礼再興において、大政所役の大宮外垣瑞籬、御柱の引綱役、鳥居役などを対捍している者たちがいるとの守屋彦九郎の訴えを容れ、信玄は役銭納入などを厳命している（同前・一〇二三）。その後、同十年八月七日、武田氏重臣水上菅兵衛に「下之郷起請文」を提出し、武田氏が逆心をせぬ旨を誓っている（生島足島神社文書・一二二四）。その後の事績は不明。息子に豊後守惟幸がおり、大政所神主をつとめたというが確認できない（神長守矢氏系譜・新編諏訪史料叢書5）。（平山）

守矢頼実　もりやよりざね

永正二年（一五〇五）五月二十五日～慶長二年（一五九七）九月十日。信濃国諏訪大社上社神長官。満実の曾孫。有実の子。妻は船木高助の女（神長守矢氏系譜・新編諏訪史料叢書5）。永正四年に生母を、同十年二月には父有実を失い、叔父貞書記（有実の弟）に扶育され、一六歳で神長官に就任した。その後、二〇歳の時に叔父貞書記が法華寺に入山せねばならず、若年で禰宜太夫矢島満清らと対決して、奪われた神長官の権利を回復することとなる（大祝職位事書・新編諏訪史料叢書5）。同十七年十二月、諏方頼隆の嫡子小太郎（頼重）の大祝就任の儀式をめぐって満清らと対立したが敗れた。その後、享禄二年（一五二九）十二月、諏方頼満の六男神太郎（頼寛）が大祝に就任する際に、再び満清らと対決したが、またも退けられた（同前）。だが天文七年（一五三八）の豊増丸（頼重の弟頼高）が大祝に就任する際に、三度満清らと争い、遂に奪われていた実権の奪回に成功した（大祝職位伝授之書・信11三三〇頁）。同年九月、頼実は諏方碧雲斎と孫頼重の仲介で、禰宜矢島満清と和睦している（守矢文書・信11二三六頁）。同八年五月十二日、病に臥せった諏方頼重のために、病気平癒の祈禱を行った（神使御頭之日記・信11一四四頁）。頼重は翌九年三月にも病気となり、頼実に祈禱を依頼している（同前・信11一五〇頁）。その後、諏訪大社に課税を強化する諏方頼重と対立したが、同十年の武田氏侵攻に際しては、頼重とともに籠城し、頼重死後は、武田氏の戦勝祈願などを実施して信頼を得た（守矢頼実書留・新編信濃史料叢書7）。同十一年十月七日、禰宜矢島満清が武田氏に反抗して没落すると、その跡を与えられた。頼実は禰宜職に息子信実を擁立している（神使御頭之日記・信11一九〇頁）。同十四年十二月八日、武田氏と対立した高遠諏方頼継の攻撃を受け、守矢屋敷は放火されたが、頼実らは無事であった（同前・信11三三頁）。同十五年九月吉日、武田信玄より伊那郡広垣内で一〇〇貫文を与えられている（守矢文書・二〇七）。同十七年二月三日、従三位に補任された（同前・信11三六七頁）。これを受けて同年八月、武田信玄より諏方社神長官職を安堵されている（同前・二六九）。だが諏訪、伊那郡の戦乱により諏訪大社の祭礼や社領よりの収納は大きな打撃を受けており、同十八年十一月吉日、頼実は諏訪高島城代長坂虎房にその苦境を訴えている（同前・信11四三五頁）。同二十二年八月二十日、後奈良天皇より贈られた宸筆般若心経を、頼実は神前に奉納した（同前・信11五六二頁）。同二十二年十月、頼実は山城国般舟院友空を通じて正二位に叙任されることを請うたが認められず、十一月二十日に正三位に叙任されるにとどまった（同前・信11五九二頁）。弘治元年（一五五五）九月十日、上杉謙信と対戦していた武田信玄に守符などを贈り、戦勝祈願を行っている（回木氏所蔵文書・四五二）。その後、活動がみられなくなるので、息子信実に大祝職を譲り隠居したと思われる。信実は、諏方氏滅亡の顚末を記した「諏訪頼真書留」や、大祝職位に関する「大祝職位事書」などの貴重な記録を残している（新編信濃史料叢書7）。このほかに京都三条西家と昵懇の間柄であり、天文六年には三条西公條に実隆の死を悼む書状を送り（守矢家文書・信11一二五頁）、また古河公方足利晴氏にも守符と劔を献じている（同前・信11一四二頁）。

（平山）

森山成繁　もりやまなりしげ

弘治元年（一五五五）～慶長十八年（一六一三）十二月十七日、五九歳。佐久郡森山（長・小諸市）を本拠とする国衆。兵部助（丞）。満繁の子息とみられる（寛政譜の検討による）。武田氏滅亡時は、父満繁に従って行動した。年未詳十月十五日に高野山蓮華定院に「当境錯乱」と書き送っているのは、天正壬午の乱における佐久郡の混乱を示すものだろう（丸山史料蓮華定院古文書・信叢1四三五頁）。天正十年（一五八二）七月十一日、満繁とともに、徳川家康から与良氏跡職を与えられている（譜牒余録後編・信15三九二頁）。同十八年（一五九〇）の小田原合戦に際しては、依田康国に従って上野松井田（群・安中市）を攻撃。家康関東転封後、そのまま依田氏に従った（寛永伝、寛政譜）。その依田氏改易後、徳川氏の直臣となる。法名は浄間（同前）。

（丸島）

森山満繁　もりやまみつしげ

生年未詳～文禄二年（一五九三）六月。佐久郡森山（長・小諸市）を本拠とする国衆。豊後守。「寛永伝」は石見守俊盛と豊後守信盛を別人とするが、「寛政譜」が指摘するように、両人の記載内容から同一人物の可能性が高い。その場合、兵部助成繁の父となる。おそらく、子息がそれぞれ別家を立て、別の系譜を提出したのだろう。天正二年（一五七四）に作成された大井氏の由緒書のひとつに、大井荘脇郷のひとつとして「森山」の記載があり（信14二四頁）、岩村田大井氏の所領という主張がなされている。三方原合戦、長篠合戦などに参陣したという（寛永伝）。武田氏滅亡に際しては、佐久郡を目指した武田信豊を支援しようとしたが、信豊横死を知って退いた（寛永伝、寛政譜）。年未詳十月十六日に高野山蓮華定院に「当表錯乱」と書き送っているのは、天正壬午の乱における佐久郡の混乱を示すものか（丸山史料蓮華定院古文書・信叢1四三五頁）。当初は佐久郡に侵攻してきた北条氏直に従ったが、その後家康のもとで佐久郡を席捲した依田信蕃に属したという（依田記、寛永伝、寛政譜）。天正十年（一五八二）七月十一日、成繁とともに徳川家康から与良氏跡職を与えられている（譜牒余録後編・信15三九三頁）。「寛永伝」はこれを石見守俊盛とその子兵部少輔盛房宛とするが、実際には豊後守満繁と兵部少輔成繁宛だから、「寛政譜」の推定は正しいとみてよい。同十七年十一月二日、所領根々井（長・佐久市）のうち見出分六貫文が、依田康国によって丸山内匠助に与えられている（山宮文書・信17四六頁）。その後依田康国に付される形で、上野藤岡に移った（寛永伝）。文禄二年没、法名は浄椿（寛永伝、寛政譜）。一方、豊後守信盛については、享年七三、法名大喜定珍とされており（同前）、検討の余地を残す。しかし「寛政譜」も指摘するように、「浄椿」と「定珍」は音通しており、この点も同一人物とする根拠になるのではないか。だとすると、大永元年（一五二一）生まれとなろう。子息成繁との年齢差は三四であり、特に違和感はない。（丸島）

茂林禅師 もりんぜんじ

生没年未詳。臨済宗妙心寺派僧。甲斐・円蔵院（山・南部町）の住職。同寺は穴山信友の菩提所。天文二十四年（一五五五）九月、穴山信友は南部新地での同寺山林の四至を定めて寄進しており、同月には別に南部郷御崎原（南部町）を寄進し、成島新田（南部町）の年貢銭一〇貫文余も寄進している（円蔵院文書・四五〇、四五三）。永禄二年（一五五九）九月の「妙心寺官銭受取状」での宛名は、二世桂岩徳芳になっている（円蔵院文書）。（柴辻）

諸沢信隆 もろさわのぶたか

生没年未詳。湛介。永禄十年（一五六七）八月七日、武田氏に忠節を誓う「下之郷起請文」を、連名で金丸（土屋）昌続に提出した（生島足島神社文書・一一三四）。連署者の実名からみて、望月氏の被官であろう。なお、永禄元年三月七日、望月信雅が釈尊寺（長・小諸市）を再興した棟札に「諸沢常陸守」とみえる（釈尊寺所蔵・四一七三）。一族であろう。（丸島）

両角源丞 もろずみげんのじょう

生没年未詳。信濃国諏訪郡の土豪。諏方氏の重臣千野氏の同心衆。年未詳酉十月七日成立の「千野同心衆交名」に番手のひとりとしてみえるのが唯一の所見（千野家文書・三九二四）。その後の事蹟は不明。（平山）

両角作内 もろずみさない

生没年未詳。信濃国諏訪郡の土豪。諏方氏の重臣千野氏の同心衆。年未詳酉十月七日成立の「千野同心衆交名」に番手のひとりとしてみえるのが唯一の所見（千野家文書・三九二四）。その後の事蹟は不明。（平山）

両角筑後守 もろずみちくごのかみ

生没年未詳。信濃国諏訪郡の土豪。永禄十年（一五六七）八月七日、諏方頼豊らとともに「下諏訪五十騎」として連署で起請文を提出しているのが唯一の所見（諏訪家旧蔵文書・一一七八）。そのほかの事蹟は不明。（平山）

両角藤六　もろずみとうろく

生没年未詳。信濃国諏訪郡の土豪。諏方氏の重臣千野氏の同心衆。年未詳酉十月七日成立の「千野同心衆交名」に番手のひとりとしてみえるのが唯一の所見（千野家文書・三九二四）。その後の事蹟は不明。（平山）

両角虎城　もろずみとらき

生没年未詳。治部少輔、信濃守。現存はしていないが、高野山成慶院に「治部少輔虎城」の名で書状を送っている（成慶院檀那御寄進状幷消息・戦国大名武田氏の権力と支配三八二頁）。辛巳（大永元年か、一五二一）七月二十三日、虎城の老母が高野山成慶院で清仲妙泉大姉の追善供養を営んだ（過去帳・武田氏研究34五七頁）。この時、信濃守。享禄三年（一五三〇）八月一日には、虎城自身が弟陽公如蔵禅師の追善供養を、成慶院で行った（同前・武田氏研究34五四頁）。天文六年（一五三七）四月二十七日には、老母が芳桂道林禅門の追善供養を成慶院で営んでいる（同前・武田氏研究34五六頁）。同八年二月二十日、萩原郷内二貫文の地を、向嶽庵灯明銭として寄進し直した（向嶽寺所蔵甲斐国塩山向岳禅寺因由疏・八四）。この時、両角信濃守虎城と署判。同年五月十二日には桂容妙昌禅定尼の供養を（過去帳・武田氏研究34五八頁）、永禄二年（一五五九）十一月十日には椿反道久禅門の追善供養を、虎城の老母が成慶院で営んだ（同前・武田氏研究34五七頁）。同年六月二十一日には、川田（山・甲府市）の俊智なる人物によって、虎城自身の逆修（生前）供養が成慶院で営まれている（同前・武田氏研究34五八頁）。このように、高野山を深く信仰した母子であったと思われる。（丸島）

両角虎登　もろずみとらなり

生没年未詳。玄蕃允、大蔵丞。板垣信方の弟。天文十年（一五四一）十二月二十三日の武田八幡宮宝殿の棟札に、奉行として「両角大蔵丞」の名がみえる（若尾資料甲斐国志資料・四三七）。この棟札に記された人名はおおむね正確だが、いくつか問題点があり、少なくとも天文十年のものではない。同十七年二月十四日、上田原合戦における信方戦死を受けて、三月に諏訪上原城に入城（神使御頭之日記）。この時、玄蕃允。一時的に上原城代・諏訪郡司の代理をつとめた。ただし八月十一日には、長坂虎房が上原城代に任じられているから（甲陽日記）、きわめて短期間の在任であった。高野山成慶院に二通書状を出した記録が残っており、「両角玄蕃丞虎登」「両角大蔵丞虎登」と署判していたという（成慶院檀那御寄進状幷消息・戦国大名武田氏の権力と支配三一三頁）。これにより、実名が判明する。そのほかの動静は不明。（丸島）

両角(室住)虎光　もろずみとらみつ

生年未詳～永禄四年（一五六一）九月十日。豊後守。「国志」は実名を虎定とし、昌清とする説を否定するが、どちらも誤りである。なお、自身の発給文書では姓を「室住」と記しているが、祐筆が記した部分であり、一族の署判から「両角」としておく。弘治元年（一五五五）八月、斎藤道三が武田氏の従属国衆である美濃遠山領に進軍しているとの報告を秋山虎繁と連名で大島城（長・松川町）に注進。十八日、晴信から対策について指示を受けている（吉田家文書・六四二）。この時、遠山氏に対する援軍として、苗木城（岐・中津川市）に在番していた可能性がある。次いで同三年十一月六日、長坂虎房・三枝虎吉と連名で京都に送るための銭を地頭・百姓に賦課している（早稲田大学図書館所蔵安藤家文書・五七八)。この時、「室住豊後守虎光」と署判。永禄元年四月、北信濃の防備を固めるため、柏鉢城(長・小川村)籠城を指示された(神宮文庫所蔵武田信玄古案・五九二)。同四年九月十日、第四次川中島合戦で戦死した(軍鑑・大成上三八頁、成慶院過去帳・武田氏研究34八八頁)。家臣石黒五郎兵衛・成瀬吉右衛門(正一、のち徳川家臣)が首を持ち帰ったと伝わる(国志)。元亀三年(一五七二)四月十九日、嫡子昌守の手で、高野山成慶院で供養が営まれている。法名は忠宗良香禅門(過去帳・武田氏研究34八八頁)。また典厩寺(長・長野市)の位牌には智賢義勇居士、慈照寺(山・甲斐市)の位牌には慈照寺賢昌良清禅定門とあったという(国志)。妻は内藤昌秀の姉と伝わる(内藤家系譜写・武田氏家臣団の系譜二九頁)。なお、「寺記」は実名昌清、実は武田信昌の六男で八一歳没とする。しかし信虎から「虎」字偏諱を受けていることや、活動年代、子息昌守の行動が若年のものとしか考えられないことからみて、とうてい事実とは受け入れがたい。明確な誤伝であることを記しておきたい。

(丸島)

両角晴助 もろずみはるすけ

生没年未詳。信濃国諏訪郡の土豪。諏方氏の重臣千野氏の同心衆。年未詳酉十月七日成立の「千野同心衆交名」に騎馬衆のひとりとしてみえるのが唯一の所見(千野家文書・三九二四)。その後の事蹟は不明。

(平山)

両角孫左衛門尉 もろずみまござえもんのじょう

生没年未詳。信濃国諏訪郡の土豪。天正四年から同六年にかけて、両角内記を相手に、所領である芹沢、富岡(長・茅野市)の境界争論を行っている。この争論は武田氏の裁許により、両角内記が主張する境界は破棄され、天正六年(一五七八)三月二十一日付の武田氏奉行安西有味・今福昌常手形で決着が図られた(辰野虎造氏所蔵文書・二九五六、五七)。そのほかの事蹟は不明。

(平山)

両角昌守 もろずみまさもり

生没年未詳。虎光の子。助五郎。永禄四年(一五六一)九月の虎光戦死を受け、家督を嗣いだと思われる。永禄十年八月七日、「下之郷起請文」を吉田信生・浅利信種に宛てて提出した(生島足島神社文書・一一〇九)。この時、「両角助五郎昌守」と署判している。「惣人数」にむかでの指物衆として記載される「両角助七郎」は昌守のことであろう。元亀元年(一五七〇)十一月、原昌胤(虎胤子)と躑躅ヶ崎館内で喧嘩となり、双方が手疵を負ったという。激怒した信玄は、父虎光の活躍に免じて助命したものの、見せしめとして知行・同心を没収された(軍鑑・大成上四四頁)。同三年四月十九日、父虎光の供養を高野山成慶院で行ったのが史料上の終見である(過去帳・武田氏研究34八八頁)。

(丸島)

両角又左衛門尉 もろずみまたざえもんのじょう

生没年未詳。信濃国諏訪郡の土豪。諏方氏の重臣千野氏の同心衆。年未詳酉十月七日成立の「千野同心衆交名」に番手のひとりとしてみえるのが唯一の所見(千野家文書・三九二四)。その後の事蹟は不明。

(平山)

室住但馬守 もろずみたじまのかみ

生年未詳～永禄六年(一五六三)か。信濃国諏訪郡の土豪。室住与七郎の養父。武田氏の軍役衆であったが、永禄六年までに死没し、その一跡は養子与七郎が継承した(小沢侃二氏所蔵文書・八三五)。その

ほかの事蹟は不明。（平山）

室住与七郎 もろずみよしちろう

生没年未詳。信濃国諏訪郡の土豪。室住但馬守の養子。武田氏の軍役衆として活躍し、永禄六年（一五六三）八月二十七日に武田氏より養父但馬守の一跡を安堵されている（小沢侃二氏所蔵文書・八三五）。そのほかの事蹟は不明。（平山）

両瀬重衛門 もろせじゅうえもん

生没年未詳。信濃国筑摩郡会田（長・松本市）の土豪。会田岩下氏の被官とみられる。天正九年（一五八一）の「伊勢内宮道者御祓くばり帳」において、「あいた」の人物として記載され、茶三袋を配られたと記されているのが唯一の所見（堀内健吉氏所蔵・三六四）。なお、名字の読みは仮説である。（平山）

両瀬清左衛門 もろせせいざえもん

生没年未詳。信濃国筑摩郡会田（長・松本市）の土豪。会田岩下氏の被官とみられる。天正九年（一五八一）の「伊勢内宮道者御祓くばり帳」において、「あいたいりの分」の人物として記載され、茶二袋を配られたと記されているのが唯一の所見（堀内健吉氏所蔵・三六四）。なお、名字の読みは仮説である。（平山）

諸山石見守 もろやまいわみのかみ

生没年未詳。天文二十年（一五五一）八月九日、耳取城（長・小諸市）に在城する小林遠江守の調略を、弟上総介とともに指示された（内閣文庫所蔵書上古文書写・三三二）。成功した場合は本領の替地を甲斐で宛行い、失敗しても蔵銭を宛行うという好条件であり、晴信が耳取攻略に苦心していた様子がうかがえる。（丸島）

諸山秀盛 もろやまひでもり

生没年未詳。三河守。佐久郡の国衆、大井貞清の家臣。某年九月二十八日、大井貞清に祈禱の巻数を送ってもらったことの礼状を、高野山蓮華定院に出している（丸山史料蓮華定院古文書・三九六）。去年は「爰元断而乱入」とあるのは、武田氏の佐久郡侵攻を指すと思われる。ただし貞清は上野へ出陣中であると断っており、武田氏従属後に出したものかもしれない。（丸島）

や

八重森家昌 やえもりいえまさ

生没年未詳。因幡守。「国志」は伊予出身とする説と、「甲陽軍鑑伝解」が記す信玄正室三条殿の付家臣という説を併記する。「惣人数」には「諸国へ御使衆」としてみえる。主に西国への使者をつとめた。永禄十一年（一五六八）七月十六日、越中金山に派遣され、本願寺派寺院勝興寺（富・高岡市）との談合を指示されたのが初見（勝興寺文書・一二九九）。活動の本格化は勝頼期で、天正元年（一五七三）九月二十一日には、本願寺顕如からの返書を携えて帰国の途に就いた（顕如上人御書札案留・四〇七六）。同三年七月十日、紀伊の雑賀年寄衆から書状を送られている（西本願寺文書・四〇七三）。同四年九月十六日、毛利輝元への初めての使者として起用された（山口市歴史民俗資料館所蔵万代家手鑑・二七二三）。同五年二月には、甲府に帰還し、長延寺実了師慶とともに本願寺顕如の要請を言上している（勝善寺文書・二七七三）。同年三月十七日、足利義昭御内書への返答を所持した使者をつとめる（加越能文庫所蔵諸家所蔵文書写・四二七四）。同七年正月九日、毛利氏使僧安国寺恵瓊への使者として派遣された（大阪城天守閣所蔵文書・四二八二）。同年八月二十日、上杉景勝のもとに派遣された（上杉家文書・三二五四）。同年十一月二日に、武田勝頼が陣中から甲府の留守衆に出した覚書では、相原庄左衛門尉と家昌に遣わした条目のとおりに、疎略なく整えよ、とある（諸州古文書・三八八）。同十年の武田氏滅亡に際しては、越後根知（新・糸魚川市）を上杉方に引き渡し、三月二日に長井昌秀に上杉景勝への取り成しを頼んでいる（上杉家文書・三六七〇）。この書状で家昌は、織田勢を伊那郡で打ち破ったと述べているが、もちろん虚報である。その後、同年三月二十七日に矢野綱直が栗林氏に対し、前日八重森家昌が使いとしてやってきたと述べているから（同前・上越三三一六）、上杉氏のもとに亡命したものか。娘は武田家臣守屋十左衛門（光重）に嫁いだ（衆臣家譜・相馬市史資料集特別編13七五頁）。なお、十左衛門の弟新左衛門の娘が河西肥後守に嫁いでいる。

（丸島）

八重森源七郎 やえもりげんしちろう

生没年未詳。家昌の子か。天正七年（一五七九）正月九日、武田勝頼が吉川元春をはじめとする毛利氏家臣に対し、八重森源七郎が帰国する際に、添えられた使者への回答を述べている（吉川家文書・三〇六七、毛利博物館所蔵文書・三〇六八、大阪城天守閣所蔵文書・四三八二）。

（丸島）

弥右衛門 やえもん

生没年未詳。甲斐国志摩庄千塚郷（山・甲府市）の大工職人。永禄六年（一五六三）八月の山梨郡小松庄（甲府市）の石宮神社本殿の棟札銘によれば、地頭の飯富昌景の本願によって、同社の本殿が修造され、その大工を弥右衛門がつとめており、檜皮大工を山梨郡松尾郷（甲府市）の横屋清七郎がつとめている（国志・八三二）。

（柴辻）

弥右衛門 やえもん

生没年未詳。信濃国筑摩郡明科（長・安曇野市）の土豪。塔原海野氏の被官とみられる。天正九年（一五八一）の「伊勢内宮道者御祓くばり帳」において、「あかしな分」の人物として「込地の弥右衛門」と記載され、茶三袋を配られたと記されているのが唯一の所見（堀内健吉氏所蔵・三六四四）。

（平山）

弥左衛門 やざえもん

生没年未詳。信濃国筑摩郡会田（長・松本市）の土豪。会田岩下氏の被官とみられる。天正九年（一五八一）の「伊勢内宮道者御祓くばり帳」において、「あいた」の人物として記載され、茶三袋を配られたと記されているのが唯一の所見（堀内健吉氏所蔵・三六四四）。

（平山）

弥左衛門 やざえもん

生没年未詳。信濃国筑摩郡野口（長・麻績村）の土豪。名字、諱は不明。麻績氏の被官とみられる。天正九年（一五八一）の「伊勢内宮道者御祓くばり帳」において、「の口分」の人物として記載され、茶三袋を配られたと記されているのが唯一の所見（堀内健吉氏所蔵・三六四四）。（平山）

矢崎房清 やざきふさきよ

生没年未詳。信濃国諏訪郡の社家衆。諏方氏旧臣。四郎兵衛尉。永禄九年（一五六六）三月四日成立の「諏訪大社玉垣日記」に登場するのが初見（守矢家文書・九八〇）。その後、天正六年（一五七八）二月吉日成立の「上諏訪造宮帳」に諏訪大社一之御柱造営役銭の使衆として（諏訪大社上所蔵文書・二九四二）、同日成立の「上諏訪大宮同前宮造宮帳」に取手として登場する（同前・二九四六）。また同年二月二十二日、信濃国佐久郡根々井郷（長・佐久市）に対し、一之御柱造宮役銭納入手形に連署している（水野家文書・二九四三）。さらに同七年二月六日成立の「上諏訪造宮帳」に使衆、取手として登場する（大祝諏訪家文書・三〇七八）。その後の事蹟は不明。

（平山）

矢沢頼綱　やざわよりつな

永正十五年（一五一八）か～慶長二年（一五九七）五月七日、八〇歳か（真武内伝）。源之助（良泉寺矢沢氏系図）、薩摩守。仮名は源十郎とする説もあるが、疑わしい。実名は初め綱頼、のちに頼綱が正しかろう。真田頼昌の三男で（同前）、真田幸綱の弟。小県郡の国衆矢沢氏の当主。「惣人数」には信州先方衆として、騎馬一六騎とみえる。天文十年（一五四一）五月十三日、武田信虎・諏方頼重・村上義清が連合して小県郡を攻めた際に降伏（神使御頭之日記）、一時村上氏に従属したとみられる。その後、武田氏に従う。基本的に独立した国衆として武田氏に従っているが、真田氏を補佐する動きもみせている。これは昌幸家督後に明確化するから、突然家督を相続することになった甥を支えたものか。天正三年（一五七五）三月二十八日、菩提寺良泉寺（長・上田市）に矢沢郷（上田市）内で寺領一〇貫文を安堵している（良泉寺文書・二四七四）。この時、「矢沢綱頼」と署判。同五年頃、駿河富士大宮（静・富士宮市）に神馬一疋を奉納した（永昌院所蔵兜巌史略・補遺一三）。同年九月二日、良泉寺の住持天渓嫩養が盗賊によって殺害されるという事件が起こった。宗廓和尚に後住を相談したところ、上野桂昌院の玄廓然室を推挙された。この結果、頼綱の了解のもと、同八年九月二十八日に玄廓然室が良泉寺に入院している（良泉寺過去帳・信補遺上五三一頁）。同六～七年に成立した真田氏本領原之郷（上田市真田町）の「真田氏給人知行地検地帳」（真田町誌調査報告書2）の作成を担当。紙継目印として印文「頼綱」の印を捺しており、これ以前に頼綱に改名したことがわかる。であるとすると、武田勝頼からの偏諱であろう。これについて、同四年十一月に勝頼から「頼」字偏諱を受けた矢沢源十郎を頼綱とする説もあるが（矢沢頼忠家文書・二七四八）、さらに検討を要する。某年二月二十六日、勝頼より吾妻（岩櫃城、群・東吾妻町）が無人となっているとして、同城の防備を固めるよう指示を受けている（真武内伝附録・三六九五）。天正八年より上野沼田領の経略で活躍。同年二月二十八日、小川可遊斎の家臣小菅刑部少輔に返書を送り、内通の件を承諾。あわせて進退保証の勝頼印判を調えたこと、可遊斎が帰属すれば、さらに引き立てる旨を伝えた（盛岡市中央公民館所蔵参考諸家系図・三五七）。この時、薩摩守頼綱。同年閏三月三十日、上野沼田（群・沼田市）で大勝利を得たことを、真田昌幸を通して武田勝頼に報告、勝頼から昌幸を帰城させ、かつ加勢を派遣する旨の返書をもらう（矢沢頼忠家文書・三三一五）。同年十二月晦日、子息頼幸とともに滝水寺（上田市）諏訪神社再興の棟札に名がみえる（滝水寺所蔵・三四七八、滝水寺所蔵庫蔵記・補遺五七）。この時は「矢沢薩摩守滋野綱頼」とあるが、在地の人びとが頼綱の改名を知らなかったのであろう。同九年二月十一日、沼田城経略の功績を武田勝頼より賞される（矢沢頼忠家文書・三四九五）。同年に海野兄弟が謀殺された後は、真田昌幸のもとで沼田城将となった（加沢記）。同十年の武田氏滅亡に際しては、昌幸より大幅な裁量権を与えられる。三月六日、臼根（沼田市）四〇貫文を残し、そのほかの直轄領は綱頼の裁量で知行を与え、番勢に役立つ者をかき集めるよう命じられる（矢沢頼忠家文書・三六七四）。同時に、城米を用いて牢人衆を雇うよう指示を受ける（同前・三六七五）。同十年七月二十六日、真田昌幸の従属を仲介した功を賞され、北条氏直から一〇〇〇貫文の宛行を約束される（同前・戦北三三八三）。同十一年六月十七日、真田昌幸より正式に沼田城代に任命され、在城料として二〇〇貫文を加増された。そのうち一〇〇貫文を先行して白根で与えられた（同前・信16六六頁）。同年七月十五日、上杉景勝から書状を送られ、真田昌幸の上杉氏離反を引きとめるよう求められる（真武内伝追加・上越二八一七）。同年七月十九日には、北条高広を通じて上杉景勝に従属していたことが確認できる（坂田邦夫氏所蔵文書・上越二八二〇）。このため、頼綱は一時的に、昌幸とは別行動をとっていたという指摘もある。同年九月五日、子息頼幸が上杉景勝のもとに参陣していることを、景勝から賞された（矢沢頼忠家文書・信16三六八頁）。同年十一月三日、上杉景勝より上野の知行および「関東中奏者取次」という地位、そして越後において与えた知行を安堵された（同前・信16三七九頁）。この頃の三月十四日、沼田城在番奉公の功績を真田昌幸から賞され、海野領のうち一〇〇〇貫文を子息頼幸とともに与えられる（同前・信16四〇三頁）。頼綱の立場は真田氏の沼田城代であり、上杉氏の加勢を得つつも北条氏からついに沼田を守り抜いた。同十五年四月、子息頼幸とともに滝水寺客殿を造営した（滝水寺所蔵庫蔵記）。同十六年、上野沼田二〇〇貫文の替地として、信濃三六三貫六〇〇文を与えられる（矢沢頼忠家文書・信16五四一頁）。同十七年、羽柴秀吉の「沼田領問題」裁定により、沼田を離れた。しかし同十八年の北条氏滅亡により、再度沼田に入部。沼田領を知行する真田信幸を補佐した。文禄二年（一五九三）十月十二日には、上野下河田（沼田市）で行った検地の責任者をつとめた（群12九九、一〇〇）。慶長二年五月七日没。法名剱光院殿来叟良泉居士（真田系譜稿・信補遺下七頁）。享年は六七歳説（県立長野図書館所蔵本藩名士小伝）と八〇歳説（真武内伝）があるが、父頼昌の没年（大永三年、一五二三）からすると後者であろう。上野吾妻郡伊勢町村（群・中之条町）林昌寺に葬られる。牌所は菩提寺である良泉寺であった。また、林昌寺殿来叟良泉居士とも伝わる（真田氏所蔵家系補録矢沢氏家譜）。妻は、根井豊後入道清雲の娘。元和四年（一六一八）三月十三日に七三歳で没したという。法名江月院殿大安昌誾大姉（同前）。慶長十三年九月、後室が良泉寺を再建させ、棟札に「大檀那矢沢薩摩殿大安昌誾大姉」とみえる（丸山史料所収古文書集・信20三三八頁）。上野吾妻郡の国衆海野中務大輔に嫁いだ娘がいたという（加沢記）。

（丸島）

矢沢頼幸　やざわよりゆき

天文二十年（一五五一）～寛永三年（一六二六）三月二十一日、七六歳（良泉寺記）。三十（拾）郎、忠右衛門尉、忠兵衛、但馬守。頼綱の子。実名は頼康・頼貞など諸説あるが、頼幸が正しい。天正七年（一五七九）七月二十七日、源信綱より「軍書七ヶ条之大事」を授けられているのが初見（矢沢頼忠家文書・長野県宝真田家文書4七四頁）。この時、滋野三拾郎とみえる。同八年十二月晦日、父頼綱および母とともに滝水寺（長・上田市）諏訪神社を再興した棟札に名がみえる（滝水寺所蔵・三四七八、滝水寺所蔵庫蔵記・補遺五七）。武田氏滅亡後は父頼綱同様、上杉氏との外交に腐心。同十三年六月二十一日、昌幸から同心衆一七名を付属され、今後は「一手役」をつとめるよう命じられる（矢沢頼忠家文書・信16三八頁）。同年八月二十九日、上杉家臣須田満親より人質として真田弁丸（信繁）を差し出したことを賞されるとともに、上田（上田市）に重ねて援軍を派遣する旨を報じられる（同前・信6三三頁）。これは第一次上田合戦に際して、真田氏が上杉氏に支援を求めた結果であった。同年九月五日までには、頼幸自身も人質として越後に赴いている（同前・信6三六八頁）。同十五年四月、父頼綱とともに滝水寺客殿を造営した（滝水寺所蔵庫蔵記）。小田原合戦後の同十八年十二月、上野沼田領に入部した真田信幸に仕えることとなり、信濃での知行の半分を返上し、新たに上野で知行地を得ている（矢沢頼忠家文書・信17三八頁）。文禄三年（一五九四）十二月、上野猿ヶ京（群・みなかみ町）城代に任じられる（矢沢誠敏家文書・信18九二頁）。これ以降、忠右衛門尉でみえる。忠兵衛の初見は慶長六年（一六〇一）三月十日である（続錦雑誌・信19一四頁）。以後、上田領支配に携わり、黒印を用いた連名での文書発給が増える。同十一年三月二十五日より、受領名但馬守でみえる（矢沢頼忠家文書・信20一八二頁）。同十三年、菩提寺良泉寺（上田市）を再建した（禅宗大安山良泉禅寺校割牒・信20三九頁）。大坂の陣には、信之嫡男信吉を補佐して参陣した（矢沢頼忠家文書・信21五〇六頁、22七四頁）。寛永二年十二月に体調を崩す。同月六日に信吉、同七日に信之から病気見舞いの書状を送られる（同前・信24三九、二〇頁）。しかし病状は回復せず、翌三年二月十九日、死去した場合は遺言に従い、弟外記に跡を嗣がせることが許可された（同前三三五～三七頁）。法名は武明院殿峰厳（巌）泉雄居士（蓮華定院過去帳月坏信州小県分第一、矢沢氏系譜家伝滋野伝記）。子孫は松代藩筆頭家老の家柄として続いた。（丸島）

弥次右衛門 やじえもん

生没年未詳。信濃国筑摩郡光郷（長・安曇野市）の土豪。塔原海野氏もしくは光海野氏の被官か。天正九年（一五八一）の「伊勢内宮道者御祓くばり帳」において、「ひかるの分」の人物として記載され、茶二袋を配られたと記されているのが唯一の所見（堀内健吉氏所蔵・三六四）。（平山）

弥七郎 やしちろう

生没年未詳。信濃国筑摩郡塔原（長・安曇野市）の塔原海野氏の一族か。天正九年（一五八一）の「伊勢内宮道者御祓くばり帳」において、「ひかるの分」の人物として記載され、茶三袋を配られたと記されているのが唯一の所見（堀内健吉氏所蔵・三六四）。（平山）

弥七郎 やしちろう

生没年未詳。晴信の寵童。天文十五年（一五四六）七月五日、晴信は弥七郎との関係を寵童源助に疑われ、何度も言い寄ったがそのたびに「虫気」を理由に断られたのだと弁明している（東京大学史料編纂所所蔵文書・二〇四）。（丸島）

矢島 やじま

生没年未詳。佐久郡の国衆望月氏の一門で矢島（長・佐久市）を根拠とする。十五世紀には大井氏にくだっていたようである（諏訪御符礼之古書）。本拠のうち蓬田は天文二十年（一五五一）には望月信雅が領有しており（蓮華定院文書・三三五）、武田氏によって与えられていたらしい。永禄初年まで武田氏に抵抗したようで、晴信は大井民部尉（助）・大井高政（道賢）・依田新九郎・小林与一助に調略を指示している（武州文書・三七六六）。その際、本領矢島は望月信雅に与えてしまったので、別の場所を宛行うと述べていること

は、前述した宛行を裏づけるものだろう。その後の動静ははっきりしない。（丸島）

矢島雅楽助 やじまうたのすけ

生没年未詳。信濃国諏訪郡の社家衆。諏方氏旧臣。諏訪大社上社の権祝矢島氏の一族。権祝矢島氏との系譜関係は不明。天正六年（一五七八）二月二日成立の「下諏訪春秋両宮御造宮帳」において大祝副使として辰野伝兵衛、吉沢十郎右衛門尉とともに登場するのが唯一の所見（大祝諏訪家文書・二九一七）。そのほかの事蹟は不明。（平山）

矢島織部丞 やじまおりべのじょう

生没年未詳。信濃国諏訪郡の社家衆。諏方氏旧臣。諏訪大社上社の権祝矢島氏の一族。権祝矢島氏との系譜関係は不明。永禄八年（一五六五）十二月十一日、武田信玄が諏訪大社上宮に命じた「湛神事再興之次第」において、三月酉日の上桑原（長・諏訪市）の「ひくさ湛」を神主としてつとめるよう命じられているのが初見（諏訪大社文書・九七二）。この史料によれば、矢島織部丞は上桑原で恩地を与えられており、武田氏に奉公していたことが確認される。その後、同十年八月七日、矢島織部丞は、諏方頼豊らとともに「下諏訪五十騎」として連署で起請文を提出している（諏訪家旧蔵文書・一一七八）。その後の事蹟は不明。（平山）

矢島久内 やじまきゅうない

生没年未詳。信濃国諏訪郡の社家衆。諏方氏旧臣。諏訪大社上社の権祝矢島氏の一族。権祝矢島氏との系譜関係は不明。永禄九年（一五六六）三月四日成立の「諏訪大社玉垣日記」に登場するのが初見（守矢家文書・九八〇）。その後、天正六年（一五七八）二月吉日成立の「上諏訪造宮帳」（諏訪大社上社文書・二九四二）、同日成立の「上諏訪大宮同前宮造宮帳」（同前・二九四六）、同七年二月六日成立の「上諏方造宮帳」（大祝諏訪家文書・三〇七七）に取手として登場する。その後の事蹟は不明。（平山）

矢島定綱 やじまさだつな

生没年未詳。信濃国諏訪郡の社家衆。諏方氏旧臣。諏訪大社上社の権祝矢島氏の一族。兵部丞。権祝矢島氏との系譜関係は不明。永禄九年（一五六六）二月九日、諏訪大社上社前宮大鳥居造宮正物の請取状を代官として某氏に発給しているのが初見（矢島家文書・九七四）。その後、天正六年（一五七八）二月吉日成立の「上諏訪造宮帳」に、前宮三之御柱造営役、前宮大鳥居造宮役、磯並御宝殿造宮の筆取として登場する（諏訪大社上社文書・二九四二）。そのほかの事蹟は不明。（平山）

矢島重勝 やじましげかつ

生没年未詳。信濃国諏訪郡の社家衆。諏方氏旧臣。諏訪大社上社の権祝矢島氏の一族。神左衛門尉。主殿助。権祝矢島氏との系譜関係は不明。永禄十年（一五六七）十月五日の武田家朱印状で、上野国西牧（群・下仁田町）で知行を与えられているのが初見（矢島清人氏所蔵文書・一一九六）。その後、天正四年（一五七六）十月吉日に、武田氏より主殿助の官途を与えられている（矢島家文書・二七三四）。そのほかの事蹟は不明。（平山）

矢島重綱 やじましげつな

生没年未詳。信濃国諏訪郡の社家衆。諏方氏旧臣。諏訪大社上社の権祝。典左衛門尉。天文二十一年（一五五二）一月吉日、禁中修理料進献目録に諏訪大明神神主権祝として署名しているのが初見（矢島家文書・四一五二）。その後、同年六月二十八日、諏訪大社上社神長官守矢頼真に対し、息子とみられる政綱とともに神事赦免を申請している（守矢家文書・三四九）。

そのほかの事蹟は不明。（平山）

矢島忠綱 やじまただつな

生没年未詳。信濃国諏訪郡の社家衆。諏方氏旧臣。諏訪大社上社の権祝大夫。矢島重綱の近親か、権祝矢島氏との系譜関係は不明。永禄九年（一五六六）四月二十日、諏訪大社前宮一之御柱造宮の正物の内容について、代官常葉弥六郎、松沢四郎左衛門尉に対し小井弓良喜とともに証文を与えているのが唯一の所見（矢島家文書・九九九）。そのほかの事蹟は不明。（平山）

矢島時広 やじまときひろ

生没年未詳。信濃国諏訪郡の社家衆。諏方氏旧臣。諏訪大社上社の権祝矢島氏の一族。讃岐守。権祝矢島氏との系譜関係は不明。永禄九年（一五六六）三月四日成立の「諏訪大社玉垣日記」に登場するのが初見（守矢家文書・九八〇）。その後、天正六年（一五七八）二月吉日成立の「上諏訪造宮帳」に諏訪大社一之御柱造営役銭の使衆として（諏訪大社上所蔵文書・二九四二）、同日成立の「上諏訪大宮同前宮造宮帳」に取手として登場する（同前・二九四六）。同年二月二十二日、信濃国佐久郡根々井郷（長・佐久市）に対し、一之御柱造宮役銭納入手形に連署している（水野家文書・二九四三）。その後、同七年二月六日成立の「上諏訪造宮帳」に大宮一之御柱の使衆として登場する（大祝諏訪家文書・三〇七七）。その後の事蹟は不明。（平山）

矢島弁瓢 やじまべんひょう

生没年未詳。信濃国諏訪郡の社家衆。諏方氏旧臣。諏訪大社上社の権祝矢島氏の一族。権祝矢島氏との系譜関係は不明。諱の読みは仮説。天正十年（一五八二）、武田氏滅亡と本能寺の変の混乱にともない本領に復帰した知久頼氏に協力して伊那で活動していたらしく、同年九月二十三日、権祝大夫矢島氏と知久氏との仲介役となっているのが唯一の所見（矢島家文書・三八五三）。そのほかの事蹟は不明。（平山）

矢島伯耆守 やじまほうきのかみ

生没年未詳。信濃国諏訪郡の社家衆。諏方氏旧臣。諏訪大社上社の権祝矢島氏の一族。権祝矢島氏との系譜関係は不明。永禄九年（一五六六）三月四日成立の「諏訪大社玉垣日記」に登場するのが初見（守矢家文書・九八〇）。また天正六年（一五七八）二月吉日成立の「上諏訪大宮同前宮造宮帳」に（諏訪大社上所蔵文書・二九四六）、さらに同七年二月六日成立の「上諏訪大宮同前宮造宮帳」に取手として登場する（大祝諏訪家文書・三〇七八）。その後の事蹟は不明。（平山）

矢島政綱 やじままさつな

生没年未詳。信濃国諏訪郡の社家衆。諏方氏旧臣。諏訪大社上社の権祝矢島氏の一族。矢島重綱の子か、系譜関係は不明。天文二十一年（一五五二）六月二十八日、諏訪大社上社神長官守矢頼真に対し、父とみられる権祝矢島忠綱とともに神事赦免を申請しているのが唯一の所見（守矢家文書・三四九）。そのほかの事蹟は不明。（平山）

矢島妙真斎 やじまみょうしんさい

生没年未詳。信濃国諏訪郡の社家衆。諏方氏旧臣。諏訪大社上社の権祝矢島氏の一族。永禄十年（一五六七）八月七日、武田氏重臣吉田信生・浅利信種に「下之郷起請文」を提出し、武田氏が逆心をせぬ旨を誓っているのが唯一の所見（生島足島神社文書・一二三五）。時期的にみて、権祝矢島重綱と同一人物の可能性があるが確認できない。そのほかの事蹟は不明。（平山）

矢島基綱 やじまもとつな

生没年未詳。信濃国諏訪郡の社家衆。諏方氏旧臣。諏訪大社上社の権祝矢島氏の一族。卜心。権祝矢島氏との系譜関係は不明。永禄三年（一五六〇）二月十六日、伊那国衆小田切氏に対し諏訪大社への正物寄進を受けて請取状を発給したのが初見（矢島家文書・六八六）。その後、同九年三月二十四日、駄科郷（長・飯田市）の原美作入道に対し諏訪大社上社前宮一之御柱造宮正物請取状を、権祝代官として小井弓良喜とともに発給している（同前・九〇三）。そのほかの事蹟は不明。（平山）

矢島弥三左衛門尉 やじまやさざえもんのじょう

生没年未詳。信濃国諏訪郡の社家衆。諏方氏旧臣。諏訪大社上社の権祝矢島氏の一族。権祝矢島氏との系譜関係は不明。天正七年（一五七九）成立とみられる「両社御造営領幷御神領等帳」に、十二月二十八日神事の神事料納入を行っているのが唯一の所見（大祝諏訪家文書・三〇七九）。そのほかの事蹟は不明。（平山）

矢島義房 やじまよしふさ

生没年未詳。信濃国諏訪郡の社家衆。諏方氏旧臣。諏訪大社上社の権祝矢島氏の一族。右近助。矢島重綱の子か。永禄九年（一五六六）閏八月二十三日、武田氏重臣金丸（土屋）昌続に「下之郷起請文」を提出し、武田氏が逆心をせぬ旨を誓っているのが、諱をともなって登場する唯一の所見（生島足島神社文書・一〇〇九）。この時期の権祝矢島氏は、義房を指すとみられる。（平山）

屋代秀正 やしろひでまさ

永禄元年（一五五八）～元和九年（一六二三）閏八月三日、六六歳（寛政譜）。信濃埴科郡の国衆。室賀満正の四男で屋代政国の養子。左衛門尉、越中守。妻は屋代政国の娘（寛政譜）。天正三年（一五七五）の長篠合戦で実兄屋代正長が討ち死にしたため、屋代政国の養子となったとみられる。実名について、系譜類は秀正とし、のちに勝永と称したとする。同五年前後に駿河富士大宮に神馬一疋を奉納した「屋代」（永昌院所蔵兜巌史略・補遺一三）、同六～九年頃の諏訪大社上社神長官の神領書上に更級郡五貫文として記載される「屋代殿」は秀正であろう（守矢家文書・三二一）。同九年の伊勢内宮「しなの丶国道者之御祓くはり日記」には、「なかぬまの分」として「屋城殿」の記載がある（堀内健吉氏所蔵・三六四四）。同十年、徳川家康が駿河に侵攻してきた時には丸子（静・静岡市）城将をつとめていた（三河物語）。同年三月の武田氏滅亡後は織田信長に服属。同年六月の本能寺の変後、芋川氏が謀叛して上杉景勝が攻め込んで来た際には、川中島支配を任された森長可を支え、上杉勢と戦った（屋代秀正覚書）。この頃は屋代ではなく、新砥（長・千曲市）を本拠としていた。森長可の退去後、上杉景勝に従属。同年七月二十六日、本領を安堵されるとともに、庄内のうち禰津分・八幡のうち遠山丹波分、浦野氏跡を与えられる（屋代家文書・上越二四八五）。また海津城（長・長野市）二の曲輪に配置され、本城に入った村上（山浦）景国を支えるよう命じられるとともに、真田昌幸と戦った（屋代秀正覚書、屋代家文書・上越二五二七）。同年九月十九日、徳川家康より密書を送られ、徳川方の真田氏と交戦しないよう求められる（屋代家文書・上越二五六六）。この時上杉・徳川両氏は和睦中であり、上杉景勝の了解も得てのことであった。同年十二月十二日、上杉景勝より加増を受ける（同前・上越二六二〇）。翌十一年四月十二日および二十五日に、上杉景勝より麻績（長・麻績村）において小笠原貞慶勢を撃退したことを賞されるが（同前・上越三七五〇、室賀家文書・屋代城跡範囲確認調査報告書六九頁、室賀源七郎覚書）、これ以前の三月十四日までに、徳川家康に内通していた（屋代家文書・上越三六九六）。同十二年四月一日に実弟室賀満俊とともに海津城を出奔し、本領新砥城へ退いた（長野県立歴史館所蔵文書・上越三九〇九、屋代秀正覚書）。家康からは、十二日に忠節を賞されるとともに、真田昌幸・依田康国と談合するよう指示を受けた（屋代家文書・上越三九一七）。しかし上杉方の厳しい攻撃により、八日には本拠新砥・佐野山両城を放棄し、虚空蔵山城に三～四年籠もる（伊佐早謙採集文書・上越三九一八、歴代古案・上越三九一九、屋代秀正覚書）。これ以後は、上杉景勝の攻撃を防ぎきり、家康から賞された（屋代家文書・新家康文書2九四頁、室賀家文書・愛12四九三ほか）。某年三月二十三日、諏訪大社上社神長官守矢信真に書状を送り、祈禱を謝している（守矢家文書・信16三九頁）。この時、越中守秀政（正）と署判。「近来者相互乱国、我等式も牢体」と述べており、徳川・上杉対立期のものであろう。この間の天正十二年または十三年の四月七日に、実弟室賀満俊に庄内力石（千曲市）において一〇〇〇貫文を与えている（室賀家文書・屋代城跡範囲確認調査報告書七〇頁）。この時は勝永と署判しており、実名を改めたことがわかる。同十三年八月の第一次上田合戦に参陣（三河物語）。その後、小諸に移った（屋代秀正覚書）。以後、徳川家の家臣となり、慶長七年（一六〇二）正月二十七日、甲斐において六〇〇〇石を与えられた（屋代家文書・山8六一六、寛政譜、国志）。この年、社領に年貢を催促したとして、三枝昌吉とともに甲斐四奉行から譴責を受けている（若尾資料古文書雑纂・山8六三七）。甲斐入部後に、「屋代秀正覚書」を書き著した。元和九年死去。六六歳。法名は玄張。自身が開基した勝永寺に葬られた（寛政譜）。嫡男忠正は最終的に安房において一万石を与えられるが、その孫の代に所領を没収され、旗本となって続いた。

（丸島）

屋代政国 やしろまさくに

生没年未詳。信濃埴科郡の国衆。左衛門尉、越中守。「寛政譜」は仮名を太郎とするが、確認できない。正重の子という。妻は村上義清の娘（寛政譜）。初め村上義清に属すが、敗色濃厚を前にして、天文二十二年（一五五三）四月五日に塩崎氏とともに武田氏に同心する（甲陽日記）。屋代氏離反の影響は大きく、村上義清が本拠地葛尾城（長・坂城町）を放棄するのはこの数日後の九日であった。同日、晴信のもとに出仕する（同前）。この後、雨宮（長・千曲市）を晴信から与えられていたが、念を押しての文書発給を望んだため、同年四月十六日、晴信から雨宮宛行を確認する書状が送られている（屋代家文書・三六八）。この時、左衛門尉。五月一日には、麻績方面の状況が落着した旨、晴信から書状を送られている（甲陽日記）。この月、高野山蓮華定院に書状を送り、自身の知行地の住人が高野山に登山した時の宿坊を同院に定める旨、宿坊契約を結ぶ（蓮華定院文書・三七〇）。この時、「矢代越中守政国」と署判するが、以後も左衛門尉でみえており、「越中守」は武田氏から公認された通称ではなかったらしい。八月八日、雨宮の替地として、新砥（千曲市）および雨宮のうち大下条・小下条を与えられる（屋代家文書・三八〇）。永禄元年（一五五八）六月一日、本領屋代・知行地新砥の地下人の他所徘徊禁止を通達される（同前・五九三）。同日、原弥七郎を奏者として、同年六月から十二月まで、一ヶ月につき馬五疋の諸役免除の特権を与えられる（諸州古文書・六五五）。翌二年八月三日、諏訪大社上社に寄進した土地は境目であるため、今後は桑原の市枡で一八俵を納入すると諏訪宮内左衛門尉に伝えている（諏訪家文書・六六九）。同年十一月二十日、隠居したとしても、福井（千曲市）、戸倉（千曲市）、新砥（千曲市）および山田荘内の中内河を従来どおり知行地として認める代わりに、軍役をつとめるよう命じられている（真田家文書・六七六）。なおこの時の取次は香坂（春日）虎綱であり、政国の指南であったと思われる。同三年に香坂筑前守に横田（長・長野市）が与えられた際には、「屋代知行分を除く」とあるから、同地にも知行を有したようである（高野家文書・六九八）。同四年三月二十七日、領中の地下人が在所から逃散したとして、人返しを指示される（屋代家文書・七三〇）。同十年八月八日に、麻績清長が「下之郷起請文」を提出した際には、屋代政国・室賀信俊・大日方直武と私信を交わさないよう誓約しており、川中島に近い一帯の国衆の動向が懸念されていたことがわかる（生島足島神社文書・一八〇）。政国自身は、春日虎綱に起請文を提出、この時は「屋代越中守政国」と署判しており、官途名越中守を武田氏から承認されたことがわかる（宮入八樹氏所蔵御願書并誓詞写・四三〇）。その後の動静ははっきりしないが、年未詳の発給文書が数点残る。某年二月晦日、熊井備中守に対し、河川氾濫が起こったが、諏訪大社の神役は可能な限り行うよう指示した（小野家文書・三八〇四）。某年四月十三日、葛山上野より受け取った杉板を運んでほしいと出羽守らに依頼している（諏訪家文書・三九六五）。また年月日未詳だが、市川伊勢守・諏訪佐渡守に書状を送り、堰については参陣していない者や諸人の被官に早々に修復させることを約束した。今日にも検分しようとしたが、指南の春日虎綱とのやりとりに取り紛れたため、明日暁鵬斎を派遣するとしている（同前三九六六）。同様に両人に対し、「中条之大方」死去について、弔問の使者を派遣する旨を述べている（同前三九六七）。「惣人数」には信州先方衆として騎馬七〇騎持ちの記載がみえる。死去年は不明。埴科郡満照寺（千曲市）に葬られる。法名善導（寛政譜）。なお同寺は大永二年（一五二二）二月に矢代越中守が開基したという口碑があるという。この越中守は、父正重のことであろう。男子がなく、実弟室賀満正の次男正長・四男秀正を相次いで養子にした。（丸島）

屋代正長　やしろまさなが

生年未詳～天正三年（一五七五）五月二十一日。信濃埴科郡の国衆。室賀満正の次男で、屋代政国の養子。四郎太郎。天正三年五月の長篠合戦で討ち死にした。法名は善翁（寛政譜）。（丸島）

安右衛門　やすえもん

生没年未詳。信濃国筑摩郡刈谷原（長・松本市）の土豪。会田岩下氏の被官とみられる。天正九年（一五八一）の「伊勢内宮道者御祓くばり帳」において、「かりや原分」の人物として「くまのくほの安右衛門」と記載され、茶二袋を配られたと記されているのが唯一の所見（堀内健吉氏所蔵・三六四四）。（平山）

安衛門　やすえもん

生没年未詳。信濃国筑摩郡安坂（長・筑北村）の土豪。天正九年（一五八一）の「伊勢内宮道者御祓くばり帳」において、「あさかの分」の人物として記載され、茶三袋を配られたと記されているのが唯一の所見（堀内健吉氏所蔵・三六四）。あるいは宮の大夫、平左衛門、清三らの一族か。（平山）

安衛門　やすえもん

生没年未詳。信濃国筑摩郡野口（長・麻績村）の土豪。名字、諱は不明。麻績氏の被官とみられる。天正九年（一五八一）の「伊勢内宮道者御祓くばり帳」において、「の口分」の人物として記載され、茶二袋を配られたと記されているのが唯一の所見（堀内健吉氏所蔵・三六四）。（平山）

弥介　やすけ

生没年未詳。信濃国筑摩郡会田（長・松本市）の土豪。会田岩下氏の被官とみられる。天正九年（一五八一）の「伊勢内宮道者御祓くばり帳」において、「あいた分」の人物として記載され、茶二袋を配られたと記されているのが唯一の所見（堀内健吉氏所蔵・三六四）。（平山）

弥助　やすけ

生没年未詳。信濃国筑摩郡光郷（長・安曇野市）の土豪。塔原海野氏もしくは光海野氏の被官か。天正九年（一五八一）の「伊勢内宮道者御祓くばり帳」において、「ひかるの分」の人物として記載され、茶三袋を配られたと記されているのが唯一の所見（堀内健吉氏所蔵・三六四）。（平山）

安田信清　やすだのぶきよ

永禄六年（一五六三）～寛永十九年（一六四二）三月二十一日、八〇歳。信玄の末子。幼名大勝、仮名三郎。母は禰津御寮人。永禄十年に信玄の命で出家し、法善寺（山・南アルプス市）に入り玄龍と号した。天正六年（一五七八）、一六歳の時に勝頼の命で還俗し、安田家の遺跡を嗣いだ。海野（長・東御市）において七〇〇貫文を与えられたという（市立米沢図書館所蔵源姓武田氏系図）。同十年の武田氏滅亡に際し、高野山無量光院に身を隠した。その後、妹の菊姫（上杉景勝室）を頼って越後上杉氏のもとに亡命した（上杉年譜寛永元年六月二日条）。その際には、母もともなったようである。武田氏に復姓。同十一年十二月十四日、窪惣左衛門に旧領回復（本意）のうえは、知行一〇〇貫文を宛行うとの判物を下した（真田宝物館所蔵川合家文書・補遺一〇九）。上杉景勝にとって、武田氏旧領信濃における勢力拡大のために擁立されたものとみられる。上杉家での知行高は、六二八石六斗二升七合（文禄三年定納員数目録・上杉家分限帳九頁、越後分限帳・上杉家分限帳九三頁、上杉侯家士分限簿・上杉家分限帳一三頁）。会津転封後は、三三〇〇石（上杉侯家士分限簿・上杉家分限帳一四八頁、会津御在城分限帳・上杉家分限帳一九三頁、直江支配長井郡分限帳、上杉家分限帳二七頁）。慶長六年（一六〇一）、関ヶ原の敗戦により、上杉家が米沢三〇万石に減封されたことを受け、信清の知行も一〇〇〇石に削られた。その際、上杉景勝の命により、父信玄、兄勝頼と同じ大膳大夫を称した。上杉家における知行には、諸役免許の特権が与えられている（市立米沢図書館所蔵源姓武田氏系図、上杉年譜寛永元年六月二日条）。同九年二月九日、菊姫の病気が重いと聞いて驚いた直江兼続が、信清を米沢城（山形・米沢市）に派遣している（歴代古案・一〇〇八）。同十八年、大久保長安事件に関与した嫌疑をかけられ、江戸に上った。しかし十一月五日、本多正信に助力を仰いだ直江兼続の奔走により、嫌疑が晴れている（大日本古文書上杉家文書・九〇二）。法名は、虎山玄龍居士。妻は長延寺実了師慶の娘、および

平田常範の娘（上杉年譜所収外戚略譜、市立米沢図書館所蔵源姓武田氏系図）。（丸島）

弥太郎 やたろう

生没年未詳。信濃国筑摩郡生野（長・安曇野市）の土豪。塔原海野氏の被官とみられる。天正九年（一五八一）の「伊勢内宮道者御祓くばり帳」において、「いくの、分」の人物として「竹惣の弥太郎」と記載され、茶二袋を配られたと記されているのが唯一の所見（堀内健吉氏所蔵・三六四）。（平山）

宿縫之助 やどぬいのすけ

生没年未詳。信濃国筑摩郡会田（長・松本市）の土豪。会田岩下氏の被官とみられる。天正九年（一五八一）の「伊勢内宮道者御祓くばり帳」において、「あいた」の人物として記載され、茶三袋を配られたと記されているのが唯一の所見（堀内健吉氏所蔵・三六四）。（平山）

簗賀吉久 やながよしひさ

生没年未詳。縫殿助。上野の武士と思われるが、詳細は不明。永禄十年（一五六七）八月七日、武田氏に忠誠を誓う下之郷起請文を、連名で跡部勝資に宛てて提出した（生島足島神社文書・二一六）。この際、「上州鎮守一二両社明神」が神文に含まれている。（丸島）

柳沢次右衛門 やなぎさわじえもん

生没年未詳。系譜によると、もとは上野大胡郡の領主で、双林寺（群・渋川市）の開基であったというが（柳沢家文書・藤岡市史資料編近世四一九）、同寺の開基は白井長尾氏であり、信じがたい。佐久郡発地村（長・軽井沢町）を拠点とした土豪とみられ、常蓮寺を称した。天文十六年（一五四七）八月、人質を出して武田勢を発地村に引き入れる代わりに、三〇〇貫文の知行地を与えるという文書が初見だが（同前・三三二）、正文とは認められない。次いで永禄四年（一五六一）五月二十日にも知行宛行の約束を受けているが（同前・七四四）、本文書にも検討の余地がある。同六年九月二十一日、柳沢一門衆とともに、謀叛・殺害人など犯科人を糺明し、武田氏の佐久郡支配の拠点岩村田（長・佐久市）へ報告するよう指示されている（同前・四一九〇）。ここまで、常蓮寺でみえる。その後、佐久郡国衆依田信蕃の指揮下におかれた。天正八年（一五八〇）八月五日、駿河田中城将を務める依田信蕃から、奉公の働きを認められ、池内内記助分を与えられている（同前・三三九四）。この時、次（右）衛門。したがって、武田氏の直臣から、依田氏の被官になっていったようである。妻は蘆田信守の娘（同前・藤岡市史資料編近世四一九）。（丸島）

柳沢信勝 やなぎさわのぶかつ

生没年未詳。壱岐守。武河衆の一員として、永禄十年（一五六七）八月七日に「下之郷起請文」を武田信豊に提出している（生島足島神社文書・一一七）。武田信豊の同心であったと思われる。（丸島）

柳沢信俊 やなぎさわのぶとし

天文十七年（一五四八）～慶長十九年（一六一四）十一月晦日、六七歳（寛永伝）。青木信立の子で、武河衆の一員。青木源七郎、柳沢兵部丞（系図纂要）。元亀三年（一五七二）十二月の三方原合戦、天正三年（一五七五）五月の長篠合戦に参陣したという（寛永伝）。同八年九月の上野膳城（群・前橋市）攻めで功績をたて、柳沢氏を嗣いだとされる（同前）。武田氏滅亡後は徳川氏に仕え、同十年八月六日、本領柳沢郷七〇貫文を安堵され、新恩二貫五〇〇文を宛行われた（記録御用所本古文書・家康文書上三四六頁）。同十八年正月二十七日、扶持米六〇俵を加増されている（同前・新甲一九三七）。慶長十九年十一月晦日に病死、享年六七（寛永伝）。法名は高蔵寺安宗良心（系図纂要）。妻は石原昌明の娘（寛政譜）。なお、柳沢吉保の先祖にあたる（同前）。（丸島）

柳沢兵庫 やなぎさわひょうご

生没年未詳。柳沢氏の一門。依田信蕃との連絡にあたった。天正十年（一五八二）末に、依田信蕃が兵庫に手交した判物には、知行地が記載されていなかった。これでは知行宛行状として意味をなさないため、同年十二月二十六日、信蕃はその判物を再度持ってくるよう元目助に指示している（柳沢家文書・藤岡市史資料編原始古代中世三六九）。翌閏十二月（京暦では天正十一年正月）には、北条方の動静を信蕃に報告している（同前・藤岡市史資料編原始古代中世三七〇）。柳沢氏も、北条氏との同盟とそれに伴う佐久郡引き渡しに不安を抱いていたようで、信蕃は繰り返し安心するようにと説得している。翌年正月二十八日（京暦では閏正月二十八日）、信蕃から兵庫にも知行宛行の判物を出したことが元目助に伝えられた（同前・藤岡市史資料編原始古代中世三七三）。なお、依田兵庫助昌雅と同一人物とする見解があるが、柳沢氏の一門が「依田」姓を与えられていたかどうか、慎重な検討を要しよう。（丸島）

柳沢元目助 やなぎさわもとめのすけ

生没年未詳。柳沢次右衛門と蘆田信守娘の間に生まれた（柳沢家文書・藤岡市史資料編近世四一九）。天正壬午の乱において、依田信蕃に従う。天正十年（一五八二）末、徳川・北条間で成立し、信濃佐久郡は徳川方へ引き渡されることになった。しかし小諸城（長・小諸市）には北条家重臣大道寺政繁がまだ在城しており、信蕃は神経をとがらせていたようである。同年十二月二十六日、信蕃は冬の間は大丈夫だが、もし手切があるとすれば春だろうという予測を元目助に伝えている。あわせて、不穏な動きのある小城を落とすこと、約束した人質提出の確認、および鉄砲の玉薬は要望次第に支給すると述べた（同前・藤岡市史資料編原始古代中世三六九）。同年閏十二月二十八日（京暦では天正十一年正月二十八日）、依田信蕃から、北条勢の動きは安心して欲しいと伝えられるとともに、問い合わせのあった正月儀礼は、多少遅れても構わないと解答を受けた。あわせて、北条方の拠点小諸城への交通路を遮断するように指示されている（同前・藤岡市史資料編原始古代中世三七〇、なお宛所は宮内助とされているが誤読）。翌年正月二十八日（京暦では閏正月二十八日）には、苅宿の者からの訴えについて印判状を送ったので、処理を行うよう命じられている（同前・藤岡市史資料編原始古代中世三七三）。信蕃は岩村田への合力米についても触れており、佐久郡統一における活躍を期待された人物であったといえる。依田康国の転封に従い、藤岡に入るも、同家は無嗣改易となった。その後浪人するが、耳取大井氏の支援で森新田（群・藤岡市）五五〇石を与えられ、開発に励んだという（柳沢家文書・藤岡市史資料編近世四一九）。（丸島）

柳原一助 やなぎはらいちすけ

生没年未詳。信濃国筑摩郡麻績北条の土豪。天正九年（一五八一）の「伊勢内宮道者御祓くばり帳」において、「おミ北条分」の人物として記載され、茶三袋を配られたと記されているのが唯一の所見（堀内健吉氏所蔵・三六四）。（平山）

柳原弥次衛門 やなぎはらやじえもん

生没年未詳。信濃国筑摩郡麻績北条（長・麻績村）の土豪。天正九年（一五八一）

の「伊勢内宮道者御祓くばり帳」において、「おミ北条分」の人物として記載され、茶三袋を配られたと記されているのが唯一の所見（堀内健吉氏所蔵・三六四）。（平山）

矢渕和泉 やぶちいずみ

生没年未詳。信濃国筑摩郡明科（長・安曇野市）の土豪。塔原海野氏の被官とみられる。天正九年（一五八一）の「伊勢内宮道者御祓くばり帳」において、「あかしな分」の人物として記載され、茶三袋を配られたと記されているのが唯一の所見（堀内健吉氏所蔵・三六四）。（平山）

矢部但馬守 やべたじまのかみ

生没年未詳。富士郡吉原の問屋商人。元亀三年（一五七二）四月二十三日、信玄より駿河・吉原での富士川渡船を申し付けられ、代償として年来抱えの屋敷・名田のほか、問屋を安堵される（矢部家文書・一八四四）。今川氏時代には同心衆として仕え、天文二十三年（一五五四）八月二十八日付の矢部孫三郎宛の遺跡安堵状（矢部文書・静史第二輯）を初見として、葛山氏元朱印状・北条家朱印状ほかを所蔵しているが、武田家滅亡後の天正十一年（一五八三）十月には、徳川家康の家臣である牧野康成より、渡船修理料の勧進許状を受けている（同前）。（柴辻）

山県源左衛門尉 やまがたげんざえもんのじょう

→三枝源左衛門尉 さいぐさげんざえもんのじょう

山県源八郎 やまがたげんぱちろう

生没年未詳。天正五年（一五七七）前後に、駿河富士大宮（静・富士宮市）に神馬一疋を奉納している（永昌院所蔵兜巌史略・補遺一三）。実名から見て、山県昌景の子息で、昌満の弟であろうか。後考を俟ちたい。（丸島）

山県昌景 やまがたまさかげ

生年未詳～天正三年（一五七五）五月二十一日。飯富虎昌の弟。飯富源四郎、飯富三郎兵衛、山県三郎右兵衛尉。武田信玄の側近から宿老にまで登りつめた人物で、軍事・内政・外交に幅広く活躍した。弘治二年（一五五六）八月二日、水科修理亮に善光寺（長・長野市）との往来の諸役を免許する朱印状を取り次いだのが初見（諸州古文書・六五五）。この時、飯富源四郎。永禄元年（一五五八）閏六月十九日、文永寺（長・飯田市）などの再興問題を晴信に取り次ぎ、醍醐寺理性院に返書を出している（文永寺文書・六〇〇）。永禄五年十月十三日、快川紹喜から祈禱の配秩と勝栗を信玄に披露するよう依頼された（恵林寺雑詩・四〇二五）。同月二十九日、美濃遠山氏の一門延友信光に対する信玄書状に副状を付した（塩原家文書・八〇五）。永禄四年の第四次川中島合戦では本隊に所属したとされる（軍鑑・大成上三三五頁）。同年十二月十六日、鮎沢郷（山・南アルプス市）の棟別銭納方について定めている（藤巻家文書・八三三）。この時、方形朱印を使用している。同六年六月十八日、従属を申し出た上野国衆和田業繁への返書に副状を付した（県立長野図書館所蔵古文書集・八二六）。以後、飯富三郎兵衛でみえる。同年十一月二十三日、恵林寺・継統院両寺に寺中定書を通達した（大円寺所蔵長楽寺より大梅院まで書翰・四一四）。同月の恵林寺検地帳に、同心荻原藤六の記載がある（恵林寺文書・山4二九五）。同七年二月七日、小山田信有に対し、冨士浅間への奉納物は今後別当小佐野能秀の管轄とするという裁許を通達した（冨士御室浅間神社文書・八八一）。同年五月一日、倉賀野仕置きの詳細を話し合うため、大熊伊賀守のもとに使者として派遣された（記録御用所本古文書・八九二）。七月には飛騨出兵の指揮をとっている（苗木遠山史料館所蔵文書・補遺三）。同八年十月、兄飯富虎昌が関わった「義信事件」の陰謀を信玄に報告し、名字を山県に改めることを許されたという（軍鑑・大成上三五五、五八頁）。同九年八月晦日より山県三郎（右）兵衛尉でみえ（一蓮寺旧蔵文書・一〇〇三）、以後朱印状五六通を奉じている。同年閏八月二十三日、寄子である三枝昌貞から「下之郷起請文」の提出を受けた（生島足島神社文書・一〇〇八）。翌年八月の本格的な起請文徴集に際しては、大井信舜（同前・一一二二）、横田康景（同前・一一二三）、室賀信俊（同前・一一三六）、室賀一門（同前・一一三七）、伊那衆飯島・片桐・伴野（同前・一一八一）、赤須頼泰（同前・一一八二）からの起請文を受け取った。自身の起請文は、奉行吉田信生に提出している（宮入八樹氏所蔵御願書幷誓詞写・四二〇）。同十年十一月二十九日、寄子である三枝昌貞に対し、信玄が叱責を加えた朱印状を奉じている（横浜市立大学図書館所蔵文書・一三五一）。なお三枝一門には、山県姓を与えていることが諸史料から確認できる（成慶院檀那御寄進状幷消息ほか）。また、深志（長・松本市）周辺に寄子を有したか（松城藩士系譜抄・一三二六ほか）、筑摩郡担当の取次であった（正行寺旧蔵文書・一九二五）とみられる。同十一年正月二十二日、会津蘆名氏の家臣九徳斎に書状を送り、蘆名盛氏と呼応して上杉謙信を攻めたいという要望を伝える（保坂潤治氏所蔵文書・一三二四）。以後、蘆名氏担当の取次をつとめる。同年四月二十八日には、蘆名勢が越後の城郭を攻略したことを讃える書状を、鵜浦左衛門入道に送っている（新編会津風土記・一三六三）。同年八月四日、佐久郡の山伏二二人の普請役を赦免する旨を、触口衆・御印判衆に通達した（大井家文書・一三〇三ほか）。同年の駿河攻めに参加。同十二年正月十日、信玄が徳川家康に書状を送った際に副状を出した（古今消息集・一三五二）。以後、徳川氏担当取次となる。同年二月二十三日、家康から今川氏真と和睦したという疑念をかけられた際には、家康家老酒井忠次に長文の書状を送り、弁明につとめている（致道博物館所蔵文書・一三六九）。同年十月十五日、三増峠合戦で北条勢を打ち破ったことを、苗木遠山信廉に報じた信玄書状に副状を付した（京都市古裂会目録平成十一年掲載文書・一四六四）。三河国衆奥平氏の指南を担当。同年十一月十九日には、奥平定能宛信玄書状に副状を付している（松平奥平家古文書写・一四七六）。同年十二月六日、攻略したばかりの駿河蒲原城（静・静岡市清水区）本城に入城し、信玄の膝元を離れる（越前真田家文書・一四八〇）。次いで、駿河江尻（静岡市清水区）城代に着任（惣人数）。これにより、遠江・三河における軍事を統轄することになり、奥三河の山家三方衆を指南下においた。「惣人数」によると御譜代家老衆、騎馬三〇〇騎持ち。御先衆として、小菅五郎兵衛・広瀬郷左衛門・三科肥前・曲淵庄左衛門らの武功の士を同心としたという（同前）。また、孕石元泰も指南下においている（平野家文書・一七五五ほか）。なお、「惣人数」には検断権をもつ「職（しょく）」に任ぜられたという記述もある。元亀元年（一五七〇）二月二十八には武蔵高源院（埼・秩父市）への禁制を奉じており（高源院文書・一五二六）、信玄に従って各地を転戦した様子が窺える。同年十一月十五日に、在城給付として五〇〇貫文を宛行われているから（高井家文書・一六二六）、あるいは江尻入城はこの時かもしれない。同二年二月十三日、深沢城（静・御殿場市）攻めで戦功を立てた地侍に諸役免許を通達した朱印状を奉じており（田辺紀俊家文書・一六四五ほか）、深沢城攻略の戦後処理を担当したことがわかる。同年三月九日、春日虎綱とともに高野山成慶院を武田家の宿坊とすることを確認する証文を出した（成慶院文書・一六六八）。ただし、この証文には疑問点がある。もっとも、成慶院宛信玄書状に副状を付したことが幾度かあった（柳沢文庫所蔵文書・二〇五五ほか）。同年三〜四月、原昌胤とともに地侍に対し、軍役衆同前に棟別役を免許するという朱印状を奉じた（岡部家文書・一六八〇ほか）。このように昌景の朱印状奉者としての活動は、連名でかつ一括して出されたものがやや多い点に特徴がある。同三年三月十八日、弓衆を強化する軍役規定改定を通達された（神宮文庫所蔵文書・一八二〇）。同年十月の「西上作戦」では、秋山虎繁とともに別働隊を率いて信濃から三河に入った（当代記）。十月十日、秋山虎繁と連名で遠江長福寺（静・掛川市）に文書（禁制か）を発給している（内閣文庫所蔵古文書花押写・四三五）。その後、信玄本隊と合流。十月二十一日、五日以内に三河に軍勢を動かすという予定を奥平道紋に伝えた信玄書状に副状を付した（武市通弘氏所蔵文書・一九七六）。十一月二十七日には、二俣城（静・浜松市天竜区）攻めの状況を奥平定能に伝えている（奥平家文書・一九九五）。十二月の三方原合戦では普段と違い崩れかかったところを、勝頼に助けられたという（軍鑑・大成上四三四頁、酒井氏御系譜参考・大日本史料10‐11六頁ほか）。信玄没後の天正元年八月二十五日、勝頼から長篠（愛・新城市）後詰めを指揮するよう命じられる（尊経閣文庫所蔵文書・二一五五）。同三年の三河出兵では、別働隊を率いて出陣し、山家三方衆を案内として、作手（新城市）から出陣した後、勝頼と合流し、二連木（愛・豊橋市）を攻略している。さらに家康本隊を迎撃し、吉田城（豊橋市）まで退却させた（孕石系文書・一七〇四ほか）。五月六日には禁制を奉じている（中村敏枝家文書・四二六〇）。長篠合戦では勝頼を諌めるが、聞き入れられることはなかった（軍鑑・大成下一三頁）。合戦当日は一番隊を率いるが、鉄砲を前に後退（信長公記）。その後、敗走中に討ち死にした（同前）。娘は三枝虎吉（寛政譜）、横田尹松（同前）、阿江木常林（軍鑑・大成上三五九頁）に嫁いだという。もうひとりの娘は、信濃善光寺別当栗田永寿に嫁いだ。同九年に永寿が討死し、武田氏が滅亡した後の天正十一年に徳川家重臣酒井忠次に再嫁し、忠次の三男久恒を産んだ。元和元年（一六一五）六月十日に駿府で死去。法名は晴照院雲誉桂覚大姉（大泉叢誌所収御系譜参考・大泉叢誌平成二十六年刊行本一五〇頁、病間雑記・信濃中世史考三八四頁）。

（丸島）

山県昌貞、昌次　やまがたまさただ、まさつぐ

→三枝昌貞、昌次　さいぐさまさただ、まさつぐ

山県昌満　やまがたまさみつ

生年未詳〜天正十年（一五八二）三月。源四郎、三郎右兵衛尉。昌景の子。長篠合戦で父昌景が討ち死にしたことにより、家督を嗣ぐ。駿河田中（静・藤枝市）城代と思われる。長篠合戦後の天正三年（一五七五）七月五日、遠江の諸城（諏訪原・小山・高天神・犬居）を監督する立場についていた。とくに犬居城については（静・浜松市天竜区）必要に応じて、三浦員久・朝比奈信置・小原宮内丞に援軍を

要請するよう命じられている（孕石家文書・二五〇二）。この時、源四郎。日付は未詳だが、鎮目寺（廃寺、山・笛吹市）に奉納した棟札に「山県源四郎昌満」とみえる（山梨県立図書館所蔵甲陽随筆・三四〇）。また同五年前後の某年、駿河富士大宮（静・富士宮市）に神馬を奉納した（永昌院所蔵兜巌史略・補遺二三）。この時も源四郎である。同七年二月六日、駿河定輪寺（静・沼津市）の住持職相続を安堵する竜朱印状の奉者をつとめた（判物証文写・三〇七五）。この時、三郎右兵衛尉。同年十月二十一日、同心孕石元泰に藤枝郷（藤枝市）の田畠開発を催促した獅子朱印状を奉じた（孕石家文書・三一八〇）。同年十一月十八日には、江馬兄弟とともに、同心三村監物が飛騨口に派遣されている（本誓寺文書・三一九九）。同八年五月十二日、三枚橋城（沼津市）築城普請が遅延しているとして、督促を受けている（国文学研究資料館所蔵真田家文書・補遺五六）。同九年七月二十三日、上穂源三郎に私領において人足が軍事奉公をつとめた際には、郷次の普請役を免許するという朱印状を奉じる（東京大学史料編纂所所蔵文書・三五八六）。同年八月五日、父元泰が討ち死にした跡を嗣いだ孕石主水佑に対し、必要に応じて増分の宛行を約束した朱印状を奉じた（孕石家文書・三五九三）。同十年三月の武田氏滅亡に際し、織田方に捕らえられて処刑された（軍鑑・大成下一八二頁）。場所は甲府とも（信長公記）、郡内とも（甲乱記）伝えられる。「天正壬午起請文」には、山県衆として、同心五八名の記載がある（山6下九三三頁）。庶出の弟上村左兵衛の子山県内匠・笹治大膳正時兄弟が、結城秀康に召し出されたという（松平文庫諸士先祖之記惣目録・福井市史4四一六頁）。大膳は知行五三〇〇石の大身であった（松平文庫結城秀康給帳・福井市史4一八五頁）。子孫は幕末に山県姓に改めている。一方兄の内匠は、元和元年（一六一五）の大坂夏の陣において、天王寺で真田信繁隊に一番鑓をつけたが、恩賞がなく致仕したという（松平文庫諸士先祖之記惣目録・福井市史4四一六頁）。

（丸島）

山川家喜 やまかわいえよし

生没年未詳。三郎兵衛尉。永禄八年（一五六五）八月九日、下伊那の赤須郷と菅沼の川・井草相論の裁許を、駒井家友とともに赤須昌為に通達した（松崎家文書・八三）。

（丸島）

山口高清 やまぐちたかきよ

生没年未詳。上野国衆国峰小幡氏の家臣。通称は大炊助。実名のうち「高」は小幡氏の通字であるから、それからの偏諱とみられる。永禄十年（一五六七）八月七日付「下之郷起請文」において、国峰小幡氏の家臣で尾崎郷（群・富岡市西部）における地縁集団尾崎衆の連署起請文で一〇番目に署判しているのが唯一の所見（生島足島神社文書・一一七三）。

（黒田）

山崎貞吉 やまざきさだよし

生没年未詳。信濃国筑摩郡塔原城主（長・安曇野市）塔原海野三河守幸貞の家臣。山崎善七郎の一族とみられる。あるいはその子か。藤五郎。塔原衆の一員。永禄十年（一五六七）八月七日、武田氏重臣跡部勝資に「下之郷起請文」を提出し、塔原宗定、堀内貞維らとともに海野三河守が信玄に逆心を抱いた場合は諫め、諫言に従わないようであれば三河守を見捨てる旨を誓っているのが唯一の所見（生島足島神社文書・一一七二）。その後の事蹟は不明。天正十一年（一五八三）二月の会田岩下、塔原氏滅亡とともに滅びたか。

（平山）

山崎善七郎 やまざきぜんしちろう

生没年未詳。信濃国筑摩郡塔原城主（長・安曇野市）塔原海野三河守幸貞の家臣。塔原衆の一員。永禄十年（一五六七）八月七日、武田氏重臣跡部勝資に「下之郷起請文」を提出し、塔原宗定、堀内貞維らとともに海野三河守が信玄に逆心を抱いた場合は諫め、諫言に従わないようであれば三河守を見捨てる旨を誓っているのが唯一の所見（生島足島神社文書・二七二）。その後の事蹟は不明。天正十一年（一五八三）二月の会田岩下、塔原氏滅亡とともに滅びたか。（平山）

山下家吉 やましたいえよし

生没年未詳。越前守。武田氏滅亡が間近に迫った天正十年（一五八二）三月二日、勝頼の指示で上杉景勝に援軍派遣を求めたひとり（上杉家文書・三六七二）。越後国境に配備されていたものと思われる。（丸島）

山下又左衛門尉 やましたまたざえもんのじょう

生没年未詳。武田（海野）龍芳の家臣とみられるが（国志）、「惣人数」御聖道様衆には記載がない。天正元年（一五七三）十月二十一日、御聖道様衆下条讃岐守とともに、龍芳の料所河原部（山・韮崎市）の籾子を甲府に納めるよう命じられている（山下家旧蔵文書・二二九七）。（丸島）

山下木工助 やましたもくのすけ

生年未詳～天正十年（一五八二）三月十一日。御徒歩衆。武田家滅亡に際し、勝頼とともに討ち死にした（軍鑑・大成下一〇頁）。「武田三代軍記」には「信勝睦衆」とある。（丸島）

山田四郎左衛門 やまだしろうざえもん

生没年未詳。信濃国筑摩郡刈谷原（長・松本市）の土豪。会田岩下氏の被官とみられる。天正九年（一五八一）の「伊勢内宮道者御祓くばり帳」において、「かりや原分」の人物として記載され、茶三袋を配られたと記されているのが唯一の所見（堀内健吉氏所蔵・三六四）。（平山）

山田神三衛門 やまだじんぞうえもん

生没年未詳。信濃国筑摩郡刈谷原（長・松本市）の土豪。会田岩下氏の被官とみられる。天正九年（一五八一）の「伊勢内宮道者御祓くばり帳」において、「かりや原分」の人物として記載され、茶二袋を配られたと記されているのが唯一の所見（堀内健吉氏所蔵・三六四）。（平山）

山寺佐五左衛門 やまでらさござえもん

天文五年（一五三六）～天正三年（一五七五）五月二十一日、四〇歳。実名は久富と伝わる（以下、県立長野図書館所蔵本藩名士小伝、真田氏所蔵御家中系図による）。武田信繁の与力。永禄四年（一五六一）の第四次川中島合戦において信繁が討ち死にした際、敵から首級を奪い返した。その後、真田幸綱・信綱の与力となる。天正三年の長篠合戦で討ち死にした。法名は賢翁哲雄。大林寺に墓があるという。ただし、同寺の所在は松代（長・長野市）であり、真田氏松代移封後に墓を移したものか。嫡男正左衛門（久繁）は、武田氏滅亡後真田氏に仕えた。なお、信繁の首級を「ミうちの山寺」が奪い返したという記述は、「軍鑑」にもみられる（大成上三八頁）。（丸島）

山寺甚左衛門 やまでらじんざえもん

生年未詳～永禄四年（一五六一）九月十日。実名は信明と伝わる（以下、寛永伝、寛政譜）。武河衆の一員。青木尾張守信立（乾康）の弟である。山寺郷（山・南アルプス市）を分け与えられ、甚左衛門より山寺と称したという。他の武河衆同様、武田信繁の同心となった。第四次川中島合戦に際し、信繁の眼前で討ち死に

したという。法名は浄清。（丸島）

山寺昌吉　やまでらまさよし

生没年未詳。源三。武河衆の一員として、永禄十年（一五六七）八月七日に「下之郷起請文」を武田信豊に提出している（生島足島神社文書・二一七）。武田信豊の同心であったと思われる。（丸島）

大和淡路守　やまとあわじのかみ

生年未詳～天正十年（一五八二）四月三日。元は将軍足利義昭の家臣で、甲斐に留まっていた（軍鑑末書・大成下二七五、四八三頁）。武田氏のもとでは、知行一〇〇貫文を与えられていたという（同前三二頁）。武田氏滅亡に際しては恵林寺（山・甲州市）に逃げ込んだようだが（甲乱記）、恵林寺もろとも焼き払われた。（丸島）

山野井源蔵　やまのいげんぞう

生年未詳～天正十年（一五八二）三月十一日。武田氏滅亡に際し、勝頼に従って戦死した（軍鑑・大成下一八〇頁）。法名は、虚屋道幽（景徳院位牌）。「軍鑑」の記載からは御鷹衆とも読める。（丸島）

山家薩摩守　やまべさつまのかみ

信濃国筑摩郡山家城（長・松本市）主。小笠原氏の旧臣。山家氏は、諏訪神氏の系統であるが詳細な系譜は定かでない（諏訪御符礼之古書、守矢頼実書留）。左馬允・薩摩守・近松斎。諱は昌実とされるが確認できない。天文十九年（一五五〇）七月、武田信玄による小笠原長時攻撃が始まると、同十五日に城を明け渡し武田氏に従属した（甲陽日記）。同二十年十月二十四日、山家左馬允が武田軍の平瀬城（松本市）攻略に際し、平瀬八郎左衛門を討ち取ったとして武田氏より感状を与えられているのが初見（武家事紀三二一・三三七）。同二十三年一月二十日、武田氏より大村郷（松本市）で一〇〇貫文を与えられている（同前・三五四）。永禄七年（一五六四）閏八月十九日、上杉謙信が沼田に着陣し、吾妻方面への軍事侵攻を企てていることを察知した武田信玄は、防備を固めるため、山家薩摩守らに西上野出陣を命じている（武家事紀・一〇〇五）。この文書が薩摩守の受領の初見。年未詳五月四日、武田信玄より西上野国大戸城（群・東吾妻町）の城普請を城対馬守、浦野大戸三河守と相談して進めるよう指示されている（小幡文書・二〇六五）。その後史料に登場しなくなり、出家、隠居し近松斎と号した。残念ながらその時期は特定できない。家督は息子藤九郎が相続した。ところが藤九郎が天正三年（一五七五）五月二十一日の長篠合戦で戦死したため、後継者問題が浮上した。そこで同年七月二日、山家近松斎は、武田勝頼より長篠合戦で戦死した息子山家藤九郎の名跡をその弟左馬允に相続させるよう指示されている（武家事紀三二・二五〇二）。同五年七月九日、近松斎は武田勝頼に懇願し、息子左馬允に桐原郷（松本市）の給与と、直参奉公を実現させている（同前・二八三六）。その後の事蹟は不明。（平山）

山家左馬允　やまべさまのじょう

生没年未詳。信濃国筑摩郡山家城（長・松本市）主。山家薩摩守（近松斎）の子。山家藤九郎の実弟。山家氏は、諏訪神氏の系統であるが詳細な系譜は定かでない（諏訪御符礼之古書、守矢頼実書留）。元亀四年（一五七三）と推定される一月二十七日、一族とみられる山家甚太郎の訴えを聞いた武田信豊が、疵の養生のため、本領への帰還を命じたのが初見（武家事紀三二・二〇一四）。このことから、左馬允は、前年十二月二十二日の三方原合戦で負傷した可能性が高い。兄藤九郎が天正三年（一五七五）五月の長篠合戦で戦死したため、同年七月二日、武田勝頼より跡目の相続を命じられた（同前・二五〇二）。同五年七月九日、父近松斎の懇願を受けた武田勝頼は、桐原郷（松本市）を与え、今後は直参として軍役奉公をするよう命じている（同前・二八二六）。また、天正期とみられる「神長官知行書上」に、中河原（松本市）の地頭として「山家殿」と記録されているが（守矢家文書・三三二）、これは左馬允の可能性が高い。その後の事蹟は不明。（平山）

山家甚太郎　やまべじんたろう

生没年未詳。信濃国筑摩郡山家城（長・松本市）主山家薩摩守（近松斎）の一族か。系譜関係などは不明。元亀四年（一五七〇）と推定される一月二十七日、山家左馬允（山家薩摩守の子）が負傷したため、これを武田信豊に訴え、疵の養生のため、彼の本領帰還を実現させているのが唯一の所見（武家事紀三三・二〇二四）。このことから、山家左馬允は前年十二月二十二日の三方原合戦で負傷した可能性が高く、また甚太郎は近親であったと想定される。なお、ここに登場する山家甚太郎と、年未詳十月一日、諏訪大社上社権祝矢島氏に御玉会と御守を贈られ、礼状を発給した山家神太郎頼広とは同一人物の可能性があるが確認できない（矢島家文書・三九二〇）。そのほかの事蹟は不明。（平山）

山家藤九郎　やまべとうくろう

生年未詳～天正三年（一五七五）五月二十一日。信濃国筑摩郡山家城（長・松本市）主。小笠原氏の旧臣。山家薩摩守（近松斎）の子。左馬允の兄。幼名松寿。なお諱は昌矩といわれるが確認できない。山家氏は、諏訪神氏の系統であるが詳細な系譜は定かでない（諏訪御符礼之古書、守矢頼実書留）。天文二十三年（一五五四）一月二十日、武田氏より父左馬允（薩摩守・近松斎）が大村郷（松本市）で一〇〇貫文を与えられ、それは松寿に相続されることを安堵されているのが初見（同前・三五四）。天正三年五月二十一日の長篠合戦で戦死した。その跡目は、同年七月二日、武田勝頼の命により実弟の山家左馬允が嗣いでいる（武家事紀三三・二五〇二）。そのほかの事蹟は不明。（平山）

山家夜叉　やまべやしゃ

生没年未詳。信濃国筑摩郡山家城（長・松本市）主山家氏の一族か。詳細不明。天正四年（一五七六）三月十七日、諏訪衆大和善親が諏訪大社上社権祝矢島氏に宛てた書状において、山家夜叉が願書を籠めたいと善親が懇願されたことを報じているのが唯一の所見（矢島家文書・二六一二）。この文書によれば、山家夜叉は善親の孫だという。このことから、山家薩摩守（近松斎）の近親の可能性が高いとみられるが、そのほかの事蹟は不明。（平山）

山家頼広　やまべよりひろ

生没年未詳。信濃国筑摩郡山家城（長・松本市）主山家薩摩守（近松斎）の一族か。神太郎。年未詳十月一日、諏訪大社上社権祝矢島氏に御玉会と御守を贈られ、礼状を発給したのが唯一の所見（矢島家文書・三九二〇）。頼広と、元亀四年（一五七〇）と推定される一月二十七日、山家左馬允（山家薩摩守の子）が負傷したため、これを武田信豊に訴え、疵の養生のため、彼の本領帰還を実現させた山家甚太郎は同一人物の可能性があるが確認できない（武家事紀三三・二〇二四）。そのほかの事蹟は不明。（平山）

山宮右馬助　やまみやうまのすけ

生没年未詳。敬称の付し方からみて、武田親類衆とみられる。山宮氏は武田信重の弟信安を初代とする庶流家（武田源氏一統系図・山6下七二九頁)。天文二十二年(一五五三)九月四日、飯富左京とともに苅屋原(長・松本市)へ入城した「山宮」(甲陽日記)、永禄六年(一五六三)十二月十七日付で、和田城(群・高崎市)への在番を命じられている「山宮殿」は右馬助に比定してよいだろう(諸州古文書・八五二)。ここでは、本城(本丸)への在陣が指示されている。翌七年四月二十六日付の信玄書状でも、「山宮」が鉄砲衆を率いて和田城に援軍として派遣されることが伝えられている(丸山史料古文書集・八九〇)。天正六年(一五七八)五月二十七日、芳比郷(長・上田市真田町)など真田周辺の郷村に対し、諏訪社造宮について先例を尋ねるため、甲府へ出府するよう命じた竜朱印状を奉じる(君山合偏・二九七四)。この時、山宮右馬助でみえる。武田氏滅亡後、右馬助は徳川氏のもとに出仕。同十年九月五日、本領山宮郷三〇〇貫文ほか、合計三三二貫四五〇文を安堵されている(古典籍下見展観大入札会平成十一年掲載文書・新家康文書2四三頁)。(丸島)

山宮長久 やまみやながひさ

生没年未詳。豊後守。右馬助の近親か。某年二月二十三日、高野山蓮華定院に書状を出している(丸山史料蓮華定院古文書・補遺六三)。花押型は、板垣信方や跡部勝資のものによく似ている。(丸島)

山宮大夫 やまみやだゆう

生没年未詳。大宮浅間神社(現富士山本宮浅間神社、静・富士宮市)の社人。姓は山田。天文二十年(一五五一)に大鏡坊頼慶の子又三郎が山宮大夫職を継承したことにより、五月二十六日の今川義元朱印状(村山浅間神社文書・戦今一〇三三)で、天文十六年より所有してきた弁暁坊分を安堵される。永禄元年(一五六〇)に又三郎が逐電したため、八月四日の今川氏真判物(同前・戦今一四一二)では、父頼慶へ、又三郎の所有していた山宮大夫職が認められた。武田領国下の山宮大夫と頼慶の関係は不明だが、元亀三年(一五七二)二月の日向虎頭証文(山田家文書・一七九七)で神役などの奉公を命じられ、山宮大夫が以前から管掌していた村山(富士宮市)の伝京坊を安堵された。同年三月二十四日の武田家朱印状写(判物証文写・一八一六)では、村山の弁経坊の知行も認められている。奉者は原隼人佑昌胤。また五月十八日の武田家朱印状写(山田家文書・一八九四)で、北山(富士宮市)で所持していた屋敷・田地を武田氏から返還された。奉者は原隼人佑昌胤。天正五年(一五七七)二月十六日の穴山信君判物(同前・二七七二)では、村山の宿坊と甲斐河内領内の社領を安堵された。同年五月二十一日に作成された富士大宮神事帳(本宮浅間大社文書・二八〇九)では、正月から十二月までの祭礼費用を山宮大夫職として受け取っている。武田氏滅亡後の同十二年二月二十日の穴山勝千代朱印状写(判物証文写・三九九五)では、霊泉寺殿(穴山信君)の判形のとおり、村山の宿坊と甲斐河内領内の社領を安堵された。近世には大宮司富士氏から四石九斗余を宛行われた(浅間神社の歴史)。(鈴木)

山村三郎次郎 やまむらさぶろうじろう

生没年未詳。木曾家臣。天文二十三年(一五五四)五月、木曾義康の武田氏従属交渉を千村重政とともに行った(山梨県立博物館所蔵文書・補遺一四)。なお、三郎次郎という仮名の人物は、勝頼期に木曾義昌の人質として甲府に送られたが、義昌の要請で三〇日間の帰国が認められている(辻守正氏所蔵文書・補遺六五)。木曾氏の家老山村一族のなかで重きをなした人物なのであろう。(丸島)

山村良侯 やまむらよしとき

天文十三年（一五四四）～慶長七年（一六〇二）十一月二十日、五九歳（木曾考続貂・信叢7二五六、二五七頁）。良利の子。三郎九郎、七郎右衛門尉、道祐。木曾氏の重臣。永禄三年（一五六〇）八月九日、木曾義康が古畑孫助に与えた感状に、「山村三郎九郎方助力之働」とあるのが初見（木曽福島町史掲載文書・七〇四）。ただし、この文書は検討の余地が大きい。確実な初見は同七年八月七日、飛驒勢を迎撃して檜田次郎左衛門尉を討ち取り感状を与えられたことである（山村家文書・九〇九）。この時は、木曾氏の指南である甘利信忠が副状を出している（同前・九一〇）。同八年十月一日、木曾義昌が黒沢若宮社（長・木曽町）に三十六歌仙板絵を奉納した際には、「凡河内躬恒」の板絵を奉納した（武居誠氏所蔵・九五六）。元亀三年（一五七二）十一月九日、今後のさらなる奉公を誓った恩賞として、美濃千檀林（岐・中津川市）・茄子河（中津川市）のどちらかで三〇〇貫文を与えられた（山村家文書・一九八六）。以後、七郎右衛門尉でみえる。天正二年（一五七四）三月晦日、信玄の跡を嗣いだ武田勝頼から、美濃における所領を安堵された（同前・二三七六）。同三年七月十三日、長篠敗戦後の頽勢のなか、武田氏への忠誠を誓った功績を讃えられ、信濃手塚（長・上田市）で五〇貫文を与えられ、木曾家中の取りまとめを求められた（山村家文書・二五〇六）。武田氏滅亡後の同十年八月晦日、木曾義昌朱印状の奉者をつとめる（諏訪神社文書・信16九〇頁、小池文書・信16九〇頁）。同十八年、義昌に従って阿知戸（千・旭市）へ赴く。文禄二年（一五九三）正月二日、文禄の役における名護屋（佐・唐津市）への出陣のため、役を賦課するとともに、下総の神事が退転しないよう指示を出した（徳川林政史研究所所蔵木曾谷中旧家系譜録・旭市史3木曾義昌関係文書一〇六）。この時、道勇と袖判が記されているが、出家時期は後述するように隠棲後とするのが一般的である。木曾家が義昌の子義利の代に改易された後、木曽に帰る。その後入道し、道祐と号した（木曾考続貂・信叢7二五六頁、寛政譜）。慶長五年十月二日、家康から木曽の代官に任じられた（山村家文書・信18五三九頁）。同六年二月三日、美濃において一三〇〇〇石を宛行われている（木曾考続貂・信91九頁）。この時、一万六〇〇〇石が「木曾衆」に与えられており、うち一万石が下総の替地、六〇〇〇石が木曾の替地である。下総一万石は木曾義昌が同国阿知戸で領有した石高と一致するから、すでに木曾義利が改易されていること、ただし所領はそのまま旧臣に宛行われていたことが明らかとなる。慶長七年十一月二十日死去。享年五九。法名幡龍院殿傑庭玄勇大居士（木曾考続貂・信叢7二五六、二五七頁）。妻は千村重政の娘（寛政譜）。元和三年（一六一七）四月十一日に没している。法名瑞雲院殿珠庭宗真大姉（木曾考続貂・信叢7二五七頁）。

（丸島）

山村良利 やまむらよしとし

永正十一年（一五一四）～慶長四年（一五九九）九月六日、八六歳。三郎左衛門尉。系譜類は三河守を名乗ったというが（木曾考続貂・信叢7二五六頁）、確認できない。木曾氏の重臣。「軍鑑」は信玄の娘で、木曾義昌に嫁いだ真龍院殿の付家老として「山村新左衛門」をあげるが（大成上三三〇頁）、明確な誤りである。山村良利は、木曾家中において、武田氏との交渉を担当する取次役であった。永禄七年（一五六四）六月九日、昨年木曾義昌が参府したことに相応しい返礼ができていないことを、信玄から詫びられる。同八年十月一日、木曾義昌が黒沢若宮社（長・木曽町）に三十六歌仙板絵を奉納した際、「中納言家持」の板絵を奉納した（武居誠氏所蔵・九五六）。元亀三年（一五七二）九月二十六日、飛騨の調略成功を讃えられ、信玄から美濃において一ヶ所を宛行うことを約束される（山村家文書・一九五六）。宛行は同年十一月九日に実施され、美濃安弘見（岐・中津川市）三〇〇貫文を与えられた（同前・一九八五）。天正元年（一五七三）正月五日、前年十二月二十二日の三方原合戦の戦勝を祝う木曾義昌書状に、副状を付している（歌田家文書・二〇三三）。同二年三月晦日、信玄の跡を嗣いだ武田勝頼から、美濃における所領を安堵された（山村家文書・二三七六）。同五年九月二十四日、信濃・美濃国境の田立口（長・南木曽町）における商売は、一ヶ月に六度に制限するよう通達された（同前・二八七二）。その後、同十二年に徳川方を牽制したとして、その働きを羽柴秀吉から賞された（同前・信16四二頁）。同十八年の木曾義昌の阿知戸（千・旭市）転封には老齢を理由に従わず、木曽にとどまった。慶長四年九月六日没。享年八六。法名は梅梁院伝伯林宗英大居士（木曾考続貂・信叢7二五六頁）。

（丸島）

山本菅助（初代）　やまもとかんすけ

明応九年（一五〇〇）九月二十五日か～永禄四年（一五六一）九月十日。道鬼。実名は「晴幸」と伝わるが（国志ほか）、近世に生じた誤伝である。「軍鑑」は仮名を勘助とし、一般にはこちらで知られるが、一次史料上の初見はすべて「菅助」である。生年について、「軍鑑末書」は明応九年とするが（大成下四三二頁）、同じ「軍鑑」の別の箇所で記された年齢を逆算すると明応二年生まれになり（同前上二六二頁）、確証はない。真下氏所蔵「山本家系譜」は同九年九月二十五日とする（山本菅助の実像を探る三〇〇頁）。一般に信玄の「軍師」として伝わるが、これは近松門左衛門の浄瑠璃「信州川中島合戦」以降に付与されたもので、「軍鑑」においても、いわゆる「軍師」（作戦参謀）と評価できるような記述はない（そもそも戦国時代に「軍師」は存在しない）。「軍鑑」における活動をまとめると、①若年の頃各国を渡り歩いたため諸国の事情に精通し、②城取り（城郭の縄張り）の名人、③合戦の吉兆を占う「軍配者」、④軍勢を率いる足軽大将、⑤足軽大将の立場で戦術を具申することがある、⑥外科医術の智識もある、といったところであろうか。確かに、その活動は幅広く、かつて非実在説が主流であったのも肯ける。しかし現在は、相次ぐ一次史料の発見により、実在は確実なものとなった。誕生地についても諸説あるが、「甲陽日記」は三河牛窪の浪人と記し、天文十三年（一五四四）三月に召し抱えられたとする。仕官の経緯について、「軍鑑」は板垣信方が城取りの名人として推挙したとあり（同前三三〇頁）、この点は事実とみてよさそうである。同十七年の信濃伊那郡における戦闘で軍功をあげ、四月、黒駒（山・笛吹市）の関銭一〇〇貫文を与えられた（真下氏所蔵山本家文書・二四四）。翌同十八年六月二十二日には、この年の関銭の集まりが悪かったのであろう、一〇〇貫文のうち八〇貫文のみを与えられ、二〇貫文については後で支給する旨が言い渡されている（同前・補遺二三）。なおこの文書に捺された印判は、他例をみない。同年正月十三日、諏訪高島城（長・諏訪市）を鍬立てした（甲陽日記）。「軍鑑」の仕官経緯を裏づける。弘治三年（一五五七）六月二十三日、北信濃の国衆市川藤若に援軍派遣失敗を謝する使者をつとめた（市河家文書・五六二）。永禄元年四月二十日、晴信より東条尼飾（長・長野市）城代小山田虎満の病状を確認してくるよう命じられた（真下氏所蔵山本家文書・補遺一七）。この時、軍事についても前線諸将と話し合うように命じられているから、北信濃川中島一帯を往来していた可能性が強い。その後、出家して道鬼と号したという（軍鑑・大成上三〇一頁）。同四年九月十日、第四次川中島合戦において討死した（同前三八頁）。以上の活動は、当時の武田家臣のものとして、ごく一般的なものである。問題は「軍鑑」における「山本勘助」の働きだが、同書は実際には信玄側近駒井高白斎によって起草された（甲陽日記天文十六年五月晦日条）「甲州法度之次第」を、「山本勘助」の発案によるものとしている（大成上一六一頁）。「軍鑑」には信玄の吏僚的家臣の存在が一切記されず、軍功をあげて身を立てた者の活動が列記される。同書の成立自体、天正三年（一五七五）の長篠合戦で討死した武断派宿老の意見を排し、若い勝頼の考えを誤らせた側近跡部勝資・長坂光堅を諫めることが目的と記される。つまり、吏僚系で活躍した人物の存在は同書にとって都合が悪く、そうした人びとも含め、多くの家臣の活動が「山本勘助」に集約されて描かれたのではなかろうか。法名は、霊源院清本道鬼居士（真下氏所蔵山本家系譜・山本菅助の実像を探る二〇一頁）、神山道鬼居士（国志所引典厩寺位牌）、鉄岩道一居士（国志所引宗持禅院位牌）などと伝わる。当初は男子に恵まれず、天文二十年に饗庭越前守の子息十左衛門尉を女婿として迎えた（国志、沼津山本家所蔵道鬼ヨリ某迄四代相続仕候覚・山本菅助の実像を探る一七〇頁）。しかし同二十二年に男子が生まれたものの、菅助戦死時にはまだ幼少であったため、十左衛門尉が名代をつとめたという（沼津山本家所蔵道鬼ヨリ某迄四代相続仕候覚）。

（丸島）

山本菅助（二代） やまもとかんすけ

天文二十二年（一五五三）五月十一日〜天正三年（一五七五）五月二十一日、二三歳（沼津山本家所蔵御証文之覚・山本菅助の実像を探る一六六頁）。初代菅助（道鬼）の嫡男。幼名兵蔵、実名は幸房などと伝わるが（沼津山本家所蔵道鬼ヨリ某迄四代相続仕候覚・山本菅助の実像を探る一七〇頁）、確証はない。国志は勘蔵信供とする。ただし戦国期の幼名の付け方として、「兵蔵」というのは奇妙である。出生日は同史料による。父道鬼が永禄四年（一五六一）に討死した際には、まだ九歳と幼少であったため、姉婿の十左衛門尉が名代をつとめた（同前）。同十一年に一六歳で家督を嗣ぎ、同年六月七日に小者合計六人の軍役を課せられている（真下氏所蔵山本家文書・補遺三七）。天正三年五月二十一日の長篠合戦で戦死（沼津山本家所蔵御証文之覚・山本菅助の実像を探る一六九頁、国志）。家督は姉婿の十左衛門尉が嗣いだ。

（丸島）

山本十左衛門尉 やまもとじゅうざえもんのじょう

天文五年（一五三六）三月二十五日か〜慶長二年（一五九七）十月九日、六二歳（真下氏所蔵山本家系譜・山本菅助の実像を探る二〇一頁）。実名は幸俊とも（真下氏所蔵山本家系譜沼津山本家所蔵道鬼ヨリ某迄四代相続仕候覚・山本菅助の実像を探る一七〇頁）、頼元ともいうが（国志）、確定できない。生年は「道鬼ヨリ某迄四代相続仕候覚」は大永六年（一五二六）としており、これまた確定は難しい。さしあたり、「山本家系譜」に従っておく。なお、「山本家系譜」は仮名平一郎とする。これは十左衛門尉嫡子の仮名と同じであり、信頼してよいかもしれない。饗庭越前守の子（国志）。天文二十年、まだ男子に恵まれていなかった菅助の娘婿となる（山本家系譜）。永禄四年（一五六一）の菅助（道鬼）戦死後、実子菅助（二代目）がまだ幼かったため、名代をつとめた（道鬼ヨリ某迄四代相続仕候覚）。同十一年に二代菅助が成人したことで、家督から退く。しかし天正三年（一五七五）の長篠合戦で二代菅助も討死したため、正式に山本家の家督を相続することとなった。同四年五月十二日、五人の人数を引き連れて参陣するよう軍役を定められる（真下氏所蔵山本家文書・補遺四六）。二代菅助より軍役が減少しているのは、知行地から二代菅助後室に堪忍分が分け与えられたためか。武田氏滅亡後は徳川家康に仕える。「天正壬午起請文」には信玄直参衆として名がみえる（山6下九三二頁）。同十年六月二十二日、家康の甲斐出兵の先陣をつとめた大須賀康高より物田（相田、山・北杜市）・下河原（山・甲府市）、小野（長・塩尻市ほか）において九四貫文を安堵される（沼津山本家文書・沼津市史史料編古代中世六二三）。その後、同年九月五日に、あらためて徳川家朱印状の形で、本領相田二九貫文ほか八〇貫六〇〇文を安堵された（真下氏所蔵山本家文書・沼津市史史料編古代中世六三三）。しかし同十一年閏正月十四日の安堵では、小野が対象外となり、相田三五貫文・下河原一貫六〇〇文のみを安堵されている（同前・沼津市市史史料編古代中世六三三）。これは小野が信濃国衆小笠原貞慶の領国となった結果とみられる。この安堵により、十左衛門尉は家康の直参衆に編成されたと考えられている。慶長二年十月十九日、江戸において死去。法名は法泉浄本居士と伝わる（山本家系譜）。子孫は曲折の末、高崎藩松平家の家老として続いた。（丸島）

山本宗左衛門尉　やまもとそうざえもんのじょう

生没年未詳。吉田（山・富士吉田市）の富士山御師。堀端屋。近世には小佐野壱岐を称した（山4解説編三九頁）。弘治二年（一五五六）十二月二十七日、小山田信茂から徳役を除く諸役を免許されている堀端坊は宗左衛門尉かその父であろう（小佐野得季家文書・五三）。天正七年（一五七九）六月一日、小山田信茂から河口（山・富士河口湖町）における酒商売について、役銭を赦免されている（小佐野得季家文書・三三七）。武田氏滅亡後の天正十年四月七日、河尻秀隆から吉田屋敷分を安堵されている山本弥太郎は子息であろう（小佐野得季家文書・山4四九八）。小佐野姓での初見は、天正十年三月に河尻秀隆から富士参詣道者を安堵されたことだが（小佐野得季家文書・山4四九七）、同文書には疑問点がある上、翌月に出された文書と齟齬をきたす。もう少し時代がくだるのではないだろうか。天正二十年三月の上吉田宿伝馬帳写には、「堀端　織部」の記載がある（小沢鯉一郎家文書・富士吉田市史史料編3八四）。（丸島）

山本大林　やまもとだいりん

生没年未詳。武田家に仕えた医師のひとり。「軍鑑」に信玄御伽衆十二人のうちとあり、年未詳であるが「武田信玄陣立書」に、薬師外科としてその名がみえている（狩野文書・三七二）。武田勝頼に仕えた後、天正十年（一五八二）三月の武田家滅亡後には徳川家康に仕える（国志・一〇三）。（柴辻）

山本長徳 やまもとながのり

生没年未詳。与三左衛門尉。駿府（静・静岡市）の商人。天正三年（一五七五）十月一日の武田家朱印状（奉者は跡部九郎右衛門尉昌忠、友野家文書・二五三六）で、駿府の商人衆が駿河国に帰参した際に諸役を免許する旨を伝えられ、同月十一日の松木宗清等連署起請文写（同前・二五三七）で、駿府での商売に関する起請文を武田氏へ提出した一二名のなかに名がみえる。年未詳九月晦日の穴山信君条書写（判物証文写・三九一七）で、大井川河畔の水川郷（静・川根本町）で商売を行うこと、敵方（徳川方）から鉄炮・鉄を仕入れた際には夫馬を与えること、条書を与えられた一〇名以外の商人が商売を行うことを禁止し、違反した場合は見つけ次第荷物を奪い取ることなどを、松木宗清ら九名とともに命じられた。（鈴木）

山本備後 やまもとびんご

生年未詳～天正九年（一五八一）三月二十二日。高天神籠城衆。天正九年の高天神落城に際して討ち死にした（乾徳山恵林寺雑本・信15一七頁）。（丸島）

弥六郎 やろくろう

生没年未詳。信濃小県郡の国衆小泉氏の被官。永禄十年（一五六七）八月七日、武田氏に忠誠を誓う下之郷起請文に血判を据え、被官衆連名で浅利信種に提出している（生島足島神社文書・一一三九）。名字がない上に花押も書いておらず、地侍層と思われる。（丸島）

ゆ

湯浅行家 ゆあさゆきいえ

生没年未詳。上野国衆国峰小幡氏の家臣。通称は出羽守。永禄十年（一五六七）八月七日付「下之郷起請文」において、国峰小幡氏の家臣で尾崎郷（群・富岡市西部）における地縁集団尾崎衆の連署起請文で九番目に署判しているのが唯一の所見（生島足島神社文書・一一七三）。なお元亀四年（一五七三）十月二十日付で小幡信真が市河常西に与えた証文（上毛諸家所蔵文書・二一九六）において副状発給者としてみえる「湯浅」は彼にあたる可能性もある。（黒田）

融山宗祝 ゆうざんそうしゅく

生年未詳～天文十四年（一五四五）。曹洞宗雲岫派の禅僧。谷村（山・都留市）の長生寺の三世住職。鷹岳宗俊の弟子。紫衣と一道光円禅師号を賜る。（柴辻）

遊麟 ゆうりん

生没年未詳。武田家臣。天文十五年（一五四六）十一月六日、駒井高白斎に御料所石森郷からの納法を指示する使者をつとめる（甲陽日記）。翌十六年五月十六日、林部豊前守に知行を与える使者をつとめた（同前）。武田晴信初期の使僧とみられる。同十四年四月に、病気のために法華経一〇〇〇部の祈禱を受けている遊麟は、あるいは同一人物か（明叔慶浚等諸僧法語雑録・山6下五八一頁）。（丸島）

幸家 ゆきいえ

生没年未詳。姓も不明である。某年七月、病気平癒祈願のため、立願をした。すると本復したため、十二日に礼状を勝仙院に出している（思文閣古書資料目録一四五号掲載文書・三八七七）。そのほかの事蹟は不明。（丸島）

由比忠次 ゆひただつぐ

生年未詳～天止九年（一五八一）三月二十二日。駿河衆。官途は可兵衛尉。実名は、「大宅氏由比系図」に、「忠次」とみえる。由比氏は、駿河国由比郷（静・静岡市清水区）を本地とする室町幕府御家人であったが、次第に駿河守護今川氏の影響下におかれ、今川家臣となった。忠次はその一族で、武田氏へ従ったのは、「大宅氏由比系図」によると父孫左衛門忠邦の時とする。その後、父忠邦は家督を忠次に譲り、出家して法名憩閑を称す。家督を継承した忠次は遠江高天神城（静・掛川市）の在番をつとめ、天正九年三月二十二日における徳川氏の攻撃による落城の際に戦死した（乾徳山恵林寺雑本・静8一三五八）。六月六日付土屋昌恒宛穴山梅雪斎不白（信君）書状（楓軒文書纂・三五五七）によると、知行地は荒地となり、妻子が困窮に貧していたため、父憩閑へ武田氏が対処を行う意向を梅雪斎不白が伝えたことがみえる。（柴）

湯本三郎右衛門尉 ゆもとさぶろうえもんのじょう

生没年未詳。上野国吾妻郡草津（群・草津町）の土豪で、湯本善大夫の甥（加沢記）。通称については「三郎左衛門尉」とも表記される場合がみられるが、誤記であろう。初名は小次郎とみられる。父は岩下斎藤氏に従っていたが、永禄七年（一五六四）二月、斎藤氏が武田氏から離叛して没落した際、その父が斎藤弥三郎らとともに武田氏に従ったものの、死去したらしく、その功賞として武田氏から草津湯・沼尾（草津町）二五貫文を返付されている（熊谷文書・八六九）。それらの知行は、斎藤氏に従っていたために、武田氏から収公の扱いを受けていたため、返付の処置がとられたとみられる。天正三年（一五七五）五月の三河長篠合戦で伯父の善太夫が重傷を負い、すぐに死去したため、六月十六日までにその家督を継承している（浦野文書・二四九九）。その際、「三郎右衛門」でみえているから、この時までに同名に改称していたことがわかる。同九年四月二十四日に武田氏から、「彼三人」の草津湯治について異儀のないよう命じられている（熊谷文書・三五三九）。同十年三月の武田氏滅亡後は、真田氏の家臣となり（同前・群三一〇六）、同年十月には羽尾城（群・長野原町）への在城を命じられている（同前・群三一八八）。その直前の九月、上杉方の羽尾源六郎が本拠への復帰を図り、大戸浦野氏の一族民部右衛門尉は「湯図」とそれについて相談している（覚上公御書集・上越二五五九）。「図書」の官途は、三郎右衛門尉の孫が称しているから、同家の歴代官途であった可能性があり、その場合、三郎右衛門尉の後身の可能性も想定される。同十二年四月、同年二月に羽尾氏が本拠への復帰を果たしたことに、三郎右衛門尉も協力したらしく、上杉氏から知行安堵の朱印状が用意されている（歴代古案・群三一九二）。これらによれば徳川方となっていた真田氏から離叛し、上杉氏に寝返る状況もみられていたことがわかる。しかしその後は真田氏家臣の立場を維持し、同十八年十二月の知行改によって、その所領は草津一〇〇貫文ほか計二八二貫文余、同心三一人給一七六貫文余に確定されている（熊谷文書・群三六六七、六八）。慶長八年（一六〇三）まで存在が確認され（同前・群馬文化一九六）、元和八年（一六二二）までに嫡子源左衛門に家督が交替しているので（同前）、その間に死去したと推定される。嫡子源左衛門（幸重と伝えられる）の母は、真田昌幸の兄昌輝の娘とされる（湯本貞賢墓碑銘・群馬文化一九六）。それが正しければ、三郎右衛門尉は真田昌輝娘を妻に迎えたことになる。（黒田）

湯本善太夫 ゆもとぜんだゆう

生年未詳～天正三年（一五七五）没。上野国吾妻郡草津（群・草津町）の土豪。初め岩下斎藤氏に従っていたが、永禄七年（一五六四）二月、斎藤氏が武田氏から離叛して没落した際、斎藤弥三郎らとともに武田氏に従い、武田氏から本領草津を安堵されるとともに、新恩として羽尾領内立石・長野原（群・長野原町）など一七〇貫文を与えられている（加沢記・八七二）。同八年十一月に斎藤弥三郎が武田氏から離叛した際、武田氏に従って真田幸綱の軍事指揮を受け、弥三郎の拠点嶽山城（群・東吾妻町）攻撃の際に戦功をあげ、同九年三月にその功賞として羽尾領内林村（長野原町）二〇貫文を与えられている（同前・九八七）。以後は真田氏の同心に編成された（信綱寺殿御事蹟稿・三七三八）。同十一年五月、箕輪城（群・高崎市）合戦で負傷した湯本小三郎は、その嫡子であろうか（折田文書・一三七二）。天正三年五月二十一日の三河長篠合戦で重傷を負い、しばらくして死去したとみられる（加沢記）。同年六月十六日には死去が確認される。善太夫は死するに際して浦野義見斎に老母への扶持について依頼していたとみられ、武田氏家臣跡部勝資は浦野義見斎に対し、老母への湯屋敷三間と手作分の譲渡を認め、その知行役の負担を指示している（浦野文書・二四九九）。家督は甥の三郎右衛門尉が継承した。（黒田）

よ

与右衛門尉　よえもんのじょう

生没年、姓未詳。駿府（静・静岡市）の細工職人か。天正五年（一五七七）閏七月十九日付の武田家朱印状によれば、与右衛門以下一六人の細工職人に対して、細工奉公の代償として駿河国小鹿郷（静岡市）で四八貫文を宛行い、「当職之奉公」を厳命している（鈴木家文書・二八五三）。この竜朱印状では、宛名の一六名の各自の上に個別に「晴信」方朱印が押されており、本来は個別に発給すべきものを一括して宛行っている。（柴辻）

与五衛門　よごえもん

生没年未詳。信濃国筑摩郡生野（長・安曇野市）の土豪。塔原海野氏の被官とみられる。天正九年（一五八一）の「伊勢内宮道者御祓くばり帳」において、「いくの、分」の人物として記載され、茶二袋を配られたと記されているのが唯一の所見（堀内健吉氏所蔵・三六四四）。（平山）

与五衛門　よごえもん

生没年未詳。信濃国筑摩郡矢倉（長・麻績村）の土豪。麻績氏の被官とみられる。天正九年（一五八一）の「伊勢内宮道者御祓くばり帳」において、「の口分」の人物として記載され、茶三袋を配られたと記されているのが唯一の所見（堀内健吉氏所蔵・三六四四）。（平山）

横尾越前守　よこおえちぜんのかみ

生没年未詳。信濃小県郡横尾（長・上田市）の国衆。滋野一族で、応永七年（一四〇〇）の大塔合戦では、実田（真田）・曲尾氏とともに禰津氏に率いられて活動をしている（大塔物語）。天文十年（一五四一）の海野平合戦時の動向は不明だが、武田氏の小県進出によって従属したようである。同二十一年九月八日、松本（上田市）において二〇〇貫文を与えられた（甲陽日記）。その後、同地は真田領に組み込まれるから、没落していったものと思われる。（丸島）

横田小陸奥　よこたおむつ

生年未詳～天正三年（一五七五）五月二十一日。横田康景の三男。「惣人数」に御小姓衆「横田おむつ」とみえる。父とともに、長篠合戦で討ち死にした（寛政譜）。（丸島）

横田源介　よこたげんすけ

生年未詳～天正三年（一五七五）五月二十一日。横田康景の四男。父とともに、長篠合戦で討ち死にした（寛政譜）。（丸島）

横田小才次　よこたこさいじ

生年未詳～天正三年（一五七五）五月二十一日。横田康景の次男。父とともに、長篠合戦で討ち死にした（寛政譜）。（丸島）

横田高松　よこたたかとし

生年未詳～天文十九年（一五五〇）十月一日。「軍鑑」は伊勢出身の牢人衆とし、騎馬三〇騎・足軽一〇〇人を預けられたとする（大成下二〇頁）。備中守。天文十六年八月、武田晴信の佐久郡志賀城（長・佐久市）攻めに参加。援軍としてやってきた山内上杉勢を小田井原で迎え撃ち、板垣信方・甘利虎泰・多田三八郎とともに打ち破っている（勝山、ただし天文十五年条に誤記する）。同十九年八月二十五日、村上方の城郭砥石城（長・上田市）の検分に、大井信常・原虎胤とともに派遣されている（甲陽日記）。同年九月三日、武田方は砥石城間際に陣を進め、九日に攻撃を開始した。しかし九月晦日に攻略を断念、翌十月一日より撤退戦を行うが、殿軍は大きな被害を被った（同前）。その最中で戦死した（勝山）。「砥石崩れ」と称される武田方の大敗北であった。高松の戦死については、撤退戦の最中とするものが多いが、「勝山」は九月一日討ち死にとする。しかし「甲陽日記」は攻撃開始を九日としており、一日の段階では戦闘はまだ起こっていない。「勝山」が月の記載を間違えた可能性が高く、「横田備中守ヲ始トシテ、随分衆千人計リ打死」と被害が大きい戦闘で討ち死にしたとする記述を重視し、十月一日の撤退戦のなかで戦死したという通説に従っておきたい。男子がおらず、原虎胤の嫡男康景を養子に迎えていた（軍鑑・大成下二二頁）。（丸島）

横田尹松　よこたただとし

天文二十三年（一五五四）～寛永十二年（一六三五）七月五日、八二歳（寛永伝）。幼名玄（寛永伝、寛政譜）。甚五郎、甚右衛門尉。実名は「寛永伝」および「国志」による。康景の子。長兄彦九郎が三方原で、父と兄弟（小才次・小陸奥・源介）が長篠で戦死したため、家督を嗣いだ。遠江高天神城（静・掛川市）に在城したひとりで、天正七年（一五七九）十月十七日、勝頼から城内の用心を怠らないよう命じられている（石井進氏所蔵諸家古案集・三一七九）。この時、甚五。天正年間（一五七三～九二）とみられる諏訪大社上社の造宮在家諸役書上に、同心の記載がある（大祝諏訪家文書・三〇八〇）。同九年三月の高天神城落城に際しては、報告のために敵勢を突破して甲斐に帰国した（軍鑑・大成下一六八頁）。武田家滅亡後は徳川氏に仕え、依田信蕃に従った（依田記、寛政譜）。その後、使番となっている（寛永伝、寛政譜）。同十二年三月、甲斐善光寺で逆修供養を営み、法名を無言道本居士と付した（国志）。慶長十九年（一六一四）の大坂冬の陣では陣中目付に任ぜられ（当代記同年十一月三日条）、諸将に軍令を伝えた（譜牒余録・信21五〇六頁）。元和五年（一六一九）七月二日、上洛した際に生母の逆修（生前）供養を高野山成慶院に依頼し、決女妙心禅定尼という法名を付している（甲州月牌帳二印・武田氏研究43二九頁）。寛永十二年七月五日没。享年八二（国志、寛永伝）。「国志」は享年を八〇とするが、成立年代が早い「寛永伝」に従っておく。法名は覚誓院無言道本居士（国志所引清運寺位牌）。妻は山県昌景の娘という（寛政譜）。天正十四年七月六日に死去し、尹松が同年十一月二十一日に高野山成慶院で供養を営んでいる。法名は性岳宗心禅定尼（甲州月牌帳二印・武田氏研究42五八頁）。また、武蔵に隠棲した武田信玄の娘松姫（信松尼）の話を聞き、成瀬正一とともに支援をしたという（信松院百回会場記・新編武蔵風土記稿）。（丸島）

横田彦九郎 よこたひこくろう

生年未詳～元亀三年（一五七二）十二月二十二日。横田康景の嫡男。三方ヶ原合戦で討ち死にした（寛政譜）。（丸島）

横田康景 よこたやすかげ

大永五年（一五二五）～天正三年（一五七五）五月二十一日、五一歳（国志）。原虎胤の嫡男で、横田高松の養子となった（軍鑑・大成下三頁）。彦十郎、十郎兵衛尉、備中守。天文十九年（一五五〇）に養父高松が戦死したため、家督を嗣ぐ。弘治三年（一五五七）四月十日、信玄が倉沢中務少輔に書状を送った際に、近日中に援軍として深志（長・松本市）に康景を派遣すると約束しているのが初見（木曾古文書写・五五六）。この時、彦十郎。その後も前線の城に配備されていたらしく、某年三月二日、在城地の用心と仁科衆を本城（本丸）に入れないようにという指示を、今福石見守（長閑斎）とともに受けている（多和文庫所蔵甲州古文集・六三五）。この城も深志城であろう。永禄十年（一五六七）八月七日、「下之郷起請文」を山県昌景を通じて提出した（生島足島神社文書・一二三）。この時、「拾郎兵衛丞康景」と署判している。駿河支配にも携わり、元亀二年（一五七一）十二月二十四日、駿河国衆朝比奈信置とともに、俵峰村（静・静岡市）の軍役を定めている（駿河志料・一七六五）。「惣人数」には御旗本足軽大将衆、騎馬三〇騎、足軽一〇〇人持ちと記されており、足軽大将のなかでは抜きんでて多い。ただしこの数字は、養父高松と同じである。天正元年七月晦日、武田勝頼が奥平道紋・定能父子に送った書状において、長篠（愛・新城市）への援軍として康景を派遣した旨が記される（松平奥平家古文書写・二四三）。その後、備中守に改称した。同三年五月二十一日、長篠合戦で討死（宣教卿記、信長公記、軍鑑・大成下二六頁）。享年五一。甲府清運寺の過去帳に法名清雲または法入とあったという（国志）。子息も同時に討死していることから、どちらかは子息の法名であろう。娘のひとりは日向政成（政之）に嫁いだ（寛政譜）。なお、鉄砲上手であったという（軍鑑・大成下三頁）。（丸島）

横手満俊 よこてみつとし

生年未詳～元亀元年（一五七〇）正月。武田家臣。監物。武河衆の一員で、青木信立の子。系図類は実名を信国とする。永禄十年（一五六七）三月十五日、横手氏の遺跡相続を信玄に認められている（東京大学史料編纂所所蔵文書・一〇六〇）。同年八月七日、「下之郷起請文」を武田信豊に提出している（生島足島神社文書・一二七）。武田信豊の同心であったと思われる。元亀元年、駿河花沢城攻めにおいて討ち死にしたという（寛政譜、系図纂要）。（丸島）

横山友次 よこやまともつぐ

生没年未詳。惣兵衛尉。穴山家臣。天正六年（一五七八）十月十日、長谷川吉広と連名で佐野弥左衛門尉に内房郷（静・富士宮市）の検地割付を引き渡した（彰考館所蔵佐野六蔵家文書・三〇四二）。（丸島）

与三衛門 よさえもん

生没年未詳。信濃国筑摩郡会田（長・松本市）の土豪。会田岩下氏の被官とみられる。天正九年（一五八一）の「伊勢内宮道者御祓くばり帳」において、「あいたいりの分」の人物として「かな井の与三衛門」と記載され、茶三袋を配られたと記されているのが唯一の所見（堀内健吉氏所蔵・三六四四）。（平山）

吉江景淳 よしえかげあつ

天文十五年（一五四六）～寛永三年（一六二六）九月二十八日、八一歳（上杉年譜所収御家中諸士略系譜）。上杉氏の越後根知（新・糸魚川市）城将。民部少輔。吉江宗信の子で、景資の弟（同前）。実名は「御家中諸士略系譜」による。天正六年（一五七八）六月、越後御館の乱に介入すべく、小谷筋から北上した仁科盛信に降伏した。時期は確定しがたいが、六月二十一日付竜朱印状で「招知之城主赤見・吉江励忠節」とあるから（新編会津風土記・二九〇）、六月前半のこととみられる。しかし上杉景勝はそのことに気がついておらず、また根知城に足利義昭の上使衆が降伏勧告に向かったという知らせを受け、勝頼とは和睦したので、上使衆には引き取ってもらい、守りを固めるよう指示を出している（長野県立歴史館所蔵文書・上越一五五四）。この現状を追認し、上杉景勝は根知城を勝頼に割譲することとなった。同七年十一月十八日、勝頼は吉江景淳の使者を取り次いだ仁科盛信に対し、懇切にするよう命じている（本誓寺文書・三一九九）。同八年三月六日、御館の乱に際し速やかに降伏したことを讃えられ、飯山（長・飯山市）において五〇貫文を与えられた（吉江家文書・三二六八）。この時、民部少輔。同十年の甲州崩れに際し、勝頼は上杉景勝に援軍を頼むため、根知城を返還。しかし吉江景淳は足弱（女・子供・老人）を引き連れているとして道中しばらく逗留した（上杉家文書・三六七〇）。その後上杉氏のもとに服し、慶長十七年（一六一二）に二〇〇石を与えられている（御家中諸士略系譜）。寛永三年九月二十八日没、八一歳（同前）。子息景弘は同五年八月に出奔し、家名は断絶したという（同前）。（丸島）

吉川三伯 よしかわさんぱく

生没年未詳。その先祖は五味道本という。武田家家臣であったが、板坂法印に医術を学び、医師として武田家に仕える。府中上一条町（山・甲府市）に住み、子孫も医業を継承し、寛永期には吉川三秀を輩出している（国志・一〇二）。（柴辻）

吉川守随 よしかわしゅずい

生没年未詳。甲府の秤座職人頭。初名彦次郎、後年に世襲の守随を称す。出自は明らかでないが、甲斐の出身といわれ、父守随が若年の時、駿河の今川氏に仕え、幼年の徳川家康と知己を得たという。その後、甲府に戻って秤職人となり、武田家の御用をつとめる。その子が彦太郎であり、勝頼に仕えて秤座頭となる。天正二年（一五七四）閏十一月二十四日の武田家朱印状によれば、鈴木清三郎・同与治郎・長坂善七郎の四人宛に、秤座奉公の代償として「町棚一間宛商売之諸役」を免除されている（守随文書・二四〇〇）。ここでは吉河彦太郎と記され、秤座頭であった。同四年二月二十二日には、この四名宛てに同内容の武田家朱印状が出されており（同前・二五九〇）、さらに同八年八月十六日には、細工奉公の代償として町棚役・利倍役・宿次諸役・人足役が免除されている（同前・三四〇四）。同十年三月の武田家滅亡後には、入甲してきた徳川家康に従い、同年、十一月二十六日付で家康より、甲州金秤の扱い安堵を受けており（同家文書）、翌十一年十月にも「分国中守随秤」商売の安堵を受けている（同前）。その後、守随は家康に招かれて江戸に移り、幕府の秤座を差配する。甲府には長坂善七郎が、その代官として残り、その子孫が坂本と姓を改めて秤製造を担当した（林英夫「秤座」）。　（柴辻）

吉川彦太郎　よしかわひこたろう

生年未詳～慶長十三年（一六〇八）十一月一日。甲府（山・甲府市）在住の秤師。武田義信と吉川守随の姪の間に生まれ、守随の養子になったというが慎重に扱うべき所伝である。（守随系図・守随家秤座文書三〇四）。実名は信義とされるが、同時代史料では確認できない。天正四年（一五七六）二月二十二日の武田家朱印状（守随家文書・二五九〇）で、鈴木清三郎・同与治郎・長坂善七郎とともに甲府在住と細工奉公を命じられ、町棚一間分の商売役を免許された。奉者は長坂釣閑斎光堅。同八年八月十六日の武田家朱印状（同前・三四〇三）でも、鈴木清三郎・同与治郎・長坂十左衛門尉とともに武田氏への細工奉公をつとめたことに対して、町棚一間分の商買役、利倍役、宿次の諸役・人足役を免許されている。奉者は長坂釣閑斎光堅。同十年三月に武田氏が滅亡した後、徳川家康が幼年からの知己であった吉川守随を召したが、すでに死去していたため、彦太郎が養父に代わって出仕し、徳川氏の命で守随に改姓したとされる。同年十一月二十六日、徳川氏から朱印状（同前・山5二九六）甲州金の秤子職を安堵された。奉者は榊原小兵衛、神谷弥五郎重勝。同十一年十月五日には、徳川家朱印状（同前・山5二九七）徳川領国内で黄金を量る秤を「守随秤」に限定され、秤製造の独占権を獲得している。奉者は榊原小兵衛。同十八年、徳川氏の関東転封に従って江戸へ移住し、江戸幕府から東三三ヶ国における秤製造の独占権を認められた（同前・守随家秤座文書三四三～四〇七）。法名は清光院殿信誉浄貞居士（守随系図・同前三〇五）。　（鈴木・丸島）

吉田信生　よしだのぶなり

生没年未詳。武田親類衆。左近助。吉田家は信玄の弟信繁が相続しており、その跡を嗣いだものか。「軍鑑」に「御いちそく（一族）吉田左近助」とみえる（大成上三六七頁）。「国志」は「武田源氏一流系図」（山6下七一七頁）に大井信常の次男としてみえる吉田八郎九郎信家か、その子と推定する。当初は「むかでの指物衆」であったという（惣人数）。永禄六年（一五六三）十一月の恵林寺検地帳に同心として網野弥四郎の名がみえるのが初見（恵林寺文書・山4二九五）。同七年五月一日、倉賀野（群・高崎市）に在城する大熊伊賀守のもとに飯富（山県）昌景とともに使者として派遣された（記録御用所本古文書・八九二）。同九年閏八月二十三日、佐藤民部少輔より浅利信種とともに先行提出された「下之郷起請文」を受け取る（佐藤家文書・一〇一〇）。第三代高島（長・諏訪市）城代・第四代の諏訪郡司に就任。同年閏八月二十五日、八劔宮造宮銭を七年に一度の船役銭で賄うよう指示される（八劔神社文書・一〇一三）。同日、九頭井社の造宮を指示する竜朱印状を奉じた（矢島家文書・一〇一四）。二十八日、竜朱印状を奉じる形で、「信玄十一軸」による神事再興に乗り出す。神長官に小島田（長・長野市）の神領一・六貫文を還付（守矢家文書・一〇一七）、九頭井の神事再興のために小口（長・岡谷市）の田役一貫文を寄進（同前・一〇一八）、千野出雲に神事用田の替地として辰野（長・辰野町）において一貫五〇〇文を宛行い（矢島家文書・一〇一九）、諏方刑部衛門尉・高木伊藤左衛門尉には辰野において替地一貫五四三文を宛行（三輪家文書・一〇三〇）、樋口喜八にやはり辰野において替地九〇〇文を宛行った（丸島和洋氏所蔵児玉家文書・補遺三六）。同十年八月の「下之郷起請文」徴収では浅利信種とともに奉行に就任。多くの起請文の宛所となっている（生島足島神社文書・一〇九九、一一〇一、〇三、〇五〜〇七、〇九、一三、一五、一六、二七、二八、三〇、三三、四〇、四二〜四六、四九、五一、五三〜五五、五九、六二、六三、六五、七四、八三〜八六、矢島家文書・一一三五、宮入八樹氏所蔵御願書并誓詞写・四二〇）。宛所に名前を記さず、「御奉行（所・衆）」「両御奉行」に宛てた起請文も、浅利・吉田両名宛とみてよい（生島足島神社文書・一一四一、四八、七三、七五、七九）。信生自身は跡部勝資に宛てて提出した（同前・一一〇四）。なお、武田信豊・板垣信安の起請文は、姓を省いて「左近助殿」とのみ記しており、これにより信生が武田親類衆として処遇されていたことが確認できる。同年十一月十二日、諏訪郡司として諏訪大社の神事復興に再び携わる。これも竜朱印状奉者として行ったもので、大政所領として田辺郷（諏訪市）内で一〇貫文を寄進（守矢家文書・一二〇七）、荒玉神事領として、田辺郷において一貫文を寄進（同前・一二〇八）、三精寺領九貫九三文を還付（宮坂家古文書写・一二〇九）、如法院に替地として田辺郷で二貫文を寄進（第九回西武大古本市掲載文書・一二一〇）、樋口与三左衛門に替地として田辺郷において二貫文を宛行った（丸島和洋氏所蔵児玉家文書・一三三二）。十二月十五日、小井弖良喜に神田を引き渡す竜朱印状の奉者（矢島彦治氏所蔵文書・一三三三）。同十二年正月八日、駿河臨済寺の寺領・末寺の指出を受け、これを安堵した（臨済寺文書・一三五七）。二月二日、臨済寺に僧侶以外が出入りすることを禁じる制札を奉じた（同前・三六三）。したがって、信玄の駿河出兵には従軍したとみてよいだろう。元亀元年（一五七〇）二月八日、臨済寺における竹木伐採を禁じた朱印状を奉じた（同前・一五〇四）。某年七月十五日、人足改めに出かけたものの十日余経っても帰還せず、信玄の叱責を受けている。十八日に川（利根川か）を越えて敵領に攻め込むので、それまでに参陣するように指示された（河東家文書・二〇八二）。諏訪郡司でありながら、後方の諏訪郡にはほとんど滞在せず、前線に出ていた様子が窺える。天正五年（一五七七）九月、臨済寺寺領について、勝頼に代替わり安堵の申請を取り次いでいる（臨済寺文書・一三五七）。これが活動の終見である。（丸島）

吉野忠右衛門尉 よしのちゅうえもんのじょう

生没年未詳。吉野氏は駿河国山本（静・富士宮市）を拠点とする土豪で、葛山氏の家臣としてあった。葛山氏広の時より、九郎右衛門尉が年未詳の下遠島（比定地未詳）での戦闘で疵を被りながらも働き、氏広より八月二十八日付の感状を得ている（吉野家文書・戦今三七七）。その後、天文十四年（一五四五）九月より郷三郎が確認でき、同月十九日の駿河長久保城攻めで戦功をあげ、葛山氏元より感状を得た（同前・七七七）。郷三郎は、氏元より同十五年四月二十二日には、駿河国久日・山本・小泉内の兄孫九郎の知行分を宛行われ（同前・七九七）、永禄元年（一五五八）八月十二日には、「萬歳」朱印状で富士高原（富士宮市）における関所の管理を委ねられ、関銭の上納を命じられている（同前・一四二四）。また同五年二月十六日には、氏元は「萬歳」朱印状により郷三郎へ棟別銭を三〇〇文に引き上げ納入を命じるとともに、それ以外に関しては諸役を免除している（同前・一七九〇）。同八年十一月一日には、氏元より前年に三河国八幡（愛・豊川市）での在番をつとめたことを賞され、それまでの本給に合わせ山本内の一族善十郎分ほか、知行・段銭計一〇〇貫文を与えられた日向守がみられるが（同前・二〇六二）、郷三郎の後身であろうか。忠右衛門尉はその一族にあたる人物かと推察され、同十一年（一五六八）十二月の武田信玄による駿河侵攻に際し、葛山氏元とともに武田氏へ属した。元亀三年（一五七二）五月二日、武田家朱印状（奉者は土屋昌続）により、武田氏へ属して以来の働きを賞され、駿河国久日（富士宮市）と石田（静・沼津市）内で三五貫文の知行地を宛行われた（同前・一八五八）。また吉野家には宛名を欠く同年八月四日に駿河国小泉（富士宮市）と石田内で計三〇貫文の知行地を宛行った武田家朱印状（奉者は市川昌房）が伝来している（同前・一九三五）。吉野家の後裔は、その後も山本に存在し続けた。（柴）

与三右衛門 よそうえもん

生没年未詳。信濃国筑摩郡小芹・大久保・花見（長・安曇野市）の土豪。塔原海野氏の被官とみられる。天正九年（一五八一）の「伊勢内宮道者御祓くばり帳」において、「こせり・大くほ・けみの分」の人物として記載され、茶三袋を配られたと記されているのが唯一の所見（堀内健吉氏所蔵・三六四四）。（平山）

与三左衛門 よそうざえもん

生没年未詳。信濃国筑摩郡小立野（長・生坂村）の土豪。日岐氏の被官とみられる。天正九年（一五八一）の「伊勢内宮道者御祓くばり帳」において、「をたつの分」の人物として「萩原の与三左衛門」と記載され、茶三袋を配られたと記されているのが唯一の所見（堀内健吉氏所蔵・三六四四）。（平山）

与三左衛門 よそうざえもん

生没年未詳。信濃国筑摩郡生野（長・安曇野市）の土豪。塔原海野氏の被官とみられる。天正九年（一五八一）の「伊勢内宮道者御祓くばり帳」において、「いくの、分」の人物として記載され、茶二袋を配られたと記されているのが唯一の所見（堀内健吉氏所蔵・三六四四）。（平山）

依田興繁 よだおきしげ

生没年未詳。信濃佐久郡の国衆。長繁の子。与七郎。永禄十一年（一五六八）四月三日、諏訪・浅間両所大明神（長・北相木村）の社壇造立の棟札を父長繁とともに奉納した（諏訪神社所蔵・四二三）。なお、「遺文」は貞景とするが、単純な誤記である。（丸島）

依田三右衛門尉、昌朝 よださんえもんのじょう、まさとも

→平尾三右衛門尉、昌朝 ひらおさんえもんのじょう、まさとも

依田常喜、常林 よだよだじょうき、じょうりん

→阿江木常喜、常林 あいきじょうき、じょうりん

依田新九郎 よだしんくろう

生没年未詳。信濃佐久郡の国衆とみられる。永禄初年の十月四日、佐久郡矢島氏の調略を大井民部丞（助）・大井高政（道賢）・小林与一助とともに命じられている（武州文書・三七六六）。（丸島）

依田新左衛門 よだしんざえもん

生没年未詳。望月氏の家臣。天文十八年（一五四九）三月十四日、望月信雅に七〇〇貫文の知行を安堵する朱印状を受け取る役目を果たした（甲陽日記）。弘治四年（一五五八）三月七日、望月信雅が釈尊寺（長・小諸市）を再興した棟札に

名がみえる（釈尊寺所蔵・四一七三）。なお、「惣人数」には信豊のおぼへの衆として記載されている。（丸島）

依田季広　よだすえひろ

生没年未詳。信濃佐久郡の国衆。善右。「天正壬午の乱」において、北条氏直に従う。しかし天正十年（一五八二）十月、北条氏直と徳川家康の和睦が成立し、国分協定で佐久郡は徳川氏のものとなったため、上野へ牢人した（蓮華定院文書・信15五〇〇頁）。（丸島）

依田駿河守　よだするがのかみ

生没年未詳。佐久郡の国衆ヵ。天正三年（一五七五）とみられる六月七日、在城地の守備を固めるよう、勝頼から指示されている（河内領古文書・三七〇七）。なお、同じ城に小浜景隆が在城していたようである。（丸島）

依田隆総　よだたかふさ

生没年未詳。兵部助。永禄十年八月七日、「下之郷起請文」を、桃井頼光・塚越重定とともに、奉行浅利信種に宛てて提出している（生島足島神社文書・一一三三）。そのほかの事蹟は不明。（丸島）

依田長繁　よだながしげ

生没年未詳。信濃佐久郡の国衆。与七郎、民部丞。弘治三年（一五五七）十二月、湯原大明神（長・佐久市）に鰐口を奉納した（湯原神社所蔵・四一七二）。この時、与七郎。某年十月十一日、小幡憲重の要請に応じて、市河右馬助らが出陣する際に、長繁と談合するよう晴信が指示を出している（内閣文庫所蔵上毛諸家所蔵文書・六四七）。この時、民部丞。永禄十一年（一五六八）四月三日、諏訪・浅間両所大明神（長・北相木村）の社壇造立の棟札を本願として奉納した（諏訪神社所蔵・四二一三）。（丸島）

依田縫右衛門　よだぬいえもん

生没年未詳。甲斐国河内下山（山・身延町）の人物。高野山供養帳に「下山大同」とあるのは大工の誤記か。穴山氏に関係する人物とみられるが不明。永禄七年（一五六四）三月二十一日に逆修供養を高野山に依頼しているのが唯一の所見。法名は道安禅門（成慶院過去帳・武田氏研究34）。（平山）

依田信貞、春賢、良存　よだのぶさだ、はるかた、りょうぞん

→丸子信貞、春賢、良存　まりこのぶさだ、はるかた、りょうぞん

依田信蕃　よだのぶしげ

天文十七年（一五四八）～天正十一年（一五八三）二月二十三日、三六歳（寛政譜）。信濃佐久郡の国衆。蘆田信守の子。右衛門佐、常陸介。天正二年閏十一月、遠江二俣（静・浜松市天竜区）在城を命じられる（竹重家文書・二三九六）。この時、右衛門佐。しかし長篠合戦後の同三年十二月二十四日、徳川方の攻勢を前に二俣城は陥落。城を大久保忠世に引き渡して退いた（浜松御在城記、三河物語）。同六年正月、父信守の供養のために日牌供養料として五貫文と春日郷（長・佐久市）において五〇〇文の屋敷を高野山蓮華定院に寄進した（蓮華定院文書・二九一五）。同七年十月二十七日、孕石元泰の私領藤枝鬼岩寺分（静・藤枝市）における堤普請を命じられる（平野家文書・三一八二）。天正年間（一五七三～九二）の諏訪大社上社神長官知行書上には、「三貫文　よたとの」と記載がある（守矢家文書・三二一二）。同八年三月一日、本領である蘆田郷（長・立科町）・春日郷を蓮華定院の檀那場とする宿坊契約を結んだ（蓮華定院文書・三一六三）。以後、常陸介。同年八月五日、柳沢次衛門に知行を宛行った（柳沢家文書・三三九四）。同年より駿河田中城（藤枝市）に在城し

たという（依田記、以下、続群書類従21上合戦部による）。同十年三月の武田氏滅亡に際しては、田中城を徳川家臣大久保忠世に引き渡した。そして佐久郡に帰還して森長可と対面したが、その後信長から切腹を命じられる危険が生じたとして、二俣に匿われた（三河物語、依田記）。本能寺の変後の「天正壬午の乱」では徳川氏に従属。佐久郡攻略を命じられた（三河物語）。そこで上野から本領伊勢を目指して小諸（長・小諸市）に入った滝川一益と対面したという（依田記）。しかし北条氏直の攻撃を受け、小諸からいったん三沢の小屋に退く。家康の使者に援軍を要請し、柴田康忠が加勢として派遣された（乙骨太郎左衛門覚書・信15二六六頁）。同年七月二十六日、諏訪・佐久両郡を切り取り次第とする判物を、家康から与えられた（依田家文書・信15三四八頁）。この時は右衛門佐と記されており、武田氏滅亡にともなって通称を元に戻していた。九月八日、扶持を加増された。これ以前の合戦において、北条家臣大道寺政繁を打ち破り、首三〇〇を討ち取ったと報告している（乙骨太郎左衛門覚書・信15四四七頁）。九月末、家康から小県郡の真田昌幸を味方につけるよう工作を指示されている（譜牒余録後編・信15四六三頁、三河物語）。この頃の佐久郡は、依田信蕃が城々を責め落とし、または降伏に追い込んでいる情勢であったという（依田記）。九月晦日、丸山左衛門太郎に佐久郡を制圧すれば、郡中の大工職を任せ、知行も与えると約束した（丸山家文書・信15四七二頁）。この時、印文「続栄」の黒印を用いている。依田信蕃の工作もあってか、真田昌幸が徳川家康に従属したため、北条勢は依田信蕃・真田昌幸により、伴野（佐久市）と小諸の間から攻撃を受ける事態に陥っている（田中左門氏所蔵文書・戦北二五八三）。十月下旬に、岩村田（佐久市）を攻略したらしい（依田記、寛政譜）。しかし十月二十七日、御家騒動を起こした織田信雄・信孝双方から勧告されたとして、徳川家康から北条氏直と和睦したことを通告された（譜牒余録・信15四九五頁）。このため、十月末に行われた和睦交渉においては、依田信蕃に飛脚を派遣して事情を説明することが条件に盛り込まれている（木俣家文書・神3下八〇四号）。十一月、田口城（佐久市）に圧力をかけ、阿江木常林を逃亡させた（依田記）。また同月中に、城主伴野氏が退去した前山城（佐久市）に移った（同前）。十一月十四日、信蕃は佐久郡の高見沢庄左衛門に知行三二貫文を宛行った（高見沢家文書・信15五一九頁）。十九日、武田旧臣小山田藤四郎に、佐久郡における本領を安堵し、新知を宛行った（大宮家文書・信15五一八頁）。同年十二月十七日、縫殿左衛門・新左衛門に駿河志太郡で知行を宛行った（丸山史料古文書・信15五三五頁）。佐久郡制圧のうえは知行を宛行直すというから、信蕃の意識では一時的な措置であったらしい。信蕃の自信の程が窺えるとともに、家康から駿河で知行を与えられていたことがわかる。十二月二十六日、柳沢元目助に、現在佐久郡で行っている戦争は内々のもので、徳川・北条間の手切はないという観測を伝えている（柳沢家文書・藤岡市史資料編原始古代中世三六九、以下藤岡三六九と略記）。閏十二月二十八日（京暦では天正十一年正月二十八日）、前山から柳沢宮内助に宛てて、北条勢が敵の援軍に来ることは絶対にないと述べた（同前・藤岡三七〇）。同十一年正月二十八日（京暦では閏正月二十八日）、やはり前山から柳沢元目助に、苅宿（借宿、長・軽井沢町）からの訴訟に応え、印判状を与えたと伝えるとともに、岩村田衆への合力のために兵糧米を集めているので、そちらも用意するようにと指示を与えた（同前・藤岡三七二）。二月八日には、佐久郡阿江木領の番匠職を左衛門太郎に宛行っている（丸山史料古文書集・信15五六二頁）。同年二月十二日、家康から前山城の番替えを伊那郡衆に命じたが、阿江木（長・北相木村）攻撃にはさほど手間はかからないようだから軍勢を帰国するように指示された（依田家文書・信15五六五頁）。それほどまでに、信蕃の軍事行動は優勢であったのである。そして翌十一年二月、唯一残ったといっていい岩尾城（佐久市）を攻めた。二月二十二日、自ら先頭をきって岩尾城に攻めかかるが、実弟信幸とともに鉄砲で撃たれた。信幸は二十二日、信蕃は二十三日に死去した（依田記、三河物語ほか）。法名は節叟良筠蕃松院（蓮華定院過去帳日坏信州佐久分第一、寛政譜）。田口城下に葬られ、のち同地に蕃松院が建立された。妻は「跡部大炊助某が女」というから（寛政譜）、跡部勝資の娘とみてよいだろう。同十四年七月十三日に、自身の逆修（生前）供養を蓮華定院で営んでいる。法名は、超嶽永宗（過去帳日坏信州佐久分第一）。（丸島）

依田信季 よだのぶすえ

生没年未詳。源五。信濃佐久郡の国衆。「天正壬午の乱」において、北条氏直に従う。しかし天正十年（一五八二）十月、北条氏直と徳川家康の和睦が成立し、国分協定で佐久郡は徳川氏のものとなったため、上野へ牢人し、惣社（群・前橋市）に滞在した（蓮華定院文書・信15四九九頁）。七月十五日、北条氏直から番替として派遣され、後方の城郭を守るよう指示された（宇津木家文書・信補遺上五七四頁）。閏十二月十一日、井出七右衛門の働きを讃え、三〇貫文の宛行を約束しているが、完全な空手形である（諸州古文書・三五六八）。そのため本意までの堪忍分として、三貫文を与えるとも述べている。信濃帰国を諦めてはいなかったようだが、果たされることはなかった。（丸島）

依田信盛 よだのぶもり

生没年未詳。又左衛門尉。信濃国衆とみられる。永禄九年（一五六六）閏八月には上野に在城しており、同月十九日、上杉氏の動向に注意を払い、城内の守りを固めるよう指示されている（武家事紀・一〇〇五）。同十年八月七日、「下之郷起請文」を奉行である吉田信生・浅利信種に提出した（生島足島神社文書・一一三三）。元亀三年（一五七二）五月三日、被官が小林与兵衛尉の同心になっているため（石井進氏所蔵諸家古案集・一八六二）、あるいはこれ以前に死去ないし失脚したのかもしれない。（丸島）

依田秀□ よだひで□

生没年未詳。通称と実名の下の字は欠損で読めない。永禄十年（一五六七）八月七日、武田氏に忠節を誓う「下之郷起請文」を、連名で金丸（土屋）昌続に提出した（生島足島神社文書・一一三四）。連署者の実名からみて、望月氏の被官であろう。（丸島）

依田武兵衛 よだぶひょうえ

生年未詳～天正九年（一五八一）三月二十二日。高天神籠城衆。天正九年の高天神落城に際して討ち死にした（乾徳山恵林寺雑本・信15一一七頁）。（丸島）

依田昌雅 よだまさまさ

生没年未詳。信濃佐久郡の国衆か。兵庫助。某年四月十一日、二〇〇文の地を高野山蓮華定院に寄進している。岩村田（長・佐久市）のところから進上したとい

う（蓮華定院文書・三八三三）。（丸島）

依田又右衛門尉 よだまたえもんのじょう

生没年未詳。甲斐国巨摩郡河内下部村（山・身延町）の土豪。穴山家臣か。慶長十二年（一六〇七）五月二十八日、彼の妻重庭履明禅定尼が自身の逆修供養を依頼している記事のなかに見えるのが唯一の所見（成慶院過去帳・武田氏研究47）。（平山）

依田杢左衛門 よだもくざえもん

生年未詳～天正九年（一五八一）三月二十二日。高天神籠城衆。天正九年の高天神落城に際して討ち死にした（乾徳山恵林寺雑本・信15一七頁）。（丸島）

依田頼房 よだよりふさ

生没年未詳。長門守。永禄十年（一五六七）八月七日、武田氏に忠節を誓う「下之郷起請文」を、連名で金丸（土屋）昌続に提出した（生島足島神社文書・一一二四）。連署者の実名からみて、望月氏の被官であろう。（丸島）

依田立慶 よだりゅうけい

生年未詳～天正九年（一五八一）三月二十二日。信濃佐久郡の国衆。美濃守。湯原（長・佐久市）を拠点とした（蓮華定院過去帳日坏信州佐久分第一）。天正三年（一五七五）七月十一日、自身の逆修（生前）供養を高野山蓮華定院で行った（同前）。法名は、梁山祥棟禅定門。同日に、生母とみられる女性（後室とある）も逆修供養を行っている（同前）。同四年八月六日、佐久郡新海大明神（佐久市）造営を命じられ、かかった費用を原昌栄を通じて武田氏に言上した（伴野家文書・二七〇二）。某年三月二十三日、高野山蓮華定院へ返書を送っている（蓮華定院文書・三八一七）。天正八年三月二十一日、あらためて自身の逆修供養を蓮華定院で行った。法名は、悦叟常祈大禅定門と付け直している（過去帳日坏信州佐久分第一）。同日、内室も自身の逆修供養を蓮華定院で行っている（同前）。法名は、玉岩妙琳禅定尼。その後、遠江高天神城（静・掛川市）に在番。同九年三月の落城に際し、討ち死にした（乾徳山恵林寺雑本・信15一七頁）。（丸島）

米倉忠継 よねくらただつぐ

天文十三年（一五四四）～慶長四年（一五九九）四月二十日、五六歳（寛永伝、十輪院武田家過去帳・山6下九三五頁）。武河衆の一員で、丹後守の子（寛永伝）。主計助。「寛永伝」「国志」の実名は忠継と一致しており、今はそれに従う。天正八年（一五八〇）閏三月十四日、鉄砲薬抹奉行を輪番でつとめるよう命じられているのが初見（尊経閣文庫所蔵小幡文書・三三四）。同年十二月、宇波刀神社（山・韮崎市）の戸帳の勧進に夫婦で名を連ねている（宇波刀神社所蔵・四二九二）。宇波刀神社は、父丹後守以来、関係の深い神社であった。武田氏滅亡後は徳川家康に仕える。同十年七月十五日、折井市左衛門とともに、武河衆を味方に仕えるべく奔走した功績を、家康から讃えられている（寛永諸家系図伝所収文書・家康文書上三三頁）。甥で養子の六郎右衛門は、同年十二月七日に、一一四貫七五〇文を安堵された（譜牒余録後編・家康文書上四二七頁）。この時、主計助も四三〇貫文を安堵されたというが（寛政譜）、文書は現存していない。ただし、同時に主計助の兄弟も所領安堵を受けているから、「寛政譜」の記述は事実とみてよいだろう。同十四年正月三日、武河衆の代表として、駿府に人質を差し出したうえ、前年の第一次上田合戦の戦功を賞されている（寛永伝）。家康の関東転封後は、武蔵鉢形で七五〇石を与えられたという。慶長四年四月没。五六歳。法名は珠元（同前）。慶長五年四月二十日、弟の種継および同じ武河衆の折井市左衛門尉によって、高野山で供養が営まれている。これにより、忌日が四月二十日と判明する。法名も珠玉大居士と確認できる（十輪院武田家過去帳・山6下九三五頁）。（丸島）

米倉丹後守　よねくらたんごのかみ

生年未詳～天正三年（一五七五）五月二十一日。「国志」は実名重継、「寛永伝」は実名を宗継とする。武河衆の一員（寛永伝）。甘利氏同心の筆頭格の人物。「軍鑑」は当初は二十人衆頭のひとりであったが抜擢された（軍鑑・大成上二二六頁）。「甘利殿同心がしら」と記す（大成上三四〇頁）。甘利信忠が永禄十年（一五六七）に死去した後、嫡子信頼が幼少であったため、名代として軍勢を率いたとされる（惣人数、軍鑑・大成下二六頁）。城攻めに際しては、竹束をたばねて（鉄砲から）身を隠し、城際まで攻め寄るという工夫を考案したという（軍鑑・大成上三四〇頁）。天文十四年（一五四五）八月十二日の若宮八幡宮（山・笛吹市）拝殿再興棟札に記されるのが初見だが（若宮八幡神社所蔵棟札写帳・一九二）、この棟札は検討を要する。同十六年二月、宇波刀神社（山・韮崎市）本殿造立の棟札に大本願として記されているのが事実上の初見（宇波刀神社所蔵・四一四六）。同月二十日、やはり宇波刀神社神殿造営の大本願をつとめている（同前・四一四七）。同地の地頭であったのだろう。天正三年、長篠合戦で討ち死にした（寛永伝）。法名宗心。恵林寺に葬られた。妻は牧野原氏の娘という（寛政譜）。慶長十三年（一六〇八）八月二十四日、子息種継によって三十三回忌の供養が営まれた。そこでの法名は、意慶空真禅定門居士（十輪院武田家過去帳・山6下九二六頁）。（丸島）

米倉光忠　よねくらみつただ

生没年未詳。某年十月二十三日、慈徳庵門前の禰宜屋敷について、勘定奉行跡部勝忠・市川家光に取り次いで許可を得たので、問題なく知行するように育書記に書き送っている（向嶽寺文書・三九三〇）。名字と通称は「米新」と略されているが、おそらく米倉氏であろうとあろうと判断した。（丸島）

米山佐渡守　よねやまさどのかみ

生年未詳～天正三年（一五七五）八月十八日。信濃国伊那郡葛島（長・中川村）の武士（赤須・上穂旧記録抄）。岩村城で戦死した米山惣左衛門の一族か。系譜関係は不明。天正三年五月の長篠敗戦後、織田氏の調略に応じて坂西氏とともに謀叛を企てたが察知され、松尾城主小笠原信嶺によって捕縛され、甲府に送られたと推定される。その後甲府で切腹を命じられた。法名は助縁善佐禅定門（開善寺過去帳・新編伊那史料叢書4）。そのほかの事蹟は不明。（平山）

米山惣左衛門尉　よねやまそうざえもんのじょう

生年未詳～天正三年（一五七五）十月二十三日。伊那郡葛島（長・中川村）の武士（赤須・上穂旧記録抄）。米山佐渡守の一族か。秋山虎繁の麾下として活動し、東美濃岩村城で戦死した。法名は銓計総禅定門（開善寺過去帳・新編伊那史料叢書4）。そのほかの事蹟は不明。（平山）

夜交昌国　よませまさくに

生没年未詳。千世松、源七郎、左近丞、左近助。信濃国高井郡の国衆。中野氏の一族で同地を名字とした。「上杉年譜」所収御家中諸士略系譜では実名を長国としているが、文禄三年（一五九四）十一月二十日に上杉氏に提出した知行指出

（世間瀬家文書・信18六八頁）で「夜交左近助昌国」と署名しており、昌国が正しい。夜交氏は戦国初期には高梨氏の傘下にあった。本領は信濃高井郡下上条（長・山ノ内町）および新野の高遠（長・中野市）で、能登にも知行地（由緒の地）があったらしい（世間瀬家文書・信10一〇九頁）。永正十年（一五一三）に夜交高国が謀叛を起こして処刑され、一族は打撃を蒙ったというが（長野県立歴史館「武田・上杉・信濃武士」九〇頁）、前年十二月に高国は所領を景国に譲り渡して高梨氏の安堵を受けており（世間瀬家文書・信10三五八頁）、既に隠居の身といえる。また夜交氏自体もその後存続しており、経緯については確認することができなかった。永禄年間には武田氏に従属。永禄五年（一五六二）七月、昌国の父隼人（高永）は武田氏に従って討死したという（御家中諸士略系譜、ただし夜交氏の通字は「国」であり、この実名は疑わしい）。八月九日、父討死の功績を賞され、信玄から知行安堵を受けるとともに、新恩の宛行を約束されている（世間瀬家文書・七九四）。この時点では千世松とみえ、まだ元服前であった。年未詳二月三日、信玄から年始の太刀進上に対する礼状を送られた「夜交源七郎」は、文書の伝来からみて昌国であろう（同前・二〇四五）。天正八年（一五八〇）、岩船郷（中野市）七〇貫文で当納三〇俵の地を武田氏に返上する代わりに、夜交（中野市）のうち山脇分二〇貫文で当納二八俵の地を代わりに与えて欲しいと申し出て、閏三月二十三日に許可された（同前・三三〇九）。岩船の知行は明応九年（一五〇〇）には確認できるが（同前・信10一〇九頁）、この段階ですでに夜交郷は当知行地のなかには含まれていない。返上する岩船郷の貫高と、宛行を求めた夜交郷の貫高には三倍の開きがあるが、当納はほとんど同じである。夜交氏は、役賦課だけ多く、年貢の少ない岩船を手放し、年貢領もほぼ同じで貫高（役賦課基準高）が少なく、かつ苗字の地である夜交郷を得ることに成功したのである。この時、左近丞。重ねて、同年の年貢収納について、尾崎重元を代表にたてる形で武田氏に提訴。武田氏から蔵方による改めを受けるようにと指示があり、最終的に代官が把握する収納高と蔵方の書立を比較した上で年貢を渡す旨が、九月三日に尾崎重元から通達された（尾崎家文書・三四二三）。同九年八月二十八日、野呂瀬秀次・平林宗次が検注を行い、夜交郷の知行高は四三貫一八三文であるという通達が小代官になされた（世間瀬家文書・三六〇五）。これを受け、当納が三四九俵二合と確定し、同年の増分も六九俵一斗九升四合と認定され、今井能登守・野呂猪介から昌国に目録が引き渡された（同前・三六一五）。増分については、当面は預置という形をとったようである。同十年三月の武田氏滅亡後は織田家臣森長可に従う。四月十五日、当知行を安堵された（歴代古案・信15三三頁）。本能寺の変後の六月十六日、上杉景勝から夜交・宇木（山ノ内町）・新野・岩船を安堵された（世間瀬家文書・信15二四〇頁）。木領夜交を確保した上で、返上した岩船も取り戻している様子が確認できる。この時、左近助。十月、新発田重家攻めに出陣した景勝に陣中見舞いの使者を出し、十月六日付で順調に進んで帰陣した旨の返書を送られている（同前・信15四七八頁）。同十二年正月二日、年始の挨拶として銭二〇〇疋を進上したことへの礼状を景勝から送られた（覚上公御代御書集・信補遺上六四六頁）。八月二十六日、徳川方の佐久・諏訪勢の小県出陣を受け、一五歳より年下、六〇歳より年上という通常では動員のかからない幼少・老齢のものまで動員し、出陣するよう求められた（佐藤亀之助氏所蔵文書・信16三五二頁）。十一月二十八日、歳暮の祝儀として太刀一腰を献上したことへの礼状を送られた（覚上公御代御書集・信補遺上六五九頁）。翌十四年六月二十日、上洛中の景勝から近日中に帰国する旨を伝えられている（世間瀬家文書・信16四三二頁）。八月の新発田攻めに参陣したというが（覚上公御代御書集・信補遺上六六五頁）、本史料には検討の余地が大きい。同十四年の「上杉家軍役帳」では自身も含めて三二人の軍役が課せられている（信16四八〇頁）。「文禄三年定納員数目録」上では海津（長・長野市）留主居衆・尾崎在番同心として五五八石七斗九升一合を知行し、軍役三三人を課せられた（上杉氏分限帳三〇頁）。文禄三年に京升換算で五四四石六斗六升二合六夕の知行を申告し、検地の上で増し分が出たら、蔵入すると誓約している（世間瀬家文書・信18八八頁）。この時、「夜交左近助昌国」と署判。なお年未詳で、昌国の知行書上が存在する。夜交分をはじめとし、合計四九一石七斗二升三合五夕とあり、豊臣期初期のものであろうか（同前・信18八九頁）。慶長三年（一五九八）の上杉氏会津国替えに従い、一〇〇〇石の知行地を与えられ（上杉侯家士分限簿・上杉氏分限帳一五〇頁）、その後「小姓衆」となったようである（直江支配長井郡分限帳・上杉氏分限帳二七二頁）。慶長年中に没したというから、上杉氏の米沢転封後の慶長六年から慶長二十年の間のことであろう（同前）。子息がなかったようで、小幡氏から養子を迎えている。子孫は米沢藩士として続いた（同前）。（丸島）

ら

藍田恵青 らんでんえじょう

生没年未詳。甲府・東光寺の中興開山。永禄六年（一五六三）十一月、武田信玄が美濃・大円寺（岐・恵那市岩村町）の希庵玄密を、甲斐・恵林寺と継続院両寺の住持に懇請した時、その実現に奔走した（葛藤集・四〇二六、四一九三）。同九年頃と推定される駿府・臨済寺宛の快川紹喜書状によれば、信玄と義信父子の和親仲介について協議している（紹喜集・三八六六）。天正四年（一五七六）四月十六日の恵林寺における信玄本葬儀で、七仏事の次第として鎖龕をつとめている（武家事紀・二三三八）。年未詳であるが、五月二十六日付の藍田宛の快川紹喜書状では、東光寺先師の仁甫大和尚の遷化により、その後任を乞われている（葛藤集・三八五四）。天正十年三月、織田信長のために恵林寺で火定した。（柴辻）

り

理英 りえい

生没年未詳。明応七年（一四九八）三月二十五日、向嶽寺（山・甲州市）真身台に、於曽（同前）において寺領を寄進している（向嶽寺文書・七）。（丸島）

理慶尼 りけいに

生没年未詳。「国志」は勝沼信友の娘とする。初め雨宮氏に嫁いだが、勝沼武田氏誅殺により離縁され、柏尾山大善寺（山・甲州市）に入り、同寺の阿闍梨慶紹を師として尼となった。武田氏滅亡に際し、勝頼一行を一晩休ませ、勝頼自害の後「理慶尼記」を書き記して高野山引導院に送ったという。しかし実際には勝沼今井信甫正室の母親である。天文十四年三月二十一日に今井信甫室によって逆修（生前）供養が営まれている（引導院日坏帳・山6下九三二頁）。大善寺入寺は、勝沼今井氏滅亡が契機であろう。したがって武田氏滅亡時には、かなりの高齢であったと推測される。なお「理慶尼記」は理慶尼に仮託されて記されたものという指摘もあり、今後研究を深める必要のある史料である。「朱稿本理慶尼乃記」という異本が存在する（武田勝頼死の真相）。（丸島）

両月玄恵 りょうげつげんけい

永正二年（一五〇五）～天正六年（一五七八）九月二十八日、七四歳（国志）。深向院（山・南アルプス市）の三世で、跡部勝資の叔父（国志）というから、攀桂斎祖慶の弟である。跡部勝資から寄進を受けており、同地に寺を建立するつもりであったが果たせずにいた。ところが天正六年、本山興因寺（山・甲府市）と信濃禰津定津院（長・東御市）の間で最乗寺輪番をめぐって相論が起こり、事態は一触即発の状況となった（同前）。玄恵は跡部勝資を通じて武田勝頼から同心一〇〇人を借り受けて、一戦に備えた（同前）。しかし自身の討ち死にを予見しており、同年九月二十六日、もしそうなったら不吉との地となり寺を建立することはなくなるとして、同地を深向院の隠寮にしたいと述べている（甲斐国志所収文書・三〇三五）。合戦により討ち死にしたが、この結果相論は興因寺が勝訴したという（国志）。（丸島）

ろ

六右衛門 ろくえもん

生没年・所在地不明。皮革職人頭として長吏を称す。天正五年（一五七七）六月二十一日付の武田家朱印状によれば、細工奉公をつとめているので、郷次の普請役を免除されている（石田家文書・二八二二）。この文書は、武田氏が長吏職を公認したものであり、現在は埼玉県坂戸市にあるが、本来の在所は不明である。（柴辻）

六右衛門 ろくえもん

生没年未詳。信濃国筑摩郡永井（長・筑北村）の人物。「かち」とは鍛冶のことを指すか、詳細不明。天正九年（一五八一）の「伊勢内宮道者御祓くばり帳」において、「なかいの分」の人物として「かち六右衛門」と記載され、熨斗二〇本、茶三袋を配られたと記されているのが唯一の所見（堀内健吉氏所蔵・三六四四）。（平山）

六島守勝 ろくしまもりかつ

生没年未詳。六右衛門尉。永禄十年（一五六七）八月七日、武田氏に忠節を誓った「下之郷起請文」を、鉄砲衆の一員として吉田信生・浅利信種に提出した（生島足島神社文書・一二五二）。本文書は、現状では「庭谷」と書かれた封紙に収められているため上野庭谷衆と誤解されやすいが、「鉄砲衆」と書かれた封紙に収められていたのが本来の姿である。永禄後期の陣立書でも、鉄砲衆として記載がある（山梨県立博物館所蔵文書・三九七二）。この時は兵右衛門尉と記載されており、誤記であろうか。そのほかの動静は不明。（丸島）

六郎右衛門 ろくろうえもん

生没年未詳。信濃国安曇郡の土豪。名字、諱などは不明。仁科氏の被官とみられる。天正九年（一五八一）の「伊勢内宮道者御祓くばり帳」において、「にしなの分」の人物として記載され、熨斗五〇本、茶一〇袋、帯一筋を配られたと記されているのが唯一の所見（堀内健吉氏所蔵・三六四四）。なお六郎右衛門は、仁科地

域における伊勢御師の宿であった。（平山）

六郎右衛門 ろくろうえもん

生没年未詳。信濃国筑摩郡小芹・大久保・花見（長・安曇野市）の土豪。塔原海野氏の被官とみられる。天正九年（一五八一）の「伊勢内宮道者御祓くばり帳」において、「こせり・大くほ・けみの分」の人物として「権現堂の六郎右衛門」と記載され、茶二袋を配られたと記されているのが唯一の所見（堀内健吉氏所蔵・三六四）。（平山）

六郎左衛門 ろくろうざえもん

生没年未詳。信濃国筑摩郡会田（長・松本市）の土豪。会田岩下氏の被官とみられる。天正九年（一五八一）の「伊勢内宮道者御祓くばり帳」において、「あいた」の人物として登場し、茶三袋を配られ、伊勢御師の被官と昵懇だったと記されているのが唯一の所見（堀内健吉氏所蔵・三六四）。（平山）

六郎左衛門 ろくろうざえもん

生没年未詳。信濃国筑摩郡会田（長・松本市）の土豪。会田岩下氏の被官とみられる。天正九年（一五八一）の「伊勢内宮道者御祓くばり帳」において、「あいたいりの分」の人物として記載され、茶二袋を配られたと記されているのが唯一の所見（堀内健吉氏所蔵・三六四）。（平山）

わ

若槻越後守 わかつきえちごのかみ

生没年未詳。五郎兵衛尉。甲斐国山梨郡中牧郷（山・山梨市）の土豪。元亀元年（一五七〇）三月十九日の武田家朱印状（若月家文書・一五三三）で、中牧の検地増分などを重恩として宛行われたのが初見。奉者は山県三郎兵衛尉昌景。天正八年（一五八〇）二月の武田家官途状（同前・三三五九）で越後守の受領名を与えられ、武田氏滅亡後は徳川氏に仕え、天正十一年三月二十八日に徳川家朱印状（同前・山4五九〇）により本領を安堵された。若月家の「親類之覚」によれば、子の諸右衛門・孫の伊兵衛は三枝伊豆守守昌（尾張藩主徳川義直の臣）に奉公し、正保・慶安（一六四四〜五二）頃に致仕して杣口村（山梨市）に居住したと伝えられている（山4解説編九四頁）。（鈴木）

若林外記助 わかばやしげきのすけ

生没年未詳。甲斐穴山信君の家臣。天正八年（一五八〇）十月十二日、諸役免許を許可した二通の穴山信君朱印状で、奉者をつとめたのが初見（鈴木家文書・三三九、佐野家文書・三四〇）。また同十年二月五日に、穴山梅雪は、重臣帯金美作守が大垈郷に対して雇人足を申し付けたことに対し、この郷村が諸役免許の手形を発給した場所であり、何かあれば若林外記助を通じて実施するよう命じている（鈴木家文書・三六五三）。以上から、若林外記助は穴山氏の領域支配を担う奉行衆であったと推察されるが、その後所見されなくなる。このほかの事蹟は現在不明。（平山）

若林源兵衛 わかばやしげんひょうえ

生没年未詳。甲斐国巨摩郡河内小丹原村（小田舟原の誤記か、山・身延町）の土豪。穴山家臣か。慶長十三年（一六〇八）三月二十一日、高野山に自身の逆修供養を船渡佐右衛門尉を通じて依頼しているのが唯一の所見。法名は祝安宗喜禅定門（成慶院過去帳・武田氏研究47）。（平山）

若神子鍛冶 わかみこかじ

生没年・姓名未詳。甲斐巨摩郡若神子郷（山・北杜市若神子町）在住の村鍛冶。天文十二年（一五四三）七月二日、武田氏

より被官同様の奉公の賞として諸役を免除される（伏見家文書・一六六）。元亀三年（一五七二）三月十七日にも武田家より同文の印判状を得ており（同前・一八〇）、年未詳子年六月七日には、五名の国内諸役所宛の通行過書を交付されている（同前・三七五七）。子孫も同所に住み、のちに伏見姓を称して徳川家康伝馬手形（伏見家文書）ほかの関連文書を伝えている。これらの過所によって、大名御用として臨時用達によって鍛冶職人として遠隔地まで徴用されており、在郷鍛冶職人の典型例である。（柴辻）

脇善兵衛　わきぜんひょうえ

生年未詳～天正三年（一五七五）五月二十一日。駿河先方衆。長篠合戦で討ち死にした（国志）。「乾徳山恵林寺雑本」は姓を「和気」と記すが、「脇」が正しい（信14九九頁）。（丸島）

脇又市郎　わきまたいちろう

弘治二年（一五五六）～没年未詳。本郷八郎左衛門尉の甥。脇善兵衛に養われていたというから、養子であろうか。土屋衆。天正三年（一五七五）の長篠合戦において鉄砲疵を負ったが、引かなかったという（軍鑑・大成下一六六頁）。土屋昌恒に従い、同八年十月の膳城（群・前橋市）攻めで武功を立てた（同前）。武田氏滅亡に際しては、昌恒の妻子を守って脱出に成功している（国志）。（丸島）

わこの筑前　わこのちくぜん

生没年未詳。信濃国筑摩郡会田（長・松本市）の土豪。会田岩下氏の被官とみられる。天正九年（一五八一）の「伊勢内宮道者御祓くばり帳」において、「あいた」の人物として記載され、茶三袋を配られたと記されているのが唯一の所見（堀内健吉氏所蔵・三六四四）。（平山）

和田河内守　わだかわちのかみ

生没年未詳。遠江周智郡気田（静・浜松市）の土豪。系譜では同国犬居（浜松市）城主天野遠江守景秀（宮内右衛門尉か）の四男で宮内右衛門尉景貫（実名は藤秀）の叔父にあたり、実名を秀長とするが、同時代史料では確認できない。天正元年（一五七三）十一月十五日の武田家朱印状写（和田家文書・三〇九）で、武田氏に従属したことにより、遠州土橋郷（静・袋井市）内で三〇貫文を重恩として宛行われた。奉者は土屋右衛門尉昌続。同三年七月九日の武田家朱印状写（同前・二五〇五）でも、奉公を賞され、土橋郷でのこれまでの知行八〇貫文のほかに、重恩として二〇貫文を宛行われている。奉者は土屋惣三昌恒。同七年二月八日の武田家朱印状写（遠江国風土記伝・三〇八二）では、土橋郷の知行一万疋（一〇〇貫文）の替地として三倉（静・森町）で一〇〇貫文を宛行うこと、万一に三倉の領主である豊後守が武田方に馳せ参じた場合は相当の替地を用意することを伝えられた。奉者は土屋右衛門尉昌恒。武田氏滅亡後、子の重太夫政景は剃髪して蓋積と称し、大坂の陣に鉄炮衆五〇人を召し連れて参陣し、のちに半木村（浜松市）に居住して大庄屋になった。また、政景の四男天野善兵衛は本多下野守忠平（大和国郡山藩主）に、五男天野伝兵衛は本多越前守利長（三河国岡崎藩主）に仕えたとされる（掛川誌稿）。（鈴木）

和田修理　わだしゅり

生年未詳～天正三年（一五七五）五月二十一日。上野国衆和田氏の一族で、和田（群・高崎市）上城主。文書史料による所見はないが、和田氏の同心的存在であったとみられる。天正三年の長篠合戦で戦死、法名は全慶禅定門（高野山過去帳・新編高崎市史資料編4）。永禄九年（一五六六）七月七日に供養している陽林禅定尼は、母か妻にあたるとみられる。その子の動向は不明だが、「和田記」（新編高崎市史資料編4）などの記述をみると、同族の昌繁とならんで記載がある兵部丞がそれにあたる可能性が考えられる。兵部丞は、武田氏滅亡後の天正十一年五月から所見が確認される（武家書翰・戦北二五三二）。同十三年八月二日にその母海応宗心禅定尼の菩提が弔われており（高野山過去帳）、兵部丞は同十八年に死去したとされる（和田記）。（黒田）

和田業繁　わだなりしげ

生年未詳〜天正三年（一五七五）五月二十一日。上野国衆で赤坂（群・高崎市）城主。初め上杉謙信に従っていたが、永禄五年（一五六二）五月に武田氏に従属する。通称は、初め八郎、のちに右兵衛大夫。父は天文十五年（一五四六）七月二十日に山内上杉氏に従って戦死したと伝えられ、その後に家督を嗣いだか（和田記・新編高崎市史資料編4）。母は箕輪長野方業の娘か、妻は長野業正（方業の子か）の娘。永禄四年以前の婚姻とみられる。同年初めの「関東幕注文」では、上杉謙信に従い、箕輪長野氏の指揮下にあった（群三二三）。八郎の名でみえる。またこの頃には上杉氏に弟を人質として出している（本田文書・上越一四一九）。同五年五月十七日に、武田氏から本拠に兵粮の搬入を受けているから（伏島文書・七六五）、それまでに武田氏に従属したとみられる。同年六月十八日に初めて武田信玄から書状を送られており、右兵衛大夫を称している（古文書集・八二六）。同年十二月までの間に甲府に参府し、妻子を信濃に移すべきところ、敵方の攻撃があるため老母を人質に出すことで武田氏から了解を得ている。さらに赤坂城に武田氏家臣山宮氏の在城、敵攻撃時には跡部祖庭・板垣信安が救援のため在城するという、支援策を受けている（諸州古文書・八五二）。同七年正月頃から上杉方による攻撃を受け（白川証古文書・群三二四）、三月に籠城戦の末に、武田氏家臣金丸忠経の支援を受けて、七日・二十日と撃退している（上毛諸家所蔵文書・八八二、古文書集・八八八ほか）。同八年八月にも籠城戦があったらしい（古文書集・九四七）。同六年から同九年までの六月二十三日、武田氏と上杉氏との間で上野国衆の人質交換の交渉があり、上杉方惣社長尾長建娘と武田方安中重繁息との交換がすすめられていたが、業繁は弟の返還を要請したため、上杉方からは諏方与七郎と和田弟が返還されている（羽田文書・二〇七四）。なお弟のその後の動向は明らかでない。同十年八月七日付「下之郷起請文」では、単独で起請文を出し、取次の土屋昌続に宛てている（生島足島神社文書・一一五八）。同十二年に、それまでに与えられていた上野西庄玉村郷（群・玉村町）を返上している（大沢文書・一五三六）。同地は北条氏との境目にあたったため当知行できなかったことによるとみられる。翌元亀元年（一五七〇）四月には、上杉氏・北条氏の同盟が展開されるなか、武田氏と距離をとるようになったらしく、通交がないことを詰問され、上杉方の動向を報告するよう求められている（長野文書・一五三二）。天正二年七月十八日には勝頼から、駿河・遠江への出陣への功賞として、遠江山口（静・掛川市）で五〇〇貫文を宛行われている（武家事紀・二三二五）。同三年五月二十一日の長篠合戦で戦死した。法名は誠運院殿高山全忠大居士（徳昌寺五輪塔銘）。男子がなかったため武田氏家臣跡部勝資の長男信業（初め昌業）を婿養子に迎えている。

（黒田）

和田業政　わだなりまさ

生没年未詳。上野国衆和田氏の家臣か。通称は宇左衛門尉。永禄十年（一五六七）八月七日付「下之郷起請文」において、富所業久・猿渡満繁とともに連署起請文を出し、筆頭で署判しているのが唯一の所見（生島足島神社文書・二五九）。（黒田）

和田信業　わだのぶなり

永禄三年（一五六〇）～元和三年（一六一七）九月二十九日、五八歳（和田氏系譜抄略）。上野国衆で赤坂（群・高崎市）城主。和田業繁の養嗣子、実は武田氏家臣跡部勝資の長男。婿養子として家督を嗣ぐ。通称は、初め八郎、のちに右兵衛大夫。実名は初め昌業、のちに信業に改名、いずれも武田氏から通字を偏諱として与えられたもの。天正三年（一五七五）三月九日付で領内不動寺に寺領を安堵しているのが初見、八郎信業の署名でみえる（竹林文彦氏所蔵文書・二四七二）。代替わり安堵とすれば、この時点で家督を嗣いでいた可能性がある。ただし実名信業はこれよりも後の改名と考えられるから、同文書は署名を書き改めた複製であろうか。同年五月二十一日の養父業繁の戦死により、家督を嗣いだ。同年十一月十日に、家臣松本一右衛門尉に岩崎長助下地五貫文を宛行っている（南部晋氏所蔵文書・二五四六）。実名は昌業を名乗っているから、信業への改名はこの後と捉えられる。同八年閏三月、領内柴崎天王社の天王左衛門大夫に同司職を与え（高井文書・三三一三）、同年五月には領内熊野社造替にあたって寺尾郷（高崎市）五〇疋を某に与えている（同前・三三四四）。この年から右兵衛大夫でみえる。同九年八月には武田氏から、おそらく和田宿について、市日の安堵や諸役免除などを受けている（岡本文書・三六〇三）。同十年三月の武田氏滅亡にあたっては、同月十二日には上野に侵攻してきた北条氏に従属している（正村正視氏所蔵文書・戦北二三三五）。その後織田氏に従うが、神流川合戦後に北条氏に従属する。同十八年の小田原合戦では小田原城（神・小田原市）に籠城、六月五日に家臣一〇〇人余が羽柴方に内応して退去するという事件が起きている（諸将感状下知状幷諸士状写・埼一五七八）。七月五日の小田原開城後、本拠に戻れずに没落、紀伊高野山、実弟跡部昌勝の上総での所領などに寓居した後、小笠原忠政の食客となり、大坂合戦で戦功をあげるが、元和三年に近江武佐郡で病死した。文禄二年（一五九三）四月に逆修しているが、高野山に在所していた時期にあたるか（高野山過去帳・新編高崎市史資料編4）。法名は実山宗悟。妻業繁娘は、天正十二年五月に死去したとみられ、法名は理参禅尼（同前）。「更正高崎旧事記所収和田系譜」によれば、初め嫡子がなかったため、娘婿に満業（右京亮）を迎えていたらしい。それが早世したのか、同十六年に嫡子業勝（平太郎・兵右衛門、会津藩士）が生まれている。そのほかの子女に、信吉（平兵衛、内藤氏家臣）・業保（又八郎、従兄弟跡部良保養弟、幕臣）・和田正直（昌繁の子）妻・跡部良保妻・春日助左衛門（小笠原氏家臣）妻があった。（黒田）

和田昌繁　わだまさしげ

生年未詳～慶長十九年（一六一四）（更正高崎旧事記所収和田系譜）。上野国衆和田氏の一族、和田（群・高崎市）下城主。父は和田業繁の従兄弟にあたり、箕輪長野業正の娘婿（長野氏家中覚書・新編高崎市史資料編4）。通称は初め弥壱郎、のちに左衛門尉。実名は武田氏から通字を偏諱として与えられたもの。永禄十二年

（一五六九）八月四日に、弥壱郎の名でみえ、武田信玄から倉賀野治部少輔分七〇〇貫文を宛行われているのが初見（永山祐三氏所蔵文書・一四四〇）。取次は業繁の場合と同じく土屋昌続であった。「更正高崎旧事記所収和田系譜」によれば、武田氏からは、同十年に二〇〇貫文、同十二年に倉賀野（高崎市）七〇〇貫文、元亀二年（一五七一）に倉賀野三〇貫文、天正三年（一五七五）に駿河長屋下一〇〇貫文を与えられ、その後上野で一四ヶ所一六七二貫三〇〇文を与えられ、総計二七〇四貫三〇〇文の所領を有したという。永禄十二年の分については文書史料によって確認でき、それらは事実と捉えられる。天正八年、武田氏家臣小山田昌成の指揮に従って、上野国衆安中七郎三郎（のち左近大夫）らとともに伊豆国泉頭城（静・沼津市）を攻撃している（反町大膳一代働之事・新編高崎市史資料編4）。十二月二十四日に家臣佐藤十弥があげた戦功について、小山田昌成から勝頼から感状が出されることを伝えられている（群馬県立歴史博物館所蔵文書・三四七七）。同九年正月、昌繁は佐藤十弥に戦功への功賞として、知行二〇〇貫文を宛行っている（同前・三四八七）。また年未詳六月二十日付で同じく佐藤に、戦功を賞しその褒美として馬を与えている（同前・三六六三）。同十年三月の武田氏滅亡後は、北条氏に従ったが、それまで本家信業と行動をともにしていたが、それ以後は別行動をとったらしい。北条氏に家臣化した初見は、同十一年正月九日であり、倉賀野分七〇〇貫文について安堵を受けている（鈴木のり子氏所蔵文書・戦北二四八三）。同年二月二十八日は軍役を規定されるが、信業とは別個の存在として認められ、旗本衆として北条氏当主の直接指揮下に入ることを認められている（同前・二五〇二）。なお同十六年三月四日に、妻の母が逆修している。法名は栄光禅定尼（高野山過去帳・新編高崎市史資料編4）。同十八年の小田原合戦後は、越後上杉景勝に仕えたが、慶長三年に牢人となり、のちに出羽最上氏に仕え、庄内鶴岡（山形・鶴岡市）で知行二七九五石を与えられたという。同十九年に同家の内乱に際し戦死したという。嫡子正直（七郎左衛門）は天正五年生まれという。昌繁の死後は、引き続き最上氏家臣となるが、同氏改易後は、鶴岡に入部した酒井忠勝に仕えた（更正高崎旧事記所収和田系譜）。

（黒田）

和大夫庄左衛門尉 わたいしょうさえもんのじょう

生没年未詳。駿河国小泉（静・富士市）の土豪で、駿河衆。官途は、「正左衛門尉」ともみえる。天正元年（一五七三）十一月二十七日、武田家朱印状（奉者は土屋昌続）により富士郡における新屋三間への普請役を免除される（後藤家文書・三三三）。同三年九月二十一日、武田勝頼より八月の徳川氏による遠江小山城（静・吉田町）攻囲のなかでの籠城中の戦功を賞され、「晴信」朱印を押捺した勝頼の感状を与えられた（同前・二五二八）。武田氏滅亡後は、帰農し小泉に在住したという（駿河志料）。

（柴）

渡井惣兵衛尉 わたいそうひょうえのじょう

生没年未詳。駿河国精進川（静・富士宮市）の土豪で、駿河衆。元亀三年（一五七二）五月五日、武田家朱印状（奉者は市川昌房）により、富士大宮城（富士宮市）が敵対時に武田氏側の使節として働いたことを賞され、精進川内での増分として富士能登分一七貫二〇〇文と、大豆塚棚郷（富士宮市）内の由比惣右衛門分一七貫文の知行地を宛行われた（渡井康景氏所蔵市川文書・一八六五）。後裔は、精進川で長百姓として存在し続けた（駿河志料）。（柴）

渡辺和泉守 わたなべいずみのかみ

生没年未詳。土屋昌恒の家臣。昌恒の兄昌続に仕えた渡辺式部丞の子、あるいは後身か。天正六年（一五七八）七月十一日の土屋昌恒証文写（彦根城博物館所蔵文書・二九九六）では、ある事情で逼迫していることを昌恒に上申したのに対し、借米を行って知行のうちから弁償するよう指示された。年未詳六月三日の土屋昌恒証文写（同前・三八五六）では、夫役を負担するための土地を渡しおかれている。武田氏滅亡後、子の弥五左衛門尉が徳川氏に仕えて井伊直政に附属され、近世には彦根（滋・彦根市）藩士として六〇〇石を知行した（彦根藩侍中由緒帳）。（鈴木）

渡辺越前守 わたなべえちぜんのかみ

生没年未詳。甲斐国都留郡大石郷（山・富士河口湖町）の土豪。永禄十年（一五六七）十二月十七日の武田家朱印状（渡辺家文書・一三三）で、河口湖における白鳥の狩猟権を認められ、武田氏への献上を命じられた。奉者は武藤三郎左衛門尉常昭。天正三年（一五七五）二月十三日の武田家朱印状（諸州古文書・二四五七）でも、同様の権利を認められている。奉者は土屋右衛門尉昌続。同五年十二月二十三日の跡部勝忠証文（渡辺家文書・二九〇七）では、大石郷で検地増分のうち四貫文を宛行われ、神立寺（山・笛吹市）への奉公を命じられた。武田氏滅亡後に勃発した「天正壬午の乱」の最中の七月二十五日に、後継者の左衛門尉が北条氏から戦功に応じて恩賞を与える旨の朱印状を与えられている（同前・山4一六〇五）。近世には大石村の名主をつとめる一方、河口湖沿岸における水鳥の独占的狩猟権を認められ、水鳥献上役をつとめた（山4解説編二六四）。（鈴木）

渡辺金大夫 わたなべきんだゆう

生年未詳～天正十年（一五八二）三月二日。もと高天神小笠原氏の家臣。天正二年の高天神城攻めに際して、林平六・吉原又兵衛・伊達宗綱・小池左近とともに離反し、武田方に味方したという（軍鑑・大成下一〇五、一七三頁）。同十年、仁科信盛とともに高遠城に籠城し、討ち死にした（甲乱記、北条五代記、北条記）。「甲乱記」の記述から、副将格の小山田昌成兄弟に次ぐ地位にあったと思われる。（丸島）

渡辺左近允 わたなべさこんのじょう

生没年未詳。上野国沼田衆。元は越後上杉氏の家臣。実名は景久という伝えがある（加沢記）。天正六年（一五七八）以前に沼田城（群・沼田市）の在城衆となっていたとみられ、同年からの越後御館の乱では上杉景虎方として、北条高広・河田重親らと越後国蒲沢城（新・湯沢町）に在城した。そのため上杉景勝から、越後における所領を没収され、九月一日に、景勝方となった養子彦七に「渡辺左近分」が与えられているのが初見（景勝公御書・上越一六四七）。次いで十月、景虎によって、河田重親が沼田城に移るにともなって、蒲沢城で受け持っていた曲輪は左近允が引き継ぐこととされている（別本歴代古案・戦北四三八三）。その後しばらくの動向はみられないが、翌年の蒲沢城落城後は、沼田領に後退して、北条氏に属したのであろう。同八年五月、海野長門守らとともに岩櫃城（群・東吾妻町）在城衆のひとり（表記は渡部右近允）としてみえる（吾妻記・三三四八）。これによればそれ以前に、北条氏から離叛して武田氏に属し、真田昌幸の軍事指揮下におかれたことになる。しかし同年六月、金子美濃守と同じく、沼田城を引き渡した功賞として本領五〇貫文・新知行一〇貫文の計六〇貫文を宛行われているが（加沢記・三七四）、沼田城攻略以前のものであるため、その内容には疑問がある。同九年六月、武田氏が真田昌幸に与えた指示のなかで、藤田信吉・小川可遊斎・渡辺左近允の居住地への干渉を禁じているから（真田文書・三五六八）、沼田領に居住し、沼田領においては藤田信吉・小川可遊斎に匹敵する領主となっていたことがわかる。そうすると先の岩櫃城在城衆を示す史料にも疑問が生じる。藤田信吉と前後して武田氏に帰属し、沼田領における所領を基本的に安堵されたと考えられる。同十年三月の武田氏滅亡後も、沼田衆として存続したとみられ、同年六月の本能寺の変後、上杉景勝から沼田城乗っ取りを働きかけられている（万葉荘文庫所蔵文書・史料集万葉荘文庫所蔵文書三）。その後については確実な所見はないが、「加沢記」では、真田昌幸に属し、沼田衆の有力者として存在し続けている。

（黒田）

渡辺式部丞 わたなべしきぶのじょう

生没年未詳。土屋昌続の家臣。永禄十二年（一五六九）五月二十三日の土屋昌続証文写（彦根城博物館所蔵文書・一四二三）で、本地の替地として野呂（山・笛吹市）で一〇貫文と新地一〇貫文を宛行われた。同年と推定される六月の土屋昌続証文写（同前・二四九二）では、来秋の所務で三〇貫文の地を宛行うことを約束され、名所については追って申し付けると伝えられた。その約束のとおり、同年八月二十八日の土屋昌続証文写（同前・一四五三）で、小石和（笛吹市）と成田（笛吹市）で計三〇貫文を宛行われている。

（鈴木）

渡辺式部丞 わたなべしきぶのじょう

生没年未詳。内野（山・忍野村）の土豪。永正十五年（一五一八）五月に、駿河今川氏と都留郡（小山田氏）が単独講和した際、調法者（仲介役）をつとめた（勝山）。

（丸島）

渡辺新五左衛門尉 わたなべしんござえもんのじょう

生没年未詳。甲斐国巨摩郡河内常葉郷（山・身延町）の土豪。穴山家臣か。慶長十三年（一六〇八）七月二十一日、亡父円厳禅定門の菩提を高野山に依頼しているのが唯一の所見（成慶院過去帳・武田氏研究47）。

（平山）

渡辺善左衛門尉 わたなべぜんざえもんのじょう

生没年未詳。甲斐国八代郡河内岩間庄瀬戸村（山・身延町）の土豪。穴山家臣か。慶長十三年（一六〇八）一月二十九日、亡父道忠禅定門の菩提を高野山に依頼しているのが唯一の所見（成慶院過去帳・武田氏研究47）。

（平山）

渡辺縄 わたなべただす

生没年未詳。豊後。甲斐国八代郡精進村（山・富士河口湖町）の土豪集団「九一色衆」のひとり。渡辺氏は渡辺綱の子孫を称し、戦国期に武田氏に仕えて、大永元年（一五二一）の福島氏乱入の際に功があったと伝えられる（国志4三〇二頁）。弘治二年（一五五六）四月二十一日に高野山成慶院（和・高野町）で亡父（道春禅門、渡辺知）の供養を行っている（甲州月牌帳）。元亀元年（一五七〇）七月十日の武田家朱印状写（渡辺〈綱〉家文書・一五七〇）で、大宮（静・富士宮市）在城を賞され、井頭（富士宮市）などで計五〇貫文を宛行われた。奉者は土屋右衛門尉昌続。天正五年八月二十三日に高野山成慶院へ使僧を遣わし、前年九月十八日に死去した子息（照庵浄光禅定門）の供養を行っている（甲州月牌帳）。この時すでに出家しており、同年中に子の守が遺跡を嗣いでいるため（寛永伝、寛政譜）、間もなく死去したと思われる。法名は浄金（同前）。（鈴木）

渡辺兵部丞 わたなべひょうぶじょう
生没年未詳。甲斐国巨摩郡秋山村（山・南アルプス市）在郷の番匠。永禄十年（一五六七）十二月三日付の武田家朱印状によれば、奉公の賞として、尾曲郷（山・甲府市）で六〇〇文を重恩宛行されており（甲州古文書・三二八）、次いで、天正七年（一五七九）八月九日付の朱印状でも、大工職の安堵と、大工職退転の者があれば、披露におよぶことを厳命されている（同前・三二四八）。（柴辻）

渡辺豊前守 わたなべぶぜんのかみ
生没年未詳。甲斐国八代郡精進村（山・富士河口湖町）の土豪集団「九一色衆」のひとり。元亀二年（一五七一）五月十七日の武田家朱印状（渡辺〈ひ〉家文書・一七二）で、藤巻郷（山・中央市）の増分三貫文を宛行われ、同日の武田家朱印状（渡辺〈利〉家文書・一七三）で、その明細が書き上げられている。（鈴木）

渡辺守 わたなべまもる
生年未詳～天正十九年（一五九一）。因獄佑（ひとやのすけ）。甲斐国八代郡精進村（山・富士河口湖町）の土豪集団「九一色衆」のひとり。渡辺縄の子。室は秋山越前守虎康の女。天正五年（一五七七）に父の遺跡を嗣ぐ（寛永伝、寛政譜）。年未詳二月一日の畑昌方書状（西湖区有文書・三七九〇）で、塩の運搬を依頼されたのが武田領国下における唯一の事績。天正十年三月に武田氏が滅亡した後は徳川氏に仕え、七月十二日には九一色衆を糾合して甲斐・駿河国境にある本栖（富士河口湖町）の警固を命じられる（寛永伝）。同十三年五月三十日には、徳川家康より甲斐国心経寺（山・甲府市）ほか一七二貫文余の知行地を宛行われた（記録御用所本古文書・静8一七八四）。同十八年七月の徳川氏の関東転封後は武蔵国入東郡矢加賀村（埼・入間市）などを給地とするが、翌年の奥州出陣中に岩手沢（宮城・大崎市）で死去。法名浄慶（寛永伝、寛政譜）。慶長六年（一六〇一）に嫡子の安（源蔵・源三）が旧領に復帰し、安が早世した後は弟（守の次男）の長（源五郎・因獄）が家督を継承して、子孫は代々本栖の番人をつとめたが（国志4三〇二頁）、享保七年（一七二二）に無嗣断絶となった（寛政譜）。（鈴木・柴）

渡辺盛忠 わたなべもりただ
生没年未詳。筑前守。初名は四郎右衛門尉の可能性が高く、一括して記述する。武田氏が任じた信濃国諏訪大社の奉行人。某年六月晦日、諏訪上社造営および高島城普請に関する定書を、他の高島在城衆とともに通達された（如法院文書・三七五九）。この時は四郎右衛門尉でみえる。某年の「両社造営領幷御神領等帳」には、神領一一貫文を小井弖大隅守とともに所持している旨の記載がある（大祝諏訪家文書・三〇七九）。天正三年（一五七五）四月二十一日の諏訪社千手堂棟札銘写には「渡辺筑前守盛忠」という名が、他の奉行衆河西虎満・平原虎吉と並んで記される（諏訪史料叢書掲載文書・二四八一）。同五年三月三日の諏訪下社宝塔棟札銘写に「渡辺筑前守」とみえるのが終見である（同前・二七八〇）。（丸島）

渡辺弥右衛門尉 わたなべやえもんのじょう
生没年未詳。甲斐国八代郡西海郷（山・富士河口湖町）の土豪。天文二十二年（一

五五三）五月晦日の武田家朱印状（西湖区有文書・三六九）で、「西之海衆」八人のなかのひとりとして本栖（富士河口湖町）の警固や材木の奉公などをつとめた功績により、「富士之往復」（中道往還）における諸役を免許された。弘治元年（一五五五）七月十九日の武田晴信感状（渡辺〈利〉家文書・四四〇）で、同日の川中島合戦において内藤新右衛門・渡辺弥左衛門尉とともに戦功をあげたことを賞されている。（鈴木）

和根雅楽助 わねうたのすけ

生年未詳～天正九年（一五八一）三月二十二日。高天神籠城衆。天正九年の高天神落城に際して討ち死にした（乾徳山恵林寺雑本・信15—一七一頁）。（丸島）

藁科安芸守 わらしなあきのかみ

生没年未詳。駿河国安倍郡藁科郷（静・静岡市）の土豪。今川氏に仕えた先代の藁科安芸守の子。藤原時理の子孫で相良氏の一族とされる。南北朝期には駿河国大津（静・島田市）城主として南朝方につき、北朝方の今川氏と戦ったが、戦国期には今川氏、のちに武田氏に従属した。元亀二年（一五七一）九月十七日の青木泰定・駒井英長連署証文（駿河志料・一七三九）で、籠鼻（静岡市）の円皆寺が、安西（静岡市）の寺領・屋敷地における権益を、藁科安芸守の理のとおり前々の如く安堵されている。同年十一月二十三日の武田家朱印状（藁科家文書・一七四九）では、駿州唐沢郷（静岡市）から矢篦（やがら）一万本を毎年武田氏に納めるという言上を受けて、同郷のなかで六人分の普請役を免許する旨を伝えられた。同年十二月二十一日の武田家朱印状（同前・一七六三）でも、「御収納之奉公」をつとめる代償として、分国中で一月に馬二疋分の諸役を免許されている。奉者はいずれも市川宮内助昌房。年未詳十二月二十一日の市川昌房書状（臨済寺文書・三九五七）では、安芸守が本領須津（静・富士市）の三〇貫文を返納し、代わりに身成（島田市）で替地を宛行われるよう訴訟を行ったところ、「別而奉公之人」であることを理由に訴えが認められ、来春に昌房から御証判を渡すことを伝えられている。武田氏滅亡後、子の九郎右衛門が徳川家康に仕えて旗本になり、子孫は三〇〇石の幕臣として存続した（寛政譜）。（鈴木）

ん

□助丞 □すけのじょう

生没年未詳。甲斐国巨摩郡河内清沢郷（山・身延町）の人物。穴山家臣か。名字（文字が判読できない）、諱などは不明。慶長八年（一六〇三）七月五日、自ら高野山に登り、自身の逆修供養を依頼しているのが唯一の所見。法名は覚夆卜仙禅定門（成慶院過去帳・武田氏研究44）。（平山）

花押集

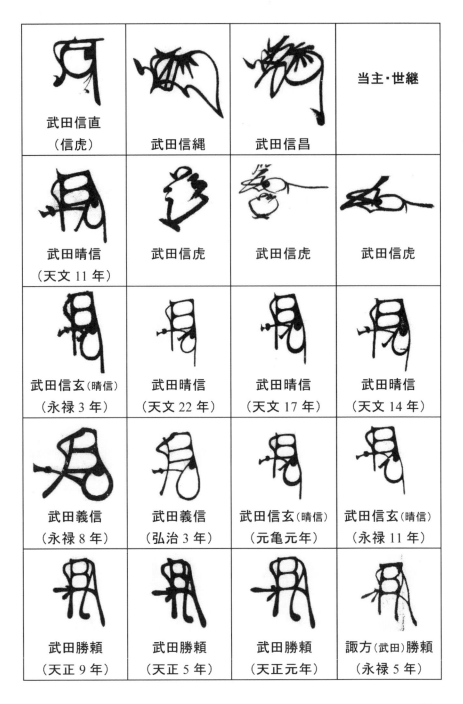

 武田信直 （信虎）	 武田信縄	 武田信昌	当主・世継
 武田晴信 （天文 11 年）	 武田信虎	 武田信虎	 武田信虎
 武田信玄（晴信） （永禄 3 年）	 武田晴信 （天文 22 年）	 武田晴信 （天文 17 年）	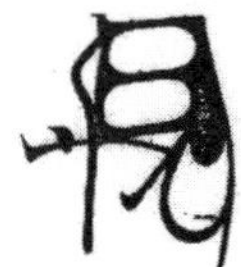 武田晴信 （天文 14 年）
 武田義信 （永禄 8 年）	 武田義信 （弘治 3 年）	 武田信玄（晴信） （元亀元年）	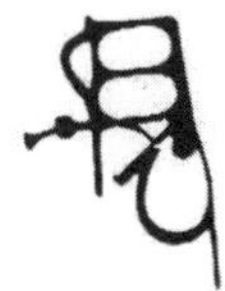 武田信玄（晴信） （永禄 11 年）
 武田勝頼 （天正 9 年）	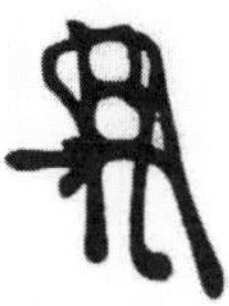 武田勝頼 （天正 5 年）	 武田勝頼 （天正元年）	 諏方（武田）勝頼 （永禄 5 年）

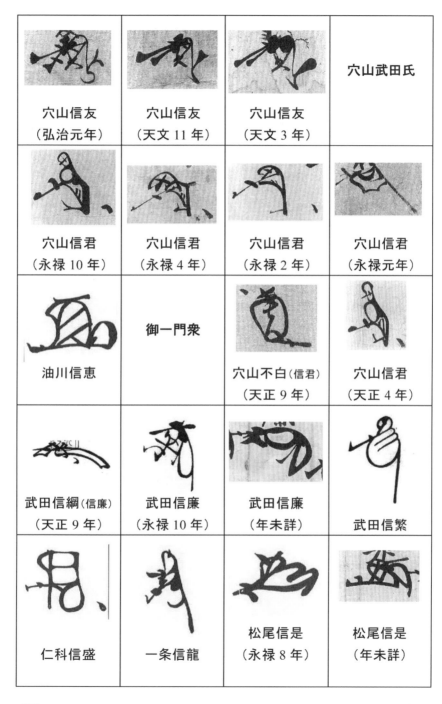

 穴山信友 （弘治元年）	 穴山信友 （天文 11 年）	 穴山信友 （天文 3 年）	**穴山武田氏**
 穴山信君 （永禄 10 年）	 穴山信君 （永禄 4 年）	 穴山信君 （永禄 2 年）	 穴山信君 （永禄元年）
 油川信恵	**御一門衆**	 穴山不白（信君） （天正 9 年）	 穴山信君 （天正 4 年）
 武田信綱（信廉） （天正 9 年）	 武田信廉 （永禄 10 年）	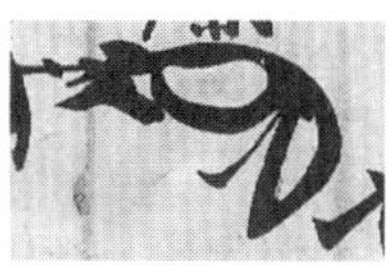 武田信廉 （年未詳）	 武田信繁
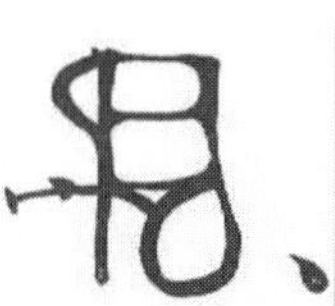 仁科信盛	 一条信龍	 松尾信是 （永禄 8 年）	 松尾信是 （年未詳）

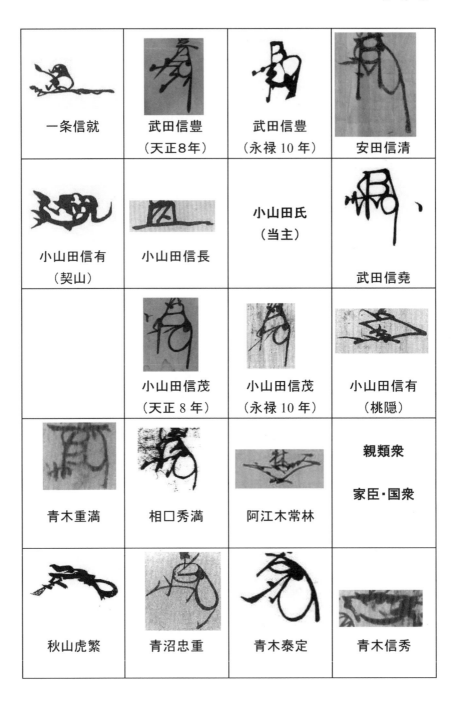

 一条信就	 武田信豊 （天正8年）	 武田信豊 （永禄10年）	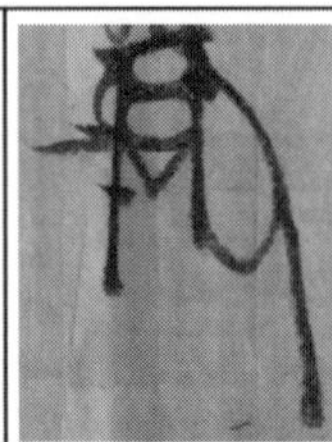 安田信清
 小山田信有 （契山）	 小山田信長	小山田氏 （当主）	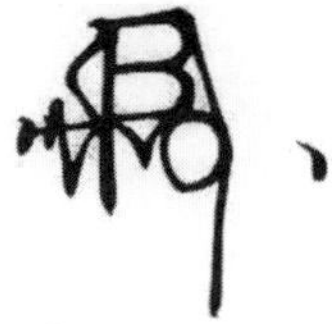 武田信堯
	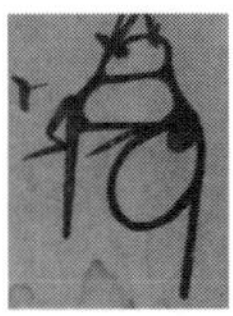 小山田信茂 （天正8年）	 小山田信茂 （永禄10年）	 小山田信有 （桃隠）
 青木重満	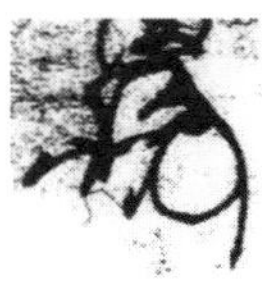 相口秀満	 阿江木常林	親類衆 家臣・国衆
 秋山虎繁	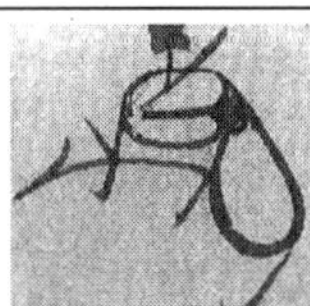 青沼忠重	 青木泰定	 青木信秀

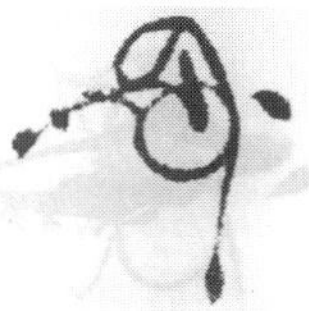 朝比奈信置	 朝比奈輝就	 秋山昌満	 秋山昌成
 跡部景家	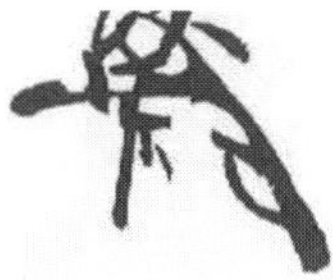 蘆沢君次	 浅利信種	 朝比奈信置 （賢雪道与）
 跡部勝忠 （天正7年）	 跡部勝忠 （天正5年）	 跡部勝資 （天正7年）	 跡部勝資 （天正2年）
 跡部昌忠 （慶長8年）	 跡部昌忠 （永禄8年）	 跡部昌副	 跡部長与
 安倍宗貞	 跡部昌長 （永禄10年）	 跡部昌長 （永禄8年）	 跡部昌忠 （修理亮）

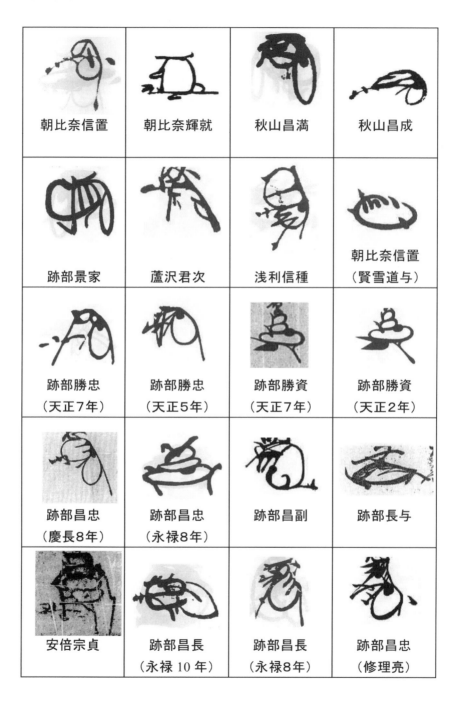

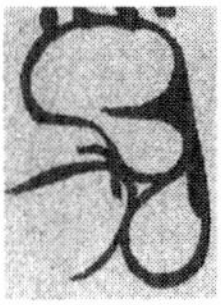 甘利信忠	 甘利昌忠（信忠） （永禄6年）	 甘利昌忠（信忠） （天文 20 年）	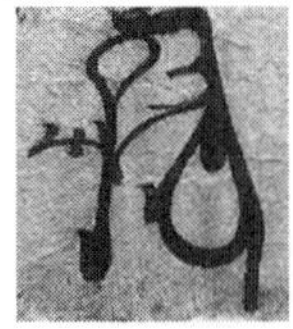 甘利信家
 鮎川昌尚	 雨宮忠善	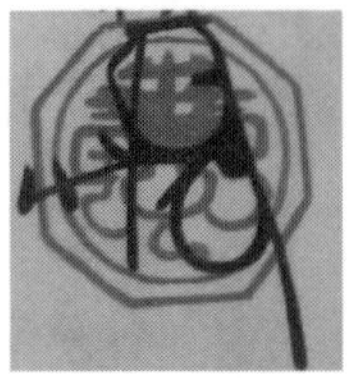 甘利信頼	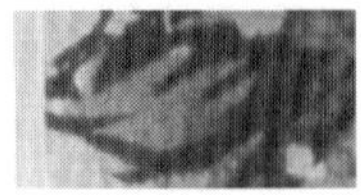 甘利信康
 安中家繁	 安西有味	 有賀勝慶	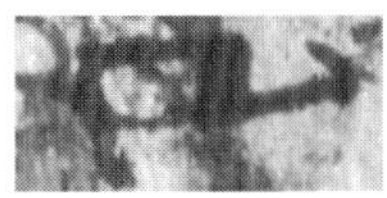 鮎沢虎守
 飯島重綱	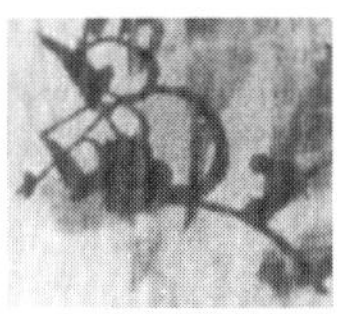 安中繁勝	 安中景繁 （永禄 11 年）	 安中景繁 （永禄8年）
 飯室吉門	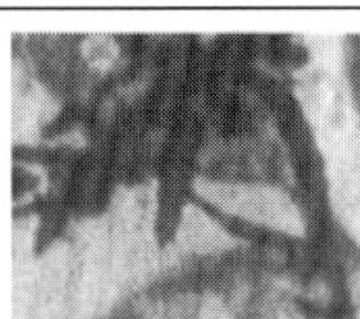 飯島安助	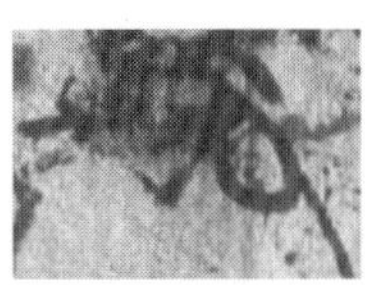 飯島為政	 飯島為方

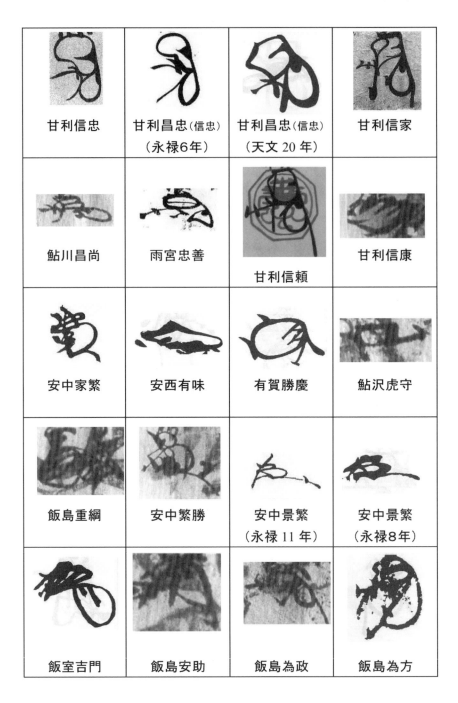

 石原昌明	 石井棟吉	 家長（義信近臣）	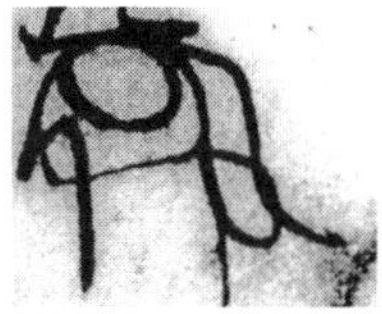 家継（木曽被官）
 板垣信憲	 板垣信方	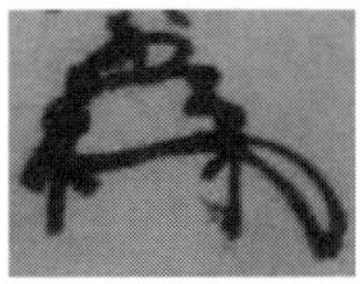 以心軒真興	 石原昌明
 市川家光	 板垣信泰	 板垣信安（元亀3年）	 板垣信安（永禄 10 年）
 市川重久	 市川貞吉	 市川景吉	 以清斎元松（市川家光）
 市川昌房	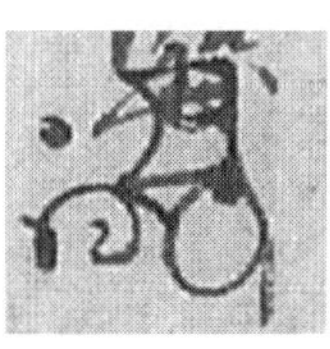 市川信房（天正 13 年）	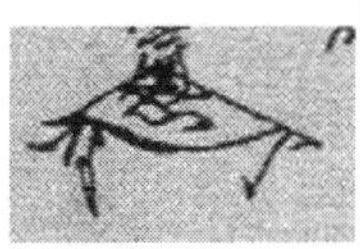 市川信房（天正6年）	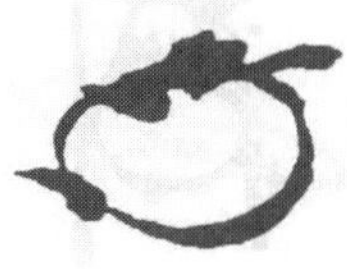 市川等長（梅隠斎）

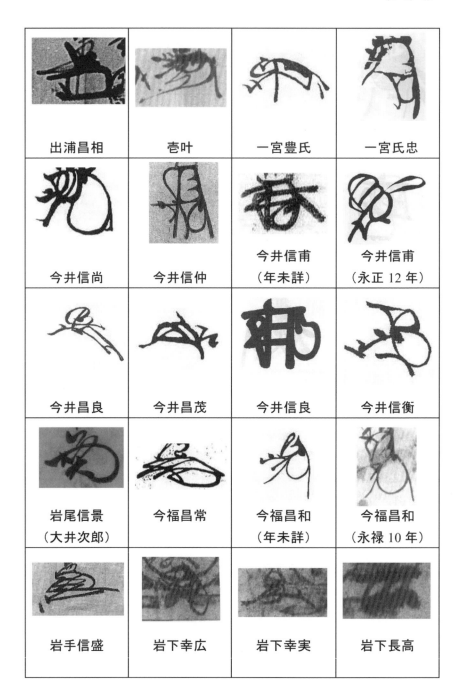

 出浦昌相	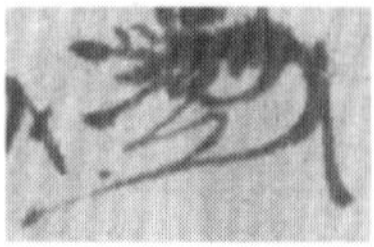 壱叶	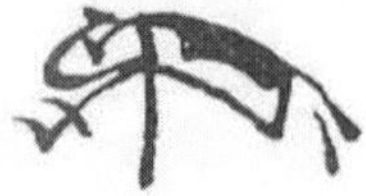 一宮豊氏	 一宮氏忠
 今井信尚	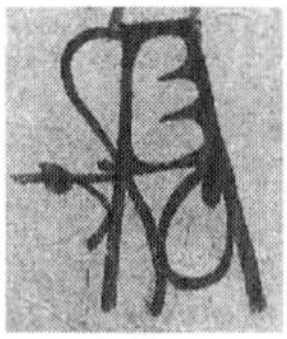 今井信仲	 今井信甫 （年未詳）	 今井信甫 （永正 12 年）
 今井昌良	 今井昌茂	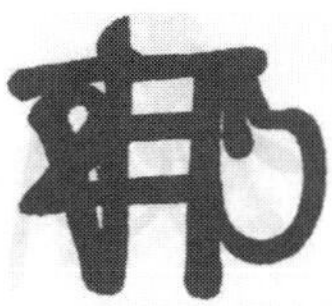 今井信良	 今井信衡
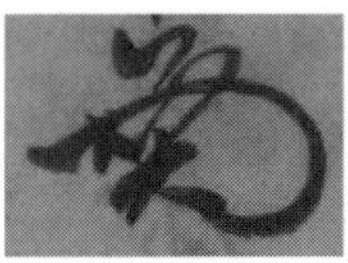 岩尾信景 （大井次郎）	 今福昌常	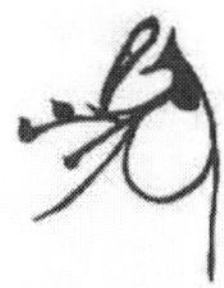 今福昌和 （年未詳）	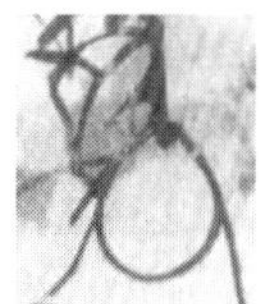 今福昌和 （永禄 10 年）
 岩手信盛	 岩下幸広	 岩下幸実	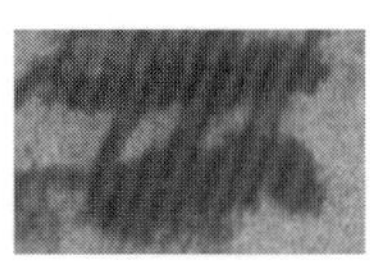 岩下長高

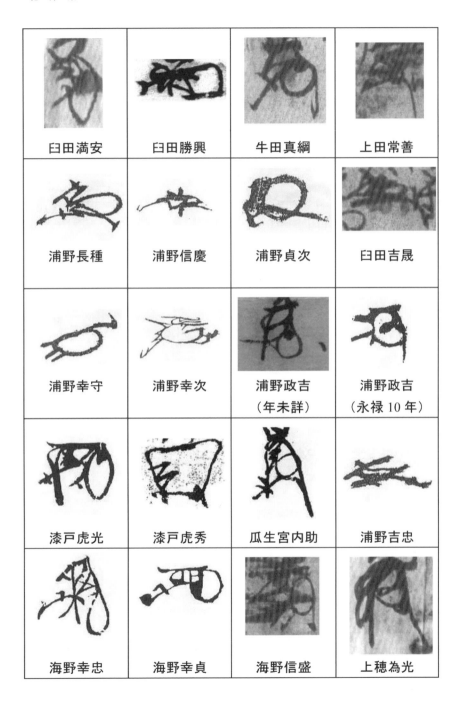

		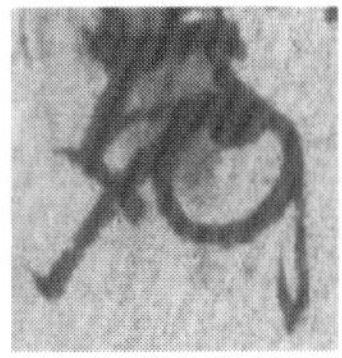	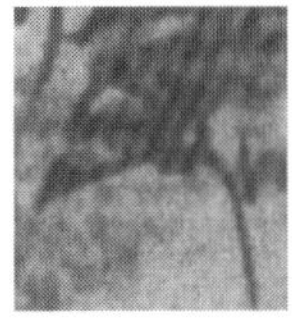
臼田満安	臼田勝興	牛田真綱	上田常善
		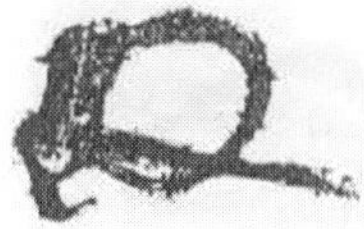	
浦野長種	浦野信慶	浦野貞次	臼田吉晟
	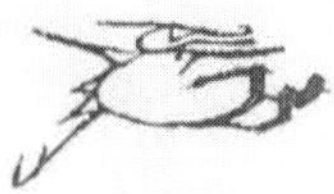		
浦野幸守	浦野幸次	浦野政吉 （年未詳）	浦野政吉 （永禄 10 年）
		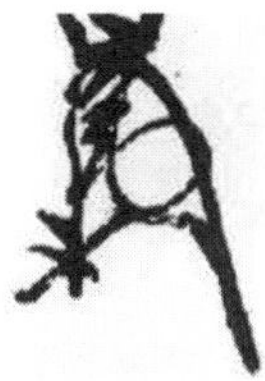	
漆戸虎光	漆戸虎秀	瓜生宮内助	浦野吉忠
	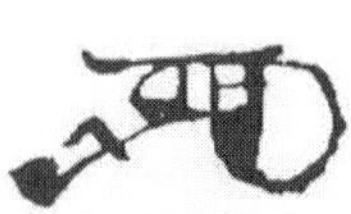	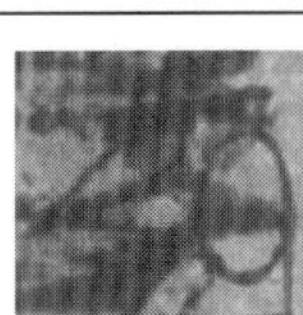	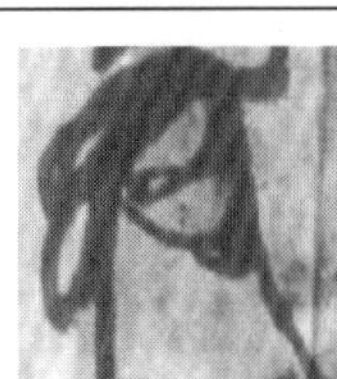
海野幸忠	海野幸貞	海野信盛	上穂為光

 大井信舜	 大井高幸	 江馬輝盛	 海野幸光
 大久保長安	 大井満安	 大井昌業	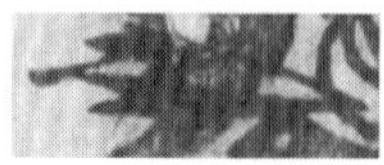 大井信通
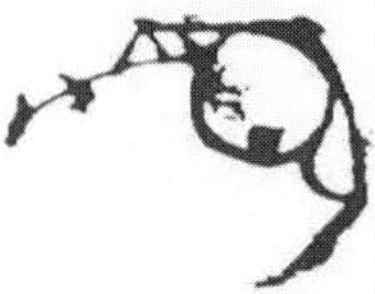 大島長利	 大熊長秀（天正6年）	 大熊長秀（永禄 10 年）	 大熊朝秀
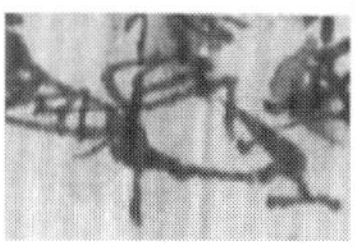 小笠原長穂	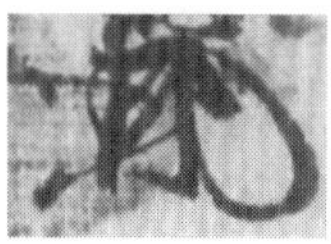 小笠原長記	 小笠原長和	 太田守重
 小笠原信嶺	 小笠原信貴	 小笠原信興（天正2年）	 小笠原氏助（信興）

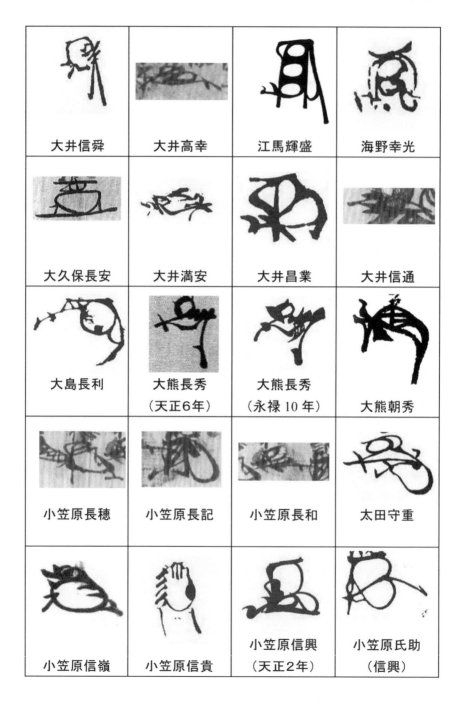

 奥秋房吉	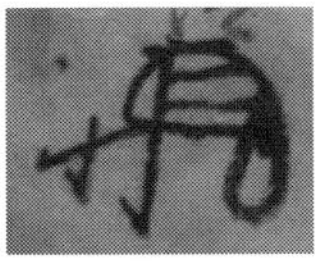 隠岐虎清	 小河原重清	 岡部正綱
 奥平信昌 （天正元年）	 奥平定能 （天正2年）	 奥平定能 （天正元年）	 小草野隆吉
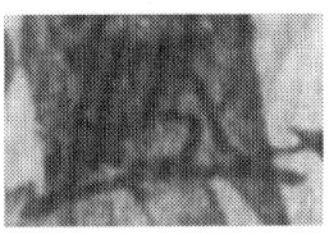 小坂親知	 奥平信昌 （慶長末年頃）	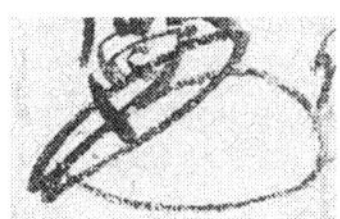 奥平信昌 （慶長7年か）	 奥平信昌 （天正 19 年）
 小田切茂富	 小田切秋連	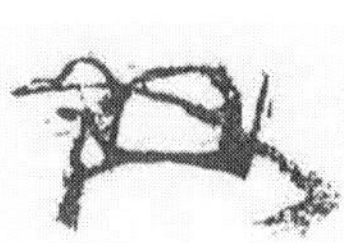 小沢行重	 尾崎氏俊
 小幡道佐	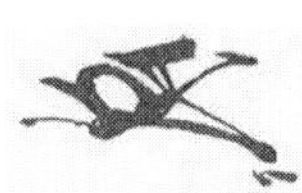 小幡高政	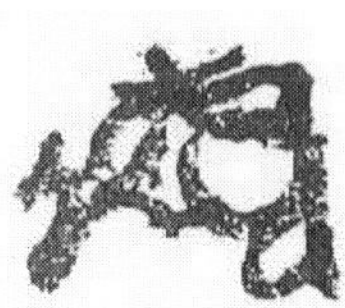 小幡高貞	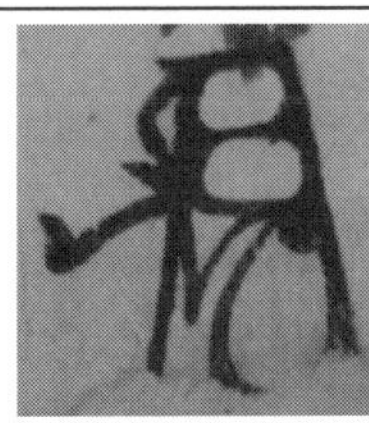 織田信房

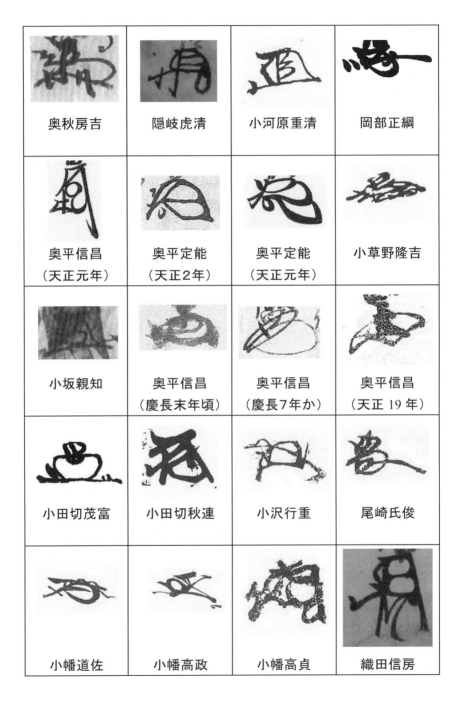

 小幡信定	 小幡弁丸 （信定）	 小幡具隆	 岡部俊具
 小幡信高	 小幡信真	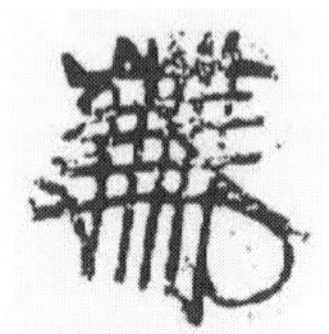 小幡信真 （天正3年）	 小幡信実 （永禄 10 年）
 小幡行実	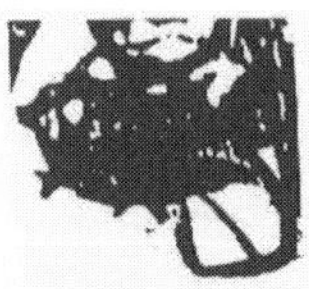 小幡三河守	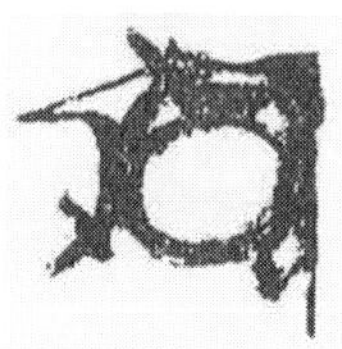 小幡憲行	 小幡信尚
 大日方直武	 帯金虎達	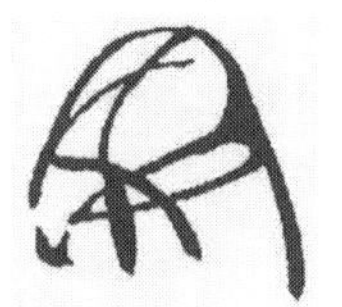 小原継忠	 小浜景隆
 小山田玄怡 （虎満）	 小山田虎満	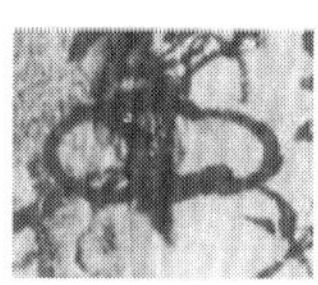 麻績光貞	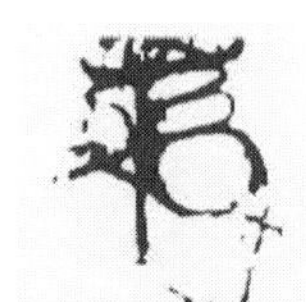 麻績清長

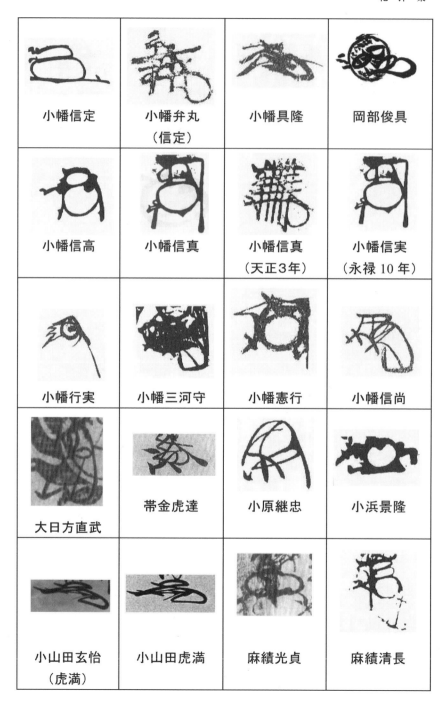

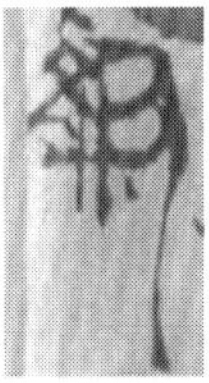 折野真実	 尾山守重	 小山田昌盛	 小山田昌成
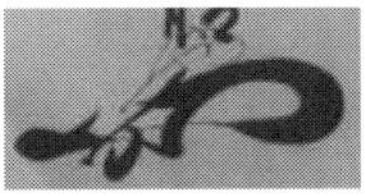 笠原政晴	 懸河直重	 小口忠助	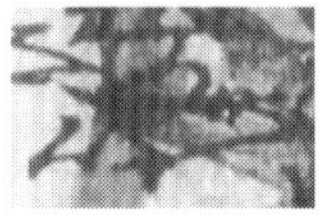 大和勝親
 加津野昌世	 加津野勝房	 春日信達	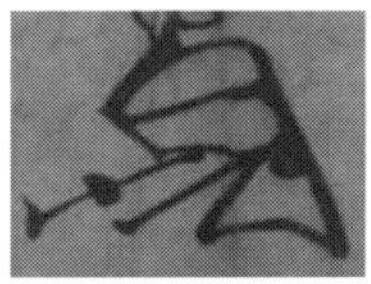 春日虎綱
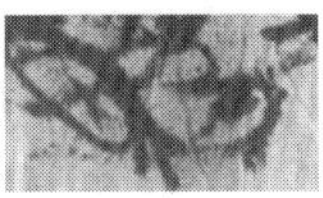 片桐為房	 葛山氏元	 真田信尹 （加津野昌春）	 加津野昌春
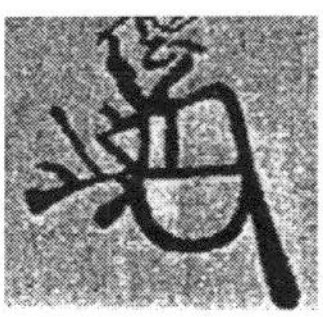 上泉信綱	 金丸忠経	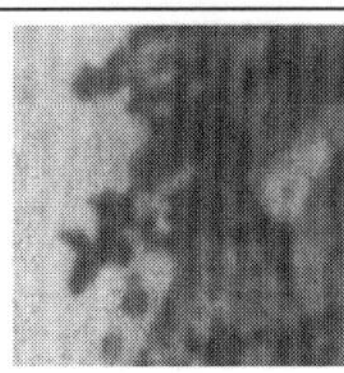 金井房次	 片桐昌為

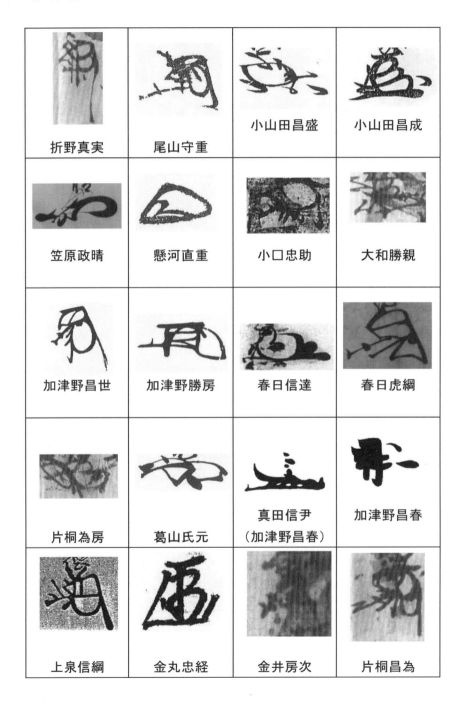

 河村重家	 河田重親	 軽沢登安	 上条高業
 神尾房友	 河村房秀	 河村信貞	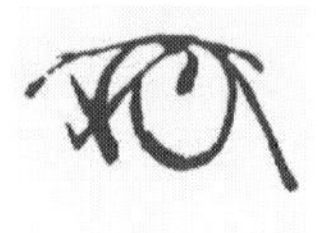 河村縄興
 木曽義康	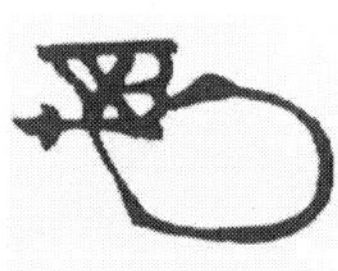 木曽義康 （永禄4年）	 木曽玄徹（義昌） （天正10年）	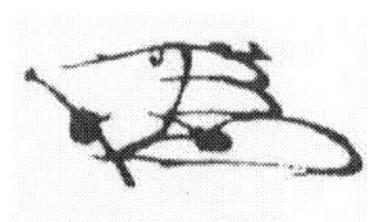 木曽義昌 （天正6年）
 楠浦虎常	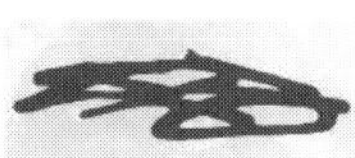 北条高広	 聴雨斎宗春 （木曽義康）	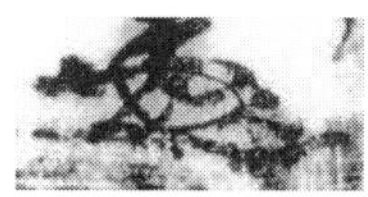 聴雨斎宗春 （木曽義康）
 工藤昌祐	 工藤祐久	 工藤喜盛	 楠浦昌勝

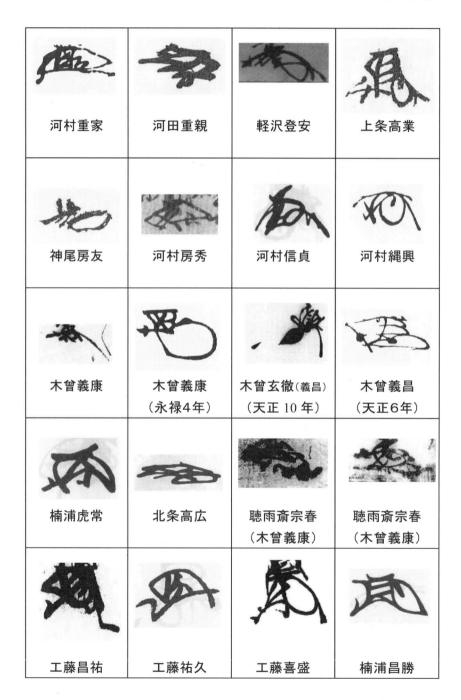

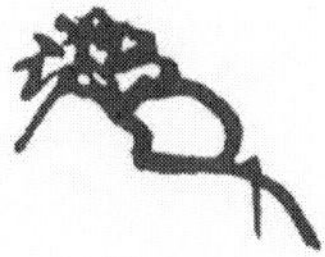 熊井土重満	 窪田房安	 工藤昌祐	 工藤昌祐
 栗原信宗	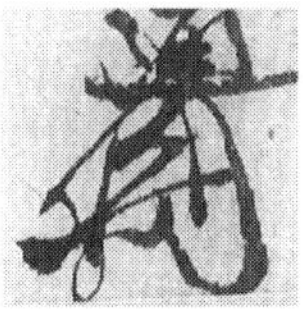 栗原信通	 栗原右衛門尉	 栗田永寿 （国時か）
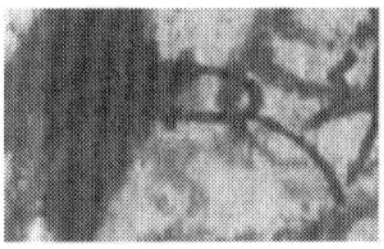 黒沢重家	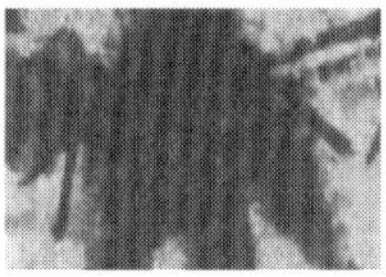 黒沢定吉	 栗原昌種	 栗原信盛
 下条信俊	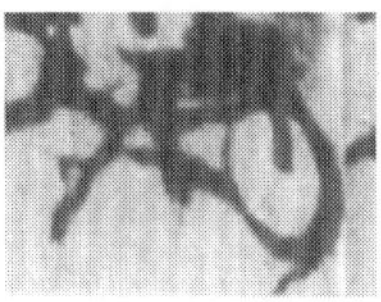 桑原康盛	 黒沢光吉	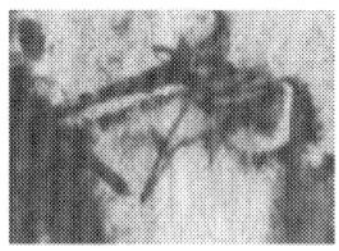 黒沢重慶
 松政 （小泉宗貞参考）	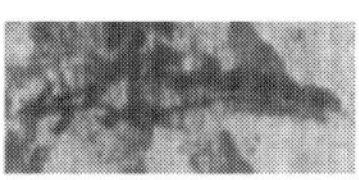 小泉宗貞	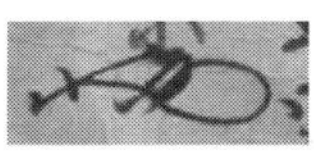 小泉昌宗	 小泉重永

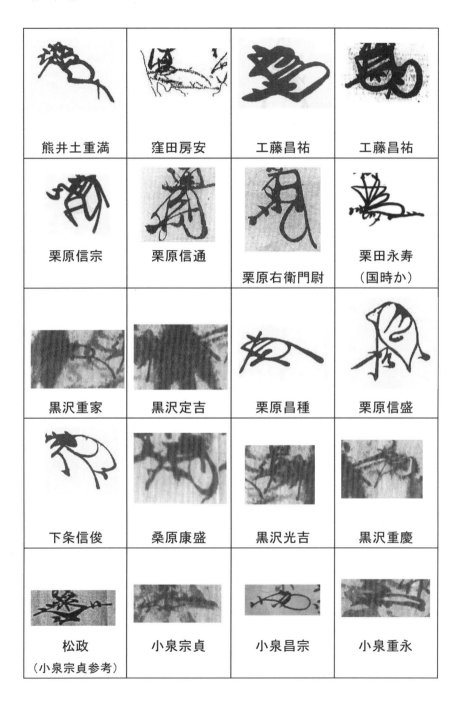

 後閑信純	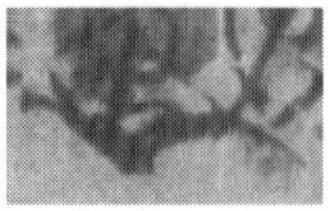 小海高富	 河野家昌	 小井弖良喜
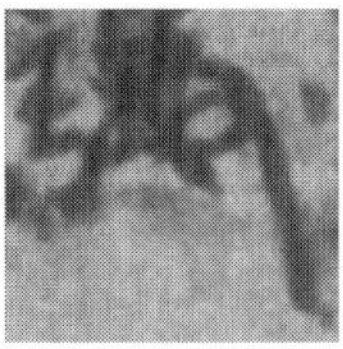 小林業吉	 小林浄玖	 小林正喜	 小林
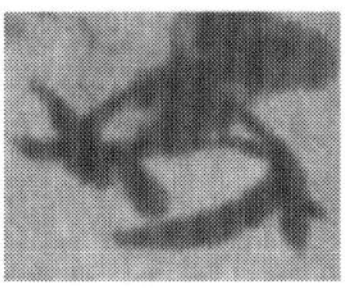 小林盛重	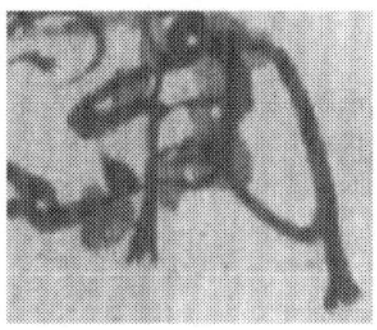 小林房実	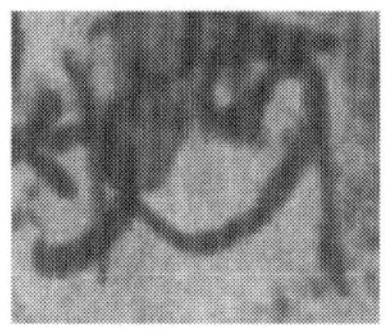 小林秀永	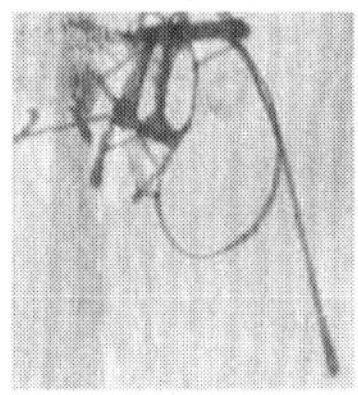 小林幡繁
 小宮山虎泰	 駒井昌直	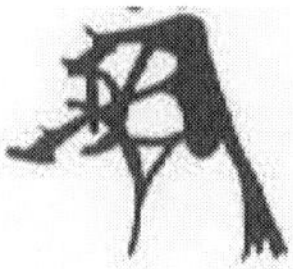 駒井英長	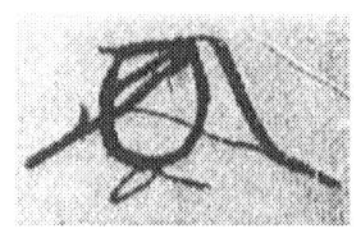 駒井信久
 三枝昌貞	 栄富斎元久（三枝虎吉）	 三枝虎吉	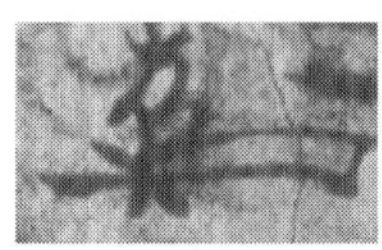 小宮山政知

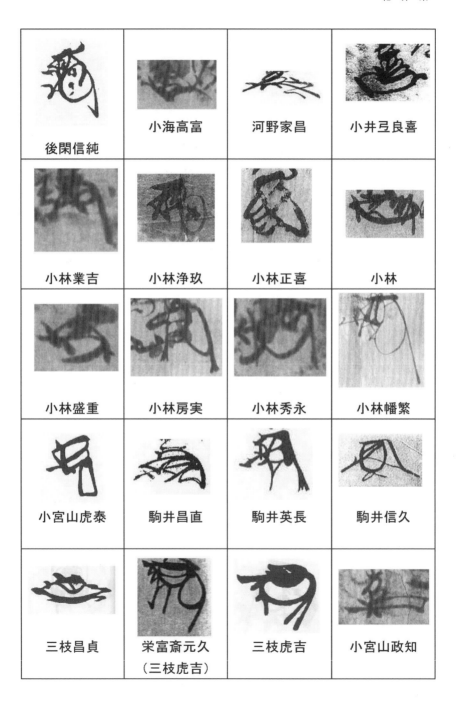

 桜井棟昌	 桜井信忠	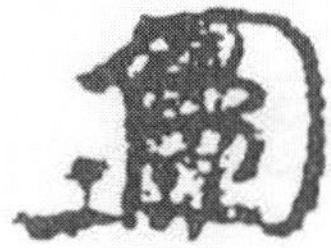 桜井綱吉	 酒井高重
 真田信綱	 真田綱吉	 座光寺貞房	 桜田昌親
 真田昌幸 （天正8年）	 真田昌幸 （天正3年）	 真田信幸 （天正 18 年）	 真田信幸 （天正 13 年）
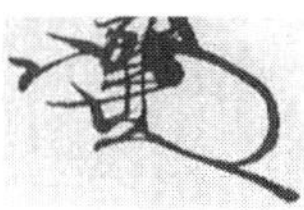 佐野君弘	 真田昌幸 （慶長8年）	 真田昌幸 （年未詳）	 真田昌幸 （文禄3年）
 沢渡盛則	 猿渡満繁	 沢吉長	 佐野泰光

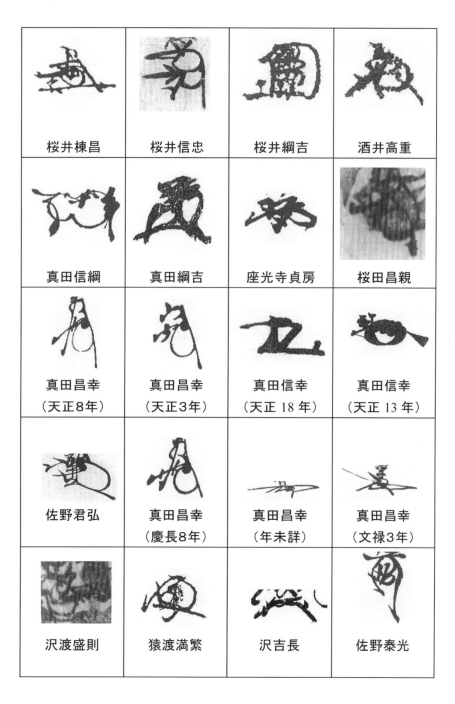

 島津泰忠	 渋田見政長	 塩津友重	 塩田信秀
 下村満幸	 下村重守	 下条信氏	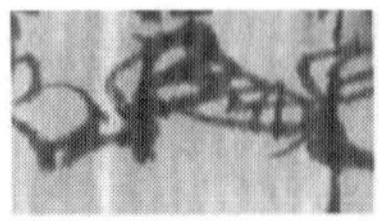 下枝田久綱
 勝善寺順西	 城昌茂	 城景茂	 下屋棟吉
 末木政清	 末木家重 （天正9年）	 末木家重 （永禄 12 年）	 神保昌光
 諏方（金刺）豊保	 諏方（金刺）堯存 （天正7年）	 須藤久守	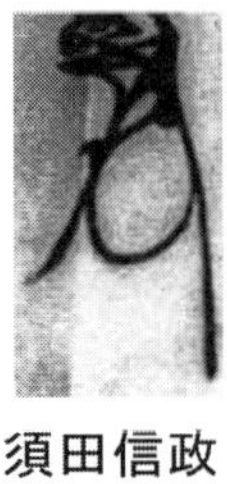 須田信政

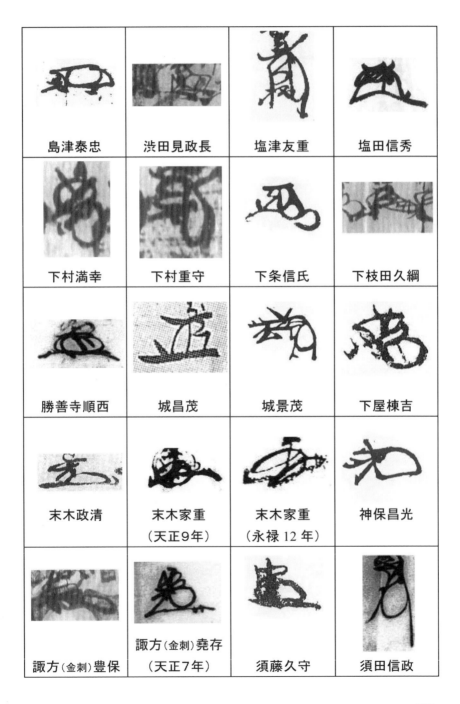

 諏方（高遠）頼継	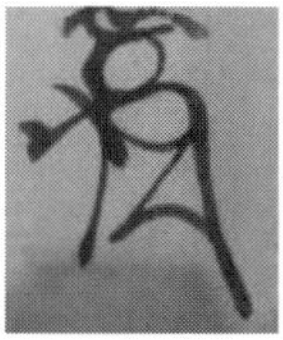 諏方頼忠	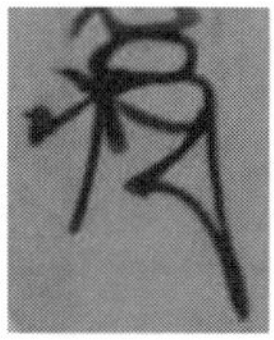 諏方頼忠	 諏方（金刺）昌春（参考）
 関光吉	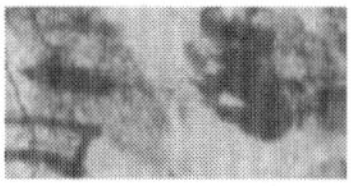 関政直	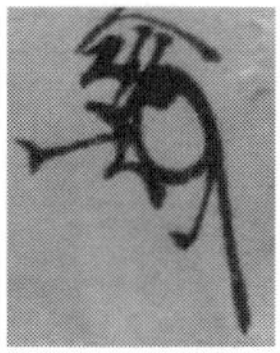 静久斎	 諏方頼運
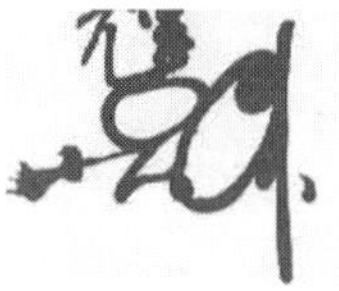 瀬名信輝	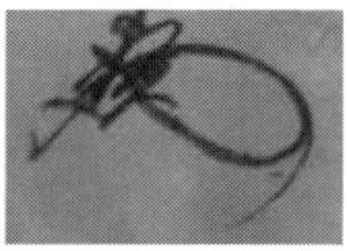 瀬戸是慶	 瀬戸是慶	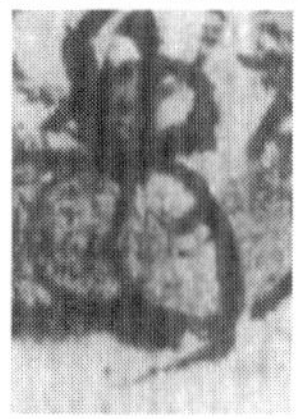 関岡光助
 曾禰昌長	 曾禰昌世	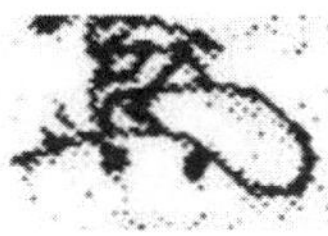 曾禰虎長	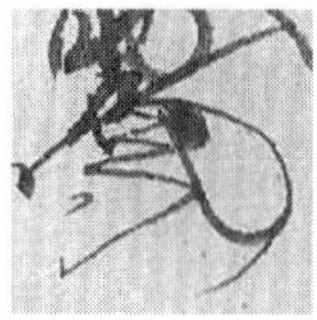 惣助（春芳代官）
 鷹野昌郷	 高田能業	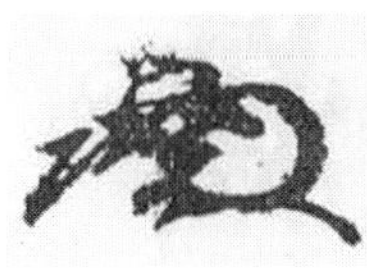 高瀬能業	 高出昌海

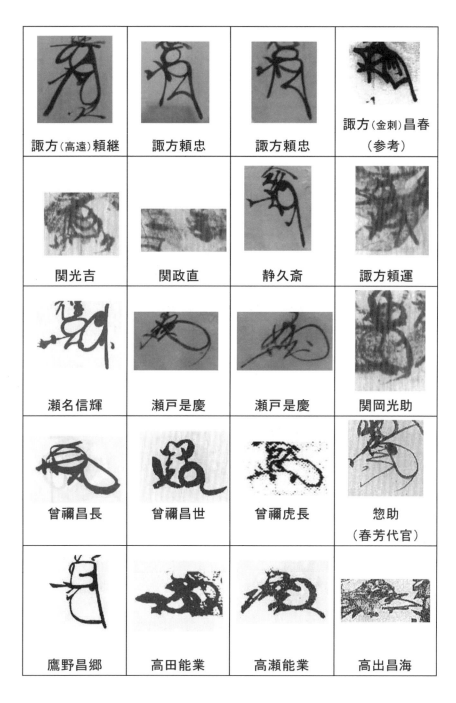

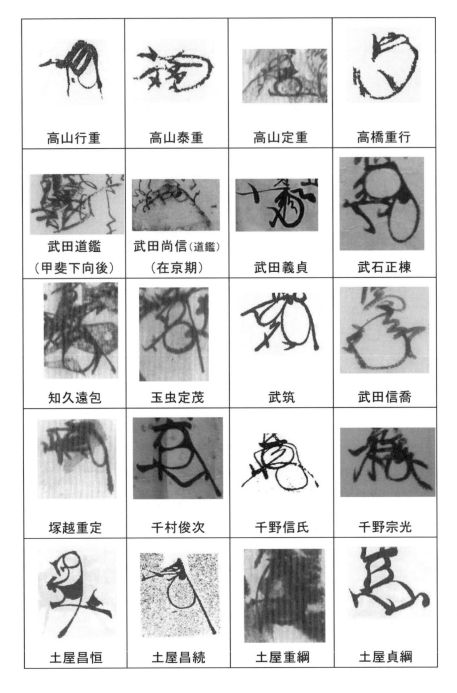

 高山行重	 高山泰重	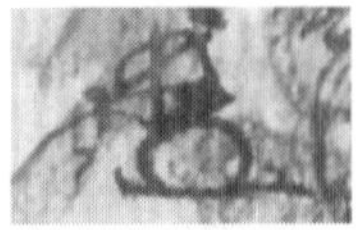 高山定重	 高橋重行
 武田道鑑 （甲斐下向後）	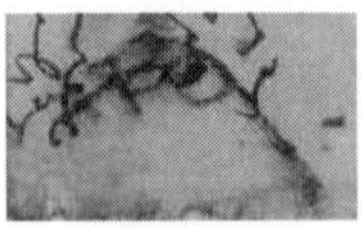 武田尚信（道鑑） （在京期）	 武田義貞	 武石正棟
 知久遠包	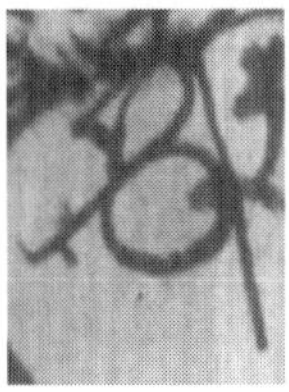 玉虫定茂	 武筑	 武田信喬
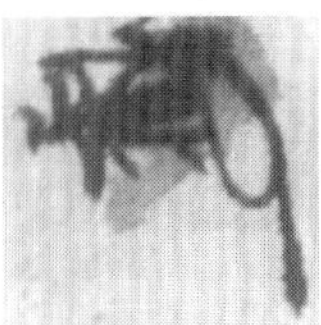 塚越重定	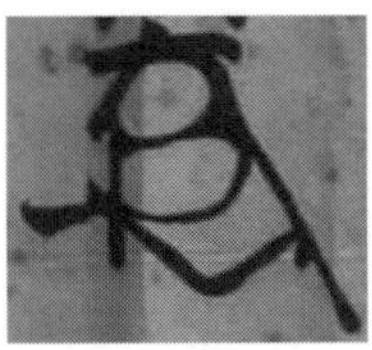 千村俊次	 千野信氏	 千野宗光
 土屋昌恒	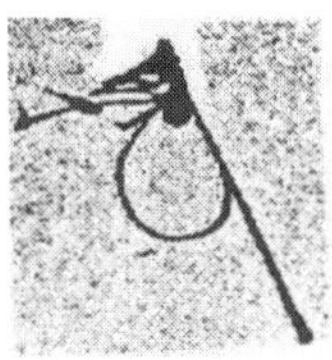 土屋昌続	 土屋重綱	 土屋貞綱

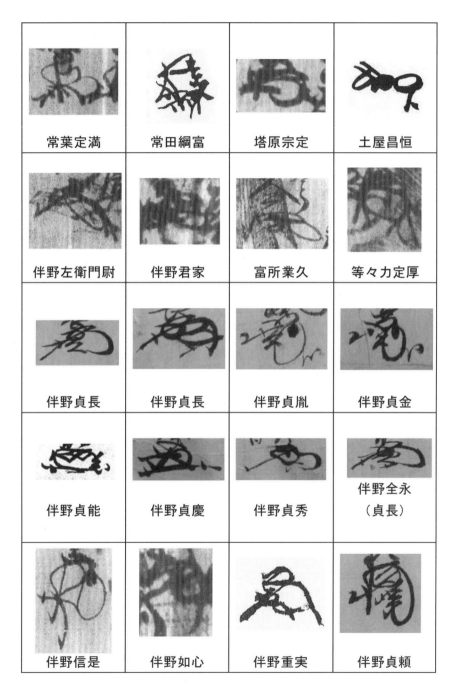

 常葉定満	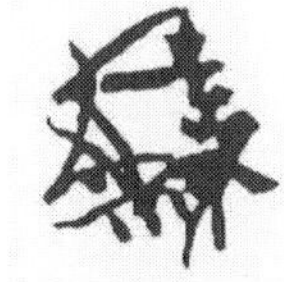 常田綱富	 塔原宗定	 土屋昌恒
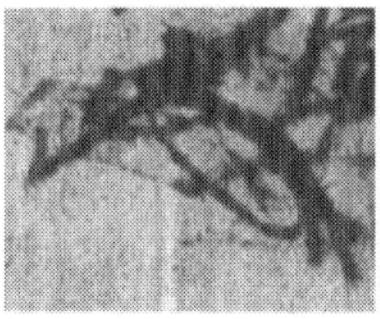 伴野左衛門尉	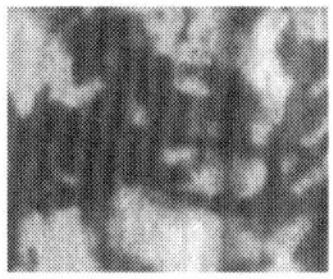 伴野君家	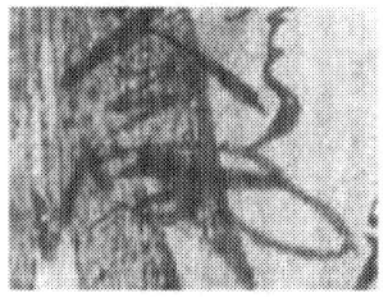 富所業久	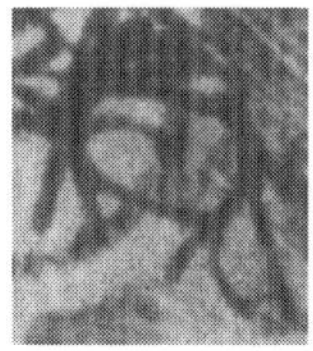 等々力定厚
 伴野貞長	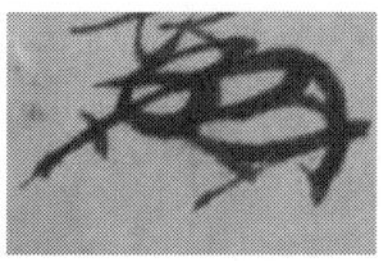 伴野貞長	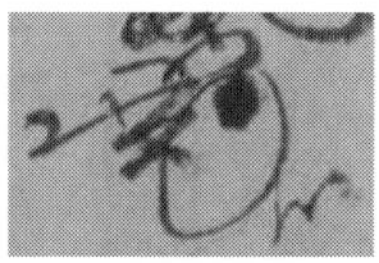 伴野貞胤	 伴野貞金
 伴野貞能	 伴野貞慶	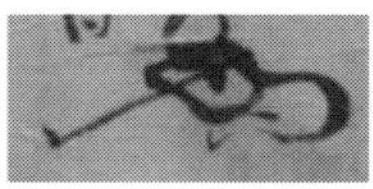 伴野貞秀	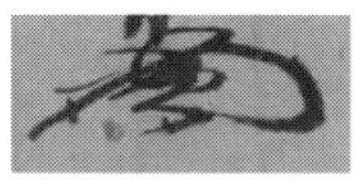 伴野全永 （貞長）
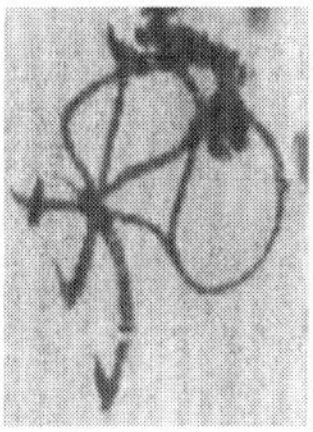 伴野信是	 伴野如心	 伴野重実	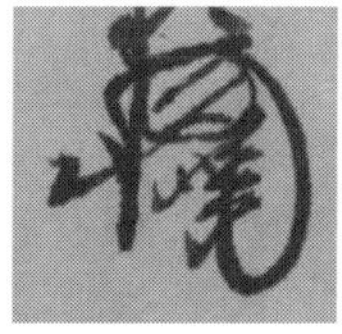 伴野貞頼

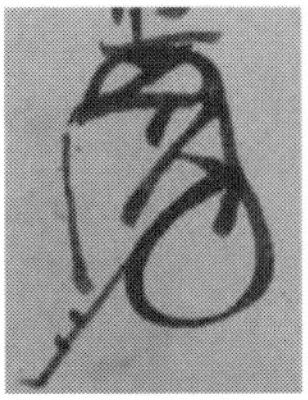 伴野信直	 伴野信直	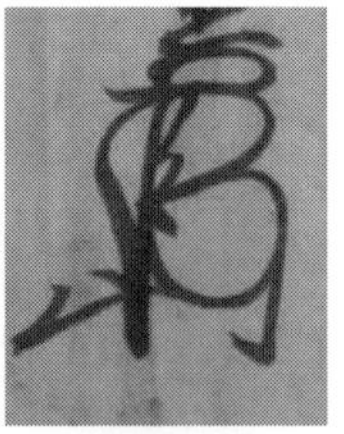 伴野信直	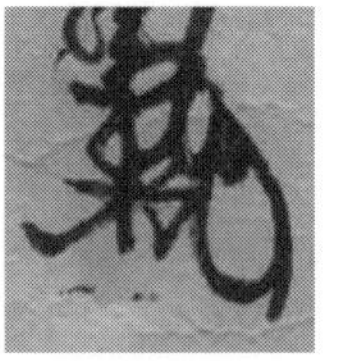 伴野信番
 伴野信守	 伴野信宗	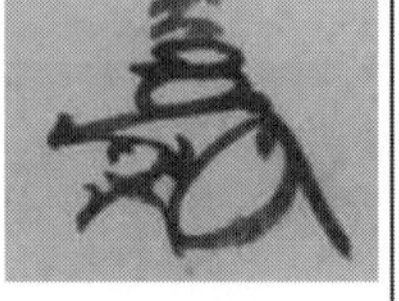 伴野全真(信直) (慶長頃)	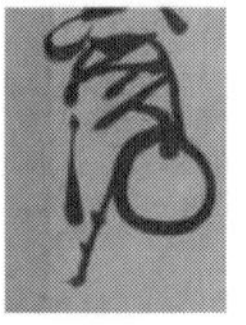 伴野全真(信直) (天正5年)
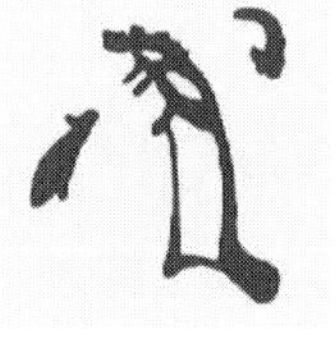 内藤昌月	 内記勝長	 友松行実	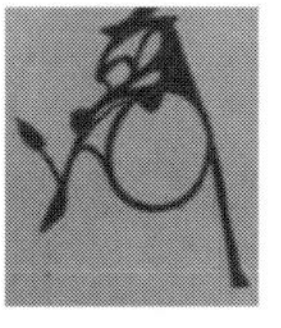 伴野信守 (天正5年)
 長井政実	 長井不甘	 直高 (伴野被官)	 内藤昌秀
 長坂勝繁	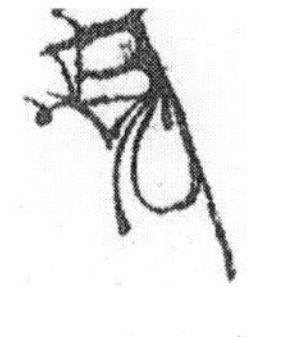 長井昌秀	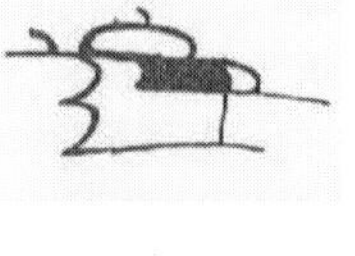 長井政実	 長井政実

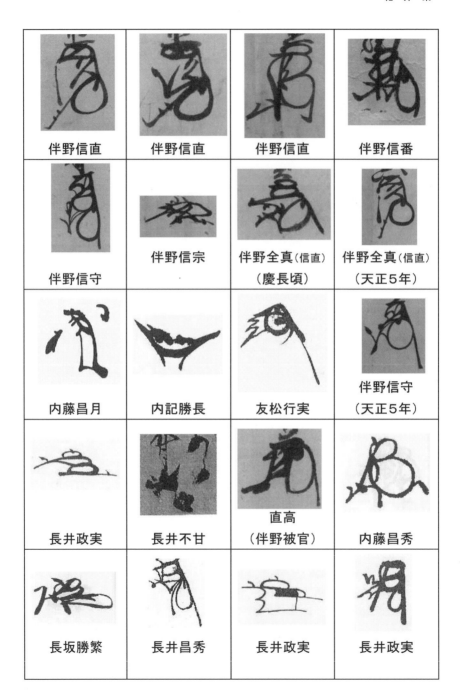

 長坂昌国	 長坂光堅（虎房） （天正8年）	 長坂虎房 （弘治3年）	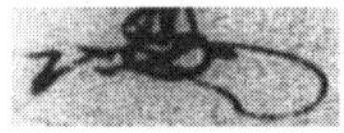 長坂虎房
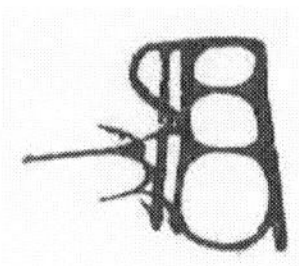 那波顕宗	 那波顕宗	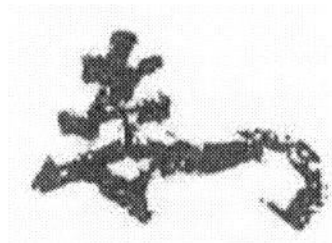 奈良本棟広	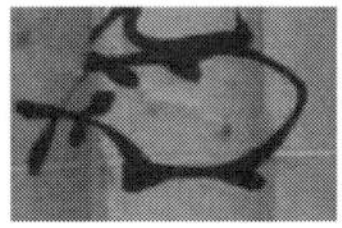 奈良井家光
 仁科盛政	 仁科盛員	 南部信登	 南蛇井重秀
 布下雅朝	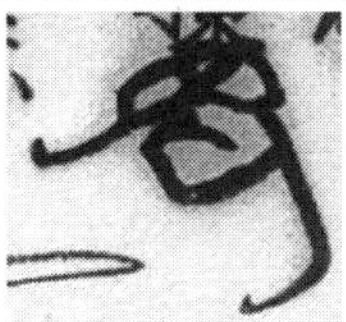 仁科盛棟 （天正元年）	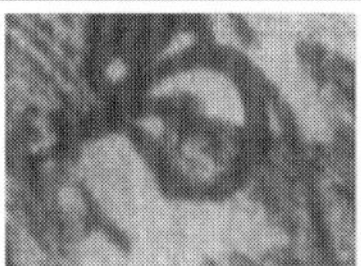 仁科盛棟 （永禄 10 年）	 仁科盛棟 （永禄4年）
 野沢康光	 野口政親	 禰津政秀	 禰津常安

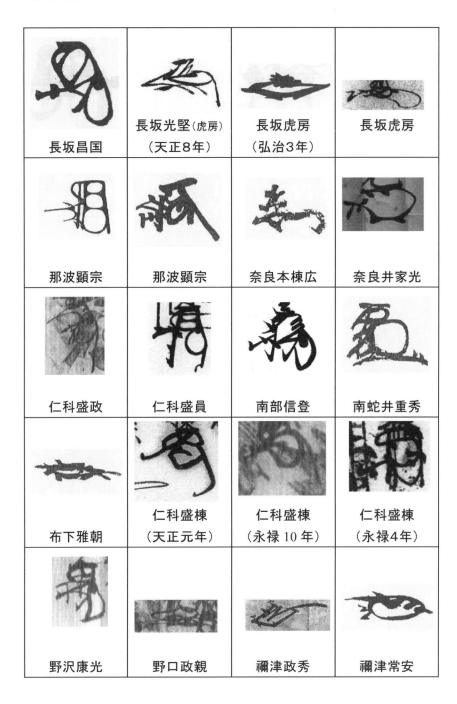

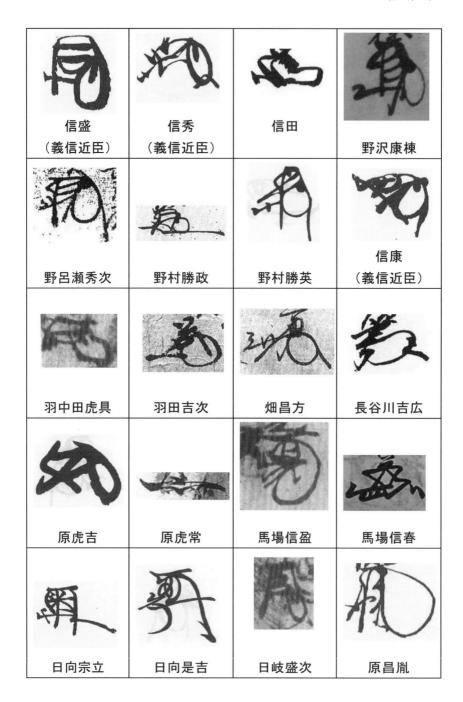

 信盛 （義信近臣）	 信秀 （義信近臣）	 信田	 野沢康棟
 野呂瀬秀次	 野村勝政	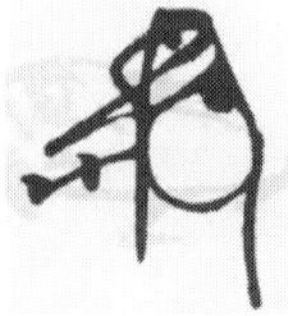 野村勝英	 信康 （義信近臣）
 羽中田虎具	 羽田吉次	 畑昌方	 長谷川吉広
 原虎吉	 原虎常	 馬場信盈	 馬場信春
 日向宗立	 日向是吉	 日岐盛次	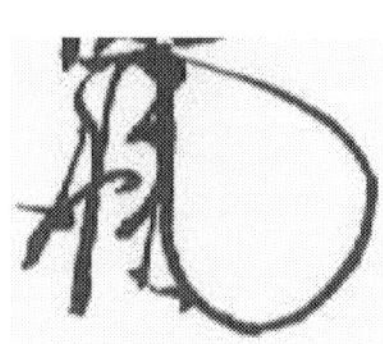 原昌胤

 平原全真	 平林宗忠	 平尾昌朝	 日向虎頭
 穂坂君吉	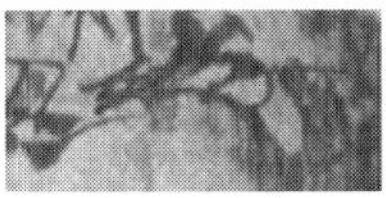 古厩盛隆	 藤田信吉	 広綱 （厩橋北条 被官か）
 穂高知親	 穂高知親	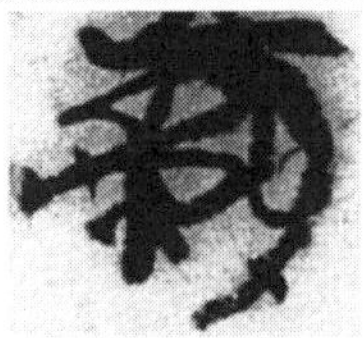 穂高竹友	 保科正直
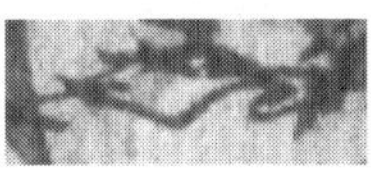 前沢繁直	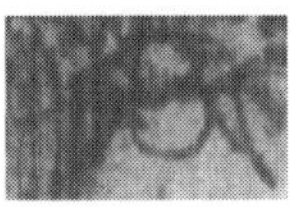 堀金盛広	 堀内貞維	 堀田之吉
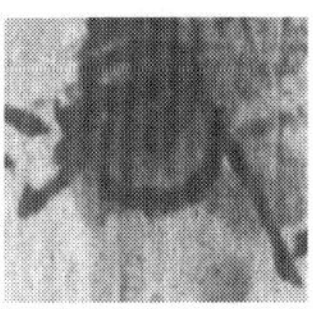 松本定吉	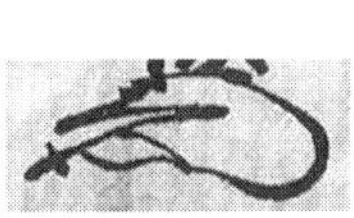 松野勝俊	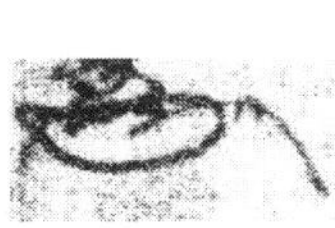 松川道文	 政家 （木曽被官）

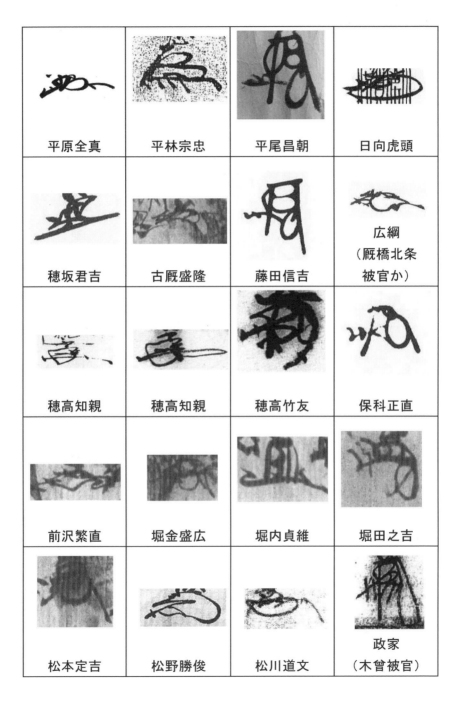

 馬庭家重	 松本吉久	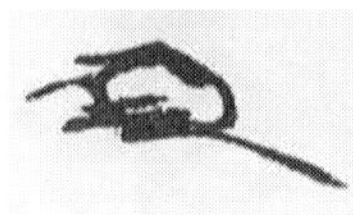 松本行定	 松本重友
 万沢君元	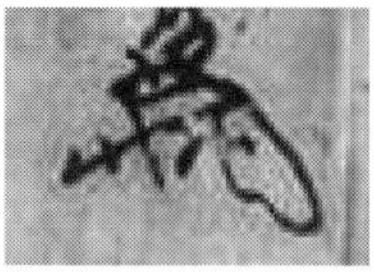 丸子良存	 丸子春賢	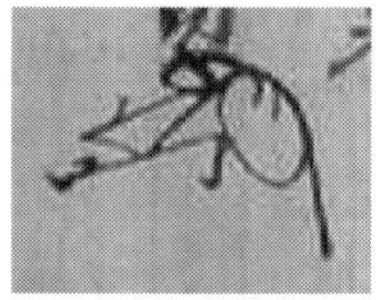 丸子信貞
 源信章 （永正7年）	 御宿友綱	 三かわ	 三浦員久
 向井政綱	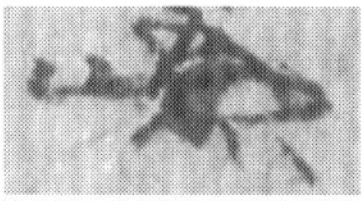 宮脇種友	 宮沢吉次	 源義照
 武藤三河守	 武藤常昭	 武河高行	 武河実吉

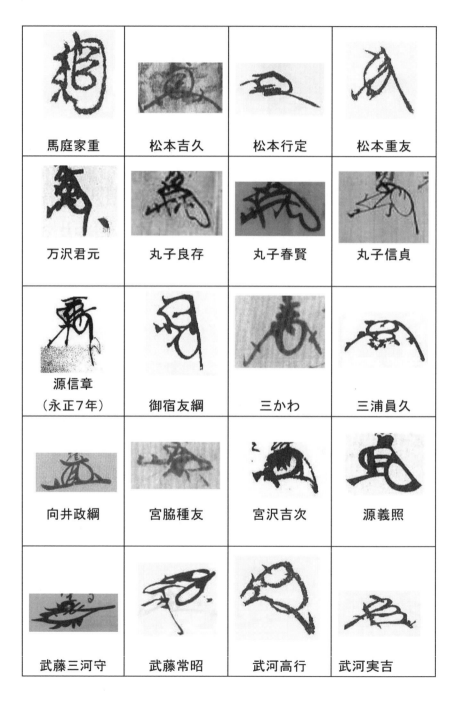

 室賀正吉	 室賀信俊	 室賀経秀	 村山勝久
 望月信雅 （永禄 10 年）	 望月信雅 （天文 20 年）	 室賀吉久	 一葉斎禅松 （室賀満正）
 森本永派	 森豊	 桃井頼光	 望月一峰（信雅） （天正 14 年）
 諸沢信隆	 森山満繁	 森山成繁	 森本昌澄
 八重森家昌	 諸山秀盛	 両角昌守	 両角（室住）虎光

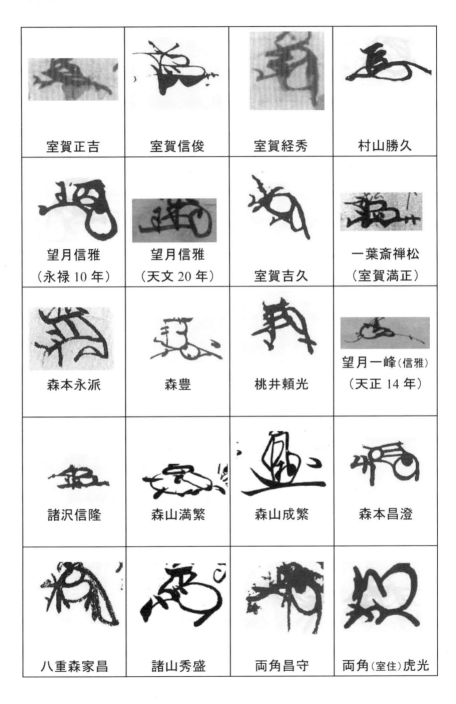

 屋代政国	 屋代秀正	 矢沢頼幸	 矢沢頼綱
 山県昌景 （永禄9年）	 飯富（山県）昌景 （永禄元年）	 柳沢信勝	 屋代政国
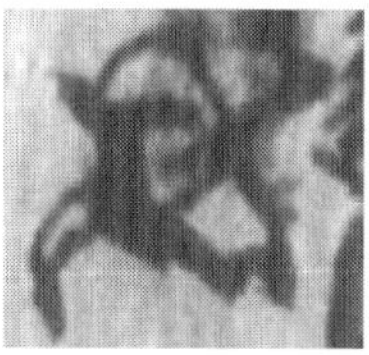 山崎善七郎	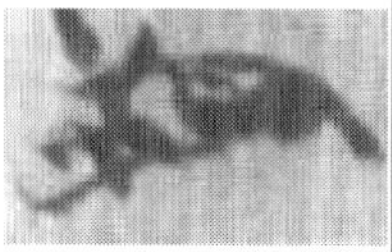 山崎貞吉	 山口高清	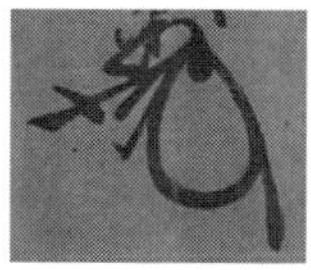 山県昌景 （元亀2年）
 湯浅行家	 山宮長久	 山寺正吉	 山下家吉
 吉田信生	 横山友次	 横手満俊	 横田康景

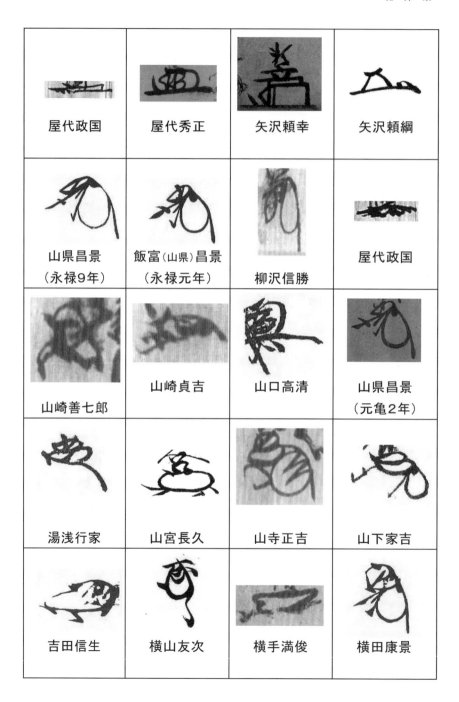

 米倉光忠	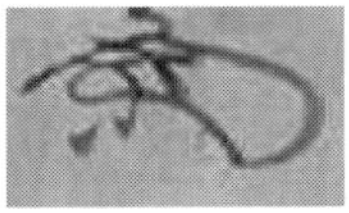 依田立慶	 依田頼房	 依田昌雅
 和田信業 （天正8年）	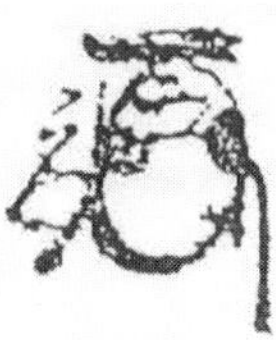 和田業政	 和田業繁	 六島守勝
			 和田信業 （天正 13 年）
 僥倖軒宗慶	 快川紹喜	 小佐野能秀	僧侶・神官
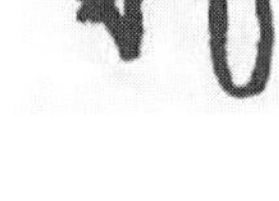 鎖是時成	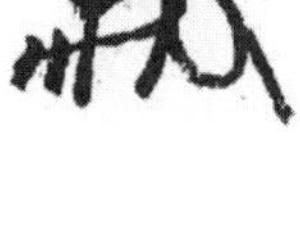 幸福光広	 幸福虎勝	 謙室大奕

 大用宗存	 説三恵燦	 実了師慶	 慈眼寺尊長
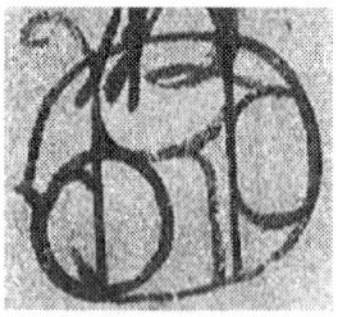 日叙	 東谷宗杲	 桃隠正寿	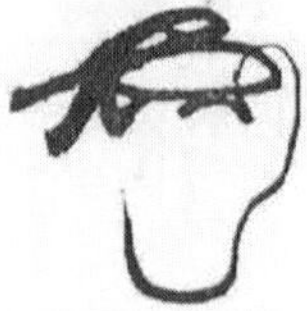 長年寺受連
 法光坊日栄	 福光園寺実恵	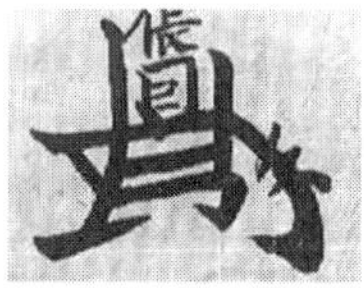 拈橋倀因	 日国
 守矢信真	 宮崎清長	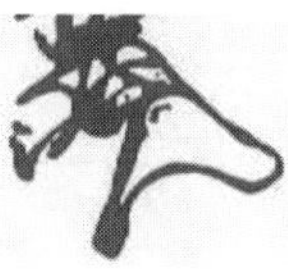 宮崎春長	 北高全祝
	 矢島政綱	 矢島定綱	 守矢頼真

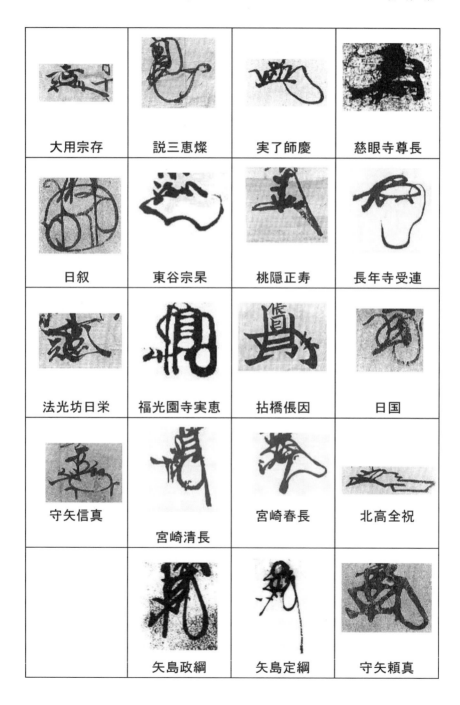

印判集

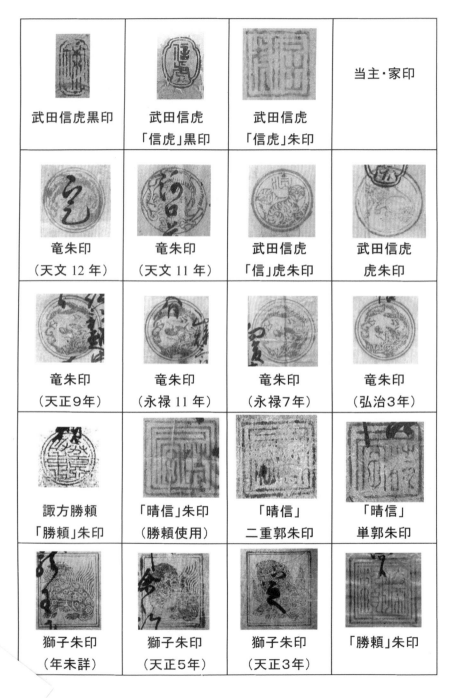

 武田信虎黒印	 武田信虎 「信虎」黒印	 武田信虎 「信虎」朱印	当主・家印
 竜朱印 （天文 12 年）	 竜朱印 （天文 11 年）	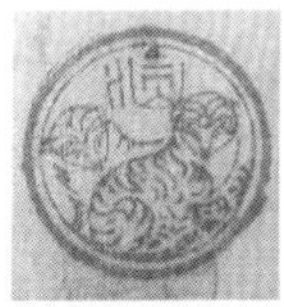 武田信虎 「信」虎朱印	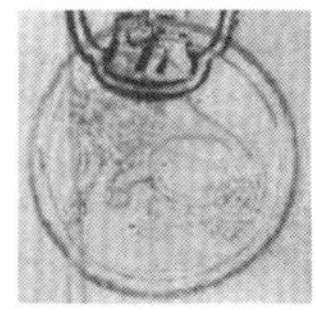 武田信虎 虎朱印
 竜朱印 （天正９年）	 竜朱印 （永禄 11 年）	 竜朱印 （永禄７年）	 竜朱印 （弘治３年）
 諏方勝頼 「勝頼」朱印	 「晴信」朱印 （勝頼使用）	 「晴信」 二重郭朱印	 「晴信」 単郭朱印
 獅子朱印 （年未詳）	 獅子朱印 （天正５年）	 獅子朱印 （天正３年）	 「勝頼」朱印

 「頼」黒印	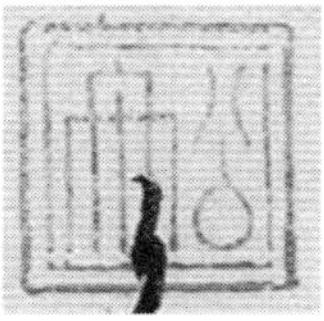 「船」朱印	 「伝馬」朱印	 「精」朱印 （勘定所印か）
 未詳朱印	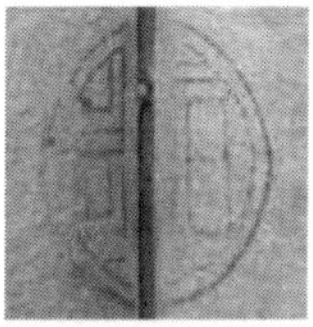 紙綴目印 （諏訪造宮帳）	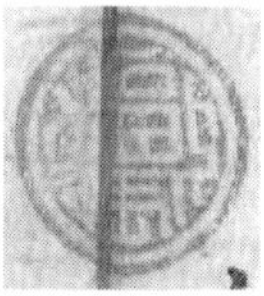 「福口」朱印 （永禄6年）	 「五大力菩薩」 黒印
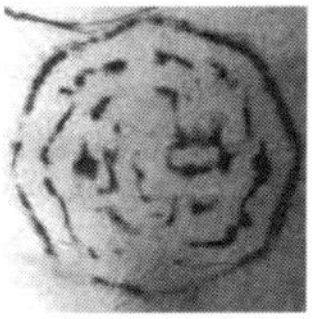 信友八角朱印	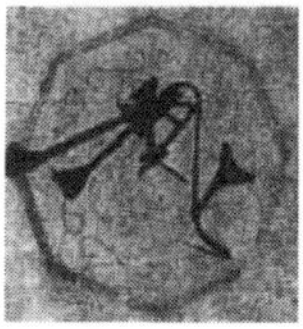 信友八角朱印	穴山武田氏	 未詳朱印
 信君・勝千代 未詳朱印	 「怡斎図書」 朱印	 「栄」朱印	 穴山武田氏 未詳朱印
 武田信廉 「信綱口口」朱印	 武田信廉 「逍遙軒」朱印	 武田信廉 「信綱」朱印	御一門衆

 岩手綱美ヵ 朱印	 武田勝頼 外祖母朱印	 武田信豊 「信豊」朱印	 仁科信盛朱印
 小山田氏ヵ 朱印	 「信茂」朱印	 「月定」朱印	小山田氏
 跡部昌忠 「宝」黒印	 跡部勝忠朱印	 朝比奈信置 「宝納」朱印	親類衆 家臣・国衆
 有泉昌輔朱印	 甘利信頼朱印	 天野藤秀 「武」朱印	 安倍宗貞印判
 板垣信憲 「門富」黒印	 石原昌明 「結」黒印	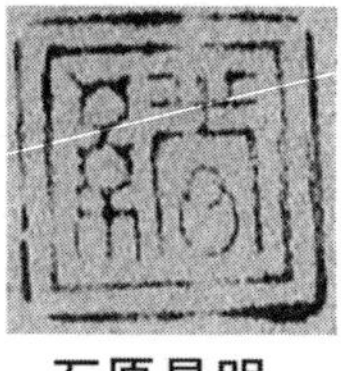 石原昌明 「結」黒印	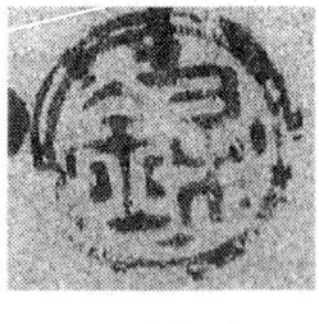 石原昌明ヵ 「録」黒印

市川元松（家光） 「竜」黒印	市川元松（家光） 「竜」朱・黒印	市川元松（家光） 「福楽」ヵ黒印	市川元松（家光） 朱印
		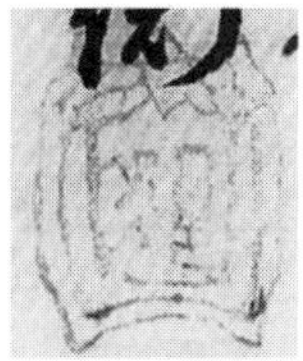	
伝浦野友久 印判「金木」	今井信衡朱印	今井信衡朱印	出浦昌相黒印
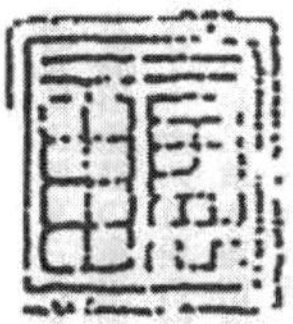			
小幡憲重 「憲重」黒印	岡部俊具黒印	小笠原信興 朱・黒印	伝浦野友久 印判「友久」

葛山氏元 「万歳」朱印	葛山氏元 「万歳」朱印	河西虎満 朱・黒印	小原継忠朱印
		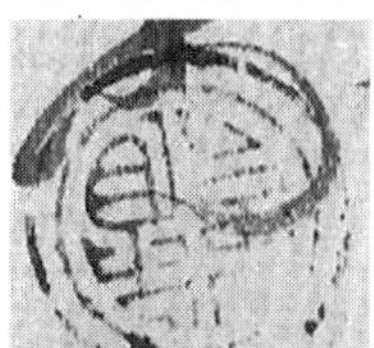	
木曾義昌 「福寿」朱・黒印	木曾義昌 「玄徹」朱・黒印	菅右衛門黒印	葛山氏元 「万歳」朱印

 工藤喜盛黒印	 工藤喜盛 「随」黒印	 北条高広 「富貴」朱印	 木曾義康 「福」朱印
 三枝元久（虎吉） 黒印	 小宮山虎高黒印	 栗原信盛黒印	 窪島石見守 「楽」朱印
 真田信幸 「積福万」朱印	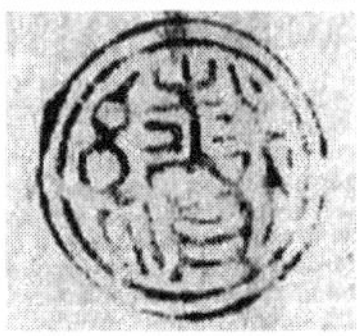 桜井信忠 「結」黒印	 桜井信忠 「宝」黒印	 坂本貞次黒印
 末木家重黒印	 真田昌幸 「調銅」朱印	 真田昌幸朱印	 真田昌幸 「道」朱印
 関繁国黒印	 諏訪頼豊朱印	 諏方頼忠 「頼忠」朱印	 諏訪伊豆守 朱印

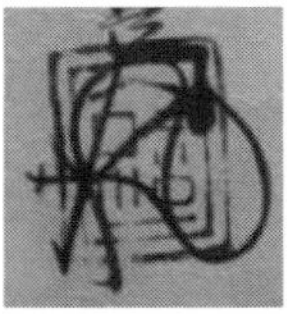 伴野信是黒印	 土屋昌恒 「徳」朱印	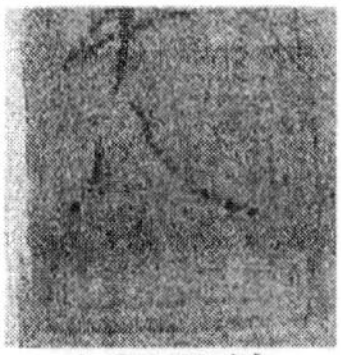 土屋昌続ヵ （土屋平八）朱印	 鷹野昌郷黒印
 仁科盛棟 「棟」ヵ黒印	 長坂光堅（虎房） 「釣閑」朱印	 長坂虎房ヵ黒印	 内藤昌月 「慈政」黒印
 武藤三河守 朱印	 向井政綱黒印	 日向虎頭 「虎頭」黒印	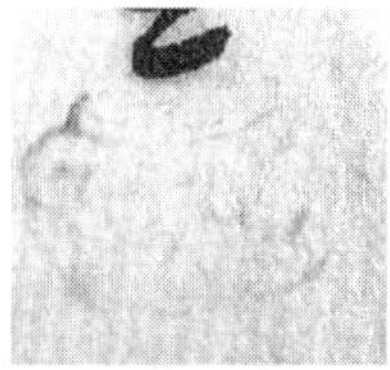 日向宗立朱印
 矢沢頼幸黒印	 矢沢頼綱 「頼綱」黒印	 森三黒印	 望月一峰（信雅） 黒印
		 和田信業 「廉厳」朱印	 依田信蕃 「続栄」黒印

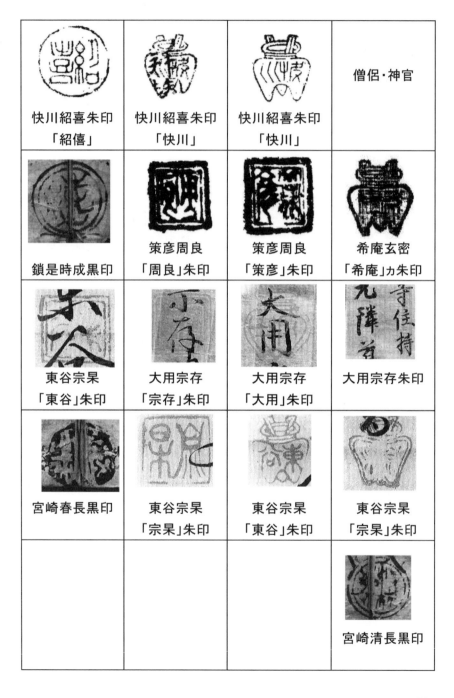

 快川紹喜朱印 「紹僖」	 快川紹喜朱印 「快川」	 快川紹喜朱印 「快川」	僧侶・神官
 鎖是時成黒印	 策彦周良 「周良」朱印	 策彦周良 「策彦」朱印	 希庵玄密 「希庵」ヵ朱印
 東谷宗杲 「東谷」朱印	 大用宗存 「宗存」朱印	 大用宗存 「大用」朱印	 大用宗存朱印
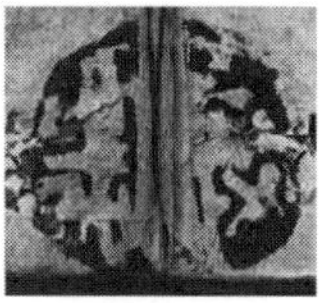 宮崎春長黒印	 東谷宗杲 「宗杲」朱印	 東谷宗杲 「東谷」朱印	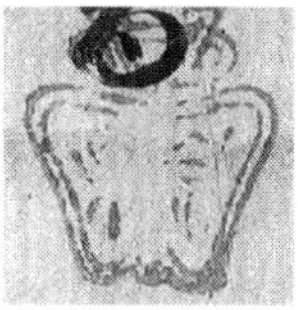 東谷宗杲 「宗杲」朱印
			 宮崎清長黒印

武田氏略系図

【武田氏略系図　信昌～勝頼】

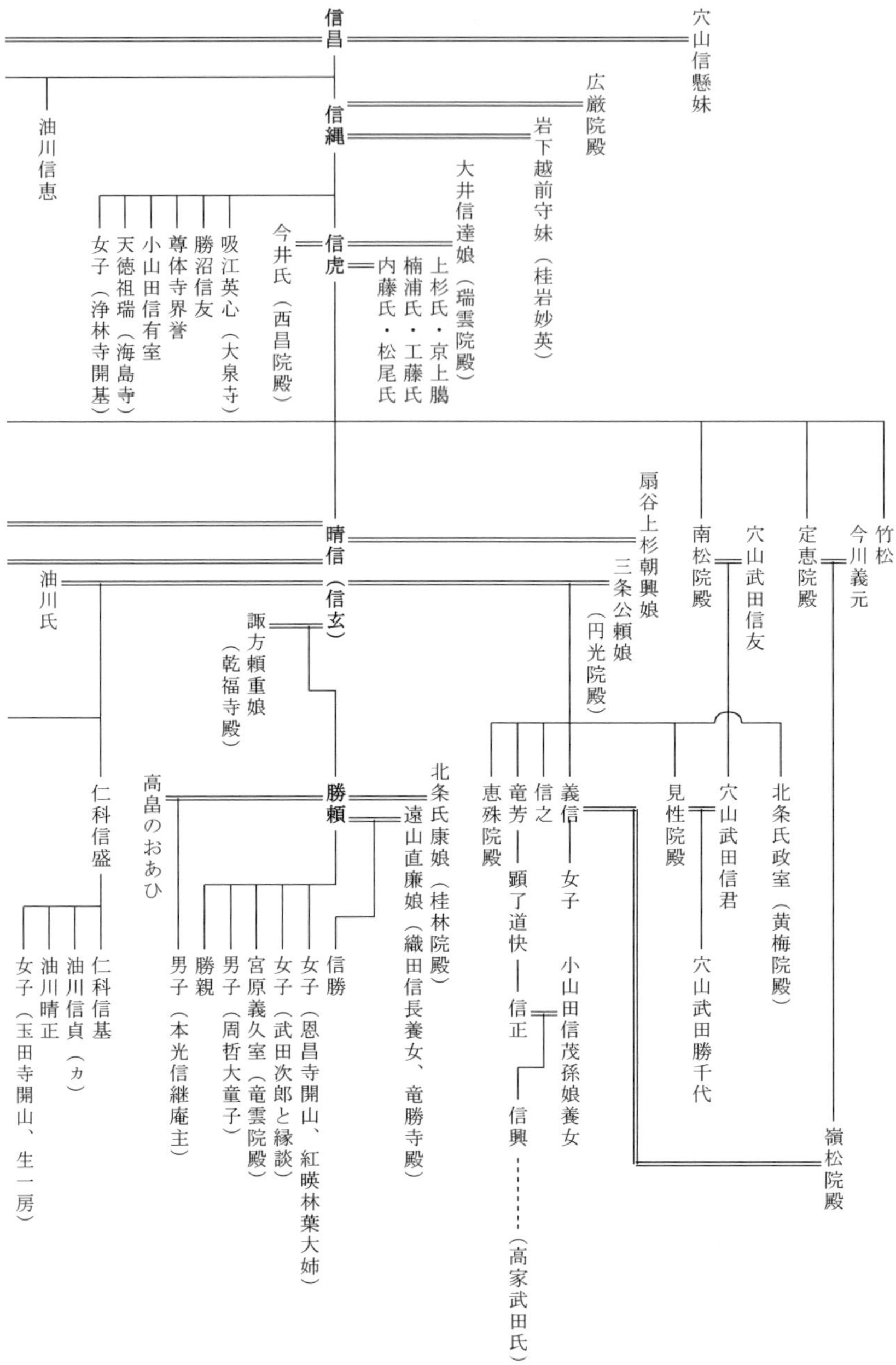
穴山信懸妹
信昌
油川信恵
広厳院殿
岩下越前守妹（桂岩妙英）
信縄
大井信達娘（瑞雲院殿）
上杉氏・京上臈
楠浦氏・工藤氏
内藤氏・松尾氏
今井氏（西昌院殿）
信虎
吸江英心（大泉寺）
勝沼信友
尊体寺界誉
小山田信有室
天徳祖瑞（海島寺）
女子（浄林寺開基）
竹松
今川義元
定恵院殿
穴山武田信友
南松院殿
扇谷上杉朝興娘
三条公頼娘（円光院殿）
晴信（信玄）
油川氏
諏方頼重娘（乾福寺殿）
北条氏政室（黄梅院殿）
穴山武田信君
穴山武田勝千代
見性院殿
義信
女子
小山田信茂孫娘養女
嶺松院殿
信之
竜芳
顕了道快
信正
信興
（高家武田氏）
恵殊院殿
北条氏康娘（桂林院殿）
遠山直廉娘（織田信長養女、竜勝寺殿）
勝頼
高畠のおあひ
信勝
女子（恩昌寺開山、紅暎林葉大姉）
女子（武田次郎と縁談）
宮原義久室（竜雲院殿）
男子（周哲大童子）
勝親
男子（本光信継庵主）
仁科信盛
仁科信基
油川信貞（カ）
油川晴正
女子（玉田寺開山、生一房）

岩手縄美（縄満ヵ）
帰雲軒宗存
宝屋玉長老（海島寺開山）
松尾信賢――武田信虎側室
小山田信長姉妹（油川・岩手生母ヵ）

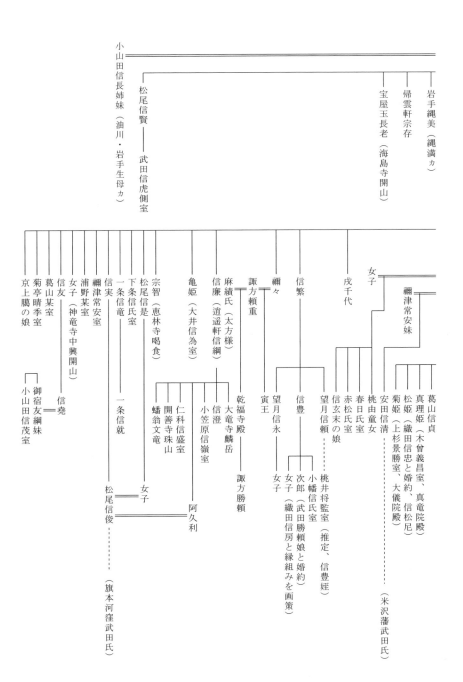

女子＝禰津常安妹
葛山信貞
真理姫（木曾義昌室、真竜院殿）
松姫（織田信忠と婚約、信松尼）
菊姫（上杉景勝室、大儀院殿）
安田信清……（米沢藩武田氏）
桃由童女
春日氏室
赤松氏室
信玄末の娘
戊千代
信繁
望月信頼……桃井将監室（推定、信豊姪）
信豊
小幡信氏室
次郎（武田勝頼娘と婚約）
女子（織田信房と縁組みを画策）
望月信永――女子
禰々＝諏方頼重――寅王
麻績氏（太方様）＝諏方頼重
乾福寺殿――諏方勝頼
信廉（逍遥軒信綱）
大竜寺麟岳
信澄
小笠原信嶺室
仁科信盛室
開善寺珠山
蟠翁文竜
阿久利
亀姫（大井信為室）
宗智（恵林寺喝食）
松尾信是――女子
下条信氏室
一条信竜――一条信就
信実――松尾信俊……（旗本河窪武田氏）
女子＝松尾信俊
阿久利＝松尾信俊
禰津常安室
浦野某室
女子（神竜寺中興開山）
信友――信堯＝御宿友綱妹
葛山某室
菊亭晴季室
京上臈の娘――小山田信茂室

執筆者略歴（50音順＊印は編者）

＊黒田基樹（くろだ　もとき）
一九六五年、東京都生まれ。駒澤大学大学院人文科学研究科日本史学専攻博士後期課程満期退学、博士（日本史学、駒澤大学）。現在、駿河台大学法学部教授。
主著―『戦国大名北条氏の領国支配』（岩田書院）、『中近世移行期の大名権力と村落』（校倉書房）、『戦国大名の危機管理』（角川ソフィア文庫）、『百姓から見た戦国大名』（ちくま新書）、『戦国大名』（平凡社新書）など。

柴　裕之（しば　ひろゆき）
一九七三年、東京都生まれ。東洋大学大学院文学研究科博士後期課程満期退学。現在、東洋大学非常勤講師。
主著―『戦国・織豊期大名徳川氏の領国支配』（岩田書院）、『織田信長―戦国時代の「正義」を貫く』（平凡社）など。

＊柴辻俊六（しばつじ　しゅんろく）
一九四一年、山梨県生まれ。早稲田大学大学院文学研究科博士課程修了。博士（文学）早稲田大学図書館勤務後、同大学教育学部・法政大学大学院・日本大学大学院講師。現在、早稲田大学オープンカレッジ講師、戦国史研究家。
主著―『戦国大名武田史料の支配構造』（名著出版）、『戦国遺文』武田氏編1～6（共編、東京堂出版）、『戦国期武田氏領の形成』（校倉書房）、『戦国期武田氏領の研究―軍役・諸役・文書』（勉誠出版）など。

鈴木将典（すずき　まさのり）
一九七六年東京都生まれ。駒澤大学大学院人文科学研究科歴史学専攻博士後期課程修了。博士（歴史学）。現在、公益財団法人静岡市文化振興財団学芸員。
主著―『戦国大名武田氏の領国支配』（岩田書院）、『戦国大名武田氏の戦争と内政』（星海社新書）、『国衆の戦国史―遠江の百年戦争と「地域領主」の興亡』（洋泉社歴史新書y）など。

＊平山　優（ひらやま　ゆう）
一九六四年東京都生まれ。立教大学大学院文学研究科博士前期課程日本史専攻修了。山梨県史編さん室主査、山梨県立博物館副主幹を経て、現在、山梨県立中央高等学校定時制教諭。
主著―『戦国大名領国の基礎構造』（校倉書房）、『天正壬午の乱』（学研パブリッシング）、『武田遺領をめぐる動乱と秀吉の野望』（戎光祥出版）、『長篠合戦と武田勝頼』『検証長篠合戦』（吉川弘文館）など。

＊丸島和洋（まるしま　かずひろ）
一九七七年大阪府生まれ。慶應義塾大学大学院単位取得退学、博士（史学、慶應義塾大学）。慶應義塾大学非常勤講師・国文学研究資料館研究部特任助教などを経て、現在、東京都市大学共通教育部准教授。
主著―『戦国大名武田氏の権力構造』（思文閣出版）、『戦国大名の「外交」』（講談社選書メチエ）、『武田勝頼』（平凡社）など。

株式会社 東京堂出版
http://www.tokyodoshuppan.com/

東京堂出版の新刊情報です
▼

武田氏家臣団人名辞典

二〇一五年五月二〇日 初版発行
二〇二一年七月二〇日 三版発行

編者 柴辻俊六
平山優
黒田基樹
丸島和洋

発行者 大橋信夫

印刷製本 東京リスマチック株式会社

発行所 株式会社 東京堂出版
東京都千代田区神田神保町一―一七(〒一〇一―〇〇五一)
電話 東京三―三二三三―三七四一

ISBN978-4-490-10860-6 C3521
Printed in Japan